Binder/Trauner

●

Öffentliches Recht – Grundlagen
Lehrbuch

Öffentliches Recht – Grundlagen
Lehrbuch

von

Dr. Bruno Binder
o. Universitätsprofessor in Linz

Dr. Gudrun Trauner
a. Universitätsprofessorin in Linz

3. Auflage 2014

Linde

Bibliografische Information der Deutschen Bibliothek

Die Deutsche Bibliothek verzeichnet diese Publikation in der Deutschen Nationalbibliografie; detaillierte bibliografische Daten sind im Internet über http://dnb.ddb.de abrufbar.

ISBN 978-3-7073-2835-6

1210 Wien, Scheydgasse 24, Tel.: 01/24 630
www.lindeverlag.at

Druck: Hans Jentzsch & Co. GmbH., 1210 Wien, Scheydgasse 31

So studieren Sie das Öffentliche Recht erfolgreich und schnell:

Gehen Sie das LEHRBUCH Öffentliches Recht – Grundlagen Kapitel für Kapitel durch ! Sehen Sie am Beginn eines jeden Kapitels die Einführungen der Autoren im Internet unter <www.lindeverlag.at/oeffentlichesrecht> an ! ☑

Die Einführung der Autoren hilft Ihnen, einen schnelleren Zugang zum jeweiligen Kapitel zu finden. Lesen Sie das Kapitel im Lehrbuch sorgfältig durch ! Schlagen Sie in den GESETZESTEXTEN Öffentliches Recht – Grundlagen die Artikel und Paragrafen nach, die im Lehrbuch genannt sind. ☑

Nehmen Sie, nachdem Sie ein Kapitel im Lehrbuch sorgfältig durchgelesen haben, das STUDIENBUCH Öffentliches Recht – Grundlagen zur Hand. Sie finden zu jedem Kapitel Kontrollfragen, die Ihnen im Selbsttest zeigen, ob Sie das Kapitel wirklich beherrschen. Wiederholen Sie im Lehrbuch, solange Sie Schwierigkeiten mit dem Selbsttest haben ! ☑

o.Universitätsprofessor Dr. Bruno Binder
Universität Linz, Rechtswissenschaftliche Fakultät,
Vorstand des Instituts für Öffentliches Wirtschaftsrecht; Rechtsanwalt.

a.Universitätsprofessorin Dr.[in] Gudrun Trauner
Universität Linz, Rechtswissenschaftliche Fakultät, Institut für Verwaltungsrecht und Verwaltungslehre,
Abteilung für Verwaltungslehre und Verwaltungsmanagement.

Das **LEHRBUCH ÖFFENTLICHES RECHT – GRUNDLAGEN**, 3. Auflage 2014, LindeVerlag, stellt das Öffentliche Recht als System dar und verzichtet im Interesse der Übersicht, der Zusammenhänge und der Didaktik auf übliche Aufspaltungen wie Verfassungsrecht, Verwaltungsrecht, Staatslehre. Der Anhang des Lehrbuchs listet in einem Glossar alle wesentlichen Begriffe auf, die das Öffentliche Recht ausmachen.

Das **STUDIENBUCH ÖFFENTLICHES RECHT – GRUNDLAGEN**, 3. Auflage 2014, LindeVerlag, enthält als Begleitband zu jedem Kapitel des LEHRBUCHS ÖFFENTLICHES RECHT – GRUNDLAGEN ausführliche Kontrollfragen zur Selbstkontrolle des Studienfortschritts.

Die **GESETZESTEXTE ÖFFENTLICHES RECHT – GRUNDLAGEN**, 3. Auflage 2013, LindeVerlag, enthalten als Begleitband zum LEHRBUCH ÖFFENTLICHES RECHT – GRUNDLAGEN zum Nachschlagen die Artikel und Paragrafen der im Lehrbuch verarbeiteten Gesetzestexte.

Die **FALLLÖSUNG ÖFFENTLICHES RECHT – GRUNDLAGEN**, 2012, LindeVerlag, erklärt anhand von Beispielen die Denkschritte und Methoden der Anwendung des Öffentlichen Rechts auf konkrete Sachverhalte.

INHALT

INHALT

ABKÜRZUNGEN

AB .... Ausschussbericht.

ABl .... Amtsblatt der Europäischen Union.

Abs .... Absatz.

AEUV .... Vertrag über die Arbeitsweise der Europäischen Union, ABl 2012 C 326/47.

AHG .... Bundesgesetz vom 18. Dezember 1948, womit die Haftung des Bundes, der Länder, der Bezirke, der Gemeinden und der sonstigen Körperschaften und Anstalten des öffentlichen Rechts für den in Vollziehung der Gesetze zugefügten Schaden geregelt wird (Amtshaftungsgesetz), BGBl 1949/20 idgF.

ALZ .... Amtliche Linzer Zeitung (= Amts- und Informationsblatt für Oberösterreich).

ASGG .... Bundesgesetz vom 7. März 1985 über die Arbeits- und Sozialgerichtsbarkeit (Arbeits- und Sozialgerichtsgesetz – ASGG), BGBl 1985/104 idgF.

AVG .... Allgemeines Verwaltungsverfahrensgesetz 1991 – AVG, BGBl 1991/51 idgF.

BAO .... Bundesgesetz über allgemeine Bestimmungen und das Verfahren für die von den Abgabenbehörden des Bundes, der Länder und Gemeinden verwalteten Abgaben (Bundesabgabenordnung – BAO), BGBl 1996/194 idgF.

BFA .... Bundesamt für Fremdenwesen und Asyl.

BFA-G .... Bundesgesetz über die Einrichtung und Organisation des Bundesamtes für Fremdenwesen und Asyl (BFA-Einrichtungsgesetz – BFA-G), BGBl I 2012/87 idgF.

BFA-VG .... Bundesgesetz, mit dem die allgemeinen Bestimmungen über das Verfahren vor dem Bundesamt für Fremdenwesen und Asyl zur Gewährung von internationalem Schutz, Erteilung von Aufenthaltstiteln aus berücksichtigungswürdigen Gründen, Abschiebung, Duldung und zur Erlassung von aufenthaltsbeendenden Maßnahmen sowie zur Ausstellung von österreichischen Dokumenten für Fremde geregelt werden (BFA-Verfahrensgesetz – BFA-VG), BGBl I 2012/87 idgF.

BFG .... Bundesfinanzgericht.

BFGG .... Bundesgesetz über das Bundesfinanzgericht (Bundesfinanzgerichtsgesetz – BFGG), BGBl I 2013/14 idgF.

BGBl .... Bundesgesetzblatt.

BGBl I .... Bundesgesetzblatt I (Kundmachung insbesondere der Bundesgesetze).

BGBl II .... Bundesgesetzblatt II (Kundmachung insb der Verordnungen der Bundesregierung, der Bundesminister, der allgemeinen Entschließungen des Bundespräsidenten).

BGBl III .... Bundesgesetzblatt III (Kundmachung der Staatsverträge des Bundes).

BGBlG .... Bundesgesetz über das Bundesgesetzblatt 2004 (Bundesgesetzblattgesetz – BGBlG), BGBl I 2003/100 idgF.

BMG .... Bundesgesetz über die Zahl, den Wirkungsbereich und die Einrichtung der Bundesministerien (Bundesministeriengesetz 1986 – BMG), BGBl 1986/76 idgF.

BR .... Bundesrat.

BVG .... Bundesverfassungsgesetz.

B-VG .... Bundes-Verfassungsgesetz (B-VG), BGBl 1920/1 idgF.

BVwG .... Bundesverwaltungsgericht.

BVwGG .... Bundesgesetz über die Organisation des Bundesverwaltungsgerichtes (Bundesverwaltungsgerichtsgesetz – BVwGG), BGBl I 2013/10.

Dfb .... Druckfehlerberichtigung.

dRGBl .... (deutsches) Reichsgesetzblatt (1938-1945).

DSG 2000 .... Bundesgesetz über den Schutz personenbezogener Daten (Datenschutzgesetz 2000), BGBl I 1999/165 idgF.

EGMR .... Europäischer Gerichtshof für Menschenrechte.

EGVG .... Einführungsgesetz zu den Verwaltungsverfahrensgesetzen 2008 (EGVG), BGBl I 87 idgF.

ABKÜRZUNGEN

EMRK .... Konvention zum Schutze der Menschenrechte und Grundfreiheiten (Europäische Menschenrechtskonvention), BGBl 1958/210 idgF.

ERV .... Elektronischer Rechtsverkehr.

ERV 2006 .... Verordnung der Bundesministerin für Justiz über den elektronischen Rechtsverkehr (ERV 2006), BGBl II 2005/481.

EU .... Europäische Union.

EU-Beitritts-B-VG Bundesverfassungsgesetz über den Beitritt Österreichs zur Europäischen Union, BGBl 1994/744.

EuFG .... Fachgericht des Gerichtshofs der Europäischen Union.

EuG .... Gericht des Gerichtshofs der Europäischen Union.

EuGH .... Gerichtshof (EuGH) der Europäischen Union.

EUV .... Vertrag über die Europäische Union, ABl 2012 C 326/13, BGBl III 2009/132.

EWR .... Europäischer Wirtschaftsraum.

FinStrG .... Finanzstrafgesetz (FinStrG), BGBl 1958/129 idgF.

F-VG 1948 .... Bundesverfassungsgesetz über die Regelung der finanziellen Beziehungen zwischen dem Bund und den übrigen Gebietskörperschaften (Finanz-Verfassungsgesetz 1948 – F-VG 1948), BGBl 1948/45 idgF.

GBlÖ .... Gesetzblatt für das Land Österreich (1938-1940).

GewO 1994 .... Gewerbeordnung 1994 – GewO 1994, BGBl 1994/194 idgF.

GOG .... Gesetz vom 27. November 1896, womit Vorschriften über die Besetzung, innere Einrichtung und Geschäftsordnung der Gerichte erlassen werden (Gerichtsorganisationsgesetz – GOG), RGBl 1896/217 idgF.

GOG-NR .... Bundesgesetz vom 4. Juli 1975 über die Geschäftsordnung des Nationalrates (Geschäftsordnungsgesetz 1975), BGBl 1975/410 idgF.

GP .... Gesetzgebungsperiode.

GRC .... Charta der Grundrechte der Europäischen Union (EU-Grundrechtecharta), ABl 2012 C 326/391.

HausrechtsG .... Gesetz vom 27. October 1862, zum Schutze des Hausrechtes, RGBl 1862/88 idgF.

idF .... in der Fassung.

idgF .... in der geltenden Fassung.

idR .... in der Regel.

iVm .... in Verbindung mit.

JGS .... Justizgesetzsammlung (1780–1848).

JN .... Gesetz vom 1. August 1895, über die Ausübung der Gerichtsbarkeit und die Zuständigkeit der ordentlichen Gerichte in bürgerlichen Rechtssachen (Jurisdiktionsnorm – JN), RGBl 1895/111 idgF.

LGBl .... Landesgesetzblatt.

lit .... litera (Buchstabe).

LVwG .... Landesverwaltungsgericht.

NR .... Nationalrat.

NRWO .... Bundesgesetz über die Wahl des Nationalrates (Nationalrats-Wahlordnung 1992 – NRWO), BGBl 1992/471 idgF.

OGH .... Oberster Gerichtshof.

Oö GemO 1990 .... Oö Gemeindeordnung 1990 – Oö GemO 1990, LGBl 1990/91 idgF.

Oö KMG .... Landesgesetz über das Landesgesetzblatt, die Amtliche Linzer Zeitung und andere Formen der Kundmachung in Oberösterreich (Oö Kundmachungsgesetz – Oö KMG), LGBl 1998/55.

Oö L-VG .... Oö Landes-Verfassungsgesetz – Oö L-VG, LGBl 1991/122 idgF.

Oö LVwGG .... Landesgesetz über das Oö Landesverwaltungsgericht (Oö Landesverwaltungsgerichtsgesetz – Oö LVwGG), LGBl 2013/9.

PartG .... Bundesgesetz über die Finanzierung politischer Parteien (Parteiengesetz 2012 – PartG), BGBl I 2012/56 idgF.

PersFrBVG .... Bundesverfassungsgesetz vom 29. November 1988 über den Schutz der persönlichen Freiheit, BGBl 1988/684 idgF.

PStG 2013 .... Bundesgesetz über die Regelung des Personenstandswesens (Personenstandsgesetz 2013 – PStG 2013), BGBl I 2013/16 idgF.

RGBl .... Reichsgesetzblatt (1849-1852: Allgemeines Reichs-Gesetz- und Regierungsblatt für das Kaiserthum Österreich; 1853-1869: Reichs-Gesetzblatt für das Kaiserthum Österreich; 1870-1918: Reichsgesetzblatt für die im Reichsrath vertretenen Königreiche und Länder).

RV .... Regierungsvorlage.

SPG .... Bundesgesetz über die Organisation der Sicherheitsverwaltung und die Ausübung der Sicherheitspolizei (Sicherheitspolizeigesetz – SPG), BGBl 1991/566 idgF.

StAG .... Bundesgesetz vom 5. März 1986 über die staatsanwaltschaftlichen Behörden (Staatsanwaltschaftsgesetz – StAG), BGBl 1986/164 idgF.

StbG .... Bundesgesetz über die österreichische Staatsbürgerschaft (Staatsbürgerschaftsgesetz 1985 – StbG), BGBl 1985/311 (WV) idgF.

StGBl .... Staatsgesetzblatt (1918-1919: Staatsgesetzblatt für den Staat Deutschösterreich; 1919-1920: Staatsgesetzblatt für die Republik Österreich).

StGG 1867 .... Staatsgrundgesetz vom 21. December 1867, über die allgemeinen Rechte der Staatsbürger für die im Reichsrathe vertretenen Königreiche und Länder, RGBl 1867/142 idgF.

StL 1992 .... Statut für die Landeshauptstadt Linz 1992 (StL 1992), LGBl 1992/7 idgF.

StPO .... Strafprozessordnung 1975 (StPO), BGBl 1975/631 (WV) idgF.

StV St. Germain ... Staatsvertrag von Saint-Germain-en-Laye vom 10. September 1919, StGBl 1920/303 idgF.

StV Wien .... Staatsvertrag betreffend die Wiederherstellung eines unabhängigen und demokratischen Österreich, BGBl 1955/152 idgF.

StVO 1960 .... Bundesgesetz vom 6. Juli 1960, mit dem Vorschriften über die Straßenpolizei erlassen werden (Straßenverkehrsordnung 1960 – StVO 1960), BGBl 1960/159 idgF.

ua .... und andere/s.

UVP-G 2000 .... Bundesgesetz über die Prüfung der Umweltverträglichkeit (Umweltverträglichkeitsprüfungsgesetz 2000 – UVP-G 2000), BGBl 1993/697 idgF.

VfGG .... Verfassungsgerichtshofgesetz 1953 (VfGG), BGBl 1953/85 idgF.

VfGH .... Verfassungsgerichtshof.

VStG .... Verwaltungsstrafgesetz 1991 – VStG, BGBl 1991/52 idgF.

VwG .... Verwaltungsgericht.

VwGG .... Verwaltungsgerichtshofgesetz 1985 (VwGG), BGBl 1985/10 idgF.

VwGH .... Verwaltungsgerichtshof.

VwGVG .... Bundesgesetz über das Verfahren der Verwaltungsgerichte (Verwaltungsgerichtsverfahrensgesetz – VwGVG), BGBl I 2013/33 idgF.

WV .... Wiederverlautbarung.

Z .... Ziffer.

ZPzEMRK .... Zusatzprotokoll zur Europäischen Menschenrechtskonvention.

ZPO .... Gesetz vom 1. August 1895, über das gerichtliche Verfahren in bürgerlichen Rechtsstreitigkeiten (Zivilprozessordnung – ZPO), RGBl 1895/113 idgF.

TEIL A
GRUNDBEGRIFFE

DIE RECHTSORDNUNGEN 1

- DER STAAT UND DAS „STAATS"RECHT [A_1]
- DIE STAATENGEMEINSCHAFT UND DAS „VÖLKER"RECHT [A_2]
- DIE EUROPÄISCHE UNION UND DAS „UNIONS"RECHT [A_3]

A

Es gibt **drei Rechtsordnungen**. **Erstens** [1. bis 10. Kapitel] die Rechtsordnung, die der **Staat** für seine Menschen erlässt (= **Staatsrecht** [➔]). **Zweitens** [11. Kapitel] die Rechtsordnung, mit der die **Staatengemeinschaft** ihre internationalen Beziehungen regelt (= **Völkerrecht** [➔]). Und **drittens** [12. Kapitel] die Rechtsordnung der **Europäischen Union** (**EU**), die das Verhalten ihrer Mitgliedstaaten und der Unionsbürger bestimmt (= **Unionsrecht** [➔]). 2

A_1 DER STAAT UND DAS STAATSRECHT

1. KAPITEL: WAS IST „RECHT" ?

Glossar: *Anarchistische Theorien, Antwortcharakter, Ethik, Gesellschaft, Gewaltmonopol, Gewaltverbot, Gleichheitssatz, Gottesgnadentum, Gottesrecht, Moral, Naturrecht, Norm, positives Recht, Präambel, Recht, Rechtsmonopol, Rechtsnorm, Rechtspositivismus, Sozialstaat, Soziologie, Staat, Staats(teil)gewalt, Staatsrecht, Unionsrecht, Vernunftrecht, Völkerrecht.*

Das „Recht" des Staats beschreiben und begreifen wir mit vier Begriffen: Mit der **Norm**, dem **Staat**, der **Rechtsnorm** und dem **Rechtspositivismus**. 3

DER STAAT UND DAS RECHT 4

- NORM
- STAAT
- RECHT(SNORM)
- RECHTSPOSITIVISMUS

1/1

NORM

[I]. Zunächst zur „**Norm**". Die Menschen leben in der **Gesellschaft** [➔]. Gesellschaft sind die Menschen insgesamt, so wie sie zusammenleben. Wenn wir die Gesellschaft betrachten, wenn wir beobachten, wie die Menschen zusammenleben, so stellen wir fest, dass sich Menschen immer wieder an andere Menschen mit der Erwartung wenden, sich in einer bestimmten Weise zu verhalten. Dieses „**Du sollst ...!**" nennen wir „Norm". Eine **Norm** [➔] ist ein **Sollenssatz**, den ein Mensch an einen anderen Menschen richtet in der Erwartung, dass dieser sich wie erwartet verhält, etwas tut oder unterlässt. Jeder Mensch ist von unzähligen Normen umgeben. Eltern, Lehrer, Pfarrer und andere Bezugspersonen haben sie ihm aufgedrängt. Das Phänomen „Norm" ist ein Phänomen der Gesellschaft und hat mit dem Recht an sich nichts zu tun. Mit den gesellschaftlichen Normen beschäftigt sich die **Soziologie** [➔]. 5

6 Menschen, die von einem anderen ein bestimmtes Verhalten erwarten, geben sich in der Regel nicht zufrieden, wenn ihr Sollenssatz **nicht** befolgt wird. Sie versuchen, den Sollenssatz durchzusetzen. Versuche, einen Sollenssatz durchzusetzen, sind auf mehrere Arten möglich. Man kann für ein bestimmtes Verhalten eine **Belohnung** „ausloben", für ein bestimmtes Verhalten „**bezahlen**", einen materiellen Vorteil zuwenden. Man kann **psychische Mittel** einsetzen, etwa beleidigt reagieren. Man kann aber auch **körperliche Gewalt** einsetzen, einfach zuschlagen. Mit dem Begriff der Norm ist verbunden, dass demjenigen, der nicht folgt, eine **Sanktion** droht.

7 [II]. Normen sind ein **Phänomen von „Sein" und „Sollen"**. Die gesellschaftlichen Verhältnisse sind das Leben, wie es wirklich ist, sie sind das „**Sein**". Wer in Normen denkt, stellt dem „Sein" das „**Sollen**" entgegen. Die Normen entwerfen Verhaltensmuster, „Sollenssätze", die ein Bild malen, wie die Gesellschaft sein **soll**, nicht wie sie **ist**. Normen haben in diesem Sinn **Antwortcharakter** [➔]: Normen zeichnen ein Verhaltensmuster in Reaktion auf tatsächliche Verhältnisse, die sie verändern wollen; sie zeigen an, dass die Wirklichkeit gerade nicht so ist, wie sie nach Wertung der Norm sein soll. Wenn etwa eine Norm die Gleichheit von Frau und Mann verlangt, so liegt darin die Antwort auf gesellschaftliche Verhältnisse, in denen Frau und Mann nicht gleich sind. Wenn eine Norm Körperverletzungen verbietet, so ist das die Antwort darauf, dass in der Gesellschaft Menschen andere Menschen am Körper verletzen.

8 [III]. Gesellschaftliche Normen können jeden erdenklichen Inhalt haben. Die – unscharfen – Begriffe „**Moral**" und „**Ethik**" werten die Inhalte der gesellschaftlichen Normen. **Moral** [➔] ist das Streben des einzelnen Menschen, das „**Gute**" tun zu wollen – was immer das „Gute" in einer pluralistischen Gesellschaft sein mag. **Ethik** [➔] (= Sitte, = gute Sitten) sieht nicht nur die Auffassung des Einzelnen sondern auch die Interessen aller anderen; Ethik verallgemeinert das Streben der Einzelnen nach dem „Guten" zu allgemein gültigen gesellschaftlichen Normen, die auf der Grundlage moralischer Werte das Zusammenleben der Menschen in der Gesellschaft bestimmen.

STAAT

9 [I]. Menschen neigen dazu, **die Beachtung ihrer Erwartungen mit körperlicher Gewalt zu erzwingen**. Die Gesellschaft ist gewalttätig. Daran knüpft die Staatsidee an. Der **Staat** ist ein **politisches Konzept**, das die körperliche Gewalt aus der Gesellschaft entfernen und eine friedliche – im Sinne von **gewaltfreier** – Gesellschaft erreichen will. **Der Staat hat das Ziel, eine Gesellschaft frei von körperlicher Gewalt zu gestalten**.

10 Der Staat versteht sich in diesem Sinn als **Organisation**, welche die Gesellschaft, jeden einzelnen Menschen mit dem Verbot, **körperliche Gewalt** zu üben, belegt (**Gewaltverbot** [➔]). Der Staat verlangt eine gewaltfreie Gesellschaft, in der die Menschen zur Durchsetzung ihrer Erwartungen keine körperliche Gewalt einsetzen. Wer einen Spaziergang von A nach B unternimmt, soll in B ohne körperlichen Schaden ankommen. Andere Sanktionen, etwa psychische Mittel oder materielle Belohnungen, umfasst das Gewaltverbot nicht.

11 [II]. Wie aber soll der Staat es anstellen, dass die Menschen sein Gewaltverbot einhalten ? Der Staat muss drohen und gegebenenfalls jemanden, der den Frieden stört, zur Rechenschaft ziehen. Das kann er nicht ohne – zumindest gelegentlichen – Einsatz körperlicher Gewalt. Daher verlangt der Staat das scheinbar Paradoxe. Während er der Gesellschaft körperliche Gewalt verbietet, beansprucht er selbst die körperliche Gewalt, um das Gewaltverbot durchzusetzen. Der Staat fordert für sich das **Monopol körperlicher Gewalt**. Der **Staat** [➔] ist eine **Organisation**, die das **Gewaltmonopol** [➔] für sich beansprucht; er verfolgt das Ziel, durch das mit körperlicher Gewalt sanktionierte Gewaltverbot eine **friedliche Gesellschaft** – eine Gesellschaft **frei von körperlicher Gewalt** – zu bewirken und zu gewährleisten.

Die Gewalt, die der organisierte Staat ausübt, bezieht sich auf ein bestimmtes Territorium und ist gegen die dort lebenden Menschen gerichtet. Der organisierte Staat wird daher nicht nur allein durch das Gewaltmonopol, sondern durch die drei „Staats"elemente **Staatsgewalt** [➔], **Staatsgebiet** und **Staatsvolk** definiert. 12

Auf einem Staatsgebiet gibt es in der Regel einen Staat. Es können aber auch zwei Staaten auf einem Staatsgebiet sich die Staatsgewalt teilen. Man spricht dann von einem **Bundesstaat** [360]. Österreich ist ein Bundesstaat. 13

[III]. Die historische Erfahrung zeigt, dass der Staat eine gewaltfreie Gesellschaft durch Androhung und Einsatz körperlicher Gewalt **allein** nicht auf Dauer bewirken und gewährleisten kann. **Ursache für Gewalt in der Gesellschaft ist häufig die materielle Not von Menschen**. Zur Absicherung der gewaltfreien Gesellschaft gewährleistet der moderne Staat daher nicht nur durch körperliche Gewalt die Einhaltung des Gewaltverbots, er sorgt darüber hinaus für eine vertretbare Aufteilung der materiellen Güter, für eine **sozial gerechte Ordnung**. Die moderne Staatsidee verlangt, dass der Staat im Interesse des Lebens der Menschen **in Würde, in körperlicher und materieller Sicherheit** für eine **gewaltfreie und für eine sozial gerechte Gesellschaft** sorgt. Der das Gewaltmonopol beanspruchende Staat versteht sich daher immer auch als **Sozialstaat** [➔] [116]. 14

[IV]. **Das Bemühen um eine gewaltfreie und sozial gerechte Gesellschaft, in der die Menschen in Würde leben können, rechtfertigt die Existenz des Staats**. Ein Staat, der diese Ziele nicht verfolgte, verlöre seine gesellschaftliche Rechtfertigung. Das ist heute allgemein anerkannt. Nur vereinzelt werden und wurden Sinn und Notwendigkeit staatlicher Gewalt in **anarchistischen Theorien** [➔] bestritten. 15

Die gewaltfreie und sozial gerechte Gesellschaft als Rechtfertigung des Staats ist eine moderne Sichtweise, welche die Staatstheorie des zwanzigsten Jahrhunderts entwickelte. **Historisch** gesehen war der Staat zuvor ein reiner „Ordnungsstaat", der mit den Mitteln der körperlichen Gewalt im Interesse der Herrschenden und der Begüterten die bestehende gesellschaftliche Ordnung, die bestehenden hierarchischen Verhältnisse und die bestehende Verteilung der materiellen Mittel in der Gesellschaft aufrechterhalten wollte („Nachtwächterstaat"). Soziale Anliegen hatte der Staat kaum. Der historische Staat rechtfertigte seine Existenz und seinen Gewaltanspruch **transzendent**. Er beschwor Gott. So berief sich das bis 1918 bestehende Herrschaftssystem der österreichischen Monarchie auf das **Gottesgnadentum** [➔]: Gott hat den Herrscher eingesetzt und ihm Gewalt über die Menschen verliehen. Der Herrscher ist eine „apostolische Majestät". Das Volk hat zu gehorchen und zu erdulden. Nicht zu fordern oder gar zu bestimmen. 16

RECHT(SNORM)

In der Gesellschaft gibt es viele Normen. Normen, die Menschen mit körperlicher Gewalt durchsetzen, sind den Menschen wegen des staatlichen Gewaltverbots nicht erlaubt. **Nur der Staat kann – gestützt auf sein Gewaltmonopol – Normen erlassen, die mit körperlicher Gewalt durchgesetzt werden**. Die Normen des Staats sind „verbindlich", die Normadressaten müssen sie befolgen. 17

Eine Norm des Staats nennen wir **Rechtsnorm** [➔] (= **Rechtssatz**). Der **Staat** erlässt die Rechtsnormen, der Staat erzeugt das Recht. Der Staat hat das **Gewalt-** und damit das **Rechtsmonopol** [➔]. Normen, die nicht vom Staat kommen, mögen in der Gesellschaft Bedeutung haben; „Recht" sind sie nicht. **Das „Recht" sind die Normen des Staats,** und **nur** diese Normen sind **Recht** [➔]. 18

RECHTSPOSITIVISMUS

19 [I]. **Nur** der Staat kann Recht erzeugen, **nur** er verfügt über das Rechtsmonopol, **nur** das vom Staat gesetzte Recht ist „Recht“. Dieses Verständnis von Recht wird **positives Recht** [➔] [= „ius positum“, „gesatztes Recht“, von lateinisch „ponere“ = setzen] oder **Rechtspositivismus** [➔] genannt. **Die österreichische Verfassungs- und Rechtsordnung steht strikt auf dem Standpunkt des Rechtspositivismus**.

20 [II]. Es gibt auch **andere Auffassungen von Recht**. Recht käme danach nicht (zumindest nicht nur) vom Staat, sondern aus anderen Quellen:

21 • [**Gottesrecht, Naturrecht**]. Das Recht kommt nicht vom Staat und den Menschen, die den Staat repräsentieren, sondern von einer **transzendenten Quelle**, von Gott, man spricht von **Gottesrecht** [➔]. Wer Gott verallgemeinert in der Natur sieht, spricht von **Naturrecht** [➔]. Gott oder die Natur offenbart den Menschen das Recht, die daran gebunden sind und es nicht abändern können. Eindrucksvoll beschreibt die Bibel, wie Moses, ein Mensch, auf den Berg Sinai steigt, dort von Gott das Recht, die zehn Gebote, erhält, und dann das Recht den Menschen überbringt.

22 • [**Vernunftrecht**]. Keinen transzendentalen Bezug nimmt das **Vernunftrecht** [➔]. Nach dem Verständnis des Vernunftrechts kommt das Recht nicht vom Staat, sondern aus den Menschen selbst. Der Mensch trägt das Recht in sich. Der vernunftbegabte Mensch hat die Möglichkeit, durch Nachdenken, Überlegen und Werten das Recht zu erkennen. **Das Recht folgt aus der Kraft der Argumente** (= „ius argumenti“).

23 [III]. Historisch dachten die Menschen in den Kategorien des Gottes- und des Naturrechts. Erst die Forderung nach **Demokratie** im Staat erzwang den Rechtspositivismus. Das Recht kommt danach vom – im Staat organisierten – Volk, und sonst von niemandem, auch nicht von Gott. Der Rechtspositivismus ist notwendige Konsequenz der Demokratie. 1918, als die österreichische Republik mit konsequenten demokratischen Vorstellungen revolutionär die Monarchie ablöste, wurde der Rechtspositivismus die Grundlage der österreichischen Verfassungs- und Rechtsordnung.

24 Der Rechtspositivismus bedeutet einen **Paradigmenwechsel in der Staatstheorie**. Er überwindet die nebeligen Vorstellungen des Gottesgnadentums und stellt die **Menschen** in den Mittelpunkt von Staat und Recht. Viele Menschen, die ein theistisches Weltbild haben, tun sich schwer, „Recht“ ausschließlich dem demokratischen Staat zuzuordnen und Gott und die Natur der Vorstellung von Recht zu entziehen. Dabei geht es aber meist um begriffliche Fragen. Auch und gerade im Rechtspositivismus steht es jedem frei, an Gott und seine Allmacht zu glauben, auf die Vernunft der Menschen zu setzen und göttliche sowie gesellschaftliche Gebote gleich welcher Art zu achten. Der Rechtspositivismus ordnet diese Vorgänge allerdings nicht dem „Recht“ zu; mit der entscheidenden Konsequenz, dass niemand vermeintliche göttliche oder gesellschaftliche Gebote in einem effizienten Staat mit körperlichem Zwang durchsetzen darf und kann.

25 [IV]. Der Rechtspositivismus bewirkt eine klare Trennung von Recht und **Politik** [78]. Recht sind die – demokratisch legitimierten – Normen des Staats. Die Politik erörtert, **wie der Staat handeln, wie und wofür er seine Staatsgewalt einsetzen soll**. Vor dieser Frage steht der Staat selbst, diese Frage kann sich aber auch jeder in der Gesellschaft stellen. Politische Überlegungen und politisches Handeln mögen in Staat und Gesellschaft große Bedeutung haben. **Recht im positivistischen Sinn werden politische Vorstellungen jedoch erst, wenn sie zu einer staatlichen Rechtsnorm geworden sind**. Und wer immer – etwa ein Richter – Recht **anwendet**, darf nicht fragen, was **er** politisch für gut, gerecht oder vernünftig hält, sondern er muss fragen, was das demokratisch legitimierte **gesatzte Recht des Staats** angeordnet hat.

[V]. **„Recht"** ist nicht mit **„Gerechtigkeit"** gleichzusetzen. Die Vorstellung von Gerechtigkeit als Inbegriff des Rechts stammt aus dem Naturrecht und aus dem Vernunftrecht. Im positivistischen Staat ist „Gerechtigkeit" ein Thema für die dem Recht vorgelagerte **Politik**. Die Politik muss erörtern, was sie für gerecht hält, und was im Recht geregelt sein soll. **Recht** liegt erst vor, wenn politische Vorstellungen – sie mögen sich an Gerechtigkeit orientieren – im Prozess der demokratischen Legitimierung zu einer staatlichen Rechtsnorm geworden sind. Im positivistischen Staat geht es nicht um Gerechtigkeit, sondern um **Rechtmäßigkeit** im Sinne von **Gesetzmäßigkeit**. Der Staat und seine Organe müssen sich so verhalten, wie es durch die Rechtsnormen des Staats geboten ist; ob dieses Verhalten und ob die bezüglichen Rechtsnormen **gerecht** sind, ist keine Frage des Rechts, sondern eine Frage der politischen Bewertung. 26

Allerdings: Der positivistische Staat verpflichtet das staatliche Recht, im Interesse der Würde eines jeden Menschen, **für jeden gleich zu gelten** und **jeden gleich zu behandeln**; **die Privilegierung oder Diskriminierung von Einzelnen oder von gesellschaftlichen Gruppen ist verboten**. Dieser Grundsatz findet sich im **Gleichheitssatz** [➔] des Art 7 Abs 1 B-VG (Bundes-Verfassungsgesetz): *„Alle Staatsbürger sind vor dem Gesetz gleich. Vorrechte der Geburt, des Geschlechtes, des Standes, der Klasse und des Bekenntnisses sind ausgeschlossen"*. **Im positivistischen Staat zeigt sich die „Gerechtigkeit" in der Gleichberechtigung und in der Gleichbehandlung aller Staatsbürger**. 27

[VI]. Dass die **österreichische Verfassungs- und Rechtsordnung** strikt auf dem Standpunkt des Rechtspositivismus steht, zeigt sich etwa darin, dass die **österreichische Bundesverfassung keine Präambel** [➔] – eine erklärende Einleitung des Gesetzestexts – aufweist, welche die Rechtsordnung ideologisch einführt. **Art 1 B-VG** lautet schlicht: ***„Österreich ist eine demokratische Republik. Ihr Recht geht vom Volk aus"***. Was das Volk im Einzelnen zum Recht macht, ist nicht vorgegeben. Andere Verfassungstexte kennen Präambeln: 28

- Die Präambel der Ständischen Verfassung 1934 richtete Österreich als „Gottesstaat" ein. Die Präambel lautete: ***„Im Namen Gottes, des Allmächtigen, von dem alles Recht ausgeht, erhält das österreichische Volk für seinen christlichen, deutschen Bundesstaat auf ständischer Grundlage diese Verfassung."*** 29
- Das Grundgesetz für die Bundesrepublik Deutschland, das aus dem Jahr 1949 stammt, nimmt transzendentalen Bezug, auch wenn es den Staat nicht als Gottesstaat sieht. Die Präambel lautet: *„Im Bewusstsein seiner Verantwortung* ***vor Gott*** *und den Menschen, von dem Willen beseelt, als gleichberechtigtes Glied in einem vereinten Europa dem Frieden der Welt zu dienen, hat sich das Deutsche Volk kraft seiner verfassungsgebenden Gewalt dieses Grundgesetz gegeben. …"* 30
- Bezüge zu Gott stellt auch die Landesverfassung von Tirol (Tiroler Landesordnung 1989) her. So lautet deren Präambel: *„Der Landtag hat in Anerkennung des Beitrittes des selbständigen Landes Tirol zum Bundesstaat Österreich, in Anerkennung der Bundesverfassung, im Bewußtsein, daß die* ***Treue zu Gott*** *und zum geschichtlichen Erbe, die geistige und kulturelle Einheit des ganzen Landes, die Freiheit und Würde des Menschen, die geordnete Familie als Grundzelle von Volk und Staat die geistigen, politischen und sozialen Grundlagen des Landes Tirol sind, die zu wahren und zu schützen oberste Verpflichtung der Gesetzgebung und der Verwaltung des Landes Tirol sein muß, beschlossen: …"* 31
- Die Präambel des EU-Vertrags [751] beruft sich nicht auf Gott, aber auf das „religiöse Erbe" Europas: *„Schöpfend aus dem kulturellen,* ***religiösen*** *und humanistischen Erbe Europas, aus dem sich die unverletzlichen und unveräußerlichen Rechte des Menschen sowie Freiheit, Demokratie, Gleichheit und Rechtsstaatlichkeit als universelle Werte entwickelt haben, …"*. 32

2. KAPITEL: VERFASSUNG

Glossar: *Absolute Monarchie, Absolutismus, Annexionstheorie, Anschluss, Bundes-Verfassungsgesetz (B-VG), Datenschutzgesetz 2000 (DSG 2000), Deutschösterreich, Dezemberverfassung 1867, EU-Beitritts-BVG, EU-Beitrittsvertrag, Europäische Menschenrechtskonvention (EMRK), Finanz-Verfassungsgesetz 1948 (F-VG 1948), Französische Revolution, Gesetz, Konkordat 1933/34, Konstitutionalismus, konstitutionelle Monarchie, Monarchie, Neutralitätsgesetz 1955, Okkupationstheorie, Oktoberverfassung 1918, Parteiengesetz 2012 (PartG), Polizeistaat, Revolution, Staatsgrundgesetz 1867 (StGG 1867), Staatslehre, Staatsvertrag, Staatsvertrag von Saint-Germain-en-Laye 1919, Staatsvertrag von Wien 1955, Ständische Verfassung 1934, Unabhängigkeitserklärung, Unvereinbarkeits- und Transparenz-Gesetz (Unv-Transparenz-G), Verfassung, Verfassung im formellen Sinn, Verfassung im materiellen Sinn, Verfassungsgeschichte, Verfassungsgesetze, Verfassungslehre, Verfassungsrecht, Verfassungsstaat, Verfassungs-Überleitungsgesetz (V-ÜG) 1945, Verwaltungslehre, Verwaltungsrecht.*

VERFASSUNGSSTAAT

33 2/1 **DIE VERFASSUNG**

POLIZEISTAAT ⟹ **KONSTITUTIONALISMUS** ⟹ **VERFASSUNGSSTAAT**

34 Im Rechtspositivismus gelten nur die vom Staat gesetzten Normen als Recht. Aber **wer** ist der Staat ? **Wie** erzeugt der Staat das Recht ? Diese Fragen beantwortet die **Verfassung** [➔] eines Staats (= Konstitution, von lateinisch „constitutio"). **In der Verfassung schreibt der Staat die Organisation des Staats und die Regeln für die Ausübung der Staatsgewalt verbindlich fest**. Der Staat regelt durch Rechtsnormen sich selbst und sein Recht. **Ein Staat, der eine Verfassung hat, ist ein Verfassungsstaat** [➔] (= konstitutioneller Staat). Österreich hat eine Verfassung und ist ein Verfassungsstaat.

35 Im Gegensatz zum Verfassungsstaat bezeichnet man einen (vorkonstitutionellen) Staat, der keine Verfassung hat, der also die Staatsgewalt uneingeschränkt und unkontrolliert ausübt, als **Polizeistaat** [➔]. Der Begriff „Polizeistaat" kommt vom antiken griechischen Wort πολις („pólis"), was „Staat" und „Staatsgewalt" bedeutet. Die Rechtssprache leitet von „pólis" mehrere Begriffe ab. Das Wort findet sich auch in „Politik" [78]; in „Polizeiverwaltung" [1163] und in „Polizei" als Wachkörper [1254].

KONSTITUTIONALISMUS

36 [I]. **Historisch** war der Staat meist mit einem **„absoluten"** Herrscher identisch, dessen Herrschaftssystem war der **Absolutismus** [➔]. Der Staat war identisch mit dem Menschen, der die Macht hatte („*l´état c´est moi*"). Ein Monarch, ein Diktator, ein Tyrann. Der absolute Staat setzt seine Gewalt nach Gutdünken ein, er schuldet niemandem Rechenschaft.

37 [II]. Die absolutistische Sicht bringt die Rechtfertigung, der Staat sei sinnvoll und zweckmäßig, weil er eine Gesellschaft frei von körperlicher Gewalt gewährleistet, in Bedrängnis. Der absolute Staat mag eine Gesellschaft frei von körperlicher Gewalt gewährleisten. Der Preis für die Menschen ist aber hoch. Wäre die Gesellschaft nicht frei von körperlicher Gewalt, so müsste jeder Mensch mit der körperlichen Gewalt anderer rechnen; er müsste sich gegen die Gewalt der anderen selbst schützen, sich bewaffnen, und hätte damit in der gewalttätigen Auseinandersetzung mit den anderen seine Chance. Unter effektiven staatlichen Bedingungen wird der Mensch nicht durch die körperliche Gewalt anderer Menschen bedroht, er selbst braucht auch keine körperliche Gewalt zu üben. Allerdings steht er dafür als Einzelner dem Gewaltmonopol des Staats, dem bewaffneten und professionell gerüsteten Staat gegenüber. Gegen den hätte er wegen der ungleichen Machtverhältnisse in einer körperlichen Auseinandersetzung von vornherein keine Chance. **Die Bedrohung durch andere Menschen ist der Bedrohung durch den Staat gewichen**. Diese Bedrohung ist für den Einzelnen massiver und totalitärer als es jede Bedrohung durch andere Menschen sein

könnte. Wer auf dem Spaziergang von A nach B von einem Wegelagerer gestellt und erschlagen wird, erleidet ein böses Schicksal; wer auf diesem Spazierweg vom Staat gestellt und erschlagen wird, erleidet dasselbe böse Schicksal; mit dem Unterschied, dass der Erschlagene mit Gegenwehr gegen den Wegelagerer vielleicht eine Chance gehabt hätte.

38 Dagegen lässt sich nicht einwenden, dass der Staat nur Gutes will und unseren Spaziergänger nicht berauben und erschlagen wird. **Macht** und **Machtmissbrauch** sind Phänomene, die immer zusammen auftreten. **Macht ohne Machtmissbrauch ist nicht denkbar**. Unsere Geschichte, in der die Staaten immer absolute Staaten waren, zeigt eine Vielzahl blutiger und grausamer Übergriffe des Staats gegen seine Menschen.

39 [III]. Weil Macht ohne Machtmissbrauch nicht denkbar ist, kann die Zustimmung zum Staat als Organisation, die eine Gesellschaft frei von körperlicher Gewalt gewährleistet, nicht uneingeschränkt sein. Es gilt, **den Staat so zu organisieren, sein Handeln so zu gestalten, dass der Machtmissbrauch zwar nicht – weil unmöglich – zur Gänze ausgeschlossen wird, aber doch auf das weitest mögliche Maß reduziert bleibt**. Nur wenn die Gewalt des Staats gezähmt wird, ist die Existenz des Staats für die Menschen und für die Gesellschaft erträglich und vertretbar.

40 Mit dem absoluten Staat freilich ist das nicht zu machen. Der absolute Staat beansprucht uneingeschränkte Herrschaft und ist nicht bereit, die Ausübung seiner Gewalt zu rechtfertigen. Als **politische gegen den Absolutismus des Staats gerichtete Bewegung** verlangte um die **Mitte des 19. Jahrhunderts** unter revolutionären Begleitumständen der **Konstitutionalismus** [➔] europaweit eine Verrechtlichung des Staats, **einen Verfassungsstaat**. Der Konstitutionalismus war erfolgreich. Der österreichische Konstitutionalismus rang der widerstrebenden **Monarchie** [➔] eine geschriebene Verfassung(surkunde) (= **Dezemberverfassung 1867** [58]) ab und gestaltete die bislang **absolute Monarchie** [➔] in eine **konstitutionelle Monarchie** [➔] um. Der Konstitutionalismus war in der 1918 entstandenen österreichischen Republik die ideologische Grundlage der Verfassung. Er ist es auch heute.

41 Der Konstitutionalismus fußt auf den Forderungen der US-amerikanischen **Unabhängigkeitserklärung** [➔] vom 04.07.1776 und auf den Ideen der **Französischen Revolution** [➔] (1789 bis 1799).

INHALT DER VERFASSUNG – VERFASSUNG IM MATERIELLEN SINN

42

- **RECHTSERZEUGUNGSREGELN**
- **GEWALTENTEILUNG**
- **PARLAMENTARISCHE DEMOKRATIE**
- **FREIHEITSRECHTE**

KONSTITUTIONALISMUS = VERFASSUNG IM MATERIELLEN SINN

2/2

43 [I]. Der **Konstitutionalismus des 19. Jahrhunderts** verlangte vom Staat nicht nur allgemein eine Verfassung, welche die Organisation des Staats und die Regeln für die Ausübung der Staatsgewalt verbindlich festlegt. Er hatte auch klare Vorstellungen, was **Inhalt der Verfassung** sein, was zur Mäßigung der Staatsgewalt und zur Verhinderung des Machtmissbrauchs in die Verfassung(surkunde) geschrieben werden soll. Neben der **Verrechtlichung der Rechtserzeugung** (= **Rechtserzeugungsregeln**) waren insbesondere drei Inhalte der Verfassung gefordert: **Erstens** die **Gewaltenteilung**: Die Verfassung verteilt die Staatsgewalt auf verschiedene Staats(teil)organisationen [200]. **Zweitens** die **parlamentarische Demokratie**: Die Verfassung unterwirft das Recht des Staats dem Willen des in einem Parlament organisierten Volks [155]. Und **drittens** die **Freiheitsrechte**: Die Verfassung garantiert jedem Menschen einen nur ihm zustehenden „staatsfreien" Raum, in den der Staat nicht eingreifen darf [507].

44 [II]. Diesen **politisch** geforderten **Inhalt** einer Verfassung nennt die Staatslehre [75] **Verfassung im materiellen Sinn** [➔]. **Die Verfassung im materiellen Sinn beschreibt den – gemessen an den Vorstellungen des Konstitutionalismus – idealtypischen Inhalt einer Verfassung**(**surkunde**), nämlich Regelungen über die Rechtserzeugung, über die Gewaltenteilung, über eine parlamentarische Demokratie und über Freiheitsrechte. Löst man den Begriff der Verfassung im materiellen Sinn aus seiner historischen Verbindung mit dem Konstitutionalismus des 19. Jahrhunderts heraus, so können als **Verfassung eines Staats im materiellen Sinn alle staatlichen Rechtsnormen gelten, soweit sie die Organisation des Staats und die Ausübung der Staatsgewalt betreffen**.

ZWEIRANGIGE GESETZE – VERFASSUNG IM FORMELLEN SINN

45 [I]. Der Konstitutionalismus forderte vom Staat die Festschreibung der Rechtserzeugungsregeln, der Gewaltenteilung, der Parlamentarischen Demokratie und der Freiheitsrechte in einem „**Grundgesetz**" des Staats. Der Staat musste nachgeben und erließ tatsächlich in fünf bezüglichen (**Staats**)**Grundgesetzen** der **Dezemberverfassung 1867** [58] bezügliche Bestimmungen. Fortan hatte der österreichische Staat eine **Verfassung** (**im materiellen Sinn**), weil und soweit in den staatlichen Gesetzen der Dezemberverfassung 1867 die vom Konstitutionalismus geforderten Regelungen über die Rechtserzeugung, über die Gewaltenteilung, über eine parlamentarische Demokratie und über Freiheitsrechte festgeschrieben waren.

46 [II]. Förmlich waren die Gesetze der Dezemberverfassung 1867 Gesetze wie alle anderen Gesetze des Staats auch. Man bezeichnete sie nur deswegen als Staats**grund**gesetze, weil sie die materiellen Verfassungsthemen behandelten. Sie zogen ihre hervorgehobene Bedeutung aus ihrem Inhalt, nicht aus einer privilegierten Form.

47

ZWEIRANGIGE GESETZE

❶ **VERFASSUNGSGESETZE** (= **Verfassung im formellen Sinn**)

❷ **EINFACHE GESETZE**

2/3

48 Eine **privilegierte Form** von **Gesetzen** [➔] ist denkbar. Die Rechtsordnung kann eine **Rangordnung** zwischen **„Verfassungs"gesetzen** und **„einfachen" Gesetzen** festlegen [313]. Sie kann sagen, es gibt viele Gesetze, einige davon sind **besonders wichtig**. Diese besonders wichtigen Gesetze sollen **politisch stabil** sein und im Fall eines Widerspruchs zu anderen Gesetzen diesen anderen Gesetzen **vorgehen**. Die politische Stabilität von Verfassungsgesetzen folgt aus der Notwendigkeit einer qualifizierten Mehrheit (etwa eine Zwei-Drittel-Mehrheit) bei der Beschlussfassung im Parlament. Das Verfassungsgesetz kann nur mit breiter Zustimmung beschlossen und – einmal erlassen – wieder nur mit breiter Zustimmung abgeändert werden. Der Vorrang vor einfachen Gesetzen, die nur eine einfache Mehrheit benötigen, folgt daraus, dass einfache Gesetze bei Widerspruch zu Verfassungsgesetzen verfassungswidrig sind und aufgehoben werden müssen. Das Parlament entscheidet frei, ob es ein Gesetz als privilegiertes **Verfassungsgesetz** [➔] oder als **einfaches Gesetz** erlässt.

49 Die Dezemberverfassung 1867 der Monarchie kannte **keine** Rangordnung der Gesetze. **Erst die Verfassung der demokratischen Republik führte 1920 im Bundes-Verfassungsgesetz** (**B-VG**) [69] **die Rangordnung der Gesetze** (**Verfassungsgesetze – einfache Gesetze**) **ein**.

[III]. In einer Rechtsordnung, die keine Rangordnung der Gesetze kennt, ist nur das Verfassungsrecht **im materiellen Sinn** ein Thema. Es geht um die Frage, welche Paragrafen und Artikel der gleichrangigen Gesetze des Staats befassen sich mit der Organisation des Staats und der Ausübung der Staatsgewalt, insbesondere mit den Rechtserzeugungsregeln, der Gewaltenteilung, der Parlamentarischen Demokratie und den Freiheitsrechten. In einer Rechtordnung, die eine Rangordnung der Gesetze kennt, müssen wir hingegen die **Verfassung im materiellen Sinn** von der **Verfassung im formellen Sinn** [➔] unterscheiden. **Verfassung im formellen Sinn sind alle jene Gesetze, die das Parlament als Verfassungsgesetze erlassen hat**. Da das Parlament frei ist zu entscheiden, ob es eine Regelung im Rang eines Verfassungsgesetzes oder im Rang eines einfachen Gesetzes erlässt, bilden alle Gesetze, die in Form eines Verfassungsgesetzes vom Parlament erlassen wurden, die Verfassung eines Staats im formellen Sinn. **Auf den Inhalt des Verfassungsgesetzes kommt es bei der Verfassung im formellen Sinn nicht an**. 50

[IV]. Es liegt nahe, dass ein **Parlament** vor allem die der Verfassung im materiellen Sinn zugeschriebenen Themen über die Rechtserzeugung, über die Gewaltenteilung, über die parlamentarische Demokratie und über Freiheitsrechte als wichtig ansieht und in einer Rechtsordnung, die eine Rangordnung der Gesetze kennt, nicht in einfachen Gesetzen, sondern in Verfassungsgesetzen regelt. **Die Verfassung im materiellen Sinn und die Verfassung im formellen Sinn decken sich so weitgehend**. Allerdings nur **weitgehend**, nicht ganz: 51

- Weil das Parlament frei entscheidet, ob es ein Gesetz als privilegiertes Verfassungsgesetz oder als einfaches Gesetz erlässt, finden sich manchmal für die Organisation des Staats und die Ausübung der Staatsgewalt wichtige Regeln bloß in einfachen Gesetzen, nicht in Verfassungsgesetzen. So hat der Gesetzgeber etwa Bestimmungen, wie das Parlament (Nationalrat) bei der Gesetzgebung zu verfahren hat, nicht in einem (Bundes)Verfassungsgesetz, sondern im einfachen Geschäftsordnungsgesetz 1975 (GOG-NR) erlassen [914]; nach welchen Verfahrensregeln die Abgeordneten zum Nationalrat zu wählen sind, bestimmt das einfache Bundesgesetz über die Wahl des Nationalrates (Nationalrats-Wahlordnung 1992 – NRWO), nicht ein privilegiertes Verfassungsgesetz. 52
- Weil das Parlament frei entscheidet, ob es ein Gesetz als privilegiertes Verfassungsgesetz oder als einfaches Gesetz erlässt, enthalten umgekehrt die privilegierten Verfassungsgesetze Regeln, die für die Organisation des Staats und die Ausübung der Staatsgewalt ohne Bedeutung sind. Etwa beschreibt Art 8a B-VG eingehend die Farben der österreichischen Flagge und das Aussehen des Bundeswappens. Das hat nichts mit der Organisation des Staats und der Ausübung der Staatsgewalt zu tun. 53

54

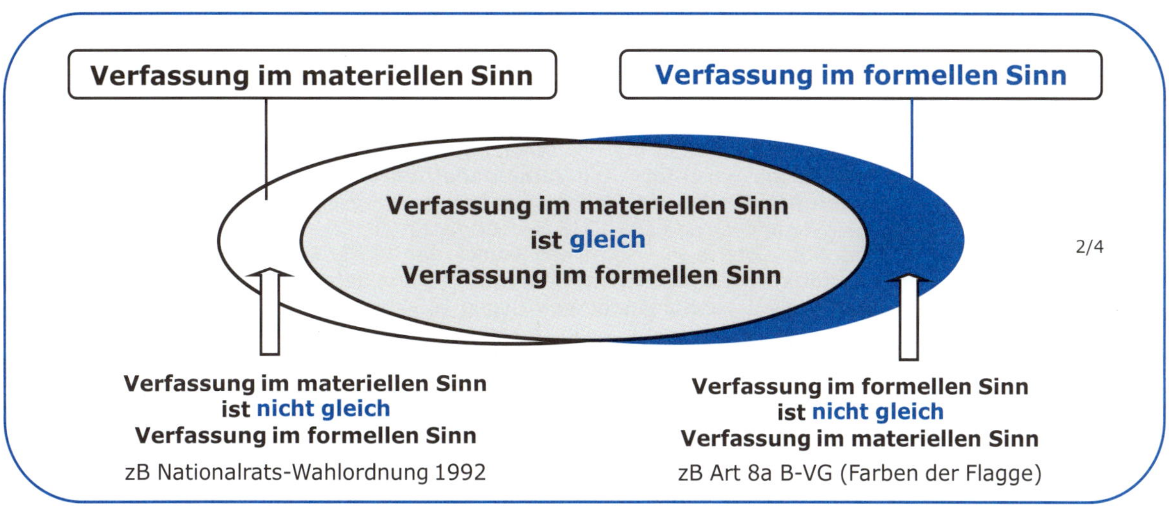

VERFASSUNGSGESCHICHTE

55

2/5

VERFASSUNGSGESCHICHTE

1867: **Konstitutionelle Monarchie** („Dezemberverfassung")

1918: **Demokratische Republik Deutschösterreich** („Oktoberverfassung", „Märzverfassung" 1919)

1920: **Demokratische Republik Österreich** (Bundes-Verfassungsgesetz [B-VG])

1934: **Autoritärer Ständestaat** auf föderativer Grundlage (Ständische Verfassung 1934)

1938: **Großdeutsches Reich** (Anschluss: „Annexionstheorie", „Okkupationstheorie")

1945: **Demokratische Republik Österreich** (Verfassungs-Überleitungsgesetz 1945 [V-ÜG], Bundes-Verfassungsgesetz [B-VG])

1995: **Mitglied der Europäischen Union** (EU-Beitritts-BVG, EU-Beitrittsvertrag)

56 [I]. Die geltende österreichische Verfassungsordnung stammt aus dem **Jahre 1945** (**Verfassungs-Überleitungsgesetz (V-ÜG) 1945** [➔] [62]). Schon zuvor gab es Verfassungsordnungen, die Gegenstand der **Verfassungsgeschichte** [➔] sind:

57 • **Vor 1867** war Österreich eine **absolute Monarchie** [➔]. Die Staatsgewalt lag in den Händen einer Person, des „Monarchen", der an keine Regeln gebunden war und seine Allmacht mit dem „Gottesgnadentum" [16] begründete.

58 • Nach jahrelangen zum Teil revolutionären Auseinandersetzungen trotzte das Volk dem Monarchen 1867 die **Dezemberverfassung 1867** [➔] ab. Österreich wurde zur **konstitutionellen Monarchie** [➔]. Die Dezemberverfassung 1867 bestand aus fünf Staatsgrundgesetzen, dem „Grundgesetz über die Reichsvertretung" (RGBl 1867/141); dem „Staatsgrundgesetz über die allgemeinen Rechte der Staatsbürger", RGBl 1867/142 (= das heute noch geltende **Staatsgrundgesetz 1867 (StGG 1867)** [➔]); dem „Staatsgrundgesetz über die Einsetzung eines Reichsgerichtes" (RGBl 1867/143); dem „Staatsgrundgesetz über die richterliche Gewalt" (RGBl 1867/144); und dem „Staatsgrundgesetz über die Ausübung der Regierungs- und der Vollzugsgewalt" (RGBl 1867/145).

59 • **1918** entstand revolutionär die demokratische Republik **Deutschösterreich** [➔]. Nach den Provisorien der **Oktoberverfassung 1918** [➔] und der Märzverfassung 1919 begründete **1920** das **Bundes-Verfassungsgesetz (B-VG)** [➔] die **Republik Österreich**.

60 • **1934** schuf die **Verfassung des Bundesstaates Österreich** (= **Ständische Verfassung 1934** [➔]) nach bürgerkriegsähnlichen Auseinandersetzungen einen **autoritären Ständestaat** auf föderativer Grundlage, wobei die Bundesregierung den Verfassungsmittelpunkt bildete. Die Verfassung bezeichnete sich zwar selbst als „demokratisch", die allgemeine parlamentarische Demokratie war aber abgeschafft.

61 • **1938** vereinigte das Bundesverfassungsgesetz über die Wiedervereinigung Österreichs mit dem Deutschen Reich, BGBl 1938/75, Österreich mit dem nationalsozialistischen Deutschen Reich (= **Anschluss** [➔]). Der deutsche Staat war ein „Führerstaat", von Demokratie war keine Rede mehr. **Von 1938 bis 1945 war Österreich Teil des Deutschen Reichs**. Ob Österreich 1938 als Staat untergegangen und 1945 als Staat neu entstanden war, oder ob Österreich 1938 nur von einer fremden Macht besetzt wurde, weiter bestand und 1945 befreit wurde, war lange umstritten. Die **Annexionstheorie** [➔] behauptete den Untergang Österreichs als Staat. Die **Okkupationstheorie** [➔] sah Österreich als besetzt, aber nicht als untergegangen an. Praktisch hatte dieser Theorienstreit nach 1945 Bedeutung für die Frage, ob das neue Österreich an völkerrechtliche Verträge des alten Österreich – so an das **Konkordat 1933/34** [➔] mit dem Heiligen Stuhl – gebunden ist. Die **Okkupationstheorie setzte sich durch**. Im Sinne der Okkupationstheorie galt formal während der Besetzung 1938 bis 1945 die Ständische Verfassung 1934 weiter fort.

62 • Das **Verfassungs-Überleitungsgesetz (V-ÜG) 1945** [➔] löste die Ständische Verfassung 1934 im Jahr **1945** ab und setzte das **Bundes-Verfassungsgesetz 1920** (wieder) in Kraft [68 f], das bis heute – mit Anpassungen und Änderungen – gilt. Österreich ist seither wieder eine Parlamentarische Republik.

63 • Auf Grund des **EU-Beitritts-BVG** [➔] trat Österreich **1995** nach durchgeführter Volksabstimmung der **Europäischen Union** [756] durch Abschluss des **EU-Beitrittsvertrags** [➔] bei.

[II]. Die Geschichte zeigt, dass Verfassungen immer wieder durch andere Verfassungen ersetzt werden. Oft sehen die Verfassungen selbst Regeln und Wege vor, wie die Verfassung abgeändert werden kann. Wird eine geltende Verfassung **nach ihren eigenen Regeln** abgeändert und durch eine neue Verfassung ersetzt, so spricht man von **Kontinuität** der Verfassungsordnung. Entsteht die neue Verfassung unter Missachtung der alten Verfassung, so spricht man von **Diskontinuität** der Verfassungsordnung. Eine solche Diskontinuität lässt eine neue Verfassungsordnung „revolutionär" entstehen, man spricht von **Revolution** [➔] im Rechtssinn. 64

Unbestritten ist, dass der Übergang von der konstitutionellen Monarchie zur demokratischen Republik **1918** revolutionär erfolgte. Diskontinuitäten liegen aber auch **1934** (Übergang von der demokratischen Republik zum Ständestaat) und **1945** (Einsetzung der heute geltenden Verfassung durch das V-ÜG 1945 und Übergang vom – okkupierten – Ständestaat wieder zur demokratischen Republik) vor. 65

DIE ÖSTERREICHISCHE VERFASSUNGSORDNUNG

66

2/6

DIE „VERSTREUTE" VERFASSUNG

- **Verfassungs-Überleitungsgesetz 1945 (V-ÜG)**
- **Bundes-Verfassungsgesetz (B-VG)**
- **weitere Bundesverfassungsgesetze:**
  - Staatsgrundgesetz 1867 (StGG 1867)
  - Finanz-Verfassungsgesetz 1948 (F-VG 1948)
  - Neutralitätsgesetz 1955
  - EU-Beitritts-BVG, BVG Staatsziele ua
- **einzelne Verfassungsbestimmungen in einfachen Gesetzen:**
  - Parteiengesetz 2012 (PartG)
  - Datenschutzgesetz 2000 (DSG 2000)
  - Unvereinbarkeits- und Transparenz-Gesetz ua
- **Staatsverträge in Verfassungsrang:**
  - Europäische Menschenrechtskonvention (EMRK)
  - Zusatzprotokolle zur EMRK (ZPzEMRK) ua
- **einzelne Verfassungsbestimmungen in Staatsverträgen:**
  - Staatsvertrag von Wien 1955
  - Staatsvertrag von Saint-Germain-en-Laye 1919
  - Internationales Übereinkommen über die Beseitigung aller Formen rassischer Diskriminierung ua
- (**Landesverfassungsgesetze** und **Landesverfassungsbestimmungen**)

Österreich, dessen Gesetzgebung zweirangig organisiert ist, kennt Verfassungsgesetze (im formellen Sinn). Es verfügt über **kein einheitliches Verfassungsgesetz**, in dem **alle** Verfassungsbestimmungen enthalten sind. Vielmehr sind – abgesehen von der später noch zu erörternden Unterscheidung in Verfassungsgesetze des Bundes und in Verfassungsgesetze der Länder [370] – die Verfassungsregeln **auf verschiedene verfassungsrangige Rechtsnormen verstreut**: 67

- **Grundlage der heute in Österreich geltenden Verfassung** ist das **Verfassungs-Überleitungsgesetz (V-ÜG) 1945** [➔]. Die „provisorische Staatsregierung" erließ im Jahre 1945 dieses Verfassungsgesetz. Sie formulierte im V-ÜG 1945 aber keinen vollständigen Verfassungstext, sondern übernahm den damals nicht mehr geltenden Verfassungstext aus dem Jahre 1920 idF 1929, nämlich das Bundes-Verfassungsgesetz 1920 (B-VG), als „neue" Verfassung. 68

69 • Das **Bundes-Verfassungsgesetz (B-VG)** [➔], das aufgrund des Verfassungs-Überleitungsgesetzes (V-ÜG) 1945 als Verfassungsgesetz gilt, enthält die wesentlichen Regeln über die Organisation des Staats und die Ausübung der Staatsgewalt in Österreich. Das B-VG wurde bisher (bis 2013) über 110 Mal novelliert.

70 • Neben dem B-VG gelten **weitere Bundesverfassungsgesetze**, die entweder auch aus älteren Perioden stammen, und die das V-ÜG 1945 gleichfalls in die geltende Verfassungsordnung übernahm, oder die nach 1945 der Verfassungsgesetzgeber neu erließ. Insgesamt existieren etwa **40 Verfassungsgesetze des Bundes**. Zu nennen sind beispielsweise das **Staatsgrundgesetz 1867 (StGG 1867)** [➔], das **Finanz-Verfassungsgesetz 1948 (F-VG 1948)** [➔], das **Neutralitätsgesetz 1955** [➔], das **BVG über den Beitritt Österreichs zur Europäischen Union (EU-Beitritts-BVG** [➔]).

71 • Auch einfache Gesetze können **einzelne in Verfassungsrang stehende Bestimmungen** enthalten. An die 250 Verfassungsbestimmungen finden sich in einfachen Gesetzen, so im **Parteiengesetz 2012 (PartG)** [➔], im **Zivildienstgesetz 1986 – ZDG** (BGBl 1986/679 idgF), im **Datenschutzgesetz 2000 (DSG 2000)** [➔], im **Unvereinbarkeits- und Transparenz-Gesetz (Unv-Transparenz-G)** [➔].

72 • Weiters können **Staatsverträge** [➔] in Verfassungsrang stehen, etwa die Europäische Konvention zum Schutze der Menschenrechte und Grundfreiheiten (= **Europäische Menschenrechtskonvention (EMRK)** [➔]) oder die **Zusatzprotokolle zur EMRK** (ZPzEMRK).

73 • Schließlich finden sich über 300 **einzelne in Verfassungsrang stehende Bestimmungen** in gesetzesrangigen **Staatsverträgen**, etwa im **Staatsvertrag von Saint-Germain-en-Laye 1919** [➔], im **Staatsvertrag von Wien 1955** [➔] oder im **Internationalen Übereinkommen über die Beseitigung aller Formen rassischer Diskriminierung** (BGBl 1972/377 idgF).

DAS „VERFASSUNGSRECHT" IN DER AKADEMISCHEN LEHRE

74 Die akademische Lehre betrachtet in der **normativen** Wissenschaft **Verfassungsrecht** [➔] alle formell als **Verfassungsgesetze** vom Bund und den Ländern erlassenen Gesetze, aber auch die in anderen Rechtsvorschriften enthaltenen Regelungen, die wegen ihres Inhalts der Verfassung im materiellen Sinn zugehören. Die **Verfassungs*lehre*** [➔] berücksichtigt darüber hinaus als **politische** Wissenschaft wertend die Verfassungsordnung, die einzelnen Verfassungsbestimmungen, ihre politischen und sachlichen Zusammenhänge und Anliegen.

75 Das Verfassungsrecht und die Verfassungslehre sind Teil des **Öffentlichen Rechts**, das sich mit allen Aspekten des **Staats und der Staatsgewalt** befasst. Teil des Öffentlichen Rechts ist auch die Wissenschaft, die sich beschreibend und wertend mit dem Phänomen „Staat" auseinandersetzt, und die man **Staats*lehre*** [➔] nennt. Soweit sie nicht bloß einen konkreten Staat erfasst, sondern sich auf das Staatsphänomen allgemein bezieht, spricht man von „Allgemeiner Staatslehre".

DAS „VERWALTUNGSRECHT" IN DER AKADEMISCHEN LEHRE

76 Das **Verwaltungsrecht** [➔] ist eine **normative Wissenschaft** und umfasst die einfachen Gesetze, welche die Organisation der Verwaltung und die Ausübung der Staatsgewalt im Interesse der Allgemeinheit regeln. Zum Verwaltungsrecht gehören etwa das Gewerberecht, das Baurecht, das Raumordnungsrecht, das Polizeirecht und das Verwaltungsverfahrensrecht. Die **Verwaltungs*lehre*** [➔] ist eine **empirische Wissenschaft**, die sich mit dem tatsächlichen Verwaltungsgeschehen befasst. Ihr Ziel ist es, auf systematisch und methodisch gesicherte Weise Erkenntnisse über die Verwaltung zu gewinnen. Themen der Verwaltungslehre sind ua die Effizienzforschung, die Bürokratieforschung und die Verwaltungsreform.

77

Bundes-Verfassungsgesetz (B-VG)

Das **Bundes-Verfassungsgesetz (B-VG)** ist das wichtigste Gesetz der geltenden Verfassung. Es ist in **neun Hauptstücke** gegliedert:

Erstes Hauptstück: Allgemeine Bestimmungen. Europäische Union (Art 1 bis 23k)

- **A.** Allgemeine Bestimmungen (Art 1 bis 23)
- **B.** Europäische Union (Art 23a bis 23k)

Zweites Hauptstück: Gesetzgebung des Bundes (Art 24 bis 59b)

- **A.** Nationalrat (Art 24 bis 33)
- **B.** Bundesrat (Art 34 bis 37)
- **C.** Bundesversammlung (Art 38 bis 40)
- **D.** Der Weg der Gesetzgebung (Art 41 bis 49b)
- **E.** Mitwirkung des Nationalrates und des Bundesrates an der Vollziehung des Bundes (Art 50 bis 55)
- **F.** Stellung der Mitglieder des Nationalrates und des Bundesrates (Art 56 bis 59b)

Drittes Hauptstück: Vollziehung des Bundes (Art 60 bis 94)

- **A.** Verwaltung (Art 60 bis 81c)
  - **1.** Bundespräsident (Art 60 bis 68)
  - **2.** Bundesregierung (Art 69 bis 78)
  - **3.** Sicherheitsbehörden des Bundes (Art 78a bis 78d)
  - **4.** Bundesheer (Art 79 bis 81)
  - **5.** Schulbehörden des Bundes (Art 81a und 81b)
  - **6.** Universitäten (Art 81c)
- **B.** Ordentliche Gerichtsbarkeit (Art 82 bis 94)

Viertes Hauptstück: Gesetzgebung und Vollziehung der Länder (Art 95 bis 112)

- **A.** Allgemeine Bestimmungen (Art 95 bis 106)
- **B.** Bundeshauptstadt Wien (Art 108 bis 112)

Fünftes Hauptstück: Selbstverwaltung (Art 115 bis 120c)

- **A.** Gemeinden (Art 115 bis 120)
- **B.** Sonstige Selbstverwaltung (Art 120a bis 120c)

Sechstes Hauptstück: Rechnungs- und Gebarungskontrolle (Art 121 bis 128)

Siebentes Hauptstück: Garantien der Verfassung und Verwaltung (Art 129 bis 148)

- **A.** Verwaltungsgerichtsbarkeit (Art 129 bis 136)
- **B.** Verfassungsgerichtsbarkeit (Art 137 bis 148)

Achtes Hauptstück: Volksanwaltschaft (Art 148a bis 148j)

Neuntes Hauptstück: Schlussbestimmungen (Art 149 bis 152) 2/7

3. KAPITEL: POLITISCHE GRUNDSÄTZE UND STAATSZIELE

Glossar: *Antifaschismus, Antimonarchismus, Atomwaffen- und Atomenergiefreiheit, BVG atomfreies Österreich, BVG Staatsziele, Chauvinismus, Europäische Sozialcharta, Europäischer Wirtschaftsraum (EWR), Faschismus, gesamtwirtschaftliches Gleichgewicht, gesetzliche Sozialversicherung, Imperialismus, Internationaler Pakt über wirtschaftliche, soziale und kulturelle Rechte, Investiturstreit, Kalter Krieg, Kirchen, Kirchenrecht, Kommunismus, Konkordat 1933/34, Laizismus, Landesverteidigung, Militarismus, Nachhaltigkeit, Nationalsozialismus, Nazismus, Neutralität, Neutralitätsgesetz 1955, Politik, positive Diskriminierung, Rassismus, Religionsgesellschaften, Säkularismus, Sozialhilfe, Sozialstaat, Sozialversicherungsträger, Staatskirchenrecht, staatspolitischer Grundsatz, Staatssprache, Staatsvertrag von Wien 1955, Staatsziel, Stalinismus, Tierschutz, Umlagesystem, Umweltschutzstaat, Verbotsgesetz 1947, Vereinte Nationen (VN), Volksgruppe, Wasser- und Lebensmittelversorgung, Wohlfahrtsstaat.*

78 [I]. Die **Politik** [➔] erörtert, **wie der Staat handeln, wie und wofür er seine Staatsgewalt einsetzen soll**. Vor dieser Frage steht der Staat selbst, diese Frage kann sich in der freien Gesellschaft aber auch jeder Private stellen. Die positivistische Verfassung konstruiert den Staat als **Machtmaschine**, die verbindliche Rechtsnormen erzeugt. **Die Verfassung gibt grundsätzlich nicht vor, welche Politik der Staat macht, welchen Inhalt die Rechtsnormen haben**. Die **Staatsorgane**, insbesondere Regierung und Parlament, bestimmen im Einzelnen die Politik des Staats und die Inhalte der Rechtsnormen. In der Demokratie sind die Staatsorgane durch das Volk legitimiert. **In der Demokratie bestimmen letztlich die Menschen in den Wahlzellen, welche Politik der Staat macht**.

79 [II]. Dass die Verfassung den Staatsorganen nicht vorschreibt, welche Politik der Staat macht, welchen Inhalt seine Rechtsnormen haben, gilt im **Grundsatz**. In **Ausnahmen beschränkt** die Verfassung das freie politische Handeln des Staats. Sind die Vorgaben der Verfassung so **präzise**, dass sie **unmittelbar zu befolgen** sind, spricht man von **Staatspolitischen Grundsätzen** [➔]. Gibt die Verfassung den Staatsorganen für ihr Handeln **ohne präzise Anordnungen** im Einzelnen nur **politische Ziele** vor, spricht man von **Staatszielen** [➔].

80 Mit einem Staatsziel schreibt der Bundesverfassungsgesetzgeber den Staatsorganen (der Gesetzgebung und der Vollziehung) die Erfüllung bestimmter Aufgaben vor bzw gibt ihnen die Beachtung materieller Wertvorstellungen vor (= **Verfassungsauftrag**). Einem Verfassungsauftrag widersprechende Rechtsnormen können verfassungswidrig sein, bei der **Auslegung** sind Verfassungsaufträge zu berücksichtigen (= verfassungskonforme Interpretation [Falllösung Rz 148]).

81

STAATSPOLITISCHE GRUNDSÄTZE

- **ANTIMONARCHISMUS**
- **LAIZISMUS**
- **ANTIFASCHISMUS**
- **NEUTRALITÄT**
- **ATOMWAFFEN- UND ATOMENERGIEFREIHEIT**

3/1

ANTIMONARCHISMUS

82 Die Oktoberverfassung 1918 löste revolutionär die Monarchie ab und gab Österreich die Staatsform der **demokratischen Republik**. Österreich ist seit 1918 keine Monarchie, sondern Republik. Die Verfassung richtet Österreich nicht nur als Republik ein, sondern kennt auch scharfe gegen den früheren Monarchen, seine Familie und den sie umgebenden Adel gerichtete Gesetze, sodass die Verfassung nicht nur als republikanisch, sondern auch als antimonarchistisch bezeichnet werden kann. Der **Antimonarchismus** [➔] zeigt sich in folgenden **Verfassungsbestimmungen**:

- Das **Gesetz vom 3. April 1919 betreffend die Landesverweisung und die Übernahme des Vermögens des Hauses Habsburg-Lothringen** (StGBl 1919/209). Das Verfassungsgesetz (Art 149 Abs 1 B-VG) hebt alle Herrscherrechte und sonstige Vorrechte des Hauses Habsburg-Lothringen sowie aller Mitglieder dieses Hauses auf, verweist alle Mitglieder des Hauses des Landes, *„soweit sie nicht auf ihre Mitgliedschaft zu diesem Hause und auf alle aus ihr gefolgerten Herrschaftsansprüche ausdrücklich verzichten und sich als getreue Staatsbürger der Republik bekannt haben"*, verbietet die dem Herrscherhaus zugedachten Titel und Ansprachen, hebt jedes Privatfürstenrecht auf und zieht das gesamte Vermögen des Hauses Habsburg-Lothringen ***„zur Fürsorge für die durch den Weltkrieg in ihrer Gesundheit geschädigten oder ihres Ernährers beraubten Staatsbürger***" ein. 83

  Im „Staatsvertrag betreffend die Wiederherstellung eines unabhängigen und demokratischen Österreich" (**Staatsvertrag von Wien 1955**) verpflichtet sich Österreich nach dem in Verfassungsrang stehenden Art 10 Z 2 völkerrechtlich, ***„das Gesetz vom 3. April 1919 betreffend das Haus Habsburg-Lothringen aufrechtzuerhalten***". 84

- Das **Gesetz vom 3. April 1919 über die Aufhebung des Adels, der weltlichen Ritter- und Damenorden und gewisser Titel und Würden** (StGBl 1919/211). Das Verfassungsgesetz (Art 149 Abs 1 B-VG) hebt den Adel, seine äußeren Ehrenvorzüge sowie bloß zur Auszeichnung verliehene, mit einer amtlichen Stellung, dem Beruf oder einer wissenschaftlichen oder künstlerischen Befähigung nicht im Zusammenhang stehende Titel und Würden und die damit verbundenen Ehrenvorzüge österreichischer Staatsbürger auf. **Die Führung dieser Adelsbezeichnungen, Titel und Würden ist bei Geld- oder Arreststrafe verboten**. 85

LAIZISMUS

[I]. Das Gewaltmonopol kommt ausschließlich dem demokratischen Staat – und sonst niemandem, auch nicht den **Kirchen** – zu. Dies bedarf der Betonung, weil historisch Kirchen im Namen Gottes die körperliche Gewalt gegen Menschen für sich beanspruchten und im Mittelalter etwa ein langer **Investiturstreit** [➔] tobte, ob der Kaiser als weltliche Macht vom Papst einzusetzen ist. Für Österreich hatte diese Frage jüngere Bedeutung, weil die Ständische Verfassung 1934 Österreich als (katholischen) Gottesstaat einrichtete [29]. 86

Unmittelbar aus dem Rechtspositivismus folgt, dass **ausschließlich** der **demokratisch legitimierte Staat** über die gesamte Staatsgewalt verfügt, und **dass auch die Kirchen der demokratischen Staatsgewalt unterworfen sind**. Dies schließt keineswegs aus, dass Kirchen und Religionsgesellschaften als eigene Organisationen existieren, körperliche Gewalt gegen Menschen kommt ihnen allerdings niemals zu. Das System, in dem der mit dem Gewaltmonopol ausgestattete Staat neben den und getrennt von den ihm unterworfenen **Kirchen** [➔] (= christliche Religionen) und **Religionsgesellschaften** [➔] (nicht-christliche Religionen) agiert, nennen wir **Laizismus** [➔] (= **Grundsatz der Trennung von Staat und Kirche**). 87

Ein laizistischer Staat ist „säkularisiert". Der **Säkularismus** [➔] verlangt den Rückzug kirchlicher Institutionen aus den staatlichen Angelegenheiten und Aufgaben. 88

[II]. Der Laizismus folgt insbesondere aus den Regelungen der Verfassung im Zusammenhang mit der **Religionsfreiheit**. **Art 15 StGG** bestimmt: ***„Jede gesetzlich anerkannte Kirche und Religionsgesellschaft ... ordnet und verwaltet ihre inneren Angelegenheiten selbständig*** *...,* ***ist aber****, wie jede Gesellschaft,* ***den allgemeinen Staatsgesetzen unterworfen*** ..." Damit unterwirft die Verfassung die Kirchen und Religionsgesellschaften der **demokratisch legitimierten** Staatsgewalt, gewährt ihnen aber das Grundrecht auf Existenz und Vielfalt sowie im Falle gesetzlicher Anerkennung auf selbständige, vom Staat unbeeinflusste Verwaltung ihrer inneren Angelegenheiten. Dies wird unterstützt durch Art 14 StGG, der jedem die **Glaubens- und Gewissensfreiheit** als Grundrecht gewährleistet. 89

90 Ein laizistischer Staat, der mehrere Kirchen und Religionsgesellschaften als gleichwertig und gleichberechtigt anerkennt, muss zu allen gleiche Distanz halten. Die gesetzlich anerkannten Kirchen in Österreich sind die Katholische Kirche, die Evangelische Kirche (A.B. und H.B.), die Griechisch-orientalische (= orthodoxe) Kirche, die Koptisch-orthodoxe Kirche, die Syrisch-Orthodoxe Kirche, die Altkatholische Kirche, die Methodistenkirche, die Kirche Jesu Christi der Heiligen der Letzten Tage (Mormonen), die Neuapostolische Kirche und die Armenisch-apostolische Kirche. Gesetzlich anerkannte Religionsgesellschaften in Österreich sind die Islamische Glaubensgemeinschaft, die Israelitische Religionsgesellschaft, die Österreichische Buddhistische Religionsgesellschaft und Jehovas Zeugen in Österreich.

91 Das Recht des Staats, das sich mit den Kirchen und Religionsgesellschaften, mit dem Verhältnis der Kirchen und der Religionsgesellschaften zum Staat und mit dem Verhältnis der Kirchen und Religionsgesellschaften zu ihren Mitgliedern befasst, heißt **Staatskirchenrecht** [➔]. Die „inneren" Regeln der Kirchen und Religionsgesellschaften, die sie im Schutz des Art 15 StGG selbständig und unbeeinflusst vom Staat erlassen, nennen wir **Kirchenrecht** [➔], wobei diese inneren Regeln kein staatliches Recht, dem Bereich der freien Gesellschaft zuzuordnen sind, und diesen Regeln die Sanktion der körperlichen Gewalt im Hinblick auf das Gewaltmonopol des Staats nicht zugänglich ist.

92 [III]. Der Eingriff des Staats in die „inneren Angelegenheiten" der Kirchen und Religionsgesellschaften ist durch Art 15 StGG verboten. **Umgekehrt verbietet die Verfassung nicht, dass die Kirchen und Religionsgesellschaften an staatlichen Aufgaben mitwirken, soweit dafür eine gesetzliche Grundlage besteht, und eine solche Mitwirkung nicht gegen Verfassungsbestimmungen verstößt**. Dadurch entsteht ein Freiraum, in dem die einfache Gesetzgebung eine Mitwirkung der Kirchen und Religionsgesellschaften bei staatlichen und öffentlichen Aufgaben vorsehen und reglementieren kann. Was die Katholische Kirche betrifft, so ist dieses Zusammenwirken im **Konkordat 1933/34** [➔] (mit zwei Zusatzverträgen 1960 und 1962), das ist ein **Staatsvertrag** Österreichs mit dem Staat Vatikan („Heiliger Stuhl") über Fragen der Kirche, geregelt. Im Grundsatz gilt in Österreich das Prinzip der **Trennung von Staat und Kirche**. Im Hinblick auf das Konkordat 1933/34 sowie im Hinblick auf einzelne besondere Gesetzesbestimmungen kann Österreich nicht als radikal-laizistisch, sondern muss als **„gemäßigt laizistischer Staat"** bezeichnet werden.

93 Das Konkordat gewährt der Katholischen Kirche die Stellung einer Rechtsperson des öffentlichen Rechts, der Staat unterhält katholisch-theologische Fakultäten, die Ernennung oder Zulassung der Professoren und Dozenten an diesen Fakultäten bedarf der Zustimmung der Kirche, der Staat muss Professoren oder Dozenten auf Wunsch der Kirche abberufen. Das geistliche Amtsgeheimnis gilt auch vor Gerichten und Verwaltungsbehörden. Die Geistlichen und Ordenspersonen sind vom Geschworenen- und Schöffenamt befreit. Das Konkordat wird durch einen **Zusatzvertrag** zur Regelung von vermögensrechtlichen Beziehungen aus dem Jahre 1960 ergänzt, in dem sich Österreich zu erheblichen jährlichen Zahlungen an die Katholische Kirche verpflichtet. Weiters durch einen **Zusatzvertrag** zur Regelung von mit dem Schulwesen zusammenhängenden Fragen aus dem Jahre 1962, in dem der Religionsunterricht durch die Katholische Kirche für katholische Schüler an den staatlichen Schulen geregelt wird. Der Staat bezahlt den Personalaufwand der Religionslehrer.

ANTIFASCHISMUS

94 [I]. Das Verfassungs-Überleitungsgesetz (V-ÜG) 1945 setzte nach dem Zweiten Weltkrieg und der Befreiung Österreichs vom **nationalsozialistischen deutschen Regime** die heute geltende österreichische Verfassungsordnung in Kraft. Das nationalsozialistische deutsche Regime wird als **Faschismus** [➔], als **Nationalsozialismus** [➔] oder **Nazismus** [➔] bezeichnet.

95 Unter **Faschismus** meinen wir eine totalitäre, auf einen **Führer** zugeschnittene antidemokratische Gewaltherrschaft, die Teile der Gesellschaft in militärische und paramilitärische Organisationen zur Sicherung der Gewaltherrschaft im Inneren und zur gewaltsamen Aggression gegen andere Staaten und Völker im Äußeren eingliedert (= **Militarismus** [➔]), die auf einem Menschenbild beruht, das die Menschen nach ihrer nationalen Zugehörigkeit (= **Chauvinismus** [➔]) oder ihrer Abstammung (= **Rassismus** [➔]) als hochwertig oder minderwertig qualifiziert, und die andere Völker und Staaten insbesondere mit militärischen Mitteln zu beherrschen sucht (= **Imperialismus** [➔]).

Als **Nationalsozialismus** bezeichnete sich das faschistische Regime selbst, das – politisch repräsentiert durch die Nationalsozialistische Deutsche Arbeiterpartei (NSDAP) – in Deutschland 1933 bis 1945 an der Macht war und Österreich von 1938 bis 1945 okkupiert hatte. Der Staatsvertrag betreffend die Wiederherstellung eines unabhängigen und demokratischen Österreich (= **Staatsvertrag von Wien 1955** [➔]), durch den Österreich 1955 als voll souveräner, unabhängiger und demokratischer Staat wiederhergestellt wurde, spricht von **Nazismus**, weil er das Wort „Sozialismus" im Zusammenhang mit dem Naziregime nicht diskreditieren wollte. 96

[II]. Die Verfassung richtet als Antwort auf die nationalsozialistische Gewaltherrschaft der Jahre 1938 bis 1945 in Österreich scharfe Gesetze gegen den Faschismus und den Nationalsozialismus. Für die geltende Verfassungsordnung ist der **Antifaschismus** [➔] ein staatspolitischer Grundsatz. Die Verfassungsbestimmungen, die Österreich zum **antifaschistischen Staat** machen, sind: 97

- Das in Verfassungsrang stehende **Verbotsgesetz 1947** [➔] untersagt es jedem, sich ***„für die NSDAP oder ihre Ziele irgendwie zu betätigen"*** (§ 3 Verbotsgesetz 1947). Das Gesetz listet in den §§ 3a bis 3h dazu eine Reihe von mit bis zu lebenslanger Freiheitsstrafe bedrohten Straftatbeständen auf. Es verpflichtet jedermann, der *„glaubhafte Kenntnis"* von derartigen Betätigungen anderer Personen erhält, dies bei der Behörde anzuzeigen. Das Unterlassen einer solchen Anzeige wird mit Freiheitsstrafe bis zu zehn Jahren bedroht (§ 3i Verbotsgesetz 1947). Strafbare Handlungen nach dem Verbotsgesetz werden von Geschworenengerichten geahndet. 98
- Der **Staatsvertrag von Wien 1955** [➔] verlangt in Art 9 – der in Verfassungsrang steht – die ***„Auflösung der NSDAP und der ihr angegliederten und von ihr kontrollierten Organisationen einschließlich der politischen, militärischen und paramilitärischen"*** (Z 1). In Art 9 Z 2 verpflichtet sich Österreich, ***„alle Organisationen faschistischen Charakters aufzulösen** ..., und zwar sowohl politische, militärische und paramilitärische, als auch alle anderen Organisationen, welche eine irgendeiner der Vereinten Nationen feindliche Tätigkeit entfalten oder welche die Bevölkerung ihrer demokratischen Rechte zu berauben bestrebt sind"*. 99

[III]. Das Verbotsgesetz 1947 und der Staatsvertrag von Wien 1955 richten sich gegen den Faschismus im oben beschriebenen Sinn. Im Faschismus paart sich eine antidemokratische totalitäre Gewaltherrschaft eines „Führers" mit Phänomenen des Militarismus, des Chauvinismus, des Rassismus und des Imperialismus. Die Gemengelage solcher politischer Vorstellungen macht den Faschismus aus. Der **Rechtsbegriff** des Faschismus im Verbotsgesetz 1947 und im Staatsvertrag von Wien 1955 ist zudem auf das nationalsozialistische Regime der Jahre 1933 bis 1945 in Deutschland zeitbezogen. Politologisch gibt es Versuche, auch andere antidemokratische Gewaltherrschaften als faschistisch zu charakterisieren, so etwa den **Kommunismus** [➔] und den **Stalinismus** [➔] als „Links"Faschismus, oder den österreichischen Ständestaat der Jahre 1934 bis 1938 als „Klerikal"-Faschismus oder „Austro"Faschismus. Der Rechtsbegriff des Verbotsgesetzes 1947 und des Staatsvertrags von Wien 1955 lässt sich wegen seines historischen Bezugs zum Nationalsozialismus darauf nicht ausdehnen. Der Kommunismus und der österreichische Ständestaat standen im Übrigen in erklärter Feindschaft zum Nationalsozialismus. 100

NEUTRALITÄT

[I]. Das Bundes**verfassungs**gesetz vom 26. Oktober 1955 über die Neutralität Österreichs (= **Neutralitätsgesetz 1955** [➔]) verpflichtet Österreich zur **Neutralität** [➔]. Art I Abs 1 Neutralitätsgesetz 1955 lautet: ***„Zum Zwecke der dauernden Behauptung seiner Unabhängigkeit nach außen und zum Zwecke der Unverletzlichkeit seines Gebietes erklärt Österreich aus freien Stücken seine immerwährende Neutralität**. ..."*. Aus **völkerrechtlicher Sicht** beteiligt sich ein neutraler Staat nicht an **militärischen Konflikten** anderer Staaten, leistet in solchen Konflikten keinen **militärischen Beistand** und betreibt eine **Außenpolitik**, die eine der Konfliktparteien auch politisch oder wirtschaftlich nicht begünstigt. 101

[II]. **Verfassungsrechtlich** verpflichtet das **Neutralitätsgesetz 1955** Österreich zu einer **neutralen Außenpolitik** und legt **drei konkrete Grundsätze** fest: 102

103 • Österreich wird *„in aller Zukunft* ***keinen militärischen Bündnissen beitreten***" (Art I Abs 2 Neutralitätsgesetz 1955). Ein Beitritt Österreichs etwa zum Militärbündnis der NATO ist untersagt.

104 • Österreich wird *„die Errichtung* ***militärischer Stützpunkte fremder Staaten*** *auf seinem Gebiet nicht zulassen*" (Art I Abs 2 Neutralitätsgesetz 1955). Fremdes Militär darf in Österreich nicht stationiert sein, auch nicht vorübergehend. Österreichisches Territorium darf – zumindest in Zusammenhang mit internationalen Konflikten – nicht zum Durchmarsch oder zum Überflug ausländischer militärischer Einheiten offen stehen.

105 • Österreich wird seine Neutralität *„mit allen ihm zu Gebote stehenden Mitteln* ***aufrechterhalten und verteidigen***" (Art I Abs 1 Neutralitätsgesetz 1955). Aus der Formulierung *„mit allen zu Gebote stehenden Mitteln*" leiten manche ab, dass Österreich insbesondere ein ausreichend gerüstetes Bundesheer zur Verteidigung seines Staatsgebiets und seiner Souveränität unterhalten muss. Die verfassungsrechtliche Verpflichtung, ein Bundesheer ***„zur Verteidigung ... der Neutralität***" zu unterhalten, ist jedenfalls in Art 9a Abs 1 B-VG festgelegt [138].

106 [III]. Was eine **neutrale Außenpolitik** einem souveränen Staat konkret abverlangt, ist abhängig von den internationalen Gegebenheiten und von den aktuellen internationalen Konflikten. Als das Neutralitätsgesetz 1955 beschlossen wurde, waren die internationalen Beziehungen als Folge des Zweiten Weltkriegs geprägt durch den **Kalten Krieg** [➔] zwischen einem **Westblock** (Vereinigte Staaten von Amerika, Großbritannien, Frankreich und Verbündete) und einem **Ostblock** (Sowjetunion und Verbündete). Die Konfliktlinie der beiden Blöcke verlief mitten durch Europa und entlang der österreichischen Staatsgrenzen. Entsprechend streng waren die Anforderungen aus der Neutralität, um an dieser geografisch exponierten Stelle die Unabhängigkeit nach außen und die Unverletzlichkeit des Staatsgebiets zu wahren. So waren etwa fernab jeder militärischen Begünstigung schon einseitige wirtschaftliche Beziehungen verpönt, der Beitritt zur Europäischen Wirtschaftsgemeinschaft (EWG) [742] – heute EU – war wegen des hohen Grades der Integration ihrer Mitgliedstaaten undenkbar. Mit Änderung der internationalen Lage änderte sich auch das Verständnis der Neutralitätspolitik:

107 • Österreich trat 1956 den **Vereinten Nationen (VN)** [➔] (= United Nations Organization = UNO) bei. Den Vereinten Nationen (VN) gehören nahezu alle Staaten an. Staaten des Westblocks und Staaten des Ostblocks waren Gründer der Vereinten Nationen. Daraus reifte die Einsicht, **dass die Unterstützung politischer und militärischer Aktionen, welche die Vereinten Nationen im Rahmen ihrer friedenserhaltenden und friedensstiftenden Aufgaben wahrnehmen, mit der Neutralitätspolitik vereinbar wäre**. Insbesondere sei der Überflug des österreichischen Luftraums im Zusammenhang mit Militäreinsätzen der UNO zu gestatten. Österreichische Truppen waren und sind im Dienste der UNO im Ausland im Einsatz.

108 • Mit dem Ende des Kalten Kriegs 1989 (Fall der „Berliner Mauer") erweiterte sich der außenpolitische Spielraum des neutralen Österreich. Die Neutralität wurde wieder präziser auf ihren militärischen Kern bezogen, Bedenken gegen wirtschaftliche Bindungen schwanden. Österreich rückte eng an die „Europäische Gemeinschaft" heran, vorsichtig vorerst nur im Rahmen des **Europäischen Wirtschaftsraums (EWR)** [➔], der eine volle Mitgliedschaft nicht erforderlich machte. Österreich trat dem Europäischen Wirtschaftsraum zum 01.01.1994 bei. Mit der Auflösung der Sowjetunion 1991 gab es keine Bedenken mehr gegen eine volle wirtschaftliche Integration Österreichs in Westeuropa, Österreich trat der zwischenzeitlich gegründeten „Europäischen Union" zum 01.01.1995 als Vollmitglied bei.

109 Die Verfassung zog aus diesen politischen Änderungen die Konsequenz und schränkte die Verpflichtung des Neutralitätsgesetzes 1955 zu einer neutralen Außenpolitik ein. Sie fügte in das **B-VG** einen **Art 23j** ein, der ausdrücklich festhält, dass Österreich an der ***„Gemeinsamen Außen- und Sicherheitspolitik der Europäischen Union***" teilnimmt. Der Beitritt zur Europäischen Union selbst ist durch das **EU-Beitritts-B-VG** [756] verfassungsrechtlich auch im Hinblick auf die Neutralität abgesichert.

110 [IV]. Die gegenwärtige internationale Lage lässt keine unmittelbar für Österreich bedeutsamen internationalen Konflikte erkennen, sodass die praktischen Anforderungen an die verfassungsgesetzlich gebotene neutrale Außenpolitik heute gering sind. Daher gibt es politische Meinungen, die Neutralität aufzuheben und gegebenenfalls mit einer Mitgliedschaft in der NATO die Unabhängigkeit nach außen und die Unverletzlichkeit des Staatsgebiets zu sichern. Dazu ist anzumerken:

- Das Neutralitätsgesetz 1955 ist ein **Verfassungsgesetz**. Es kann durch ein entgegenstehendes neues Verfassungsgesetz aufgehoben werden. Dass Art I Abs 1 Neutralitätsgesetz 1955 von der „***immerwährenden***" Neutralität und Art I Abs 2 Neutralitätsgesetz 1955 davon spricht, dass Österreich „***in aller Zukunft***" keinen militärischen Bündnissen beitreten wird, mag im Falle der Aufhebung ein politischer Schönheitsfehler sein. Rechtlich sind diese Formulierungen ohne Bedeutung. Ihre verbindliche Kraft ergibt sich nur aus dem Neutralitätsgesetz 1955. Ist dieses durch ein entgegenstehendes Verfassungsgesetz aufgehoben, so ist auch die verbindende Kraft der „Ewigkeits"formulierungen erloschen. Von Verfassungs wegen muss eine Aufhebung des Neutralitätsgesetzes einer Volksabstimmung nicht unterzogen werden. Wegen der öffentlichen Meinung, die heute das Neutralitätsgesetz 1955 weitgehend als **Verfassungsauftrag für eine Friedenspolitik und für eine zivile** (**= nicht militarisierte**) **Gesellschaft** verallgemeinert, wäre jedoch zu erwarten, dass das Parlament einen solchen Schritt durch eine besondere Verfassungsbestimmung von sich aus einer Volksabstimmung unterwerfen würde. 111
- **Völkerrechtlich ist Österreich nicht verpflichtet, das Neutralitätsgesetz 1955 und die Neutralitätspolitik beizubehalten**. Das NeutralitätsG 1955 ist ein nationales Verfassungsgesetz, nur der nationale Verfassungsgesetzgeber entscheidet, ob er das NeutralitätsG 1955 aufhebt oder belässt. Die österreichische Neutralität steht zwar politisch mit dem **Staatsvertrag von Wien 1955** in einem engen Zusammenhang; Grundlage des Staatsvertrags war, dass die österreichische Politik angekündigt hatte, nach Herstellung der vollen Souveränität des Staats **freiwillig** die immerwährende Neutralität zu erklären. In den völkerrechtlich verbindlichen Staatsvertrag wurde die österreichische Neutralität aber bewusst und gewollt **nicht** aufgenommen. 112

ATOMWAFFEN- UND ATOMENERGIEFREIHEIT

Das **BVG atomfreies Österreich** [➔] (**Bundesverfassungsgesetz für ein atomfreies Österreich**) verbietet die Herstellung, die Lagerung, den Transport, Tests und die Verwendung von **Atomwaffen** sowie die Errichtung oder Inbetriebnahme von **Atomkraftwerken** (= **Atomwaffen- und Atomenergiefreiheit** [➔]) und verpflichtet den Gesetzgeber, Schadenersatzregelungen für nukleare Unfälle zu schaffen. Atomstromimporte sind nicht verboten. Mit der Mitgliedschaft Österreichs in der Europäischen Atomgemeinschaft (EURATOM) [749] steht der staatspolitische Grundsatz der Atomwaffen- und Atomenergiefreiheit nicht in Widerspruch, da die EURATOM-Mitgliedstaaten die Entscheidung, ob sie Kernenergie nutzen wollen oder nicht, autonom treffen. 113

114

STAATSZIELE

- **SOZIALSTAAT**
- **GLEICHSTELLUNG VON FRAU UND MANN**
- **GLEICHBEHANDLUNG VON BEHINDERTEN UND NICHTBEHINDERTEN MENSCHEN**
- **ACHTUNG DER AUTOCHTHONEN VOLKSGRUPPEN**
- **UMFASSENDE LANDESVERTEIDIGUNG**
- **GESAMTWIRTSCHAFTLICHES GLEICHGEWICHT**
- **UMWELTSCHUTZSTAAT**
- **NACHHALTIGKEIT**
- **TIERSCHUTZ**
- **SICHERSTELLUNG DER WASSER- UND LEBENSMITTELVERSORGUNG**
- **FORSCHUNG**

3/2

SOZIALSTAAT

115 [I]. In der freien Gesellschaft muss sich jeder selbst und eigenverantwortlich um die Mittel bemühen, die er braucht, um seinen Lebensunterhalt zu bestreiten. Nicht alle schaffen das. Insbesondere Kinder, Alte, Kranke, Arbeitslose sind dazu nicht in der Lage.

116 Österreich ist ein **Sozialstaat** [➔]. Die Verfassung gibt dem Staat das **Ziel** einer **sozial gerechten Ordnung** vor. Der Staat muss sein Handeln, seine Politik und seine Gesetze darauf ausrichten, **dass jeder legal auf seinem Territorium lebende Mensch über ausreichende Mittel für seinen Lebensunterhalt verfügt**.

117 Der **Sozialstaat** will jedem das **Notwendige** für sein Leben sichern. Was „notwendig" ist, unterliegt der freien politischen Disposition der demokratisch legitimierten Parlamente. Je nach der politischen Mehrheit wird es **konkret** einmal mehr, einmal weniger Sozialstaatlichkeit geben. Der **Wohlfahrtsstaat** [➔] verlangt über den Sozialstaat hinaus Maßnahmen, die jedem ein Leben in **Wohlstand** ermöglichen. Anders als der Sozialstaat lässt sich der Wohlfahrtsstaat nicht als Verfassungsauftrag begründen.

118 [II]. Der Begriff „Sozialstaat" findet sich nur im Text einzelner Landesverfassungen (etwa Art 1 Abs 1 Bgld Landes-Verfassungsgesetz, Bgld LGBl 1981/42 idgF: ***„Burgenland ist ein … sozialer Rechtsstaat"***), in der Bundesverfassung fehlt der Begriff. Wie lässt sich begründen, dass der Staat auch aufgrund der **Bundesverfassung** verpflichtet ist, gegen soziale Missstände vorzugehen ?

119 • [**Staatlichkeit**]. Der Staat rechtfertigt seine Existenz durch das Versprechen, mit dem Gewaltmonopol eine friedliche Gesellschaft – frei von körperlicher Gewalt – herzustellen. Ursache für Gewalt in der Gesellschaft sind häufig die **materielle Not** von Menschen, deren materielle Mittel zum Leben nicht ausreichen; oder eine **ungleiche Verteilung** der materiellen Mittel, wobei ein Teil der Gesellschaft sehr arm, der andere sehr reich ist. Die historischen Erfahrungen zeigen, dass die körperliche Gewalt allein („Nachtwächterstaat") nicht ausreicht, eine friedfertige Gesellschaft auf Dauer zu gewährleisten. Der Staat muss die Friedfertigkeit der Gesellschaft durch eine **sozial gerechte Ordnung**, durch eine angemessene Aufteilung der materiellen Güter sichern. Der Staat beansprucht in diesem Sinn nicht nur das Gewaltmonopol, er versteht sich immer auch als **Sozialstaat** [14]. „**Staatlichkeit**" im modernen Sinn bedeutet nicht nur Gewaltmonopol, sondern immer auch **Sozialstaatlichkeit**.

120 • [**Egalitäre Demokratie**]. Die Verfassung begründet eine **egalitäre Demokratie** [160], in der jedem Staatsbürger, was sich insbesondere im Wahlrecht zeigt, das gleiche politische Gewicht – unabhängig etwa von Herkunft, Vermögen, Bildung – zukommt. Wenn alle Staatsbürger in gleicher Weise die Staatswillensbildung bestimmen, muss auch der Staat um die Interessen **aller** Staatsbürger besorgt sein. Da ein wesentliches Interesse eines jeden Menschen sein wirtschaftliches Auskommen ist, ist **eine egalitäre Demokratie immer auch ein Sozialstaat**.

121 • [**Menschenwürde**]. Der **Mensch** steht im Mittelpunkt von Staat und Recht. Insbesondere die Grundrechte zeigen das Anliegen der Verfassung, den Menschen ein **Leben in Würde** zu ermöglichen [479]. Zum Leben in Würde gehört jedenfalls das materielle Auskommen. Eine Verfassung, **die den Menschen und seine Würde in den Mittelpunkt von Staat und Recht stellt**, begründet immer auch einen **Sozialstaat**.

122 [III]. Das B-VG kennt weiters in seinen Kompetenztatbeständen [389] Sachmaterien, die für die Verwirklichung der Sozialstaatsidee unerlässlich sind, etwa *„Arbeitsrecht"* und *„Sozialrecht"*. Die Bundesverfassung anerkennt in Art 120a Abs 2 B-VG ausdrücklich die *„Rolle der Sozialpartner"* [664], die sich um ausgewogene und gerechte soziale Verhältnisse in der Wirtschaft bemühen.

123 Auch **völkerrechtlich** und **unionsrechtlich** ist Österreich zur Sozialstaatlichkeit verpflichtet. Das folgt aus dem **Internationalen Pakt über wirtschaftliche, soziale und kulturelle Rechte** [➔] und aus der **Europäischen Sozialcharta** [➔]. Beide Staatsverträge stehen allerdings im Rang einfacher Gesetze und unter Erfüllungsvorbehalt [713].

Der **EU-Vertrag** (in seiner Präambel), der **AEU-Vertrag** (Art 151 Abs 1) und die **EU-Grundrechtecharta** (in ihrer Präambel) nehmen ausdrücklich auf die sozialen Rechte der Europäischen Sozialcharta Bezug. Der EU-Vertrag (Art 3 Abs 3 EUV) und der AEU-Vertrag (Art 151 Abs 1 AEUV) nennen die Förderung von sozialer Gerechtigkeit und sozialem Schutz als Ziele der Europäischen Union, die EU-Grundrechtecharta (Art 34 GRC) kennt die soziale Sicherheit und soziale Unterstützung als Grundsatz. Und Art 33 GRC lautet: *„Der rechtliche, wirtschaftliche und soziale Schutz der Familie wird gewährleistet."* 124

[IV]. Die **einfache Gesetzgebung** gestaltet den Sozialstaat konkret aus. **Grundsätzlich** muss **jeder Einzelne** in eigener Verantwortung für sein wirtschaftliches Auskommen sorgen. Wer dazu nicht in der Lage ist, wird von der **Familie** aufgefangen. Die **Privatrechtsordnung** verpflichtet die Eltern für die Kinder, die Kinder für die Eltern, und Ehegatten untereinander zum **Unterhalt**. Darüber hinaus gibt es **sozialstaatliche Vorkehrungen**: 125

- [**Familienlastenausgleich**]. Die Familien tragen besondere finanzielle Lasten, insbesondere für den Unterhalt der **Kinder**. Je mehr Kinder, desto größer ist die Last. Dieser ungleichen Verteilung nimmt sich das Familienlastenausgleichsgesetz, BGBl 1967/376 idgF, an. Der Bundesminister für Wirtschaft, Familie und Jugend verwaltet einen **Ausgleichsfonds**, aus dem die Familienbeihilfe („Kinderbeihilfe"), Fahrtbeihilfen und Freifahrten für Schüler und Lehrlinge, Kleinkindbeihilfen aus Anlass der Geburt, Beihilfen für die Familienhospizkarenz ua bezahlt werden. Der „Ausgleich" besteht darin, dass einerseits die Mittel des Fonds von allen ohne Berücksichtigung familiärer Lasten aufgebracht, anderseits die Mittel nur an Personen und Familien ausgeschüttet werden, welche die besonderen Lasten haben. Die Beihilfen sind nicht kostendeckend, sondern nur ein **Beitrag** zu den tatsächlichen Aufwänden. 126

- [**Gesetzliche Sozialversicherungen**]. Einzelne Menschen sind vielfach überfordert, aus eigenen Mitteln ihr Auskommen zu bestreiten, wenn sie auf Grund von **Alter, dauernder Arbeitsunfähigkeit, Krankheit, Unfall oder Arbeitslosigkeit** am Erwerb gehindert sind. In solchen Fällen müssten das vorhandene Vermögen und die unterhaltspflichtigen Angehörigen einspringen. Der Gesetzgeber will das private Vermögen und die Pflichten der Angehörigen schonen. Er verteilt das Risiko, das jeder Einzelne trägt, nach dem **Versicherungsprinzip** auf eine große Anzahl von Personen. Der Gesetzgeber fasst Menschen in **Selbstverwaltungskörpern** zusammen, lässt sie dort finanzielle Beiträge einbezahlen (= Versicherungspflicht), die dann den Bedürftigen im Versicherungsfall ausbezahlt werden (= **gesetzliche Sozialversicherung** [➔]). Weil dabei kein Kapital angehäuft, sondern das einbezahlte Geld den Berechtigten sofort ausbezahlt wird, spricht man vom **Umlagesystem** [➔]. 127

  [Die gesetzlichen Sozialversicherungen wollen den Menschen im Versicherungsfall Leistungen erbringen, die nicht nur ihre nackte **Existenz**, sondern ihren bisherigen **Lebensstandard** sichern. Da die Beiträge zur gesetzlichen Sozialversicherung dafür nicht ausreichen, schießt der Staat (Bund) erhebliche Beträge zu. Dies hat den Gesetzgeber veranlasst, die Menschen zu verpflichten, ergänzend zur gesetzlichen Sozialversicherung in private Versicherungen einzubezahlen (= Pflichtversicherung, etwa „Pensionskassen"). Da die privaten Versicherungen die einbezahlten Beiträge für den Einzelnen anhäufen, veranlagen und ihm im Versicherungsfall dann ausbezahlen, spricht man im Gegensatz zum Umlagesystem vom „**Kapitaldeckungssystem**". Das Umlageverfahren ist krisensicher. Das Kapitaldeckungsverfahren nimmt an Risiken und Chancen des Kapitalmarkts teil. Schließlich fördert der Staat – insbesondere im Steuerrecht – eine freiwillige über die Pflichtversicherung hinausgehende private Vorsorge.] 128

  Nach der Kompetenzordnung ist für Angelegenheiten der Sozialversicherung nach Art 10 Abs 1 Z 11 B-VG vornehmlich der Bund zuständig. Der Bundesgesetzgeber entschied, die sozialen Umlagen nicht über die Bundesverwaltung und nicht über das Bundesbudget zu administrieren, sondern dafür durch Gesetz **Selbstverwaltungen in der Gesellschaft** [1106] auf Basis der **Sozialpartner** [664] einzurichten. Die gesetzlich Versicherten zahlen ihre Beiträge nicht an den Bund, sondern an den **Sozialversicherungsträger** [➔], der die Beträge den Berechtigten ausbezahlt. Der Bundesgesetzgeber richtete Sozialversicherungsträger für die **Unfallversicherung** (Allgemeine Unfallversicherungsanstalt, Versicherungsanstalt für Eisenbahnen und Bergbau, Sozialversicherungsanstalt der Bauern, Versicherungsanstalt öffentlich Bediensteter), für die **Krankenversicherung** (für jedes Bundesland eine Gebietskrankenkasse, sechs Betriebskrankenkassen, Sozialversicherungsanstalt der gewerblichen Wirtschaft, Versicherungsanstalt für Eisenbahnen und Bergbau, Sozialversicherungsanstalt der Bauern, Versicherungsanstalt öffentlich Bediensteter) und für die **Pensionsversicherung** (Pensionsversicherungsanstalt, Versicherungsanstalt für Eisenbahnen und Bergbau, Sozialversicherungsanstalt der gewerblichen Wirtschaft, Sozialversicherungsanstalt der Bauern, Versicherungsanstalt des österreichischen Notariats) ein. 129

- [**Sozialhilfe**]. Deutlich zeigt sich der Sozialstaat in der gesetzlichen **Sozialhilfe** [➔] (= „Armenwesen" nach Art 12 Abs 1 Z 1 B-VG). **Der Staat stellt jedem auf seinem Staatsgebiet legal lebenden Menschen, der** – aus welchen Gründen auch immer – **für seinen Unterhalt** aus eigenem Vermögen, aus eigenem Einkommen, aus Unterhaltsansprüchen oder aus Versicherungsleistungen **nicht aufkommen kann, die für das Leben erforderlichen Geld- und Sachleistungen zur Verfügung**. Die Sozialhilfe **deckt Wohnung, Kleidung, Essen und ärztliche Versorgung** ab. Die einfachgesetzliche Rechtsordnung gibt den Betroffenen 130 einklagbare Rechtsansprüche auf Sozialhilfe. Sozialhilfe ist in (Ausführungs)Gesetzgebung und Vollziehung Sache der Länder (vgl etwa das Oö Sozialhilfegesetz 1998, LGBl 1998/82 idgF).

131 • [**Bildung**]. **Der Sozialstaat ist ein Bildungsstaat**. Damit jemand in der Gesellschaft Einkommen und Vermögen erwerben kann, braucht es **Qualifikationen**. Der Sozialstaat will alle Menschen in die Lage versetzen, mit gleichen Chancen an der Gesellschaft und am Erwerb teilnehmen zu können. Dazu muss er ein wirksames **Schul- und Ausbildungssystem** – von der Volksschule bis zur Universität – bereitstellen. **Bildung ist der wirksamste Schutz gegen Armut**.

GLEICHSTELLUNG VON FRAU UND MANN

132 Dass **Frau und Mann** in einem Rechtsstaat, der auf **egalitärer Demokratie** beruht [160], **gleiche Rechte und Pflichten** haben, ist selbstverständlich und durch den **Gleichheitssatz** [495] verfassungsrechtlich abgesichert. Die Gleichheit in den Rechten und Pflichten bedeutet aber nicht zwingend, dass Frau und Mann **tatsächlich** in Wirtschaft, Gesellschaft, Politik und Familie die gleiche Stellung einnehmen. Es bestehen **große tatsächliche Unterschiede**, nicht nur aber meist zu Lasten der Frau.

133 **Art 7 Abs 2 B-VG** setzt dem Staat das **Ziel**, auf die **tatsächliche Gleichstellung von Frau und Mann** hinzuwirken. Maßnahmen zur „***Förderung*** *der faktischen Gleichstellung insbesondere durch Beseitigung tatsächlicher Ungleichheiten*" sind zulässig, auch wenn sie vorübergehend bis zur Erreichung der Gleichstellung für das andere Geschlecht diskriminierend sein sollten (= **positive Diskriminierung** [➔]). Für diese Förderungen hat der Staat auch die Mittel der **staatlichen Budgets** einzusetzen (Art 13 Abs 3 B-VG – „Gender Budgeting" und Art 51 Abs 8 und Abs 9 Z 1 B-VG – Grundsatz der Wirkungsorientierung unter Berücksichtigung der tatsächlichen Gleichstellung von Frau und Mann).

GLEICHBEHANDLUNG BEHINDERTER UND NICHTBEHINDERTER MENSCHEN

134 Die Verfassung schützt behinderte Menschen – gleichgültig um welche Behinderung es sich handelt – vor Diskriminierung gegenüber nichtbehinderten Menschen: „*Niemand darf wegen seiner Behinderung benachteiligt werden*" (Art 7 Abs 1 dritter Satz B-VG [495]). Über diese grundrechtliche Gewährleistung hinaus setzt **Art 7 Abs 1 vierter Satz B-VG** dem Staat das **Ziel**, „***die Gleichbehandlung von behinderten und nicht behinderten Menschen in allen Bereichen des täglichen Lebens zu gewährleisten***". Und Art 8 Abs 3 B-VG anerkennt die **Gebärdensprache** als eigenständige Sprache.

ACHTUNG DER AUTOCHTHONEN VOLKSGRUPPEN

135 In Österreich leben historisch gewachsene (= „autochthone") **Volksgruppen** [➔] (= ethnische Minderheiten). Das sind Österreicher und Österreicherinnen mit einem **eigenständigen kulturellen Hintergrund**. Österreichische Volksgruppen iSd § 1 Abs 2 Bundesgesetz über die Rechtsstellung der Volksgruppen in Österreich (**Volksgruppengesetz**, BGBl 1976/396) sind die **kroatische**, die **slowenische**, die **ungarische**, die **tschechische**, die **slowakische** Volksgruppe und die Volksgruppe der **Roma**. Für die durch Migration erst in jüngerer Zeit entstandenen Volksgruppen gelten die Verfassungsgarantien nicht.

136 In **Art 8 Abs 2 B-VG** bekennt sich Österreich zur „***gewachsenen sprachlichen und kulturellen Vielfalt, die in den autochthonen Volksgruppen zum Ausdruck kommt***", und setzt dem Staat das Ziel, „***Sprache und Kultur, Bestand und Erhaltung dieser Volksgruppen** … **zu achten, zu sichern und zu fördern***".

137 Die kulturelle Besonderheit zeigt sich vor allem in der Sprache. **Art 8 Abs 1 B-VG** setzt zwar die **deutsche Sprache** verbindlich als alleinige **Staatssprache** [➔] (= Amtssprache) Österreichs fest, lässt aber **für Volksgruppen gesetzliche Ausnahmen** zu [577].

UMFASSENDE LANDESVERTEIDIGUNG

138 **Art 9a Abs 1 B-VG** verpflichtet Österreich zur **umfassenden Landesverteidigung** [➔]. Dazu gehören „*die militärische, die geistige, die zivile und die wirtschaftliche Landesverteidigung*". Ihre Aufgabe ist es, „***die Unabhängigkeit nach außen sowie die Unverletzlichkeit und Einheit des Bundesgebietes zu bewahren, insbesondere zur Aufrechterhaltung und Verteidigung der immerwährenden Neutralität***".

139 Die militärische Landesverteidigung obliegt dem Bundesheer [1249], sie beruht auf der **Wehrpflicht** der **männlichen** Staatsbürger. Diese im Hinblick auf den Gleichheitssatz fragliche Diskriminierung der Männer ist verfassungsrechtlich unbedenklich, weil sie auf Verfassungsgesetz beruht [449].

GESAMTWIRTSCHAFTLICHES GLEICHGEWICHT

Die Staatsfinanzen sind ein wichtiges Machtinstrument, durch das der Staat seine Politik gestaltet. Wie die Staatsfinanzen verwendet werden, bildet sich im Budgetrecht [622] ab. Da es für den Staat politisch einfacher ist, die Mittel für seine Politik durch die privatrechtliche Aufnahme von Schulden – insbesondere Staatsanleihen – aufzubringen, als durch hoheitliche Abgabengesetze, neigt der Staatshaushalt zu einer immer weiter gehenden Verschuldung des Staats. Die Bundesverfassung gibt in **Art 13 Abs 2 B-VG** den für die Budgeterstellung zuständigen Parlamenten und der für die Gebarung zuständigen Verwaltung das Ziel vor, mit der **Verschuldung Maß zu halten** („*nachhaltig geordnete Haushalte*") und ein **gesamtwirtschaftliches Gleichgewicht** [➔] sicherzustellen, so insbesondere durch ein ausgewogenes Wirtschaftswachstum, eine wettbewerbsfähige soziale Marktwirtschaft, Preisstabilität, hohe Beschäftigungsniveaus und sozialen Fortschritt. 140

UMWELTSCHUTZSTAAT, NACHHALTIGKEIT, TIERSCHUTZ, SICHERSTELLUNG DER WASSER- UND LEBENSMITTELVERSORGUNG, FORSCHUNG

Die bisher aufgezählten Staatsziele sind in verschiedenen **Artikeln des B-VG** ausdrücklich enthalten, der Sozialstaat ist mittelbar aus Bestimmungen des B-VG abzuleiten. Das **BVG Staatsziele** [➔] (Bundesverfassungsgesetz über die Nachhaltigkeit, den Tierschutz, den umfassenden Umweltschutz, die Sicherstellung der Wasser- und Lebensmittelversorgung und die Forschung) **fasst darüber hinaus die weiteren Staatsziele zusammen**: 141

- [**UMWELTSCHUTZSTAAT**]. Die Grundlage für das Leben der Menschen ist die **natürliche Umwelt** (= Ökologie). Österreich ist ein **Umweltschutzstaat** [➔] (= „Ökostaat"). Die Verfassung macht den **umfassenden Umweltschutz**, das ist die ***„Bewahrung der natürlichen Umwelt als Lebensgrundlage des Menschen vor schädlichen Einwirkungen"*** in **§ 3** BVG Staatsziele zu einem ausdrücklichen Staatsziel. Der umfassende Umweltschutz besteht nach § 3 Abs 2 BVG Staatsziele insbesondere in ***„Maßnahmen zur Reinhaltung der Luft, des Wassers und des Bodens sowie zur Vermeidung von Störungen durch Lärm"***. 142

  Gleiches regeln Art 10 Oö Landes-Verfassungsgesetz und entsprechende Bestimmungen der Kärntner, der Niederösterreichischen, der Salzburger, der Tiroler und der Vorarlberger Landesverfassung. 143

- [**NACHHALTIGKEIT**]. **§ 1** BVG Staatsziele verpflichtet die Gebietskörperschaften (Bund, Länder und Gemeinden), bei der Nutzung der natürlichen Ressourcen das Prinzip der **Nachhaltigkeit** [➔] zu beachten, *„um auch zukünftigen Generationen bestmögliche Lebensqualität zu gewährleisten"*. Aus rein ökologischer Sicht dürfen nach dem Prinzip der Nachhaltigkeit nur so viele Rohstoffe verbraucht werden, als jeweils nachwachsen, sich regenerieren können. § 1 BVG Staatsziele schließt einen verbrauchenden Rohstoffabbau aus ökonomischer Sicht aber nicht vollständig aus, etwa bei Erdgas und Erdöl. Dem Verfassungsauftrag entsprechend lautet etwa § 1 Abs 1 Forstgesetz 1975 (BGBl 440 idgF): *„Der Wald mit seinen Wirkungen auf den Lebensraum für Menschen, Tiere und Pflanzen ist eine wesentliche Grundlage für die ökologische, ökonomische und soziale Entwicklung Österreichs. Seine nachhaltige Bewirtschaftung …* (ist) *Grundlage zur Sicherung seiner … Wirkungen hinsichtlich Nutzung, Schutz, Wohlfahrt und Erholung."* Und § 30 Abs 1 Z 4 Wasserrechtsgesetz 1959 (BGBl 215 idgF): *„Alle Gewässer … sind … so reinzuhalten und zu schützen, dass eine nachhaltige Wassernutzung auf der Grundlage eines langfristigen Schutzes der vorhandenen Ressourcen gefördert wird"*. 144

- [**TIERSCHUTZ**]. Nach **§ 2** BVG Staatsziele bekennen sich die Gebietskörperschaften (Bund, Länder und Gemeinden) zum **Tierschutz** [➔]. Entsprechend diesem Verfassungsauftrag statuiert das Tierschutzgesetz als Ziel den *„Schutz des Lebens und des Wohlbefindens der Tiere aus der besonderen Verantwortung des Menschen für das Tier als Mitgeschöpf"*; und § 285a ABGB stellt klar, dass Tiere keine Sachen sind. 145

- [**WASSER- UND LEBENSMITTELVERSORGUNG**]. Die **§§ 4 f** BVG Staatsziele geben den Gebietskörperschaften als Verfassungsauftrag die **Sicherstellung der Wasser- und Lebensmittelversorgung** [➔] vor. Bund, Länder und Gemeinden bekennen sich *„zur Wasserversorgung als Teil der Daseinsvorsorge"* und *„zu ihrer Verantwortung für die Sicherung deren Erbringung und Qualität"* (§ 4 BVG Staatsziele). Die Gebietskörperschaften sind danach verpflichtet, die Staatsaufgabe „**Wasserversorgung**" in entsprechender Qualität entweder selbst zu erbringen oder die Erbringung durch Dritte in entsprechender und überprüfbarer Qualität zu garantieren. Zur Versorgung der Bevölkerung stellen Bund, Länder und Gemeinden eine **Produktion hochqualitativer heimischer Lebensmittel** tierischen und pflanzlichen Ursprungs sowie eine **nachhaltige Gewinnung natürlicher Ressourcen** (etwa Holz) in Österreich sicher (§ 5 BVG Staatsziele). 146

- [**FORSCHUNG**]. Nach § 6 BVG Staatsziele bekennen sich Bund, Länder und Gemeinden zur Bedeutung der Grundlagenforschung und der angewandten Forschung. 147

4. KAPITEL: PARLAMENT UND REPUBLIK

***Glossar**: Abgeordnete, aktives Wahlrecht, allgemeines Wahlrecht, Briefwahl, Demokratie, egalitäre Demokratie, freies Wahlrecht, geheimes Wahlrecht, gleiches Wahlrecht, Listenwahl, Mehrheitswahlrecht, Monarchie, Parlament, parlamentarische Demokratie, Parteiengesetz 2012 (PartG), passives Wahlrecht, persönliches Wahlrecht, Persönlichkeitswahlrecht, plebiszitäre Demokratie, Politische Partei, Republik, Staatsform, Staatsoberhaupt, unmittelbares Wahlrecht, Verbotsgesetz 1947, Verhältniswahl, Vorzugsstimme, Wahlpartei, Wahlrecht, Wahlrechtsgrundsätze, Zensuswahl.*

DEMOKRATIE

148 [I]. „***Österreich ist eine demokratische Republik. Ihr Recht geht vom Volk aus***" (Art 1 B-VG). Die **Demokratie** [➔] ist die Grundlage des Staats und des Rechts, sie ist das **wichtigste Prinzip** der Verfassungsordnung.

149 Das griechische Wort Demokratie bedeutet „Herrschaft des Volks". Das Volk, das dem Recht des Staats unterworfen ist, gestaltet dieses Recht selbst. Im demokratischen Staat ist das Volk der Souverän („**Volkssouveränität**"). Das Volk bestimmt das Recht, die Gesetze, die Ausübung der Staatsgewalt; **alles Staatliche ist dem Willen des Volks unterworfen**.

150 [II]. Der Konstitutionalismus zwang dem Monarchen in der Dezemberverfassung 1867 eine ständige Volksvertretung, ein **Parlament** (= „*Reichsrat*"; in den Kronländern bestanden schon zuvor seit 1861 auf Grund von Landesordnungen „*Landtage*") mit konkreten Rechten der Teilnahme an der Staatswillensbildung auf. Damit verwandelte die Dezemberverfassung die **absolute Monarchie** in eine **konstitutionelle Monarchie** [40].

151 Eine **demokratische Monarchie** war Österreich trotz der Einrichtung eines Parlaments nicht. Dies hätte vorausgesetzt, dass das Parlament über die Staatsform und den Monarchen hätte entscheiden und die Gesetze im Namen des Volks hätte erlassen können. Nach der Dezemberverfassung stützte der Monarch seine Macht nach wie vor auf das Gottesgnadentum und nicht auf den Willen des Volks. Und die Gesetze erließ der Monarch in seinem Namen, wenn auch gebunden an den Vorschlag des Parlaments, das deshalb „*Reichsrat*" und nicht Reichs**t**ag hieß.

152 Die – unblutige – Revolution von 1918 beseitigte in der Oktoberverfassung die Monarchie und machte Österreich zur **Republik**, und zwar zu einer **demokratischen Republik**. Art 1 B-VG schreibt fest: „***Österreich ist eine demokratische Republik. Ihr Recht geht vom Volk aus***". Ein Bekenntnis zur Demokratie, eine Absage an die Monarchie und eine Absage an das Gottesgnadentum. **Das gilt im Bundesstaat Österreich** [360] **sowohl für den Bund als auch für die Länder**.

153 [I]. Es gibt **zwei Grundmodelle** einer demokratischen Staatsorganisation:

154 • [**Plebiszitäre Demokratie**]. Das Volk selbst ist Gesetzgeber. Es trifft die Sachentscheidungen über den Inhalt der Gesetze selbst. Die Entscheidung fällt in **Volksabstimmungen** (= Plebiszite). Diese Form der Demokratie nennen wir **plebiszitäre Demokratie** [➔] (= **direkte Demokratie**, = **unmittelbare Demokratie**). Als plebiszitäre Demokratie gilt etwa die Schweiz; dort kann das Volk aus eigener Initiative zu jedem Thema durch Volksabstimmung ein Gesetz erlassen, ohne dass der Staat, insbesondere das Parlament, das Volk daran hindern könnte.

155 • [**Parlamentarische Demokratie**]. Die Verfassung schließt das Volk von der Sachentscheidung aus und reduziert das Volk darauf, in demokratischen Wahlen Vertreter zu wählen, die sich als „Volksvertreter" (= **Abgeordnete** [➔]) in einem **Parlament** [➔] (= Volksvertretung) versammeln, dort anstelle des Volks die Sachentscheidungen treffen und so die Gesetze des Staats schaffen. Diese Form der Demokratie, **die das Volk von der Sachentscheidung ausschließt und die Sachentscheidung einem vom Volk gewählten Parlament überträgt**, nennen wir **parlamentarische Demokratie** [➔] (= **repräsentative Demokratie**, = **indirekte Demokratie**, = **mittelbare Demokratie**).

156

Parlament

ABGEORDNETE

PARLAMENTARISCHE DEMOKRATIE

- **Egalitäre Demokratie**
- **Wahl der Abgeordneten durch das Volk**
- **Volksabstimmungen ?**

4/1

Plebiszitäre Demokratien sind selten. Die Einwände gegen diese Form der Demokratie sind vielfältig. Die häufige Abhaltung von Volksabstimmungen sei umständlich, aufwendig und teuer, weshalb sie gerade für größere Staaten nicht in Frage kommt. Demagogen könnten das Volk manipulieren, mit den Emotionen der Menschen spielen. Und die Menschen seien nicht genug informiert und qualifiziert, um gerade bei komplizierten Themen eine „richtige" Entscheidung zu treffen. 157

Manche Argumente, die gegen die plebiszitäre Demokratie vorgebracht werden, sind nicht wirklich berechtigt. Dass Volksabstimmungen kompliziert und aufwendig sind, stimmt im Zeitalter der elektronischen Datenverarbeitung nicht mehr ganz. Hinter dem Argument, die plebiszitäre Demokratie sei von Demagogen leicht zu manipulieren, steht ein gutes Stück Skepsis gegen die Demokratie selbst. Ernst zu nehmen ist hingegen die Überlegung, dass das Volk über Einsichten und Qualifikationen zur Beurteilung komplizierter politischer Zusammenhänge nicht im hinreichenden Maß verfügt. Politische Entscheidungen werden von politischen Einsichten bestimmt, **fachliche Einschätzungen** sind aber immer – heute in zunehmendem Maß – mit dabei. Um die fachlichen Einschätzungen geht es. In der parlamentarischen Demokratie vertreten Menschen aus der Mitte des Volks das Volk im Parlament. Diese Abgeordneten sind in ihrer Gesamtheit weder gescheiter, noch gebildeter, noch besser als das Volk, sondern eben ein repräsentativer Querschnitt aus dem Volk. Aber sie befassen sich beruflich und professionell mit Politik. Wer sich ständig und nachhaltig mit Politik beschäftigt, muss zu fachlich besseren Einsichten gelangen als jemand, der nur nebenbei und gelegentlich, „am Stammtisch", politisch aktiv ist. Die parlamentarische Demokratie erlaubt eine **Professionalisierung** des politischen Geschehens, die eine fachlich bessere Entscheidung erwarten lässt. 158

[II]. **Österreich ist eine parlamentarische Demokratie**. Die Gesetzgebung liegt **ausschließlich** in der Hand des Parlaments. **In keinem einzigen Punkt erlaubt die Verfassung, dass die Menschen ohne oder gegen den Willen des Parlaments ein Gesetz in Kraft setzen könnten**. Dieser Grundsatz gilt uneingeschränkt, auch wenn die Verfassung **Volksabstimmungen**, **Volksbegehren** und **Volksbefragungen** vorsieht [181]. 159

EGALITÄRE DEMOKRATIE

[I]. Die Demokratie des B-VG ist eine **egalitäre Demokratie** [➔]. **Jeder Staatsbürger hat das gleiche politische Gewicht**, gleichgültig, welche Herkunft, welche Bildung, welches Vermögen, welche Fähigkeiten er hat. Das zeigt sich etwa in dem Umstand, dass **jeder für jedes politische Amt** – etwa in der Regierung – allein aufgrund des **politischen Vertrauens** und ohne Überprüfung irgendwelcher fachlichen Qualifikationen in Frage kommt. Die Menschen sind nach Herkunft, Bildung, Vermögen, Fähigkeiten sehr verschieden; in ihrer **politischen Bedeutung** sind alle Bürger des Staats gleich. 160

[II]. Die egalitäre Demokratie zeigt sich jedenfalls im verfassungsgesetzlich jedem Staatsbürger gewährleisteten **Wahlrecht** [➔]. Man spricht vom **Allgemeinen Wahlrecht** [➔]. (Historisch richtete sich das allgemeine Wahlrecht vor allem gegen den Ausschluss der Frauen vom Wahlrecht). **Alle** österreichischen Staatsbürger – Frauen und Männer –, die spätestens am Wahltag das **16**. Lebensjahr vollendet haben und vom Wahlrecht nicht ausgeschlossen sind, haben nach Art 26 Abs 1 B-VG (§ 21 NRWO) das Recht den Nationalrat zu wählen (= **aktives Wahlrecht** [➔]). In den Nationalrat wählbar ist nach Art 26 Abs 4 B-VG (§ 41 NRWO) jeder aktiv Wahlberechtigte, der spätestens am Wahltag das **18**. Lebensjahr vollendet hat und von der Wählbarkeit nicht ausgeschlossen ist (= **passives Wahlrecht** [➔]). 161

162 Ein Ausschluss vom aktiven Wahlrecht (Art 26 Abs 5 B-VG iVm § 22 NRWO) und von der Wählbarkeit (Art 26 Abs 5 B-VG iVm § 41 NRWO) findet nur bei besonderen gerichtlichen Verurteilungen statt. Für Landtagswahlen kann der Landesgesetzgeber die für die Nationalratswahl geltenden Altersgrenzen des aktiven und passiven Wahlrechts (Art 26 Abs 1 und 4 B-VG) herabsetzen, nicht jedoch hinaufsetzen (Art 95 Abs 2 B-VG).

WAHLRECHTSGRUNDSÄTZE

163

WAHLRECHTSGRUNDSÄTZE

- **ALLGEMEINES WAHLRECHT**
- **GLEICHES WAHLRECHT**
- **UNMITTELBARES WAHLRECHT**
- **GEHEIMES WAHLRECHT**
- **PERSÖNLICHES WAHLRECHT**
- **FREIES WAHLRECHT**
- **VERHÄLTNISWAHL** (= LISTENWAHL)

4/2

164 In der Demokratie entsendet das **Volk** seine **Abgeordneten** in die Parlamente, konkret das Bundesvolk in den Nationalrat [895] und das Landesvolk in den Landtag [986]. Für die Wahl gibt die **Bundesverfassung** **Wahlrechtsgrundsätze** [➔] vor (**Art 26**, **Art 95 Abs 1 B-VG**):

165 • **Gleiches Wahlrecht** [➔]. Das gleiche Wahlrecht verlangt im Sinne der **egalitären Demokratie**, dass jede Stimme **gleich** gewertet wird („**one man one vote**"). Das gleiche Wahlrecht richtet sich gegen historische Wahlrechte, die Stimmengewichtungen vornahmen, so etwa für bestimmte gesellschaftliche Gruppen oder nach dem Steueraufkommen (**Zensuswahl** [➔]).

166 • **Unmittelbares Wahlrecht** [➔]. Das unmittelbare Wahlrecht verlangt, dass die Wähler die Abgeordneten **direkt** wählen. Es darf keine Zwischenschaltung von Wahlmännern oder Wahlkollegien geben.

167 • **Persönliches Wahlrecht** [➔]. Jeder Wähler muss seine Stimme selbst – persönlich – abgeben. Die Ausübung des Wahlrechts durch einen Stellvertreter ist ausgeschlossen. Blinde, schwer sehbehinderte und gebrechliche Wähler können sich von einer Begleitperson führen und bei der Wahlhandlung helfen lassen. Das persönliche Wahlrecht verlangt die physische Präsenz des Wählers vor der Wahlbehörde. Besonderes gilt nach Art 26 Abs 6 B-VG für die Stimmabgabe durch **Briefwahl** [170].

168 • **Freies Wahlrecht** [➔]. Der Grundsatz des freien Wahlrechts ist nicht nur im B-VG, sondern auch im 1. ZPzEMRK (Art 3) und im Staatsvertrag von Wien 1955 (Art 8) verankert. Das freie Wahlrecht verbietet einerseits staatlichen Zwang und **staatlichen Druck** auf den Wähler. Anderseits begründet es auch die Freiheit, sich als Wahlpartei [175] zur Wahl zu stellen und entsprechende **Wahlwerbung** zu betreiben.

169 • **Geheimes Wahlrecht** [➔]. Jeder Wähler darf und muss seine Stimme so abgeben, dass sie für die Wahlbehörde und für die Öffentlichkeit nicht erkennbar ist. Die Menschen sind – man mag es bedauern – im Allgemeinen nicht sehr mutig. Sie fürchten schnell Benachteiligungen und Sanktionen, wenn ihr Stimmverhalten bekannt wird. Weil die Demokratie an der wirklichen Meinung der Wähler interessiert ist, sieht die Verfassung die **geheime Stimmabgabe** zwingend vor. Besonderes gilt nach Art 26 Abs 6 B-VG für die Stimmabgabe durch **Briefwahl** [170].

170 Das **persönliche Wahlrecht** verlangt, dass der Wähler bei der Stimmabgabe physisch im Wahllokal vor der Wahlbehörde präsent ist; das **geheime Wahlrecht**, dass der Wähler bei der Stimmabgabe nicht beobachtet werden kann, sodass seine Willensbildung frei und unbeeinflusst erfolgen kann. Von beiden Wahlrechtsgrundsätzen weicht die Bundesverfassung in Art 26 Abs 6 B-VG ab und lässt eine **Briefwahl** [➔] zu, wenn ein Wähler seine Stimme voraussichtlich nicht vor der Wahlbehörde abgeben kann, etwa weil er am Wahltag ortsabwesend oder krank ist oder sich im Ausland aufhält.

Dem Wähler werden auf seinen Antrag hin ein verschließbarer Briefumschlag, die sogenannte **Wahlkarte**, ein amtlicher Stimmzettel und ein verschließbares Wahlkuvert ausgefolgt bzw übermittelt (§ 39 Abs 3 und 4 NRWO). Eine elektronische Wahlkartenbestellung (Beantragung der Wahlkarte mittels Onlineformular mit und ohne Bürgerkarte [292] über <HELP.gv.at>) ist in manchen Gemeinden möglich. Bei der Briefwahl gibt der Wähler seine Stimme außerhalb eines Wahllokals und nicht vor einer Wahlbehörde ab, legt den ausgefüllten Stimmzettel in das Wahlkuvert, verschließt dieses und legt es in die postalisch der Wahlbehörde zu übermittelnde Wahlkarte, auf der er durch seine eigenhändige Unterschrift eidesstattlich erklären muss, dass er den amtlichen Stimmzettel persönlich, unbeobachtet und unbeeinflusst ausgefüllt hat (§ 60 Abs 2 NRWO). 171

VERHÄLTNISWAHL (LISTENWAHL)

[I]. Ganz **entscheidend** für die politische Wirkung einer demokratischen Wahl ist die Frage, ob sie 172 als **Mehrheitswahl** (= Personenwahl, = Persönlichkeitswahl) oder als **Verhältniswahl** (= Listenwahl) stattfindet. **Zwei Leitgedanken** unterscheiden diese beiden Wahlsysteme:

- [**Mehrheitswahl**]. Der Mehrheitswahl kommt es bei der Auswahl der Abgeordneten für das 173 Parlament auf die **Person** des einzelnen Kandidaten an. Wenn 183 Abgeordnete zu wählen sind, muss das Staatsgebiet in 183 Wahlsprengel unterteilt werden, in denen **je ein Abgeordneter** gewählt wird. In jedem Wahlkreis stellen sich Kandidaten **als Person** zur Wahl. Wer die absolute Mehrheit der abgegebenen Stimmen erhält, ist gewählt. Bekommt kein Kandidat im ersten Wahlgang die absolute Mehrheit der abgegebenen Stimmen, findet im zweiten Wahlgang eine Stichwahl zwischen den beiden bestplatzierten Kandidaten statt. Auf diese Weise wählt das Volk Abgeordnete ins Parlament, die in ihrem jeweiligen Wahlkreis die Mehrheit der Wähler bei der Wahl hinter sich haben. Wir sprechen von einem **Mehrheitswahlrecht** [➔], einem **Personenwahlrecht** oder einem **Persönlichkeitswahlrecht** [➔]: Der Wähler wählt in diesem System in seinem Wahlkreis eine **Person**, nicht eine **Partei**, mag die gewählte Person auch einer Partei angehören. In der Persönlichkeitswahl wird der Abgeordnete direkt gewählt, nicht indirekt über eine Liste.

- [**Verhältniswahl**]. Denkt man nicht in den Namen kandidierender Persönlichkeiten, sondern in 174 **Parteien**, denen die Kandidaten regelmäßig angehören, kann die Mehrheitswahl erhebliche **Verzerrungen** bringen. Wenn die Kandidaten der Partei X in **allen** Wahlkreisen **einundfünfzig Prozent der Stimmen** erreichen, stellen sie **hundert Prozent der Abgeordneten** im Parlament. Die Kandidaten der Partei Y, die in **allen** Wahlkreisen **neunundvierzig Prozent der Stimmen** erreicht haben, bekommen **kein Mandat** im Parlament. Natürlich ist das eine extreme Rechnung, die in der Wirklichkeit so nicht vorkommen wird. Doch zeigt das Mehrheitswahlrecht jedenfalls – **bezogen auf ein Parteiendenken** – erhebliche Verzerrungen; kleine Parteien, die vielleicht insgesamt ein Wählerpotential von zwanzig Prozent haben, würden überhaupt kein Mandat bekommen, wenn kein Kandidat dieser Partei in einem Wahlkreis über fünfzig Prozent der Stimmen erreicht.

  Wer der Zugehörigkeit einer Person zu einer **Partei** mehr Bedeutung zumisst als der Person 175 selbst, wird nach Möglichkeiten suchen, die demokratische Wahl so zu gestalten, dass die Zahl der **für die einzelnen Parteien abgegebenen Stimmen** der Zahl der Abgeordneten im Parlament **verhältnismäßig** entspricht. Eine solche Wahl nennen wir **Verhältniswahl** [➔]. Damit ein Verhältnis gebildet werden kann, insbesondere kleinere Stimmanteile nicht unter den Tisch fallen, kann es für 183 Abgeordnete nicht 183 Wahlkreise geben. Die Wahlkreise müssen so bemessen werden, dass **in jedem Wahlkreis mehrere Mandate** – im Verhältnis zu den Stimmanteilen – zu vergeben sind. Die Kandidaten dürfen daher nicht als Person, sie müssen als **Liste** kandidieren. Die Verhältniswahl ist immer eine **Listenwahl** [➔]. Der Wähler wählt nicht eine einzelne Person, sondern eine Gruppe von Personen, eine „Liste" von Personen, die gemeinsam als **Wahlpartei** [➔] (= **wahlwerbende Partei** [189]) kandidieren. Auf dem Stimmzettel wird die wahlwerbende **Partei** gewählt. Die Namen der Personen, die auf der Liste kandidieren, sind dabei bekannt. Einzelne Personen können aber nicht ausgewählt werden, **der Wähler**

muss die Liste insgesamt akzeptieren. Auf diese Weise ist es möglich, ein Verhältnis zwischen der Anzahl der für jede Liste abgegebenen Stimmen und der Anzahl der über die Liste in das Parlament gewählten Personen zu bilden. **Vorzugsstimmen** [➔] für Personen auf einer Liste können zwar zusätzlich abgegeben werden, doch sind die Vorzugsstimmen von geringer praktischer Bedeutung und führen bestenfalls innerhalb der Liste zu einer geringfügigen Verschiebung der Reihung der Kandidaten. Die Reihung der Kandidaten auf der Parteiliste ist entscheidend für die Frage, welche Kandidaten die von ihrer wahlwerbenden Partei erzielten **Mandate** (Sitze im Parlament) zugewiesen erhalten, wer also tatsächlich als Abgeordneter ins Parlament einzieht.

176 [II]. **Das B-VG sieht die Verhältniswahl für das Bundesparlament und das Landesparlament vor** (Art 26 Abs 1, Art 95 Abs 1 B-VG).

177 **Für** die Verhältniswahl spricht: Im politischen Leben spielen die Parteien die entscheidende Rolle, die Personen sind nicht immer und überall bekannt; ein Listenwahlrecht gibt dem Wähler Überblick und erlaubt ihm eine realistische Wahl. Das Listenwahlrecht gibt auch kleineren Parteien die Chance auf Abgeordnete im Parlament; das Listenwahlrecht macht ein Mehrparteienparlament wahrscheinlich. **Gegen** die Listenwahl spricht: Der Wähler kann zwar eine Liste wählen, welche Personen auf der Liste kandidieren, kann er nicht beeinflussen; wer auf den Listen wie Platz findet, ist für den Wähler nicht transparent und entscheidet sich in den Hinterzimmern der politischen Parteien. Weil die Partei die Kandidaten, die auf der Liste aufscheinen, allein und frei auswählt, hat die Partei große Macht über die Abgeordneten; die Parteiführungen neigen nicht dazu, Personen mit Ecken und Kanten auf die Liste zu setzen, farblose Persönlichkeiten aus dem „Apparat" haben gute Chancen. Kleine Parteien haben zwar die Chance, im Verhältnis der für sie abgegebenen Stimmen auch im Parlament vertreten zu sein; weil absolute Mehrheiten nach dem Verhältniswahlrecht aber selten sind, können kleine Parteien mit großen Parteien Koalitionen bilden und als „Mehrheitsbeschaffer" einen erheblich größeren Einfluss auf die Politik ausüben, als es dem Verhältnis ihres Stimmenanteils zukäme.

178 Alte Demokratien in Europa haben ein Mehrheitswahlrecht (Großbritannien, Frankreich). **Deutschland** versucht, das Mehrheitswahlrecht mit dem Verhältniswahlrecht zu kombinieren. Der Wähler hat bei der Wahl zum Bundesparlament (Deutscher Bundestag) zwei Stimmen. Mit der Erststimme wählt er die Person (gewählt ist, wer die relative Mehrheit der Stimmen auf sich vereinigt), mit der Zweitstimme wählt er eine Partei (Liste) nach den Grundsätzen des Verhältniswahlrechts. Die Zweitstimme entscheidet, wie viele der insgesamt zu vergebenden Bundestagssitze einer Partei zustehen; die Erststimme entscheidet die personelle Zusammensetzung des Deutschen Bundestags. Weil so ein Verhältnis hergestellt werden muss, steht die Zahl der Abgeordneten des Parlaments nicht von vornherein fest.

MEHR DIREKTE DEMOKRATIE ?

179 Die heute weit verbreitete Unzufriedenheit mit der Parteiendemokratie führt immer wieder zu Vorschlägen für **„mehr direkte Demokratie"**. Dazu herrscht allerdings ein Begriffswirrwarr:

180 „Direkte Demokratie" meint grundsätzlich „plebiszitäre Demokratie", also nicht bloß die Entsendung von Abgeordneten ins Parlament, sondern auch die **Entscheidung von Sachfragen in der Gesetzgebung durch Volksabstimmung** [154]. Österreich ist unter diesem Gesichtspunkt keine direkte Demokratie. **Den Begriff der „direkten Demokratie" sollte man der Entscheidung von Sachfragen in der Gesetzgebung durch das Volk – ohne oder gegen den Willen des Parlaments – vorbehalten**.

181 „Direkte Demokratie" bezeichnen manche die Möglichkeiten des Volks, durch **Volksbegehren, Volksbefragungen und Volksabstimmungen** an der parlamentarischen Gesetzgebung mitzuwirken. Das sollte man vermeiden. Diese Einrichtungen der Verfassung machen die österreichische Gesetzgebung **nicht** direktdemokratisch, weil nach der geltenden Verfassungslage das Volk gegen den Willen des Parlaments nie eine Entscheidung treffen kann. Selbst eine Volksabstimmung [927] ist **gegen den Willen des Parlaments** nicht möglich. Daher handelt es sich in diesen Fällen nur um die **Mitwirkung des Volks an der parlamentarischen Gesetzgebung**, nicht um direkte Demokratie.

182 Unter „direkter Demokratie" wird weiters die Frage diskutiert, ob das Volk die Abgeordneten zum Parlament nicht durch Listenwahl, sondern durch **Personenwahl** bestimmen sollte. Hier geht es um ein **Persönlichkeitswahlrecht**, nicht um direkte Demokratie.

183 Als „direkte Demokratie" **außerhalb des Parlaments** wird manchmal auch die **Wahl von Staatsorganen** durch das Volk dargestellt, so etwa die Volkswahl der Verwaltungsorgane „Bundespräsident", „Bürgermeister".

184 Im Zusammenhang mit „direkter Demokratie" wird auch der **Klubzwang** [964] in den Parlamenten diskutiert, der dem Abgeordneten eine Abstimmung frei nach eigener Meinung erschwert.

POLITISCHE PARTEIEN

185

POLITISCHE PARTEIEN

4/3

[I]. **Die parlamentarische Demokratie ist eine „Parteien"demokratie**. Die politischen Parteien sind im **Parteiengesetz 2012 (PartG)** [➔] vorgesehen und geregelt. Nach der **Verfassungsbestimmung** des § 1 Abs 1 PartG sind *„**die Existenz und die Vielfalt politischer Parteien … wesentliche Bestandteile der demokratischen Ordnung der Republik Österreich** (**Art 1 B-VG**)"*. Die Existenz und die Tätigkeit der politischen Parteien liegen im Interesse der Allgemeinheit, weshalb die Parteien zum Teil aus öffentlichen Mitteln finanziert werden (Parteienförderung, §§ 3 ff PartG). 186

Das politische Handeln eines jeden Einzelnen ist in der egalitären Demokratie möglich und notwendig. Um Wirkung zu erzielen und das politische Geschehen durch **Bündelung der Meinungen**, insbesondere für Wähler, übersichtlich zu machen, schließen sich Gleichgesinnte zusammen und treten **als Gruppe** für ihre Meinungen ein und bei Wahlen an. Eine **politische Partei** [➔] ist eine **auf Dauer organisierte Verbindung von Menschen**, die *„**durch gemeinsame Tätigkeit auf eine umfassende Beeinflussung der staatlichen Willensbildung, insbesondere durch die Teilnahme an Wahlen zu allgemeinen Vertretungskörpern und dem Europäischen Parlament, abzielt**"* (§ 1 Abs 2 PartG). Parteien sollen also die politischen Meinungen in der Gesellschaft beeinflussen, durch Wahlen staatliche Macht erringen und so ihre politischen Ansichten in die Willensbildung des Staats, insbesondere in die Rechtsnormen einbringen. 187

Die **Qualität einer parlamentarischen Demokratie** hängt von der **Qualität der politischen Parteien** ab. Wie demokratisch ist die **innere Struktur** der Parteien ? Sehen Parteien ihre Aufgabe tatsächlich darin, im Dialog mit den Menschen **die politische Meinung in der Gesellschaft zu bilden**; oder hecheln sie opportunistisch im Interesse des Erhalts oder des Erringens der Macht im Staat Meinungen bloß hinterher ? Gestalten die gewählten politischen Parteien das **Wahlrecht** wirklich demokratisch, damit die Wähler durch ihre Stimme Wesentliches bewirken können, oder gestalten sie es so, wie es ihrem Machterhalt dient ? Bedienen sich die gewählten Parteien bei der **Parteienfinanzierung** durch den Staat mit Augenmaß ? Wie wählen die von den Parteien gestellten politischen Funktionäre die **Personen für die staatliche Ämter** aus („Ämterpatronage", „Parteibuchwirtschaft") ? Wie **korrupt** sind die gewählten politischen Parteien und die von ihnen gestellten politischen Funktionäre im Umgang mit dem Geld des Staats und persönlichen wirtschaftlichen Interessen ? 188

[II]. Als **Organisation** betrachtet ist eine **politische Partei** eine auf Dauer angelegte **juristische Person** (des privaten Rechts) [594]. Von ihr zu unterscheiden ist die **wahlwerbende Partei** (= **Wahlpartei** [➔]). Die Wahlpartei (§ 2 Z 2 PartG) ist eine Gruppe von Personen, die auf einer **gemeinsamen Liste** bei einer bestimmten (Parlaments)Wahl ihre Kandidatur einreicht. Die Wahlpartei besteht nur für diesen einen Zweck, ist keine juristische Person und ist auch nicht auf Dauer angelegt. 189

Regelmäßig bewerben sich als Wahlparteien bei den Wahlen die politischen Parteien. Reine Wahlparteien sind selten, sie kommen gelegentlich auf der kommunalen Ebene vor. 190

191 [III]. **Jeder kann eine politische Partei frei gründen** (**Gründungsfreiheit** politischer Parteien), indem er eine Satzung verfasst, diese in geeigneter Weise im Internet veröffentlicht und beim Bundesminister für Inneres hinterlegt (§ 1 Abs 4 PartG). Mit der Hinterlegung erlangt die politische Partei Rechtspersönlichkeit, dh sie wird als juristische Person existent.

192 Der Bundesminister für Inneres führt nach § 1 Abs 4 PartG ein **öffentlich einsehbares Parteienverzeichnis** mit den Namen der politischen Parteien und dem Datum der Satzungshinterlegung (<www.bmi.gv.at>). Zurzeit (2013) enthält das Parteienverzeichnis 971 politische Parteien. [Die Satzung hat zumindest Regelungen betreffend die Organe der Partei, die Rechte und Pflichten der Parteimitglieder, die Parteigliederung sowie Bestimmungen betreffend die freiwillige Auflösung der politischen Partei zu enthalten].

193 [IV]. Nicht nur die Gründung politischer Parteien ist völlig frei, auch ihre Tätigkeit darf keiner Beschränkung unterworfen werden (**Betätigungsfreiheit** politischer Parteien). Das österreichische Recht kennt **kein Verbotsverfahren** für politische Parteien, in dem ein **Gericht** oder eine **Verwaltungsbehörde** auf gesetzlicher Grundlage eine politische Partei verbieten könnte. Das **Verbot** einer politischen Partei ist nur durch den **Verfassungsgesetzgeber** selbst möglich. Soweit ein Verbot eine politisch die Grundsätze der Demokratie vertretende Partei betreffen sollte, wäre zudem eine Volksabstimmung erforderlich [946].

194 Der Verfassungsgesetzgeber verbietet durch das in Verfassungsrang stehende **Verbotsgesetz 1947** [➔] [98] die Wiedererrichtung einer Partei mit den demokratiefeindlichen Zielen der Nationalsozialistischen Deutschen Arbeiterpartei (NSDAP), die Deutschland von 1933 bis 1945 und das okkupierte Österreich von 1938 bis 1945 beherrschte [61].

REPUBLIK

195

DIE REPUBLIK

- **Präsident als verantwortliches Staatsoberhaupt**
- **Keine Monarchie, kein Monarch**
- **Republik und Demokratie ?**

4/4

196 [I]. Die Verfassung entscheidet, ob der Staat eine Angelegenheit einzelner Personen oder bestimmter Kreise der Bevölkerung ist. Ist der Staat einem einzelnen Herrscher und der ihn umgebenden Personengruppe, dem Adel, zugedacht, so spricht man von **Monarchie** [➔]. Geht der Staat alle Menschen an, ist er „Sache der Allgemeinheit" (= lateinisch „*res publica*"), so gilt er als **Republik** [➔] (= „Freistaat", weil der Staat frei von einem Monarchen ist). Die **Staatsform** [➔] der Republik ist historisch der **Gegenentwurf zur Monarchie**.

197 **Die Republik ist die Staatsform Österreichs**. Sie zeigt sich insbesondere am **Staatsoberhaupt** [➔]. Staatsoberhaupt der Republik ist ein **Präsident**, der vom Volk gewählt und dem Volk verantwortlich ist, kein Monarch; schon gar nicht ein Monarch, der seine Macht nicht auf den Willen des Volks, sondern auf das Gottesgnadentum [16] stützt. Die Verfassung bezeichnet den Präsidenten Österreichs als **Bundespräsident** [1004].

198 [II]. Weil in der Republik der Staat Angelegenheit der Allgemeinheit ist, **steht die Republik der Demokratie nahe**. Dies zeigt sich für Österreich in Art 1 B-VG, der in einem Satz bestimmt: ***„Österreich ist eine demokratische Republik"***. Zwingend ist der Zusammenhang von Republik und Demokratie nicht. Diktaturen etwa bezeichnen sich häufig als Republik, ohne ein demokratisches System der Staatswillensbildung zu kennen, bloß weil sie keine Monarchien sind. Die Monarchie ihrerseits verträgt sich in der Form der **konstitutionellen Monarchie** [40], welche die Staatsgewalt **nicht ausschließlich und uneingeschränkt** dem Monarchen zuordnet, sondern über eine Verfassung verfügt, die dem Monarchen bei der Ausübung der Staatsgewalt ein vom Volk gewähltes Parlament zur Seite stellt, durchaus mit einem Parlament, auch mit der Demokratie [148]. **Republiken** sind in der Europäischen Union neben Österreich auch Bulgarien, Deutschland, Estland, Finnland, Frankreich, Griechenland, Kroatien, Italien, Irland, Lettland, Litauen, Malta, Polen, Portugal, Rumänien, Slowakei, Slowenien, Tschechien, Ungarn und Zypern; **Monarchien** in EU-Europa sind Belgien, Dänemark, Großbritannien, Luxemburg, die Niederlande, Schweden und Spanien.

5. KAPITEL: GEWALTENTEILIGER RECHTSSTAAT

Glossar: *abstrakte Rechtsnorm, Allgemeines Bürgerliches Gesetzbuch (ABGB), Bescheid, Daseinsvorsorge, Einzelfallgesetz, Führerstaat, generelle Rechtsnorm, Gerichtsbarkeit, Gesetz im formellen Sinn, Gesetz im materiellen Sinn, Gesetzesstaat, Gesetzgebung, Gewaltenteilung, Gewaltenverbindung, individuelle Rechtsnorm, Justizstrafrecht, Justizverwaltung, Kabinettsjustiz, konkrete Rechtsnorm, Konsensualnorm, Kundmachung, Monistische Theorie, öffentliches Recht, parlamentarisches Regierungssystem, politische Verantwortung der Regierung, präsidentielles Regierungssystem, Privatautonomie, Privatrecht(sordnung), Rechtsschutzstaat, Rechtsstaat, Regierung, richterliche Privilegien, Staats(teil)gewalt, status negativus, sukzessive Zuständigkeit, Trennung von Staat und Gesellschaft, Verordnung, Verwaltung, Verwaltung im formell-organisatorischen Sinn, Verwaltung im materiellen Sinn, Verwaltungsstrafrecht, Vollstreckung, Vollziehung.*

GEWALTENTEILUNG

199

5/1 Gewaltenverbindung ?

DIE GEWALTENTEILUNG

GESETZGEBUNG (= Legislative)	
VOLLZIEHUNG (= Exekutive)	
VERWALTUNG (= Administrative)	**GERICHTSBARKEIT** (= Judikative)

[I]. Der Konstitutionalismus sah den idealtypischen Inhalt der Verfassung [44] in der Verrechtlichung der Rechtserzeugung, in der parlamentarischen Demokratie, in der Gewährleistung von Freiheitsrechten und ganz wesentlich in der Organisation des Staats nach dem Grundsatz der **Gewaltenteilung** [➔]. Die **Staatsgewalt** soll in eine **Gesetzgebung** (= Legislative) und in eine **Vollziehung** (= Exekutive), die Vollziehung ihrerseits in eine **Verwaltung** (= Administrative) und in eine **Gerichtsbarkeit** (= Rechtsprechung, = Judikative, = Justiz) geteilt sein. 200

In der **Gewaltenteilung** zeigt sich die **Machtskepsis** des Konstitutionalismus. **Die Staatsgewalt soll in mehrere Teile zerlegt und auf mehrere Teilorganisationen des Staats aufgeteilt sein**. Das reduziert das Gewaltpotential insgesamt, weil keine Teilgewalt über die ganze Macht, sondern nur über einen Teil der Macht verfügt. Die **Staats(teil)gewalten** [➔] konkurrieren bei der Ausübung staatlicher Macht untereinander, streiten miteinander, behindern einander und kontrollieren sich wechselseitig. Ein gewaltenteilig organisierter Staat wird Staatsgewalt nur in einem eingeschränkten, für die Menschen verträglichen Ausmaß einsetzen können. Die staatliche Politik soll nicht alles, was sie sich ausdenkt, auch tatsächlich sofort umsetzen können. Erst wenn staatliche Politik alle gewaltenteiligen Auseinandersetzungen überstanden und alle gewaltenteiligen Institutionen durchlaufen hat, **wird am Ende bloß jener Teil zum kontrolliert umgesetzten verbindlichen Recht, der für die freie Gesellschaft erträglich ist**. Der gewaltenteilige Verfassungsstaat will einen in der Machtausübung gebändigten, ja einen in der Machtausübung schwachen Staat. Die in Freiheit lebenden Menschen sollen nur im notwendigen Umfang von der Staatsgewalt eingeengt sein; die freie Gesellschaft soll nicht durch übermächtige staatliche Institutionen gefährdet sein. Ein „Macher"staat oder ein **Führerstaat** [➔] ist nicht gefragt. 201

[II]. **Vorsicht mit den Begriffen !** So wie wir den idealtypischen Begriff der Verfassung (= Verfassung im materiellen Sinn) von der Verfassung, wie sie das B-VG konkret sieht (= Verfassung im formellen Sinn), unterscheiden mussten [44] [50], müssen wir auch den am Konstitutionalismus orientierten idealtypischen Begriff der Gewaltenteilung (= **Gewaltenteilung im materiellen Sinn**) und die Gewaltenteilung, wie sie das B-VG tatsächlich einrichtet (= **Gewaltenteilung im formellen Sinn**), auseinander halten. 202

GESETZGEBUNG – VOLLZIEHUNG

203 5/2

DIE IDEALTYPISCHE GEWALTENTEILUNG
= GEWALTENTEILUNG IM MATERIELLEN SINN

GESETZGEBUNG = **generell-abstrakte Rechtsnormen**		Parlament
VOLLZIEHUNG = **individuell-konkretes Staatshandeln**		Regierung
VERWALTUNG = **Daseinsvorsorge**	**GERICHTSBARKEIT** = **Streitentscheidung**	

204 [I]. **Gewaltenteilung ja, aber wie ?** Die Vorstellungen, welche Teilorganisationen es geben, und wie die Staatsgewalt zwischen diesen Teilorganisationen aufgeteilt sein soll, sind **historisch** geprägt. Im vorkonstitutionellen österreichischen Polizeistaat vor der Dezemberverfassung 1867 war die gesamte Staatsgewalt in der Hand des Monarchen. Das Volk verlangte eine Beteiligung an der Staatsgewalt durch eine Volksvertretung, ein Parlament. **Historisch bedeutete Gewaltenteilung die Teilung der Staatsgewalt zwischen dem Monarchen und dem Parlament**.

205 Es war politisch undenkbar und auch organisatorisch schwer vorstellbar, dass der tatsächliche Einsatz der Polizei, des Militärs, der Beamten, der staatlichen Finanzen dem Volk und seiner Volksvertretung obliegen sollte. Das blieb dem **Monarchen und den von ihm bestellten Ministern** vorbehalten. Der Volksvertretung wurde zugestanden, allgemeine verbindliche Regelungen zu formulieren, wie die vom Monarchen bestellten Minister die Staatsgewalt auszuüben haben. Nach dieser Vorstellung darf das **Parlament generell-abstrakte Regelungen** erlassen. Die vom Monarchen bestellten Minister waren beim **individuell-konkreten Einsatz** der Polizei, des Militärs, der Beamten, der staatlichen Finanzen **an die generell-abstrakten Regelungen des Parlaments gebunden**.

206 [II]. Nach diesem Verständnis definieren wir **Gesetzgebung** und **Vollziehung** idealtypisch (= im materiellen Sinn) wie folgt:

207 • **Gesetzgebung** [➔] im materiellen Sinn ist der **Erlass generell-abstrakter Rechtsnormen**. **Generelle** (= allgemeine) **Rechtsnormen** wenden sich an **jedermann**, an die Allgemeinheit, sie haben einen generellen Adressatenkreis. **Abstrakte Rechtsnormen** formulieren eine **Idee**, **ohne sich auf einen konkreten Sachverhalt zu beziehen**. **Gesetze im materiellen Sinn** [➔] sind **generell-abstrakte Rechtsnormen**. Die Gesetzgebung ist Aufgabe des – aus den vom Volk gewählten Abgeordneten bestehenden – **Parlaments**.

208 • **Vollziehung** [➔] im materiellen Sinn ist die **Umsetzung der generell-abstrakten Gesetze auf individuell-konkrete Einzelfälle**, insbesondere durch **Erlass individuell-konkreter Rechtsnormen**. Diese Umsetzung ist Aufgabe der **Vollziehung**. Die Vollziehung besteht aus dem von den **Ministern** und einem Ministerpräsidenten (Regierungschef), die insgesamt die **Regierung** bilden, geleiteten Staatsapparat.

209 [**Generell – individuell**]. Eine Rechtsnorm, die anordnet, dass österreichische Staatsbürger, die mit Erfolg studieren und sozial bedürftig sind, eine Studienbeihilfe erhalten, ist eine **generelle Rechtsnorm** [➔]. Sie gilt **allgemein**, **für jedermann**. Eine Rechtsnorm hingegen, die der **Studentin X** eine Studienbeihilfe gewährt, gilt **nur für X**, nicht allgemein und wäre eine **individuelle Rechtsnorm** [➔]. [Der Begriff „Norm" wird sowohl für generelle als auch für individuelle Rechtssätze verwendet; manche wollen allerdings den Begriff „Norm" den generellen Rechtssätzen vorbehalten.]

[**Abstrakt – konkret**]. Die Rechtsnorm, die anordnet, dass österreichische Staatsbürger, die mit Erfolg studieren und sozial bedürftig sind, eine Studienbeihilfe erhalten, ist auch eine **abstrakte Rechtsnorm** [➔]. Sie formuliert die Voraussetzungen für eine Studienbeihilfe, ohne einen bestimmten Sachverhalt – etwa die Studentin X, die an der Universität Linz Rechtswissenschaften studiert, deren Eltern € 25.000,– im Jahr verdienen – vor Augen zu haben. Eine Rechtsnorm hingegen, die der **Studentin X** eine Studienbeihilfe von € 500,– gewährt, ist eine **konkrete Rechtsnorm** [➔], weil sie einen bestimmten Sachverhalt – die Studentin X, ihr Studium der Rechtswissenschaften an der Universität Linz, das Einkommen ihrer Eltern von € 25.000,– usw – zu Grunde legt. 210

PARLAMENT UND REGIERUNG

[I]. Das Volk wählt die Abgeordneten in das Parlament, das Parlament ist das Herz der Demokratie. 211
Aber wie ist in der parlamentarischen Demokratie nach den Vorstellungen des Konstitutionalismus die Vollziehung organisiert ?

Während das Parlament die staatliche Gewalt allgemein bestimmt, ist die Vollziehung der Staatsapparat, der die Staatsgewalt im Einzelfall ausübt, sie besteht aus vielen Personen und ist regional in verschiedenen Ebenen organisiert [1048]. An der **Spitze der Vollziehung** steht die **Regierung** [➔], sie leitet den Staatsapparat. In der parlamentarischen Demokratie ist die Vollziehung dem Volk, damit dem **Parlament** untergeordnet. Für die Unterordnung reicht es nicht aus, dass das Parlament die Gesetze beschließt, und die Vollziehung bei ihrem Handeln nach der Verfassung an die Gesetze gebunden ist. Die Regierung als Spitze der Vollziehung braucht das **politische Vertrauen** des Parlaments. Das Parlament muss sich sicher sein können, dass die an der Spitze der Vollziehung stehenden Frauen und Männer loyal die Gesetze und den Willen des Parlaments befolgen und in dem ihnen unterstellten Staatsapparat durchsetzen werden. Dieses Vertrauen ist nur möglich, wenn **das Parlament bestimmen kann, welche Frauen und Männer namentlich in der Regierung tätig sind** (= **politische Verantwortung der Regierung** [➔] gegenüber dem Parlament). 212

[II]. In der Regel ernennt oder wählt daher in einer parlamentarischen Demokratie das Parlament die Regierung (= **parlamentarisches Regierungssystem** [➔], etwa Deutschland). Denkbar ist auch, dass ein Präsident die Regierung ernennt (**präsidentielles Regierungssystem** [➔], etwa die USA). 213

Im parlamentarischen Regierungssystem wählt das **Parlament** die Regierung und kann sie auch wieder abwählen. Das parlamentarische Regierungssystem besteht uneingeschränkt in den **Ländern** (Art 101 Abs 1 B-VG). Das B-VG sah ursprünglich 1920 auch im **Bund** die Wahl der Bundesregierung durch den Nationalrat vor, schränkte das parlamentarische Regierungssystem aber mit der B-VG-Novelle 1929 (BGBl 392) vor dem Hintergrund krisenhafter politischer Entwicklungen ein und übertrug die Bestellung und Abberufung der Bundesregierung dem **Bundespräsidenten** (Art 70 Abs 1 B-VG) [1013]. Das Parlament behielt allerdings das Misstrauensvotum [957]. Für den Bund gilt daher – unverändert auch noch heute – ein **Mischsystem**, ein parlamentarisches Regierungssystem mit **präsidentiellem Einschlag**; weil der Bundespräsident die Bundesregierung zwar einsetzen und abberufen kann, das Recht der Abberufung aber **auch** – und in der politischen Realität vor allem – dem **Parlament** (Nationalrat) durch Misstrauensvotum zusteht. 214

[III]. Aus diesem Verhältnis zwischen Parlament und Regierung wird argumentiert, dass die für die Vollziehung politisch verantwortliche Regierung **nicht unmittelbar vom Volk gewählt** werden darf. Würde die Regierung unmittelbar vom Volk gewählt, hätte sie neben dem unmittelbar legitimierten Parlament eine besondere demokratische Autorität, die das Parlament schwächen kann. Insbesondere würde die Regierung ihr Verhalten mehr nach ihren Wählern und weniger nach den Gesetzen des Parlaments ausrichten. Diese Meinung mag im Hinblick auf die enorme tatsächliche Macht der Regierungen fraglich sein. 215

BINDUNG DER VOLLZIEHUNG AN DIE WEISUNGEN DER REGIERUNG

216 Die Vollziehung ist in der parlamentarischen Demokratie **hierarchisch** (= Über- und Unterordnung von Organen) organisiert. Die **Regierung** ist das oberste Organ der Vollziehung. Sie ist dem Parlament gegenüber politisch verantwortlich. Nicht nur für das, was sie selbst tut. Auch für das, was die ihr unterstellten Organe des Staatsapparats tun. Damit die Regierung ihrer **politischen Verantwortung** gegenüber dem Parlament gerecht werden, und vom Parlament für alles, was in der Vollziehung geschieht, politisch verantwortlich gemacht werden kann, müssen die Mitglieder der Regierung berechtigt sein, **alle** Organe der Vollziehung **zu leiten, zu beaufsichtigen** und ihnen verbindliche **Weisungen** [1054] **zu erteilen** (Art 20 Abs 1 B-VG).

217 Aus besonderen Gründen lässt die Verfassung in der Vollziehung **Ausnahmen aus der strikten Weisungsbindung** zu, wie die **unabhängigen Richter** [220], **weisungsfreie Teile der Justizverwaltung** [1059], einzelne **weisungsfreie Verwaltungsbehörden** [1057], die **Selbstverwaltung der Gemeinden** [1279].

VERWALTUNG – GERICHTSBARKEIT

218 [I]. Zur Umsetzung der generell-abstrakten Gesetze in individuell-konkretes Vollziehungshandeln gehört die **Verhängung von Geld- und Freiheitsstrafen sowie die Entscheidung zivilrechtlicher und verwaltungsrechtlicher Streitigkeiten durch Richter**. Diese Vollziehungsaufgaben sind Angelegenheit der **Gerichtsbarkeit** (= **Rechtsprechung**).

219 Die Regierung als Herr über die Vollziehung könnte die **Rechtsprechung missbrauchen**, um politisch missliebige Personen, insbesondere mit dem Strafrecht, zu verfolgen (= **Kabinettsjustiz** [➔], Regierung = „Kabinett").

220 Der Konstitutionalismus forderte daher nicht nur die Teilung der Staatsgewalt zwischen Parlament und Vollziehung, sondern zum Schutz der Menschen gegen Kabinettsjustiz auch eine **Gewaltenteilung innerhalb der Vollziehung**. Den Schutz soll eine **privilegierte** – von der Regierung **unabhängige – Stellung der Richter** gewährleisten. **Gerichtsbarkeit** [➔] **im materiellen Sinn** ist somit die **Entscheidung und Schlichtung aller Rechtsstreitigkeiten** (= Streitentscheidung, = Streitschlichtung) durch **unabhängige Richter**. Die **Unabhängigkeit** der Richter zeigt sich in den **richterlichen Privilegien** [➔]: Im sachlichen Privileg der **Weisungsfreiheit**; und im persönlichen Privileg der **Unversetzbarkeit** und **Unabsetzbarkeit** der auf Lebenszeit bestellten Richter.

221 [II]. Dass die Vollziehung nicht unmittelbar durch das Volk gewählt sein dürfe [215], gilt sowohl für die Verwaltung als auch für die Richter. Die Verfassung kennt daher nur ernannte, **keine vom Volk gewählten Richter**. Auch die in der Gerichtsbarkeit tätigen sogenannten **Laienrichter** (Geschworene, Schöffen, fachkundige Beisitzer) [1356] sind nicht vom Volk gewählt, sodass sie nicht als demokratisches Element in der Gerichtsbarkeit gelten können.

222 [III]. Die Vollziehung, die durch Herauslösen der Gerichtsbarkeit aus der Vollziehung verbleibt, nennen wir **Verwaltung** [➔] (= Subtraktionsbegriff). Wenn man die Entscheidung und Schlichtung aller Rechtsstreitigkeiten aus der Vollziehung wegdenkt, was sind dann inhaltlich die Aufgaben der Verwaltung ? **Verwaltung im materiellen Sinn** [➔] ist **Daseinsvorsorge** [➔]. Aufgabe der **Verwaltung** ist es, für das Wohl aller Menschen, für das **Allgemeinwohl**, für die Wahrnehmung der „öffentlichen Interessen" zu sorgen; also etwa für die öffentliche Sicherheit, für öffentliche Schulen, für öffentliche Straßen und Wege, für die öffentliche Gesundheit, für eine geordnete Tätigkeit der Wirtschaftsunternehmen.

VERWALTUNG IM FORMELL-ORGANISATORISCHEN SINN

223

5/3

DIE GEWALTENTEILUNG NACH B-VG = GEWALTENTEILUNG IM FORMELLEN SINN

GESETZGEBUNG	= **Handeln des Parlaments** in der Rechtsform des **Gesetzes**
VOLLZIEHUNG	= **Handeln der Vollziehungsorgane**, insb in den Rechtsformen der **Verordnung**, des **Bescheids** und des **Urteils**

VERWALTUNG	**GERICHTSBARKEIT**
= weisungsgebendes und weisungsgebundenes Handeln der Vollziehungsorgane	**= unabhängiges Handeln der mit den richterlichen Privilegien ausgestatteten Vollziehungsorgane**
= Verwaltung im formell-organisatorischen Sinn	**= Gerichtsbarkeit im formell-organisatorischen Sinn**

[I]. Das B-VG folgt den Vorstellungen des Konstitutionalismus in den Grundsätzen, in der konkreten Ausgestaltung weicht es von der Gewaltenteilung im materiellen Sinn ab. **Es versteht die Gewaltenteilung in einem formellen Sinn**. Es gibt zwar eine Gesetzgebung (= Parlament), eine Verwaltung (= Regierung) und eine Gerichtsbarkeit (= unabhängige Richter), und grundsätzlich erlässt die Gesetzgebung die generell-abstrakten Rechtsnormen, die Verwaltung und die Gerichtsbarkeit setzen die Gesetze individuell-konkret um [206-208], doch ist nach den Regelungen des B-VG **Gesetzgebung alles Handeln, welches das B-VG dem Parlament zuweist und für welches das B-VG die Rechtsform „Gesetz" vorsieht** (= **Gesetze im formellen Sinn** [➔]). Auf den Inhalt kommt es nicht an. **Das B-VG lässt auch individuell-konkrete Regelungen in Form des Gesetzes zu**. Solche **Gesetze**, die sich an Einzelne richten und konkrete Sachverhalte zu Grunde legen, nennen wir **Einzelfallgesetze** [➔]. Sie sind Rechtsnormen des Parlaments, führen die Bezeichnung „Gesetz", sind aber nach ihrem Inhalt keine generell-abstrakten, sondern individuell-konkrete Normen. 224

Einzelfallgesetze sind etwa die historischen Verstaatlichungsgesetze, mit denen das Parlament nach dem Zweiten Weltkrieg durch Gesetz einzelne konkret bezeichnete Unternehmen im Bereich der Schwerindustrie und der Banken enteignete (= Legalenteignung). 225

[II]. Wie die Gesetzgebung versteht das **B-VG** auch die Vollziehung (Verwaltung und Gerichtsbarkeit) formell. **Vollziehung im formellen Sinn ist das Handeln, das die Rechtsordnung den staatlichen Vollziehungsorganen zuweist**. Was Inhalt des Handelns ist, ob der Inhalt des Handelns, insbesondere von Rechtsnormen, generell, individuell, abstrakt oder konkret ist, bleibt ohne Bedeutung. Ob es um Daseinsvorsorge oder um Streitentscheidung geht, ist gleichfalls bedeutungslos. 226

[III]. Das **B-VG** ordnet die **Gewaltenteilung** zwischen **Verwaltung** und **Gerichtsbarkeit** in **Art 94 Abs 1 B-VG** an: ***„Die Justiz ist von der Verwaltung in allen Instanzen getrennt"***. Wie lassen sich Verwaltung und Justiz **im Sinne des B-VG** definieren ? **Verwaltung** nach Art 94 Abs 1 B-VG ist das Handeln, das die Rechtsordnung den staatlichen **Verwaltungsorganen** zuweist (= Verwaltung im formellen Sinn). Und **Justiz** ist das Handeln, das die Rechtsordnung den **Richtern** zuweist (= Gerichtsbarkeit im formellen Sinn). 227

Und worin unterscheidet das B-VG **Verwaltungsorgane** und **Richter** ? Der Unterschied liegt in der **Organisation**. In der Vollziehung herrscht grundsätzlich strikte Weisungsbindung. **Für die** 228

Verwaltungsorgane ist die Weisungsbindung typisch. Die einzelnen **Richter** hingegen sind durch die **richterlichen Privilegien** in ihrer rechtsprechenden Tätigkeit **unabhängig**.

229 **Verwaltung im formell-organisatorischen Sinn** [➔] sind die den weisungsgebend und **weisungsgebunden** tätigen staatlichen Vollziehungsorganen zugewiesenen Aufgaben. Hingegen sind **Gerichtsbarkeit im formell-organisatorischen Sinn** die den mit den richterlichen Privilegien tätigen staatlichen Vollziehungsorganen zugewiesenen Aufgaben.

230 [IV]. Die gesamte Vollziehung – sowohl die Verwaltungsorgane als auch die Gerichtsorgane – untersteht der Leitung der Regierung. So gibt es zwar **keine von der Regierung unabhängige Gerichtsbarkeit**, wohl aber in den konkreten Aufgaben der Rechtsprechung **unabhängige Richter**. Das Handeln, das die Rechtsordnung den Gerichten außerhalb der rechtsprechenden Tätigkeit zuweist, das organisatorische „Umfeld" der unabhängigen Richter, nennen wir **Justizverwaltung** [➔] [1378]. Die Justizverwaltung verbleibt – mit verfassungsgesetzlichen Ausnahmen – in der weisungsabhängigen Vollziehung.

231 [V]. Der Grundsatz der Trennung von Justiz und Verwaltung nach Art 94 Abs 1 B-VG bedeutet, dass **Instanzenzüge von einer Verwaltungsbehörde zu einem Gericht** und umgekehrt von Bundesverfassungs wegen **unzulässig** sind, über ein und dieselbe Sache darf nicht sowohl ein ordentliches Gericht als auch eine Verwaltungsbehörde entscheiden. (Die nachprüfende Kontrolle verwaltungsbehördlicher Entscheidungen durch die Verwaltungsgerichte und die Gerichtshöfe des öffentlichen Rechts ist eine bundesverfassungsgesetzlich ausdrücklich vorgesehene Ausnahme).

232 **Art 94 Abs 2** B-VG erlaubt allerdings **Ausnahmen** vom Grundsatz der Trennung von Justiz und Verwaltung: Der Bundes- und die Landesgesetzgeber dürfen in einzelnen Angelegenheiten einen **Instanzenzug von einer Verwaltungsbehörde an die ordentlichen Gerichte**, ein ordentliches Gericht sohin als Kontrollinstanz zur Prüfung der Gesetzmäßigkeit eines Bescheids einer Verwaltungsbehörde, vorsehen (= **sukzessive Zuständigkeit** [➔]). Der einfache Gesetzgeber darf somit von dem aus Art 94 Abs 1 B-VG resultierenden Verbot wechselseitiger Instanzenzüge zwischen Verwaltungsbehörden und Gerichten in Einzelfällen abweichen [926]. Etwa bei der Entscheidung über die Angemessenheit einer von der Behörde zugestandenen Entschädigung bei Enteignung.

233 [VI]. Weil das B-VG die Trennung von Justiz und Verwaltung formell versteht, darf das einfache Gesetz die **Entscheidung und Schlichtung von Rechtsstreitigkeiten**, die ja **materiell** Angelegenheit der **Gerichtsbarkeit** und von Richtern durch **Urteil** zu erledigen wären, auch den **Verwaltungsbehörden** zur Erledigung durch **Bescheid** auftragen.

234 So sind etwa Strafverfahren nicht ausschließlich Sache der Justiz. Die Rechtsordnung kann Strafsachen auch Verwaltungsbehörden zuweisen – etwa Strafen wegen Schnellfahrens mit Kraftfahrzeugen. Wir unterscheiden ein **Justizstrafrecht** [➔] und ein **Verwaltungsstrafrecht** [➔] [1529]. Solche Zuordnungen erfolgen auch im Zivilrecht. Manche Entscheidungen im Mietrecht etwa sind (so die Bestimmung des angemessenen Mietzinses) Schlichtungsstellen übertragen, die als Verwaltungsorgane eingerichtet sind.

BESCHEID UND VERORDNUNG

235 [I]. Die vom B-VG im formell-organisatorischen Sinn eingerichtete Verwaltung erlässt eine **individuell-konkrete** Rechtsnorm als **Bescheid** [➔] (Art 130 Abs 1 B-VG) [1111]. (Die Gerichtsbarkeit erlässt als individuell-konkrete Rechtsnorm ein Urteil oder einen Beschluss [1386 f]). Der Bescheid richtet sich an **einen** oder an einzelne **namentlich genannte** Adressaten.

236 Beispiele: Die Abgabenbehörde verpflichtet einen Steuerpflichtigen € 1.000,– Einkommensteuer zu bezahlen. Die Baubehörde erteilt eine Baubewilligung. Die Universitätsbehörde lässt einen Studierenden zum Studium zu.

237 [II]. Die vom B-VG im formell-organisatorischen Sinn eingerichtete Verwaltung kann auch eine **generelle Rechtsnorm** erlassen, die **Verordnung** [➔] (**Art 18 Abs 2 B-VG**) heißt [1125] und ein Gesetz im materiellen Sinn [207] ist. **Die Verordnung ist die generelle – abstrakte oder konkrete** [210] – **Anordnung einer Verwaltungsbehörde**. (Generelle Rechtsnormen der Gerichtsbarkeit kennt das B-VG grundsätzlich nicht [1374]).

238 Beispiele: Der Landeshauptmann von Oberösterreich legt die Sperr- und Aufsperrstunden für Gastgewerbebetriebe fest. Der Bundesminister bestimmt die Art der Preisauszeichnung bei Tankstellen. Der Landeshauptmann von Tirol erlässt ein Fahrverbot für schadstoffreiche Lastkraftwagen auf der Inntalautobahn.

GEWALTENTEILUNG UND GEWALTENVERBINDUNG

[I]. Trotz der Teilung der Staatsgewalt in eine Gesetzgebung, in eine Verwaltung und in eine Gerichtsbarkeit muss der Staat als Gesamtstaat funktionsfähig bleiben. Damit dies möglich ist, gibt es in der Verfassung nicht nur eine Gewaltenteilung, sondern auch Elemente der **Gewaltenverbindung** [➔]. Die Verfassung muss Regeln und Klammern festlegen, wie die Teilorganisationen nebeneinander funktionieren sollen, und welche die Teilorganisationen als Gesamtstaat zusammen halten. 239

[III]. Wichtigstes Thema sind dabei das Nebeneinander und das Zusammenwirken von **Parlament** und **Regierung**. Auf dem Papier der geschriebenen Verfassung ist das **Parlament** das **mächtigste Staatsorgan**. Das Parlament ist unmittelbar vom Volk legitimiert, in ihm schlägt das Herz der Demokratie. Das Parlament kann in seinen Verfassungsgesetzen und in seinen einfachen Gesetzen alles Erdenkliche anordnen, es ist im Sinne des Rechtspositivismus durch nichts, aber auch gar nichts beschränkt. Die **tatsächliche Macht** liegt allerdings bei der **Regierung** und dem der Regierung unterstellten Staatsapparat. Die Regierung verfügt über alle **Waffen** des Staats, sie allein verfügt über das gesamte **Geld** des Staats, sie gebietet über hunderttausende **öffentlich Bedienstete**. Die Verfassung versucht, den **Primat des Parlaments vor der Regierung** auch für die Realität durch mehrere Regeln zu sichern: 240

- Die Verfassung stellt sicher, dass nur Frauen und Männer in der Regierung tätig sind, die das **politische Vertrauen des Parlaments** haben. Die Regierung ist dem Parlament **politisch verantwortlich** [212]. 241
- Die Verfassung unterwirft die Regierung und den ihr unterstellten Staatsapparat im **Gesetzmäßigkeitsgebot** bedingungslos den vom Parlament erlassenen Gesetzen (Art 18 Abs 1 B-VG: ***„Die gesamte staatliche Verwaltung darf nur auf Grund der Gesetze ausgeübt werden"***) [326]. 242
- Die Regierung ist **dem Parlament** nicht nur politisch, sondern **auch rechtlich verantwortlich**, weil das Parlament die Regierungsmitglieder beim Verfassungsgerichtshof wegen Gesetzesverletzungen anklagen kann [958]. 243
- Die Verfassung macht das Parlament nicht nur zuständig, Gesetze auf dem Papier zu erlassen, sondern gibt ihm auch das Recht, **die tatsächliche Einhaltung der Gesetze durch die Vollziehung zu kontrollieren**. So durch das **Fragerecht**, das **Untersuchungsrecht** und das **Entschließungsrecht** [953]. 244

Besondere Bedeutung im Machtgefüge zwischen Parlament und Regierung haben auf Bundesebene der **Bundespräsident** und seine Rechte gegenüber der Regierung [1012]. 245

[IV]. Verbunden sind auch Regierung und unabhängige **Richter**. Die Richter sind von der Regierung in ihrer Rechtsprechung zwar unabhängig, sie werden aber von der Regierung oder auf Vorschlag der Regierung ernannt [1352 f]. Soweit es sich um Verfassungsrichter handelt, teilweise auch **auf Vorschlag des Parlaments** [1354]. 246

RECHTSSTAAT

247

RECHTSSTAAT = VORHERSEHBARKEIT UND BERECHENBARKEIT DES VOLLZIEHUNGSHANDELNS

- **GESETZESSTAAT** (**GESETZMÄẞIGKEITSGEBOT**)
- **TRENNUNG VON STAAT UND GESELLSCHAFT**
- **RECHTSSCHUTZSTAAT**

5/4

Österreich ist ein gewaltenteiliger Rechtsstaat. Verfassungsgesetzliche Grundlage des Rechtsstaats ist Art 1 B-VG. Dort ist festgelegt, dass nicht allgemein die „Gewalt" des Staats vom Volk ausgeht, sondern das ***„Recht"*** geht vom Volk aus. 248

Im gewaltenteiligen Staat liegt die reale Macht bei der von der Regierung geleiteten vollziehenden Staatsgewalt [240]. Der Einzelne, der mit der Staatsgewalt konfrontiert ist, steht der Vollziehung (Verwaltung, Gerichtsbarkeit) gegenüber. Der **Rechtsstaat** [➔] verlangt, dass **staatliches Vollziehungshandeln**, das für jeden Einzelnen Konsequenzen (Gewaltmonopol des Staats !) haben kann, für den Einzelnen **vorhersehbar und berechenbar** sein muss. **Wer der Staatsgewalt unterworfen ist, muss das Verhalten der Vollziehungsorgane einschätzen und sein eigenes Verhalten darauf ausrichten können**. 249

GESETZESSTAAT

250 [I]. Aber wie kann das staatliche Vollziehungshandeln für den Einzelnen vorhersehbar und berechenbar werden ? **Durch geschriebene Gesetze**, **die allgemein**, insbesondere **auch für die Vollziehung verbindlich sind** [326]. Der Rechtsstaat ist ein **Gesetzesstaat** [➔]. Die Konsequenzen, die das Vollziehungsorgan gegen den Einzelnen setzt, müssen auf **generellen Rechtsnormen** beruhen. **Ohne generelles Gesetz kein individueller Akt der Vollziehung !**

251 Die generellen Rechtsnormen erlässt vor allem das Parlament als Gesetze im formellen Sinn. Der Primat des Parlaments vor der Regierung ist damit nicht nur durch die **Demokratie** [148], er ist auch durch den **Rechtsstaat** gefordert. Weil das B-VG die Gewaltenteilung aber formell versteht, darf nicht nur das Parlament, sondern auch die Verwaltung generelle Rechtsnormen (= Verordnungen [1125], = Gesetze im materiellen Sinn [207]) erlassen. Auch die Verordnungen sind Grundlage des Handelns der Vollziehung gegen den Einzelnen und damit Basis für die Rechtsstaatlichkeit der vollziehenden Staatsgewalt.

252 [II]. Damit der Einzelne das individuelle Verhalten der Vollziehungsorgane, das auf generellen Rechtsnormen beruht, vorhersehen und berechnen kann, muss er die Möglichkeit haben, die Gesetze vorweg **lesen** zu können. Der Rechtsstaat verlangt die allgemeine öffentlich für jeden zugängliche **Kundmachung** [➔] der generellen Rechtsnormen. Die Kundmachung erfolgt in der Regel in **Gesetzblättern**, teils in elektronischer Form (zum Beispiel das **Bundesgesetzblatt** in <www.ris.bka.gv.at> [277] oder das Salzburger **Landesgesetzblatt** in <www.salzburg.gv.at>).

253 Eine nicht kundgemachte generelle Rechtsnorm ist von vornherein ungültig (= nichtig [340]). Eine mangelhaft kundgemachte generelle Rechtsnorm ist rechtswidrig [342] und vom Verfassungsgerichtshof in einem Normprüfungsverfahren aufzuheben (Art 139 Abs 3 Z 3 B-VG für Verordnungen, Art 140 Abs 3 B-VG für Gesetze), für Gerichte sind nicht *„gehörig kundgemachte"* Verordnungen und Gesetze unbeachtlich (Art 89 Abs 1 B-VG).

TRENNUNG VON STAAT UND GESELLSCHAFT

254 Da die Vollziehungsorgane die Staatsgewalt nur auf der Grundlage genereller Rechtsnormen ausüben dürfen, sind die Menschen frei, wo es keine einengende generelle Rechtsnorm gibt. Der Rechtsstaat bewirkt die **Trennung von Staat und Gesellschaft** [➔]. Die Menschen sind der Staatsgewalt unterworfen, im **Rechtsstaat** aber **nicht totalitär**. Die Menschen sind überall dort, **wo keine gesetzlichen Grundlagen für staatliches Handeln bestehen**, von staatlichen Beschränkungen **frei**. Wo keine gesetzliche Bindung besteht, darf jeder tun, was er will, dort gilt der **gesellschaftliche Freiraum** (= **status negativus** [➔]), den jeder für sich nach eigenen Vorstellungen gestalten darf.

PRIVATRECHTSORDNUNG

255 [I]. **Freiheit in der Gesellschaft** bedeutet nicht Chaos in der Gesellschaft. Der gesellschaftliche Freiraum ist **kein rechtsfreier Raum**. Allerdings ist es **nicht primäre Aufgabe des Staats**, die freie Gesellschaft zu verrechtlichen. Das ist Aufgabe der freien Menschen selbst. Der Staat gibt mit der – vor allem im **Allgemeinen Bürgerlichen Gesetzbuch (ABGB)** [➔] enthaltenen – **Privatrechtsordnung** [➔] (= **Privatrecht**, = **Bürgerliches Recht**, = **Zivilrecht**) den Menschen lediglich den gesetzlichen Rahmen für die rechtliche Gestaltung ihres Freiraums vor. Auf Grundlage und im Rahmen der Privatrechtsordnung haben die Menschen das Recht, im gesellschaftlichen Freiraum Regelungen jeden Inhalts zu vereinbaren (= **Privatautonomie** [➔]), alle erdenklichen Inhalte zum Gegenstand vertraglicher Bindungen zu machen (**Vertragsfreiheit**, insbesondere §§ 859 ff ABGB). Die Menschen verrechtlichen ihre Beziehungen insbesondere durch den Abschluss – durch **Willensübereinstimmung** (= **Konsens**) zustande kommender – verbindlicher **Verträge** (= **Konsensualnormen** [➔]).

Die von den Menschen vereinbarten **Konsensualnormen** sind – wie staatliches Recht – **verbindlich**. Die Menschen können die Konsensualnormen (insb Verträge) allerdings wegen des Gewaltmonopols des Staats nicht selbst durchsetzen, sondern benötigen, wenn sie **körperlichen Zwang zur Durchsetzung** brauchen, die Hilfe des Staats, regelmäßig die Hilfe der Zivilgerichte [1335]. Die Anordnungen der Zivilgerichte sind dann staatliche Befehle, die nicht der Private selbst, sondern der Staat im Interesse des Privaten **mit Zwang** durchsetzt (= **Vollstreckung** [➔], = **Exekution**). 256

Beispiel: Auf der Grundlage des ABGB kann jemand sein Auto mit **Kaufvertrag** gegen eine frei vereinbarte Summe verkaufen. Der Kaufvertrag ist die durch **Konsens** zwischen dem privaten Verkäufer und dem privaten Käufer bewirkte Rechtsgestaltung. Der vereinbarte Kaufvertrag ist verbindlich. Mit Abschluss des Kaufvertrags muss der Verkäufer das Auto hergeben, der Käufer das Geld bezahlen. Bezahlt der Käufer nicht, verstößt er gegen den Kaufvertrag. Wegen des Gewaltverbots darf der Verkäufer sich aber nicht mit einem Knüppel bewaffnen, über den Käufer herfallen und ihm das Geld abnehmen. Der Verkäufer muss vielmehr sein Anliegen an den Staat herantragen (= Klage vor den Zivilgerichten). Staatliche **Gerichte** werden nach Prüfung des Sachverhalts den Käufer durch **Urteil** verpflichten, den Kaufpreis zu bezahlen. Bezahlt der Käufer dann immer noch nicht, wird der Staat auf Grund des gerichtlichen Urteils dem Käufer durch staatlichen Zwang (= [Zwangs] **Vollstreckung**) gegebenenfalls mit körperlicher Gewalt – die Geldsumme wegnehmen und dem Verkäufer aushändigen. 257

[II]. Die Trennung von Staat und Gesellschaft bringt die Begriffe „Öffentliches Recht" und „Privatrecht". Im **Öffentlichen Recht** [➔] geht es um den **Staat** und um die **Staatsgewalt**. Organisation und Handeln der Staatsgewalt sind öffentliches Recht. Ein Streit mit der Staatsgewalt ist ein **öffentlich-rechtlicher Rechtsstreit**. Kernbereiche des **Öffentlichen Rechts** sind das **Verfassungsrecht** [74] und das **Verwaltungsrecht** [76]. Im **Privatrecht** geht es um das **Recht des gesellschaftlichen Freiraums**. Der Streit zweier privater Personen, etwa um ein Grundstück, um die Gewährleistung nach einem Autokauf, um den Gewinnanteil aus einem gemeinsamen Unternehmen, ist ein **privatrechtlicher Streit**. Um eine Abgrenzung der beiden Begriffe bemühen sich verschiedene Theorien. Sowohl das Öffentliche Recht als auch das Privatrecht sind „Recht" im Sinne der positivistischen Rechtsordnung (= **Monistische Theorie** [➔]). Die Unterscheidung der Begriffe hat insbesondere wegen der unterschiedlichen historischen Entwicklung in der akademischen Lehre Bedeutung. 258

RECHTSSCHUTZSTAAT

[I]. Die Gesetze sind schön und gut, sie sind verbindlich, sie stehen zunächst aber **nur auf dem Papier**. Aber wird die Vollziehung die Gesetze auch einhalten ? Die Verfassung kennt **staatliche Einrichtungen, welche die tatsächliche Einhaltung der Gesetze durch die Vollziehung gewährleisten sollen**, wie etwa die **politische und die rechtliche Kontrolle der Regierung durch das Parlament**, die **Missstandskontrolle durch die Volksanwaltschaft** [982], die **Gebarungskontrolle durch den Rechnungshof** [979]. Wir nennen diese Einrichtungen zur Sicherung der Gesetzmäßigkeit der Vollziehung **objektive Rechtsschutzeinrichtungen** [1413]. „**Objektiv**" deswegen, weil es **nicht von dem Betroffen abhängt**, ob die Rechtsschutzeinrichtungen in seinem Fall tätig werden. Der Betroffene hat bestenfalls die Möglichkeit, ein Handeln bei den objektiven Rechtsschutzeinrichtungen **anzuregen**. 259

[II]. Dem Rechtsstaat reichen objektive Rechtsschutzeinrichtungen im Staat nicht. Sie können, müssen aber nicht – vor allem nicht in jedem Einzelfall – funktionieren. Der Rechtsstaat ist daher nicht nur ein Gesetzesstaat, er ist auch ein **Rechtsschutzstaat** [➔]. **Jeder Einzelne, der von einem gesetzwidrigen Verhalten der Vollziehung betroffen ist, muss die Möglichkeit haben, sich gegen diese Gesetzwidrigkeit zur Wehr zu setzen** – unabhängig davon, ob sich objektive Rechtsschutzeinrichtungen des Staats um seinen Fall annehmen oder nicht. 260

Der **Rechtsschutzstaat** eröffnet den vom staatlichen Vollziehungshandeln betroffenen Menschen subjektive **Rechtswege** [1428]. „**Subjektiv**" deswegen, weil es **allein** von dem Betroffenen abhängt, ob er den ihm von der Rechtsordnung eröffneten Rechtsweg beschreitet. Der Rechtsschutzstaat gibt grundsätzlich jedem Einzelnen, der sich von gesetzwidrigem Verhalten der Vollziehung betroffen glaubt, die Möglichkeit, **gegen den Staat vor einem Gericht einen förmlichen Prozess zu führen mit dem Ziel, durch eine gerichtliche Entscheidung die gesetzwidrig handelnde Vollziehung zur Beachtung ihrer gesetzlichen Grundlage zu zwingen**. 261

6. KAPITEL: RECHTSERZEUGUNGSREGELN

***Glossar**: absolute Nichtigkeit, abstrakte Zuständigkeit, Amtssignatur, Anlassfall, Aufhebung für die Zukunft, Außenrecht, bedingende Norm, bedingte Norm, Bürgerkarte, Derogationsregel, Determinierungspflicht, differenziertes Legalitätsprinzip, dispositives Recht, Durchführungsverordnungen, E-Government, elektronische Datenbank, elektronische Signatur, Elektronischer Akt (ELAK), Elektronischer Rechtsverkehr (ERV), E-Recht, Ergreiferprämie, Ermessen, E-Voting, ex nunc, ex tunc, Fehlerkalkül, formalgesetzliche Delegation, geschlossenes Rechtsquellensystem, Gesetzesvorbehalt, Gesetzesvorrang, Gesetzgebungsautonomie, Gesetzmäßigkeitsgebot, gravide und evidente Rechtswidrigkeit, Grundnorm, Innenrecht, Konsensualnorm, Legalitätsprinzip Nicht-Akt, Rechtserzeugungsregeln, Rechtsinformationssystem des Bundes (RIS), Rechtssatzformen, Rechtsverordnung, Regierungsübereinkommen, relative Nichtigkeit, Ressortübereinkommen, rückwirkende Aufhebung, schlichter Parlamentsbeschluss, schlichter Parlamentsbeschluss, schlichtes Handeln, Staatsverträge der Länder, Staatsverträge des Bundes, Stufenbau der Rechtsordnung, Vereinbarung nach Art 15a B-VG, Verfassungsautonomie, Verwaltungsübereinkommen, Verwaltungsverordnung, Widerspruchsfreiheit, Zustellgesetz (ZustG), zweistufiges Verfassungsrecht, zwingendes Recht.*

SCHLICHTES HANDELN DER STAATSORGANE

262 [I]. Das Handeln der staatlichen Organe ist zunächst ein **schlichtes Handeln** [➔], weil der Staat vieles tun kann und tun muss, **wofür er den Einsatz der Staatsgewalt nicht braucht**. Der Staat verwaltet seine Liegenschaften, plant und managt das Tun der Organwalter, baut und erhält Schulen, Straßen und andere Infrastrukturen, bearbeitet Akten, sammelt Daten, stellt Urkunden aus, gibt Auskünfte, überwacht Wirtschaftsbetriebe usw. **Verbindliche Rechte und Pflichten für die Menschen, also Rechtsnormen, legen die Staatsorgane mit ihrem schlichten Handeln nicht fest**.

263 Beispiele: Die Verwaltungsbehörde stellt eine Geburtsurkunde aus, Polizisten auf der Straße gehen Streife, der Sachbearbeiter im Amt einer Verwaltungsbehörde fährt mit dem Dienstauto zu einer Verhandlung im Verwaltungsverfahren.

264 [II]. Wie jedes staatliche Handeln findet auch das schlicht-hoheitliche Handeln der Verwaltung [1146] **auf der Grundlage der Gesetze** statt, mag auch die gesetzliche Determinierung manchmal dürftig sein. Ein Beispiel einer gesetzlichen Grundlage für schlichtes Handeln („Überwachung") ist § 8 Abs 4 Preisgesetz 1992, BGBl 145: *„Die Überwachung der Einhaltung der auf Grund dieses Bundesgesetzes bestimmten Preise und eines auf Grund dieses Bundesgesetzes angeordneten Preisstopps ... obliegen den Bezirksverwaltungsbehörden".*

RECHTSSETZUNG DER STAATSORGANE UND RECHTSSATZFORMEN

265 [I]. Wenn schlichtes Handeln zur Wahrnehmung der Aufgaben des Staats nicht ausreicht, der Staat seine **Staatsgewalt** gegen die Menschen einsetzen zu müssen glaubt, kann er dies im Rechtsstaat nur durch **Rechtsnormen** tun. Insofern versteht sich der Begriff „schlicht" als Gegensatz zur Rechtssetzung des Staats. Die **Verfassung** bestimmt die **Regeln der Rechtserzeugung** (= **Rechtserzeugungsregeln** [➔]). Dabei geht es um drei Fragen. Erstens: **Welche Typen von Rechtsnormen gibt es ?** Zweitens: **In welchen Typen von Rechtsnormen handeln welche Staatsorgane ?** Und drittens: **Welches Verfahren muss ein Staatsorgan einhalten, wenn es eine ihm zugeordnete Rechtsnorm erlässt ?**

266 Wenn sich vor dem Parlament Demonstranten zusammenfinden, alle Abgeordneten am Balkon stehen und einhellig den Demonstranten zurufen: „Verschwindet !", mag das ein Sollenssatz der Parlamentarier sein. Verbindliches Recht ist dieser Zuruf nicht, weil es keine Regel in der Verfassung gibt, nach der durch Zurufe Recht entsteht. Die Verfassung kennt das „**Gesetz**" als einen Typ einer Rechtsnorm. Die Verfassung ordnet das Gesetz dem **Parlament** zu. Die Verfassung legt ein **Verfahren** für die Erlassung eines Gesetzes durch das Parlament fest (Schriftlichkeit, Beratung, Abstimmung, Kundmachung, ...). **Erst ein förmlich erlassenes Gesetz des Parlaments wäre für die Demonstranten verbindlich**.

267 [II]. Den **Typus** einer **möglicher Rechtsnorm** (= Rechtssatz) nennen wir **Rechtssatzform** [➔]. **Die Verfassung legt die möglichen Rechtssatzformen fest**, ordnet sie den Staatsorganen zu, stellt – zumindest in Grundzügen – verfahrensrechtliche Anforderungen an den Erlass der Rechtsnormen und regelt daran anknüpfend die Rechtsschutzwege [1446 ff]. Das **Gesetz** (im formellen

Sinn) ist die **Rechtssatzform des Parlaments**. Weil es zweirangige Gesetze [47 f] gibt, kann das Parlament **einfache Gesetze** und **Verfassungsgesetze** erlassen. Die **Verordnung** [237] und der **Bescheid** [235] sind die **Rechtssatzformen der Verwaltung**. Das **Urteil** [1386] und der **Beschluss** [1387] sind die **Rechtssatzformen der Gerichtsbarkeit**.

[III]. Da der Staat als Gebietskörperschaft auch juristische Person ist, kann er – wie jeder Private auch – durch privatrechtliches Handeln verbindliches Recht schaffen. Dabei handelt es sich meist um **Verträge**, die durch **Konsens** der Vertragspartner verbindlich werden. Man könnte sagen, dem Staat steht – wie jedem Privaten auch – die Möglichkeit offen, in den Formen des Privatrechts **Konsensualnormen** [255] zu schaffen. 268

[IV]. Weil die Festlegung möglicher Typen von Rechtssätzen **der Verfassung vorbehalten** ist, liegt der Rechtsordnung ein **geschlossenes Rechtsquellensystem** [➔] zugrunde. **Dem einfachen Gesetzgeber ist es grundsätzlich verwehrt, zusätzliche in der Verfassung nicht vorgesehene Typen von Rechtsnormen vorzusehen**. 269

Wenn eine ausdrückliche Erwähnung im Verfassungstext fehlt, muss im Wege der **Auslegung** erschlossen werden, ob die Verfassung eine bestimmte Rechtssatzform zulässt, so etwa bei den **Kollektivverträgen** der Sozialpartner [667] und den **öffentlich-rechtlichen Verträgen** [1150]. Die **Satzungen** der Sozialversicherungsträger [1106], der Universitäten [1108] ua gelten als **Verordnungen**. 270

E-GOVERNMENT

[I]. Das Handeln der Staatsorgane bildet sich in den Akten ab („quod non est in actis non est in mundo"), und zwar herkömmlich schriftlich auf **Papier**. Die modernen Möglichkeiten der elektronischen Datenspeicherung und der elektronischen Datenübertragung können das Papier ersetzen. Die Gesetzgebung verwendet dafür den Begriff **E-Government** [➔]. E-Government ist der **Einsatz von elektronischen Datenbanken und die Einrichtung von elektronischem Rechtsverkehr** in **Verwaltung**, **Gerichtsbarkeit** und **Gesetzgebung**. Bezügliche Regelungen finden sich – nicht nur, aber insbesondere – im **E-Government-Gesetz** – **E-GovG** (Bundesgesetz über Regelungen zur Erleichterung des elektronischen Verkehrs mit öffentlichen Stellen). 271

[II]. [**Elektronische Datenbanken**]. Der Einsatz **elektronischer Datenbanken** [➔] im E-Government, das ist die elektronische **Aufbereitung** und **Speicherung von Informationen** durch Staatsorgane sowie die elektronische **Abrufbarkeit** der elektronisch gespeicherten Informationen, liegt gleichermaßen im Interesse der Staatsorgane wie der Bürger. Die staatlichen Organe können strukturiert aufbereitete und elektronisch gespeicherte Informationen – auch anderer Organe und anderer Staatsteilgewalten – regelmäßig im Internet abrufen, ohne diese Informationen bei jedem Geschäftsfall erneut selbst erheben zu müssen. Die Bürger können sich die Vorlage eines Papierdokuments ersparen und stattdessen Urkunden „vorlegen", indem sie bloß auf das in einer elektronischen Datenbank gespeicherte Dokument (etwa Geburtsurkunde, Staatsbürgerschaftsnachweis, Meldebestätigung ua) verweisen (§ 17 Abs 2 E-GovG). 272

Die **Bundesverwaltung** richtete eine ganze Reihe elektronischer Datenbanken ein, in denen rechtlich relevante Daten über **Personen**, über **Wirtschaftstreibende** oder über bestimmte **Objekte** gespeichert sind. Diese Datenbanken sind allerdings nur zum Teil für jeden – im Internet – zugänglich (= **öffentliche Register**), zum überwiegenden Teil stehen gespeicherte Informationen aus Gründen der Amtsverschwiegenheit [1157] nur verwaltungsintern zur Verfügung. 273

So etwa das **Adressregister** (**ADR**) <www.bev.gv.at> nach dem Vermessungsgesetz (VermG); das **Datenverarbeitungsregister** (**DVR**) <https://dvr.dsk.gv.at/at.gv.bka.dvr.public> nach dem Datenschutzgesetz 2000 (DSG 2000); das **Finanzstrafregister** nach dem Finanzstrafgesetz (FinStrG); das **Führerscheinregister** (**FSR**) nach dem Führerscheingesetz (FSG); das **Identitätsdokumentenregister** nach dem Passgesetz 1992; die **Leistungsangebotsdatenbank** <transparenzportal.gv.at> nach dem Transparenzdatenbankgesetz 2012 (TDBG 2012); das **Lobbying- und Interessenvertretungs-Register** nach dem Lobbying- und Interessenvertretungs-Transparenz-Gesetz (LobbyG); das **Strafregister** (**STR**) nach dem Strafregistergesetz 1968; das **Suchtmittelregister** nach dem Suchtmittelgesetz (SMG); das **Unternehmensregister** (**UR**) nach dem Bundesstatistikgesetz 2000; das **Versicherungsvermittlerregister** <versicherungsvermittler.brz.gv.at> nach der Gewerbeordnung 1994 (GewO 1994), die **Zentrale Europa-Wählerevidenz** nach dem Europa-Wählerevidenz- 274

Gesetz (EuWEG); das **Zentrale Fremdenregister** nach dem Fremdenpolizeigesetz 2005 (FPG); das **Zentrale Gebäude- und Wohnungsregister** (**GWR**) nach dem GWR-Gesetz; das **Zentrale Gewerberegister** (**ZGR**) nach der Gewerbeordnung 1994 (GewO 1994); das **Zentrale Kraftfahrzeugregister** (**Zentrale Zulassungsevidenz**) nach dem Kraftfahrgesetz 1967 (KFG 1967); das **Zentrale Melderegister** (**ZMR**) <zmr.bmi.gv.at> nach dem Meldegesetz 1991 (MeldeG); das **Zentrale Personenstandsregister** (**ZPR**) nach dem Personenstandsgesetz 2013 (PStG 2013); das **Zentrale Staatsbürgerschaftsregister** (**ZSR**) nach dem Staatsbürgerschaftsgesetz 1985 (StbG); das **Zentrale Vereinsregister** (**ZVR**) <zvr.bmi.gv.at> nach dem Vereinsgesetz 2002 (VerG); das **Zentrale Waffenregister** nach dem Waffengesetz 1996 (WaffG); das **Zentrale Wählerevidenzregister** nach dem Wählerevidenzgesetz 1973.

275 Öffentliche Bücher und elektronische Datenbanken der ordentlichen **Gerichtsbarkeit** (Justizverwaltung) sind das **Grundbuch** (entgeltspflichtig), das **Firmenbuch** (entgeltspflichtig), die **Ediktsdatei** einschließlich der **Insolvenzdatei** <http://www.edikte.justiz.gv.at> (entgeltsfrei), die **Gerichtssachverständigen- und Gerichtsdolmetscherliste** <http://sdgliste.justiz.gv.at> (entgeltsfrei), die **Insolvenzverwalterliste** und **Zwangsverwalterliste** <http://www.insolvenzverwalter.justiz.gv.at> (entgeltsfrei), die **Liste der Mediatorinnen und Mediatoren** <www.mediatoren.justiz.gv.at> (entgeltsfrei).

276 Das **Rechtsinformationssystem des Bundes (RIS)** [➔] <www.ris.bka.gv.at> hat **besondere Bedeutung**. Es ist eine vom **Bundeskanzler** betriebene **elektronische Datenbank** (§ 6 BGBlG), die **jedermann unentgeltlich im Internet** zur Verfügung steht. Das RIS besteht aus unterschiedlichen Datenbankapplikationen:

277 • Das Rechtsinformationssystem des Bundes (RIS) hat **erstens** die **authentische Kundmachung von Rechtsnormen** zum Inhalt. Nach § 6 Z 1 und Z 2 BGBlG dient das RIS der **Kundmachung der im Bundesgesetzblatt** (Art 49 B-VG) sowie – sofern dies ein Landesgesetzgeber aufgrund der Ermächtigung des Art 101a B-VG anordnet – auch der Kundmachung der in einem **Landesgesetzblatt zu verlautbarenden Rechtsvorschriften**.

278 Seit 01.01.2004 wird das im Bundesgesetzblatt (BGBl I, BGBl II und BGBl III) kundzumachende Bundesrecht authentisch **ausschließlich** elektronisch über das Internet – in der RIS-Datenbank *„Bundesgesetzblätter authentisch ab 2004"* – kundgemacht (§§ 1 und 6 BGBlG).

279 • Das Rechtsinformationssystem des Bundes (RIS) hat **zweitens** die nicht-authentische Information über Rechtsnormen, also die bloße **„Information über das Recht der Republik Österreich"** (§§ 6 Z 3, 13 BGBlG) zum Inhalt, wobei für die Richtigkeit und Vollständigkeit dieser nicht-authentischen Daten nicht gehaftet wird.

280 „Bloße Information über das Recht" enthalten insb die RIS-Datenbanken *„Bundesrecht konsolidiert"*, *„Bundesgesetzblatt 1945-2003"*; *„Reichs-, Staats- und Bundesgesetzblatt 1849-1940"*; sowie sämtliche Landesrechte in konsolidierter Fassung sowie zurzeit (2013) alle Landesgesetzblätter. Auch die authentische Kundmachung des Salzburger Landesrechts im Internet [997] erfolgt (noch) nicht über die RIS-Plattform (Art 101a B-VG).

281 • Das Rechtsinformationssystem des Bundes (RIS) umfasst **drittens** verschiedene **Judikaturdatenbanken**. So sind die Erkenntnisse und wichtigsten Beschlüsse der Landesverwaltungsgerichte (LVwG), des Bundesverwaltungsgerichts (BVwG), des Bundesfinanzgerichts (BFG), des Verwaltungsgerichtshofs (ab dem Jahr 1990) und des Verfassungsgerichtshofs (ab dem Jahr 1980) sowie die Urteile und wichtigsten Beschlüsse der ordentlichen Gerichte (vor allem des OGH und der OLG) im RIS zu finden.

282 [III]. [**Elektronische Aktenführung**]. Eine papierlose Kommunikation der Staatsorgane untereinander, aber auch mit den Beteiligten, setzt eine **elektronische Aktenführung** voraus. Den papierenen Akt in der Vollziehung (Verwaltung und Gerichtsbarkeit) ersetzen die Verfahrensautomation Justiz bzw der **Elektronische Akt (ELAK)** [➔]. Der Elektronische Akt ist ein ***„durchgehend elektronisch geführtes Aktenbearbeitungs- und -verwaltungssystem"*** (§ 21 Abs 1 E-GovG).

283 Ist eine Behörde verpflichtet, elektronisch geführte Akten einer anderen (Verwaltungs- oder Gerichts)Behörde vorzulegen, verlangt das E-GovG (§ 21 Abs 1) die **Vorlage des elektronischen** (Verwaltungs- oder Gerichts)**Akts** und nicht die Vorlage eines etwa parallel geführten Papierakts, weil (nur) der elektronisch erzeugte und elektronisch genehmigte Akt das **Original** darstellt. In diesem Sinn auch § 2 Abs 1 Geschäftsordnung des Verfassungsgerichtshofs über die elektronische Durchführung von Verfahren, BGBl II 2013/218.

Die in der Bundes-, den Landes- und den Gemeindeverwaltungen verwendeten elektronischen Aktenbearbeitungssystemе sind verschiedenartig, was insb bei der organisationsübergreifenden Kommunikation zu Problemen infolge von Medienbrüchen führen kann. Das IKT-Konsolidierungsgesetz (IKTKonG) bemüht sich, *„bestehende und neu zu schaffende IKT-Lösungen und IT-Verfahren des Bundes"* zu vereinheitlichen (§ 1 Abs 1 IKTKonG), sodass künftig – zumindest in den Organisationseinheiten der Bundesverwaltung – ein einheitlicher ELAK Verwendung findet. 284

[IV]. [**Elektronische Signatur und Amtssignatur**]. Im papierlosen elektronischen Verkehr zwischen und mit staatlichen Organen kann keine eigenhändige Unterschrift geleistet werden. An die Stelle der eigenhändigen Unterschrift tritt die **elektronische Signatur** [➔], die als geeignetes Mittel zur Gewährleistung der **Authentizität** (Echtheit) und der **Integrität** (Unverfälschtheit) elektronischer Daten anerkannt ist (§ 2 Z 1 Signaturgesetz – SigG [Bundesgesetz über elektronische Signaturen, BGBl I 1999/190 idgF]). Die elektronische Signatur (keine eingescannte eigenhändige Unterschrift !) soll also sicherstellen, dass ein elektronisches Dokument tatsächlich und unverändert vom Unterzeichner stammt. 285

Elektronisch signierte Dokumente müssen in (gerichtlichen und verwaltungsbehördlichen) Verfahren jedenfalls als Beweismittel zugelassen werden (§ 3 SigG), der handschriftlichen Unterschrift gleichgestellt ist aber nur eine qualifizierte elektronische Signatur (§ 4 iVm § 2 Z 3a SigG). Ein qualifiziert elektronisch signiertes Dokument hat – wie eine eigenhändig unterschriebene (Papier)Privaturkunde – die Vermutung der Echtheit des Inhalts nach § 294 ZPO für sich (§ 4 Abs 3 SigG). 286

Besondere elektronische Signaturen kennt die Rechtsordnung für **Auftraggeber des öffentlichen Bereichs**, insbesondere für **Verwaltungsorgane** (Amtssignatur nach den §§ 19 f E-GovG), für **Gerichtsorgane** (elektronische Signatur der Justiz nach § 89c GOG) sowie für **bestimmte Berufsgruppen** (etwa die elektronische Notarsignatur, die elektronische Anwaltssignatur). „Auftraggeber des öffentlichen Bereichs" iSd § 19 Abs 2 E-GovG und § 5 Abs 2 (§ 4 Z 4) DSG 2000 sind **Organe einer Gebietskörperschaft**, aber auch „die **Geschäftsapparate** solcher Organe". 287

Herkömmliche behördliche (Papier)Dokumente enthalten regelmäßig eine eigenhändige Unterschrift des Genehmigenden und – zur Dokumentation, dass und welchem Amt oder welcher (Verwaltungs- oder Gerichts)Behörde das Dokument zuzurechnen ist – ein Amtssiegel. Die elektronische Signatur eines Auftraggebers des öffentlichen Bereichs samt „elektronischem Amtssiegel" ist die **Amtssignatur** [➔] (§§ 19 f E-GovG). Die Amtssignatur ist im Dokument durch eine Bildmarke sowie durch den Hinweis auf die Amtssignatur darzustellen. Die Amtssignatur, insb die Bildmarke, dient in diesem Sinn *„der erleichterten Erkennbarkeit der Herkunft eines Dokuments von einem Auftraggeber des öffentlichen Bereichs"* (§ 19 Abs 2 E-GovG). 288

Die Verwaltungs- oder die Gerichtsorganisation hat die von ihr verwendete Bildmarke, deren grafische Gestaltung ihr überlassen bleibt, im Internet zu veröffentlichen. Als Hinweis, dass das Dokument amtssigniert wurde, sind etwa die Beifügung des Wortes „amtssigniert" oder die Zitierung der §§ 19 und 20 E-GovG ausreichend. Das amtssignierte Dokument muss Informationen zur Signaturprüfung enthalten (§ 19 Abs 3 E-GovG). 289

Ein **Papierausdruck eines mit einer Amtssignatur signierten elektronischen behördlichen** (!) **Dokuments** hat die **Beweiskraft einer öffentlichen Urkunde** (§ 292 ZPO), sofern eine Signaturprüfung durch Rückführung des Papierausdrucks in das elektronische Dokument möglich ist (<www.signaturpruefung.gv.at>, oder die Echtheit des Dokuments durch andere Vorkehrungen der Behörde verifizierbar (<www.bka.gv.at/verifizierung>) ist (§ 20 E-GovG). 290

Die Amtssignatur findet insbesondere in der – hoheitlichen und nichthoheitlichen – Verwaltung Anwendung. So verlangt etwa das AVG (§ 18 Abs 4) für eine Ausfertigung einer verwaltungsbehördlichen Erledigung in Form eines elektronischen Dokumentes (so eine E-Mail, der die schriftliche Ausfertigung als PDF beigeschlossen ist) zwingend eine elektronische Fertigung durch eine Amtssignatur [1501]. Staatsbürgerschaftsnachweise sind nach § 44 Abs 4 StbG mit der Amtssignatur des Betreibers des Zentralen Staatsbürgerschaftsregisters (ZSR), Geburtsurkunden, Heiratsurkunden, Partnerschaftsurkunden und Urkunden über Todesfälle nach § 53 Abs 7 PStG 2013 mit der Amtssignatur des Betreibers des Zentralen Personenstandsregisters (ZPR) zu versehen. Aber auch der Verwaltungsgerichtshof (VwGH) hat seine *„Ausfertigungen in Form von elektronischen Dokumenten"* mit der Amtssignatur nach § 19 E-GovG zu fertigen (§ 43 Abs 3 letzter Satz VwGG). Ebenso sind die im elektronischen Rechtsverkehr übermittelten Ausfertigungen von Erledigungen des Bundesverwaltungsgerichts (BVwG) mit der Amtssignatur zu versehen (§ 21 Abs 5 BVwGG). 291

292 [V]. Im papierlosen elektronischen Verkehr mit Staatsorganen gewährleistet die elektronische Signatur nach dem Signaturgesetz (SigG) [285] zwar die Authentizität (Echtheit) und die Integrität (Unverfälschtheit) der übermittelten elektronischen Daten. Die „eindeutige Identität" (§ 2 Z 2 E-GovG) des Einschreiters lässt sich mit der elektronischen Signatur aber nicht feststellen. Dies soll die **Bürgerkarte** [➔] <www.buergerkarte.at> leisten, eine *„logische Einheit, die unabhängig von ihrer technischen Umsetzung eine **qualifizierte elektronische Signatur mit** einer **Personenbindung** und den zugehörigen Sicherheitsdaten und -funktionen verbindet"* (§ 2 Z 10 E-GovG). Mittels der Bürgerkarte kann eine elektronisch kommunizierende Person daher einerseits ihre **eindeutige Identität** im Sinn der **unverwechselbaren Unterscheidung von allen anderen** (§ 2 Z 2 E-GovG) und anderseits die **Authentizität des elektronisch gestellten Anbringens nachweisen** (§ 4 Abs 1 E-GovG).

293 Um die elektronische Signatur mit einer Personenbindung zu verknüpfen, wird das Zertifikat der elektronischen Signatur an eine der **eindeutigen Identifikation von Personen dienende Zahl** (= **Stammzahl**) gebunden (§ 2 Z 8 E-GovG), indem die Stammzahlenregisterbehörde (nach § 7 E-GovG die Datenschutzbehörde) – elektronisch signiert – bestätigt, dass dem Bürgerkarteninhaber eine bestimmte Stammzahl zugeordnet ist (§ 4 Abs 2 zweiter Satz E-GovG).

294 Für im **Zentralen Melderegister** (ZMR) eingetragene natürliche Personen etwa leitet die Stammzahlenregisterbehörde die Stammzahl (verschlüsselt) aus deren ZMR-Zahl ab, für im **Firmenbuch** oder im **Zentralen Vereinsregister** (ZVR) Eingetragene verwendet die Stammzahlenregisterbehörde deren Firmenbuchnummer (FN) bzw deren ZVR-Zahl als Stammzahl (ohne verschlüsselte Ableitung !).

295 Jedes für eine qualifizierte elektronische Signatur geeignete Trägermedium kommt als Trägermedium für die Bürgerkarte in Betracht. Die **Sozialversicherungs-Chipkarte e-card** sowie die **Bankomatkarten** (Maestro) und die Kreditkarte Mastercard sind signaturfähig und mit einer „schlummernden" Bürgerkartenfunktion ausgerüstet, sodass sie nach Eintragung der Personenbindung zu Bürgerkarten werden und zur elektronischen Kommunikation mit staatlichen Organen eingesetzt werden können. Die Bürger„karte" muss allerdings keine „Karte" sein, als technische Alternative zur herkömmlichen Signatur„karte" kann das Mobiltelefon nutzbar gemacht werden (**Handy-Signatur mit Bürgerkartenfunktion** <www.handy-signatur.at>).

296 [VI]. [**Der elektronische Verkehr mit den Verwaltungsbehörden**]. Für den papierlosen **elektronischen Verkehr mit den Verwaltungsbehörden**, insbesondere in den behördlichen Verfahren [1468], stehen grundsätzlich alle modernen Informations- und Kommunikationstechnologien zur Verfügung (etwa E-Mail, Telefax, Webformulare, Onlineverbindungen ua). Die Verwaltungsverfahrensgesetze [1474] sind insoweit **technologieoffen**, die Beteiligten können der Verwaltungsbehörde ihre schriftlichen Anbringen grundsätzlich ***„in jeder technisch möglichen Form"*** (§ 13 Abs 2 erster Satz AVG) übermitteln oder durch einen elektronischen Zustelldienst übermitteln lassen.

297 „Technisch möglich" meint die bei der Behörde zum Empfang elektronischer Anbringen vorhandene Hard- und Software, nicht etwa den aktuellen Stand der Technik. Bestimmte technische Anforderungen an den Verkehr mit einer Verwaltungsbehörde bzw organisatorische Beschränkungen des elektronischen Verkehrs hat jede Verwaltungsbehörde im Internet bekanntzumachen (§ 13 Abs 2 zweiter Satz AVG). So etwa eine Beschränkung auf bestimmte Formen elektronischer Übermittlung (Webformular ua), auf bestimmte elektronische Adressen (E-Mail-Adressen, Telefax-Nummern ua), eine Größenbeschränkung für E-Mails.

298 Die Einbringung per **E-Mail** in einem Verwaltungsverfahren nach AVG ist insoweit unzulässig, als für den elektronischen Verkehr der Menschen mit einer bestimmten Verwaltungsbehörde und den Beteiligten besondere Übermittlungsformen vorgesehen sind.

299 Bei Zweifeln an der Identität des Einschreiters oder der Authentizität seines Anbringens hat die Verwaltungsbehörde den Einschreiter aufzufordern, den Nachweis seiner Identität bzw der Authentizität zu erbringen (§ 13 Abs 4 AVG, § 3 E-GovG). Im elektronischen Verkehr mit der Verwaltungsbehörde kann der Einschreiter seine Identität (Nämlichkeit) und die Authentizität (Echtheit) seines Anbringens durch die Bürgerkarte nachweisen.

300 Die **elektronische verwaltungsbehördliche Erledigung** ist den Beteiligten nach den Regelungen des **Zustellgesetzes (ZustG)** [➔] (= Bundesgesetz über die Zustellung behördlicher Dokumente) zu übermitteln (= zuzustellen). Das ZustG kennt drei Varianten einer **elektronischen Zustellung** [1504].

[VII]. [**Der Elektronische Rechtsverkehr (ERV) mit den Gerichten**]. Der papierlose **elektronische Verkehr mit den ordentlichen Gerichten** ist in den §§ 89a bis 89g Gerichtsorganisationsgesetz – GOG (RGBl 1896/217 idgF) sowie in der Verordnung über den Elektronischen Rechtsverkehr – ERV 2006 (BGBl II 2005/481 idgF) geregelt. **Elektronischer Rechtsverkehr (ERV)** [➔] iSv § 89a GOG meint einerseits **elektronische Eingaben an ordentliche Gerichte** (ERV-Hinverkehr) und anderseits die **elektronische Übermittlung gerichtlicher Erledigungen** an die Beteiligten (ERV-Rückverkehr). 301

Die §§ 89a bis 89g GOG gelten auch für den Elektronischen Rechtsverkehr mit **Staatsanwaltschaften** (§ 34a Abs 5 Staatsanwaltschaftsgesetz, BGBl 1986/164 idgF), für das Verfahren vor dem **Bundesverwaltungsgericht** (§ 21 Abs 9 BVwGG) und dem **Verwaltungsgerichtshof** (§ 76 VwGG); die §§ 89a Abs 2, 89c Abs 1 und 89d GOG für das Verfahren vor dem **Verfassungsgerichtshof** (§ 14a Abs 3 VfGG). 302

Die herkömmliche papierene Kommunikation mit dem Gericht bleibt grundsätzlich zulässig. Bestimmte Einschreiter (insb **Notare** und **Rechtsanwälte** als berufsmäßige Parteienvertreter, **Kredit- und Finanzinstitute**, inländische **Versicherungsunternehmen**, **Sozialversicherungsträger** ua) sind aber zur elektronischen Kommunikation mit den Gerichten und Staatsanwaltschaften **verpflichtet** (§ 89c Abs 5 GOG). Der Elektronische Rechtsverkehr (ERV) erfolgt – anders als bei den Verwaltungsbehörden – **nicht in jeder technisch möglichen Form** und **nicht unmittelbar mit dem Gericht** (bzw der Staatsanwaltschaft), sondern regelmäßig **nur über** sogenannte **Übermittlungsstellen** (§ 3 Abs 1 ERV 2006). 303

Die Teilnahme am ERV setzt die **Registrierung** (Anmeldung) bei einer solchen Übermittlungsstelle voraus. Die Übermittlungsstelle überprüft die Identität jedes ERV-Teilnehmers und vergibt ihm einen **Anschriftcode** (= Name und Anschrift sowie eine Kennung, dass und in welcher Art der jeweilige Teilnehmer am Elektronischen Rechtsverkehr teilnimmt, § 7 ERV 2006). 304

Die **Zustellung** grundsätzlich aller **gerichtlichen Erledigungen** an ERV-Teilnehmer erfolgt elektronisch **im Elektronischen Rechtsverkehr**, dh die ERV-Teilnehmer erhalten eine sie betreffende gerichtliche Erledigung nicht unmittelbar vom Gericht (von der Staatsanwaltschaft), sondern von ihrer Übermittlungsstelle. Nur wenn eine Zustellung im ERV nicht möglich ist, kann eine gerichtliche Erledigung durch einen **elektronischen Zustelldienst** nach dem Zustellgesetz (§ 89a Abs 3 GOG) zugestellt werden (vgl § 28 Abs 2, § 29 Abs 1 Z 11, § 33 Abs 1, § 35 Abs 9 ZustG). 305

[VIII]. [**E-Demokratie**]. Elektronische Datenbanken und elektronische Kommunikation kommen auch in der **Gesetzgebung** zum Einsatz. Neben der elektronischen Kommunikation mit den Bürgen und der Information der Öffentlichkeit über die Parlamentsarbeit über das **Parlamentsportal** <www.parlament.gv.at> sind insbesondere die **elektronische Rechtserzeugung** in den Parlamenten – von der Einbringung eines Gesetzesentwurfs im Parlament bis zur authentischen elektronischen Kundmachung des Gesetzes im Bundesgesetzblatt bzw in einem Landesgesetzblatt im Internet (= **E-Recht** [➔]) – und **elektronische Abstimmungen und Wahlen** (= **E-Voting** [➔]) zu nennen. E-Voting wird regelmäßig als elektronische Distanzwahl verstanden, bei der die Stimmabgabe ohne örtliche Bindung an ein Wahllokal und ohne Anwesenheit einer Wahlbehörde über das Internet erfolgt. 306

Nach geltendem Bundesverfassungsrecht ist E-Voting bei den Wahlen zu den allgemeinen Vertretungskörpern [892], der Wahl zum Europäischen Parlament, der Wahl des Bundespräsidenten und den Bürgermeisterwahlen **unzulässig**, weil einer elektronischen Stimmabgabe außerhalb behördlich eingerichteter und überwachter Wahllokale und Stimmzellen von zu Hause aus die bundesverfassungsgesetzlichen Wahlrechtsgrundsätze [164 ff] der **persönlichen**, der **geheimen** und der **freien Wahl** entgegenstehen. 307

Bei Wahlen zu Organen der gesetzlichen **Interessenvertretungen**, für welche die Bundesverfassung keine Wahlrechtsgrundsätze vorgibt, ist E-Voting hingegen bundesverfassungsgesetzlich **zulässig**. Im Hochschülerinnen- und Hochschülerschaftsgesetz 1998 – HSG 1998 (BGBl I 1999/22 idgF) und im Wirtschaftskammergesetz 1998 (BGBl I 103 idgF) sind elektronische Wahlen vorgesehen. 308

AUßENRECHT UND INNENRECHT

309 [I]. Der **Rechtsstaat** will in erster Linie die Menschen und die Gesellschaft mit seinen Regeln vor Missbrauch der Staatsgewalt schützen. Darauf gründet die These, dass die Regeln des Rechtsstaats **nicht in der gleichen Strenge** gelten, wenn Rechtsnormen bloß die **Staatsorganisation** und das **Verhalten der Staatsorgane untereinander** betreffen. Vom **Außenrecht** [➔] des Staats, das für die Menschen gilt, wird in diesem Sinn das **Innenrecht** [➔] unterschieden, **das die innere Organisation des Staats regelt und nur für die Staatsorgane gilt**. Die **Erfordernisse des Rechtsstaats** sind im Innenrecht **schwächer**.

310 [II]. Im Bereich der **Gesetzgebung** des Parlaments gelten etwa das **Bundesfinanzrahmengesetz** und das **Bundesfinanzgesetz** als staatliches Innenrecht [623], das nur die Verwaltung bindet, die Menschen außerhalb des Staats hingegen weder berechtigt noch verpflichtet. Das Bundesfinanzrahmengesetz und das Bundesfinanzgesetz sind daher Gesetze (bloß) im formellen Sinn. Manchmal beschließt das Parlament über innere Angelegenheiten gar nicht in Form von Gesetzen, sondern in Form von **schlichten Parlamentsbeschlüssen** [➔] [340].

311 Im Bereich der **Vollziehung** sind der **Bescheid** und die **Rechtsverordnung** [➔] Teil des staatlichen **Außenrechts**. Sie verpflichten aus der Sicht der Verwaltung Menschen außerhalb der Staatsorganisation. Als **Innen-„recht“** im Bereich der **Verwaltung** gelten die **Weisung** [1054] und die **Verwaltungsverordnung** [➔] [1137].

312 [III]. Manchmal wird der Begriff „Recht“ dem Außenrecht vorbehalten, was sich in den Begriffen „**Rechts**verordnung“ für Verordnungen, die Außenwirkung haben, und „Verwaltungsverordnung“ für Verordnungen, die nur verwaltungsintern gelten, spiegelt. Die verminderten rechtsstaatlichen Anforderungen zeigen sich hier darin, dass Verwaltungsverordnungen anders als Rechtsverordnungen **nicht förmlich kundgemacht** werden müssen. (Auch im Begriff „**Rechts**anspruch“ [1486] klingt mit, dass es sich um einen Anspruch handelt, der einen Menschen außerhalb des Staats gegen den Staat berechtigt).

DER STUFENBAU DER RECHTSORDNUNG

313 [I]. Das B-VG legt nicht nur die in der Rechtsordnung möglichen Rechtssatzformen fest, es setzt die Rechtssatzformen auch zueinander in eine **hierarchische Beziehung**. Die hierarchische Beziehung der Rechtsnormen nennen wir den **Stufenbau der Rechtsordnung** [➔]. Sie erklärt zweierlei: Erstens, **warum eine Rechtsnorm überhaupt gilt** (= Geltung des Rechts). Und zweitens, **welche Rechtsnorm vorgeht, wenn sich Rechtsnormen widersprechen** (= Vorrang der Rechtsnormen).

314 [II]. Das **Grundmodell** des Stufenbaus der Rechtsordnung kennt **fünf Stufen**: Die **erste und höchste Stufe** ist das **Verfassungsgesetz**. Die **zweite Stufe** ist das **einfache Gesetz**. Die **dritte Stufe** ist die **Verordnung**, die **vierte Stufe** sind der **Bescheid** und das **Urteil**. Die **fünfte Stufe** bilden die **Konsensualnormen**.

315

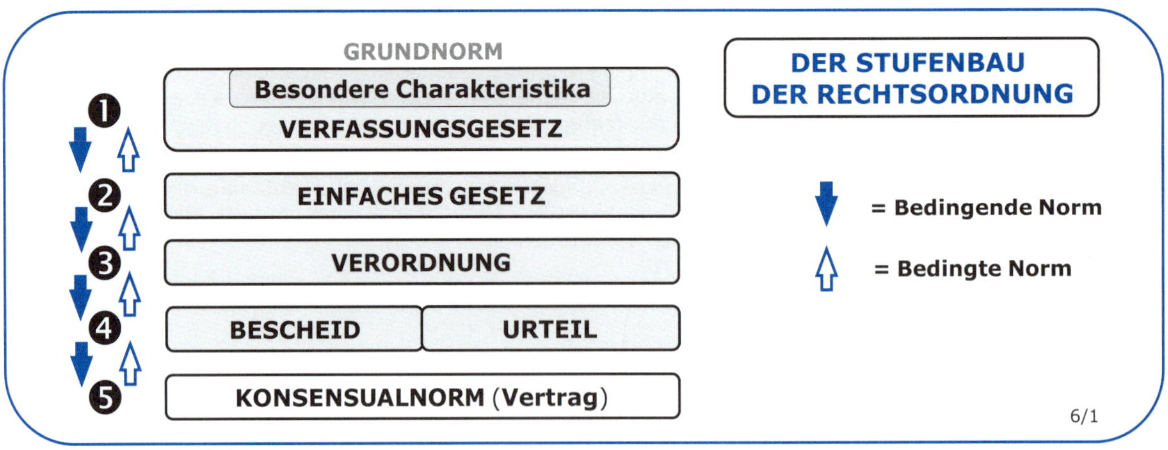

DIE GELTUNG DES RECHTS

[I]. **Warum gilt eine Rechtsnorm, warum ist sie verbindlich ?** Der Stufenbau der Rechtsordnung gibt die Antwort. Keine Rechtsnorm kann ihre Geltung selbst anordnen. **Jede Rechtsnorm muss ihre Geltung von einer im Stufenbau der Rechtsordnung übergeordneten Rechtsnorm ableiten**. Die übergeordneten Rechtsnormen **bedingen** die untergeordneten Rechtsnormen. Die untergeordneten Rechtsnormen sind in den übergeordneten Rechtsnormen **bedingt**. Der Stufenbau der Rechtsordnung ist in diesem Sinn eine Lehre von den **bedingenden Normen** [➔] und **bedingten Normen** [➔]. 316

Wer den Strafbescheid einer Verwaltungsstrafbehörde – etwa wegen Übertretung einer durch Verordnung erlassenen Geschwindigkeitsbeschränkung – bekommen hat, kann fragen, warum der Bescheid eigentlich gilt, warum der Bescheid rechtlich verbindlich ist. Die Antwort lautet: Der Bescheid gilt, weil die **Verordnung** die Geschwindigkeitsbeschränkung festlegt, und der Bescheid in der von der Verfassung und vom Gesetz vorgesehenen Weise zu Stande kam. Und warum gilt die Verordnung ? Die Verordnung gilt, weil sie auf der Grundlage eines **Gesetzes** (StVO 1960) ergangen ist. Und warum ist die dem Bescheid zugrundeliegende StVO 1960 verbindlich, warum gilt das Gesetz ? Das Gesetz gilt, weil es auf dem von der **Verfassung** vorgegebenen Weg als Gesetz zu Stande kam. 317

[II]. **Allerdings:** Wollte man jetzt noch fragen, warum eigentlich die **Verfassung** gilt, so lässt sich diese Frage aus der Theorie des Rechts – alleine aus dem Recht heraus – **nicht** mehr beantworten. Wir haben keine Rechtsnorm, die über der Verfassung steht. Wir können die Geltung der Verfassungsordnung – und damit der gesamten Rechtsordnung – nur **empirisch** erklären: Wo Menschen zusammen leben, entwickeln sie Normen. Wenn sich der Staat und seine Rechtsordnung in der Gesellschaft tatsächlich durchsetzen, die Menschen das Recht des Staats – aus welchem Grund auch immer – wirklich befolgen, dann ist die Rechtsordnung in der Gesellschaft als gesellschaftliches Phänomen wirksam und verbindlich. „**Die Verfassung gilt, weil sie gilt**". Unter diesem Gesichtspunkt ist die Rechtswissenschaft letztlich Teil der Sozialwissenschaften. Revolutionäre, die eine Verfassung außer Kraft setzen wollen, versuchen immer, durch außerrechtliche Gewalt die gegebenen Verhältnisse umzustürzen, damit die Beachtung der Verfassung de facto zu beenden und dann eine neue Rechtsordnung zu etablieren. Das gesellschaftliche Phänomen, dass Menschen eine staatliche Ordnung aufbauen, damit ihr Zusammenleben regeln und diese Ordnung auch befolgen, nennen manche **Grundnorm** [➔]. **Diese Grundnorm ist eine gesellschaftliche Norm. Sie ist der – außerrechtliche – Geltungsgrund einer Verfassung**. 318

[III]. Formal sind alle **Verfassungsgesetze des Bundes** gleichwertig und stehen im Stufenbau der Rechtsordnung gleichwertig auf derselben Stufe. Die Verfassungsordnung kennt **kein zweistufiges Verfassungsrecht** [➔]. Darüber könnte man nachdenken, weil die **besonderen Charakteristika** (= **Grundprinzipien**) **der Bundesverfassung** [947] (zum Beispiel der Rechtsstaat) eine über die normalen Verfassungsgesetze hinausgehende Bestandsgarantie haben. Der Bundesverfassungsgesetzgeber kann die besonderen Charakteristika nur mit einem Verfassungsgesetz, dem das Volk in einer **Volksabstimmung** zugestimmt hat, abändern [946]. Die besonderen Charakteristika der Bundesverfassung nehmen in diesem Sinn unter den Verfassungsbestimmungen eine hervorgehobene Stellung ein. Sie bilden im Stufenbau der Rechtsordnung aber **keine eigene Stufe**, weil sie die anderen Verfassungsgesetze des Bundes nicht bedingen, sondern bloß eine **besondere Verfahrensregel** für den Erlass solcher Verfassungsgesetze aufstellen. Ein Bundesverfassungsgesetz, das ohne Volksabstimmung besondere Charakteristika der Verfassung berührt, ist nicht wegen Verstoßes gegen ein höherstufiges besonderes Charakteristikum der Verfassung verfassungswidrig. Das Bundesverfassungsgesetz ist verfassungswidrig, weil es nicht auf dem verfassungsgesetzlich vorgesehenen Verfahrensweg – mit Volksabstimmung – zu Stande kam. 319

DER VORRANG VON RECHTSNORMEN

[I]. Der Staat mit seinen Parlamenten, mit seinen Verwaltungsorganen und mit seinen Gerichten ist ein komplexer Apparat. Strikte Regeln versuchen, Ordnung zu schaffen und zu vermeiden, dass staatliche Rechtssätze Widersprüchliches anordnen. Bei der Vielzahl der Organe und der Mehrzahl von Rechtssatzformen kann die Rechtsordnung nicht immer vermeiden, dass einzelne Rechtsnormen einander widersprechen. 320

321
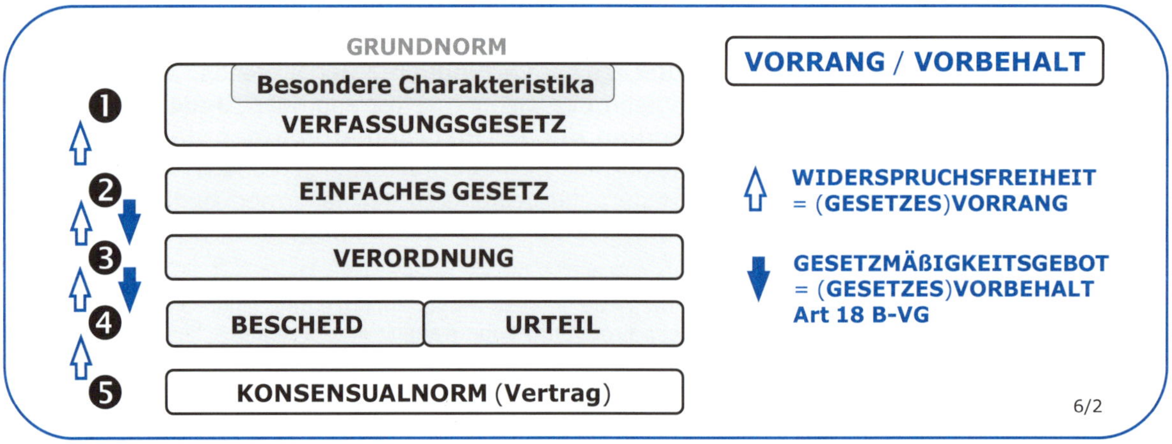

322 [II]. **Welche Rechtsnorm geht vor, wenn sich zwei Rechtnormen widersprechen ?** Auch diese Frage beantwortet – neben der Frage nach der Geltung von Rechtsnormen – der Stufenbau der Rechtsordnung. **Die Rechtsnorm der höheren Stufe hat Vorrang vor der Rechtsnorm der niedrigeren Stufe**. Dabei ist zu beachten:

323 • [**Widerspruchsfreiheit**]. „**Vorrang**" der Rechtsnorm der höheren Stufe vor der Rechtsnorm der niedrigeren Stufe bedeutet **Widerspruchsfreiheit** [➔]. Jede Rechtsnorm darf alles, was sie will, anordnen, **sie darf dabei Rechtsnormen höherer Stufen** aber **nicht widersprechen**.

324 • [**Verfassungsautonomie, Gesetzgebungsautonomie**]. Gänzlich frei ist der **Verfassungsgesetzgeber**, weil die Verfassung die höchste Stufe ist, und es über ihr keine weitere Stufe gibt. Wir sprechen von der **uneingeschränkten** **Verfassungsautonomie** [➔] des Parlaments als demokratisch legitimierten Verfassungsgesetzgeber. Frei ist das demokratisch legitimierte Parlament auch bei den **einfachen Gesetzen**, doch gilt die **Gesetzgebungsautonomie** [➔] des einfachen Gesetzgebers **nicht uneingeschränkt**, weil die einfachen Gesetze nicht den Verfassungsgesetzen widersprechen dürfen. Das gilt auch für einfache Gesetze, die ausnahmsweise mit Zweidrittelmehrheit beschlossen werden müssen [418].

325 • [**Gesetzes„vorbehalt"**, **Gesetzmäßigkeitsgebot**]. Auch die Rechtsnormen der Vollziehung – **Verordnungen, Bescheide und Urteile** – dürfen nach dem Stufenbau der Rechtsordnung grundsätzlich den einfachen Gesetzen und den Verfassungsgesetzen nicht widersprechen.

326 Allerdings gilt im **Verhältnis der Vollziehung zur Gesetzgebung** nach dem B-VG nicht bloß Widerspruchsfreiheit, sondern eine über die Widerspruchsfreiheit hinaus gehende **strengere Regel**. Das **Gesetzmäßigkeitsgebot** [➔] (= **Legalitätsprinzip** [➔]) **des <u>Art 18 Abs 1 B-VG</u>** („***Die gesamte staatliche Verwaltung darf <u>nur auf Grund der Gesetze</u> ausgeübt werden***") **verschärft** den Grundsatz der Widerspruchsfreiheit, den bloßen **Gesetzes<u>vorrang</u>** [➔] zum **Gesetzes<u>vorbehalt</u>** [➔]. Die Vollziehung hat keine Autonomie. Die Vollziehung darf nicht nur den Gesetzen nicht widersprechen. Jedes Handeln der Vollziehung steht vielmehr unter dem verfassungsgesetzlichen Vorbehalt, dass der Gesetzgeber die Vollziehung zu diesem Handeln ermächtigt hat. Die Vollziehung kann aus Eigenem nichts anordnen. Sie braucht für ihr Handeln **in jedem Fall eine besondere gesetzliche Grundlage**. Das Handeln der Vollziehung ist immer einer gesetzlichen Ermächtigung „vorbehalten".

327 Beispiel: Darf das Rektorat als **Verwaltungsbehörde** einen immer fehlenden Studenten **rechtlich verpflichten**, an den Vorlesungen teilzunehmen ? Das **Gesetz** sagt zur Frage, ob Studierende an Vorlesungen teilnehmen müssen, nichts. Gilt Gesetzes„vorrang", wäre eine Anordnung möglich, weil sie nicht in Widerspruch zu einem Gesetz steht. Gilt Gesetzes„vorbehalt", wäre – weil das Gesetz nichts sagt – eine solche Anordnung mangels gesetzlicher Grundlage unzulässig und rechtswidrig. Es gilt das Gesetzmäßigkeitsgebot des Art 18 Abs 1 B-VG, also Gesetzesvorbehalt. Die Anordnung wäre gesetzwidrig.

Das Gesetzmäßigkeitsgebot ist vor dem Hintergrund der **Demokratie** [148] und des **Rechtsstaats** [249] notwendig und selbstverständlich. Es gilt für die Verwaltung und die Gerichtsbarkeit in gleicher Weise, auch wenn Art 18 Abs 1 B-VG aus systematischen Gründen nur von Verwaltung spricht. 328

Das **Gesetzmäßigkeitsgebot** des Art 18 Abs 1 B-VG hat **doppelte Wirkung**: Es verpflichtet **erstens** die **Vollziehung**. Die Vollziehung darf das – und nur das – tun, was im Gesetz vorherbestimmt ist. Ohne gesetzliche Grundlage darf die Vollziehung nicht handeln. Das Gesetzmäßigkeitsgebot bindet **zweitens** auch die **Gesetzgebung**. Sie muss Gesetze derart genau formulieren, dass sie eine taugliche Grundlage für eine gesetzestreue Vollziehung sind, dass sie die Vollziehung ausreichend „determinieren" (= **Determinierungspflicht** [➔] des Gesetzgebers). Ausreichend determiniert ist ein Gesetz, wenn daraus alle wesentlichen Merkmale für das Vollziehungshandeln ersehen werden können (**Vorhersehbarkeit und Berechenbarkeit staatlichen Vollziehungshandelns !**). Eine lockere und oberflächliche Formulierung der Gesetze eröffnet der Verwaltungsbehörde verfassungswidrige Freiheiten. Der Gesetzgeber würde seine Aufgabe, das Recht genau in Gesetzesform zu bestimmen, an die Verwaltung „delegieren". Eine solche **formalgesetzliche Delegation** [➔] macht ein einfaches Gesetz verfassungswidrig. 329

Der Determinierungsgrad – das verfassungsgesetzlich geforderte Ausmaß der Vorausbestimmung des Vollziehungshandelns durch das Gesetz – ist allerdings nicht starr, sondern abhängig vom jeweiligen Regelungsgegenstand (= **differenziertes Legalitätsprinzip** [➔]). Und die Verfassung erlaubt dem Gesetzgeber, der Vollziehung in einzelnen Bereichen **Ermessen** [➔] einzuräumen, was in einem Spannungsverhältnis zu dem strikten rechtsstaatlichen Grundsatz des Art 18 Abs 1 B-VG steht. Mit der Folge, dass in den Ermessensbereichen eine gesetzliche Determinierung des Vollziehungshandelns nicht besteht, und die Vollziehungsbehörden nur an das allgemeine Gebot der Sachlichkeit gebunden sind. **Art 130 Abs 3 B-VG** legt dazu fest: *„Außer in Verwaltungsstrafsachen und in den zur Zuständigkeit des Verwaltungsgerichts des Bundes für Finanzen gehörenden Rechtssachen liegt* ***Rechtswidrigkeit nicht vor, soweit das Gesetz der Verwaltungsbehörde Ermessen einräumt und sie dieses im Sinne des Gesetzes geübt hat****"*. 330

- [**Durchführungsverordnungen**]. Die von der Verwaltung gemäß Art 18 **Abs 2** B-VG erlassenen **Verordnungen** der Verwaltung [237] bilden eine eigene Stufe im Stufenbau der Rechtsordnung. Ihnen dürfen Bescheide und Urteile nicht widersprechen. Gemäß Art 18 Abs 2 B-VG kann ***„jede Verwaltungsbehörde ... auf Grund der Gesetze innerhalb ihres Wirkungsbereichs Verordnungen erlassen"***. Weil für sie das Gesetzmäßigkeitsgebot des Art 18 Abs 1 B-VG gilt, sie also ihre gesetzlichen Grundlagen bloß präzisieren (näher ausführen), nennen wir sie **„Durchführungs"verordnungen** [➔] [1132]. 331

  Art 18 Abs 2 B-VG ermächtigt die **Verwaltungsbehörden unmittelbar und generell zur Verordnungserlassung**, jede Verwaltungsbehörde darf (im Rahmen ihrer Zuständigkeit) daher – auch ohne ausdrückliche einfachgesetzliche Ermächtigung – Durchführungsverordnungen zur Präzisierung eines Gesetzes erlassen. 332

- [**Privatautonomie**]. Die Privatpersonen haben **Privatautonomie** [255], sie können im Rahmen der Privatrechtsordnung **Konsensualnormen** [➔] (Verträge) schaffen und darin alles vereinbaren, solange sie keiner Rechtsnorm der vier höheren Stufen im Stufenbau der Rechtsordnung (Verfassungsgesetz, einfaches Gesetz, Verordnung, Bescheid, Urteil) **widersprechen**. Die Gebietskörperschaften als Träger von Privatrechten [597] können das auch. 333

  Die **Konsensualnormen** der Privaten sind nichtig, wenn sie gegen **zwingendes Recht** [➔] des Staats verstoßen. Die staatlichen Gesetze können Abweichungen von ihren Regelungen durch Konsensualnormen allerdings dulden, was wir als **dispositives Recht** [➔] bezeichnen. 334

[III]. Der Stufenbau der Rechtsordnung beantwortet **nicht** die Frage, wie eine Kollision von Rechtssätzen zu lösen ist, **wenn zwei Rechtssätze gleicher Stufe einander widersprechen**. Die Kollision von Rechtsnormen auf gleicher Stufe lösen die **Derogationsregeln** [➔]: 335

- [**Zeitliche Derogation**]. Die **erste Derogationsregel** ist die **zeitliche Derogation**. **Ein jüngerer Rechtssatz hebt einen älteren Rechtssatz gleichen Rangs auf** (= „lex posterior derogat legi priori"). Wenn ein Gesetz für einen Antrag im Verwaltungsverfahren beispielsweise die Vorlage des Reisepasses **und** des Staatsbürgerschaftsnachweises verlangt, ein jüngeres Gesetz aber sich mit der Vorlage nur des Reisepasses begnügt, dann gilt das **jüngere Gesetz**. Meist hebt das jüngere Gesetz das ältere Gesetz ausdrücklich auf. 336

337 • [**Derogation nach Spezialität**]. Die zweite Derogationsregel ist die **Derogation nach Spezialität**. **Das speziellere Gesetz geht dem allgemeineren Gesetz vor** (= „lex specialis derogat legi generali"). Wenn ein Rechtssatz allgemein eine Leinenpflicht für Hunde auf öffentlichen Wegen festlegt, ein anderer Rechtssatz derselben Stufe das Herumlaufen von Hunden **bis zu einer gewissen Größe** ohne Leine erlaubt, dann geht der zweite Rechtssatz als der speziellere Rechtssatz dem ersten Rechtssatz als dem allgemeineren Rechtssatz vor.

338 Die beiden genannten Derogationsregeln können Fälle, in denen das jüngere allgemeinere Gesetz dem älteren spezielleren Gesetz widerspricht, nicht lösen. Hier ist im Einzelfall auszulegen, was die jüngere Rechtsnorm in Bezug auf die entgegenstehende ältere Rechtsnorm wollte.

ABSOLUTE NICHTIGKEIT UND RELATIVE NICHTIGKEIT (FEHLERKALKÜL)

339 [I]. Der Stufenbau der Rechtsordnung zeigt, welche Rechtsnorm bei Kollision zweier Rechtsnormen den Vorrang hat. Die nachrangige Rechtsnorm ist **rechtswidrig**. Aber was heißt rechtswidrig genau ? Wie wirkt sich die Rechtswidrigkeit auf die Rechtsnorm aus ? Ist die rechtswidrige Rechtsnorm von vornherein **ungültig** oder **gilt sie – bis zu ihrer förmlichen Aufhebung – doch** ?

340 **Jede Rechtsnorm kann im Rechtsstaat nur auf der Grundlage von Verfassung und Gesetz zustande kommen**. Wenn eine Rechtsnorm in einem Punkt oder in mehreren Punkten verfassungswidrig oder gesetzwidrig ist, sind eine oder mehrere rechtsstaatliche **Bedingungen** für ihr Zustandekommen nicht erfüllt. **Rechtstheoretisch** ist die rechtswidrige Rechtsnorm **von vornherein ungültig**, sie ist von vornherein „**nichtig**", sie ist **absolut nichtig** [➔]. Wenn die Verfassung keine gesonderte Anordnung trifft, gilt die absolute Nichtigkeit, etwa bei einem rechtswidrigen **schlichten Parlamentsbeschluss** [310].

341

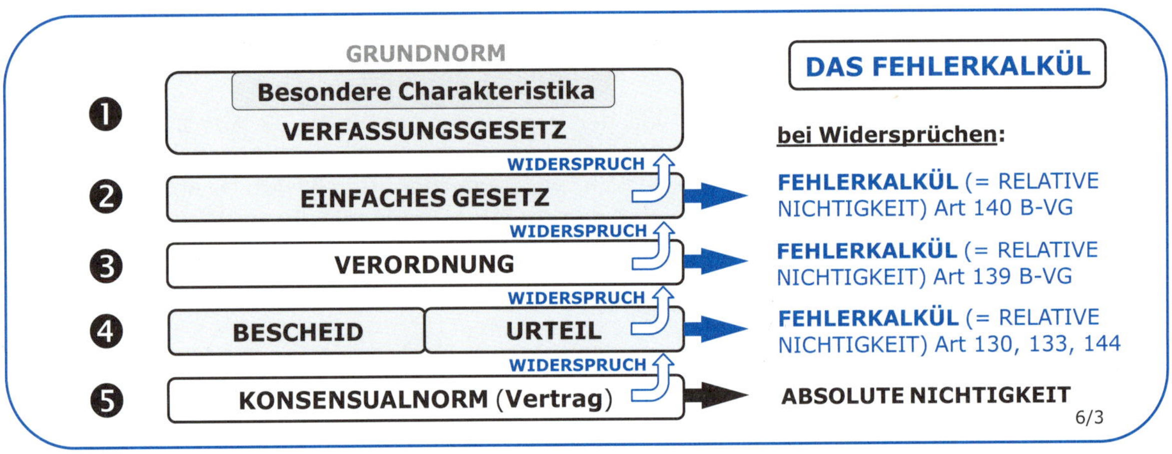

342 [II]. Die **Rechtsordnung** kann aber von der Fehlerfolge der absoluten Nichtigkeit abweichen und durch eine **gesonderte Anordnung** die **Geltung rechtswidriger Rechtsnormen** anordnen. Die Verfassung rechnet bei der Rechtserzeugung grundsätzlich mit Fehlern, sie „kalkuliert" Fehler ein und will in manchen Fällen, dass erlassene rechtswidrige Rechtsnormen **vorerst bis zu ihrer Überprüfung** durch ein dazu berufenes staatliches Organ gelten. Die Rechtsnormen sind in solchen Fällen nicht absolut, sondern nur **relativ nichtig** [➔]. Die Verfassung sieht etwa in Art 140 B-VG die **Aufhebung von Gesetzen**, in Art 139 B-VG die Aufhebung von **Verordnungen**, in Art 130 Abs 1 Z 1 B-VG die Aufhebung von **Bescheiden**, in Art 133 Abs 1 Z 1 und Art 144 B-VG die Aufhebung von **Erkenntnissen** (und Beschlüssen) der Verwaltungsgerichte vor. „Aufgehoben" werden können nur Rechtsnormen, die gelten. **Weil die Verfassungsordnung die Aufhebung rechtswidriger Rechtsnormen anordnet, setzt sie mit dieser Anordnung gleichzeitig rechtswidriges Recht bis zur Aufhebung in Geltung** (= **Fehlerkalkül** [➔]).

Beispiel: Das Rektorat einer Universität legt mit gesetzwidriger Verordnung (Satzung) den Studierenden Studiengebühren auf. Gilt die Verordnung für die Studierenden ? Müssen sie die Studiengebühren nicht bezahlen (= absolute Nichtigkeit) oder müssen sie trotz Rechtswidrigkeit bis zu einer Aufhebung der Verordnung durch den Verfassungsgerichtshof bezahlen (= relative Nichtigkeit) ? Weil Art 139 B-VG die Aufhebung gesetzwidriger Verordnungen durch den Verfassungsgerichtshof anordnet, gilt relative Nichtigkeit. 343

[III]. Hat die Rechtsordnung die Aufhebung einer gesetz- oder verfassungswidrigen **Rechtsnorm** angeordnet, muss sie auch regeln, ob eine **rückwirkende Aufhebung** [➔] (= **ex tunc** [➔]) oder eine **Aufhebung für die Zukunft** [➔] (= **ex nunc** [➔]) erfolgen soll, und ob das für die Aufhebung zuständige Staatsorgan in einem Aufhebungsverfahren eventuell auch noch vor der Aufhebung vorläufigen Rechtsschutz bzw aufschiebende Wirkung gewährt. 344

Die Aufhebung **individueller Rechtssätze** der Vollziehungsbehörden (Bescheide, Urteile) wirkt immer **ex tunc** auf den Zeitpunkt des Erlasses der rechtswidrigen Norm zurück. Wird etwa ein rechtswidriger Bescheid aufgehoben, so ist die Rechtslage **nach** Aufhebung so zu beurteilen, als hätte es den rechtswidrigen Bescheid nie gegeben. 345

Bei den **generellen Rechtssätzen** (Gesetze, Verordnungen) ist die zeitliche Wirkung gespalten: Die Aufhebung von Gesetzen und Verordnungen gilt **für die Allgemeinheit** nur für **zukünftige Fälle** ab der Aufhebung, also **ex nunc** (Art 139 Abs 6 zweiter Satz, Art 140 Abs 7 zweiter Satz B-VG). Für den individuellen **Anlassfall** [➔] aber, der im **Rechtsweg** Grund und Anlass für die Aufhebung des generellen Rechtssatzes war, wirkt die Aufhebung eines Gesetzes oder einer Verordnung dennoch **ex tunc** auf den Zeitpunkt des Erlasses des rechtswidrigen Rechtssatzes zurück. Der individuelle Anlassfall für die Aufhebung eines generellen Rechtssatzes erhält eine **Ergreiferprämie** [➔]. 346

Beispiel: Anna und Bea wollen eingetragene Partnerinnen werden, was nach dem „Eingetragene Partnerschaft-Gesetz – EPG" (BGBl I 2009/135) möglich ist. Da sie die eingetragene Partnerschaft außerhalb der Amtsräume der Bezirkshauptmannschaft schließen wollen, das Personenstandsgesetz (§ 47a Abs 1) aber von einer Schließung *„in den Amtsräumen der Bezirksverwaltungsbehörde"* spricht, verweigert der Bezirkshauptmann die Begründung der eingetragenen Partnerschaft mit Bescheid. Aufgrund ihrer auf dem Rechtsweg erhobenen Beschwerde (Art 144 Abs 1 B-VG) leitet der Verfassungsgerichtshof ein Gesetzesprüfungsverfahren (Art 140 B-VG) ein und hebt (die Wortfolge *„in den Amtsräumen der Bezirksverwaltungsbehörde"* in) § 47a Abs 1 Personenstandsgesetz wegen Verfassungswidrigkeit auf. Die Aufhebung des Gesetzes wirkt grundsätzlich ex nunc, wäre daher für Anna und Bea ohne Bedeutung, da die Anwendung des Gesetzes in der Vergangenheit (vor Aufhebung des § 47a Personenstandsgesetz) geschah. Das Beschwerdeverfahren von Anna und Bea nach Art 144 Abs 1 B-VG aber ist der Anlassfall, er hat die Gesetzesprüfung „veranlasst", für ihn gilt die Aufhebung des Gesetzes ex tunc (= Ergreiferprämie). Daher hob der VfGH den Bescheid des Bezirkshauptmanns auf, mit dem dieser die Schließung der eingetragenen Partnerschaft verweigert hatte. 347

[IV]. Das Fehlerkalkül sorgt für **Klarheit**, welche Rechtsnormen gelten und anzuwenden sind. Das Vollziehungsorgan etwa muss sich nicht bei jeder Anwendung eines Gesetzes die Frage stellen, ob das Gesetz nicht in irgendeinem Punkt und unter irgendeinem Gesichtspunkt verfassungswidrig sein könnte. Ohne Fehlerkalkül müsste jeder, der mit einer Rechtsnorm zu tun hat, selbst entscheiden, ob sie gilt oder wegen Rechtswidrigkeit ungültig ist. Aber die Überlegung, dass auch rechtswidriges „Recht" gelten kann, ist verfassungspolitisch **nicht unbedenklich**, weil sich damit **staatliches Handeln auch auf rechtswidrige Vorschriften stützen kann und muss**. 348

Extreme Beispiele: Eine Abgabenbehörde verhängt mit Bescheid gegen einen Steuersünder ein Todesurteil. Gilt dieser Bescheid wirklich bis zu seiner Aufhebung ? Was ist, wenn der Adressat den Bescheid gar nicht anficht ? Und den politischen Missbrauch des Fehlerkalküls zeigen die Umtriebe des Jahres 1933, als die Bundesregierung das Parlament und damit die Demokratie ausschaltete und mit fragwürdigen Verordnungen regierte, deren Rechtmäßigkeit sie durch gleichzeitige Auflösung des Rechtswegs nicht weiter hinterfragen ließ. 349

Deshalb hat das Fehlerkalkül in solch **extremen Fällen** seine **Schranken**. Rechtsnormen, deren Fehler **gravid** (= besonders schwerwiegend) und **evident** (= ganz offensichtlich) sind (= **gravide und evidente Rechtswidrigkeit** [➔]), sind trotz Anordnung eines Fehlerkalküls in der Rechtsordnung wegen Gravität und Evidenz des Fehlers von vornherein **absolut nichtig** [➔]. Auch wenn die **abstrakte Zuständigkeit** [➔] fehlt, worunter wir die **Verbandszuständigkeit** [1035] verstehen, ist die Rechtsnorm absolut nichtig. 350

Beispiel: Der Bürgermeister der oberösterreichischen Gemeinde X erlässt eine Baubewilligung für einen Bau oder eine Bebauungsplanverordnung für Wien. 351

352 [V]. Die Frage der absoluten oder relativen Nichtigkeit stellt sich, wenn ein **Staatsorgan** eine Rechtsnorm rechtswidrig erlässt. Handlungen **ohne rechtlichen Bezug zum Staat**, mögen sie auch wie staatliche Handlungen aussehen, sind aus der Sicht des Staats ein **Nicht-Akt** [➔].

353 Beispiele: Wenn etwa ein Privater ein „Landesgesetz" drucken lässt, das allgemeine Anordnungen enthält und wie ein echtes im Landesgesetzblatt kundgemachtes Landesgesetz aussieht, erlässt er **kein absolut nichtiges Gesetz**. Sein kurioses Handeln ist überhaupt kein Staatshandeln, es ist ein **Nicht-Akt**. Wer eine Polizeiuniform anzieht und Autos aufhält, handelt **nicht absolut nichtig**, er setzt einen **Nicht-Akt**.

354 Die Abgrenzung des absolut nichtigen Handelns vom Nicht-Akt stellt sich manchmal auch bei einem Staatsorgan. Der Organwalter ist nicht nur staatlicher Organwalter sondern auch privater Mensch. Er könnte eine rechtswidrige Handlung setzen, bei der sich die Frage stellt, ob es **dem Staat** oder **ihm privat** zuzurechnen ist, ob das Handeln der Staat oder die Privatperson verantworten muss. Über die Zurechnung entscheiden **zwei Kriterien**: Steht das Tun des Organwalters mit seinen staatlichen Aufgaben im Zusammenhang, so erfolgt die Zuordnung zum Staat nach dem subjektiven **Willen** des Organwalters **und** nach dem **äußeren Anschein** seines Tuns. Der den Datenschutz verletzende Tratsch von Verwaltungsbeamten über Vorgänge im Amt in einer feucht-fröhlichen Runde um Mitternacht im Wirtshaus wird dem Staat nicht zuzurechnen sein, weil der Organwalter bei seinem Tun nicht als Verwaltungsorgan auftreten **will**; zudem spricht der **äußere Anschein** – ein Gerede um Mitternacht im Wirtshaus – nicht dafür, dass hier der Staat handeln könnte.

STAATSVERTRÄGE UND VEREINBARUNGEN NACH Art 15a B-VG

355 [I]. Die generell transformierten **Staatsverträge des Bundes** [➔] gelten als Bundesrecht, die generell transformierten **Staatsverträge der Länder** [➔] als Landesrecht. Sie können im staatlichen Recht auf der Stufe von Verordnungen (**Regierungsübereinkommen** [➔], **Ressortübereinkommen** [➔], **Verwaltungsübereinkommen** [➔]), im Rang einfacher Gesetze, oder auch in Verfassungsrang stehen [719]. Für den Fall, dass ein transformierter Staatsvertrag ranghöherem Recht widerspricht, ist eine **Aufhebung** durch eine nationale Instanz **nicht möglich**, weil nationale Instanzen nicht über Völkerrecht entscheiden können. Dennoch gibt es für Staatsverträge ein **Fehlerkalkül**, das aber – strukturbedingt – vom üblichen Fehlerkalkül der **Aufhebung** von Rechtssätzen abweicht. Nach Art 140a B-VG erkennt der Verfassungsgerichtshof *„über die Rechtswidrigkeit von Staatsverträgen"*. Der Verfassungsgerichtshof hebt allerdings den Staatsvertrag nicht auf, sondern verfügt, dass der Staatsvertrag *„vom Tage der Kundmachung des Erkenntnisses an von den zu ihrer Vollziehung berufenen Organen nicht anzuwenden"* ist [1604]. Das generell transformierte Völkergewohnheitsrecht und die generell transformierten allgemeinen Rechtsgrundsätze des Völkerrechts gelten als Bundesrecht. Nach der materiellen **Einordnung** [718] stehen sie im Stufenbau der Rechtsordnung auf der Stufe, auf der die Rechtsregel als nationales Recht ohne Kollision mit ranghöherem Recht hätte erlassen werden müssen. Die allgemein anerkannten Regeln des Völkerrechts können daher ranghöherem nationalem Recht nicht widersprechen.

356 [II]. Für die staatrechtliche **Vereinbarung nach Art 15a B-VG** [➔] [699] ordnet die Verfassung kein Fehlerkalkül an. Rechtswidrige Vereinbarungen nach Art 15a B-VG zwischen Bund und Ländern (**Bund-Länder-Vereinbarung** nach Art 15a Abs 1 B-VG) oder zwischen Ländern (**Ländervereinbarung** nach Art 15a Abs 2 B-VG) sind daher **absolut nichtig**.

ANWENDUNGSVORRANG DES UNIONSRECHTS

357 Der Stufenbau der Rechtsordnung ordnet die nationalen Rechtsvorschriften, auch die Staatsverträge, soweit sie ins nationale Rechts transformiert sind. Der Stufenbau der Rechtsordnung berücksichtigt nicht das **Unionsrecht**, das gegenüber jedwedem nationalen Recht **Anwendungsvorrang** genießt [782].

7. KAPITEL: BUNDESSTAAT

Glossar: *Abgabenwesen, Adhäsionsmaterie, Allgemeines Verwaltungsverfahrensgesetz 1991 (AVG), Annexmaterie, Ausführungsgesetzgebung, Auslegung, Bedarfskompetenz, Berücksichtigungsgebot, Bundesrat, Bundesstaat, Bundesverfassungsgesetz (BVG), Einführungsgesetz zu den Verwaltungsverfahrensgesetzen 2008 (EGVG), Einheitsstaat, Enumerationsmethode, Finanzausgleich, Finanzausgleichsgesetz (FAG), Finanz-Verfassungsgesetz 1948 (F-VG 1948), föderalistische Auslegung, Gesichtspunktetheorie, Glied- oder Teilstaat, Grundsatzgesetzgebung, Interpretation, intrasystematische Weiterentwicklung, Kompetenzkompetenz, Kompetenztrennung, Kompetenzverteilung, Landesbürger, Landesschulrat, Landesverfassungsgesetz (LVG), Landtag, Materiengesetz, Nationalrat, öffentliches Auftragswesen, Querschnittsmaterie, relative Verfassungsautonomie der Länder, Staatsbürgerschaft, unbestimmter Gesetzesbegriff, Versteinerungstheorie, Verwaltungsstrafgesetz 1991 (VStG), Verwaltungsvollstreckungsgesetz 1991 (VVG).*

7/1 **DER BUNDESSTAAT** 358

DER BUNDESSTAAT	BUND	LAND
GESETZGEBUNG	**BUNDESGESETZGEBUNG** Nationalrat + Bundesrat	**LANDESGESETZGEBUNG** Landtag
VERWALTUNG	**BUNDESVERWALTUNG** Bundesregierung + ...	**LANDESVERWALTUNG** Landesregierung + ...
GERICHTSBARKEIT	**BUNDES-GERICHTSBARKEIT**	**LANDES-GERICHTSBARKEIT** aber Art 82 B-VG

[I]. Wir haben bisher den Staat als **Einheitsstaat** [➔] (= „Zentralstaat") dargestellt. Auf dem Staatsgebiet herrscht **eine** Staatsgewalt. Der Staat und seine Teilgewalten sind zentralistisch organisiert. Ein Einheitsstaat mag territorial gegliedert sein (etwa „Provinzen"), staatliche Befugnisse kommen den Gliederungen im Einheitsstaat aber nicht zu. 359

Manchmal bestehen auf **ein und demselben Staatsgebiet** mehrere Staaten, welche die **Verfassung** zu einem gemeinsamen Staat zusammenfügt. Wir sprechen dann von einem **Bundesstaat** [➔] (= Föderation), und meinen eine Mehrheit von **Glied- oder Teilstaaten** [➔], die **durch die Verfassung zu einem „Bund" zusammengeschlossen sind**. Der Bundesstaat ist der Gegenbegriff zum Einheitsstaat, er ist nicht zentral sondern dezentral organisiert. **Die territorialen Gliederungen des Staats haben eigene staatliche Befugnisse**. 360

Vom Bundesstaat zu unterschieden ist der **Staatenbund** (= Konföderation), in dem Staaten auf **völkerrechtlicher Grundlage**, nicht auf verfassungsgesetzlicher Grundlage zusammengeschlossen sind [686]. 361

[II]. Art 2 Abs 1 B-VG bestimmt: ***„Österreich ist ein Bundesstaat"***. Der Bundesstaat „Österreich" wird gebildet aus den **neun** selbständigen Ländern (= Bundesländer) Burgenland, Kärnten, Niederösterreich, Oberösterreich, Salzburg, Steiermark, Tirol, Vorarlberg und Wien. Auf dem Staatsgebiet Österreichs bestehen **zehn** Staaten: **neun Bundesländer** als (Teil)Staaten und der **Bund** als (Gesamt)Staat. 362

[III]. **Jedes Land hat ein eigenes Staatsgebiet**, doch ist dieses Staatsgebiet **zugleich auch Staatsgebiet des Bundes**. Das Bundesgebiet umfasst also die Staatsgebiete der neun Bundesländer. Ein „bundesunmittelbares" Territorium, das nicht gleichzeitig Staatsgebiet eines Landes wäre, gibt es nach dem B-VG nicht. 363

[IV]. Grundsätzlich hat im Bundesstaat jede Staatsorganisation ihre **eigenen Staatsbürger**, welche in ihrer Gesamtheit das **Staatsvolk** bilden (Art 26 Abs 1 und Art 60 Abs 1 B-VG sprechen vom *„Bundesvolk"*). In Österreich ist dieser Grundsatz abgemildert. Für die Republik Österreich 364 besteht eine **einheitliche Staatsbürgerschaft** [➔] (Art 6 Abs 1 B-VG), an welche die **Landesbürgerschaft** anknüpft. Jene österreichischen Staatsbürger, die in einem Land ihren (Haupt) Wohnsitz haben, sind ex lege **auch** dessen **Landesbürger** [➔] (Art 6 Abs 2 B-VG).

ZWEI STAATSORGANISATIONEN

365 [I]. Wenn das **B-VG** auf dem Staatsgebiet Österreichs nach den Grundsätzen des Bundesstaats die Staaten „Land" und „Bund" einrichtet, bedeutet das **zwei – jeweils für sich gewaltenteilig organisierte – Staatsorganisationen**:

366 • [**Bundesparlament, Landesparlament**]. Das **Land** hat ein (Landes)Parlament, den **Landtag** [➔] [986]. Der **Bund** hat ein (Bundes)Parlament, bestehend aus den beiden Kammern **Nationalrat** [➔] **und Bundesrat** [➔] [894].

367 • [**Bundesverwaltung**, **Landesverwaltung**]. Es existieren nebeneinander eine Verwaltungsorganisation des Landes (= **Landesverwaltung**) [1186], an deren Spitze eine **Landesregierung**; und eine Verwaltungsorganisation des Bundes (= **Bundesverwaltung**), an deren Spitze eine **Bundesregierung** steht [1201].

368 • [**Bundesgerichtsbarkeit, Landesgerichtsbarkeit**]. Es gibt eine **Gerichtsbarkeit des Bundes** und eine **Gerichtsbarkeit der Länder** [1337]. Die **Verwaltungsgerichtsbarkeit** erster Instanz [1342] ist in eine Verwaltungsgerichtsbarkeit des Bundes und in eine Verwaltungsgerichtsbarkeit der Länder **geteilt**. Die **ordentliche Gerichtsbarkeit** (Zivil- und Strafgerichte) ist nach Art 82 Abs 1 B-VG allerdings zur Gänze dem **Bund** vorbehalten.

ZWEI RECHTSORDNUNGEN

369 [I]. Die zwei Staatsorganisationen des Bundesstaats bedeuten auch **zwei getrennte Rechtsordnungen**: Es gelten nebeneinander das **Landesrecht** und das **Bundesrecht**:

370 • [**Bundesverfassung, Landesverfassung**]. Das (formelle) **Verfassungsrecht** ist im Bundesstaat **gespalten**. Wir kennen ein **Bundes**verfassungsrecht, das sind die Verfassungsgesetze des Bundesparlaments (= **Bundesverfassungsgesetze** (**BVG**) [➔]); und ein **Landes**verfassungsrecht, das sind die Verfassungsgesetze des Landesparlaments (= **Landesverfassungsgesetze** (**LVG**) [➔]).

371 • [**Bundesgesetze, Landesgesetze**]. Auch das **einfache Gesetzesrecht** ist **gespalten**. Wir unterscheiden eine (einfache) **Bundes**gesetzgebung, das sind die Gesetze des Bundesparlaments (= einfache Bundesgesetze); und eine (einfache) **Landes**gesetzgebung, das sind die Gesetze des Landesparlaments (= einfache Landesgesetze).

372 [II]. Das Landesrecht bedarf der Einordnung in den Stufenbau der Rechtsordnung [313]. Grundlage sowohl für das Bundesrecht als auch für das Landesrecht ist die **Bundesverfassung**. Die **Landesverfassung** ist in der **Bundesverfassung** bedingt und darf bundesverfassungsgesetzlichen Bestimmungen **nicht widersprechen**. Ansonsten ist die Landesverfassung im Sinne der **relativen Verfassungsautonomie der Länder** [➔] frei (Art 99 Abs 1 B-VG), solange sie nicht der Bundesverfassung widerspricht.

373 Für die **einfachen Gesetze** des Bundes und der Länder **gilt der Grundsatz der Widerspruchsfreiheit nicht**. Weil die Rechtsordnungen des Bundes und des Landes nach den bundesstaatlichen Grundsätzen der Verfassung gleichwertig sind, gibt es zwischen den beiden einfachgesetzlichen Rechtsordnungen **keinen Vorrang**. Kollisionen sind über die **gemeinsame Rechtsgrundlage** sowohl des Bundesrechts als auch des Landesrechts zu lösen. Das ist im Stufenbau der Rechtsordnung die **Bundesverfassung**. Entweder die Bestimmung des Bundesrechts oder die Bestimmung des Landesrechts ist **kompetenzwidrig** und damit bundesverfassungswidrig [378, 385].

Beispiel: Wenn ein Landesgesetz Hochhäuser auf zehn Stockwerke beschränkt, ein Bundesgesetz hingegen Hochhäuser mit fünfzehn Stockwerken erlaubt, dann ist das Bundesgesetz bundesverfassungswidrig. Denn zuständig für das „Baurecht" ist nach Art 15 Abs 1 **B-VG** die Landesgesetzgebung. 374

[III]. Das **Bundesrecht** hat fünf Stufen: Die Bundesverfassungsgesetze, die einfachen Bundesgesetze, die einfachen Bundesverordnungen, die Bundesbescheide und die Urteile sowie die Konsensualnormen. Das **Landesrecht** kennt auch fünf – allerdings vom Bundesmodell abweichende – Stufen. Die erste Stufe sind die **Bundesverfassungsgesetze**, die zweite Stufe sind die **Landesverfassungsgesetze**, die dritte Stufe sind die **einfachen Landesgesetze**, die vierte Stufe sind die **Landesverordnungen**, die fünfte Stufe sind die **Bescheide der Landesverwaltungsbehörden** sowie die **Urteile** (**Erkenntnisse**) **der Landesverwaltungsgerichte**. Die Konsensualnormen sind (zum ganz überwiegenden Teil) im Zivilrecht des Bundes begründet. 375

376

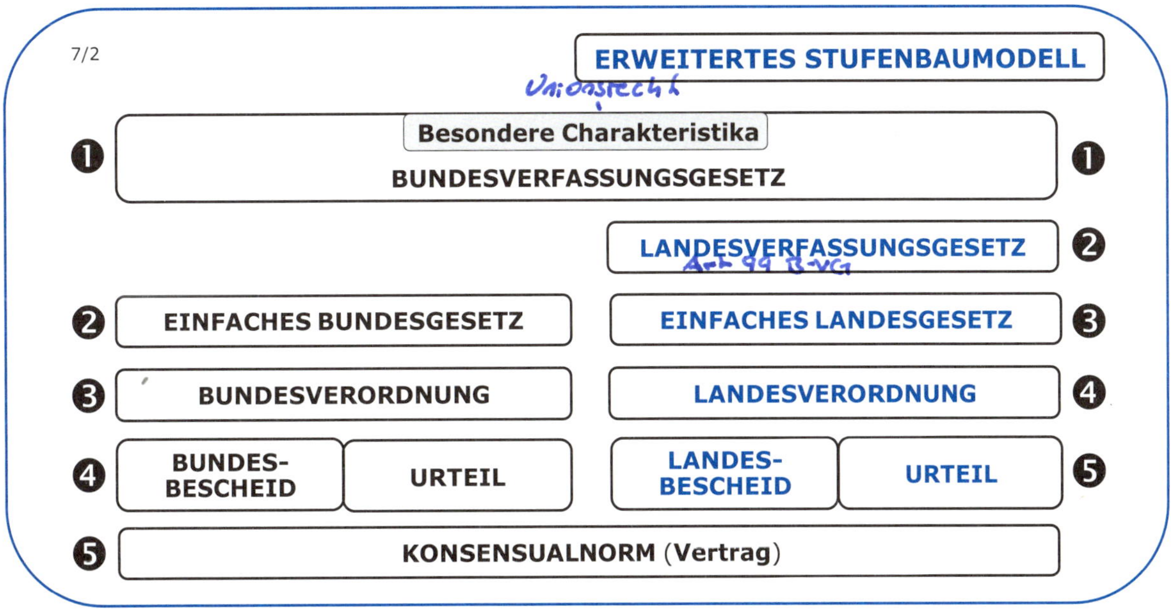

KOMPETENZVERTEILUNG

[I]. Ein Einheitsstaat ist ohne Einschränkung für **alles**, was auf seinem Territorium geschieht, zuständig. Im Bundesstaat wird diese **Allzuständigkeit** des Einheitsstaats **geteilt**. An jedem Punkt des Staatsgebiets herrschen **zwei** Staatsgewalten, die Staatsgewalt des Staats „Land" und die Staatsgewalt des Staats „Bund". Dieses Nebeneinander zweier Staatsgewalten auf einem Territorium bedarf der Ordnung, weil die Staatsgewalten Widersprüchliches anordnen könnten. Wenn etwa der Bund sagt, auf den Straßen herrscht Rechtsfahrordnung, das Land aber sagt, auf den Straßen herrscht Linksfahrordnung, paralysieren sich die Staatsgewalten. 377

Die Verfassung stellt das geordnete Nebeneinander der beiden Staatsgewalten durch eine präzise **Aufteilung** der Staatsgewalt in einen **Bereich des Bundes** und in einen **Bereich des Landes** her. Nur **ein** Staat kann die Fahrordnung auf den Straßen bestimmen. Die Verfassung muss klarstellen, welcher von beiden Staaten das ist. Nur dieser Staat ist dann berechtigt festzulegen, ob auf den Straßen Linksfahrordnung oder Rechtsfahrordnung herrscht. Diese von der Verfassung vorgenommene Aufteilung der allzuständigen Staatsgewalt, der staatlichen Aufgaben und Zuständigkeiten in einen Teil des Bundes und in einen Teil des Landes, nennen wir **Kompetenzverteilung** [➔]. 378

[II]. Dabei stellt sich vorweg die Frage, welcher der beiden Staaten im Bundesstaat die Kompetenz hat, die Verteilung der Zuständigkeiten zwischen den beiden Staaten festzulegen (= **Kompetenz-** 379

kompetenz [➔]). Das B-VG teilt die Kompetenzkompetenz dem **Bund** zu. Der **Bundes**verfassungsgesetzgeber entscheidet in der Bundesverfassung, **welche staatlichen Kompetenzen der Bund und welche staatlichen Kompetenzen das Land hat** (Art 10 Abs 1 Z 1 B-VG).

380

KOMPETENZVERTEILUNG

- **VERTEILUNG NACH SACHMATERIEN** (**ENUMERATIONSMETHODE**)
- **ANNEXMATERIEN**
- **BEDARFSKOMPETENZEN**
- **QUERSCHNITTSMATERIEN**

7/3

VERTEILUNG NACH SACHMATERIEN

381 [I]. Es gibt grundsätzlich **zwei Möglichkeiten**, wie eine Verfassung die Kompetenzverteilung zwischen Bund und Land bestimmen kann:

382 • [**BUNDESRECHT BRICHT LANDESRECHT**]. Relativ einfach wäre der Grundsatz „**Bundesrecht bricht Landesrecht**". Das Land ist zuständig, alles – ohne jede inhaltliche Beschränkung – zu regeln. Das Gesetz des Landes gilt aber nur solange, bis der Bund eine abweichende bundesweite Regelung trifft. Dann gilt uneingeschränkt das Bundesrecht. Mit dem Grundsatz „Bundesrecht bricht Landesrecht" bringt eine Verfassung allerdings eine hierarchische Ordnung zwischen Bund und Land zum Ausdruck. Der Bund kann sich in die Angelegenheiten des Landes durch Erlass bundesweiter Regelungen einmischen, der Bund ist letztlich „Chef" der Länder.

383 • [**AUFTEILUNG NACH SACHMATERIEN**]. Soll es in der Kompetenzverteilung keine hierarchische Ordnung zwischen Bund und Land geben, dann muss die Verfassung eine **Aufteilung der Staatsgewalt nach Sachmaterien** vornehmen. Die gesamte Staatsgewalt wird in Sachmaterien unterteilt, zum Beispiel: Gewerberecht, Zivilrecht, Baurecht, Naturschutzrecht ua. Die Sachmaterien werden dann konkret aufzählend (= enumerativ) entweder dem Bund oder dem Land zugeordnet. Diese **Enumerationsmethode** [➔] birgt allerdings die Gefahr, dass die Beschreibung der allumfassenden Staatsgewalt mit einzelnen Sachmaterien nicht vollständig gelingt, einzelne Sachmaterien dann in der Aufzählung fehlen. Deshalb ist es legistisch angezeigt, einem Staat in einer **Generalklausel** im Grundsatz alle staatlichen Angelegenheiten zuzuweisen, und daraus enumerativ als Sachmaterien jene Angelegenheiten herauszunehmen, die dem anderen Staat zukommen.

384 [II]. Die österreichische Verfassungsordnung geht von der **Gleichrangigkeit** des Bundes und der Länder aus und kennt daher den Grundsatz „Bundesrecht bricht Landesrecht" nicht. Das B-VG nimmt vielmehr die **Aufteilung der Kompetenzen** zwischen Bund und Ländern **nach Sachmaterien** vor. Der Verfassungstext **zählt dabei die dem Bund zugewiesenen Sachmaterien ausdrücklich auf** (= **Enumerationsmethode**) und belässt alle nicht enumerativ genannten Materien in einer **Generalklausel** den **Ländern**.

385 [III]. Aus der Aufteilung der staatlichen Kompetenzen nach Sachmaterien folgt der Grundsatz der **Kompetenztrennung** [➔]. Zur Gesetzgebung und Vollziehung in einer bestimmten Sachmaterie ist **entweder** der Bund **oder** das Land zuständig. „**Konkurrierende**" **Zuständigkeiten** – dass sowohl der Bund als auch das Land zur Gesetzgebung oder zur Vollziehung **derselben Sachmaterie** zuständig wären – sind nach der Kompetenzverteilung des B-VG **ausgeschlossen**.

386 Nach dem Grundsatz der Kompetenztrennung ist für die Regelung einer Sachmaterie **entweder** das Land **oder** der Bund zuständig. Es ist allerdings denkbar, dass **eine bestimmte Regelung**

unter verschiedenen Gesichtspunkten sowohl einer Sachmaterie des Bundes **als auch** einer (anderen) Sachmaterie des Landes zugeordnet werden kann. Hier wird **nicht eine** Sachmaterie sowohl vom Bund als auch vom Land wahrgenommen – was dem Grundsatz der Kompetenztrennung widerspräche. Vielmehr werden **zwei** Sachmaterien einmal vom Bund, einmal vom Land wahrgenommen, **wobei sich die Regelungen in der Sache allerdings überlagern**. Darauf verweist die **Gesichtspunktetheorie** [➔] und bekräftigt, dass in einem solchen Fall **beide Gesetzgeber** zuständig bleiben, Regelungen auf der Grundlage ihrer jeweiligen Sachmaterie zu erlassen. Der eine Gesetzgeber eben unter dem Gesichtspunkt der einen Materie, der andere Gesetzgeber unter dem Gesichtspunkt der anderen Materie. Überschneidungen in der Sache sind nach dem **Berücksichtigungsgebot** [➔] zu beurteilen.

Zwei Beispiele: Das Steigenlassen eines Fesselballons etwa kann der Sachmaterie „Landschaftsschutz", für die 387
das Land zuständig ist, zugeordnet werden; aber auch der Sachmaterie „Luftfahrtwesen", für die der Bund zuständig ist. Die landschaftsschutzrechtlichen Bestimmungen und die luftfahrtrechtlichen Bestimmungen können Unterschiedliches für das Steigenlassen eines Fesselballons anordnen und sich so in der Sache überschneiden. Das Betreten des Waldes kann sowohl der Sachmaterie „Jagd" (Art 15 Abs 1 B-VG) als auch der Sachmaterie „Forstwesen" (Art 10 Abs 1 Z 10 B-VG) zugeordnet werden. Daher darf der für die Jagd zuständige Landesgesetzgeber verbieten, dass Menschen im Wald die Ausübung der Jagd beeinträchtigen. Der Landesgesetzgeber hat aber bei der Reichweite des Verbots mit zu berücksichtigen, dass der Bundesgesetzgeber auf der Grundlage des Forstwesens jedem das Betreten des Waldes zu Erholungszwecken gestattet. Der Landesgesetzgeber darf daher unter dem Gesichtspunkt der Jagd insbesondere kein generelles Verbot des Betretens des Waldes anordnen, weil dadurch die Regelung des Bundesgesetzgebers unterlaufen würde.

KOMPETENZORDNUNG NACH SACHMATERIEN IM B-VG

388

7/4

KOMPETENZTATBESTÄNDE IM B-VG

I. Zehnermaterien: Art 10 B-VG	**Gesetzgebung ⇨ Bund**	**Vollziehung ⇨ Bund**
II. Elfermaterien: Art 11 B-VG	**Gesetzgebung ⇨ Bund**	**Vollziehung ⇨ Land**
III. Zwölfermaterien: Art 12 B-VG	**Grundsatzgesetzgebung ⇨ Bund** **Ausführungsgesetzgebung ⇨ Land**	**Vollziehung ⇨ Land**
IV. Fünfzehnermaterien: Art 15	**Gesetzgebung ⇨ Land**	**Land**

Sonderkompetenztatbestände für das **öffentliche Auftragswesen** (Art 14b B-VG), für das **Schulwesen** (Art 14 und 14a B-VG), für das **Abgabenwesen** (Art 13 B-VG, F-VG 1948) und andere

[I]. [**VIER GRUNDSÄTZLICHE KATEGORIEN**]. Das B-VG unterscheidet bei der Aufteilung der 389
staatlichen Zuständigkeiten zwischen **Gesetzgebungskompetenzen** und **Vollziehungskompetenzen** und bildet in den **Art 10 bis 12** und **Art 15 B-VG vier grundsätzliche Kategorien** von Kompetenztatbeständen:

- [**KATEGORIE I („Zehnermaterien")**]: **Art 10 Abs 1 B-VG** zählt jene Angelegenheiten auf, die 390
in **Gesetzgebung <u>und</u> Vollziehung** dem **Bund** zustehen, zum Beispiel die Wahlen zum Europäischen Parlament (Art 10 Abs 1 Z 1a B-VG), die Aufrechterhaltung der öffentlichen Ruhe, Ordnung und Sicherheit (Art 10 Abs 1 Z 7 B-VG), die Angelegenheiten des Gewerbes (Art 10 Abs 1 Z 8 B-VG), das Kraftfahrwesen (Art 10 Abs 1 Z 9 B-VG), das Wasserrecht (Art 10 Abs 1 Z 10 B-VG), die Organisation und Führung der Bundespolizei (Art 10 Abs 1 Z 14 B-VG), die Einrichtung der Bundesbehörden und sonstigen Bundesämter (Art 10 Abs 1 Z 16 B-VG) ua.

391 Beispiele: Ob unter Denkmalschutz stehende Häuser verändert werden dürfen, regelt auf der Grundlage des Art 10 Abs 1 Z 13 B-VG („*Denkmalschutz*") generell der **Bundes**gesetzgeber im „Denkmalschutzgesetz – DMSG"; eine konkrete Bewilligung (Erlaubnis) zum Umbau eines bestimmten denkmalgeschützten Hauses erteilt auf gesetzlicher Grundlage eine **Bundes**verwaltungsbehörde, das Bundesdenkmalamt. Wer Gastwirt sein darf, regelt auf Grundlage des Art 10 Abs 1 Z 8 B-VG („*Angelegenheiten des Gewerbes*") generell der **Bundes**gesetzgeber in der „Gewerbeordnung 1994 – GewO 1994"; eine konkrete Gewerbeanmeldung eines Gastwirts auf gesetzlicher Grundlage bearbeitet eine **Bundes**verwaltungsbehörde (im funktionellen Sinn).

392 • [**KATEGORIE II** („**Elfermaterien**")]: **Art 11 Abs 1 B-VG** zählt jene Angelegenheiten auf, die in **Gesetzgebung** dem **Bund** und in **Vollziehung** den **Ländern** zukommen, zum Beispiel das Staatsbürgerschaftswesen (Art 11 Abs 1 Z 1 B-VG), die Straßenpolizei (Art 11 Abs 1 Z 4 B-VG), die Umweltverträglichkeitsprüfung (Art 11 Abs 1 Z 7 B-VG) ua.

393 Beispiel: Wie schnell man auf einer Autobahn fahren darf, regelt auf der Grundlage des Art 11 Abs 1 Z 4 B-VG („*Straßenpolizei*") generell der **Bundes**gesetzgeber in der „Straßenverkehrsordnung 1960"; eine konkrete Strafe über einen Schnellfahrer auf gesetzlicher Grundlage verhängt die **Landes**verwaltungsbehörde.

394 • [**KATEGORIE III** („**Zwölfermaterien**")]: **Art 12 Abs 1 B-VG** zählt jene Angelegenheiten auf, in denen die Kompetenz zur **Grundsatzgesetzgebung** [➔] dem **Bund**, die Kompetenz zur **Ausführungsgesetzgebung** [➔] **und** zur **Vollziehung** den **Ländern** zukommt, zum Beispiel das Elektrizitätswesen (Art 12 Abs 1 Z 5 B-VG). Die **Grundsatzgesetze des Bundes** stellen allgemeine Regelungen von grundsätzlicher Bedeutung auf und **binden nur die Landesgesetzgeber** (Landtage). Grundsatzgesetze können keine selbständige Rechtsgrundlage für die Vollziehung der Länder bilden und auch keine Rechte und Pflichten für Einzelne begründen. Der Bundesgesetzgeber muss **Grundsatzgesetze** und einzelne Grundsatzbestimmungen in Bundesgesetzen ausdrücklich als solche **bezeichnen** (Art 12 Abs 2 B-VG).

395 Die Ausführungsgesetze der Länder dürfen die Angelegenheit grundsätzlich frei regeln, den Grundsatzgesetzen des Bundes aber nicht widersprechen. Sind keine Grundsätze aufgestellt, so ist das Land bis zum Erlass einer bundesgesetzlichen Regelung zur Gänze frei, die betreffende Angelegenheit nach eigenen Vorstellungen zu regeln (Art 15 Abs 6 B-VG).

396 Beispiel: Ob man einen Bach auf seinem Grundstück für ein Kleinkraftwerk aufstauen darf, um daraus Elektrizität zu gewinnen, regelt generell im Elektrizitätswirtschafts- und -organisationsgesetz des Landes der **Landes**gesetzgeber; er ist dabei an die vom **Bund** in seinem „Elektrizitätswirtschafts- und –organisationsgesetz 2010 – ElWOG 2010" aufgestellten Grundsätze gebunden (Art 12 Abs 1 Z 5 BVG: „*Elektrizitätswesen*"). Die auf dem Gesetz beruhende verwaltungsbehördliche Bewilligung, auf einem bestimmten Grundstück einen bestimmten Bach für ein Kleinkraftwerk aufzustauen, erteilt einer bestimmten Person (ausschließlich) auf der Grundlage des Landesausführungsgesetzes eine **Landes**verwaltungsbehörde.

397 • [**KATEGORIE IV** („**Fünfzehnermaterien**")]: **Art 15 Abs 1 B-VG** weist in einer **Generalklausel** alle Angelegenheiten, die nicht in den Kompetenztatbeständen ausdrücklich aufgezählt und dem Bund zugeordnet sind, in **Gesetzgebung** **und** **Vollziehung** den **Ländern** zu. Ohne eigens aufgezählt zu sein, fallen in die Generalklausel zum Beispiel das Baurecht, das Raumordnungsrecht [414], das Naturschutz- und Landschaftsschutzrecht, das Jagdwesen, das Fischereiwesen, das Organisationsrecht der Landesverwaltungsgerichte, das Theater- und Kinowesen (vgl Art 15 Abs 3 B-VG) ua, weil sie von den Sachmaterien der Art 10 bis 12 B-VG nicht erfasst sind.

398 Beispiel: Ob und wie jemand, der in Oberösterreich ein Seegrundstück besitzt, im See eine Boje zum Festmachen seines Boots verankern darf, bestimmt auf der Grundlage des Art 15 Abs 1 B-VG generell der **Landes**gesetzgeber im „Oö Natur- und Landschaftsschutzgesetz 2001"; die Bewilligung für eine Boje an einem bestimmten Standort erteilt dem konkreten Grundstückseigentümer eine **Landes**verwaltungsbehörde.

399 [II]. [**ÖFFENTLICHES AUFTRAGSWESEN**]. Bund, Länder, Gemeinden und Gemeindeverbände treten in der Wirtschaft als Nachfrager für Sachgüter und Leistungen auf, sie vergeben etwa Bauaufträge, Lieferaufträge, Dienstleistungsaufträge [604]. Dabei gibt es Sonderprobleme, insbesondere bei der Kontrolle dieser korruptionsanfälligen Vorgänge. Abweichend von den vier Grundkategorien der Kompetenzverteilung (Art 10 bis 12 und Art 15 B-VG) regelt **Art 14b B-VG** die Kompetenzverteilung zwischen Bund und Ländern in den Angelegenheiten des **öffentlichen Auftragswesens** [➔], wobei im Grundsatz – mit differenzierenden Einzelheiten – die Kompetenzen für Aufträge des Bundes dem Bund, für Aufträge des Landes dem Land zustehen.

[III]. [**SONDERKOMPETENZEN IM B-VG**]. Die Kompetenzverteilung zwischen Bund und Ländern erfolgt im Wesentlichen in den Art 10 bis 15 B-VG. Allerdings finden sich noch vereinzelte **Sonderkompetenzen im B-VG** selbst. Gemäß **Art 20 Abs 4 B-VG** etwa ist für die Regelung der Auskunftspflicht des Bundes in Gesetzgebung und Vollziehung der Bund, für die Regelung der Auskunftspflicht der Länder in der Grundsatzgesetzgebung der Bund, in der Ausführungsgesetzgebung und in der Vollziehung das Land zuständig [394]. Gemäß **Art 115 Abs 2 B-VG** ist der Landesgesetzgeber zur Regelung des Gemeinde(organisations)rechts zuständig, soweit nicht ausdrücklich eine Zuständigkeit des Bundes festgesetzt ist. 400

Eine ganze Reihe von **Sonderkompetenzbestimmungen** enthält das B-VG im Zusammenhang mit der **Verwaltungsgerichtsbarkeit**: So ermächtigt Art **135 Abs 1 B-VG** den Verfahrensgesetzgeber (Bund) und den zuständigen Materiengesetzgeber, **Senatszuständigkeiten der Verwaltungsgerichte** zu normieren, sowie den zuständigen Materiengesetzgeber, eine **Mitwirkung fachkundiger Laienrichter an der Rechtsprechung der Verwaltungsgerichte** zu bestimmen. Art **136 Abs 2 dritter Satz B-VG** ermächtigt unter der Voraussetzung, dass es *„zur Regelung des Gegenstandes erforderlich"* ist oder das Verwaltungsgerichtsverfahrensgesetz (VwGVG) *„dazu ermächtigt"*, den jeweils zuständigen Materiengesetzgeber zur Erlassung von **Sonderregelungen betreffend das Verfahren der Verwaltungsgerichte**. Darüber hinaus enthalten die Art **130 Abs 2**, Art **131 Abs 4** und **5,** Art **132 Abs 5** und Art **133 Abs 2** und **8 B-VG** Sonderkompetenzen zur Erweiterung bzw Verschiebung der Zuständigkeiten der Verwaltungsgerichte einschließlich des VwGH. 401

[IV]. [**SONDERKOMPETENZEN AUßERHALB des B-VG**]. Der Bundesverfassungsgesetzgeber macht von seiner Kompetenzkompetenz [379] häufig Gebrauch und erweitert kontinuierlich seinen Kompetenzbereich nicht nur durch Novellierungen der Art 10 bis 15 B-VG, sondern – vor allem im Wirtschafts-, Sozial- und Arbeitsrecht – durch **Sonderkompetenztatbestände** in **besonderen in Verfassungsrang stehenden Bundesgesetzen**. 402

Nach der **Verfassungsbestimmung** des Art I Abs 1 Preisgesetz 1992 (BGBl 145) beispielsweise sind *„die Erlassung, Aufhebung und Vollziehung von Vorschriften, wie sie im Artikel II des Preisgesetzes 1992 ... enthalten sind .... auch in den Belangen Bundessache, hinsichtlich derer das B-VG etwas anderes bestimmt"*. Weitere derartige Kompetenztatbestände finden sich [**Wirtschaftsrecht**:] im Akkreditierungsgesetz 2012 – AkkG 2012 (BGBl I 2012/28), im AMA-Gesetz 1992 (BGBl 376), im Bauproduktenotifizierungsgesetz 2013 – BPNG 2013 (BGBl I 2013/113), im Elektrizitätswirtschafts- und -organisationsgesetz 2010 (BGBl I 110), im Energie-Control-Gesetz (BGBl I 2010/110), im Energielenkungsgesetz 2012 – EnLG 2012 (BGBl I 2013/41), im Erdölbevorratungsgesetz 2012 – EBG 2012 (BGBl I 78), im KWK-Gesetz (BGBl I 2008/111), im Lebensmittelbewirtschaftungsgesetz 1997 (BGBl 1996/789), im Lobbying- und Interessenvertretungs-Transparenz-Gesetz – LobbyG (BGBl I 2012/64), im Marktordnungsgesetz 2007 – MOG 2007 (BGBl I 55), im Ökostromgesetz 2012 (BGBl I 2011/75), im Preistransparenzgesetz (BGBl 1992/761), im Versorgungssicherungsgesetz (BGBl 1992/380), [**Sozial- und Arbeitsrecht**:] im Bauarbeitenkoordinationsgesetz – BauKG (BGBl I 1999/37), im Behinderteneinstellungsgesetz – BEinstG (BGBl 1970/22), im Berufsausbildungsgesetz – BAG (BGBl 1969/142), im Schülerbeihilfengesetz 1983 (BGBl 455), [**Sonstiges**:] im Anmeldegesetz Irak (BGBl 1992/310). 403

ANNEXMATERIEN

Die Kompetenzverteilung des B-VG teilt die Aufgaben und Zuständigkeiten dem Bund und dem Land nach **Sachmaterien** zu. Die Sachmaterie ist in der Regel mit **einem** Begriff (etwa „Gewerbe" in Art 10 Abs 1 Z 8 B-VG) beschrieben oder ergibt sich aus der Generalklausel (Art 15 Abs 1 B-VG). Die mit einem Begriff beschriebene Kompetenz zur Regelung einer Sachmaterie schließt „**Neben**"-**materien** mit ein, die typischerweise in Zusammenhang mit der Regelung einer Sachmaterie stehen. Solche Nebenmaterien, **die ohne gesonderte Nennung im Begriff der Sachmaterie eingeschlossen sind**, nennen wir **Annexmaterien** [➔] (= **Adhäsionsmaterien** [➔]). Nebenmaterien sind vor allem das **Verwaltungsverfahrensrecht**, das **Verwaltungsstrafrecht** (Festlegung von Verwaltungsstraftatbeständen und Strafsanktionen der Verwaltung), **Enteignungen** und Eigentumsbeschränkungen im Interesse der Sachmaterie (vgl Art 10 Abs 1 Z 6 B-VG: *„Enteignung, soweit sie nicht Angelegenheiten betrifft, die in den selbständigen Wirkungsbereich der Länder fallen"*) sowie **verwaltungspolizeiliche Maßnahmen** zur Beseitigung von Missständen und Gefahren im Rahmen der Sachmaterie [1168]. 404

Beispiele: So legt der für die Sachmaterie „Gewerbe" zuständige Bundesgesetzgeber im **Materiengesetz** [➔] die Voraussetzung für eine gewerbliche Betätigung fest, er regelt aber auch das **Verfahren** [1467], wie eine Gewerbeberechtigung zu erteilen ist. Der nach Art 11 Abs 1 Z 4 B-VG für die „Straßenpolizei" zuständige Bundesgesetzgeber darf auch den **Verwaltungsstraftatbestand** für die Bestrafung des Schnellfahrens und die Geld- oder Freiheitsstrafe als Sanktion des Schnellfahrens festlegen. Der nach Art 15 Abs 1 B-VG für das „Baurecht" zuständige Landesgesetzgeber regelt auch **verwaltungspolizeiliche Sicherungsmaßnahmen** gegen baufällige Gebäude. 405

BEDARFSKOMPETENZEN

406 Die Zuständigkeiten zwischen den Ländern und dem Bund sind fest in der Bundesverfassung verteilt. Weder der Bund noch ein Land kann Zuständigkeiten des anderen Staats **durch einfache Gesetze** an sich ziehen oder Regelungen im Kompetenzbereich des anderen Staats erlassen. Eine **Ausnahme** davon sind die **Bedarfskompetenzen** [➔]:

407 • [**AVG, VStG, VVG**]. Das Verwaltungsverfahrensrecht ist eine Annexmaterie [404]. Der Bundesgesetzgeber, der für das Gewerberecht zuständig ist, kann grundsätzlich auch das Verfahrensrecht in Gewerbesachen regeln; der Landesgesetzgeber, der für das Baurecht zuständig ist, darf grundsätzlich auch das Verfahrensrecht in Bausachen regeln. **Art 11 Abs 2 B-VG** erlaubt es dem **Bund**, durch den Erlass einfacher Gesetze die Kompetenzen der Länder in Verfahrenssachen (und im allgemeinen Verwaltungsstrafrecht) zur Vereinheitlichung an sich zu ziehen. Der Verfassungstext lautet: *„Soweit ein **Bedürfnis nach Erlassung einheitlicher Vorschriften als vorhanden erachtet wird**, werden das **Verwaltungsverfahren**, die **allgemeinen Bestimmungen des Verwaltungsstrafrechts**, das **Verwaltungsstrafverfahren** und die **Verwaltungsvollstreckung** auch in den Angelegenheiten, in denen die Gesetzgebung den Ländern zusteht, … **durch Bundesgesetz geregelt**"*.

408 Der Bund machte von der Bedarfskompetenz des Art 11 Abs 2 B-VG Gebrauch und erließ wichtige Verwaltungsverfahrensgesetze [1474]. So das **Einführungsgesetz zu den Verwaltungsverfahrensgesetzen 2008 (EGVG)** [➔], das **Allgemeine Verwaltungsverfahrensgesetz 1991 (AVG)** [➔], das **Verwaltungsstrafgesetz 1991 (VStG)** [➔] und das **Verwaltungsvollstreckungsgesetz 1991 (VVG)** [➔].

409 Von den sowohl für die Landesmaterien als auch für die Bundesmaterien **einheitlich** geltenden Bestimmungen dieser Gesetze dürfen die Länder ausnahmsweise dennoch abweichende Regelungen in Kraft setzen, wenn dies – wie Art 11 Abs 2 zweiter Halbsatz B-VG festlegt – ***„zur Regelung des Gegenstandes erforderlich"*** (iSv unerlässlich) ist.

410 Beispiel: Das auch für das Baurecht des Landes geltende AVG des Bundes sieht vor, dass mündliche Verhandlungen im Verwaltungsverfahren stattfinden können, aber nicht stattfinden müssen. Die Landesgesetzgebung kann in Abweichung davon bestimmen, dass in einem Baubewilligungsverfahren eine „Bauverhandlung" stattfinden **muss** (etwa in Oberösterreich).

411 • [**Bedarfskompetenzen insbesondere im Umweltrecht**]. Nach Art 10 Abs 1 Z 12 B-VG ist der Bund in Gesetzgebung und Vollziehung zuständig für *die „**Abfallwirtschaft** hinsichtlich gefährlicher Abfälle, hinsichtlich anderer Abfälle nur **soweit ein Bedürfnis nach Erlassung einheitlicher Vorschriften vorhanden ist**"*. Der Bund verfügt weiters über eine Bedarfskompetenz nach Art 11 Abs 5 B-VG bei der Festlegung von Emissionsgrenzwerten für Luftschadstoffe, nach Art 11 Abs 1 Z 7 B-VG für die Umweltverträglichkeitsprüfung, nach Art 11 Abs 6 B-VG für Bürgerbeteiligungsverfahren, nach Art 10 Abs 1 Z 15 B-VG für wirtschaftslenkende Maßnahmen aus Anlass eines Kriegs oder als Folge eines Kriegs.

412 • [**Zivilrechtswesen, Strafrechtswesen**]. Das **„Zivilrechtswesen"** (Art 10 Abs 1 Z 6 B-VG) und das **„Strafrechtswesen"** (Art 10 Abs 1 Z 6 B-VG) fallen in Gesetzgebung und Vollziehung in die Zuständigkeit des **Bundes**. **Art 15 Abs 9 B-VG** erlaubt den **Ländern**, von der Bundesgesetzgebung für das Landesgebiet abweichende Regelungen auf dem Gebiet des Zivilrechts und des Justizstrafrechts zu treffen, wenn diese Bestimmungen zur Regelung des Gegenstandes ***„erforderlich"*** sind. Manche sehen das „Zivilrechtswesen" und das „Strafrechtswesen" nach Art 15 Abs 9 B-VG als Annex zu den Gesetzgebungskompetenzen der Länder (Art 15 Abs 1 B-VG).

QUERSCHNITTSMATERIEN

413 Der **Verfassungstext** verwendet für die Beschreibung der Sachmaterien in der Kompetenzverteilung **Begriffe**, mit denen er die anstehenden Regelungsthemen sachgerecht zu erfassen und zu beschreiben meint. Das Begriffsverständnis ist historisch geprägt, die Kompetenzverteilung des B-VG stammt im Wesentlichen aus dem Jahr 1925. Weil damals das „Gewerbe" ein Regelungsthema für die Gesetzgebung war, gab es eine Gewerbeordnung und den Begriff „Gewerbe" in der Kompe-

tenzverteilung. Weil der Straßenverkehr ein Regelungsthema für die Gesetzgebung war, gab es eine Straßenverkehrsordnung und den Begriff „Straßenpolizei" in der Kompetenzverteilung. Im Laufe der Jahre und Jahrzehnte verschoben sich die Themen, welche die Gesetzgebung interessierten. Es entstanden neue Begriffe von Aufgabenbereichen, die **so** in den Sachmaterien der Kompetenzordnung nicht vorkommen. Etwa die Begriffe **Raumordnung**, **Umweltschutz**, **Klimaschutz**, **E-Government**, **Wirtschaftslenkung**, **umfassende Landesverteidigung**, **Katastrophenbekämpfung**. In den Kompetenzbestimmungen der Bundesverfassung suchen wir diese Begriffe daher vergebens.

Die Frage nach der Zuständigkeit des Bundes und des Landes für eine Querschnittsmaterie ist nur 414 zu beantworten, wenn man die außerhalb der historischen Begriffswelt des B-VG stehenden meist neuen Begriffe (Raumordnung, Umweltschutz, Klimaschutz, usw) in die Begriffswelt des Verfassungstexts übersetzt. Dann zeigt sich, dass die Querschnittsmaterie in keinem einzelnen Kompetenztatbestand allein, sondern – „quer" über die gesamte Kompetenzverteilung – in verschiedenen Kompetenztatbeständen des B-VG Deckung findet. Einen solchen – in der Enumeration (Aufzählung) der Sachmaterien des B-VG (Art 10 bis 12) nicht genannten und keinem einzelnen Kompetenztatbestand allein zuzuordnenden – Aufgabenbereich nennen wir **Querschnittsmaterie** [➔]. Die Querschnittsmaterie (etwa der Aufgabenbereich „Raumordnung") kann also nicht allein einem einzelnen Kompetenztatbestand zugeordnet werden, sondern ist nach der Kompetenzverteilung auf verschiedene Kompetenztatbestände des Bundes und/oder des Landes verteilt. Solange eine Querschnittsmaterie verschiedene Kompetenztatbestände des Bundes allein oder verschiedene Kompetenztatbestände des Landes allein umfasst, ist die kompetenzrechtliche Zuordnung ohne praktische Bedeutung. Wenn aber die Querschnittsmaterie sowohl Kompetenztatbestände des Bundes als auch Kompetenztatbestände des Landes berührt, folgt daraus, dass weder der Bund allein noch das Land allein diese Materie regeln darf. Jeder Staat regelt jeweils nur jene **Ausschnitte der (Querschnitts)Materie**, für die er **nach den Sachbegriffen des B-VG** in der Kompetenzverteilung zuständig ist.

Zwei Beispiele: Die Querschnittsmaterie „Umweltschutz" ist insbesondere in folgende Kompetenztatbestände 415 zerteilt: Umweltverträglichkeitsprüfung (Art 10 Abs 1 Z 9 B-VG), Wasserrecht (Art 10 Abs 1 Z 10 B-VG), Abfallwirtschaft (Art 10 Abs 1 Z 12 B-VG) [= Kompetenztatbestände des Bundes]; aber auch nicht-gefährliche Deponien, Naturschutz, Landwirtschaft (Generalklausel des Art 15 Abs 1 B-VG) [= Kompetenztatbestände des Landes]. Die Querschnittsmaterie „Raumordnung" findet insbesondere in folgenden Kompetenztatbeständen Deckung: Raumplanungsrecht (Generalklausel des Art 15 Abs 1 B-VG) [= Kompetenztatbestand des Landes]; aber auch Fachplanungskompetenzen auf dem Gebiet des Eisenbahnwesens (Art 10 Abs 1 Z 9 B-VG), des Bergwesens (Art 10 Abs 1 Z 10 B-VG), des Forstwesens (Art 10 Abs 1 Z 10 B-VG), der Abfallwirtschaft (Art 10 Abs 1 Z 12 B-VG), der Bundesstraßen (Art 10 Abs 1 Z 9 B-VG) oder des Wasserrechts (Art 10 Abs 1 Z 10 B-VG) [= Kompetenztatbestände des Bundes].

SCHULVERFASSUNG

[I]. Für das **Schulwesen** (öffentliche Schulen und Privatschulen; Schülerheime; Dienstrecht der 416 Lehrer, Erzieher, Kindergärtner ua) gilt eine besondere umfangreich **detaillierte Kompetenzverteilung**. **Art 14 B-VG** und **Art 14a B-VG** bringen – **mit vielen Einzelheiten** – Kompetenztatbestände Gesetzgebung Bund – Vollziehung Land; Grundsatzgesetzgebung Bund – Ausführungsgesetzgebung und Vollziehung Land.

[II]. Schulen sind wichtig und politisch heikel. Bildung ist einerseits die Grundlage einer modernen Gesellschaft, 417 Schulen können anderseits die Jugend ideologisch, (partei)politisch und religiös beeinflussen. Dem versucht die Verfassung mit der besonderen Kompetenzverteilung zu entsprechen. Die Bundesverfassung (Art 81a und 81b B-VG) richtet für das nicht land- und forstwirtschaftliche Schulwesen, soweit es nach Art 14 B-VG in die Bundeskompetenz fällt (mit Ausnahme der Universitäten und Fachhochschulen), **eigene** – dem zuständigen Bundesminister nachgeordnete – **Bundesbehörden** (unmittelbare Bundesverwaltung [1216] mit bundesverfassungsgesetzlichen Besonderheiten) ein. Die **Schulbehörden des Bundes** – die **Landesschulräte** [➔] – sind **weisungsfreie Kollegialbehörden**, die der (Rechts)Aufsicht des Bundesministers unterliegen. Dem Landesschulrat steht der Landeshauptmann als „Präsident" vor. Die Aufgaben des Landeshauptmanns als Präsident des Landesschulrats nimmt ein „Amtsführender Präsident" wahr.

418 Fragen des **Schulgeldes**, des Verhältnisses von **Schulen zu Kirchen** und ein **Abgehen von den Grundsätzen eines differenzierten Schulsystems** bedürfen in der Gesetzgebung einer **Zweidrittelmehrheit**, ohne dass diese Gesetze im **Stufenbau der Rechtsordnung** [313] Verfassungsgesetze wären (Art 14 Abs 10 B-VG).

419 [III]. Zudem legt die Verfassung im systematischen Zusammenhang mit den Kompetenzbestimmungen besondere Grundsätze für Schulen fest: Demokratie, Humanität, Solidarität, Friede und Gerechtigkeit sind die **Grundwerte**, die den Unterricht in den Schulen bestimmen sollen (Art 14 Abs 5a B-VG). In den Schulen besteht eine **Schulpartnerschaft** (Schüler, Eltern, Lehrer). Schulen sollen die **bestmögliche Qualität** und das **höchstmögliche Bildungsniveau** bieten (Art 14 Abs 5a B-VG). Es gelten ein **differenziertes Schulsystem** (allgemeinbildende und berufsbildende Schulen; Primar- und Sekundarschulen; differenzierte Sekundarschulen; Art 14 Abs 6a B-VG) und **Schulpflicht** (Art 14 Abs 7a B-VG).

FINANZVERFASSUNG

420 [I]. Die Zuständigkeiten von Bund, Ländern auf dem Gebiet des Abgabenwesens regelt das B-VG nicht selbst, **Art 13 Abs 1 B-VG** verweist auf ein **besonderes Bundesverfassungsgesetz**. Die bezüglichen Regelungen auf dem Gebiet des **Abgabenwesens** [➔] legt das **Finanz-Verfassungsgesetz 1948 (F-VG 1948)** [➔] (= BVG über die Regelung der finanziellen Beziehungen zwischen dem Bund und den übrigen Gebietskörperschaften) fest [620].

421 [II]. Die Verteilung der Besteuerungsrechte und die Verteilung der Abgabenerträge nennt das F-VG 1948 **Finanzausgleich** [➔]. Das bezügliche **einfache Bundesgesetz** heißt **Finanzausgleichsgesetz (FAG)** [➔]. Die Erlassung eines Finanzausgleichsgesetzes steht kompetenzrechtlich dem **Bund** zu, der – nach Verhandlungen mit den Ländern und den Gemeinden – jeweils ein zeitlich befristetes FAG erlässt.

SCHWACHE STELLUNG DER LÄNDER

422 Die Stellung der Länder im österreichischen Bundesstaat ist verglichen mit der Ausformung des Bundesstaats etwa in Deutschland oder in der Schweiz schwach. So obliegt die ordentliche Gerichtsbarkeit zur Gänze dem Bund [368]. Die „Generalklausel" der Kompetenzverteilung (Art 15 Abs 1 B-VG) zugunsten der Länder erweckt zwar den Eindruck, der Schwerpunkt der staatlichen Aufgaben und Zuständigkeiten in Gesetzgebung und Verwaltung liege bei den Ländern und nur in einzelnen Bereichen beim Bund. Der Eindruck täuscht. Die dem Bund enumerativ zugewiesenen Sachmaterien sind so umfangreich und so gewichtig, dass die den Ländern verbleibenden Kompetenzen bescheiden sind. Dies gilt jedenfalls für den Bereich der **Gesetzgebung**. Nur die Materien des Art 15 Abs 1 B-VG und die Ausführungsgesetze in den Materien des Art 12 Abs 1 B-VG sind Landessache. Dazu kommt, dass der Bund den einfachgesetzlichen Finanzausgleich nach dem F-VG 1948 allein in der Hand hat. In der **Vollziehung** ist die Lage für die Länder besser. Die Länder sind für die Materien des Art 15 Abs 1 B-VG, des Art 12 Abs 1 B-VG und des Art 11 Abs 1 B-VG zuständig. Dazu kommt in der Verwaltung die – allerdings weisungsgebundene – Mitbeteiligung der Länder an der Vollziehung der Materien des Art 10 Abs 1 B-VG im Rahmen der „mittelbaren Bundesverwaltung" [1210].

AUSLEGUNG DER KOMPETENZBEGRIFFE

423

AUSLEGUNG DER KOMPETENZTATBESTÄNDE

- **VERSTEINERUNGSTHEORIE**
- **INTRASYSTEMATISCHE WEITERENTWICKLUNG**
- **FÖDERALISTISCHE AUSLEGUNG**

7/5

424 Die Begriffe, mit denen der Verfassungstext die Sachmaterien der Kompetenzverteilung beschreibt, sind **unbestimmte Gesetzesbegriffe** [➔], die häufig der **Auslegung** [➔] (= **Interpretation** [➔]) bedürfen [Falllösung Rz 125, 139]. Der **Verfassungsgerichtshof** entwickelte **für die Kompetenztatbestände** des B-VG spezielle **Auslegungsmethoden**:

- [**Versteinerungstheorie**]. Die Kompetenzordnung des B-VG nennt die Zuständigkeiten des Bundes in Sachmaterien enumerativ. Die jeweilige Sachmaterie ist durch einen **Begriff** bezeichnet. Die wichtigste Auslegungsmethode zu den Begriffen in den Kompetenztatbeständen der Bundesverfassung ist die **Versteinerungstheorie** [➔]. Sie geht davon aus, dass die (meisten) in den Art 10 bis 12 B-VG enumerativ dem Bund zugeteilten Sachmaterien durch das B-VG 1920, dessen Kompetenzordnung am 1. Oktober 1925 erstmals in Kraft trat, getextet wurden. Bei der Textierung hatte der Verfassungsgesetzgeber die schon vor dem Inkrafttreten des B-VG bestehende Kompetenzordnung der Monarchie zwischen Reich und Kronländern im Auge und leitete sie zum 01.10.1925 in die neue Verfassung ohne wesentliche Änderungsabsichten über. Ist also der Inhalt des Begriffs in der Kompetenzverteilung unklar, dann zieht der Verfassungsgerichtshof die zum **1. Oktober 1925** geltenden **einfachen Gesetze** zur Auslegung heran. War die Angelegenheit zum Versteinerungszeitpunkt in **Landesgesetzen** – irgendwie – geregelt, dann ist sie vom Kompetenzbegriff **nicht** erfasst. Bestanden im Versteinerungszeitpunkt – irgendwelche – bezügliche einfache **Bundesgesetze**, dann ist der Bund zur Regelung der Angelegenheit zuständig. 425

Beispiele: Der Bund ist etwa nach Art 10 Abs 1 Z 8 B-VG für das „**Gewerbe**" zuständig. Der Tischler, der Friseur, der Baumeister mögen relativ eindeutig als Gewerbetreibende zu erkennen sein. Wie ist es aber mit dem Betreiber eines Campingplatzes, einem Nachhilfelehrer, einem Wahrsager ? Hier ist zu fragen, ob im Versteinerungszeitpunkt 01.10.1925 der Betrieb eines Campingplatzes (ein Nachhilfelehrer, ein Wahrsager) in **einfachen Landesgesetzen** geregelt war. Wenn ja, fällt die Regelung des Betriebs eines Campingplatzes in die Zuständigkeit des Landes, nicht in die Kompetenz des Bundes, weil der Campingplatz im Sinne der Versteinerungstheorie historisch nicht vom Begriff „Gewerbe" (Art 10 Abs 1 Z 8 B-VG) erfasst ist. 426

Versteinerungszeitpunkt ist der jeweilige Zeitpunkt des Inkrafttretens des auszulegenden Kompetenztatbestands. Für die Auslegung des Kompetenztatbestands „Umweltverträglichkeitsprüfung" in Art 11 Abs 1 Z 7 B-VG etwa, der erst mit 01.07.1994 in Kraft trat, gilt als Versteinerungszeitpunkt der 01.07.1994. Für die Auslegung des Begriffs „Tierschutz" in Art 11 Abs 1 Z 8 B-VG, der am 01.10.1925 noch nicht im B-VG enthalten war, sondern mit 01.01.2005 in Kraft trat, ist Versteinerungszeitpunkt der 01.01.2005. 427

- [**Intrasystematische Weiterentwicklung**]. Die Versteinerungstheorie führt zu keinem Ergebnis, **wenn der Gegenstand der Regelung im Versteinerungszeitpunkt noch gar nicht bekannt war**. Für solche „neuen" Sachverhalte gilt der Grundsatz der **intrasystematischen Weiterentwicklung** [➔]. Neue Sachverhalte werden so zugeordnet, wie sie den bestehenden Sachmaterien am Ehesten entsprechen. 428

Beispiele: Das neu auftretende Phänomen der Atomhaftpflicht wurde dem „Zivilrechtswesen" zugeordnet, das 1925 schon Haftungsregelungen anderer Art kannte. Die Einführung eines Sozialversicherungsrechts für Selbstständige (= Unternehmer) wurde dem Kompetenztatbestand „Sozialversicherungswesen" zugeordnet, obwohl 1925 ein Sozialversicherungswesen nur für Unselbständige (= Arbeiter und Angestellte) bestand. 429

- [**Föderalistische Auslegung**]. Gelegentlich findet sich in der Judikatur des Verfassungsgerichtshofs eine **föderalistische Auslegung** [➔]. Im Zweifel fällt eine Angelegenheit eher unter die Generalklausel der Länder als in eine Sachmaterie des Bundes. Vorschriften über den Betrieb von Autoeinstellplätzen und Garagen etwa fallen danach in die Zuständigkeit des Landes, nicht unter „Kraftfahrwesen" (Art 10 Abs 1 Z 9 B-VG), also nicht in die Zuständigkeit des Bundes. 430

VOLLZIEHUNGSKOMPETENZEN DER GEMEINDEN

Die Kompetenzverteilung verteilt die Allzuständigkeit des Staats, dh alle denkbaren Zuständigkeiten auf Bund und Länder [377]. Daher sind auch die Vollziehungszuständigkeiten der **Gemeinde**, mit Bund und Land die dritte Gebietskörperschaft, in den Bundes- und Landeskompetenzen der Art 10 bis 15 B-VG enthalten. Die Vollziehungszuständigkeit der Gemeinde bestimmt das B-VG (**Art 118 Abs 2**), indem es diese aus den Vollziehungskompetenzen des Bundes (Art 10 B-VG) und des Landes (Art 11, 12 und 15 B-VG) herausschält [1288-1290]. 431

Beispiel: Das „Baurecht" ist in Gesetzgebung und Vollziehung nach Art 15 Abs 1 B-VG Kompetenz der Länder. Die Vollziehung jedoch ist gemäß Art 118 Abs 2 und Art 118 Abs 3 Z 9 B-VG („örtliche Baupolizei") den Gemeinden übertragen und damit aus der Vollziehungskompetenz der Länder (Art 15 Abs 1 B-VG) ausgenommen. 432

8. KAPITEL: GRUND- UND FREIHEITSRECHTE

Glossar: *absolut schützendes Freiheitsrecht, Abwehrrecht, Allgemeine Erklärung der Menschenrechte (AEMR), Ausführungsvorbehalt, Ausgestaltungsvorbehalt, BVG Kinderrechte, BVG Rassendiskriminierung, BVG Rundfunk, civil rights, Datenschutz, Demonstrationsfreiheit, Dezemberverfassung 1867, Drittwirkung, Eigentumsbeschränkung, Eigentumsfreiheit, Eingriffsvorbehalt, Enteignung, Entschädigung, Erwerbsfreiheit, EU-Grundrechtecharta (GRC), Europäische Menschenrechtskonvention (EMRK), Europarat, faires Verfahren, Fernsehfreiheit, Fiskalgeltung der Grundrechte, formeller Gesetzesvorbehalt, Französische Revolution, Freiheitsrecht, Freiheitsrecht mit staatlichen Schutzpflichten, Gesetzesvorbehalt, gesetzlicher Richter, Gewerkschaft, Gewerkschaftsfreiheit, Glaubens- und Gewissensfreiheit, Gleichbehandlung von Fremden untereinander, Gleichheitssatz, Grundpflichten, Grundrecht, Hausrecht, immaterieller Schaden, Intentionalität, Internationaler Pakt über bürgerliche und politische Rechte, Internationaler Pakt über wirtschaftliche, soziale und kulturelle Rechte, Keine Strafe ohne Gesetz, Kinofreiheit, Koalitionsfreiheit, materieller Gesetzesvorbehalt, Meinungs(äußerungs)freiheit, Menschenrecht, Menschenwürde, Minderheitenrechte, mittelbare Drittwirkung, negatives Freiheitsrecht, Petitionsrecht, politisches Grundrecht, Pressefreiheit, persönliche Freiheit, Privatsphäre, relativ schützendes Freiheitsrecht, Rundfunkfreiheit, sachliche Rechtfertigung, Sittenklausel, Staatsbürgerrecht, Staatsgrundgesetz 1867 (StGG 1867), Teilhaberecht, textmittelbares Grundrecht, Tribunal, Vereins(Vereinigungs)freiheit, Vereinsgesetz 2002 (VerG), Vereinte Nationen (VN), verfassungsgesetzlich gewährleistetes Recht, verfassungsimmanente Schranken, Verhältnismäßigkeitsgrundsatz, Versammlungsfreiheit, Versammlungsgesetz 1953, Wesensgehaltssperre, Willkürverbot, Zensurverbot.*

433 [I]. Der **Mensch** steht im Mittelpunkt von Staat und Recht. Die Unterwerfung von Staat und Recht unter die Interessen der Menschen durch Rechtspositivismus und Demokratie manifestierte sich politisch in Europa erstmals in der Ideologie „**Freiheit, Gleichheit und Brüderlichkeit**" der **Französischen Revolution** [➔]. Am 26. August **1789** verkündete die französische Nationalversammlung die **Deklaration der Menschen- und Bürgerrechte** (= Déclaration des Droits de l´Homme et du Citoyen):

434 **Präambel:** *Les représentants du peuple français, constitués en Assemblée nationale, considérant que l'ignorance, l'oubli ou le mépris des droits de l'homme sont les seules causes des malheurs publics et de la corruption des gouvernements, ont résolu d'exposer, dans une déclaration solennelle, les droits naturels, inaliénables et sacrés de l'homme, afin que cette déclaration, constamment présente à tous les membres du corps social, leur rappelle sans cesse leurs droits et leurs devoirs; afin que les actes du pouvoir législatif et ceux du pouvoir exécutif, pouvant être à chaque instant comparés avec le but de toute institution politique, en soient plus respectés; afin que les réclamations des citoyens, fondées désormais sur des principes simples et incontestables, tournent toujours au maintien de la Constitution et au bonheur de tous.*

Die als Nationalversammlung des französischen Volks konstituierten Abgeordneten haben in der Einsicht, dass die Unkenntnis, die Ablehnung und die Missachtung der Menschenrechte die einzigen Ursachen der öffentlichen Missstände und der Korruption der Regierungen sind, beschlossen, in einer feierlichen Deklaration die natürlichen, unveräußerlichen und heiligen Rechte der Menschen darzulegen, damit alle Mitglieder der Gesellschaft diese Deklaration immer vor Augen haben und ständig an ihre Rechte und Pflichten erinnert sind, damit dieses Ziel jedes politischen Handelns respektiert wird und das Handeln der Gesetzgebung und der Vollziehung permanent auf die Übereinstimmung mit diesem Ziel überprüft wird, damit die fortan auf einfachen und unbestreitbaren Prinzipien basierenden Ansprüche der Bürger immer auf der Verfassung und auf dem Allgemeinwohl gegründet sein mögen.

Art 1: *Die Menschen werden frei und gleich an Rechten geboren und bleiben es. Gesellschaftliche Unterschiede dürfen nur im Allgemeinwohl begründet sein.* **Art 2:** *Der Zweck jeder politischen Vereinigung ist die Erhaltung der natürlichen und unantastbaren Menschenrechte. Diese sind das Recht auf Freiheit, das Recht auf Eigentum, das Recht auf Sicherheit und das Recht auf Widerstand gegen Unterdrückung.* **Art 3:** *Jede Souveränität liegt wesensmäßig beim Volk. Keine Organisation und kein Einzelner kann eine Gewalt ausüben, die nicht ausdrücklich vom Volk ausgeht.* **Art 4:** *Die Freiheit besteht darin, alles tun zu dürfen, was einem anderen nicht schadet. Die Ausübung der natürlichen Rechte eines jeden Menschen hat also nur die Grenzen, die den anderen Mitgliedern der Gesellschaft die Ausübung eben dieser Rechte sichern. Diese Grenzen können nur durch das Gesetz bestimmt werden.* **Art 5:** *Das Gesetz darf nur solche Handlungen verbieten, die der Gesellschaft schaden. Alles, was durch das Gesetz nicht verboten ist, darf nicht verhindert werden, und niemand kann genötigt werden zu tun, was das Gesetz nicht befiehlt.* **Art 6:** *Das Gesetz ist Ausdruck des allgemeinen Willens. Alle Bürger haben das Recht, persönlich oder durch ihre Vertreter an seiner Gestaltung mitzuwirken. Das Gesetz muss für alle gleich sein, mag es schützen oder strafen. Da alle Bürger vor dem Gesetz gleich sind, sind sie alle nach ihren Fähigkeiten und ohne einen anderen Unterschied als den ihrer Eigenschaften und Begabungen zu allen öffentlichen Würden, Ämtern und Stellungen zugelassen.* **Art 7:** *Niemand darf angeklagt, verhaftet oder gefangen gehalten werden, es sei denn in den durch das Gesetz bestimmten Fällen und nur in den vom Gesetz vorge-*

schriebenen Formen. Wer willkürliche Anordnungen verlangt, erlässt, ausführt oder ausführen lässt, muss bestraft werden. Jeder Bürger, der kraft Gesetzes vorgeladen oder festgenommen wird, muss jedoch sofort der Anordnung Folge leisten; er macht sich durch Widerstand strafbar. **Art 8:** *Das Gesetz soll nur Strafen festsetzen, die unbedingt und offenbar notwendig sind, und niemand darf anders als aufgrund eines Gesetzes bestraft werden, das vor Begehung der Straftat beschlossen, verkündet und rechtmäßig angewandt wurde.* **Art 9:** *Da jeder solange als unschuldig anzusehen ist, bis er für schuldig befunden wurde, muss das Gesetz, sollte seine Verhaftung für unumgänglich gehalten werden, jede Härte, die nicht für die Sicherstellung seiner Person notwendig ist, streng unterbinden.* **Art 10:** *Niemand darf wegen seiner Anschauungen, auch religiöser Art, belangt werden, solange deren Äußerung nicht die durch das Gesetz begründete öffentliche Ordnung stört.* **Art 11:** *Die freie Äußerung von Meinungen und Gedanken ist eines der kostbarsten Menschenrechte. Jeder Bürger kann also frei reden, schreiben und drucken, vorbehaltlich seiner Verantwortlichkeit für den Missbrauch dieser Freiheit in den durch das Gesetz bestimmten Fällen.* **Art 12:** *Die Gewährleistung der Menschen- und Bürgerrechte erfordert eine öffentliche Gewalt. Diese Gewalt ist zum Vorteil aller eingerichtet und nicht zum besonderen Nutzen derer, denen sie anvertraut ist.* **Art 13:** *Für den Unterhalt der öffentlichen Gewalt und für die Verwaltungsausgaben ist eine allgemeine Abgabe unerlässlich. Sie muss auf alle Bürger, nach Maßgabe ihrer Möglichkeiten, gleichmäßig verteilt werden.* **Art 14:** *Alle Bürger haben das Recht, selbst oder durch ihre Vertreter die Notwendigkeit der öffentlichen Abgabe festzustellen, diese frei zu bewilligen, ihre Verwendung zu überwachen und ihre Höhe, Veranlagung, Eintreibung und Dauer zu bestimmen.* **Art 15:** *Die Gesellschaft hat das Recht, von jedem Staatsbeamten Rechenschaft über seine Amtsführung zu verlangen.* **Art 16:** *Eine Gesellschaft, in der die Gewährleistung der Rechte nicht gesichert und die Gewaltenteilung nicht festgelegt ist, hat keine Verfassung.* **Art 17:** *Da das Eigentum ein unverletzliches und geheiligtes Recht ist, kann es niemandem genommen werden, es sei denn, dass die gesetzlich festgestellte öffentliche Notwendigkeit dies eindeutig erfordert und vorher eine gerechte Entschädigung festgelegt wird.*

Auf den Ideen der Deklaration der Menschen- und Bürgerrechte 1789 beruht die österreichische 435
Dezemberverfassung 1867 [➔], insbesondere deren **Staatsgrundgesetz 1867 (StGG 1867)** [➔]. Erstmals waren die Menschenrechte in der **Bill of Rights of Virginia 1776** in eine Verfassungsurkunde eingegangen.

[II]. Die Gräuel des Zweiten Weltkriegs bewegten **1948** die **Vereinten Nationen (VN)** [➔] 436
(= **UNO**) zu einer **Allgemeinen Erklärung der Menschenrechte (AEMR)** [➔]. Ihre Verbindlichkeit als Völkergewohnheitsrecht ist umstritten. 1966 wurden Teilbereiche jedenfalls im **Internationalen Pakt über wirtschaftliche, soziale und kulturelle Rechte** [➔] und im **Internationalen Pakt über bürgerliche und politische Rechte** [➔] als Staatsverträge verbindlich.

In Weltmenschenrechtskonferenzen (1968 Teheran, 1993 Wien) versuchten die Vereinten Nationen, das Thema 437
der Menschenrechte international voranzubringen. Von einer gemeinsamen Sicht und der tatsächlichen Durchsetzung der Menschenrechte ist die Völkergemeinschaft noch weit entfernt (*Kälin-Müller-Wyttenbach*, Das Bild der Menschenrechte, 2008). Die Kairoer Erklärung der Menschenrechte (Organisation der Islamischen Konferenz 1990) etwa stellt alle Rechte unter den Vorbehalt der Scharia (= Kodex des islamischen Rechts) und garantiert keine Gleichberechtigung, kein Recht auf freie Wahl der Religion und des Ehepartners.

GRUNDRECHTE

[I]. Im Rechtspositivismus des B-VG sind Grundrechte alle den Menschen (auch juristischen Perso- 438
nen [590]) durch formelle Verfassungsgesetze gewährleisteten Rechte. **Grundrechte** [➔] **sind die verfassungsgesetzlich gewährleisteten Rechte** [➔] (Art 144 Abs 1 B-VG). **Auf ihren Inhalt kommt es bei diesem Verständnis nicht an**.

Sowohl der einfache Gesetzgeber als auch der Verfassungsgesetzgeber kann den Menschen subjektive Rechte 439
einräumen. Das Parlament entscheidet frei, ob es ein Recht im Rang eines einfachen Gesetzes oder als Verfassungsgesetz beschließt. In der Regel normiert der Verfassungsgesetzgeber wichtige Rechte in Verfassungsrang, zwingend ist dieser Zusammenhang nicht. **Menschen- und Bürgerrechte sind häufig in der Verfassung normiert**. Es gibt aber auch verfassungsgesetzlich gewährleistete Rechte, die mit Menschen- und Bürgerrechten nichts zu tun haben, etwa das Recht der Richter auf Unabhängigkeit [220], das Recht der Gemeinden auf Selbstverwaltung [1279]. Und manche politisch durchaus wichtige Menschen- und Bürgerrechte sind nur einfachgesetzlich gewährleistet, etwa die sozialen Rechte [526].

Präpositivistisch beriefen sich die Verfechter der Menschen- und Bürgerrechte auf die Vernunft, auf die Natur, 440
auf Gott. § 16 ABGB (1811 !) formuliert mehr als 100 Jahre vor dem B-VG – verfangen noch in natur- und vernunftrechtlichen Vorstellungen: *„Jeder Mensch hat angeborene, schon durch die Vernunft einleuchtende Rechte, ...“.*

441 [II]. Das formale Verständnis der Grundrechte bedeutet nicht, dass in der positivistischen Ordnung die Würde, die Freiheit und andere fundamentale Werte der Menschen kein Thema wären. Im Gegenteil: Im Rechtspositivismus sind die Menschen- und Bürgerrechte wichtige politische Forderungen. Der Konstitutionalismus kämpfte gerade um Anerkennung, Beachtung und Schutz dieser Werte in Staat und Gesellschaft. Im positivistischen Sinn handelt es sich dabei aber um politische Vorstellungen, die mit den Mitteln der Politik erkämpft und geschützt werden müssen. **Ein** Aspekt dieses politischen Bestrebens ist das **demokratische Festschreiben solcher politischen Forderungen** als „Grundrechte" in der Verfassung. Durch die Aufnahme in die Verfassung werden die politischen Vorstellungen von Menschen- und Bürgerrechten zu Grundrechten.

442 [III]. Die Grundrechte sind rechtsstaatlich **gegen den Staat** durchsetzbare **Individualrechte** (= subjektive öffentliche Rechte). Im Sinne des Rechtsschutzstaats haben die Menschen das Recht, behauptete Verletzungen ihrer Grundrechte durch **Verwaltung**, **Gerichtsbarkeit und Gesetzgebung** im Prozessweg zu verfolgen [260 f].

443 Der Rechtsweg führt in der Regel zum **Verfassungsgerichtshof** [1371]. Verstöße gegen das Grundrecht auf persönliche Freiheit durch die **Strafgerichte** entscheidet der **Oberste Gerichtshof** [1339]. Sollte ein Grundrecht der Europäischen Menschenrechtskonvention (EMRK) verletzt sein, so ist im Anschluss an den nationalen Rechtsweg auch ein internationaler Rechtsweg zum **Europäischen Gerichtshof für Menschenrechte** (**EGMR**) **möglich** [1396]. In Ausnahmefällen – so bei der Drittwirkung des Grundrechts auf Datenschutz [462] – entscheiden auch die Zivilgerichte.

444 [IV]. Die Verfassung unterteilt die verfassungsgesetzlich gewährleisteten Rechte **nach ihrem Adressatenkreis** in **Staatsbürgerrechte** [➔] und in **Menschenrechte** [➔]. Im Anwendungsbereich des Unions(EWR)rechts ist der Adressatenkreis der **Staatsbürgerrechte auf Unions**(**EWR**) **bürger ausgedehnt**, weil das Unionsrecht (Art 18 AEU-Vertrag) jede Diskriminierung aus Gründen der Staatsangehörigkeit verbietet [811].

445 Verfassungsgesetzlich gewährleistete Rechte waren ursprünglich nur für **Staatsbürger** gedacht. Das StGG 1867 sprach in seinem Titel von allgemeinen Rechten der „Staatsbürger". Doch schon das StGG 1867 selbst gewährte einzelne Rechte allen Menschen (etwa die Eigentumsfreiheit nach Art 5 Abs 1 StGG). Die Europäische Menschenrechtskonvention (EMRK) kennt **nur** Rechte, die für **alle** Menschen gelten.

446 [V]. Die Grundrechte schützen in gleicher Weise vor Übergriffen des **Bundes** wie vor Übergriffen des **Landes**. Grundrechte sind verfassungsgesetzlich gewährleistete Rechte, die in der Regel der Bundesverfassungsgesetzgeber einräumt. Die Frage, ob auch die **Landesverfassung** Grundrechte einräumen könnte, wird bejaht. Die **Zuständigkeit des Landesgesetzgebers**, Grundrechte einzuräumen, ist allerdings kompetenzrechtlich eingeengt. Während der Bundesverfassungsgesetzgeber Grundrechte in jedem Bereich gewähren kann, darf der Landesverfassungsgesetzgeber dies nur **in Bereichen** tun, **für die er nach der Kompetenzordnung der Art 10 bis 15 B-VG zuständig ist**. Nach Art 15 Abs 1 B-VG fällt beispielsweise das „Baurecht" dem Land zu. Der Landesverfassungsgesetzgeber könnte ein Grundrecht auf „Baufreiheit" gewähren. Die Vorarlberger Landesverfassung etwa gibt in Art 10 ein Petitionsrecht, in Art 11 eine Eigentumsgarantie.

447 [VI]. Manche meinen, dass die Menschen, die besondere verfassungsgesetzlich gewährleistete Grundrechte gegen den Staat haben, auch besondere verfassungsgesetzlich festgelegte **Grundpflichten** [➔] gegen den Staat haben müssten. Diese Überlegung trifft für die geltende Verfassung, welche die Menschen **umfassend und unbedingt der Staatsgewalt unterwirft**, nicht zu. Die Menschen haben die in der Staatlichkeit der Verfassung verankerte Pflicht, den hoheitlichen Anordnungen des Staats uneingeschränkt Folge zu leisten. Diese allgemeine Pflicht lässt sich nicht in Einzelpflichten zerlegen.

SCHUTZ GEGEN GESETZGEBUNG UND VOLLZIEHUNG

448 [I]. Die verfassungsgesetzlich gewährleisteten Rechte schützen zunächst gegen den **einfachen Gesetzgeber**. Der Gesetzgeber darf mit seinen Regelungen die grundrechtlichen Gewährleistungen nicht beeinträchtigen. Bundesverfassungsgesetzlich gewährleistete Rechte schützen sowohl gegen den einfachen Bundesgesetzgeber als auch gegen den einfachen Landesgesetzgeber, aber auch gegen den Landesverfassungsgesetzgeber [372]; landesverfassungsgesetzlich gewährleistete Rechte gegen den einfachen Landesgesetzgeber.

Allerdings: **Bundesverfassungsgesetze können die Grundrechte einschränken** [487]. So mag die Wehrpflicht nur für Männer dem Gleichheitssatz [495] widersprechen, sie ist aber durch Bundesverfassungsgesetz (Art 9a Abs 3 B-VG) diskriminierend festgelegt. Gleiches gilt für das ungleiche Pensionsalter für Männer und Frauen im Sozialversicherungsrecht: Vor dem 01.01.1955 geborene Frauen dürfen mit 60 Lebensjahren in Alterspension gehen, Männer mit dem 65. Lebensjahr. Diese diskriminierende Regelung, die den Gleichheitssatz verletzen würde, ist durch das BVG über unterschiedliche Altersgrenzen (BGBl 1992/832) abgesichert. 449

[II]. Die verfassungsgesetzlich gewährleisteten Rechte schützen nicht nur gegen die Gesetzgebung, sondern auch gegen die staatliche **Vollziehung** (Verwaltung und Gerichtsbarkeit): 450

- Nach dem Gesetzmäßigkeitsgebot (Art 18 Abs 1 B-VG [329]) darf die Vollziehung nur aufgrund der Gesetze handeln. Verstößt ein einfaches Gesetz gegen ein Grundrecht, verstößt auch die Vollziehung, die das Gesetz durch Bescheid, Verordnung oder Urteil umsetzt, gegen das Grundrecht. 451

  Zwei Beispiele: Erlaubt das Gesetz verfassungswidrig die großflächige Sperre von Straßen für den Kraftfahrverkehr, so sind auch die Verordnungen, mit denen die Verwaltungsbehörden auf der Grundlage dieses Gesetzes die Sperrzonen festlegen, verfassungswidrig. Verstaatlicht ein im Hinblick auf das Grundrecht der Eigentumsfreiheit (Art 5 StGG, Art 1 ZPzEMRK) verfassungswidriges Gesetz alle Bäckereien, so wären auch alle Bescheide, mit denen die Verwaltungsbehörden den einzelnen Bäckereien auf Grundlage dieses Gesetzes das Eigentum entziehen, verfassungswidrig. 452

- Nach dem Gesetzmäßigkeitsgebot darf die Vollziehung nur aufgrund der Gesetze handeln. Weicht die Vollziehung durch Bescheid, Verordnung oder Urteil von den (verfassungskonformen) gesetzlichen Grundlagen ab, so verstößt sie gegen das Gesetz, aber auch gegen das Gesetzmäßigkeitsgebot der Bundesverfassung. Zwingend grundrechtswidrig handelt sie dadurch nicht. Das **Gesetzmäßigkeitsgebot des Art 18 Abs 1 B-VG** ist eine der wichtigsten Verfassungsbestimmungen, aber **kein Grundrecht**, weil Art 18 B-VG **niemandem ein subjektives Recht** [1445] einräumt. Ein gegen Art 18 B-VG verstoßendes Handeln der Vollziehung ist daher **nur dann grundrechtswidrig**, wenn das Handeln nicht nur Art 18 B-VG, sondern **auch ein Grundrecht verletzt**. 453

  Zwei Beispiele: Gewährt die Studienbeihilfenbehörde einem Studierenden eine zu geringe Studienbeihilfe, weil sie das Einkommen der Eltern falsch berechnet, so ist der Studienbeihilfenbescheid jedenfalls gesetzwidrig und verstößt gegen Art 18 Abs 1 B-VG. Grundrechtswidrig macht das den Bescheid nicht zwingend, weil das Recht auf Studienbeihilfe nur einfachgesetzlich, nicht auch verfassungsgesetzlich gewährleistet ist. Verweigert die Studienbeihilfenbehörde die Studienbeihilfe trotz Vorliegens der gesetzlichen Voraussetzungen, weil der Studierende bei der Behörde frech aufgetreten ist und einen Mitarbeiter der Behörde beleidigt hat, verletzt der Bescheid nicht nur das einfache Gesetz und Art 18 Abs 1 B-VG, sondern ist auch im Hinblick auf den Gleichheitssatz grundrechtswidrig. 454

- Soweit die einfache Gesetzgebung der Vollziehung **Ermessen** (Art 130 Abs 3 B-VG [330]) einräumt, der Gesetzgeber das Handeln der Vollziehung also nicht determiniert, kann die Vollziehung nicht gegen Gesetze, **wohl aber gegen Grundrechte** verstoßen. Gleiches gilt, wenn die Vollziehung bei der Umsetzung der einfachen Gesetze die Pflicht zur **verfassungskonformen Interpretation** [Falllösung Rz 148] vernachlässigt. 455

  Beispiel: Das Gesetz stellt es der Verwaltungsbehörde ins Ermessen, einem Fremden in einem Ausnahmefall aus humanitären Gründen ein Visum zu erteilen und ihn damit zum Aufenthalt in Österreich zu berechtigen, auch wenn ihm nach den gesetzlichen Voraussetzungen die Einreise zu verweigern wäre (§ 22 Fremdenpolizeigesetz 2005, BGBl I 100). Schließt die Behörde Angehörige eines bestimmten Staats von der Visaerteilung aus humanitären Gründen grundsätzlich aus, so verstößt sie gegen das BVG Rassendiskriminierung [495]. 456

DRITTWIRKUNG VON GRUNDRECHTEN ?

[I]. Die Grundrechte verrechtlichen auf der Ebene der Verfassung das **Verhältnis des Menschen zum Staat**. Auf der einen Seite steht der Staat („Erster", vgl Grafik 8/1), ihm gegenüber steht der Mensch („Zweiter"). Gelten die Grundrechte nicht nur gegen den Staat, sondern **auch** im Verhältnis Mensch **gegen andere Menschen** („Dritter") ? Haben die Grundrechte **Drittwirkung** [➔] ? Nach dem Grundsatz der Trennung von Staat und Gesellschaft [254] **gibt es eine solche Drittwirkung der Grundrechte nicht**. Die Gesellschaft, die einzelnen Menschen, sind **frei**, staatstypische Bindungen gelten für sie gerade nicht. **Grundrechte haben im „inneren" Bereich der Gesellschaft keine Wirkung**. 457

458

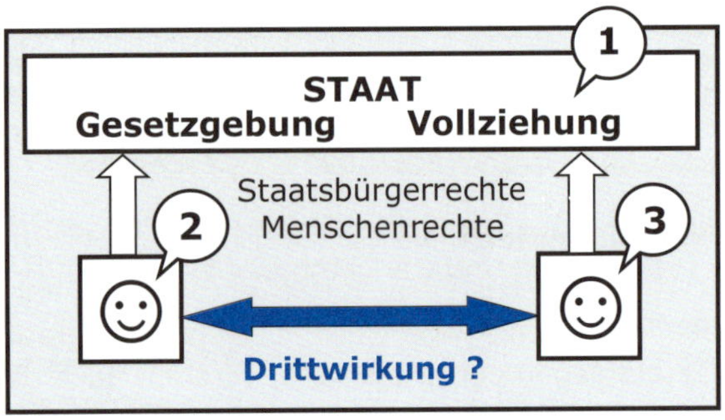

GRUNDRECHTE = VERFASSUNGSGESETZLICH GEWÄHRLEISTETE RECHTE

8/1

459 Ein Beispiel: Wenn der Staat jemandem das Auto wegnimmt, greift er in das Grundrecht auf Unverletzlichkeit des Eigentums ein. Wenn nicht der Staat, sondern ein Dieb das Auto wegnimmt, ist der Eigentümer dann auch im Grundrecht auf Eigentum verletzt ? Der Dieb mag mit der Wegnahme des Autos die Strafgesetze verletzen, das Grundrecht des Eigentums des Bestohlenen verletzt er nicht, weil das Grundrecht gegen den Staat, nicht gegen einen privaten Dritten schützt.

460 Deutlich zeigt sich die Freiheit der Gesellschaft vor „inneren" Grundrechtsbindungen beim **Gleichheitssatz**, der ein Diskriminierungsverbot und ein Sachlichkeitsgebot ist [498]. Das gilt für den Staat. Der Staat muss etwa bei der Vergabe von Konzessionen und Lizenzen an Private sachlich vorgehen, er darf niemanden diskriminieren. Wer jedoch **als Privatmann** mit seinem Geschäftspartner Verträge abschließt, darf – geschützt durch die **Privatautonomie** – unsachlich sein und diskriminieren. Der Vermieter einer Wohnung kann grundsätzlich nach Gutdünken den Mietvertrag an Personen vergeben, die ihm sympathisch sind, an Personen verweigern, die ihm unsympathisch sind. Der private Unternehmer kann seine Waren, die er zur Produktion braucht, bei dem Händler kaufen, der am teuersten anbietet, etwa weil der Händler sein Parteifreund ist. Dem Staat wäre all das verboten. Und: Wer von mehreren Personen einen Heiratsantrag bekommt, darf bei der Auswahl würfeln. Diese Entscheidung ist zwar nicht sachlich und mag diskriminieren, der Private ist aber frei und unverantwortlich. Während für den staatlichen Bereich ein strenges Diskriminierungsverbot und ein strenges Sachlichkeitsgebot gelten, sind in der freien Gesellschaft Diskriminierung, Unsachlichkeit und Willkür nicht nur erlaubt, sondern von der Verfassung geschützt. Es wäre verfassungswidrig, wollte der Staat regeln, wie Menschen über Heiratsanträge zu entscheiden haben, oder dass Eltern und Kinder gemeinsam in einer Mehrheitsentscheidung das Urlaubsziel verbindlich festlegen müssen. Der Staat ist gebunden, die Gesellschaft ist frei. Das gilt auch und gerade für die Grundrechte. **Eine Drittwirkung ist ausgeschlossen**.

461 [II]. Vom Grundsatz, dass Grundrechte keine Drittwirkung haben, gibt es allerdings **Ausnahmen**:

462 • [**Gesetzlich angeordnete Ausnahme**]. Der Gesetzgeber kann eine Drittwirkung von Grundrechten **gesondert anordnen**. § 5 Abs 4 Datenschutzgesetz 2000 (DSG 2000) etwa bestimmt ausdrücklich eine Wirkung des **Grundrechts auf Datenschutz** auch gegenüber *„Rechtsträgern, die in Formen des Privatrechts eingerichtet sind"*. Der Rechtsweg in diesem Fall führt nicht zum Verfassungsgerichtshof, sondern zu den Zivilgerichten [1335].

463 • [**Grundrechte mit staatlichen Schutzpflichten**]. Grundrechte können den einfachen Gesetzgeber verpflichten, einfache Gesetze zur Durchsetzung der grundrechtlichen Gewährleistung in der Gesellschaft zu erlassen. So bei den Freiheitsrechten, welche die Verfassung nicht nur als Abwehrrechte, sondern darüber hinaus mit staatlichen **Schutzpflichten** konzipiert [523], wie das Recht auf Leben in Art 2 EMRK. Das Grundrecht schützt nicht nur gegen Eingriffe des Staats, es verlangt darüber hinaus vom einfachen Gesetzgeber, das Leben – etwa durch den Straftatbestand gegen Mord – zu schützen.

464 • [**Mittelbare Drittwirkung im Zivilrecht**]. Die einfachgesetzliche Rechtsordnung muss in Übereinstimmung mit der Verfassungsordnung verstanden werden. Die einfachen Gesetze sind daher im Zweifel **verfassungskonform** zu interpretieren. So können die Grundrechte über den **Umweg der Auslegung einfacher Gesetzesbestimmungen** in der Gesellschaft, insbesondere im Zivilrecht, Wirkung haben. Wir nennen diese Wirkung der Grundrechte im begrifflichen Gegensatz zur **unmittelbaren** Wirkung gegen den Staat die **mittelbare Drittwirkung** [➔].

Das ABGB und andere Gesetze des Privatrechts etwa verlangen von jedem im privatrechtlichen Verkehr in so genannten **Sittenklauseln** [➔] sittliches Verhalten. **Sittenwidriges Verhalten ist verboten**. Bei der Auslegung der Frage, was unter „sittenwidrig" zu verstehen ist, müssen auch Wertungen herangezogen werden, die den Grundrechten zu Grunde liegen. Ein Arbeitgeber beispielsweise, der ein großes Unternehmen hat und viele Arbeitnehmer beschäftigt, muss „sittlich" handeln und die Arbeitnehmer bis zu einem gewissen Grad gleich und sachlich – ohne Diskriminierungen – behandeln (= Gleichbehandlungsgebot im Arbeitsrecht). 465

[III]. Zu fragen ist überdies, ob und inwieweit auch der **Staat selbst** Träger von Grundrechten sein kann [618], und ob und inwieweit Grundrechte auch gegen den privatrechtlich handelnden Staat schützen (= **Fiskalgeltung der Grundrechte** [➔] [612]). 466

GRUNDRECHTSQUELLEN

467

8/2

GRUNDRECHTSQUELLEN

• **Grundrechtskataloge**:	Staatsgrundgesetz 1867 (StGG 1867) EMRK + Zusatzprotokolle BVG Kinderrechte EU-Grundrechtecharta (GRC)
• **Grundrechtsgesetze**:	HausrechtsG Beschluss ProvNV 1918 PersFrG
• **Grundrechte im B-VG**:	Gleichheitssatz (Art 7 Abs 1) Gesetzlicher Richter (Art 83 Abs 2) Recht der Richter auf Unabhängigkeit (Art 87), ua Recht der Gemeinden auf Selbstverwaltung (Art 116 Abs 2)
• **Grundrechte in einfachen Gesetzen**:	Recht auf Zivildienst (§ 1 ZDG) Recht auf Datenschutz (§ 1 DSG 2000), ua
• einzelne **Grundrechte in Staatsverträgen**:	Rechte der Minderheiten (Art 7 StV Wien) Religionsausübungsfreiheit (Art 63 Abs 2 StV St. Germain)

[I]. Wie die Verfassung insgesamt nicht in einem Gesetz zusammengefasst ist, sind auch die **Grundrechte** auf verschiedene **Verfassungsnormen** verstreut: 468

- [**GRUNDRECHTSKATALOGE**]. Die Rechtsordnung kennt vier Grundrechtskataloge. Ein „Grundrechtskatalog" ist ein Verfassungsgesetz, das viele, jedenfalls **nur** Grundrechte enthält: 469

  [**StGG**]. Das **Staatsgrundgesetz 1867** (**StGG 1867**) [➔] (= **Staatsgrundgesetz über die allgemeinen Rechte der Staatsbürger**) war Teil der Dezemberverfassung 1867 [58]. Es wurde zunächst 1920 durch das B-VG (**Art 149 Abs 1 B-VG**) als Verfassungsgesetz in die demokratisch-republikanische Rechtsordnung, dann mitsamt dem B-VG vom **V-ÜG 1945** in die heute geltende Verfassungsordnung übernommen und seither in einigen Punkten novelliert. Das StGG 1867 enthält etwa die Eigentumsfreiheit (Art 5 Abs 1 StGG), die Erwerbsfreiheit (Art 6 Abs 1 StGG), die Versammlungsfreiheit (Art 12 StGG). 470

  [**EMRK**]. Die **Europäische Menschenrechtskonvention** (**EMRK**) [➔] (= **Konvention zum Schutze der Menschenrechte und Grundfreiheiten**) ist ein vom **Europarat** [➔] erarbeiteter multilateraler völkerrechtlicher Vertrag, dem Österreich 1958 beitrat. Im Laufe der Jahre ergänzten **15 Zusatzprotokolle** die Konvention. Weil die Textierung des StGG 1867 relativ alt ist, kommt der moderner formulierten EMRK besondere Bedeutung zu. Die EMRK wurde 1958 ins nationale Recht transformiert und hat seit 1964 (nach Art II Z 7 BVG Staatsvertragssanierung [BVG vom 04.03.1964, BGBl 1964/59) **Verfassungsrang**. Die EMRK enthält etwa die Eigentumsfreiheit (Art 1 1. ZPzEMRK), die Versammlungsfreiheit (Art 11 EMRK). 471

472 **[BVG Kinderrechte]**. Das **BVG Kinderrechte** [➔], BGBl I 2011/4, schafft in Umsetzung des „Übereinkommens über die Rechte der Kinder" (UN-Kinderrechtskonvention, BGBl 1993/7 idgF) und des vom Europarat erarbeiteten „Europäischen Übereinkommens über die Ausübung von Kinderrechten" (BGBl III 2008/124) spezifische Grundrechte für Kinder, etwa einen „Anspruch auf regelmäßige persönliche Beziehungen und direkte Kontakte zu beiden Elternteilen" (Art 2 Abs 1) oder das „Recht auf gewaltfreie Erziehung (Art 5 Abs 1).

473 [**EU-GRUNDRECHTECHARTA – GRC**]. Die **EU-Grundrechtecharta (GRC)** [➔] (**Charta der Grundrechte der Europäischen Union**) ist Teil des Primärrechts der EU (Art 6 Abs 1 EUV), für das Anwendungsvorrang [782] vor dem Recht der EU-Mitgliedstaaten gilt. Die Rechte der GRC sind verfassungsgesetzlich gewährleistete Rechte im Sinne der Bundesverfassung (Art 144 Abs 1 B-VG) [438]. Die Anwendbarkeit der EU-Grundrechtecharta (Art 51 Abs 1 GRC) setzt voraus, dass ein staatliches Organ *„in Durchführung des Rechts der Europäischen Union"* – also **im Anwendungsbereich des Unionsrechts** – handelt, was sowohl bei Vollziehung unmittelbar wirksamen Unionsrechts durch ein Gericht oder eine Verwaltungsbehörde als auch bei Vollziehung einer mitgliedstaatlichen Umsetzungsvorschrift der Fall ist. Art 52 Abs 1 GRC enthält einen **Gesetzesvorbehalt**, der grundsätzlich für alle Rechte der GRC gilt (Art 52 Abs 3, Art 53 GRC).

474 ◆ [**GRUNDRECHTSGESETZE**]. Neben den vier Grundrechtskatalogen StGG 1867, EMRK, BVG Kinderrechte und GRC gibt es **besondere Grundrechtsgesetze**, die jeweils nur **ein** Grundrecht regeln. So das **Gesetz zum Schutze des Hausrechtes 1862** (= HausrechtsG) und der **Beschluss der Provisorischen Nationalversammlung vom 30. Oktober 1918 über die Pressefreiheit,** die wie das StGG 1867 zunächst durch Art 149 Abs 1 B-VG, dann durch das V-ÜG 1945 in die heute geltende Verfassungsordnung übernommen wurden. Aus jüngerer Zeit stammt das **BVG über den Schutz der persönlichen Freiheit** (= PersFrBVG).

475 ◆ [**VEREINZELTE GRUNDRECHTSARTIKEL IN VERFASSUNGSGESETZEN**]. **Verfassungsgesetze,** die an sich objektives Verfassungsrecht regeln, können **in einzelnen Bestimmungen** auch Grundrechte enthalten. So das **B-VG** in Art 7 Abs 1 B-VG (**Gleichheitssatz**), in Art 83 Abs 2 B-VG (**gesetzlicher Richter**), in Art 87 Abs 1 B-VG (**Recht der Richter auf Unabhängigkeit**), in Art 116 Abs 2 B-VG (**Recht der Gemeinden auf kommunale Selbstverwaltung**) ua.

476 ◆ [**VEREINZELTE GRUNDRECHTSARTIKEL IN EINFACHEN GESETZEN**]. Die Rechtsordnung kennt auch **in einfachen Gesetzen** eingebettete **einzelne Artikel oder Paragrafen, die in Verfassungsrang stehen und Grundrechte gewähren**. So **§ 1 Zivildienstgesetz 1986** (Recht auf Zivildienst), **§ 1 Datenschutzgesetz 2000** (Recht auf Datenschutz), **§ 12 Auslieferungs- und Rechtshilfegesetz**, BGBl 1979/529 (Verbot der Auslieferung österreichischer Staatsbürger an ausländische Behörden), **§ 7 Minderheiten-Schulgesetz für Kärnten**, BGBl 1959/101 idgF, sowie **§ 1 Minderheiten-Schulgesetz für das Burgenland**, BGBl 1994/641 idgF (jeweils Recht auf Schulunterricht in der Muttersprache) ua.

477 ◆ [**VEREINZELTE GRUNDRECHTSARTIKEL IN STAATSVERTRÄGEN**]. Auch Staatsverträge können einzelne in Verfassungsrang stehende Grundrechtsbestimmungen enthalten. So etwa der **Staatsvertrag von Wien 1955** in **Art 7** Z 2, 3 und 4 (Rechte der slowenischen und kroatischen Minderheiten) und **Art 8** (freies Wahlrecht); der **Staatsvertrag von St. Germain 1919** in **Art 63 Abs 2** (Religionsausübungsfreiheit) und in den **Art 66** bis **68** (Minderheitenrechte) ua.

478 [II]. Grundrechte gibt der Verfassungsgesetzgeber. **Grundlage eines Grundrechts ist ein konkreter – wenn auch manchmal auslegungsbedürftiger – Gesetzestext**. In Ausnahmefällen fehlt allerdings für eine grundrechtliche Gewährleistung ein konkreter Verfassungstext, das Grundrecht besteht aber dennoch, weil es anderen Grundrechten zwingend vorausgesetzt ist. Es ergibt sich nicht unmittelbar aus einer eigenen Verfassungsnorm, sondern **mittelbar aus anderen Grundrechten** (= **textmittelbare Grundrechte** [➔]). Dazu drei Beispiele:

- [**Recht auf Menschenwürde**]. Wenn die Verfassung den **Menschen** in den Mittelpunkt von Staat und Recht stellt, insbesondere jeden einzelnen als Träger individueller Grund- und Freiheitsrechte sieht, so liegt der Verfassung ein Menschenbild zu Grunde, das von der **Menschenwürde** [➔] geprägt ist [121]. Die Menschenwürde ist entgegen ihrer Bedeutung in der österreichischen Verfassung nicht als Grundrecht textiert, doch **mittelbar** eine **selbstverständliche grundrechtliche Gewährleistung**, welche die Leitlinie für alle anderen subjektiven Rechte in der Rechtsordnung vorgibt. **Art 1 Abs 4 PersFrBVG** beispielsweise drückt das auch textlich aus: *„Wer festgenommen wird ..., ist* ***unter Achtung der Menschenwürde*** *... zu behandeln ...“*. Auch dem „Verbot unmenschlicher oder erniedrigender Strafe oder Behandlung“ in Art 3 EMRK liegt die Menschenwürde zugrunde. **Im Bereich des Unionsrechts** lautet Art 1 EU-Grundrechtecharta **ausdrücklich**: *„Die Würde des Menschen ist unantastbar. Sie ist zu achten und zu schützen“*. Und der EU-Vertrag (Art 2) bezeichnet die „Achtung der Menschenwürde“ ausdrücklich als einen Europäischen Wert [788]. 479
- [**Recht auf Gesundheit und körperliche Unversehrtheit**]. Das StGG 1867 kennt kein „Recht auf Leben“. Das Recht auf Leben ist aber den anderen Grundrechten vorausgesetzt, sodass es unzweifelhaft auch ohne ausdrücklichen Verfassungstext im StGG 1867 gewährleistet ist. Diese Frage mag keine praktische Bedeutung haben, weil Art 2 Abs 1 EMRK ausdrücklich ein Recht auf Leben normiert. Ein geschriebenes „Recht auf Gesundheit und körperliche Integrität“ allerdings fehlt sowohl im Text des StGG 1867 als auch der EMRK. Dennoch lässt sich ein solches Recht **mittelbar** aus anderen Grundrechten begründen, etwa aus dem Recht auf Leben (Art 2 Abs 1 EMRK), aus dem Recht auf Freiheit und Sicherheit (Art 5 Abs 1 EMRK) ua. 480
- [**Recht auf informationelle Selbstbestimmung**]. Jeder verfügt über Daten, die seine Person betreffen. Sie sind durch das Recht auf Privatsphäre (Art 8 Abs 1 EMRK [564]) und das Recht auf Datenschutz (§ 1 Datenschutzgesetz 2000 [566]) gegen Zugriffe geschützt. Nirgends steht aber ausdrücklich geschrieben, dass jeder über alle seine persönlichen Daten allein, frei und gegenüber jedermann geschützt bestimmt. Das deutsche Bundesverfassungsgericht (BVerfGE 65, 1) hat ein solches umfassendes Recht auf **informationelle Selbstbestimmung** mittelbar aus anderen Grundrechten abgeleitet und versteht darunter das Recht des Einzelnen, grundsätzlich selbst über die Preisgabe und Verwendung von Daten seiner Privatsphäre zu bestimmen. Wahrheitswidrige Desinformation ist nicht nur erlaubt, sondern auch verfassungsgesetzlich geschützt. Gleiches gilt wohl auch für Österreich. 481

[III]. Die Verfassungsordnung kennt **viele Grundrechte**. Die genaue Anzahl steht nicht fest, weil Grundrechte auch in Verfassungsgesetzen, die objektives Verfassungsrecht enthalten, – bisher unentdeckt – schlummern und erst durch Auslegung im konkreten Anwendungsfall als subjektives Recht entdeckt werden können. Das gilt insbesondere für die textmittelbaren Grundrechte. 482

[IV]. **Ein und dasselbe Grundrecht**, vielleicht mit etwas unterschiedlichen Schutzbereichen, kann an verschiedenen Stellen der Verfassungsordnung **mehrfach** als verfassungsgesetzlich gewährleistetes Recht verankert sein. Widersprechen sich verschiedene verfassungsrechtliche Grundlagen eines Grundrechts, so sind die Widersprüche nach den Regeln der Derogation [335-338] aufzulösen. 483

Für die **Grundrechte der EMRK und der EU-Grundrechtecharta** gelten nach **Art 53 EMRK** bzw **Art 53 GRC** Sonderregeln: Die Grundrechte der EMRK und die Grundrechte der GRC **führen nie zu einer Einengung nationaler Grundrechtsgewährleistungen** (= **Günstigkeitsprinzip**). Bei Überschneidung nationaler Grundrechte mit Grundrechten der EMRK oder mit Grundrechten der EU-Grundrechtecharta (GRC) geht ein für den Betroffenen günstigeres nationales Grundrecht vor. 484

Beispiele für Grundrechte, die sowohl in der nationalen Rechtsordnung als auch in der EMRK bzw der GRC verankert sind: Die Pressefreiheit findet sich im Beschluss der Provisorischen Nationalversammlung über die Aufhebung der Zensur, in Art 13 StGG und in Art 10 EMRK. Die Vereinsfreiheit in Art 12 StGG, unter der Bezeichnung Vereinigungsfreiheit in Art 11 EMRK und Art 12 GRC. Die Versammlungsfreiheit in Art 12 StGG sowie in Art 11 EMRK und Art 12 GRC. Der Gleichheitssatz in Art 2 StGG und in Art 7 Abs 1 B-VG. Das Grundrecht auf persönliche Freiheit im BVG über den Schutz der persönlichen Freiheit (= PersFrBVG) und in Art 5 EMRK. 485

SCHUTZBEREICH EINES GRUNDRECHTS

486 [I]. **Wovor schützt nun ein Grundrecht konkret ?** Die **Verfassung**, die ein Grundrecht normiert, legt den **Schutzbereich** des Grundrechts mit dem **Wortlaut des Verfassungstexts** fest. Schutzbereich der Eigentumsfreiheit ist das „**Eigentum**", der Erwerbsfreiheit der „**Erwerb**", der Glaubens- und Gewissensfreiheit der „**Glaube**" und das „**Gewissen**", des Gleichheitssatzes die „**Gleichheit der Menschen**". Was diese Begriffe wirklich meinen, ist nicht immer klar und **auslegungsbedürftig**.

487 [II]. Manchmal ist der **Wortlaut** des Schutzbereichs im Gesetzestext deutlich überzogen. Wenn man nicht nur das bestimmte Grundrecht isoliert, sondern **in Zusammenschau mit anderen Grundrechten und Verfassungsbestimmungen** betrachtet, erkennt man, dass der Schutzbereich des Grundrechts nicht so weit gehen kann, wie die Formulierung des Textes erwarten lässt. Wir sprechen davon, dass Grundrechte **verfassungsimmanenten Schranken** [➔] unterliegen. Der Schutzbereich ist durch **entgegenstehende Verfassungsbestimmungen** [449] eingeschränkt.

488

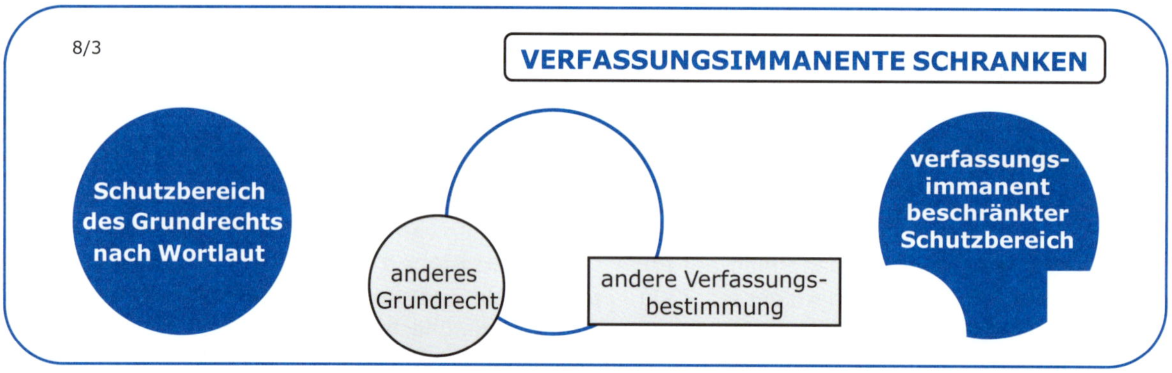

489 Drei Beispiele: Die **Erwerbsfreiheit** des Art 6 Abs 1 StGG garantiert jedem Staatsbürger das Recht, *„jeden Erwerbszweig auszuüben"*. Ein Taschendieb in der Straßenbahn mag einen „Erwerbszweig ausüben". Vom Schutzbereich des Art 6 Abs 1 StGG ist seine Tätigkeit aber nicht erfasst. Mit der Staatlichkeit ist die Sorge für die öffentliche Sicherheit verbunden, der Staat bekennt sich zur Eigentumsordnung. Der Wortlaut des Art 6 Abs 1 StGG stößt an die **verfassungsimmanente Schranke der Eigentumsordnung**. Der Schutzbereich ist dadurch immanent beschränkt, der Schutzbereich der Erwerbsfreiheit erfasst den Diebstahl nicht. Wenn der einfache Gesetzgeber im Strafgesetzbuch (StGB) Diebstahl unter Strafe stellt, **greift der Gesetzgeber von vornherein nicht in den Schutzbereich des Grundrechts ein**. – Zwei Personen haben diesseits und jenseits der Enns je ein Grundstück. Die Enns ist der Grenzfluss zwischen Oberösterreich und Niederösterreich. Wenn die Personen ihr Grundstück bebauen wollen, gilt für beide ein anderes Baurecht. Dies scheint dem **Gleichheitssatz** zu widersprechen. Das ist aber nicht so, weil sich aus der **Bundesstaatlichkeit**, die das Baurecht in die Zuständigkeit der Länder verweist, zwingend ergibt, dass in jedem Bundesland von vornherein andere Regelungen bestehen (können). **Der Gleichheitssatz ist durch die verfassungsimmanente Schranke des Bundesstaats eingeengt**. – Nach Art 5 StGG ist das **Eigentum** unverletzlich. Wenn der Staat gegen jemanden einen Steuerbescheid erlässt und ihm auf dieser Grundlage Geld wegnimmt, scheint der Staat nach dem Wortlaut des Art 5 StGG in die Eigentumsfreiheit einzugreifen. Die abgabenrechtliche Inanspruchnahme der Menschen durch den Staat ist kein Eingriff in den Schutzbereich des Eigentums. Der Wortlaut des Art 5 StGG stößt an eine andere Verfassungsbestimmung, an die **Finanzverfassung**, die den Staat als **Abgabenstaat** [620] einrichtet. Ein Abgabenstaat befriedigt seine finanziellen Bedürfnisse grundsätzlich durch Zwangsabgaben. Der aus dem Wortlaut folgende Schutzbereich des Art 5 StGG ist in diesem Sinn verfassungsimmanent beschränkt. **Abgabengesetze** sind nicht nur mit dem verfassungsgesetzlichen Eigentumsschutz vereinbar, sie **greifen – abgesehen von Exzessen – von vornherein nicht in den Schutzbereich des Grundrechts ein**.

490 [III]. Jeder in der Gesellschaft ist in den verschiedensten Zusammenhängen von einer Vielzahl staatlicher Rechtsnormen betroffen (Baurecht, Gewerberecht, Studienrecht, Strafrecht, Zivilrecht uvam). Die tatsächliche Betroffenheit durch eine Rechtsnorm liegt nur dann im Schutzbereich eines Grundrechts, wenn zwischen der Betroffenheit einerseits und dem Schutzbereich des Grundrechts anderseits ein sachlicher Zusammenhang besteht. **Die Betroffenheit muss einen Bezug zum**

Schutzzweck des Grundrechts haben. Eine solche **Intentionalität** [➔] des staatlichen Grundrechtseingriffs ist **Voraussetzung** dafür, **dass ein Eingriff in den Schutzbereich eines Grundrechts vorliegen kann**. Besteht ein solcher Zusammenhang nicht, liegt ein Eingriff des Staats – gleich ob Gesetzgebung oder Vollziehung – in den Schutzbereich des Grundrechts nicht vor.

Beispiele: Ein **Fremder**, der in Österreich ein Konzert geben will, aber keine **Einreisebewilligung** hat, kann sich nicht auf das Grundrecht der **Kunstfreiheit** (Art 17a StGG) berufen. Die Einreisebestimmungen intendieren nicht die Reglementierung der Ausübung der Kunst. Eine Verordnung, mit der für einen bestimmten Straßenabschnitt ein **Fahrverbot** verhängt wird, greift nicht in den Schutzbereich der **Erwerbsfreiheit** (Art 6 StGG) ein, weil Zweck (Intention) der Verordnung nicht die Regelung der Erwerbsausübung, sondern die Regelung des Straßenverkehrs ist. Ein Frächter, der wegen der Fahrverbotsverordnung in seinem Erwerb beeinträchtigt ist, weil er dieses Straßenstück nicht mehr befahren darf, ist nicht spezifisch und intentional in seinem Erwerb betroffen und kann eine Verletzung der Erwerbsfreiheit daher nicht mit Erfolg geltend machen. 491

492

TYPEN VON GRUNDRECHTEN

- **GLEICHHEITSSATZ**
- **FREIHEITSRECHTE** (= **ABWEHRRECHTE**)
  - **mit Gesetzesvorbehalt** (relativ schützende Freiheitsrechte) [Eingriffsvorbehalt/Ausführungsvorbehalt]
  - **ohne Gesetzesvorbehalt** (absolut schützende Freiheitsrechte)
- **FREIHEITSRECHTE MIT STAATLICHER SCHUTZPFLICHT**
- **SOZIALE GRUNDRECHTE ?**
- **POLITISCHE GRUNDRECHTE** (= **TEILHABERECHTE**)
- **SONSTIGE GRUNDRECHTE**

8/4

GLEICHHEITSSATZ

493

8/5

GLEICHHEITSSATZ (Art 2 StGG, Art 7 Abs 1 B-VG)

Schutz vor Gesetzen (Verordnungen)

Ist die Ungleichbehandlung sachlich gerechtfertigt ? [= **Gleichheitsformel !**]

Schutz vor der Vollziehung

Willkür (= **qualifizierte Rechtswidrigkeit**)
gleichheitswidrige Auslegung genereller Rechtsnormen

[I]. Eine **herausgehobene Stellung** unter den Grundrechten hat der **Gleichheitssatz**. Er ist mit Rechtsstaat und Demokratie untrennbar verbunden und bewirkt insbesondere, dass das durch den Rechtspositivismus von politischen Gerechtigkeitsvorstellungen entkleidete Recht wenigstens für alle gleich gelten und auf alle gleich Anwendung finden muss [26]. Der Gleichheitsgedanke durchzieht über den engen Bereich des Grundrechts hinaus das gesamte Verfassungsrecht und zeigt sich insbesondere bei der egalitären Demokratie [160], beim gleichen Wahlrecht [161], beim Gesetzesvorbehalt der Freiheitsrechte [509], bei der Wehrgerechtigkeit in Zusammenhang mit der Wehrpflicht [501] ua. 494

[II]. Der **Gleichheitssatz** [➔] ist als **Staatsbürgerrecht** in Art 7 B-VG und in Art 2 StGG verankert. Art 2 StGG lautet: *„**Vor dem Gesetze sind alle Staatsbürger gleich**"*. Und Art 7 Abs 1 erster und zweiter Satz B-VG lautet: *„Alle Staatsbürger sind vor dem Gesetz gleich. Vorrechte der Geburt, des Geschlechtes, des Standes, der Klasse und des Bekenntnisses sind ausgeschlossen"*. Für 495

Behinderte formuliert Art 7 Abs 1 dritter Satz B-VG ein ausdrückliches Diskriminierungsverbot: *„Niemand darf wegen seiner Behinderung benachteiligt werden"*. Das BVG über die Beseitigung aller Formen rassischer Diskriminierung (= **BVG Rassendiskriminierung** [➔]) gewährt das verfassungsgesetzlich gewährleistete **Recht auf Gleichbehandlung von Fremden untereinander** [➔].

496 Die **EMRK** kennt keinen allgemeinen Gleichheitssatz. Allerdings dürfen nach dem **Diskriminierungsverbot** (Art 14 EMRK) die **Rechte der EMRK** nicht ungleich angewandt werden.

497 [III]. **Was aber bedeutet „gleich" ?** „Gleich" ist ein unbestimmter Gesetzesbegriff und bedarf der **Auslegung**. Dass darunter nicht die **vordergründige Gleichbehandlung** zu verstehen ist, sondern die **gleiche Betroffenheit der Rechtsunterworfenen unter Berücksichtigung aller rechtlichen und tatsächlichen Wirkungen**, zeigen einfache Überlegungen. Wollte etwa der Staat von jedem eine einheitliche pauschalierte Einkommensteuer mit einem festen Pauschalbetrag von € 10.000,– pro Kopf und Jahr verlangen, so wird an sich jeder gleich behandelt. Dennoch sind die Menschen von dieser ziffernmäßig alle gleich behandelnden Besteuerung sehr unterschiedlich betroffen. Die so gestaltete Einkommensteuer würde bei einem gut Verdienenden nur einen Bruchteil, bei einem schlecht Verdienenden sein gesamtes Einkommen – und noch mehr – wegsteuern. Die gesetzliche Regelung würde trotz förmlicher Gleichbehandlung dem Gleichheitssatz widersprechen, weil ihre **Auswirkungen** ungleich sind.

498 Aus diesen Überlegungen folgt, dass **gesetzliche Regelungen** den Gleichheitssatz dann verletzen, wenn eine in den Gesetzen vorgesehene Gleich- oder Ungleichbehandlung von Personen oder Personengruppen **sachlich nicht gerechtfertigt** ist. Die Bundesverfassung gibt in diesem Sinn im Gleichheitssatz der einfachen Gesetzgebung des Bundes und der Länder das Kriterium der **sach lichen Rechtfertigung** [➔] als normativen Maßstab für die inhaltliche Gestaltung der Gesetze vor. Eine Ungleichbehandlung ist **gleichheitskonform**, wenn sie **sachlich gerechtfertigt** ist. Eine Ungleichbehandlung ist **gleichheitswidrig**, wenn sie **sachlich nicht gerechtfertigt** ist (= **Gleichheitsformel !**). Der Gleichheitssatz ist in diesem Sinn ein **Sachlichkeitsgebot**.

499 Zwei Beispiele: Der Bundesgesetzgeber muss alle Bürger gleich behandeln. An der Universität studieren dürfen aber nur Menschen, die eine Matura abgelegt haben. Wer keine Matura hat, darf nicht studieren. Der Gesetzgeber behandelt damit Menschen mit Matura und Menschen ohne Matura ungleich. Diese Ungleichbehandlung widerspricht dem Gleichheitssatz aber **nicht**, weil die Differenzierung **sachlich zu rechtfertigen** ist. Wer ein Studium absolvieren will, braucht ein gewisses Maß an allgemeiner Vorbildung, um sinnvoll studieren zu können. – Die einfachgesetzliche Regelung des ASVG, die ein unterschiedliches Pensionsalter für Männer und Frauen festlegte, war verfassungswidrig. Der Verfassungsgerichtshof sah dafür keine sachliche Rechtfertigung. [In der Folge allerdings beschloss der Bundes**verfassungs**gesetzgeber ein Bundesverfassungsgesetz [449], wonach die Ungleichbehandlung vorerst aufrecht bleibt, und erst stufenweise eine Anpassung erfolgt.]

500 [IV]. Der Gleichheitssatz bindet den einfachen Bundes- und den einfachen Landesgesetzgeber sowie den Landesverfassungsgesetzgeber. Der **Bundesverfassungsgesetzgeber selbst darf diskriminieren**, weil auch der Gleichheitssatz bloß ein Bundesverfassungsgesetz ist.

501 Beispiel: Alle männlichen Staatsbürger unterliegen der Wehrpflicht, die weiblichen Staatsbürger jedoch nicht – obwohl den weiblichen Staatsbürgern „freiwillig" alle Karrieren im Bundesheer offen stehen. Die sachliche Rechtfertigung für diese Ungleichbehandlung ist fraglich. Verfassungswidrig ist die Diskriminierung dennoch nicht, weil die Wehrpflicht der männlichen Staatsbürger durch **Bundesverfassungsgesetz** (Art 9a Abs 3 erster Satz B-VG) festgelegt ist [449]. Die Männer muss der einfache Gesetzgeber im Hinblick auf den Wehrdienst jedoch gleich behandeln („Wehrgerechtigkeit").

502 [V]. Der Gleichheitssatz bindet mit seinem Sachlichkeitsgebot den **Gesetzgeber**, er verpflichtet aber auch die **Vollziehung**. Für die Verwaltung wirkt der Gleichheitssatz insbesondere als allgemeines Sachlichkeitsgebot und **Willkürverbot** [➔]. **Willkür ist eine qualifizierte Rechtswidrigkeit**.

503 Qualifizierte Rechtswidrigkeit (Willkür) liegt vor, wenn die Behörde [1] eine Person **absichtlich benachteiligt**; [2] **ohne Rechtsgrundlage** entscheidet; [3] die **Rechtslage** völlig oder gehäuft **verkennt**; oder wenn die Behörde [4] **gravierende Verfahrensfehler** begeht (etwa Parteienrechte missachtet, die Ermittlungstätigkeit in einem entscheidungsrelevanten Punkt unterlässt, den konkreten Sachverhalt außer Acht lässt, ihre Entscheidung nicht oder völlig unzureichend begründet, ua).

FREIHEITSRECHTE (= ABWEHRRECHTE)

Staat und Gesellschaft sind im Rechtsstaat voneinander **getrennt** [254]. Wo keine gesetzlichen 504
Einschränkungen bestehen, sind die Menschen frei, das zu tun, was ihnen beliebt. Die **Grenzen** der freien Gesellschaft zum Staat zieht das Parlament mit **einfachen Gesetzen**.

Damit der einfache Gesetzgeber die Freiräume der Gesellschaft nicht allzu sehr beschneiden kann, 505
er die Grenzen der freien Gesellschaft zum Staat nicht allzu sehr zu Lasten der Gesellschaft verschiebt, garantiert die **Verfassung** mit verfassungsgesetzlich gewährleisteten Rechten **bestimmte Freiräume** der Menschen und schützt sie vor staatlichen Eingriffen. Solche Grundrechte sind die Meinungsfreiheit, die Eigentumsfreiheit, die Erwerbsfreiheit, die Kunstfreiheit uvam. Wenn die Verfassung den Menschen gesellschaftliche Freiräume garantiert, so bleibt es zwar weiter der einfachen Gesetzgebung überlassen, die präzise Grenze zwischen Staat und Gesellschaft zu bestimmen. Die **Freiheitsrechte** mit **ihren Schutzbereichen** garantieren den Menschen jedoch ein **Minimum an Freiraum**, den der **einfache Gesetzgeber nicht beschneiden** darf.

Der Gleichheitssatz schützt vor solchen Eingriffen nicht, er ist kein Freiheitsrecht. Die Parlamente müssen alle 506
Menschen „gleich" behandeln. Wenn der Gesetzgeber allen Menschen die Äußerung ihrer freien Meinung in der Öffentlichkeit untersagt, behandelt er zwar alle Menschen gleich. Dennoch zerstört er damit ein Fundament der freien Gesellschaft. Die Freiheiten der Menschen müssen mit spezifischen Grundrechten geschützt werden.

Grundrechte, durch welche die Verfassung den Menschen **einzelne Freiräume** gewährleistet, 507
nennen wir **Freiheitsrechte** [➔]. Freiheitsrechte sind **Abwehrrechte** [➔], weil sie dem Einzelnen erlauben, verfassungswidrige Eingriffe des Staats (Gesetzgebung und Vollziehung) in den geschützten Freiraum auf den dafür vorgesehenen besonderen Prozesswegen [443] abzuwehren.

FREIHEITSRECHTE MIT GESETZESVORBEHALT

508

8/6

RELATIV SCHÜTZENDES FREIHEITSRECHT

Eingriff in den Schutzbereich des Freiheitsrechts durch **einfache Gesetze** unter Beachtung der materiellen Eingriffsschranken (öffentliches Interesse, Verhältnismäßigkeit) **zulässig**

[I]. Bei bestimmten Freiräumen legt der Verfassungsgesetzgeber die Grenze, die der einfache 509
Gesetzgeber nicht zu Lasten der Menschen verschieben darf, **nicht starr** fest, sondern erlaubt dem **einfachen Gesetzgeber** einen Eingriff und begnügt sich damit, den Eingriff in den geschützten Freiraum **an verfassungsgesetzliche Voraussetzungen** zu knüpfen. Der Gesetzgeber darf in solchen Fällen in den geschützten Freiraum eingreifen, aber nur, soweit er die von der Verfassung gesetzten Bedingungen für diesen Eingriff erfüllt. Ein solches Grundrecht steht im Hinblick auf diese Flexibilität unter **Gesetzesvorbehalt** [➔]. Und zwar unter **materiellem Gesetzesvorbehalt** [➔], weil der **Gesetzgeber** zwar in den Schutzbereich des Grundrechts eingreifen darf, bei seinen Regelungen aber **inhaltlich** an **verfassungsgesetzliche Vorgaben** gebunden ist. Weil die Grundrechte mit Gesetzesvorbehalt Flexibilität bei den gesetzlichen Regelungen erlauben, nennen wir die unter Gesetzesvorbehalt stehenden Freiheitsrechte **relativ schützende Freiheitsrechte** [➔].

[II]. Ob ein Grundrecht unter materiellem Gesetzesvorbehalt steht, sagt der **Verfassungstext**. So 510
formuliert etwa **Art 10 Abs 2 EMRK** den **materiellen Gesetzesvorbehalt der Meinungsäußerungsfreiheit**: *„Da die Ausübung dieser Freiheiten Pflichten und Verantwortungen mit sich bringt, kann sie bestimmten, **vom Gesetz vorgesehenen**"* [= **Gesetzesvorbehalt !**] *„Formvorschriften,*

Bedingungen, Einschränkungen oder Strafdrohungen unterworfen werden, ***wie sie in einer demokratischen Gesellschaft im Interesse*** *der* ***nationalen Sicherheit****, der* ***territorialen Unversehrtheit*** *oder der* ***öffentlichen Sicherheit****, der* ***Aufrechterhaltung der Ordnung und der Verbrechensverhütung****, des* ***Schutzes der Gesundheit und der Moral****, des* ***Schutzes des guten Rufes*** *oder der* ***Rechte anderer unentbehrlich sind****"* [= **materielle Eingriffsvoraussetzungen !**], *„um die Verbreitung von vertraulichen Nachrichten zu verhindern oder das Ansehen und die Unparteilichkeit der Rechtsprechung zu gewährleisten".*

511 [III]. Es fällt auf, dass die **Grundrechte des StGG** meist unter Gesetzesvorbehalt stehen, **der Verfassungstext aber zu den verfassungsgesetzlichen Vorgaben für einen gesetzlichen Eingriff schweigt**. So formuliert Art 6 Abs 1 StGG zur Erwerbsfreiheit: ***„Jeder Staatsbürger kann … unter den gesetzlichen Bedingungen"*** [= **Gesetzesvorbehalt !**] ***„jeden Erwerbszweig ausüben"***. Zu den materiellen Eingriffsvoraussetzungen schweigt der Verfassungstext. Die materiellen Eingriffsvoraussetzungen ergründete die Rechtsprechung durch **Auslegung** nach Sinn und Zweck der Grundrechte:

512 • Der Gesetzgeber muss – mit zahlreichen Besonderheiten bei einzelnen Freiheitsrechten – **erstens** nachweislich ein hinreichend konkretes **öffentliches Interesse** mit dem gesetzlichen Eingriff verfolgen.

513 • Der Eingriff muss **zweitens** zum öffentlichen Interesse, das der Gesetzgeber verfolgt, **verhältnismäßig** (**Verhältnismäßigkeitsgrundsatz** [➔]) sein. Der Gesetzgeber muss ein zur Erreichung des im öffentlichen Interesse gelegenen Regelungszwecks **geeignetes** (taugliches), **notwendiges** (erforderliches) und **angemessenes** (adäquates) Mittel einsetzen. Die vom Eingriff bewirkte Belastung der Freiheit darf nicht höher sein als sie zur Entsprechung des öffentlichen Interesses unbedingt erforderlich ist. (Man soll nicht mit Kanonen auf Spatzen schießen). Dass der gesetzliche Eingriff auch **sachlich** sein muss, resultiert schon aus dem Gleichheitssatz [498].

514 • Der gesetzliche Eingriff darf das Grundrecht insgesamt nicht hinfällig werden lassen, im Sinne einer **Wesensgehaltssperre** [➔] muss jedenfalls ein Minimum an Freiheit, welches das „Wesen" des Freiheitsrechts ausmacht, bestehen bleiben.

515 Beispiel: Wenn der einfache Gesetzgeber im Tierschutzgesetz etwa das Halten und Ausstellen von Hunden und Katzen in Zoofachgeschäften verbietet, so greift er damit in die Erwerbsfreiheit des Zoofachhändlers ein. Der Verkauf von Tieren in Zoofachgeschäften liegt im **Schutzbereich** der Erwerbsfreiheit. Es ist daher in vier Schritten zu fragen, ob der **einfache Gesetzgeber** mit dieser Regelung gegen die Erwerbsfreiheit verstoßen hat, oder ob er nach dem materiellen Gesetzesvorbehalt des Art 6 Abs 1 StGG berechtigt war, das Grundrecht zu beschränken. [**1**] Liegt der Regelungszweck im **öffentlichen Interesse** ? Der Schutz des Wohlergehens der Tiere ist ein öffentliches Interesse. [**2**] **Eignung** der Regelung: Ist das Verbot des Haltens und Ausstellens von Hunden und Katzen in Zoofachgeschäften ein geeignetes (taugliches) Mittel, um das Wohlergehen der Tiere zu erreichen ? **Ja**. [**3**] **Erforderlichkeit** der Regelung: Ist das generelle Verbot des Haltens und Ausstellens von Hunden und Katzen in Zoofachgeschäften tatsächlich erforderlich, um das Wohlbefinden der Tiere zu erreichen ? **Ja**. [**4**] **Adäquanz**: Ist der Grundrechtseingriff in Relation zum öffentlichen Interesse (Ziel-Mittel-Relation) angemessen, oder könnte dieses Ziel mit gelinderen, milderen Grundrechtseingriffen – etwa durch besondere Vorschriften über eine artgerechte Haltung in Zoofachgeschäften – auch erreicht werden **??** Mitunter fasst die Judikatur die Kriterien der Eignung, der Erforderlichkeit und der Angemessenheit zu einem Kriterium zusammen und prüft pauschal, ob der gesetzliche Eingriff **verhältnismäßig** ist.

516 [IV]. Dass der Text des StGG zwar einen Gesetzesvorbehalt normiert, die inhaltlichen Voraussetzungen des Eingriffs in den Schutzbereich des Grundrechts aber nicht nennt, hat **historische Gründe**. Der Text des StGG stammt aus dem Jahr **1867** und war Teil der **Dezemberverfassung** [58]. In der Dezemberverfassung 1867 galt zwischen Parlament und (monarchischer) Verwaltung der Grundsatz des **Vorrangs der Gesetze**. Die Verwaltung durfte alles tun, solange das Parlament keine entgegenstehende Regelung erlassen hatte. Der Gesetzesvorbehalt der Grundrechte des StGG hatte den Sinn, im Schutzbereich der bezüglichen Grundrechte den Vorrang der Gesetze in einen **Vorbehalt der Gesetze**, also in ein Gesetzmäßigkeitsgebot, zu verschärfen [326]. Die Gesetzesvorbehalte des StGG galten also **ursprünglich** als **formelle Gesetzesvorbehalte** [➔]. Nur das Parlament in der Form eines Gesetzes, nicht die Vollziehung durfte in den Schutzbereich des Grundrechts eingreifen. Dass das demokratisch legitimierte Parlament an Vorgaben gebunden sein könnte, war nicht das Verständnis der Dezemberverfassung. Auch weil es kein zweirangiges Gesetzesrecht gab [49], der Gesetz-

geber durch ein Gesetz gar nicht gebunden werden konnte. Nachdem **1920** das **B-VG** den partiellen Gesetzesvorbehalt der Grundrechte des StGG auf die *„**gesamte** staatliche Verwaltung"* (Art 18 Abs 1 B-VG) ausdehnte und ein zweirangiges Gesetzesrecht einführte, mutierte der formelle Gesetzesvorbehalt des StGG zu einem **materiellen Gesetzesvorbehalt**, dessen inhaltliche Vorgaben durch Auslegung erschlossen werden müssen.

[V]. Der **Gesetzesvorbehalt** eines verfassungsgesetzlich gewährleisteten Freiheitsrechts erlaubt 517
dem einfachen Gesetzgeber regelmäßig, in den Schutzbereich des Freiheitsrechts **einzugreifen**, den geschützten Freiraum des Grundrechts durch Gesetz **einzuschränken**. Wir nennen einen solchen Gesetzesvorbehalt daher **Eingriffsvorbehalt** [➔].

Es gibt auch Gesetzesvorbehalte, die den Gesetzgeber nicht ermächtigen, in den Schutzbereich des 518
Grundrechts einzugreifen, sondern den Gesetzgeber verpflichten, die verfassungsgesetzliche Gewährleistung **durchführbar und praktikabel** zu machen. Dem Eingriffsvorbehalt steht hier begrifflich der **Ausgestaltungsvorbehalt** [➔] oder der **Ausführungsvorbehalt** [➔] gegenüber. Dies gilt für Art 12 StGG, der die **Vereinsfreiheit** und die **Versammlungsfreiheit** garantiert. Der Gesetzestext formuliert: *„Die **Ausübung** dieser Rechte wird durch besondere Gesetze geregelt"*.

Gesetzliche Regelungen im Schutzbereich der Vereinsfreiheit und der Versammlungsfreiheit dürfen im Sinn des 519
Ausführungsvorbehalts die Vereinsfreiheit und die Versammlungsfreiheit nach Art 12 StGG nicht beschneiden, sondern nur der geordneten Wahrnehmung der Freiheitsrechte dienen. So muss ein Vereinsgesetz überhaupt erst festlegen, was ein „Verein" ist und wie man einen Verein gründet. Das Versammlungsgesetz muss festlegen, was eine „Versammlung" ist und wie sie technisch und administrativ durchgeführt werden kann.

FREIHEITSRECHTE OHNE GESETZESVORBEHALT

520

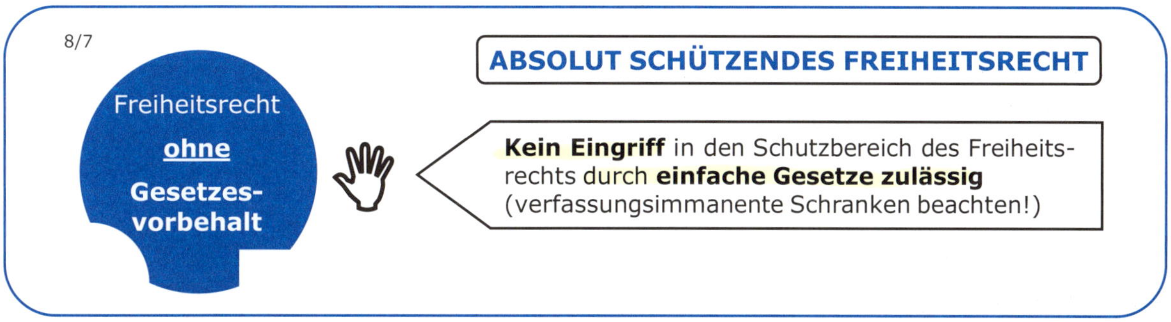

Will der Verfassungsgesetzgeber dem einfachen Gesetzgeber **keinen Eingriff** in den Schutzbereich 521
des Freiheitsrechts erlauben, so normiert er ein **absolut schützendes Freiheitsrecht** [➔]. Der einfache Gesetzgeber darf diesfalls den geschützten Freiraum des Grundrechts durch Gesetz **nicht einschränken**. Ob ein Freiraum durch ein Grundrecht absolut geschützt ist, ergibt sich wiederum aus dem **Wortlaut des Verfassungstexts**. Die grundrechtliche Gewährleistung enthält **keinen Gesetzesvorbehalt**. Absolut schützende Freiheitsrechte sind etwa die **Wissenschaftsfreiheit** (Art 17 StGG: *„Die Wissenschaft und ihre Lehre ist frei"*) und die **Kunstfreiheit** (Art 17a StGG: *„Das künstlerische Schaffen, die Vermittlung von Kunst sowie deren Lehre sind frei"*).

Zu beachten sind jedoch auch bei den absolut schützenden Freiheitsrechten die **verfassungsimmanenten** 522
Schranken [487] und die **Intentionalität** [490], die den Schutzbereich des Grundrechts einengen können. Eine – ein absolut schützendes Grundrecht (ein Grundrecht ohne Gesetzesvorbehalt) beschränkende – einfachgesetzliche Regelung ist jedenfalls dann verfassungswidrig, wenn sie das Grundrecht direkt und intentional (ihrem Zweck nach) beschränkt, also auf eine Grundrechtsbeschränkung abzielt (= intentionale Beschränkung). Eine einfachgesetzliche Regelung hingegen, welche intentional auf keine Beschränkung des Grundrechts gerichtet ist, sich aber dennoch beschränkend auswirkt (etwa das Verbot der Lärmerregung nach § 3 Oö Polizeistrafgesetz, das sich einengend auf die Kunstfreiheit auswirkt, weil damit einer Musikerin untersagt ist, um Mitternacht am Klavier zu üben), ist verfassungsrechtlich zulässig, wenn sie den Kriterien der Verhältnismäßigkeit (Güterabwägung zwischen dem Grundrecht und dem durch den Eingriff geschützten Rechtsgut) entspricht und auch der Vollziehung ausreichend Spielraum für diese verfassungsgesetzlich gebotene Güterabwägung erlaubt. (Der Eingriff in die Kunstfreiheit ist verfassungskonform, wenn er zum Schutz des durch § 3 Oö Polizeistrafgesetz geschützten Rechtsguts (Ruhebedürfnis der Menschen) erforderlich und verhältnismäßig ist.)

FREIHEITSRECHTE MIT STAATLICHEN SCHUTZPFLICHTEN

523 Die Verfassung kann Freiheitsrechte nicht nur als bloße Abwehrrechte, sondern **über die Abwehr staatlicher Eingriffe hinaus** auch als verfassungsgesetzlich gewährleistete **Freiheitsrechte mit staatlichen Schutzpflichten** [➔] konzipieren. In einem solchen Fall gewährt das Grundrecht in seinem Schutzbereich **nicht bloß ein Abwehrrecht** gegen den Staat, sondern **zusätzlich** einen verfassungsgesetzlichen Anspruch gegen den Staat, dass der Staat – insbesondere durch **einfachgesetzliche Maßnahmen** – den Freiraum auch vor **Beschädigungen durch andere Privatpersonen** schützt. Der einfachgesetzliche Schutz findet vor allem mit Mitteln des Strafrechts statt.

524 Das **Grundrecht auf Leben** etwa verpflichtet den Staat **schon nach seinem Wortlaut**, nicht nur selbst das Leben der Menschen nicht zu beschneiden, sondern das Leben aktiv durch Gesetz gegen Beschädigungen durch andere Privatpersonen zu schützen. **Art 2 Abs 1 EMRK** lautet: *„Das Recht jedes Menschen auf das Leben **wird gesetzlich geschützt**".*

525 Schutzgesetze sind strafgesetzliche Bestimmungen gegen Mord, fahrlässige Tötung ua. Ob der gesetzliche Schutz des Lebens weit genug geht, war Gegenstand des politischen und verfassungsrechtlichen Streits um die „Fristenlösung" bei der Abtreibung. Weitere Freiheitsrechte mit Schutzpflichten, bei denen die Schutzpflichten allerdings nicht ausdrücklich im Gesetzestext stehen, sondern durch Auslegung erschlossen werden müssen, sind etwa die **Versammlungsfreiheit** (Art 12 StGG, Art 11 EMRK) oder das **Recht auf Privatsphäre** (Art 8 EMRK).

SOZIALE GRUNDRECHTE ?

526 Die Verfassung richtet Österreich als „Sozialstaat" [116] ein. Trotz der fundamentalen Bedeutung der Sozialstaatlichkeit kennt die Verfassung **keine sozialen Grundrechte**, insbesondere keine verfassungsgesetzlich gewährleisteten Rechte auf Sozialleistungen des Staats. Die sozialen Rechte sind nur **einfachgesetzlich** gewährleistet. Der Grund dafür liegt vor allem in der Befürchtung, soziale Grundrechte könnten den Staat wirtschaftlich überfordern. Einfachgesetzlich gewährleistete Rechte kann der Staat leichter beschneiden, wenn dies erforderlich scheint (zum Beispiel Pensionskürzungen).

527 Die EU-Grundrechtecharta bekräftigt (in ihrer Präambel) ua die Rechte, die sich aus der Europäischen Sozialcharta [123] ergeben. Die in der GRC verankerten sozialen Rechte (etwa das Recht auf eine soziale Unterstützung in Art 34) gelten allerdings nur *„nach Maßgabe des Unionsrechts und der einzelstaatlichen Rechtsvorschriften und Gepflogenheiten"*.

POLITISCHE GRUNDRECHTE (= TEILHABERECHTE)

528 In der Demokratie geht das Recht vom Volk aus (Art 1 B-VG) [148]. Das Volk bestimmt und legitimiert die Tätigkeit und die Rechtserzeugung der staatlichen Organe. Die verfassungsgesetzlich gewährleisteten Rechte der Teilnahme der Menschen am Staat werden als **politische Grundrechte** [➔] bezeichnet. Sie sind keine Abwehrrechte (status negativus [254]), sondern **Teilhaberechte** [➔] (status activus). Es geht um die aktive „Teilhabe" der Menschen an der Staatswillensbildung und an der Staatsgewalt.

529 In der parlamentarischen Demokratie zeigt sich das insbesondere in der **Wahl** der Abgeordneten zu den Parlamenten, gegebenenfalls auch in der Wahl von Verwaltungsorganen (Bundespräsident, Gemeinderat ua). Das **Wahlrecht** [161] ist nicht nur in der Verfassung verankert, die Verfassung gibt jedem Bürger differenzierte Grundrechte, an den jeweiligen Wahlen ungehindert teilzunehmen.

530 Weitere verfassungsgesetzlich gewährleistete Rechte auf **Teilhabe der Menschen an der staatlichen Willensbildung** sind etwa das Recht auf Volksbegehren (Art 41 Abs 2 B-VG), das **Petitionsrecht** [➔] (Art 11 StGG [1424]), die **Gründungs- und Betätigungsfreiheit politischer Parteien** (§ 1 PartG [191, 193]) ua.

SONSTIGE GRUNDRECHTE

Einzelne Grundrechte finden in der Typologie von Gleichheitssatz, Freiheitsrechten und politischen Grundrechten keinen Platz. So im Zusammenhang mit dem **Rechtsstaat** etwa das **Recht auf den gesetzlichen Richter** (Art 83 Abs 2 B-VG) [567], das **Recht der Richter auf Unabhängigkeit** (Art 87 Abs 1 B-VG) [220], das **Recht auf ein faires Verfahren** (Art 6 EMRK) [570], **Keine Strafe ohne Gesetz** [➔] (nulla poena sine lege, Art 7 EMRK). Im Zusammenhang mit der Sicherung staatlicher Institutionen das **Recht der Gemeinden auf Selbstverwaltung** (Art 116 Abs 2 B-VG) [1279]. Schließlich die **Minderheitenrechte** [574]. Ua. 531

EINZELNE GRUNDRECHTE ALS BEISPIELE

[I]. [**EIGENTUMSFREIHEIT**]. Die **Eigentumsfreiheit** [➔] ist ein Freiheitsrecht und als Menschenrecht in Art **5 StGG** und in Art **1 erstes ZPzEMRK** verankert. Art 5 StGG lautet: ***„Das Eigentum ist unverletzlich"***. Und Art 1 erstes ZPzEMRK formuliert: ***„Jede natürliche oder juristische Person hat ein Recht auf Achtung ihres Eigentums"***. 532

„**Eigentum**" bedeutet die feste Zuordnung einer Sache oder eines Rechts zu einer Person im Privatrecht (§§ 353 ff ABGB). Diese Zuordnung darf der Staat durch Zwangsrecht nicht ändern. Die Eigentumsfreiheit steht allerdings unter (materiellem) **Gesetzesvorbehalt**, sodass der einfache Gesetzgeber – auf gesetzlicher Grundlage auch die Verwaltung – in das Eigentum eingreifen darf, allerdings nur unter Beachtung der materiellen Eingriffsvoraussetzungen des öffentlichen Interesses und der Verhältnismäßigkeit [513]). 533

Bei einem Eingriff in das Eigentum handelt es sich entweder um eine bloße **Eigentumsbeschränkung** [➔], die dem Eigentümer sein Eigentum belässt, aber einige Nutzungsmöglichkeiten einschränkt; oder um eine Enteignung, die dem Eigentümer eine Sache oder ein Recht zur Gänze entzieht. Eigentumsbeschränkungen sind häufig. Grundstücke unterliegen etwa baurechtlichen Vorschriften, es herrscht ein Bauverbot, Nachbarabstände müssen eingehalten werden, die Gebäude müssen sich dem Ortsbild einfügen usw. Für bloße Eigentumsbeschränkungen ist der Eigentümer im Allgemeinen nicht zu entschädigen. 534

Wenn der Staat beispielsweise eine Straße baut, der private Eigentümer X nicht bereit ist, sein Grundstück dafür zu verkaufen, so kann der Staat auf gesetzlicher Grundlage enteignen. Die **Enteignung** [➔] ist – nach den besonderen für Enteignungen geltenden Kriterien der Verhältnismäßigkeit – aber nur verfassungskonform, wenn der Bau der Straße im **öffentlichen Interesse** liegt, die Allgemeinheit die Straße also wirklich benötigt; ein **konkreter Bedarf** vorliegt (Enteignungen „auf Vorrat" sind damit ausgeschlossen); das Grundstück zur Deckung des Bedarfs **geeignet** und es **unmöglich** ist, den Bedarf anders als durch Enteignung zu decken. Enteignungen sind nur gegen eine angemessene **Entschädigung** [➔] zulässig. 535

[II]. [**ERWERBSFREIHEIT**]. Die **Erwerbsfreiheit** [➔] ist ein Freiheitsrecht und als Staatsbürgerrecht in Art **6 Abs 1 StGG** verankert. Die Erwerbsfreiheit ist ein typisches Wirtschaftsrecht. Die EMRK kennt keine vergleichbare Erwerbsfreiheit, die EMRK hält sich mit wirtschaftsrechtlichen Grundrechten allgemein zurück. Nach Art 6 Abs 1 StGG kann ***„jeder Staatsbürger … unter den gesetzlichen Bedingungen jeden Erwerbszweig ausüben"***. 536

Gegenstand der Erwerbsfreiheit ist der Erwerb von Vermögen jeder Art, wobei in erster Linie – nicht ausschließlich – die **selbständige unternehmerische Erwerbsbetätigung** gemeint ist. Aber auch das Aufsuchen und das Annehmen unselbständiger Erwerbsarbeit darf durch den Staat durch Zwang nicht beeinträchtigt werden. Die Erwerbsfreiheit kann man als „Recht auf Arbeit" verstehen. Jeder soll eine – vor allem selbständige – Erwerbstätigkeit ausüben können. Jedem, der bereit ist, das wirtschaftliche Risiko (Gewinn und Verlust) seiner Erwerbsbetätigung selbst zu tragen, gewährleistet die Erwerbsfreiheit grundrechtlich den freien Zugang zum Markt. [Im engen Sinn wird „Recht auf Arbeit" vielfach als Recht auf einen **unselbständigen** (**lohnabhängigen**) **Arbeitsplatz** – ohne wirtschaftliches Risiko – verstanden. Ein solches Recht kennt die Bundesverfassung nicht; niemand könnte die dafür erforderlichen finanziellen Mittel garantieren]. 537

Die Erwerbsfreiheit steht unter (materiellem) **Gesetzesvorbehalt**. Im **öffentlichen Interesse** darf der einfache Gesetzgeber – die Verwaltung auf gesetzlicher Grundlage – in die Erwerbsfreiheit eingreifen, wenn der Eingriff **geeignet**, **notwendig** und **adäquat** (angemessen) ist (Verhältnismäßigkeitsgrundsatz [513]). Unter diesen Voraussetzungen kann der einfache Gesetzgeber etwa Ladenöffnungszeiten festlegen, Ausbildungen für bestimmte Berufe vorschreiben, Berufe einer Bewilligungspflicht (= Konzession) unterwerfen. 538

Es liegt im **öffentlichen Interesse**, dass Autofahrer, die tanken wollen, sich ohne besondere Umstände über die Preise einer Tankstelle informieren können. Eine gesetzliche Regelung, die den Tankstellenunternehmer verpflichtet, eine auch ohne Zufahrt gut lesbare Preistafel aufzustellen, greift zwar in den Schutzbereich der 539

Erwerbsfreiheit des Unternehmers (Art 6 Abs 1 StGG) ein, liegt aber im öffentlichen Interesse und ist **geeignet**, **notwendig** und **angemessen**. Eine Verpflichtung, dass die Preistafel elektronisch bedient werden muss, wäre kein notwendiges und angemessenes Mittel, denn dem öffentlichen Interesse, den Autofahrern die Preise gut sichtbar bekannt zu geben, entspricht auch eine manuelle Preisauszeichnung.

540 [III]. [**RECHT AUF PERSÖNLICHE FREIHEIT**]. Das **Recht auf persönliche Freiheit** [➔] ist ein Freiheitsrecht und als Menschenrecht in den Art 1 ff **Bundesverfassungsgesetz über den Schutz der persönlichen Freiheit** (**PersFrBVG**) und in **Art 5 EMRK** verankert. Art 1 Abs 1 PersFrBVG lautet: ***„Jedermann hat das Recht auf Freiheit und Sicherheit** (**persönliche Freiheit**)*". Art 5 Abs 1 EMRK lautet gleich.

541 Das Grundrecht schützt nicht die „Freiheit" eines Menschen schlechthin, sondern die „**persönliche**" Freiheit, darunter versteht man den Schutz vor **Festnahmen und Verhaftungen** durch den Staat. Das Grundrecht steht unter (materiellem) Gesetzesvorbehalt, sodass etwa Haftstrafen für verurteilte Verbrecher auf gesetzlicher Grundlage zulässig sind.

542 Art 2 Abs 2 PersFrBVG verbietet, dass jemand *„allein deshalb festgenommen oder angehalten"* wird, *„weil er nicht in der Lage ist, eine vertragliche Verpflichtung zu erfüllen"*. Freiheitsstrafen sind damit von Verfassungs wegen auf das Strafrecht reduziert. Wenn jemand Schulden macht und nicht bezahlen kann, darf er allein deswegen nie in Haft genommen werden („Verbot des Schuldturms"). Gleiches verbietet Art 1 viertes ZPzEMRK („Verbot der Freiheitsentziehung wegen Schulden").

543 Art 5 Abs 5 EMRK gewährt **Schadenersatzansprüche** bei Verletzungen des Grundrechts: ***„Jeder, der entgegen den Bestimmungen dieses Artikels von Festnahme oder Haft betroffen worden ist, hat Anspruch auf Schadenersatz"***. Der Schadenersatz kann im Ausgleich materieller Schäden (etwa Beschädigung der Kleidung, Verdienstentgang), aber auch im Ausgleich des **immateriellen Schadens** [➔] bestehen. Der immaterielle Schaden besteht in der Verletzung der Freiheit an sich, die keine Ware oder Leistung ist, und die daher keinen materiellen Wert hat. Die ziffernmäßige Bemessung immaterieller Schäden ist schwierig.

544 [IV]. [**HAUSRECHT**]. Das **Hausrecht** [➔] ist ein Freiheitsrecht und als Menschenrecht in Art **9 StGG** verankert. Art 9 StGG wird ergänzt durch das **Gesetz zum Schutze des Hausrechtes**, das nach Art 9 Abs 2 StGG gleichfalls in Verfassungsrang steht. Art 8 Abs 1 EMRK schützt – als Unterfall des Rechts auf Achtung des Privat- und Familienlebens – die „**Wohnung**".

545 Das Hausrecht schützt die **Wohnung und die sonstigen zum Hauswesen gehörigen Räumlichkeiten** vor staatlichen **Hausdurchsuchungen**. Das Hausrecht steht unter (materiellem) Gesetzesvorbehalt, die Verfassung verlangt für den Regelfall der Hausdurchsuchungen einen richterlichen Durchsuchungsbefehl. Ausnahmen sind auf gesetzlicher Grundlage „bei Gefahr im Verzug" möglich.

546 [V]. [**VERSAMMLUNGSFREIHEIT**]. Die **Versammlungsfreiheit** [➔] ist ein Freiheitsrecht und als Staatsbürgerrecht in Art **12 StGG**, als Menschenrecht in Art **11 EMRK** verankert. Art 12 StGG lautet: ***„Die österreichischen Staatsbürger haben das Recht, sich zu versammeln** … **Die Ausübung dieser Rechte wird durch besondere Gesetze geregelt"***. Und Art 11 Abs 1 EMRK lautet: ***„Alle Menschen haben das Recht, sich friedlich zu versammeln** …"*.

547 Die Versammlungsfreiheit gewährleistet das Recht, **sich friedlich zu versammeln** (§§ 6, 13 VersammlungsG) und **versammelt zu bleiben** (Schutz vor rechtswidriger Versammlungsauflösung). Art 12 StGG versteht „Versammlung" als organisiertes Zusammenkommen mehrerer Menschen zur gemeinsamen Meinungsbildung bzw Meinungskundgabe. Das Versammlungsrecht ist für eine freie Gesellschaft, welche die Staatswillensbildung demokratisch bestimmt, unerlässlich. Es gibt den Menschen das Recht, in der Öffentlichkeit Versammlungen (= **Demonstrationen**) für alle Zwecke abzuhalten, auch und vor allem für **politische Zwecke**. Die Versammlungsfreiheit nennen wir auch **Demonstrationsfreiheit** [➔]. Die Versammlungsfreiheit wird als Freiheitsrecht mit **staatlichen Schutzpflichten** [523] verstanden, der Staat darf nicht nur Demonstrationen nicht verhindern und nicht auflösen, er muss auch gesetzlich die Demonstrationen – etwa vor Gegendemonstranten – schützen.

548 Die Versammlungsfreiheit steht unter (materiellem) **Gesetzesvorbehalt**, nach **Art 11 EMRK** unter **Eingriffsvorbehalt**. Weil Art 12 StGG von *„Ausübung dieser Rechte"* spricht, die durch die Gesetze geregelt werden soll, gilt der Gesetzesvorbehalt in **Art 12 StGG** als **Ausgestaltungsvorbehalt** oder Ausführungsvorbehalt. Danach darf der einfache Gesetzgeber Demonstrationen im Schutzbereich der Versammlungsfreiheit nicht beschneiden, sondern nur Regelungen unterwerfen, die der geordneten Wahrnehmung des Grundrechts dienen. Hält sich etwa ein gesetzliches „Vermummungsverbot" (§ 9 Abs 1 VersammlungsG) noch im Rahmen einer Ausübungsregelung, oder ist es bereits ein unzulässiger Eingriff in das Grundrecht ? Gesetzliche Grundlage für Versammlungen ist das **Versammlungsgesetz 1953** [➔].

[VI]. [**VEREINSFREIHEIT, VEREINIGUNGSFREIHEIT**]. Die **Vereinsfreiheit** [➔] ist ein Freiheitsrecht und als Staatsbürgerrecht ist in Art **12 StGG**, als Menschenrecht unter der Bezeichnung **Vereinigungsfreiheit** [➔] in Art **11 EMRK** verankert. Art 12 StGG lautet: ***„Die österreichischen Staatsbürger haben das Recht, ... Vereine zu bilden. Die Ausübung dieser Rechte wird durch besondere Gesetze geregelt"***. Und Art 11 Abs 1 EMRK lautet: ***„Alle Menschen haben das Recht, ... sich frei mit anderen zusammenzuschließen, einschließlich des Rechts, zum Schutze ihrer Interessen Gewerkschaften zu bilden und diesen beizutreten"***. 549

Ist eine Versammlung eine zeitlich und örtlich begrenzte Aktion in der Öffentlichkeit mit namentlich nicht bekannten Teilnehmern, so sind „**Vereine**" oder „**Vereinigungen**" auf Dauer angelegt und verfügen über eine festgefügte Organisation, sie sind in der Regel eine Rechtsperson [594]. „Vereine" waren ursprünglich als „ideelle" Vereine gedacht, die keinen erwerbswirtschaftlichen Zwecken nachgehen. Als „Vereinigung" fallen aber auch wirtschaftliche Unternehmensorganisationen, wie etwa Gesellschaften mit beschränkter Haftung und Aktiengesellschaften zumindest unter den Grundrechtsschutz des Art 11 Abs 1 EMRK. 550

Die Vereinsfreiheit (Vereinigungsfreiheit) beinhaltet das Recht auf **Vereinsgründung** (§ 2 VerG), die Freiheit der **Vereinstätigkeit** und das Recht auf **Bestand des Vereins** (Schutz vor rechtswidrigen Vereinsauflösungen, vgl § 29 VerG). Art 11 EMRK gibt ausdrücklich das Recht, freie **Gewerkschaften** [➔] zu gründen. Ob auch Art 12 StGG dieses Recht beinhaltet, ist aus historischen Gründen umstritten. Gewerkschaften sind Vereinigungen, die berufliche Interessen ihrer Mitglieder wahrnehmen und schützen, gegebenenfalls Arbeitskämpfe (Streiks) organisieren. Die nationalen Verfassungstexte nennen die **Gewerkschaftsfreiheit** [➔] mit einem alten Wort **Koalitionsfreiheit** [➔]. 551

Anhand der Vereins- bzw Vereinigungsfreiheit lässt sich zeigen, dass manche Grundrechte eine „positive" und eine „negative" Komponente (**negatives Freiheitsrecht** [➔]) haben. Die positive Vereins- bzw Vereinigungsfreiheit ist das Recht eines jeden, Vereine und Vereinigungen zu gründen. Die **negative Vereinsfreiheit bzw Vereinigungsfreiheit** ist das Recht eines jeden, nicht zwangsweise durch den Staat irgendwelchen Vereinen oder Vereinigungen zugeordnet zu werden. 552

Die Vereins- bzw Vereinigungsfreiheit steht unter (materiellem) **Gesetzesvorbehalt**, nach **Art 11 EMRK** unter **Eingriffsvorbehalt**. Im Hinblick auf die Formulierung des **Art 12 StGG** gilt das im Zusammenhang mit der Versammlungsfreiheit zum „**Ausführungsvorbehalt**" Gesagte auch für die Vereinsfreiheit. Die gesetzliche Grundlage für die Ausübung der Vereinsfreiheit ist das **Vereinsgesetz 2002** (**VerG**) [➔]. 553

[VII]. [**MEINUNGS(ÄUßERUNGS)FREIHEIT**]. Die **Meinungs(äußerungs)freiheit** [➔] ist ein Freiheitsrecht und als Menschenrecht in Art **13 StGG**, unter der Bezeichnung „Meinungsäußerungsfreiheit" in Art **10 EMRK** verankert. Art 13 Abs 1 StGG lautet: ***„Jedermann hat das Recht, durch Wort, Schrift, Druck oder durch bildliche Darstellung seine Meinung innerhalb der gesetzlichen Schranken frei zu äußern"***. Und Art 10 Abs 1 EMRK lautet: ***„Jedermann hat Anspruch auf freie Meinungsäußerung.*** *Dieses Recht schließt die Freiheit der Meinung und die Freiheit zum Empfang oder zur Mitteilung von Nachrichten oder Ideen ohne Eingriffe öffentlicher Behörden und ohne Rücksicht auf Landesgrenzen ein. ..."* 554

Das Grundrecht schützt die „**Meinung**" der Menschen. „Meinung" ist sehr weit zu verstehen. Alle Äußerungen von Menschen, auch Werbung oder künstlerische Darstellungen, fallen in den Schutzbereich. Es kommt nicht darauf an, ob die Meinung ausgewogen, vernünftig oder richtig ist. Auch und gerade unsinnige, unausgewogene und unberechtigte Meinungen sind geschützt. Das Grundrecht steht unter (materiellem) Gesetzesvorbehalt. Die Eingriffsgesetze wollen vor allem dritte Personen vor Beleidigungen und übler Nachrede schützen. 555

Da die Meinung durch *„Wort, Schrift, Druck oder durch bildliche Darstellung"* ausgedrückt werden kann, beinhaltet die Meinungsfreiheit des Art 13 Abs 1 StGG auch das besondere Grundrecht der **Pressefreiheit** [➔]. Die Pressefreiheit ist nicht nur in Art 13 Abs 1 StGG, sondern auch im Beschluss der Provisorischen Nationalversammlung und in Art 10 EMRK verankert. Die Pressefreiheit schützt den Druck und die Verteilung von Flugblättern, Zeitungen, Zeitschriften, Tageszeitungen usw. Träger der Pressefreiheit ist der **Herausgeber** des Presseprodukts. 556

Pressefreiheit bedeutet in erster Linie ein **Zensurverbot** [➔], der Staat darf Presseprodukte **vor ihrem Erscheinen** (sog „Vor"zensur) nicht auf die Genehmheit des Inhalts überprüfen. Eine „Nach"zensur in dem Sinn, dass der Herausgeber eines Presseprodukts oder der Verfasser eines Artikels zur Verantwortung gezogen werden kann, wenn er gegen Gesetze verstößt – etwa „Üble Nachrede" betreibt – ist zulässig. 557

Art 10 EMRK lässt erkennen, dass die Meinungsäußerungsfreiheit nicht nur Grundlage der Pressefreiheit, sondern auch Grundlage einer **Rundfunkfreiheit** [➔], einer **Kinofreiheit** [➔] und einer **Fernsehfreiheit** [➔] ist. Zur Rundfunkfreiheit (Radio und Fernsehen) existiert das **BVG über die Sicherung der Unabhängigkeit** 558

des Rundfunks (**BVG Rundfunk** [➔]), das den Rundfunk als **öffentliche Aufgabe** und damit **nicht als staatliche Aufgabe** bezeichnet.

559 [VIII]. [**GLAUBENS- UND GEWISSENSFREIHEIT**]. Die **Glaubens- und Gewissensfreiheit** [➔] (= **Religions(ausübungs)freiheit**) ist ein Freiheitsrecht und als Menschenrecht in den Art **14 StGG**, Art **63 Abs 2 StV St. Germain** und Art **9 EMRK** (Gedanken-, Gewissens- und Religionsfreiheit) verankert. Art 14 Abs 1 StGG lautet: ***„Die volle Glaubens- und Gewissensfreiheit ist Jedermann gewährleistet“***. Art 63 Abs 2 StV St. Germain: *„Alle Einwohner Österreichs haben das* ***Recht, öffentlich oder privat jede Art Glauben, Religion oder Bekenntnis frei zu üben****, ...“* Und Art 9 Abs 1 EMRK lautet: ***„Jedermann hat Anspruch auf Gedanken-, Gewissens- und Religionsfreiheit****; dieses Recht umfaßt die Freiheit des einzelnen zum Wechsel der Religion oder der Weltanschauung sowie die Freiheit, seine Religion oder Weltanschauung einzeln oder in Gemeinschaft mit anderen öffentlich oder privat, durch Gottesdienst, Unterricht, Andachten und Beachtung religiöser Gebräuche auszuüben“*.

560 Die Glaubens- und Gewissensfreiheit umfasst das Recht, sein Religionsbekenntnis frei von jeder staatlichen Einwirkung zu wählen, seine Religion einzeln oder in Gemeinschaft mit anderen, öffentlich oder privat, durch Andachten und unter Beachtung religiöser Gebräuche auszuüben. Die Gedankenfreiheit berechtigt zur freien Wahl seiner (auch nicht-religiösen) Weltanschauung.

561 Die positive Glaubens- und Gewissensfreiheit ist das Recht eines jeden, ein bestimmtes Bekenntnis wählen, einer Kirche oder Religionsgesellschaft beitreten zu dürfen. Die **negative Glaubens- und Gewissensfreiheit** (negatives Freiheitsrecht [552]) ist das Recht eines jeden, nicht zwangsweise durch den Staat irgendwelchen Kirchen oder Religionsgesellschaften zugeordnet zu werden; das Recht, keinem religiösen Glauben anzugehören, keine religiösen Gebräuche auszuüben; das Recht, aus Kirchen oder Religionsgesellschaften austreten zu dürfen.

562 Die Glaubens- und Gewissensfreiheit wird auch als Freiheitsrecht mit **staatlichen Schutzpflichten** [523] verstanden, dem Staat ist nicht nur staatlicher Zwang auf religiösen Gebieten verboten, der Staat muss darüber hinaus die Ausübung der Religion ermöglichen und die Religionsausübung vor Störungen Dritter schützen.

563 Die Glaubens- und Gewissensfreiheit steht unter (**materiellem**) **Gesetzesvorbehalt**. Der einfache Gesetzgeber darf die Glaubens- und Gewissensfreiheit nach Art 63 Abs 2 StV St. Germain einschränken, sofern dies im Interesse der Wahrung der ***„öffentlichen Ordnung“*** oder der ***„guten Sitten“*** unerlässlich ist. [Dieser enger gefasste Gesetzesvorbehalt des Art 63 Abs 2 StV St. Germain geht dem Vorbehalt nach Art 9 Abs 2 EMRK iSd Günstigkeitsprinzips (Art 53 EMRK [484]) vor.]

564 [IX]. [**RECHT AUF PRIVATSPHÄRE**]. Das **Recht auf Privatsphäre** [➔] oder das **Recht auf Achtung des Privatlebens und des Familienlebens** ist ein Freiheitsrecht und als Menschenrecht in Art 8 EMRK verankert. Art 8 Abs 1 EMRK lautet: ***„Jedermann hat Anspruch auf Achtung seines Privat- und Familienlebens, seiner Wohnung und seines Briefverkehrs“***.

565 Das Grundrecht steht unter (materiellem) Gesetzesvorbehalt. In der Gesellschaft gibt es einen öffentlichen Bereich und einen privaten Bereich. Der öffentliche Bereich umschließt alles, was sich im öffentlichen Raum – etwa auf der Straße – abspielt, und was die Menschen von sich aus der Allgemeinheit bekannt machen. Der private Bereich umschließt alles, was sich im privaten Raum – etwa in der Wohnung – abspielt, und was die Menschen nicht freiwillig der Allgemeinheit bekannt gegeben haben. Das Grundrecht misst jedem eine **Privatsphäre** zu, die den privaten Bereich schützt und in die der Staat mit Zwangsrecht nicht eindringen darf. Das Recht auf Privatsphäre gilt auch als Freiheitsrecht mit **staatlichen Schutzpflichten** [523], das den Staat verpflichtet, durch gesetzliche Maßnahmen den privaten Bereich der Menschen vor Beschädigungen durch andere Privatpersonen zu sichern.

566 Kernbereich der Privatsphäre ist der persönliche Umgang der Menschen miteinander, auch und insbesondere ihr Sexualleben. Der Konventionstext stellt um diesen Kernbereich herum die Wohnung, den Briefverkehr und das „Familienleben“, worunter vor allem die persönlichen Beziehungen der Eltern untereinander und der Eltern zu den Kindern zu verstehen sind. Das Recht auf Privatsphäre schließt selbstverständlich das Recht auf Geheimhaltung aller privaten Daten ein. Niemand ist verpflichtet, Daten seiner Privatsphäre bekannt zu geben. Niemand ist durch die Rechtsordnung verpflichtet, „wahrhaftig“ zu sein und Geheimnisse preiszugeben. Wahrheitswidrige Desinformation ist nicht nur erlaubt, sondern verfassungsgesetzlich geschützt. Normativer Ausfluss des Rechts auf Privatsphäre ist das **Grundrecht auf Datenschutz** [➔], wie es in § 1 Datenschutzgesetz 2000 verankert ist. Eine Wahrheitspflicht besteht nur, wo Gesetze dies in Übereinstimmung mit den materiellen Eingriffsvoraussetzungen des Grundrechts anordnen, etwa die Wahrheitspflicht für Zeugen bei Aussagen vor der Verwaltungsbehörde und vor Gericht.

[X]. [**RECHT AUF DEN GESETZLICHEN RICHTER**]. Das **Recht auf den gesetzlichen Richter** [➔] ist als Menschenrecht in **Art 83 Abs 2 B-VG** verankert. Es lautet: ***„Niemand darf seinem gesetzlichen Richter entzogen werden"***. 567

Der Gesetzgeber muss die Zuständigkeiten der Gerichte klar regeln, jeder muss anhand der starren Geschäftsverteilung der Gerichte wissen, wer in einer bestimmten Rechtssache sein Richter sein wird. Die Judikatur des Verfassungsgerichtshofs dehnte die Zuständigkeitsgarantie des Art 83 Abs 2 B-VG auf die Zuständigkeiten der **Verwaltungsbehörden** aus. Der Gesetzgeber muss daher nicht nur die Zuständigkeiten der Gerichte, sondern auch jene der Verwaltungsbehörden im Gesetz präzise festlegen. 568

Das **Recht auf den gesetzlichen Richter** nach Art 83 Abs 2 B-VG bedeutet eine gesetzliche **Zuständigkeitsgarantie**. Der gesetzliche Richter ist verletzt, wenn eine unzuständige (Gerichts- oder Verwaltungs-)Behörde eine Entscheidung trifft oder eine zuständige (Gerichts- oder Verwaltungs-)Behörde eine Sachentscheidung verweigert. Ebenso ist das Grundrecht auf den gesetzlichen Richter verletzt, wenn ein nach Art 267 Abs 3 AEUV vorlagepflichtiges Gericht (jedenfalls OGH, VfGH, VwGH) eine Frage der Auslegung oder Anwendung von Unionsrecht nicht dem EuGH zur Vorabentscheidung [881] vorlegt. 569

[XI]. [**RECHT AUF EIN FAIRES VERFAHREN**]. Das **Recht auf ein faires Verfahren** [➔] nach **Art 6 Abs 1 EMRK** garantiert in Verfahren betreffend ***„zivilrechtliche Ansprüche und Verpflichtungen"*** (civil rights) **sowie** betreffend **strafrechtliche Anklagen** (Justizstrafrecht und Verwaltungsstrafrecht) die **Entscheidung durch** ein **unabhängiges und unparteiisches „Gericht"** (= **Tribunal** [➔]) mit voller Kognitionsbefugnis (Befugnis zu umfassender und wirksamen Überprüfung aller Sachverhaltsfragen und der Rechtsfragen). Die Tribunale haben die Verfahrensgarantien des Art 6 EMRK einzuhalten. 570

Zu den Verfahrensgarantien des Art 6 EMRK zählen insbesondere der Grundsatz des **fair trial** (Waffengleichheit, Recht auf Akteneinsicht, Recht auf Gehör, Beachtung der Grundsätze eines ordnungsgemäßen Beweisverfahrens, Recht auf Entscheidungsbegründung); das Gebot **angemessener Verfahrensdauer**, die (**Volks**)**Öffentlichkeit** und **Mündlichkeit** des Verfahrens; in (Justiz- oder Verwaltungs)Strafverfahren darüber hinaus die **Unschuldsvermutung** (Art 6 Abs 2 EMRK) und das **Recht zu schweigen** (Verbot eines Zwangs zur Selbstbezichtigung) sowie besondere Verfahrensgarantien nach Art 6 Abs 3 EMRK. 571

Den **civil rights** [➔] liegt ein – europäischer – Zivilrechtsbegriff zugrunde, der – unabhängig von der Zuordnung einer Angelegenheit zum (österreichischen) privaten oder öffentlichen Recht – alle Verfahren mit Auswirkungen auf eine Zivilrechtsposition umfasst. Art 6 EMRK findet daher nicht nur dann Anwendung, wenn in einem Verfahren direkt über zivilrechtliche Ansprüche oder Verpflichtungen entschieden wird, sondern auch dann, wenn der Verfahrensausgang für zivilrechtliche Rechte und Pflichten entscheidend ist. 572

Beispiele: Eine entscheidende Auswirkung auf ein civil right sieht der EGMR insbesondere bei Auswirkungen auf das **Eigentum** oder den **Liegenschaftsverkehr** (zB grundverkehrsbehördliche Genehmigung eines Grundstückskaufs; Enteignungsmaßnahmen einschließlich der Streitigkeiten betreffend die Entschädigungshöhe; Bauverbote; naturschutzrechtliche Eigentumsbeschränkungen), bei Auswirkungen auf die **Berufs- und Erwerbstätigkeit** einer Person (zB Berufsverbote; behördliche Entziehung einer Konzession; Widerruf einer behördlichen Betriebs[anlagen]bewilligung) sowie im Fall **sozialversicherungsrechtlicher Ansprüche**, wenn die privatrechtlichen Elemente überwiegen (zB Krankengeld, Hinterbliebenenrente). 573

[XII]. [**MINDERHEITENRECHTE**]. Die österreichische Verfassungsordnung kennt nicht nur das Staatsziel der Achtung der autochthonen Volksgruppen (Art 8 Abs 2 B-VG), sie räumt den Angehörigen von Volksgruppen mit österreichischer Staatsbürgerschaft (!) [135] darüber hinaus verfassungsgesetzlich gewährleistete Rechte – **Minderheitenrechte** [➔] – ein, so insbesondere in den **Art 66** bis **68 StV St. Germain** (Rechte für ethnische, religiöse oder sprachliche Minderheiten) und in **Art 7 Z 2, 3 und 4 StV Wien** (Rechte für slowenische und kroatische Volksgruppen in Kärnten, im Burgenland und in der Steiermark). 574

Nach **Art 7 Z 2 StV Wien** hat die slowenische und kroatische Minderheit in Kärnten, Burgenland und der Steiermark das **Recht auf Elementarunterricht in slowenischer und kroatischer Sprache** und auf eine verhältnismäßige Anzahl eigener Mittelschulen. 575

In Umsetzung des Art 7 Z 2 Staatsvertrag von Wien ergingen das Minderheiten-Schulgesetz für das Burgenland (Bundesgesetz über besondere Bestimmungen betreffend das Minderheitenschulwesen im Burgenland, BGBl 1994/641 idgF) und das Minderheiten-Schulgesetz für Kärnten (Bundesgesetz vom 19.03.1959, womit für das Bundesland Kärnten Vorschriften zur Durchführung der Minderheiten-Schulbestimmungen des Österreichischen Staats- 576 vertrags getroffen werden, BGBl 1959/101 idgF). **§ 1 Minderheiten-Schulgesetz für das Burgenland** – eine Verfassungsbestimmung – räumt der kroatischen und ungarischen Volksgruppe das Recht ein, im Burgenland die kroatische oder ungarische Sprache als Unterrichtssprache zu gebrauchen oder als Pflichtgegenstand zu erlernen. **§ 7 Minderheiten-Schulgesetz für Kärnten** – eine Verfassungsbestimmung – gewährt der slowenischen Volksgruppe das Recht, die slowenische Sprache als Unterrichtssprache zu gebrauchen oder als Pflichtgegenstand zu erlernen.

577 In den Verwaltungs- und Gerichtsbezirken Kärntens, des Burgenlands und der Steiermark mit slowenischer, kroatischer oder gemischter Bevölkerung ist die **slowenische oder kroatische Sprache** zusätzlich zum Deutschen als **Amtssprache** (Art 8 Abs 1 B-VG [137]) zugelassen, topografische Bezeichnungen (**Ortstafeln**) und Aufschriften sind **zweisprachig** anzubringen (**Art 7 Z 3 StV Wien**).

578 Das Volksgruppengesetz (Bundesgesetz über die Rechtsstellung der Volksgruppen in Österreich, BGBl 1976/396 idF BGBl I 2011/46) legt in § 12 (iVm Anlage 1) – einer Verfassungsbestimmung – die Gebiete (Ortschaften) konkret fest, in denen Bezeichnungen und topografische Aufschriften (Ortstafeln) auch in der Volksgruppensprache zu verfassen sind; § 13 Volksgruppengesetz (iVm Anlage 2) nennt – ebenfalls in Verfassungsrang – jene Behörden und Dienststellen, vor denen die kroatische, slowenische oder ungarische Sprache zusätzlich zur deutschen Sprache als Amtssprache verwendet werden darf.

579

GRUNDRECHTE DER EU-GRUNDRECHTECHARTA (GRC)

Art 1	**Würde des Menschen**
Art 2	**Recht auf Leben**
Art 3	**Recht auf Unversehrtheit**
Art 4	**Verbot der Folter und unmenschlicher oder erniedrigender Strafe oder Behandlung**
Art 5	**Verbot der Sklaverei und der Zwangsarbeit**
Art 6	**Recht auf Freiheit und Sicherheit**
Art 7	**Achtung des Privat- und Familienlebens**
Art 8	**Schutz personenbezogener Daten**
Art 9	**Recht, eine Ehe einzugehen und eine Familie zu gründen**
Art 10	**Gedanken-, Gewissens- und Religionsfreiheit**
Art 11	**Freiheit der Meinungsäußerung und Informationsfreiheit**
Art 12	**Versammlungs- und Vereinigungsfreiheit**
Art 13	**Freiheit der Kunst und der Wissenschaft**
Art 14	**Recht auf Bildung**
Art 15	**Berufsfreiheit und Recht zu arbeiten**
Art 16	**Unternehmerische Freiheit**
Art 17	**Eigentumsrecht**
Art 18	**Asylrecht**
Art 19	**Schutz bei Abschiebung, Ausweisung und Auslieferung**
Art 20	**Gleichheit vor dem Gesetz**
Art 21	**Nichtdiskriminierung**
Art 22	**Vielfalt der Kulturen, Religionen und Sprachen**
Art 23	**Gleichheit von Frauen und Männern**
Art 24	**Rechte des Kindes**
Art 25	**Rechte älterer Menschen**
Art 26	**Integration von Menschen mit Behinderung**
Art 27	**Recht auf Unterrichtung und Anhörung der ArbeitnehmerInnen im Unternehmen**
Art 28	**Recht auf Kollektivverhandlungen und Kollektivmaßnahmen**
Art 29	**Recht auf Zugang zu einem Arbeitsvermittlungsdienst**
Art 30	**Schutz bei ungerechtfertigter Entlassung**
Art 31	**Gerechte und angemessene Arbeitsbedingungen**
Art 32	**Verbot der Kinderarbeit und Schutz der Jugendlichen am Arbeitsplatz**
Art 33	**Familien- und Berufsleben**
Art 34	**Soziale Sicherheit und soziale Unterstützung**
Art 35	**Gesundheitsschutz**
Art 36	**Zugang zu Dienstleistungen von allgemeinem wirtschaftlichen Interesse**
Art 37	**Umweltschutz**
Art 38	**Verbraucherschutz**
Art 39	**Aktives und passives Wahlrecht bei den Wahlen zum Europäischen Parlament**
Art 40	**Aktives und passives Wahlrecht bei den Kommunalwahlen**
Art 41	**Recht auf eine gute Verwaltung**
Art 42	**Recht auf Zugang zu Dokumenten**
Art 43	**Der Europäische Bürgerbeauftragte**
Art 44	**Petitionsrecht**
Art 45	**Freizügigkeit und Aufenthaltsfreiheit**
Art 46	**Diplomatischer und konsularischer Schutz**
Art 47	**Recht auf einen wirksamen Rechtsbehelf und ein unparteiisches Gericht**
Art 48	**Unschuldsvermutung und Verteidigungsrechte**
Art 49	**Grundsätze der Gesetzmäßigkeit und der Verhältnismäßigkeit im Zusammenhang mit Straftaten und Strafen**
Art 50	**Recht, wegen derselben Straftat nicht zweimal strafrechtlich verfolgt oder bestraft zu werden**

8/8

580

GRUNDRECHTE

StGG 1867

Art 2	**Gleichheitssatz**
Art 3	**Recht auf gleiche Zugänglichkeit öffentlicher Ämter**
Art 4	**Freizügigkeit der Person/des Vermögens**
Art 5	**Eigentumsfreiheit**
Art 6	**Freiheit des Aufenthaltes**
Art 6	**Liegenschaftsverkehrsfreiheit**
Art 6	**Erwerbsfreiheit**
Art 7	**Verbot der Sklaverei und Zwangsarbeit**
Art 9	**Schutz des Hausrechts**
Art 10	**Schutz des Briefgeheimnisses**
Art 10a	**Schutz des Fernmeldegeheimnisses**
Art 11	**Petitionsrecht**
Art 12	**Versammlungsfreiheit**
Art 12	**Vereinsfreiheit**
Art 13 (1)	**Meinungs- und Kommunikationsfreiheit**
Art 13 (2)	**Pressefreiheit**
Art 14	**Glaubens- und Gewissensfreiheit**
Art 15	**Rechtsstellung der Kirchen- und Religionsgemeinschaften**
Art 17 (1)	**Wissenschaftsfreiheit**
Art 17 (2)	**Privatschulfreiheit**
Art 17 (3)	**Unterrichtsfreiheit**
Art 17a	**Kunstfreiheit**
Art 18	**Berufswahl- und -ausbildungsfreiheit**

EMRK und Zusatzprotokolle (ZPzEMRK)

Art 2	**Recht auf Leben**
Art 3	**Verbot der Folter und unmenschlicher/erniedrigender Strafe oder Behandlung**
Art 4	**Verbot der Sklaverei u Zwangsarbeit**
Art 5	**Recht persönliche Freiheit**
Art 6	**Recht auf ein faires Verfahren**
Art 7	**Keine Strafe ohne Gesetz**
Art 8	**Hausrecht**
Art 8	**Recht auf Achtung des Privat- und Familienlebens**
Art 8	**Schutz des Brief- und Fernmeldegeheimnisses**
Art 9	**Gedanken-, Gewissens-/Religionsfreiheit**
Art 10	**Meinungsäußerungsfreiheit**
Art 11	**Versammlungsfreiheit**
Art 11	**Vereinigungsfreiheit**
Art 12	**Recht auf Eheschließung und Familiengründung**
Art 13	**Recht auf eine wirksame Beschwerde**
Art 14	**Diskriminierungsverbot**
Art 1 1.ZP	**Eigentumsfreiheit**
Art 2 1.ZP	**Recht auf Bildung**
Art 3 1.ZP	**Recht auf freie Wahlen**
Art 2 4.ZP	**Recht auf Freizügigkeit**
Art 3, Art 4 4.ZP, Art 1 7.ZP	**Ausweisungsverbote**
Art 1 6.ZP, 13.ZP	**Verbot der Todesstrafe**
Art 2 7.ZP	**Recht auf Berufung in Justizstrafsachen**
Art 3 7.ZP	**Recht auf Entschädigung bei Fehlurteilen**
Art 4 7.ZP	**Verbot der Doppelbestrafung**

BVG Kinderrechte

Art 1	**Recht auf Schutz und Fürsorge**
Art 2	**Recht auf Beziehung zu beiden Eltern**
Art 3	**Verbot der Kinderarbeit**
Art 4	**Recht auf Berücksichtigung des Kindeswillens**
Art 5	**Recht auf gewaltfreie Erziehung, Schutz vor wirt. und sexueller Ausbeutung**
Art 6	**Rechte von behinderten Kindern**

Gesetz zum Schutze des Hausrechts

Schutz des Hausrechtes

Beschluss der provisorischen Nationalversammlung 1918

Z 1, Z 2	**Pressefreiheit und Zensurverbot**
Z 3	**Versammlungsfreiheit**
Z 3	**Vereinsfreiheit**

BVG über den Schutz der persönlichen Freiheit

Recht auf persönliche Freiheit

BVG Rassendiskriminierung

Gleichbehandlung von Fremden

B-VG

Art 7 (1)	**Gleichheitssatz**
Art 9a (4)	**Recht auf Zivildienst**
Art 14 (7)	**Privatschulfreiheit (Recht auf Verleihung des Öffentlichkeitsrechts)**
Art 23a, Art 26, 60, 95, 117 Abs 2	**Wahlrecht**
Art 83 (2)	**Recht auf den gesetzlichen Richter**
Art 85	**Verbot der Todesstrafe**
Art 87 (1)	**Recht der Richter auf Unabhängigkeit**
Art 116 (2)	**Recht auf Gemeindeselbstverwaltung**

einzelne Grundrechtsbestimmungen in einfachen Gesetzen

§ 1 **DSG**	**Grundrecht auf Datenschutz**
§ 2 **ZDG**	**Recht auf Zivildienst**
§ 7 **Minderheiten-Schulgesetz für Kärnten**	**Recht auf slowenischen Unterricht**
§ 1 **Minderheiten-Schulgesetz für das Burgenland**	**Recht auf kroatische/ungarische Unterrichtssprache**
§ 1 **PartG**	**Gründungs- und Betätigungsfreiheit politischer Parteien**

Staatsvertrag St. Germain

Art 63 (2)	**Religionsausübungsfreiheit**
Art 66-68	**Rechte der Minderheiten**
Art 66 (2)	**Recht auf gleiche Zugänglichkeit öffentlicher Ämter**

Staatsvertrag Wien

Art 7 Z 2, Z 3, Z 4	**Rechte der slowenischen und kroatischen Minderheiten**
Art 8	**Recht auf freie Wahlen**
Art 8	**Recht auf gleiche Zugänglichkeit öffentlicher Ämter**

8/9

9. KAPITEL: DER STAAT ALS TRÄGER VON PRIVATRECHTEN

***Glossar**: Abgaben, Abgabenstaat, Budget, Budgethoheit, Bundesfinanzgesetz, Bundesfinanzrahmengesetz, Bundeshaushaltsgesetz, differenziertes Legalitätsprinzip, doppelte Bedingtheit, Fiskalgeltung der Grundrechte, Fiskalverwaltung, Fiskus, Förderverwaltung, Gebarung, Gebietskörperschaft, Gebühren, Handlungsfähigkeit, Hoheitsrecht, Hoheitsverwaltung, imperium, juristische Person, juristische Person des öffentlichen Rechts, juristische Person des Privatrechts, Körperschaft, natürliche Person, nicht-hoheitliche Verwaltung, Privatwirtschaftsverwaltung, Rechtsfähigkeit, Rechtsperson, Rechtsträger, Selbstbindungsgesetz, Steuern, Subventionsverwaltung, Vergaberecht, Vermögensfähigkeit, Verwaltungsprivatrecht, Wesenstheorie, Zwei-Personen-Theorie.*

DER STAAT ALS TRÄGER VON PRIVATRECHTEN

581 [I]. Der Staat ist eine Organisation, die das Gewaltmonopol für sich beansprucht und die Staatsgewalt durch Rechtsnormen ausübt. Der Staat handelt hoheitlich, alle auf seinem Staatsgebiet lebenden Menschen sind seinem **Hoheitsrecht** [➔] (= Zwangsrecht, = **imperium** [➔]) unterworfen, ob sie es wollen oder nicht. Mit seinem Hoheitsrecht kann der Staat alles Erdenkliche anordnen und mit seiner Staatsgewalt auch durchsetzen.

582 Allerdings könnte der Staat vieles – oftmals einfacher – mit **Geld** regeln. Der Staat könnte in vielen Bereichen auf den Einsatz des Hoheitsrechts verzichten und **wie ein Privater** im Rahmen der **Privatrechtsordnung** durch **zivilvertragliche Vereinbarungen** seine Aufgaben wahrnehmen. Das setzt jedoch voraus, dass der Staat nicht nur Träger des Hoheitsrechts, sondern **auch** wie ein Privater **Träger von Privatrechten** ist.

583 Historisch sprach man von einer „**Zwei-Personen-Theorie**" [➔]. Einerseits der Staat als Träger des Hoheitsrechts, anderseits der Staat als Träger von Privatrechten. Den Staat als Träger von Privatrechten nannte man „**Fiskus**" [➔]. Für das geltende Staatsrecht kann man **nicht** von zwei Personen sprechen, weil es **nur einen Staat** gibt, dem die Rechtsordnung eine privatrechtliche Handlungsalternative eröffnet [597].

584 [II]. Die Vorstellungen, die den Staat als Träger von Hoheitsrechten verstehen, verlangen nicht zwingend, dass der Staat auch Träger von Privatrechten ist. Gleichwohl gibt es keinen modernen Staat, der nicht auch Träger von Privatrechten wäre. **Ob und wie der Staat** nicht nur Träger des Hoheitsrechts, sondern **auch Träger von Privatrechten ist, bestimmt die Rechtsordnung**.

RECHTSFÄHIGKEIT, HANDLUNGSFÄHIGKEIT

585 [I]. Die Privatrechtsordnung regelt – vor allem im ABGB – die **Rechte und Pflichten** der Menschen in der Gesellschaft. Die Menschen sind Träger der ihnen von der Rechtsordnung zugedachten Rechte und Pflichten. Wir sagen, die **Menschen sind rechtsfähig**, sie sind **Rechtsträger** [➔]. Diese vom Gesetz eingerichtete **Rechtsfähigkeit** [➔] (= „Privat"rechtsfähigkeit) verleiht jedem Menschen die Fähigkeit, **Träger privater Rechte und Pflichten** zu sein. So kann der Mensch aufgrund seiner Rechtsfähigkeit Eigentümer von **Geld und Vermögen** sein, etwa eines Autos, eines Grundstücks. **Jeder Mensch ist – von der Geburt bis zum Tod – rechtsfähig**.

586 Dass jeder Mensch rechtsfähig ist, ist von fundamentaler, im demokratischen Rechtsstaat von selbstverständlicher Bedeutung; und nicht nur im ABGB, sondern auch in der Verfassung, insbesondere in den Grundrechten, festgeschrieben. Historisch billigten Rechtsordnungen nicht allen Menschen Rechtsfähigkeit zu. Im Römischen Recht hatten etwa Sklaven, Kinder und Frauen keine oder nur eine eingeschränkte Rechtsfähigkeit.

587 [II]. Jeder Mensch ist rechtsfähig, aber nicht jeder Mensch ist in der Lage, über seine Rechte verantwortlich zu verfügen. Die Rechtsordnung unterscheidet daher zwischen „Rechtsfähigkeit" und **Handlungsfähigkeit** [➔]. Handlungsfähigkeit ist die durch die Rechtsordnung rechtsfähigen Personen verliehene Fähigkeit, **durch eigenes Handeln Rechte zu erwerben und Pflichten zu begründen**. Jeder Mensch ist rechtsfähig, aber **nicht jeder Mensch ist handlungsfähig** (§ 21 ABGB). So kann jeder Mensch auf Grund seiner Rechtsfähigkeit Eigentümer von Geld und Vermögen sein, nur der handlungsfähige Mensch kann aber seine Rechte und Pflichten in den Formen des Privatrechts (vor allem durch Verträge) durch eigenes Handeln auch gestalten, über sein Vermögen verfügen, etwa ein Auto kaufen, sein Grundstück verschenken. Wer nicht handlungsfähig ist, braucht einen **Vertreter**, der für ihn handelt. Für das Kind handeln die Eltern als **gesetzliche Vertreter** (§ 167 ABGB).

Beispiel: Ein fünfjähriges Kind ist voll rechtsfähig und kann daher ein Vermögen in der Höhe von € 100.000,– erben. Obwohl das Kind voll rechtsfähig und Eigentümer des Vermögens ist, kann es nicht die € 100.000,– nehmen, ins Geschäft gehen und sich darum ein Eis kaufen. Das Kind ist zwar rechtsfähig, hat aber nicht die nötige Einsicht, um über sein Vermögen vernünftig zu verfügen, es ist nicht handlungsfähig (§ 170 ABGB). 588

MENSCHEN UND JURISTISCHE PERSONEN

589

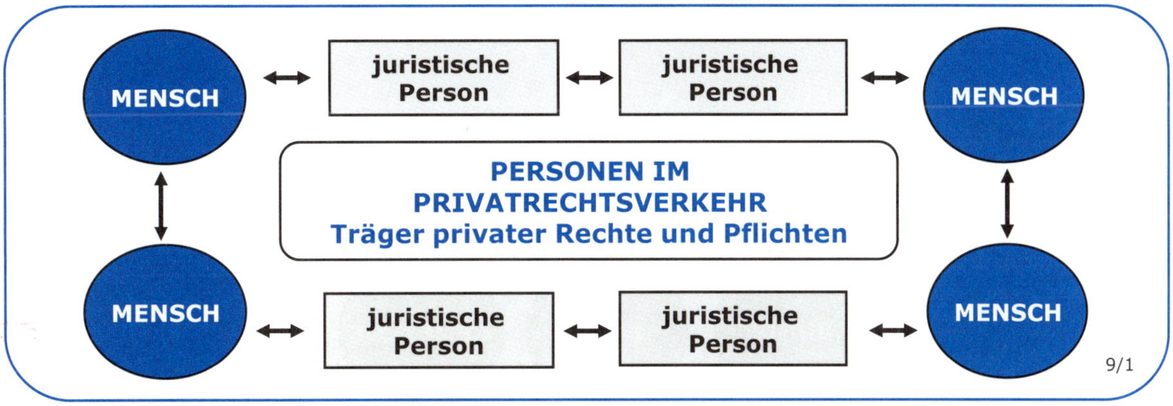

9/1

[I]. Die Privatrechtsordnung hält es für zweckmäßig, nicht nur Menschen als Träger von Rechten und Pflichten zu haben, sondern auch virtuellen Vorstellungen genauso wie Menschen Rechte und Pflichten zuzuordnen. Sie erlaubt **virtuelle Menschen**, die zwar **keine** Menschen sind, von der Rechtsordnung aber **auch** als Rechtsträger behandelt werden **als wären sie Menschen**. Die Privatrechtsordnung nennt die **Menschen natürliche Personen** [➔], im Gegensatz dazu die **virtuellen Menschen juristische Personen** [➔]. Statt „juristische Person" werden auch die Begriffe **Rechtsperson** [➔] oder **Körperschaft** [➔] gebraucht. **Ob und welche juristischen Personen es gibt, entscheidet die Gesetzgebung** (GmbH, AG, Verein, politische Partei ua). 590

Der **Umfang** denkbarer Rechte ist im Vergleich zu den Menschen bei juristischen Personen **wesensmäßig** eingeschränkt (= **Wesenstheorie** [➔]). Die juristischen Personen sind im Wesentlichen auf **Vermögensrechte** beschränkt, ihre Rechtsfähigkeit ist eine **Vermögensfähigkeit** [➔]. [Während etwa zwei Menschen nach Privatrecht heiraten können, ist eine Ehe zwischen der LINZ AG und der ENERGIE AG undenkbar. Beide Gesellschaften können jedoch Geld, Sachen und Liegenschaften besitzen]. 591

592

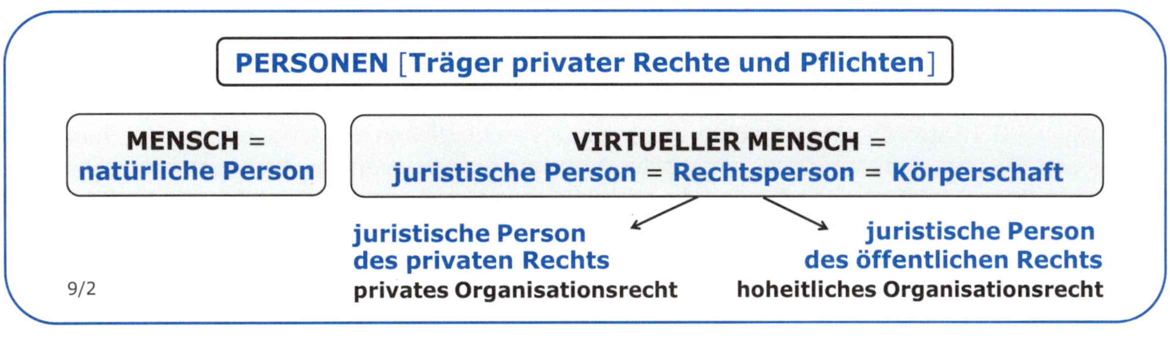

9/2

[II]. Menschen sind nicht nur rechtsfähig, sondern grundsätzlich – mit Ausnahmen, etwa Kinder – auch handlungsfähig. **Juristische Personen** sind rechtsfähig, sie können aber **niemals selbst für sich handeln**. Juristische Personen benötigen immer einen **Menschen**, der für sie denkt und handelt. Juristische Personen verfügen daher über ein eigenes **Organisationsrecht** (= Gesellschaftsvertrag, = Satzung, = Statut), das regelt, welche **Organe** eine juristische Person hat und welche natürliche Person als Organwalter für die juristische Person denkt und handelt. **Eine juristische Person handelt immer nur durch ihr vertretungsbefugtes Organ**. Das Organisationsrecht regelt insbesondere, wer erstens für die juristische Person „intern" entscheidet, und wer zweitens die juristische Person „nach außen" vertritt. 593

594 [III]. Die Gründung einer juristischen Person kann durch einen **privatrechtlichen Vertrag** (= Gesellschaftsvertrag, = Satzung, = Statut) erfolgen. Wir bezeichnen eine durch Vertrag errichtete Rechtsperson als **juristische Person des Privatrechts** [➔]. Dem Staat ist unbenommen, **durch Gesetz** juristische Personen zu gründen und ihnen ein hoheitliches Organisationsrecht zu geben (etwa die berufliche Selbstverwaltungen [1108], die Universitäten, die HochschülerInnenschaften). Diese durch Gesetz errichteten Rechtspersonen bezeichnen wir als **juristische Personen des öffentlichen Rechts** [➔]. Für die begriffliche Einordnung ist – von sondergesetzlichen Begriffsbildungen abgesehen – ohne Bedeutung, ob die juristische Person private, öffentliche oder staatliche Aufgaben wahrnimmt. Juristische Personen des Privatrechts und juristische Personen des öffentlichen Rechts verfügen über **dieselbe** (**Privat**)**Rechtsfähigkeit**, dieselben privaten Rechte und Pflichten.

GEBIETSKÖRPERSCHAFTEN

595

9/3

GEBIETSKÖRPERSCHAFTEN ALS TRÄGER VON PRIVATRECHTEN

Art 17 B-VG
Art 116 Abs 2 B-VG

BUND **LAND** **GEMEINDE**

Fiskalgeltung der Grundrechte ?
Gebietskörperschaften als Träger von Grundrechten ?

- **Verwaltung in den Formen des Privatrechts** (= **nicht-hoheitliche Verwaltung**, = **Privatwirtschaftsverwaltung**, = **Fiskalverwaltung**)
- **Nur Verwaltung, nicht Gesetzgebung, nicht Gerichtsbarkeit**
- **Gesetzmäßigkeitsgebot** (**Art 18 Abs 1 B-VG**) **?**
- **Keine Kompetenzverteilung zwischen Bund und Ländern** (**Art 17 B-VG**)
- **Inneres Organisationsrecht immer Hoheitsrecht**

596 [I]. Ob und wie der Staat nicht nur Träger des Hoheitsrechts, sondern auch Träger von Privatrechten ist, bestimmt also die Rechtsordnung. Soll der Staat – was zweckmäßig ist – rechtsfähig sein, müssen **Verfassung und Gesetz** den Staat als **Träger privater Rechte und Pflichten** eigens einrichten. Der Staat ist dann – weil als juristische Person durch **Verfassung und Gesetz** eingerichtet – eine **juristische Person des öffentlichen Rechts** [594].

597 Die Verfassung und das Gesetz haben den österreichischen Staat als juristische Person eingerichtet. **Allerdings nicht den Gesamtstaat**. Die Verfassung erklärt den **Bund** und die **Länder** in **Art 17 B-VG**, die **Gemeinden** in **Art 116 Abs 2 B-VG** zu Trägern von Privatrechten. **Vermögensfähig sind daher der Bund, die Länder und die Gemeinden**, nie der Gesamtstaat „Österreich".

598 [II]. Das B-VG richtet Österreich sohin nicht nur als hoheitlichen Staat, sondern den Bund, die Länder und die Gemeinden auch als juristische Personen ein. Die Verfassung nennt den rechtsfähigen Bund, die rechtsfähigen Länder und die rechtsfähigen Gemeinden „Gebietskörperschaften". Der Begriff setzt sich zusammen aus dem der staatlichen Gewalt unterworfenen „Gebiet" und aus „Körperschaft", die wir oben als Synonym für „juristische Person" kennen gelernt haben. Eine **Gebietskörperschaft** [➔] ist also eine **staatliche Organisation, die auf einem bestimmten Territorium** (= **Gebiet**) **hoheitlich tätig ist, und die als juristische Person** (= **Körperschaft**) **des öffentlichen Rechts auch privatrechtlich handeln kann**.

NICHT-HOHEITLICHE VERWALTUNG

599 [I]. [**Hoheitlich und nicht-hoheitlich tätige Verwaltung**]. Der Staat ist **gewaltenteilig** organisiert. Weil der Staat Träger von Privatrechten ist, kann er nicht nur **hoheitlich,** er kann auch **nicht-hoheitlich** (= in den Formen des Privatrechts) handeln. Aber wer im gewaltenteilig organi-

sierten Staat ist für nicht-hoheitliches Handeln zuständig ? **Die Parlamente und die Gerichte handeln immer hoheitlich**. Die **Handlungsalternative**, die Bund, Länder und Gemeinden haben, weil sie sowohl Staat als auch juristische Personen sind, entweder **hoheitlich** oder **in den Formen des Privatrechts** zu handeln, steht **nur der Verwaltung** zu. In diesem Sinn müssen wir eine **Hoheitsverwaltung** [➔] und eine **nicht-hoheitliche Verwaltung** [➔] unterscheiden.

Beispiel: Wenn der Bund den Studierenden Studienbeihilfen bezahlen will, kann der Bundesgesetzgeber frei entscheiden, ob die Verwaltung die Studienbeihilfe hoheitlich (= durch Bescheid) oder nicht-hoheitlich (durch Subventionsvertrag) vergibt. 600

Die nicht-hoheitlich tätige Verwaltung nennt man auch **Privatwirtschaftsverwaltung** [➔]. Der 601 Begriff ist missverständlich, weil „Wirtschaft" auf erwerbswirtschaftliche Absichten der Verwaltung hinweist. Jedoch zählt jedes Handeln der Verwaltung in den Formen des Privatrechts zur Privatwirtschaftsverwaltung, auch wenn es mit Wirtschaft nichts zu tun hat. Ein älterer Begriff bezeichnet die nicht-hoheitliche Verwaltung auch als **Fiskalverwaltung** [➔].

Die **Gebietskörperschaften** werden insbesondere in folgenden Bereichen der Verwaltung nicht- 602 hoheitlich tätig:

- Die Gebietskörperschaften können – wie jede private natürliche oder andere juristische Person auch – ein 603 **wirtschaftliches Unternehmen** führen. Die Gebietskörperschaft als Rechtsträger handelt in den Formen des Privatrechts und tritt im eigenen Namen als Unternehmer im Wirtschaftsverkehr auf. Beispiele sind das Landestheater Linz des Landes Oberösterreich, der Botanische Garten der Stadt Linz.
- Die zur Daseinsvorsorge berufene Verwaltung [222] sorgt insbesondere für öffentliche Infrastrukturen, wie 604 Straßen, Schienen, Wasserwege, Schulen, Universitäten, sie sorgt für die öffentliche Sicherheit im Inneren und nach außen usw. Dazu muss sie Sachgüter und Dienstleistungen der Wirtschaft in Anspruch nehmen. Die Gebietskörperschaften treten in erheblichem Umfang als Nachfrager für Sachgüter und Dienstleistungen auf. Die **öffentliche Auftragsvergabe** an die privaten Unternehmen erfolgt in nicht-hoheitlicher Verwaltung. Im öffentlichen Wirtschaftsrecht sorgt ein differenziertes **Vergaberecht** [➔] dafür, dass die Gebietskörperschaft die Aufträge sachlich vergibt und ihre Nachfragemacht nicht missbraucht [399].
- Die Gebietskörperschaften fördern auch viele Verhaltensweisen und Initiativen privater Personen. Dadurch 605 entsteht als Bereich der öffentlichen Verwaltung die **Förderverwaltung** [➔] oder die **Subventionsverwaltung** [➔]. Ein Großteil der **Subventionsvergabe** erfolgt in den Formen des Privatrechts, etwa die Darlehen der Wohnbauförderung der Länder. Manchmal sieht das Gesetz für Subventionen aber auch die hoheitliche Verwaltung vor, etwa die Studienbeihilfe nach dem Studienförderungsgesetz 1992 (BGBl 305). Die Verwaltung vergibt die Wohnbauförderung mit zivilrechtlichem Vertrag, die Studienbeihilfe mit öffentlichrechtlichem Bescheid.
- Schließlich treten die Gebietskörperschaften als **Dienstgeber** auf dem Arbeitsmarkt auf. Soweit die Gebiets- 606 körperschaft **Vertragsbedienstete** einstellt, handelt sie in den Formen des Privatrechts und schließt privatrechtliche Dienstverträge mit den Dienstnehmern ab. Soweit es um die Dienstverhältnisse der Beamten geht, ist das Dienstrecht jedoch Sache der Hoheitsverwaltung, ein Beamter wird in der Terminologie des Hoheitsrechts nicht „angestellt", sondern „ernannt".

[II]. [**Gesetzmäßigkeitsgebot in der nicht-hoheitlichen Verwaltung**]. Die Gesetze, die das 607 **privatrechtliche Handeln der Verwaltungsorgane** regeln, kann man als **Verwaltungsprivatrecht** [➔] bezeichnen. Ob das **Gesetzmäßigkeitsgebot** auch für die privatrechtlich handelnde Verwaltung des Bundes, der Länder und Gemeinden gilt, also ob auch das privatrechtliche Handeln der Verwaltung eine gesetzliche Grundlage immer **zwingend** braucht, war lange umstritten. Abgesehen vom Wortlaut des Art 18 Abs 1 B-VG (… *„**gesamte** staatliche Verwaltung"* …) [326] folgt aus der **Demokratie**, dass auch die privatrechtlichen Handlungen der Verwaltung dem Volk, dem Parlament unterworfen sein müssen. Die Anforderungen des Gesetzmäßigkeitsgebots an den Gesetzgeber und die Bindung der Verwaltung an die Gesetze sind von der Sache her für das privatrechtliche Handeln allerdings flexibler und weniger streng (**verdünnte Legalität**) als für das hoheitliche Handeln der Verwaltungsorgane (**differenziertes Legalitätsprinzip** [➔] [330]).

608 [III]. [**Nicht-hoheitliches Handeln nur „nach außen"**]. Die Gebietskörperschaften können durch ihre Verwaltungsorgane auf gesetzlicher Grundlage in den Formen des Privatrechts handeln, etwa Kaufverträge abschließen. Der Kaufvertrag unterliegt der rechtlichen Beurteilung der Privatrechtsordnung (Gültigkeit der Willenserklärung, Gewährleistung ua). Das hoheitliche **Organisationsrecht der Gebietskörperschaft** bestimmt die **innere Willensbildung** des privatrechtlichen Handelns. Wer zuständig ist, den Kaufvertrag abzuschließen, wie die Willensbildung zu Stande kommt, wie der Vertrag inhaltlich zu gestalten ist, bestimmt nicht die Privatrechtsordnung, sondern das hoheitliche Organisationsrecht. Die Gebietskörperschaft, die in den Formen des Privatrechts handelt, zieht sich nur den Mantel des Privaten an und tritt als Privater auf. Der Körper, der im Mantel steckt, bleibt derselbe. Nämlich der Staat, der hoheitlich organisiert und durch das Hoheitsrecht gebunden ist.

609 Kauft etwa ein Land ein Grundstück und ist der Landeshauptmann nach Organisationsrecht „nach außen" zuständig, den zivilrechtlichen Kaufvertrag abzuschließen, kommt die „innere" Willensbildung, ob und zu welchen Bedingungen der Landeshauptmann kauft, nach dem Organisationsrecht der Landesregierung zu. Der Landeshauptmann darf den Kaufvertrag daher nur abschließen, wenn der Abschluss durch einen Beschluss der Landesregierung gedeckt ist. Für den Landeshauptmann als Unterzeichner des Kaufvertrags gilt nicht dieselbe Privatautonomie (= Vertragsfreiheit [255]) wie für den privaten Geschäftspartner.

610 [IV]. [**Kompetenzverteilung in der nicht-hoheitlichen Verwaltung**]. Die Kompetenzverteilung der **Art 10 bis 15 B-VG**, welche die hoheitlichen Befugnisse zwischen Bund und Ländern aufteilt [378], gilt **nur für die hoheitliche Verwaltung** des Bundes und der Länder, **nicht** für die **nicht-hoheitliche Verwaltung**. **Art 17 B-VG** bestimmt: ***„Durch die Bestimmungen der Artikel 10 bis 15 über die Zuständigkeit in Gesetzgebung und Vollziehung wird die Stellung des Bundes und der Länder als Träger von Privatrechten in keiner Weise berührt"***. Der Bund darf im Kompetenzbereich des Landes, das Land darf im Kompetenzbereich des Bundes tätig werden, wenn die Verwaltung in **den Formen des Privatrechts** handelt. Gesetzliche Regelungen des Verwaltungsprivatrechts in Sachmaterien, in denen der Gesetzgeber kompetenzrechtlich nicht zuständig ist, nennen manche **Selbstbindungsgesetze** [➔], weil sie **nur staatsintern** Bedeutung haben, nicht aber Rechte und Pflichten der Menschen bestimmen können.

611 Dem Gesetzgeber des Bundes oder des Landes, der eine Sachmaterie als Grundlage für die Verwaltung regelt, steht es frei zu entscheiden, ob er verwaltungsbetroffenen Personen **Rechte** einräumt, die diese ermächtigen, gegebenenfalls gegen eine rechtswidrig handelnde Verwaltung einen Verwaltungsprozess zu führen. Soweit er für die Sachmaterie in der Kompetenzverteilung zuständig ist, kann der Gesetzgeber **subjektive öffentliche Rechte** einräumen [1428]. In den Selbstbindungsgesetzen geht das aus Kompetenzgründen nicht. Hier bleibt dem Gesetzgeber aber die Möglichkeit, **privatrechtliche Ansprüche** gegen den nicht-hoheitlich handelnden Staat zu gewähren. Für das „Gewerbe" etwa ist der Bund nach Art 10 Abs 1 Z 8 B-VG zuständig. Dennoch darf auch ein Landesgesetzgeber bestimmen, dass die Verwaltung des Landes die Ansiedlung von Gewerbebetrieben durch Geld und andere Zuwendungen fördert (= Verwaltungsprivatrecht), allerdings **nur** in den Formen des Privatrechts. Das Landesgesetz, das diese Förderung regelt, wäre allerdings ein Selbstbindungsgesetz. Mangels Kompetenz dürfte der Landesgesetzgeber den begünstigten Gewerbetreibenden keine im Verwaltungsprozess durchsetzbaren subjektiven öffentlichen Rechte einräumen. Dem Landesgesetzgeber bliebe aber die Möglichkeit, den Gewerbetreibenden im Zivilrechtsweg durchsetzbare privatrechtliche Ansprüche gegen das privatrechtlich handelnde Land zu gewähren.

FISKALGELTUNG DER GRUNDRECHTE ?

612 [I]. Grundrechte geben den Menschen verfassungsgesetzlich gewährleistete Ansprüche gegen den Staat, insbesondere schützen sie als Freiheitsrechte die Menschen vor staatlichen Eingriffen [507]. Die Ansprüche und der Schutz richten sich gegen alle Staatsgewalten, gegen die Gesetzgebung, gegen die Verwaltung, gegen die Gerichtsbarkeit. Weil die Verwaltung die privatrechtliche Handlungsalternative hat, also sowohl hoheitlich als auch in den Formen des Privatrechts handeln kann, stellt sich die Frage, ob der Grundrechtsschutz auch gegen die nicht-hoheitlich handelnde Verwaltung gilt (= **Fiskalgeltung der Grundrechte** [➔]).

Gegen die Fiskalgeltung spricht, dass in der Hoheitsverwaltung die Menschen dem Zwang des Staats unterworfen sind, sie können sich nicht wehren und müssen gehorchen. Im Privatrecht bedarf es der Zustimmung des Betroffenen. Die Fiskalgeltung der Grundrechte wird heute – jedenfalls für den **Gleichheitssatz** – bejaht. Der Gleichheitssatz verbietet der Verwaltung Diskriminierung und verlangt Sachlichkeit [498]. Diskriminierungsverbot und Sachlichkeit gelten auch und gerade für die nicht-hoheitliche Verwaltung der Gebietskörperschaften. 613

[II]. Dem Gesetzgeber steht es frei, die Fiskalgeltung eines Grundrechts ausdrücklich anzuordnen. Das Grundrecht auf Datenschutz (§ 1 DSG 2000) wird in diesem Sinn verstanden [566]. § 5 Abs 4 DSG 2000 lautet: *„Gegen Rechtsträger, die in Formen des Privatrechts eingerichtet sind, ist, soweit sie nicht in Vollziehung der Gesetze tätig werden, das Grundrecht auf Datenschutz ... auf dem Zivilrechtsweg geltend zu machen"*. Die Länder wickeln etwa die Wohnbauförderung in Privatwirtschaftsverwaltung ab. Gibt ein Land die dabei gesammelten persönlichen Daten der Darlehensnehmer frei, so verletzt es das Grundrecht auf Datenschutz. 614

GEBIETSKÖRPERSCHAFTEN ALS TRÄGER VON GRUNDRECHTEN ?

[I]. In der Privatrechtsordnung sind natürliche **und** juristische Personen Träger von (Privat)-Rechten, die Rechte juristischer Personen sind **wesensmäßig** eingeschränkt [591]. Diese wesensmäßigen Einschränkungen gelten in gleicher Weise für juristische Personen des Privatrechts wie für juristische Personen des öffentlichen Rechts. 615

[II]. Können **juristische Personen** auch Träger von **Grundrechten** sein ? Die **Wesenstheorie** [➔] beantwortet auch diese Frage. Juristische Personen – etwa ein Verein, eine Gesellschaft mit beschränkter Haftung – sind Träger von Grundrechten, wenn dies wesensmäßig möglich ist. Die Glaubens- und Gewissensfreiheit etwa ist nur Menschen vorbehalten. Nur Menschen können einen Glauben und ein Gewissen haben. Die Eigentumsfreiheit hingegen kommt auch juristischen Personen zu. Sie sind vermögensfähig und können in gleicher Weise wie natürliche Personen Eigentum an Sachen, Geld und sonstigem Vermögen besitzen. 616

[III]. Dass auch juristische Personen Träger von Grundrechten sein können, soweit dies wesensmäßig möglich ist, gilt grundsätzlich sowohl für die juristischen Personen des privaten Rechts als auch für die **juristischen Personen des öffentlichen Rechts**. Auch Rechtspersonen, die durch Gesetz eingerichtet sind, sind Grundrechtsträger. Das Gesetz richtet etwa die HochschülerInnenschaft an der Universität Linz als Körperschaft des öffentlichen Rechts ein. Sie ist gegen den Staat in ihrem Eigentum grundrechtlich geschützt. 617

[IV]. **Ausgenommen vom Grundrechtsschutz sind die Staaten** (**Bund, Land**), die juristische Personen des öffentlichen Rechts, die von der Verfassung als „Träger von Privatrechten" eingerichtet sind. Die Grundrechte bestimmen das Verhältnis privater Personen zum Staat, sie schützen vor allem im Bereich der Abwehrrechte private Personen vor Übergriffen des Staats. Grundrechte sind nicht dazu da, den Staat vor sich selbst, das Land vor dem Bund und den Bund vor dem Land zu schützen. **Die Gebietskörperschaften Land und Bund sind keine Träger von Grundrechten**. 618

Anders stellt sich die Situation für **Gemeinden** dar. Die Gemeinden haben im Sinne der Gemeindeautonomie eine besondere Eigenständigkeit gegenüber Bund und Land, die ihnen auch Grundrechtsschutz eröffnet. Art 116 Abs 2 B-VG gewährt den Gemeinden verfassungsgesetzlich ausdrücklich das **Recht** auf Selbstverwaltung [1279]. Wenn das B-VG selbst die Gemeinde für fähig hält, Träger von Grundrechten zu sein, gibt es keinen Grund, ihr nicht auch außerhalb des Art 116 Abs 2 B-VG jene Grundrechte zuzuschreiben, die wesensmäßig Rechtspersonen offen sind, etwa die Eigentumsfreiheit. 619

BUDGETHOHEIT DES PARLAMENTS

620 [I]. Geld gibt Macht, weil alle Geld haben wollen und sich nach dem richten, der Geld geben kann. Der Staat, der seine Aufgaben nicht nur hoheitlich, sondern auch nicht-hoheitlich wahrnehmen will, der sein Gewaltmonopol durch die Macht des Geldes unterstützen will, braucht Geld, in aller Regel viel Geld. Wie der Staat zu seinem Geld kommt, sagt die (**Finanz**)**Verfassung** [420]. Sie konstruiert den Staat als **Abgabenstaat** [➔]. Der Staat bringt das Geld **zwangsweise** durch hoheitliche **Abgaben** [➔], so durch **Steuern** [➔] (= allgemeine Geldleistungen an eine Gebietskörperschaft auf gesetzlicher Grundlage), **Gebühren** [➔] (= Geldleistungen an eine Gebietskörperschaft auf gesetzlicher Grundlage als Gegenleistung für eine konkrete staatliche Leistung) und **Beiträge**, auf. Das geld- und vermögensrelevante Handeln der Verwaltung nennen wir **Gebarung** [➔].

621 Der Staat kann zwar auch durch Verwaltung seines Vermögens und durch eigene unternehmerische Initiative [603] auf privatrechtlicher Grundlage Einnahmen erzielen, doch haben solche Einnahmen nur untergeordnete Bedeutung. Der Staat ist als Unternehmer unbegabt.

622 [II]. Das Geld ist eine wichtige Machtbasis einer Regierung. Im Polizeistaat entschied alleine der Monarch, wie viel Geld er den Menschen zwangsweise abnimmt und wofür er es ausgibt. Im demokratischen Rechtsstaat ist die Frage, wie viel Geld der Staat aufbringt und wofür er es verbrauchen darf, eine **Prärogative des Parlaments**. Die **Budgethoheit** [➔] liegt beim **Parlament**. („*No Taxation without Representation*", Parole des US-amerikanischen Konstitutionalismus). Die Budgethoheit ist für den Primat des Parlaments vor der Regierung unabdingbar. Im **Budget** [➔] entscheidet das Parlament, **wofür** die Verwaltung **welche Summen** ausgeben darf. Das Budget enthält für einen festgelegten Zeitraum die **Abschätzung** der zu erwartenden **Einnahmen** und die **Festlegung** der zulässigen **Ausgaben** des Staats.

623 In der Regel sieht die Verfassung für die Festlegung des Budgets durch das Parlament die Form des **Gesetzes** vor. Im Bund bestimmt das Parlament (Nationalrat) in einem Budgetgesetz (= **Bundesfinanzgesetz** [➔] auf der Grundlage eines **Bundesfinanzrahmengesetzes** [➔]) das Budget. Die Verfügungen der Verwaltung über das Geld und das Vermögen des Bundes regelt das **Bundeshaushaltsgesetz** [➔]). Budgetgesetze unterscheiden sich von anderen Gesetzen dadurch, dass sie nur **staatsintern** die Verwaltung binden, und kein Privater daraus Rechte oder Pflichten ableiten kann [310].

624 [III]. Die Verwaltung braucht sohin für ihr Handeln, soweit **es gebarungsrelevant** ist, **zwei gesetzliche Grundlagen**. Zunächst benötigt sie immer eine gesetzliche Grundlage im Sinne des **Gesetzmäßigkeitsgebots** des Art 18 Abs 1 B-VG [326]. Ist das Handeln der Verwaltung gebarungsrelevant, braucht sie darüber hinaus **auch** eine gesetzliche Grundlage in den Budgetgesetzen (= **doppelte Bedingtheit** [➔] gebarungsrelevanter Verwaltungshandlungen).

10. KAPITEL: DIE WIRTSCHAFTSORDNUNG

Glossar: *Arbeitsverfassungsgesetz (ArbVG), Außenwirtschaftsfreiheit, Aussperrung, Autonomie der Sozialpartner, berufsständische Kammer, betriebliche Mitbestimmung, Betriebsrat, Betriebsvereinbarung, Bundesarbeitskammer, Bundeswirtschaftskammer, Christliche Soziallehre, Eigentumsfreiheit, einheitliches Wirtschaftsgebiet, Erwerbsfreiheit, Europäisierung, Freihandel, Gemeinwirtschaft, geschlossene Wirtschaft, gesetzliche berufliche Vertretung, gesetzliche Vertretungen, Gewerkschaft, Globalisierung, Kammer, Kammer für Arbeiter und Angestellte, Kollektivvertrag, Kommunismus, Landarbeiterkammer, Landwirtschaftskammer, Marktwirtschaft, Österreichischer Gewerkschaftsbund (ÖGB), Planwirtschaft, Präsidentenkonferenz der Landwirtschaftskammern, Privatwirtschaft, selbständige Unternehmer, soziale und ökologische Marktwirtschaft, Sozialpartner, Sozialpartnerschaft, Staatswirtschaft, Streik, Tarifautonomie, unselbständige Arbeitnehmer, Verbände, Wirtschaft, Wirtschaftskammer, Wirtschaftsordnung, Wirtschaftsrecht, World Trade Organisation (WTO).*

[I]. Die **Wirtschaft** [➔] **erzeugt Güter, erbringt (Dienst)Leistungen und verteilt die Güter und Leistungen unter den Menschen** (= Realwirtschaft). Die Wirtschaft **sammelt und investiert darüber hinaus Geld** (= Geldwirtschaft, = Finanzwirtschaft) in Erwartung von Renditen. 625

Die Wirtschaft ist die **materielle Grundlage der Gesellschaft**. Die Menschen brauchen die Waren und Leistungen der Wirtschaft zum Leben, zum Überleben. Die Verteilung der Güter und Leistungen ist politisch und ideologisch umkämpft. In der Wirtschaft entscheidet sich „arm" oder „reich" – alles Gründe, warum die Wirtschaft für den allzuständigen Staat ein **zentrales Thema** ist. 626

[II]. Die **einfache Gesetzgebung** regelt im Rahmen der von der **Verfassung** vorgegebenen **Wirtschaftsordnung** [➔] die Einzelheiten des Wirtschaftens. Die Verfassung legt fest, nach welchen **Grundsätzen** die Wirtschaft funktioniert. Alle staatlichen Rechtsnormen zusammen, die das Wirtschaften regeln, bezeichnen wir als das (**öffentliche**) **Wirtschaftsrecht** [➔]. **Heute gibt auch und insbesondere das Unionsrecht die Wirtschaftsordnung für Österreich vor.** 627

MODELLE EINER WIRTSCHAFTSORDNUNG

628

10/1

MODELLE EINER WIRTSCHAFTSORDNUNG

• Privatwirtschaft • Gemeinwirtschaft • Staatswirtschaft
• Marktwirtschaft • Planwirtschaft
• Außenwirtschaftsfreiheit • Geschlossene Wirtschaft

SOZIALE UND ÖKOLOGISCHE MARKTWIRTSCHAFT [Österreich]
(Trennung von Staat und Gesellschaft; Eigentumsfreiheit und Erwerbsfreiheit; Sozialstaat; Umweltschutzstaat)

[I]. Bei der **Wirtschaftsordnung** geht es um drei Fragen: Erstens: **Wer** wirtschaftet ? Zweitens: **Wie** wird gewirtschaftet ? Und drittens: Welche Bedeutung für die Wirtschaft hat das **Ausland** ? Auf diese Fragen gibt es verschiedene Antworten, damit auch **verschiedene Modelle** einer Wirtschaftsordnung: 629

(1) [**PRIVATWIRTSCHAFT, GEMEINWIRTSCHAFT, STAATSWIRTSCHAFT**]. **Wer** soll die Erzeugung von Gütern und die Erbringung von Leistungen planen, organisieren und durchführen ? 630

- Modell 1: Wirtschaftstreibende, Unternehmer sind die Privaten, **jeder Private** kommt in Betracht (= private Wirtschaft = **Privatwirtschaft** [➔]). 631
- Modell 2: Wirtschaftstreibende, Unternehmer sind **Gruppen von Privaten** mit **gemeinnützigen Zielen**, etwa Genossenschaften (= **Gemeinwirtschaft** [➔]). 632
- Modell 3: Wirtschaftstreibender, Unternehmer ist der **Staat**, der das Wirtschaftsrecht erlässt, selbst (= **Staatswirtschaft** [➔]). 633

634 (2) [**MARKTWIRTSCHAFT, PLANWIRTSCHAFT**]. **Wie** wirtschaften die Unternehmer, **wie** werden Güter und Leistungen unter den Wirtschaftstreibenden und unter den Menschen (Verbrauchern) verteilt ?

635 • Jede entwickelte Wirtschaft funktioniert arbeitsteilig. Jeder Wirtschaftstreibende steht mit anderen Wirtschaftstreibenden in Bezug, tauscht Sachgüter sowie Leistungen aus und vermarktet sie an die Verbraucher. Werden diese Wirtschaftsbeziehungen vom Staat nicht reglementiert, so gestalten sie sich nach den Regeln des Markts (= **Angebot und Nachfrage**). Im Markt versuchen die Unternehmer und die Verbraucher, nach **den Regeln der Psychologie, nicht nach den Regeln des staatlichen Rechts**, ihr „Haben" privatnützig zu maximieren (= **Marktwirtschaft** [➔]).

636 • Die Gesellschaft bewertet die Vorgänge des Markts **politisch** und kritisiert sie. Die Verfolgung ausschließlich privatnütziger Ziele ließe Anliegen des Gemeinwohls, wie den **Schutz wirtschaftlich Schwacher** oder **den sparsamen und wirkungsvollen Umgang mit natürlichen wirtschaftlichen Ressourcen**, unberücksichtigt, was zu wirtschaftlichen, ökologischen und vor allem sozialen **Missständen** führt. Abhilfe soll der Staat **durch staatliches Zwangsrecht** schaffen: Der Markt soll durch einen politisch und rechtlich vom Staat festgesetzten gesamtwirtschaftlichen **Plan** ersetzt werden, der jedem Unternehmen und jedem Menschen das politisch Gewollte seines Wirtschaftens zuweist und abverlangt. **Das staatliche Recht ersetzt die Psychologie des Markts** (= **Planwirtschaft** [➔], = „Kommandowirtschaft").

637 (3) [**AUßENWIRTSCHAFTSFREIHEIT, GESCHLOSSENE WIRTSCHAFT**]. Wie sind die Wirtschaftsbeziehungen zum **Ausland** geregelt ? Der Staat, dessen (Zwangs)Recht an den Staatsgrenzen endet, beherrscht die wirtschaftlichen Vorgänge im Ausland nicht, er kann die Wirtschaft **nur innerhalb seiner Staatsgrenzen** gestalten. Eine Wirtschaftsordnung muss daher auch festlegen, ob und inwieweit sie **grenzüberschreitende** Wirtschaftsbeziehungen zulässt. Das betrifft sowohl das Wirtschaften eigener Unternehmen im Ausland als auch das Wirtschaften fremder Unternehmen im Inland und insbesondere das Verhalten der Verbraucher. Wenn die grenzüberschreitenden Wirtschaftsbeziehungen für die Unternehmer frei sind, sprechen wir von **Außenwirtschaftsfreiheit** [➔], mit einem älteren Begriff von **Freihandel** [➔] oder „**Außenhandelsfreiheit**". **Unterbindet der Staat** grenzüberschreitende Wirtschaftsbeziehungen, sprechen wir von einer **geschlossenen Wirtschaft** [➔]. Eine Wirtschaft, die **ohne Eingriffe des Staats** nur den Regeln des Markts gehorcht, ergäbe **globale** Wirtschaftsbeziehungen ohne Berücksichtigung von Staatsgrenzen [674].

638 [II]. Eine Wirtschaftsordnung kann also sein eine Privatwirtschaft, eine Gemeinwirtschaft, eine Staatswirtschaft, eine Marktwirtschaft, eine Planwirtschaft. In aller Regel verwirklicht eine Wirtschaftsordnung nicht ausschließlich ein Modell, sondern **kombiniert** die Modelle mit spezifischen Schwerpunkten. So bedeutet etwa eine Entscheidung für die Privatwirtschaft nicht, dass nicht auch im untergeordneten Maß Genossenschaften und der Staat als Wirtschaftstreibende auftreten können, die Privatwirtschaft also gemeinwirtschaftliche und staatswirtschaftliche Elemente integriert. Die Entscheidung für die Marktwirtschaft bedeutet nicht, dass nicht auch planwirtschaftliche Elemente in die Wirtschaftsordnung eingefügt sind; etwa eine Privatwirtschaft, die eine besondere Marktordnung für die Landwirtschaft festlegt. Von den grundlegenden Voraussetzungen ist eine Privatwirtschaft mit einer Marktwirtschaft gut vereinbar. Eine Planwirtschaft harmoniert mit einer Staatswirtschaft. Trotzdem sind auch privatwirtschaftliche Elemente in einer Planwirtschaft denkbar.

PRIVATE MARKTWIRTSCHAFT

639 [I]. **Welche Wirtschaftsordnung hat Österreich ?** Wegen der Bedeutung der Wirtschaft für Gesellschaft und Staat sollte der Text der Bundesverfassung deutlich erklären, welche Wirtschaftsordnung die Verfassung für Österreich festlegt. Das ist in Österreich nicht der Fall. **Der Text der Bundesverfassung meidet das Thema Wirtschaftsordnung**.

640 Der Grund dafür liegt in der Politik. Fragen der Wirtschaftsordnung sind und vor allem waren politisch umstritten und ideologisch besetzt, sodass jeder Versuch der textlichen Formulierung in diesem Bereich Widerspruch, Misstrauen und grundsätzliche Debatten hervorrief. Dies galt vor allem für den Text des B-VG 1920, als liberale,

konservative und kapitalistische Vorstellungen auf der einen Seite mit kommunistischen und sozialistischen Konzepten auf der anderen Seite zusammenstießen. 1945, als das Verfassungs-Überleitungsgesetz die geltende Verfassungsordnung einsetzte, war das nicht anders. Österreich war von den liberal und kapitalistisch orientierten Westmächten (USA, Großbritannien, Frankreich) und von der kommunistischen Sowjetunion besetzt. Die auf Konsens oder zumindest mehrheitliche Zustimmung angewiesene demokratische politische Willensbildung brachte bis heute keine ausdrückliche Reglementierung der Wirtschaftsordnung im Verfassungstext zustande. Der heftige Streit zwischen politisch „rechten" Konzepten der Wirtschaftsordnung und politisch „linken" Konzepten der Wirtschaftsordnung hat sich mit dem Untergang der Sowjetunion 1991 und dem Ende ihres kommunistischen Wirtschaftssystems allerdings entspannt. Weltweit ist die Überlegenheit marktwirtschaftlicher Wirtschaftskonzepte heute anerkannt. Die ideologische Konfrontation des „Kalten Kriegs" überlebten drei allgemeine Werte: **Marktwirtschaft**, **Demokratie** und – zumindest in Europa – **Sozialstaatlichkeit** [124].

Einzelne Landesverfassungen allerdings sprechen ausdrücklich von einer Marktwirtschaft (etwa Art 11 Abs 1 Oö Landes-Verfassungsgesetz – Oö L-VG: *„... Maßnahmen zur Entfaltung einer leistungsfähigen,* ***nachhaltigen und sozialen Marktwirtschaft****"*; Art 7 Abs 3 Tiroler Landesordnung 1989: *„Das Land Tirol hat die freie Entfaltung der Wirtschaft unter Wahrung der Grundsätze der* ***Sozialen Marktwirtschaft*** *zu fördern"*). 641

[II]. Dass die Verfassung in ihrem Text zur Frage der Wirtschaftsordnung schweigt, bedeutet nicht, dass die Regeln der Verfassung für das Wirtschaften keine Grundlage und keinen Rahmen gäben. **Allgemeine Verfassungsbestimmungen** gelten auch für die Wirtschaft, woraus sich die Wirtschaftsordnung der Verfassung **mittelbar** erkennen lässt. Der **Rechtsstaat**, die **Trennung von Staat und Gesellschaft** und die **Grundrechte des freien Wirtschaftens** begründen Österreich **im Grundsatz** als **private Marktwirtschaft**: 642

- [**Rechtsstaat und körperliche Sicherheit**]. Das Streben der Menschen nach „Haben" in dem nach psychologischen Kriterien funktionierenden Markt setzt kriminelle Energien frei. Der Staat tritt mafiosen Erscheinungen in der Wirtschaft aus staatlichem Selbstverständnis entschieden entgegen. Der Staat schützt und garantiert mit den Mitteln des **Gewaltmonopols** die Einhaltung der Privatrechtsordnung und das **gewaltfreie** rechtsstaatliche Funktionieren der Privatautonomie, das gewaltfreie Funktionieren der Wirtschaft. 643
- [**Trennung von Staat und Gesellschaft**]. Die Wirtschaft ist **Teil der freien Gesellschaft**, nicht Teil des Staats. Nach der rechtsstaatlichen **Trennung von Staat und Gesellschaft** [254] steht eine freie Gesellschaft, in der jeder sein Leben nach eigenen Vorstellungen gestalten kann, dem durch die Verfassung gebundenen Staat gegenüber. Zum Freiraum, das Leben nach eigenen Vorstellungen zu gestalten, gehört auch das selbstbestimmte und eigenverantwortliche Wirtschaften. Das Wirtschaften ist durch die Privatrechtsordnung, die Privatautonomie und die Vertragsfreiheit bestimmt und verrechtlicht. 644
- [**Freiheitsrechte**]. Die Verfassung begründet mit der Trennung von Staat und Gesellschaft nicht nur die freie Gesellschaft und als ihren Teil die **freie Wirtschaft**, sie sichert die Freiheit der Menschen durch eine Reihe von Individualrechten, durch verfassungsgesetzlich gewährleistete **Freiheitsrechte** ab [507]. Die wirtschaftlich bedeutendsten **Grundrechte** sind die **Eigentumsfreiheit** [➔] (Art 5 StGG, Art 1 erstes ZPzEMRK) und die **Erwerbsfreiheit** [➔] (Art 6 Abs 1 StGG). Diese beiden Grundrechte zeigen klar, dass jedermann Vermögen frei besitzen, erwerben und veräußern kann, dass jedermann jede berufliche Betätigung zu Erwerbszwecken frei ausüben darf. Die freie Wirtschaft in einer freien Gesellschaft ist im Sinn dieser Grundrechte eine **Privatwirtschaft** und eine **Marktwirtschaft**. 645
- [**Unionsrecht**]. Unabhängig vom nationalen Recht bietet das **Unionsrecht** eine Rechtsgrundlage für die Marktwirtschaft in Österreich (Art 3 Abs 3 EUV, Art 119, 120 AEUV). 646

[III]. Die Wirtschaftsordnung des B-VG umfasst das **gesamte Staatsgebiet**. Art 4 B-VG erklärt das **Bundesgebiet** zum **einheitlichen Wirtschaftsgebiet** [➔] (= Währungs-, Wirtschafts- und Zollgebiet). Der freie Wirtschaftsverkehr innerhalb des Bundesgebiets darf – insbesondere an den Landesgrenzen – in keiner Weise beschränkt werden. Der freie Wirtschaftsverkehr ist zwischenzeitlich durch den **Binnenmarkt** der EU auf das Gebiet der Europäischen Union erweitert [821]. 647

SOZIALE UND ÖKOLOGISCHE MARKTWIRTSCHAFT

[I]. Aus der Verfassung lässt sich also mittelbar die **Wirtschaftsordnung der Bundesverfassung** erkennen: Gemäß der rechtsstaatlichen Trennung von Staat und Gesellschaft und nach den Grundrechten des freien Wirtschaftens (Eigentumsfreiheit, Erwerbsfreiheit) ist Österreich **im Grundsatz** eine Privatwirtschaft und eine Marktwirtschaft, eine **private Marktwirtschaft**. 648

649 Nur „im Grundsatz", weil insbesondere die Grundrechte der Eigentumsfreiheit und der Erwerbsfreiheit unter **Gesetzesvorbehalt** stehen [509], die einfache Gesetzgebung also im **öffentlichen Interesse** in den Schutzbereich dieser Freiheitsrechte eingreifen darf. Der **Schutz sozial Schwacher** und der **Schutz der Umwelt** liegen im öffentlichen Interesse. Solche Eingriffe des Gesetzgebers in die Abläufe der privaten Marktwirtschaft sind verfassungsrechtlich nicht nur zulässig, sondern verfassungsrechtlich auch **geboten**. Die Verfassung hat in **Staatszielbestimmungen** den **Sozialstaat** [116] und den **Umweltschutzstaat** [142] verbindlich vorgegeben, den einfachen Gesetzgeber also verpflichtet, durch Zwangsrecht **mäßigend** auf das private und marktwirtschaftliche Handeln einzuwirken, das Wirtschaften dem Schutz sozial Schwacher, dem Anliegen einer sozial gerechten Ordnung unterzuordnen sowie den **unvertretbaren Gebrauch der Umwelt**, die ungehemmte Ausbeutung der natürlichen Ressourcen zu unterbinden. **Wie weit** die einfache Gesetzgebung wirklich gegen soziale und ökologische Missstände einschreitet, ist allerdings auf einfachgesetzlicher Basis eine Frage der **politischen Disposition des Parlaments und der Parlamentsmehrheit**.

650 [II]. Die Wirtschaftsordnung der Bundesverfassung ist in diesem Sinn **keine „reine" private Marktwirtschaft**, sondern eine **soziale und ökologische Marktwirtschaft** [➔] (= „öko-soziale Marktwirtschaft"). So auch das Unionsrecht. Art 3 Abs 3 EUV lautet: Die Europäische Union *„wirkt auf die **nachhaltige Entwicklung** Europas auf der Grundlage eines ausgewogenen Wirtschaftswachstums und von Preisstabilität, eine in hohem Maße wettbewerbsfähige **soziale Marktwirtschaft**, die auf Vollbeschäftigung und sozialen Fortschritt abzielt, sowie ein hohes Maß an **Umweltschutz** und **Verbesserung der Umweltqualität** hin."*

SOZIALPARTNER

651

10/2

SOZIALPARTNER

- **VERBÄNDE [Vereine] UND SELBSTVERWALTUNGSKÖRPER [Kammern]**
- **AUTONOMIE DER SOZIALPARTNER [insbesondere Tarifautonomie]**
- **SOZIALPARTNERSCHAFTLICHER DIALOG [Kollektivverträge, betriebliche Mitbestimmung, Betriebsvereinbarungen, ArbVG]**

PARITÄTISCHE KOMMISSION

(Bundeswirtschaftskammer, Bundesarbeitskammer, Österreichischer Gewerkschaftsbund [ÖGB], Präsidentenkonferenz der Landwirtschaftskammern)

652 [I]. In der privaten Marktwirtschaft bestimmen vor allem die **selbständigen Unternehmer** [➔] die Wirtschaft. Sie arbeiten allerdings in ihren Unternehmen in der Regel nicht alleine, sie benötigen **unselbständige Arbeitnehmer** [➔], Arbeiter und Angestellte, die für sie arbeiten. Wer **selbständig** arbeitet, arbeitet auf eigene Rechnung und trägt allein das Risiko, dass er Gewinne oder Verluste erwirtschaftet. **Unselbständig** arbeitet, wer eine bestimmte Zeit für einen Unternehmer arbeitet, den Weisungen des Unternehmers folgt und für seine Arbeit eine fixe Summe erhält, unabhängig davon, ob seine Arbeit dem Unternehmer Gewinn oder Verlust bringt.

653 Zwischen den selbständigen Unternehmern als **Arbeitgeber** und den Arbeitern und Angestellten als **Arbeitnehmer** gibt es **widerstreitende Interessen**. Die Unternehmen, in denen Arbeitgeber und Arbeitnehmer gemeinsam arbeiten, erwirtschaften die Gewinne. Über die gerechte Aufteilung der Gewinne, aus der Sicht der Arbeitnehmer über die Höhe der Löhne gehen die Meinungen regelmäßig auseinander. Einigen sich die Beteiligten nicht, kann es zum **Arbeitskampf** kommen. Die Arbeitnehmer setzen den **Streik** [➔], die Arbeitgeber die **Aussperrung** [➔] als Kampfmittel ein.

Der Arbeitskampf kann Gefahren für die Gesellschaft und auch für den Staat bringen. Historisch führten Arbeitskämpfe häufig zu **offener Gewalt**, auch zu **revolutionären Umtrieben**. Politische Konzepte zu den sozialen Fragen boten der **Kommunismus** [➔] (= Marxismus) und die **Christliche Soziallehre** [➔] an.

[II]. Dem Staat ist daran gelegen, Regelungen vorzugeben, damit der Interessenausgleich zwischen Arbeitgebern und Arbeitnehmern gelingt und es nicht zu Exzessen kommt. Dabei hat die Gesetzgebung im Sinne des **Sozialstaats** die Wahl, 654

- **entweder** soziale Sachverhalte in der Wirtschaft **unmittelbar durch Gesetz** selbst zu regeln (zum Beispiel für unselbständige Erwerbsarbeit einen Mindestlohn, eine gesetzliche Beschränkung der Wochenarbeitszeit, einen Mindesturlaub gesetzlich festlegen), **oder** 655
- soziale Sachverhalte **nicht** zu regeln, sondern darauf zu **vertrauen**, dass die an den wirtschaftlichen Vorgängen beteiligten Personen – insbesondere die **Arbeitgeber** und die **Arbeitnehmer** – **autonom** unabhängig vom Staat soziale Fragen verhandeln und **im Konsens** regeln. 656

[III]. Die Verfassung setzt besonders auf die **Konsensregelung** sozialer Fragen durch die Arbeitgeber und die Arbeitnehmer selbst, sodass dem Gesetzgeber staatliche Reglementierungen in weiten Bereichen erspart bleiben. **Art 120a Abs 2 B-VG** lautet dazu: ***„Die Republik anerkennt die Rolle der Sozialpartner. Sie achtet deren Autonomie und fördert den sozialpartnerschaftlichen Dialog durch die Einrichtung von Selbstverwaltungskörpern"***: 657

- [**EINRICHTUNG VON SELBSTVERWALTUNGSKÖRPERN**]. Um ihre Interessen besser vertreten und durchsetzen zu konnen, schließen sich Arbeitnehmer und Arbeitgeber freiwillig in **privatrechtlichen Vereinigungen** (= **Verbände** [➔]) zu **beruflichen Interessenvertretungen** zusammen. Die beruflichen Interessenvertretungen der **Arbeitnehmer** heißen **Gewerkschaften** [➔]. Die Einrichtung und die Tätigkeit dieser Vereinigungen sind durch das Grundrecht der Vereinigungsfreiheit verfassungsrechtlich (Art 11 EMRK) und unionsrechtlich (Art 12 GRC) geschützt. 658

  Die Existenz von Vereinigungen ist die Voraussetzung dafür, **dass Arbeitgeber und Arbeitnehmer über die einzelnen Unternehmen hinaus kommunizieren, verhandeln und Regelungen finden können**. Die freiwilligen Verbände können das leisten, zeigen aber **Mängel**. Ihre Existenz ist **nicht gesichert**. Die Verbände sind freiwillig eingerichtet, sie könnten sich freiwillig wieder auflösen. Die Verbände sind weder für die Arbeitgeber noch für die Arbeitnehmer **repräsentativ**. Die Mitgliedschaft zu den Verbänden ist freiwillig, ein Verband nimmt die Interessen seiner Mitglieder, nicht die Interessen aller wahr. Die innere Willensbildung der Verbände ist frei gestaltbar, die Vertreter des Verbands sind nicht zwingend von den Mitgliedern **durch Wahlen** nach demokratischen Vorstellungen des Staats **legitimiert**. Die Verbände müssen frei für ihre **Finanzierung** sorgen, sie können in Abhängigkeit großer Geldgeber geraten. 659

  Deshalb verlangt die Verfassung in **Art 120a Abs 2 B-VG** – unbeschadet der bestehenden freiwilligen Verbände – die ***„Einrichtung von Selbstverwaltungskörpern"*** durch den Gesetzgeber. Die Verfassung meint damit **Kammern** [➔] und andere **gesetzliche berufliche Vertretungen** [➔]. Solche beruflichen Selbstverwaltungskörper sind gesetzlich als **„Körperschaften des öffentlichen Rechts"** [590] eingerichtete **Pflichtverbände** [1106], die unabhängig davon bestehen, ob ihre Pflichtmitglieder die Vertretung wollen oder nicht. Die Kammern und die anderen beruflichen Vertretungen haben wie die privaten Verbände die **berufliche Interessenvertretung** ihrer Mitglieder zur Aufgabe, sie sind darüber hinaus auch Ansprech- und Diskussionspartner von Parlament und Regierung. Sie haben – weil gesetzlich eingerichtet – anders als die Verbände einen **gesicherten Bestand**. Es besteht **Pflichtmitgliedschaft** für **alle**, damit ist die Vertretung **repräsentativ**. Die Willensbildung erfolgt durch Vertreter, die nach den staatlichen Vorstellungen von Demokratie **gewählt** und legitimiert sind. Die Finanzierung der Vertretung ist durch gesetzliche **Pflichtbeiträge** der Mitglieder gesichert, sodass die Gefahr der Abhängigkeit von großen Geldgebern gering ist. 660

661 Der Begriff „Selbstverwaltungskörper" für Kammern und andere gesetzliche berufliche Vertretungen ist historisch entstanden und heute nicht mehr treffsicher. Der Begriff meint **nicht**, dass die Kammern und anderen gesetzlichen beruflichen Vertretungen ein weisungsfreier **Teil der staatlichen Verwaltung** wären [1057]. Er meint einen im **Bereich der Gesellschaft** durch den Gesetzgeber eingerichteten **Pflichtverband**. – **„Kammern"** sind jedenfalls gesetzlich eingerichtete berufliche Vertretungen. Ob der Gesetzgeber eine „gesetzliche berufliche Vertretung" auch „Kammer" nennt, hat historische Gründe.

662 Als „große" berufliche Selbstverwaltungskörper richtete der **Bundesgesetzgeber** (Art 10 Abs 1 Z 8 B-VG: *„Kammern für Handel, Gewerbe und Industrie"*, *„Einrichtung beruflicher Vertretungen, soweit sie sich auf das ganze Bundesgebiet erstrecken, mit Ausnahme solcher auf land- und forstwirtschaftlichem Gebiet"*; Art 10 Abs 1 Z 11 B-VG: *„Kammern für Arbeiter und Angestellte, mit Ausnahme solcher auf land- und forstwirtschaftlichem Gebiet"*; Art 11 Abs 1 Z 2 B-VG) ein: Auf der Seite der **Arbeitgeber** die **Bundeswirtschaftskammer** [➔] (Wirtschaftskammer Österreich), und jeweils im regionalen Bereich eines Landes die **Wirtschaftskammern** [➔] (zum Beispiel die Wirtschaftskammer Oberösterreich). Auf der **Arbeitnehmerseite** die **Bundesarbeitskammer** [➔] und jeweils im regionalen Bereich eines Landes die **Kammern für Arbeiter und Angestellte** [➔]. Für die Landwirtschaft sind die Länder zuständig (Art 15 Abs 1 B-VG), sodass die **Landesgesetzgeber** in den Ländern **Landwirtschaftskammern** [➔], in manchen Ländern zusätzlich **Landarbeiterkammern** [➔] einrichteten. Weil die Landwirtschaftskammern eine Vertretung auch auf Bundesebene haben wollten, was auf gesetzlicher Grundlage kompetenzrechtlich (Art 15 Abs 1 B-VG) nicht zulässig ist, gründeten sie als Mitglieder den privatrechtlichen Verein **Präsidentenkonferenz der Landwirtschaftskammern** [➔].

663 Neben den „großen" Kammern mit hunderttausenden Mitgliedern richteten der Bundesgesetzgeber und die Landesgesetzgeber noch „kleine" **berufsständische Kammern** [➔] und andere **gesetzliche Vertretungen** [➔] für vergleichsweise kleine Personenkreise ein. Im Bund etwa die Ärztekammern, die Zahnärztekammern, die Österreichische Tierärztekammer, die Österreichische Apothekerkammer, die Rechtsanwaltskammern, die Notariatskammern, die Architekten- und Ingenieurkonsulentenkammern, die Hochschülerinnen- und Hochschülerschaften ua. In den Ländern Jagdverbände, Fischereiverbände ua.

664 • [**SOZIALPARTNER**]. **Sozialpartner** [➔] im Sinne des **Art 120a Abs 2 B-VG** sind die „großen" Verbände und die „großen" Kammern. Der Verfassungsbegriff setzt auf die historisch seit 1957 ohne rechtliche Grundlage informell existierende **Sozialpartnerschaft** [➔] auf. Die Sozialpartnerschaft besteht in einer vom Bund initiierten **Paritätischen Kommission**, die sich auf nationaler Ebene um Wirtschafts- und Sozialfragen bemüht und der neben Vertretern der Bundesregierung die **vier** „großen" Sozialpartner angehören, so die **Bundeswirtschaftskammer**, die **Bundesarbeitskammer**, der **Österreichische Gewerkschaftsbund (ÖGB)** [➔] und die **Präsidentenkonferenz der Landwirtschaftskammern**.

665 • [**AUTONOMIE DER SOZIALPARTNER**]. Art 120a Abs 2 B-VG zeigt das Vertrauen der Verfassung, dass die Sozialpartner soziale Fragen der Wirtschaft lösen können, und dass der Staat nicht alles gesetzlich regeln muss. Art 120a Abs 2 B-VG schreibt fest, dass es eine **Autonomie der Sozialpartner** [➔] gibt und geben muss. Die Sozialpartner müssen im Sinne dieser Autonomie von Verfassungs wegen **wesentliche Regelungskompetenzen** haben, auch wenn der einfache Gesetzgeber die Grenzen der Autonomie flexibel gestalten darf und entscheidet, welche sozialen Fragen er durch Gesetz selbst regelt. Kernbereich der Autonomie der Sozialpartner ist die **Tarifautonomie** [➔], das ist die Vereinbarung der **Löhne und Gehälter** in der Wirtschaft.

666 Vergleichbar die Regelung im Unionsrecht. Die Europäische Union *„anerkennt und fördert die Rolle der Sozialpartner auf Ebene der Union unter Berücksichtigung der Unterschiedlichkeit der nationalen Systeme. Sie fördert den sozialen Dialog und achtet dabei die **Autonomie der Sozialpartner**"* (Art 152 AEUV).

667 • [**SOZIALPARTNERSCHAFTLICHER DIALOG**]. Der Staat, welcher der Autonomie der Sozialpartner vertraut, muss sicherstellen, dass die Autonomie auch funktioniert. Dass die Beteiligten kontinuierlich Gespräche führen, miteinander verhandeln, zu Ergebnissen kommen und verbindliche Vereinbarungen treffen. Damit die Sozialpartner **verbindliche Vereinbarungen** treffen

können, muss der Staat **besondere Rechtsgrundlagen** schaffen. Dabei gibt der Gesetzgeber den **Verbänden** den Vorzug vor den Kammern und anderen gesetzlichen beruflichen Vertretungen. Das (einfache) **Arbeitsverfassungsgesetz (ArbVG)** [➔] stellt den **Verbänden** (etwa Österreichischer Gewerkschaftsbund, Industriellenvereinigung) **eigene Rechtssatzformen** (= **Kollektivverträge** [➔]) bereit, damit die Vereinbarungen der Verbände rechtlich nicht nur für die Verbände selbst und für ihre Mitglieder, sondern **für alle verbindlich** sind.

Kollektivverträge sind in der Verfassung zwar nicht ausdrücklich als Rechtssatzform genannt (Geschlossenheit des verfassungsrechtlichen Rechtsquellensystems [269]), doch waren sie im Zeitpunkt der Erlassung des B-VG bekannt, wurden vom Verfassungsgeber somit „vorgefunden". Daher ist es verfassungsrechtlich zulässig, wenn die Sozialpartner auf besonderer gesetzlicher Grundlage als Rechtsquelle sui generis allgemein (auch für Dritte) verbindliche Vereinbarungen (= Kollektivverträge) treffen. 668

Auf **betrieblicher Ebene** organisiert das Arbeitsverfassungsgesetz **Betriebsräte** [➔], die im Rahmen der Kollektivverträge mit ihrem Unternehmer **Betriebsvereinbarungen** [➔] abschließen. Ist der Arbeitgeber eine Kapitalgesellschaft, müssen Arbeitnehmervertreter zudem ein Drittel der Aufsichtsratsmitglieder stellen (= **betriebliche Mitbestimmung** [➔]). 669

GLOBALISIERUNG

670

AUßENWIRTSCHAFTSFREIHEIT

- **GLOBALISIERUNG [WTO]**
- **EUROPÄISIERUNG [EU]**

10/3

[I]. Die **soziale Marktwirtschaft** bestimmte nach dem Weltkrieg in der zweiten Hälfte des 20. Jahrhunderts das politische Geschehen. Der Staat erzwang mit seiner Staatsgewalt und mit politischem Augenmaß den Ausgleich der widerstreitenden Interessen in der Wirtschaft. **Geordnete wirtschaftliche Verhältnisse und Wohlstand – mehr oder weniger für alle – waren das Ergebnis**. 671

Diesen Zustand des Gleichgewichts sehen manche in Gefahr. Die Rechtsordnung hat sich nicht nur für eine soziale Marktwirtschaft, sondern auch für die **Außenwirtschaftsfreiheit** entschieden. Doch das staatliche Zwangsrecht macht an der Staatsgrenze halt. Jenseits der Staatsgrenze hat das staatliche Recht keine Macht. Den staatlichen Eingriffen ist die auf dem Staatsgebiet tätige Wirtschaft unterworfen; eine grenzüberschreitend agierende Wirtschaft kann das staatliche Zwangsrecht nicht beherrschen. Die sozialstaatlichen Anliegen geraten in die Defensive. Das Gleichgewicht zwischen privater Marktwirtschaft und sozialstaatlichen Eingriffen wankt. 672

[II]. Das Bekenntnis der österreichischen Wirtschaftsordnung zur Außenwirtschaftsfreiheit zeigt sich heute in der wirtschaftlichen Integration Europas. Österreich ist Mitglied der Europäischen Union, die einen „Binnenmarkt" für alle Staaten Europas – derzeit 28 Staaten – schaffen will [821]. Die Wirtschaft befindet sich in einer Phase der **Europäisierung** [➔], in welcher der Staat Österreich keine entscheidende Rolle mehr spielen kann. In den europäischen Staaten sind die Anliegen des Sozialstaats politisch im Grundsatz zwar weitgehend unbestritten, die Auffassungsunterschiede im Einzelnen jedoch sind erheblich. Immerhin hat die Europäische Union Institutionen, die mit mächtigen Rechtsetzungsbefugnissen ausgestattet sind. **Der freien europäisierten Wirtschaft können die Staaten im Interesse einer sozial gerechten Ordnung entweder gemeinsam oder über die Institutionen der Europäischen Union entgegentreten**. In diesem Sinn ist die Förderung der sozialen Gerechtigkeit Ziel der Europäischen Union (Art 3 Abs 3 EUV). 673

[III]. Die Außenwirtschaftsfreiheit ist nicht auf Europa beschränkt. Die Europäische Union soll keine „Festung Europa" sein. Als Folge entwickelt sich die österreichische und europäische Wirtschaft grenzüberschreitend über den ganzen Erdball, was sich rechtlich insbesondere in der internationalen UNO(Teil)Organisation der WTO (= **World Trade Organisation** [➔]) zeigt. Wir sprechen von **Globalisierung** [➔] der Wirtschaft. Das Problem der Globalisierung ist, dass die globalisierte Wirtschaft weitestgehend wirklich frei ist, und keine Autorität – weil es keine globale Autorität gibt – der Weltwirtschaft sozialstaatliche Anliegen aufzwingen kann. Die Zusammenarbeit aller Staaten, selbst nur der wichtigsten, ist schwierig, internationale Institutionen mit Eingriffsmacht sind nicht entwickelt. Eine globalisierte Wirtschaft bietet viele Chancen und Möglichkeiten, ihr Sinn wird nicht wirklich bestritten. **Wie die sozialstaatlichen Anliegen durchgesetzt werden sollen, ist ungeklärt**. 674

A₂ DIE STAATENGEMEINSCHAFT UND DAS VÖLKERRECHT

11. KAPITEL: INTERNATIONALES RECHT

Glossar: *Allgemeine Rechtsgrundsätze des Völkerrechts, Erfüllungsvorbehalt, formelle Einordnung des Völkerrechts, generelle Transformation, Glied- oder Teilstaatsvertrag, internationale Beziehungen, internationale Organisation, materielle Einordnung des Völkerrechts, non-self-executing, primäres Völkerrecht, Privatrechtsanalogie, Ratifizierung, sekundäres Völkerrecht, self-executing, Souveränität, spezielle Transformation, Staatenbund, Staatengemeinschaftsrecht, Staatsrecht, Staatsvertrag, Staatsvertrag des Bundes, Staatsvertrag des Landes, Transformation, unmittelbare Anwendbarkeit, Vereinbarung nach Art 15a B-VG, Völkergewohnheitsrecht, Völkerrecht, völkerrechtlicher Vertrag, Völkerrechtsquellen, Völkerrechtssubjekt.*

STAATSRECHT UND VÖLKERRECHT

675 [I]. Nur das Recht des Staats (= Staatsrecht) ist Recht im Sinne des Rechtspositivismus. Der Staat hat das Gewaltmonopol [11]. Auf der Grundlage der Verfassung ist das demokratisch legitimierte Staatsrecht auf dem österreichischen Staatsgebiet für alle Menschen verbindlich.

676 Österreich ist nicht der einzige Staat. Zurzeit existieren auf der Welt an die 200 Staaten. Den Umgang der Staaten miteinander **auf internationaler Ebene** bezeichnen wir als **internationale Beziehungen** [➔], als **internationale Politik**. Ob die internationalen Beziehungen **verrechtlicht** sein können, ob es neben dem **Staatsrecht** [➔] auf nationaler Ebene auch ein **internationales Recht**, ein **Völkerrecht** [➔] gibt, ist im Sinne eines strengen Rechtspositivismus, der nur staatliches Recht als Recht anerkennt, fraglich. Insbesondere **weil ein internationales Gewaltmonopol fehlt**, mit dem das internationale Recht gegen einen widerstrebenden Staat durchgesetzt werden könnte.

677 [II]. Weltweit ist allerdings die Existenz des Völkerrechts als Regelwerk der Beziehungen der Staaten untereinander anerkannt; auch wenn es in Ermangelung eines Gewaltmonopols weitgehend sanktionslos ist. Es bestehen daher nebeneinander zwei Rechtsordnungen: Das **Staatsrecht auf nationaler Ebene** (= innerstaatliches Recht, = nationales Recht). Und neben dem Staatsrecht **auf internationaler Ebene** das **Völkerrecht** (= internationales Recht).

678 [III]. Ob ein Staat, der auf einem Territorium eine Staatsgewalt ausübt, völkerrechtlich existiert und ein Völkerrechtsubjekt ist, hängt davon ab, ob die anderen Staaten ihn als Völkerrechtssubjekt anerkennen. Ein Staat wird auf internationaler Ebene durch **Anerkennung** zum Staat. Insbesondere die Mitgliedschaft bei den Vereinten Nationen (VN) zeigt, dass ein Staat international anerkannt ist. Österreich wurde in seiner heutigen Existenz erstmals **1919** durch den **Staatsvertrag von Saint-Germain-en-Laye** und dann **1955** durch den **Staatsvertrag von Wien** [99] als souveräner Staat anerkannt, seit 1956 ist Österreich Mitglied der UNO.

679 Der Staatsvertrag von Saint-Germain-en-Laye ist völkerrechtlich 1938 als Folge der Okkupation Österreichs durch das nationalsozialistische Reich durch gewohnheitsrechtliche Nichtmehranwendung („desuetudo") außer Kraft getreten. Gleichfalls ist fraglich, ob der Staatsvertrag von Wien 1955 völkerrechtlich heute noch gilt. Mit der Auflösung der Sowjetunion 1991 ist ein wesentlicher Vertragsstaat weggebrochen. Weil der Staatsvertrag im Ost-West-Konflikt gerade das Verhältnis Österreichs zur Sowjetunion regeln wollte, ist der Staatsvertrag nicht nur im Verhältnis zur nicht mehr bestehenden Sowjetunion, sondern auch im Verhältnis zu den anderen Signatarstaaten obsolet.

680 [IV]. Von dem Thema, ob die beiden Staatsverträge völkerrechtlich noch gelten, ist die Frage zu trennen, **ob jene Vertragsteile, welche die Verfassung in die nationale Rechtsordnung übernommen hat** – unabhängig von einem etwaigen völkerrechtlichen Außerkrafttreten – **als nationales Recht noch gelten**. Art 149 Abs 1 B-VG hat jedenfalls *„Abschnitt V des III. Teils des Staatsvertrages von St. Germain …"* *„neben"* dem B-VG ausdrücklich als Gesetz im Sinne des Art 44 Abs 1 B-VG in Kraft gesetzt. Nach dieser Formulierung gilt der genannte Abschnitt des Staatsvertrags von St. Germain (Art 62-69) als Bundesverfassungsgesetz, unabhängig davon, ob der Vertrag völkerrechtlich noch gilt. Im gleichen Sinn ist wohl Art II Z 3 BVG Staatsvertragssanierung (BGBl 1964/59) zu verstehen, das die Art 4, Art 7 Z 2, 3 und 4, Art 8, 9 und 10 Staatsvertrag von Wien in Verfassungsrang hebt.

STAATEN UND INTERNATIONALE ORGANISATIONEN

681

11/1

[I]. Österreich ist ein Staat. Österreich ist als Staat von den anderen Staaten völkerrechtlich anerkannt und nimmt unter der Bezeichnung „**Republik Österreich**" auf internationaler Ebene an der internationalen Politik und am völkerrechtlichen Verkehr teil. Österreich ist damit nicht nur Staat im nationalen Sinn, es ist im internationalen Sinn auch **Völkerrechtssubjekt** [→]. 682

So wie im innerstaatlichen Bereich die Menschen Träger von Rechten und Pflichten sind, sind im Völkerrecht die **Staaten** die Subjekte der internationalen Rechte und Pflichten. Die Staaten sind die „natürlichen" Personen des Völkerrechts. Und so wie es im innerstaatlichen Recht neben den Menschen als natürliche Personen auch juristische Personen gibt, die wie Menschen Träger von Rechten und Pflichten sind, kennt das Völkerrecht neben den Staaten auch „virtuelle" Rechtssubjekte, die **internationalen Organisationen** [→]. Die internationalen Organisationen werden von den Staaten durch Völkerrecht in internationalen Verträgen geschaffen und sind dann selbst **wie die Staaten** Völkerrechtssubjekte, Träger völkerrechtlicher Rechte und Pflichten. 683

Internationale Organisationen sind beispielsweise die Vereinten Nationen (= United Nations Organization = UNO; Österreich ist Mitglied), die Welthandelsorganisation (= World Trade Organization = WTO; Österreich ist Mitglied), die North Atlantic Treaty Organization (= NATO; Österreich ist nicht Mitglied), die Internationale Anti-Korruptionsakademie (Österreich ist Mitglied), der Europarat (Österreich ist Mitglied). 684

Von der Frage, ob eine internationale Organisation **völkerrechtsfähig** ist, ist die Frage zu trennen, ob die Organisation **privatrechtsfähig** ist, also über eigenes Vermögen verfügt und wie Menschen privatrechtliche Verträge – etwa Kaufverträge, Mietverträge – abschließen kann. Es obliegt der völkerrechtlichen Grundlage, welche die Organisation einrichtet, zu entscheiden, ob sie völkerrechtsfähig und/oder privatrechtsfähig sein soll. 685

[II]. Staaten können sich auf verfassungsrechtlicher Grundlage zu einem **Bundesstaat** (= Föderation) zusammenschließen [360]. Ein Zusammenschluss kann auch auf **völkerrechtlicher Grundlage** erfolgen. Vom „Bundesstaat" ist der **Staatenbund** [→] (= „Konföderation") zu unterscheiden. Während im Bundesstaat auf dem Staatsgebiet mehrere Staaten **durch die Verfassung** zusammengeschlossen sind und nur der Gesamtstaat Völkerrechtssubjekt ist, vereinigen sich Staaten **auf staatsvertraglicher** (= **völkerrechtlicher**) **Grundlage** zu einem Staatenbund. Sie bleiben Völkerrechtssubjekte und nehmen bloß einzelne Anliegen auf völkerrechtlicher Grundlage gemeinsam wahr. 686

Rechtsgrundlage des Beitritts Österreichs zu einem Staatenbund wäre Art 9 Abs 2 B-VG, durch den *„einzelne Hoheitsrechte auf andere Staaten oder zwischenstaatliche Einrichtungen übertragen werden"* und ... *„die Tätigkeit von Organen anderer Staaten oder zwischenstaatlicher Einrichtungen im Inland und die Tätigkeit österreichischer Organe im Ausland"* im Rahmen des Völkerrechts geregelt werden können. Ein Staatenbund, dem Österreich – allerdings auf besonderen verfassungsgesetzlichen Grundlagen – angehört, und der auf Grund seiner Besonderheiten „Staatenverbund" genannt wird, ist die Europäische Union [734]. 687

[III]. Die Republik Österreich ist auf internationaler Ebene ein anerkannter Staat. Wie die Republik Österreich auf Grund ihrer Verfassung **intern** organisiert ist, hat für das Völkerrecht keine Bedeu- 688 tung. Insbesondere ist ohne Bedeutung, ob ein Staat auf Grund seiner Verfassung als Gesamtstaat oder – wie Österreich – als Bundesstaat [360] eingerichtet ist. Völkerrechtssubjekt ist der Gesamtstaat Republik Österreich, die **Bundesländer sind keine eigenen Völkerrechtssubjekte**.

NORMEN DES VÖLKERRECHTS

689 [I]. Das Völkerrecht folgt in seiner Begrifflichkeit den Rechtsideen der innerstaatlichen Privatrechtsordnungen. Etwa: Es gibt im gesellschaftlichen Bereich der Staaten Verträge, daher gibt es auch im Völkerrecht Verträge (= **Privatrechtsanalogie** [➔] des Völkerrechts).

690 [II]. Die **Völkerrechtsnormen** bilden **nach dem Grund ihrer Entstehung** vor allem drei Kategorien (**Völkerrechtsquellen** [➔]):

691 • [**Staatsverträge**]. Die Staaten schließen miteinander bilaterale (= zwei Staaten) oder multilaterale (= mehrere Staaten) **internationale Verträge** (= **völkerrechtliche Verträge** [➔]) ab. Die österreichische Verfassung nennt diese Verträge **Staatsverträge** [➔]. In den internationalen Verträgen legen die Staaten (und internationalen Organisationen) ein bestimmtes Verhalten in den internationalen Beziehungen verbindlich fest.

692 Staatsverträge (internationale Verträge) sind ua bezeichnet als **Abkommen** (zB das Abkommen zwischen der Republik Österreich und Montenegro über soziale Sicherheit, BGBl III 2011/51); **Charta** (zB die Europäische Charta der Regional- oder Minderheitensprachen, BGBl III 2001/216; die Europäische Sozialcharta [123]; die Charta der Grundrechte der Europäischen Union [473]); **Konkordate** (Staatsverträge mit dem Heiligen Stuhl [92]); **Konvention** (zB die Konvention über die Rechtsstellung der Flüchtlinge (Genfer Flüchtlingskonvention), BGBl 1955/55; die Europäische Menschenrechtskonvention – EMRK [471]; die Konvention zur Beseitigung jeder Form von Diskriminierung der Frau, BGBl 1982/443); **Pakt** (zB der Internationale Pakt über wirtschaftliche, soziale und kulturelle Rechte [123]; der Internationale Pakt über bürgerliche und politische Rechte [436]); **Satzung** (zB die Satzung der Vereinten Nationen, BGBl 1956/120 idgF; die Satzung des Europarates, BGBl 1956/121 idgF); **Statut** (zB das Statut des Internationalen Gerichtshofes – IGH, BGBl 1956/120; das Römische Statut des Internationalen Strafgerichtshofs, BGBl III 2002/180 [1411]); **Übereinkommen** (zB das Internationale Übereinkommen über die Beseitigung rassischer Diskriminierung, BGBl 1972/377; das Übereinkommen über nukleare Sicherheit, BGBl III 1998/39; das Übereinkommen über die Rechte des Kindes, BGBl 1993/7 idgF; das Übereinkommen der Vereinten Nationen gegen Korruption, BGBl III 2006/47; das Übereinkommen des Europarats zur Bekämpfung des Menschenhandels, BGBl III 2008/10; das Übereinkommen des Europarats zum Schutz von Kindern vor sexueller Ausbeutung und sexuellem Missbrauch, BGBl III 2011/96; das Übereinkommen über Computerkriminalität, BGBl III 2012/140); oder **Vertrag** (zB der Vertrag über die Europäische Union [751]; der Vertrag über die Arbeitsweise der Europäischen Union [752]; der Vertrag zwischen den Mitgliedstaaten der Europäischen Union und der Republik Kroatien über den Beitritt der Republik Kroatien zur Europäischen Union, BGBl III 2013/171).

693 • [**Völkergewohnheitsrecht**]. Staaten verhalten sich in den internationalen Beziehungen über lange Zeit in einer bestimmten Weise, es entsteht schließlich das Bewusstsein, das praktizierte Verhalten sei auch rechtlich geboten. Wir sprechen von **internationalem Gewohnheitsrecht** oder vom **Völkergewohnheitsrecht** [➔].

694 Beispiel: Kein Staat darf aufgrund von Völkergewohnheitsrecht einen anderen Staat durch Emissionen unangemessen belasten.

695 • [**Allgemeine Rechtsgrundsätze**]. Schließlich gibt es Rechtsgrundsätze im innerstaatlichen Recht, **die auch innerstaatlich in allen Staaten in etwa gleich gelten**. Solche allgemeinen Rechtsgrundsätze sind auch im Völkerrecht verbindlich (= **Allgemeine Rechtsgrundsätze des Völkerrechts** [➔]).

696 Beispiel: Der Grundsatz, dass man geschlossene Verträge einhalten muss („pacta sunt servanda“), gilt als allgemeiner Rechtsgrundsatz.

697 [III]. Das Völkerrecht selbst bestimmt, wie ein **Staatsvertrag** völkerrechtlich verbindlich wird. Erforderlich ist zunächst die **Unterzeichnung** durch das Staatsoberhaupt oder durch die vom Staatsoberhaupt beauftragten Staatsorgane. In Österreich ist der Bundespräsident das Staatsoberhaupt [1004]. Bevor ein Staatsvertrag (in Gesetzesrang) in Kraft tritt, verlangen demokratische

Verfassungen idR nach dem Vertragsabschluss die Genehmigung des Staatsvertrags durch das Parlament [714]. Völkerrechtlich **verbindlich** wird der Staatsvertrag daher nicht schon mit seiner Unterzeichnung, sondern erst, wenn das Staatsoberhaupt erklärt, **dass dem völkerrechtlichen Inkrafttreten keine innerstaatlichen Hindernisse mehr entgegenstehen** (= **Ratifizierung** [➔]).

[IV]. Die Bundesländer sind keine eigenen Völkerrechtssubjekte, daher gibt es auch **keine völkerrechtlichen Verträge der Länder**. Dem Völkerrecht ist allerdings gleichgültig, wie ein Staat **intern** den Abschluss gesamtstaatlicher Staatsverträge ordnet; ob er die Geltung bestimmter Staatsverträge auf bestimmte Teilgebiete des staatlichen Territoriums beschränkt (= „radiziert"); ob ein oder mehrere Staatsorgane für die Genehmigung von Staatsverträgen zuständig sind; ua. Das hat für **Bundesstaaten** Bedeutung. Das B-VG unterscheidet **Staatsverträge des Bundes** [➔] und **Staatsverträge der Länder** [➔]. Es handelt sich dabei allerdings nur um eine staatsinterne Regelung (eingeschränkte territoriale Geltung auf das Gebiet eines Bundeslandes; innerstaatliche Mitwirkung der Landesorgane beim Vertragsabschluss). **Alle** Staatsverträge sind – völkerrechtlich betrachtet – **Staatsverträge der Republik Österreich**. Der Bundespräsident als Staatsoberhaupt ist für den Abschluss **aller** völkerrechtlichen Verträge zuständig (Art 65 Abs 1 B-VG, Art 16 Abs 2 B-VG), also sowohl der Staatsverträge des Bundes als auch der Staatsverträge der Länder [1024 f]. 698

[V]. Da die Länder und der Bund zwar Staaten im Sinne der Verfassung, als Teilstaaten des Bundesstaats aber keine von der Republik Österreich verschiedenen eigenen Völkerrechtsubjekte sind, können die **Bundesländer untereinander keine völkerrechtlichen Staatsverträge** abschließen. Die Bundesverfassung (Art 15a B-VG) sieht zwar innerstaatlich eine **Vereinbarung** zwischen dem Bund und den Ländern (Abs 1) und zwischen den Ländern (Abs 2) vor. Eine derartige **Vereinbarung nach Art 15a B-VG** [➔] – auch **Glied- oder Teilstaatsvertrag** [➔] genannt – ist aber **kein** völkerrechtlicher Vertrag, sondern ein auf der Grundlage der Verfassung abgeschlossener innerstaatlicher öffentlich-rechtlicher Vertrag; auch wenn auf eine solche nationale Vereinbarung *„die Grundsätze des völkerrechtlichen Vertragsrechts ... anzuwenden"* sind (Art 15a Abs 3 B-VG). 699

Beispiele: Vereinbarung zwischen dem Bund, den Ländern und den Gemeinden betreffend die Koordination der Haushaltsführung von Bund, Ländern und Gemeinden (Österreichischer Stabilitätspakt), BGBl I 1999/101 idgF; Vereinbarung gemäß Art. 15a B-VG zwischen dem Bund und den Ländern über eine Transparenzdatenbank, BGBl I 2013/73; Vereinbarung zwischen dem Bund und dem Land Burgenland zur Erhaltung und Weiterentwicklung des Nationalparks Neusiedler See-Seewinkel samt Anlagen, BGBl I 1999/75 idgF. 700

TRANSFORMATION DES VÖLKERRECHTS

[I]. Die Bundesverfassung anerkennt die Existenz des Völkerrechts: Das Völkergewohnheitsrecht und die allgemeinen Rechtsgrundsätze des Völkerrechts in Art 9 Abs 1 B-VG unter dem Sammelbegriff „**allgemein anerkannte Regeln des Völkerrechts**", die völkerrechtlichen Verträge unter der Bezeichnung „**Staatsverträge**" in den Art 48 f B-VG. 701

[II]. Das Staatsrecht regelt den innerstaatlichen Bereich, das Völkerrecht regelt den internationalen Bereich. Beide Bereiche sind voneinander getrennt. **Das Völkerrecht verpflichtet die Staaten**, und **nur** die Staaten. **Den innerstaatlichen Bereich kann das Völkerrecht nicht regeln**, insbesondere kann es die Menschen nicht verpflichten und nicht berechtigten. Diese Abschirmung des nationalen Bereichs gegenüber dem internationalen Bereich, insbesondere gegenüber dem Völkerrecht, nennen wir die staatliche **Souveränität** [➔]. In den internationalen Beziehungen ist die politische „Einmischung in die inneren Angelegenheiten eines souveränen Staats" verpönt. Rechtlich schützt die Souveränität des Staats den innerstaatlichen Bereich wie ein Schild („Souveränitätsschild") gegen die **direkte** Regelung nationaler Angelegenheiten durch das Völkerrecht. 702

Soll das Völkerrecht im nationalen Bereich des Staats rechtliche Bedeutung haben, bedarf es der Mitwirkung der nationalen Verfassung. Das Staatsrecht muss dem Völkerrecht 703 eine staatsrechtliche Geltungsgrundlage geben. Völkerrecht ist Völkerrecht und bleibt Völkerrecht, auch wenn es im nationalen Bereich – indirekt – rechtliche Bedeutung haben soll. Damit es rechtliche Bedeutung im nationalen Bereich haben kann, muss die Verfassung das Völkerrecht „kopieren" und die Kopie – gleichlautend mit dem Völkerrecht – als Staatsrecht in Geltung setzen. Die Verfassung muss das Völkerrecht in nationales Recht „**transformieren**" (= **Transformation** [➔] des Völkerrechts in das innerstaatliche Recht). Dabei gibt es zwei Möglichkeiten der Transformation:

704 • Die Verfassung übernimmt das geltende Völkerrecht **insgesamt** und automatisch in das innerstaatliche Recht, **ohne** dass es im Einzelfall eines **zusätzlichen nationalen Rechtsakts** bedarf (= **generelle Transformation** [➔] des Völkerrechts in das innerstaatliche Recht).

705 • Oder die Verfassung verlangt **einzelne nationale Rechtakte**, die konkrete Völkerrechtsnormen **Stück für Stück** ins innerstaatliche Recht übernehmen (= **spezielle Transformation** [➔] des Völkerrechts in das innerstaatliche Recht).

706 [III]. **Das B-VG transformiert das Völkerrecht generell**. Nach **Art 9 Abs 1 B-VG** gelten die *„allgemein anerkannten Regeln des Völkerrechtes ... als **Bestandteile des Bundesrechtes**"*. Die Staatsverträge des Bundes sind im Bundesgesetzblatt kundzumachen (Art 48 B-VG). **Mit der Kundmachung werden sie innerstaatlich verbindlich** (**Art 49 Abs 2 B-VG** und § 5 BGBlG). Für Staatsverträge der Länder gelten entsprechende Bestimmungen der Landesverfassungen.

707

UNMITTELBARE ANWENDUNG VON STAATSVERTRÄGEN

708 [I]. Das Völkerrecht kann zwar den innerstaatlichen Bereich **nicht direkt** regeln. Weil die Staaten das Völkerrecht aber transformieren können, widmen sich dennoch völkerrechtliche Verträge häufig **innerstaatlichen Angelegenheiten**. Etwa internationale Abkommen über den Straßenverkehr. Dem Vertragsstaat ist es dann überlassen, **wie er die völkerrechtliche im Staatsvertrag eingegangene Verpflichtung innerstaatlich – insbesondere durch nationale Gesetze – umsetzt**. In diesem Sinn kann Völkerrecht trotz Souveränität indirekt, mittelbar Wirkung auf den inneren Bereich des Staats haben.

709 Und es gibt Staatsverträge, die nicht einfach nur innerstaatliche Angelegenheiten regeln, alles Weitere den Vertragsstaaten überlassen. In solchen Staatsverträgen **wollen** die Vertragsstaaten, dass der Vertragstext selbst die Grundlage des staatlichen Handelns im nationalen Bereich wird. Ein solcher Staatsvertrag ist **self-executing** [➔]. Die Vertragsstaaten **wollen**, dass der authentische

Text des Staatsvertrags **unmittelbar** ohne nationale Rechtssetzungsakte **Grundlage für die innerstaatliche Vollziehung** (**Verwaltung und Gerichtsbarkeit**) ist. Ob ein Staatsvertrag self-executing oder **non-self-executing** [➔] ist, muss die Auslegung, die insbesondere nach dem Willen der Vertragspartner fragt, klären.

[II]. Aber wie ist eine solche **unmittelbare Anwendung** völkerrechtlicher Verträge durch die staatlichen Vollziehungsorgane möglich ? Im Hinblick auf die Souveränität ist die unmittelbare Anwendung nur möglich, **wenn die nationale Verfassung das erlaubt**. 710

Das **B-VG** kennt folgende Regeln: Das Völkerrecht wird durch Transformation – auch – zum nationalen Recht, **es verändert damit aber seinen Inhalt nicht**. Ist der Staatsvertrag **non-self-executing**, stellt sich die Frage seiner unmittelbaren innerstaatlichen Anwendung durch die staatlichen Vollziehungsorgane von vornherein nicht. Non-self-executing-Normen des Völkerrechts bedürfen trotz Transformation immer eines weiteren staatlichen Rechtssetzungsakts, um innerstaatlich wirksam zu werden. Ist der Staatsvertrag hingegen **self-executing**, zielt er selbst von vornherein auf die innerstaatliche Anwendung durch die Vollziehung ab, ist sein authentischer Text nach Transformation ins innerstaatliche Recht **grundsätzlich geeignet**, von den staatlichen Vollziehungsorganen **ohne weiteren staatlichen Rechtssetzungsakt** im konkreten Fall angewendet zu werden (= **unmittelbare Anwendbarkeit** [➔] des Staatsvertrags). Allerdings nur grundsätzlich, das heißt, es könnten der unmittelbaren Anwendung trotz grundsätzlicher Eignung des Staatsvertrags besondere **verfassungsrechtliche Hindernisse** entgegenstehen. Solche Hindernisse können sich aus der **Struktur der Verfassung** oder aus **Vorbehalten genehmigender Staatsorgane** ergeben: 711

- [**Verfassungshindernisse**]. Ein verfassungsgesetzliches Hindernis liegt vor, wenn der Inhalt der Völkerrechtsnorm für eine nationale Anwendung durch Vollziehungsorgane zu **unbestimmt** (**Determinierungspflicht** des Art 18 Abs 1 B-VG !) ist. Jede generelle Grundlage des Vollziehungshandelns muss so bestimmt sein, dass ein verlässlicher Vollzug möglich ist. Fehlt dem Staatsvertrag diese Bestimmtheit, muss das Parlament den Staatsvertrag durch Gesetz präzisieren und damit anwendungsfähig machen. 712

- [**Erfüllungsvorbehalte**]. Ein Staatsvertrag bedarf zu seiner innerstaatlichen Geltung, wenn er *„politisch, gesetzändernd oder gesetzesergänzend"* ist, der Genehmigung durch das Parlament (Art 50 Abs 1 B-VG) [1031]. Die Verfassung erlaubt dem Parlament außerdem, seine Zustimmung unter einem ausdrücklichen **Erfüllungsvorbehalt** [➔] zu erklären. 713

Bei der Genehmigung von Staatsverträgen des Bundes kann ***„der Nationalrat beschließen, in welchem Umfang dieser Staatsvertrag durch Erlassung von Gesetzen zu erfüllen ist"*** (Art 50 Abs 2 Z 4 B-VG). Bedürfen Staatsverträge keiner Genehmigung, weil der Staatsvertrag weder politisch, noch gesetzändernd noch gesetzesergänzend ist, kann der Bundespräsident beim Vertragsabschluss einen Erfüllungsvorbehalt erklären (Art 65 Abs 1 zweiter Satz B-VG). Entsprechendes regeln die Landesverfassungen für Staatsverträge der Länder (zB Art 57 Abs 4 Oö L-VG). **Wurde ein Erfüllungsvorbehalt gesetzt, ist die unmittelbare Anwendung des Staatsvertrags durch die Vollziehungsorgane jedenfalls ausgeschlossen**; gleichgültig, ob die völkerrechtliche Norm self-executing ist; oder non-self-executing und daher ohnedies schon aus völkerrechtlichen Gründen nicht anwendbar wäre; oder einer Anwendung strukturelle Verfassungshindernisse entgegenstünden. 714

[III]. Das transformierte Völkerrecht gilt als innerstaatliches Recht. Von der Frage der unmittelbaren Anwendbarkeit des transformierten Völkerrechts durch die Vollziehungsorgane ist die Frage zu trennen, ob das transformierte Völkerrecht als innerstaatliches Recht den einzelnen Menschen unmittelbar auch **subjektive Rechte** gegen den Staat gewähren kann. Grundsätzlich ist das möglich. Voraussetzung ist, dass **erstens** schon das Völkerrecht subjektive Rechte gewähren will, es daher self-executing ist; es **zweitens** generell transformiert wurde; es **drittens** grundsätzlich unmittelbar anwendbar ist, und der unmittelbaren Anwendung weder ein Verfassungshindernis noch ein Erfüllungsvorbehalt entgegensteht. Wenn das transformierte Völkerrecht innerstaatlich in Verfassungsrang steht, kann es auch **Grundrechte** gewähren, wie die EMRK zeigt [471]. 715

EINORDNUNG DES VÖLKERRECHTS IN DEN STUFENBAU DER RECHTSORDNUNG

716

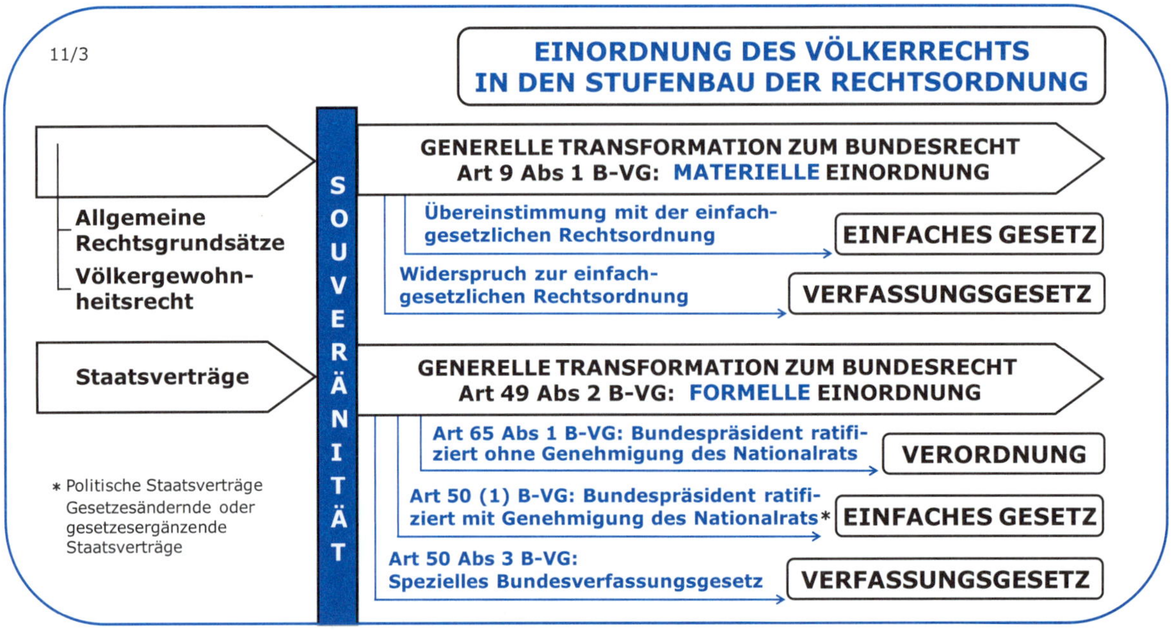

717 [I]. Wenn das Völkerrecht durch Transformation als innerstaatliches Recht gilt, bleibt unabhängig von der Frage nach der unmittelbaren Anwendbarkeit und nach subjektiven Rechten noch zu klären, in welchem **Rang** das transformierte Recht gilt. Der **Stufenbau** der nationalen Rechtsordnung [313] kennt **Verfassungsgesetze, einfache Gesetze** und **Verordnungen**. Die Einordnung des Völkerrechts erfolgt je nach Völkerrechtsquelle unterschiedlich:

718 • [**Materielle Einordnung der allgemein anerkannten Regeln des Völkerrechts**]. Die ***„allgemein anerkannten Regeln des Völkerrechts"*** (Art 9 Abs 1 B-VG, = „Völkergewohnheitsrecht" und „allgemeine Rechtsgrundsätze") gelten als Bundesrecht. Ihr Rang im Stufenbau der Rechtsordnung bestimmt sich nach der Methode der **materiellen Einordnung des Völkerrechts** [➔]. Zu fragen ist, welchen Rang die transformierte Regel ihrem Inhalt nach im Bundesrecht haben müsste, wenn sie der nationale Gesetzgeber verfassungskonform erließe. Das transformierte Völkerrecht steht zunächst **im untersten Rang**, im Rang einer **Bundesverordnung**. Das ist aber nur verfassungskonform, wenn es in den nationalen Gesetzen (und in den unmittelbar anwendbaren internationalen Rechtsgrundlagen) eine hinreichende Determinierung gibt (Gesetzmäßigkeitsgebot des Art 18 Abs 1 B-VG !). Fehlt eine solche Determinierung, oder widerspricht das transformierte Völkerrecht einem nationalen (einfachen) Gesetz, so ist es nur verfassungskonform, wenn es selbst als Gesetz gilt. Ein solches Völkerrecht steht daher im Rang eines **einfachen Bundesgesetzes**. Wenn das transformierte Völkerrecht der Bundesverfassung widerspräche, muss es als Verfassungsgesetz gelten. Es steht im Rang eines **Bundesverfassungsgesetzes**, weil nur so das Völkerrecht innerstaatlich rechtmäßig Bestand haben kann. **Folge der materiellen Einordnung ist, dass es keine verfassungswidrigen allgemein anerkannten Regeln des Völkerrechts geben kann**.

719 • [**Formelle Einordnung der Staatsverträge**]. Die **Staatsverträge des Bundes** gelten als **Bundesrecht** (Art 48 ff B-VG), die **Staatsverträge der Länder** gelten als **Landesrecht** (Art 16 Abs 1 B-VG). Staatsverträge werden **nicht materiell**, sondern **formell** eingeordnet. Nach der Methode der **formellen Einordnung des Völkerrechts** [➔] stehen **ohne Berücksichtigung des Inhalts einer Regelung** alle vom Nationalrat nach Art 50 Abs 1 B-VG genehmigten Staats-

verträge des Bundes im Rang eines **einfachen Bundesgesetzes**, alle anderen (nicht parlamentarisch genehmigten) Staatsverträge des Bundes stehen im Rang einer **Verordnung**.

Im **Rang eines Bundesverfassungsgesetzes steht ein transformierter Staatsvertrag** (seit 01.01.2008, BGBl I 2008/2) grundsätzlich nicht. Widerspricht der transformierte im Rang eines einfachen Gesetzes stehende Staatsvertrag der Bundesverfassung, und will der Gesetzgeber seine völkerrechtliche Verpflichtung erfüllen, so muss er durch ein **eigenes Bundesverfassungsgesetz** die Bundesverfassung abändern. 720

Die Einordnung der Staatsverträge der Länder regeln die Landesverfassungen entsprechend. Ob und unter welchen Voraussetzungen Staatsverträge der Länder im Landesrecht den Rang eines Landesverfassungsgesetzes haben können, bestimmen gleichfalls die Landesverfassungen. 721

[II]. Auf Grund der formellen Einordnung kann ein transformierter **Staatsvertrag** des Bundes oder der Länder innerstaatlich **gesetzwidrig** oder **verfassungswidrig** sein. Für den rechtswidrigen Staatsvertrag gilt innerstaatlich das Fehlerkalkül [342]. Der kundgemachte Staatsvertrag gilt und ist – wenn er unmittelbar anwendbar ist [711] – von der Vollziehung (Verwaltung und Gerichte) auch anzuwenden; bis der **Verfassungsgerichtshof** den Staatsvertrag nach Art **140a B-VG** prüft und seine Anwendung in einem Erkenntnis ausschließt [355, 1604]. Der Staat kann sich dann entweder um eine Änderung der Völkerrechtslage im Konsens mit seinem Vertragspartner bemühen, oder der Gesetzgeber muss die innerstaatliche Gesetzeslage dem Staatsvertrag anpassen. 722

[III]. Da sich die innerstaatliche Rechtslage zum Verfassungsrang von Staatsverträgen in der Vergangenheit mehrfach änderte, ist bei der Frage, wie man **praktisch** feststellt, **ob ein Staatsvertrag im Rang eines Bundesverfassungsgesetzes steht**, nach **zeitlichen Perioden** zu unterscheiden: 723

- Wurde der Staatsvertrag **vor 1964** kundgemacht (etwa die EMRK), so steht er in Verfassungsrang, wenn ihn oder einzelne seiner Bestimmungen ein **besonderes Bundesverfassungsgesetz** in Verfassungsrang hebt (für die EMRK und den Staatsvertrag von Wien 1955 das Staatsvertragssanierungsgesetz, BGBl 1964/59). 724
- Wurde der Staatsvertrag **nach 1964** aber **vor 2008** kundgemacht, so steht er in Verfassungsrang, wenn der Staatsvertrag oder einzelne seiner Bestimmungen in der Kundmachung ausdrücklich als **„verfassungsändernd"** bezeichnet wurden (Art 50 Abs 3 B-VG idF BGBl 1964/59), zB das 13. ZPzEMRK, BGBl III 2005/22. 725
- Wurde der Staatsvertrag **nach dem 01.01.2008** kundgemacht, so steht der Staatsvertrag **nicht in Verfassungsrang** (Art 50 B-VG idF BGBl I 2008/2). Dem Bundesverfassungsgesetzgeber bleibt es unbenommen, durch gesondertes Bundesverfassungsgesetz den Staatsvertrag oder einzelne seiner Bestimmungen in Verfassungsrang zu heben oder die nationale Verfassung sonst wie völkerrechtskonform anzupassen. 726

STAATENGEMEINSCHAFTSRECHT

[I]. Das Völkervertragsrecht, das Völkergewohnheitsrecht und die Allgemeinen Rechtsgrundsätze des Völkerrechts verstehen wir als **primäres Völkerrecht** [➔] und unterscheiden es vom **sekundären Völkerrecht** [➔]. Das primäre Völkerrecht sind **die von den Staaten selbst** geschaffenen Rechtsregeln. Das primäre Völkerrecht kann auch Organisationen und Organe auf internationaler Ebene einrichten, **die ihrerseits rechtsverbindliche Anordnungen treffen**. Diese Anordnungen solcher völkerrechtlicher Organisationen und Organe leiten sich vom primären Völkerrecht als Rechtsgrundlage ab. Weil das sekundäre Völkerrecht nicht alle Staaten bindet, sondern nur jene, welche die bezügliche primäre Völkerrechtsgrundlage geschaffen haben, nennen wir das sekundäre Völkerrecht auch **Staatengemeinschaftsrecht** [➔]. So können beispielsweise auf Grund der UNO-Charta die Vereinten Nationen durch ihren Sicherheitsrat Sanktionen gegen einzelne Mitgliedstaaten festlegen, die als Staatengemeinschaftsrecht von allen – aber auch nur von den – **Mitgliedstaaten** verbindlich einzuhalten sind. 727

[II]. Die Grundsätze der Verfassung für die Übernahme des Völkerrechts in die nationale Rechtsordnung (Transformation, unmittelbare Anwendbarkeit, subjektive Rechte ua) gelten – mit Besonderheiten – auch für das Staatengemeinschaftsrecht. – Nach den Begriffen des primären und sekundären Völkerrechts teilten wir auch das **Unionsrecht** in ein primäres und in ein sekundäres Unionsrecht [764, 766]. 728

A3 DAS UNIONSRECHT

12. KAPITEL: DIE EUROPÄISCHE UNION (EU)

***Glossar**: Amtsblatt der Europäischen Union (ABl), Anwendungsvorrang, Arbeitnehmerfreizügigkeit, Ausschuss der Regionen, Ausschuss der Ständigen Vertreter der Mitgliedstaaten (AStV/COREPER), Außenwirtschaftsfreiheit, Beihilfenverbot, Beschluss (EU), Binnenmarkt, Dienstleistungs(verkehrs)freiheit, Diskriminierungsverbot, Empfehlung, EU-Beitritts-BVG, EU-Beitrittsvertrag, EU-Gesetz, EU-Grundrechtecharta (GRC), Euro (€), Euroland Konvergenzkriterien, Eurojust, Eurokrise, Europäische Atomgemeinschaft (EAG), Europäische Bankenunion, Europäische Bürgerinitiative (EBI), Europäische Freihandelszone (EFTA), Europäische Investitionsbank (EIB), Europäische Kommission, Europäische Union (EU), Europäische Verfassung, Europäische Werte, Europäische Zentralbank (EZB), Europäischer Fiskalpakt (EFP), Europäischer Bürgerbeauftragter, Europäischer Datenschutzbeauftragter (EDSB), Europäischer Rat, Europäischer Rechnungshof (EuRH), Europäischer Stabilitätsmechanismus (ESM), Europäischer Wirtschafts- und Sozialausschuss (EWSA), Europäischer Wirtschaftsraum (EWR), Europäisches Amt für Betrugsbekämpfung (OLAF), Europäisches Parlament (EP), Europäisches System der Zentralbanken (ESZB), Europäisierung, Europol, Eurosystem, EZB-Rat, Fachgericht (EuFG), Freihandel, Freihandelszone, Freizügigkeit, Gemeinsame Agrarpolitik, Gemeinsame Außen- und Sicherheitspolitik (GASP), Gemeinsame Handelspolitik, Gemeinsame Sicherheits- und Verteidigungspolitik (GSVP), Generalanwalt, Gericht (EuG), Gerichtshof (EuGH), Gerichtshof der Europäischen Union, Globalisierung, Grundfreiheiten, Grundsatz der begrenzten Einzelermächtigung, Hoher Vertreter der Union für Außen- und Sicherheitspolitik, Internationaler Währungsfonds (IWF), Justizielle Zusammenarbeit in Strafsachen, Justizielle Zusammenarbeit in Zivilsachen, Kapital- und Zahlungsverkehrsfreiheit, Kartellverbot, Konsultationsmechanismus, Meistbegünstigung, Missbrauch einer marktbeherrschenden Stellung, Niederlassungsfreiheit, No-bail-out-Klausel, Pariser Vertrag 1951, Personenverkehrsfreiheit, Petitionsrecht (EU), Polizeiliche Zusammenarbeit, Präsident der Europäischen Kommission, Präsident des Europäischen Rats, primäres Unionsrecht, Rat, Raum der Freiheit, der Sicherheit und des Rechts, Richtlinie, Römische Verträge 1957, Schengen-Übereinkommen, Schuman-Plan, sekundäres Unionsrecht, SOLVIT-Beschwerdestelle, Staatenverbund, Staatshaftung, Staatsschuldenkrise, Stabilitäts- und Wachstumspakt, Stabilitätspakt, Stellungnahme, Subsidiaritätsgrundsatz, Unionsbürger, Unionsrecht, Untersuchungsausschuss (EU), Vereinte Nationen (VN), Verhältnismäßigkeitsgrundsatz (EU), Verordnung (EU), Vertrag über die Arbeitsweise der Europäischen Union (AEUV), Vertrag über die Europäische Union (EUV), Vertragsverletzungsverfahren, Völkerbund, Vorabentscheidung, Wahlrecht bei Kommunalwahlen, Wahlrecht zum Europäischen Parlament, Warenverkehrsfreiheit, Wechselkursmechanismus, Welthandelsorganisation (WTO), Wirtschafts- und Währungsunion (WWU), Zollunion.*

STAATENVERBUND

729 [I]. Die neun österreichischen Bundesländer sind seit 1918 auf **verfassungsrechtlicher** (= gesetzlicher) **Grundlage (B-VG)** Teil des **Bundesstaats** Österreich. Der Bundesstaat Österreich seinerseits ist seit **01.01.1995** auf **völkerrechtlicher** (= **staatsvertraglicher**) **Grundlage** Teil der **Europäischen Union (EU)** [➔].

730 Die EU ist vornehmlich ein **wirtschaftlicher Zusammenschluss** der Mitgliedstaaten (Binnenmarkt [821] mit dem **Euro** als gemeinsamer Währung [831]), dann ein **Raum der Sicherheit, der Freiheit und des Rechts** [790] und schließlich eine **politische Union** mit **gemeinsamen Politiken** in bestimmten Bereichen (so die Justizielle und Polizeiliche Zusammenarbeit [792], die Gemeinsame Außen- und Sicherheitspolitik (GASP) [794]). Die EU ist auch eine **Europäische Bankenunion** [➔], die Europäische Zentralbank (EZB) [885] führt die unmittelbare Aufsicht über die Großbanken.

731 Der EU gehören **28 Staaten** an: Belgien, Bulgarien, Dänemark, Deutschland, Estland, Finnland, Frankreich, Griechenland, Großbritannien, Irland, Italien, Kroatien, Lettland, Litauen, Luxemburg, Malta, die Niederlande, **Österreich**, Polen, Portugal, Rumänien, Schweden, Slowakei, Slowenien, Spanien, Tschechien, Ungarn, Zypern.

732 Island, Mazedonien, Montenegro, Serbien und die Türkei sind zurzeit **EU-Beitrittskandidaten**; darüber hinaus streben Albanien, Bosnien und Herzegowina sowie der Kosovo einen Beitritt zur Europäischen Union an. Mit den EU-Beitrittskandidaten schließen die EU und ihre Mitgliedstaaten regelmäßig Stabilisierungs- und Assoziierungsabkommen (Art 217, 218 AEUV). So bestehen derartige Abkommen etwa mit den Republiken Albanien, Mazedonien, Montenegro und der Türkei.

Soweit außereuropäische Territorien nicht ohnedies in das Staatsgebiet der Mitgliedstaaten voll integriert sind (etwa Réunion in Frankreich), sind die *„**Länder und Hoheitsgebiete**"*, **mit denen Dänemark, Frankreich, die Niederlande und Großbritannien** besondere Beziehungen unterhalten (Grönland, Neukaledonien, Französisch-Polynesien, Französische Süd- und Antarktisgebiete, Wallis und Futuna, Mayotte, St. Pierre und Miquelon, Aruba, Niederländische Antillen, Anguilla, Kaimaninseln, Falklandinseln, Südgeorgien und südliche Sandwichinseln, Montserrat, Pitcairn, St. Helena, Britisches Territorium im Indischen Ozean, Turks- und Caicosinseln, Britische Jungferninseln, Bermuda), mit der EU **assoziiert** (Art 198 bis 204 AEUV). 733

[II]. **Was ist die EU ?** Die EU, welche die **wirtschaftliche Integration** und die **politische Zusammenarbeit** der europäischen Staaten bewirken will, ist **kein Staat**, auch **kein Bundesstaat**, weil ihre Rechtsgrundlage nicht das Staatsrecht (Verfassungsrecht) ist. Die EU ist eine durch **Völkerrecht** eingerichtete Staatengemeinschaft. Unter diesem Gesichtspunkt wäre die EU ein **Staatenbund**. Die EU ist völkerrechtsfähig, sie ist ermächtigt, als Union eigene völkerrechtliche Verträge abzuschließen (Art 8 Abs 2 EUV, Art 207 Abs 3 AEUV). Unter diesem Gesichtspunkt könnte man sie als eine **internationale Organisation** [683] bezeichnen. Die EU ist nach ihren Unionsverträgen auch privatrechtsfähig, sie kann zivilrechtliche Verträge abschließen (Art 47 EUV). Unter diesem Gesichtspunkt ist die Union eine **juristische Person** [590]. Und die Organe der EU können auf der Grundlage ihrer Unionsverträge **verbindliche Anordnungen** erlassen, die nicht nur alle EU-Organe, sondern auch die Organe aller Mitgliedstaaten zu befolgen und unmittelbar anzuwenden haben, die also vor dem nationalen Recht **Anwendungsvorrang** [782] haben. Um diese Besonderheiten, die weit über das für einen Staatenbund Übliche hinausgehen, zu charakterisieren, wird die EU als **Staatenverbund** [➔] bezeichnet. 734

[III]. Jeder Mitgliedstaat kann beschließen, aus der EU **auszutreten** (Art 50 EUV). Der Rat handelt in der Folge mit dem austretenden Staat im Namen der EU mit qualifizierter Mehrheit nach Zustimmung des Europäischen Parlaments ein Abkommen über die Einzelheiten des Austritts aus. 735

GESCHICHTE DER EU

[**EUROPÄISIERUNG UND FRIEDE**]. Der **Freihandel** [➔], auch **Außenwirtschaftsfreiheit** [➔] genannt, will für den grenzüberschreitenden Wirtschaftsverkehr durch Zoll- und Handelserleichterungen zum Nutzen aller einen größeren Wirtschaftsraum. Wir sprechen von **Europäisierung** [➔], wenn das freie Wirtschaften auf Europa bezogen ist; von **Globalisierung** [➔], wenn es die ganze Welt umfassen soll. 736

Das Streben nach Freihandel hat historisch eine **friedenspolitische Dimension**. Wirtschaftliche Begehrlichkeiten waren Kriegsgründe. Ursachen für Kriege entfallen, wenn alle alles gemeinsam nutzen. Nach dem Ersten Weltkrieg empfahl der als Friedensorganisation gegründete **Völkerbund** [➔] (1919-1946) die Vereinbarung der **Meistbegünstigung** [➔] in multilateralen Wirtschaftsverträgen. Danach ist kein Staat verpflichtet, einem anderen Staat Zoll- und Handelserleichterungen zu gewähren. Wenn er eine solche Begünstigung aber gewährt, dann soll die Begünstigung automatisch auch für die anderen Vertragsstaaten gelten. Nach dem Zweiten Weltkrieg richteten die 1945 gegründeten **Vereinten Nationen (VN)** [➔] (= United Nations Organization = UNO), die den Völkerbund als politische Friedensorganisation ablösten, zur Förderung des Freihandels den **Internationalen Währungsfonds (IWF)** [➔] (= International Monetary Fund, = IMF) mit Sitz in Washington und die **Welthandelsorganisation (WTO)** [➔] (= World Trade Organization) mit Sitz in Genf ein. 737

[**1951, 1957, EGen: EGKS, EAG und EWG**]. In Westeuropa galten vor allem zwischen Frankreich und Deutschland (Deutsch-Französischer Krieg 1870/71; Erster Weltkrieg 1914-1918, Zweiter Weltkrieg 1939-1945) die Bodenschätze und die damit verbundenen Industrien an Saar, Rhein und Ruhr als Konfliktherd. Auf der Grundlage des **Schuman-Plans** [➔] gründeten die demokratischen Staaten Belgien, Deutschland, Frankreich, Italien, Luxemburg und die Niederlande im **Pariser Vertrag 1951** [➔] die **Europäische Gemeinschaft für Kohle und Stahl** (= EGKS, = MONTANUNION) als **Zollunion** [➔] mit weit gehenden Befugnissen gegenüber ihren Mitgliedstaaten (supranationale Organisation). In den **Römischen Verträgen 1957** [➔] errichtete die „**Gemeinschaft der Sechs**" nach demselben Muster auch die **Europäische Atomgemeinschaft** (EAG, = EURATOM) und die **Europäische Wirtschaftsgemeinschaft** (EWG). **Seit 1957 gab es die drei „Europäischen Gemeinschaften"** (= EG**en**) **EGKS, EAG und EWG nebeneinander**. 738

[**1960: ÖSTERREICH – EFTA**]. Die wirtschaftlich dynamischen Europäischen Gemeinschaften zogen weitere europäische Staaten an. Einige Staaten wären aufgrund ihrer Geschichte, Wirtschaftsstruktur und geografischen Lage passende Mitglieder der EGen gewesen, konnten jedoch aus politischen Rücksichten gegenüber der Sowjetunion nicht beitreten. So die **neutralen Staaten** Finnland, Schweden und **Österreich**. Andere passende Staaten – besonders Großbritannien – waren nicht bereit, nationale Souveränitätsrechte an die supranationalen EGen abzugeben. Um den Europäischen Gemeinschaften ein Gewicht entgegen zu setzen, gründeten – insbesondere 739 auf Betreiben Großbritanniens – **1960** Dänemark, Großbritannien, Norwegen, Portugal, Schweden, die Schweiz und **Österreich** die **Europäische Freihandelszone (EFTA)** [➔] (= European Free Trade Assoziation). Sie war weder supranational noch Zollunion, sondern bloß **Freihandelszone** [➔], die als schwächere Form der wirtschaftlichen Integration nationale Souveränitätsrechte der Mitgliedstaaten unberührt lässt.

740 [**1972: ÖSTERREICH – GLOBALABKOMMEN**]. Österreich war auf Wirtschaftsbeziehungen zu den **EGen**, insbesondere zu Deutschland und zu Italien angewiesen, ein Beitritt aus den genannten politischen Gründen aber versperrt. Als Ausweg vereinbarte Österreich **1972** mit der EGKS und der EWG zwei **Globalabkommen** über einen schlichten Freihandel im gewerblich-industriellen Bereich. Die Verträge waren politisch so heikel, dass man sogar den Begriff „Freihandel" vermied und die Verträge ohne nähere Bezeichnung nur „Globalabkommen" nannte. Gleichzeitig unterstrich Österreich sein Bekenntnis zu einer zwischen den politischen Blöcken ausgewogenen und durch die Neutralität [101] inspirierten Wirtschaftspolitik mit massiven Förderungen der Wirtschaftsbeziehungen zu den Staaten des sowjetischen Machtbereichs („Osthandel").

741 [**1994: ÖSTERREICH – EWR**]. Die **EGen** wurden **1973** zur **„Gemeinschaft der Neun"**, als **Großbritannien** nach Änderung der parlamentarischen Mehrheit den Widerstand aufgab und mitsamt **Irland** und **Dänemark** aus der EFTA austrat und in die EGen eintrat. Nach dem Fall ihrer Diktaturen entstand durch den Beitritt **Griechenlands 1981**, **Spaniens** und **Portugals 1986** die **„Gemeinschaft der Zwölf"**. Seit **1977** nannten die EGen sich einheitlich **Europäische Gemeinschaft (EG)**. **1986** vereinheitlichte die EG die Organisationen der weiter getrennt bestehenden drei EGen.

742 Ende der achtziger Jahre beendete die Sowjetunion ihre Politik der Konfrontation und suchte mit den westlichen Staaten den politischen Ausgleich („Gorbatschow"). Einzelne EFTA-Staaten, auch **Österreich**, versuchten, sich der EG anzunähern. Aus Rücksicht auf die Sowjetunion schien ein voller Beitritt weiter nicht möglich. **EG und EFTA**, der 1970 Island, 1985 Finnland und 1991 Liechtenstein beigetreten waren, vereinbarten daher **1992** den **Europäischen Wirtschaftsraum (EWR)** [➔] (EWR-Vertrag) als bloßes „gemeinsames Dach" über die EG und die EFTA. Der EWR dehnte den Binnenmarkt und das Wirtschaftsrecht der EG weitestgehend auf die EFTA-Staaten aus, ohne dass die EFTA-Staaten EG-Mitglied sein mussten. Am EWR nahmen **alle EG- und EFTA-Staaten** mit Ausnahme der Schweiz teil, deren Mitgliedschaft an einer Volksabstimmung scheiterte. **Der EWR trat zum 01.01.1994 für Österreich als EFTA-Mitglied in Kraft**.

743 [**1995: ÖSTERREICH – EU**]. Noch während die EG- und EFTA-Staaten den EWR konzipierten, brach 1991 die Sowjetunion endgültig auseinander. Die politischen Rücksichten, die zur Gründung des EWR führten, waren hinfällig. Die neutralen Staaten **Österreich**, Finnland und Schweden strebten nun die **Vollmitgliedschaft in der EG** an. Die gleiche Initiative Norwegens scheiterte an einer Volksabstimmung.

744 Bevor Österreich, Finnland und Schweden der EG beitreten konnten, musste die EG noch eigene Probleme lösen, die der Zusammenbruch der Sowjetunion und insbesondere die Vereinigung beider deutscher Staaten (Bundesrepublik Deutschland – BRD und Deutsche Demokratische Republik – DDR) mit sich brachten. Die größere Bedeutung Deutschlands durch die Vereinigung ließ insbesondere in Frankreich und Großbritannien historische Ängste aufkommen. Die Einbindung Deutschlands in die demokratische westeuropäische Staatengemeinschaft sollte unumkehrbar werden. Eine eigene Wege der Mitgliedstaaten ausschließende Vertiefung der EG bot sich an. Der **Vertrag von Maastricht** (= **EU-Vertrag**) schrieb **1992** diese „Vertiefung" fest und machte die EG zur **Europäischen Union (EU)**. EGKS, EAG und E(W)G wurden um die „gemeinsame Innen- und Justizpolitik" sowie um die „gemeinsame Außen- und Sicherheitspolitik" ergänzt. Der EU-Vertrag richtete weiters zum **01.01.1999** die **Europäische Währungsunion** ein.

745 Nach der Umwandlung der EG in die EU traten Finnland, Schweden und **Österreich** aus der EFTA aus und der EU bei. Die EU wurde zur **„Gemeinschaft der Fünfzehn"**. **Österreich ist seit 01.01.1995 Mitglied der EU**. Die EFTA – und damit der EWR – verloren an Bedeutung, es verblieben ihr die Mitglieder **Island, Liechtenstein, Norwegen** und die **Schweiz**.

746 [**2004, 2007, 2013: OSTERWEITERUNG**]. **2004** traten zehn weitere ost- und südeuropäische Staaten (Estland, Lettland, Litauen, Malta, Polen, Slowakei, Slowenien, Tschechische Republik, Ungarn, Zypern), **2007** Bulgarien und Rumänien der EU bei. **2013** trat Kroatien der EU bei. **Die EU ist damit heute (2013) das „Europa der Achtundzwanzig" mit 503 Millionen Unionsbürgern**. Der **EWR umfasst 31 Mitgliedstaaten (28 EU-Mitglieder** und die **drei EFTA-Mitglieder Island, Liechtenstein, Norwegen**).

747 [**2009: EU-VERTRAG in der Fassung des VERTRAGS VON LISSABON**]. Der die EG vertiefende **EU-Vertrag** trug ursprünglich nach dem Ort des Vertragsabschlusses in seiner Urfassung vom 07.02.1992 die Bezeichnung **Vertrag von Maastricht**. Er wurde im **Vertrag von Amsterdam** (1997, in Kraft 1999) und im **Vertrag von Nizza** (2001, in Kraft seit 2003) weiter entwickelt.

748 Ein „Konvent für die Zukunft Europas" (= **Verfassungskonvent**) legte 2003 den Entwurf eines „Vertrags über die Verfassung Europas" (= **Verfassungsvertrag**) vor, den die Mitgliedstaaten 2004 in Rom unterschrieben. Das Inkrafttreten des Verfassungsvertrags scheiterte allerdings 2005 an Volksabstimmungen in Frankreich und in den Niederlanden. Die Regierungen der Mitgliedstaaten gestalteten den Vertrag dann um, indem sie etwa

den Begriff „Verfassung" wegließen, Anklänge an staatliche Symbole (etwa Hymne und Flagge) vermieden und keinen EU-Außenminister mehr vorsahen. Den so abgeänderten **EU-Vertrag** bezeichneten sie dann als „**Vertrag von Lissabon**", der allerdings 2008 auch an einer Volksabstimmung in Irland scheiterte. Nach Zugeständnissen in Nachverhandlungen mit Irland und Tschechien stimmte das irische Volk 2009 in einer weiteren Volksabstimmung schließlich zu. Der „**EU-Vertrag**" **in der Fassung des Vertrags von Lissabon** (**EUV**), der „**Vertrag über die Arbeitsweise der EU** (**AEUV**)" und die „**Charta der Grundrechte der EU**" (EU-Grundrechtecharta [**GRC**]) **traten am 01.12.2009 in Kraft**.

Abgekoppelt von der EU blieb die **Europäische Atomgemeinschaft (EAG)** [➔] (= **EURATOM**) – mit dem Ziel, 749
die Atomindustrien zu fördern – als „kleine Schwester" der EU selbständig, organisatorisch aber voll angepasst bestehen. Die Förderung der Kernenergie steht zwar in einem gewissen Spannungsverhältnis zum staatspolitischen Grundsatz der Atomenergiefreiheit [113], da die Mitgliedschaft in der EURATOM aber keine verpflichtende Nutzung von Kernenergie beinhaltet, sind Österreichs Mitgliedschaft in der EURATOM und die Atomenergiefreiheit miteinander vereinbar. Die Durchführung eines Volksbegehrens „RAUS aus EURATOM" scheiterte 2011 an der zu geringen Anzahl von Eintragungen von Stimmberechtigten (98.678).

BASISVERTRÄGE

Österreich ist Mitglied der **Europäischen Union (EU)** [➔]. Die EU organisiert die **wirtschaftliche** 750
Integration und die **politische Zusammenarbeit** ihrer Mitgliedstaaten. Sie wurde durch **multilaterale völkerrechtliche Verträge** der Mitgliedstaaten eingerichtet. Die aktuell geltenden **Basisverträge** (= Unionsverträge) sind insbesondere:

- [**EU-VERTRAG**]. Der **Vertrag über die Europäische Union (EUV)** [➔] in der Fassung des 751
„Vertrags von Lissabon" [in Kraft mit 01.12.2009], ABl 2012 C 326/13 (BGBl III 2009/132).
- [**AEU-VERTRAG**]. Der **Vertrag über die Arbeitsweise der Europäischen Union (AEUV)** [➔] 752
[in Kraft mit 01.12.2009], ABl 2012 C 326/47 (BGBl III 2009/132).
- [**EU-GRUNDRECHTECHARTA**]. Die **EU-Grundrechtecharta (GRC)** [➔] (**Charta der Grund-** 753
rechte der Europäischen Union) [in Kraft mit 01.12.2009], ABl 2012 C 326/391 (BGBl III 2009/132).

Den EU-Vertrag (im Zusammenhang mit anderen bezüglichen völkerrechtlichen Verträgen) bezeichnet man 754
manchmal als „**Verfassung der EU**". Der Begriff „Verfassung" ist allerdings dem Staatsrecht vorbehalten. Versuche, diesen Begriff im Sinne einer **Europäischen Verfassung** [➔] (= „Verfassungsvertrag") in die Terminologie der Verträge einzuführen, scheiterten.

ANPASSUNG DES B-VG

Der Beitritt Österreichs zur EU zum 01.01.1995 bedeutete tiefgreifende Veränderungen für die 755
Bundesverfassung. Die Politik wollte die völkerrechtlichen Basisverträge (in der damals geltenden Fassung) daher nicht einfach nach den allgemeinen Regeln der Transformation völkerrechtlicher Verträge im B-VG [706] in die nationale Rechtsordnung übernehmen, sondern regelte den Beitritt **in einem besonderen Bundesverfassungsgesetz**, dessen Inkrafttreten sie von einer **Volksabstimmung** abhängig machte.

[**BEITRITTS-BVG**]. Das **EU-Beitritts-BVG** [➔] (= **BVG über den Beitritt Österreichs zur** 756
Europäischen Union) – in der Volksabstimmung mit 66,58 % Mehrheit angenommen – ermächtigte die Bundesorgane zum Abschluss des Beitrittsvertrags, die in der Folge den **EU-Beitrittsvertrag** [➔] (= **Staatsvertrag über den Beitritt Österreichs zur Europäischen Union**) abschlossen.

[**Art 23a bis 23k B-VG**]. Die Unionsverträge verlangen ein anderes Verständnis einzelner Verfas- 757
sungsbestimmungen – etwa der Neutralität [101] – und erfordern **Anpassungen des Verfassungstexts**. Der Bundesverfassungsgesetzgeber fügte unter dem Titel „**B. Europäische Union**" im ersten Hauptstück des B-VG die zum Teil unter dem Vorbehalt einfachgesetzlicher Ausführung stehenden **Art 23a bis 23k B-VG** ein:

758 • [**Wahl der Abgeordneten zum Europäischen Parlament**]. Die **Art 23a B-VG** regelt die Wahl der 18 österreichischen Abgeordneten zum Europäischen Parlament (Art 14 Abs 3 EUV [805-806]). Es gelten die Wahlrechtsgrundsätze der Bundesverfassung [164-169] und das Verhältniswahlrecht [175]. Art 23b B-VG enthält Sonderbestimmungen über die Stellung der Abgeordneten zum Europäischen Parlament.

759 • [**Entsendungsrechte der Bundesregierung**]. Nach **Art 23c B-VG** erstattet die Bundesregierung die Vorschläge für die Ernennung der österreichischen Mitglieder der Europäischen Kommission, des Gerichtshofs der Europäischen Union, des Europäischen Rechnungshofs, des Verwaltungsrats der Europäischen Investitionsbank, des Wirtschafts- und Sozialausschusses, des Ausschusses der Regionen und des Verwaltungsrats der Europäischen Investitionsbank. Die Bundesregierung hat dazu Vorschläge einzuholen, Anhörungen durchzuführen und Informationen zu geben.

760 • [**Einbindung der Länder und Gemeinden**]. Gemäß **Art 23d B-VG** hat der Bund die Länder unverzüglich über alle Vorhaben im Rahmen der Europäischen Union, die den selbständigen Wirkungsbereich der Länder berühren oder sonst für sie von Interesse sein könnten, zu unterrichten und ihnen Gelegenheit zur Stellungnahme zu geben. Gleiches gilt für die Gemeinden, soweit der eigene Wirkungsbereich oder sonstige wichtige Interessen der Gemeinden berührt werden. – Auch Mitglieder der Landesregierungen können gegebenenfalls an Sitzungen des Rates teilnehmen. – Die Länder sind verpflichtet, in ihrem eigenen Wirkungsbereich die erforderlichen Maßnahmen zur Durchführung von Rechtsakten der EU zu setzen.

761 • [**Einbindung des Nationalrats und des Bundesrats**]. Gemäß **Art 23e B-VG** hat der zuständige Bundesminister den Nationalrat und den Bundesrat unverzüglich über alle Vorhaben im Rahmen der Europäischen Union zu unterrichten und ihnen Gelegenheit zur Stellungnahme zu geben. Die Stellungnahmen können für den Bundesminister bei Verhandlungen und Abstimmungen in der EU bindend sein. – Gemäß **Art 23f B-VG** üben der Nationalrat und der Bundesrat die im Unionsrecht vorgesehenen „Zuständigkeiten der nationalen Parlamente" aus. – Gemäß Art **23g B-VG** können der Nationalrat und der Bundesrat begründete Stellungnahmen zur Frage abgeben, ob der Entwurf einer Regelung im Unionsrecht mit dem „Subsidiaritätsprinzip" der EU [820] vereinbar ist. – Gemäß Art **23h B-VG** können der Nationalrat und der Bundesrat Klageerhebung beim Gerichtshof der Europäischen Union wegen Verstoßes gegen das „Subsidiaritätsprinzip" der EU beschließen. – Gemäß Art **23i B-VG** sind Abstimmungsvereinfachungen, die das Unionsrecht durch Beschluss in Einzelfällen vorsieht, an die Zustimmung von Nationalrat und Bundesrat gebunden.

762 • [**Gemeinsame Außen- und Sicherheitspolitik**]. Österreich wirkt gemäß **Art 23j B-VG** an der Gemeinsamen Außen- und Sicherheitspolitik (GASP) der EU mit [794]. Sonderregeln sind in dieser Verfassungsbestimmung insbesondere für Missionen außerhalb der EU und für die Entsendung von Einheiten und Personen vorgesehen (vgl auch das Bundesverfassungsgesetz über Kooperation und Solidarität bei der Entsendung von Einheiten und Einzelpersonen in das Ausland – KSE-BVG, BGBl I 1997/38 idgF).

763 [**KONSULTATIONSMECHANISMUS, STABILITÄTSPAKT**]. Außerhalb des B-VG haben im Hinblick auf die Erfordernisse der Unionsverträge für die Führung der Haushalte der Mitgliedstaaten im Zusammenhang mit der Währungsunion der Bund, die Länder und die Gemeinden auf Veranlassung des „Bundesverfassungsgesetzes über Ermächtigungen des Österreichischen Gemeindebundes und des Österreichischen Städtebundes", BGBl I 1998/61, auf der Grundlage des Art 15a Abs 1 B-VG eine **Vereinbarung über einen Konsultationsmechanismus** [➔] **und einen Stabilitätspakt** [➔], BGBl I 1999/35, abgeschlossen. Durch diese Vereinbarung soll ein Einvernehmen über die Frage der Kostentragung erzielt werden, wenn in Zusammenhang mit geplanten Rechtssetzungsmaßnahmen einer Gebietskörperschaft andere Gebietskörperschaften finanziell belastet werden.

UNIONSRECHT

764 [I]. [**PRIMÄRES UNIONSRECHT**]. Damit die EU ihre Ziele und Aufgaben verwirklichen kann, müssen die **Unionsverträge** sie ermächtigen, für die Mitgliedstaaten, für die Unionsbürger und für die Union selbst **verbindliche Anordnungen** treffen zu können. **Zusammen mit den Unionsverträgen nennt man diese verbindlichen Anordnungen das Unionsrecht** [➔]. Wir sprechen vom **primären Unionsrecht** [➔], wenn wir die **Unionsverträge** meinen, die völkerrechtlich Staatsverträge sind. Wir sprechen vom **sekundären Unionsrecht**, wenn wir die von den **Organen der EU** auf der Grundlage der Unionsverträge erlassenen verbindlichen Anordnungen meinen, die das Völkerrecht als „Staatengemeinschaftsrecht" [727] bezeichnet. Dem völkerrechtlichen Charakter des Unionsrechts entspricht, dass auch unionsrechtliches **Gewohnheitsrecht** (etwa die Teilnahme von Staatssekretären an Sitzungen des [Minister]Rats) und **Allgemeine Rechtsgrundsätze** (etwa das Prinzip des Vertrauensschutzes) anerkannt sind.

12/1 765

UNIONSRECHTSORDNUNG
[Amtsblatt der Europäischen Union]

Staatenverbund • **Wirtschafts- und Währungsunion** • **vier Grundfreiheiten** (Warenverkehrsfreiheit, Personenverkehrsfreiheit, Dienstleistungsverkehrsfreiheit, Kapital- und Zahlungsverkehrsfreiheit) • **Binnenmarkt** • **Europäischer Raum der Freiheit, der Sicherheit und des Rechts** • **Schengen-Grenzen** • **Gemeinsame Außen- und Sicherheitspolitik** (**GASP**) • **Gemeinsame Sicherheits- und Verteidigungspolitik** (**GSVP**) • **Zusammenarbeit**

PRIMÄRES UNIONSRECHT | **SEKUNDÄRES UNIONSRECHT**

EUR-Lex <eur-lex.europa.eu>

Primäres Unionsrecht:

- **Vertrag über die Europäische Union** (**EUV**)
- **Vertrag über die Arbeitsweise der Europäischen Union** (**AEUV**)
- **EU-Grundrechtecharta** (**GRC**), **ua**

Sekundäres Unionsrecht:

EU-GESETZE (Art 289 Abs 1 AEUV):

- **Verordnung** (Art 288 Abs 2 AEUV)
- **Richtlinie** (Art 288 Abs 3 AEUV)
- **Beschluss** (Art 288 Abs 4 AEUV)

- Empfehlung (Art 288 Abs 5 AEUV)
- Stellungnahme (Art 288 Abs 5 AEUV)

Anwendungsvorrang vor nationalem Recht bei Kollision

[II]. [**SEKUNDÄRES UNIONSRECHT**]. Die Unionsorgane (insbesondere Europäisches Parlament, Rat und Kommission) können **sekundären Unionsrecht** [→] ausschließlich in den folgenden **Kategorien** erzeugen (Art 288 AEUV): 766

- **Verordnung (EU)** [→] (Art 288 Abs 2 AEUV). Die **unionsrechtlichen Verordnungen** – von den nationalen Verordnungen [237] zu unterscheiden ! – sind generelle und in allen ihren Teilen verbindliche Anordnungen eines EU-Organs. Sie gelten unmittelbar in jedem Mitgliedstaat und sind ohne Dazwischentreten eines staatlichen Hoheitsakts in den Mitgliedstaaten unmittelbar anzuwenden. Verordnungen (EU) können den Menschen in den EU-Mitgliedstaaten unmittelbar Rechte gewähren und Pflichten auferlegen. 767

  Beispiele: Verordnung (EG) Nr 974/98 des Rates vom 3. Mai 1998 über die Einführung des Euro, ABl 1998 L 139/01; Verordnung (EU) Nr 211/2011 des Europäischen Parlaments und des Rates vom 16. Februar 2011 über die Bürgerinitiative, ABl 2011 L 65/1; Verordnung (EU) Nr 216/2013 des Rates vom 7. März 2013 über die elektronische Veröffentlichung des Amtsblatts der Europäischen Union, ABl 2013 L 69/1. 768

- **Richtlinie** [→] (Art 288 Abs 3 AEUV). Die unionsrechtlichen **Richtlinien** sind (nur) **für jeden Mitgliedstaat** bezüglich der **Ziele** verbindlich, die Staaten haben aber die **Wahl der Form und der Mittel** zur Erreichung dieser Ziele. Richtlinien bedürfen der innerstaatlichen Umsetzung, für welche die Richtlinie in der Regel eine **Frist** setzt. Für die staatlichen Vollziehungsorgane und für die Menschen im nationalen Bereich sind **nur** die staatlichen Umsetzungsakte (nationale Gesetze und andere Rechtsvorschriften) verbindlich. 769

  Beispiele: Richtlinie 79/409/EWG des Rates vom 02.04.1979 über die Erhaltung der wildlebenden Vogelarten (‚Vogelschutzrichtlinie'), ABl 1979 L 103/01, die durch die Naturschutzgesetze der Länder, etwa das Oö Natur- und Landschaftsschutzgesetz 2001, umgesetzt wurde; Richtlinie 2013/33/EU des Europäischen Parlaments und des Rates vom 26.06.2013 zur Festlegung von Normen für die Aufnahme von Personen, die internationalen Schutz beantragen, ABl 2013 L 180/96, umzusetzen insb durch das Asylgesetz 2005 bis 20.07.2015. 770

  Die Mitgliedstaaten haben regelmäßig politisch Schwierigkeiten, Richtlinien fristgerecht umzusetzen. Für den einzelnen Menschen bedeutet das einen Nachteil, wenn die Richtlinie gerade seine Interessen schützen wollte. Der EuGH gewährt in diesen Fällen den betroffenen Menschen auch aus 771 der Richtlinie einen **unmittelbaren Rechtsanspruch**, wenn die Richtlinie für eine Anwendung im Einzelfall **hinreichend genau bestimmt** ist. Der säumige Staat haftet für Schäden [779].

772 EuGH 05.02.2004, Rs C-157/02, Rieser/ASFINAG, Slg 2004 I-01477; EuGH 19.11.1991 Rs C-6/90 und C-9/90, Francovich ua, Slg 1991, I-5357; EuGH 11.07.2002 Rs C-62/00, Marks & Spencer, Slg 2002, I-6325.

773 • **Beschluss (EU)** [➔] (Art 288 Abs 4 AEUV). Die **adressatengerichteten** unionsrechtlichen **Beschlüsse** – von Beschlüssen nationaler Behörden [1389] zu unterscheiden – sind an eine bestimmte natürliche oder juristische Person oder an einen bestimmten Mitgliedstaat gerichtete verbindliche Rechtsakte (etwa die Verhängung von Geldbußen für Unternehmen im Wettbewerbsrecht). Auch **„adressatenlose" Beschlüsse** sind möglich, sie richten sich nicht an individuell bestimmte Adressaten. Adressatenlose („allgemeine") Beschlüsse sind etwa Beschlüsse betreffend die Zusammensetzung von Unionsorganen und Institutionen, Beschlüsse zur Ernennung oder Abberufung von Funktionsträgern, Beschlüsse zur Konkretisierung der Unionsverträge, Beschlüsse im Rahmen der GASP.

774 Beispiel: Beschluss des Europäischen Rates vom 25. März 2011 zur Änderung des Artikels 136 des Vertrags über die Arbeitsweise der Europäischen Union hinsichtlich eines Stabilitätsmechanismus für die Mitgliedstaaten, deren Währung der Euro ist, ABl 2011 L 91/1; Beschluss des Rates vom 9. Juli 2013 über die Einführung des Euro in Lettland am 1. Januar 2014, ABl 2013 L 195/24.

775 • Keine verbindlichen Rechtsakte sind die **Empfehlung** [➔] und die **Stellungnahme** [➔] (Art 288 Abs 5 AEUV) der EU-Organe. Sie können allgemein sein oder sich an einzelne Mitgliedstaaten oder Einzelpersonen richten. Empfehlungen oder Stellungnahmen sollen berücksichtigt werden, ihre Befolgung ist rechtlich nicht durchsetzbar.

776 Beispiele: Empfehlung der EZB vom 06.10.2006 über die Verabschiedung bestimmter Maßnahmen für einen wirksameren Fälschungsschutz von Euro-Banknoten (EZB/2006/13), ABl 2006 C 257/ 16; Empfehlung der Kommission vom 07.12.2001 über Grundsätze zur Nutzung von ‚SOLVIT', dem Problemlösungsnetz für den Binnenmarkt (2001/893/EG), ABl 2001 L 331/79; Empfehlung des Rates vom 09.07. 2013 zur Umsetzung der Grundzüge der Wirtschaftspolitik der Mitgliedstaaten, deren Währung der Euro ist, ABl 2013 C 217/97.

777 [III]. [**Amtsblatt der Europäischen Union**]. Das (primäre und sekundäre) Unionsrecht wird in dem vom „Amt für amtliche Veröffentlichungen" in Luxemburg herausgegebenen **Amtsblatt der Europäischen Union (ABl)** [➔] kundgemacht. Das Amtsblatt ist geteilt in einen **Teil L** (= „legislatio", Rechtsvorschriften), in einen **Teil C** (= „communicatio", Mitteilungen und Bekanntmachungen) und in einen **Teil S** (= „supplément", enthält die Ausschreibungen für öffentliche Aufträge der Europäischen Union). Es erscheint in allen 24 Amtssprachen der EU und ist in der Datenbank **EUR-Lex** <http://eur-lex.europa.eu> einzusehen. Seit 01.07.2013 ist die auf EUR-Lex zugänglich gemachte elektronische Ausgabe des EU-Amtsblatts authentisch, dh nur (mehr) das **elektronisch veröffentlichte Amtsblatt** besitzt Echtheit und entfaltet Rechtswirkungen (Art 1 Verordnung [EU] 216/2013 über die elektronische Veröffentlichung des Amtsblatts der Europäischen Union).

778 [IV]. **Verordnungen**, **Richtlinien** und **Beschlüsse** sind die **Formen verbindlicher Rechtsakte der EU-Organe**. Die Unionsverträge nennen diese Rechtsakte **„Gesetze"** – **EU-Gesetze** [➔] (= Unionsgesetze), von den nationalen Gesetzen [48] zu unterscheiden ! –, wenn sie (regelmäßig auf Vorschlag der Europäischen Kommission) entweder **gemeinsam von Rat und Europäischem Parlament** oder vom **Rat nach Anhörung des Europäischen Parlaments** in einem formellen als **„Gesetzgebungsverfahren" bezeichneten Vorgang** (Art 289 AEUV) erlassen werden.

779 [V]. Staaten, die Unionsrecht nicht befolgen, droht ein **Vertragsverletzungsverfahren** vor dem Gerichtshof (Art 258 bis 260 AEUV) [1401]. Kommt wegen Verletzung von Unionsrecht **durch ein staatliches Organ** ein Unionsbürger zu **Schaden**, so steht ihm ein Anspruch auf **Staatshaftung** [➔] gegen den Staat zu, und zwar gleichgültig, ob ein staatliches Gesetzgebungs-, Verwaltungs- oder Gerichtsorgan das Unionsrecht verletzt hat [1464].

780 Dieser vom Gerichtshof der EU (EuGH 19.11.1991 Rs C-6/90 und C-9/90, Francovich ua, Slg 1991, I-5357) entwickelte Grundsatz einer Haftung des Staats für Schäden, die dem Einzelnen durch Verstöße staatlicher Organe gegen das Unionsrecht entstehen, folge schon aus dem „Wesen" der Unionsrechtsordnung, aber auch aus Art 4 Abs 3 EUV, wonach *„die Mitgliedstaaten ... alle geeigneten Maßnahmen ... zur Erfüllung der Verpflichtungen, die sich aus den Verträgen oder den Handlungen der Organe der Union ergeben"*, ergreifen müssen.

ANWENDUNGSVORRANG

[I]. **Das Unionsrecht bindet die Organe der EU, die Mitgliedstaaten und die Unionsbürger**. 781
Bei der Befolgung und Anwendung des Unionsrechts durch die Mitgliedstaaten und die Unionsbürger kann das Unionsrecht mit Regelungen der nationalen Rechtsordnungen kollidieren. Die Kollisionen zeigen sich mit Deutlichkeit beim Vollzug des Unionsrechts. **Das generelle Unionsrecht muss individuell umgesetzt werden**. Dazu braucht es einen Vollzugsapparat. Die EU verfügt nur über einen bescheidenen eigenen bürokratischen Apparat (zirka 50.000 EU-Bedienstete bei 503 Millionen Unionsbürgern). Sie findet damit das Auslangen, weil die Unionsverträge die Mitgliedstaaten in die Pflicht nehmen und **jedes Organ eines Mitgliedstaats verpflichten, in seinem nationalen Zuständigkeitsbereich auch das Unionsrecht zu vollziehen**. Etwa zwanzig Prozent des Unionsrechts vollziehen EU-Organe, etwa achtzig Prozent vollziehen die staatlichen Organe der Mitgliedstaaten. Die Kollisionsproblematik stellt sich daher nicht nur theoretisch, sondern auch praktisch, und zwar in der Alltagsarbeit eines jeden Organs eines Mitgliedstaats.

Die Unionsverträge legen fest, dass unmittelbar anwendbares Unionsrecht im Kollisionsfall mit 782
nationalem Recht **Anwendungsvorrang** [➔] hat. Das nationale Recht wird wegen Widerspruchs zum Unionsrecht nicht rechtswidrig. Es wird auch nicht vom Unionsrecht aufgehoben und muss nicht vom Mitgliedstaat aufgehoben werden. Das Unionsrecht „überlagert" das nationale Recht nur mit der Folge, dass im konkreten Anwendungsfall das Unionsrecht und nicht das widersprechende nationale Recht anzuwenden ist.

Beispiel: Wenn daher eine Bestimmung des Gewerberechts (so § 39 Abs 2 GewO 1994 bis zur Novelle BGBl I 783
2000/88) das Erfordernis eines inländischen Wohnsitzes des bestellten Geschäftsführers statuiert, und anderseits Art 45 AEUV die Arbeitnehmerfreizügigkeit normiert, dann ist wegen des dem Unionsrecht gebührenden Anwendungsvorrangs die Bestimmung des Gewerberechts (§ 39 Abs 2 GewO 1994) unangewendet zu lassen; mit der Folge, dass auch ein Geschäftsführer mit Wohnsitz etwa in Deutschland bestellt werden darf, weil es gegen Art 45 AEUV verstößt, *„wenn ein Mitgliedstaat dem Inhaber eines Gewerbes, das dieser im Gebiet dieses Staates ausübt, verbietet, eine Person als Geschäftsführer zu bestellen, die in diesem Staat keinen Wohnsitz hat"* (EuGH 07.05.1998, Rs C-350/96, Clean Car Autoservice, Slg 1998 I-02521).

[II]. Für den **Anwendungsvorrang** ist es ohne Bedeutung, ob das entgegenstehende nationale 784
Recht ein Verfassungsgesetz, ein einfaches Gesetz, Bundesrecht oder Landesrecht, ein Bescheid oder ein Urteil ist. Das Unionsrecht verdrängt jedwedes nationale Recht, **auch das nationale Verfassungsrecht** (EuGH 15.06.1964, Rs 6/64, Costa/ENEL, Slg 1964 I-1253). **Mit einer Einschränkung**: Das Unionsrecht kann als Völkerrecht im nationalen Bereich aus sich heraus nicht gelten. Wenn es im nationalen Bereich gilt und anzuwenden ist, dann nur auf Grund einer Anordnung der nationalen Verfassung. **Geltungsgrund** der Anwendung des Unionsrechts in einem Staat ist immer die **staatliche Verfassung**. Daran kann das Unionsrecht nichts ändern. Das Unionsrecht kann sich nicht selbst zum Staatsrecht und den Staatenverbund EU nicht zum Staat putschen. Und: nach der österreichischen Verfassungsordnung beruht jede staatliche Macht unabänderlich [950] auf der demokratischen Entscheidung des österreichischen Volks. Das Unionsrecht kann diese **Bindung der staatlichen Macht an den Willen des Volks** nicht aufheben. Die Unionsverträge versuchen solchen Überlegungen zu entsprechen, indem sie an verschiedenen Stellen die nationalen Parlamente in den Entscheidungsprozess der EU-Organe einbeziehen (Art 5 Abs 3, Art 12, Art 48 f EUV).

ZIELE, AUFGABEN UND WERTE

[I]. **Hauptziel** der EU ist es, in Erfüllung ihrer Aufgaben den **Frieden** und das **Wohlergehen** der 785
europäischen Völker zu fördern (Art 3 Abs 1 EUV).

786 [II]. **Kernaufgaben** der EU sind, **erstens** für die Unionsbürger einen **Europäischen Raum der Freiheit, der Sicherheit und des Rechts ohne Binnengrenzen** (Art 3 Abs 2 EUV) zu schaffen, **zweitens** in diesem Raum einen **Binnenmarkt** (Art 3 Abs 3 EUV) und darauf aufbauend eine **Wirtschafts- und Währungsunion** (Art 3 Abs 4 EUV) zu errichten und **drittens** die **politische Zusammenarbeit** der Mitgliedstaaten zu organisieren.

787 Die Unionsverträge in der Fassung des Vertrags von Lissabon verstehen sich als aktueller Stand in der *„Verwirklichung einer immer engeren Union der Völker Europas"* (Art 1 EUV), die 1951 mit dem Pariser Vertrag begann und sich über sechs Jahrzehnte stetig intensivierte. Das Ergebnis der weiteren Entwicklung lassen die Unionsverträge offen.

788 [III]. Das **politische Fundament** der EU sind die in allen Mitgliedstaaten anerkannten **Europäischen Werte** [➔], das sind die **Menschenwürde**, die **Freiheit**, die **Demokratie**, die **Gleichheit**, die **Rechtsstaatlichkeit**, die **Menschenrechte** und die **Rechte von Minderheiten**. Die Gesellschaften der Mitgliedstaaten beruhen auf **Pluralität**, **Nichtdiskriminierung**, **Toleranz**, **Gerechtigkeit**, **Solidarität** und auf der **Gleichheit von Frauen und Männern** (Art 2 EUV).

789 In diesem Sinn ordnen der EU-Vertrag und die EMRK an, dass die EU der Europäischen Menschenrechtskonvention (EMRK) beitreten wird bzw beitreten kann (Art 6 Abs 2 EUV, Art 59 Abs 2 EMRK). Und die EU-Grundrechtecharta (GRC) bekräftigt nach ihrer Präambel (Abs 5) ausdrücklich die sich aus der EMRK ergebenden Rechte.

EUROPÄISCHER RAUM DER FREIHEIT, DER SICHERHEIT UND DES RECHTS

790 [I]. Im **Europäischen Raum der Freiheit, der Sicherheit und des Rechts** [➔] (Art 3 Abs 2 EUV) gibt es an den Binnengrenzen **keine Personenkontrollen**, an den Außengrenzen dafür **besondere Kontrollen**, und die Mitgliedstaaten entwickeln eine **gemeinsame Politik** in den Bereichen **Asyl** und **Einwanderung** (Art 67 Abs 2 AEUV). Die Aufhebung der Personenkontrollen an den Binnengrenzen ist zurzeit (2013) **noch unvollendet**, weil bislang nur 22 der 28 EU-Staaten die Personenkontrollen an ihren Grenzen aufgehoben haben („**Schengen-Grenzen**").

791 **Über die EU-Staaten hinausgehend** wurden die Grenzkontrollen auch für die EWR-Staaten **Island**, **Liechtenstein** und **Norwegen** sowie für die **Schweiz** aufgehoben. Rechtsgrundlage für den Abbau der Personenkontrollen an den Binnengrenzen sind die am 14.06.1985 und am 19.06.1990 unterzeichneten **Schengen-Übereinkommen** [➔], deren Bestand und Entwicklung in den EUV übernommen wurden (Protokoll 19 zum EUV). **Grenzkontrollen** finden noch in **Bulgarien**, **Großbritannien**, **Irland**, **Kroatien**, **Rumänien** und **Zypern** statt.

792 [II]. Im Europäischen Raum der Freiheit, der Sicherheit und des Rechts finden eine **Justizielle Zusammenarbeit in Zivilsachen** [➔] (Art 81 AEUV), eine **Justizielle Zusammenarbeit in Strafsachen** [➔] (Art 82 bis 86 AEUV) und eine **Polizeiliche Zusammenarbeit** [➔] (Art 87 ff AEUV) statt, welche die **Zusammenarbeit der Gerichte** im Zivil- und Strafrecht und insbesondere die **Zusammenarbeit der Polizei** der EU-Mitgliedstaaten regeln. Dafür sorgen eine **Europäische Justizbehörde** (= **Eurojust** [➔]) und eine **Europäische Polizeibehörde** (= **Europol** [➔]) (Art 85, 88 AEUV).

793 [III]. In einem Raum der Freiheit, der Sicherheit und des Rechts ohne Binnengrenzen ist die **Vereinheitlichung** der Rechtsordnungen der Mitgliedstaaten ein Thema. Die Unionsverträge bieten dafür – von Regelungen im Zusammenhang mit dem Binnenmarkt abgesehen (Art 114 ff AEUV) – allerdings nur geringe Ansätze, so bei der Justiziellen Zusammenarbeit (Art 81 Abs 1, Art 82 Abs 1 AEUV).

794 [IV]. Die EU betreibt eine **Gemeinsame Außen- und Sicherheitspolitik (GASP)** [➔] (Art 23 ff EUV). Sie will die Beziehungen zu Drittländern und zu regionalen oder weltweiten internationalen Organisationen ausbauen und Partnerschaften mit ihnen aufbauen. Unabhängig von der GASP **betreiben die Mitgliedstaaten der EU weiter ihre eigene Außenpolitik**, sind aber verpflichtet, die GASP vorbehaltlos und aktiv zu unterstützen (Art 24 Abs 3 EUV). Österreich wirkt nach Art 23j B-VG unbeschadet seiner Neutralität an der Gemeinsamen Außen- und Sicherheitspolitik der Union mit.

[V]. Die **Gemeinsame Sicherheits- und Verteidigungspolitik (GSVP)** [➔] ist wesentlicher Bestandteil der GASP (Art 42 Abs 1 EUV). Es geht um **Politik**, nicht eigene europäische Streitkräfte. Die Mitgliedstaaten stellen für die GSVP „*zivile und militärische Fähigkeiten*" zur Verfügung und verpflichten sich, „*ihre militärischen Fähigkeiten schrittweise zu verbessern*" (Art 42 Abs 3 EUV), damit die Europäische Union in zivilen und militärischen Krisensituationen handlungsfähig ist. „*Im Falle eines bewaffneten Angriffs auf das Hoheitsgebiet eines Mitgliedstaats schulden die anderen Mitgliedstaaten ihm alle in ihrer Macht stehende Hilfe und Unterstützung*" (Art 42 Abs 7 EUV). 795

Allerdings: Der EUV lässt „*den besonderen Charakter der Sicherheits- und Verteidigungspolitik bestimmter Mitgliedstaaten unberührt*" (Art 42 Abs 2 und 7 EUV), was für die NATO-Mitgliedschaft von Mitgliedstaaten, aber auch für die **Neutralität** Österreichs Bedeutung hat. 796

Österreich wirkt nach **Art 23j B-VG** ausdrücklich an der Gemeinsamen Sicherheits- und Verteidigungspolitik der Europäischen Union mit, was ua die Mitwirkung Österreichs an Aufgaben der militärischen Beratung und Unterstützung, der Konfliktverhütung und der Erhaltung des Friedens oder Kampfeinsätze im Rahmen der Krisenbewältigung einschließlich Frieden schaffender Maßnahmen und Operationen zur Stabilisierung der Lage nach Konflikten umfasst. Gemäß Art 23j Abs 1 letzter Satz B-VG benötigen Beschlüsse des Europäischen Rates über eine **gemeinsame Verteidigung** für ihre Geltung in Österreich die **Genehmigung und Zustimmung des Bundesparlaments (Nationalrat und Bundesrat)**. 797

FINANZEN

[I]. Eine Organisation, die Aufgaben erfüllen und Zuständigkeiten wahrnehmen soll, benötigt **Geld**. Die EU hat ein **jährliches Budget** (2013: € 150,9 Milliarden) zur Verfügung, das für bestimmte Zwecke gebunden ist und etwa ein Prozent der jährlich von den EU-Ländern erzeugten Wirtschaftsleistung ausmacht. Ein eigenes Recht, die Unionsbürger zu besteuern, hat die EU nicht. Es ist ihr auch verboten, sich über Kredite zu finanzieren. 798

Das Budget wird ausgegeben für **Strukturpolitik** (Förderung benachteiligter Regionen und sonstige Unternehmensförderungen) [44 Prozent]; für die **Agrarwirtschaft** [43 Prozent]; für **externe Politiken** (etwa Hilfsprogramme) [6 Prozent]; für **Verwaltung** [6 Prozent] und für **innere Sicherheit** [1 Prozent]. 799

Vier Quellen speisen den Haushalt der EU: **Beiträge der Mitgliedstaaten**, die sich nach dem Bruttonationaleinkommen (Bruttosozialprodukt) bemessen [72 Prozent]; **Außenzölle und Agrarabgaben** [13 Prozent]; **Anteil am Mehrwertsteueraufkommen** der Mitgliedstaaten [14 Prozent]; **Besteuerung der EU-Bediensteten, Bußgelder** ua [1 Prozent]. 800

[II]. Welche Vorteile die Volkswirtschaften der Mitgliedstaaten aus ihrer Mitgliedschaft in der EU ziehen, wird nicht gemessen. Die Verteilung der **Lasten** aus der Mitgliedschaft zeigt die Unterscheidung der Mitgliedstaaten in „Nettozahler" und „Nettoempfänger". Ein Staat, der mehr in die EU einzahlt als er an Zahlungen von der EU zurückbekommt, ist – wie Österreich – ein „Nettozahler". Ein Staat, der mehr von der EU zurückbekommt als er in die EU einzahlt, ist ein „Netto-Empfänger". 801

Nettozahler: In absoluten Zahlen (Daten aus 2011) ist Deutschland mit 9 Milliarden Euro (€ 110,- pro Einwohner) der größte Nettozahler. Pro Kopf der Einwohner sind Dänemark (€ 150), Luxemburg (€ 147), Schweden (€ 141) und die Niederlande (€ 133) die größten Nettozahler. **Österreich** ist mit 805 Millionen Euro (96 Euro pro Einwohner) Nettozahler. – **Nettoempfänger**: In absoluten Zahlen sind Polen mit 10,98, Griechenland mit 4,62 und Ungarn mit 4,42 Milliarden Euro die größten Nettoempfänger. Pro Kopf der Einwohner sind Ungarn (€ 442), Litauen (€ 422) und Griechenland (€ 409) die größten Nettoempfänger. 802

[III]. Ein Bundesstaat hat eine Finanzverfassung. Im Wege des Finanzausgleichs erfolgen Transferzahlungen zwischen den Staaten, um unterschiedliche Kapazitäten der Staaten auszugleichen und für die Menschen vergleichbare Lebensbedingungen zu schaffen. **Für die EU gilt dieses Prinzip solidarischer Transferzahlungen nicht**. Im Gegenteil: Eine **No-bail-out-Klausel** [➔] (Art 125 AEUV) betont die eigenständige haushaltsrechtliche Verantwortung eines jeden Mitgliedstaats. **Weder die Union noch ein Mitgliedstaat haftet für die Verbindlichkeiten eines Mitgliedstaats und tritt auch nicht für derartige Verbindlichkeiten ein**. 803

UNIONSBÜRGER

804 [I]. Alle Staatsbürger der Mitgliedstaaten sind auch **Unionsbürger** [➔] der EU (Art 20 AEUV). Als Unionsbürger dürfen sie sich in jeder der 24 **Sprachen** der Unionsverträge an die Organe und die beratenden Einrichtungen der Union wenden (Art 24 Abs 4 AEUV, Art 55 EUV). Die Unionsbürger haben vor allem das **Recht der Freizügigkeit** [➔], sie dürfen sich ohne irgendwelche Voraussetzungen im Hoheitsgebiet aller EU-Mitgliedstaaten frei bewegen und aufhalten (Art 21 AEUV). In den ersten fünf Jahren des Aufenthalts können die Mitgliedstaaten bei Personen, die keinen Arbeitnehmerstatus haben, den Nachweis ausreichender finanzieller Mittel für den Unterhalt und eine aufrechte Krankenversicherung verlangen. Mit dem Recht auf Freizügigkeit sind **andere Rechte** verbunden, etwa das Recht auf bestimmte Sozialleistungen, der Zugang zu Schulen und Universitäten. Hält sich ein Unionsbürger außerhalb der EU in einem Drittstaat auf, in dem sein Heimatstaat nicht vertreten ist, so hat er das **Recht auf Schutz durch die diplomatischen und konsularischen Behörden eines jeden Mitgliedstaats** wie die Staatsbürger dieses Staats (Art 20 Abs 2 lit c, Art 23 AEUV).

805 **Haben Unionsbürger in einem fremden EU-Staat einen Wohnsitz begründet**, so stehen ihnen wie den dortigen Staatsbürgern das gleiche aktive und passive **Wahlrecht bei Kommunalwahlen** [➔] und das aktive und passive **Wahlrecht zum Europäischen Parlament** [➔] zu (Art 20 Abs 2 lit b, 22 AEUV, Art 39 und 40 GRC).

806 Die 18 von Österreich in das Europäische Parlament zu entsendenden Abgeordneten werden nach Art 23a B-VG aufgrund des gleichen, unmittelbaren, persönlichen, freien und geheimen Verhältniswahlrechts gewählt [164-169, 175]. Das aktive Wahlrecht zum Europäischen Parlament besitzen alle österreichischen Staatsbürger und alle sonstigen Unionsbürger (Unionsbürger ohne österreichische Staatsbürgerschaft) mit österreichischem Hauptwohnsitz ab dem vollendeten 16. Lebensjahr, sofern kein Wahlausschlussgrund vorliegt (Art 23a Abs 1 B-VG iVm § 10 Europawahlordnung - EuWO, BGBl 1996/117 idgF). Passiv wahlberechtigt zum Europäischen Parlament sind alle in Österreich aktiv zum Europäischen Parlament Wahlberechtigten ab dem vollendeten 18. Lebensjahr, sofern sie von der Wählbarkeit nicht ausgeschlossen sind (Art 23a Abs 3 B-VG iVm § 29 Europawahlordnung - EuWO).

807 [II]. Die Unionsbürger haben weiters ein **Petitionsrecht (EU)** [➔] an das **Europäische Parlament** und das Recht, wegen eines Missstands bei der Tätigkeit der Organe und Einrichtungen der EU **Beschwerde** beim **Europäischen Bürgerbeauftragten** [➔] zu erheben (Art 24 Abs 3 AEUV).

808 Jedem Unionsbürger steht das Recht zu, **Beschwerden** wegen vermuteter Verletzungen des Unionsrechts einzubringen und Abhilfe zu verlangen. Er kann sich an die **Europäische Kommission** [<ec.europa.eu/eu_law/your_rights/your_rights_de.htm>], und bei Verletzungen des Unionsrechts durch nationale Organe an die nationale **SOLVIT-Beschwerdestelle** [➔] (SOLVIT - Effective Problem Solving in Europe <ec.europa.eu/solvit>) wenden.

809 [III]. In einer **Europäischen Bürgerinitiative (EBI)** [➔] (= Europäisches Volksbegehren) können die Unionsbürger (mindestens eine Million Staatsangehörige aus mindestens sieben EU-Mitgliedstaaten, in Österreich sind mindestens 14.250 Unterstützungsbekundungen erforderlich) die Europäische Kommission zur Vorlage eines Vorschlags zu einem bestimmten Thema verpflichten (Art 11 Abs 4 EUV). Über die vorgelegte Initiative der Kommission ist dann im Rechtssetzungsverfahren [778] zu entscheiden.

810 Das Verfahren und die Bedingungen der Europäischen Bürgerinitiative regeln die (unmittelbar anwendbare) Verordnung (EU) 211/2011 über die Bürgerinitiative (ABl 2011 L 65/1) sowie das auf der Kompetenzgrundlage des Art 10 Abs 1a B-VG („*Europäische Bürgerinitiativen*") erlassene **Europäische-Bürgerinitiative-Gesetz – EBIG** (Bundesgesetz über die Durchführung von Europäischen Bürgerinitiativen, BGBl I 2012/12 idgF). Das Ergebnis (der in Österreich gesammelten Unterstützungsbekundungen) der Europäischen Bürgerinitiative kann nach Art 141 Abs 1 lit e B-VG iVm § 4 EBIG beim VfGH wegen Rechtswidrigkeit des Verfahrens angefochten werden [1608].

[IV]. Nach **Art 18 AEUV** (Art 21 Abs 2 GRC) ist ***„jede Diskriminierung aus Gründen der Staatsangehörigkeit verboten"*** (**Diskriminierungsverbot** [➔]). Dieses **Gebot der Nichtdiskriminierung** gilt nur für Unions(EWR)bürger, nicht für Staatsangehörige von Drittstaaten und nur *„im Anwendungsbereich der Verträge"*, also bei Umsetzung und Vollziehung von Unionsrecht. Das Gebot der Nichtdiskriminierung richtet sich nicht nur an die EU-Organe, sondern auch an die Organe der Mitgliedstaaten. Sofern es nicht eine ausdrückliche Ausnahmeregelung in den Verträgen gibt, dürfen österreichische Gesetzgebungsorgane, Verwaltungsorgane (auch wenn sie nichthoheitlich tätig werden) und Gerichtsorgane österreichische Staatsbürger anderen Unions(EWR)bürgern nicht vorziehen. 811

Das Diskriminierungsverbot kommt insbesondere bei Ausübung einer der vier **Grundfreiheiten** des Binnenmarkts zur Anwendung [821-825] und führt zu einer **Ausdehnung** des Adressatenkreises der **Staatsbürgerrechte auf Unions(EWR)bürger**. Die Nichtgeltung von bloßen Staatsbürgerrechten für (nicht-österreichische) Unionsbürger wäre eine unionsrechtswidrige Diskriminierung iSd Art 18 AEUV. Nicht-österreichische Unions(EWR)bürger genießen im Anwendungsbereich des Unionsrechts denselben Schutz von Staatsbürgerrechten wie österreichische Staatsbürger. 812

Zwei Beispiele: Ein deutscher Staatsbürger kann in Österreich den Rechtsweg beschreiten und vor dem Verfassungsgerichtshof nicht nur eine Verletzung von Menschenrechten (etwa der Eigentumsfreiheit), sondern im Anwendungsbereich des Unionsrechts auch eine Verletzung der Erwerbsfreiheit (Art 6 StGG) geltend machen. – Eine juristische Person mit Sitz in Malta, einem EU-Mitgliedstaat, kann in Österreich den Rechtsweg beschreiten und vor dem Verfassungsgerichtshof wegen Verletzung des Gleichheitssatzes (Art 7 B-VG, Art 2 StGG) Beschwerde nach Art 144 B-VG erheben. Der VfGH darf die Beschwerde nicht wegen der fehlenden (österreichischen) Staatsangehörigkeit bzw wegen des Sitzes im Ausland ab- oder zurückweisen, weil dies eine unionsrechtswidrige Diskriminierung nach Art 18 AEUV darstellte. Das Diskriminierungsverbot aus Gründen der Staatsangehörigkeit nach Art 18 AEUV erstreckt – im Anwendungsbereich von Unionsrecht – auch den Adressatenkreis des Gleichheitssatzes auf (nicht-österreichische) Unionsbürger. 813

KOMPETENZORDNUNG

[I]. Um den Europäischen **Raum der Freiheit, der Sicherheit und des Rechts** ohne Binnengrenzen schaffen, in diesem Raum die **Wirtschafts- und Währungsunion** errichten und die **politische Zusammenarbeit** ihrer Mitgliedstaaten organisieren zu können, benötigt die EU konkrete Zuständigkeiten für Regelungen des sekundären Unionsrechts. Die Unionsverträge schaffen eine **Kompetenzordnung**. Die Unionsverträge (Art 5 Abs 1 EUV, Art 2 AEUV) normieren den **Grundsatz der begrenzten Einzelermächtigung** [➔] der EU. Welche Aufgaben und Kompetenzen die EU wahrzunehmen hat, bestimmen **ausschließlich** die Unionsverträge. Die EU hat **keine eigene Kompetenz**, im Sinne einer „Kompetenz-Kompetenz" Aufgaben der Mitgliedstaaten an sich zu ziehen. Allerdings sind die Unionsverträge in der Frage, welche Einzelermächtigungen sie der EU erteilen, vage. Aufgaben, Kompetenzen, Ziele durchziehen – weder klar strukturiert noch klar formuliert – viele Bestimmungen der Unionsverträge. 814

[II]. Für die Erfüllung der Unionsaufgaben gibt es **ausschließliche Zuständigkeiten**, **geteilte Zuständigkeiten**, **Koordinierungszuständigkeiten** und **unterstützende Zuständigkeiten**: 815

- [**Art 3 AEUV: Ausschließliche Zuständigkeiten**]. Materien, in denen nur die EU Regelungen erlassen darf. Die Mitgliedstaaten dürfen in diesen Materien nicht oder nur tätig werden, wenn sie dafür von der EU ermächtigt wurden, oder um Rechtsakte der EU durchzuführen (Art 2 Abs 1 AEUV). Ausschließliche Zuständigkeiten (Art 3 AEUV) sind **Zölle**; **Wettbewerbsregeln im Binnenmarkt**; **Handelspolitik** – ausgenommen Kriegsmaterial (Art 346 AEUV); **biologische Meeresschätze**; **Währungspolitik** (für die Euro-Staaten). 816
- [**Art 4 AEUV: Geteilte Zuständigkeiten**]. Materien, in denen die Mitgliedstaaten Regelungen erlassen dürfen, sofern und soweit die EU ihre Zuständigkeit nicht ausübt bzw nicht mehr ausübt (Art 2 Abs 2 AEUV). Geteilte Zuständigkeiten (Art 4 AEUV) sind **Binnenmarkt**; **Sozialpolitik**; **wirtschaftlicher, sozialer und territorialer Zusammenhang**; **Landwirtschaft und Fischerei**; **Umwelt**; **Verbraucherschutz**; **Verkehr**; **Transeuropäische Netze**; **Energie**; **Freiheit, Sicherheit, Recht**; **Sicherheitsanliegen im Bereich der öffentlichen Gesundheit**; **Forschung, technologische Entwicklung und Raumfahrt**; **Entwicklungszusammenarbeit und humanitäre Hilfe**. 817

818 • [**Art 5 AEUV: Koordinierungszuständigkeiten**]. Materien, in denen die EU die Mitgliedstaaten bindende Koordinierungsmaßnahmen erlassen darf (Art 2 Abs 3, Art 5 AEUV). Koordinierungszuständigkeiten sind **Wirtschaftspolitik** (Art 5 Abs 1 AEUV); **Beschäftigungspolitik** (Art 5 Abs 2 AEUV); **Sozialpolitik** (Art 5 Abs 3 AEUV).

819 • [**Art 6 AEUV: Unterstützende Zuständigkeiten**]. Materien, in denen die EU unterstützende Maßnahmen *„mit europäischer Zielsetzung"*, jedenfalls aber **keine eigenen Regelungen** erlassen darf (Art 2 Abs 5 AEUV). Unterstützende Zuständigkeiten (Art 6 AEUV) sind **Gesundheit**; **Industrie**; **Kultur**; **Tourismus**; **Bildung**, **Jugend**, **Sport**; **Katastrophenschutz**; **Verwaltungszusammenarbeit**.

820 [III]. Die EU muss alle ihre Aufgaben und Kompetenzen, die nicht in ihre ausschließliche Zuständigkeit fallen, nach dem **Subsidiaritätsgrundsatz** [➔] und nach dem **Verhältnismäßigkeitsgrundsatz (EU)** [➔] wahrnehmen. Nach dem Grundsatz der **Subsidiarität** wird die EU nur tätig, *„sofern und soweit die Ziele der in Betracht gezogenen Maßnahmen von den Mitgliedstaaten ... nicht ... ausreichend verwirklicht werden können, sondern vielmehr wegen ihres Umfangs oder ihrer Wirkungen auf Unionsebene besser zu verwirklichen sind"* (Art 5 Abs 3 EUV). Nach dem Grundsatz der **Verhältnismäßigkeit** *„gehen die Maßnahmen der Union nicht über das zur Erreichung der Ziele erforderliche Maß hinaus"* (Art 5 Abs 4 EUV).

WIRTSCHAFTSUNION

821 [I]. Die Union errichtet eine **Wirtschafts- und Währungsunion** [➔]. Grundlage der Wirtschaftsunion ist der **Binnenmarkt** [➔] (Art 3 Abs 3 EUV). Er *„umfasst einen* ***Raum ohne Binnengrenzen****, in dem der* ***freie Verkehr*** *von* ***Waren****,* ***Personen****,* ***Dienstleistungen*** *und* ***Kapital*** *... gewährleistet ist"* (Art 26 Abs 2 AEUV). Diese Freiheiten gewähren Rechte, besagen aber nicht, dass die Staaten Waren, Personen und Geld an den Binnengrenzen nicht überprüfen dürften. Die **Kontrollfreiheit** an den Grenzen ist keine Frage des Binnenmarkts, sondern eine Frage der „Schengen-Grenzen"). Der Binnenmarkt beruht auf den **vier Grundfreiheiten** [➔]:

822 • die **Warenverkehrsfreiheit** [➔] (Art 28 bis 37 AEUV),

823 • die **Personenverkehrsfreiheit** [➔], bestehend aus der **Arbeitnehmerfreizügigkeit** [➔] (Art 45 bis 48 AEUV) und der **Niederlassungsfreiheit** [➔] (Art 49 bis 55 AEUV),

824 • die **Dienstleistungsverkehrsfreiheit** [➔] (56 bis 62 AEUV) und

825 • die **Kapital- und Zahlungsverkehrsfreiheit** [➔] (Art 63 bis 66 AEUV).

826 [II]. Die **Wirtschaftsordnung** der Wirtschaftsunion ist die **freie**, aber **soziale und ökologische Marktwirtschaft** (Art 3 Abs 3 EUV) [650]. Die Mitgliedstaaten sind zur **engen Koordination ihrer Wirtschaftspolitik** (Art 5 AEUV, Art 119 Abs 1 AEUV), die national bleibt, verpflichtet. Die Wirtschaftspolitik schließt die **Beschäftigungspolitik**, die **Sozialpolitik**, den **Verbraucherschutz**, den **Umweltschutz** mit ein.

827 Die Marktwirtschaft beruht auf dem **Wettbewerb** der Unternehmen. Im Interesse des Wettbewerbs verbietet das Unionsrecht (Art 101 f AEUV) den **Unternehmen** – auch den in der Wirtschaftsunion tätigen Unternehmen von Drittstaaten – direkt **kartellrechtlich problematische Verhaltensweisen** (= **Kartellverbot** [➔]) und den **Missbrauch einer marktbeherrschenden Stellung** [➔], wobei insbesondere auch **öffentliche Unternehmen** mit Sonderbestimmungen (Art 106 AEUV) in das Regelwerk einbezogen sind. Für die **Mitgliedstaaten** der Wirtschaftsunion gilt (Art 107 AEUV) ein allgemeines **Beihilfenverbot** [➔] (= Subventionsverbot), jedoch mit relevanten Ausnahmen (= „erlaubte Beihilfen"). Die **Einhaltung der Marktregeln** kontrollieren grundsätzlich die Mitgliedstaaten. Hat das Handeln von Unternehmen jedoch **zwischenstaatliche Auswirkungen**, so obliegt der Schutz des Wettbewerbs der **Europäischen Kommission**. Sie hat weitgehende **Auskunftsrechte**, **Prüfungsrechte** – etwa die **Fusionskontrolle** – und **Sanktionsmöglichkeiten**.

828 Im Bereich des **Umweltschutzes** erarbeitet die EU allgemeine Aktionsprogramme (Art 192 Abs 3 AEUV). Verbindliche Maßnahmen können ergehen (Art 191 AEUV).

829 Die **Gemeinsame Agrarpolitik** [➔] (Art 38 bis 44 AEUV) ist der am dichtesten geregelte Bereich der Wirtschaftsunion. Sie umfasst die **Landwirtschaft**, die **Fischerei** und den **Handel mit landwirtschaftlichen Produkten**. Der agrarische Bereich ist zwar Teil der Marktwirtschaft, mit einer Vielzahl von Maßnahmen aber

einer strikten **Marktordnung** unterworfen, die den Markt weitgehend aufhebt. Wichtigstes Ziel ist dabei die Sicherung der europäischen Landwirtschaft durch garantierte Preise (Interventionspreise und Beihilfen) und den Schutz nach außen durch Zölle.

[III]. Nach **außen** betreibt die Wirtschaftsunion eine **Gemeinsame Handelspolitik** [➔]. Dabei 830
bekennt sie sich zum **Freihandel** (Art 206 AEUV), ergreift aber **Schutzmaßnahmen** gegen Verzerrungen der Marktbedingungen (Art 207 Abs 1 AEUV). Die EU schließt im eigenen Namen (insbesondere) im Bereich der **Gemeinsamen Handelspolitik** auch **völkerrechtlich verbindliche Verträge** ab (Art 8 Abs 2 EUV, Art 207 Abs 3 AEUV).

WÄHRUNGSUNION

[I]. Die **Währung** in der Wirtschaftsunion ist der **Euro (€)** [➔] (Art 3 Abs 4 EUV). Die **Währungs-** 831
politik der Wirtschafts- und Währungsunion bestimmt ausschließlich die EU, die Mitgliedstaaten haben keinen rechtlichen Einfluss. Das Ziel der Währungspolitik ist die **Geld- und Preisstabilität** (Art 127 Abs 1 AEUV).

Die Währungsunion ist **unvollendet**. Zurzeit (2014) haben **18 der 28 Mitgliedstaaten** den Euro 832
eingeführt (= **Euroland** [➔]: Belgien, Deutschland, Estland, Finnland, Frankreich, Griechenland, Irland, Italien, Lettland, Luxemburg, Malta, die Niederlande, **Österreich**, Portugal, Slowakei, Slowenien, Spanien und Zypern; zehn Staaten sind (noch) nicht dabei.

Grundsätzlich gehören alle EU-Mitgliedstaaten der Währungsunion an. **Großbritannien** und **Dänemark** haben 833
allerdings eine „Opt-out"-Klausel vereinbart; sie können, müssen aber den Euro nicht übernehmen. In Dänemark scheitere der Beitritt zur Währungsunion 2000 an einer Volksabstimmung. Großbritannien hat eine Volksabstimmung gelegentlich angekündigt, aber bisher nie durchgeführt. **Schweden** hat keine „Opt-out"-Klausel vereinbart, tritt aber aufgrund einer negativen Volksabstimmung 2003 dennoch nicht bei und gilt als „informelles" Opt-out-Mitglied.

Die restlichen sieben Mitgliedstaaten (**Bulgarien**, **Kroatien**, **Litauen**, **Polen**, **Rumänien**, **Tschechien**, **Ungarn**) 834
müssen aufgrund der Unionsverträge den Euro erst einführen, wenn sie die **Konvergenzkriterien** [➔] erfüllen. Das sind die **Preisstabilität** (die Inflationsrate darf nicht mehr als 1,5 Prozent über der durchschnittlichen Inflationsrate der drei preisstabilsten Mitgliedstaaten der Währungsunion liegen); die **Haushaltsdisziplin** (das jährliche Defizit des Staatshaushalts darf drei Prozent des Bruttoinlandsprodukts, die Gesamtverschuldung des Staatshaushalts 60 Prozent des Bruttoinlandsprodukts nicht überschreiten); die **Währungsstabilität** (der Wechselkurs der nationalen Währung darf in den letzten zwei Jahren vor dem Beitritt zur Währungsunion eine Bandbreite von plus/minus 2,25 Prozent zum Euro nicht überschritten haben); und das **Zinsniveau** (das Niveau der Zinsen darf nicht mehr als 2 Prozent über dem Zinsniveau der drei Mitgliedstaaten mit dem niedrigsten Zinsniveau liegen).

Dänemark und **Litauen** nehmen freiwillig an einem **Wechselkursmechanismus** [➔] teil. Die Währungen 835
schwanken um einen festgelegten Leitkurs in einer **Bandbreite von plus/minus 15 Prozent**. Wird diese Bandbreite überschritten, intervenieren die Notenbanken am Währungsmarkt.

Aufgrund von Währungsvereinbarungen mit der EU verwenden auch die „Nicht-EU-Mitglieder" **Monaco**, **San** 836
Marino und **Vatikanstadt** den Euro als offizielle Währung. Ohne entsprechende Vereinbarung ist der Euro außerdem in Andorra, Montenegro und dem Kosovo in Verwendung.

[II]. Das **Europäische System der Zentralbanken (ESZB)** [➔] bestimmt die **Währungspolitik** 837
der Währungsunion. Das ESZB legt die **Geldpolitik der EU** fest und führt sie aus, führt die **Devisengeschäfte** durch, hält und verwaltet die offiziellen **Währungsreserven der Mitgliedstaaten** und fördert das reibungslose **Funktionieren der Zahlungssysteme** (Art 127 Abs 2 AEUV).

Das ESZB besteht aus den **Zentralbanken aller EU-Mitgliedstaaten** (so die Österreichische Nationalbank) 838
und aus der **Europäischen Zentralbank** (EZB) (Art 282 Abs 1 AEUV). Die **Zentralbanken der Euro-Staaten** (so auch die Österreichische Nationalbank) und die **EZB** bilden im Rahmen des ESZB das **Eurosystem** [➔]. Die Beschlussorgane der EZB, das sind das **Direktorium** und der **EZB-Rat**, führen auch das ESZB. Das ESZB ist **unabhängig**; weder eine nationale Zentralbank, noch die EZB noch ein Mitglied eines Beschlussorgans darf Weisungen von Organen oder Einrichtungen der EU, Regierungsstellen der Mitgliedstaaten oder anderen Stellen einholen oder entgegennehmen (Art 130 AEUV).

839 [III]. In einem **Stabilitäts- und Wachstumspakt** [➔] aus 1997 verpflichten sich die Staaten, die den Euro bereits eingeführt haben, in einer politischen Selbstverpflichtung, flankiert durch rechtliche Sanktionen (Art 126 AEUV), die für den Beitritt zur Währungsunion erforderliche **Haushaltsdisziplin** weiter und auf Dauer aufrechtzuerhalten. Übersteigt das Haushaltsdefizit 3 Prozent des Bruttoinlandsprodukts (BIP) in einem Jahr, muss der betroffene Mitgliedstaat 0,5 Prozent des Bruttoinlandsprodukts bei der EU hinterlegen. Wird im Folgejahr diese Marke wieder verfehlt, verfällt der Betrag als Geldbuße. Tatsächlich wurde von dieser Sanktion nie Gebrauch gemacht, obwohl alle Euro-Staaten dagegen verstießen.

840 Da die Mitgliedstaaten der Währungsunion die Haushaltsdisziplin nicht einhielten und **hohe Staatsschulden** anhäuften, bekamen insbesondere die PIIGS-Staaten (Portugal, Irland, Italien, Griechenland, Spanien) Schwierigkeiten, sich auf dem freien Kapitalmarkt durch Staatsanleihen zu vertretbaren Zinsen zu finanzieren. Diese **Staatsschuldenkrise** [➔], die meist fälschlich als **Eurokrise** [➔] dargestellt wird, zwang die EU und die Euro-Staaten zu Maßnahmen, für die es im Unionsrecht und in den Rechtsordnungen der Mitgliedstaaten manchmal nur vage Deckungen gibt:

841 • Die **EZB** begann 2010 zunächst im **Securities Markets Programme** (**SMP**), Anleihen der Krisenstaaten bei Ansteigen der Zinsen am freien Kapitalmarkt begrenzt aufzukaufen, die **Euro-Staaten** gewährten den Krisenstaaten, insbesondere Griechenland, **Darlehen**. Seit 2012 kauft die **EZB** Anleihen der Mitgliedstaaten durch **Outright Monetary Transactions** (**OMT**) ohne betragliche Begrenzung auf. **Griechenland** strich 2012 durch nationales Gesetz etwa die Hälfte der Forderungen seiner privaten Gläubiger („**Schuldenschnitt**").

842 • Die Euro-Staaten gründeten eine Kapitalgesellschaft nach luxemburgischen Recht, die **European Financial Stability Facility S.A.** (**EFSF**), die auf der Grundlage von Haftungsübernahmen der Gründungsstaaten und Kreditlinien des **Internationalen Währungsfonds** (**IWF**) letztlich 750 Milliarden Euro aufbrachte, mit denen die Gesellschaft Anleihen der Krisenstaaten aufkaufte und Darlehen gewährte. Die EFSF war drei Jahre von Juni 2010 bis Juni 2013 tätig.

843 • Der **Europäische Stabilitätsmechanismus** (**ESM**) [➔], eine internationale Finanzinstitution mit Sitz in Luxemburg, den die Euro-Staaten mit Zustimmung des Rats durch einen eigenen **völkerrechtlichen Vertrag** (= Vertrag zur Einrichtung des Europäischen Stabilitätsmechanismus, BGBl III 2012/138) errichteten, löste 2012 die privatrechtlich organisierte EFSF ab. Der ESM hat weiterhin unter Einrechnung der Kreditlinien des IWF 750 Milliarden Euro zur Verfügung. 80 Millionen Euro zahlten die Mitgliedstaaten des ESM ein, der Rest besteht aus Haftungen. Auf Österreich entfällt eine Beteiligungsquote von **2,78 Prozent**, damit ein maximales Risiko von 19,5 Milliarden Euro. Oberstes Organ des ESM ist der Gouverneursrat, in den jedes Mitglied des ESM-Vertrags einen Vertreter entsendet.

844 Die EU-Staaten – mit Ausnahme von Großbritannien und Tschechien – schlossen 2013 schließlich den **Europäischen Fiskalpakt** (**EFP**) [➔] mit einem eigenen völkerrechtlichen Vertrag über Stabilität, Koordinierung und Steuerung in der Wirtschafts- und Währungsunion (BGBl III 2013/17) ab, der als Schuldenbremse und Korrekturmechanismus für zu hohe Staatsschulden wirken soll. Nach diesem Pakt darf das Haushaltsdefizit jährlich nur noch 0,5 Prozent des Bruttoinlandsprodukts (BIP) erreichen, eine Haushaltsverschuldung von mehr als sechzig Prozent des BIPs muss mit wenigstens einem Zwanzigstel jährlich abgebaut werden. Jeder Verstoß führt – anders als im Stabilitäts- und Wachstumspakt aus 1997 vorgesehen – zwingend zur Einleitung des Defizitverfahrens, was nur eine qualifizierte Mehrheit der Mitgliedstaaten verhindern könnte.

ORGANE UND INSTITUTIONEN

845 [I]. Die EU ist eine Organisation, als solche nimmt sie ihre Aufgaben und Kompetenzen durch **Organe** und **Institutionen** wahr.

846 [II]. Die **Organe** der EU (Art 13 Abs 1 EUV) sind das **Europäische Parlament** (**EP**), durch das die Unionsbürger mit gewählten Abgeordneten am Geschehen in der EU beteiligt sind; der **Europäische Rat** und der **Rat** der Europäischen Union, in denen die Mitgliedstaaten die Politik der EU bestimmen; die **Europäische Kommission** als bürokratisches Zentrum der EU; der **Gerichtshof der Europäischen Union**, der über die Einhaltung des Unionsrechts wacht; die **Europäische Zentralbank** (**EZB**), die für die Geldwertstabilität des Euro sorgt; und der **Europäische Rechnungshof** (**EuRH**), der die finanzielle Gebarung der EU prüft.

Die Verteilung der Zuständigkeiten auf die Organe der EU folgt **nicht** dem für den Staat geltenden Organisationsmuster der **Gewaltenteilung** [200]. Der Erlass genereller Regelungen, der Vollzug dieser Regelungen ist auf mehrere Organe verteilt, manche Organe sind sowohl für den Erlass genereller Regelungen als auch für vollziehende Anordnungen zuständig. In diesem Sinn ist insbesondere das Europäische Parlament zwar eine Volksvertretung, ein für gewaltenteilig organisierte nationale Parlamente typisches Monopol der Gesetzgebung kommt ihm nicht zu. Eine Hierarchie der Organe kraft Weisungsrecht besteht nicht, die Stellung der Organe zueinander ergibt sich aus Umfang und Qualität ihrer Aufgaben. 847

848

12/2

DIE ORGANE DER EUROPÄISCHEN UNION

Europäischer Rat	Europäisches Parlament	Rat
Kein fester Sitz Politisches Leitungsorgan (28 Staats- und Regierungschefs + Präsident + Präsident der Kommission) **Leitung der gemeinsamen Politik**, Festlegung allgemeiner politischer Ziele, GASP (Außenvertretung durch Präsident) weitgehend Einstimmigkeit	Straßburg **Volksvertretung** der Unionsbürger 751 Abgeordnete, Funktionsperiode fünf Jahre Mitwirkung an der **Gesetzgebung** Mitwirkung am **Haushalt** **Wahl** und **politische Kontrolle** der Kommission (Misstrauensvotum !)	Brüssel (auch Luxemburg) 28 Minister („Ministerrat") Mitwirkung an der **Gesetzgebung** (auf Vorschlag der Kommission) Mitwirkung am **Haushalt** weitgehend Mehrstimmigkeit

Europäische Kommission (EP)

Brüssel (auch Luxemburg)

Leitung des bürokratischen Apparats

Präsident der Europäischen Kommission und 27 weitere Kommissare, unabhängig von den Heimatstaaten, politisch dem Europäischen Parlament verantwortlich

umfassende Initiativrechte für EU-Rechtsakte („Motor der EU")

Kontrolle der Einhaltung des Unionsrechts („Hüterin des Unionsrechts")

Hoher Vertreter für Außen- und Sicherheitspolitik (ernannt vom Europäischen Rat, ein Vizepräsident der Kommission)

Gerichtshof der EU (EuGH)	Rechnungshof (EuRH)	Europäische Zentralbank
Luxemburg 28 Richter, 8 Generalanwälte **Gerichtshof** **Gericht** **Fachgerichte** Wahrung des Rechts bei Auslegung und Anwendung des Unionsrechts (Vertragsverletzung, Vorabentscheidung, Nichtigkeits- und Untätigkeitsklage, Schadenersatzklage)	Luxemburg 28 Mitglieder **Gebarungskontrolle** (Recht- und Ordnungsmäßigkeit der Einnahmen und Ausgaben; Wirtschaftlichkeit der Haushaltsführung)	Frankfurt am Main EZB-Rat unabhängig und weisungsfrei gegenüber Mitgliedstaaten Zentralbank für den **Euro** **Preisstabilität** im Euroraum **Geldpolitik** (Leitzinsen)

[III]. Die **beratenden Einrichtungen der EU** (Art 300-307 AEUV) sind der **Europäische Wirtschafts- und Sozialausschuss (EWSA)** [➔] (Art 301 ff AEUV, höchstens 350 vom Rat ernannte Mitglieder aus dem wirtschaftlichen und sozialen Leben der Mitgliedstaaten, die unverbindliche Stellungnahmen abgeben) und der **Ausschuss der Regionen** [➔] (Art 305 ff AEUV, Gegengewicht zur zentralistischen Struktur der EU, höchstens 350 vom Rat ernannte Mitglieder aus den Regionen der Gemeinschaft, die unverbindliche Stellungnahmen abgeben). 849

[IV]. Die **Europäische Investitionsbank (EIB)** [➔] (Art 308 f AEUV) – mit Sitz in Luxemburg – ist kein EU-Organ. Sie ist eine im Eigentum der EU-Mitgliedstaaten stehende Finanzierungseinrichtung mit Rechtspersönlichkeit. Aufgabe der Europäischen Investitionsbank (EIB) ist insbesondere die Förderung der Regionalentwicklung wirtschaftlich schwacher Gebiete (etwa Finanzierung von Infrastrukturverbesserungsmaßnahmen). 850

851 [V]. Der **Europäische Datenschutzbeauftragte (EDSB)** [➔] ist der „Hüter des Schutzes personenbezogener Daten". Eingerichtet durch die **Datenschutzverordnung** der EU (Verordnung EG Nr. 45/2001 des Europäischen Parlaments und des Rates vom 18. Dezember 2000 zum Schutz natürlicher Personen bei der Verarbeitung personenbezogener Daten durch die Organe und Einrichtungen der Gemeinschaft und zum freien Datenverkehr, ABl 2001 L 8/1) hat der Europäische Datenschutzbeauftragte (EDSB) sicherzustellen, dass die EU-Organe bei Verarbeitung personenbezogener Daten das **Recht auf Privatsphäre** (Art 7 EU-Grundrechtecharta) und das **Recht auf Datenschutz** (Art 8 EU-Grundrechtecharta, Art 16 AEUV) beachten.

852 [VI]. Weitere **mit der EU verbundene aber nicht in die Organisation eingegliederte Institutionen** sind das **Europäische Institut für Gleichstellungsfragen** (EIGE) in Vilnius (Litauen); das **Europäische Markenamt** (Harmonisierungsamt für den Binnenmarkt – OHIM) in Alicante (Spanien); das Europäische Polizeiamt **Europol** in Den Haag (Niederlande); das **Europäische Zentrum für die Förderung der Berufsbildung** (Cedefop) in Saloniki (Griechenland); das **Europäische Zentrum für die Prävention und die Kontrolle von Krankheiten** (ECDC) in Stockholm (Schweden); das **Gemeinschaftliche Sortenamt** (CPVO) in Angers (Frankreich); die **Agentur der Europäischen Union für Grundrechte** (FRA) in Wien (**Österreich**); die **Aufsichtsbehörde für das Europäische GNSS** (GSA) in Brüssel (Belgien); die **Europäische Agentur für die operative Zusammenarbeit an den Außengrenzen** (FRONTEX) in Warschau (Polen); die **Europäische Agentur für die Sicherheit des Seeverkehrs** (EMSA) in Lissabon (Portugal); die **Europäische Agentur für Flugsicherheit** (EASA) in Köln (Deutschland); die **Europäische Agentur für Netz- und Informationssicherheit** (ENISA) in Heraklion (Griechenland); die **Europäische Agentur für Sicherheit und Gesundheitsschutz am Arbeitsplatz** (EU-OSHA) in Bilbao (Spanien); die **Europäische Arzneimittel-Agentur** (EMA) in London (Großbritannien); die **Europäische Behörde für Lebensmittelsicherheit** (EFSA) in Parma (Italien); die **Europäische Beobachtungsstelle für Drogen und Drogensucht** (EMCDDA) in Lissabon (Portugal); die **Europäische Chemikalienagentur** (ECHA) in Helsinki (Finnland); die **Europäische Eisenbahnagentur** (ERA) in Valenciennes (Frankreich); die **Europäische Fischereiaufsichtsagentur** (CFCA) in Vigo (Spanien); die Europäische Justizbehörde **Eurojust** in Den Haag (Niederlande); die **Europäische Polizeiakademie** (CEPOL) in Hampshire (Großbritannien); die **Europäische Stiftung für Berufsbildung** (ETF) in Turin (Italien); die **Europäische Stiftung zur Verbesserung der Lebens- und Arbeitsbedingungen** (EUROFOUND) in Dublin (Irland); die **Europäische Umweltagentur** (EEA) in Kopenhagen (Dänemark); die **Europäische Verteidigungsagentur** (EDA) in Brüssel (Belgien).

DAS EUROPÄISCHE PARLAMENT (EP)

853 [I]. Das **Europäische Parlament (EP)** [➔] (Art 14 EUV) – mit Sitz in **Straßburg** und Standorten in Luxemburg (Generalsekretariat) und Brüssel – ist die **Volksvertretung der Unionsbürger**. Es hat (ab der Wahlperiode 2014) maximal **751 Mitglieder**: 750 (Europa)Abgeordnete und ein Präsident, den das Parlament aus seiner Mitte wählt. Die Funktionsperiode der Abgeordneten beträgt **fünf Jahre**. Das Wahlverfahren ist im Wesentlichen in den nationalen Gesetzen geregelt. **Österreich stellt 18 Abgeordnete**.

854 Die Zahl der Europaabgeordneten pro Mitgliedstaat (mindestens sechs und höchstens 96 Sitze pro Staat) orientiert sich an den Bevölkerungszahlen, ist aber zu Gunsten der kleineren Staaten degressiv proportional. Die 96 Abgeordneten des bevölkerungsreichsten Staats (Deutschland 82 Millionen) vertreten in diesem Sinn etwa zehnmal mehr Unionsbürger als die sechs Abgeordneten der bevölkerungsärmsten Staaten (Malta 400.000, Luxemburg 500.000, Zypern 800.000, Estland 1,3 Millionen). Wenigstens 25 Abgeordnete können eine „**Fraktion**" im Parlament gründen, sie müssen aus mindestens sieben Mitgliedstaaten kommen. Derzeit (2013) gibt es sieben Fraktionen, die „Europäische Volkspartei (EPP)" als stärkste Fraktion hat 264, die „Progressive Allianz der Sozialdemokraten (S&D)" als zweitstärkste Fraktion 185 Abgeordnete.

855 [II]. Das Europäische Parlament hat insbesondere folgende **Zuständigkeiten**:

856 [**EU-Haushalt**]. Das Europäische Parlament beschließt – **gemeinsam mit dem Rat** – den **EU-Haushalt** [Budget] (Art 314 AEUV), die **Entlastung der Kommission** zur Ausführung des Haushaltsplans obliegt dem Parlament allein (Art 319 AEUV).

857 [**EU-Gesetze**]. Das Europäische Parlament hat **kein Initiativrecht** für Rechtsakte der Union, die Initiative liegt grundsätzlich bei der **Kommission**. Das Parlament kann die Kommission allerdings zur Vorlage geeigneter Vorschläge auffordern (Art 225 AEUV) und auch vom Unionsvolk (Europäische Bürgerinitiative [809]) kann eine Gesetzesinitiative ausgehen. Über Gesetzesvorschläge werden in einem formellen Gesetzgebungsverfahren (Art 289 AEUV) die EU-Gesetze [778] unter Beteiligung (Mitentscheidung oder Anhörung) des Europäischen Parlaments erlassen.

[Wahl und politische Kontrolle der Kommission]. Das Europäische Parlament wählt – auf Vorschlag des Europäischen Rats – den **Präsidenten der Kommission**, es bestätigt die von ihm vorgeschlagenen **Mitglieder der Kommission insgesamt als Kollegium** (Art 17 EUV). Und das Europäische Parlament kann die **gesamte Kommission** – mit Zwei-Drittel-Mehrheit – durch **Misstrauensvotum** abberufen (Art 234 AEUV). 858

[Untersuchungsausschuss für Tätigkeiten der Kommission und des Rats]. Das Europäische Parlament kann zur Überprüfung der Tätigkeiten der **Kommission** und des **Rats** **Untersuchungsausschüsse (EU)** [➔] einsetzen (Art 226 AEUV). Ein Misstrauensvotum gegen den Rat besteht nicht. 859

[Wahl des Europäischen Bürgerbeauftragten]. Das Europäische Parlament wählt den **Europäischen Bürgerbeauftragten** [807], der als „Ombudsmann" amtswegig oder aufgrund von Beschwerden Missstände der Unionsorgane (mit Ausnahme der Gerichte) untersucht (Art 228 AEUV). 860

DER EUROPÄISCHE RAT

[I]. Der **Europäische Rat** [➔] ist formell ein Organ der EU, funktionell aber im Hinblick auf seine politischen Aufgaben eine Runde der Staats- und Regierungschefs. Er bestimmt **das politische Handeln des Staatenverbunds insbesondere in Politikfeldern, die nicht – oder noch nicht – in den Verträgen geregelt sind**, und **gegenüber den anderen Staaten und internationalen Organisationen**. Der Europäische Rat ist insbesondere für die Gemeinsame Außen- und Sicherheitspolitik (GASP) zuständig. Er besteht aus den **Staats- und Regierungschefs der Mitgliedstaaten**; dem **Präsidenten des Europäischen Rats**, den der Europäische Rat selbst wählt; und dem **Präsidenten der Europäischen Kommission** (Art 15 Abs 2 EUV). Der Hohe Vertreter der Union für Außen- und Sicherheitspolitik, den der Europäische Rat ernennt, nimmt an den Sitzungen ohne weitere Rechte bloß teil. 861

[II]. **[Präsident des Europäischen Rats]**. Der **Präsident des Europäischen Rats** [➔] wird vom Europäischen Rat für eine Amtsperiode von zweieinhalb Jahren gewählt, er kann einmal wieder gewählt werden (Art 15 Abs 5 EUV). Der Präsident führt den **Vorsitz** und gibt *„Impulse"* (Art 15 Abs 6 lit a EUV), organisiert zusammen mit dem Präsidenten der Europäischen Kommission die **innere Arbeit** (Art 15 Abs 6 lit b bis d EUV) und nimmt die **Außenvertretung der Union in Angelegenheiten der Gemeinsamen Außen- und Sicherheitspolitik (GASP)** wahr (Art 15 Abs 6 EUV). 862

[III]. **[Hoher Vertreter der Union für Außen- und Sicherheitspolitik]**. Der **Hohe Vertreter der Union für Außen- und Sicherheitspolitik** [➔] wird vom Europäischen Rat – mit Zustimmung des Präsidenten der Europäischen Kommission – ernannt; er ist ein **Vizepräsident der Kommission** (Art 18 Abs 4 EUV), der die **Gemeinsame Außen- und Sicherheitspolitik** (GASP) im Rahmen der Kommission und dort insbesondere den **Europäischen Auswärtigen Dienst** leitet (Art 18 Abs 2 EUV). Zurzeit [bis 2014] ist *Catherine Ashton* die Hohe Vertreterin der EU für die GASP und eine Vizepräsidentin der Europäischen Kommission. 863

[IV]. Der Europäische Rat entscheidet im Hinblick auf seine politischen Aufgaben grundsätzlich im *„**Konsens**"* (Art 15 Abs 4 EUV), es wird so lange verhandelt, bis es keine Einwände mehr gibt. Förmliche **Abstimmungen**, an denen der Präsident des Europäischen Rats und der Präsident der Europäischen Kommission nicht teilhaben dürfen (Art 235 Abs 1 AEUV), sind nur für besondere Beschlüsse vorgesehen, wobei die Unionsverträge Einstimmigkeit (etwa in Fragen der GASP, Art 31 EUV), die qualifizierte Mehrheit (etwa in Personalfragen, wie Wahl des eigenen Präsidenten, Art 15 Abs 5 EUV; Vorschlag für den Präsidenten der Kommission, Art 17 Abs 7 EUV; Ernennung des Hohen Vertreters, Art 18 Abs 1 EUV) und ansonsten die einfache Mehrheit vorsehen. Bei den Abstimmungen hat nur entweder der Staats- oder der Regierungschef eines Staats das Stimmrecht. 864

DER RAT

[I]. Der **Rat** [➔] der Europäischen Union („Ministerrat") – mit Sitz in **Brüssel** und einzelnen Tagungen in Luxemburg – besteht aus 28 Personen, je einem **Minister** (oder Staatssekretär) eines jeden Mitgliedstaats. Der Mitgliedstaat entscheidet, welchen Minister er entsendet. Je nach dem Thema der Ratssitzung sind das in der Regel die jeweiligen nationalen Fachminister (etwa Landwirtschaftsminister, Finanzminister, Wissenschaftsminister, Außenminister, Innenminister). 865

866 Den **Vorsitz** beim Thema „Auswärtige Angelegenheiten" führt immer der Hohe Vertreter der Union für Außen- und Sicherheitspolitik. Für alle anderen Ratssitzungen wechselt der Vorsitz nach einem **System gleichberechtigter Rotation**, das der **Europäische Rat** mit qualifizierter Mehrheit festlegt (Art 16 Abs 9 EUV, Art 236 lit b AEUV). Angedacht ist, das Prinzip der **halbjährigen Rotation** der „Präsidentschaft" durch den **Teamvorsitz dreier Staaten** über jeweils 18 Monate abzulösen.

867 Der Rat bildet einen (wichtigen) **Ausschuss der Ständigen Vertreter der Mitgliedstaaten (AStV)** [➔] (= COREPER, franz. „Comité des répresentants permanents"), der Aufträge bearbeitet und Beschlüsse des Rats vorbereitet. Die bürokratische Arbeit (Sitzungsvorbereitung, Übersetzerdienste, Rechtsberatung) für den Rat und den Ausschuss erledigt das **Generalsekretariat** des Rats (Art 240 Abs 2 AEUV, mit einem „Generalsekretär" an der Spitze).

868 [II]. Der Rat ist das **eigentliche Machtzentrum** in den von den Verträgen geregelten Politikfeldern. Er übt insbesondere – gemeinsam mit dem Europäischen Parlament – die **Haushaltsbefugnisse** aus und erlässt – auch gemeinsam – über Initiative der Kommission die **EU-Gesetze** (Art 16 Abs 1 EUV). Der Rat tagt bei der **Beratung und Abstimmung über EU-Gesetze öffentlich** (Art 16 Abs 8 EUV).

869 Grundsätzlich entscheidet der Rat mit **Mehrheit**. Und zwar mit „**qualifizierter Mehrheit**", das ist (soweit sich aus den bis 2017 geltenden Übergangsbestimmungen nichts anderes ergibt) eine **doppelte** Mehrheit (Art 16 Abs 4 EUV): erstens **55 Prozent der Mitglieder** (das sind 15 Mitglieder des Rats), und zweitens die Staaten, deren Ratsmitglieder für einen Beschluss stimmen, müssen **65 Prozent der Bevölkerung der EU** umfassen. – **Einstimmigkeit** ist etwa erforderlich für die Aufnahme neuer Mitglieder, in Teilbereichen der Grenzkontrollen und der polizeilichen Zusammenarbeit, für die Steuerharmonisierung, in Teilbereichen der Sozialpolitik. – In Einzelfällen reicht eine **einfache Mehrheit** (etwa Antrag auf Amtsenthebung von Kommissaren an den EuGH).

DIE EUROPÄISCHE KOMMISSION

870 [I]. Die **Europäische Kommission** [➔] – mit Sitz in **Brüssel** und einigen Dienststellen in Luxemburg – leitet den für die Umsetzung des Unionsrechts zuständigen **bürokratischen Apparat** der EU (23.000 Beschäftigte, davon ein Viertel im Sprachendienst). Die Europäische Kommission hat – wie der Rat – **28 Mitglieder** (= Kommissare), jeweils ein Staatsangehöriger aus den 28 Mitgliedstaaten (Art 17 Abs 4 EUV).

871 Nach Art 17 Abs 5 EUV soll sich die Kommission (einschließlich ihres Präsidenten und des Hohen Vertreters der Union für Außen- und Sicherheitspolitik) ab dem 01.11.2014 nicht mehr aus 28 Mitgliedern (je einem Kommissar aus jedem Mitgliedstaat) zusammensetzen, sondern sollen nur noch zwei Drittel der EU-Mitgliedstaaten einen Kommissar stellen dürfen. Zugleich ermächtigt Art 17 Abs 5 EUV allerdings den Europäischen Rat, von der vorgesehenen Verkleinerung durch einstimmigen Beschluss abzugehen und eine andere Zusammensetzung der Kommission festzulegen.

872 Während die Mitglieder des Rats als Politiker ihrer Heimatstaaten im Rat die Interessen ihres Heimatstaats vertreten und verhandeln, sind die Mitglieder der Europäischen Kommission von ihren Heimatstaaten **unabhängig** und **nur den Interessen der EU** verpflichtet, sie dürfen **keine Anweisungen** von einer Regierung oder einer anderen Stelle anfordern oder entgegennehmen (Art 17 Abs 1 und 3 EUV). Die Funktionsperiode der Europäischen Kommission beträgt **fünf Jahre**. Wiederbestellungen sind uneingeschränkt zulässig.

873 Der **Präsident der Europäischen Kommission** [➔] leitet die Kommission, legt insbesondere die Ressorts der anderen Kommissionsmitglieder (Verkehr, Industrie, Wettbewerb ua) und die Leitlinien für ihre Arbeit fest, ernennt – mit Ausnahme des vom Europäischen Rat ernannten Hohen Vertreters der Union für die Außen und Sicherheitspolitik – die Vizepräsidenten der Kommission.

874 Der Präsident der Europäischen Kommission wird auf qualifizierten **Vorschlag des Europäischen Rats** vom **Europäischen Parlament** gewählt. Für die übrigen Mitglieder der Kommission erstatten die Mitgliedstaaten Vorschläge, die der Rat im Einvernehmen mit dem gewählten Präsidenten annimmt. Die designierte Europäische Kommission (einschließlich Präsident und Hoher Vertreter der Union für Außen- und Sicherheitspolitik) stellt sich in der Folge dem **Zustimmungsvotum des Europäischen Parlaments**. Auf Grundlage dieser Zustimmung **ernennt** der **Europäische Rat** mit qualifizierter Mehrheit die Kommission (Art 17 Abs 7 EUV).

Die Europäische Kommission hat 23.000 Bedienstete (davon ein Viertel im Sprachendienst). Sie ist in 33 Abteilungen, sogenannte **Generaldirektionen** (Generalsekretariat; Beschäftigung, Soziales und Integration; Bildung und Kultur; Binnenmarkt und Dienstleistungen; Datenverarbeitung; Dienst für außenpolitische Instrumente; Dolmetschen; Energie; Erweiterung; EuropeAid – Entwicklung und Zusammenarbeit; Eurostat; Forschung und Innovation; Gemeinsame Forschungsstelle; Gesundheit und Verbraucher; Handel; Haushalt; Humanitäre Hilfe; Humanressourcen und Sicherheit; Inneres; Justiz; Klimapolitik; Kommunikation; Kommunikationsnetze, Inhalte und Technologien; Landwirtschaft und ländliche Entwicklung; Maritime Angelegenheiten und Fischerei; Mobilität und Verkehr; Regionalpolitik; Steuern und Zollunion; Übersetzung; Umwelt; Unternehmen und Industrie; Wettbewerb; Wirtschaft und Finanzen) und 11 **Dienststellen** (Amt für die Feststellung und Abwicklung individueller Ansprüche; Amt für Veröffentlichungen; Beratergremium für europäische Politik; Datenschutzbeauftragter der Europäischen Kommission; Europäisches Amt für Betrugsbekämpfung [OLAF]; Gebäude, Anlagen und Logistik; Historische Archive; Interner Auditdienst; Juristischer Dienst; Zentralbibliothek) organisiert. 875

[II]. Die wichtigsten **Aufgaben** der Europäischen Kommission (Art 17 Abs 1 EUV) sind umfassende **Initiativrechte** (Beschlüsse von Rat und Parlament sind von wenigen Ausnahmen abgesehen an den Vorschlag der Kommission gebunden, insbesondere die EU-Gesetze; die Kommission gilt im Hinblick darauf als „Motor der EU"); **Verwaltungskompetenzen** (etwa bei den Wettbewerbsregeln, Art 101 ff AEUV; oder beim Haushaltsplan); **Kontrollrechte gegenüber den Mitgliedstaaten und gegen den Rat** („Hüterin des Unionsrechts", etwa Vertragsverletzungsverfahren beim Gerichtshof [Art 258, 263 ff AEUV]); **Vertretung der EU nach außen** (etwa Gemeinsame Handelspolitik, Art 206 AEUV; Entwicklungszusammenarbeit, Art 208 AEUV), **ausgenommen** die dem Europäischen Rat, dem Präsidenten des Europäischen Rats und dem Hohen Vertreter der Union für die Außen- und Sicherheitspolitik anvertraute **Gemeinsame Außen- und Sicherheitspolitik** (**GASP**). Für die Beschlussfassung der Europäischen Kommission gilt die **einfache Mehrheit**, das sind 15 der 28 Kommissare). 876

DER GERICHTSHOF DER EUROPÄISCHEN UNION

[I]. Der **Gerichtshof der Europäischen Union** [➔] – mit Sitz in Luxemburg – ist in **drei Gerichte** gegliedert: in den **Gerichtshof** (**EuGH**) [➔], in das **Gericht** (**EuG**) [➔] und in die **Fachgerichte** (**EuFG**) [➔]. Der Gerichtshof der Europäischen Union ist für die ***„Wahrung des Rechts bei der Auslegung und Anwendung"*** des Unionsrechts zuständig (Art 19 Abs 1 EUV). Der Gerichtshof der EU ist ein **Einheitsgericht**, eine Unterscheidung nach Zivilrecht, Verwaltungsrecht ua findet nicht statt. Seine Rechtskontrolle bei der Gemeinsamen Außen- und Sicherheitspolitik (GASP) ist eingeschränkt (Art 24 Abs 1 EUV). 877

[II]. Der **Gerichtshof** (**EuGH**) besteht aus **28 Richtern**, einer je Mitgliedstaat (Art 19 Abs 2 EUV). Die Richter werden nach Anhörung des **Ausschusses zur Prüfung der Bewerber** (Art 255 AEUV) von den **Regierungen der Mitgliedstaaten im gegenseitigen Einvernehmen** auf **sechs Jahre** ernannt. Wiederbestellungen sind zulässig. Der Gerichtshof (EuGH) tagt in Kammern mit drei, fünf oder elf Richtern. Entscheidungen im Plenum sind außergewöhnlichen Angelegenheiten vorbehalten. Der Gerichtshof (EuGH) ist für alles zuständig, was die Gründungsverträge nicht ausdrücklich dem Gericht (EuG) oder den Fachgerichten (EuFG) zuweisen. 878

Generalanwälte [➔] unterstützen den Gerichtshof (EuGH). Sie sind unabhängig und unparteilich (Art 252 AEUV), sie bearbeiten die Fälle vorweg und legen diese dann mit einem sog „Schlussantrag" dem Gerichtshof (EuGH) zur Entscheidung vor (der Gerichtshof folgt den Schlussanträgen in zirka 85 Prozent der Fälle). Die fünf größten Mitgliedstaaten (D, F, I, GB, SP) stellen jeweils einen Generalanwalt, die anderen Mitgliedstaaten stellen rotierend weitere Generalanwälte (Art 253 AEUV). 879

[III]. Das **Gericht** (**EuG**) ist ähnlich dem Gerichtshof (EuGH) organisiert, die Zahl der Mitglieder bestimmt die Satzung. Dem Gericht (EuG) sind ausdrückliche Zuständigkeiten zugewiesen. Der Gerichtshof fungiert in diesen Zuständigkeiten als **Rechtsmittelinstanz**, daher wird das Gericht (EuG) auch als „Europäisches Gericht I. Instanz" bezeichnet. **Fachgerichte** (**EuFG**) können eingerichtet werden für Verfahren, die häufig in einem bestimmten Bereich vorkommen, und deren Bearbeitung eine bestimmte Routine der Richter erfordert. Derzeit (2013) ist nur ein Fachgericht (EuFG) eingerichtet, und zwar das „Gericht für den Öffentlichen Dienst der EU" für Ansprüche der Bediensteten der EU. 880

[IV]. Der Zugang zum Gerichtshof der Europäischen Union ist an **festgelegte Verfahrensarten** gebunden. Im **Vertragsverletzungsverfahren** [➔] (Art 258 bis 260 AEUV) prüft der Gerichtshof (EuGH), ob ein Mitgliedstaat seine unionsrechtlichen Verpflichtungen erfüllt hat [1401]. Der Sicher- 881 stellung einer einheitlichen und wirksamen Anwendung des Unionsrechts in den Mitgliedstaaten dient die **Vorabentscheidung** [➔] durch den Gerichtshof (EuGH) nach Art 267 AEUV [1402].

882 Für **Nichtigkeitsklagen** nach Art 263 f AEUV, **Untätigkeitsklagen** nach Art 265 AEUV und **Schadenersatzklagen** nach Art 268 AEUV ist in erster Instanz das Gericht (EuG) zuständig (Art 256 AEUV); **Beamtenklagen** nach Art 270 AEUV entscheidet ein Fachgericht (EuFG), und zwar das Gericht für den Öffentlichen Dienst.

DER EUROPÄISCHE RECHNUNGSHOF (EuRH)

883 Der **Europäische Rechnungshof (EuRH)** [➔] (Art 13 EUV) – mit Sitz in Luxemburg – überprüft alle Einnahmen und Ausgaben der EU (Art 287 AEUV). Prüfungsmaßstab sind die **Rechtmäßigkeit** (Übereinstimmung mit dem Unionsrecht), die **Ordnungsmäßigkeit** (Übereinstimmung mit den konkreten Zahlungsanweisungen) und die **Wirtschaftlichkeit** (keine unzweckmäßigen Ausgaben). Das **Europäische Amt für Betrugsbekämpfung (OLAF)** [➔] (franz. „**O**ffice européen de **l**utte **a**nti**f**raude") unterstützt die Anliegen des Rechnungshofs. Der Rechnungshof veröffentlicht seinen **jährlichen Rechnungsprüfungsbericht** im Amtsblatt der Union.

884 Der Europäische Rechnungshof besteht aus 28 Mitgliedern, die *„jede Gewähr für Unabhängigkeit"* bieten müssen (Art 286 Abs 1 AEUV). Der Rat ernennt sie nach Anhörung des Europäischen Parlaments für sechs Jahre; eine Wiederernennung ist zulässig.

DIE EUROPÄISCHE ZENTRALBANK (EZB)

885 [I]. Die **Europäische Zentralbank (EZB)** [➔] (Art 13 EUV) – mit Sitz in Frankfurt am Main – ist die Zentralbank der EU. Sie ist rechtsfähig. Die EZB **allein** bestimmt die **Ausgabe von Euro-Banknoten** in den Euro-Staaten (Art 128 Abs 1 AEUV). Das Recht, **Euro-Münzen** herauszugeben, verbleibt den Mitgliedstaaten (Art 128 Abs 2 AEUV). Die EZB betreibt auf den Finanzmärkten und mit Geldinstituten und anderen Marktteilnehmern **Offenmarkt- und Kreditgeschäfte**, bestimmt über **Mindestreserven** der nationalen Geldinstitute ua. Die EZB ist wie das ESZB insgesamt **unabhängig** (Art 130 AEUV). Den Zentralbanken der Mitgliedstaaten darf sie **Weisungen** erteilen.

886 [II]. Ein **Direktorium** von **sechs** hauptamtlichen in Währungs- oder Bankfragen anerkannten und erfahrenen Persönlichkeiten (Ernennung durch den Europäischen Rat auf acht Jahre, Wiederbestellung unzulässig) und der **EZB-Rat** [➔], dem neben den Mitgliedern des Direktoriums die 18 Präsidenten der nationalen Zentralbanken der Euro-Staaten angehören, führen die EZB. Den Vorsitz im Direktorium und im EZB-Rat führt ein **Präsident**.

TEIL B

DIE STAATSORGANISATION UND DAS HANDELN DER STAATSORGANE

887 [I]. Das **Muster der Staatsorganisation** ergibt sich aus drei Verfassungsgrundsätzen: **Erstens** aus der **Gewaltenteilung**. Die Staatsgewalt ist in eine Gesetzgebung, in eine Verwaltung und in eine Gerichtsbarkeit unterteilt. **Zweitens** aus dem **Bundesstaat**. Der (Gesamt)Staat besteht aus einem Bund und neun Ländern. Und **drittens** gibt es im Bereich der Verwaltungsorganisation die kommunale Selbstverwaltung, die **Gemeinden**.

888

B/1

DIE STAATSORGANISATION

BUNDESPRÄSIDENT	BUND Staat	LAND Staat	GEMEINDE Selbstverwaltung
GESETZGEBUNG	Bundesparlament Nationalrat + Bundesrat	Landesparlament Landtag	
VERWALTUNG	Bundesregierung BUNDES-VERWALTUNGS-ORGANE	Landesregierung LANDES-VERWALTUNGS-ORGANE	Gemeinderat GEMEINDE-VERWALTUNGS-ORGANE
GERICHTSBARKEIT	ordentliche Bundesgerichte Bundesverwaltungsgerichte VfGH	– Landesverwaltungsgerichte –	

[II]. Der TEIL A **GRUNDBEGRIFFE** stellt die Grundstrukturen des Staats und seiner Rechts- und Verfassungsordnung dar. Der TEIL B **DIE STAATSORGANISATION UND DAS HANDELN DES STAATS** behandelt **erstens** die Organisation des Staats, die Organisation der Gesetzgebung, die Organisation der Verwaltung und die Organisation der Gerichtsbarkeit. Und **zweitens** das **Handeln des Staats**. Gewaltenteilig unterscheiden wir ein **Handeln der Parlamente**, ein **Handeln der Verwaltung** und ein **Handeln der Gerichte**. 889

890

B/2

DAS STAATSHANDELN

Bundespräsident Entschließungen Staatsverträge	BUND Staat	LAND Staat	GEMEINDE Selbstverwaltung
GESETZGEBUNG	**Nationalrat + Bundesrat** Bundesverfassungsgesetz einfaches Bundesgesetz schlichter Beschluss	**Landtag** Landesverfassungsgesetz einfaches Landesgesetz schlichter Beschluss	
VERWALTUNG	**Bundesverwaltungsorgane** Bundesverordnung, Bundesbescheid, Maßnahme, schlicht-hoheitliches Handeln, verwaltungsrechtlicher Vertrag, privatrechtlicher Vertrag	**Landesverwaltungsorgane** Landesverordnung, Landesbescheid, Maßnahme, schlicht-hoheitliches Handeln, verwaltungsrechtlicher Vertrag, privatrechtlicher Vertrag	**Gemeindeverwaltungsorgane** Gemeindeverordnung, Gemeindebescheid, Maßnahme, schlicht-hoheitliches Handeln, verwaltungsrechtlicher Vertrag, privatrechtlicher Vertrag
GERICHTSBARKEIT	**ordentliche Bundesgerichte** Urteil, Beschluss **Bundesverwaltungsgerichte, VfGH** Erkenntnis, Beschluss	– **Landesverwaltungsgerichte** Erkenntnis, Beschluss	

13. KAPITEL: DAS BUNDESPARLAMENT UND DAS LANDESPARLAMENT

Glossar: *absolutes Veto, Allgemeiner Vertretungskörper, Anwesenheitsquorum, Auslieferung, Ausschüsse, außerberufliche Immunität, Autokratie, Beharrungsbeschluss, berufliche Immunität, Beschlusserfordernisse, Bezüge, Bundesgesetzblatt (BGBl), Bundesgesetzblattgesetz (BGBlG), Bundesrat, Bundesverfassungsgesetz (BVG), Bundesversammlung, Bürgerbeteiligung, Deregulierung, Enqueterecht, Entschließungsrecht, Ermittlungsverfahren zur Mandatsaufteilung, fakultative Volksabstimmung, Fragerecht, Freies Mandat, Gesamtänderung der Bundesverfassung, Geschäftsordnung des Bundesrates (GO-BR), Geschäftsordnungsgesetz 1975 (GOG-NR), Grundmandat, Grundprinzipien der Bundesverfassung, Immunität, Inkompatibilität, Interpellationsrecht, Klubzwang, Konsensquorum, Kontrollamt, Kontrollausschuss, Kontrollrechte des Parlaments, Kundmachung, Landesgesetzblatt (LGBl), Landesrechnungshof, Landesverfassungsgesetz (LVG), Landtag, Legislaturperiode, Lesungen, Lobbying-Verbot, Ministeranklage, Misstrauensvotum, Nationalrat, Nationalrats-Wahlordnung 1992 (NRWO), obligatorische Volksabstimmung, Parlamentsdirektion, Parlamentsfraktion, Parlamentsklub, Präsenzquorum, Rechnungshof, Rechtsbereinigung, Regierungsvorlage, Resolutionsrecht, schlichter Parlamentsbeschluss, Selbstauflösung, streitbare Demokratie, suspensives Veto, Umweltverträglichkeitsprüfung, Untersuchungsausschuss, Untersuchungsrecht, Unvereinbarkeit, Unvereinbarkeits- und Transparenz-Gesetz (Unv-Transparenz-G), Vier-Prozent-Klausel, Volksabstimmung, Volksabstimmungsgesetz 1972, Volksanwaltschaft, Volksbefragung, Volksbegehren, Wahlkreise, Zustimmungsquorum.*

891 [I]. Österreich ist ein **Bundesstaat.** Sowohl der Bund als auch die Länder verfügen als Staaten über eine Gesetzgebung, als parlamentarische Demokratien über ein **Parlament** [366], dessen Aufgabe vor allem die **Gesetzgebung** ist. Der **Bund** hat ein Bundesparlament (= **Nationalrat und Bundesrat**). Die **Länder** haben ein Landesparlament (= **Landtag**).

892 [II]. Den Nationalrat, den Bundesrat, die Landtage und die Gemeinderäte [1325] nennt das B-VG **allgemeine Vertretungskörper** [➔] (Art 117 Abs 1 lit a, Art 141 Abs 1 lit a und lit c B-VG). Der Begriff ist nicht auf die Parlamente beschränkt. Er meint **staatliche Kollegialorgane**, die gebietsbezogen die Interessen **aller**, nicht nur bestimmter Personen wahrnehmen.

DAS BUNDESPARLAMENT (NATIONALRAT UND BUNDESRAT)

893

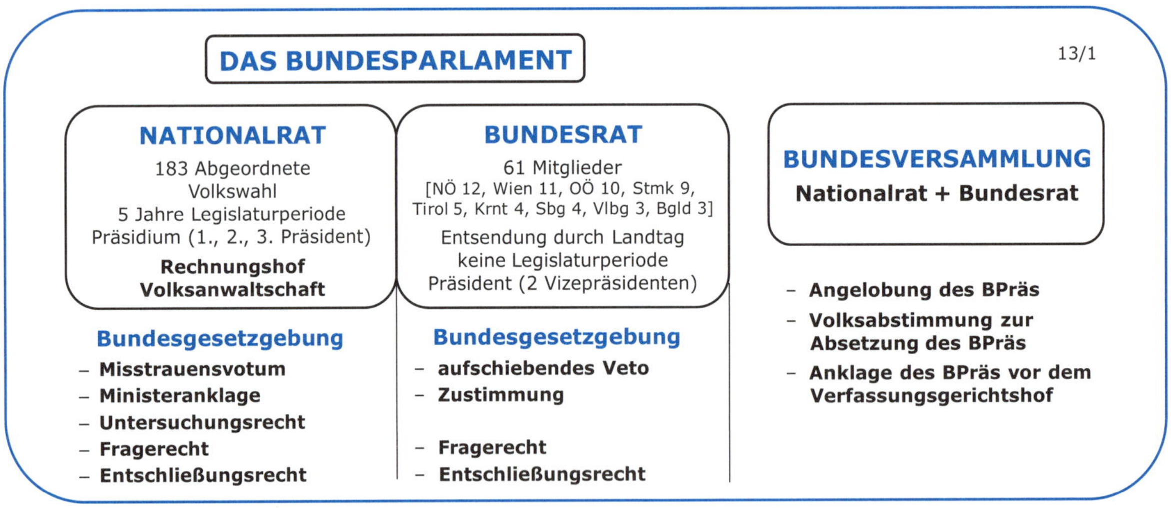

894 Das B-VG richtet das **Bundesparlament** im Hinblick auf die bundesstaatliche Ordnung als **Zwei-Kammern-Parlament** (Nationalrat und Bundesrat) ein:

895 [I]. [**NATIONALRAT**]. Die **erste Kammer** des Bundesparlaments ist der **Nationalrat** [➔]. Sie heißt aus historischen Gründen „National"rat, weil dieses Parlament nach dem Zerfall der Monarchie, die aus mehreren Nationen bestand, für die deutsch sprechenden Österreicher als „nationales" Parlament dienen sollte. Der Nationalrat (Art 24 ff B-VG) hat seinen Sitz in Wien. Ein **Präsidium**

leitet den Nationalrat; es besteht aus dem **Präsidenten** und zwei Stellvertretern, dem Zweiten und dem Dritten Präsidenten (Art 30 Abs 1 B-VG). Bürokratischer Hilfsapparat der Parlamentsorgane ist die **Parlamentsdirektion** [➔] (Art 30 Abs 3 B-VG).

Die Abgeordneten zum Nationalrat werden für eine **fünfjährige Legislaturperiode** [➔] vom 896
Bundesvolk aufgrund der Wahlrechtsgrundsätze der Bundesverfassung [164 ff] gewählt (Art 27 Abs 1 B-VG). Eine vorzeitige Beendigung der Legislaturperiode ist möglich, wenn der Nationalrat durch Gesetz mit einfacher Mehrheit die **Selbstauflösung** [➔] beschließt, oder der Bundespräsident den Nationalrat auflöst (Art 29 B-VG) [1020].

Wahlberechtigt (**aktives Wahlrecht** [161]) bei der Wahl zum Nationalrat sind **alle** österreichischen Staats- 897
bürgerInnen, die spätestens am Wahltag das **16**. Lebensjahr vollendet haben und vom Wahlrecht nicht ausgeschlossen sind (Art 26 Abs 1 und 5 B-VG, § 21 NRWO). Zum Nationalrat **wählbar** (**passives Wahlrecht** [161]) sind jene aktiv Wahlberechtigten, die spätestens am Wahltag das **18**. Lebensjahr vollendet haben und von der Wählbarkeit nicht ausgeschlossen sind (Art 26 Abs 4 und 5 B-VG, § 41 NRWO).

Der Nationalrat besteht aus **183 Abgeordneten**. Die Zahl und die Einzelheiten der Nationalrats- 898
wahl sind **einfachgesetzlich** in der **Nationalrats-Wahlordnung 1992 (NRWO)** [➔] festgelegt (§ 1 Abs 1). Für die Wahl zum **Nationalrat** ist Österreich nach den Bundesländern in **Wahlkreise** [➔], nämlich neun Landeswahlkreise (§ 2 NRWO) und 39 Regionalwahlkreise (§ 3 NRWO), eingeteilt. Die insgesamt zu vergebenden 183 Mandate des Nationalrats werden auf die Landes- und Regionalwahlkreise entsprechend der Anzahl der Staatsbürger (nicht nach der Anzahl der Wahlberechtigten !) aufgeteilt (Art 26 Abs 2 zweiter Satz B-VG, § 4 NRWO).

Diese Verteilung der bei den Nationalratswahlen zu vergebenden Mandate auf die einzelnen Wahlkreise ermit- 899
telt – nach jeder Volkszählung – der Bundesminister für Inneres (vgl die Kundmachung BGBl II 2013/187, woraus sich folgende Mandatsverteilung auf die neun Landeswahlkreise ergibt: Burgenland 7, Kärnten 13, Niederösterreich 37, Oberösterreich 32, Salzburg 11, Steiermark 27, Tirol 15, Vorarlberg 8 und Wien 33).

Die Aufteilung der Nationalratsmandate auf die kandidierenden Wahlparteien erfolgt in **drei** 900
Ermittlungsverfahren zur Mandatsaufteilung [➔]:

Das erste Ermittlungsverfahren findet auf Ebene der 39 Regionalwahlkreise statt. Jede Wahlpartei (Liste) erhält 901
so viele Mandate wie die **Wahlzahl**, das ist die Gesamtsumme der im Landeswahlkreis für die Parteien abgegebenen gültigen Stimmen geteilt durch die Anzahl der im Landeswahlkreis zu vergebenden Mandate (§ 96 Abs 4 NRWO), in ihrer Listensumme (Anzahl der für die betreffende Wahlpartei abgegebenen gültigen Stimmen) im Regionalwahlkreis enthalten ist (§ 97 NRWO). Das zweite Ermittlungsverfahren findet auf Ebene der neun Landeswahlkreise (§ 101 NRWO), das dritte Ermittlungsverfahren auf Ebene des Bundesgebiets statt.

Voraussetzung für die Teilnahme am zweiten und dritten Ermittlungsverfahren ist, dass im ersten Ermittlungs- 902
verfahren zumindest in einem der Regionalwahlkreise ein Mandat, das sog **Grundmandat** [➔], oder im gesamten Bundesgebiet mindestens vier Prozent (**Vier-Prozent-Klausel** [➔]) der abgegebenen gültigen Stimmen erzielt wurden (§ 100 Abs 1, § 107 Abs 2 NRWO). Kleine Wahlparteien, welche weder ein Grundmandat noch vier Prozent der Stimmen erreichen, sind daher – **trotz Verhältniswahl** [175] – im Nationalrat nicht vertreten.

[II]. [**BUNDESRAT**]. Die **zweite Kammer** des Bundesparlaments ist der **Bundesrat** [➔]. Öster- 903
reich ist ein Bundesstaat. Die vom Bundesgesetzgeber im Rahmen der dem Bund zukommenden Kompetenzen beschlossenen Gesetze wirken auf dem Staatsgebiet, das **auch** Territorium der Länder ist. Deshalb meint die Verfassung, die Bundesländer sollten an der Bundesgesetzgebung mitwirken, und zwar institutionalisiert über eine **zweite Kammer** des Bundesparlaments. Der Bundesrat ist also eine **„Länderkammer"**. Den Vorsitz im Bundesrat führt der **Präsident des Bundesrats**, der in einem halbjährlich wechselnden Turnus der Bundesländer wechselt; ihm stehen zwei Vizepräsidenten des Bundesrats zur Seite (Art 36 Abs 2 B-VG).

Anlässlich einer jeden Neuwahl des Landtags entsendet der **Landtag** die Mitglieder in den Bundes- 904
rat. Der Bundesrat verfügt demnach über keine Legislaturperiode, er wird **permanent** und **partiell** – nach jeder Landtagswahl – erneuert. Der Bundesrat hat **61 Mitglieder**, die dem Landtag nicht angehören müssen und den Titel „Bundesrat" bzw „Bundesrätin" führen. Das größte Bundesland entsendet 12, jedes andere Land der Bürgerzahl entsprechend weniger, wenigstens jedoch 3 Mitglieder.

905 Entschließung des Bundespräsidenten betreffend die Festsetzung der Zahl der von den Ländern in den Bundesrat zu entsendenden Mitglieder (BGBl II 2013/237): Niederösterreich 12, Wien 11, Oberösterreich 10, Steiermark 9, Tirol 5, Kärnten 4, Salzburg 4, Vorarlberg 3, Burgenland 3.

906 Es war 1920 politisch sehr umstritten, ob das B-VG überhaupt einen Bundesrat einrichten soll. Der Kompromiss lautet: Es gibt zwar einen Bundesrat, er verfügt aber über keine wirksamen Kompetenzen (Art 34 ff B-VG). Der Bundesverfassungsgesetzgeber bemühte sich in Novellierungen der vergangenen Jahre mit wenig praktischem Erfolg, die Zuständigkeiten des Bundesrats aufzubessern.

907 [III]. Der Nationalrat und der Bundesrat können zur näheren Behandlung ihrer Angelegenheiten **Ausschüsse** [➔] und **Unterausschüsse** bilden. Diese Ausschüsse bestehen aus Abgeordneten im Verhältnis der politischen Kräfte im Plenum. Der **Hauptausschuss des Nationalrats** (Art 55 B-VG) und sein **Ständiger Unterausschuss** (Art 55 Abs 3 B-VG) stellen sicher, dass immer ein parlamentarisches Gremium, auch außerhalb der Tagungen des Nationalrats, funktionsfähig ist. Permanente Ausschüsse sind weiters etwa der Budgetausschuss (Art 51d Abs 1 B-VG), der Immunitätsausschuss (Art 57 Abs 3 und 5 B-VG), der Rechnungshofausschuss (Art 126d Abs 2 B-VG) und der Unvereinbarkeitsausschuss (§ 6 Unvereinbarkeits- und Transparenz-Gesetz).

908 [IV]. Die Abgeordneten des Nationalrats und die Mitglieder des Bundesrats sind in zwei Kammern organisiert. Ausnahmsweise bilden sie **ein gemeinsames Organ**, welches das B-VG **Bundesversammlung** [➔] nennt (Art 38 ff B-VG). Die Bundesversammlung hat nur vereinzelte Kompetenzen (Angelobung des Bundespräsidenten, Durchführung einer Volksabstimmung zur Absetzung des Bundespräsidenten, Kriegserklärung ua). Praktisch tritt sie nur zur Angelobung des Bundespräsidenten zusammen. Der Präsident des Nationalrats und der Vorsitzende (Präsident) des Bundesrats wechseln sich in der Leitung der Bundesversammlung ab.

GESETZE UND SCHLICHTE PARLAMENTSBESCHLÜSSE

909 Die Verfassung sieht für die **Parlamente** (Nationalrat und Bundesrat; Landtag) folgende **Rechtssatzformen** [267] vor:

910 • Die Parlamente sind berufen, **Gesetze** im formellen Sinn [224] zu erlassen. Die Verfassungsordnung kennt **einfache Gesetze** und **Verfassungsgesetze**. Auf Grund der bundesstaatlichen Struktur gibt es **einfache Bundesgesetze** und **einfache Landesgesetze** sowie **Bundesverfassungsgesetze (BVG)** [➔] und **Landesverfassungsgesetze (LVG)** [➔] [920, 993].

911 • Darüber hinaus kann das Parlament Beschlüsse fassen, die keine Gesetze sind. Wir sprechen von **schlichten Parlamentsbeschlüssen** [➔].

912 Schlichte Parlamentsbeschlüsse sind etwa die Genehmigung von Staatsverträgen durch den Nationalrat, oder Budgetbeschlüsse in den Ländern, soweit das Landesrecht dafür nicht die Form des Gesetzes vorschreibt. Für das Bundesbudget sieht die Verfassung in Art 51 Abs 1 B-VG ein **Bundesfinanzrahmengesetz** und ein **Bundesfinanzgesetz** vor [623].

DER WEG DER BUNDESGESETZGEBUNG

913 [I]. Die **Gesetzgebung des Bundes** (**einfache Bundesgesetze** und **Bundesverfassungsgesetze**) übt der **Nationalrat gemeinsam mit dem Bundesrat** aus (Art 24 B-VG; Art 41 ff B-VG). In manchen Sachmaterien beschließt der Nationalrat **ausnahmsweise allein** und **ohne Mitwirkung des Bundesrats** [924]. Die Sachmaterien, für welche die Bundesgesetzgebung zuständig ist, sind in der **Kompetenzverteilung** (Art 10, 11, 12 B-VG] [378] festgelegt.

914 Das auf Grundlage des Art 30 Abs 2 B-VG ergangene einfache Bundesgesetz über die **Geschäftsordnung des Nationalrates** (**Geschäftsordnungsgesetz 1975 (GOG-NR)** [➔]) [52] regelt Einzelheiten der Bildung des Nationalrats, der Wahl der Präsidenten, des Gesetzgebungsverfahrens im Nationalrat ua. Das GOG-NR ist zwar ein einfaches Bundesgesetz, es darf dennoch nur mit Zweidrittelmehrheit beschlossen und abgeändert werden (Art 30 Abs 2 B-VG). Die auf Grundlage des Art 37 Abs 2 B-VG beschlossene **Geschäftsordnung des Bundesrates (GO-BR)** [➔] enthält nähere Regelungen über die Wahl des Präsidenten und der Vizepräsidenten, das Gesetzgebungsverfahren im Bundesrat, den Ablauf von Sitzungen, die Bildung von Ausschüssen, usw. Die GO-BR ist ein Beschluss des Bundesrats, dem die Wirkung eines im Bundesgesetzblatt kundzumachenden Bundesgesetzes zukommt (Art 37 Abs 2 B-VG).

Der **Weg der Bundesgesetzgebung** zerfällt in mehrere Abschnitte, nämlich in die **Gesetzesinitiative**, in die Behandlung durch den **Nationalrat**, in die Behandlung durch den **Bundesrat**, in die **Beurkundung** und die **Kundmachung**. Bei Beschlussfassung über bestimmte Angelegenheiten tritt ein weiterer Abschnitt, die **Zustimmung der Länder**, hinzu. Und der Weg der Bundesgesetzgebung ist mitunter durch Abhaltung einer **Volksabstimmung** zu ergänzen. 915

[II]. [**GESETZESINITIATIVE**]. Das Gesetzgebungsverfahren beginnt mit einer **Gesetzesinitiative** (= Initiativantrag, = Gesetzesvorschlag, = Gesetzesantrag). **Antragsberechtigt sind** (Art 41 B-VG): **Erstens** die **Bundesregierung**, die (auf der Grundlage eines einstimmigen Ministerratsbeschlusses) eine **Regierungsvorlage** [➔] an das Parlament beschließt. **Zweitens** ein **Nationalratsausschuss** in einer ihm zugewiesenen Angelegenheit. **Drittens** ein gemeinsamer **Antrag von mindestens fünf Abgeordneten des Nationalrats**. **Viertens** der **Bundesrat** oder ein **Drittel seiner Mitglieder**. Und **fünftens** schließlich **100.000 Stimmberechtigte** oder je ein Sechstel der Stimmberechtigten dreier Länder, die im Wege eines **Volksbegehrens** [➔] einen Gesetzesantrag stellen. 916

Die Mehrzahl der Gesetzesanträge an den Nationalrat geht von der Bundesregierung in Form von **Regierungsvorlagen** aus, welche die zuständige Ministerialverwaltung auf Weisung des Bundesministers erstellt. In vielen Angelegenheiten sehen die Gesetze **Begutachtungsrechte** von Kammern und Verbänden vor. 917

Bislang (von 1945 bis 2011) wurden in Österreich 33 Gesetzesinitiativen in Form von Volksbegehren, zuletzt das „Volksbegehren Bildungsinitiative" eingebracht. Vier weitere „Volksbegehren" sind im Eintragungsverfahren an den erforderlichen 100.000 Stimmberechtigten gescheitert (etwa 2011 das Volksbegehren „RAUS aus EURATOM" oder 2013 das Volksbegehren „Demokratie Jetzt!"), sodass kein Volksbegehren iSd Art 41 Abs 2 B-VG zustande kam und daher keine Behandlung des Gegenstands im Nationalrat stattfand. 918

[III]. [**BEHANDLUNG IM NATIONALRAT**]. Die Gesetzesinitiativen richten sich an den Nationalrat und werden dort in der Regel in drei **Lesungen** [➔] behandelt (§§ 69 ff GOG-NR). In der ersten Lesung weist der Nationalrat den Gesetzesentwurf einem Ausschuss zu. Über den Bericht des Ausschusses gibt es eine zweite Lesung. In der abschließenden **dritten Lesung** erfolgt der Gesetzesbeschluss. 919

Für den **einfachen Gesetzesbeschluss** ist die Anwesenheit von mindestens einem Drittel der Abgeordneten (**Präsenzquorum** [➔] = **Anwesenheitsquorum** [➔]) und die **unbedingte** (= absolute) **Mehrheit** der abgegebenen Stimmen (**Konsensquorum** [➔] = **Zustimmungsquorum** [➔]) erforderlich (Art 31 B-VG). Für **Bundesverfassungsgesetze (BVG)** [➔] muss wenigstens die Hälfte der Abgeordneten anwesend und eine **Zweidrittelmehrheit** der Stimmen für den Antrag gegeben sein (Art 44 Abs 1 B-VG). 920

[IV]. [**BEHANDLUNG IM BUNDESRAT**]. Hat der Nationalrat einen Gesetzesbeschluss gefasst, so gibt der Präsident des Nationalrats den Gesetzesbeschluss dem Bundesrat weiter. Der Bundesrat kann in der Regel **einen begründeten Einspruch** erheben (Art 42 Abs 2 und 3 B-VG), oder **beschließen, keinen Einspruch zu erheben** oder die für den Einspruch vorgesehene **achtwöchige Frist** ungenützt verstreichen lassen (Art 42 Abs 4 zweiter Satz B-VG). Wenn der Bundesrat keinen Einspruch erhebt (entweder den Beschluss fasst, keinen Einspruch zu erheben, oder die achtwöchige Frist ungenützt verstreichen lässt), so ist das Gesetzgebungsverfahren durch Beurkundung, Gegenzeichnung und Kundmachung abzuschließen. 921

Wenn der Bundesrat einen **begründeten Einspruch** erhebt, so muss sich der Nationalrat neuerlich mit dem Gesetz befassen (= **suspensives Veto** [➔] des Bundesrats). Fasst der Nationalrat in der Folge einen **Beharrungsbeschluss** [➔], so kann das Gesetz beurkundet und kundgemacht werden. Beim Beharrungsbeschluss muss jedenfalls (auch bei Beschlussfassung über ein einfaches Bundesgesetz) wenigstens die **Hälfte** der Abgeordneten anwesend sein (Art 42 Abs 4 B-VG), die unbedingte Mehrheit der Stimmen bzw die Zweidrittelmehrheit für Verfassungsgesetze im Nationalrat ist unverändert erforderlich. 922

923 Ausnahmsweise steht dem Bundesrat nicht nur ein Einspruchsrecht (= suspensives Veto), sondern ein **Zustimmungsrecht** (= **absolutes Veto** [➔]) zu. Im Falle der Verweigerung der Zustimmung kommt das Gesetz nicht zustande. Der Bundesrat besitzt ein Zustimmungsrecht bei Bundesverfassungsgesetzen, durch welche die **Zuständigkeit der Länder** in Gesetzgebung oder Vollziehung eingeschränkt wird (Art 44 Abs 2 B-VG); wenn in einem Grundsatzgesetz des Bundes gemäß Art 12 B-VG den Ländern eine **Frist zur Ausführungsgesetzgebung** gesetzt wird, die kürzer als sechs Monate oder länger als ein Jahr ist (Art 15 Abs 6 B-VG); und wenn die **Stellung des Bundesrats** verändert werden soll (Art 35 Abs 4 B-VG).

924 Das B-VG kennt aber auch Gesetzesbeschlüsse, die ohne jede Mitwirkung des Bundesrats zu Stande kommen (**Art 42 Abs 5 B-VG**). So hat der Bundesrat **kein Mitwirkungsrecht** etwa bei einem Gesetzesbeschluss des Nationalrats betreffend die Geschäftsordnung des Nationalrats, einem Selbstauflösungsgesetz des Nationalrats, dem Bundesfinanzrahmengesetz, dem Bundesfinanzgesetz oder bei der Genehmigung des Bundesrechnungsabschlusses.

925 [V]. [**ZUSTIMMUNG DER LÄNDER**]. In bestimmten Angelegenheiten dürfen Gesetzesbeschlüsse des Nationalrats nur mit **Zustimmung der Länder** kundgemacht werden. Derartige Gesetzesbeschlüsse hat der Bundeskanzler – unmittelbar nach Beendigung des Verfahrens im Bundesrat und vor der Beurkundung durch den Bundespräsidenten – den Ämtern der Landesregierungen der beteiligten Länder bekanntzugeben. **Art 42a B-VG** fingiert die Zustimmung der Länder, wenn der Landeshauptmann nicht innerhalb von acht Wochen nach Einlangen des Gesetzesbeschlusses beim Amt der Landesregierung dem Bundeskanzler die Verweigerung der Zustimmung mitteilt. Vor Ablauf der achtwöchigen Frist darf der Gesetzesbeschluss nur kundgemacht werden, wenn die Landeshauptmänner aller beteiligten Länder die ausdrückliche Zustimmung des Landes mitgeteilt haben. Bloß die Übermittlung der Entscheidung an den Bundeskanzler ist von Bundesverfassungs wegen eine Kompetenz des Landeshauptmanns; die Bestimmung des zur Entscheidungsfindung zuständigen Organs im jeweiligen Land allerdings bleibt den Landes(verfassungs)gesetzgebern überlassen.

926 Einer Zustimmung der Länder bedarf es nach **Art 102 Abs 2** und **Abs 4 B-VG**, wenn in einer nicht in Art 102 Abs 2 B-VG ausdrücklich genannten Bundesverwaltungsangelegenheit eigene Bundesbehörden mit der Vollziehung betraut werden (unmittelbare Bundesverwaltung [1219]); wenn in einer Angelegenheit der mittelbaren Bundesverwaltung oder der Landesverwaltung (nach Art 11, 12 B-VG) ein Instanzenzug von der Verwaltungsbehörde an die ordentlichen Gerichte [232] vorgesehen wird (**Art 94 Abs 2 B-VG**); wenn in einer Angelegenheit der mittelbaren Bundesverwaltung oder der Landesverwaltung die Kompetenzen der Verwaltungsgerichte – über ihren Aufgabenkatalog nach Art 130 Abs 1 B-VG hinaus – auf *„Beschwerden wegen Rechtswidrigkeit eines Verhaltens einer Verwaltungsbehörde in Vollziehung der Gesetze"*, also eines hoheitlichen nicht typengebundenen Verwaltungshandelns, ausgedehnt werden (**Art 130 Abs 2 B-VG**); wenn in einer in die Zuständigkeit der Bundesverwaltungsgerichte fallenden Angelegenheit eine Zuständigkeit der Landesverwaltungsgerichte normiert wird (**Art 131 Abs 4 B-VG**); wenn bundesgesetzlich festgelegt wird, dass die Landesverwaltungsgerichte in Senaten zu entscheiden haben oder dass fachkundige Laienrichter an der Rechtsprechung mitwirken (**Art 135 Abs 1 B-VG**).

927 [VI]. [**VOLKSABSTIMMUNGEN**]. Der Weg der Bundesgesetzgebung **kann** oder **muss** gegebenenfalls durch eine **Volksabstimmung** [➔] **über das Inkrafttreten des Gesetzes** (zu unterscheiden vom „Volksbegehren" [916] und von der „Volksbefragung" [935]) ergänzt werden:

928 • [**Fakultative Volksabstimmung**]. Der **Nationalrat** kann mit Beschluss (oder die Mehrheit der Mitglieder ohne formellen Beschluss) verlangen, dass vor der Beurkundung und Kundmachung eines einfachen Bundesgesetzes eine **Volksabstimmung** mit der Frage stattfindet, **ob das beschlossene Gesetz in Kraft treten soll** (Art 43 B-VG). Ein **Drittel der Abgeordneten** des Nationalrats oder des Bundesrats können verlangen, dass **Bundesverfassungsgesetze** einer (fakultativen) Volksabstimmung unterzogen werden (Art 44 Abs 3 B-VG). Da derartige Volksabstimmungen nicht stattfinden müssen, sondern auf Initiative des Nationalrats stattfinden **können**, sprechen wir von einer **fakultativer Volksabstimmung** [➔].

die Abänderung benötigt **zusätzlich** die Zustimmung des Bundesvolks in einer **obligatorischen Volksabstimmung** [➔]. Art 44 Abs 3 B-VG ordnet an: ***„Jede Gesamtänderung der Bundesverfassung ... ist ... einer Abstimmung des gesamten Bundesvolkes zu unterziehen"***.

Der Verfassungstext gibt keine weiteren Hinweise, wann keine „normale" Änderung der Bundesverfassung (= Teiländerung), sondern eine **Gesamtänderung der Bundesverfassung** [➔] – wir sagen auch Totaländerung – vorliegt. Manche Verfassungsregeln stellen offensichtlich Charakteristika von Staat und Verfassung dar, die auch eine Verfassungsmehrheit nicht über die Köpfe der Menschen hinweg ändern darf. Gemeint sind **besondere Charakteristika** von Staat und Verfassung (= **Grundprinzipien der Bundesverfassung** [➔], = Baugesetze der Verfassung), **in denen sich die wesentlichen politischen und rechtlichen Wertungen zum Staat und zu seiner Verfassung zeigen**. Welche Verfassungsregeln so wesentlich sind, dass ihre Abänderung als „Gesamtänderung" jedenfalls der Volksabstimmung bedarf, ist im Wege der **Auslegung** zu ermitteln. Die Einrichtung des Staats als Rechtsstaat, die Trennung von Staat und Gesellschaft, die Existenz subjektiver Rechte, insbesondere von Grund- und Freiheitsrechten, die Gewaltenteilung, die unabhängige Gerichtsbarkeit, die Grundsätze der Demokratie, die egalitäre Demokratie, die republikanische Staatsform, die Einrichtung Österreichs als Bundesstaat, die Marktwirtschaft zählen wohl dazu. Die Aufzählung ist nicht abschließend. 947

Bei jeder Änderung der Verfassung stellt sich daher die Frage, ob die Änderung eine wesentliche politische oder rechtliche Wertung der Bundesverfassung berührt und ändert. Der VfGH hat erst einmal – 2001 – eine Änderung der Bundesverfassung als Gesamtänderung (VfSlg 16.327/2001) erkannt: Ein Bundesverfassungsgesetz hatte rechtsstaatliche und demokratische Anforderungen an das Landesrecht, konkret für das Recht der Vergabe von Aufträgen (= Auftragsvergabe), weitgehend aufgehoben. Die aufgehobene Verfassungsbestimmung (§ 126a BVergG idF BGBl I 2000/125) hatte folgenden Wortlaut: *„Die am 1. Jänner 2001 in Geltung stehenden landesgesetzlichen Bestimmungen betreffend die Organisation und Zuständigkeit von Organen, denen der Rechtsschutz hinsichtlich der Vergabe öffentlicher Aufträge obliegt, gelten als nicht bundesverfassungswidrig"*. 948

[III]. Der Bundesverfassungsgesetzgeber kann also die Verfassung abändern; wenn er wesentliche Verfassungsbestimmungen im Sinne einer „Gesamtänderung" des Art 44 Abs 3 B-VG verändert, nur mit Zustimmung des Bundesvolks in einer Volksabstimmung. **Gibt es darüber hinaus auch noch Schranken ?** Kann wirklich der Bundesverfassungsgesetzgeber mit Volksabstimmung jedes politische Regime in jeder erdenklichen Ausgestaltung in Österreich einsetzen ? 949

Herkömmlich wird diese Frage bejaht. Man sagt, die demokratische Verfassung stehe ihrer Gesamtänderung „neutral" gegenüber. Wenn eine entsprechende Verfassungsmehrheit im Parlament und eine Zustimmung des Bundesvolks vorliegen, ist jede Verfassungsänderung möglich. Österreich könnte etwa mit Bundesverfassungsgesetz und Volksabstimmung in eine **Autokratie** [➔] umgewandelt werden. Österreich sei in diesem Sinn eine „neutrale" Demokratie; keine **streitbare Demokratie** [➔], die wenigstens die Abschaffung der Demokratie unter keinen Umständen – auch nicht mit Volksabstimmung – zulässt, und politische Bestrebungen, die gegen die Demokratie gerichtet sind, aktiv bekämpft. Es gibt allerdings auch die Meinung, dass **das Volk auch durch Volksabstimmung auf seine Volkssouveränität nicht verzichten kann**. Eine Verfassung, die von der Demokratie abrückt, könnte nur revolutionär [64] entstehen. Art 44 Abs 3 B-VG *„... darf nicht als verfassungsrechtliche Ermächtigung gleichsam zur Selbstzerstörung gedeutet werden ... Die Selbstaufgabe des demokratischen Baugesetzes durch Abschaffung der verfassunggebenden Befugnis des Volkes gerade im Wege der Volksabstimmung wäre ein Widerspruch in sich, der durch die bestehende Verfassungsordnung nicht gedeckt erscheint: Der damit zwangsläufig verbundene Übergang zu autoritären – sei es faschistischen, sei es kommunistischen Staatsmodellen – lässt sich auf verfassungsmäßigem Wege nicht vollziehen. Auch die – an sich zulässige – Änderung des demokratischen Prinzips im Wege des Art 44 Abs 3 B-VG durch Volksabstimmung stößt sohin an die unverrückbare Grenze der der österreichischen Verfassungsordnung vorausgesetzten verfassunggebenden Gewalt des Volkes, die auf verfassungsmäßigem Wege unabdingbar ist"* (so ***Oberndorfer***, Art 1 B-VG, in *Korinek/Holoubek* (Hrsg), Österreichisches Bundesverfassungsrecht Rz 10). 950

KONTROLLRECHTE DES BUNDESPARLAMENTS

Gewaltenteilig liegt nach der Konzeption der Verfassung die höchste Staatsmacht beim vom Volk legitimierten Parlament. Das Parlament beschließt die Gesetze, auch die Verfassungsgesetze, an welche die Vollziehung gebunden ist. Die Regierung (und die nachgeordnete Verwaltung) ist dem Parlament politisch und rechtlich unterworfen [212, 243]. 951

952 **Diese theoretische Konzeption entspricht den tatsächlichen Machtverhältnissen nicht**. Das Parlament schafft zwar die Gesetze, an welche die Regierung gebunden ist. Die Gesetze stehen aber vorerst nur auf dem Papier. Die Regierung (Verwaltung) hingegen hat alle tatsächlichen Machtmittel in der Hand. Die Regierung (Verwaltung) verfügt über alle Waffen (Bundesheer, Polizei), die Regierung (Verwaltung) verfügt über das Geld des Staats, für die Regierung (Verwaltung) arbeiten hunderttausende weisungsgebundene öffentlich Bedienstete. Die Verfassung versucht daher, dem Parlament nicht bloß die gesetzgebende Gewalt „auf dem Papier" zu sichern, das Parlament soll auch **überprüfen** können, ob die Regierung (Verwaltung) die Gesetze und den Willen des Parlaments in der Praxis tatsächlich beachtet, und die Mitglieder der Regierung persönlich für Fehlverhalten verantwortlich machen können. Das B-VG gibt dem (Bundes)Parlament daher über die Gesetzgebungskompetenz hinaus insbesondere folgende Rechte:

953 • [**Untersuchungsrecht**]. Das **Untersuchungsrecht** [➔] (= **Enqueterecht** [➔]) ist – neben dem **Fragerecht** und dem **Entschließungsrecht** – eines der **Kontrollrechte des Parlaments** [➔]. Es ermächtigt das Parlament, alle Vorgänge in der Verwaltung zu untersuchen. Der **Nationalrat** kann im Rahmen der politischen Kontrolle nach Art 53 Abs 1 B-VG durch Mehrheitsbeschluss einen **Untersuchungsausschuss** [➔] mit einem konkreten Untersuchungsauftrag zur **Aufklärung bestimmter Vorgänge in der Bundesverwaltung** einsetzen.

954 Jedem Untersuchungsausschuss muss mindestens ein Mitglied jeder im Hauptausschuss vertretenen Partei angehören. Die Gerichte und alle anderen Behörden sind verpflichtet, dem Ersuchen eines Untersuchungsausschusses um Beweiserhebungen Folge zu leisten; alle öffentlichen Ämter haben auf Verlangen des Untersuchungsausschusses ihre Akten vorzulegen. Gegenüber einem parlamentarischen Untersuchungsausschuss besteht Wahrheitspflicht, eine falsche Beweisaussage ist strafrechtlich sanktioniert (§ 288 Abs 3 StGB). Als Ergebnis stellt der Untersuchungsausschuss die erforschten Tatsachen fest und legt diese in einem Bericht dem Nationalrat vor. Nimmt der Nationalrat den Bericht eines Untersuchungsausschusses zur Kenntnis, so ist damit die Tätigkeit dieses Untersuchungsausschusses beendet. Entsprechende politische Kontrollrechte der Landtage sind in den Verfassungsgesetzen der Länder vorgesehen (etwa Art 35a Oö L-VG betreffend die Einsetzung einer Untersuchungskommission).

955 • [**Fragerecht**]. Die Abgeordneten des Parlaments (sowohl des Nationalrats als auch des Bundesrats) können zu allen Angelegenheiten der Verwaltung Anfragen an die Regierung richten (Art 52 B-VG), welche die Regierung beantworten muss (**Fragerecht** [➔], = **Interpellationsrecht** [➔]).

956 • [**Entschließungsrecht**]. Art 52 Abs 1 B-VG ermächtigt das Parlament (sowohl den Nationalrat als auch den Bundesrat), der Regierung durch Beschluss (rechtlich unverbindliche) Hinweise zu geben, wie sie ihr Amt zu führen und wie sie die Gesetze zu vollziehen hat (**Entschließungsrecht** [➔], = **Resolutionsrecht** [➔]).

957 • [**Misstrauensvotum**]. Verliert das Parlament das politische Vertrauen in die politische Verwaltungsspitze, in die Regierung, so kann es jederzeit die **Regierung oder einzelne Regierungsmitglieder abberufen**. Einen solchen Beschluss, mit dem das Parlament die politische Verantwortung (gegenüber) der Regierung [212] geltend macht, nennen wir **Misstrauensvotum** [➔] (Art 74 B-VG). Da ein Misstrauensvotum den **Verlust des politischen Vertrauens** des Parlaments in die Regierung zum Ausdruck bringt (= **politische Kontrolle**), hängt es allein von der einfachen Mehrheit der Abgeordneten im Parlament ab; eine besondere politische oder sachliche Begründung ist nicht erforderlich.

958 • [**Ministeranklage**]. Meint das Parlament, dass ein Regierungsmitglied **schuldhaft** rechtswidrig gehandelt und die Gesetze verletzt hat, so kann das Parlament – anstelle des Misstrauensvotums – auch eine **Ministeranklage** [➔] (Art 76 B-VG) an den Verfassungsgerichtshof (Art 142 Abs 1 B-VG [1609]) richten (= **rechtliche Kontrolle**). Das Erkenntnis des Gerichtshofs kann auf **Amtsverlust**, bei erschwerenden Umständen auch auf **zeitlichen Verlust der politischen Rechte**, bei geringfügigen Rechtsverletzungen nur auf **Feststellung der Rechtswidrigkeit** lauten (Art 142 Abs 4 B-VG). Im Gegensatz zum Misstrauensvotum ist die Ministeranklage an einen Grund (**schuldhafte Gesetzesverletzung !**) gebunden.

959

DIE STELLUNG DER ABGEORDNETEN

- **FREIES MANDAT**
- **IMMUNITÄT**
- **INKOMPATIBILITÄT**
- **UNVEREINBARKEIT**
- **LOBBYING-VERBOT**
- **OFFENLEGUNGSPFLICHTEN**
- **MELDEPFLICHTEN**
- **BEZÜGE**

13/3

FREIES MANDAT

[I]. Die Abgeordneten des Nationalrats und die Abgeordneten der Landtage werden nach den Wahlrechtsgrundsätzen der egalitären Demokratie [164 ff] unmittelbar vom Volk gewählt und damit für ihre parlamentarische Tätigkeit politisch vom Volk legitimiert. 960

Die Abgeordneten des Nationalrats, die Abgeordneten des Landtags, aber auch die Mitglieder des Bundesrats haben ein **freies Mandat** [➔], sie sind ***„bei der Ausübung dieses Berufes an keinen Auftrag gebunden"*** (Art 56 B-VG). 961

Das freie Mandat schützt den Abgeordneten vor dem **Willen seiner Wähler**, die Verfassung erlaubt ihm, seine Wahlversprechen zu brechen. Das mag befremden, ist jedoch im Hinblick auf die Grundsätze der repräsentativen Demokratie konsequent. Die Wähler sind von der Sachentscheidung ausgeschlossen, sie wählen Abgeordnete ins Parlament, die im Parlament für das Volk die Gesetze beschließen. Wollte man die Abgeordneten an Aufträge ihrer Wähler binden, würde ein direkter Einfluss der Wähler auf die Gesetzgebung bestehen, was mit der parlamentarischen Demokratie unvereinbar ist. Zudem sollten die Abgeordneten wohl immer auf der Höhe ihres Wissens, ihrer politischen Einschätzung und ihrer Verantwortung entscheiden; das schließt die Möglichkeit ein, dass ein Abgeordneter schlauer wird und seine frühere Meinung als falsch erkennt; das erlaubt auch die Mehrheitsfindung im Parlament durch Kompromisse; und das schließt auch die Möglichkeit ein, dass im Interesse der Allgemeinheit ein Abgeordneter gegen „seine" Wählergruppe entscheidet. 962

Das freie Mandat schützt den Abgeordneten nicht nur vor seinen Wählern, sondern auch vor seiner **Parteiführung**. Dies ist umso mehr notwendig, weil – wie dargestellt – die Parteiführung einen großen Einfluss auf die Frage, wer Abgeordneter sein kann, hat, und die Abhängigkeit von der Parteiführung größer ist als vom Wahlvolk. 963

[II]. Die Abgeordneten im Parlament schließen sich zur leichteren gemeinsamen Arbeit in **Parlamentsfraktionen** [➔] zusammen. Einen solchen Zusammenschluss nennen wir **(Parlaments)Klub** [➔]. Ein „Klubobmann" leitet die Parlamentsfraktion. Regelmäßig sind die Abgeordneten, die über eine gemeinsame Liste ins Parlament kamen, auch in einem Klub organisiert. Eine Parteiführung, die Politik machen will, ist darauf angewiesen, dass ihr Parlamentsklub diese Politik trägt. Daraus folgt der **Klubzwang** [➔]. Die Parteiführung versucht, die Abgeordneten gegebenenfalls mit Druck zu einem bestimmten Abstimmungsverhalten zu bewegen. Dagegen schützt die Abgeordneten **rechtlich** das freie Mandat. In der Praxis hilft dieser rechtliche Schutz nicht viel, die tatsächlichen Abhängigkeiten, wohl auch die Einsicht der Abgeordneten in ihre Gemeinsamkeiten führen dazu, dass in den österreichischen Parlamenten kaum jemals ein Abgeordneter die Klubdisziplin bricht. 964

Zerstreitet sich ein Abgeordneter mit seiner Partei oder seiner Parlamentsfraktion, dann tritt er aus dem Klub aus, oder er wird aus dem Klub ausgeschlossen; er nimmt sein Mandat bis zum Ende der Legislaturperiode weiter wahr, als – wie man sagt – „**wilder**" Abgeordneter. Da er wegen seines Zerwürfnisses bei der nächsten Wahl nicht mehr auf der Liste der Partei aufscheinen wird, sind die Chancen eines „wilden" Abgeordneten, wieder als Abgeordneter in das neu gewählte Parlament einzuziehen, sehr gering. Das Zerwürfnis beendet in der Regel die politische Karriere des Abgeordneten. 965

Der Kritik am De-facto-Klubzwang in den österreichischen Parlamenten ist entgegenzuhalten, dass in einem großen Kollegialorgan – 183 Abgeordnete im Nationalrat – zielgerichtete Politik nur gemacht werden kann, wenn sich Mehrheiten zusammenfinden. Diese Mehrheit kommt nur zustande, wenn die Beteiligten von ihren Standpunkten Abstriche machen und Kompromisse eingehen. Ein Parlament, in dem jeder Abgeordnete tut, was er will, und abstimmt, wie er glaubt, ist für die Berechenbarkeit der Politik wohl eine beunruhigende Vorstellung. 966

IMMUNITÄT

967 Das B-VG gewährt den Abgeordneten des Nationalrats, den Abgeordneten des Landtags, aber auch den Mitgliedern des Bundesrats **Immunität** [➔] (Art 57 f, 96 B-VG). Wir unterscheiden eine berufliche und eine außerberufliche Immunität:

968 • [**Berufliche Immunität**]. Die **berufliche Immunität** [➔] ist vor allem die **Rede- und Abstimmungsfreiheit** des Abgeordneten. Nach Art 57 Abs 1 B-VG dürfen die Abgeordneten *„wegen der in Ausübung ihres Berufes geschehenen Abstimmungen niemals"*, wegen der in diesem Beruf gemachten mündlichen oder schriftlichen Äußerungen nur vom Parlament selbst verantwortlich gemacht werden. **Jede straf- und zivilrechtliche sowie verwaltungsbehördliche Sanktion ist ausgeschlossen**.

969 Auch die wildeste Beleidigung im Parlament ist durch die berufliche Immunität geschützt und führt nicht zu einer Strafverfolgung. Mittel der Disziplinierung im Parlament selbst wären der „Ruf zur Sache", der „Ruf zur Ordnung" und der „Entzug des Wortes".

970 • [**Außerberufliche Immunität**]. Immunität genießt der Abgeordnete im Zusammenhang mit seiner beruflichen Betätigung als Abgeordneter. „Außerberuflich" schützt ihn die Immunität grundsätzlich nicht, mit einer Einschränkung: Soll ein Abgeordneter wegen einer strafbaren Handlung, die nicht vom Schutz der beruflichen Immunität erfasst ist, strafrechtlich verfolgt werden, so bedarf es dafür der Zustimmung des Parlaments (= **außerberufliche Immunität** [➔] = Indemnität). Sinn der Zustimmungspflicht ist es, das Parlament selbst entscheiden zu lassen, ob die strafbare Handlung – nach Auffassung des Parlaments – mit der politischen Tätigkeit des Abgeordneten in Zusammenhang steht oder keinen solchen Zusammenhang hat. Die Zustimmung zur behördlichen Verfolgung nennen wir **Auslieferung** [➔].

971 Über die Auslieferung eines Abgeordneten zum Nationalrat entscheidet der Nationalrat, über die Auslieferung eines Mitglieds des Bundesrats der Landtag, der ihn entsandt hat; über die Auslieferung eines Abgeordneten zum Landtag der Landtag.

972 Die Immunität hat historische Gründe. Das Volk trotzte dem Monarchen das Parlament ab (Konstitutionalismus). Die Freude des Monarchen über das Parlament war begrenzt. Bei wichtigen Abstimmungen im Parlament versuchte die monarchische Vollziehung des Staats immer wieder, missliebige Abgeordnete an der Sitzungsteilnahme und Stimmabgabe zu hindern. Eine beliebte Methode war, den Abgeordneten wegen irgendwelcher Beschuldigungen in Haft zu nehmen und nach der Abstimmung im Parlament, die ohne ihn stattfand, wieder freizulassen. Historisch war daher in der Verfassungsordnung nicht nur die berufliche Immunität, sondern auch die außerberufliche Immunität des Abgeordneten stark ausgeprägt. Im demokratischen Rechtsstaat verlor die Immunität ihre historische Bedeutung und wurde mehr und mehr zu einem fraglichen Privileg der Abgeordneten. Die Verfassung beschränkte daher im Laufe der Zeit die Immunität auf die **berufliche Immunität**. Von der außerberuflichen Immunität blieb nur, dass der Nationalrat eine Auslieferung beschließen kann, also selbst beurteilt, ob er das dem Abgeordneten angelastete Verhalten im Zusammenhang mit der politischen Tätigkeit des Abgeordneten sieht oder nicht. Ein solcher unklarer Zusammenhang könnte etwa gegeben sein, wenn sich der Abgeordnete in seinem Heimatort bei einer politischen Versammlung an einer gewalttätigen Schlägerei beteiligt hat.

INKOMPATIBILITÄT, UNVEREINBARKEIT

973 [I]. **Inkompatibilität** [➔] meint die im Gesetz vorgegebene Unvereinbarkeit bestimmter **staatlicher Ämter** und **staatlicher Funktionen** mit der Tätigkeit als Abgeordneter. So darf ein Abgeordneter zum Nationalrat, ein Mitglied des Bundesrats oder ein Abgeordneter zum Europäischen Parlament nicht gleichzeitig einem der beiden anderen Vertretungskörper angehören (Art 59 B-VG). Ein Abgeordneter zum Nationalrat oder zu einem Landtag, ein Mitglied des Bundesrats oder ein Abgeordneter zum Europäischen Parlament darf auch nicht Präsident des Rechnungshofs (Art 122 Abs 5 B-VG) oder Volksanwalt (Art 148g Abs 5 B-VG) sein. Das Amt des Abgeordneten ist außerdem inkompatibel mit dem Amt des Bundespräsidenten (Art 61 B-VG). Weiters darf der Abgeordnete weder dem OGH (Art 92 Abs 2 B-VG), einem Verwaltungsgericht oder dem Verwaltungsgerichtshof (Art 134 Abs 5 B-VG) noch dem Verfassungsgerichtshof (Art 147 Abs 4 B-VG) angehören.

974 [II]. **Unvereinbarkeit** [➔] meint die Unverträglichkeit öffentlicher Ämter und Funktionen mit bestimmten **Stellungen in der Privatwirtschaft**. Näheres regelt auf der Grundlage des Art 19 Abs 2 B-VG das **Unvereinbarkeits- und Transparenz-Gesetz (Unv-Transparenz-G)** [➔]. Das Unv-Transparenz-G enthält nicht nur Beschränkungen für die Abgeordneten zum Nationalrat, zu den Landtagen und für die Mitglieder des Bundes-

rats, sondern auch für die in Art 19 Abs 1 B-VG bezeichneten obersten Organe der Vollziehung (so die Bundesminister, die Staatssekretäre und die Mitglieder der Landesregierungen; sowie für die Bürgermeister, ihre Stellvertreter und die Mitglieder des Stadtsenats in Städten mit eigenem Statut.

Die Unvereinbarkeit kann in einem **Berufsverbot** bestehen (wobei für den Bundespräsidenten schon aufgrund Art 61 Abs 1 B-VG ein absolutes Berufsverbot gilt). So dürfen die Mitglieder der Bundesregierung, die Staatssekretäre, die Mitglieder der Landesregierungen (in Wien der Bürgermeister und die amtsführenden Stadträte), der Präsident des Nationalrats, die Obmänner der Klubs im Nationalrat (im Falle der Bestellung eines geschäftsführenden Obmannes dieser), der Präsident des Rechnungshofs, die Mitglieder der Volksanwaltschaft und die amtsführenden Präsidenten des Landesschulrats (Stadtschulrats für Wien) während ihrer Amtstätigkeit **keinen Beruf mit Erwerbsabsicht** ausüben bzw nur mit Genehmigung des Unvereinbarkeitsausschusses (§ 2 Unv-Transparenz-G). Die Unvereinbarkeit kann weiters in einem **Verbot** bestimmter **leitender Stellungen** in der Privatwirtschaft bestehen. Die Mitglieder der Bundesregierung und der Landesregierungen sowie die Staatssekretäre dürfen etwa keine leitende Stellung in einer AG oder GmbH bekleiden (§ 4 Unv-Transparenz-G). 975

Die Abgeordneten zum Nationalrat, zu den Landtagen und die Mitglieder des Bundesrats trifft ein **Lobbying-Verbot** [➔], dh sie dürfen keinen **Lobbying-Auftrag** annehmen (§ 1a Unv-Transparenz-G). Ein Lobbying-Auftrag ist ein entgeltlicher Vertrag betreffend die verpflichtende Ausübung einer Lobbying-Tätigkeit, worunter jeder organisierte und strukturierte Kontakt mit Funktionsträgern zur Einflussnahme auf bestimmte Entscheidungsprozesse in der Gesetzgebung oder Vollziehung des Bundes, der Länder, der Gemeinden und der Gemeindeverbände im Interesse des Auftraggebers zu verstehen ist (§ 1 Abs 1 iVm § 4 Z 1 und 2 Lobbying- und Interessenvertretungs-Transparenz-Gesetz – LobbyG, BGBl I 2012/64). 976

[II]. Die Abgeordneten zum Nationalrat, zum Landtag und die Mitglieder des Bundesrats trifft – im Sinne von mehr **Transparenz** – umfassende **Offenlegungs- und Meldepflichten**. Sie haben – unter Angabe der daraus erzielten **Vermögensvorteile** – etwa folgende Tätigkeiten dem Präsidenten des jeweiligen Vertretungskörpers zu melden: Jede leitende Stellung in einer AG, GesmbH, Stiftung oder Sparkasse, über deren Zulässigkeit der Unvereinbarkeitsausschuss entscheidet; jede sonstige Tätigkeit aufgrund eines Dienst- oder Beschäftigungsverhältnisses unter Angabe des Dienstgebers, eine selbständige oder freiberufliche Tätigkeit, eine politische Funktion als gewählter oder bestellter Amtsträger (§ 6 Unv-Transparenz-G). Der Präsident des Nationalrats, der Präsident des Bundesrats und die Präsidenten der Landtage haben die gemeldeten Tätigkeiten zu veröffentlichen (§ 9 BVG über die Begrenzung von Bezügen öffentlicher Funktionäre – BezBegrBVG). 977

[III]. Die **Bezüge** [➔] (= Entgelt für ihre Tätigkeit) – nicht nur aber insbesondere – der Abgeordneten zum Nationalrat und der Mitglieder des Bundesrats regelt das **Bundesbezügegesetz** (**BBezG**). Obergrenzen für Funktionen in Ländern und Gemeinden finden sich im **BVG über die Begrenzung von Bezügen öffentlicher Funktionäre** – **BezBegrBVG** (BGBl I 1997/64 idgF). 978

DER RECHNUNGSHOF

[I]. Der **Rechnungshof** [➔] (**Art 121** bis **128 B-VG**) ist ein (Hilfs)**Organ des Nationalrats**. Er kontrolliert die **Gebarung** der Verwaltung [620] auf **Richtigkeit, Sparsamkeit, Wirtschaftlichkeit und Zweckmäßigkeit**. Er überprüft die **Gebarung des Bundes,** aber auch **der Länder, der Gemeindeverbände, der Gemeinden und anderer durch Gesetz bestimmter Rechtsträger**. Der Rechnungshof **berichtet** dem Nationalrat und den Landtagen über seine Erhebungen, Zwangsmittel gegen überprüfte Einrichtungen hat er nicht. Verbindliche Rechtsfolgen aus den Berichten sind den Parlamenten vorbehalten. 979

Der **Rechnungshof** hat seinen Sitz in Wien und untersteht unmittelbar dem **Nationalrat**. Der Nationalrat wählt den Präsidenten des Rechnungshofs für eine **Funktionsperiode von zwölf Jahren**. Eine Wiederwahl ist unzulässig. Der Präsident ist dem Nationalrat politisch verantwortlich, der Nationalrat kann den Präsidenten abberufen. Der Rechnungshof fungiert allerdings nicht nur als **Organ des Nationalrats**, sondern – im Rahmen der Gebarungskontrolle der Länder und Gemeinden – auch als **Organ der Landtage**. 980

[II]. Landesgesetze haben **Landesrechnungshöfe** [➔] eingerichtet (Art 127c B-VG), in den Gemeinden **Kontrollämter** [➔] bzw **Kontrollausschüsse** [➔]. 981

DIE VOLKSANWALTSCHAFT

[I]. Die **Volksanwaltschaft** [➔] (**Art 148a** bis **148j B-VG**) ist ein (Hilfs)**Organ des Nationalrats**. Sie kontrolliert **Missstände in der** (hoheitlichen und nicht-hoheitlichen) **Bundesverwaltung**. Jeder kann sich – soweit ihm ein Rechtsmittel nicht oder nicht mehr zur Verfügung steht – wegen eines ihn betreffenden **Missstands** (etwa wegen einer Menschenrechtsverletzung) sowie 982 wegen einer ihn betreffenden **Säumnis** eines Gerichts bei der Volksanwaltschaft **beschweren** (Missstandsbeschwerde, Art 148a Abs 1 und Abs 4 B-VG). Darüber hinaus darf die Volksanwaltschaft bei vermuteten Missständen **auch amtswegig** prüfen (Art 148a Abs 2 B-VG) und **Verordnungen** von Verwaltungsbehörden beim Verfassungsgerichtshof **anfechten** (Art 139 Abs 1 Z 5 und Z 6 B-VG). Die Volksanwaltschaft kann den Bundesministern als oberste Organe und den Organen der weisungsfreien Verwaltung und der Selbstverwaltungen **Empfehlungen** erteilen. Zwangsmittel hat sie nicht. Jährlich einmal **berichtet** die Volksanwaltschaft dem Nationalrat und dem Bundesrat über ihre Tätigkeit (Art 148d Abs 1 B-VG).

983 Die **Volksanwaltschaft** hat ihren Sitz in Wien. Sie besteht aus drei unabhängigen **Mitgliedern** (= „Volksanwälten"). Der **Nationalrat** wählt die Mitglieder aufgrund eines Gesamtvorschlags des Hauptausschusses für eine **Funktionsperiode von sechs Jahren**. Die einmalige Wiederwahl ist zulässig (Art 148g Abs 1 B-VG). Eine Abwahl ist nicht möglich.

984 [II]. Die **Landesverfassungen** können die Kontrolltätigkeit der Volksanwaltschaft auf die **Landesverwaltung** ausdehnen (Art 148i Abs 1 B-VG). **Nicht** ausgedehnt haben Tirol und Vorarlberg, die für ihre Landesverwaltung eigene **Landesvolksanwaltschaften** einrichteten (Art 148i Abs 2 B-VG).

DAS LANDESPARLAMENT (LANDTAG)

985

13/4

DAS LANDESPARLAMENT

LANDTAG

Abgeordnete

[Wien 100; NÖ und OÖ 56; Stmk 48; Bgld, Krnt, Sbg, Tirol und Vlbg 36]

Volkswahl

5 [6] Jahre Legislaturperiode

Einzelheiten im Landesrecht

986 [I]. Das Parlament des Landes ist der **Landtag** [➔] (Art 95 Abs 1 B-VG). Der Landtag ist ein **Ein-Kammer-Parlament**. Er hat vor allem **Gesetzgebungsaufgaben**. Die Sachmaterien, für welche die Landesgesetzgebung zuständig ist, ergeben sich aus der Kompetenzverteilung [378]. Die Abgeordneten zum Landtag werden für eine **fünf- bzw sechsjährige Legislaturperiode** [➔] von den **Landesbürgern** (Art 6 Abs 2 B-VG) aufgrund der Wahlrechtsgrundsätze der Bundesverfassung [164 ff] gewählt (Art 95 Abs 1 B-VG).

987 Der Landesgesetzgeber darf die für die Nationalratswahl geltenden Altersgrenzen des aktiven und passiven Wahlrechts (Art 26 Abs 1 und 4 B-VG) herab-, nicht jedoch hinaufsetzen (Art 95 Abs 2 B-VG). **Wahlberechtigt** bei der Wahl zum Oö Landtag sind alle oberösterreichischen Landesbürger (vgl Art 3 Oö L-VG), die spätestens am Wahltag das **16**. Lebensjahr vollendet haben und vom Wahlrecht nicht ausgeschlossen sind (Art 16 Abs 2 Oö L-VG). Zum Oö Landtag **wählbar** sind jene aktiv Wahlberechtigten, die spätestens am Wahltag das **18**. Lebensjahr vollendet haben und von der Wählbarkeit nicht ausgeschlossen sind (Art 16 Abs 3 Oö L-VG).

988 Die Festlegung der Anzahl der Abgeordneten zum Landtag ist bundesverfassungsgesetzlich nicht bestimmt, sie bleibt der Landesgesetzgebung überlassen. Die Landtage in Wien (Gemeinderat) haben **100**, in Niederösterreich und Oberösterreich **56**, in der Steiermark **48**, im Burgenland, in Kärnten, Salzburg, in Tirol und in Vorarlberg **36** Abgeordnete.

989 Eine vorzeitige Beendigung der Legislaturperiode eines jeden Landtags ist möglich, wenn der Bundespräsident (auf Antrag der Bundesregierung mit Zustimmung des Bundesrats) den Landtag **auflöst** (Art 100 Abs 1 B-VG) oder der Landtag – nach den Bestimmungen der Landesverfassungen – seine **Selbstauflösung** [➔] beschließt (vgl etwa Art 20 Oö L-VG).

Die Rechtsstellung der Abgeordneten ist durch das – für die Abgeordneten zum Landtag im B-VG nicht ausdrücklich verankerte – **freie Mandat** (vgl zB Art 36 Oö L-VG), die gleiche **Immunität** wie die Abgeordneten zum Nationalrat (Art 96 Abs 1 B-VG) [967] sowie die **Inkompatibilität** [973] geprägt. 990

[II]. Das B-VG enthält über die Landtage und betreffend die Landesgesetzgebung nur **Grundsätze** (Art 95 ff B-VG). Im Rahmen dieser Grundsätze regeln die **Landesverfassungen und die einfache Landesgesetzgebung** die Organisation des Landtags, den Weg der Landesgesetzgebung, die Kontrollrechte und die sonstigen Zuständigkeiten des Landesparlaments. 991

DER WEG DER LANDESGESETZGEBUNG

[I]. Die **Gesetzgebung des Landes** (**einfache Landesgesetze** und **Landesverfassungsgesetze**) übt der **Landtag** aus (Art 95 Abs 1 B-VG). Das Gesetzgebungsverfahren des Landes ist im B-VG nur in **Grundsätzen** geregelt (Art 95-99, 101a), die Einzelheiten des Wegs der **Landesgesetzgebung** enthalten die Landesverfassungen (zB Art 16, Art 30-33 Oö L-VG) und die einfachen Landesgesetze (zB die Oö Landtagsgeschäftsordnung 2009 – Oö LGO 2009, LGBl 2009/70). 992

Zu einem Landes(verfassungs)gesetz ist der **Beschluss des Landtags**, die **Beurkundung und Gegenzeichnung** nach den Bestimmungen der Landesverfassung und die **Kundmachung durch den Landeshauptmann** im Landesgesetzblatt (LGBl) erforderlich (Art 97 Abs 1 B-VG). Bundesverfassungsgesetzlich vorgegeben sind auch die **Beschlusserfordernisse** [➔] für **Landesverfassungsgesetze (LVG)** [➔] (Art 99 Abs 2 B-VG): Es muss wenigstens die Hälfte der Landtagsabgeordneten anwesend (**Präsenzquorum** [➔]) und eine **Zweidrittelmehrheit** der Stimmen (**Konsensquorum** [➔]) für den Gesetzesantrag gegeben sein. 993

[II]. Der **Landeshauptmann** muss einen Gesetzesbeschluss des Landtags unmittelbar nach der Beschlussfassung und vor der Kundmachung dem **Bundeskanzleramt** bekanntgeben, wenn darin die **Mitwirkung von Bundesorganen** bei der Vollziehung vorgesehen ist (Art 97 Abs 2 B-VG). Nur wenn die **Bundesregierung** zu einem derartigen Landesgesetz ausdrücklich ihre **Zustimmung** erteilt oder innerhalb von acht Wochen nach dem Tag des Einlangens des Gesetzesbeschlusses im Bundeskanzleramt dem Landeshauptmann nicht die Verweigerung der Mitwirkung der Bundesorgane mitgeteilt hat, darf ein derartiger Gesetzesbeschluss kundgemacht werden. 994

Eine Zustimmung der Bundesregierung ist darüber hinaus für Gesetzesbeschlüsse des Landtags betreffend ein eigenes **Statut** (Art 116 Abs 3 B-VG) [1306] sowie betreffend Änderung oder Neuregelung der bestehenden **Organisation der Behörden der allgemeinen staatlichen Verwaltung in den Ländern** (Art 15 Abs 10 B-VG) [1197] vorgesehen. 995

[III]. Das B-VG (Art 97 Abs 1) sieht die **Kundmachung von Landesgesetzen** durch den **Landeshauptmann** im **Landesgesetzblatt (LGBl)** [➔] vor. Die Kundmachung der im Landesgesetzblatt zu verlautbarenden Rechtsvorschriften kann auch im Rahmen des Rechtsinformationssystems des Bundes **RIS** <www.ris.bka.gv.at> erfolgen (Art 101a B-VG). 996

Die Einzelheiten der Kundmachung der Landesgesetze sowie die Gestaltung der bundesverfassungsgesetzlich zwingend vorgesehenen Landesgesetzblätter regeln die Landes(verfassungs)gesetze (für Oberösterreich vgl etwa Art 32 Oö L-VG). Das „**Landesgesetzblatt für Oberösterreich**" wird von der oberösterreichischen Landesregierung **in gedruckter Form** herausgegeben (§ 1 Oö Kundmachungsgesetz – Oö KMG, oö LGBl 1998/55), es dient neben der Kundmachung der Landesgesetze insbesondere auch der Verlautbarung von Verordnungen der Landesregierung, von Vereinbarungen gemäß Art 15a B-VG ua. Nach dem Salzburger „Gesetz vom 15.12.2004, über das Landesgesetzblatt – LGBlG" (Sbg LGBl 2005/18) hat die Salzburger Landesregierung *„im Rahmen des Internetauftritts des Landes"* ein Landesgesetzblatt herauszugeben, die **Kundmachungen des Salzburger Landesrechts** sind über die **Internetadresse** <www.salzburg.gv.at> abzufragen. 997

DEREGULIERUNG

998 Im Laufe der Jahre und Jahrzehnte sammelten sich in der Rechtsordnung viele Gesetze an, es werden stetig mehr. Das Auffinden und der Umgang mit diesen Vorschriften sind für die Menschen nicht immer leicht, die Wirtschaft empfindet die Fülle an Rechtsvorschriften als Bremse ihrer Initiativen. Die Staaten sollten daher regelmäßig überprüfen, ob die einzelnen Rechtsvorschriften nicht verständlicher formuliert sein, ob sie nicht allgemeiner formuliert sein könnten, ob sie aktuell überhaupt noch angewendet werden, ob sie wirklich nötig sind. Diese Vorgänge erfassen wir unter dem Begriff **Deregulierung** [➔]. Konkret fallen insbesondere folgende Erscheinungen darunter:

999 • [**Rechtsbereinigung**]. In der **Rechtsbereinigung** [➔] überprüft der Gesetzgeber, ob einzelne – meist alte – Rechtsvorschriften noch Bedeutung haben und in der Praxis angewendet werden. Gesetze, die keine Bedeutung mehr haben, entfernt der Gesetzgeber dann förmlich in „Rechtsbereinigungsgesetzen" aus dem Rechtsbestand. So zB das Bundesgesetz zur Bereinigung der vor 1946 kundgemachten einfachen Bundesgesetze und Verordnungen (Erstes Bundesrechtsbereinigungsgesetz – 1. BRBG, BGBl I 1999/191); das BVG zur Bereinigung des Bundesverfassungsrechts (Erstes Bundesverfassungsrechtsbereinigungsgesetz – 1. BVRBG, BGBl I 2008/2); das Oö Rechtsbereinigungsgesetz 1995 (oö LGBl 1995/29); das Oö Rechtsbereinigungsgesetz 1999 (oö LGBl 2000/17); das Burgenländische Rechtsbereinigungsgesetz (bgld LGBl 1996/64).

1000 • [**Klare und eindeutige Texte**]. Der Gesetzgeber sollte seine Gesetze auch dahingehend überprüfen, ob sie verständlich formuliert sind, er sollte Unklarheiten beseitigen und ausschweifende Texte präzisieren. Für die Rechtsanwender und die Rechtsunterworfenen sind klare, verständliche Gesetze eine große Erleichterung.

1001 • [**Weniger Rechtsvorschriften**]. Die eigentliche **Deregulierung** verlangt, dass der Gesetzgeber Rechtsvorschriften allgemeiner fasst und spießige Details unterlässt; und dass der Gesetzgeber Regelungen, die ihren Sinn haben mögen, aber nicht wirklich erforderlich sind, aufhebt. Die Deregulierung soll dazu führen, dass die gesellschaftlichen Vorgänge, insbesondere wirtschaftliche Initiativen von der Verwaltung weniger eingeengt werden, sich freier entwickeln und geschmeidiger ablaufen können.

1002 Deregulierung ist eine gute Sache. Sie hat jedoch Grenzen. Die StVO 1960 mag einzelne überflüssige Bestimmungen haben und bessere Formulierungen vertragen. Die Aufhebung der StVO 1960 zur Gänze würde den Verkehr auf den Straßen zusammenbrechen lassen. Die Entwicklung der Gesellschaft, der Wirtschaft und vor allem der Technik verlangt stetig nach neuen staatlichen Regelungen; wie das Beispiel der Finanzwirtschaft zeigt.

14. KAPITEL: DER BUNDESPRÄSIDENT

Glossar: *Außenvertretungsbefugnis, Bundespräsident, Entschließungen, Koalitionsregierung, Mehrheitsregierung, Minderheitsregierung, politische Verantwortung, präsidentielle Demokratie, Präsidentschaftskanzlei, Regierungsübereinkommen, Ressortübereinkommen, Staatsvertrag des Bundes, Staatsvertrag des Landes, Verwaltungsübereinkommen.*

STAATSOBERHAUPT

1003

14/1

DAS STAATSOBERHAUPT

BUNDESPRÄSIDENT

Wahlperiode 6 Jahre, eine Wiederwahl zulässig, Volkswahl, passives Mindestwahlalter 35

- **Freie Ernennung des Bundeskanzlers, auf Vorschlag des Bundeskanzlers Ernennung der übrigen Mitglieder der Bundesregierung; Abberufung**
- Abschluss der Staatsverträge des Bundes und der Länder, Oberbefehl über das Bundesheer, Auflösung des Nationalrats, Auflösung eines Landtags mit Zustimmung des Bundesrats, Notverordnungsrecht, Ernennung der Bundesbeamten, Begnadigungsrecht, ua
- Politische Verantwortung (Volksabstimmung über Abwahl auf Beschluss der Bundesversammlung), rechtliche Verantwortung (Anklage wegen Verfassungsverletzung beim Verfassungsgerichtshof auf Beschluss der Bundesversammlung)

[I]. Österreich ist eine **Republik**, und zwar eine demokratische Republik [196]. Die Republik Österreich hat **ein Staatsoberhaupt**, unbeschadet des Umstands, dass Österreich als Bundesstaat organisiert ist. **Die Länder haben kein eigenes Staatsoberhaupt**. Staatsoberhaupt der (Bundes)Republik Österreich ist ein vom Volk gewählter und dem Volk verantwortlicher **Präsident**. Das B-VG nennt ihn **Bundespräsident** [➔]. 1004

Einen „**Vizepräsidenten**" kennt das B-VG nicht, der Bundespräsident wird bei einer Verhinderung bis zu zwanzig Tagen vom Bundeskanzler, ansonsten vom Präsidium des Nationalrats (Präsident, zweiter Präsident und dritter Präsident) als Kollegium vertreten (Art 64 Abs 1 B-VG). 1005

[II]. Der Bundespräsident nimmt die von der Bundesverfassung bestimmten Aufgaben des Staatsoberhaupts **nach außen** im völkerrechtlichen Verkehr und **nach innen** insbesondere im Zusammenhang mit der Regierungsbildung wahr. Der Bundespräsident ist – gewaltenteilig gesehen – Teil der **Verwaltung** des Bundes (nicht der Gesetzgebung, nicht der Gerichtsbarkeit). Art 19 Abs 1 B-VG zählt den Bundespräsidenten zu den ***„obersten Verwaltungsorganen"***. Direkter Chef der Verwaltung ist der Bundespräsident aber nicht, weil er den Verwaltungsorganen des Bundes und der Länder **keine Weisungen** erteilen darf. Die Leitung der Verwaltung liegt **allein** bei den **Regierungen** des Bundes und der Länder. Der Bundespräsident ist aber indirekt Chef zumindest der Bundesverwaltung, weil er die Mitglieder der Bundesregierung ernennt und auch abberufen darf. 1006

[III]. Der dem Bundespräsidenten zugeordnete Verwaltungsapparat ist die **Präsidentschaftskanzlei** [➔]. Die Verwaltungsrechtsakte des Bundespräsidenten nennt das B-VG **Entschließungen** [➔] [1138], etwa die Entschließung des Bundespräsidenten betreffend die Geschäftsordnung der Präsidentschaftskanzlei (BGBl II 2008/87), die Entschließung des Bundespräsidenten betreffend die Festsetzung der Zahl der von den Ländern in den Bundesrat zu entsendenden Mitglieder (BGBl II 2013/237). 1007

WAHL UND ABSETZUNG

[I]. Der Bundespräsident wird für **sechs Jahre** unmittelbar **vom Volk** gewählt. Die Wiederwahl für eine unmittelbar folgende Funktionsperiode ist **nur einmal** zulässig (Art 60 Abs 5 B-VG). Die Wahl des Bundespräsidenten erfolgt nach dem **gleichen, unmittelbaren, persönlichen, freien und geheimen Wahlrecht** (Art 60 Abs 1 B-VG) [165-169]. **Aktiv wahlberechtigt ist jeder, der zum Nationalrat wahlberechtigt ist** [161]; **passiv wahlberechtigt** ist jeder, der zum Nationalrat wahlberechtigt ist und spätestens am Wahltag das **35**. **Lebensjahr** vollendet hat (Art 60 Abs 3 B-VG). Für das Amt des Bundespräsidenten kann daher jeder österreichische Staatsbürger kandidieren, der mindestens 35 Jahre alt und nicht wegen eines Wahlausschließungsgrundes von der Wählbarkeit ausgeschlossen ist. Einfachgesetzliche Rechtsgrundlage der Wahl ist das Bundespräsidentenwahlgesetz 1971, BGBl 57 (WV) idgF. 1008

Gewählt ist, wer mehr als die Hälfte aller gültigen Stimmen erreicht. Bekommt kein Kandidat diese Mehrheit – was bei mehreren Kandidaten der Fall sein kann –, so findet ein zweiter Wahlgang statt, bei dem nur mehr die beiden Kandidaten mit den meisten Stimmen aus dem ersten Wahlgang zur Wahl stehen. Bewirbt sich nur ein Kandidat für die Wahl, findet die Wahl in Form einer Abstimmung über den Kandidaten („Ja" oder „Nein") statt. 1009

[II]. Der Bundespräsident ist **politisch** dem **Bundesvolk** verantwortlich (**politische Verantwortung** [➔]). Das ist in einer demokratischen Republik unverzichtbar. Vor Ablauf seiner Funktionsperiode kann der Bundespräsident durch **Volksabstimmung** abgesetzt werden (Art 60 Abs 6 B-VG). Die Durchführung der Volksabstimmung beschließt die **Bundesversammlung** [908]. Die politische Initiative dazu muss vom **Nationalrat** ausgehen. Der Nationalrat beantragt die Durchführung der Volksabstimmung zur Absetzung des Bundespräsidenten (mit Zweidrittelmehrheit) bei der Bundesversammlung, die (mit einfacher Mehrheit) darüber entscheidet. 1010

Rechtlich ist der Bundespräsident für die Ausübung seiner Funktionen der **Bundesversammlung** [908] verantwortlich (Art 68 iVm Art 142 Abs 2 lit a B-VG [1609]). Ein Beschluss der Bundesversammlung, mit dem gegen den Bundespräsidenten wegen Verletzung der Bundesverfassung Anklage beim Verfassungsgerichtshof erhoben wird, bedarf der Anwesenheit von mehr als der Hälfte der Mitglieder (sowohl des Nationalrats als auch des Bundesrats) und einer Zweidrittelmehrheit. 1011

BILDUNG DER BUNDESREGIERUNG

1012 [I]. Der Bundespräsident hat **nur eine wirklich wichtige politische Aufgabe**. Diese wichtige von der Bundesverfassung bestimmte Aufgabe des Bundespräsidenten ist die **Ernennung** (und die Entlassung) **der Bundesregierung**. Der Bundespräsident ernennt den **Bundeskanzler** (Art 70 Abs 1 B-VG). Er kann gänzlich **frei** jeden passiv zum Nationalrat Wahlberechtigten (Art 26 Abs 4 B-VG) zum Bundeskanzler ernennen (Art 70 Abs 2 B-VG) und ist an **keine Vorschläge** gebunden. Nur er bestimmt, wer Bundeskanzler ist. Auf Vorschlag des Bundeskanzlers ernennt der Bundespräsident die Bundesminister und Staatssekretäre. Er kann den Bundeskanzler und die Bundesregierung **jederzeit** frei wieder **entlassen**. Weder die Bestellung noch die Abberufung bedarf einer Begründung. Weil die Bundesregierung das wohl mächtigste Organ im Staat ist, kommt dieser Aufgabe des Bundespräsidenten besondere politische Bedeutung zu.

1013 Ursprünglich sah das B-VG vor, dass das (Bundes)Parlament die Bundesregierung wählt (= parlamentarisches Regierungssystem [213]). Die **B-VG-Novelle 1929** (BGBl 1929/392) veränderte unter zeitgeschichtlichen Eindrücken die Regierungswahl durch das Parlament im Bund in Richtung **präsidentielle Demokratie** [➔]: Die Novelle entzog dem Nationalrat die Kompetenz, den Bundeskanzler und die Bundesregierung zu wählen, und übertrug diese Aufgabe dem Bundespräsidenten.

1014 [II]. Diese Kompetenz des Bundespräsidenten hat zur Folge, dass **formal** die Auswahl des Bundeskanzlers und der Bundesregierung mit keinen Wahlen, insbesondere **nicht mit der Nationalratswahl** zusammenhängt. Der Bundespräsident ist frei und kann zu jeder Zeit jeden passiv zum Nationalrat Wahlberechtigten, auch wenn dieser nicht in den Nationalrat gewählt worden ist und keiner politischen Partei angehört, nach seinem Gutdünken zum Bundeskanzler bestellen.

1015 Allerdings besteht ein **politischer Zusammenhang** zu den politischen Mehrheiten im **Parlament**. Das Parlament kann zwar den Bundeskanzler und die Bundesregierung nicht wählen, dem Nationalrat steht aber das **Misstrauensvotum** offen: Das Parlament kann – ohne Angabe von Gründen – mit Mehrheit der Abgeordneten den Bundeskanzler und die Bundesminister jederzeit abberufen [957]. Diese Kompetenz des Nationalrats zwingt den Bundespräsidenten, bei der Auswahl des Bundeskanzlers auf die politischen Mehrheiten im Nationalrat Rücksicht zu nehmen. Ernennt der Bundespräsident nämlich einen Bundeskanzler, der eine Mehrheit der Abgeordneten im Nationalrat gegen sich hat, so wird der Nationalrat den vom Bundespräsidenten ernannten Bundeskanzler wieder abberufen. Der Bundespräsident muss also **politisch** – nicht rechtlich – darauf achten, dass der von ihm in Betracht gezogene Bundeskanzler die Mehrheit der Abgeordneten des Nationalrats zumindest nicht gegen sich hat. Daher überlässt der Bundespräsident es in politischer Usance den im Parlament vertretenen Parteien (meist deren Vorsitzenden), Vorschläge für einen Bundeskanzler zu erstatten.

1016 Die im Parlament vertretenen politischen Parteien führen – in der Regel nach einer Neuwahl des Nationalrats – Koalitionsgespräche und bemühen sich, für die Person des Bundeskanzlers eine Mehrheit der Abgeordneten zu finden, die den Bundeskanzler und auch die vom Bundeskanzler vorzuschlagenden Bundesminister im Parlament politisch mit Mehrheit trägt. Kommt eine Bundesregierung zustande, die von einer Mehrheit der Abgeordneten im Nationalrat politisch getragen wird, so sprechen wir von einer **Mehrheitsregierung** [➔]. Mussten zwei oder mehrere Parteien zusammenwirken, um eine Mehrheit im Nationalrat für diese Regierung zusammenzubringen, sprechen wir von einer **Koalitionsregierung** [➔]. Kommt für eine Regierung im Parlament politisch keine Mehrheit zustande, vereinbart eine Mehrheit aber, den vom Bundespräsidenten ernannten Bundeskanzler und seine Bundesregierung wenigstens nicht durch Misstrauensvotum sofort wieder abzuberufen, sprechen wir von einer **Minderheitsregierung** [➔]. Ob der Bundespräsident solchen politisch im Parlament ausgekochten Vorschlägen folgt, ist freilich allein ihm überlassen.

1017 [III]. Der Bundespräsident hat mit der Regierungsbildung eine wichtige politische Aufgabe im Bund. Die B-VG-Novelle 1929, welche die Kompetenz zur Bestellung der Bundesregierung vom Nationalrat auf den Bundespräsidenten übertrug, sah sich veranlasst, zur demokratischen Legitimierung dieser wichtigen Funktion des Bundespräsidenten die **Wahl des Bundespräsidenten unmittelbar durch das Bundesvolk** vorzusehen. Seither gilt die **Volkswahl** des Bundespräsidenten in Österreich.

[IV]. Auf die Bildung der **Landesregierung** hat der Bundespräsident hingegen keinen bestimmenden Einfluss. Der liegt ausschließlich bei den Landtagen [214]. Dem Bundespräsidenten obliegt lediglich die **Angelobung** der **Landeshauptmänner** (Art 101 Abs 4 B-VG). 1018

GEBUNDENE ZUSTÄNDIGKEITEN

[I]. Von der Verantwortung für die Bundesregierung abgesehen hat der Bundespräsident **weitere für ein Staatsoberhaupt typische Kompetenzen**. Diese übt er aber **nicht frei** aus, sondern er darf in der Regel nur **über Vorschlag der Bundesregierung** (Art 67 Abs 1 B-VG) tätig werden. Der Bundespräsident muss nicht im Sinne der Vorschläge handeln. Er kann auch „nein" sagen. 1019

[II]. Solche „gebundenen Zuständigkeiten" sind etwa der **Abschluss von Staatsverträgen** (Art 65 Abs 1 B-VG); die Vertretung der Republik Österreich nach außen (**Außenvertretungsbefugnis** [➔], Art 65 Abs 1 B-VG); der **Oberbefehl über das Bundesheer** (Art 80 Abs 1 B-VG); **die Auflösung des Nationalrats** (Art 29 Abs 1 B-VG); die **Auflösung eines Landtags** mit Zustimmung des Bundesrats (Art 100 Abs 1 B-VG); die **Ernennung der Bundesbeamten** (Art 65 Abs 2 lit a, Art 86 Abs 1, Art 134 Abs 3, Art 147 Abs 2 B-VG); die Ausübung des **Begnadigungsrechts** (Art 65 Abs 2 lit c B-VG); das **Notverordnungsrecht** (Art 18 Abs 3 bis Abs 5 B-VG); ua. 1020

Der Bundespräsident überträgt seine Kompetenzen zum Teil durch Entschließung [1007] an die Bundesregierung bzw ihre Mitglieder. So delegierte der Bundespräsident gemäß Art 66 Abs 1 B-VG bestimmte Ernennungsrechte von Bundesbeamten an die Mitglieder der Bundesregierung (Entschließung des Bundespräsidenten betreffend die Ausübung des Rechtes zur Ernennung von Bundesbeamten, BGBl 1995/54); er delegierte seine Kompetenz zum Abschluss von Staatsverträgen des Bundes in Verordnungsrang [1030] gemäß Art 66 Abs 2 B-VG an die Bundesregierung bzw einzelne Mitglieder der Bundesregierung („Entschließung des Bundespräsidenten vom 31. Dezember 1920, womit die Bundesregierung und die zuständigen Mitglieder der Bundesregierung zum Abschluß bestimmter Kategorien von Staatsverträgen ermächtigt werden", BGBl 1921/49). 1021

ABSCHLUSS DER STAATSVERTRÄGE

[I]. Das B-VG kennt **Staatsverträge des Bundes** [➔] und **Staatsverträge der Länder** [➔] [698]. Als Staatsoberhaupt schließt der Bundespräsident die **Staatsverträge** ab (Art 65 Abs 1 B-VG), und zwar sowohl die **Staatsverträge des Bundes** als auch die **Staatsverträge der Länder**. Zur Staatsvertragskompetenz des Bundespräsidenten gehören das Verhandeln, das Unterzeichnen und das Ratifizieren von Staatsverträgen. 1022

Alle Staatsverträge sind völkerrechtlich Staatsverträge der „**Republik Österreich**", weil nur der Gesamtstaat Völkerrechtssubjekt ist [698]: 1023

- Der Bundespräsident kann für die „Republik Österreich" **Staatsverträge des Bundes** [➔] (Art 65 Abs 1 iVm Art 67 Abs 1 B-VG) abschließen. Ein Staatsvertrag des Bundes kann **alle** erdenklichen Angelegenheiten des Gesamtstaats zum Inhalt haben (Art 10 Abs 1 Z 2 B-VG). Angelegenheiten des Bundes, der Länder, der Gemeinden; Angelegenheiten der Gesetzgebung, der Verwaltung, der Gerichtsbarkeit. Alles ist den Staatsverträgen des Bundes unterworfen, selbst die Parlamente der Länder (Art 16 Abs 4 und 5 B-VG). Die Länder sind **verpflichtet**, solche Staatsverträge des Bundes durch Maßnahmen in ihrem Kompetenzbereich umzusetzen. Bleibt ein Land säumig, so gehen die bezüglichen Zuständigkeiten auf den Bund über (Art 16 Abs 4 und 5 B-VG). 1024
- Der Bundespräsident kann für die „Republik Österreich" **Staatsverträge der Länder** [➔] (Art 65 Abs 1 iVm Art 16 Abs 2 B-VG) abschließen. Ein Staatsvertrag eines Landes ist auf das **Territorium des Landes beschränkt** (= „radiziert"), betrifft ausschließlich den **Kompetenzbereich des Landes**, und Vertragspartner kann nur ein **mit an Österreich angrenzender Staat oder dessen Teilstaat** sein (Art 16 Abs 1 B-VG). 1025

  Gesetzesrangige Staatsverträge der Länder dürfen somit ausschließlich in Angelegenheiten abgeschlossen werden, in denen den Ländern nach der bundesstaatlichen Kompetenzverteilung die Gesetzgebungskompetenz zukommt (insb Art 15 Abs 1 B-VG); verordnungsrangige Staatsverträge der Länder dürfen nur die Vollziehungskompetenzen der Länder (Art 11, 12 und Art 15 Abs 1 B-VG) betreffen. 1026

1027 Die praktische Bedeutung der Staatsverträge der Länder ist gering. Das B-VG kennt diese Möglichkeit seit 01.01.1989. Bislang wurde kein einziger Staatsvertrag der Länder abgeschlossen.

1028 [II]. Die **Staatsvertragskompetenz** wäre – für sich allein betrachtet – eine enorme Machtfülle des Bundespräsidenten und eine unangemessene Ausschaltung der Parlamente, auch wenn der Bundespräsident unmittelbar demokratisch durch die Volkswahl legitimiert ist. Das B-VG beschränkt daher diese Macht. **Der Bundespräsident muss die ihm mit den Staatsverträgen überantwortete Macht** in der Regel **mit den Regierungen** und **mit den Parlamenten teilen**:

1029 • **[Staatsvertragsabschluss nur auf Vorschlag der Regierungen]**. Der Bundespräsident darf einen Staatsvertrag des Bundes oder eines Landes nur **unterzeichnen**, wenn ihm die **Bundesregierung** (Art 67 Abs 1 B-VG) oder die **Landesregierung** (Art 16 Abs 2 letzter Satz B-VG) die Unterzeichnung **vorschlägt**. [In der Regel schlägt die Bundesregierung dem Bundespräsidenten auch vor, die Verhandlung und Unterzeichnung eines Staatsvertrags des Bundes der Bundesregierung oder einzelnen Bundesministern zu übertragen.] Staatsverträge der Länder darf das Land verhandeln, allerdings nur nach erteilter Bevollmächtigung durch den Bundespräsidenten, die der Bundespräsident wiederum nur auf Vorschlag der Landesregierung erteilen kann. Der Abschluss von Staatsverträgen der Länder durch den Bundespräsidenten bedarf überdies einer **Zustimmung der Bundesregierung** (Art 16 Abs 2 zweiter Satz B-VG).

1030 • **[Staatsverträge des Bundes in Verordnungsrang]**. Der Bundespräsident darf **ohne Mitwirkung des Parlaments** Staatsverträge des Bundes auf Vorschlag der Bundesregierung **nur** abschließen, soweit sie nach den Regeln des Gesetzmäßigkeitsgebots durch **die bestehenden Gesetze hinreichend determiniert** sind. Diese Staatsverträge stehen innerstaatlich im Stufenbau der Rechtsordnung auf der Stufe von **Verordnungen** des Bundes [355]. Der Bundespräsident kann den Abschluss bestimmter Kategorien solcher Staatsverträge des Bundes in Verordnungsrang generell der Bundesregierung (= **Regierungsübereinkommen** [➔]) oder einzelnen ressortmäßig zuständigen Bundesministern (= **Ressortübereinkommen** [➔] oder **Verwaltungsübereinkommen** [➔]) übertragen (Art 66 Abs 2 B-VG) [1021].

1031 • **[Staatsverträge des Bundes in Gesetzesrang]**. Von den gesetzlich bereits determinierten innerstaatlich in Verordnungsrang stehenden Staatsverträgen abgesehen, darf der Bundespräsident die anderen Staatsverträge des Bundes – die Bundesverfassung spricht in Art 50 Abs 1 B-VG von **politischen**, von **gesetzändernden**, von **gesetzesergänzenden** und von **die vertraglichen Grundlagen der Europäischen Union ändernden** Staatsverträgen (EU-Verträge) – nur mit **Genehmigung** des Bundesparlaments (= Mitwirkung des Parlaments an der Vollziehung) abschließen. Solche Staatsverträge des Bundes stehen im Stufenbau der Rechtsordnung auf der Stufe von **einfachen Gesetzen** des Bundes; im Rang eines Bundesverfassungsgesetzes steht ein Staatsvertrag (seit 01.01.2008) nicht [720]. Diese Staatsverträge des Bundes bedürfen nach der Unterzeichnung zur innerstaatlichen Geltung der **Genehmigung des Nationalrats** unter Mitwirkung des Bundesrats, der Zustimmung des Bundesrats (absolutes Veto), wenn sie den selbständigen Wirkungsbereich der Länder berühren (Art 50 Abs 2 und 3 B-VG); die parlamentarische Genehmigung von EU-Verträgen – die Genehmigung des Nationalrats und die Zustimmung des Bundesrats – bedarf zudem der Zweidrittelmehrheit (Art 50 Abs 4 B-VG).

1032 • **[Staatsverträge der Länder]**. Inwieweit Staatsverträge der Länder, die der Bundespräsident auf Vorschlag der Landesregierungen abschließt, der Genehmigung durch die Landtage bedürfen, bestimmen die Landesverfassungen. Zum Abschluss von Staatsverträgen der Länder in Verordnungsrang kann der Bundespräsident die Landesregierung ermächtigen (Art 66 Abs 3 B-VG).

1033 [III]. Zur Kundmachung der Staatsverträge des Bundes ist der **Bundeskanzler** verpflichtet (Art 49 Abs 2 B-VG). Die Kundmachung findet im **Bundesgesetzblatt III** (**BGBl III**) statt (§ 5 BGBlG).

15. KAPITEL: DIE LANDESVERWALTUNG UND DIE BUNDESVERWALTUNG

Glossar: *Agentur, Agrarbehörde, Agrarmarkt Austria (AMA), allgemeine Sicherheitspolizei, allgemeine staatliche Verwaltung, Allgemeine Wehrpflicht, Amt, Amt der Landesregierung, Amtsverschwiegenheit, Approbationsbefugnis, Arbeitsmarktservice (AMS), Asyl, Aufsicht, Auftragsverwaltung, Ausgliederung aus der Verwaltung, Auskunftspflicht, Austro Control GmbH, Ausübung unmittelbarer verwaltungsbehördlicher Befehls- und Zwangsgewalt, Beamte, Befehl, Behörde, Beleihung, beliehene Unternehmen, berufliche Selbstverwaltung, Berufsbeamtentum, Beschlusserfordernisse, besondere Sicherheitspolizei, Bezirk, Bezirkshauptmann, Bezirkshauptmannschaft, Bezirkspolizeikommando, Bezirksverwaltungsbehörde, Bundesamt, Bundesamt für Fremdenwesen und Asyl (BFA), Bundesanstalt, Bundesheer, Bundeskanzler, Bundeskanzleramt, Bundesminister, Bundesministeriengesetz 1986 (BMG), Bundesministerium, Bundespolizei, BVG Ämter der Landesregierungen, deklarative Bescheidmerkmale, Dienstaufsicht, Durchführungsverordnung, Eingliederung in die Verwaltung, Eingriffsverwaltung, Einzelorgan, Energie-Control Austria (E-Control), Erste allgemeine Hilfeleistung, Erstes Verstaatlichungsgesetz, Fachaufsicht, Feststellungsbescheid, Finanzamt, Finanzpolizei, Gemeindewachkörper, Generaldirektion für die öffentliche Sicherheit, Gerichtssprengel, Gestaltungsbescheid, Grundverkehrsbehörde, Justizwache, Kernbereich staatlicher Aufgaben, Kollegialorgan, Kommunikationsbehörde Austria (KommAustria), konstitutive Bescheidmerkmale, Konzentrationsregierung, Kriminalpolizei, kulturelle Selbstverwaltung, Kundmachung, Landeshauptmann, Landespolizeidirektion, Landespolizeidirektor, Landespolizeipräsident, Landesrat, Landesregierung, Leistungsbescheid, Leistungsverwaltung, Leitung, Maßnahme, materiellrechtlicher Bescheid, Mehrheitsregierung, Militärkommando, Milizsystem, mittelbare Bundesverwaltung, mittelbare Staatsverwaltung, monokratisches Organ, nachgeordnete Dienststellen, Nationalbank, Nationalbankgesetz 1984 (NBG), nicht-hoheitliche Verwaltung, Notverordnung, öffentlich Bedienstete, öffentliche Aufgaben, öffentliche Ordnung, öffentliche Ruhe, öffentliche Sicherheit, Oö Polizeistrafgesetz (Oö PolStG), Opposition, Ordnungsverwaltung, Organ, Organisationszuständigkeit, Organwalter, Organwalterverhältnis, Organzuständigkeit, örtliche Sicherheitspolizei, örtliche Verwaltungspolizei, Ortspolizei, ortspolizeiliche Verordnung, personelle Selbstverwaltung, Pflichtaufgabe, Pflichtverband, politischer Bezirk, Polizeiinspektionen, Polizeiverwaltung, Post-Control-Kommission, Private-Public-Partnership (PPP), Privatisierung, Rechtsaufsicht, Rechtsverordnung, Regierungsakt, Regulator, Regulierungsbehörde, Rundfunk und Telekom Regulierungs-GmbH (RTR-GmbH), Satzung, Schienen-Control GmbH, Schienen-Control Kommission, schlicht-hoheitliches Handeln, selbständige Verordnung, Selbstverwaltung im Staat, Selbstverwaltung in der Gesellschaft, Sezession, Sicherheitsbehörden des Bundes, Sicherheitspolizei, Sicherheitspolizeigesetz (SPG), Sicherheitsverwaltung, soziale Selbstverwaltung, staatliche Aufgaben, staatliche Auftragsverwaltung, Staatssekretär, Stadtpolizeikommando, Telekom-Control-Kommission, territoriale Selbstverwaltung, Transparenz, unmittelbare Bundesverwaltung, Verbandszuständigkeit, Verfahrensanordnung, verfahrensrechtlicher Bescheid, Vertragsbedienstete, Verwaltungsaufgaben, Verwaltungsbehörde, Verwaltungspolizei, verwaltungsrechtlicher Vertrag, Verwaltungssprengel, Verwaltungsverordnung, Verwaltungsvollstreckung, Vizekanzler, Vollstreckung, Wachkörper, Weisung, Wiener Stadtverfassung (WStV), Zentralstellen, Zollamt, Zweckaufsicht, Zweites Verstaatlichungsgesetz.*

I. Begriffe zur Organisation der Vollziehung

1034

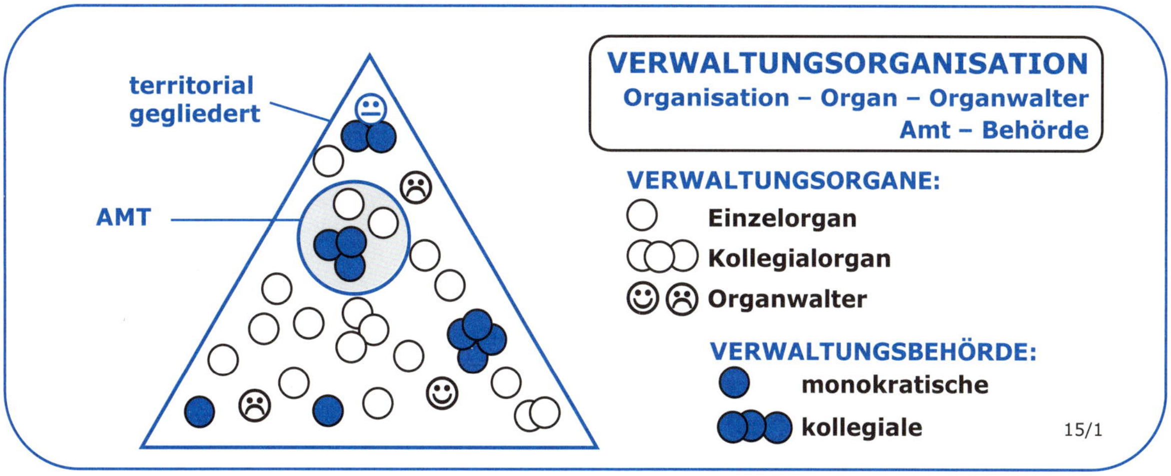

ORGANISATION, ORGAN, ORGANWALTER

1035 [I]. [**ORGANISATION**]. Eine **Organisation** (= **Verband**) ist ein **abstraktes Konstrukt der Rechtsordnung**. Sie entsteht dadurch, dass die Rechtsordnung die Organisation einrichtet und ihr **bestimmte Aufgaben** zuweist. Die der **Organisation** zugewiesenen Zuständigkeiten nennen wir **Organisationszuständigkeit** [➔] oder **Verbandszuständigkeit** [➔]. Die Einrichtung einer Organisation ist deswegen **abstrakt**, weil die Organisation nur als Vorstellung der Rechtsordnung existiert. Niemand kann die Organisation sehen oder angreifen.

1036 Organisationen im staatlichen Bereich sind etwa die Gebietskörperschaften: Der **Bund**, das **Land**, die **Gemeinde**. Innerhalb des Bundes etwa gibt es die **Verwaltungsorganisation**, die **Gerichtsorganisation**, die **Gesetzgebungsorganisation**.

1037 Der Verband **Bund**, der Verband **Land** und der Verband **Gemeinde** haben jeweils jene Organisationszuständigkeiten, die ihnen die Bundesverfassung als Verbandsaufgaben, insbesondere in der **Kompetenzverteilung** (Art 10 bis 15 B-VG [378]) bzw bei Beschreibung des eigenen Wirkungsbereichs der Gemeinde [1286], zuweist.

1038 [II]. [**ORGAN**]. Eine Organisation besteht aus mehreren, oft vielen **Organen**. (Der Verband Land etwa besteht aus: Landeshauptmann, Landesregierung, Bezirkshauptmann, Grundverkehrskommission, Schreibkraft im Büro, Portier im Landhaus, Chauffeur des Dienstwagens, uva). Ein Organ ist wie die Organisation ein **abstraktes Konstrukt der Rechtsordnung**. Ein **Organ** [➔] ist **Teil einer Organisation**, dem die Rechtsordnung im Rahmen der Verbandszuständigkeit Zuständigkeiten zuweist. Die **einem Organ zugewiesenen Zuständigkeiten** nennen wir **Organzuständigkeit** [➔]. Die Organzuständigkeit ist Teil der Organisationszuständigkeit. Die Summe der Organzuständigkeiten ergibt die Organisationszuständigkeit.

1039 Beispiel: **Art 15 Abs 1 B-VG** weist als **Verbandszuständigkeit** das **Baurecht** der Organisation **Land** in Gesetzgebung und Vollziehung zu. Art 118 Abs 3 Z 9 B-VG verweist als Verbandszuständigkeit die **Erteilung einer Baubewilligung** in die Organisation „**Gemeindeverwaltung**". Die **Bauordnung des Landes** weist dann als **Organzuständigkeit** die **Erteilung der Baubewilligung** dem Organ „**Bürgermeister**" zu.

1040 [III]. [**ORGANWALTER**]. Die **abstrakten Organe** einer Organisation werden **konkret** zum Sehen und zum Angreifen, wenn man den Organen **Menschen zuordnet**. Zu jedem abstrakten Organ einer Organisation gehört ein **Mensch**, wir nennen ihn **Organwalter** [➔]. Allerdings: Die Gesetzessprache unterscheidet (etwa in Art 20 B-VG) häufig nicht zwischen „Organ" und „Organwalter" und verwendet beide Begriffe synonym.

1041 Im Staat sind **Organwalter** immer einer **Gebietskörperschaft** zugeordnet. Der Organwalter steht zur Organisation in einem besonderen Rechtsverhältnis, in einem **Organwalterverhältnis** [➔]. Bei den öffentlich Bediensteten sind dies das **öffentlich-rechtliche Dienstverhältnis der Beamten** und das **privatrechtliche Dienstverhältnis der Vertragsbediensteten**. Für die politischen Funktionen (etwa Bürgermeister, Regierungsmitglieder, Abgeordnete) normieren Verfassung und einfaches Gesetz **Rechtsverhältnisse eigener Art**.

1042 Beispiel: Der „**Landeshauptmann**" ist ein abstraktes **Organ der Landesverwaltung**. Das Organ wird konkret, wenn **Frau Y oder Herr X** als **OrganwalterIn** mit der Wahrnehmung der Zuständigkeiten des Organs „Landeshauptmann" betraut und wirklich als Landeshauptfrau oder Landeshauptmann tätig wird.

1043 In der **Vollziehung**, die nicht nur eine politische, sondern vor allem eine **fachliche** Herausforderung ist, wünscht die Verfassung **professionell tätige Menschen**. Nur vereinzelt sind daher nach Art 20 Abs 1 B-VG in der Verwaltung *„auf Zeit gewählte Organe"* tätig. Den Großteil der Vollziehungsaufgaben nehmen fachlich qualifizierte Personen als *„ernannte berufsmäßige Organe"* (= **Beamte** [➔]) oder *„vertraglich bestellte Organe"* (= **Vertragsbedienstete** [➔]) **als Beruf und auf Dauer** wahr (= **Berufsbeamtentum** [➔]). Beamte und Vertragsbedienstete zusammen nennt man **öffentlich Bedienstete** [➔]).

1044 [IV]. [**ZUSTÄNDIGKEIT UND AUFGABE**]. Die **Zuständigkeit** legt die **Möglichkeit** einer Organisation fest, in einer bestimmten Sache zu handeln. Die Zuständigkeit wird zur **Aufgabe**, wenn die Organisation in der bestimmten Sache auch handeln **soll**. Eine Aufgabe wird zur **Pflichtaufgabe** [➔], wenn die Organisation in der bestimmten Sache handeln **muss**. **Öffentliche Aufgaben** [➔] sind Aufgaben, die – von wem auch immer – im Interesse der Allgemeinheit wahrgenommen werden. Eine öffentliche Aufgabe wird zur **staatlichen Aufgabe**

[➔], wenn der **Gesetzgeber** die Aufgabe dem Staat und seinen Organisationen zur Besorgung zuweist. Der Gesetzgeber entscheidet frei, welche öffentlichen Aufgaben er zur staatlichen Aufgabe macht. **Verwaltungsaufgaben** [➔] sind Aufgaben, die der Gesetzgeber der Verwaltungsorganisation einer Gebietskörperschaft zur **hoheitlichen** als auch **nicht-hoheitlichen** Besorgung [599] zugeordnet hat.

[V]. [**EINZELORGANE UND KOLLEGIALORGANE**]. Das Organisationsrecht kennt **Einzelorgane** [➔], etwa den Landeshauptmann; und **Kollegialorgane** [➔], etwa die Landesregierung. Einem **Einzelorgan** ist **eine einzelne Person** als Organwalter zugeordnet, welche die Zuständigkeiten des Organs wahrnimmt. Einem **Kollegialorgan** sind **mehrere Personen** als Organwalter zugeordnet, die gemeinsam die Zuständigkeiten des Kollegialorgans wahrnehmen. Bei einem **Kollegialorgan** muss das Organisationsrecht (etwa Gesetz oder Geschäftsordnung) regeln, wie die mehreren Personen zu einer Willensbildung als Organ kommen (**Beschlusserfordernisse** [➔]). 1045

Häufig haben Mitglieder von Kollegialorganen kollegiale **und** auch eigene Zuständigkeiten. Ein Bundesminister als Organwalter etwa nimmt sowohl die Zuständigkeiten wahr, welche die Rechtsordnung dem Bundesminister als Einzelorgan zuweist, als auch – zusammen mit den anderen Mitgliedern der Bundesregierung – die Zuständigkeiten, welche die Rechtsordnung der Bundesregierung als Kollegialorgan zuordnet. 1046

TERRITORIALE GLIEDERUNG

[I]. Staatliche Verbandszuständigkeiten und staatliche Organzuständigkeiten beziehen sich immer auf das Staatsgebiet oder auf einen Teil des Staatsgebiets. Die **Gesetzgebung der Parlamente** gilt einheitlich **für das gesamte Staatsgebiet**. Die Bundesgesetzgebung für das Bundesgebiet, die Landesgesetzgebung für das jeweilige Landesgebiet [362]. 1047

[II]. In der **Vollziehung** ist das anders. Die Vollziehung ist **territorial gegliedert**. Das individuell-konkrete staatliche Handeln erfordert die Nähe der staatlichen Autorität zu den Orten und zu den Menschen. Um diese Nähe zu erreichen, ist das Staatsgebiet für die Vollziehung in (Amts)**Sprengel** (= **Bezirke**) aufgeteilt (**Verwaltungssprengel** [➔], **Gerichtssprengel** [➔]). Bestimmte Organe sind diesfalls nur für einen Teil des Verbandsgebiets zuständig. 1048

Die Einrichtung von örtlichen Sprengeln in der Vollziehung bedeutet nicht, dass es keine Verantwortungen für das gesamte Verbandsgebiet oder für überörtliche Teile des Verbandsgebiets gäbe. Im Ergebnis ist die staatliche Vollziehung **in mehreren Ebenen** organisiert. Der größte Sprengel und die **erste Ebene** der Vollziehung ist das **Staatsgebiet** (= **obere** Vollziehungsebene), darunter sind als **zweite Ebene** aus Teilen des Staatsgebiets kleinere Sprengel (= **untere** Vollziehungsebene) gebildet. Manchmal kennt die Staatsorganisation nicht nur zwei, sondern mehrere Ebenen. 1049

WEISUNG UND AUFSICHT (= LEITUNG) IN DER VOLLZIEHUNG

1050

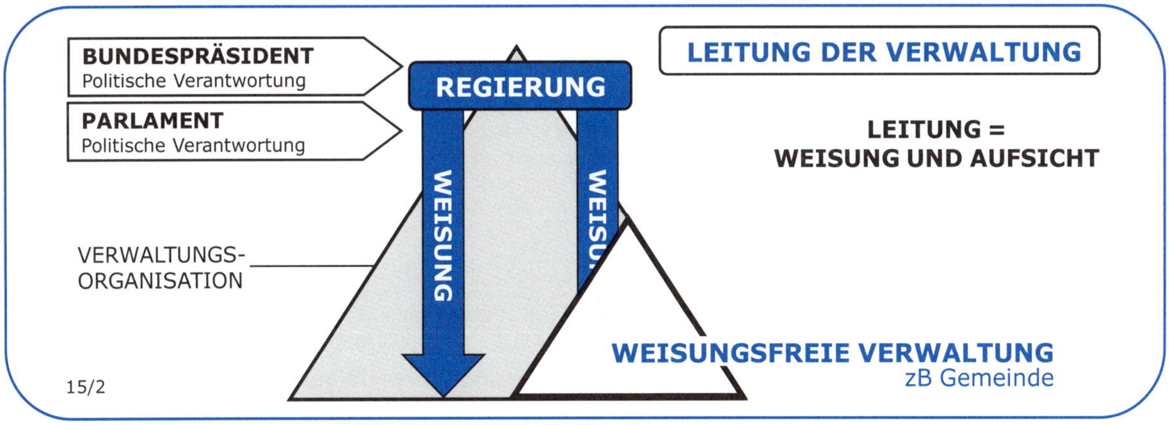

1051 [I]. Das B-VG ordnet das Verhältnis unterer und oberer Vollziehungsebenen grundsätzlich **hierarchisch**. Die Organe der Vollziehung stehen zueinander in strenger Über- und Unterordnung, was sowohl zwischen den territorialen Ebenen, als auch innerhalb der territorialen Ebenen der Vollziehung gilt. Die Verfassung legt fest: ***„Unter der Leitung der obersten Organe des Bundes und der Länder führen … auf Zeit gewählte Organe, ernannte berufsmäßige Organe oder vertraglich bestellte Organe die Verwaltung. Sie sind den ihnen vorgesetzten Organen für ihre amtliche Tätigkeit verantwortlich und … an deren Weisungen gebunden***" (Art 20 Abs 1 B-VG). Als ***„oberste Organe der Vollziehung***" bezeichnet die Verfassung die Mitglieder der Bundesregierung und der Landesregierungen (Art 19 Abs 1 B-VG).

1052 Förmlicher Ausdruck der **Leitung** [➔] (= hierarchische Ordnung) sind die **Weisung** und die **Aufsicht**. Unter **Aufsicht** [➔] versteht die Verfassung die Kontrolle des Organhandelns **ex post** (= nachdem das Vollziehungshandeln gesetzt wurde), unter **Weisung** die Bestimmung des Organhandelns **ex ante** (= bevor das Vollziehungshandeln gesetzt wurde). Weisung und Aufsicht ermöglichen die **einheitliche und wirksame Führung der Vollziehung**. Und sie ermöglichen auch die **politische Verantwortung der Regierung** als Vollziehungsspitze **gegenüber dem demokratisch legitimierten Parlament** [212] und gegenüber dem Bundespräsidenten [1012]. Hätte eine Regierung oder ein Regierungsmitglied keine Leitungsrechte gegenüber der Vollziehung, könnte das Parlament oder der Bundespräsident sie für Missstände in der Vollziehung nicht verantwortlich machen.

1053 Wir unterscheiden eine Rechtsaufsicht und eine Zweckaufsicht. Die **Rechtsaufsicht** [➔] fragt, ob das Organ gemäß den Gesetzen (= gesetzmäßig) gehandelt hat. Die **Zweckaufsicht** [➔] fragt darüber hinaus, ob das Aufsichtsorgan in Bereichen, in denen das beaufsichtigte Organ eigene Beurteilungsspielräume hat und insoweit frei von gesetzlichen Bindungen ist, ein an sich gesetzmäßiges Handeln billigt. Wegen des Gesetzmäßigkeitsgebots sind freie Beurteilungsspielräume in der Verwaltung allerdings begrenzt [329 f]. „Leitung" umfasst neben der Weisung sowohl die Rechtsaufsicht als auch die Zweckaufsicht. Wir unterscheiden weiters eine **Dienstaufsicht** [➔], die sich auf die Einhaltung der dienstrechtlichen Verpflichtungen untergeordneter Organe, und eine **Fachaufsicht** [➔], die sich auf die ordnungsgemäße Wahrnehmung der Verwaltungsaufgaben bezieht.

1054 [II]. **Die Weisung** [➔] **ist eine verbindliche individuell-konkrete Anordnung eines Verwaltungsorgans an einen nachgeordneten Organwalter**, etwas zu tun oder zu unterlassen. Die Weisung ist in diesem Sinn eine Verwaltungsrechtsnorm und ähnelt dem (Leistungs)**Bescheid** [1116]. Allerdings ist sie keine Rechtsnorm in dem Sinn, dass sie Verwaltungsbehörden vorbehalten wäre und als staatliches Außenrecht [309] Menschen außerhalb der Verwaltung verpflichten könnte. **Eine Weisung kann jedes vorgesetzte Verwaltungsorgan erteilen und ist nur verwaltungsintern rechtswirksam**.

1055 Der Adressat hat eine Weisung jedenfalls zu **befolgen**, auch wenn er sie für rechtswidrig hält, oder sie tatsächlich rechtswidrig sein sollte. Mit zwei wichtigen Ausnahmen: Das nachgeordnete Organ muss die Befolgung einer Weisung **ablehnen**, wenn sie *„entweder von einem **unzuständigen Organ** erteilt wurde oder die Befolgung **gegen strafgesetzliche Vorschriften** verstoßen würde*" (Art 20 Abs 1 dritter Satz B-VG).

1056 Regelmäßig richtet sich die Weisung an einen individuellen Adressaten, an einen namentlich bezeichneten Organwalter (**individuelle Weisung**); sie kann sich aber auch an alle oder an Gruppen namentlich nicht feststehender Organwalter wenden (**generelle Weisung**). Ob die generelle Weisung als Verwaltungsverordnung [1137] gilt, ist umstritten, im Hinblick auf die nur bei der Weisung gegebene Verweigerungspflicht aber von Bedeutung.

WEISUNGSFREIE VOLLZIEHUNG

1057 [I]. Die Unterstellung aller **Vollziehungsorgane** unter die Leitung der Regierungen ist insbesondere aus den dargelegten Gründen der politischen Verantwortung ein wichtiges Organisationsprinzip der Vollziehung. In besonderen Fällen sieht die Verfassung allerdings gerade in der **Unabhängigkeit der Vollziehung vom politischen Einfluss** der Regierungen einen Wert. Die **Verfassung** durchbricht in diesen Fällen die hierarchische Ordnung der Vollziehung und sieht selbst **Ausnahmen** von der Weisungsbindung vor:

- [**Unabhängige Richter**]. Teil der Vollziehung ist neben der Verwaltung die Gerichtsbarkeit. Die Rechtsprechung nehmen **unabhängige Richter** (Art 87 Abs 1 B-VG [220]) wahr. Unabhängigkeit bedeutet neben den persönlichen Privilegien der Richter insbesondere die **Weisungsfreiheit**, aber auch die Aufsichtsfreiheit in der rechtsprechenden Tätigkeit. 1058

- [**Unabhängiger Teil der Justizverwaltung**]. Die Gerichte und die an den Gerichten tätigen Richter befassen sich nicht nur mit der Rechtsprechung, sondern führen auch die **Justizverwaltung** [1378], das **organisatorische Umfeld der Rechtsprechung** (nicht die rechtsprechende Tätigkeit !). Die (Einzel)Richter sind bei Besorgung von Justizverwaltungssachen zwar grundsätzlich an die Weisungen der übergeordneten Justizverwaltungsbehörden gebunden. **Aber** es gibt auch einen weisungsfreien Bereich: Soweit **einzelne Justizverwaltungssachen** durch Gesetz ***„Senaten“*** oder ***„Kommissionen“*** zugewiesen sind, werden diese kraft Verfassung **weisungsfrei** und aufsichtsfrei wahrgenommen (Art 87 Abs 2 B-VG). 1059

- [**Gemeindeselbstverwaltung**]. Die **Gemeindeorgane** (Gemeinderat, Bürgermeister), die durch Volkswahl unmittelbar demokratisch legitimiert sind, handeln in ihrem eigenen Wirkungsbereich [1286] kraft Verfassung **frei von Weisungen** der Regierungen des Bundes und des Landes sowie aller anderen staatlichen Verwaltungsorgane (= **territoriale Selbstverwaltung der Gemeinden** [1278]). Die Gemeindeorgane unterliegen aber der (Rechts)Aufsicht der Bundes- und der Landesbehörden (Art 118 Abs 4 B-VG). 1060

- [**Landesschulräte**]. Die **besonderen Schulbehörden** des Bundes, die **Landesschulräte**, handeln kraft Verfassung **weisungsfrei** (Art 81a Abs 4 B-VG [417]). Sie unterliegen aber der (Rechts)Aufsicht des Bundesministers. 1061

- [**Unabhängige Behörden nach Unionsrecht**]. Soweit Verwaltungsaufgaben Organen der EU übertragen worden sind, werden diese vielfach unabhängig wahrgenommen (so das Währungsrecht durch die EZB [885]). Häufig verbleibt eine Verwaltungsaufgabe den nationalen Organen, das Unionsrecht verlangt aber deren unabhängige Wahrnehmung (etwa die Regulatoren im Wirtschaftsrecht [1230], Art 20 Abs 2 Z 8 B-VG). 1062

[II]. Das **B-VG** stellt es dem **einfachen Bundesgesetzgeber** und dem **einfachen Landesgesetzgeber** frei, neben den von der Bundesverfassung selbst weisungsfrei gestellten Vollziehungsbehörden **weitere Verwaltungsorgane** für **bestimmte Kategorien** bei entsprechender sachlicher Rechtfertigung **weisungsfrei** zu stellen, wobei die Landesverfassungsgesetzgebung weitere Kategorien weisungsfreier Verwaltung für die Landesverwaltung festlegen darf (Art 20 Abs 2 B-VG): 1063

Organe zur **sachverständigen Prüfung** (Art 20 Abs 2 Z 1 B-VG); Organe zur **Kontrolle der Gesetzmäßigkeit der Verwaltung** (Art 20 Abs 2 Z 2 B-VG); Organe mit **Schieds-, Vermittlungs- und Interessenvertretungsaufgaben** (Art 20 Abs 2 Z 3 B-VG); Organe zur **Sicherung des Wettbewerbs und zur Durchführung der Wirtschaftsaufsicht** (Art 20 Abs 2 Z 4 B-VG); Organe zur **Aufsicht und Regulierung elektronischer Medien** und zur Förderung der Medien (Art 20 Abs 2 Z 5 B-VG); Organe zur **Durchführung einzelner Angelegenheiten des Dienst- und Disziplinarrechts** (Art 20 Abs 2 Z 6 B-VG); Organe zur **Durchführung und Leitung von Wahlen** (Art 20 Abs 2 Z 7 B-VG); Organe, die **nach Unionsrecht weisungs- und aufsichtsfrei** sein müssen (Art 20 Abs 2 Z 8 B-VG). 1064

Der einfache Gesetzgeber darf **in den genannten Kategorien** auch das von den obersten Organen auszuübende **Aufsichtsrecht** über die weisungsfreien Organe **einschränken**. Das Aufsichtsrecht muss der Aufgabe *„angemessen“* sein, verbleiben muss jedenfalls das Aufsichtsrecht, *„sich über alle Gegenstände der Geschäftsführung der weisungsfreien Organe zu unterrichten, und* – mit Ausnahmen – *das Recht, weisungsfreie Organe aus wichtigem Grund abzuberufen“* (Art 20 Abs 2 letzter Satz B-VG). 1065

1066 Beispiele im **Bundesrecht**: die **Disziplinarkommissionen** (BDG 1979, BGBl 333); die **Finanzmarktaufsichtsbehörde – FMA** (Finanzmarktaufsichtsbehördengesetz – FMABG, BGBl I 2001/97) [1087]; der **Generaldirektor** (der Bundeswettbewerbsbehörde) **für Wettbewerb** (Wettbewerbsgesetz – WettbG, BGBl I 2002/62); die **Gleichbehandlungskommission** (Bundes-Gleichbehandlungsgesetz – B-GlBG, BGBl 1993/100); die **Kommunikationsbehörde Austria – KommAustria** (KommAustria-Gesetz – KOG, BGBl I 2001/32) [1235]; die **Sicherheitsvertrauenspersonen** (Bundes-Bedienstetenschutzgesetz – B-BSG, BGBl I 1999/70).

1067 Beispiele im **Landesrecht**: die **Ethikkommissionen** nach Landes-Krankenanstaltengesetzen (Bgld Krankenanstaltengesetz 2000 – KAG 2000, LGBl 52 idgF; Oö Krankenanstaltengesetz 1997 – Oö KAG 1997, LGBl 132 idgF); die **Umweltanwälte in den Ländern** (zB Oö Umweltschutzgesetz 1996 – Oö USchG, LGBl 84 idgF); der **Landesrechnungshof** (zB Oö Landes-Verfassungsgesetz – Oö L-VG, LGBl 1991/122 idgF, und Oö Landesrechnungshofgesetz 2013 – Oö LRHG 2013, LGBl 2013/62 idgF); die **Patienten-Entschädigungskommissionen** (zB Oö Krankenanstaltengesetz 1997 – Oö KAG 1997, LGBl 132 idgF); der **Kinder- und Jugendanwalt** (zB Oö Jugendwohlfahrtsgesetz 1991 – Oö JWG 1991, LGBl 111 idgF); die **Hauptwahlbehörde** (Innsbrucker Wahlordnung 2011 – IWO 2011, LGBl 120 idgF); die **Landeswahlbehörde** (Tiroler Landtagswahlordnung 2011 – TLWO 2011, LGBl 2012/5).

BEHÖRDE – AMT

1068 [I]. **Was ist in der Vollziehung eine „Behörde" ?** Will der Staat verbindliches Recht setzen, muss er sich der in der Rechtsordnung vorgegebenen Rechtssatzformen bedienen. Die Verwaltung kann generelle Rechtsnormen durch **Verordnungen** [1125], individuelle Rechtsnormen durch **Bescheide** erlassen [1111]. Die Zuständigkeit, Bescheide und/oder Verordnungen zu erlassen, ist bestimmten (Einzel- oder Kollegial)Organen vorbehalten. Die Verwaltungsorgane, die über Rechtsetzungsbefugnisse verfügen, nennen wir **Behörden** [➔]. **Eine Verwaltungsbehörde [➔] ist ein Verwaltungsorgan, das zum Erlass von Bescheiden und/oder Verordnungen zuständig ist**. Einzelorgane, die behördliche Aufgaben haben, nennen wir **monokratische Organe** [➔].

1069 Es gibt viele Organe, aber nur wenige Behörden in der Verwaltung. **Behörden** sind beispielsweise die Organe Landeshauptmann, Bundesminister, Bezirkshauptmann, Landesregierung, Bezirksgrundverkehrskommission, Bürgermeister. Die **anderen Organe**, die **keine** Behördenqualität haben, sind auch im Aufgaben- und Zuständigkeitskreis des Verbands tätig; sie erledigen Büroarbeit, erbringen Leistungen und Dienste, **Verordnungen und Bescheide erlassen können sie nicht**.

1070 [II]. **Was ist ein Amt ?** Die Behörden haben viele Aufgaben und viel Arbeit, die sie zu erledigen und zu verantworten haben. Die Befugnis, Verordnungen und Bescheide zu erlassen, erschöpft sich nicht in der Unterschrift unter ein vorbereitetes Schriftstück. Die Behörden müssen im gesamten Zuständigkeitsbereich Informationen sammeln, Sachverhalte erkennen, Konzepte entwickeln, Büroarbeiten erledigen, Verwaltungsverfahren führen, Erledigungen vorbereiten, sich allgemein um die Daseinsvorsorge für den Menschen kümmern. Alle diese Aufgaben können die einigen wenigen **Behörden** einer Verwaltungsorganisation nicht „eigenhändig" erledigen. **Das Organisationsrecht [➔] ordnet den Behörden daher regelmäßig Verwaltungsorgane zu**, welche die Behörde in ihrem Aufgabenkreis unterstützen, insbesondere die anfallenden Büroarbeiten erledigen. Einen solchen durch das Organisationsrecht **der Behörde zugeordneten bürokratischen Hilfsapparat** nennen wir **Amt** [➔].

1071 Die Verwaltungsorganisation unterscheidet somit **Behörden** und **Ämter**. In der Gesetzessprache kommt dies manchmal nicht klar zum Ausdruck, wenn der Gesetzgeber ein bestehendes Amt zusätzlich mit behördlichen Aufgaben betraut und damit – partiell – zur Verwaltungsbehörde macht. So etwa hebt das **Finanz„amt"** nicht nur die Abgaben ein, es ist auch Behörde, weil es die Steuerbescheide erlässt. Der **„Magistrat"** – das Gemeindeamt einer Statutarstadt – ist auch Behörde, weil die Stadtstatute den Magistraten den Erlass bestimmter Bescheide im eigenen Wirkungsbereich der Gemeinde zuweisen [1332].

1072 [III]. Der Begriff „Behörde" ist nicht nur in der Verwaltung, sondern auch in der Gerichtsbarkeit gebräuchlich. „Gerichtsbehörden" sind Gerichtsorgane (= Richter), die zum Erlass von Urteilen und Beschlüssen zuständig sind. Die Ämter der Richter sind die **„Kanzleien"**.

[IV]. Die Ämter können selbst keine Verordnungen und Bescheide erlassen, obwohl sie als Hilfsapparat die damit verbundenen Tätigkeiten weitgehend – auch vollständig – wahrnehmen. Dem **Organwalter** der verantwortlichen **Verwaltungsbehörde** bleibt oft nur die Unterschrift, manchmal nicht einmal das. Das Organisationsrecht erlaubt dem Organwalter einer Behörde nämlich, **manche, viele oder alle seine Aufgaben** im Zusammenhang mit dem Erlass von Verordnungen und Bescheiden in einer Art **öffentlich-rechtlichem Auftrag** an die Organwalter des ihm zugeordneten Amts zu übertragen. Wir nennen eine solche Bevollmächtigung **Approbationsbefugnis** [➔]. 1073

Approbationsbefugte Bedienstete können im Rahmen der eingeräumten Befugnis **„für" die Behörde** oder **„im Auftrag" der Behörde** Bescheide und Verordnungen erlassen und zeichnen [Falllösung Rz 72-74]. Der **Organwalter der Behörde** sieht davon vielleicht gar nichts. Der Rechtsakt wird ihm aber zugeordnet, er bleibt dafür politisch verantwortlich. Und der Organwalter der Behörde kann jederzeit eine von seinem Amt wahrgenommene Tätigkeit an sich ziehen oder entsprechende Weisungen für die Ausführung der Tätigkeiten erteilen. 1074

EINGLIEDERUNG IN DIE VERWALTUNG

[I]. In der Regel werden **alle** Verbandszuständigkeiten einer Organisation von den **eigenen Organen** der Organisation wahrgenommen. In **Ausnahmefällen** sieht das Organisationsrecht allerdings vor, dass **fremde Organe**, die nicht dem Verband angehören, einzelne Verbandszuständigkeiten wahrnehmen. Für die Verwaltungen der Gebietskörperschaften bedeutet das, dass **staatliche Verwaltungsaufgaben** auch von Organen besorgt werden können, die **keine staatlichen Verwaltungsorgane** sind. Die Verfassung erlaubt dem Parlament, durch Gesetz außerhalb der staatlichen Verwaltung stehende **Organisationen, Organe und Personen mit Verwaltungsaufgaben zu betrauen und** sie so **in die staatliche Verwaltung einer Gebietskörperschaft einzugliedern**. Die Gebietskörperschaften nehmen für ihre Verwaltungsaufgaben Organe einer **anderen Gebietskörperschaft**, Organe von **Selbstverwaltungskörpern**, Organe von **juristischen Personen des Privatrechts und des öffentlichen Rechts**, **auch natürliche Personen** in die Pflicht. Solche **Eingliederungen in die Verwaltung** [➔] finden wir insbesondere in der **mittelbaren Staatsverwaltung**, in der **staatlichen Beleihung** und in der **staatlichen Auftragsverwaltung**: 1075

- [**MITTELBARE STAATSVERWALTUNG**]. Besorgen eingegliederte Organe einer anderen **Gebietskörperschaft**, eines **Selbstverwaltungskörpers** oder einer anderen **Körperschaft des öffentlichen Rechts** einzelne **hoheitliche – insbesondere behördliche – Verwaltungsaufgaben** einer Gebietskörperschaft, so sprechen wir von **mittelbarer Staatsverwaltung** [➔]. Die andere Körperschaft besorgt unter Leitung (**Weisung und Aufsicht**) der eingliedernden Gebietskörperschaft die ihr übertragenen hoheitlichen Aufgaben **für** die eingliedernde Gebietskörperschaft. 1076

  So führen in der **mittelbaren Bundesverwaltung** [1210] dem Bund eingegliedert die **Verwaltungsorgane und die Verwaltungsbehörden des Landes** einen großen Teil der Bundesverwaltung. Die **Wirtschaftskammern** führen dem Bund eingegliedert in ihren Lehrlingsstellen die **Lehrlingsverwaltung des Bundes**. Die **Gemeinden** besorgen außerhalb ihres Selbstverwaltungsbereichs in einem **übertragenen Wirkungsbereich** [1296] Aufgaben der Landesverwaltung und der Bundesverwaltung, die Statutarstädte auch die Bezirksverwaltung. 1077

- [**STAATLICHE BELEIHUNG**]. Auch die Eingliederung **juristischer Personen des Privatrechts** und die Eingliederung **natürlicher Personen** für hoheitliche – insbesondere behördliche – Aufgaben einer Gebietskörperschaft sind möglich. Anders als bei der mittelbaren Staatsverwaltung besorgen Organe einer **juristischen Person des Privatrechts** oder eine **private natürliche Person** einzelne hoheitliche – insbesondere behördliche – Verwaltungsaufgaben einer Gebietskörperschaft. Eine solche Eingliederung bezeichnen wir als staatliche **Beleihung** [➔], auch von **beliehenen Unternehmen** [➔] ist die Rede. Die beliehene juristische Person des Privatrechts oder die beliehene natürliche Person nimmt die ihr übertragenen hoheitlichen Aufgaben **für** die eingliedernde Gebietskörperschaft wahr. Wie weit die Leitung (Weisung und Aufsicht) der eingliedernden Gebietskörperschaft geht, bestimmt das Gesetz. 1078

1079 Beispiele: Als beliehenes Unternehmen gilt die **Nationalbank** [➔], die als gesetzlich spezifizierte Aktiengesellschaft eingerichtet ist, und die – vom Staat unabhängig – öffentliche Aufgaben des Geldwesens für den Staat auf der Grundlage des **Nationalbankgesetzes 1984 (NBG)** [➔] und auf der Grundlage unionsrechtlicher Regelungen wahrnimmt. Beliehene sind auch Ziviltechniker, technische Büros, Vereine (ÖAMTC, ARBÖ) oder gewerbliche Reparaturwerkstätten, die der Landeshauptmann nach dem Kraftfahrgesetz 1967 – KFG 1967 (BGBl 267) mit der Begutachtung von Kraftfahrzeugen („Pickerl") beleiht.

1080 ◆ [**STAATLICHE AUFTRAGSVERWALTUNG**]. Die mittelbare Staatsverwaltung und die staatliche Beleihung beschreiben Phänomene der **Hoheitsverwaltung**. Eingegliederte Organe können aber auch **nicht-hoheitliche Verwaltungsaufgaben** einer Gebietskörperschaft besorgen. Eine solche Eingliederung bezeichnen wir als **staatliche Auftragsverwaltung** [➔]. Bei diesem Begriff ist es gleichgültig, ob die nicht-hoheitliche Verwaltungsaufgabe einer Gebietskörperschaft Organe **anderer Gebietskörperschaften**, Organe **anderer Körperschaften des öffentlichen Rechts**, Organe von **Körperschaften des Privatrechts** oder **natürliche Personen** besorgen.

1081 So überträgt der Bund – analog zur hoheitlichen „mittelbaren Bundesverwaltung" – im regionalen Bereich der Länder einzelne nicht-hoheitliche Verwaltungsaufgaben in **Auftragsverwaltung** den Organen des Landes, dem Landeshauptmann und den ihm unterstellten Organen (Art 104 Abs 2 B-VG), die dabei der Weisung des Bundesministers unterworfen sind. Auf landesgesetzlicher Grundlage etwa sind das vereinsrechtlich organisierte „Rote Kreuz" und der vereinsrechtlich organisierte „Österreichische Arbeiter-Samariterbund" in das **kommunale Rettungswesen** eingegliedert.

1082 [II]. Weil die Zuständigkeiten der Gebietskörperschaften in der Verfassung festgeschrieben sind, muss die **Verfassung** selbst die Eingliederung anderer Gebietskörperschaften festlegen (etwa die mittelbare Bundesverwaltung in Art 102 Abs 1 B-VG) oder dem einfachen Gesetzgeber dafür zumindest eine verfassungsgesetzliche Grundlage geben (etwa der übertragene Wirkungsbereich der Gemeinden in Art 119 Abs 1 B-VG). Eine verfassungsgesetzliche Grundlage hat auch die einfachgesetzliche Eingliederung gesellschaftlicher Selbstverwaltungen in die Staatsverwaltung (Art 120b Abs 3 B-VG). Die einfachgesetzliche Eingliederung sonstiger juristischer und natürlicher Personen ohne verfassungsgesetzliche Grundlage gilt allgemein **bei Vorliegen sachlicher Gründe** als zulässig.

1083 Es gibt allerdings einen **Kernbereich staatlicher Aufgaben** [➔] (= „staatstypische" Aufgaben), die der Staat selbst **durch seine eigenen Verwaltungsorgane** wahrnehmen **muss**. Etwa Aufgaben der Wehr- und Zivildienstverwaltung, Verwaltungsstrafen ua. In diesem Bereich verbietet die Verfassung dem einfachen Gesetzgeber eigenmächtige Eingliederungen ohne verfassungsgesetzliche Grundlage.

1084 [III]. [**AGENTUREN**]. Die staatlichen Verwaltungsorganisationen haben – aus guten Gründen – starre Strukturen. Der Einrichtung von Spezialorganisationen – etwa durch Bundesämter [1223] – sind enge Grenzen gesetzt. Der Gesetzgeber fand einen Ausweg, der strikten Bindung des staatlichen Organisationsrechts zu entgehen. Der Bund oder ein Land begründen durch **Gesetz** eine eigene **juristische Person des öffentlichen Rechts**, oder eine Gebietskörperschaft begründet durch **privatrechtlichen Vertrag** eine eigene **juristische Person des Privatrechts** (zB eine Gesellschaft mit beschränkter Haftung, eine Aktiengesellschaft). Sie sind hier in der organisationsrechtlichen Gestaltung weitgehend frei. **Die Organe dieser juristischen Person gliedert der Gesetzgeber dann in die Verwaltung der Gebietskörperschaft ein und betraut sie mit besonderen Verwaltungsaufgaben**.

1085 Als Begründung für solche mit besonderen Aufgaben betrauten Spezialorganisationen wird angegeben, dass in solchen Organisationen geeignetes technisches, kaufmännisches, juristisches Personal als Team auf ein spezielles Ziel flexibel und sachverständig hinarbeiten muss. Daher nennt man solche Spezialorganisationen **Know-How-Organisationen** oder – inspiriert durch den im Unionsrecht gebräuchlichen Begriff „agency" – **Agenturen** [➔].

1086 Den Begriff „Agentur" verwendet der Gesetzgeber manchmal selbst. So richtet das Gesundheits- und Ernährungssicherheitsgesetz – GESG (BGBl I 2002/63) die „Österreichische Agentur für Gesundheit und Ernährungssicherheit GmbH" ein.

1087 Das Arbeitsmarktservicegesetz (AMSG) richtet das **Arbeitsmarktservice** (**AMS**) als ***„Dienstleistungsunternehmen des öffentlichen Rechts"*** ein [1227] und gliedert dessen Organe mit hoheitlichen und mit nicht-hoheitlichen Aufgaben der Arbeitsmarktverwaltung in die Bundesverwaltung ein [1075]. Das Finanzmarktaufsichtsbehördengesetz – FMABG (BGBl I 2001/97) richtet mit einer Verfassungsbestimmung die **Finanzmarkt-**

aufsichtsbehörde (**FMA**) als ***„Anstalt des öffentlichen Rechts"*** und gliedert deren Organe mit hoheitlichen Aufgaben der Finanzmarktaufsicht des Bundes ein. Gleiches gilt für die durch das AMA-Gesetz 1992 als ***„juristische Person des öffentlichen Rechts"*** eingerichtete **Agrarmarkt Austria** (**AMA**) [➔]. Ähnliches gilt für das vom Patentgesetz 1970 (BGBl 259) eingerichtete **„teilrechtsfähige" Patentamt**.

Durch privatrechtlichen Gesellschaftsvertrag gründete der Bund die **Austro Control GmbH** [➔]; die durch das Umweltkontrollgesetz (BGBl I 1998/152) eingerichtete **Umweltbundesamt GmbH**; die durch das Österreichische Forschungs- und Prüfzentrum Arsenal GmbH Gesetz (BGBl I 1997/15) eingerichtete **Österreichische Forschungs- und Prüfzentrum Arsenal Gesellschaft mbH**; die durch das KommAustria-Gesetz (BGBl I 2001/32) eingerichtete **Rundfunk und Telekom Regulierungs-GmbH** (**RTR-GmbH**) [1233]. 1088

1089

15/3

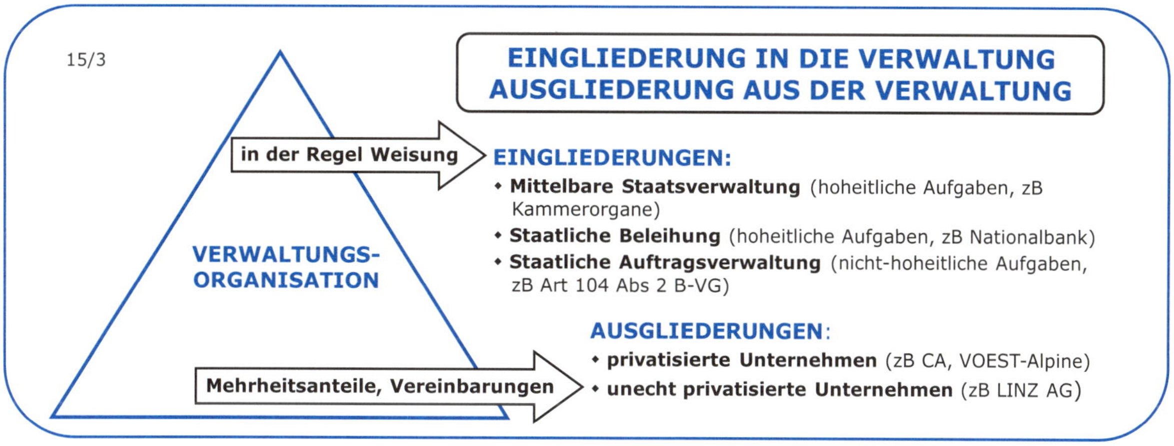

AUSGLIEDERUNG AUS DER VERWALTUNG

[I]. Der Gesetzgeber entscheidet, welche Aufgaben der Staat als staatliche Aufgaben wahrnimmt. 1090 Der Gesetzgeber kann auch entscheiden, dass der Staat eine staatliche Aufgabe **auflässt** und künftig nicht mehr wahrnimmt. Die **privatwirtschaftlichen Tätigkeiten** der Gebietskörperschaften sind dabei politisch besonders disponibel. Wenn Gebietskörperschaften eine **nicht-hoheitliche staatliche Tätigkeit** – etwa ein staatliches Unternehmen – aufgeben, spricht man von **Privatisierung** [➔]. Wobei wir unterscheiden:

- Stellt die Gebietskörperschaft die nicht-hoheitliche Tätigkeit **gänzlich** ein und überlässt die 1091 Tätigkeit fortan **gänzlich** der Gesellschaft, sprechen wir von **echter Privatisierung**.

  Beispiel: Der Bund, das Land oder die Gemeinde verkauft ein staatliches oder kommunales Unternehmen zur 1092 Gänze an einen privaten Unternehmer.

- Stellt die Gebietskörperschaft die nicht-hoheitliche Tätigkeit **im eigenen Namen** zwar **gänzlich** 1093 ein, behält sie aber trotzdem mit den Möglichkeiten des Privatrechts einen **bestimmenden Einfluss** auf die nun von Privaten wahrgenommene nicht-staatliche Tätigkeit, sprechen wir von **unechter Privatisierung**.

  Die Gebietskörperschaft kann **privatrechtlich** auf zweierlei Weise bestimmenden Einfluss auf 1094 die ausgegliederte Tätigkeit behalten. **Erstens** durch das private Organisationsrecht. Die Gebietskörperschaft hält die Anteile an der Gesellschaft und bestimmt als Eigentümer der juristischen Person deren Willensbildung. **Zweitens** kann die Gebietskörperschaft **zivilrechtliche Verträge** mit der juristischen Person des Privatrechts abschließen und dadurch die Gesellschaft zu einem bestimmten Verhalten verpflichten.

  Bei der unechten Privatisierung zieht sich die Gebietskörperschaft nur den Mantel des Privaten an, um nach 1095 außen als Privater zu erscheinen. Im Inneren bleibt sie Staat und beherrscht weiter voll die Willensbildung des „Privaten". Beispiel: Eine Gemeinde will ein Verkehrsunternehmen nicht mehr als Gebietskörperschaft selbst im eigenen Namen führen. Sie gründet eine Gesellschaft mit beschränkter Haftung, **behält alle Anteile an der Gesellschaft** und lässt die Tätigkeit von der Gesellschaft im Namen der Gesellschaft ausüben.

1096 [II]. Weil bei der **unechten** Privatisierung die privatisierte Tätigkeit zwar nicht mehr als staatliche sondern als private Tätigkeit wahrgenommen wird, in der Sache aber weiterhin dem Willen der Gebietskörperschaft unterworfen bleibt, die Gebietskörperschaft die Tätigkeit **unter Wahrung ihres bestimmenden Einflusses** also bloß aus dem staatlichen Bereich herausnimmt und dem gesellschaftlichen Bereich zuordnet, sprechen wir von **Ausgliederung aus der Verwaltung** [➔].

1097 Ausgegliederte Unternehmen sind beispielsweise die **Autobahnen- und Schnellstraßen-Finanzierungs-Aktiengesellschaft** (**ASFINAG**), die für den Bund, teils auch für die Länder öffentliche Straßen baut, instandhält und verwaltet; die **Österreichische Post AG** und die **Telekom Austria AG** des Bundes; die **ÖBB-Holding AG** (Österreichische Bundesbahnen-Holding Aktiengesellschaft), welche die ÖBB in folgende Teilgesellschaften aufspaltete: die ÖBB-Personenverkehr AG, die Rail Cargo Austria AG, die ÖBB-Produktion GmbH, die ÖBB-Technische Services-GmbH, die ÖBB-Immobilienmanagement GmbH, die ÖBB-Infrastruktur Betrieb AG und die ÖBB-Infrastruktur Bau AG; die **Bundesimmobiliengesellschaft mbH** (**BIG**), die für den Bund die Verwaltung der Bundesgebäude besorgt; die **LINZ AG**, die für die Stadt Linz, insbesondere den öffentlichen Verkehr, die Energieversorgung, die Wasserversorgung und die Abwasserentsorgung betreibt; ua.

1098 Historisch waren die Gebietskörperschaften als Unternehmer sehr aktiv. Der Bund etwa führte in Privatwirtschaftsverwaltung die Bundesbahn, die Post, die Bundesforste, die VOEST ua. Die Länder betrieben Wohnungsgenossenschaften, Krankenhäuser, Kuranstalten. Die Gemeinden betrieben öffentliche Einrichtungen wie Sport- und Freizeitanlagen, die Wasserversorgung und die Abwasserentsorgung, die Energieversorgung („Stadtwerke"). Nach dem Zweiten Weltkrieg übertrug das **Erste Verstaatlichungsgesetz** [➔] die Schwerindustrie und die Großbanken dem Bund, das **Zweite Verstaatlichungsgesetz** [➔] die Elektrizitätswirtschaft auf die Länder. In Folge der Krise der „verstaatlichten Industrie" in den 80er-Jahren des 20. Jahrhunderts fanden in mehreren Wellen massive - echte - Privatisierungen statt, die bis heute noch nicht voll abgeschlossen sind.

1099 [III]. Die **Mitwirkung oder Mitbeteiligung Privater** an Ausgliederungen ist nicht ausgeschlossen. Bei der Gesellschaft mit beschränkter Haftung und bei der Aktiengesellschaft kann von bestimmendem Einfluss gesprochen werden, solange die Gebietskörperschaft wenigstens die Mehrheit der Anteile an der Gesellschaft behält. Bloße Minderheitsanteile der Gebietskörperschaft an einer ausgegliederten Tätigkeit gelten als echte Privatisierung.

1100 Die Gebietskörperschaft kann durch Privatisierung staatlicher Aufgaben bewusst die Mitwirkung und die Mitbeteiligung Privater an öffentlichen Aufgaben suchen. Etwa bei der Finanzierung des Straßenbaus und anderer Infrastrukturmaßnahmen. Die privatrechtlichen Formen einer solchen Zusammenarbeit, die wir **Private-Public-Partnership** (**PPP**) [➔] nennen, sind vielfältig. Eine Gebietskörperschaft kann mit Privaten für ein im öffentlichen Interesse gelegenes Projekt beispielsweise durch die Gründung einer Gesellschaft zusammenarbeiten, in der sie sich die Anteile an der Gesellschaft mit Investoren und anderen Interessenten teilt.

1101 [IV]. Die Gründe für Privatisierungen sind vielfältig. Bei der **echten Privatisierung** etwa braucht die Gebietskörperschaft Geld und versucht, es durch Verkäufe von Vermögen zu bekommen. Manchmal steht auch die Einsicht dahinter, dass der Staat kein guter Unternehmer ist und häufig statt Gewinn Verlust erwirtschaftet. Bei der **unechten Privatisierung** (= Ausgliederung) will die Gebietskörperschaft öffentlich-rechtlichen Bindungen entgehen. Für die Gebietskörperschaft, die im eigenen Namen wirtschaftet, gelten das Haushalts- und das Budgetrecht, das öffentliche Dienstrecht, die politische Verantwortung und die Zugriffe der politischen Parteien, die Bindungen des Gleichheitssatzes. Diese Beschränkungen kann die Gebietskörperschaft durch Ausgliederung ablegen. Wobei die Chance des besseren weil flexibleren Wirtschaftens und der politische, oft parteipolitische Missbrauch eng beisammen liegen.

SELBSTVERWALTUNG

1102 [I]. Verwaltung kann auch „**Selbst**"verwaltung sein. Der Begriff ist mehrdeutig und umfasst zwei voneinander grundverschiedene Organisationsmuster: die **Selbstverwaltung im Staat** und die **Selbstverwaltung in der Gesellschaft**:

1103 [**SELBSTVERWALTUNG IM STAAT**]. Die Verwaltung ist Teil des Staats. Die Verwaltung sorgt unter Bindung an die Gesetze für das Allgemeinwohl. Die Verwaltung ist durchgehend hierarchisch geordnet (Weisung !). Die Verwaltungsspitze (Regierung) ist dem Parlament politisch verantwortlich. Die Verwaltung wird nicht unmittelbar durch das Volk gewählt, die politische Verantwortung der Verwaltungsspitze gegenüber dem Parlament legitimiert sie mittelbar.

1104 Wir sprechen von „Selbstverwaltung", wenn die Verfassung entgegen dem Organisationsmuster der Verwaltung (Weisung, politische Verantwortung der Verwaltungsspitze gegenüber dem Parlament, keine Wahl der Verwaltungsorgane durch das Volk, Rechtsfähigkeit der Gebietskörperschaft) einen bestimmten Teil der staatlichen Verwaltung gegenüber der Verwaltungsspitze **weisungsfrei** stellt, damit **aus der politischen Verantwortung gegenüber dem Parlament herausnimmt**, und dies durch eine **Volkswahl** der Verwaltungsorgane rechtfertigt. **Selbstverwaltung im Staat** [➔] **ist gesetzesgebundene, weisungsfreie, nicht mittelbar dem Parlament sondern unmittelbar dem Volk politisch verantwortliche Staatsverwaltung**.

Da die Ausübung staatlicher Gewalt immer auf das Staatsgebiet bezogen ist, bezeichnen wir die 1105
Selbstverwaltung im Staat als **territoriale Selbstverwaltung** [➔]. Die Bundesverfassung richtete die **Gemeinden** nach dem Muster der territorialen Selbstverwaltung [1278] ein.

[**SELBSTVERWALTUNG IN DER GESELLSCHAFT**]. Wenn eine **nicht-staatliche** öffentliche Aufgabe [1044] **im** 1106
Interesse eines bestimmten Personenkreises liegt, so kann der Staat **durch Gesetz** die betroffenen Personen in einen rechtsfähigen **Pflichtverband** [➔] zusammenschließen und unter staatlicher Aufsicht zur Wahrnehmung dieser Aufgabe **zwingen**. Dem Pflichtverband verleiht der Staat das Recht, für die Pflichtmitglieder verbindliche generelle Normen (= **Satzungen** [➔]) zu erlassen, die als Verordnungen gelten. **Selbstverwaltung in der Gesellschaft** [➔] liegt demnach vor, wo **durch Gesetz eingerichtete, mit Satzungsrecht ausgestattete rechtsfähige Pflichtverbände die Interessen ihrer Mitglieder als öffentliche aber nicht-staatliche Aufgabe betreiben**.

Die **gesellschaftliche Selbstverwaltung** ist **keine staatliche Verwaltung**. Die Pflichtverbände im gesell- 1107
schaftlichen Bereich nennt die Verfassung (Art 120a bis 120c B-VG) dennoch „Selbstverwaltungen“. Der Grund liegt – neben diffusen historischen Wurzeln – darin, dass der Pflichtverband mit der Einrichtung durch Gesetz, mit der Wahrnehmung einer öffentlichen Aufgabe, mit dem Recht, Satzungen zu erlassen, mit der Aufsicht des Staats staatlichen Organisationsvorstellungen **nahe steht**. Wir sprechen – in Abgrenzung zur territorialen Selbstverwaltung des Staats – von **personeller Selbstverwaltung** [➔] der Gesellschaft.

Gesellschaftliche Selbstverwaltungen sind beispielsweise zur beruflichen Interessenvertretung (= **berufliche** 1108
Selbstverwaltung [➔], etwa die Kammern für Arbeiter und Angestellte [662]; zur sozialen Vorsorge (= **soziale Selbstverwaltung** [➔], etwa die Gebietskrankenkassen); oder im Bereich von Bildung, Kunst und Kultur (= **kulturelle Selbstverwaltung** [➔], etwa die Universitäten) gesetzlich eingerichtet. Die Satzungen der nach Art 81c Abs 1 B-VG autonomen Universitäten (zB die Satzung der Universität Linz) sind Verordnungen.

[II]. Die Staatsnähe gesellschaftlicher Selbstverwaltungen veranlasst den Staat manchmal, den Pflichtverbän- 1109
den durch Gesetz **echte staatliche Verwaltungsaufgaben** zu übertragen, die der Pflichtverband dann für den Staat und unter Bindung an die Weisungen des Staats erledigt (= **mittelbare Staatsverwaltung** [➔] [1076]).

II. Formen des Verwaltungshandelns

1110

15/4

SECHS FORMEN DES VERWALTUNGSHANDELNS

HOHEITSVERWALTUNG

Rechtssätze

❶ **BESCHEID**

❷ **VERORDNUNG**

❸ **MASSNAHME**

❹ **SCHLICHT-HOHEITLICHES HANDELN**

❺ **VERWALTUNGSRECHTLICHER VERTRAG**

NICHT-HOHEITLICHE VERWALTUNG

❻ **PRIVATRECHTLICHES HANDELN**

DER BESCHEID

1111 [I]. **Der Bescheid [➔] ist die individuell-konkrete Anordnung einer Verwaltungsbehörde** [235]. Als außenwirksame – Rechte und Pflichten der Menschen regelnde – Rechtsnorm [309], wird der Bescheid nur rechtswirksam, wenn er dem Adressaten förmlich bekannt gegeben wird [1502].

1112 Der Bescheid ergeht regelmäßig in einem Verwaltungsverfahren auf Grundlage der **Verwaltungsverfahrensgesetze** [1474]. Das **AVG** (§ 62 Abs 1) sieht vor, dass die Verwaltungsbehörde den Bescheid grundsätzlich **schriftlich oder mündlich** erlassen darf [1502], sofern die *„Verwaltungsvorschriften"* (= Materiengesetze) nicht anderes bestimmen oder eine Partei eine schriftliche Bescheidausfertigung verlangt (§ 18 Abs 2 AVG). Die Materiengesetzgeber verpflichten die Verwaltungsbehörde mitunter, bestimmte Bescheide ausschließlich schriftlich zu erlassen (etwa § 5, § 35 Abs 1 Oö Bauordnung 1994, § 360 Abs 2 bis 4 Gewerbeordnung 1994).

1113 Der Bescheid ist ein **Verfassungsbegriff** des B-VG (Art 130 Abs 1 und Art 132 Abs 1 B-VG). Nach dem Verfassungsbegriff muss ein Verwaltungshandeln **drei formale Bescheidmerkmale** aufweisen, um als Bescheid gültig und rechtsverbindlich zu sein (= **konstitutive Bescheidmerkmale** [➔]). Es muss erstens eine **Verwaltungsbehörde** handeln. Das Handeln der Verwaltungsbehörde muss zweitens gegen einen **individuellen Adressaten** gerichtet sein. Und das individuelle Handeln der Verwaltungsbehörde muss drittens eine **behördliche Anordnung** (Leistung, Gestaltung, Feststellung) – den Bescheidspruch – enthalten. Fehlt auch nur eines der konstitutiven Bescheidmerkmale oder wird der Bescheid weder verkündet noch zugestellt, liegt ein Bescheid nicht vor (= absolute Nichtigkeit [340]).

1114 Zwei Beispiele: Ein Polizist, der Verwaltungs**organ**, aber keine Verwaltungs**behörde** ist, erlässt einen „Bescheid". Der „Bescheid" ist von vornherein ungültig, er ist **absolut nichtig**, weil das konstitutive Bescheidmerkmal der Verwaltungsbehörde fehlt. Das vom Polizisten als „Bescheid" bezeichnete Verwaltungshandeln ist kein Bescheid, bloß ein „schlichtes" Verwaltungshandeln. – Ist die einen „Bescheid" erlassende Verwaltungsbehörde auf der Bescheidausfertigung nicht genannt, ist somit nicht erkennbar, von welcher Verwaltungsbehörde der „Bescheid" stammt, so ist er absolut nichtig.

1115 Den drei verfassungsgesetzlich vorgegebenen konstitutiven Bescheidmerkmalen kann der einfache Gesetzgeber weitere – konstitutive oder deklarative – Bescheidmerkmale hinzufügen. Der Gesetzgeber – so im AVG – kann etwa anordnen, dass ein Bescheid ausdrücklich als „Bescheid" **bezeichnet** sein muss (Merkmal „Bescheidbezeichnung"), dass die Verwaltungsbehörde zur Anordnung eine hinreichende **Begründung** geben muss (Merkmal „Begründung"), usw [1500]. Welche Folge das Fehlen ergänzender gesetzlicher Bescheidmerkmale auf die Gültigkeit des Bescheids hat, bestimmt das Gesetz, welches das Bescheidmerkmal vorschreibt. Macht es den Bescheid nicht unwirksam, gegebenenfalls aber rechtswidrig und anfechtbar (= **relative Nichtigkeit** [342]), sprechen wir von einem **deklarativen Bescheidmerkmal** [➔]. Die Anordnung, dass ein Bescheid nur **schriftlich** ergehen darf (Merkmal „Schriftform"), impliziert nach Sinn und Zweck, dass ein nicht schriftlich ergangener Bescheid absolut nichtig ist, die angeordnete Schriftlichkeit ist daher ein konstitutives Bescheidmerkmal.

1116 [II]. Der Bescheid trifft als Rechtsnorm eine **Anordnung**, die vor dem Hintergrund der Staatsgewalt für den Adressaten **verbindlich** ist. Der Bescheid kann ein **Tun oder Unterlassen** anordnen (= **Leistungsbescheid** [➔]). Der **Leistungsbescheid** ist einer **Vollstreckung** [➔] zugänglich. Folgt der Bescheidadressat dem behördlich angeordneten Tun oder Unterlassen nicht, so kann die Behörde in einem Vollstreckungsverfahren den Bescheid letztlich auch mit körperlichem Zwang in die Wirklichkeit umsetzen.

1117 Beispiele: An Frau Y ergeht die Anordnung des Finanzamts, € 1.000,- Einkommenssteuer nachzuzahlen. Die Baubehörde verbietet der Eigentümerin, ihr baufälliges Haus zu betreten.

1118 Der Bescheid kann weiters eine **Rechtslage neu gestalten**, er schafft eine Rechtslage, die vorher nicht gegeben war (= **Gestaltungsbescheid** [➔] oder **Rechtsgestaltungsbescheid**).

1119 Beispiel: Die Baubehörde erteilt Frau X eine Baubewilligung. X kann von der Baubewilligung Gebrauch machen, sie ist nunmehr berechtigt, das bewilligte Haus zu bauen; vor dem Bescheid war sie dazu nicht befugt.

1120 Die Anordnung kann weiters in der **verbindlichen Feststellung** einer ohnedies gegebenen – allerdings unklaren – Rechtslage bestehen (= **Feststellungsbescheid** [➔] oder **Rechtsfeststellungsbescheid**). Feststellungsbescheide sind – wie auch Gestaltungsbescheide – von der Sache her nicht vollstreckbar.

Beispiel: Ein Fremder überschreitet die grüne Grenze nach Österreich und behauptet – von den Behörden aufgegriffen – österreichischer Staatsbürger zu sein, weil er von einem österreichischen Vater abstammt. Stimmt der Sachverhalt, ist er tatsächlich Österreicher. Die Staatsbürgerschaftsbehörde muss das in einem Verwaltungsverfahren überprüfen und gegebenenfalls die Staatsbürgerschaft **verbindlich** feststellen. Der Feststellungsbescheid ändert die Rechtslage nicht. Der Genannte war vor und nach dem Bescheid Österreicher; **nach** dem Bescheid ist die unklare Rechtslage verbindlich abgeklärt. 1121

Ein Beispiel für einen kombinierten Feststellungs- und Leistungsbescheid ist § 340 Abs 3 Gewerbeordnung 1994 (GewO 1994), der lautet: *„Liegen die im Abs 1 genannten Voraussetzungen nicht vor, so hat die Behörde ... dies mit Bescheid festzustellen und die Ausübung des Gewerbes zu untersagen"*. 1122

[III]. Ein Bescheid kann eine Verwaltungssache regeln (= **materiellrechtlicher Bescheid** [➔], etwa Gewährung einer Studienbeihilfe) oder auch nur eine Anordnung für das Verwaltungsverfahren treffen (= **verfahrensrechtlicher Bescheid** [➔], etwa Unterbrechung eines Verwaltungsverfahrens bis zur Klärung einer Vorfrage, Ladung einer Partei für eine Einvernahme). 1123

Vom verfahrensrechtlichen Bescheid ist die bloße **Verfahrensanordnung** [➔] zu unterscheiden, die den Gang eines Verwaltungsverfahrens bestimmt (etwa Anberaumung einer mündlichen Verhandlung). Der Unterschied zum verfahrensrechtlichen Bescheid zeigt sich darin, dass gegen die Verfahrensanordnung **kein abgesondertes Rechtsmittel** zulässig ist (§ 63 Abs 2 AVG, § 7 Abs 1 VwGVG). Während im Gerichtsverfahren materiellrechtliche Entscheidungen (Entscheidungen in merito) und verfahrensrechtliche Entscheidungen jeweils in einer unterschiedlichen Rechtssatzform zu ergehen haben (Urteil [1386] oder Beschluss [1387]), trifft die Verwaltungsbehörde sowohl materiellrechtliche als auch verfahrensrechtliche Entscheidungen grundsätzlich in derselben Rechtsform, in Form eines Bescheids. Allein für bestimmte verfahrensrechtliche Erledigungen kommt im Verwaltungsverfahren neben dem Bescheid die Verfahrensanordnung in Betracht. 1124

DIE VERORDNUNG

[I]. **Die Verordnung [➔] ist die generelle – abstrakte oder konkrete – Anordnung einer Verwaltungsbehörde**. Die Verordnung ist ein **Verfassungsbegriff** des B-VG (Art 139). Die Bundesverfassung stellt beim Begriff der Verordnung ausschließlich auf den generellen Adressatenkreis ab. Ob der Inhalt der Verordnung abstrakt oder konkret ist, hat keine Bedeutung. 1125

Beispiele: Eine **Meisterprüfungsordnung** als Verordnung nach der Gewerbeordnung 1994 legt die Anforderungen und das Verfahren für Meisterprüfungen fest. Die Verordnung ist **generell**, weil sie sich an einen allgemeinen Adressatenkreis und nicht an namentlich genannte Personen wendet. Die Verordnung ist **abstrakt**, weil sie die Anforderungen und das Verfahren nur als Bild und nicht bezogen auf einen konkreten Sachverhalt beschreibt. – Ein **Halteverbot** nach der Straßenverkehrsordnung 1960 wendet sich an einen **generellen Adressatenkreis**, hat aber einen **konkreten Inhalt**. Sie beschreibt nämlich nicht allgemein das Bild einer Kreuzung, an der man unter bestimmten Voraussetzungen anhalten muss, sondern meint ganz konkret die Kreuzung Bachstraße/Waldstraße in der Gemeinde X. Solche generell-konkreten Anordnungen nennt das Verwaltungsrecht auch **Allgemeinverfügung**. 1126

Die Verordnung ist mit ihrer **Kundmachung** [➔] rechtswirksam. Dass eine (Rechts)Verordnung nur dann als Bestandteil der Rechtsordnung existent wird, wenn sie kundgemacht wurde, folgt aus dem Rechtsstaatsprinzip [249]. Wird der Inhalt einer „Verordnung" **nicht** oder in gesetzwidriger Weise so **kundgemacht**, dass **nicht einmal** ein **Mindestmaß an Publizität** erreicht wird, die Normadressaten also keine Kenntnis vom Verordnungsinhalt erlangen können, wird die „Verordnung" **rechtlich nicht existent**. Die Verordnung ist diesfalls absolut nichtig [340], sie wurde kein Bestandteil der Rechtsordnung. 1127

Aus dem Kundmachungstext müssen die Normadressaten nicht nur den **Inhalt der Verordnung**, sondern auch die **Verordnung erlassende Verwaltungsbehörde** und alle zur Mitentscheidung (Einvernehmen, Genehmigung oder Zustimmung) berufenen Verwaltungsbehörden erkennen können. 1128

Wie die Kundmachung (etwa in Gesetzblättern, Amtsblättern, Amtstafeln) zu erfolgen hat, bestimmen die Gesetze [Falllösung Rz 93]. So das Bundesgesetzblattgesetz (BGBlG) für Rechtsverordnungen des Bundespräsidenten, der Bundesregierung, der Bundesminister (§ 4 Z 1 und Z 2 BGBlG); das Oö Kundmachungsgesetz für Verordnungen der oö Landesregierung (§ 2 Oö KMG); die Oö Gemeindeordnung für Verordnungen der oö Gemeinden (§ 94 Oö GemO 1990); das Statut für die Landeshauptstadt Linz 1992 für Verordnungen der Statutarstadt Linz (§ 65 StL 1992). Fehlen gesetzliche Bestimmungen, so gilt für die Verbindlichkeit der Verordnung nach den Erfordernissen des Rechtsstaats die Ortsüblichkeit der Kundmachung (vgl etwa § 13 Abs 1 Oö KMG). 1129

1130 Nicht jede Verletzung einer Kundmachungsbestimmung zieht die absolute Nichtigkeit nach sich: Wird ein Mindestmaß an Publizität erreicht, sind fehlerhaft (**gesetzwidrig**) **kundgemachte Verordnungen rechtswirksam** (Fehlerkalkül), aber anfechtbar (relativ nichtig [342]; der VfGH hat *„in gesetzwidriger Weise kundgemachte"* Verordnungen aufzuheben (Art 139 Abs 3 Z 3 B-VG).

1131 ABER: Gerichte dürfen nur gehörig kundgemachte Verordnungen anwenden (Art 89 Abs 1 B-VG); für sie entfalten nicht gehörig kundgemachte Verordnungen keinerlei Rechtswirkungen, für Gerichte – mit Ausnahme des VfGH (vgl Art 139 Abs 3 Z 3 B-VG) – sind fehlerhaft (rechtswidrig) kundgemachte Verordnungen unbeachtlich.

1132 [II]. Verordnungen, die auf gesetzlicher Grundlage nach Art 18 Abs 2 B-VG ergehen, sind **Durchführungsverordnungen** [➔] [331].

1133 Ausnahmsweise kann **die Bundesverfassung** der Verwaltungsbehörde erlauben, den Inhalt von Verordnungen selbst weitgehend frei und ohne nähere (einfach)gesetzliche Vorherbestimmung festzulegen. Wir nennen solche Verordnungen **selbständige Verordnungen** [➔], weil diese Verordnungen unmittelbar aufgrund der Verfassung und ohne gesetzliche Determinierung ergehen (= verfassungsunmittelbare Verordnungen). Selbständige Verordnungen können – je nach dem Umfang der verfassungsgesetzlichen Ermächtigung – Gesetze ergänzen (= **gesetzesergänzende** Verordnungen), an deren Stelle Recht setzen (= **gesetzesvertretende** Verordnungen) oder sogar Gesetze abändern (= **gesetzändernde** Verordnungen).

1134 Art 118 Abs 6 B-VG ermächtigt die Gemeinde zur Erlassung **ortspolizeilicher Verordnungen** [➔] in den Angelegenheiten des eigenen Wirkungsbereiches *„zur Abwehr unmittelbar zu erwartender oder zur Beseitigung bestehender, das örtliche Gemeinschaftsleben störender Missstände"* [1180]. Ortspolizeiliche Verordnungen der Gemeinde dürfen nicht gegen bestehendes Bundes- und Landesrecht verstoßen, sie sind daher **gesetzesergänzende** selbständige Verordnungen. Nach den Gemeindeorganisationsgesetzen ist der Gemeinderat (in Wien der Magistrat) zuständig, unter den in Art 118 Abs 6 B-VG genannten Voraussetzungen – und nur soweit keine zur Abwehr des konkreten Missstands geeigneten Bestimmungen in den Gesetzen und Verordnungen des Bundes und des Landes bestehen –, ortspolizeiliche Verordnungen zu erlassen. Nach Art 118 Abs 6 B-VG ist die Gemeinde zwar befugt, die Nichtbefolgung einer ortspolizeilichen Verordnung zur Verwaltungsübertretung zu erklären, sie ist aber nicht ermächtigt, die Strafhöhe festzulegen (eine Strafbestimmung zu erlassen), weil das Verwaltungsstrafrecht keine Angelegenheit des eigenen Wirkungsbereichs der Gemeinde darstellt.

1135 **Gesetzesvertretende** Verordnungen sind etwa die Geschäftsordnung der Landesregierung gemäß Art 103 Abs 2 B-VG [1188], die Verordnung des Bundesministers nach Art 104 Abs 2 B-VG, mit der er dem Landeshauptmann Aufgaben der nicht-hoheitlichen Verwaltung überträgt [1238].

1136 Neben der Übertragungsverordnung nach Art 118 Abs 7 B-VG [1294] sind die **Notverordnungen** [➔] des Bundespräsidenten und der Landesregierungen **gesetzändernde** Verordnungen, mit der eine Verwaltungsbehörde einfache Gesetze – vorläufig – ändern darf. Der **Bundespräsident** (Art 18 Abs 3 bis 5 B-VG) – auf Vorschlag und unter Gegenzeichnung der Bundesregierung – ist zur Erlassung von vorläufigen Maßnahmen der Bundesgesetzgebung, die **Landesregierung** (Art 97 Abs 3 und 4 B-VG) ist zur Erlassung vorläufiger Maßnahmen der Landesgesetzgebung ermächtigt, sofern dies *„zur Abwehr eines offenkundigen, nicht wieder gutzumachenden Schadens für die Allgemeinheit zu einer Zeit notwendig wird, in der der Nationalrat (der Landtag) nicht versammelt ist, nicht rechtzeitig zusammentreten kann oder in seiner Tätigkeit durch höhere Gewalt behindert ist"*. Verfassungsbestimmungen dürfen durch Notverordnungen nicht abgeändert werden.

1137 [III]. Die Durchführungsverordnungen und die selbständigen Verordnungen wirken aus der Sicht der Verwaltung in der Regel **nach außen**, sie legen Rechte und Pflichten für die Menschen in der Gesellschaft fest. Das betont der Begriff **Rechtsverordnung** [➔]. (Als Rechtsverordnung gelten auch die **Satzungen** der Selbstverwaltungskörper [1106]). Die Rechtsverordnung steht im begrifflichen Gegensatz zu einer Verordnung, die nur **im Inneren** der Verwaltungsorganisation Bedeutung hat. Eine solche interne Verordnung nennen wir **Verwaltungsverordnung** [➔]. Verwaltungsverordnungen bedürfen insbesondere keiner formalisierten Kundmachung. Ihre Abgrenzung zur generellen Weisung [1056] ist fraglich.

1138 Gesetzgebung und Verwaltung verwenden für Bescheide und Verordnungen gelegentlich andere Begriffe. So ist von **„Entschließungen"** und **„Allgemeinen Entschließungen" des Bundespräsidenten** die Rede [1007]. Anordnungen der Verwaltungsbehörden, insbesondere der obersten Verwaltungsbehörden, werden manchmal **„Erlässe"** genannt. Unbeschadet anderslautender Bezeichnungen sind verbindliche Anordnungen der Verwaltungsbehörden immer **Bescheide** oder **Verordnungen**.

DIE MAẞNAHME

[I]. Eine besondere Kategorie des Verwaltungshandelns stellt die **Ausübung unmittelbarer verwaltungsbehördlicher Befehls- und Zwangsgewalt** [➔] dar, die wir kurz **Maßnahme** [➔] nennen. Eine Maßnahme ist ein **individueller Akt der Hoheitsverwaltung**, der – ohne Dazwischentreten einer individuellen Verwaltungsrechtsnorm (eines Bescheids) – unmittelbar auf gesetzlicher Grundlage außerhalb eines förmlichen Verwaltungsverfahrens ergeht. Mitunter normiert der Gesetzgeber auch für Maßnahmen die Einhaltung bestimmter Förmlichkeiten oder einzelner Verfahrenserfordernisse (etwa die Androhung des Schusswaffengebrauchs durch Abgabe eines Warnschusses nach § 8 Waffengebrauchsgesetz 1969, BGBl 149). 1139

Beispiele: **§ 35 VStG** regelt die **Festnahme** im Zusammenhang mit dem Verwaltungsstrafrecht. Gesetzliche Grundlagen für Maßnahmen finden sich auch in der Straßenverkehrsordnung 1960 (StVO 1960). § 5 Abs 4a StVO 1960 lautet: *„Die Organe der Straßenaufsicht sind ... berechtigt, Personen, die ... verdächtig sind, sich in einem durch Alkohol beeinträchtigten Zustand zu befinden, zu einem ... diensthabenden **Arzt** zur Blutabnahme zum Zweck der Bestimmung des Blutalkoholgehaltes zu bringen".* § 5 Abs 6 StVO 1960 knüpft an § 5 Abs 4a StVO 1960 an: *„(Verfassungsbestimmung) An Personen, die gemäß Abs. 4a zu einem Arzt gebracht werden, ist eine **Blutabnahme** zum Zweck der Bestimmung des Blutalkoholgehaltes vorzunehmen; die Betroffenen haben diese Blutabnahme vornehmen zu lassen."* Und § 5b StVO 1960 bestimmt: *„Die Organe der Straßenaufsicht sind berechtigt, Personen, die sich offenbar in einem durch Alkohol oder Suchtgift beeinträchtigten Zustand befinden ..., an der Lenkung oder Inbetriebnahme eines Fahrzeuges zu hindern. Zu diesem Zweck sind, falls erforderlich ... Zwangsmaßnahmen, wie etwa Abnahme der Fahrzeugschlüssel, **Absperren oder Einstellung des Fahrzeuges**, **Anlegen von technischen Sperren** und dergleichen, anzuwenden ..."* Weitere Beispiele für Maßnahmen sind die **Entnahme von Warenproben**, die **Beschlagnahme** (§ 39 VStG), die **Hausdurchsuchung**, die Wegweisung (§ 38 SPG), die **Sicherstellung** von Sachen (zB § 81 Abs 3 SPG), die Vorführung zum Strafantritt, Verweigerung ärztlicher Hilfe für angehaltene Personen. 1140

Die Maßnahmen sind einerseits mit dem schlichten Handeln der Verwaltung verwandt, weil sie **keine Rechtsnormen**, insbesondere **kein Bescheid**, sind. Sie ähneln aber in ihrer Wirkung den Rechtsnormen, weil sie **Zwang üben**, was gegebenenfalls die Folge von Rechtsnormen ist. Eine Maßnahme stellt sich in diesem Sinn als Mischform normativen und schlichten Verwaltungshandelns dar, bei der ein Verwaltungsorgan durch bloßes Handeln ohne normative Anordnung gegen eine **individuell bestimmte Person** staatlichen Zwang übt, den die Rechtsordnung typischerweise nur in Rechtssatzformen zulässt. 1141

[II]. Weil die Verwaltung durch Maßnahmen Zwang gegenüber einem individuell bestimmten Adressaten **außerhalb von Rechtssatzformen** ausübt, haben wir ein **Rechtsschutzproblem**. Die Rechtsordnung ist im Rechtsstaat in der Regel auf **drei Ebenen** aufgebaut, wobei der Rechtsschutz grundsätzlich an der zweiten Ebene anknüpft. Die **erste Ebene** sind die **generellen Gesetze**. Das Gesetz schafft eine allgemeine Rechtslage, es betrifft den Einzelnen noch nicht unmittelbar und aktuell, weil ein individueller Befehl in Form eines Bescheids an ihn noch nicht ergangen ist. In der **zweiten Ebene** erlässt die Verwaltungsbehörde auf gesetzlicher Grundlage einen **individuellen Bescheid**, jetzt ist der namentlich genannte Adressat rechtlich und wirklich betroffen. In der **dritten Ebene** setzt die Verwaltungsbehörde eine bescheidmäßige Anordnung, welcher der Adressat nicht freiwillig nachkommt, zwangsweise im Wege der **Verwaltungsvollstreckung** [➔], gegebenenfalls mit körperlicher Gewalt durch. 1142

1143

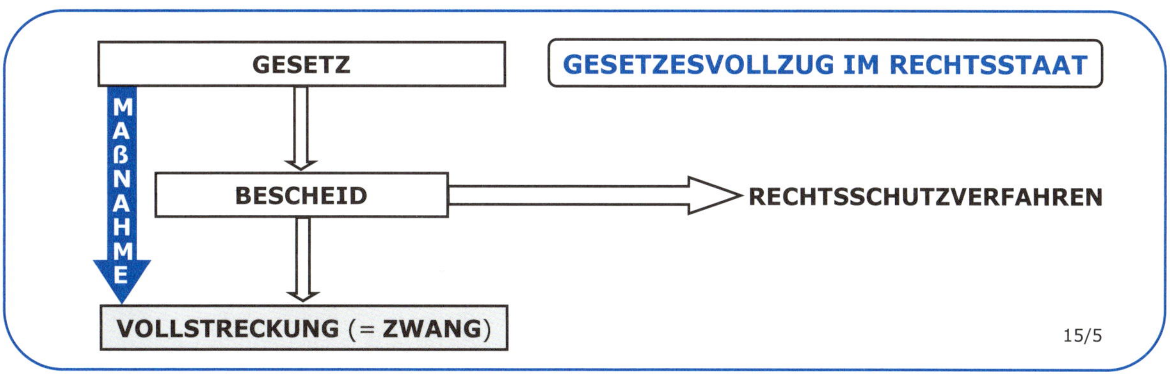

1144 Der Rechtsschutz für den Betroffenen mit Rechtsmitteln und aufschiebender Wirkung setzt **in der zweiten Ebene** an. Das Gesetz kann der Betroffene in der Regel nicht unmittelbar bekämpfen. Gegen die Verwaltungsvollstreckung kann er auch nicht viel tun. Aber der **Bescheid** der zweiten Ebene unterliegt voll dem Rechtsweg und der Überprüfung durch die Gerichte des öffentlichen Rechts. Wer Rechtsschutz sucht, kann und muss in der zweiten Ebene gegen den individuellen Bescheid der Verwaltungsbehörde vorgehen. Bei der Ausübung unmittelbarer verwaltungsbehördlicher Befehls- und Zwangsgewalt (= Maßnahme) **fehlt** gerade der individuelle Rechtssatz, an dem der Rechtsschutz herkömmlich anknüpft. Das Verwaltungsorgan übt staatlichen Zwang unmittelbar aufgrund des Gesetzes. Die Verfassungsordnung schließt das daraus resultierende Rechtsschutzloch mit einem eigenen Rechtsmittel gegen die Maßnahme, mit der **Maßnahmebeschwerde** [1566]. Der Rechtsweg führt zum Verwaltungsgericht (Art 130 Abs 1 Z 2, Art 132 Abs 2 B-VG), von dort zu den Gerichtshöfen des öffentlichen Rechts.

1145 [III]. Die einfache Gesetzgebung darf von dem – aus Gründen des Rechtsstaats in den genannten drei Ebenen geordneten – System nur aus sachlichen Gründen abweichen und nur **ausnahmsweise** die Ausübung unmittelbarer verwaltungsbehördlicher Befehls- und Zwangsgewalt gegen eine bestimmte Person erlauben. Wer mit 180 Stundenkilometern auf der Autobahn rast, von der Polizei das Zeichen zum Anhalten bekommt, kann nicht in den Kategorien des Verwaltungsverfahrensrechts denken, etwa das Fenster herunterkurbeln, den Polizisten die Worte „Einspruch“ und „aufschiebende Wirkung“ zurufen und weiterrasen. Der flüchtende Verbrecher kann nicht mit dem ihn verfolgenden Polizisten in einer verfahrensrechtlichen Auseinandersetzung verstrickt sein, der Polizist muss zupacken und ihn fassen. In diesen Fällen ist die Notwendigkeit, von dem rechtsstaatlich in drei Ebenen eingerichteten Gesetzesvollzug abzuweichen und unmittelbar auf das Gesetz gegründeten Zwang zu üben, offenkundig. Ohne sachliche Rechtfertigung wäre die gesetzliche Vorkehrung unmittelbarer verwaltungsbehördlicher Befehls- und Zwangsgewalt verfassungswidrig.

DAS SCHLICHT-HOHEITLICHE HANDELN

1146 Der Staat hat aufgrund seines Gewaltmonopols das Rechtsmonopol, er – und nur er – erlässt die Rechtsnormen [18]. Das Handeln des Staats erschöpft sich allerdings keineswegs im Erlass von Rechtsnormen. Er handelt auch „schlicht“ ohne Zusammenhang mit Staatsgewalt und Rechtsnormen. Dieses Handeln der Staatsorgane nennen wir **schlicht-hoheitliches Handeln** [➔]. Das schlicht-hoheitliche Handeln – die vierte Form des Verwaltungshandelns – steht im begrifflichen Gegensatz zum **schlichten privatrechtlichen Handeln** [1152], mit dem Staatsorgane für die Gebietskörperschaft als Träger von Privatrechten [596 ff] tätig werden.

1147 Beispiele: Die Erteilung oder Verweigerung einer Auskunft durch die Behörde; der Polizist geht Streife und beobachtet die Passanten; die Personenstandsbehörde stellt eine Geburtsurkunde aus; der Universitätsprofessor nimmt eine Prüfung ab; der Amtssachverständige erstellt ein Gutachten über die Baufälligkeit eines Hauses; ein Organ des öffentlichen Sicherheitsdienstes verlangt Auskunft (sicherheitspolizeiliches Auskunftsverlangen nach § 34 SPG); die Polizistin führt eine straßenpolizeiliche Verkehrskontrolle durch.

DER VERWALTUNGSRECHTLICHE VERTRAG

1148 [I]. Der **verwaltungsrechtliche Vertrag** [➔] ist die fünfte Form des Verwaltungshandelns im Bereich der Hoheitsverwaltung. Verträge kennen wir aus dem Privatrecht, wo Vereinbarungen über *„bürgerliche Rechtssachen“* zwischen Privaten geschlossen werden, so in einem Kaufvertrag, einem Mietvertrag, einem Darlehensvertrag. Im Bereich der Hoheitsverwaltung, wo es um Verwaltungsrechtssachen geht, steht die Verwaltung den Menschen mit imperium [581] gegenüber, was vertragliche Vereinbarungen weitgehend ausschließt. Die Verwaltung ist zudem im Sinne des Gesetzmäßigkeitsgebots an die Determinierungen des Gesetzes gebunden, sodass auch kaum Platz für eine inhaltlich „ausverhandelte“ Regelung bleibt. Dennoch erlauben die Gesetze in seltenen Ausnahmen, dass Verwaltungsbehörden mit privaten Personen einen öffentlich-rechtlichen Vertrag über eine Verwaltungsrechtssache abschließen.

1149 Beispiel: § 31 Erbschafts- und Schenkungssteuergesetz 1955 (BGBl 141), der lautet: *„Das Finanzamt kann im Einvernehmen mit dem Steuerpflichtigen von der genauen Ermittlung des Steuerbetrages absehen und die Steuer in einem Pauschbetrag festsetzen“*.

[II]. Der **verwaltungsrechtliche Vertrag** ist eine Unterkategorie des **öffentlich-rechtlichen Vertrags**. Öffentlich-rechtliche Verträge sind zunächst die **koordinationsrechtlichen** Verträge zwischen den Gebietskörperschaften (etwa Vereinbarungen nach Art 15a B-VG [699]). Dann die **subordinationsrechtlichen** Verträge zwischen einem staatlichen Organ und einem Privaten (etwa eine Pauschalierungsvereinbarung eines Abgabenpflichtigen mit dem Finanzamt). Der verwaltungsrechtliche Vertrag ist ein subordinationsrechtlicher öffentlich-rechtlicher Vertrag. Der verwaltungsrechtliche Vertrag ist verfassungsrechtlich nicht ausdrücklich genannt [270], aber dennoch zulässig, sofern im Fall von Rechtsstreitigkeiten ein – den Anforderungen eines rechtsstaatlichen Rechtsschutzes entsprechender – Rechtsweg eingerichtet ist. 1150

DAS PRIVATRECHTLICHE HANDELN

Die Verwaltung, welche die Staatsgewalt ausübt, handelt **hoheitlich**, in den **Formen des Hoheitsrechts**, sie handelt mit **imperium** [581]. Weil die Gebietskörperschaften juristische Personen sind, kann die Verwaltung auch **in den Formen des Privatrechts** tätig sein (= **nicht-hoheitliche Verwaltung** [➔] [599]). Nach den fünf Formen der Hoheitsverwaltung ist die **sechste Form** des Verwaltungshandelns das **nicht-hoheitliche Handeln** (= privatrechtliches Handeln, = Privatwirtschaftsverwaltung, = Fiskalverwaltung [601]). 1151

Die Verwaltung kann als Träger von Privatrechten **rechtserzeugend** handeln, wenn sie auf der Grundlage der Privatrechtsordnung **Verträge** abschließt und damit verbindliches (Privat)Recht schafft. Als Beispiel sei ein **Darlehensvertrag** genannt, den ein Land im Rahmen der Wohnbauförderung mit einem Hausbauer abschließt. Die Verwaltung kann in Privatwirtschaftsverwaltung aber auch bloß **schlicht** – ohne Rechtserzeugung – tätig sein. Die Tätigkeit einer Straßenmeisterei, die mit technischen Geräten auf den Straßen Schnee räumt, wäre ein solches schlichtes Handeln. 1152

III. Inhalte des Verwaltungshandelns

Eine **Unterteilung** der vielen Verwaltungshandlungen nach ihrer **Form** (sechs Formen des Verwaltungshandelns [1110]), aber auch nach ihrem **Inhalt** (Ordnungsverwaltung, Leistungsverwaltung; Verwaltungspolizei, Sicherheitspolizei; Gewerberecht, Baurecht, Straßenverkehrsrecht; ua) ist zweckmäßig und im Hinblick auf die bundesstaatliche **Kompetenzverteilung**, auf die darauf gründenden **Materien** der Gesetzgebung und der Vollziehung [378] sowie im Hinblick auf die **Rechtswege** gegen rechtswidriges Verwaltungshandeln [1556] notwendig. 1153

1154

- **AMTSVERSCHWIEGENHEIT und AUSKUNFTSPFLICHT**
- **ALLGEMEINE und BESONDERE STAATLICHE VERWALTUNG**
- **ORDNUNGSVERWALTUNG und LEISTUNGSVERWALTUNG**
- **POLIZEIVERWALTUNG und SICHERHEITSVERWALTUNG**

15/6

AMTSVERSCHWIEGENHEIT UND AUSKUNFTSPFLICHT

[I]. Im demokratischen Rechtsstaat, insbesondere für die **Verwaltung** und die **Gerichtsbarkeit**, auch für die Tätigkeiten aller **anderen Körperschaften des öffentlichen Rechts** gilt der Grundsatz der **Transparenz** [➔]. Alle Vorgänge im Staat sollen grundsätzlich offen und für jeden einsichtig sein. 1155

Die Gesetze verlangen häufig die förmliche **Veröffentlichung** von staatlichen Vorgängen [977]. Für die Verfahren der Zivil- und Strafgerichte (Art 90 Abs 1 B-VG), für die Sitzungen des Nationalrats (Art 32 Abs 1 B-VG) ist die **Öffentlichkeit** – bei gesetzlich möglichen Ausnahmen – ein Verfassungsgrundsatz. 1156

[II]. Der **Grundsatz der Transparenz** kennt allerdings weitreichende Ausnahmen. Die Bundesverfassung setzt ihm den Grundsatz der **Amtsverschwiegenheit** [➔] entgegen. **Art 20 Abs 3 B-VG** verpflichtet alle mit Aufgaben der (Bundes-, Landes- und Gemeinde)**Verwaltung** betrauten Organwalter der Gebietskörperschaften und die Organwalter der anderen Körperschaften des öffentlichen Rechts zur **Verschwiegenheit** über alle **ausschließlich aus der amtlichen Tätigkeit** 1157

bekannt gewordenen Tatsachen, deren Geheimhaltung in bestimmten **öffentlichen Interessen** (Aufrechterhaltung der öffentlichen Ruhe, Ordnung und Sicherheit, umfassende Landesverteidigung, auswärtige Beziehungen, wirtschaftliches Interesse einer Gebietskörperschaft, Vorbereitung einer Entscheidung) oder **im überwiegenden Interesse der Parteien** geboten ist. Liegen die genannten öffentlichen Interessen und die genannten Interessen der Parteien nicht vor, **so gilt die Amtsverschwiegenheit nicht**. Manche einfache Gesetze des Bundes und der Länder wiederholen die Verpflichtung zur Amtsverschwiegenheit und präzisieren ihre Regeln.

1158 [III]. Dem **Grundsatz der Transparenz** entspricht, dass alle **mit Aufgaben der Bundes-, Landes- und Gemeindeverwaltung betrauten Organe der Gebietskörperschaften** sowie die **Organe der anderen Körperschaften des öffentlichen Rechts** gegenüber jedem einer besonderen verfassungsgesetzlichen **Auskunftspflicht** [➔] unterliegen. **Art 20 Abs 4 B-VG** verpflichtet die genannten Organe, **über alle Angelegenheiten ihres Wirkungsbereichs Auskünfte zu geben**, soweit eine **gesetzliche Verschwiegenheitspflicht** dem nicht entgegensteht. Wie der Einzelne sein Auskunfts**recht** im Verwaltungsverfahren geltend macht, regelt die einfache Gesetzgebung.

1159 Allerdings auf einer komplizierten Kompetenzgrundlage (Art 20 Abs 4 B-VG): Für die Organe des Bundes der **Bundesgesetzgeber** (Auskunftspflichtgesetz BGBl 1987/287 idgF); für die Organe der Länder und Gemeinden der jeweilige **Landesgesetzgeber** (zB Oö Auskunftspflicht-, Datenschutz- und Informationsweiterverwendungsgesetz, LGBl 1988/46 idgF), jedoch auf der Grundlage eines **Bundesgrundsatzgesetzes** (Auskunftspflicht-Grundsatzgesetz, BGBl 1987/286 idgF).

ALLGEMEINE STAATLICHE VERWALTUNG

1160 Staaten sind für alles zuständig. Es gibt nichts, was der Staatsgewalt entzogen wäre. Daher ist die staatliche Verwaltung **allzuständig** [377]. Wenn wir diese Allzuständigkeit meinen, sprechen wir von der **allgemeinen staatlichen Verwaltung** [➔]. Die Aufgaben der allgemeinen staatlichen Verwaltung werden von den eingerichteten Verwaltungsorganen des Staats besorgt.

1161 Der Begriff ist zweckmäßig, weil das Organisationsrecht manchmal neben den allgemeinen staatlichen Verwaltungsorganen **Spezialorgane** einrichtet und mit einzelnen **besonderen Aufgaben**, die aus der weiten allgemeinen staatlichen Verwaltung herausgelöst sind, betraut. Solche Spezialorgane nehmen nur diese jeweils eng begrenzten Aufgaben als **besondere staatliche Verwaltung** wahr. Weil Österreich ein **Bundesstaat** ist, gibt es eine allgemeine staatliche Verwaltung und besondere staatliche Verwaltungen der **Länder** und eine allgemeine staatliche Verwaltung und besondere staatliche Verwaltungen des **Bundes**.

1162 Die **allgemeine staatliche Verwaltung der Länder** führen die Bezirksverwaltungsbehörden (I. Instanz) und die Landesregierungen (II. Instanz) [1195 f]. Als besondere staatliche Verwaltungsbehörden sind etwa die **Grundverkehrsbehörden** eingerichtet. Die **allgemeine staatliche Verwaltung des Bundes** führen in **mittelbarer Bundesverwaltung** die Bezirksverwaltungsbehörden (I. Instanz), der Landeshauptmann (II. Instanz) und der Bundesminister (III. Instanz) [1212 ff]. Als besondere staatliche Verwaltungsbehörden sind etwa die **Sicherheitsbehörden** des Bundes eingerichtet.

ORDNUNGSVERWALTUNG, LEISTUNGSVERWALTUNG

1163 [I]. Aufgabe des Staats ist es, durch staatliches Recht – unter Wahrung der Trennung von Staat und Gesellschaft und unter Achtung der die Gesellschaft schützenden Freiheitsrechte – eine **geordnete Gesellschaft** frei von körperlicher Gewalt zu gewährleisten [9-11]. Die Gesetze, welche die Parlamente dafür erlassen, sind die „**Ordnungsgesetze**", die der Gesetzgeber selbst auch manchmal so bezeichnet, etwa die Gewerbe**ordnung**, die Bau**ordnung**, das Raum**ordnung**sgesetz, die Straßenverkehrs**ordnung** ua. Die Vollziehung dieser Gesetze ist die **Ordnungsverwaltung** [➔] (= zusammen mit den Ordnungsgesetzen das „Ordnungsrecht"). Weil diese Ordnung der Gesellschaft ohne **Eingriffe** in die Freiheiten der Menschen nicht gewährleistet werden kann, nennen wir die Ordnungsverwaltung auch **Eingriffsverwaltung** [➔] (= zusammen mit den Ordnungsgesetzen das „Eingriffsrecht"). Weil ursprünglich der Staat sich nur als Ordnungsstaat verstand, das staatliche Handeln damals begrifflich allgemein mit dem „polizeilichen Handeln" gleichgesetzt war [35], heißt die Ordnungsverwaltung manchmal auch heute noch **Polizeiverwaltung** [➔] (= zusammen mit den Ordnungsgesetzen das „Polizeirecht").

[II]. Längst sieht sich der Staat nicht mehr bloß als Ordnungsstaat (= „Nachtwächterstaat"), der die geordnete Gesellschaft durch zwingende Eingriffe gewährleisten will. Der moderne Staat will auch durch **materielle Leistungen**, die er den einzelnen Menschen erbringt, das Verhalten der Menschen lenken oder im Sinne des Sozialstaats [116] die wirtschaftliche Existenz der Menschen sichern. Die Gesetze, welche die Parlamente dafür erlassen, nennen wir – im begrifflichen Gegensatz zu den Ordnungsgesetzen – die Leistungsgesetze, die Vollziehung dieser Gesetze – im begrifflichen Gegensatz zur Ordnungsverwaltung – die **Leistungsverwaltung** [➔], beispielsweise die Arbeitsmarktverwaltung [1227], die Wohnbauförderung, die Studienbeihilfen. 1164

1165

POLIZEIBEGRIFFE

- **POLIZEISTAAT**
- **POLIZEIVERWALTUNG**
- **VERWALTUNGSPOLIZEI DES BUNDES**
- **VERWALTUNGSPOLIZEI DES LANDES**
- **ÖRTLICHE VERWALTUNGSPOLIZEI**
- **SICHERHEITSPOLIZEI**
- **ÖRTLICHE SICHERHEITSPOLIZEI**
- **ORTSPOLIZEI**

15/7

VERWALTUNGSPOLIZEI UND SICHERHEITSPOLIZEI

[I]. [**VERWALTUNGSPOLIZEI**]. Im Polizeistaat war der Polizeibegriff mit der Ordnungsverwaltung identisch und meinte allgemein die ordnenden Eingriffe des Staats in die Gesellschaft [35]. Heute umfasst der Begriff **„Polizei"** (= **Polizeiverwaltung** [1163]) nicht mehr das ordnende Verwaltungshandeln schlechthin, sondern nur noch das der **Abwehr und Beseitigung konkreter Gefahren und Missstände** dienende Verwaltungshandeln. 1166

Mit dieser Begriffsbestimmung für Polizeiverwaltung oder Verwaltungspolizei im modernen Sinn könnte es sein Bewenden haben, würde nicht die bundesstaatliche **Kompetenzverteilung des B-VG** zu begrifflichen Differenzierungen zwingen: 1167

[**VERWALTUNGSPOLIZEI DES BUNDES UND DER LÄNDER**]. Kompetenzrechtlich ist die **Abwehr und Beseitigung konkreter Gefahren und Missstände** eine **Annexmaterie** [404] zu den dem Bund und den Ländern in den Art 10 bis 15 B-VG zugeteilten Sachmaterien. Staatliches Handeln, das materienbezogen der Abwehr und Beseitigung konkreter Gefahren und Missstände dient, nennen wir – bezogen auf die Sachmaterien des Bundes – **Verwaltungspolizei** [➔] **des Bundes** und – bezogen auf die Sachmaterien der Länder – **Verwaltungspolizei der Länder**. 1168

Der **Bundesgesetzgeber**, der für das Gewerbe zuständig ist (Art 10 Abs 1 Z 8 B-VG), ist auch für die **Gewerbepolizei** zuständig, das heißt Regelungen zur Beseitigung konkreter in gewerblichen Tätigkeiten gelegener Missstände und Gefahren zu erlassen. Der **Bundesgesetzgeber**, der für die **Straßenpolizei** zuständig ist (Art 11 Abs 1 Z 4 B-VG) erlässt Regelungen zur Abwehr der Gefahren des Straßenverkehrs. Der **Landesgesetzgeber**, der für das Bauen zuständig ist (Art 15 Abs 1 B-VG), ist auch für die **Baupolizei** zuständig, das heißt Regelungen zur Beseitigung konkreter in baulichen Tätigkeiten gelegener Missstände und Gefahren zu treffen. Die **allgemeinen staatlichen Verwaltungsbehörden** des Bundes und der Länder vollziehen je nach den Vollziehungskompetenzen des B-VG die verwaltungspolizeilichen Regelungen des Bundesgesetzgebers und des Landesgesetzgebers, soweit diese nicht dem eigenen Wirkungsbereich der Gemeinde [1170] zugewiesen sind. 1169

1170 [**ÖRTLICHE VERWALTUNGSPOLIZEI**]. **Alle** in den Kompetenztatbeständen der Art 10 bis 15 B-VG enthaltenen Angelegenheiten der Verwaltungspolizei des Bundes und der Verwaltungspolizei der Länder, die im **örtlichen Interesse** gelegen sind, fallen aus der Vollziehungskompetenz des Bundes und der Länder heraus und in den **eigenen Wirkungsbereich der Gemeinden** hinein [1286]. Diese Verwaltungspolizei der Gemeinden nennen wir **örtliche Verwaltungspolizei** [➔].

1171 Nach Art 118 Abs 3 B-VG gelten als örtliche Verwaltungspolizei etwa die **örtliche Veranstaltungspolizei** (Z 3), die **örtliche Straßenpolizei** (Z 4), die **örtliche Gesundheitspolizei** (Z 7), die **örtliche Sittlichkeitspolizei** (Z 8), die **örtliche Baupolizei** (Z 9), die **örtliche Feuerpolizei** (Z 9). Auf der Grundlage der Bundesgesetze und der Landesgesetze vollziehen die **Gemeindebehörden** (Bürgermeister, Gemeinderat) im eigenen Wirkungsbereich die örtliche Verwaltungspolizei. Beispiele: Die Gemeinde ist gemäß § 113 Abs 3 Gewerbeordnung 1994 zuständig, eine spätere Sperrstunde im Gastgewerbe zu bewilligen; gemäß §§ 9, 14 Abs 1 Z 1 Oö Veranstaltungssicherheitsgesetz ist sie zuständig, eine Veranstaltungsstättenbewilligung zu erteilen.

1172 [II]. [**SICHERHEITSPOLIZEI**]. Der Begriff Verwaltungspolizei und seine materienbezogene Aufspaltung in eine Verwaltungspolizei des Bundes und eine der Länder entsprechen der Kompetenzordnung des B-VG. Die Kompetenzverteilung erfordert aber noch eine weitere Differenzierung. Das B-VG weist nämlich in **Art 10 Abs 1 Z 7 B-VG** dem **Bund** in **Gesetzgebung** und **Vollziehung** die ***„Aufrechterhaltung der öffentlichen Ruhe, Ordnung und Sicherheit"*** zu, **soweit sie einer konkreten Sachmaterie nicht zugeordnet werden kann**. Die Materie des Art 10 Abs 1 Z 7 B-VG nennen wir **Sicherheitspolizei** [➔]. Sie umfasst dreierlei: die Aufrechterhaltung der **öffentlichen Ruhe, Ordnung und Sicherheit**. **Öffentliche Ruhe** [➔] meint die politische Ruhe im Staat. **Öffentliche Ordnung** [➔] meint die Gesamtheit der Regeln für das Verhalten der Menschen in der Öffentlichkeit, die für ein geordnetes Zusammenleben notwendig sind. **Öffentliche Sicherheit** [➔] meint die Sicherheit der **Person** (= Leben, Gesundheit, Freiheit) und des **Eigentums**. Art 10 Abs 1 Z 7 B-VG überträgt dem Bund in Gesetzgebung und Vollziehung **zudem** die **erste allgemeine Hilfeleistung** (*„... einschließlich der ersten allgemeinen Hilfeleistung"*) [1184].

1173 Die **Gesetzgebung** in den Angelegenheiten der **Sicherheitspolizei nach Art 10 Abs 1 Z 7 B-VG** besorgt die **Bundesgesetzgebung**. Der Bundesgesetzgeber erließ das **Sicherheitspolizeigesetz (SPG)** [➔] (= Bundesgesetz über die Organisation der Sicherheitsverwaltung und die Ausübung der Sicherheitspolizei). Die **Vollziehung** der **Sicherheitspolizei** (§ 3 SPG) fällt in die Zuständigkeit der **Bundesverwaltung**. Der Bundesgesetzgeber betraut in **§ 2 SPG** die – von der Verfassung selbst eingerichteten – besonderen **Sicherheitsbehörden des Bundes** (Art 78a bis Art 78c B-VG [1242]) mit der Sicherheitspolizei.

1174 Weil – bezogen auf die Kompetenztatbestände – die Sorge für die öffentliche Ruhe, Ordnung und Sicherheit nicht nur **materienfrei** in der Sicherheitspolizei, sondern **materienbezogen** auch in der Verwaltungspolizei stattfindet, verwenden manche den Begriff **allgemeine Sicherheitspolizei** [➔] für die (überörtliche) **materienfreie** Aufrechterhaltung der öffentlichen Ruhe, Ordnung und Sicherheit des Art 10 Abs 1 Z 7 B-VG [1172] und stellen ihm die Verwaltungspolizei, die **materienbezogen** für die Aufrechterhaltung der öffentlichen Ruhe, Ordnung und Sicherheit sorgt, als **besondere Sicherheitspolizei** [➔] gegenüber. Der Begriff „besondere Sicherheitspolizei" als Synonym für Verwaltungspolizei ist allerdings zu eng. Die Abwehr und Beseitigung konkreter Gefahren und Missstände, was Aufgabe der Verwaltungspolizei ist, umfasst jedenfalls die Aufrechterhaltung der öffentlichen Ruhe, Ordnung und Sicherheit, geht darüber aber hinaus.

1175 [**ÖRTLICHE SICHERHEITSPOLIZEI**]. Der Verfassungstext selbst nimmt aus dem Kompetenztatbestand des Art 10 Abs 1 Z 7 B-VG, der dem Bund in Gesetzgebung und Vollziehung die Sicherheitspolizei (= Aufrechterhaltung der öffentlichen Ruhe, Ordnung und Sicherheit) zuweist, die *„örtliche"* Sicherheitspolizei aus (*„ ...* ***jedoch mit Ausnahme der örtlichen Sicherheitspolizei****"*). Die Sicherheitspolizei zerfällt damit in die **„überörtliche"** **Sicherheitspolizei**, welche die **überörtliche** Sorge für die öffentliche Ruhe, Ordnung und Sicherheit umfasst. Und in die **örtliche Sicherheitspolizei** [➔], welche die **örtliche** Sorge für die öffentliche Ruhe, Ordnung und Sicherheit umfasst.

1176 **Art 15 Abs 2 B-VG** definiert die „örtliche Sicherheitspolizei" als *„Teil der Sicherheitspolizei, der im ausschließlichen oder überwiegenden Interesse der in der Gemeinde verkörperten örtlichen Gemeinschaft gelegen und geeignet ist, durch die Gemeinschaft innerhalb ihrer örtlichen Grenzen besorgt zu werden, wie die Wahrung des öffentlichen Anstandes und die Abwehr ungebührlicherweise hervorgerufenen störenden Lärmes"*.

Nach Art 15 Abs 1 iVm Art 10 Abs 1 Z 7 B-VG ist der **Landesgesetzgeber** für die **örtliche Sicherheitspolizei** zuständig. Die Vollziehung der örtlichen Sicherheitspolizei fällt in die Zuständigkeit der **Gemeindebehörden** (Bürgermeister, Gemeinderat) im eigenen Wirkungsbereich (Art 118 Abs 3 Z 3 B-VG). 1177

Der oberösterreichische Landesgesetzgeber etwa regelt einzelne Bereiche der örtlichen Sicherheitspolizei (Anstandsverletzung, Lärmerregung, Halten wilder Tiere ua) im **Oö Polizeistrafgesetz (Oö PolStG)** [➔]. So ist die Gemeinde gemäß § 6 Oö Polizeistrafgesetz zuständig, das an sich verbotene Halten eines wilden Tieres in einer Wohnung ausnahmsweise zu bewilligen. 1178

1179

15/8

VERWALTUNGSPOLIZEI DES BUNDES UND DER LÄNDER (Annex)
= Abwehr und Beseitigung konkreter Gefahren und Missstände

GESETZGEBUNG	VERWALTUNG
Bundesgesetzgeber nach Materie (Art 10, 11, 12 B-VG) Beispiel Gewerbepolizei (nach Art 10 Abs 1 Z 8 B-VG): Gewerbeordnung 1994	**mittelbare Bundesverwaltung** Beispiel Gewerbepolizei: **III. Bundesminister** **II. Landeshauptmann** **I. Bezirksverwaltungsbehörde**
Landesgesetzgeber nach Materie (Art 15 Abs 1 B-VG) Beispiel Veranstaltungspolizei: Oö Veranstaltungssicherheitsgesetz	**Landesverwaltung** Beispiel Veranstaltungspolizei: **II. Landesregierung** **I. Bezirksverwaltungsbehörde**

SICHERHEITSPOLIZEI (Art **10 Abs 1 Z 7** B-VG)
= Aufrechterhaltung der öffentlichen Ruhe, Ordnung und Sicherheit

GESETZGEBUNG	VERWALTUNG
Bundesgesetzgeber **Sicherheitspolizeigesetz (SPG)**	**Sicherheitsbehörden des Bundes** [vgl Grafik 15/15]

ORTSPOLIZEI

Die Gemeinde ist im eigenen Wirkungsbereich **sowohl** für die **örtliche Verwaltungspolizei als auch** für die **örtliche Sicherheitspolizei** zuständig. Beide Bereiche zusammen bilden die **Ortspolizei** [➔]. Als Verwaltungsbehörden dürfen die Gemeindebehörden sowohl in der örtlichen Verwaltungspolizei als auch in der örtlichen Sicherheitspolizei grundsätzlich nur aufgrund der Bundesgesetze und der Landesgesetze handeln. Wenn gesetzliche Bestimmungen fehlen, entsteht auf kommunaler Ebene eine Lücke für die Beseitigung von konkreten Missständen und Gefahren, insbesondere bei der Aufrechterhaltung der öffentlichen Ruhe, Ordnung und Sicherheit. Diese Lücke schließt **Art 118 Abs 6 B-VG**: Gibt es in einer Gemeinde in diesen Bereichen *„das örtliche Gemeinschaftsleben störende Gefahren und Missstände"*, aber keine zur Abwehr geeignete Bestimmungen in den Bundesgesetzen oder in den Landesgesetzen, darf die Gemeinde selbständige **gesetzesergänzende** Verordnungen erlassen (= **ortspolizeiliche Verordnungen** [➔] [1134]). 1180

Beispiele für ortspolizeiliche Verordnungen: Ein Verbot des Alkoholkonsums auf bestimmten öffentlichen Plätzen, eine Einschränkung der Betriebszeiten von Motorrasenmähern, ein Taubenfütterungsverbot, eine Hundekotbeseitigungspflicht, ein Reitverbot außerhalb ausgewiesener Reitwege, ein Badeverbot ua. 1181

1182 **ORTSPOLIZEI** (= örtliche Verwaltungspolizei **und** örtliche Sicherheitspolizei)

GESETZGEBUNG	**VERWALTUNG**
	Gemeindebehörden im eigenen Wirkungsbereich **BÜRGERMEISTER, GEMEINDERAT**
Bundesgesetzgeber nach Materie (Art 10, 11, 12 B-VG) = **Verwaltungspolizei des Bundes** zB **§ 113 Abs 3** Gewerbeordnung 1994	**örtliche Gewerbepolizei** Bewilligung einer späteren Sperrstunde im Gastgewerbe
Landesgesetzgeber nach Materie (Art 15 B-VG) = **Verwaltungspolizei des Landes** zB **§ 9** Oö Veranstaltungssicherheitsgesetz	**örtliche Veranstaltungspolizei** Bewilligung einer Veranstaltungsstätte
Landesgesetzgeber (Art 15 B-VG) = **örtliche Sicherheitspolizei** zB **§ 6** Oö Polizeistrafgesetz	**örtliche Sicherheitspolizei** Bewilligung des Haltens eines wilden Tieres
	ortspolizeiliche Verordnungen der **Gemeinde (Art 118 Abs 6 B-VG)** zB Alkoholverbot auf öffentlichen Plätzen, Betriebszeiten für Motorrasenmäher

15/9

SICHERHEITSVERWALTUNG

1183 Die in der Bundesverfassung eingerichteten Sicherheitsbehörden des Bundes sind nach § 2 Abs 2 SPG nicht nur für die Sicherheitspolizei des Art 10 Abs 1 Z 7 B-VG („Aufrechterhaltung der öffentlichen Ruhe, Ordnung und Sicherheit") zuständig. Der Bundesgesetzgeber überträgt zudem in **§ 2 Abs 2 SPG** auf der Grundlage **anderer Materien** des Art 10 Abs 1 B-VG und des Art 102 Abs 2 B-VG den Sicherheitsbehörden des Bundes einige weitere **sicherheitsrelevante Angelegenheiten**, nämlich das **Passwesen,** das **Meldewesen**, die **Fremdenpolizei**, die Überwachung des **Eintritts** in das **Bundesgebiet** und des **Austritts** aus ihm, das **Waffen-**, **Munitions-, Schieß- und Sprengmittelwesen**, das **Pressewesen**, das **Vereinswesen** und die **Versammlungsangelegenheiten**. Die durch § 2 Abs 2 SPG den Sicherheitsbehörden des Bundes übertragenen Verwaltungsaufgaben, also die **Sicherheitspolizei** (§ 3 SPG) **und die ergänzenden sicherheitsrelevanten Materien zusammen**, nennt man die **Sicherheitsverwaltung** [➔].

1184 Das **B-VG** selbst (Art 78a Abs 2 B-VG) überträgt den Sicherheitsbehörden des Bundes noch die **erste allgemeine Hilfeleistung** [➔], das ist die Abwehr von gegenwärtigen oder unmittelbar bevorstehenden Gefährdungen für Leben, Gesundheit, Freiheit oder Eigentum von Menschen bis zum Einschreiten der jeweils zuständigen Verwaltungsbehörde.

KRIMINALPOLIZEI

1185 **Kriminalpolizei** [➔] ist die Wahrnehmung von Aufgaben im Dienste der **Strafrechtspflege** (Art 10 Abs 1 Z 6 B-VG), insbesondere die Aufklärung gerichtlich strafbarer Handlungen, durch die **Sicherheitsbehörden** (§ 18 Abs 1 und 2 StPO). In der inneren Organisation der Sicherheitsbehörden ist für die Kriminalpolizei auf der Ebene des Bundesministeriums für Inneres (als Organisationseinheit der Generaldirektion für die öffentliche Sicherheit, § 6 Abs 1 SPG) das **Bundeskriminalamt** (BKA), auf der Ebene der Landespolizeidirektion das **Landeskriminalamt** (LKA) eingerichtet. Die **Staatsanwaltschaft** [1360] nimmt zwar mit ihrer Ermittlung und Anklage gerichtlicher Straftaten auch Aufgaben der Strafrechtspflege wahr, sie zählt jedoch nicht zur Kriminalpolizei, weil sie keine Sicherheitsbehörde, sondern ein Organ der Gerichtsbarkeit ist.

IV. Die Organisation der Landesverwaltung

1186

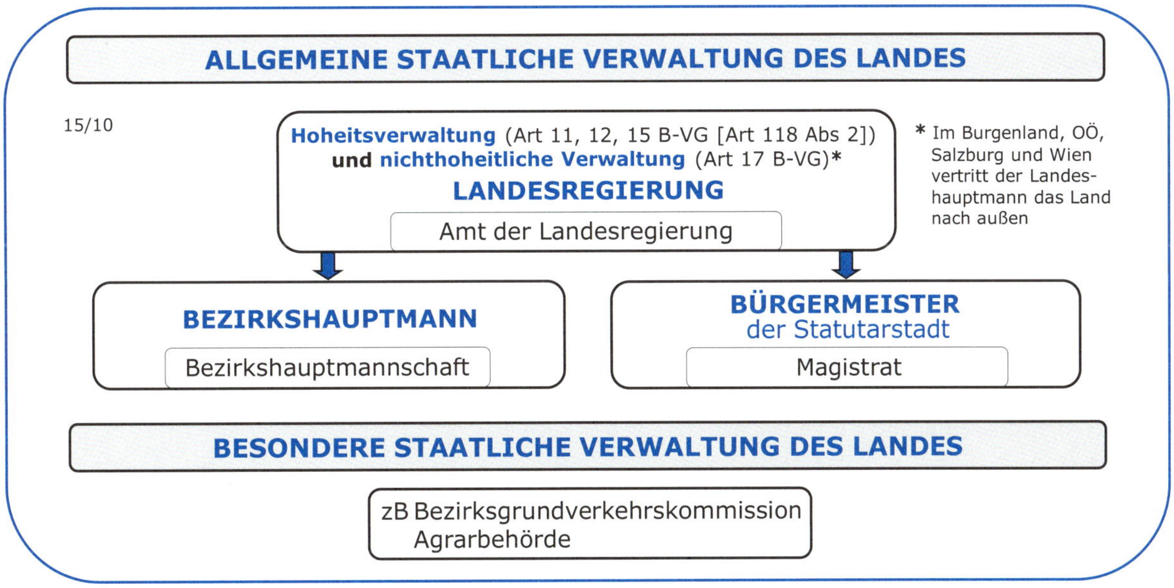

LANDESREGIERUNG

[I]. Die **Landesregierung** [➔] ist **oberstes Organ** der Landesverwaltung für alle politischen Aufgaben (etwa Gesetzesvorschläge an den Landtag) und für alle **Sachmaterien** der **Hoheitsverwaltung** (**Art 11, 12** und **15 B-VG**) und der **nicht-hoheitlichen Verwaltung** (**Art 17 B-VG**) zuständig. Die Landesregierung besteht aus dem **Landeshauptmann** [➔], er ist der Vorsitzende der Landesregierung, und weiteren Mitgliedern, die **Landesräte** [➔] genannt werden. 1187

Die Landesregierung entscheidet grundsätzlich als **Kollegialorgan** [1045]. Doch erlauben die Landesverfassungen, dass die Landesräte die ihnen nach der **Geschäftsordnung der Landesregierung** zugewiesenen Angelegenheiten auch selbständig als **Einzelorgan** „für die Landesregierung" erledigen. Die Ermächtigung dafür findet sich im **BVG Ämter der Landesregierungen** [➔]. Die **Stellvertreter des Landeshauptmanns** werden aus dem Kreis der Landesräte bestimmt. 1188

Das B-VG sieht für die Länder das **parlamentarische Regierungssystem** [213] vor, in dem das Parlament die Regierung wählt: Der **Landtag** wählt die **Landesregierung** nach den Regeln der Landesverfassungen und kann sie mit Mehrheit auch wieder abwählen (Art 101 Abs 1 B-VG). Die Landesverfassungen erlauben in Salzburg, der Steiermark (ab 2015), Tirol und Vorarlberg eine **Mehrheitsregierung** [➔]. In diesen Ländern wählt die Mehrheit im Landtag den Landeshauptmann und alle Landesräte. Die Mehrheit der Landtagsabgeordneten stützt damit die Landesregierung, die Minderheit der Landtagsabgeordneten steht der Regierung kritisch gegenüber (= **Opposition** [➔] im Parlament) und zwingt sie so, ihre Politik immer wieder zu überdenken und die Argumente für ihr politisches Handeln zu schärfen. 1189

Die Landesverfassungen im Burgenland, Kärnten, OÖ und NÖ hingegen verlangen eine **Konzentrationsregierung** [➔] (= **Proporzregierung**), die zwar ebenfalls vom Landtag zu wählen ist, in der aber alle (ausgenommen sehr kleine) im Landtag vertretenen Parteien im Verhältnis ihrer Stärke mit einer entsprechenden Anzahl an Regierungssitzen in der Landesregierung vertreten sein müssen. 1190

Eine Besonderheit enthält die **Wiener Stadtverfassung** [1199]. Der Wiener Gemeinderat (Landtag) wählt auch eine Proporzregierung, doch unterscheidet die Verfassung zwischen „amtsführenden Stadträten" und „kontrollierenden Stadträten". Die „kontrollierenden Stadträte" stellen die Minderheitsfraktionen im Parlament. Sie gehören zwar der Regierung an, haben aber keinen eigenen Geschäftsbereich. 1191

1192 [II]. Das **Amt der Landesregierung** [➔] unterstützt als Amt die **Landesregierung und die Landesräte**. Dasselbe „Amt der Landesregierung" ist auch das Amt des **Landeshauptmanns**. Als „Einzelorgan" führt der Landeshauptmann die **mittelbare Bundesverwaltung**, dort kommen ihm behördliche Aufgaben – für den Bund – zu [1213]. Das Amt der Landesregierung betreut daher als einheitliches Amt sowohl – für die Landesregierung – die Landesverwaltung, als auch – für den Landeshauptmann – die (mittelbare) Bundesverwaltung.

1193 [III]. Die Landesregierung als oberstes Organ der Landesverwaltung führt sowohl die hoheitliche als auch die **nicht-hoheitliche Landesverwaltung** (Art 17 B-VG). Die nicht-hoheitliche Landesverwaltung auf landesgesetzlicher Grundlage jedenfalls „nach innen", dh die innere Willensbildung liegt bei der Landesregierung [608]. „**Nach außen**" ist in der **nicht-hoheitlichen Verwaltung** des Landes nach einigen Landes(verfassungs)gesetzen der **Landeshauptmann** berufen. Er wird diesfalls in den Formen des Privatrechts für das Land rechtsgeschäftlich tätig (Art 105 Abs 1 B-VG).

1194 Einige Landesverfassungen (Kärnten, Niederösterreich, Steiermark, Tirol und Vorarlberg) kennen allerdings keine Vertretung des Landes durch den Landeshauptmann, sondern bestimmen in allen Privatrechtsangelegenheiten die **Landesregierung** zur Vertretung des Landes „nach außen" [1186].

LANDESVERWALTUNG UNTERHALB DER REGIERUNGSEBENE

1195 [I]. Die Landesverwaltung ist hierarchisch organisiert [1051] und in **Verwaltungssprengel** [➔] territorial gegliedert [1048]. Das oberste Organ der Landesverwaltung ist die **Landesregierung**, deren Aufgaben sich auf das gesamte **Landesgebiet** beziehen (= „obere Ebene" der Landesverwaltung). Das Amt ist das „Amt der Landesregierung".

1196 [II]. Die Verwaltungssprengel unterhalb der Landesregierung sind die **Bezirke** [➔] (= **politischer Bezirk** [➔], = Verwaltungsbezirk). Die Bezirke (= „untere Ebene" der Landesverwaltung) unterstehen einem je nach Landesrecht vom Landeshauptmann oder von der Landesregierung ernannten **Bezirkshauptmann** [➔]. Das Amt ist die **Bezirkshauptmannschaft** [➔]. **Statutarstädte** [1306] sind ein eigener politischer Bezirk, der **Bürgermeister** nimmt die Aufgaben des Bezirkshauptmanns wahr. Das Amt ist der Magistrat [1331]. Das Organisationsrecht bezeichnet den Bezirkshauptmann **und** den Bürgermeister der Statutarstadt mit dem gemeinsamen Begriff **Bezirksverwaltungsbehörde** [➔]. Bezirkshauptmann und Bürgermeister der Statutarstadt sind in den Angelegenheiten der Landesverwaltung an die Weisungen der Landesregierung gebunden.

1197 Alle Bundesländer zusammen sind in 80 politische Bezirke und 15 Statutarstädte gegliedert. Zur Einrichtung der Bezirke und der Bezirksverwaltungsbehörden ist der **Landesgesetzgeber** (zB Bgld Bezirkshauptmannschaften-Gesetz, LGBl 2003/26) zuständig, der allerdings für Änderungen der bestehenden – historisch überkommenen – Organisation im Hinblick auf die mittelbare Bundesverwaltung [1210] die **Zustimmung der Bundesregierung** braucht (Art 15 Abs 10 B-VG). Derartige Landesgesetze können unter den in Art 15 Abs 10 Z 1 und Z 2 B-VG genannten Voraussetzungen eine **sprengelübergreifende Zusammenarbeit von Bezirksverwaltungsbehörden** einschließlich der Übertragung behördlicher Zuständigkeiten festlegen.

1198 [III]. Zur Verwaltungsorganisation des Landes gehören auch die unterhalb der Bezirke eingerichteten **Gemeinden** (= „unterste Ebene" der Landesverwaltung). Die Bundesverfassung sieht die Gemeinde als eigene Gebietskörperschaft und gibt ihr das Recht auf Selbstverwaltung, sodass die Gemeinden in der Landesverwaltung Verwaltungsorganisationen mit vielen Besonderheiten sind [1274 ff].

1199 [IV]. Für das **Bundesland Wien** (Art 2 Abs 2 B-VG) kennt das B-VG in den **Art 108** bis **112** Sonderregelungen, weil Wien nicht nur „Land", sondern auch „Gemeinde" (Stadt mit eigenem Statut) ist [1306, 1314]. Aus dieser Doppelstellung Wiens ergeben sich für die Organe Doppelfunktionen. So fungiert der **Gemeinderat** der Stadt Wien für das Land Wien als **Landtag**; der **Stadtsenat** übt für das Land die Funktion der „**Wiener Landesregierung**" aus; der **Bürgermeister** der Bundeshauptstadt Wien hat auch die Funktion „**Landeshauptmann von Wien**"; der Magistrat ist als „**Amt der Wiener Landesregierung**" auch Geschäftsapparat der Wiener Landesregierung und des Landeshauptmanns von Wien und der Magistratsdirektor der Stadt Wien schließlich ist auch „Landesamtsdirektor von Wien" (Art 108 Abs 1 B-VG). Näheres regelt die **Wiener Stadtverfassung (WStV)** [➔], die gleichermaßen Gemeindeordnung und Stadtstatut (I. Hauptstück: §§ 1-112h) wie Landesverfassung (II. Hauptstück: §§ 113-139a WStV) ist.

BESONDERE STAATLICHE LANDESVERWALTUNG

Die Landesverwaltung kennt auch besondere Verwaltungen, die als **spezialisierte Landesverwaltungsbehörden** außerhalb der allgemeinen staatlichen Verwaltung [1160] tätig sind. Etwa die **Grundverkehrsbehörden** [➔], die auf landesgesetzlicher Grundlage den privatrechtlichen Verkehr mit land- und forstwirtschaftlichen Grundstücken und den Erwerb von Grundstücken durch Ausländer, die nicht Unions(EWR)Bürger sind, genehmigen (Bezirksgrundverkehrskommission); und für die landwirtschaftliche Bodenreform nach Art 12 Abs 1 Z 3 B-VG (Kommassierungs- und Flurbereinigungsverfahren) die **Agrarbehörden** [➔]. 1200

V. Die Organisation der Bundesverwaltung

BUNDESREGIERUNG

[I]. Die **Bundesregierung** [➔] besteht aus dem **Bundeskanzler** [➔] als Vorsitzendem („Regierungschef"), aus dem den Bundeskanzler im Verhinderungsfall vertretenden **Vizekanzler** [➔] und den **Bundesministern** [➔] (Art 19 Abs 1 und Art 69 Abs 1 B-VG). 1201

- Die **Bundesregierung** als **Kollegialorgan** [1045] (= „Ministerrat") ist für die **politischen Aufgaben** der Bundesverwaltung, für die **Regierungsakte** [➔], zuständig. Regierungsakte sind die von der Bundesverfassung der Bundesregierung als Kollegialorgan vorbehaltenen politischen Aufgaben, etwa die Vorschläge an den Bundespräsidenten (Art 67 Abs 1 B-VG), die Vorlagen an das Parlament im Gesetzgebungsverfahren (Art 41 Abs 1 B-VG), die Vorschläge für die Ernennung von Mitgliedern des Verfassungsgerichtshofs (Art 147 Abs 2 B-VG). 1202
- Der **Bundeskanzler**, der **Vizekanzler** und die **Bundesminister** besorgen als **Einzelorgane**, **monokratisch** und als **oberste Verwaltungsorgane** die Bundesverwaltung in den Materien des **Art 10 B-VG** (Art 69 Abs 1 B-VG). Der Bundesminister für Finanzen (Art 51a ff B-VG, §§ 10, 16 F-VG) und der Bundesminister für Inneres (Art 78a Abs 1 B-VG) sind in der Bundesverfassung festgelegt. **Die Anzahl, die Aufgaben und die Bezeichnung der Bundesministerien** bestimmt ansonsten das (einfache) **Bundesministeriengesetz 1986 (BMG)** [➔]. 1203

Die **Staatssekretäre** [➔] sind einem **Bundesminister** zugeordnet und an dessen **Weisungen gebunden** (Art 78 Abs 3 B-VG). Aufgabe eines Staatssekretärs sind die **Unterstützung** des Bundesministers in der Geschäftsführung und dessen parlamentarische Vertretung (Art 78 Abs 2 B-VG). Die Staatssekretäre gehören der Bundesregierung zwar an (Art 19 Abs 1 B-VG), sie sind aber keine obersten Organe der Bundesverwaltung (Art 69 Abs 1 B-VG). 1204

Der **Bundespräsident** ernennt den Bundeskanzler, den Vizekanzler, die Bundesminister und die Staatssekretäre, er kann sie auch entlassen (Art 70 Abs 1 B-VG [1012]). Die Bundesregierung und ihre Mitglieder sind dem Nationalrat politisch verantwortlich (Art 74 Abs 1 B-VG), auch die weisungsgebundenen Staatssekretäre. Der Bundespräsident muss sie entlassen, wenn der Nationalrat der Bundesregierung oder einzelnen Mitgliedern das Vertrauen entzieht (= Misstrauensvotum [957]). 1205

[II]. Der Bundeskanzler, der Vizekanzler und die Bundesminister sind Verwaltungs**behörden**. Ihnen sind zur Unterstützung „**Ämter**" zugewiesen [1070]. Das **Bundesministerium** [➔] unterstützt als Amt den Bundesminister, das **Bundeskanzleramt** [➔] den Bundeskanzler. 1206

BUNDESVERWALTUNG UNTERHALB DER MINISTEREBENE

1207

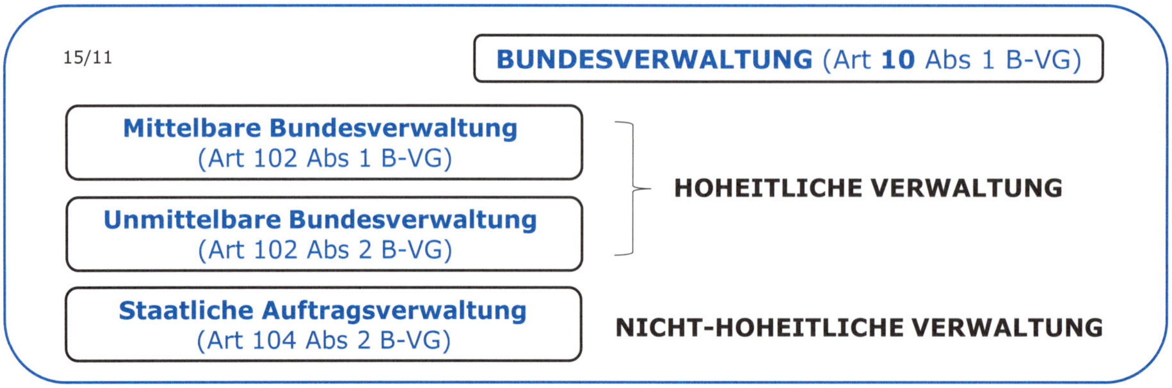

MITTELBARE BUNDESVERWALTUNG

1208 [I]. Jeder gewaltenteilige Staat hat seine eigene Verwaltungsorganisation, im Bundesstaat gibt es eine Verwaltungsorganisation des Bundes und eine Verwaltungsorganisation des Landes. Die Bundesverfassung will allerdings nicht, dass es in einem kleinen Staat wie Österreich auf demselben Territorium parallel zwei voll ausgebildete staatliche Verwaltungsorganisationen (des Bundes und des Landes) gibt. Der Bundesverfassung genügt die staatliche Verwaltungsorganisation des Landes, die unterhalb der Bundesminister die Bundesverwaltung im regionalen Bereich des Landes mit verwalten kann.

1209

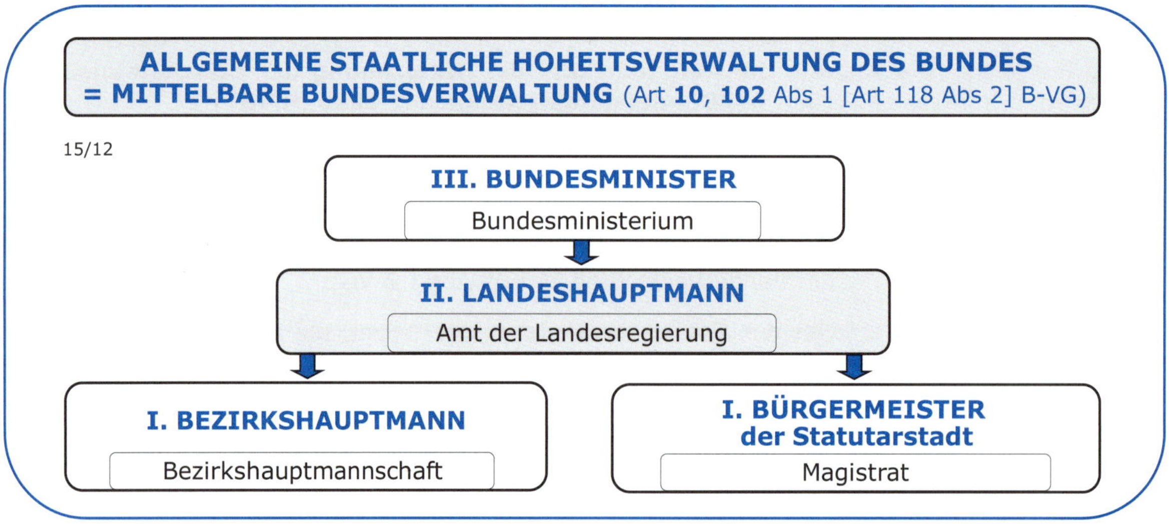

1210 Entsprechend ordnet die Bundesverfassung die **mittelbare Bundesverwaltung** [➔] als **Grundsatz** an (**Art 102 Abs 1 B-VG**). Sie nimmt die bestehenden Behörden und Ämter der Landesverwaltung in die Pflicht. In der **hoheitlichen Verwaltung** besorgen unterhalb der Ministerebene die Verwaltung des Bundes grundsätzlich **nicht** eigene Behörden und Ämter des Bundes. Der Bund verzichtet auf eine eigene Verwaltungsorganisation und greift **im regionalen Bereich der Länder** auf die bestehende **Verwaltungsorganisation des Landes** zurück. **Die Behörden und Ämter des Landes verwalten** – neben ihrer eigenen Landesverwaltung – **die Bundesverwaltung mit**. Damit hat der Bund **im Grundsatz** unterhalb der Ministerebene **keine eigene Bundesverwaltungsorganisation**.

[II]. Die **mittelbare Bundesverwaltung** ist hierarchisch organisiert [1051] und in drei bzw vier **Verwaltungssprengel** territorial gegliedert [1048]: 1211

- Das oberste Organ ist der **Bundesminister** (auch **Bundeskanzler**, **Vizekanzler**), seine Aufgaben beziehen sich auf das gesamte **Bundesgebiet** (= „obere Ebene“ der Bundesverwaltung). Das Amt ist das **Bundesministerium** (Bundeskanzleramt). 1212

- Das mittlere Organ ist nach **Art 102 Abs 1 B-VG** der **Landeshauptmann** [➔] als **Einzelorgan** [1045] (nicht die „Landesregierung“ als Kollegialorgan !), seine Aufgaben beziehen sich auf das **Landesgebiet** (= „mittlere Ebene“ der mittelbaren Bundesverwaltung). Der Landeshauptmann – organisatorisch ein Landesorgan – führt die Aufgaben „für den Bund(esminister)“. Er ist in Angelegenheiten der Bundesverwaltung an die Weisungen des jeweiligen Bundesministers gebunden. Das Amt ist – wie für die Landesregierung in Landesangelegenheiten– das **Amt der Landesregierung** [1192]. 1213

- Das untere Organ ist der **Bezirkshauptmann** (in den **Statutarstädten** der **Bürgermeister**) [= Bezirksverwaltungsbehörde], seine Aufgaben beziehen sich auf das Gebiet des **politischen Bezirks** (= „untere Ebene“ der mittelbaren Bundesverwaltung). Der Bezirkshauptmann – organisatorisch ein Landesorgan – führt diese Aufgaben „für den Bund“. Er ist in Angelegenheiten der Bundesverwaltung an die Weisungen des Landeshauptmanns gebunden. (Die Aufgaben der Landesverwaltung nimmt der Bezirkshauptmann unter Bindung an die Weisungen der Landesregierung wahr). Das Amt ist die **Bezirkshauptmannschaft** bzw der **Magistrat**. 1214

- Die untersten Organe sind die **Gemeindeorgane** (= „unterste Ebene“ der mittelbaren Bundesverwaltung). Die Bundesverfassung sieht die Gemeinde als eigene Gebietskörperschaft und gibt ihr das Recht auf Selbstverwaltung, sodass die Gemeinden Verwaltungsorganisationen des Landes mit vielen Besonderheiten auch dort, wo sie Aufgaben der mittelbaren Bundesverwaltung wahrnehmen, sind [1290]. 1215

UNMITTELBARE BUNDESVERWALTUNG

Die mittelbare Bundesverwaltung gilt als Grundsatz. Aber eben nur als **Grundsatz**. In bestimmten **Sachmaterien** ermächtigt die Bundesverfassung den einfachen Bundesgesetzgeber, den Zentralstellen nachgeordnete **Behörden und Ämter des Bundes** einzurichten (**Art 102 Abs 2 B-VG**, Art 10 Abs 1 Z 16 B-VG: *„Einrichtung der Bundesbehörden und sonstigen Bundesämter“*). Das B-VG nennt die **hoheitliche Vollziehung**, *„soweit eigene Bundesbehörden bestehen“*, **unmittelbare Bundesverwaltung** [➔] (Art 102 Abs 1 B-VG). 1216

Unmittelbar von Bundesbehörden dürfen etwa besorgt werden: Zollwesen; Aufenthaltsrecht aus berücksichtigungswürdigen Gründen; Passwesen; Aufenthaltsverbot, Ausweisung und Abschiebung; Asyl; Bundesfinanzen; Geld-, Kredit-, Börse- und Bankwesen; Justizwesen; Pressewesen; Aufrechterhaltung der öffentlichen Ruhe, Ordnung und Sicherheit; Vereins- und Versammlungsrecht; Fremdenpolizei; Waffen-, Munitions- und Sprengmittelwesen; Kartellrecht; Patentwesen; Verkehrswesen; Post- und Fernmeldewesen; Bergwesen; Vermessungswesen; Arbeitsrecht; Denkmalschutz; Organisation und Führung der Bundespolizei; militärische Angelegenheiten; Angelegenheiten des Zivildienstes; öffentliches Auftragswesen. Die Sachmaterien des Art 102 Abs 2 B-VG werden durch **sonderverfassungsgesetzliche Ermächtigungen** – meist im Zusammenhang mit den sonderverfassungsgesetzlichen Kompetenztatbeständen des Bundes [402 f] – ergänzt, so etwa im Preisgesetz 1992, im Preistransparenzgesetz, im Elektrizitätswirtschafts- und -organisationsgesetz 2010 (ElWOG 2010), im Lebensmittelbewirtschaftungsgesetz 1997, im AMA-Gesetz 1992. 1217

Der einfache Gesetzgeber ist dabei grundsätzlich **frei**, wie und welche dem **Bundeskanzler**, dem **Vizekanzler** und dem jeweiligen **Bundesminister** (= **Zentralstellen** [➔]) nachgeordnete **Bundesbehörden und Bundesämter** (= **nachgeordnete Dienststellen** [➔]) er einrichtet. Der einfache Bundesgesetzgeber legt die Zuständigkeiten und **Verwaltungssprengel** der nachgeordneten Dienststellen frei fest. Bei der Festlegung der Verwaltungssprengel ist er insbesondere an die Landes- und Bezirksgrenzen nicht gebunden. 1218

Die **nicht in Art 102 Abs 2 B-VG genannten Sachmaterien** der Bundesverwaltung werden grundsätzlich **in mittelbarer Bundesverwaltung** vollzogen. Der einfache Bundesgesetzgeber darf in diesen – nicht in Art 102 Abs 2 B-VG genannten Sachmaterien – dennoch eine Vollziehung durch eigene Bundesbehörden vorsehen, wenn die beteiligten Länder dem zustimmen (Art 102 Abs 1 und Abs 4 iVm Art 42a B-VG). 1219

BEISPIELE UNMITTELBARER BUNDESVERWALTUNG

1220 [I]. Der Bundesgesetzgeber **darf** – muss aber in der Regel nicht – von seiner Ermächtigung, den Bundesministern nachgeordnete Bundesbehörden und Bundesämter einzurichten, Gebrauch machen. Es gibt gute Gründe für eigene Bundesbehörden. Die Steuern und Gebühren kassiert der Bund lieber durch eigene Finanzbehörden, als das Geld durch die Hände der Länder gehen zu lassen. Das Vermessungswesen ist eine technische Angelegenheit, die Einheitlichkeit erfordert. Die Justizverwaltung wird zweckmäßig im Rahmen der Gerichtsorganisation durchgeführt. In manchen Materien besteht politisches Misstrauen, weil das Land (partei)politisch anders geführt sein kann als der Bund. Und immer häufiger meint der Bundesgesetzgeber – inspiriert von „Agentur"vorstellungen [1085] –, dass spezielle Verwaltungsaufgaben mit guter Qualität nur **maßgeschneiderte Organisationen** bewältigen können. Art 102 Abs 2 B-VG und Sonderverfassungsgesetze eröffnen **sehr weite Möglichkeiten** der Einrichtung unmittelbarer Bundesbehörden und Bundesämter. So höhlte der Bundesgesetzgeber den Grundsatz der mittelbaren Bundesverwaltung immer mehr aus und schuf **ohne Gesamtplan** im Laufe der Jahrzehnte ein **vielfältiges, uneinheitliches und zerfleddertes Bild der unmittelbaren Bundesverwaltung**.

1221 [II]. **Behörden** und **Ämter**, die der **einfache Bundesgesetzgeber** auf Grundlage der verfassungsgesetzlichen Ermächtigung des Art 102 Abs 2 B-VG bzw auf Grundlage einer sonderverfassungsgesetzlichen Ermächtigung als unmittelbare Bundesorgane und nachgeordnete Bundesämter einrichtete, **sind alle der jeweiligen Zentralstelle** (**Bundesminister**) **nachgeordnet**. So etwa die Abgabenbehörden des Bundes (Finanzamt, Zollamt) [1225], das Bundesamt für Fremdenwesen und Asyl (BFA) [1226], das Arbeitsmarkservice (AMS) [1227], die Regulierungsbehörden [1230] und viele andere mehr.

1222 Die Behörden und Ämter der unmittelbaren Bundesverwaltung besorgen **hoheitliche**, auch **behördliche**, auch **nicht-hoheitliche** Verwaltungsaufgaben. Sie sind in einer Ebene, auch in zwei oder in drei Ebenen eingerichtet (das **Bundesamt für Eich- und Vermessungswesen** etwa verfügt über einen organisatorischen Unterbau von 41 sprengelbezogenen **Vermessungsämtern** und zehn **Eichämtern**). Die Organisationen sind mit weisungsfreien Organen (die **Wettbewerbsbehörde** etwa ist weisungsfrei), mit unterschiedlichen Aufsichtsregelungen durchsetzt. Einzelne Organe haben eine eigene vom Bund verschiedene Rechtsfähigkeit (so das „teil"rechtsfähige Patentamt). Der Bundesgesetzgeber gliedert juristische Personen des öffentlichen Rechts (die **Bundesanstalt „Statistik Österreich"** ist als „selbständige Bundesanstalt öffentlichen Rechts" eingerichtet) und juristische Personen des Privatrechts, die er selbst gegründet hat, in die Bundesverwaltung ein (etwa die **Rundfunk und Telekom Regulierungs-GmbH** (**RTR-GmbH**) [1233]), usw.

1223 Wie in der Organisation gibt es auch bei den Bezeichnungen einen Wildwuchs. Der Bundesgesetzgeber nennt seine **nachgeordneten Dienststellen** **Bundesämter** [➔]: So etwa das **Bundessozialamt** (Bundesamt für Soziales und Behindertenwesen), das **Bundeskriminalamt** (**BKA**) [1185], das **Bundesamt zur Korruptionsprävention und Korruptionsbekämpfung**, das **Bundesamt für Eich- und Vermessungswesen**, das **Bundesamt für Ernährungssicherheit**, das **Bundesdenkmalamt**, das **Patentamt**. Oder **Bundesanstalt** [➔]: So etwa die **Bundesanstalt für Verkehr**, die **Geologische Bundesanstalt**. Oder **Forschungszentrum**: zB das **Bundesamt und Forschungszentrum für Wald**. Oder **sonst wie**: zB die **Kommunikationsbehörde Austria** (‚**KommAustria**') [1235], die **Zivildienstserviceagentur**, das **Militärkommando**, die **Burghauptmannschaft Österreich** (Verwaltung der im Bundeseigentum stehenden historischen Gebäude).

1224 [III]. Aus den nachgeordneten Behörden und Ämtern vier Beispiele im Detail:

1225 • Für die **Einhebung der öffentlichen Abgaben** (**Steuern und Gebühren**) des Bundes richtete der einfache Bundesgesetzgeber – gestützt auf Art 102 Abs 2 B-VG („*Bundesfinanzen*") und § 11 Abs 1 F-VG 1948 – im **Abgabenverwaltungsorganisationsgesetz 2010** (BGBl I 9) die **Abgabenbehörden des Bundes** als unmittelbare Bundesverwaltung ein. Auf der Ministerebene obliegt die Abgaben(Finanz)verwaltung dem **Bundesminister für Finanzen**. Unterhalb der Regierungsebene sind – in besonderen Verwaltungssprengeln – die **Finanzämter** [➔] und die **Zollämter** [➔] als Abgabenbehörden tätig.

1226 • Insbesondere zur Gewährung von internationalem Schutz (**Asyl** [➔]), aber auch zur Gewährung von Aufenthaltstiteln aus berücksichtigungswürdigen Gründen nach dem Asylgesetz 2005 (AsylG 2005) sowie zur Erlassung von Maßnahmen der Fremdenpolizei (etwa Abschiebung) nach dem Fremdenpolizeigesetz 2005 (FPG) richtete der Bundesgesetzgeber auf Grundlage des Art 102 Abs 2 B-VG („*Ausweisung und Abschiebung*", „*Asyl*", „*Fremdenpolizei*") das **Bundesamt für**

Fremdenwesen und Asyl (BFA) [➔] ein (BFA-Einrichtungsgesetz – BFA-G). Das Bundesamt für Fremdenwesen und Asyl (BFA) ist dem Bundesminister für Inneres unmittelbar nachgeordnet, es hat seinen Sitz in Wien. Seine Verfahren führt es nach dem BFA-Verfahrensgesetz – BFA-VG (BGBl I 2012/87).

- Die **Arbeitsmarktbehörden** pflegen und stimulieren den **Arbeitsmarkt** durch hoheitliches und nicht-hoheitliches Verwaltungshandeln. Gestützt auf Art 102 Abs 2 B-VG („Arbeitsrecht", „Sozialversicherungswesen") und Art 17 B-VG richtete der einfache Bundesgesetzgeber im **Arbeitsmarktservicegesetz** (AMSG) die Arbeitsmarktverwaltung als unmittelbare Bundesverwaltung ein und organisierte sie nach „Agentur"vorstellungen [1085]. Er begründete das **Arbeitsmarktservice (AMS)** [➔]) als rechtsfähiges **„Dienstleistungsunternehmen des öffentlichen Rechts"** und gliederte dessen Organe mit hoheitlichen und mit nicht-hoheitlichen Aufgaben in die Bundesverwaltung ein. 1227

Das AMS erbringt für Arbeitnehmer und Arbeitgeber **Dienstleistungen** (Informationen, Beratungen, Vermittlung von Arbeitskräften ua) und **Beihilfen** zur Deckung des Lebensunterhalts. Es vollzieht auch das Arbeitslosenversicherungsgesetz 1977, das Sonderunterstützungsgesetz, das Ausländerbeschäftigungsgesetz ua. Das Arbeitsmarktservice bestreitet seine Personal- und Sachausgaben aus eigenen finanziellen Mitteln, die der Bund gemäß dem Arbeitsmarktpolitik-Finanzierungsgesetz dem AMS ersetzt. Die Ausgaben für Beihilfen bestreitet das Arbeitsmarktservice im Namen und auf Rechnung des Bundes. 1228

Das in die Bundesverwaltung eingegliederte AMS ist territorial in eine Bundesorganisation (= Arbeitsmarktservice Österreich), in Landesorganisationen (zB Arbeitsmarktservice Oberösterreich) und in weitere regionale Organisationen (regionale Geschäftsstellen) gegliedert. Unterhalb der Ministerebene (Bundesminister für Wirtschaft, Familie und Jugend) sind als bundesunmittelbare **Behörden** der hoheitlichen Arbeitsmarktverwaltung der Leiter der Landesgeschäftsstelle (= **Landesgeschäftsführer**) und der **Leiter der regionalen Geschäftsstelle** tätig. Das AMS unterliegt in behördlichen Angelegenheiten der Leitung (Weisung und Aufsicht) des Bundesministers, in allen anderen Angelegenheiten bloß seiner Aufsicht. 1229

- Von Bedeutung in der unmittelbaren Bundesverwaltung sind die **Regulierungsbehörden** [➔] (= **Regulatoren** [➔]). Sie überwachen die im Zuge der Liberalisierung und Privatisierung in den freien Markt übergeführten Monopolunternehmen insbesondere unter Wettbewerbsgesichtspunkten, erlassen die erforderlichen Regelungen und greifen hoheitlich in die Unternehmensführung ein. Die Regulierungsbehörden sind nach „Agentur"vorstellungen [1085], teils nach Vorgaben des Unionsrechts eingerichtet und ein – punktuell durch besondere Verfassungsbestimmungen abgesichertes – **Organisationskonglomerat** aus Leitungskompetenzen des Bundesministers, staatlichen und privaten Organisationsteilen, aus beliehenen oder eingegliederten Organen sowie aus unabhängigen und **weisungsfreien Kollegialbehörden**. Regulierungsbehörden bestehen für **Energie** (Elektrizität und Gas), für die **Bahn**, die **Post**, die **Telekom** sowie für den **Rundfunk** (Fernsehen und Radio). 1230

[**Energie**]. Eine **Regulierungsbehörde** überwacht und gestaltet die **Versorgung** der Wirtschaftsunternehmen und der Verbraucher **mit Energie** (Elektrizität und Gas). Weil die – hier auch unionsrechtlich vorgegebene – **Wirtschaftslenkung** keine Bundeskompetenz, diese Angelegenheit auch nicht in Art 102 Abs 2 B-VG aufgezählt ist, schuf der Bundesverfassungsgesetzgeber in § 1 **Energie-Control-Gesetz – E-ControlG** (Bundesgesetz über die Regulierungsbehörde in der Elektrizitäts- und Erdgaswirtschaft, BGBl I 2010/110) für die Überwachung und Regelung des Elektrizitätsmarkts und des Gasmarkts eine eigene **Gesetzgebungskompetenz des Bundes** und eine eigene **Kompetenz für eine unmittelbare Bundesverwaltung**. Unterhalb der Regierungsebene (Bundesminister für Wirtschaft, Familie und Jugend) richtet das Energie-Control-Gesetz zur Besorgung der Regulierungsaufgaben im Bereich der Elektrizitäts- und Erdgaswirtschaft die **Energie-Control Austria (E-Control)** [➔] (= Energie-Control Austria für die Regulierung der Elektrizitäts- und Erdgaswirtschaft) als **Anstalt öffentlichen Rechts** mit eigener Rechtspersönlichkeit ein. Der Bundesgesetzgeber betraut die E-Control mit hoheitlichen und behördlichen Aufgaben und Befugnissen (mittelbare Staatsverwaltung) und stellt die Organe der E-Control (Vorstand, Regulierungskommission, Aufsichtsrat) bei Wahrnehmung von Regulierungsaufgaben **weisungsfrei** (Art 20 Abs 2 Z 8 B-VG). 1231

[**Bahn**]. Der Schienenverkehrsmarkt ist liberalisiert, es gibt kein Bahnmonopol (der ÖBB) mehr, auch private Eisenbahnunternehmen dürfen die Schienennetze nutzen. Zur Regulierung des Schienenverkehrsmarkts schuf der Bundesgesetzgeber auf der Kompetenzgrundlage des Art 10 Abs 1 Z 9 B-VG („*Verkehrswesen bezüglich der Eisenbahnen*", Art 102 Abs 2 B-VG) im Eisenbahngesetz 1957 (BGBl 60 idgF) die zur Gänze im 1232

Bundeseigentum stehende **Schienen-Control GmbH** [➔], die er mit hoheitlichen und behördlichen Aufgaben **beleiht**. Die Schienen-Control GmbH dient auch als Geschäftsstelle der **Schienen-Control Kommission** [➔], einer **weisungsfreien Kollegialbehörde** (Art 20 Abs 2 Z 8 B-VG). Schienen-Control GmbH und Schienen-Control Kommission überwachen und gestalten den Schienenverkehrsmarkt, sind Regulator im Bahnverkehr.

1233 [**Telekom**]. Zur Überwachung der elektronischen Telekommunikationsmärkte richtete der Bundesgesetzgeber auf der Kompetenzgrundlage des Art 10 Abs 1 Z 9 B-VG („*Fernmeldewesen*", Art 102 Abs 2 B-VG) die **Telekom-Control-Kommission** [➔], eine **weisungsfreie Kollegialbehörde** (Art 20 Abs 2 Z 8 B-VG) ein (§§ 116 ff Telekommunikationsgesetz 2003 – TKG 2003, BGBl I 2003/70 idgF). Geschäftsapparat der Telekom-Control-Kommission ist die zur Gänze im Bundeseigentum stehende **Rundfunk und Telekom Regulierungs-GmbH (RTR-GmbH)** [➔], die der Bundesgesetzgeber auch mit hoheitlichen und behördlichen Aufgaben und Befugnissen **beleiht**. Telekom-Control-Kommission und Rundfunk und Telekom Regulierungs-GmbH (RTR-GmbH) sind somit die „Regulatoren" der elektronischen Telekommunikationsmärkte.

1234 [**Post**]. Das Postmonopol ist 2011 gefallen, der Postmarkt ist liberalisiert. Zur Gewährleistung einer ausreichenden und preiswerten Versorgung mit Postdiensten und eines fairen Wettbewerbs bei Erbringung von Postdiensten richtete der Bundesgesetzgeber auf der Kompetenzgrundlage des Art 10 Abs 1 Z 9 B-VG („*Postwesen*", Art 102 Abs 2 B-VG) die **Post-Control-Kommission** [➔], eine **weisungsfreie Kollegialbehörde** (Art 20 Abs 2 Z 8 B-VG) ein (§§ 39 ff Postmarktgesetz [Bundesgesetz über die Regulierung des Postmarktes], BGBl I 2009/123 idgF). Die **Rundfunk und Telekom Regulierungs-GmbH** (**RTR-GmbH**) ist Geschäftsapparat der Post-Control-Kommission, vom Bundesgesetzgeber aber auch mit hoheitlichen und behördlichen Aufgaben und Befugnissen **beliehen**. Rundfunk und Telekom Regulierungs-GmbH (RTR-GmbH) und Post-Control-Kommission sind die Postregulierungsbehörden. (Die Erbringung von Postdiensten etwa ist der Post-Control-Kommission anzuzeigen, für die Erteilung einer Konzession für die gewerbsmäßige Beförderung von Briefsendungen für Dritte ist die Post-Control-Kommission zuständig.)

1235 [**Rundfunk**]. Der Bundesgesetzgeber darf auf der Grundlage des Art 102 Abs 2 B-VG („*Fernmeldewesen*") auch im Bereich der **Rundfunküberwachung** (Hörfunk und Fernsehen), insbesondere unter Wettbewerbsgesichtspunkten, und der **Regelung des Rundfunkmarkts** eine unmittelbare Bundesverwaltung einrichten. Die **weisungsfreie** (Art 20 Abs 2 Z 8 B-VG) **Kommunikationsbehörde Austria (KommAustria)** [➔] nimmt in unmittelbarer Bundesverwaltung die hoheitliche und behördliche Rundfunkregulierung nach dem Privatfernsehgesetz und nach dem Privatradiogesetz sowie die Aufsicht über den Österreichischen Rundfunk (ORF) wahr. Als Geschäftsstelle ist ihr die **Rundfunk und Telekom Regulierungs-GmbH** (**RTR-GmbH**) beigegeben.

1236

AUFTRAGSVERWALTUNG DES BUNDES

1237 Die Organisationsstrukturen der mittelbaren und unmittelbaren Bundesverwaltung sind der Hoheitsverwaltung vorbehalten. Sie gelten nicht für die **nicht-hoheitliche Verwaltung** (= Privatwirtschaftsverwaltung, = Fiskalverwaltung) **des Bundes** (**Art 104 Abs 1 B-VG**). Für das privatrechtliche Handeln des Bundes („*Verwaltung des Bundesvermögens*", „*Geschäfte des Bundes*") ist grundsätzlich **nur** der **Bundesminister** in seinem jeweiligen durch das BMG bestimmten Aufgabenkreis zuständig.

1238 Aber: **Einzelne Geschäfte des Bundes darf der Bundesminister durch hoheitlichen Auftrag dem Landeshauptmann und den ihm unterstellen Behörden zur Erledigung für den Bund übertragen** (**Art 104 Abs 2 B-VG**). Machen die Bundesminister von dieser Ermächtigung Gebrauch, dann kommt es in der nicht-hoheitlichen Verwaltung für die übertragenen Geschäfte zu einer der mittelbaren Bundesverwaltung ähnlichen Organisation (= **Auftragsverwaltung** [➔]).

15/14 1239

Die **generelle Übertragung von Aufgaben** der nicht-hoheitlichen Verwaltung des Bundes durch den Bundesminister nach Art 104 Abs 2 B-VG ist ein Akt des Staatsorganisationsrechts, der nicht in der Form des Privatrechts, sondern als (**Rechts**)**Verordnung** ergeht. Eine Übertragung von Aufgaben durch eine gesetzesvertretende selbständige Verordnung [1135] unmittelbar auf Grundlage des Art 104 Abs 2 B-VG ist zulässig. Der (einfache) Bundesgesetzgeber darf die „Übertragungsverordnung" des Bundesministers aber auch näher bestimmen und den Bundesminister zur Übertragung von Aufgaben an den Landeshauptmann (und die ihm unterstellten Behörden) verpflichten. Eine solche Auftragsverwaltung des Bundes findet etwa in der **Bundeswasserbauverwaltung** (BGBl 1969/280), bei der Durchführung von **Förderungen** im Bereich der **Land- und Forstwirtschaft** (BGBl 1992/141 idgF) und im Bereich des **Hochwasserschutzes** (BGBl II 2006/351) statt. 1240

Durch Gründung von juristischen Personen des Privatrechts und **Ausgliederung** nicht-hoheitlicher Aufgaben [1096] kann der Bund die von der Verfassung in der Auftragsverwaltung vorgegebene dezentrale Mitwirkung der Länder vermeiden. 1241

SICHERHEITSBEHÖRDEN DES BUNDES

[I]. Die Bundesverfassung selbst (Art 78a bis 78c B-VG) richtet die **Sicherheitsbehörden des Bundes** [➔] ein. Sie sind für die ihnen durch § 2 Abs 2 SPG übertragenen Aufgaben der **Sicherheitsverwaltung** [➔] zuständig, das sind die Sicherheitspolizei samt der ersten allgemeinen Hilfeleistung und bestimmte sicherheitsrelevante Aufgaben [1183]. Die **Sicherheitsbehörden des Bundes** sind auf **zwei** oder **drei Ebenen** eingerichtet. 1242

- [**BUNDESMINISTER FÜR INNERES**]. **Oberste Sicherheitsbehörde** für das gesamte Bundesgebiet ist der **Bundesminister für Inneres** (**Art 78a Abs 1 B-VG**). Im Bundesministerium für Inneres sorgt die **Generaldirektion für die öffentliche Sicherheit** [➔] für die Sicherheitsverwaltung. 1243

- [**LANDESPOLIZEIDIREKTION**]. **Für jedes Bundesland** ist eine **Landespolizeidirektion** [➔] eingerichtet (**Art 78b Abs 1 B-VG**). An ihrer Spitze steht mit Weisungsbindung an den Bundesminister der **Landespolizeidirektor** [➔]. Der Bundesminister für Inneres bestellt den Landespolizeidirektor im Einvernehmen mit dem Landeshauptmann. Er hat jede staatspolitisch wichtige oder für die Aufrechterhaltung der öffentlichen Sicherheit im gesamten Land maßgebliche Weisung, die er einem Landespolizeidirektor erteilt, dem Landeshauptmann mitzuteilen. 1244

- [**BEZIRKSVERWALTUNGSBEHÖRDE**]. Den Landespolizeidirektionen nachgeordnet sind die Bezirksverwaltungsbehörden (Art 78a Abs 1 B-VG), das ist der **Bezirkshauptmann**, in Statutarstädten der **Bürgermeister**. Sie besorgen grundsätzlich die Sicherheitsverwaltung auf Bezirksebene. Allerdings sind die Bezirksverwaltungsbehörden allgemeine staatliche Verwaltungsbehörden, die nicht auf Sicherheitsaufgaben spezialisiert sind. 1245

1246 Die Bundesverfassung (Art 78c erster Satz B-VG) ermächtigt den einfachen Bundesgesetzgeber, die Landespolizeidirektion zur Sicherheitsbehörde erster Instanz zu bestimmen. § 8 Sicherheitspolizeigesetz (SPG) ordnet dies für das Gebiet der folgenden Gemeinden an: Eisenstadt und Rust; Graz und Leoben; Innsbruck; Klagenfurt am Wörthersee und Villach; Linz, Steyr, Wels; Salzburg, Sankt Pölten, Wiener Neustadt, Schwechat einschließlich der in Fischamend, Klein-Neusiedl oder Schwadorf gelegenen Teile des Flughafens Wien-Schwechat. Das gilt unmittelbar aufgrund des Art 78c zweiter Satz B-VG auch für **Wien**, wobei der Landespolizeidirektor der Landespolizeidirektion Wien die Bezeichnung **Landespolizeipräsident** [➔] führt.

1247

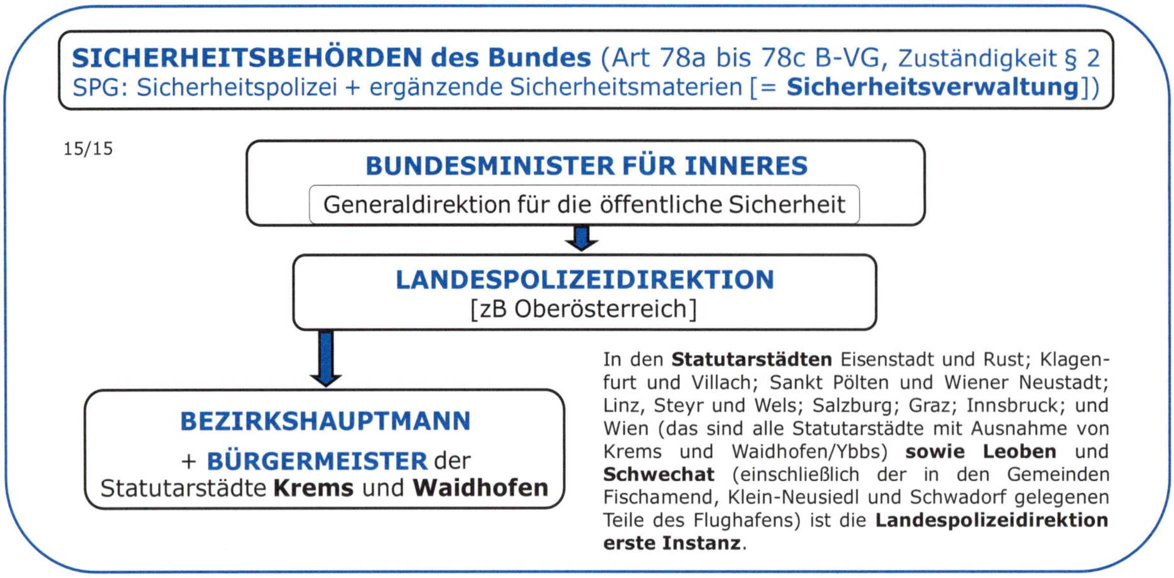

1248 [II]. Die Zuordnung der **Sicherheitsbehörden des Bundes zur unmittelbaren Bundesverwaltung** ist **strittig**, weil auf unterer Ebene teilweise die Bezirksverwaltungsbehörden eingebunden sind.

DAS BUNDESHEER

1249 [I]. Zur unmittelbaren Bundesverwaltung zählt auch das **Bundesheer** [➔]. Das Bundesheer ist eine von der Bundesverfassung auf der Grundlage der **allgemeinen Wehrpflicht** [➔] für Männer (Art 9a Abs 3 B-VG) nach dem **Milizsystem** [➔] eingerichtete **militärische Formation des Bundes**.

1250 Dem Bundesheer obliegt die **militärische Landesverteidigung** (Art 79 Abs 1 B-VG), die zum in Art 9a Abs 1 B-VG verankerten **Staatsziel der umfassenden Landesverteidigung** zählt [138]. Das Bundesheer ist ferner bestimmt *„zum Schutz der verfassungsmäßigen Einrichtungen und ihrer Handlungsfähigkeit sowie der demokratischen Freiheiten der Einwohner"* (Art 79 Abs 2 Z 1 lit a B-VG), *„zur Aufrechterhaltung der Ordnung und Sicherheit im Inneren überhaupt"* (Art 79 Abs 2 Z 1 lit b B-VG), *„zur Hilfeleistung bei Elementarereignissen und Unglücksfällen außergewöhnlichen Umfangs"* (Art 79 Abs 2 Z 2 B-VG). Das Bundesheer darf grundsätzlich nur über Auftrag der zivilen Führung tätig werden. Ein eigenmächtiges Einschreiten ist nur in ganz engen Sonderfällen (Art 79 Abs 5 B-VG) bei besonderen Gefahren erlaubt.

1251 [II]. Das Bundesheer ist in – dem Bundesminister für Landesverteidigung nachgeordnete – **militärische Dienststellen** gegliedert. Es untersteht der **Befehlsgewalt des Bundesministers** (Art 80 Abs 2 und Abs 3 B-VG). Der Bundesminister für Landesverteidigung übt die Befehlsgewalt über die Kommandanten und Leiter der Dienststellen aus. Das Bundesheer steht damit unter einer **zivilen** dem Parlament politisch verantwortlichen Leitung. Der Befehlsgewalt des Bundesministers übergeordnet ist der **Bundespräsident**, dem als vom Volk unmittelbar gewähltem Staatsoberhaupt der „Oberbefehl über das Bundesheer" zukommt [1020]. Der Bundesregierung als Kollegialorgan sind grundsätzliche Angelegenheiten vorbehalten (etwa Bewaffnung).

1252 [III]. Das Bundesheer unterliegt den Regeln der Verwaltung. Ein **Befehl** [➔] gilt rechtlich als Weisung. Ein „Einberufungsbefehl" wegen seiner Außenwirkung gilt rechtlich als Bescheid. Von den Dienststellen abgesehen, richtete der einfache Bundesgesetzgeber unterhalb der Ebene des Bundesministers (Bundesminister für Landesverteidigung) im einfachen **Wehrgesetz 2001** – WG 2001 (BGBl I 2001/146) auf der Grundlage des Art 102 Abs 2 B-VG („militärische Angelegenheiten") die **Militärbehörden** als unmittelbare Bundesverwaltung ein. Die Militärverwaltung ist unterhalb der Ebene der Bundesregierung territorial in Ergänzungsbereiche gegliedert, in jedem Ergänzungsbereich ist ein **Militärkommando** [➔] als Militärbehörde eingerichtet.

DIE WACHKÖRPER

1253

WACHKÖRPER (BEWAFFNETE FORMATIONEN)

- **BUNDESPOLIZEI (Art 10 Abs 1 Z 14, Art 78d B-VG)**
- **JUSTIZWACHE (§ 13a Strafvollzugsgesetz)**
- **GEMEINDEWACHKÖRPER (Art 118 Abs 8, Art 118a B-VG)**

15/16

[I]. Neben dem Bundesheer mit der Aufgabe der äußeren Sicherheit kennt die Bundesverfassung noch andere bewaffnete Formationen (**Wachkörper** [➔]): Die **Bundespolizei** im Rahmen der Verwaltungsorganisation des Bundes mit der Aufgabe der inneren Sicherheit, die **Justizwache** im Rahmen der Verwaltungsorganisation des Bundes mit der Aufgabe der Bewachung der Strafgefangenen und die **Gemeindewachkörper** im Rahmen der Verwaltungsorganisation der Gemeinden für Aufgaben im kommunalen Bereich. 1254

Nach Art 10 Abs 1 Z 14 B-VG sind die „Organisation und Führung der Bundespolizei", die „Regelung der Errichtung und der Organisierung sonstiger Wachkörper mit Ausnahme der Gemeindewachkörper", und die „Regelung der Bewaffnung der Wachkörper" in Gesetzgebung und Vollziehung ausschließlich Bundessache. 1255

Art 78d Abs 1 B-VG definiert Wachkörper als „***bewaffnete oder uniformierte oder sonst nach militärischem Muster eingerichtete Formationen, denen Aufgaben polizeilichen Charakters übertragen sind***". Die Wachkörper sind **keine Verwaltungsbehörden**, sie sind nicht befugt, Verordnungen und Bescheide zu erlassen. Sie dürfen grundsätzlich auch sonst nicht aus eigener Initiative einschreiten. Die Wachkörper stellen die bewaffnete Macht des Staats bloß bereit und setzen sie nur über **Auftrag und Weisung** der **jeweils zuständigen staatlichen Verwaltungsbehörde** ein. Eigenmächtig ohne behördlichen Auftrag dürfen Angehörige eines Wachkörpers **nur auf besonderer gesetzlicher Grundlage**, etwa bei Gefahr im Verzug, einschreiten (zB nach § 35 VStG jemanden festnehmen). 1256

Kein Wachkörper ist die als besondere Betrugsbekämpfungseinheit mit Sitz in Wien und Dienststellen bei allen Finanzämtern eingerichtete **Finanzpolizei** [➔], welche die Finanzämter insbesondere im Zusammenhang mit Abgabenbetrug, Sozialbetrug, der Aufdeckung illegaler Beschäftigung von Ausländern sowie bei Kontrollen zur Einhaltung des Glücksspielgesetzes unterstützt. **Keine Wachkörper** sind weiters Feld-, Flur-, Forst- und Naturschutzorgane, Organe zum Schutz des Bergbaus, der Jagd, der Fischerei, Organe der Marktaufsicht und der Feuerwehr, Pistenwächter, Arbeitsinspektoren, Lebensmittelinspektoren ua (Art 78d Abs 1 B-VG). 1257

Im Allgemeinen folgen die Menschen dem Staat und dem Recht. Manchmal folgen die Menschen aber auch nicht. Dann bleibt der Verwaltung der **Einsatz körperlicher Gewalt** nicht erspart. Wenn im Wirtshaus eine Schlägerei stattfindet, wenn Verbrecher eine Bank überfallen und auf der Flucht sind, wenn Demonstranten und Gegendemonstranten aufeinanderprallen, wenn der Inhaber einer explosionsgefährdeten Fabrik nicht freiwillig die Fabrik schließt, wenn Menschenschmuggler durch Österreich unterwegs sind, wenn Fremde illegal das Bundesgebiet betreten, wenn Terrorgruppen Anschläge planen und durchführen, dann muss der Staat mit körperlicher Gewalt einschreiten. Die jeweils zuständigen **Organwalter der staatlichen Verwaltung** sind unbewaffnet und können nicht gewaltsam einschreiten. Der Staat stellt ihnen für diese Fälle in der Verwaltungsorganisation die **Wachkörper** zur Seite. 1258

Nach dem Zerfall der Monarchie war der Bundesverfassungsgesetzgeber 1920 von der Sorge geplagt, einzelne Bundesländer könnten sich aus dem Bundesstaat herauslösen, eine selbständige Staatlichkeit suchen oder sich anderen Staaten anschließen. Das B-VG sieht keine Möglichkeit des Austritts eines Bundeslandes aus dem Bundesstaat (= **Sezession** [➔]) vor. Um den Bundesländern von vornherein die tatsächlichen Machtmittel, aus dem Bundesstaat auszubrechen, zu nehmen, behält die Bundesverfassung alle Wachkörper sowie das Bundesheer ausschließlich dem Bund vor und verbietet den Ländern, sich in irgendeiner Weise zu bewaffnen. 1259

[II]. Ausgenommen von diesem Vorbehalt sind lediglich die **Gemeinden**, denen die Bundesverfassung eigene **Gemeindewachkörper** [➔] erlaubt (Art 118 Abs 8 B-VG). In Gemeinden, in denen die Landespolizeidirektion zugleich Sicherheitsbehörde erster Instanz ist (§ 8 SPG), sind Gemeindewachkörper allerdings verboten (Art 78d Abs 2 B-VG). 1260

1261 Gemeindewachkörper werden vor allem im Rahmen der Gemeindeverwaltung, aber auch in der Verwaltung des Bundes und der Länder eingesetzt. Der Bundesgesetzgeber und der Landesgesetzgeber dürfen festlegen, dass die Angehörigen eines Gemeindewachkörpers zur Besorgung des Exekutivdienstes für die zuständige Behörde ermächtigt werden können (Art 118a Abs 1 B-VG). So dürfen die Angehörigen eines Gemeindewachkörpers nach dem Sicherheitspolizeigesetz (§ 9 Abs 3 SPG) **sicherheitspolizeilichen Exekutivdienst** (§ 5 Abs 3 SPG) versehen, nach der Strafprozessordnung (§ 18 Abs 4 StPO) **kriminalpolizeilichen Exekutivdienst**, wenn sie auf Antrag der Gemeinde – durch Verordnung des Landespolizeidirektors – diesbezüglich der Bezirksverwaltungsbehörde (mit deren Zustimmung) unterstellt wurden. Mit Zustimmung der Gemeinde kann die Bezirksverwaltungsbehörde Angehörige eines Gemeindewachkörpers auch ermächtigen, wie die übrigen Organe des öffentlichen Sicherheitsdienstes an der **Handhabung des Verwaltungsstrafgesetzes** mitzuwirken (Art 118a Abs 2 B-VG). Nach der Straßenverkehrsordnung 1960 etwa kann einer Gemeinde mit einem Gemeindewachkörper die Handhabung der **Verkehrspolizei** (das ist die Überwachung der Einhaltung straßenpolizeilicher Vorschriften und die unmittelbare Regelung des Verkehrs) durch diesen übertragen werden (§ 94c StVO 1960).

1262 **Keine Gemeindewachkörper** sind die in verschiedenen Gemeinden eingerichteten **Stadtwachen**, **Ordnungswachen** oder **Ordnungsdienste** (etwa die Ordnungswache Graz, der Ordnungsdienst der Stadt Linz), die uniformiert, aber unbewaffnet und denen keine *„Aufgaben polizeilichen Charakters"* übertragen sind.

1263

1264 [III]. Die Organisation und Führung des **Wachkörpers Bundespolizei** [➔] erfolgen in **unmittelbarer Bundesverwaltung**. Die Bundespolizei untersteht dem **Bundesminister für Inneres** (Generaldirektion für die öffentliche Sicherheit). Im Bereich jeder **Landespolizeidirektion** [1244] sind **Bezirkspolizeikommanden** [➔] bzw **Stadtpolizeikommanden** [➔] eingerichtet, zu denen auch die **Polizeiinspektionen** [➔] zählen. Rechtsgrundlagen sind Art 78d Abs 1 B-VG und § 10 SPG.

1265 **Bezirkspolizeikommanden** sind in jenen politischen Bezirken eingerichtet, in denen der Bezirkshauptmann Sicherheitsbehörde ist sowie in Krems und Waidhofen/Ybbs. Österreichweit bestehen 80 Bezirkspolizeikommanden. **Stadtpolizeikommanden** existieren in den **Statutarstädten** (mit Ausnahme von Rust, Krems und Waidhofen/Ybbs) sowie in Leoben und Schwechat (§ 8 SPG).

1266 Der **Wachkörper Bundespolizei** ist von den **Sicherheitsbehörden des Bundes** zu unterscheiden. Auch wenn die Sicherheitsbehörden manchmal als „Polizei" – so auch der Gesetzgeber bei der Bundes„polizei" – bezeichnet werden, sind diese **Behörden nicht** mit dem **Wachkörper „Bundespolizei"** identisch. Die Sicherheitsbehörden greifen – wie die Behörden der allgemeinen staatlichen Verwaltung – auf die Bundespolizei zurück, soweit sie körperlichen Einsatz brauchen. Der Wachkörper Bundespolizei (zusammen mit den Gemeindewachkörpern [1260] und dem rechtskundigen Dienst bei Sicherheitsbehörden, wenn diese Organe zur Ausübung unmittelbarer Befehls- und Zwangsgewalt ermächtigt sind) sind der **öffentliche Sicherheitsdienst**, der **für die Sicherheitsbehörden** speziell den **Exekutivdienst** (= Streifen- und Überwachungsdienst, erste allgemeine Hilfeleistung, Gefahrenabwehr, Ermittlungs- und Erkennungsdienst) besorgt (§ 5 SPG).

1267 [IV]. Neben dem Wachkörper Bundespolizei verfügt der Bund im Rahmen der Justizverwaltung [1378] auch über den bewaffneten Wachkörper **Justizwache** [➔]. Die Justizverwaltung führt die **Strafvollzugsanstalten** sowie die gerichtlichen **Gefangenenhäuser** der Landesgerichte (= Justizanstalten). Die Beamten der **Justizwache** sorgen durch Überwachung und Betreuung der Strafgefangenen für die Aufrechterhaltung der Sicherheit und Ordnung in den Justizanstalten (§ 13a Strafvollzugsgesetz – StVG). Die Justizwache untersteht dem Bundesminister für Justiz.

16. KAPITEL: DIE GEMEINDEVERWALTUNG

Glossar: *autonomer Wirkungsbereich der Gemeinde, Bundes-Gemeindeaufsichtsgesetz, Bürgermeister, demonstrativ, eigener Wirkungsbereich der Gemeinde, Einheitsgemeinde, freies Beschlussrecht der Gemeinde, Gebietsgemeinde, Gebietskörperschaft, Gemeinde, Gemeindeamt, Gemeindeaufsicht, Gemeindeautonomie, Gemeinderat, Gemeinderecht, Gemeindeverband, Gemeindevereinbarung, Gemeindeverfassungsnovelle 1962, Gemeindevorstand, kommunale Daseinsvorsorge, kommunale Zusammenarbeit, Kommunalrecht, Kommune, Magistrat, Marktgemeinde, Ortsgemeinde, Österreichischer Gemeindebund, Österreichischer Städtebund, selbständiger Wirkungsbereich der Gemeinde, Selbstverwaltungskörper, Stadt mit eigenem Statut, Stadtgemeinde, Stadtsenat, Statut, Statutarstadt, übertragener Wirkungsbereich der Gemeinde, Verwaltungsgemeinschaft, Wien, Wiener Stadtverfassung (WStV).*

1268

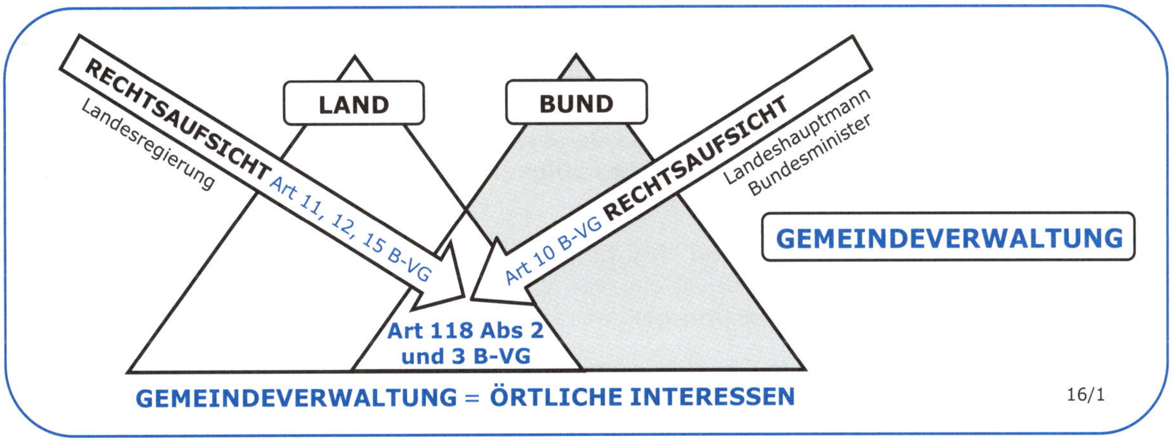

[I]. Jeder Staat kennt eine Zentrale der Macht, welche die Staatsgewalt für das gesamte Staatsgebiet beansprucht. Die Menschen leben jedoch über das gesamte Staatsgebiet verstreut. Die Menschen – entfernt von der zentralen Macht – organisieren sich „vor Ort", wo sie leben, und kümmern sich politisch um die „örtlichen Angelegenheiten". In jedem Staat zeigt sich so eine Spannung zwischen der zentralen Macht und den Autoritäten „vor Ort". Eine Staatsorganisation begegnet dieser Spannung auf dreierlei Weise: 1269

- [**Bundesstaat**]. Zunächst kann der Staat dezentral in einem **Bundesstaat** organisiert sein. Im Bundesstaat sind mehrere Staaten durch die Verfassung zu einem Bund zusammengeschlossen [360]. Staatliche Befugnisse können so nach einer Kompetenzverteilung dezentral und **näher** am Geschehen ausgeübt werden. 1270
- [**Bezirke**]. Unbeschadet bundesstaatlicher Überlegungen hat der gewaltenteilig organisierte Staat **ein** Parlament und **eine** Vollziehung. Der Staat gliedert die Vollziehung territorial, damit Verwaltungsorgane nicht nur im Zentrum, sondern auch **näher** am Geschehen tätig sind. Daraus folgt die allgemein übliche territoriale Gliederung der staatlichen Verwaltungsorganisation in – der Zentralgewalt untergeordnete – Verwaltungssprengel, etwa **Bezirke** [1048]. 1271
- [**Gemeinden**]. Durch die territoriale Gliederung der staatlichen Verwaltung in politische Bezirke rückt die Verwaltung zwar näher an das örtliche Geschehen heran; die Bezirke bleiben aber **der Zentralgewalt unterworfen**, sind uneingeschränkt **weisungsabhängig**, weshalb die **Autoritätsfrage** damit nicht gelöst ist. Die örtlichen Autoritäten wollen selbst und verantwortlich das Geschehen vor Ort gestalten und von der zentralen Autorität nicht vollkommen beherrscht werden. Die Bundesverfassung anerkennt dieses Bestreben und richtet **Gemeinden** [➔] (= **Kommunen** [➔]) ein. **Gemeinden sind kleine in die staatliche Verwaltungsorganisation eingegliederte territoriale Organisationseinheiten, welche die „örtlichen" staatlichen Aufgaben unter Gesetzesbindung – aber unabhängig von den Weisungen des Staats – wahrnehmen**. Die Weisungsbindung der Verwaltungsorgane ist allerdings das politische Bindeglied zum Parlament und damit zur Demokratie. Weil die gegenüber den Regierungen weisungsunabhängigen Gemeinden nicht außerhalb der Demokratie stehen, bedarf ihre örtliche 1272

Autorität der eigenen demokratischen Legitimierung: **Gemeindeorgane** (**zumindest das oberste Gemeindeorgan**) **werden – obwohl sie Verwaltungsorgane sind – unmittelbar vom Gemeindevolk gewählt**.

1273 Die Geschichte der Gemeinden hat staatliche und kirchliche Wurzeln. Um die Frage, ob und welche Gemeinden es geben soll, und wie die Gemeinden zur Staatsmacht stehen, herrschte durch die Jahrzehnte heftiger Streit. Die Gemeindeorgane (der Gemeinderat jedenfalls, der Bürgermeister in der Mehrzahl der Bundesländer) werden heute in der Regel vom Gemeindevolk unmittelbar gewählt. Das rührt an der Frage, ob in der parlamentarischen Demokratie außerhalb des Parlaments unmittelbare demokratische Legitimierungen durch das Volk stattfinden dürfen [215]. Das B-VG klammerte 1920 die Frage der Gemeinden zunächst aus und fand erst 1962 in der **Gemeindeverfassungsnovelle 1962** [➔] eine politisch mehrheitsfähige Lösung. Seit 1962 sind die Gemeinden im B-VG geregelt.

1274 [II]. Das **B-VG** (Art 115 ff) bestimmt für die Gemeinden folgende **Grundsätze:**

1275 • [**Teil der Verwaltungsorganisation**]. Die Gemeinde ist Teil der **Verwaltungsorganisation**, nicht Teil der Gesetzgebung oder der Gerichtsbarkeit. Die Gemeinde hat **keine gesetzgebenden oder richterlichen Zuständigkeiten**. Als Verwaltungsorganisation unterliegt die Gemeinde wie jedes Verwaltungsorgan dem **Gesetzmäßigkeitsgebot**. Sie ist sowohl an die Landesgesetze als auch an die Bundesgesetze gebunden.

1276 • [**Teil der Verwaltungsorganisation des Landes**]. *„Jedes Land gliedert sich in Gemeinden"* (Art 116 Abs 1 B-VG). Die Gemeinde ist eine territoriale **Gliederung des Landes**, Teil der Landesorganisation und **Verwaltungssprengel** des Landes.

1277 • [**Gebietskörperschaften**]. Die Gemeinde nimmt als Teil der Verwaltungsorganisation an der **Hoheitsgewalt der staatlichen Verwaltung** teil, sie trifft auf ihrem (Gemeinde)Gebiet hoheitliche Anordnungen. Die Gemeinde ist zudem nach der Verfassung auch **juristische Personen**, eine Rechtspersonen des öffentlichen Rechts (Art 116 Abs 2 B-VG) [597]. Die Gemeinde ist sohin wie der Bund und das Land **Gebietskörperschaft** [➔] und kann nicht nur hoheitlich (= **hoheitliche Verwaltung**), sondern als Träger von Privatrechten auch in den Formen des Privatrechts (**nicht-hoheitliche Verwaltung**) handeln.

1278 • [**Gemeindeautonomie**]. Die Gemeinde ist wie der Bund und das Land eine Gebietskörperschaft, sie nimmt aber anders als der Bund und das Land nicht an der gesetzgebenden Gewalt der Staaten, die den Parlamenten vorbehalten ist, teil. Die Gemeinde ist daher selbst **kein Staat**, sondern ein bloßer „Verwaltungskörper". Als Verwaltungskörper haben die Gemeinden eine **Sonderstellung**. Während für die Verwaltung allgemein der aus der Demokratie abgeleitete Grundsatz gilt, dass die Organe der Verwaltung nicht unmittelbar vom Volk gewählt, sondern über die Parlamente politisch legitimiert werden [215], wählt und legitimiert das Gemeindevolk unmittelbar Gemeindeorgane (Gemeinderat, Bürgermeister). Die Wahl durch das Gemeindevolk **ersetzt** die politische Legitimation durch die Parlamente der Staaten. Grund und Folge ihrer politischen Sonderstellung ist die von der Verfassung gewährte **Gemeindeautonomie** [➔] (= Gemeindeselbstverwaltung, = territoriale Selbstverwaltung).

1279 **Was bedeutet „Gemeindeautonomie" konkret ?** In der Verwaltung des gewaltenteilig organisierten demokratischen Staats herrscht strenge Weisungsbindung, weil die obersten Verwaltungsorgane, die Regierungen, – getragen vom politischen Vertrauen des Parlaments – die Möglichkeit haben müssen, in politischer Verantwortung vor dem Parlament ihren Willen in der Verwaltung jederzeit und unbedingt durchzusetzen. Andernfalls können sie für Fehlverhalten in der Verwaltung politisch nicht verantwortlich sein. Wenn nun dieser politische Zusammenhang zwischen Parlament und Verwaltung für die Gemeinden aufgehoben und durch die unmittelbare Volkswahl der Gemeinde ersetzt ist, hat das **Auswirkung auf die Weisungsbindung**. Die Organe der Gemeinde sind **nicht** den obersten Verwaltungsorganen der Staaten und damit **nicht** den staatlichen Parlamenten für die ordnungsgemäße und gesetzmäßige Verwaltungsführung politisch verantwortlich, sondern ihrem Gemeindevolk. Die Gemeindeorgane führen die Gemeindeverwaltung zwar unter Bindung an die Gesetze, sie tun das aber eigenverantwortlich und politisch unabhängig von der staatlichen Verwaltung. Die staatliche Verwaltung darf den Gemeinden **keine Weisungen** erteilen. Die Gemeindeverwaltung ist – bezogen auf ihr Verhältnis zu den Verwaltungen des Landes und des Bundes – eine **weisungsfreie Verwaltung**. Die Gemeinde ist „autonom". Die Gemeindeverwaltung ist eine territoriale „**Selbst**verwaltung" (Art 116 Abs 1 B-VG), sie ist als Gebietskörperschaft ein territorialer **Selbstverwaltungskörper** [→]. Art 116 Abs 1 B-VG sichert die autonome Führung der Gemeindeverwaltung durch das „(**Grund**)**Recht**" **auf Selbstverwaltung**.

Die staatliche Verwaltung darf den Gemeinden keine Weisungen erteilen. **Innerhalb des eigenen Verwaltungskörpers** herrscht in der Gemeinde **Weisungsbindung**. Der Gemeinderat als oberstes Verwaltungsorgan der Gemeinde ist gegenüber allen anderen Gemeindeorganen weisungsberechtigt. 1280

- [**Wahl der Gemeindeorgane durch das Gemeindevolk**]. Das Gemeindevolk wählt die Gemeindeorgane, zumindest das oberste Gemeindeorgan, den **Gemeinderat** (Art 117 Abs 2 B-VG). Die Landesverfassungen – mit Ausnahme von Niederösterreich, Steiermark und Wien – sehen die direkte Wahl auch des Bürgermeisters vor (Art 117 Abs 6 B-VG). 1281

  Die Landesgesetzgebung kann darüber hinaus die „unmittelbare Teilnahme und Mitwirkung" des Gemeindevolks vorsehen (Art 117 Abs 8 B-VG). So gibt es auf Gemeindeebene je nach Landesrecht Einrichtungen wie Volksabstimmungen, Volksbegehren und Volksbefragungen. 1282

- [**Rechtsaufsicht der Staaten**]. Die Weisungsfreiheit der Gemeindeverwaltung gegenüber den staatlichen Verwaltungen bedeutet nicht, dass jeder Leitungszusammenhang mit den Verwaltungen des Landes und des Bundes aufgehoben wäre. Die staatlichen Verwaltungen dürfen der Gemeindeverwaltung zwar keine Weisungen erteilen, sie überprüfen aber die Übereinstimmung des Gemeindehandelns mit den Gesetzen und müssen gegen Gesetzwidrigkeiten einschreiten (**Rechtsaufsicht** [1053]). Das **Land** und der **Bund** führen die **Gemeindeaufsicht** [→] über die Gemeinden (Art 118 Abs 4 zweiter Satz, Art 119a B-VG). 1283

[III]. Die Bundesverfassung anerkennt die Existenz von Gemeinden in den Art 115 ff B-VG. Österreich ist dazu durch die **Europäische Charta der lokalen Selbstverwaltung**, BGBl 1988/357, auch völkerrechtlich verpflichtet. 1284

1285

16/2

WIRKUNGSBEREICHE DER GEMEINDEN

EINHEITSGEMEINDE	**STATUTARSTADT**
	BEZIRKSVERWALTUNG (Art 116 Abs 3 B-VG) **Weisungsbindung** an Bund und Land **Bürgermeister** (= „Bezirkshauptmann")

EIGENER WIRKUNGSBEREICH (Art 118 Abs 2 und 3 B-VG)
Weisungsfreiheit der Gemeindeorgane gegenüber **Bund** und **Land**
Gemeinde(**Rechts**)**aufsicht** des **Bundes** und des **Landes**

vom Land ÜBERTRAGENER WIRKUNGSBEREICH
Weisungsbindung (Bürgermeister) an **Land** (Art 119 Abs 1 und 2 B-VG)

vom Bund ÜBERTRAGENER WIRKUNGSBEREICH
Weisungsbindung (Bürgermeister) an **Bund** (Art 119 Abs 1 und 2 B-VG)

EIGENER WIRKUNGSBEREICH (ÖRTLICHE INTERESSEN)

1286 [I]. Die Gemeinden sind eingerichtet, damit sie sich gesetzesgebunden, aber eigenverantwortlich im Rahmen der staatlichen Aufgaben um das „**Örtliche**" kümmern. Alle „**örtlichen Angelegenheiten**" fallen in den Wirkungsbereich der Gemeinde, den sie **weisungsfrei** wahrnimmt (= **selbständiger** [➔], = **autonomer** [➔], = **eigener Wirkungsbereich** [➔]). Die Verfassung beschreibt in Art 118 Abs 2 B-VG den eigenen Wirkungsbereich der Gemeinde mit ***„allen Angelegenheiten, die im ausschließlichen oder überwiegenden Interesse der in der Gemeinde verkörperten örtlichen Gemeinschaft gelegen und geeignet sind, durch die Gemeinschaft innerhalb ihrer örtlichen Grenzen besorgt zu werden"***.

1287 Diese allgemeine und komplizierte Formulierung ist **unbestimmt** und lässt der Auslegung viel Raum. Art 118 Abs 3 B-VG zählt zur Verdeutlichung **demonstrativ** [➔] (= beispielhaft) Angelegenheiten auf, die in den eigenen Wirkungsbereich fallen: die örtliche Sicherheitspolizei, die örtliche Veranstaltungspolizei, die Verwaltung der Verkehrsflächen der Gemeinde, die örtliche Bauverwaltung ua. Außerdem müssen die **einfachen Gesetze**, wenn sie **örtliche Angelegenheiten** regeln, diese Angelegenheiten **ausdrücklich** ***„als solche des eigenen Wirkungsbereichs der Gemeinde bezeichnen"*** (Art 118 Abs 2 letzter Satz B-VG).

1288 [II]. Zu klären ist das Verhältnis des Art 118 Abs 2 B-VG, der den eigenen Wirkungsbereich der Gemeinden mit den ***„örtlichen Interessen"*** beschreibt, zur bundesstaatlichen **Kompetenzverteilung der Art 10 bis 15 B-VG**. Die Art 10 bis 15 B-VG haben alle erdenklichen staatlichen Angelegenheiten, auch alle Verwaltungsaufgaben und Verwaltungszuständigkeiten, zwischen dem Land und dem Bund aufgeteilt. Wenn nun Art 118 Abs 2 B-VG die örtlichen Angelegenheiten den Gemeinden in den eigenen Wirkungsbereich überweist, dann handelt es sich hier nicht um andere Angelegenheiten. Aus den Vollzugskompetenzen des Landes und des Bundes fallen diese örtlichen Angelegenheiten heraus und in den eigenen Wirkungsbereich hinein. Daraus folgt:

1289 • Das **Land** ist in **Vollziehung** für die Sachmaterien der **Art 11, 12 und 15 B-VG** zuständig. Alle darin enthaltenen **örtlichen** Angelegenheiten fallen aber **nicht** in die Zuständigkeit der Landesvollziehung, sondern in den **eigenen Wirkungsbereich der Gemeindeverwaltung**. So fällt etwa die auf der Grundlage der landesgesetzlichen Bauordnung zu erteilende Baubewilligung nicht in die Zuständigkeit der Landesverwaltungsorgane, sondern in die Zuständigkeit der Gemeindeverwaltung; die Bestimmung von Kurzparkzonen nach der Straßenverkehrsordnung 1960 (= Bundesgesetz) fällt – bei Vorliegen bestimmter Voraussetzungen – nicht in die Zuständigkeit der Landesverwaltungsorgane, sondern in die Zuständigkeit der Gemeindeverwaltung.

1290 • Der **Bund** ist in **Vollziehung** für die Sachmaterien des **Art 10 B-VG** zuständig. **Alle** örtlichen Angelegenheiten in diesen Sachmaterien fallen aber **nicht** in die Zuständigkeit der Bundesverwaltung, sondern in den **eigenen Wirkungsbereich der Gemeindeverwaltung**. So fällt die in der Gewerbeordnung 1994 vorgesehene Möglichkeit der Bewilligung einer früheren und/oder späteren Aufsperrstunde für einzelne Gastgewerbebetriebe nicht in die Zuständigkeit der Bundesverwaltungsorgane, sondern in die Zuständigkeit der Gemeindeverwaltung.

1291 Dieser Zusammenhang des Art 118 Abs 2 B-VG zu den Vollziehungskompetenzen des Landes und des Bundes nach Art 10 bis 15 B-VG zeigt, wie die **Aufsichtskompetenzen** des Landes und des Bundes über die Gemeinde verteilt sind: Stammt eine Aufgabe der Gemeinde aus dem Vollzugsbereich des Landes (**Art 11, 12 und 15 B-VG**), so führt das **Land** darüber die Gemeindeaufsicht nach den näheren Regelungen der Landesgesetzgebung (in OÖ etwa §§ 97 bis 109 Oö Gemeindeordnung 1990, §§ 71 bis 81 StL 1992). Stammt eine örtliche Angelegenheit aus dem Vollzugsbereich des Bundes (**Art 10 B-VG**), so führt darüber der **Bund** die Gemeindeaufsicht nach den Regelungen der Bundesgesetzgebung (Art 119a Abs 3 B-VG). Die Gemeindeaufsicht des Bundes ist im **Bundes-Gemeindeaufsichtsgesetz** [➔] näher ausgeführt.

[III]. Wenn eine Aufgabe in den eigenen Wirkungsbereich fällt, ist damit noch nicht gesagt, ob die Gemeinde diese Aufgabe auch tatsächlich wahrnehmen **muss**. Es ist die Entscheidung des Gesetzgebers, der das Verwaltungshandeln der Gemeinde bestimmt, ob die Gemeinde die Aufgabe besorgen muss (= Pflichtaufgaben, zB Hilfs- und Rettungswesen), oder ob es ihr freisteht, eine Aufgabe wahrzunehmen (= freiwillige Aufgaben). 1292

[IV]. Die Gemeinden sind nach Art 116 Abs 2 B-VG zur **Ausschreibung von Abgaben** [620] berechtigt, allerdings nur *„im Rahmen der Finanzverfassung"*, also nur soweit im F-VG 1948 vorgesehen. Nach § 7 Abs 5, § 8 Abs 5 F-VG 1948 können die Bundes- und die Landesgesetzgebung die **Gemeinden** ermächtigen, bestimmte **Abgaben** auf Grund eines Beschlusses des Gemeinderats auszuschreiben (**freies Beschlussrecht der Gemeinde** [➔]), etwa Hebesätze für die Grundsteuer, Hundeabgabe, Vergnügungssteuer, Park-, Kanalgebühren. 1293

[V]. [**Übertragung eigener Angelegenheiten an Land und Bund**]. Sieht sich eine Gemeinde außerstande, eine Angelegenheit des eigenen Wirkungsbereichs selbst wahrzunehmen, so kann – jeweils auf Antrag der Gemeinde – die Landesregierung eine aus der Landesvollziehung stammende Angelegenheit durch Verordnung der Landesverwaltung, der Landeshauptmann eine aus der Bundesvollziehung stammende Angelegenheit durch Verordnung an die Bundesverwaltung übertragen (Art 118 Abs 7 B-VG). Eine derartige Übertragungsverordnung ist eine selbständige gesetzändernde [1136] Verordnung. Eine Übertragung des Rechts der Gemeinde zur Erlassung ortspolizeilicher Verordnungen (Art 118 Abs 6 B-VG) auf eine staatliche Behörde ist ausgeschlossen. 1294

Beispiele: Verordnung der Oö Landesregierung, mit der für bestimmte Gemeinden die Besorgung einzelner Angelegenheiten des eigenen Wirkungsbereichs auf dem Gebiet der örtlichen Baupolizei auf staatliche Behörden des Landes übertragen wird (Oö Bau-Übertragungsverordnung), LGBl 2003/61; Verordnung der Oö Landesregierung, mit der für bestimmte Gemeinden die Besorgung einzelner Angelegenheiten des eigenen Wirkungsbereichs auf dem Gebiet der Sittlichkeitspolizei auf staatliche Behörden des Landes übertragen wird (Oö SDLG-Übertragungsverordnung), LGBl 2013/65. 1295

ÜBERTRAGENER WIRKUNGSBEREICH

Die Landesgesetzgebung und die Bundesgesetzgebung können – unabhängig von den der Gemeinde durch die Verfassung in die Selbstverwaltung übertragenen Angelegenheiten – Zuständigkeiten ihres jeweiligen (staatlichen) Vollzugsbereichs an die Gemeinde übertragen. Dadurch entsteht neben dem „eigenen Wirkungsbereich" ein **übertragener Wirkungsbereich** [➔] der Gemeinde. Anders als im eigenen Wirkungsbereich ist die Gemeinde im übertragenen Wirkungsbereich **an die Weisungen der Landesverwaltung oder der Bundesverwaltung gebunden**. Die Angelegenheiten des übertragenen Wirkungsbereichs werden vom **Bürgermeister** besorgt (Art 119 Abs 2 B-VG). 1296

Beispiele: Die bundesgesetzliche Bestimmung des § 13 Abs 1 Meldegesetz 1991 (BGBl 1992/9 idgF) legt fest, dass die Bürgermeister die Meldebehörden sind. Nach der landesgesetzlichen Regelung des § 11 Abs 1 Oö Pflanzenschutzgesetz 2002 – Oö PflSchG 2002 (LGBl 67) hat der Bürgermeister darüber zu wachen, dass gewisse Pflichten (zB Untersuchungs-, Anzeige- und Meldepflichten) eingehalten werden. 1297

GEMEINDEORGANISATIONSRECHT

Die Gemeinden sind eine Gliederung des Landes. Daher ist die **Landesgesetzgebung** zuständig, **die Gemeindeorganisation zu regeln** (Art 115 Abs 2 B-VG). Sie hat sich dabei an die von der Bundesverfassung vorgegebenen Grundsätze zu halten (Art 115 bis 119a B-VG). Der Landesgesetzgeber bestimmt in seinen Gemeinde(organisations)gesetzen die Anzahl der Gemeinden und die Gemeindegrenzen. Österreich hat insgesamt 2.354 (nach Gemeindezusammenlegungen in der Steiermark ab 2015: 2.347) Gemeinden. 1298

Das **Gemeinderecht** [➔] (= **Kommunalrecht** [➔]) besteht demnach aus den Vorgaben der Bundesverfassung, aus den gemeinderechtlichen Vorgaben der Landesverfassungen und aus den Gemeinde(organisations)gesetzen der Länder, welche die Länder „Gemeindeordnung" oder „Gemeindegesetz", in Wien „Stadtverfassung" nennen. Von Vorarlberg abgesehen, besteht das Kommunalrecht der Länder jeweils aus mehreren Gemeindegesetzen. Grundsätzlich – mit geringen bundesverfassungsgesetzlich vorgegebenen Ausnahmen – steht es dem Gesetzgeber frei, ob er sein Kommunalrecht durch **Landesverfassungsgesetze** oder **durch einfache Gesetze** regelt. 1299

1300 Die meisten Länder wählten einfache Gesetze. Ausnahmen bilden das Burgenland und Salzburg – die Bgld Gemeindeordnung 2003, die Bgld Stadtrechte (das Eisenstädter Stadtrecht 2003 und das Ruster Stadtrecht 2003) und das Salzburger Stadtrecht 1966 sind Landesverfassungsgesetze. Und das 2. Hauptstück der Wiener Stadtverfassung (WStV) steht in Verfassungsrang, weil es die „Landesverfassung" des Bundeslands Wien ist [1314].

ORTSGEMEINDE

1301 [I]. Die Bundesverfassung richtet die **Ortsgemeinde** [➔] ein (Art 115 Abs 1 B-VG). Die Gemeinden sind in diesem Sinn die **kleinste und unterste Verwaltungsebene** „vor Ort". Der kleinste und unterste Verwaltungssprengel, in dem – die örtlichen – Verwaltungsangelegenheiten besorgt werden, ist damit als territorialer Selbstverwaltungskörper organisiert.

1302 [II]. Andere Gemeinden, die nicht Ortsgemeinden sind, wären ebenso denkbar. So könnte ein Selbstverwaltungskörper auch für **überörtliche** Angelegenheiten in einem bestimmten Gebiet eingerichtet werden, diesem überörtlichen Selbstverwaltungskörper könnten mehrere Ortsgemeinden angehören. Eine solche überörtliche Gemeinde nennen wir **Gebietsgemeinde** [➔]. Gebietsgemeinden könnten die „Bezirke" der staatlichen Verwaltung ersetzen, was eine Demokratisierung der Bezirksverwaltung bedeutete. Eine politisch umstrittene Vorstellung, weil Gemeinden weisungsfrei sind, und die Bezirke dem politischen Zugriff des Staats damit entzogen wären.

1303 Die Bundesverfassung kündigte die Einrichtung von Gebietsgemeinden in Art 120 B-VG an, führte sie dann aber nicht ein: *„Die Zusammenfassung von Ortsgemeinden zu Gebietsgemeinden, deren Einrichtung nach dem Muster der Selbstverwaltung … ist Sache der Bundesverfassungsgesetzgebung …"*.

EINHEITSGEMEINDE

1304 [I]. [**Einheitsgemeinde**]. Die Strukturen der Gemeinden sind inhomogen. Es gibt kleine Gemeinden mit einigen hundert Einwohnern, es gibt große Gemeinden mit hunderttausenden, ja Millionen Einwohnern. Es gibt Gemeinden im ländlichen Raum, es gibt städtische Gemeinden. Es gibt Gemeinden mit großer Wirtschaftskraft, es gibt arme Gemeinden. Deshalb wäre zu überlegen, ob die Gemeindeorganisation nicht differenzieren und mehrere Organisationstypen für Gemeinden schaffen sollte. Die Bundesverfassung geht diesen Weg nicht. Sie gibt der Landesgesetzgebung die **Einheitsgemeinde** [➔] – mit der Ausnahme der **Statutarstadt** (Art 116 Abs 3 B-VG) – vor. Alle Gemeinden **eines Landes** sind unbesehen ihrer besonderen Struktur nach einem **einheitlichen Typus** organisiert.

1305 [II]. [„**Markt**", „**Stadt**"]. Alle Gemeinden **eines** Landes sind als Einheitsgemeinden nach **einem** Gemeindegesetz organisiert. Das Landesrecht kann einzelnen (Einheits)Gemeinden die Bezeichnung „Markt" (= **Marktgemeinde** [➔]) oder „Stadt" (= **Stadtgemeinde** [➔]) verleihen, doch handelt es sich hier nur um Bezeichnungen, um Ehrentitel, **organisationsrechtliche Wirkungen ergeben sich daraus nicht**.

STATUTARSTADT

1306 [I]. Ein eigenes von der Einheitsgemeinde abweichendes landesgesetzliches Organisationsgesetz für eine Gemeinde ist als **einzige Ausnahme** bei **großen Gemeinden mit vielen Einwohnern** zulässig. Die **Landesgesetzgebung** hat nach Art 116 Abs 3 B-VG einer Gemeinde mit **mindestens 20.000 Einwohnern**, wenn Landesinteressen hiedurch nicht gefährdet werden, auf ihren Antrag ein **eigenes Organisationsgesetz**, ein **eigenes Statut** [➔] (= „Stadtrecht") zu verleihen. Eine solche Gemeinde mit individuellem Organisationsgesetz nennen wir **Stadt mit eigenem Statut** [➔] oder **Statutarstadt** [➔]. In Österreich gibt es fünfzehn Statutarstädte, nämlich Eisenstadt und Rust (Burgenland), Klagenfurt und Villach (Kärnten), Krems, St. Pölten, Waidhofen und Wiener Neustadt (Niederösterreich), Linz, Steyr und Wels (Oberösterreich), Salzburg (im Bundesland Salzburg), Graz (Steiermark), Innsbruck (Tirol) und Wien (im Bundesland Wien).

Die Statutarstadt ist eine Gemeinde mit über zwanzigtausend Einwohnern. Bei einer derart großen Ansiedlung von Menschen erscheint es gerechtfertigt, auf die strukturellen und regionalen Besonderheiten der Gemeinde einzugehen und ihr ein „maßgeschneidertes" Organisationsrecht anzupassen. [Die Regelung über Statutarstädte in Art 116 Abs 3 B-VG trat allerdings erst mit der Gemeindeverfassungsnovelle 1962 in Kraft. Zuvor gab es – auf einfachgesetzlicher Grundlage – schon Städte mit Sonderrechten, die weniger als zwanzigtausend Einwohner hatten. Der Verfassungsgesetzgeber übernahm diese bestehenden Städte in das 1962 geschaffene System, sodass es aus historischen Gründen auch Statutarstädte gibt, die weniger als zwanzigtausend Einwohner haben, etwa Rust im Burgenland]. 1307

[II]. Die Bundesverfassung kennt keine Gebietsgemeinden [1303]. Alle überörtlichen Angelegenheiten nehmen die politischen Bezirke wahr, die Teil der Verwaltungsorganisation des Landes und in diese Organisation voll – weisungsgebunden – eingegliedert sind. Die politischen Bezirke sind staatliche Verwaltungssprengel und haben mit Selbstverwaltung nichts zu tun. Gerade weil nach dem Muster der Selbstverwaltung eingerichtete Gebietsgemeinden die überörtlichen Angelegenheiten der Bezirke praktisch übernommen – und damit demokratisiert – hätten, kam vor dem Hintergrund des politischen Streits, ob eine parlamentarische Demokratie eine unmittelbar vom Volk legitimierte Verwaltung verträgt, ein Verfassungskonsens über Gebietsgemeinden nie zustande. 1308

Eine Statutarstadt mit mehr als zwanzigtausend Einwohnern braucht einen schlagkräftigen Verwaltungsapparat. Die Verfassung sieht ein, dass eine Statutarstadt von ihren verwaltungsorganisatorischen Voraussetzungen her in der Lage sein muss, auch die überörtlichen Agenden der staatlichen Bezirksverwaltung zu führen. Für die Statutarstädte endete daher der politische Streit, ob nicht wenigstens die Statutarstädte neben den örtlichen Angelegenheiten die Bezirksverwaltung führen könnten, mit einem Kompromiss: Art 116 Abs 3 letzter Satz B-VG legt fest: ***„Eine Stadt mit eigenem Statut hat neben den Aufgaben der Gemeindeverwaltung auch die der Bezirksverwaltung zu besorgen"***. Also: Die Statutarstadt nimmt nicht nur – wie jede andere Gemeinde – die örtlichen Angelegenheiten wahr, sie übernimmt auch die Aufgaben und Zuständigkeiten der staatlichen Bezirksverwaltung. Aber: Die Bezirksverwaltung, welche die Statutarstadt wahrnimmt, bleibt qualitativ staatliche Verwaltung und wird **nicht** zur Selbstverwaltung; die Statutarstadt ist bei Besorgung der Bezirksverwaltung nicht weisungsfrei, sondern an die Weisungen der Verwaltungsorgane des Landes und des Bundes gebunden. Im Sinne der Verfassungsterminologie stellen die Bezirksverwaltungsagenden der Statutarstädte einen **übertragenen Wirkungsbereich** der Gemeinde dar. 1309

[III]. Die Statutarstadt führt somit neben den Angelegenheiten des eigenen Wirkungsbereichs, neben den Angelegenheiten des vom Land übertragenen Wirkungsbereichs und neben den Angelegenheiten des vom Bund übertragenen Wirkungsbereichs die Bezirksverwaltung. Die **Bezirksverwaltung** umfasst die in den politischen Bezirken zu vollziehende **Landesverwaltung**, das sind die Materien der Art 11, 12 und 15 B-VG. Die **Bezirksverwaltung** umfasst weiters die **Bundesverwaltung**, das sind die Materien des Art 10 B-VG, die der Bund in mittelbarer Bundesverwaltung vollzieht. 1310

Die Angelegenheiten der Bezirksverwaltung in der Statutarstadt werden als übertragener Wirkungsbereich ausschließlich vom **Bürgermeister** (Art 119 Abs 2 erster Satz B-VG) – **weisungsgebunden** – besorgt. Stadtsenat und Gemeinderat in der Statutarstadt nehmen an den Aufgaben der Bezirksverwaltung nicht teil. Der Bürgermeister, der die Landesverwaltung (Art 11, 12 und 15 B-VG) auf dem Gebiet der Statutarstadt führt, ist den Weisungen des Landes unterworfen; bei Besorgung der Bezirksverwaltung des Bundes (Art 10 B-VG) ist er den Weisungen des Bundes unterworfen. 1311

Wenn der Bürgermeister der Statutarstadt die Aufgaben der Bezirksverwaltung wahrnimmt, wird der Verwaltungssprengel der Gemeinde zugleich zum politischen Bezirk. Eine staatliche Bezirksverwaltung neben der Statutarstadt gibt es nicht. Im Verwaltungssprengel einer Statutarstadt ist auch kein Bezirkshauptmann tätig. Im Verwaltungssprengel der Statutarstadt nimmt der Bürgermeister die Aufgaben der Bezirksverwaltung wahr, allerdings nicht weisungsfrei in Selbstverwaltung, sondern – wie alle Bezirkshauptmänner – weisungsgebunden. Die Bezirkshauptmänner stehen den politischen Bezirken vor. Sie werden vom Land ernannt und sind nicht gewählt. Im Verwaltungssprengel der Statutarstadt besorgt jedoch ein vom Volk gesondert demokratisch legi- 1312 timiertes oder gar direkt gewähltes Verwaltungsorgan die Bezirksverwaltung, nämlich der Bürgermeister, der eben **funktionell** auch „Bezirkshauptmann" ist. Art 116 Abs 3 iVm Art 119 Abs 2 B-VG bedeutet sohin auch ein Stück Demokratisierung der Bezirke.

1313 Die Kommunalrechte der Länder sind mit besonderen Bezeichnungen für Statutarstädte und für den die Bezirksverwaltung führenden Bürgermeister zurückhaltend. Lediglich das Burgenland nennt seine Statutarstädte (Eisenstadt, Rust) „Freistadt"; „frei" deswegen, weil sie keiner staatlichen Bezirksautorität unterliegt, sondern die Bezirksverwaltungsagenden selbst wahrnimmt. Aus ausländischen Kommunalrechten kennen wir etwa Bezeichnungen wie „kreisfreie Stadt" (zB Bayern, „Kreis" = Bezirk), oder als Bezeichnung für einen Bürgermeister, der auch die Bezirksverwaltungsagenden wahrnimmt, die Bezeichnung „Oberbürgermeister" (zB Deutschland).

WIEN

1314 Einen Sonderweg beschreitet die Bundesverfassung für die **Bundeshauptstadt Wien** [➔]. Wien ist eine Gemeinde, eine Statutarstadt, und **zugleich auch ein Land** (Art 108 ff B-VG). Die Behörden und Ämter der Gemeinde Wien werden daher jeweils in zwei unterschiedlichen Funktionen tätig: Einerseits für die Gemeinde Wien als Gemeindeorgane und anderseits für das Bundesland Wien als Landesorgane [1199]. Da der Bürgermeister von Wien auch die Funktion des Landeshauptmannes von Wien bekleidet, ist seine Direktwahl durch das Volk ausgeschlossen. Die **Wiener Stadtverfassung (WStV)** [➔] ist nicht nur „Stadtstatut" der Statutarstadt Wien, sondern auch „Landesverfassung" des Bundeslandes Wien.

1315 Eine Gemeindeaufsicht iSd Art 119a B-VG findet über die Gemeinde Wien nicht statt (Art 112 B-VG), wegen der Doppelfunktion der Organe in Wien wären das zu beaufsichtigende und das Gemeindeaufsichtsorgan identisch. Statt der herkömmlichen Gemeindeaufsicht sind die Organe der Stadt Wien für die Erfüllung ihrer dem eigenen Wirkungsbereich der Gemeinde zugehörigen Aufgaben dem Gemeinderat politisch verantwortlich (§ 80 WStV), der Gemeinderat kann den Bürgermeister oder einen amtsführenden Stadtrat durch Misstrauensvotum abberufen (§ 37 WStV). Und die Organe der Bundeshauptstadt Wien sind, soweit sie eine Angelegenheit aus der Bundesverwaltung im eigenen Wirkungsbereich besorgen, der Bundesregierung gegenüber rechtlich verantwortlich [1610]. Die Bundesregierung kann sie wegen Gesetzesverletzung vor dem Verfassungsgerichtshof anklagen (Art 142 Abs 2 lit f B-VG). Die Sonderstellung Wiens erfordert besondere Regelungen auch der Instanzenwege (etwa Art 109 B-VG).

GEMEINDEVERBÄNDE

1316 [I]. Der Grundsatz der Einheitsgemeinde zwängt alle Gemeinden – mit Ausnahme der Statutarstädte – ohne Berücksichtigung ihrer besonderen Struktur in ein einheitliches organisationsrechtliches Korsett. Einen Ausgleich dafür finden die Gemeinden in der **kommunalen Zusammenarbeit** [➔], sie können etwa – für Aufgaben der **kommunalen Daseinsvorsorge** [➔] – in **Verwaltungsgemeinschaften** [➔] zusammenarbeiten.

1317 [II]. Die Gemeinde kann mit anderen Gemeinden einen **Gemeindeverband** [➔] bilden (**Art 116a B-VG**). Der Gemeindeverband nimmt **anstelle seiner Mitgliedsgemeinden** hoheitliche oder nicht-hoheitliche Aufgaben der Gemeindeverwaltung wahr. Es bestehen über 1300 Gemeindeverbände in Österreich. Die Gemeindeverbände sind **juristische Personen des öffentlichen Rechts** und werden als Rechtsträger insbesondere privatrechtlich tätig. Weil der Aufgabenkreis von Gemeindeverbänden auf einzelne Aufgaben beschränkt bleibt, gelten sie nicht als Gebietskörperschaft, obwohl sie letztlich staatliche Aufgaben wahrnehmen und als juristische Person des öffentlichen Rechts eingerichtet sind; der Begriff „Gebietskörperschaft" geht von einem umfassenden Wirkungskreis aus.

1318 Gemeinden können zur Besorgung ihrer Angelegenheiten Gemeindeverbände mit Genehmigung der Aufsichtsbehörde durch „**Vereinbarung**" bilden (**Art 116a Abs 1 B-VG**). Solche freiwilligen Gemeindeverbände sind etwa **Wegeerhaltungsverbände** (zB der „Wegeerhaltungsverband Eisenwurzen", oö LGBl 2008/18; der „Wegeerhaltungsverband Innviertel", oö LGBl 2006/143 idgF); **Regionalverkehrsverbände** (zB der Gemeindeverband „Regionalverkehr Gusen-Aist-Naarn", oö LGBl 2004/82); **Regionale Wirtschaftsverbände** (zB Gemeindeverband „Industriepark Braunau-Neukirchen", oö LGBl 2005/92; der Gemeindeverband „Regionaler Wirtschaftsverband oö Ennstal", oö LGBl 2008/56, Gemeindeverband „Dienstleistungszentrum 4 Sonnen" – gemeinsamer Bauhof, oö LGBl 2005/22).

Gemeindeverbände können aber auch **zwangsweise** – auch gegen den Willen der Gemeinden – zur Besorgung 1319
von Angelegenheiten des **eigenen** und/oder des **übertragenen Wirkungsbereichs** [1286, 1296] durch den zuständigen Gesetzgeber bzw Verordnungsgeber (Art 10 bis 15 B-VG) gebildet werden (**Art 116a Abs 2 B-VG**). Solche Zwangsverbände sind etwa die **Abfallwirtschaftsverbände** (Errichtung und Betrieb von Abfallbehandlungsanlagen, zB nach Oö Abfallwirtschaftsgesetz 2009, LGBl 71); die **Gemeindesanitätsverbände** (Aufgaben der örtlichen Gesundheitspolizei, zB nach dem NÖ Gemeindeärztegesetz 1977, LGBl 9400); die **Krankenanstaltenverbände** (Errichtung, Erhaltung und Betrieb öffentlicher Krankenanstalten, zB nach NÖ Krankenanstaltengesetz, LGBl 9440); die **Schulgemeindeverbände** (Errichtung und Erhaltung von öffentlichen Pflichtschulen, zB der „Hauptschulverband Außermontafon", Vlbg LGBl 1977/21); die **Sozialhilfeverbände** (Sozialhilfeträger zB nach Oö Sozialhilfegesetz 1998, LGBl 1998/82 idgF); die **Staatsbürgerschaftsverbände** (nach dem Staatsbürgerschaftsgesetz 1985, BGBl 1985/311 idgF); die **Standesamtsverbände** (nach dem Personenstandsgesetz 2013, BGBl 16 idgF); die **Wasserversorgungs- und Abwasserentsorgungsverbände** (Errichtung und Betrieb von Wasserversorgungsanlagen und Kanalisationsanlagen).

Ein Bundeslandgrenzen überschreitender Zusammenschluss von Gemeinden zu einem Gemeindeverband bedarf 1320
einer Ländervereinbarung gemäß Art 15a Abs 2 B-VG zwischen den betreffenden Bundesländern (**Art 116a Abs 6 B-VG**).

[III]. Ohne Zusammenschluss zu einem Gemeindeverband (Art 116a B-VG) dürfen zwei oder meh- 1321
rere Gemeinden eines Bundeslands (bei Vorliegen einer entsprechenden Ländervereinbarung nach Art 15a Abs 2 B-VG auch Gemeinden verschiedener Bundesländer) untereinander Vereinbarungen **über** ihren jeweiligen **eigenen** und/oder **übertragenen Wirkungsbereich** treffen (**Gemeindevereinbarung** [➔]), wenn der Landesgesetzgeber von der Ermächtigung des **Art 116b B-VG** Gebrauch macht und Gemeindevereinbarungen vorsieht.

GEMEINDEBUND, STÄDTEBUND

Die Gemeinden und die Statutarstädte haben gemeinsame Interessen, die sie in der Gesellschaft 1322
und gegenüber dem Bund und den Ländern vertreten wollen. Zur Interessenvertretung schlossen sich **auf vereinsrechtlicher Grundlage** die Gemeinden zum **Österreichischen Gemeindebund** [➔], und zum **Österreichischen Städtebund** [➔] zusammen. Die Tätigkeit dieser Bünde findet in Art 115 Abs 3 B-VG eine verfassungsgesetzliche Grundlage.

ORGANE DER GEMEINDE

1323

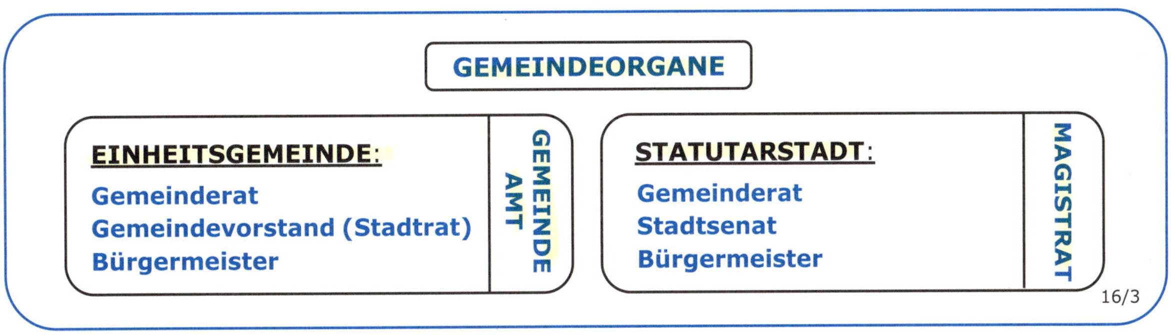

[I]. Das Kommunalrecht des Landes muss in der Organisation der Gemeinde – sowohl für die Ein- 1324
heitsgemeinde als auch für die Statutarstadt – jedenfalls **drei Organe** vorsehen (Art 117 Abs 1 B-VG):

- [**Gemeinderat**]. Der **Gemeinderat** [➔] besteht aus mehreren Mandataren, die unmittelbar vom 1325
Gemeindevolk gewählt werden (Art 117 Abs 2 B-VG). Der Gemeinderat ist das **oberste Verwaltungsorgan** der Gemeinde, gegenüber der Landesverwaltung und der Bundesverwaltung selbst weisungsfrei, allen anderen Gemeindeorganen gegenüber aber weisungsberechtigt (Art 118 Abs 5 B-VG). Der Begriff „Gemeinderat" entstammt der Bundesverfassung (Art 117 Abs 1 lit a B-VG). Die Kommunalrechte der Länder versehen den Gemeinderat manchmal mit anderen Be-

zeichnungen; so etwa als „Gemeindeversammlung" oder „Gemeindevertretung" (Salzburg, Vorarlberg). Der Gemeinderat ist ein **allgemeiner Vertretungskörper** [892].

1326 Aufgrund des Unionsrechts ist das aktive und das passive Wahlrecht zum Gemeinderat nicht auf österreichische Staatsbürger beschränkt [805]. Nichtösterreichischen Unionsbürgern mit Wohnsitz in Österreich steht das aktive und das passive Wahlrecht bei Kommunalwahlen – unter denselben Bedingungen wie den österreichischen Staatsangehörigen – zu (Art 20 Abs 2 lit b, Art 22 Abs 1 AEUV). Daher sind bei den Wahlen zum Gemeinderat grundsätzlich auch Staatsangehörige anderer Mitgliedstaaten der Europäischen Union wahlberechtigt und wählbar (Art 117 Abs 2 vierter Satz B-VG).

1327 ◆ [**Gemeindevorstand**]. Der **Gemeindevorstand** [➔] besteht aus einigen vom Gemeinderat gewählten Gemeindemandataren. Der Gemeindevorstand heißt bei Städten „Stadtrat". Bei den **Statutarstädten** ist anstelle des Gemeindevorstands ein **Stadtsenat** [➔] eingerichtet (Art 117 Abs 1 lit b B-VG).

1328 ◆ [**Bürgermeister**]. Der **Bürgermeister** [➔] wird grundsätzlich vom Gemeinderat gewählt (Art 117 Abs 6 erster Satz B-VG). In der Landes**verfassung** kann vorgesehen werden, dass das Gemeindevolk den Bürgermeister direkt wählt (Art 117 Abs 6 zweiter Satz B-VG). Alle Landesverfassungen – mit Ausnahme von Niederösterreich, Steiermark und Wien – sehen die direkte Wahl des Bürgermeisters vor.

1329 Aufgrund des Unionsrechts sind bei einer Direktwahl des Bürgermeisters durch das Gemeindevolk grundsätzlich auch Staatsangehörige anderer Mitgliedstaaten der Europäischen Union wahlberechtigt [805]. Die Wählbarkeit zum Bürgermeister darf der Landesgesetzgeber auf österreichische Staatsbürger beschränken.

1330 Es ist dem Kommunalrecht der Länder überlassen, **weitere Gemeindeorgane** einzurichten, etwa die **Berufungskommission** zur Entscheidung über Rechtsmittel gegen Bescheide des Gemeindevorstands und des Bürgermeisters in Angelegenheiten des eigenen Wirkungsbereichs nach dem Vorarlberger Gemeindegesetz, oder die **Verwaltungsausschüsse** für wirtschaftliche Unternehmungen nach dem Stadtstatut Innsbruck.

1331 [II]. [**Gemeindeamt – Magistrat**]. Die Verwaltungstätigkeiten für den Gemeinderat, für den Gemeindevorstand und für den Bürgermeister führt das **Gemeindeamt** [➔], in der Statutarstadt der **Magistrat** [➔] (Art 117 Abs 7 B-VG). Der (beamtete) Leiter des Gemeindeamts heißt in den Kommunalrechten der Länder meist „Amtsleiter", früher „Gemeindesekretär", im Burgenland „Amtmann", in Stadtgemeinden auch „Stadtamtsdirektor" oder „Stadtamtsleiter". Den Magistrat leitet der Magistratsdirektor.

1332 Die Statutargesetze der Länder bestimmen die **Magistrate** auch zu **Verwaltungsbehörden**. So sind sie in der Regel die **Verwaltungsbehörde erster Instanz** in den Angelegenheiten des eigenen Wirkungsbereichs der Gemeinde (etwa nach § 51 Abs 2 StL 1992).

1333 [III]. Die autonome Gemeinde ist ein (Selbst)Verwaltungskörper, kein Staat. Sie nimmt an der Gesetzgebung nicht teil. Sie verfügt daher auch über kein Parlament und keine Regierung. Trotzdem ist nicht zu verkennen, dass die Gemeindeorganisation der Staatsorganisation in Grundzügen ähnelt. Es gibt zwar kein vom Volk gewähltes Parlament, aber einen Gemeinderat; es gibt keine Regierung, aber einen Gemeindevorstand oder Stadtsenat. Im politischen Sinn könnte man den Gemeinderat als „Gemeindeparlament", den Gemeindevorstand oder den Stadtsenat als „Gemeinderegierung" bezeichnen. Rechtlich wäre das falsch. Rechtlich sind alle Gemeindeorgane, der Gemeinderat, der Gemeindevorstand oder Stadtsenat, der Bürgermeister und alle eventuellen sonstigen Gemeindeorgane Organe eines **Verwaltungs**körpers.

GEMEINDEUNTERNEHMEN

1334 Als juristische Personen des öffentlichen Rechts steht es den Gemeinden frei, juristische Personen des Privatrechts – etwa **Gesellschaften mit beschränkter Haftung** und **Aktiengesellschaften** – zu gründen und nicht-hoheitliche kommunale Tätigkeiten, insbesondere unternehmerische Betätigungen, auf diese **auszugliedern** [1096]. Ausgegliederte Unternehmen sind in größeren Gemeinden weit verbreitet. Viele Angelegenheiten der „kommunalen Daseinsvorsorge" nehmen die Gemeinden durch ausgegliederte Unternehmen wahr, etwa die Wasserver- und Abwasserentsorgung, die Energieversorgung, den öffentlichen Verkehr ua (so die LINZ AG der Landeshauptstadt Linz). Aber auch im eigenen Namen können die Gemeinden in der Kommunalwirtschaft tätig sein. Sie führen dann mit Einbindung in das eigene Organisationsrecht Unternehmen. Nach dem Grad der Verselbständigung in der eigenen Organisation spricht man von Regiebetrieben, Eigenunternehmen, unselbständigen Anstalten ua.

17. KAPITEL: DIE GERICHTE

Glossar: *Anklageprozess, Arbeits- und Sozialgerichtsbarkeit, Arbeits- und Sozialgerichtsgesetz (ASGG), Außerstreitgesetz (AußStrG), Beschluss, Bezirksgericht, Bundesfinanzgericht (BFG), Bundesfinanzgerichtsgesetz (BFGG), Bundesverwaltungsgericht (BVwG), Bundesverwaltungsgerichtsgesetz (BVwGG), Erkenntnis, Europäischer Gerichtshof für Menschenrechte (EGMR), Fachgericht (EuFG), Finanzprokuratur, Generalprokuratur, Gericht (EuG), Gerichtsbarkeit des öffentlichen Rechts, Gerichtshof (EuGH), Gerichtshof der Europäischen Union, Gerichtshöfe des öffentlichen Rechts, Gerichtssprengel, Gerichtsverfahrensgesetze, Geschäftsordnung, Geschäftsverteilung, Geschworene, Internationaler Gerichtshof (IGH), Internationaler Strafgerichtshof (IStGH), Jurisdiktionsnorm (JN), Justiz-Ombudsstelle, Justizverwaltung, Kartellgerichtsbarkeit, Laienrichter, Landesgericht, Landesverwaltungsgericht (LVwG), Nichtigkeitsklage (EU), Oberlandesgericht (OLG), Oberster Gerichtshof (OGH), ordentliche Gerichtsbarkeit, Rechtspfleger, Richter, Schadenersatzklage (EU), Schöffen, Staatsanwalt, Strafprozessordnung 1975 (StPO), Untätigkeitsklage (EU), Urteil, Verfassungsgerichtshof (VfGH), Verfassungsgerichtshofgesetz 1953 (VfGG), Vertragsverletzungsverfahren, Verwaltungsgericht (VwG), Verwaltungsgerichtsbarkeit, Verwaltungsgerichtshof (VwGH), Verwaltungsgerichtshofgesetz 1985 (VwGG), Vorabentscheidung, Zivilprozessordnung (ZPO).*

ORDENTLICHE GERICHTSBARKEIT UND GERICHTSBARKEIT DES ÖFFENTLICHEN RECHTS

[I]. Es gibt **ordentliche Gerichte** und eine **ordentliche Gerichtsbarkeit** [➔] (**Art 82 bis 94** 1335
B-VG), die als **Zivilgerichte** und **Strafgerichte** für **Zivilsachen und Strafsachen** zuständig sind. Und es gibt **Gerichte des öffentlichen Rechts** und eine **Gerichtsbarkeit des öffentlichen Rechts** [➔], die im begrifflichen Gegensatz zur ordentlichen Gerichtsbarkeit auch als „außerordentliche Gerichtsbarkeit" bezeichnet wird. Gerichte des öffentlichen Rechts sind die **Verwaltungsgerichte** (Art 129 bis 136 B-VG: **Verwaltungsgerichtsbarkeit**), die für **Verwaltungssachen** zuständig sind; und der **Verfassungsgerichtshof** (**VfGH**), der **besondere Verfassungsfragen** und **politische Streitigkeiten** entscheidet (Art 137 bis 148 B-VG: **Verfassungsgerichtsbarkeit**).

[II]. Historisch verfügte jede staatliche Gewalt immer und überall über eine Zivilgerichtsbarkeit und über eine 1336
Strafgerichtsbarkeit. Eine Gerichtsbarkeit des öffentlichen Rechts brachte erst der Konstitutionalismus. Zuvor war es undenkbar, gegen den Staat einen Prozess zu führen. Der österreichische Monarch etwa gründete seine staatliche Macht auf das Gottesgnadentum [16]. Gegen den absolutistischen Staat einen Prozess zu führen, hätte bedeutet, gegen Gott zu prozessieren. In der Dezemberverfassung 1867 entstand eine Verwaltungsgerichtsbarkeit, eine voll entwickelte Gerichtsbarkeit des öffentlichen Rechts schaffte erst 150 Jahre später die **Verwaltungsgerichtsbarkeits-Novelle 2012** (BGBl I 51).

GERICHTE DES BUNDES UND GERICHTE DES LANDES (GERICHTSORGANISATION)

[I]. Im **Bundesstaat** [360] nimmt die **ordentliche Gerichtsbarkeit** nur der **Bund** wahr (Art 82 1337
Abs 1 B-VG). **Die Gerichtsbarkeit des öffentlichen Rechts ist zwischen Bund und Ländern aufgeteilt**. Die Gemeinden sind keine Staaten, ihnen kommt keine Gerichtsbarkeit zu.

1338

ORDENTLICHE GERICHTSBARKEIT
(**Art 82** bis **94 B-VG**)

IV. OBERSTER GERICHTSHOF (**OGH**)
III. OBERLANDESGERICHTE (**OLG**)
II. LANDESGERICHTE (**LG**)
I. BEZIRKSGERICHTE (**BG**)

17/1

[II]. Die **Organisation der ordentlichen Gerichte** (Art 83 Abs 1 B-VG) obliegt in Gesetzgebung 1339
und Vollziehung dem **Bund** (Art 10 Abs 1 Z 6, 82 Abs 1 B-VG, Gerichtsorganisationsgesetz – GOG, OGH-Gesetz, Arbeits- und Sozialgerichtsgesetz – ASGG). Die ordentlichen Gerichte sind territorial nach **Gerichtssprengeln** [➔] in **vier Ebenen** organisiert: Die **erste** Ebene sind die **Bezirksge-**

richte [→], die **zweite** Ebene sind die **Landesgerichte** [→], die **dritte** Ebene sind die **Oberlandesgerichte** (**OLG**) [→] (Innsbruck, Linz, Graz, Wien), die **vierte** Ebene ist der **Oberste Gerichtshof** (**OGH**) [→].

1340 Zu den Zivilsachen zählt auch die **Arbeits- und Sozialgerichtsbarkeit** [→]. Das Kartellgesetz 2005 betraut zudem für das gesamte Bundesgebiet das **Oberlandesgericht Wien** als **Kartellgericht** und den **Obersten Gerichtshof** (OGH) als **Kartellobergericht** mit der **Kartellgerichtsbarkeit** [→].

1341 [III]. Die **Organisation der Gerichte des öffentlichen Rechts** obliegt in Gesetzgebung und Vollziehung für die **Verwaltungsgerichte der Länder** dem **Land** (Art 10 Abs 1 Z 1 B-VG: *„Verwaltungsgerichtsbarkeit mit Ausnahme der Organisation der Verwaltungsgerichte der Länder"*, Art 136 Abs 1 B-VG), für die **Verwaltungsgerichte des Bundes** (Art 10 Abs 1 Z 1 B-VG: *„Verwaltungsgerichtsbarkeit"*, Art 136 Abs 1 und Abs 4 B-VG) und für den **Verfassungsgerichtshof** (Art 10 Abs 1 Z 1 B-VG: *„Verfassungsgerichtsbarkeit"*) dem **Bund**.

1342 Die **Verwaltungsgerichtsbarkeit** [→] (Art 129 bis 136 B-VG) ist in **zwei Ebenen** organisiert: Die **erste Ebene** bilden die **Verwaltungsgerichte** (**VwG**) [→] **erster Instanz**, die **zweite Ebene** bildet das Verwaltungsgericht zweiter Instanz, der **Verwaltungsgerichtshof** (**VwGH**). Auf der zweiten Ebene ist der Verfassungsgerichtshof (VfGH) als Sonderverwaltungsgericht eingerichtet.

1343 Jedes **Land** verfügt nach Art 129 B-VG über ein **Verwaltungsgericht des Landes** (= Landesverwaltungsgericht [**LVwG**]), der **Bund** über ein **Verwaltungsgericht des Bundes** (= Bundesverwaltungsgericht [**BVwG**]), über ein **Verwaltungsgericht des Bundes für Finanzen** (= Bundesfinanzgericht [**BFG**]) und über den **Verwaltungsgerichtshof** (**VwGH**).

1344

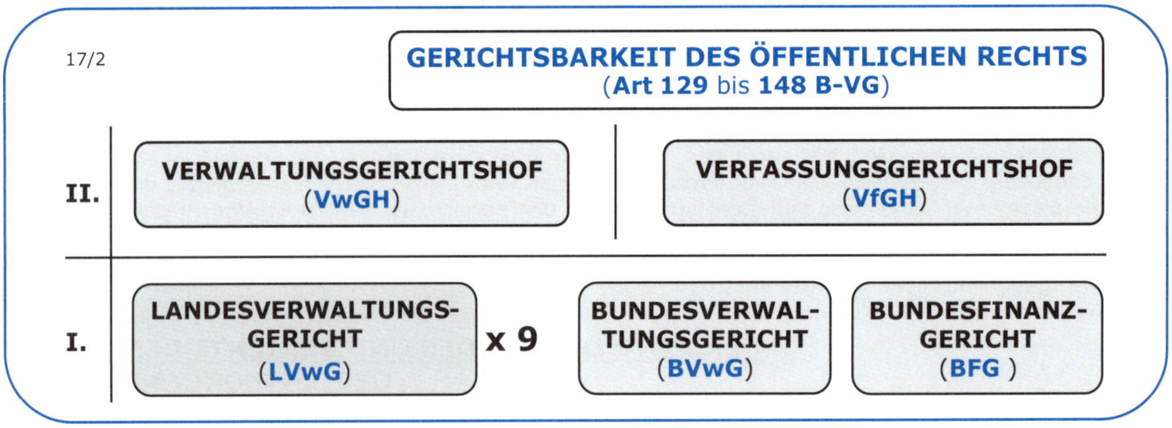

1345 [IV]. Gerichte, die Streitsachen letztinstanzlich entscheiden, nennt das B-VG **„Gerichtshof"**. In der ordentlichen Gerichtsbarkeit ist das der **Oberste Gerichtshof** (**OGH**), in der Gerichtsbarkeit des öffentlichen Rechts sind es der **Verwaltungsgerichtshof** (**VwGH**) und der **Verfassungsgerichtshof** (**VfGH**) (= **Gerichtshöfe des öffentlichen Rechts** [→]). In der Gerichtsbarkeit bestehen daher **drei Höchstgerichte** (OGH, VwGH, VfGH). Kein Höchstgericht kann die Entscheidung eines anderen Höchstgerichts aufheben oder abändern.

1346 [V]. Die Justiz hat am Sitz der Oberlandesgerichte (Wien, Graz, Linz und Innsbruck) ohne gesetzliche Grundlage und ohne Weisungs- oder Entscheidungsbefugnisse **Justiz-Ombudsstellen** [→] eingerichtet. Jeder kann sich mit zivil- und strafgerichtlichen Fragen, Beschwerden und Anregungen an diese Stellen wenden.

1347 [VI]. Die **Finanzprokuratur** [→] ist der **„Rechtsanwalt" des Bundes**. Sie ist durch das **Finanzprokuraturgesetz** (**ProkG**) als Teil der Finanzverwaltung – ohne eigene Rechtsfähigkeit – eingerichtet und untersteht organisatorisch dem Bundesminister für Finanzen. Die Finanzprokuratur, ein Prokuraturanwalt, **berät** und **vertritt** in **Gerichts- und Verwaltungsverfahren** jedenfalls den **Bund**. **Rechtsträger im Nahbereich des Bundes**, etwa Rechtsträger mit einer Mehrheitsbeteiligung des Bundes; Rechtsträger, die der Bund beherrscht (zB die Österreichische Bundesforste AG, die Autobahnen- und Schnellstraßen-Finanzierungs-Aktiengesellschaft [ASFINAG], die ÖBB-Holding AG), Körperschaften und Anstalten des öffentlichen Rechts (zB die Finanzmarktaufsichtsbehörde, die Energie-Control Austria [E-Control]), Stiftungen und Fonds des öffentlichen Rechts, **Länder** und **Gemeinden** vertritt die Finanzprokuratur **fakultativ**, dh sie darf (muss nicht!) diese auf deren Wunsch vertreten.

DIE RICHTER

[I]. An den Gerichten nehmen **unabhängige** (= **unabsetzbare, unversetzbare und weisungsfreie**) [220] **Richter** [➔] die Gerichtsbarkeit wahr (Art 87 Abs 1, Art 134 Abs 7, Art 147 Abs 6 B-VG). Sie werden als **Einzelrichter** und kollegiale **Richtersenate** tätig (vgl zB Art 135 Abs 1 B-VG). Die Richter sind **Beamte** des Bundes oder des Landes. Der Büroapparat des Richters ist die (Gerichts)**Kanzlei** [1072]. 1348

Mit der **unabhängigen** rechtsprechenden Tätigkeit ist vereinbar, dass nach den Regeln der Gerichtsverfahrensgesetze [1390] Richter einer höheren Ebene die Entscheidungen der Richter einer unteren Ebene im Rahmen von **Rechtsmittelverfahren** überprüfen und korrigieren. 1349

In der Gerichtsbarkeit sind auch **Rechtspfleger** [➔] als besonders ausgebildete nichtrichterliche Bedienstete tätig, die auf gesetzlicher Grundlage unter Weisung des Richters untergeordnete Rechtssachen erledigen. Ob und welche Angelegenheiten ein Rechtspfleger wahrzunehmen hat, bestimmt der einfache Gesetzgeber im jeweiligen Gerichtsorganisationsgesetz: Für die **ordentliche Gerichtsbarkeit** (**Art 87a B-VG**) der Bundesgesetzgeber etwa im Gerichtsorganisationsgesetz (GOG); für die **Verwaltungsgerichtsbarkeit erster Instanz** (**Art 135a B-VG**) ist hinsichtlich der Landesverwaltungsgerichte (LVwG) der Landesgesetzgeber, hinsichtlich des Bundesverwaltungsgerichts (BVwG) und des Bundesfinanzgerichts (BFG) entscheidet der Bundesgesetzgeber (Art 136 Abs 1 B-VG), ob Rechtspfleger bestimmte Arten von Geschäften besorgen. 1350

[II]. Der **Bundespräsident** ernennt (Art 65 Abs 2 lit a B-VG) die **Bundesrichter**. Die **Landesregierung** ernennt die **Landesrichter** (Art 134 Abs 2 B-VG). 1351

Der Bundespräsident ist bei Ernennung der Richter der **ordentlichen Gerichte** an den Vorschlag der Bundesregierung gebunden. Er kann sein Ernennungsrecht an den Bundesminister für Justiz delegieren (Art 86 B-VG). Bundesregierung bzw der ermächtigte Bundesminister für Justiz ist dabei an Besetzungsvorschläge der nach dem Richter- und Staatsanwaltschaftsdienstgesetz (RStDG) eingerichteten Personalsenate gebunden. 1352

An den **Verwaltungsgerichten des Bundes** (BVwG, BFG und VwGH) ernennt der Bundespräsident den Präsidenten, den Vizepräsidenten und die übrigen Mitglieder auf **Vorschlag der Bundesregierung**. Die Bundesregierung ist bei ihrem Vorschlag für den Präsidenten und den Vizepräsidenten frei, bei den sonstigen Mitgliedern an Dreiervorschläge der Vollversammlung der Richter des BVwG, des BFG bzw des VwGH gebunden (Art 134 Abs 3 und Abs 4 B-VG). 1353

Am **Verfassungsgerichtshof** (VfGH) ernennt der Bundespräsident den Präsidenten, den Vizepräsidenten und die zwölf weiteren Mitglieder und sechs Ersatzmitglieder. Der Bundespräsident ist dabei an Vorschläge gebunden: Bei der Ernennung des Präsidenten, des Vizepräsidenten, sechs weiterer Mitglieder und drei Ersatzmitglieder an den **Vorschlag der Bundesregierung**, hinsichtlich der Ernennung der restlichen sechs Mitglieder und drei Ersatzmitglieder an die Vorschläge des **Nationalrats** (drei Mitglieder und zwei Ersatzmitglieder) und des **Bundesrats** (drei Mitglieder und ein Ersatzmitglied). Der Grund für die „politische" Zusammensetzung [1373] des VfGH liegt in seinen Aufgaben (Art 147 Abs 2 B-VG). 1354

Die Landesregierung ernennt den Präsidenten und den Vizepräsidenten des **Landesverwaltungsgerichts** (LVwG) frei, bei Ernennung der übrigen (Landes)Richter des Landesverwaltungsgerichts ist sie an Dreiervorschläge der Vollversammlung der Richter des LVwG gebunden (Art 134 Abs 2 B-VG). 1355

[III]. Die Rechtsordnung kennt in der Gerichtsbarkeit auch **Laienrichter** [➔]. Im **Strafprozess** urteilen nicht oder nicht ausschließlich beamtete Richter, sondern auch **fachlich ungebildete Laien** aus dem Volk. Die Bundesverfassung sieht für das Strafrecht **Geschworene** [➔] (Art 91 Abs 2 B-VG) und **Schöffen** [➔] (Art 91 Abs 3 B-VG) vor. 1356

Bei besonders schweren und politischen Delikten entscheiden **Geschworenengerichte**, die aus drei Berufsrichtern und acht Laienrichtern (= Geschworene) bestehen. Über schwere Delikte entscheiden **Schöffengerichte**, die aus einem Berufsrichter und zwei Laienrichtern (= Schöffen) bestehen. Die Laiengerichtsbarkeit im Strafprozess soll die Angeklagten vor der „Berufsblindheit" der Berufsrichter und ihrer möglichen Verstrickung mit den politisch Mächtigen im Staat schützen. Jeder Bürger hat – mit sachlichen Ausnahmen – die Pflicht, als Geschworener und Schöffe tätig zu sein, er wird aus nach dem Geschworenen- und Schöffengesetz 1990 (GSchG) angelegten Listen ausgewählt. Die Laienrichter werden **nicht vom Volk gewählt**, sodass sie nicht als demokratisches Element [221] in der Gerichtsbarkeit gelten können. 1357

Das B-VG ermächtigt den einfachen Bundes- und Landesgesetzgeber, eine **Mitwirkung fachkundiger Laienrichter** (bezogen auf eine bestimmte berufliche Erfahrung) an der Rechtsprechung der **Verwaltungsgerichte** (LVwG, BVwG, BFG) vorzusehen (Art 135 Abs 1 B-VG [926]). 1358

1359 **Fachkundige Laienrichter** sind für die „Senate für Finanzstrafrecht" beim Bundesfinanzgericht (BFG) normiert (§ 71a Finanzstrafgesetz – FinStrG). Fachkundige Laienbeisitzer entsenden auf einfachgesetzlicher Grundlage etwa auch die gesetzlichen Berufsvertretungen bei den **Arbeits- und Sozialgerichten** (§§ 10 ff ASGG) sowie bei den **Kartellgerichten** [1340].

1360 [IV]. Das B-VG (Art 90a) nennt auch die **Staatsanwälte** [➔] *„Organe der **ordentlichen Gerichtsbarkeit**"*, sie sind allerdings weder mit der Rechtsprechung betraut noch mit den richterlichen Privilegien ausgestattet. Im **gerichtlichen Strafverfahren** gilt der **Anklageprozess** [➔] (Art 90 Abs 2 B-VG). Das Straf**gericht** darf – anders als im historischen „Inquisitionsprozess" – **nur urteilen, nicht zugleich ermitteln und anklagen**. Diese vom urteilenden Gericht getrennten **Ermittlungs- und Anklagefunktionen** im gerichtlichen Strafverfahren besorgen die Staatsanwälte.

1361 Die Staatsanwälte sind Teil der Justizverwaltung. Sie sind **weisungsgebunden** und unterhalb der Ministerebene (**Bundesminister für Justiz**) in die **Generalprokuratur** [➔] (auf der Ebene des Obersten Gerichtshofs), in die **Oberstaatsanwaltschaften** (auf der Ebene der Oberlandesgerichte) und in die **Staatsanwaltschaften** (auf der Ebene der Landesgerichte) gegliedert. Für das gesamte Bundesgebiet ist (am Sitz der Oberstaatsanwaltschaft Wien) zudem die **Wirtschafts- und Korruptionsstaatsanwaltschaft** (**WKStA**) (= Zentrale Staatsanwaltschaft zur Verfolgung von Wirtschaftsstrafsachen und Korruption) eingerichtet [1418]. Rechtsgrundlage der Staatsanwaltschaft ist das **Staatsanwaltschaftsgesetz** (**StAG**).

1362 Die **Weisungen** an Staatsanwälte unterliegen nach **„näheren Regelungen"** des (einfachen) Bundesgesetzgebers (Art 90a letzter Satz B-VG) **Besonderheiten**. Der Bundesminister erteilt Weisungen **schriftlich** (§ 29a Abs 1 StAG) und **berichtet** einmal jährlich dem Nationalrat und dem Bundesrat über seine der Staatsanwaltschaft erteilten Weisungen (§ 29a Abs 3 StAG).

DIE VERWALTUNGSGERICHTE (LVwG, BVwG, BFG)

1363 [I]. Die **Landesverwaltungsgerichte (LVwG)** [➔] sind Gerichte des öffentlichen Rechts, mit dem Bundesverwaltungsgericht (BVwG) und dem Bundesfinanzgericht (BFG) bilden sie die Verwaltungsgerichtsbarkeit erster Instanz.

1364 Die **Bundesverfassung** richtet die Landesverwaltungsgerichte (LVwG) in **Art 129 B-VG** ein. Danach besteht in jedem Land ein Landesverwaltungsgericht. Die näheren einfachgesetzlichen Regelungen über die **Organisation** der Landesverwaltungsgerichte treffen die Landesgesetzgeber (Art 136 Abs 1 B-VG); so etwa der Bgld Landesgesetzgeber im Burgenländischen Landesverwaltungsgerichtsgesetz – Bgld LVwGG (LGBl 2013/44); der oö Gesetzgeber in Art 54a Oö L-VG und im **Oö Landesverwaltungsgerichtsgesetz – Oö LVwGG** (LGBl 2013/9). Das Verfahren vor den Landesverwaltungsgerichten (LVwG) regelt hingegen der Bundesgesetzgeber (Art 136 Abs 2 B-VG) im Verwaltungsgerichtsverfahrensgesetz (VwGVG) [1552]. Die Landesverwaltungsgerichte (LVwG) bestehen aus einem Präsidenten, einem Vizepräsidenten und der erforderlichen Zahl von sonstigen Mitgliedern (Art 134 Abs 1 B-VG). Die Richter der LVwG sind Berufsrichter, sie haben die **richterlichen Privilegien** (Art 134 Abs 7 B-VG). Die Landesverwaltungsgerichte (LVwG) erkennen grundsätzlich durch **Einzelrichter** (Art 135 Abs 1 B-VG). Allerdings dürfen sowohl der Verfahrensgesetzgeber (Bund) als auch die zuständigen Materiengesetzgeber **Senatszuständigkeiten** festlegen (Art 135 Abs 1 zweiter Satz B-VG).

1365 [II]. Das **Bundesverwaltungsgericht (BVwG)** [➔] ist ein Gericht des öffentlichen Rechts, mit dem Landesverwaltungsgericht (LVwG) und dem Bundesfinanzgericht (BFG) bildet es die Verwaltungsgerichtsbarkeit erster Instanz.

1366 Die **Bundesverfassung** richtet das Bundesverwaltungsgericht (BVwG) in **Art 129 B-VG** ein. Danach besteht ein als „Bundesverwaltungsgericht" zu bezeichnendes Verwaltungsgericht des Bundes. Die näheren einfachgesetzlichen Regelungen über die **Organisation** des Bundesverwaltungsgerichts trifft der Bundesgesetzgeber (Art 10 Abs 1 Z 1, Art 136 Abs 1 B-VG) im **Bundesverwaltungsgerichtsgesetz (BVwGG)** [➔] (= Bundesgesetz über die Organisation des Bundesverwaltungsgerichtes). Das Verfahren vor dem Bundesverwaltungsgericht (BVwG) regelt ebenfalls der Bundesgesetzgeber (Art 136 Abs 2 B-VG) im Verwaltungsgerichtsverfahrensgesetz (VwGVG) [1552]. Das Bundesverwaltungsgericht (BVwG) hat seinen Sitz in Wien – mit Außenstellen in Graz, Innsbruck und Linz (§ 1 BVwGG). Es besteht aus einem Präsidenten, einem Vizepräsidenten und der erforderlichen Zahl von sonstigen Mitgliedern (Art 134 Abs 1 B-VG). Die Richter des BVwG sind Berufsrichter, sie haben die **richterlichen Privilegien** (Art 134 Abs 7 B-VG). Das Bundesverwaltungsgericht (BVwG) erkennt grundsätzlich durch **Einzelrichter** (Art 135 Abs 1 B-VG), allerdings darf der einfache Gesetzgeber **Senatszu-**

ständigkeiten festlegen (Art 135 Abs 1 zweiter Satz B-VG, §§ 6 f BVwGG), an denen fachkundige Laienrichter [1358] mitwirken können (§ 12 BVwGG).

[III]. Das **Bundesfinanzgericht (BFG)** [➔] ist ein Gericht des öffentlichen Rechts, mit den Landesverwaltungsgerichten (LVwG) und dem Bundesverwaltungsgericht (BVwG) bildet es die Verwaltungsgerichtsbarkeit erster Instanz. 1367

Die **Bundesverfassung** richtet das Bundesfinanzgericht (BFG) in **Art 129 B-VG** ein. Danach besteht ein als „Bundesfinanzgericht" zu bezeichnendes Verwaltungsgericht des Bundes für Finanzen. Die näheren einfachgesetzlichen Regelungen über die **Organisation** des Bundesfinanzgerichts (BFG) trifft der Bundesgesetzgeber (Art 10 Abs 1 Z 1, Art 136 Abs 1 B-VG) im **Bundesfinanzgerichtsgesetz (BFGG)** [➔] (= Bundesgesetz über das Bundesfinanzgericht). Das Verfahren vor dem Bundesfinanzgericht (BFG) regelt ebenfalls der Bundesgesetzgeber (Art 136 Abs 3 B-VG), § 24 BFGG verweist diesbezüglich auf die BAO, das Zollrechts-Durchführungsgesetz und das Finanzstrafgesetz [1552]. Das Bundesfinanzgericht (BFG) hat seinen Sitz in Wien – mit Außenstellen in Feldkirch, Graz, Innsbruck, Klagenfurt, Linz und Salzburg (§ 2 BFGG). Es besteht aus einem Präsidenten, einem Vizepräsidenten und der erforderlichen Zahl von sonstigen Mitgliedern (Art 134 Abs 1 B-VG). Die Richter des BFG sind Berufsrichter, sie haben die **richterlichen Privilegien** der Unabhängigkeit, die Weisungsfreiheit, die Unabsetzbarkeit und die Unversetzbarkeit (Art 134 Abs 7 B-VG). Das Bundesfinanzgericht (BFG) erkennt durch **Einzelrichter** (Art 135 Abs 1 B-VG) und durch **Senate** (§ 12 Abs 1 BFGG). Die Senate bestehen aus zwei Richtern und zwei **fachkundigen Laienrichtern** [1358] (§§ 4, 12 Abs 2 BFGG). 1368

DER VERWALTUNGSGERICHTSHOF (VwGH)

[I]. Der **Verwaltungsgerichtshof (VwGH)** [➔] ist ein Gerichtshof des öffentlichen Rechts, das Verwaltungsgericht II. Instanz und ein Höchstgericht [1345]. 1369

[II]. Die **Bundesverfassung** richtet den VwGH in den **Art 133 ff B-VG** ein. Die näheren einfachgesetzlichen Regelungen über die **Organisation** des VwGH (und das gerichtliche Verfahren des VwGH [1552]) trifft der Bundesgesetzgeber (Art 10 Abs 1 Z 1, Art 136 Abs 4 B-VG) im **Verwaltungsgerichtshofgesetz 1985 (VwGG)** [➔]. Der VwGH hat seinen Sitz in Wien und besteht aus dem Präsidenten, dem Vizepräsidenten und den sonstigen Mitgliedern (Art 134 Abs 1 B-VG), das sind zurzeit 13 Senatspräsidenten und 54 „Hofräte". Die Richter des VwGH sind Berufsrichter, sie haben die **richterlichen Privilegien** der Unabhängigkeit, die Weisungsfreiheit, die Unabsetzbarkeit und die Unversetzbarkeit (Art 134 Abs 7 B-VG). Der VwGH erkennt in **Senaten** (Art 135 Abs 1 letzter Satz B-VG), die aus drei („Dreiersenat"), fünf („Fünfersenat") oder neun („verstärkter Senat") Richtern bestehen (§§ 11-13 VwGG). Das Verfahren führt ein **Berichter** (§ 14 VwGG). 1370

DER VERFASSUNGSGERICHTSHOF (VfGH)

Der **Verfassungsgerichtshof (VfGH)** [➔] ist ein Gerichtshof des öffentlichen Rechts für besondere Fragen der Verfassung und der Politik [1373], aber auch als Sonderverwaltungsgericht II. Instanz für die Kontrolle der Erkenntnisse und Beschlüsse der Verwaltungsgerichte I. Instanz zuständig. Der VfGH ist ein Höchstgericht [1345]. 1371

[II]. Die **Bundesverfassung** richtet den VfGH in den **Art 137 bis 148 B-VG** ein. Die **Organisation** des VfGH (und das verfassungsgerichtliche Verfahren [1552]) sind durch das einfache **Verfassungsgerichtshofgesetz 1953 (VfGG)** [➔] näher geregelt (Art 10 Abs 1 Z 1, Art 148 B-VG). Der VfGH hat seinen Sitz in Wien und besteht aus einem Präsidenten, einem Vizepräsidenten, zwölf weiteren Mitgliedern und sechs Ersatzmitgliedern (Art 147 Abs 1 B-VG). Die Mitglieder des VfGH haben die **richterlichen Privilegien**, sind aber – anders als die Richter am VwGH – nicht (haupt)beruflich am Gerichtshof tätig (Art 147 Abs 6 B-VG). Der VfGH entscheidet, anders als der VwGH – von geringen Ausnahmen abgesehen („Kleine Besetzung" bestehend aus dem Präsidenten, dem Vizepräsidenten und vier weiteren Mitgliedern) – im **Plenum**, eine Senatsgliederung ist nicht vorgesehen (§§ 6 f VfGG). Der VfGH tagt – in jeweils drei Wochen dauernden Sessionen – viermal im Jahr. Das Verfahren führt ein **Referent**. 1372

Der VfGH ist ein „politisches Gericht". Die Verfassungsrichter sind wie alle anderen Gerichte an die Gesetze gebunden, sie werden aber ausschließlich **durch die Politik nominiert**. Der VfGH verfügt über Zuständigkeiten von staatspolitischer Bedeutung. Er überprüft Gesetze auf Übereinstimmung mit der Verfassung, kann damit die Parlamente überprüfen und ihre Gesetze aufheben. Er entscheidet über Wahlanfechtungen und den Verlust von politischen Mandaten. Er überprüft auf Antrag der Parlamente das Verhalten der obersten Verwaltungsorgane auf schuldhafte Rechtsverletzungen und kann auf Amtsverlust entscheiden. Die Politik darf allerdings nicht jeden in den VfGH entsenden. Die Richter des VfGH müssen durch die Vollendung der rechtswissenschaftlichen Studien und durch eine mindestens zehnjährige einschlägige Berufspraxis fachlich qualifiziert sein. 1373

GESCHÄFTSORDNUNG UND GESCHÄFTSVERTEILUNG DER GERICHTE

1374 Urteile, Erkenntnisse, Beschlüsse sind individuell-konkrete Rechtsnormen. **Generelle Rechtsnormen** der Gerichte kennt die Rechtsordnung grundsätzlich **nicht**. Eine Besonderheit sind die **Geschäftsordnung** [➔] und die **Geschäftsverteilung** [➔] der Gerichte, die von **weisungsfreien Richtersenaten** beschlossen werden [1379] und daher **nicht als Verordnungen** iSd Art 139 B-VG gelten.

1375 Die Landesverwaltungsgerichte (LVwG), das Bundesverwaltungsgericht (BVwG), das Bundesfinanzgericht (BFG) und der Verwaltungsgerichtshof (VwGH) [BGBl 1965/45] haben nach Art 136 Abs 5 B-VG eine Geschäftsordnung zu erlassen, der Verfassungsgerichtshof (VfGH) nach Art 148 B-VG (BGBl 1946/202). Die Geschäftsordnung für die (ordentlichen) Gerichte I. und II. Instanz (BGBl 1951/264 idgF) ist hingegen eine Verordnung, sie wird nicht von weisungsfreien Richtersenaten, sondern vom Bundesminister für Justiz erlassen.

1376 In der Gerichtsbarkeit des öffentlichen Rechts ordnet Art 135 Abs 2 und Abs 3 B-VG eine **feste Geschäftsverteilung** für die **Verwaltungsgerichte** (LVwG, BVwG, BFG) und für den **Verwaltungsgerichtshof** (VwGH) an. Das jeweilige Gericht (die Vollversammlung oder ein Richterkollegium) legt darin für eine gesetzlich bestimmte Zeit im Vorhinein fest, welcher Richter (oder Richtersenat) welche Geschäfte (Rechtsstreitigkeiten) zu entscheiden hat. Der **Verfassungsgerichtshof** (VfGH) hat **keine feste Geschäftsverteilung**, der Präsident weist die Verfahren dem einzelnen Richter frei zu.

1377 Für die **ordentlichen Gerichte** gilt der Grundsatz der „**festen Geschäftsverteilung**" nach Art 87 Abs 3 B-VG: *„Die Geschäfte sind unter die Richter eines Gerichtes … im Voraus zu verteilen."* Es muss also von vornherein und für jeden einsehbar **feststehen, welcher Richter welche Streitsache** erledigen wird.

JUSTIZVERWALTUNG

1378 [I]. **Gerichtsbarkeit** (= Justiz) ist die **rechtsprechende Tätigkeit der Richter**. **Justizverwaltung** [➔] ist das **organisatorische Umfeld der Richter**, das sind alle durch Gesetz den Gerichten zugewiesenen administrativen Aufgaben, **die nicht Rechtsprechung** sind.

1379 Die **Richter** sind in ihrer **rechtsprechenden Tätigkeit** kraft Verfassung **unabhängig** (Art 87 B-VG [220]). Bei Besorgung der **Justizverwaltung** sind die Gerichtsorgane (Einzelorgane) **an die Weisungen** der vorgesetzten Justizverwaltungsbehörden **gebunden**. **Aber**: Soweit einzelne Justizverwaltungssachen durch Gesetz einem **Richtersenat** oder *„**Kommissionen**"* (Richterkollegien) zugewiesen sind, werden diese Aufgaben weisungsfrei wahrgenommen (Art 87 Abs 2 B-VG) und der Gerichtsbarkeit zugerechnet [1059].

1380 Weisungsgebundene Justizverwaltung sind beispielsweise die Organisation der Kanzleien, die Personal- und Sachmittelverwaltung der Gerichte, die Vorschreibung und Einhebung von Gerichtsgebühren, der Strafvollzug mitsamt der Justizwache, die Angelegenheiten der Laienrichter, die Justiz-Ombudsstellen (§ 11 Geschäftsordnung für die Gerichte I. und II. Instanz, BGBl 1951/264 idgF). Weisungsfrei zu besorgende Justizverwaltungssachen sind etwa die Erlassung der Geschäftsordnung und der Geschäftsverteilung eines Gerichts.

1381 [II]. Es gibt eine **Justizverwaltung des Bundes**, welche die ordentlichen Gerichte, die Verwaltungsgerichte des Bundes und den Verfassungsgerichtshof; und eine **Justizverwaltung des Landes**, welche die Verwaltungsgerichte des Landes umfasst:

1382 • Der Bundesgesetzgeber organisiert im **GOG** die Justizverwaltung des Bundes für die **ordentlichen Gerichte** auf der Grundlage des Art 102 Abs 2 B-VG (*„Justizwesen"*) als unmittelbare Bundesverwaltung [1216]. Unterhalb der Ministerebene (**Bundesminister für Justiz**) nehmen in der ordentlichen Gerichtsbarkeit die Justizverwaltung der **Präsident des OGH**, der **Präsident des OLG**, der **Präsident des Landesgerichts** und der **Vorsteher des Bezirksgerichts** wahr.

1383 • Der Bundesgesetzgeber organisiert die Justizverwaltung des Bundes für das Bundesverwaltungsgericht (**BVwG**) im Bundesverwaltungsgerichtsgesetz (BVwGG), für das Bundesfinanzgericht (**BFG**) im Bundesfinanzgerichtsgesetz (BFGG), für den Verwaltungsgerichtshof (VwGH) im Verwaltungsgerichtshofgesetz (**VwGG**) und für den Verfassungsgerichtshof (VfGH) im Verfassungsgerichtshofgesetz (**VfGG**) gleichfalls als unmittelbare Bundesverwaltung. Unterhalb der Ministerebene (**Bundeskanzler** für das BVwG, den VwGH und den VfGH; **Bundesminister für Finanzen** für das BFG) nimmt der jeweilige **Präsident des Gerichts** die Justizverwaltung wahr.

1384 • Der Landesgesetzgeber organisiert die Justizverwaltung des Landes für das Landesverwaltungsgericht (**LVwG**), etwa im Oö Landesverwaltungsgerichtsgesetz (Oö LVwGG). Unterhalb der **Landesregierung** nimmt der **Präsident des LVwG** die Justizverwaltung wahr.

URTEILE, ERKENNTNISSE, BESCHLÜSSE

[I]. Die Rechtsordnung sieht folgende **individuell-konkrete Rechtssatzformen** [267] für die Gerichte vor, wobei die Begriffe in der ordentlichen Gerichtsbarkeit und in der Gerichtsbarkeit des öffentlichen Rechts unterschiedlich sind: 1385

- [**Urteil, Beschluss**]. Ein **Gericht** der ordentlichen Gerichtsbarkeit, das einen Rechtsstreit **in der Sache** (in merito) entscheidet, fällt ein **Urteil** [➔]. Die Urteile der ordentlichen Gerichte ergehen „**Im Namen der Republik**“ (Art 82 Abs 2 B-VG). Ein **Urteil** ist also die individuell-konkrete Rechtsnorm eines ordentlichen Gerichts, das im Namen der Republik einen Rechtsstreit in der Sache entscheidet. 1386

  Ein **Gericht** der ordentlichen Gerichtsbarkeit, das in einem Rechtsstreit **im Verfahren**, nicht in der Sache eine Anordnung trifft, fasst einen **Beschluss** [➔]. Die Beschlüsse der Gerichte ergehen **nicht** „Im Namen der Republik“. Ein **Beschluss** ist also die individuell-konkrete Rechtsnorm eines ordentlichen Gerichts, das in einem Rechtsstreit eine Anordnung im Verfahren, nicht in der Sache trifft. 1387

- [**Erkenntnis, Beschluss**]. Ein **Gericht** der Gerichtsbarkeit des öffentlichen Rechts (LVwG, BVwG, BFG, VwGH, VfGH), das einen Rechtsstreit **in der Sache** entscheidet, fällt ein (das !) **Erkenntnis** [➔]. Auch die Erkenntnisse ergehen „**Im Namen der Republik**“ (§ 29 Abs 1 VwGVG, § 24 Abs 4 BFGG, § 43 Abs 1 VwGG, § 19 Abs 2 VfGG). 1388

  Entscheidet ein **Gericht** des öffentlichen Rechts nicht einen Rechtsstreit **in der Sache**, sondern trifft es nur eine Anordnung zum **Verfahren**, so sprechen wir von einem **Beschluss** [➔]. 1389

[III]. Das **Verfahrensrecht** zum Erlass von Urteilen, Erkenntnissen und Beschlüssen enthalten die **Gerichtsverfahrensgesetze** [➔]. So regeln etwa 1390

- die **Jurisdiktionsnorm (JN)** [➔], die **Zivilprozessordnung (ZPO)** [➔], das **Außerstreitgesetz (AußStrG)** [➔] und das **Arbeits- und Sozialgerichtsgesetz (ASGG)** [➔] das Verfahren vor den **Zivilgerichten**; 1391
- die **Strafprozessordnung 1975 (StPO)** [➔] das Verfahren vor den **Strafgerichten**; 1392
- das **Verwaltungsgerichtsverfahrensgesetz** (**VwGVG**) das Verfahren vor den Landesverwaltungsgerichten (**LVwG**) und dem Bundesverwaltungsgericht (**BVwG**), das **Bundesfinanzgerichtsgesetz** (**BFGG**) das Verfahren vor dem Bundesfinanzgericht (**BFG**), das **Verwaltungsgerichtshofgesetz 1985** (**VwGG**) das Verfahren vor dem **VwGH**, das **Verfassungsgerichtshofgesetz 1953** (**VfGG**) das Verfahren vor dem **VfGH** [1551]. Das VwGG verweist **subsidiär** auf Bestimmungen des AVG, das VfGG auf Bestimmungen der ZPO und der StPO. 1393

EGMR UND EuGH

1394

17/3

EUROPÄISCHER GERICHTSHOF FÜR MENSCHENRECHTE (EGMR)

- **Staatenbeschwerde** (Art 33 EMRK) — **Straßburg**
- **Individualbeschwerde** (Art 34 EMRK) gegen alle staatlichen Handlungen

GERICHTSHOF DER EUROPÄISCHEN UNION (EuGH)

- **Vertragsverletzung** (Art 258 bis 260 AEUV) — **Luxemburg**
- **Vorabentscheidung** (Art 19 EUV, Art 267 AEUV)
- Nichtigkeitsklage (Art 263 f AEUV), Untätigkeitsklage (Art 265 f AEUV), Schadenersatzklage (Art 268 AEUV), Beamtenklage (Art 270 f AEUV)

Alle in der ordentlichen Gerichtsbarkeit und in der Gerichtsbarkeit des öffentlichen Rechts tätigen Gerichte sind **nationale Gerichte**, die durch das nationale **österreichische Recht** eingerichtet sind. 1395

Das **Völkerrecht** kennt **internationale Gerichte**, die über den Streit von Staaten Recht sprechen, auch Einzelne strafrechtlich verfolgen, auch Beschwerden von Einzelnen entscheiden können:

1396 [I]. [**EGMR**]. Der **Europäische Gerichtshof für Menschenrechte (EGMR)** [➔] ist durch die **EMRK** (Art 19) als internationaler Gerichtshof auf völkerrechtlicher Grundlage mit Sitz in **Straßburg** eingerichtet. Jeder Vertragsstaat der Europäischen Menschenrechtskonvention (EMRK) stellt einen Richter (Art 20 EMRK), die Richter werden von der Parlamentarischen Versammlung des **Europarats** (<hub.coe.int> [471]) aus einem Dreiervorschlag des Vertragsstaats für neun Jahre gewählt (Art 22 Abs 1, Art 23 Abs 1 EMRK). Die Entscheidungen treffen Einzelrichter (Art 27 EMRK), Ausschüsse (Art 28 EMRK), „Kammern" (Art 29 EMRK) und die „Große Kammer" (Art 30 f EMRK).

1397 Wer (jede **natürliche Person**, jede **nichtstaatliche Organisation** und jede **Personengruppe**) sich durch ein staatliches Verhalten in einem Recht der EMRK verletzt glaubt, kann sich nach Erschöpfung des innerstaatlichen Instanzenzugs innerhalb von sechs Monaten nach **Art 34 EMRK** mit **Individualbeschwerde** an den Europäischen Gerichtshof für Menschenrechte (EGMR) in Straßburg wenden [1657]. Der EGMR überprüft das nationale Staatshandeln, kann es allerdings nicht „aufheben". Der EGMR stellt bloß die Konventionswidrigkeit mit der Folge von (materiellem und immateriellem) **Schadenersatz** fest (Art 41 EMRK). Weil die EMRK nach staatlichem Handeln nicht differenziert, ist die Beschwerde bei allen Kategorien des staatlichen Handelns, auch bei nicht-hoheitlichem Verwaltungshandeln und bei Handlungen des Gesetzgebers zulässig.

1398 Der Europäische Gerichtshof für Menschenrechte (EGMR) entscheidet darüber hinaus über **Staatenbeschwerden** (Art 33 EMRK), mit denen ein Vertragsstaat der Konvention einem anderen Staat eine Konventionsverletzung vorwirft.

1399 Die Entscheidungen des EGMR können unter <www.echr.coe.int> aus der elektronischen Datenbank **HUDOC** abgerufen werden, in deutscher Sprache teilweise unter <www.egmr.org>.

1400 [II]. [**EuGH**]. Der **Gerichtshof der Europäischen Union** [➔] ist durch den EU-Vertrag (Art 13, 19) auf völkerrechtlicher Grundlage mit dem Sitz in **Luxemburg** eingerichtet. Der Gerichtshof der EU ist in den **Gerichtshof (EuGH)** [➔], in das **Gericht (EuG)** [➔] und in **Fachgerichte (EuFG)** [➔] gegliedert (Art 19 EU-Vertrag).

1401 Im **Vertragsverletzungsverfahren** [➔] (Art 258 bis 260 AEUV) prüft der Gerichtshof der EU, ob ein Mitgliedstaat seine unionsrechtlichen Verpflichtungen erfüllt hat. Eine Vertragsverletzung durch einen Mitgliedstaat liegt dann vor, wenn durch das Verhalten eines seiner (Gesetzgebungs-, Verwaltungs- oder Gerichts)Organe (des Gesamt- oder Gliedstaats) das Unionsrecht verletzt wurde, gleichgültig, ob durch ein Tun oder eine Unterlassung (zB wenn die staatlichen Behörden das Unionsrecht nicht oder fehlerhaft vollziehen, ein Gericht seiner Vorlagepflicht nicht nachkommt). Die Einleitung eines Vertragsverletzungsverfahrens erfolgt entweder durch die **Europäische Kommission** (Art 258 AEUV), der als „Hüterin des Unionsrechts" die Überwachung der Umsetzung und Einhaltung des Unionsrechts in den Mitgliedstaaten obliegt, wobei die Kommission auch durch Beschwerde [808] von der Vertragsverletzung Kenntnis erlangt haben kann; oder durch eine **Vertragsverletzungsklage eines Mitgliedstaats** (Art 259 AEUV).

1402 Die **Vorabentscheidung** [➔] durch den Gerichtshof der EU nach Art 267 AEUV [881] sichert eine einheitliche Anwendung des Unionsrechts in den Mitgliedstaaten. Hat ein nationales „Gericht" bei Anwendung von Unionsrecht Zweifel an der Auslegung von primärem oder sekundärem Unionsrecht oder Zweifel an der Gültigkeit von sekundärem Unionsrecht, kann (Art 267 Abs 2 AEUV) bzw muss (Art 267 Abs 3 AEUV) es dem Gerichtshof der EU diese **Frage der Auslegung oder Gültigkeit zur (Vorab)Entscheidung vorlegen** (vgl § 38a AVG, § 90a GOG, § 19a VfGG, § 38b VwGG). „Gerichte" iSd Art 267 AEUV sind nicht nur die Gerichte im Sinne der Bundesverfassung (ordentliche Gerichte und Gerichte des öffentlichen Rechts), sondern auch rechtsprechende Aufgaben (im materiellen Sinn) wahrnehmende weisungsfreie Verwaltungsbehörden.

1403 Die **Nichtigkeitsklage (EU)** [➔] (= Aufhebungsklage), dient der **Überprüfung der Rechtmäßigkeit verbindlicher Rechtsakte der Union**, insbesondere der EU-Gesetze (Art 263 f AEUV). Dabei findet **keine Kontrolle staatlicher Rechtsnormen** oder **staatlichen Handelns** durch den Gerichtshof der EU statt. Ein EU-

Mitgliedstaat und bestimmte Unionsorgane (insb das Europäische Parlament, der Rat, die Kommission) können verbindliche Unionsrechtsakte beim Gerichtshof der Europäischen Union anfechten. Ist der angefochtene Rechtsakt rechtswidrig (etwa wegen Unzuständigkeit, Verletzung wesentlicher Formvorschriften, Verletzung der Unionsverträge) erklärt der Gerichtshof der EU ihn mit Urteil für nichtig. Die Nichtigerklärung (Aufhebung) wirkt ex tunc. Jede natürliche und juristische Person kann auf Nichtigerklärung der an sie gerichteten oder sie unmittelbar und individuell betreffenden Handlungen sowie der sie unmittelbar betreffenden Verordnungen (EU) klagen.

Gegen die **rechtswidrige Säumnis** bestimmter **Unionsorgane** (Europäisches Parlament, Rat, Europäische 1404
Kommission) können ein EU-Mitgliedstaat und die Unionsorgane beim Gerichtshof der Europäischen Union **Untätigkeitsklage (EU)** [➔] (Art 265 AEUV) erheben. Eine Person ist klagelegitimiert, sofern sie Adressat des unterbliebenen Rechtsakts wäre. Stellt der EuGH die Rechtswidrigkeit der Säumnis mit Urteil fest, ist das säumige Unionsorgan verpflichtet, die erforderliche Maßnahme zu setzen.

Ein **durch ein Unionsorgan** in Ausübung seiner Amtstätigkeit **rechtswidrig verursachter Schaden** kann 1405
beim Gerichtshof der EU mit **Schadenersatzklage (EU)** [➔] (= Amtshaftungsverfahren, Art 268 AEUV) geltend gemacht werden, auch jede geschädigte natürliche und juristische Person ist klagelegitimiert.

Arbeitsrechtliche **Streitigkeiten zwischen der Europäischen Union und ihren Bediensteten** entscheidet 1406
der Gerichtshof der Europäischen Union (**Beamtenklage**, Art 270 AEUV).

Für Nichtigkeits-, Untätigkeits- und Schadenersatzklagen ist idR das Gericht (EuG) in erster Instanz, der Ge- 1407
richtshof (EuGH) in zweiter Instanz zuständig (Art 256 Abs 1 AEUV); für Beamtenklagen ist in erster Instanz ein Fachgericht (EuFG), das „Gericht für den Öffentlichen Dienst der EU" zuständig.

Die Urteile und Beschlüsse des Gerichtshofs (EuGH), des Gerichts (EuG) und der Fachgerichte (EuFG) können 1408
über die Datenbank **CURIA** <curia.europa.eu> abgerufen werden.

WEITERE INTERNATIONALE GERICHTE

1409

17/4

INTERNATIONALER GERICHTSHOF (IGH)

- **Streitentscheidung zwischen Staaten** im Rahmen der UNO (IGH-Statut) — **Den Haag**

INTERNATIONALER STRAFGERICHTSHOF (IStGH)

- **Verfolgung von Völkermord, Verbrechen gegen die Menschlichkeit, Verbrechen der Aggression sowie Kriegsverbrechen** (Römisches Statut) — **Den Haag**

- [**IGH**]. Der **Internationale Gerichtshof (IGH)** [➔] (= International Court of Justice – ICJ) ist der Ge- 1410
richtshof der **Vereinten Nationen** (UNO) und auf völkerrechtlicher Grundlage durch die UNO-Satzung mit dem Sitz in **Den Haag** eingerichtet. Dem IGH gehören 15 Richter an, welche die Generalversammlung und der Sicherheitsrat der Vereinten Nationen (UNO) auf Zeit bestellen. Der IGH entscheidet Streitigkeiten unter Staaten, wenn sich die beteiligten Staaten der Jurisdiktion des IGH unterworfen haben.
- [**IStGH**]. Der **Internationale Strafgerichtshof (IStGH)** [➔] (= International Criminal Court – ICC) mit 1411
Sitz in **Den Haag** verfolgt auf völkerrechtlicher Grundlage („Römisches Statut", das – auch in Österreich – am 01.01.**2002** in Kraft trat) die persönlich Verantwortlichen für **Völkermord**, für **Verbrechen gegen die Menschlichkeit**, für **Verbrechen der Aggression** sowie für **Kriegsverbrechen**. Der IStGH ist eine unabhängige **internationale Organisation** mit einem Kooperationsabkommen mit den Vereinten Nationen (UNO). Bisher haben das Römische Statut 116 Staaten ratifiziert, 18 Richter und über 300 Mitarbeiter sind am IStGH tätig. Politisch lehnen den IStGH nicht nur Russland, die Volksrepublik China, Indien ua, sondern auch die USA ab, die das Römische Statut 2000 unterzeichneten, ihre Unterschrift aber 2002 zurückzogen.

  Schon im 19., dann im 20. Jahrhundert im Zusammenhang mit dem Ersten Weltkrieg stellte sich die Frage, 1412
wie Verantwortliche für **Kriegsverbrechen** persönlich verfolgt und bestraft werden könnten. Nationale Versuche blieben ohne Ergebnis. Das B-VG sah etwa 1920 auf internationalen Druck in Art 145 eine Verfolgung durch den VfGH vor, machte sie jedoch von einem einfachen Bundesgesetz abhängig, welches das Parlament nicht – bis heute nicht – erließ. Schon die UN-„Konvention über die Verhütung und Bestrafung des Völkermords" 1948 beabsichtigte die Gründung eines allgemeinen Internationalen Strafgerichtshofs. Ein Vorhaben, das erst nach Ende des Kalten Kriegs Konturen annahm. 1993 bzw 1994 richtete der UNO-Sicherheitsrat Internationale Strafgerichtshöfe für das ehemalige Jugoslawien bzw für Ruanda ein.

TEIL C
RECHTSSCHUTZ
IM ÖFFENTLICHEN RECHT

18. KAPITEL: DAS SUBJEKTIVE RECHT

Glossar: *Amtshaftung, Amtshaftungsgesetz (AHG), (Amtshaftungs)Regress, Anspruch, Aufsichtsbeschwerde, Beschwerdepunkt, Dienstaufsichtsbeschwerde, Disziplinar(straf)recht, einfachgesetzlich gewährleistetes Recht, Fachaufsichtsbeschwerde, Grundrechte, legislatives Unrecht, objektive Rechtsschutzeinrichtung, objektives Recht, Organ(walter)haftung, Organhaftpflichtgesetz (OrgHG), Partei, Petitionsrecht, Rechtsreflex, Staatshaftung, subjektives öffentliches Recht, subjektives Recht, verfassungsgesetzlich gewährleistetes Recht, Verwaltungsrechtsverhältnis, Wirtschafts- und Korruptionsstaatsanwaltschaft (WKStA).*

OBJEKTIVE RECHTSSCHUTZEINRICHTUNGEN DES STAATS

1413 [I]. Der **demokratische Rechtsstaat** muss daran interessiert sein, dass seine Gesetze nicht nur auf dem Papier stehen, sondern auch von der **Vollziehung** eingehalten werden [259]. Der Rechtsstaat ist nur dann perfekt, wenn die staatlichen Vollziehungsorgane immer, überall und ohne Ausnahme das gesetzlich Gebotene tun. Die Verfassung kennt daher **objektive Rechtsschutzeinrichtungen** [➔]. „Objektiv" deswegen, weil es **von staatlichen Einrichtungen** und **nicht von dem Betroffenen abhängt**, ob und was gegen rechtswidriges staatliches Verhalten getan wird. Der Betroffene kann insbesondere ein Handeln der staatlichen Einrichtungen nicht durch ein rechtsstaatliches Verfahren vor Gericht erzwingen. Die objektiven Rechtsschutzeinrichtungen sind **keine Rechtswege** im eigentlichen Sinn. Der Begriff „Rechtsweg" ist dem rechtsstaatlichen Verfahren vorbehalten.

1414 [II]. Objektive Rechtsschutzeinrichtungen in diesem Sinn sind etwa die persönliche **strafgesetzliche Verantwortung der Organwalter** [1415], das **Disziplinarrecht der Beamten** [1417], die persönliche **finanzielle Verantwortung der Organwalter** im Rahmen der **Organ(walter)haftung** [1419] und des **Amtshaftungsregresses** [1420], die **politische** und **rechtliche Verantwortung**, insbesondere gegenüber den Parlamenten [1421], die **behördlichen Aufsichtspflichten** [1422], **Petitionen und Aufsichtsbeschwerden** [1425], die Tätigkeit des **Rechnungshofs** [979] und der **Volksanwaltschaft** [982], die **Kontrolle durch Öffentlichkeit und Medien** [1426], die staatlichen **Insichprozesse** [1578].

PERSÖNLICHE VERANTWORTUNG DER ORGANWALTER

1415 [I]. [**STRAFGESETZLICHE VERANTWORTUNG DER ORGANWALTER**]. Die staatlichen Organwalter der Gesetzgebung, der Verwaltung und der Gerichtsbarkeit unterliegen – wie jeder Private auch – jedenfalls **allen Tatbeständen des Justizstrafrechts und des Verwaltungsstrafrechts** [1529]. Dazu kommen bestimmte **Amtsdelikte**, die nur von staatlichen Organwaltern begangen werden können (§§ 302 ff StGB, Missbrauch der Amtsgewalt, Fahrlässige Verletzung der Freiheit der Person und des Hausrechts, Bestechlichkeit, Verletzung des Amtsgeheimnisses, Falsche Beurkundung und Beglaubigung im Amt ua). Bei Zuwiderhandeln ist der Organwalter **persönlich** mit der im Gesetz vorgesehenen **Geld- und Freiheitsstrafe** bedroht. Und zwar **nur** der Organwalter. Straftaten können dem Staat nie zugerechnet werden.

Beispiel: Wenn ein Polizist in Ausübung seines Dienstes eine Passantin verprügelt, verantwortet nicht der Staat, sondern er selbst und **persönlich** den gerichtlichen **Straftatbestand** der Körperverletzung. (**Nur die Straftat wird dem Staat nicht zugerechnet !** Soweit das Handeln des Polizisten eine Ausübung unmittelbarer Befehls- und Zwangsgewalt darstellt, kann die Passantin dagegen das Rechtsmittel der Maßnahmebeschwerde [1678] erheben; soweit das Handeln des Polizisten einen Schaden versachte, kann die Passantin außerdem die Gebietskörperschaft auf Schadenersatz klagen [1459]). 1416

Die in einem öffentlich-rechtlichen Dienstverhältnis stehenden **Beamten** der Gebietskörperschaften unterliegen zudem einem nur für sie geltenden Sonderverwaltungsstrafrecht, dem **Disziplinar(straf)recht** [➔]. 1417

Besondere Bedeutung im Zusammenhang mit der strafgesetzlichen Verantwortung der Organwalter kommt der **Wirtschafts- und Korruptionsstaatsanwaltschaft (WKStA)** [➔] (= Zentrale Staatsanwaltschaft zur Verfolgung von Wirtschaftsstrafsachen und Korruption) zu [1361]. Die Wirtschafts- und Korruptionsstaatsanwaltschaft (WKStA) ist der öffentliche Ankläger bei Wirtschaftskriminalität, Korruption und Missbrauch der Amtsgewalt. Sie arbeitet bei der Korruptionsbekämpfung mit dem **Bundesamt zur Korruptionsprävention und Korruptionsbekämpfung** zusammen, einer außerhalb der Generaldirektion für die öffentliche Sicherheit eingerichteten Organisationseinheit des Bundesministeriums für Inneres. 1418

[II]. [**FINANZIELLE VERANTWORTUNG DER ORGANWALTER**]. Haben staatliche Organwalter einer Gebietskörperschaft (und anderen Rechtspersonen des öffentlichen Rechts) *„in Vollziehung der Gesetze"*, sohin Organwalter der Hoheitsverwaltung und Organwalter der Gerichtsbarkeit, rechtswidrig und schuldhaft unmittelbar einen wirtschaftlichen **Schaden** zugefügt, so müssen sie diesen Schaden der Gebietskörperschaft **persönlich** ersetzen (= **Organ(walter)haftung** [➔] nach **Art 23 Abs 3 B-VG** und **Organhaftpflichtgesetz (OrgHG)** [➔]). 1419

Haben Organwalter der Hoheitsverwaltung und haben Organwalter der Gerichtsbarkeit wem immer schuldhaft und rechtswidrig Schaden zugefügt, und wurde die Gebietskörperschaft dafür vom Geschädigten im Wege der **Amtshaftung** [1459] in Anspruch genommen, so haben sie dafür der Gebietskörperschaft – allerdings eingeschränkt auf Vorsatz und grobe Fahrlässigkeit – **persönlich** Ersatz zu leisten (= **(Amtshaftungs)Regress** [➔] nach **Art 23 Abs 2 B-VG** [1463]). Nichthoheitlich handelnde Organe der Verwaltung haften nach den Regeln des ABGB. 1420

[III]. [**POLITISCHE UND RECHTLICHE VERANTWORTUNG**]. Politische Organwalter, insbesondere die Regierungsmitglieder, unterliegen **gegenüber den Parlamenten** einer besonderen auf den Amtsverlust ausgerichteten persönlichen politischen [212, 957, 1189] und rechtlichen Verantwortung [958]. Der Bundespräsident ist politisch [1010] dem Bundesvolk verantwortlich, rechtlich der Bundesversammlung [1011]; der demokratisch legitimierte Gemeinderat ist dem Gemeindevolk politisch verantwortlich [1104, 1279]. 1421

AUFSICHTSPFLICHTEN

[I]. Die **Vollziehungen** der Gebietskörperschaften sind hierarchisch organisiert, es gilt der **Grundsatz der Leitung** (Weisung und Aufsicht, Art 20 Abs 1 B-VG [1051 f]). Die Leitung dient insbesondere der **Herstellung der Gesetzmäßigkeit des Handelns untergeordneter Organe**. Die Verwaltungsorganisationen sind in diesem Sinn – auch in weisungsfreien Bereichen – von **Aufsichtsrechten** und **Aufsichtspflichten** durchsetzt. Die Aufsichtspflicht kommt insbesondere den **Vollziehungsspitzen** (Regierungen und Regierungsmitglieder) zu. 1422

[II]. Die objektiven Rechtsschutzeinrichtungen werden nur wirksam, wenn staatliche Institutionen sie auch tatsächlich wahrnehmen. Ein Betroffener kann das Tätigwerden der staatlichen Institutionen zwar nicht erzwingen, aber es steht jedem frei, bezügliche staatliche Maßnahmen anzuregen. Die **Anregung** ist ein Vorschlag, eine Empfehlung, eine Bitte. 1423

Das Recht der Anregung ist **grundrechtlich** verfestigt. Die Verfassung garantiert jedem das **Petitionsrecht** [➔] (**Art 11 StGG**). Das Petitionsrecht gibt jedem das Recht, sich mit jedem Anliegen **an jedes staatliche Organ** zu wenden, ohne dadurch Nachteile oder Sanktionen befürchten zu müssen. Ein Recht auf Erledigung der Petition oder auf rechtsstaatliche Prüfung des Anliegens ist damit nicht verbunden. 1424

1425 In Einzelfällen sehen die Gesetze Anregungsverfahren gesondert vor. Bedeutung haben insbesondere die **Petitionen an die Parlamente**. Im **Verwaltungsrecht** sehen die Gesetze manchmal ausdrücklich **Aufsichtsbeschwerden** [➔] vor, mit denen von einem übergeordneten Verwaltungsorgan die Ausübung seines Aufsichtsrechts in einem konkreten Fall verlangt wird. Verwaltungsbehörden sind auch vielfach mit **ausdrücklichen Aufsichtszuständigkeiten** betraut, etwa die Landesregierung und der Landeshauptmann über die Gemeindeorgane in deren eigenem Wirkungsbereich [1283]. Die Aufsicht umfasst sowohl das dienstrechtliche Verhalten (zB unhöfliches Verhalten) als auch die fachliche Tätigkeit eines Organwalters (zB falsche Auskunft über Bauvorschriften) [1053]. Deshalb wird manchmal zwischen **Dienstaufsichtsbeschwerde** [➔] und **Fachaufsichtsbeschwerde** [➔] unterschieden. Diese Unterscheidung ist nur dort sinnvoll, wo verschiedene Behörden die Dienstaufsicht und die Fachaufsicht über einen Organwalter führen.

KONTROLLE DURCH ÖFFENTLICHKEIT UND MEDIEN

1426 Auch die **freie Gesellschaft** selbst kontrolliert den Staat und insbesondere die Verwaltung. Im demokratischen Staat hängen die Staatsorgane, die ja durch Wahlen politisch legitimiert werden wollen, von der **öffentlichen Meinung** ab. Das setzt voraus, dass die Öffentlichkeit von rechtswidrigen Vorgängen im Staat hinreichend informiert ist. Insbesondere die **freien Medien** (Zeitungen, Magazine, Rundfunk und Fernsehen) recherchieren das Verhalten der staatlichen Organe und erzeugen durch Berichterstattung – geschützt insbesondere durch die Grundrechte auf Pressefreiheit [556] und Rundfunkfreiheit – gesellschaftlichen Druck, gesetzmäßig zu handeln. Politisch werden die freien Medien in diesem Sinn manchmal als „vierte Gewalt" im gewaltenteiligen Staat bezeichnet.

DAS SUBJEKTIVE ÖFFENTLICHE RECHT

1427 [I]. Die vom rechtswidrigen staatlichen Handeln betroffenen Menschen (auch juristische Personen) haben keinen zwingenden Einfluss darauf, ob die objektiven Rechtsschutzeinrichtungen in ihrem konkreten Fall der Betroffenheit tätig werden und erfolgreich sind. Der demokratische Rechtsstaat, der die Menschen im Mittelpunkt von Staat und Recht sieht, kann sich daher mit objektiven Rechtsschutzeinrichtungen nicht begnügen. Als **Rechtsschutzstaat** verlangt er auch, dass **jeder Einzelne**, der durch rechtswidriges staatliches Handeln betroffen zu sein glaubt, **in einem rechtsstaatlichen Verfahren vor einem Gericht gegen den Staat vorgehen und die staatlichen Organe so zum rechtmäßigen Handeln zwingen kann** [260].

1428 [II]. Das B-VG hält sich mit Prozessmöglichkeiten für die Betroffenen allerdings zurück. Es eröffnet Rechtswege **nicht in jedem Fall**, in dem sich jemand von gesetzwidrigem Verhalten der Vollziehung oder von einem verfassungswidrigen Gesetz **betroffen** glaubt. Das B-VG macht die Zulässigkeit eines Rechtswegs davon abhängig, ob die **Gesetzgebung** dem Betroffenen – bezogen auf den konkreten Sachverhalt – einen Rechtsweg **erlaubt**. Die Gesetze erlauben einen Rechtsweg **punktuell in bestimmten Fällen** dort, wo sie Betroffenen ein **subjektives Recht** [➔] auf ein bestimmtes Tun oder Unterlassen staatlicher Organe einräumen. Ein subjektives Recht nennen wir auch **Anspruch** [➔]. Subjektive Rechte gibt es sowohl in der Privatrechtsordnung zwischen Privatpersonen, als auch zwischen dem Einzelnen und dem Staat. **Ein subjektives Recht, das sich gegen den Staat, insbesondere gegen die Verwaltung richtet, nennen wir subjektives öffentliches Recht** [➔].

[III]. In einer Rechtsordnung, die – wie die österreichische – formelles Verfassungsrecht kennt [50], kann sowohl die **einfache Gesetzgebung** als auch die **Verfassungsgesetzgebung** subjektive öffentliche Rechte einräumen: 1429

- [**Einfachgesetzlich gewährleistete Rechte**]. Subjektive Rechte, welche die **einfachen Gesetze** gewähren, nennen wir **einfachgesetzlich gewährleistete Rechte** [➔] (etwa das Recht auf Erteilung einer Baubewilligung nach der Oö Bauordnung 1994, das Recht auf Erteilung einer Betriebsanlagengenehmigung nach der Gewerbeordnung 1994). 1430
- [**Verfassungsgesetzlich gewährleistete Rechte**]. Subjektive Rechte, welche die **Verfassungsgesetze** gewähren, nennen wir **verfassungsgesetzlich gewährleistete Rechte** [➔]. Weil die verfassungsgesetzlich gewährleisteten Rechte wegen ihres Verfassungsrangs besondere Bedeutung haben, nennen wir sie auch **Grundrechte** [➔] [438]. 1431

1432

[IV]. Weil die Rechtsordnung nicht in jedem Fall, sondern nur in bestimmten Fällen Betroffenen ein subjektives Recht einräumt, unterscheiden wir **objektives Recht** [➔] und **subjektives Recht**: 1433

- Das **objektive Recht** verpflichtet die Vollziehung im Gesetz zu einem bestimmten Verhalten. Der Mensch, auf den sich das Verhalten bezieht, kann von einem gesetzwidrigen Handeln der Vollziehung zwar **betroffen** sein. Er hat aber **kein Recht, gegen den Staat vor einem Gericht einen Prozess zu führen mit dem Ziel, durch eine gerichtliche Entscheidung die Vollziehung zur Beachtung ihrer gesetzlichen Grundlage zu zwingen**. In ein Verwaltungs**rechts**verhältnis, das zum Prozess berechtigen würde, ist der Betroffenen **nicht** einbezogen. 1434

  Das objektive Recht betrifft den verwaltungsbetroffenen Menschen nur tatsächlich. Die objektive Gesetzeslage zeigt auf den einzelnen Betroffenen (bloß) einen **Rechtsreflex** [➔]. 1435

- Das **subjektive Recht** verpflichtet die Vollziehung im Gesetz gleichfalls zu einem bestimmten Verhalten. Anders als beim objektiven Recht verpflichtet das Gesetz nicht nur die Vollziehung, es gibt jedem vom Verhalten der Vollziehung betroffenen Menschen **zusätzlich** das **Recht, gegen den Staat vor einem Gericht einen Prozess zu führen mit dem Ziel, durch eine gerichtliche Entscheidung die Vollziehung zur Beachtung ihrer gesetzlichen Grundlage zu zwingen**. Der Gesetzgeber bezieht den verwaltungsbetroffenen Menschen in ein **Verwaltungsrechtsverhältnis** [➔] ein. Weil der betroffene Mensch ein subjektives Recht hat, nennen wir ihn im rechtsstaatlichen Verfahren **Partei** [➔] (etwa im AVG [1485]). 1436

  Im **Verwaltungsverfahren** geht die Frage des subjektiven Rechts zur Gänze in der Frage nach der **Parteistellung** auf [1485]. Im **Verfahren der Verwaltungsgerichte, des Verwaltungsgerichtshofs und des Verfassungsgerichtshofs** zeigt sich die Frage des subjektiven Rechts insbesondere in den **Beschwerdepunkten** [➔] (Revisionspunkten). Wer den Bescheid einer Verwaltungsbehörde mit Bescheidbeschwerde vor dem Verwaltungsgericht (VwG) bekämpft oder gegen ein verwaltungsgerichtliches Erkenntnis (Beschluss) ein Rechtsmittel bei den Gerichtshöfen des öffentlichen Rechts (VfGH und VwGH) erhebt, muss die **Verletzung konkreter subjektiver Rechte behaupten**. Diese Behauptung nennen wir Beschwerde- oder Revisionspunkt [1620, 1628, 1640]. 1437

1438 [V]. In einer positivistischen Rechtsordnung hat niemand „angeborene" Rechte. **Ob** jemand ein subjektives Recht hat, entscheidet in einer positivistischen Rechtsordnung immer der **Gesetzgeber** [1428]. Der Gesetzgeber entscheidet auch, welchen **Inhalt** das subjektive Recht hat, wie weit es reicht. Ob es auf ein Tun oder ein Unterlassen gerichtet ist, ob es die Vermögenssphäre schützt und die Grundlage für Schadenersatz gibt (= Schutzgesetz für Schadenersatz), usw.

1439 **Eindeutig** ist der Gesetzestext (= bestimmte Formulierungen [Falllösung Rz 121]), wenn er ausdrücklich ein **„Recht"** oder einen **„Anspruch"** einräumt (X hat *„ein Recht auf ..."*; X hat *„einen Anspruch auf ..."*) bzw ein „Recht" oder einen „Anspruch" ausschließt.

1440 Beispiele für **verfassungsgesetzlich** gewährleistete subjektive Rechte: Die meisten Grundrechtsbestimmungen sprechen von einem „Recht" und räumen somit eindeutig subjektive Rechte ein; so etwa Art 12 StGG: *„Die österreichischen Staatsbürger haben das **Recht**, sich zu versammeln und Vereine zu bilden"*.

1441 Ein Beispiel für ein **einfachgesetzlich** gewährleistetes subjektives Recht: S will studieren und wissen, ob sie eine staatliche **Studienbeihilfe** bekommt. S muss das vom Parlament erlassene allgemein kundgemachte **Studienförderungsgesetz 1992** - StudFG (BGBl 305) lesen. So weiß sie, ob und in welcher Höhe ihr die an das Gesetz gebundene Studienbeihilfenbehörde bei ihren persönlichen Voraussetzungen (Einkommen der Eltern ua) eine Studienbeihilfe gewähren wird. Die Entscheidung ist für S vorhersehbar und berechenbar. Sollte S gesetzwidrig die Studienbeihilfe nicht oder nicht in voller Höhe bekommen, kann sie in einem Verwaltungsprozess die gesetzmäßige Entscheidung der Studienbeihilfenbehörde erzwingen; weil das Studienförderungsgesetz 1992 die Studienbeihilfenbehörde nicht nur verpflichtet, S bei Vorliegen der gesetzlichen Voraussetzungen die Studienbeihilfe zu gewähren, sondern S (in § 1 Abs 1 Z 1) darüber hinaus ein subjektives öffentliches Recht auf Studienbeihilfe gewährt: *„Dieses Bundesgesetz regelt die **Ansprüche** von Studierenden ... auf Studienbeihilfen"*.

1442 § 68 Abs 7 AVG formuliert eindeutig, dass der Betroffene **kein subjektives Recht** auf Aufhebung eines rechtskräftigen Bescheids hat: *„Auf die Ausübung des der Behörde ... zustehenden Abänderungs- und Behebungsrechts steht **niemandem ein Anspruch** zu."* Oder § 71 Abs 2 StL 1992: *„Auf die Ausübung des Aufsichtsrechtes steht ... **niemandem ein Rechtsanspruch** zu."* Und § 2 Abs 3 Bundes-Gemeindeaufsichtsgesetz: *„Auf die Ausübung des Aufsichtsrechtes durch die Aufsichtsbehörde steht ... ein **Rechtsanspruch nicht zu**"*. Für Grabungen zur Entdeckung von Denkmalen unter der Erdoberfläche bedarf es einer Grabungsgenehmigung des Bundesdenkmalamts. § 11 Abs 1 Denkmalschutzgesetz stellt dazu klar: *„Ein **Rechtsanspruch** auf Erteilung einer Grabungsgenehmigung ... **besteht nicht**"*.

1443 Nicht immer formuliert der Gesetzgeber klar. Bei **Unklarheit des Gesetzestexts** (= unbestimmte Formulierungen [Falllösung Rz 125]) ist die Frage, ob der Gesetzgeber nur objektives Recht normiert, oder ob und inwieweit er darüber hinaus auch ein subjektives Recht einräumt, durch **Auslegung** des Gesetzestexts zu klären.

1444 Ein Beispiel für ein **subjektives Recht**: Art 5 StGG spricht nicht von „Recht". Er lautet vielmehr: *„Das Eigentum ist unverletzlich"*. Dennoch besteht aus systematischen Gründen kein Zweifel, dass Art 5 StGG ein verfassungsgesetzlich gewährleistetes subjektives Recht auf Unverletzlichkeit des Eigentums einräumt, denn Art 5 StGG findet sich in einem Grundrechtskatalog, der mit *„Staatsgrundgesetz über die **allgemeinen Rechte**"* überschrieben ist.

1445 Beispiele für bloß **objektives** (**Verfassungs**)**Recht**: **Art 18 Abs 1 B-VG** verpflichtet die Verwaltung, ***„nur auf Grund der Gesetze"*** tätig zu sein. Und § 3 Abs 1 **BVG Staatsziele** [141] lautet: ***„Die Republik Österreich (Bund, Länder und Gemeinden) bekennt sich zum umfassenden Umweltschutz"***. Beide Verfassungsbestimmungen verpflichten unmittelbar die Staatsorgane. Wenn etwa die Verwaltung in einem konkreten Fall eine **gesetzlich gebotene Umweltschutzmaßnahme** nicht ergreift, so verletzt sie die Verfassungsordnung. Sie verstößt gegen Art 18 Abs 1 B-VG im einen Fall, gegen § 3 BVG Staatsziele im anderen Fall. Kann der Betroffene wegen **Verfassungsverletzung**, wegen **Verletzung des Art 18 Abs 1 B-VG** oder wegen **Verletzung des § 3 BVG Staatsziele** gegen die Verwaltung Prozess führen ? Entscheidend für die Beantwortung der Frage ist, ob der Verfassungsgesetzgeber in Art 18 Abs 1 B-VG oder in § 3 BVG Staatsziele nicht bloß objektiv die Verwaltung verpflichtet, sondern ob er auch jedem vom staatlichen Handeln Betroffenen ein **subjektives Recht** - ein verfassungsgesetzlich gewährleistetes Recht, also ein Grundrecht - einräumt. Nach dem Wortlaut, nach dem Sinn und Zweck wird sowohl Art 18 Abs 1 B-VG als auch § 3 BVG Staatsziele dahingehend ausgelegt, dass der Verfassungsgesetzgeber dem Einzelnen in diesen Verfassungsbestimmungen **kein subjektives Recht** gewährt. Als Folge kann niemand wegen Verletzung des Art 18 Abs 1 B-VG oder wegen Verletzung des § 3 BVG Staatsziele einen Prozess führen.

VERWALTUNG, VERWALTUNGSGERICHTE, EGMR

Die **Rechtswege im öffentlichen** Recht zerfallen – vom zivilgerichtlichen Amtshaftungsverfahren abgesehen – in **zwei**, wenn man die internationale Ebene dazu zählt, in **drei Abschnitte**. Immer geht es dabei um die **Durchsetzung subjektiver Rechte**: 1446

1447

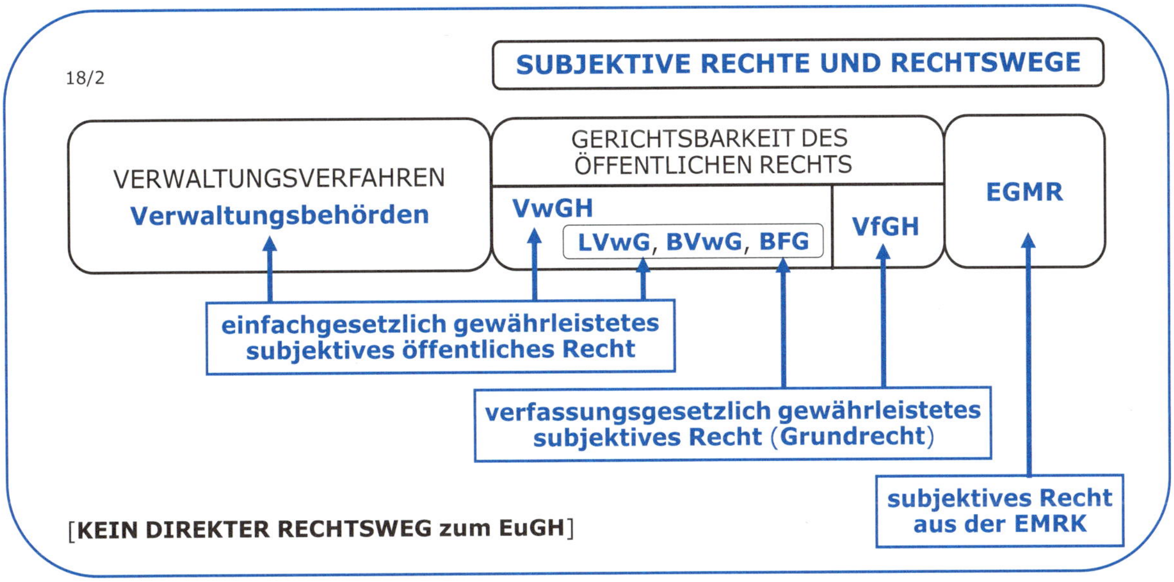

[**ERSTER ABSCHNITT**: **VERWALTUNGSBEHÖRDEN**]. Der öffentlich-rechtliche Streit mit der Verwaltung um rechtswidriges hoheitliches Handeln beginnt vor den **Verwaltungsbehörden** – wenn es um einen Bescheid geht mit dem **Verwaltungsverfahren**. Wer ein **einfachgesetzliches** subjektives öffentliches Recht hat, ist **Partei** im Verwaltungsverfahren und damit befugt, das Verwaltungsverfahren vor den **Verwaltungsbehörden** zu betreiben. 1448

[**ZWEITER ABSCHNITT**: **GERICHTSBARKEIT DES ÖFFENTLICHEN RECHTS**]. Ist der Verwaltungsrechtsweg erschöpft, sieht der Betroffene aber durch das Verwaltungshandeln seine **einfachgesetzlichen** subjektiven öffentlichen Rechte **und/oder** seine **verfassungsgesetzlich** gewährleisteten Rechte verletzt, führt ihn das **Rechtsmittel der Beschwerde** gegen das Verwaltungshandeln zu den **Gerichten des öffentlichen Rechts**, zunächst – je nach Zuständigkeit – zum Landesverwaltungsgericht (LVwG), zum Bundesverwaltungsgericht (BVwG) oder zum Bundesfinanzgericht (BFG). Hat ein Verwaltungsgericht entschieden, kann der Adressat gegen das negative Erkenntnis oder gegen den negativen Beschluss weiter sein **einfachgesetzliches subjektives Recht** mit dem **Rechtsmittel der Revision** beim **Verwaltungsgerichtshof** (**VwGH**), sein **verfassungsgesetzlich** gewährleistetes Recht mit dem **Rechtsmittel der Beschwerde** beim **Verfassungsgerichtshof** (**VfGH**) geltend machen. 1449

[**DRITTER ABSCHNITT**: **EGMR**]. Ist der innerstaatliche Rechtsweg – gleich welcher Art – nicht vorhanden oder erschöpft, dann besteht noch die Möglichkeit, gegen das Handeln staatlicher Organe, also insbesondere des Verwaltungsgerichtshofs oder des Verfassungsgerichtshofs, auf **internationaler Ebene** Beschwerde an den **Europäischen Gerichtshof für Menschenrechte** (**EGMR**) in Straßburg zu richten [1657]. Der EGMR ist ein internationales Gericht, das durch die Europäische Menschenrechtskonvention (EMRK) eingerichtet wurde, und das über die Einhaltung der Konvention wacht [1396]. Wer sich beim **EGMR** beschwert, braucht ein **besonderes subjektives Recht**. Das subjektive Recht, das zur Beschwerde beim EGMR legitimiert, muss **in der EMRK selbst** – nicht im nationalen Recht – verankert sein. Nationale Rechte, auch nationale Verfassungsrechte, können beim EGMR nicht geltend gemacht werden. 1450

1451 [Ein direkter **Rechtsweg zum EuGH** in Luxemburg, um unionsrechtliche Positionen geltend zu machen, besteht für den Betroffenen in aller Regel **nicht**. Der Rechtsweg führt **mittelbar** über die nationalen Verwaltungsbehörden und Gerichte. Diese sind berechtigt und gegebenenfalls verpflichtet, die sich in ihren Verfahren stellenden unionsrechtliche Fragen dem EuGH zur **Vorabentscheidung** vorzulegen [1402].

RECHTSSCHUTZTHEMEN

1452 Bei der Suche nach Rechtsschutz im Prozess geht es um **zwei**, eigentlich um **drei grundsätzliche Rechtsschutzthemen**:

1453 • [**Rechtswidriges Handeln**]. **Erstens** kann ein **rechtswidriges hoheitliches Handeln** eines staatlichen Organs vorliegen, das auf dem **öffentlich-rechtlichen Rechtsweg** bekämpft (und beseitigt) werden soll.

1454 Beispiele: Die Verwaltungsbehörde entzieht einem Autolenker mit Bescheid zu Unrecht den Führerschein. Der Autolenker bekämpft den Bescheid mit dem Ziel der Aufhebung des Bescheids. Der Polizist nimmt eine Passantin zu Unrecht fest. Die Passantin bekämpft die Festnahme mit dem Ziel der Feststellung der Rechtswidrigkeit der Festnahme.

1455 • [**Säumnis**]. **Zweitens** können staatliche Organe auch rechtswidrig **säumig** sein, also ein hoheitliches Handeln, das durch die Rechtsordnung geboten ist, **nicht** setzen. Ziel des Rechtsschutzes im **öffentlich-rechtlichen Rechtsweg** ist in einem solchen Fall das **Erzwingen** des gebotenen Handelns.

1456 Beispiele: Eine Gewerbetreibende beantragt die Genehmigung ihrer gewerblichen Betriebsanlage. Die Verwaltungsbehörde ist säumig und erlässt den Betriebsanlagengenehmigungsbescheid nicht in der gesetzlich gebotenen Frist. Eine Bauwerberin beantragt die Erteilung einer Baubewilligung für die Errichtung ihres neuen Hauses. Die Baubehörde (Bürgermeister) ist säumig und erlässt innerhalb der gebotenen Frist keinen Baubewilligungsbescheid.

1457 • [**Schaden**]. Und ist **drittens** das rechtswidrige Handeln beseitigt, das rechtswidrig säumige Handeln erzwungen, die öffentlich-rechtliche Ordnung wieder hergestellt, könnte der Betroffene durch das rechtswidrige Handeln oder durch die rechtswidrige Säumnis immer noch einen **finanziellen Schaden** haben, der durch die Beseitigung der rechtswidrigen Handlungen der staatlichen Organe allein nicht wieder gut gemacht ist. Der Geschädigte kann allerdings einen solchen Schaden **nicht im öffentlich-rechtlichen Rechtsweg**, er muss ihn nach den Regeln der **Amtshaftung** vor den **Zivilgerichten** betreiben.

1458 Beispiele: Der Autolenker, dem der Führerschein zu Unrecht entzogen wurde, hat einen finanziellen Schaden, weil er bis zur Aufhebung des gesetzwidrigen Bescheids mit dem Taxi fahren musste. Die Gewerbetreibende, der die Betriebsanlage nicht rechtzeitig genehmigt wurde, hat – auch wenn sie den Erlass des Bescheids letztlich erzwingen konnte - einen Schaden, weil ihr Betrieb bis zum Bescheid still stand.

DIE AMTSHAFTUNG

1459 [I]. [**Amtshaftung**]. Die Gebietskörperschaften **Bund**, **Länder** und **Gemeinden** (und die sonstigen Körperschaften des öffentlichen Rechts) müssen grundsätzlich für den Schaden, den ihre Organwalter wem immer zugefügt haben, **Schadenersatz** leisten (**Amtshaftung** [➔] nach **Art 23 Abs 1 B-VG** und **Amtshaftungsgesetz (AHG)** [➔]). Für die **Amtshaftung** gelten folgende Grundsätze:

1460 • [**Hoheitliches Vollziehungshandeln**]. Die Amtshaftung umfasst nur das **hoheitliche Vollziehungshandeln** (*„in Vollziehung der Gesetze"* in Art 23 Abs 1 B-VG wird so ausgelegt) der **Verwaltung** und der **Gerichtsbarkeit**. Ob es dabei um Bescheide, Verordnungen, Urteile, Beschlüsse, um Maßnahmen oder um schlicht-hoheitliche Handlungen geht, ist ohne Bedeutung. **Nicht-hoheitliches Handeln ist von der Amtshaftung ausgenommen**. Hier haften die Gebietskörperschaften nach den allgemeinen Regeln des ABGB (§§ 1295 ff). **Ausgenommen** aus der Amtshaftung sind außerdem Schäden, die aus einem gesetzwidrigen Urteil oder Erkenntnis eines **Höchstgerichts** (**VwGH, VfGH, OGH**) resultieren (§ 2 Abs 3 AHG).

- [**Kein legislatives Unrecht**]. Weil die Amtshaftung nur die **Vollziehungsorgane** der Gebietskörperschaften erfasst, gibt es für Schäden, die das verfassungswidrige Handeln des **Gesetzgebers** verursacht, **keinen Schadenersatz**. Das **legislative Unrecht** [➔] ist im Hinblick auf die grundsätzliche rechtliche Unverantwortlichkeit der gewählten Abgeordneten [155] von der Amtshaftung ausgenommen. Schäden aus verfassungswidrigem Handeln des Gesetzgebers müssen die Betroffenen grundsätzlich entschädigungslos ertragen [1464]. 1461

- [**Verschulden**]. Der Ersatz von Schäden nach der Amtshaftung setzt voraus, dass die Organwalter der Gebietskörperschaft nicht nur **rechtswidrig**, sondern auch **schuldhaft** handelten. Verschulden bedeutet, dass den Organwaltern für ihr rechtswidriges Verhalten ein **Vorwurf** im Sinne von Vorsatz oder Fahrlässigkeit zu machen ist. Amtshaftung findet mangels Verschuldens nicht statt, wenn ein Organwalter etwa seinem Handeln eine zwar rechtswidrige aber **vertretbare Rechtsauffassung** zugrunde legte. 1462

- [(**Amtshaftungs**)**Regress**]. Die Amtshaftung gibt den Geschädigten eine rechtliche Basis für ihren Schadenersatz, schützt aber die Organe der Gebietskörperschaften gleichzeitig, **persönlich und direkt** von den Geschädigten in Anspruch genommen zu werden. Hat allerdings die Gebietskörperschaft einem Geschädigten Schadenersatz geleistet, so nimmt die Gebietskörperschaft bei ihrem Organwalter (**Amtshaftungs**)**Regress** [➔]. Der Organwalter ist der Gebietskörperschaft – **eingeschränkt** auf Vorsatz und grobe Fahrlässigkeit seines Verhaltens – **regresspflichtig** (Art 23 Abs 2 B-VG). 1463

[II]. [**Staatshaftung**]. Das Amtshaftungsrecht erfasst Verstöße staatlicher Organe gegen das nationale Recht. Weil die staatlichen Organe das **Unionsrecht** unmittelbar anzuwenden haben (= Anwendungsvorrang [782]), stellt sich die Frage, ob und wie sie bei Verstößen gegen das Unionsrecht haften. Auch nach dem Unionsrecht gebührt jedem, der durch den rechtwidrigen Vollzug des Unionsrechts zu Schaden gekommen ist, ein Schadenersatz. Und **jedes staatliche Organ** ist nach dem Unionsrecht für die ordnungsgemäße Beachtung des Unionsrechts verantwortlich, **auch ein Parlament** und auch die von der Amtshaftung ausgenommenen Höchstgerichte (VwGH, VfGH, OGH). Einen Haftungsausschluss für Gesetzgeber, für die Höchstgerichte oder für das nicht-hoheitliche Handeln der Verwaltung – wie nach Amtshaftungsrecht – gibt es im Unionsrecht nicht. In diesem eingeschränkten Umfang gibt es daher nach Unionsrecht doch Schadenersatz, auch für legislatives Unrecht. In Abgrenzung zur nationalen Amtshaftung wird die unionsrechtliche Haftung für Schäden, welche die staatlichen Organe durch den rechtswidrigen Vollzug des Unionsrechts anrichten, **Staatshaftung** [➔] genannt. 1464

[III]. Geschädigte haben aus dem Amtshaftungsgesetz (AHG) ein subjektives Recht auf Amtshaftung. **Amtshaftungsansprüche** – auch Haftungsansprüche aus dem Unionsrecht – gegen **Verwaltungsorgane** und **Gerichtsorgane** judizieren die **Zivilgerichte** nach den Regeln des AHG. 1465

Staatshaftungsansprüche aus dem Unionsrecht gegen die **Gesetzgebung** (der Gesetzgeber hat etwa eine Richtlinie der EU [769] unionsrechtswidrig nicht oder nicht rechtzeitig umgesetzt) und gegen die **Höchstgerichte** gelten allerdings als besondere Geldansprüche, die weder vor den Zivilgerichten noch vor Verwaltungsbehörden geltend gemacht werden können. Derartige Staatshaftungsansprüche sind daher unmittelbar nach **Art 137 B-VG** beim **Verfassungsgerichtshof** einzuklagen (= Staatshaftungsklage) [1693]. 1466

19. KAPITEL: DAS VERWALTUNGSVERFAHREN

Glossar: *administrative Instanz, administrativer Instanzenzug, Agrarverfahrensgesetz (AgrVG 1950), allgemeines Verwaltungsstrafrecht, Allgemeines Verwaltungsverfahrensgesetz 1991 (AVG), Amtspartei, Amtswegigkeit des Verfahrens, Anlagenverfahren, Anonymverfügung, aufschiebende Wirkung, Augenschein, außerordentliches Rechtsmittel, Berufung, Berufungsvorentscheidung, Bescheid, Bestandskraft, Beweismittel, Beweisverfahren, Bundesabgabenordnung (BAO), Devolutionsantrag, Dienstrechtsverfahrensgesetz 1984 (DVG), Einführungsgesetz zu den Verwaltungsverfahrensgesetzen 2008 (EGVG), Einspruch, entschiedene Sache, Ermittlungsverfahren, Fahrlässigkeit, Finanzstrafgesetz (FinStrG), Formalpartei, freie Beweiswürdigung, Geltendmachung der Entscheidungspflicht, Grundsätze des Verwaltungsverfahrens, Justizstrafrecht, Konsenswerber, Mandatsbescheid, materielle Wahrheit, materielles Recht, Mittelbarkeit des Verfahrens, Mündlichkeit des Verfahrens, Öffentlichkeit des Verfahrens, ordentliches Ermittlungsverfahren, ordentliches Rechtsmittel, organisatorische Instanz, Organmandat, Organpartei, Organstrafverfügung, örtliche Zuständigkeit, Parteiengehör, Parteistellung, rechtliches Interesse, Rechtsanspruch, Rechtsbehelf, Rechtskraft, Rechtsmittel, reformatio in peius, sachlich in Betracht kommende Oberbehörde, sachliche Zuständigkeit, Sachverständige, Straferkenntnis, Strafgesetzbuch (StGB), Strafmandat, Strafprozessordnung 1975 (StPO), Strafverfügung, Unbeschränktheit der Beweismittel, Unmittelbarkeit der Beweismittel, Urkunde, Verfahrensökonomie, Verfahrensrecht, Verschlechterungsverbot, Verschulden, Verwaltungsstrafgesetz 1991 (VStG), Verwaltungsstrafrecht, Verwaltungsstrafverfahren, Verwaltungsübertretung, Verwaltungsverfahren, Verwaltungsverfahrensgesetz, Verwaltungsverfahrensrecht, Verwaltungsvollstreckung, Verwaltungsvollstreckungsgesetz 1991 (VVG), volle Berufung, Vorfrage, Vorlageantrag, Vorsatz, Vorstellung, Wiederaufnahme des Verfahrens, Wiedereinsetzung in den vorigen Stand, Zeuge, Zustellgesetz (ZustG), Zustellung.*

DAS VERWALTUNGSVERFAHREN (= BESCHEIDVERFAHREN)

1467 [I]. Das Gesetz regelt im Sinne des Gesetzmäßigkeitsgebots des Art 18 Abs 1 B-VG [326] nicht nur den Inhalt des Vollziehungshandelns (= **materielles Recht** [➔]), sondern auch, **wie** die Vollziehungsorgane bei der Umsetzung der generellen Gesetze vorzugehen haben (= **Verfahrensrecht** [➔]). Das Verfahrensrecht der Gerichtsorgane finden wir in den Gerichtsverfahrensgesetzen [1390]. Für das Handeln der Verwaltung kennt die Rechtsordnung sechs Formen des Verwaltungshandelns [1110]: Die Rechtsatzformen [1] **Bescheid** und [2] **Verordnung**, [3] die **Maßnahme**, [4] das **schlicht-hoheitliche Handeln**, [5] den **verwaltungsrechtlichen Vertrag** und das [6] **privatrechtliche Handeln**. Verfahrensrecht der Verwaltungsorgane (= Verwaltungsverfahrensrecht) im weiten Sinn sind daher alle Regeln, mit denen der Gesetzgeber die Vorgehensweise der Verwaltungsorgane bei Umsetzung der Gesetze bestimmt.

1468 Ein **umfassendes Verfahrensrecht** für die Verwaltung bildete die Rechtsordnung aber nur für die Rechtssatzform **Bescheid** [1111] aus. Unter **Verwaltungsverfahrensrecht** [➔] im engen Sinn verstehen wir daher nur **die Verfahrensregeln, die der Gesetzgeber den Verwaltungsbehörden für die Erlassung eines Bescheids vorgibt**. Das **Verwaltungsverfahren** [➔] ist somit das **Bescheidverfahren**. Die bezüglichen Verfahrensgesetze bezeichnen wir als **Verwaltungsverfahrensgesetze**.

1469 Die Rechtsordnung entwickelte nur für den **Erlass von Bescheiden** ein umfassendes Verwaltungsverfahrensrecht. Für die anderen Formen des Verwaltungshandelns, insbesondere für die **Verordnung** und die **Maßnahme**, gibt es – **mit unterschiedlicher Dichte** – zwar **vereinzelte Handlungsvorschriften**, diese werden aber nicht zum **Verwaltungsverfahrensrecht** (im engen Sinn) gezählt.

1470 [II]. Der **Kernbereich des Verwaltungsverfahrensrechts** besteht aus **drei Verwaltungsverfahrensgesetzen** [➔] (Art I Abs 1 EGVG). Aus dem **AVG**, aus dem **VStG** und dem **VVG**. Das **Einführungsgesetz zu den Verwaltungsverfahrensgesetzen 2008** (**EGVG**) [➔] regelt als **viertes** Verwaltungsverfahrensgesetz deren Anwendungsbereich, es bestimmt, in welchen Verwaltungsverfahren die Verwaltungsbehörden das AVG, das VStG und das VVG anzuwenden haben.

1471 • Das **Allgemeine Verwaltungsverfahrensgesetz 1991** (**AVG**) [➔] schreibt den Verwaltungsbehörden bestimmte Verfahrensgrundsätze vor, insbesondere ein **ordentliches Ermittlungsverfahren** [1489]. Das AVG heißt „Allgemeines" Verwaltungsverfahrensgesetz, weil es in weiten – **nicht in allen** – Teilen der Verwaltung Anwendung findet. Bestimmte Verwaltungsbehörden haben **besondere** Verwaltungsverfahrensgesetze anzuwenden. Besondere Verwaltungsverfahrensgesetze sind etwa das **Agrarverfahrensgesetz (AgrVG 1950)** [➔] für die **Agrarbehörden**; das **Dienstrechtsverfahrensgesetz 1984 (DVG)** [➔] für die dienstrechtlichen Bescheide der **Beamten** im öffentlichen Dienst; die **Bundesabgabenordnung (BAO)** [➔] für die Bescheide zur Erhebung der von den **Abgabenbehörden des Bundes, der Länder und der Gemeinden** verwalteten Abgaben; das **Finanzstrafgesetz (FinStrG)** [➔] für das Verfahren zur Ahndung von Finanzstraftatbeständen. Sonderverfahrensregeln gibt es auch in den **Materiengesetzen** des Bundes und der Länder (zB Gewerbeordnung 1994, Bauordnungen ua) [1476].

- Das **Verwaltungsstrafgesetz 1991 (VStG)** [➔] regelt das Verfahren der Verwaltungsstrafbe- 1472
hörden, die mit Bescheid **Verwaltungsübertretungen** (= Verwaltungsstraftatbestände) mit Geld- und Freiheitsstrafen zu ahnden haben. Das Verwaltungsstrafgesetz heißt nicht Verwaltungsstraf**verfahrens**gesetz, weil es nicht nur Verfahrensregeln, sondern auch die Bestimmungen des **Allgemeinen Verwaltungsstrafrechts** [➔] enthält [1537].

- Das **Verwaltungsvollstreckungsgesetz 1991 (VVG)** [➔] regelt die zwangsweise **Voll-** 1473
streckung (= Exekution) von Leistungsbescheiden (und von anderen Vollstreckungstiteln). Kommt nämlich der Adressat eines Bescheids der behördlichen Anordnung auf ein bestimmtes Tun oder Unterlassen nicht nach, so verwirklichen die Verwaltungsbehörden (Bezirksverwaltungsbehörden) den bescheidmäßigen Zustand, gegebenenfalls mit körperlichem Zwang (= politische Exekution, = **Verwaltungsvollstreckung** [➔]).

1474

19/1

VERWALTUNGSVERFAHRENSGESETZE

- **EGVG – Einführungsgesetz zu den Verwaltungsverfahrensgesetzen 2008**
- **AVG – Allgemeines Verwaltungsverfahrensgesetz 1991**
- **VStG – Verwaltungsstrafgesetz 1991**
- **VVG – Verwaltungsvollstreckungsgesetz 1991**
- **andere Verwaltungsverfahrensgesetze**: Bundesabgabenordnung (BAO), Finanzstrafgesetz (FinStrG), Dienstrechtsverfahrensgesetz 1984 (DVG), Agrarverfahrensgesetz (AgrVG)
- **einzelne Verfahrensbestimmungen in Materiengesetzen des Bundes und der Länder** (zB Gewerbeordnung des Bundes, Bauordnungen der Länder)

[III]. Im Polizeistaat gab es keine Verwaltungsverfahrensgesetze. Im Zuge der Verrechtlichung des Staats 1475
deckte der Gesetzgeber mit Verwaltungsverfahrensgesetzen **nach und nach** die meisten Bereiche, in denen Verwaltungsbehörden Bescheide erlassen, ab. Dennoch fehlen für einige Rechtsbereiche immer noch verwaltungsverfahrensgesetzliche Regeln. So gibt es zum Beispiel kein Verwaltungsverfahrensgesetz für die Justizverwaltung [1378]. In diesen Bereichen leitet die Rechtsprechung aus dem Verfassungsprinzip des **Rechtsstaats** unmittelbar die **Grundsätze eines geregelten Verfahrens** ab.

[IV]. Das Verwaltungsverfahren ist **kompetenzrechtlich** eine **Annexmaterie** zu den Sachmate- 1476
rien des Bundes und der Länder [404]. Die wichtigsten Verwaltungsverfahrensgesetze (EGVG, AVG, VStG, VVG) erließ allerdings der **Bundesgesetzgeber**, der das Bedürfnis nach einheitlichen Verfahrensvorschriften als gegeben erachtete, auf der Grundlage der **Bedarfskompetenz** [➔] des **Art 11 Abs 2 B-VG** [406 ff]. Art 11 Abs 2 zweiter Halbsatz B-VG erlaubt den Materiengesetzgebern allerdings, in ihrer jeweiligen Sachmaterie – vom einheitlichen Verfahrensrecht des Bundes abweichende – Verfahrensregeln zu erlassen (*„abweichende Regelungen können … getroffen werden, wenn sie zur Regelung des Gegenstandes erforderlich sind“*) [409]. Die Gesetzgeber machen davon häufig Gebrauch, sodass die einheitlichen Verfahrensregeln des Bundes von einer Fülle von **Sonderverfahrensregeln** in den **Materiengesetzen** [➔] durchbrochen sind (etwa durch verfahrensrechtliche Sonderregelungen in der Gewerbeordnung 1994, in den Bauordnungen ua).

1477 Kompetenzgrundlage der Bundesabgabenordnung (BAO) ist **§ 7 Abs 6 F-VG 1948**, der für die Regelung der ***„allgemeinen Bestimmungen"*** und des **Verfahrens *„für die von den Abgabenbehörden des Bundes, der Länder und der Gemeinden verwalteten Abgaben"*** eine ausschließliche **Bundeskompetenz** festschreibt.

1478

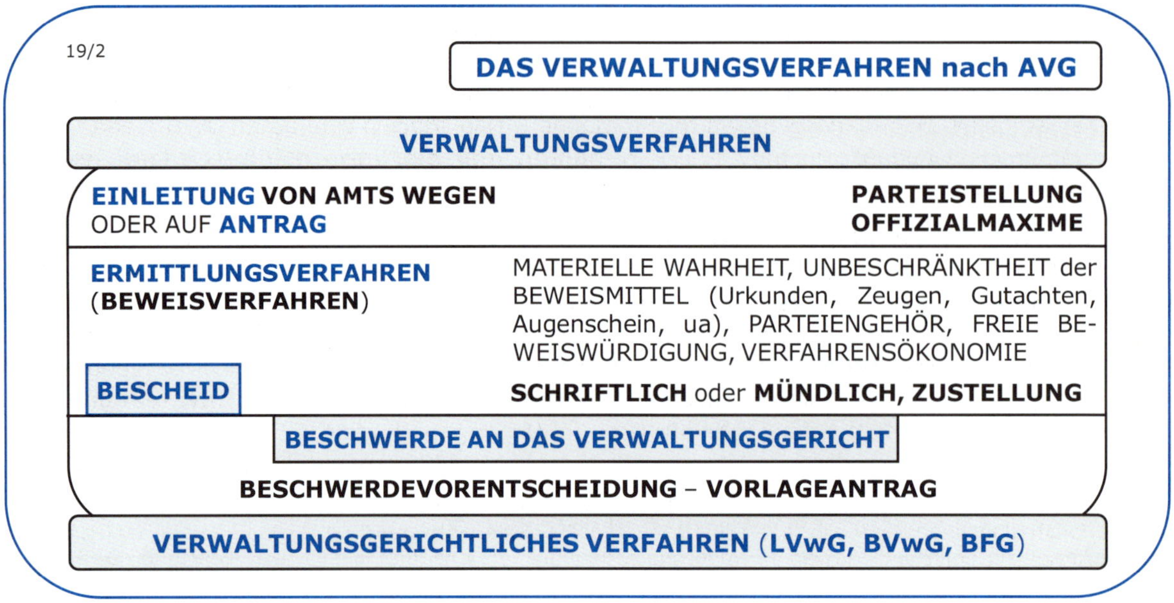

ZUSTÄNDIGKEITEN

1479 Eine Verwaltungsbehörde, die ein Verwaltungsverfahren führt, muss sachlich und örtlich zuständig sein. **Sachliche Zuständigkeit** [➔] bezeichnet die Kompetenz einer Behörde, bestimmte Verwaltungssachen zu entscheiden (Baubewilligung, Betriebsanlagengenehmigung, Führerscheinentzug).

1480 Die Verwaltung ist **hierarchisch** organisiert. Daraus ergeben sich **organisatorische Instanzen** [➔], die zeigen, welches Verwaltungsorgan welchem anderen Verwaltungsorgan **Weisungen** erteilen darf [1051]. Wenn das AVG die weisungsgebende Verwaltungsorganisation, die organisatorischen Instanzen anspricht, verwendet es den Begriff **sachlich in Betracht kommende Oberbehörde** [➔] (zB § 4 Abs 2, § 5 Abs 1, § 68 Abs 2, 3 und 4 AVG). Der zuständige (Bundes- und Landes)Gesetzgeber, der die bestehende Verwaltungsorganisation vorfindet, muss entscheiden, **welche** der organisatorisch vorgegebenen Verwaltungsbehörden (= **organisatorischer** Gesichtspunkt) **bestimmte Verwaltungsverfahren** zu führen haben, welche Verwaltungsbehörde für die Durchführung eines bestimmten Verwaltungsverfahrens **zuständig** (= **administrativer** Gesichtspunkt) ist. In diesem Sinn unterscheiden wir **organisatorische Instanzen und administrative Instanzen**. Regelmäßig führt die I. organisatorische Instanz die Verwaltungsverfahren, die I. organisatorische Instanz ist somit idR die **administrative Instanz** [➔]. In der mittelbaren Bundesverwaltung etwa sind der Bezirkshauptmann, der Landeshauptmann und der Bundesminister die organisatorischen Instanzen. Die Verwaltungsverfahren in der mittelbaren Bundesverwaltung (etwa nach der Gewerbeordnung 1994) führt regelmäßig der Bezirkshauptmann, er ist die administrative Instanz. Besteht in den **Angelegenheiten des eigenen Wirkungsbereichs der Gemeinde** ein **zweistufiger Instanzenzug** (Art 118 Abs 4 zweiter Satz B-VG), so hat der zuständige (Bundes- und Landes)Gesetzgeber auch festzulegen, welche der organisatorisch übergeordneten Gemeindebehörden ein bestimmtes Verwaltungsverfahren als II. administrative Instanz zu führen hat.

1481 Wegen der territorialen Gliederung der Vollziehung [1048] ist weiters zu fragen, welche von mehreren sachlich zuständigen Verwaltungsbehörden eine Verwaltungssache konkret zu entscheiden hat. **Örtliche Zuständigkeit** [➔] bezeichnet die Kompetenz einer Verwaltungsbehörde, bestimmte Verwaltungssachen im Hinblick auf ein **bestimmtes Territorium** (**Verwaltungssprengel**) zu entscheiden. Örtlich zuständig ist jene (sachlich zuständige) Verwaltungsbehörde, deren Verwaltungssprengel eine konkrete Verwaltungssache zugeordnet ist. Diese Zuordnung zu einem bestimmten Verwaltungssprengel erfolgt durch Festlegung von örtlichen Anknüpfungspunkten (etwa Hauptwohnsitz, Lage des Grundstücks, Tatort im Verwaltungsstrafverfahren).

1482 Beispiel: Für die Erteilung einer gewerblichen Betriebsanlagengenehmigung ist nach der Gewerbeordnung 1994 (GewO 1994) die Bezirksverwaltungsbehörde sachlich zuständig. Die Entscheidung über die Genehmigung oder Nichtgenehmigung einer konkreten gewerblichen Betriebsanlage kann aber nicht irgendeine der 95 sachlich zuständigen Bezirksverwaltungsbehörden (Österreich ist in 80 politische Bezirke und 15 Statutarstädte territorial gegliedert) treffen. Welchem der 80 Bezirkshauptleute und der 15 Bürgermeister der Statutarstädte die Entscheidung obliegt, bestimmt sich nach dem örtlichen Anknüpfungspunkt. Der Bundesgesetzgeber nennt in der GewO 1994 als örtlichen Anknüpfungspunkt den Standort der Betriebsanlage. Sachlich und örtlich zuständig ist daher jene Bezirksverwaltungsbehörde, in deren Verwaltungssprengel die Betriebsanlage gelegen ist.

1483 Die **Festlegung der sachlichen und der örtlichen Zuständigkeit** zählt nicht zum „Verfahrensrecht" (und ist daher nicht auf die Bedarfskompetenz nach Art 11 Abs 2 B-VG zu stützen); sie ist eine Kompetenz des jeweiligen **Materiengesetzgebers**. Daher bestimmt § 1 AVG, dass sich die sachliche und örtliche Zuständigkeit der Behörden *„nach den* ***Verwaltungsvorschriften***" richtet.

1484 Nur für den Fall, dass die Verwaltungsvorschriften die Zuständigkeit nicht regeln, enthält das **AVG** eine **subsidiäre Festlegung der sachlichen Zuständigkeit** in **§ 2** – für Angelegenheiten der Bundesverwaltung ist die Bezirksverwaltungsbehörde sachlich zuständig – und eine **subsidiäre Festlegung der örtlichen Zuständigkeit** in **§ 3** durch Aufzählung territorialer (örtlicher) Anknüpfungspunkte, die in der Reihenfolge ihrer Nennung zu beachten sind. Örtlich zuständig ist bei einem unbeweglichen Gut (zB Grundstück) die Verwaltungsbehörde, in deren Verwaltungssprengel das Gut liegt; bei einem Betrieb die Verwaltungsbehörde, in deren Verwaltungssprengel die Tätigkeit ausgeübt wird; ansonsten die Verwaltungsbehörde, in deren Verwaltungssprengel der Beteiligte seinen Hauptwohnsitz (Sitz) hat.

PARTEIEN

1485 [I]. Voraussetzung für **Beteiligte**, an einem Verwaltungsverfahren nach **AVG** teilzunehmen, ist das **subjektive öffentliche Recht** [1428]. Wer ein subjektives Recht hat, hat **Parteistellung** [➔] im Verwaltungsverfahren [1468]. Nach **§ 8 AVG** sind *„Personen ..., insoweit sie an der Sache vermöge eines* ***Rechtsanspruches*** *oder eines* ***rechtlichen Interesses*** *beteiligt sind, Parteien"*.

1486 Das Gesetz unterteilt die subjektive Rechtssphäre in den **Rechtsanspruch** [➔] und in das **rechtliche Interesse** [➔]. Während der Rechtsanspruch auf ein bestimmtes Tun oder Unterlassen der Verwaltung gerichtet ist, entspricht das rechtliche Interesse dem Bild der „Eingriffsverwaltung" [1163], in welcher der verwaltungsbetroffene Mensch das Einschreiten der Verwaltung nicht wünscht, aber es hinnehmen muss, wie dies beispielsweise bei einer Verwaltungsstrafe der Fall ist. Der Einzelne hat das durch das Gesetz gewährte rechtliche Interesse, dass die Verwaltungsstrafe in einem förmlichen Verwaltungsverfahren verhängt und im Rechtsweg angefochten und überprüft werden kann. Die amtswegig zu führenden Verwaltungsverfahren berühren rechtliche Interessen der Partei.

1487 Das Verwaltungsverfahren ist regelmäßig ein **Ein-Parteien-Verfahren**. Es gibt auch Mehr-Parteien-Verfahren. Das häufigste Mehr-Parteien-Verfahren ist das **Anlagenverfahren** [➔]. **Anlagen** sind technische Werke, etwa Fabriken, Häuser, Staudämme ua. Anlagen dürfen in der Regel nur mit verwaltungsbehördlicher Bewilligung errichtet werden. Wer die Bewilligung beantragt, ist der **Konsenswerber** [➔]. Er ist die **„Haupt"partei**, mit ihm führt die Verwaltungsbehörde das Verwaltungsverfahren zu allen Themen der Anlage durch. **Nachbarn** von Anlagen sind im Anlagenverfahren regelmäßig nach besonderen Bestimmungen der Materiengesetze als **„Neben"parteien** mit eingeschränkten subjektiven Rechten dabei. Sie sind **„Neben"parteien**, weil sie im Verfahren nicht über alle Themen der Anlage mitreden dürfen, sondern nur über jene Punkte, die ihre subjektiven Rechte betreffen. Die Baubehörde beispielsweise hat mit dem Konsenswerber (Bauwerber) alle Themen seines Bauprojekts abzuhandeln. Der Nachbar, der im Baubewilligungsverfahren die Verletzung seines subjektiven öffentlichen Rechts auf entsprechenden Nachbarabstand des Bauwerks geltend macht, ist in das Verwaltungsverfahren einbezogen, aber nur mit dem Thema „Nachbarabstand".

1488 [II]. Mitunter zieht der Gesetzgeber einem Verwaltungsverfahren – zur Sicherstellung der objektiven Rechtmäßigkeit – auch eine Person oder Einrichtung als Partei bei, der er **nur** einzelne **Verfahrensrechte** (etwa Parteiengehör, Rechtsmittellegitimation), keine materiellen subjektiven Rechte einräumt (= **Formalpartei** [➔]). Eine Formalpartei hat daher **kein** eigenes **subjektives Recht an der Verwaltungssache**. Ein Beispiel für eine Formalpartei ist die anerkannte Umweltorganisation nach § 19 Abs 1 Z 7 Umweltverträglichkeitsprüfungsgesetz 2000 (UVP-G 2000). Wird ein Verwaltungsorgan als Formalpartei einem Verwaltungsverfahren ohne eigene Rechte an der Verwaltungssache beigezogen, spricht man von einer **Organpartei** (= **Amtspartei** [➔]). Der Umweltanwalt, die Standortgemeinde und das wasserwirtschaftliche Planungsorgan (Landeshauptmann) etwa sind Organparteien in einem Verfahren nach dem UVP-G 2000. Sie sind berechtigt, die Einhaltung der dem Schutz der Umwelt dienenden Rechtsvorschriften im Verfahren geltend zu machen und Beschwerde [1576] an das BVwG sowie Revision an den VwGH [1579] zu erheben. Die Oö Umweltanwaltschaft etwa ist als Organpartei bestimmten Baubewilligungsverfahren nach der Oö Bauordnung 1994 (Oö BauO 1994) beizuziehen.

DAS ORDENTLICHE ERMITTLUNGSVERFAHREN

1489 [I]. **Das Verwaltungsverfahren soll die Richtigkeit** (= **Gesetzmäßigkeit**) **des von der Behörde erlassenen Bescheids sicherstellen**. Gegen gesetzwidrige oder gesetzwidrig nicht erlassene Bescheide gibt es zwar den Rechtsweg an die Verwaltungsgerichte [1580]. Ziel des Verwaltungsverfahrens ist es aber, nach Möglichkeit schon vor dem Erlass des Bescheids sicherzustellen, dass von vornherein der Bescheid nicht rechtswidrig, sondern rechtsrichtig ergeht. Die Richtigkeit soll insbesondere das geregelte gesetzliche **Verfahren** garantieren, das festlegt, wie die Vollziehungsbehörden im Einzelnen bei der Anwendung der Gesetze vorzugehen haben.

1490 [II]. Ein Bescheid kann nur richtig sein, wenn der relevante **Sachverhalt**, auf dessen Grundlage der Bescheid ergeht, der Verwaltungsbehörde bekannt ist. Wenn die Verwaltungsbehörde einem schweren Alkoholiker den Führerschein entziehen will, weil er Menschen im Straßenverkehr gefährdet, muss der Sachverhalt, dass der Autolenker ein schwerer Alkoholiker ist, verlässlich feststehen. Steht das gar nicht fest, kann der Entziehungsbescheid leicht falsch sein. Die Ermittlung des Sachverhalts ist daher das Herzstück des **Verwaltungsverfahrens**. Das Verwaltungsverfahrensrecht legt fest, wie die Verwaltungsbehörde bei der **Ermittlung des Sachverhalts** (= **Ermittlungsverfahren** [➔], §§ 37 bis 55 AVG) und bei der anschließenden **rechtlichen Beurteilung** des ermittelten Sachverhalts vorzugehen hat [Falllösung Rz 66-68].

1491 [III]. Die Verwaltungsbehörde ist bei der Ermittlung des Sachverhalts den **Grundsätzen des Verwaltungsverfahrens** [➔] verpflichtet:

1492 • [**EINLEITUNG VON AMTS WEGEN ODER AUF ANTRAG**]. Die Verwaltungsbehörde muss das Verwaltungsverfahren zunächst **einleiten**. Für das Verwaltungsverfahren gilt allgemein der Grundsatz der **Amtswegigkeit des Verfahrens** [➔] (= Offizialmaxime). Die Verwaltungsbehörde bestimmt im Sinne der Offizialmaxime den Gang des Verfahrens von Amts wegen, sie ist von Anträgen und Zustimmungen der Parteien nicht abhängig. In diesem Sinn erfolgt auch die **Einleitung des Verfahrens** grundsätzlich **von Amts wegen** (§ 39 Abs 2 AVG). Allerdings sehen viele Verfahrensvorschriften von der Offizialmaxime in der Frage der Einleitung des Verfahrens abweichend vor, dass ein Verfahren nur **auf Antrag** einer Partei eingeleitet und geführt wird. **Gestaltungsbescheide** etwa sind häufig antragsbedürftige Bescheide.

1493 Beispiele: Verfahren über eine Baubewilligung, eine gewerbliche Betriebsanlagengenehmigung, die Verleihung der Staatsbürgerschaft usw dürfen nur über Antrag geführt werden.

1494 • [**Materielle Wahrheit und Amtswegigkeit**]. Die Verwaltungsbehörde muss nach dem Grundsatz der **materiellen Wahrheit** [➔] den relevanten Sachverhalt von Amts wegen ermitteln und feststellen (§§ 37, 39 Abs 2 AVG). Die Behörde muss **bedingungslos nach der Wahrheit** suchen, und zwar amtswegig, ohne an Vorbingen und Anträge von Parteien gebunden zu sein.

1495 So darf sich die Behörde etwa nicht mit Außerstreitstellungen begnügen. Selbst wenn eine Partei ein Sachverhaltsdetail zugesteht, muss die Verwaltungsbehörde dennoch erforschen, ob es wahr ist.

1496 • [**Unbeschränktheit der Beweismittel**]. Alle Sachverhaltsdetails sind zu ermitteln und im Rahmen des Ermittlungsverfahrens Themen des **Beweisverfahrens** [➔]. Die Behörde nimmt zu jedem Beweisthema die geeigneten **Beweismittel** [➔] auf. Als Beweismittel kommen **Urkunden** [➔], **Zeugen** [➔], **Gutachten von Sachverständigen** [➔], der **Augenschein** [➔] ua in Betracht. Es gilt der Grundsatz der **Unbeschränktheit der Beweismittel** [➔] (§ 46 AVG). Alles, was zur Aufklärung des Sachverhalts dienen kann, darf und muss verwendet werden, etwa auch Tonträger, Filme. Auch **rechtswidrig beschaffte Beweismittel** sind im Interesse der Wahrheitsfindung zu verwerten. Mit seltenen Ausnahmen: Etwa die rechtswidrige Blutabnahme darf nicht zur Feststellung einer Alkoholisierung dienen.

1497 • [**Rechtliches Gehör**]. Jeder Partei muss **rechtliches Gehör** gewährt werden. Der Grundsatz des **Parteiengehörs** [➔] verlangt, dass die Parteien des Verwaltungsverfahrens die Möglichkeit haben müssen, an der Ermittlung des relevanten Sachverhalts mitzuwirken und ihre rechtlichen Interessen wahrzunehmen. Konsequenz des Parteiengehörs ist, dass **alle Beweisergebnisse** der aufgenommenen Beweismittel vor der Bescheiderlassung der Partei förmlich zur Stellungnahme bekanntzugeben sind (§ 45 Abs 3 AVG). Die Partei muss zu jedem Ergebnis des Beweisverfahrens „das letzte Wort" haben.

- [**Freie Beweiswürdigung**]. Entscheidend ist der Grundsatz der **freien Beweiswürdigung** [➔] (§ 45 Abs 2 AVG). Hat die Behörde zu einem Beweisthema mehrere Beweismittel – etwa mehrere Zeugen – aufgenommen, so ist die Feststellung des relevanten Sachverhalts problemlos, wenn alle Beweismittel dasselbe Ergebnis erbrachten. Mehrere Beweismittel zum selben Thema führen allerdings häufig dazu, dass sich die Beweismittel widersprechen. Im Fall **widersprechender Beweisergebnisse** muss die Verwaltungsbehörde nach dem Grundsatz der freien Beweiswürdigung vorgehen. Sie ist nicht an förmliche Beweisregeln gebunden – etwa zwei Zeugen gelten mehr als ein Zeuge. Der Wert eines Beweismittels ist ausschließlich nach seinem inneren Wesensgehalt, seiner Plausibilität und seiner Überzeugungskraft zu bemessen. Die Verwaltungsbehörde ist bei widersprechenden Beweisergebnissen grundsätzlich **frei**, ein Beweisergebnis als wahr festzustellen. Sie muss jedoch **nachvollziehbar und plausibel begründen** (§ 60 AVG), warum sie ihre Ergebnisvariante für wahr hält. Eine Beweiswürdigung ordentlich zu begründen, gehört mit zu den schwierigsten Aufgaben des Verfahrens. 1498
- [**Weitere Verfahrensgrundsätze**]. Die Verwaltungsbehörde führt das Verwaltungsverfahren nach dem Grundsatz der **Verfahrensökonomie** [➔]. Verwaltungsverfahren sind zweckmäßig, rasch, einfach und kostengünstig zu führen. Die **gerichtlichen Verfahrensgrundsätze** der **Mündlichkeit des Verfahrens** [➔], der **Unmittelbarkeit der Beweismittel** [➔] sowie der **Öffentlichkeit des Verfahrens** [➔] gelten im Verwaltungsverfahren grundsätzlich **nicht**. Mittelbare Beweisaufnahmen durch beauftrage oder ersuchte Behörden sind zulässig (= **Mittelbarkeit des Verfahrens** [➔]). Eine mündliche Verhandlung – mit sondergesetzlichen Ausnahmen – **kann**, muss im Verwaltungsverfahren aber nicht stattfinden. 1499

[IV]. Nach Durchführung des Ermittlungsverfahrens beurteilt die Verwaltungsbehörde den festgestellten Sachverhalt rechtlich und erlässt den **Bescheid** [➔]. Der Bescheid muss die konstitutiven Merkmale [1113] der **Verwaltungsbehörde** (beim „papierenen" Bescheid samt Unterschrift des Organwalters der Verwaltungsbehörde oder eines Approbationsbefugten [Falllösung 71-74]), des **individuellen Adressaten** und des **Spruchs** (= behördliche Anordnung) aufweisen, damit er wirksam sein kann. Zudem sieht das AVG als deklarative Merkmale [1115] die **ausdrückliche Bezeichnung** als „Bescheid" (§ 58 Abs 1 AVG), eine **Begründung** (§ 60 AVG), eine **Rechtsmittelbelehrung** (§ 61 AVG), die Angabe von **Ort und Datum** der Erledigung vor. 1500

Bei einem **elektronisch erstellten Bescheid** muss die **verwaltungsinterne Genehmigung** durch den Genehmigungsberechtigten (Approbationsbefugten) nicht zwingend durch seine eigenhändige Unterschrift auf einem Ausdruck, sondern kann auch durch Verwendung der Amtssignatur [288] erfolgen (§ 18 Abs 3 AVG). Für die Fertigung der **schriftlichen Ausfertigung des elektronischen Bescheids** kennt das AVG (§ 18 Abs 4 zweiter und dritter Satz) verschiedene Varianten: Die **Papierausfertigung** eines elektronisch **ohne Amtssignatur** erstellten Bescheids muss die **eigenhändige Unterschrift** des Genehmigenden aufweisen oder die **Beglaubigung der Kanzlei**, dass die Ausfertigung mit der Erledigung übereinstimmt und die Erledigung verwaltungsintern genehmigt ist. Die **Papierausfertigung** eines elektronisch **mit Amtssignatur** erstellten Bescheids bedarf **weder** einer eigenhändigen **Unterschrift** des Genehmigenden **noch** einer **Beglaubigung** durch die Kanzlei [290]. Für eine **elektronische Bescheidausfertigung** verlangt das AVG zwingend eine **elektronische Fertigung** in Form einer **Amtssignatur** nach § 19 E-GovG [291]. 1501

Das AVG (§ 62 Abs 1) erlaubt die Erlassung **mündlicher** und **schriftlicher** [Falllösung Rz 36 ff] Bescheide. Mündliche Bescheide sind mit **Verkündung** an den Adressaten rechtswirksam erlassen. Als besonderes Formerfordernis verlangt das AVG – bei sonstiger Nichtigkeit – für mündliche Bescheide eine **behördliche Niederschrift** über den Inhalt und die Verkündung des Bescheids (§ 62 Abs 2 AVG). Schriftliche Bescheide sind mit **Zustellung** [➔] bzw mit der **Ausfolgung** erlassen. 1502

Die Zustellung eines Bescheids erfolgt gemäß § 21 AVG nach dem (auf der Grundlage der Bedarfskompetenz des Art 11 Abs 2 B-VG erlassenen) **Zustellgesetz (ZustG)** [➔] (= **Bundesgesetz** 1503

über die Zustellung behördlicher Dokumente). Ohne Vorliegen wichtiger Gründe erfolgt die Zustellung **ohne Zustellnachweis** (§ 26 ZustG), bei Vorliegen wichtiger Gründe hat eine Zustellung **mit Zustellnachweis** (RSb) stattzufinden, bei Vorliegen besonders wichtiger Gründe oder wenn es gesetzlich vorgesehen ist, ist die Zustellung mit Zustellnachweis (vgl § 22 ZustG) überdies **zu eigenen Handen** (RSa) des Empfängers zu bewirken (§ 22 AVG iVm § 21 ZustG). Das Zustellgesetz (ZustG) regelt sowohl die herkömmliche Zustellung von papierenen Dokumenten (**physische Zustellung**: §§ 13 bis 27), als auch die Zustellung elektronischer Dokumente (**elektronische Zustellung**: §§ 28 bis 37a).

1504 Das Zustellgesetz (ZustG) kennt drei **Formen einer elektronischen Bescheidzustellung**: Erstens kann die **Verwaltungsbehörde selbst** ihre Erledigung ohne Zustellnachweis elektronisch zustellen, indem sie diese an die elektronische Zustelladresse (§ 2 Z 5 ZustG) sendet (zB Zustellung an eine E-Mail-Adresse, Faxzustellung); oder über das **elektronische Kommunikationssystem der Behörde** zustellt (§ 37 ZustG); oder bei entsprechendem Nachweis der Identität und Authentizität – mit oder ohne Zustellnachweis – **unmittelbar elektronisch ausfolgt** (§ 37a ZustG). Zweitens kann die Verwaltungsbehörde ihre Erledigung (mit oder ohne Zustellnachweis) durch einen **elektronischen Zustelldienst** elektronisch zustellen lassen (§§ 2 Z 8, 35 f ZustG). Der elektronische Zustelldienst stellt die behördliche Erledigung auf seinem Server zur Abholung (Download) durch den Empfänger unter Einsatz der Bürgerkarte [292] bereit (§ 35 Abs 3 ZustG). Drittens kann ein Bescheid im **Elektronischen Rechtsverkehr** (**ERV**) [301] nach dem GOG zugestellt werden (§ 35 Abs 9 ZustG), wobei sich der Zeitpunkt der Zustellung diesfalls nach § 89d Abs 2 GOG richtet. Der elektronische Zustelldienst hat das zuzustellende Dokument an den ERV weiterzuleiten (§ 29 Abs 1 Z 11 ZustG).

1505 [V]. Das Gesetz nennt ein Verfahren, welches die Verwaltungsbehörde verpflichtet, vor Erlass des Bescheids den Sachverhalt **nach den Grundsätzen des Verwaltungsverfahrens** zu ermitteln, **ordentliches Ermittlungsverfahren** [➔]. **Ausnahmsweise** erlaubt das AVG – bei *„Gefahr in Verzug"* oder bei *„statutarisch oder tarifmäßig feststehenden"* Geldleistungen – einen Bescheid ohne ordentliches Ermittlungsverfahren, ***„ohne vorausgegangenes Ermittlungsverfahren"*** (§ 57 Abs 1 AVG) zu erlassen. Einen solchen Bescheid nennen wir **Mandatsbescheid** [➔]. Gegen einen Mandatsbescheid hat der Adressat das **ordentliche Rechtsmittel** der **Vorstellung** [1517].

1506 Das Ermittlungsverfahren ist zeitaufwendig. Es gibt Fälle, in denen sofort gehandelt werden muss. Beispiel: Ein Alkoholiker fährt mit seinem Auto in eine Fußgängergruppe. Ob ihm der Führerschein entzogen wird, hat ein Ermittlungsverfahren zu klären. Wegen seiner Sucht könnte er bis zum Abschluss des Ermittlungsverfahrens weiteren Schaden angerichtet haben. Es ist Gefahr in Verzug.

BESCHEID, BESTANDSKRAFT, RECHTSKRAFT

1507 [I]. [**BESTANDSKRAFT**]. Nach den **Verwaltungsverfahrensgesetzen** soll ein einmal erlassener Bescheid **unabänderlich** sein und **Bestand haben** (= **Bestandskraft** [➔]). Er soll weder von der Verwaltungsbehörde amtswegig (= materielle Bestandskraft), noch aufgrund von Rechtsmitteln der Partei (= formelle Bestandskraft) abgeändert werden können. **Der Bescheid wird** – soweit er keinem ordentlichen Rechtsmittel im Verwaltungsverfahren [1514] unterliegt – **mit seiner Zustellung** (**Verkündung**) **bestandskräftig**. Diese nicht aus der Verfassung folgende Bescheidwirkung ordnet das AVG auf einfachgesetzlicher Grundlage an, ohne den Begriff „Bestandskraft" zu verwenden. **§ 68 Abs 1 AVG** spricht von **entschiedener Sache** [➔] (res iudicata).

1508 Ein bestandskräftiger Bescheid kann **rechtswidrig** sein, er ist im Sinne des Fehlerkalküls [342] **dennoch verbindlich**. Die Rechtsordnung wünscht zwar richtige Bescheide. Die Verwaltungsbehörde sollte im Sinne der **Rechtsrichtigkeit**, die aus dem Rechtsstaat folgt, einen rechtswidrigen Bescheid aufheben. Die Rechtsrichtigkeit kollidiert aber mit der auch aus dem Rechtsstaat folgenden **Rechtssicherheit**, nach der ein Adressat auf den Bestand eines Bescheids, der in einem im Gesetz vorgegebenen Verwaltungsverfahren erging, vertrauen darf, auch wenn dieser rechtswidrig sein sollte.

1509 Den Konflikt zwischen **Rechtsrichtigkeit** einerseits und **Rechtssicherheit** anderseits löst die Rechtsordnung, indem sie Bescheide, ***„aus denen niemandem ein Recht erwachsen ist"***, von der Bestandskraft ausnimmt (§ 68 Abs 2 AVG). Ansonsten sind Bescheide im Interesse der Rechtssicherheit der Partei grundsätzlich wegen entschiedener Sache bestandskräftig. Die Entscheidung des Gesetzgebers für die Rechtssicherheit und gegen die Rechtsrichtigkeit hat weiters dort **Einschränkungen**, wo gewichtige **öffentliche Interessen** gegen den Bestand des rechtswidrigen Bescheids sprechen; etwa bei ***„das Leben oder die Gesundheit von Menschen gefährdenden Missständen"***, bei ***„schweren volkswirtschaftlichen Schädigungen"***, bei ***„strafgesetzwidrigem Erfolg"*** (§ 68 Abs 3 und 4 AVG) ua. Besondere Einschränkungen enthalten außerhalb des AVG **Sonderregelungen der Materiengesetze**, etwa „nachträgliche Auflagen" zu einer rechtskräftigen Anlagenbewilligung nach der Gewerbeordnung 1994 und nach den Bauordnungen der Länder.

[II]. [**RECHTSKRAFT**]. Ein mit Zustellung (oder Verkündung) bestandskräftiger Bescheid kann zwar **von der Verwaltungsbehörde** nicht mehr abgeändert werden. Der Adressat, der die Verletzung seiner subjektiven Rechte behauptet, kann den Bescheid aber innerhalb von vier Wochen mit **Bescheidbeschwerde beim Verwaltungsgericht** anfechten [1613]. Im Hinblick auf die verwaltungsgerichtliche Kontrolle ist ein bestandskräftiger Bescheid **noch nicht endgültig**. Endgültig unabänderlich ist der Bescheid erst, wenn die Bescheidbeschwerde an das Verwaltungsgericht nicht mehr zulässig ist, der Bescheid auch von einem **Verwaltungsgericht** nicht mehr aufgehoben werden kann (= **Rechtskraft** [➔]). Ein Bescheid, der von der Verwaltungsbehörde nicht mehr abgeändert werden kann, ist bestandskräftig. **Ein Bescheid, der auch von den Verwaltungsgerichten nicht mehr abgeändert werden kann, ist rechtskräftig**. 1510

Rechtskräftig sind auch **verwaltungsgerichtliche Erkenntnisse und Beschlüsse**, die nicht mehr im gerichtlichen Rechtsweg (Revision an den VwGH [1628], Beschwerde an den VfGH [1637]; Erkenntnisse und Beschlüsse des VwGH und des VfGH) angefochten werden können. 1511

Ein **Bescheid** ist also **bestandskräftig** mit **Zustellung** (Verkündung), wenn der Verwaltungsrechtsweg erschöpft ist. Ein bestandskräftiger Bescheid ist **rechtskräftig** mit (ungenütztem) **Ablauf der Beschwerdefrist** an das Verwaltungsgericht, mit **Verzicht** auf die Beschwerde an das Verwaltungsgericht, mit **rechtskräftiger Entscheidung des Verwaltungsgerichts**. 1512

[III]. Die Begriffe „Bestandskraft" und „Rechtskraft" werden in der Rechtssprache nicht einheitlich, weitgehend synonym verwendet. Doch ist es zweckmäßig, „Bestandskraft" der Unabänderlichkeit im Verwaltungsverfahren, „Rechtskraft" der Unabänderlichkeit im gerichtlichen Verfahren vorzubehalten. 1513

RECHTSMITTEL NACH AVG

1514

19/3

RECHTSMITTEL IM VERWALTUNGSVERFAHREN nach AVG

ordentliche Rechtsmittel
- **Vorstellung** gegen Mandatsbescheide (§ 57 Abs 2 AVG)
- **Berufung** (§ 63 AVG) gegen Bescheide und **Vorlageantrag** gegen Berufungsvorentscheidungen (§ 64a AVG) im eigenen Wirkungsbereich der Gemeinde, sofern gesetzlich nicht ausgeschlossen

außerordentliche Rechtsmittel
- **Wiedereinsetzung in den vorigen Stand** (§§ 71 f AVG)
- **Wiederaufnahme des Verfahrens** (§§ 69 f AVG)

Rechtsbehelf
- **Devolutionsantrag** gegen Säumnis (= Geltendmachung der Entscheidungspflicht) bei nicht rechtzeitig erlassenen Bescheiden (§ 73 Abs 2 AVG) im eigenen Wirkungsbereich der Gemeinde

1515 [I]. [**RECHTSMITTEL**]. Der Bescheid einer Verwaltungsbehörde kann trotz Einhaltung aller Regeln des Verwaltungsverfahrens **falsch sein und Gesetzwidriges anordnen**. Deshalb gewährt die Rechtsordnung dem Adressaten im verwaltungsbehördlichen und im verwaltungsgerichtlichen Verfahren **Rechtsmittel** [➔], die er zur Überprüfung des Bescheids ergreifen kann. (Der Bescheid muss eine entsprechende **Rechtsmittelbelehrung** enthalten). Grundsätzlich kann der Adressat jeden Bescheid mit dem Rechtsmittel der **Bescheidbeschwerde** beim **Verwaltungsgericht** anfechten [1613], die Anfechtung eines Bescheids im Verwaltungsrechtsweg vor einer Verwaltungsbehörde kommt grundsätzlich nicht in Betracht.

1516 [II]. [**ORDENTLICHE RECHTSMITTEL**]. Das AVG sieht jedoch **Ausnahmen** vor, in denen **Rechtsmittel im Verwaltungsverfahren** noch vor der Bescheidbeschwerde an das Verwaltungsgericht ergriffen werden können und ergriffen werden müssen, soll die Bescheidbeschwerde zulässig sein. Diese Rechtsmittel, **die das AVG im Bescheidverfahren allgemein vorsieht**, nennen wir **ordentliche Rechtsmittel** [➔]. Das **AVG** kennt **drei ordentliche Rechtsmittel**:

1517 • [**VORSTELLUNG**]. Gegen einen **Mandatsbescheid** (= Bescheid ohne ordentliches Ermittlungsverfahren [1505]) hat der Adressat **binnen zwei Wochen** ab Zustellung (Verkündung) des Bescheids das **Rechtsmittel der Vorstellung** [➔]. Die Vorstellung richtet sich an die Verwaltungsbehörde, die den Mandatsbescheid erlassen hat. Wird keine Vorstellung erhoben, ist der Mandatsbescheid mit Ablauf der Vorstellungfrist (oder schon zuvor mit Verzicht des Adressaten auf die Vorstellung) bestandskräftig. Wird Vorstellung erhoben, erst mit Zustellung (Verkündung) des die Vorstellung erledigenden Bescheids.

1518 Die Vorstellung zwingt die Verwaltungsbehörde, **das unterbliebene ordentliche Ermittlungsverfahren nachzuholen** (§ 57 Abs 2 AVG). Während Rechtsmittel gegen Bescheide in der Regel aufschiebende Wirkung [1519] haben, hat die Vorstellung **keine aufschiebende Wirkung**, der Mandatsbescheid bleibt bis zur Entscheidung der Verwaltungsbehörde über die Vorstellung unverändert in Kraft. Leitet die Verwaltungsbehörde binnen zwei Wochen ab Vorstellung kein Ermittlungsverfahren ein, tritt der Mandatsbescheid allerdings ex lege außer Kraft.

1519 • [**BERUFUNG**]. Es gibt grundsätzlich keine Möglichkeit, im Verwaltungsverfahren einen von der Verwaltungsbehörde erlassenen Bescheid durch eine übergeordnete Verwaltungsbehörde (Verwaltungsbehörde II. administrativer Instanz) prüfen zu lassen, weil die Kontrolle von Bescheiden den Verwaltungsgerichten vorbehalten ist. Die **einzige Ausnahme** gilt für Angelegenheiten des **eigenen Wirkungsbereichs der Gemeinde, in denen ein zweistufiger administrativer Instanzenzug** [➔] besteht, den der einfache Gesetzgeber allerdings auch ausschließen kann (Art 118 Abs 4 zweiter Satz B-VG). Dem Adressaten des erstinstanzlichen Bescheids in einer Angelegenheit des eigenen Wirkungsbereichs der Gemeinde steht das **Rechtsmittel der Berufung** [➔] nach § 63 Abs 1 AVG zu. Die Berufungsfrist beträgt **zwei Wochen** (§ 63 Abs 5 AVG). Die Berufung hat nach § 64 Abs 1 AVG **aufschiebende Wirkung** [➔]. Die Berufung wird bei der (Gemeinde)Behörde I. Instanz eingebracht, die Entscheidung trifft die (Gemeinde)Behörde II. administrativer Instanz, die Berufung ist – anders als die Vorstellung – ein „aufsteigendes" Rechtsmittel. Das Verwaltungsverfahren ist in derartigen Fällen erst mit der **Zustellung** (Verkündung) des **Bescheids der letzten administrativen Instanz** bestandskräftig abgeschlossen.

1520 Beispiele: Der **Bescheid des Bürgermeisters** einer oö Gemeinde in einer Angelegenheit des eigenen Wirkungsbereichs (§ 58 Abs 2 Z 1 Oö GemO 1990) ist nicht sofort mit Zustellung (Verkündung) bestandskräftig, der Adressat kann den Bescheid mit **Berufung** an den **Gemeinderat** (§ 95 Abs 1 Oö GemO 1990) anfechten. Erst mit der Erlassung des Bescheids des Gemeinderats ist das Verwaltungsverfahren bestandskräftig abgeschlossen und der Verwaltungsrechtsweg erschöpft. Gegen den **Bescheid des Magistrats** einer oö Statutarstadt in einer Angelegenheit des eigenen Wirkungsbereichs (§ 51 Abs 2 StL 1992) kann der Adressat **Berufung** an den **Stadtsenat** (§ 64 Abs 1 StL 1992) erheben. Erst mit der Erlassung des (Berufungs)Bescheids des Stadtsenats ist der Verwaltungsrechtsweg erschöpft.

Die Berufungsbehörde überprüft nicht nur die erstinstanzliche Entscheidung, sondern trifft als Verwaltungsbehörde II. Instanz (= II. administrative Instanz [1480]) mit einem **Berufungsbescheid** eine neue Entscheidung. Daher kann und muss die Berufungsbehörde von sich aus alle Gesichtspunkte der Entscheidung aufgreifen, sie ist nicht an die geltend gemachten Berufungsgründe gebunden. Gesetzlich eingeräumtes Ermessen kann und muss die Berufungsbehörde neu üben. Wir bezeichnen daher die Berufung als **volle Berufung** [➔]. Weil die Berufungsbehörde neu entscheidet, kann die Entscheidung für den Berufungswerber auch eine Verschlechterung bringen, eine **reformatio in peius** [➔] (= Verschlechterung) ist **möglich**, es gilt **kein Verschlechterungsverbot** (anders im Verwaltungsstrafverfahren ! [1548]). 1521

- [**VORLAGEANTRAG**]. Das AVG erlaubt der **Verwaltungsbehörde I. Instanz**, die den angefochtenen Bescheid erlassen hat und bei der die Berufung an die Behörde II. Instanz einzubringen ist, ihren eigenen Bescheid durch **Berufungsvorentscheidung** [➔] binnen zwei Monaten ab Einlangen der Berufung abzuändern (§ 64a Abs 1 AVG). Verlangt die Partei binnen zwei Wochen nach Zustellung der Berufungsvorentscheidung eine Entscheidung durch die Berufungsbehörde (= **Vorlageantrag** [➔], § 64a Abs 2 AVG), dann tritt die Berufungsvorentscheidung **sofort außer Kraft**, und die Berufungsbehörde entscheidet über die Berufung. 1522

[III]. [**AUßERORDENTLICHE RECHTSMITTEL**]. Das AVG kennt **zwei weitere Rechtsmittel**, die jedoch im Bescheidverfahren **nicht allgemein**, sondern nur **bei Vorliegen besonderer Umstände** zur Anwendung kommen. Wir nennen sie **außerordentliche Rechtsmittel** [➔]: 1523

- [**Wiedereinsetzung in den vorigen Stand**]. Der **Antrag** auf **Wiedereinsetzung in den vorigen Stand** [➔] nach **§ 71 AVG** ist ein außerordentliches Rechtsmittel. Die Wiedereinsetzung ermöglicht in einem Bescheidverfahren die Nachholung **unverschuldet versäumter Verfahrensschritte**, so die Versäumung einer Frist (zB Einbringung einer Berufung nach Ablauf der Berufungsfrist), die Versäumung einer Verhandlung (zB Bauverhandlung) oder die Versäumung einer Rechtsmittelfrist wegen fehlender oder falscher Rechtsmittelbelehrung. 1524
- [**Wiederaufnahme des Verfahrens**]. Auch der **Antrag** auf **Wiederaufnahme des Verfahrens** [➔] nach **§ 69 AVG** ist ein außerordentliches Rechtsmittel. Die Wiederaufnahme erlaubt die neuerliche Durchführung einer bereits bestandskräftig entschiedenen Sache, wenn sich nachträglich herausstellt, dass etwa der *„Bescheid durch Fälschung einer Urkunde, falsches Zeugnis oder eine andere gerichtlich strafbare Handlung herbeigeführt oder sonstwie erschlichen worden ist"*, *„neue Tatsachen oder Beweismittel hervorkommen, die im Verfahren ohne Verschulden der Parteien nicht geltend gemacht werden konnten ..."* oder *„der Bescheid ... von* **Vorfragen** [➔] *abhängig war und nachträglich über eine solche Vorfrage von der hiefür zuständigen Behörde (Gericht) in wesentlichen Punkten anders entschieden wurde"*. Die Wiederaufnahme des Verfahrens kann bei Vorliegen eines der genannten Wiederaufnahmegründe **auch von Amts wegen** erfolgen. 1525

[IV]. [**DEVOLUTIONSANTRAG**]. Neben den ordentlichen und außerordentlichen Rechtsmitteln, die auf die Überprüfung erlassener Bescheide gerichtet sind, kennt das Verwaltungsverfahrensrecht noch einen **Rechtsbehelf** [➔], mit dem die Erlangung einer Sachentscheidung, die Erlassung eines Bescheids durch die Verwaltungsbehörde geltend gemacht werden kann. **§ 73 Abs 1 AVG** verpflichtet die Verwaltungsbehörden, über **Anträge der Parteien** (auch über Berufungen) ohne unnötigen Aufschub – spätestens aber **innerhalb von sechs Monaten** – den (Berufungs)Bescheid zu erlassen (= **Entscheidungspflicht** [➔]). Die Materiengesetze des Bundes und der Länder können abweichende – kürzere (etwa drei Monate bei Entziehung der Lenkberechtigung nach § 29 Abs 1 Führerscheingesetz – FSG, BGBl I 1997/12) oder längere (etwa neun Monate nach § 7 Abs 2, zwölf Monate nach § 24b Abs 2 UVP-G 2000) – Entscheidungsfristen festlegen. Verletzt die Verwaltungsbehörde ihre Entscheidungspflicht, ist sie also bei der gesetzlich gebotenen Bescheiderlassung **säumig**, so kann die Partei grundsätzlich **Säumnisbeschwerde an das Verwaltungsgericht** erheben [1648]. 1526

Soweit allerdings im **eigenen Wirkungsbereich der Gemeinde** ein administrativer Instanzenzug (Art 118 Abs 4 zweiter Satz B-VG) eingerichtet, also eine **Berufung** an die Gemeindebehörde II. administrativer Instanz zulässig ist [1519], steht der Partei im Verwaltungsverfahren gegen die **rechtswidrig mit der Bescheiderlassung säumige Gemeindebehörde** I. Instanz nach **§ 73 Abs 2 AVG** der **Devolutionsantrag** [➔] (**Geltendmachung der Entscheidungspflicht**) an die 1527

Berufungsbehörde zu. Der Devolutionsantrag ist bei der Berufungsbehörde einzubringen. Mit dem Einlangen des Antrags bei der Berufungsbehörde geht die Zuständigkeit zur Sachentscheidung grundsätzlich auf diese über, die Zuständigkeit „devolviert". Die Berufungsbehörde entscheidet dann anstelle der untätigen Unterbehörde. Nur wenn die Säumnis *„nicht auf ein überwiegendes Verschulden der Behörde zurückzuführen ist"*, geht die Zuständigkeit zur Entscheidung – trotz Erhebung eines Devolutionsantrags – nicht über und die säumige Verwaltungsbehörde bleibt zuständig.

1528

1529 [I]. Um ein gesellschaftskonformes Verhalten der Menschen zu erzwingen, setzt der Staat das **Strafrecht** ein, das den Menschen ein bestimmtes Verhalten bei **Strafe** [➔] (vor allem Geldstrafen und Freiheitsstrafen) verbietet. Die Rechtsordnung unterscheidet ein Strafrecht, das die **ordentlichen Gerichte** (= **Justizstrafrecht** [➔]); und ein Strafrecht, das die **Verwaltungsbehörden** handhaben (= **Verwaltungsstrafrecht** [➔]).

1530 Der Bundesgesetzgeber erließ auf der Kompetenzgrundlage des Art 10 Abs 1 Z 6 B-VG (*„Strafrechtswesen"*) als Justizstrafrecht das **Strafgesetzbuch (StGB)** [➔] und als gerichtliches Strafverfahrensrecht die **Strafprozessordnung 1975 (StPO)** [➔].

1531 [II]. Für das Justizstrafrecht gilt nach Art 90 Abs 2 B-VG der **Anklageprozess** [1360]. Ob jemand einer Justizstraftat bei einem ordentlichen (Straf)Gericht angeklagt wird, entscheidet der öffentliche Ankläger, der **Staatsanwalt**. Der Staatsanwalt klagt an, das Gericht entscheidet. Ankläger und Richter sind voneinander getrennt. Im Verwaltungsstrafverfahren ist dies nicht der Fall. **Die Verwaltungsstrafbehörde entscheidet sowohl über die Einleitung eines Verwaltungsstrafverfahrens als auch im Verwaltungsstrafverfahren selbst**.

1532 Für das **Strafrecht** sehen das PersFrBVG, Art 5 EMRK (**Recht auf persönliche Freiheit** bei Festnahme und Haft), Art 6 EMRK (**Recht auf ein faires Verfahren**: Recht auf Entscheidung durch ein unabhängiges, unparteiisches Tribunal mit voller Kognitionsbefugnis [570], Grundsatz des fairen Verfahrens [fair trial], Gebot angemessener Verfahrensdauer, volksöffentliche und mündliche Verhandlung, Unschuldsvermutung, Recht zu schweigen [= Verbot eines Zwangs zur Selbstbezichtigung], Pflichtverteidiger), Art 7 EMRK (**Keine Strafe ohne Gesetz** [531]: Verbot der rückwirkenden Verhängung höherer Strafen und Gebot der Rückwirkung der günstigeren Strafnorm), Art 1 4. ZPzEMRK (**Verbot der Freiheitsentziehung wegen Schulden**), Art 2 7. ZPzEMRK (**Rechtsmittel in Strafsachen**), Art 3 7. ZPzEMRK (**Recht auf Entschädigung bei Fehlurteilen** im Fall der Aufhebung einer strafrechtlichen Entscheidung) und Art 4 7. ZPzEMRK (**Recht, wegen derselben Sache nicht zweimal vor Gericht gestellt oder bestraft zu werden** [= Doppelbestrafungsverbot]) eine Reihe von Rechtsstaatsgarantien vor, die grundsätzlich **auch** für das **Verwaltungsstrafrecht** gelten.

[III]. Ob ein ordentliches Gericht oder eine Verwaltungsbehörde eine Straftat ahndet, entscheidet **der** (**einfache**) **Gesetzgeber**. Allgemein lässt sich sagen, dass das Justizstrafrecht schwere Straftaten, das Verwaltungsstrafrecht leichte Straftaten ahndet. Schwere und politische Straftaten, über die Geschworene oder Schöffen [1356] entscheiden, sind allerdings von Verfassungs wegen den Gerichten vorbehalten (Art 91 Abs 1 und 2 B-VG). **Verwaltungsbehörden** dürfen **Freiheitsstrafen** nur bis zur Höhe von **sechs Wochen** pro Tat (Art 3 Abs 2 PersFrBVG, § 12 Abs 1 VStG) verhängen (eine unabhängige Verwaltungsbehörde eine Freiheitsstrafe von höchstens drei Monaten). Längere Freiheitsstrafen sind den ordentlichen Gerichte vorbehalten. 1533

[IV]. Das **Verwaltungsstrafrecht** besteht aus **drei Teilen**: 1534

- Die einzelnen **Verwaltungsübertretungen** [➔] (= **Verwaltungsstraftatbestände**), das sind jene Rechtsnormen, die den Menschen ein bestimmtes Verhalten bei Strafe verbieten, sind in den **Materiengesetzen** des Bundes und der Länder geregelt, da die Festlegung von Verwaltungsstraftatbeständen samt der Strafdrohung (Festlegung von Strafart und Strafhöhe) eine **Annexmaterie** zu den Kompetenztatbeständen [404] darstellt. 1535

  Beispiele für Verwaltungsübertretungen (Art II Abs 3 EGVG): Nach § 99 Abs 1 lit a Straßenverkehrsordnung 1960 – **StVO 1960** (Art 11 Abs 1 Z 4 B-VG) begeht eine Verwaltungsübertretung, wer ein Fahrzeug lenkt, obwohl der Alkoholgehalt seiner Atemluft 0,8 mg/l oder mehr beträgt. Als Strafart wird eine Geldstrafe von € 1.600,– bis € 5.900,–, für den Fall ihrer Uneinbringlichkeit eine Freiheitsstrafe von zwei bis sechs Wochen, bestimmt. § 366 Abs 1 Z 1 **GewO 1994** (Art 10 Abs 1 Z 8 B-VG) stellt das Ausüben eines Gewerbes ohne Gewerbeberechtigung unter Strafe und legt dafür eine Geldstrafe bis zu € 3.600,– fest. Die Oö Bauordnung 1994 – **Oö BauO 1994** (Art 15 Abs 1 B-VG) normiert in § 57 Abs 1 Z 2 den Verwaltungsstraftatbestand des Ausführens eines bewilligungspflichtiges Bauvorhabens ohne Baubewilligung und bestimmt als Strafart und -höhe eine Geldstrafe bis zu € 36.000,–. 1536

- Wer einen gesetzlichen Verwaltungsstraftatbestand übertritt, ist nur strafbar, wenn er auch **allgemeine Voraussetzungen** für die Bestrafung erfüllt. Der Bundesgesetzgeber regelte diese ***„allgemeinen Bestimmungen des Verwaltungsstrafrechtes“*** (= **allgemeines Verwaltungsstrafrecht** [➔]) einheitlich auf der Kompetenzgrundlage des Art 11 Abs 2 B-VG (Bedarfskompetenz [406]) im **VStG** (§§ 1 bis 22). 1537

  Das allgemeine Strafrecht legt Voraussetzungen fest, die bei **jeder** Straftat unabhängig von den Tatbestandselementen der konkreten Verwaltungsübertretung **zusätzlich** vorliegen müssen, damit eine Strafe verhängt werden darf. Allgemeine Voraussetzung für die Bestrafung nach VStG ist etwa das **Verschulden** [➔] des Täters. Der Täter muss nicht nur die Verwaltungsstraftat begangen, sondern darüber hinaus auch **vorsätzlich** [➔] oder **fahrlässig** [➔] gehandelt haben. 1538

- Der Bundesgesetzgeber regelte weiters einheitlich – gleichfalls gestützt auf die Bedarfskompetenz des Art 11 Abs 2 B-VG [1476] – das **Verwaltungsstrafverfahren** [➔] im **VStG**. Das VStG besteht daher aus einem Teil, der das **allgemeine Verwaltungsstrafrecht** (§§ 1 bis 22 VStG), **und** einem Teil, der das **Verwaltungsstrafverfahren** (§§ 24 bis 52a VStG) betrifft. 1539

  Bestimmte Verwaltungsbehörden haben besondere Verwaltungsverfahrensgesetze anzuwenden [1471] und auch das allgemeine Verwaltungsstrafrecht ist für einzelne Teile der Verwaltung gesondert geregelt, etwa das von den Finanzstrafbehörden des Bundes zu vollziehende Finanzstrafrecht (vgl Art I Abs 2 Z 2 EGVG: *„mit Ausnahme der Finanzstrafbehörden des Bundes“*), das Disziplinarrecht (Art I Abs 3 Z 3 EGVG) [1417]. 1540

[V]. Das VStG folgt der Struktur des AVG und ordnet in § 24 VStG auch die subsidiäre Anwendung **von bestimmten Regelungen des AVG** an. Grundsätzlich findet im Verwaltungsstrafverfahren – wie im AVG – vor der Erlassung eines Strafbescheids ein **ordentliches Ermittlungsverfahren** [1490] statt. Der **Strafbescheid**, den die **Verwaltungsstrafbehörde** aufgrund eines ordentlichen Ermittlungsverfahrens erlässt, heißt **Straferkenntnis** [➔]. Gegen das Straferkenntnis steht dem Bestraften das **Rechtsmittel der Bescheidbeschwerde** an das **Verwaltungsgericht** [1613] zu. Es hat **aufschiebende Wirkung** [1617]. Die Strafbehörde hat die Möglichkeit einer **Beschwerdevorentscheidung** [1626]. 1541

1542 [VI]. In weiterem Umfang als das AVG, das nur den Mandatsbescheid des § 57 AVG kennt, erlaubt das VStG **abgekürzte Verfahren**:

1543 • [**STRAFVERFÜGUNG**]. Die **Verwaltungsstrafbehörde** darf vom ordentlichen Ermittlungsverfahren absehen und einen **Mandatsbescheid** erlassen (§§ 47 ff VStG). Ein solcher Mandatsbescheid heißt **Strafverfügung** [➔] oder **Strafmandat** [➔]. Voraussetzung für den Entfall des Ermittlungsverfahrens ist, dass lediglich eine Geldstrafe bis zu € 600,-- verhängt wird, dass bestimmte staatliche Organe (insbesondere Organe der öffentlichen Aufsicht) die Verwaltungsstraftat aufgrund eigener dienstlicher Wahrnehmung oder eines vor ihnen abgelegten Geständnisses angezeigt haben, oder die Verwaltungsübertretung aufgrund automatischer Überwachung (etwa Radarfoto) festgestellt wurde. Gegen die Strafverfügung ist binnen zwei Wochen das ordentliche Rechtsmittel des **Einspruchs** [➔] vorgesehen, das den Mandatsbescheid bei fristgerechtem Einbringen **sofort außer Kraft** treten lässt. Die Behörde führt dann das ordentliche Ermittlungsverfahren durch und entscheidet – wenn das Verfahren nicht einzustellen ist – mit Straferkenntnis.

1544 • [**ORGANSTRAFVERFÜGUNG**]. Die Verwaltungsbehörden erlassen Bescheide, die Verwaltungsorgane dürfen das nicht [1068 f]. Das VStG (§ 50) sieht eine Besonderheit vor und erlaubt eine **Organstrafverfügung** [➔], die man auch **Organmandat** [➔] nennt. Die Verwaltungsstrafbehörde kann besonders geschulte **Organe** der öffentlichen Aufsicht (das sind insbesondere die Organe des öffentlichen Sicherheitsdienstes, § 5 Abs 2 SPG [1266]) ermächtigen, wegen bestimmter von ihnen dienstlich wahrgenommener oder vor ihnen eingestandener Verwaltungsübertretungen Geldstrafen einzuheben. Die Verwaltungsstrafbehörde hat in einer derartigen Ermächtigung die Verwaltungsübertretungen zu bezeichnen, welche mit Organstrafverfügung geahndet werden dürfen und die (fixen) Strafbeträge – bis zu € 90,– – für die jeweilige Verwaltungsübertretung festzulegen; sondergesetzliche Bestimmungen können die Strafgrenze erhöhen. Das Organmandat tritt **sofort außer Kraft**, wenn der Beanstandete die **Bezahlung verweigert**. Es liegt dann an der Strafbehörde, mit Strafverfügung oder nach Durchführung des Ermittlungsverfahrens mit Straferkenntnis vorzugehen.

1545 Die Organstrafverfügung gilt **nicht als Bescheid**, weil sie von einen Organ und nicht von einer Behörde [1068] erlassen wird, und weil der Adressat namentlich in der Verfügung nicht aufscheint.

1546 • [**ANONYMVERFÜGUNG**]. Das VStG (§ 49a) sieht als Besonderheit noch die **Anonymverfügung** [➔] vor. Grundsätzlich müssen sich Strafverfahren **gegen den Straftäter** richten. Die Ermittlung des Straftäters verursacht einen hohen Verwaltungsaufwand. Deshalb erlaubt der Gesetzgeber der Strafbehörde, gegenüber Personen, die nicht unbedingt Straftäter sein müssen, die aber in einer Nahebeziehung zur Tat stehen, im Vorhinein durch Verordnung festgesetzte Geldstrafen bis höchstens € 365,-- zu verhängen. Konkret ist erforderlich, dass die Anzeige auf der dienstlichen Wahrnehmung eines Organs der öffentlichen Aufsicht oder auf automatischer Überwachung beruht, der Täter unbekannt ist und die Tat keine Bedachtnahme auf die Person des Täters erfordert. Die Anonymverfügung tritt **sofort außer Kraft**, wenn der Adressat die **Bezahlung verweigert**. Es liegt dann an der Behörde, den Täter auszuforschen und mit Strafverfügung oder nach Durchführung des Ermittlungsverfahrens mit Straferkenntnis vorzugehen.

1547 Beispiel: Wenn ein PKW mit hoher Geschwindigkeit vom Radar gemessen wird, und auf Grund des Kennzeichens feststeht, wer der Halter des Autos ist, nicht aber, wer der Lenker des Autos war, kann die Strafbehörde mit Anonymverfügung gegen den Halter des Autos vorgehen.

1548 [VII]. Für Verwaltungsstrafen gilt – anders als in allgemeinen Verwaltungssachen – ein **Verschlechterungsverbot** [➔] (= **Verbot der reformatio in peius** [➔]). Im Verwaltungsstrafverfahren ordnet § 49 Abs 2 VStG für den **Einspruch gegen die Strafverfügung** die Geltung des Verschlechterungsverbots an. Für die Organstrafverfügung und die Anonymverfügung gilt das Verschlechterungsverbot nicht. (Auch das Verwaltungsgericht darf aufgrund einer Bescheidbeschwerde in Verwaltungsstrafsachen **keine strengere Strafe** verhängen [1624]).

20. KAPITEL: DAS VERFAHREN VOR DEN GERICHTEN DES ÖFFENTLICHEN RECHTS

***Glossar**: Abtretung, Amtsbeschwerde, Amtsrevision, aufschiebende Wirkung, Bescheidbeschwerde, Beschwerdepunkt, Beschwerdevorentscheidung, Betroffenheitsdichte, Bundesfinanzgerichtsgesetz (BFGG), Entscheidungspflicht, (Erkenntnis/Beschluss)Beschwerde, Fristsetzungsantrag, Gerichtsverfahrensgesetz, Gesetzesprüfung, Individualantrag auf Gesetzesprüfung, Individualantrag auf Verordnungsprüfung, Individualbeschwerde, Kausalgerichtsbarkeit, Kompetenzgerichtsbarkeit, Kompetenzkonflikt, Liquidierungsklage, Maßnahmebeschwerde, mittelbare (Erkenntnis/Beschluss)Beschwerde, Normprüfungsverfahren, Organbeschwerde, Organrevision, Präjudizialität, reformatio in peius, Revision, Revisionspunkt, Säumnisbeschwerde, Staatsgerichtsbarkeit, Staatsvertragsprüfung, Umweg, unmittelbare (Erkenntnis/Beschluss)Beschwerde, Vereinbarungsprüfung, Verfahrenshilfe, Verfassungsgerichtshofgesetz 1953 (VfGG), Verjährung, Verordnungsprüfung, Verschlechterungsverbot, Verwaltungsgerichtshofgesetz 1985 (VwGG), Verwaltungsgerichtsverfahrensgesetz (VwGVG), Völkerrechtsgerichtsbarkeit, Vorlageantrag, Wahlgerichtsbarkeit, Weisungsbeschwerde, Wiederverlautbarung.*

GERICHTSVERFAHRENSGESETZE

1549 [I]. So wie **Verwaltungsverfahrensgesetze** das Verfahren der **Verwaltungsbehörden** beim Erlass eines **Bescheids** bestimmen, regeln **Gerichtsverfahrensgesetze** [➔] [1390] das Verfahren der **Verwaltungsgerichte** (LVwG, BVwG, BFG), des **Verwaltungsgerichtshofs** (VwGH) und des **Verfassungsgerichtshofs** (VfGH) beim Erlass eines **Erkenntnisses** und eines **Beschlusses**.

1550 Wobei die Gerichtsverfahrensgesetze der Gerichte des öffentlichen Rechts, um sich das Ausformulieren von Bestimmungen zu ersparen, manchmal auf Verwaltungsverfahrensgesetze (etwa das AVG), aber auch auf Gerichtsverfahrensgesetze der ordentlichen Gerichte (ZPO) verweisen und diese Regelungen damit „subsidiär" in die Gerichtsverfahrensgesetze der Gerichte des öffentlichen Rechts integrieren.

1551 [II]. Das Gerichtsverfahrensgesetz für die Landesverwaltungsgerichte (**LVwG**) und das Bundesverwaltungsgericht (**BVwG**) ist das **Verwaltungsgerichtsverfahrensgesetz (VwGVG)** [➔] mit subsidiärer Geltung von Teilen des AVG, der Bundesabgabenordnung (BAO), des Finanzstrafgesetzes (FinStrG), des Agrarverfahrensgesetzes (AgrVG 1950), des Dienstrechtsverfahrensgesetzes 1984 (DVG) und des VStG (§§ 11, 17, 38 VwGVG). Für das Bundesfinanzgericht (**BFG**) bestimmt das **Bundesfinanzgerichtsgesetz (BFGG)** [➔] (§ 24 Abs 1) eine Anwendung der Bundesabgabenordnung (BAO), des Zollrechts-Durchführungsgesetzes (ZollR-DG) und des Finanzstrafgesetzes (FinStrG). Das Gerichtsverfahrensgesetz des Verwaltungsgerichtshofs (**VwGH**) ist das **Verwaltungsgerichtshofgesetz 1985 (VwGG)** [➔] mit subsidiärer Geltung von Teilen des AVG, das Gerichtsverfahrensgesetz des Verfassungsgerichtshofs (**VfGH**) ist das **Verfassungsgerichtshofgesetz 1953 (VfGG)** [➔] mit subsidiärer Geltung der ZPO.

1552

20/1 **VERFAHRENSGESETZE DER GERICHTE DES ÖFFENTLICHEN RECHTS**

Verfassungsgerichtshof (VfGH)	Verfassungsgerichtshofgesetz 1953 (**VfGG**) [subsidiär ZPO]
Verwaltungsgerichtshof (VwGH)	Verwaltungsgerichtshofgesetz 1985 (**VwGG**) [subsidiär AVG]
Landesverwaltungsgerichte (LVwG) Bundesverwaltungsgericht (BVwG)	Verwaltungsgerichtsverfahrensgesetz (**VwGVG**), §§ 6 bis 62, 74 bis 82 AVG, BAO, AgrVG 1950, DVG, VStG (ausgenommen §§ 52 und 52a), FinStrG
Bundesfinanzgericht (BFG)	Bundesfinanzgerichtsgesetz (BFGG), **BAO**, Zollrechts-Durchführungsgesetz (**ZollR-DG**), Finanzstrafgesetz (**FinStrG**)

SIEBEN RECHTSWEGE

1553 [I]. Die **Rechtswege im öffentlichen Recht**, auf denen subjektive Rechte durchgesetzt werden können, knüpfen an den **Handlungsformen** der staatlichen Organe an. Wir kennen insgesamt **sieben Rechtswege im öffentlichen Recht**.

1554 Es gibt sechs Handlungsformen der Verwaltung [1110], somit sechs Rechtswege gegen die **Verwaltung**: [**1**] und [**2**] gegen die verbindliches Recht schaffenden Rechtssätze **Bescheid** und **Verordnung**, [**3**] gegen die **Maßnahme**, [**4**] gegen das **schlicht-hoheitliche Handeln**, [**5**] gegen den **verwaltungsrechtlichen Vertrag** und [**6**] gegen das **nicht-hoheitliche Verwaltungshandeln**.

1555 Das B-VG gewährt allerdings nicht nur Rechtsschutz gegen Handlungen der Verwaltung, sondern auch Rechtsschutz gegen verfassungswidrige **Gesetze** der Parlamente (Bundesgesetze, Landesgesetze), sodass zu den sechs Rechtswegen gegen die Verwaltung noch [**7**] ein **Rechtsweg gegen den Gesetzgeber** dazu kommt.

1556

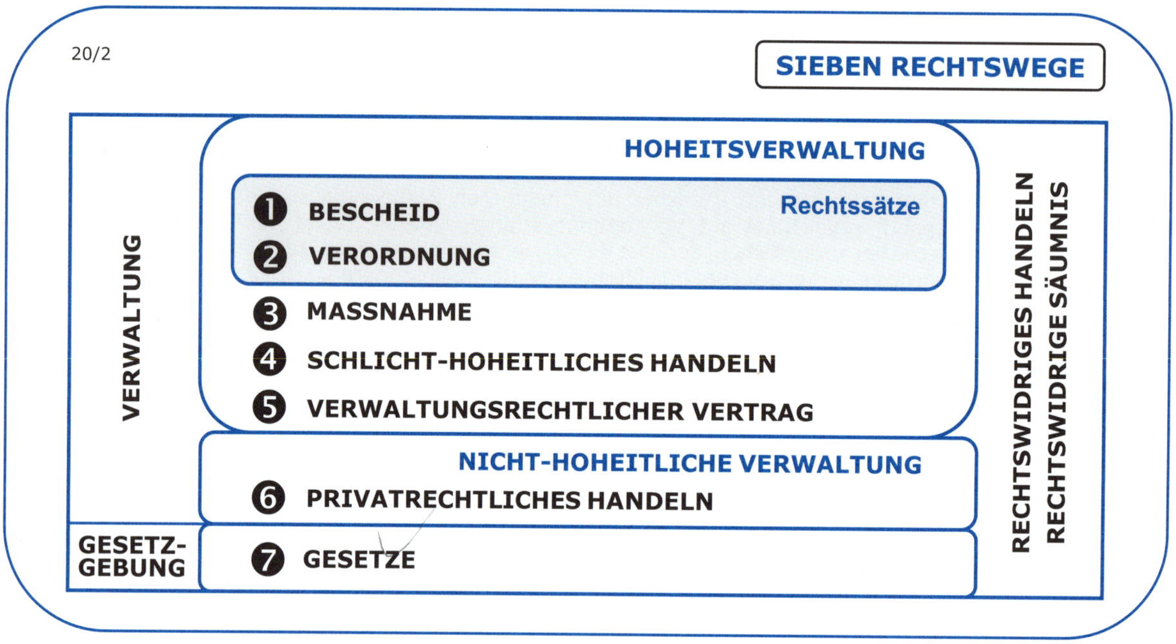

1557 [II]. Die vom **B-VG** vorgesehenen Rechtswege knüpfen nicht einfach an der Frage an, ob durch konkretes **staatliches Handeln** subjektive Rechte verletzt wurden, sondern an **förmlichen Handlungskategorien**. In der 150-jährigen Geschichte der Gerichtsbarkeit des öffentlichen Rechts herrschte zäher Streit, welche Handlungen des Staats überhaupt einer gerichtlichen Kontrolle unterworfen sein sollen. Zunächst war die Zuständigkeit auf – keineswegs alle – Bescheide beschränkt, nach und nach kamen andere Handlungskategorien dazu. Aber immer noch unterliegt – wie es den Forderungen des Rechtsschutzstaats entspräche – **nicht jedwedes staatliche Handeln, das subjektive Rechte verletzt**, der gerichtlichen Kontrolle. Entsprechend differenziert sind die Zuständigkeiten der Gerichtsbarkeit des öffentlichen Rechts (Art 129 ff B-VG), die auch nach 150-jähriger Entwicklung immer noch rechtsstaatlich schmerzende Lücken offen lassen. Dabei wäre eine rechtsstaatliche Kontrolle staatlichen Handelns einfach: Das B-VG sollte ganz einfach der Aufgabenbeschreibung des EGMR in Art 34 EMRK folgen (*„Der Gerichtshof kann von jeder … Person, … die behauptet, durch einen Staat in einem … Recht verletzt zu sein, mit einer Beschwerde befasst werden"*), das Sammelsurium der förmlichen Handlungskategorien aufgeben, das System vereinfachen und damit das staatliche Handeln umfassend der gerichtlichen Kontrolle unterwerfen. **Thema der Gerichtsbarkeit des öffentlichen Rechts sollte allein die Verletzung subjektiver Rechte ohne Einschränkung durch irgendwelche Formalien sein**.

1558 Es dauerte 150 Jahre, bis der Bundesverfassungsgesetzgeber zum 01.01.2014 im Sinne des Rechtsstaats eine durchgreifende Verwaltungsgerichtsbarkeit einrichtete, die auch international herzeigbar ist. Es wird noch weitere Jahre dauern, bis der Gesetzgeber sich aufrafft und das gesamte staatliche Handeln der gerichtlichen Kontrolle unterwirft. Immerhin ermächtigt die Bundesverfassung den einfachen Gesetzgeber in Art 130 Abs 2 B-VG, weitere Rechtswege zu eröffnen [1571].

[III]. Das **B-VG** selbst eröffnet folgende Rechtswege zur **Durchsetzung subjektiver Rechte**: 1559

- [**Bescheid einer Verwaltungsbehörde**]. Das B-VG kennt als Rechtsweg gegen einen rechtswidrigen **Bescheid** einer Verwaltungsbehörde nach Art **130 Abs 1 Z 1** die **Bescheidbeschwerde** [➔]) an das Verwaltungsgericht (LVwG, BVwG, BFG). Zur Erhebung einer Bescheidbeschwerde ist berechtigt, wer durch den rechtswidrigen Bescheid in (irgend)einem **subjektiven** Recht verletzt ist (Art **132 Abs 1 Z 1** B-VG). 1560

  Ist in einer **Angelegenheit des eigenen Wirkungsbereichs** der Gemeinde allerdings ein administrativer Instanzenzug eingerichtet, so kann Bescheidbeschwerde beim Verwaltungsgericht erst nach **Erschöpfung des Instanzenzugs** erhoben werden, also nicht gegen den Bescheid der Gemeindebehörde I. Instanz, sondern nur gegen den Bescheid der letzten administrativen Instanz in der Gemeinde (Art **132 Abs 6** B-VG). 1561

  [**Erkenntnis oder Beschluss eines Verwaltungsgerichts**]. Die Bescheidbeschwerde entscheidet das Verwaltungsgericht mit Erkenntnis oder Beschluss. Eine rechtswidrige Entscheidung des Verwaltungsgerichts kann der Betroffene grundsätzlich mit einer **(Erkenntnis/Beschluss)Beschwerde** [➔] **an den VfGH** (Art 144 Abs 1 B-VG [1637]) und/oder einer **Revision** [➔] **an den VwGH** (Art 133 Abs 1 Z 1 B-VG [1628]) bekämpfen. 1562

- [**Säumnis einer Verwaltungsbehörde**]. Gegen die **Säumnis** (= **Verletzung der Entscheidungspflicht**) einer Verwaltungsbehörde bei Erlassung eines Bescheids steht nach Art **130 Abs 1 Z 3** B-VG die **Säumnisbeschwerde** [➔] an das Verwaltungsgericht (LVwG, BVwG, BFG) zu [1648]. Beschwerdelegitimiert ist, wer im Verwaltungsverfahren als Partei zur Geltendmachung der Entscheidungspflicht berechtigt ist (Art **132 Abs 3** B-VG). 1563

  [**Säumnis einer Gemeindebehörde I. Instanz im eigenen Wirkungsbereich**]. Soweit allerdings im **eigenen Wirkungsbereich der Gemeinde** ein administrativer Instanzenzug eingerichtet ist, ist gegen eine Verletzung der Entscheidungspflicht durch die Gemeindebehörde I. Instanz **Devolutionsantrag** nach § 73 Abs 2 AVG zu erheben [1527]. 1564

  [**Säumnis eines Verwaltungsgerichts**]. Verletzt das in der Folge zuständige Verwaltungsgericht seine Entscheidungspflicht, so steht dagegen jedem, der im Verfahren vor dem Verwaltungsgericht als Partei zur Geltendmachung der Entscheidungspflicht berechtigt zu sein behauptet, der **Fristsetzungsantrag** [➔] **an den VwGH** (Art 133 Abs 1 Z 2 B-VG) zu [1652]. 1565

- [**Maßnahme**]. Das B-VG erlaubt als Rechtsweg gegen die rechtswidrige **Ausübung unmittelbarer Befehls- und Zwangsgewalt** (**Maßnahme**) eines Verwaltungsorgans nach Art **130 Abs 1 Z 2** die **Maßnahmebeschwerde** [➔] an das Verwaltungsgericht (LVwG, BVwG, BFG). Beschwerdelegitimiert ist, wer durch die rechtswidrige Maßnahme in einem subjektiven Recht verletzt ist (Art **132 Abs 2** B-VG). 1566

- [**Generelle Rechtsnorm**]. Das B-VG erlaubt in Art **139**, Art **140** und Art **140a** gegen **generelle Rechtsnormen** (gesetz- oder verfassungswidrige **Verordnung**, verfassungswidriges **Gesetz**, gesetz- oder verfassungswidriger **Staatsvertrag**) Rechtswege zum **Verfassungsgerichtshof**. 1567

  [Grundsatz: **Indirekte Anfechtung einer generellen Rechtsnorm**]. **Grundsätzlich** führt der **Rechtsweg** zum VfGH **über die individuell-konkrete Rechtsnorm**. Gibt es einen **Bescheid**, der auf der Grundlage der generellen Rechtsnorm – die der Betroffene bekämpfen will – ergangen ist, so führt der Rechtsweg über die mittelbare Bescheidbeschwerde [1614] an das Verwaltungsgericht und (gegen die Entscheidung des Verwaltungsgerichts) mit einer mittelbaren (Erkenntnis/Beschluss)Beschwerde nach Art 144 Abs 1 zum Verfassungsgerichtshof [1639]. 1568

  Der Rechtsschutzweg eines Betroffenen – auch wenn dieser bloß die generelle Rechtsnorm bekämpfen will – knüpft grundsätzlich an der individuell-konkreten Rechtsnorm an. Das gilt auch für die ordentliche Gerichtsbarkeit. Wer im Justizstrafrecht oder im Zivilrecht von einer rechtswidrigen generellen Rechtsnorm betroffen ist, muss die Anfechtung beim VfGH aus dem **Strafprozess** oder aus dem **Zivilprozess** heraus betreiben: Der Betroffene kann die individuell-konkrete Rechtsnorm des ordentlichen Gerichts (**Urteil** oder **Beschluss**) auf dem Rechtsweg bekämpfen und dabei die Rechtswidrigkeit der zugrunde liegenden generellen Rechtsnorm behaupten. Es liegt dann am Zivil- oder Strafgericht (Art 89 Abs 2 B-VG), beim VfGH einen Antrag auf Normenkontrolle (Verordnungsprüfungsantrag nach Art 139 Abs 1 Z 1 B-VG, Gesetzesprüfungsantrag nach Art 140 Abs 1 Z 1 lit a B-VG, Staatsvertragsprüfungsantrag nach Art 140a B-VG) zu stellen [1667]. 1569

1570 [Ausnahme: **Direkte Anfechtung einer generellen Rechtsnorm**]. Grundsätzlich führt der Rechtsweg gegen eine generelle Rechtsnorm über die Bekämpfung der individuell-konkreten Rechtsnorm zum VfGH. Nur **ausnahmsweise** – wenn die **rechtliche Möglichkeit zur Erwirkung einer individuell-konkreten Rechtsnorm fehlt** oder die gegebene Möglichkeit dem Betroffenen **nicht zumutbar** ist – erlaubt das B-VG dem Betroffenen die direkte Anfechtung einer generellen Rechtsnorm beim Verfassungsgerichtshof (= **Individualantrag auf Verordnungsprüfung** [➔] nach Art **139** Abs 1 Z 3 B-VG, **Individualantrag auf Gesetzesprüfung** [➔] nach Art **140** Abs 1 Z 1 lit c B-VG, **Individualantrag auf Staatsvertragsprüfung** nach Art 140a B-VG [1669]).

1571 [IV]. **Weitere Rechtswege eröffnen einfache Gesetze**. Das B-VG selbst richtet Rechtswege zur Durchsetzung subjektiver Rechte nur gegen Bescheide, gegen Säumnis, gegen Maßnahmen, gegen Verordnungen, gegen Gesetze und gegen Staatsverträge ein. Rechtswege insbesondere gegen das schlicht-hoheitliche Handeln und gegen verwaltungsrechtliche Verträge fehlen. **Art 130 Abs 2 B-VG ermächtigt** allerdings die einfache Bundesgesetzgebung und die einfache Landesgesetzgebung, **sonstige Zuständigkeiten der Verwaltungsgerichte** festzulegen. Konkret darf der einfache Gesetzgeber eine Zuständigkeit der Verwaltungsgerichte in drei Bereichen begründen:

1572 • [**Beschwerde gegen hoheitliches verwaltungsbehördliches Verhalten**]. Der einfache Gesetzgeber darf einen Rechtsweg gegen das (sonstige) **rechtswidrige hoheitliche** *(„in Vollziehung der Gesetze“)* **Verhalten einer Verwaltungsbehörde** (Art 130 Abs 2 **Z 1** B-VG) eröffnen. Gegen das **schlicht-hoheitliche Verwaltungshandeln** [1688], gegen einen **verwaltungsrechtlichen Vertrag** [1697] oder gegen eine **Weisung** (mit Ausnahme einer Weisung nach Art 81a Abs 4 B-VG) kann daher Beschwerde an das Verwaltungsgericht (LVwG, BVwG, BFG) erhoben werden, wenn und soweit der einfache Gesetzgeber eine bezügliche Beschwerde vorsieht.

1573 • [**Vergabebeschwerde**]. Der Gesetzeber darf zweitens eine Beschwerdemöglichkeit gegen das **rechtswidrige Verhalten eines Auftraggebers in Vergabeangelegenheiten** (Art 130 Abs 2 **Z 2** B-VG) festlegen.

1574 • [**Dienstrechtsbeschwerde**]. Und drittens darf der einfache Gesetzgeber eine Beschwerde in **Dienstrechtsstreitigkeiten der öffentlich Bediensteten** (Art 130 Abs 2 **Z 3** B-VG) normieren.

1575 [V]. Grundsätzlich dienen die Rechtswege im öffentlichen Recht den Rechtsunterworfenen zur Durchsetzung ihrer subjektiven öffentlichen Rechte [1559]. In **Ausnahmefällen** kennt die Rechtsordnung allerdings auch Rechtswege gegen eine (bloß) **objektive Rechtsverletzung** und legitimiert eine **Formalpartei** [1488] zur Erhebung eines Rechtsmittels – **ohne eigene subjektive Rechte**.

1576 • [**Amts- oder Organbeschwerde**]. Das B-VG erlaubt als Rechtsweg gegen einen rechtswidrigen **Bescheid** einer Verwaltungsbehörde nach Art **130 Abs 1 Z 1** die **Bescheidbeschwerde** an das Verwaltungsgericht [1560). Beschwerdelegitimiert ist im Sinne einer **Amtsbeschwerde** (= **Organbeschwerde** [➔]) auch der zuständige **Bundesminister** in Angelegenheiten der – Bundes(grundsatz)gesetze vollziehenden – Landesverwaltung (Art 11, 12, 14 Abs 2 und 3 und 14a Abs 3 und 4 B-VG) und gegen einen Bescheid des Landesschulrats, wenn dem Bescheid ein kollegialer Beschluss zugrunde liegt (Art **132 Abs 1 Z 2** B-VG). Anstelle der verletzten Rechte bezeichnet die Amts- oder Organpartei in ihrer Beschwerde den *„Umfang der Anfechtung“* § 9 Abs 3 VwGVG).

1577 Art **132 Abs 5** B-VG **ermächtigt den einfachen Gesetzgeber, weiteren Amts- oder Organparteien** eine **Beschwerdelegitimation** gegen rechtswidrige Bescheide, aber auch gegen rechtswidrige Maßnahmen einzuräumen. Beispiele: Die Universitätsorgane sind berechtigt, gegen aufsichtsbehördliche Bescheide vor dem BVwG Beschwerde zu führen (§ 45 Abs 7 Universitätsgesetz 2002). Der Umweltanwalt, die Standortgemeinde und eine anerkannte Umweltorganisation [1488] sind berechtigt, Bescheide nach dem UVP-G 2000 (§ 3 Abs 7 und Abs 7a, § 19 Abs 3 und 10) mit Beschwerde an das BVwG zu bekämpfen. Der Disziplinaranwalt kann gegen Bescheide der Disziplinarkommission beim BVwG Beschwerde führen (§ 103 Abs 4 Beamten-Dienstrechtsgesetz 1979). Der Bundesminister für Inneres kann Überwachungsgebührenbescheide mit Beschwerde beim Landesverwaltungsgericht anfechten (§ 91 Abs 2 SPG).

- [**Weisungsbeschwerde**]. Einen staatlichen **Insichprozess**, in dem **staatliche Organe**, ohne dass sie subjektive Rechte hätten, **gegeneinander** um die Gesetzmäßigkeit von Verwaltungshandlungen prozessieren, erlaubt Art 130 Abs 1 Z 4 iVm Art 132 Abs 4 B-VG. Der **Landesschulrat** [417] darf gegen rechtswidrige **Weisungen** nach Art 81a Abs 4 B-VG **Weisungsbeschwerde** [➔] an das Verwaltungsgericht erheben. 1578
- [**Amts- oder Organrevision**]. Das B-VG erlaubt als Rechtsweg gegen eine rechtswidrige **Entscheidung** eines Verwaltungsgerichts I. Instanz nach Art **133 Abs 1 Z 1** B-VG die **Revision an den VwGH** [1589]. Zur Erhebung einer Revision legitimiert ist im Sinne einer **Amtsrevision** (= **Organrevision** [➔]) auch der zuständige **Bundesminister** in Angelegenheiten der – Bundes(grundsatz)gesetze vollziehenden – Landesverwaltung (Art 11, 12, 14 Abs 2 und 3 und 14a Abs 3 und 4 B-VG) und der Landesschulrat in den in Art 132 Abs 4 [1578] genannten Rechtssachen (Art **133 Abs 6 Z 3** und **Z 4** B-VG). Außerdem ist die belangte Behörde [1618] des verwaltungsgerichtlichen Verfahrens (§ 9 Abs 2 VwGVG) revisionslegitimiert (Art 133 Abs 6 **Z 2** B-VG). Anstelle der Revisionspunkte hat der Revisionswerber (die Amts- oder Organpartei) den *„Umfang der Anfechtung"* zu erklären (§ 28 Abs 2 VwGG). Art **133 Abs 8** B-VG **ermächtigt den einfachen Gesetzgeber**, **weiteren Amts- oder Organparteien** eine **Legitimation zur Erhebung einer Revision** gegen rechtswidrige Entscheidungen der Verwaltungsgerichte I. Instanz einzuräumen. So ermächtigt etwa § 91 SPG den Bundesminister für Inneres, gegen verwaltungsgerichtliche Entscheidungen über Beschwerden gemäß § 88 (Maßnahmebeschwerde) und §§ 89 oder 90 SPG – sowohl zugunsten als auch zum Nachteil des Betroffenen – Revision an den Verwaltungsgerichtshof zu erheben. 1579

ZUSTÄNDIGKEITEN DER GERICHTE DES ÖFFENTLICHEN RECHTS

1580

Landesverwaltungsgerichte (LVwG)

[Art 131 Abs **1**] **Landesverwaltung**, **Gemeindeverwaltung**, **mittelbare Bundesverwaltung** [einfachgesetzliche Zuständigkeitsverschiebungen !]:

- **Bescheidbeschwerde gegen rechtswidrige Bescheide der Verwaltungsbehörden** (Art 130 Abs 1 **Z 1** B-VG)
- **Maßnahmebeschwerde gegen die rechtswidrige Ausübung unmittelbarer Befehls- und Zwangsgewalt** (Art 130 Abs 1 **Z 2** B-VG)
- **Säumnisbeschwerde wegen Verletzung der Entscheidungspflicht durch eine Verwaltungsbehörde** (Art 130 Abs 1 **Z 3** B-VG)
- **einfachgesetzlich festgelegte** (**sonstige**) **Beschwerde** (Art 130 Abs 2 B-VG)

Bundesverwaltungsgericht (BVwG)

[Art 131 Abs **2**] **Unmittelbare Bundesverwaltung** [einfachgesetzliche Zuständigkeitsverschiebungen !]: **Bescheid-**, **Maßnahme-**, **Säumnis-**, **Weisungsbeschwerde** (Art 130 Abs 1) sowie **einfachgesetzlich festgelegte** (**sonstige**) **Beschwerde** (Art 130 Abs 2)

Bundesfinanzgericht (BFG)

[Art 131 Abs **3**] **Abgabenverwaltung** und **Finanzstrafrecht**, soweit **unmittelbar von den Abgaben- und Finanzstrafbehörden des Bundes besorgt** [einfachgesetzliche Zuständigkeitsverschiebungen !]: **Bescheid-**, **Maßnahme-**, **Säumnisbeschwerde** (Art 130 Abs 1) sowie **einfachgesetzlich festgelegte** (**sonstige**) **Beschwerde** (Art 130 Abs 2)

20/3

[I]. Die **Verwaltungsgerichte I. Instanz** (Landesverwaltungsgerichte, Bundesverwaltungsgericht, Bundesfinanzgericht) erkennen nach Art 130 Abs 1 und Abs 2 B-VG über Bescheid-, Maßnahme-, Säumnis-, Weisungsbeschwerden und sonstige einfachgesetzlich vorgesehene Beschwerden. Das B-VG (**Art 131**) **verteilt die Aufgaben** zwischen den Landesverwaltungsgerichten (LVwG), dem Bundesverwaltungsgericht (BVwG) und dem Bundesfinanzgericht (BFG) durch zwei 1581

Generalklauseln (**Abs 1** und Abs 6) **zugunsten der Landesverwaltungsgerichte** (LVwG) und durch **Aufzählung der Zuständigkeiten des BVwG und des BFG**. Zugleich ermächtigt das B-VG (Art 131 Abs 4 und Abs 5) den Bundesgesetzgeber und die Landesgesetzgeber, **einfachgesetzliche Zuständigkeitsverschiebungen** zu erlassen. Die bundesverfassungsgesetzlich in Art 131 B-VG getroffene Zuständigkeitsverteilung zwischen den Verwaltungsgerichten kann somit durch ein einfaches Bundesgesetz und durch ein einfaches Landesgesetz abgeändert werden.

1582 Das **Landesverwaltungsgericht** (**LVwG**) [1363] ist danach in **allen Verwaltungsrechtssachen** zuständig, die nicht ausdrücklich im **B-VG** (Art 131 Abs 2 und Abs 3) oder in einem **einfachen Gesetz** in die Zuständigkeit des Bundesverwaltungsgerichts (BVwG) oder des Bundesfinanzgerichts (BFG) verwiesen sind. Das Landesverwaltungsgericht (LVwG) ist somit – vorbehaltlich einer einfachgesetzlichen Zuständigkeitsverschiebung – für **alle Beschwerden** nach Art 130 Abs 1 und Abs 2 B-VG aus der **Landesverwaltung** (insb Art 11, 12, 15 Abs 1 B-VG), der **Gemeindeverwaltung** und der **mittelbaren Bundesverwaltung** zuständig.

1583 Beispiele für eine Zuständigkeit des LVwG: Die Ausübung unmittelbarer **sicherheitsbehördlicher Befehls- und Zwangsgewalt** kann mit Maßnahmebeschwerde an das LVwG (§ 88 Abs 1 SPG), **sicherheitspolizeiliche Bescheide** können mit Bescheidbeschwerde an das LVwG bekämpft werden (§ 14a SPG). Gegen eine rechtswidrige Festnahme oder Anhaltung nach dem Fremdenpolizeigesetz 2005 (§ 39 FPG) steht die Maßnahmebeschwerde an das LVwG zu (§ 82 FPG). Beschwerden gegen Bescheide der Meldebehörden (Bürgermeister) nach § 13 Meldegesetz 1991, der Vereinsbehörde nach § 9 Abs 2 Vereinsgesetz 2002, der „Versammlungsbehörde" nach § 18 Versammlungsgesetz 1953 entscheidet das Landesverwaltungsgericht.

1584 Das **Bundesverwaltungsgericht** (**BVwG**) [1365] ist für Bescheid-, Maßnahme-, Säumnis-, Weisungs- und einfachgesetzlich vorgesehene sonstige **Beschwerden** in den Verwaltungsrechtssachen der **unmittelbaren Bundesverwaltung** zuständig (Art **131 Abs 2** B-VG), soweit keine einfachgesetzlichen Zuständigkeitsverschiebungen bestehen (Art 131 Abs 4 und 5 B-VG).

1585 Beispiele für eine Zuständigkeit des BVwG: Gegen Bescheide, Maßnahmen und eine Verletzung der Entscheidungspflicht des Bundesamts für Fremdenwesen und Asyl (BFA) [1226] (§ 7 BFA-Verfahrensgesetz); gegen Bescheide der Agrarmarkt Austria (AMA) [1087] (§ 21i AMA-Gesetz 1992), der Datenschutzbehörde (§ 38 Abs 3 DSG 2000), des Bundesdenkmalamts [1223] (§ 29 Abs 1 Denkmalschutzgesetz), des Bundesministers für Finanzen nach dem Glücksspielgesetz (§ 56b), des Rektors betreffend Untersagung von Veranstaltungen an der Universität (§ 10 Abs 2 Hochschülerinnen- und Hochschülerschaftsgesetz 1998), des Bundesministers betreffend Einsprüche gegen die Wahl der Bundesvertretung (§ 44 Abs 6 Hochschülerinnen- und Hochschülerschaftsgesetz 1998); gegen Bescheide (ausgenommen Strafbescheide) nach dem Kriegsmaterialgesetz (§ 8a), der Österreichischen Nationalbank [1079] (§ 7 Abs 1 Nationalbankgesetz 1984), des Rektorats und des Amts der Universität (§ 92 Abs 8, § 103 Abs 9, § 125 Abs 1 Universitätsgesetz 2002); gegen (bestimmte) Bescheide des Bundesministers für Landesverteidigung und des Bundesministers für Inneres nach dem Waffengesetz 1996 (§ 49), der Bundeswettbewerbsbehörde (§ 11a Abs 6 Wettbewerbsgesetz), der Zivildienstserviceagentur [1223] und des Heerespersonalamts (§ 2a Abs 4, § 32 Abs 7, § 34 Abs 4 Zivildienstgesetz 1986); gegen Bescheide und die Verletzung der Entscheidungspflicht der Schienen-Control GmbH [1232] (§ 78 Abs 2 Eisenbahngesetz 1957), der KommAustria [1235] (§ 36 KommAustria-Gesetz), der Telekom-Control-Kommission [1233] (§ 121 Abs 5 Telekommunikationsgesetz 2003), der Postbehörde (§ 37 Abs 4 Postmarktgesetz) und der Post-Control-Kommission [1234] (§ 44 Abs 3 Postmarktgesetz); gegen nach dem UVP-G 2000 erlassene Bescheide (§ 40); gegen Bescheide der (Gemeinde)Wahlbehörde betreffend Anträge zur Berichtigung von Eintragungen in der Europa-Wählerevidenz (§ 10 Abs 2 Europa-Wählerevidenzgesetz) bzw betreffend Berichtigungsanträge gegen das Wählerverzeichnis (§ 20 Abs 2 Europawahlordnung, § 32 NRWO, § 8 Wählerevidenzgesetz 1973) kann Beschwerde an das Bundesverwaltungsgericht (BVwG) erhoben werden.

1586 Das **Bundesfinanzgericht** (**BFG**) [1367] ist für Bescheid-, Maßnahme-, Säumnis-, und einfachgesetzlich vorgesehene sonstige **Beschwerden** – vorbehaltlich einer einfachgesetzlichen Zuständigkeitsverschiebung – in den Angelegenheiten der **öffentlichen Abgaben** (mit Ausnahme der Verwaltungsabgaben des Bundes, der Länder und Gemeinden), des **Finanzstrafrechts** und in sonstigen **einfachgesetzlich festgelegten Angelegenheiten** zuständig, allerdings nur soweit die genannten Angelegenheiten **unmittelbar von den Abgaben- und Finanzstrafbehörden des Bundes besorgt** werden (Art **131 Abs 3** B-VG).

20/4 1587

DER VERWALTUNGSGERICHTSHOF (VwGH)

- **Revision gegen rechtswidrige Erkenntnisse und Beschlüsse eines Verwaltungsgerichts I. Instanz** [LVwG, BVwG, BFG] (Art 133 Abs 1 **Z 1** B-VG)
- **Fristsetzungsantrag wegen Verletzung der Entscheidungspflicht eines Verwaltungsgerichts I. Instanz** (Art 133 Abs 1 **Z 2** B-VG)
- **Kompetenzkonflikt zwischen Verwaltungsgerichten** oder **zwischen einem Verwaltungsgericht I. Instanz und dem VwGH** (Art 133 Abs 1 **Z 3** B-VG)

[II]. Das **Verwaltungsgericht II. Instanz** ist der **Verwaltungsgerichtshof** (**VwGH**) [1369]. Er entscheidet über **Rechtsmittel** gegen Entscheidungen (Erkenntnisse und Beschlüsse) der Verwaltungsgerichte (LVwG, BVwG, BFG): 1588

- [**Erkenntnis oder Beschluss eines Verwaltungsgerichts**]. Gegen ein rechtswidriges Erkenntnis und einen rechtswidrigen Beschluss eines Verwaltungsgerichts (LVwG, BVwG, BFG) steht das Rechtsmittel der **Revision** [➔] an den VwGH zu (Art **133 Abs 1 Z 1**, Abs 9 B-VG). Zur Erhebung einer Revision berechtigt ist, wer durch das Erkenntnis oder den Beschluss in (zumindest) einem **einfachgesetzlich gewährleisteten subjektiven Recht** verletzt ist (Art 133 Abs 6 Z 1 B-VG). 1589
- [**Säumnis eines Verwaltungsgerichts**]. Gegen die **Säumnis** (= **Verletzung der Entscheidungspflicht**) eines Verwaltungsgerichts (LVwG, BVwG, BFG) bei Erlassung eines Erkenntnisses oder Beschlusses kann ein **Fristsetzungsantrag** [➔] an den VwGH (Art **133 Abs 1 Z 2** B-VG) gestellt werden [1652]. Antragsberechtigt ist, wer im verwaltungsgerichtlichen Verfahren als Partei zur Geltendmachung der Entscheidungspflicht berechtigt zu sein behauptet (Art **133 Abs 7** B-VG). 1590
- [**Kompetenzkonflikt**]. Zudem entscheidet der VwGH **Kompetenzkonflikte** [➔] zwischen Verwaltungsgerichten oder zwischen einem Verwaltungsgericht und dem VwGH (Art **133 Abs 1 Z 3** B-VG). 1591

20/5 1592

DER VERFASSUNGSGERICHTSHOF (VfGH)

- **Kausalgerichtsbarkeit** (Art 137 B-VG)
- **Kompetenzgerichtsbarkeit** (Art 138)
- **Vereinbarungsprüfung** (Art 138a B-VG)
- **Verordnungsprüfung** (Art 139 B-VG)
- **Wiederverlautbarungsprüfung** (Art 139a)
- **Gesetzesprüfung** (Art 140 B-VG)
- **Staatsvertragsprüfung** (Art 140a B-VG)
- **Wahlgerichtsbarkeit** (Art 141 B-VG)
- **Staatsgerichtsbarkeit** (Art 142, 143 B-VG)
- **Sonderverwaltungsgerichtsbarkeit** (Art 144 B-VG)
- **Völkerrechtsgerichtsbarkeit** (Art 145)

[III]. [**Erkenntnis oder Beschluss eines Verwaltungsgerichts**]. Bekämpft ein Rechtsunterworfener ein rechtswidriges Erkenntnis oder einen rechtswidrigen Beschluss eines Verwaltungsgerichts (LVwG, BVwG, BFG) mit Revision beim Verwaltungsgerichtshof, so kann er als Revisionswerber vor dem VwGH nur einfachgesetzlich gewährleistete Rechte geltend machen [1589]. Will ein Rechtsunterworfener ein rechtswidriges Erkenntnis oder einen rechtswidrigen Beschluss eines Verwaltungsgerichts (LVwG, BVwG, BFG) mit der Behauptung der Verletzung **verfassungsgesetzlich gewährleistete Rechte** bekämpfen, so muss er sich mit einer (**Erkenntnis/Beschluss**)**Beschwerde** [➔] an den **Verfassungsgerichtshof** (**VfGH**) [1371] wenden (Art **144 Abs 1** B-VG, Art 130 Abs 5 B-VG). Sowohl eine unmittelbare als auch eine mittelbare Beschwerde [1638 f] 1593 kommen in Frage. Insofern fungiert der **VfGH** für die Überprüfung der Erkenntnisse und Beschlüsse der Verwaltungsgerichte als **Sonderverwaltungsgericht II. Instanz**.

1594 Außerhalb der Sonderverwaltungsgerichtsbarkeit des Art 144 B-VG hat der **VfGH** folgende weitere verfassungsrechtlich und politisch wichtige **Zuständigkeiten** [1592]:

1595 • [**Vermögensrechtlicher Anspruch gegen eine Gebietskörperschaft**]. Der VfGH erkennt nach **Art 137 B-VG** (iVm §§ 37 bis 41 VfGG) *„über vermögensrechtliche Ansprüche gegen den Bund, die Länder, die Gemeinden und Gemeindeverbände, die weder im ordentlichen Rechtsweg auszutragen, noch durch Bescheid von einer Verwaltungsbehörde zu erledigen sind"* (= **Kausalgerichtsbarkeit** [➔] [1692]). In diesen Fällen wendet sich der Anspruchsberechtigte mit einer Klage an den Verfassungsgerichtshof. Die **Klage** nach **Art 137 B-VG** ist der einzige Fall, in dem wir im Rechtsschutz- und Rechtswegesystem des öffentlichen Rechts einen Rechtsbehelf als Klage bezeichnen. Im gerichtlichen Verfahren vor den Gerichten des öffentlichen Rechts kennen wir grundsätzlich nur **Beschwerden** und **Anträge**, die Bezeichnung „Klage" ist den Verfahren vor den Zivilgerichten vorbehalten.

1596 • [**Kompetenzkonflikt**]. Im Rahmen der **Kompetenzgerichtsbarkeit** [➔] nach **Art 138 Abs 1 B-VG** (iVm §§ 42 bis 52 VfGG) entscheidet der VfGH **Kompetenzkonflikte** (**Abs 1**) zwischen Gerichten und Verwaltungsbehörden, zwischen ordentlichen Gerichten und Verwaltungsgerichten (auch VwGH), zwischen dem Verfassungsgerichtshof und allen anderen Gerichten; zwischen dem Bund und einem Land, zwischen den Ländern untereinander. Außerdem wird der VfGH als Kompetenzgerichtshof tätig (§§ 36a bis 36f VfGG) bei Fragen der Zuständigkeit des Rechnungshofs (Art 126a B-VG), gegebenenfalls auch eines Landesrechnungshofs (Art 127c B-VG), und der Volksanwaltschaft (Art 148f B-VG).

1597 [**Gesetzgebungs- und Vollziehungskompetenz des Bundes und der Länder**]. Der VfGH stellt weiters nach **Art 138 Abs 2 B-VG** (iVm §§ 53 bis 56 VfGG) auf Antrag der Bundesregierung oder einer Landesregierung fest (= **Kompetenzfeststellung**), ob ein Akt der Gesetzgebung (nach § 54 VfGG ein konkreter Gesetzesentwurf) oder Vollziehung (nach § 55 lit a VfGG ein konkreter Verordnungsentwurf) in die Zuständigkeit des Bundes oder der Länder fällt. Seine Kompetenzfeststellung fasst der VfGH in einem **Rechtssatz** zusammen, der im Bundesgesetzblatt kundgemacht wird (§ 56 Abs 4 VfGG). Die Kompetenzfeststellung hat die Wirkung einer **„authentischen Interpretation"**. Beispiele: Kompetenzfeststellung des VfGH über die Zuständigkeit in Angelegenheiten des Jagdrechts (BGBl 1949/41); zur gesetzlichen Regelung der Privatzimmervermietung (BGBl 1973/426); zur Regelung der Beförderung von Lebensmitteln durch Kfz (BGBl 1977/316).

1598 • [**Vereinbarung gemäß Art 15a B-VG**]. Der VfGH stellt gemäß **Art 138a B-VG** (iVm §§ 56a und 56b VfGG) auf Antrag der Bundesregierung oder einer Landesregierung fest, ob eine Bund-Länder-Vereinbarung im Sinne des Art 15a Abs 1 B-VG oder eine Ländervereinbarung im Sinne des Art 15a Abs 2 B-VG [699] vorliegt und/oder ob diese ordnungsgemäß erfüllt wurde (**Vereinbarungsprüfung** [➔]). Eine Aufhebung einer Vereinbarung nach Art 15a B-VG kommt nicht in Betracht [356], der Verfassungsgerichtshof trifft ein bloß **feststellendes Erkenntnis**.

1599 • [**Generelle Rechtsnorm**]. Der VfGH – und **nur** der VfGH (= generelles Normenkontrollmonopol des VfGH) – ist zuständig, im Rechtsweg **generelle Rechtsnormen** zu überprüfen. Konkret überprüft er **Verordnungen** auf Übereinstimmung mit einfachem Gesetz und Verfassung (**Verordnungsprüfung** nach Art **139** B-VG [1600]); **Wiederverlautbarungen** [1601] eines Gesetzes oder eines Staatsvertrags auf Übereinstimmung mit Gesetz und Verfassung (Art **139a** B-VG); **Gesetze** des Bundes und des Landes auf Übereinstimmung mit der Bundesverfassung und der Landesverfassung (**Gesetzesprüfung** nach Art **140** B-VG [1602]); **Staatsverträge** auf Übereinstimmung mit Gesetz und Verfassung (**Staatsvertragsprüfung** nach Art **140a** B-VG [1604]).

1600 [**Verordnung einer Bundes-, Landes- oder Gemeindebehörde**]. Der **VfGH** leitet ein Verfahren zur **Verordnungsprüfung** [➔] nach Art **139** B-VG (iVm §§ 57 bis 61a VfGG) von **Amts wegen** ein, wenn er die betreffende Verordnung in einer bei ihm anhängigen Rechtssache anzuwenden (= **Präjudizialität** [➔] der Verordnung) hätte (Art 139 Abs 1 **Z 2** B-VG). Andernfalls kann der VfGH nur dann ein Verordnungsprüfungsverfahren führen, wenn ein antragsberechtigtes Organ oder ein Rechtsunterworfener bei ihm einen entsprechenden **Antrag auf Verordnungsprüfung** stellt. Zur Antragstellung auf Verordnungskontrolle beim VfGH sind nach Art **139 Abs 1** B-VG **legitimiert**:

[**Z 1**] **jedes Gericht, das die Verordnung anzuwenden hat**, somit nur bei **Präjudizialität** der Verordnung, wobei das **Gericht** bei **„Bedenken"** verpflichtet ist, den Antrag zu stellen (Art 89 Abs 2, Art 135 Abs 4 B-VG); [**Z 3**] jede **Person**, *„die **unmittelbar** … in ihren **Rechten** verletzt zu sein behauptet, wenn die Verordnung **ohne Fällung einer gerichtlichen Entscheidung oder ohne Erlassung eines Bescheides** für diese Person **wirksam geworden** ist"* (= **Individualantrag auf Verordnungsprüfung** [1669]); [**Z 4**] ein **Rechtsmittelwerber** aus Anlass eines gegen die Entscheidung eines **ordentlichen Gerichts** I. Instanz erhobenen Rechtsmittels wegen Anwendung einer rechtswidrigen Verordnung; [**Z 5**] eine **Landesregierung** und die **Volksanwaltschaft** [982] bezüglich der Verordnung einer **Bundesbehörde**; [**Z 6**] die **Bundesregierung** und die **Volksanwaltschaft** bzw eine eingerichtete Landesvolksanwaltschaft gemäß Art 148i Abs 2 B-VG [984] bezüglich der Verordnung einer **Landesbehörde**; [**Z 7**] eine **Gemeinde** bezüglich einer **Verordnung der Gemeindeaufsichtsbehörde** des Bundes oder des Landes, mit der eine Gemeindeverordnung nach Art 119a Abs 6 B-VG aufgehoben wurde. Die für die Verordnungen genannten Anfechtungsrechte gelten sinngemäß auch für **Wiederverlautbarungen** [➔] (Art **139a** B-VG iVm § 61b VfGG). 1601

[**Bundesgesetz**, **Landesgesetz**]. Ein Verfahren zur **Gesetzesprüfung** [➔] nach Art 140 B-VG (iVm §§ 62 bis 65a VfGG) leitet der **VfGH** von **Amts wegen** ein, wenn er das betreffende Bundes- oder Landes(verfassungs)gesetz in einer bei ihm anhängigen Rechtssache anzuwenden (= **Präjudizialität** [➔]) hätte (Art 140 Abs 1 **Z 1 lit b** B-VG). Andernfalls kann der VfGH nur dann ein Gesetzesprüfungsverfahren führen, wenn ein antragsberechtigtes Organ oder ein Rechtsunterworfener bei ihm einen entsprechenden **Antrag auf Gesetzesprüfung** stellt. Zur Antragstellung auf Gesetzeskontrolle beim VfGH sind nach Art **140 Abs 1** B-VG **legitimiert**: 1602

[**Z 1 lit a**] **jedes Gericht**, welches das **Bundes- oder Landesgesetz anzuwenden** hat, somit nur bei **Präjudizialität** des Gesetzes, wobei das **Gericht** bei **„Bedenken"** verpflichtet ist, den Antrag zu stellen (Art 89 Abs 2, Art 135 Abs 4 B-VG); [**Z 1 lit c**] jede **Person**, *„die **unmittelbar** … in ihren **Rechten** verletzt zu sein behauptet, wenn das Gesetz **ohne Fällung einer gerichtlichen Entscheidung oder ohne Erlassung eines Bescheides** für diese Person **wirksam geworden** ist"* (= **Individualantrag auf Gesetzesprüfung** [1669]); [**Z 1 lit d**] ein **Rechtsmittelwerber** aus Anlass eines gegen die Entscheidung eines **ordentlichen Gerichts** I. Instanz erhobenen Rechtsmittels wegen Anwendung eines verfassungswidrigen Gesetzes; [**Z 2**] eine **Landesregierung**, ein **Drittel der Mitglieder des Nationalrats** oder **des Bundesrats**, allerdings **nur** in Bezug auf **Bundesgesetze**; [**Z 3**] die **Bundesregierung** und – sofern dies landesverfassungsgesetzlich vorgesehen ist – ein **Drittel der Mitglieder des Landtags**, allerdings **nur** in Bezug auf **Landes(verfassungs)gesetze**. 1603

[**Staatsvertrag**]. Für die **Staatsvertragsprüfung** [➔] nach Art **140a** B-VG (iVm § 66 VfGG) gelten die für Verordnungen bzw Gesetze genannten Anfechtungsrechte, je nach dem, ob der Staatsvertrag in Verordnungsrang oder in Gesetzesrang steht. Der VfGH kann einen Staatsvertrag als Völkerrecht **nicht aufheben**, sondern bloß dessen Rechtswidrigkeit **feststellen** [355], mit der Folge, **dass der Staatsvertrag innerstaatlich nicht mehr anzuwenden ist** (Art 140a Z 1 B-VG) und ein eventueller nationaler Erfüllungsvorbehalt [713] erlischt. 1604

Soweit der VfGH generelle Rechtsnormen aufhebt und nicht bloß deren Rechtswidrigkeit feststellt, wirkt die Aufhebung für die anfechtende Partei ex tunc, für die Allgemeinheit pro futuro ex nunc [344, 346]. 1605

◆ [**Wahl**]. Der VfGH erkennt gemäß Art **141** B-VG (iVm §§ 67 bis 71a VfGG) über die Anfechtung bestimmter Wahlen, die Aberkennung bestimmter Mandate und über die Anfechtung von Abstimmungen ua (**Wahlgerichtsbarkeit** [➔]). Wegen **Rechtswidrigkeit des Wahlverfahrens** können nach Art 141 **Abs 1** B-VG beim VfGH angefochten werden: Die Wahl des **Bundespräsidenten**, die Wahlen zu den **allgemeinen Vertretungskörpern** (Nationalrat, Bundesrat, Landtag, Gemeinderat), zum **Europäischen Parlament** und zu den satzungsgebenden Organen der gesetzlichen beruflichen Vertretungen [660] [**lit a**]; die Wahl in die **Landesregierung**, die Wahl des **Gemeindevorstands** und des **Bürgermeisters** [**lit b**]. Vor dem VfGH **anfechtungslegitimiert** sind **wahlwerbende Parteien** [189] und ein **Wahlwerber**, dem die Wählbarkeit [161] im Wahlverfahren rechtswidrig aberkannt wurde (§ 67 Abs 2 VfGG). 1606

[**Mandat**]. Der VfGH erkennt weiters gemäß Art **141 Abs 1 lit c** und **lit d** B-VG über den Verlust bestimmter Mandate. Insbesondere ein Mandat zu einem allgemeinen Vertretungskörper [892], ein (österreichisches) Mandat zum Europäischen Parlament, ein Mandat zum Gemeinderat können Gegenstand eines **Mandatsverlustverfahrens** vor dem VfGH sein. 1607

[**Volksbegehren**, **Volksabstimmung**, **Volksbefragung**, **Europäische Bürgerinitiative**; **Wählerevidenz**]. Das Ergebnis eines Volksbegehrens, einer Volksabstimmung, einer Volksbefragung und einer Europäischen Bürgerinitiative [809 f] kann nach Art **141 Abs 1 lit e** B-VG wegen Rechtswidrigkeit des Verfahrens beim Verfassungsgerichtshof angefochten werden. Über eine rechtswidrige Eintragung einer Person in eine Wählerevidenz und die rechtswidrige Streichung einer Person aus einer **Wählerevidenz** erkennt der VfGH nach Art **141 Abs 1 lit f** B-VG. 1608

1609 • [**Schuldhafte Rechtsverletzung oberster Bundes- und Landesorgane**]. Der VfGH erkennt nach Art **142** B-VG über die **Anklage**, mit der die verfassungsmäßige Verantwortlichkeit der **obersten Bundes- und Landesorgane** für die durch ihre Amtstätigkeit erfolgten **schuldhaften Rechtsverletzungen** geltend gemacht wird (**Staatsgerichtsbarkeit** [➔]). Ergebnis der Anklage kann der **Amtsverlust**, in minderen Fällen die bloße **Feststellung der Rechtswidrigkeit** sein. Das Verfahren über eine Anklage nach Art 142 B-VG findet nach den Regeln des VfGG (§§ 72 bis 81 VfGG) und subsidiär der **StPO** (§ 81 VfGG) statt. Zu einer Anklage ist nach **Abs 2** lit a bis lit i legitimiert:

1610 Die **Bundesversammlung** [908] gegen den **Bundespräsidenten** wegen schuldhafter **Verfassungsverletzung** – nicht wegen Verletzung einfacher Gesetze (**lit a**). Der **Nationalrat** klagt mit Beschluss die **Mitglieder der Bundesregierung** und die ihnen hinsichtlich der Verantwortlichkeit gleichgestellten Organe (Präsident des Rechnungshofs) an (**lit b**). Der **Nationalrat** bzw **alle Landtage gemeinsam** klagen den **österreichischen Vertreter im Rat der EU** wegen schuldhafter Rechtsverletzung an (**lit c**). Der **Landtag** klagt mit Beschluss die **Mitglieder der Landesregierung** an (**lit d**). Die **Bundesregierung** kann gegen den **Landeshauptmann** Anklage erheben, wenn in **mittelbarer Bundesverwaltung** [1210] eine **Weisung** oder Verordnung des Bundes schuldhaft rechtswidrig nicht befolgt wird (**lit e**, **f**, **g**). Die **Bundesregierung** kann den **Präsidenten** oder Amtsführenden Präsidenten des **Landesschulrats** [417] wegen Nichtbefolgung der Weisungen und Verordnungen des Bundes anklagen (**lit h**).

1611 • [**Völkerrechtsgerichtsbarkeit**]. Der Verfassungsgerichtshof erkennt gemäß **Art 145 B-VG** über *„Verletzungen des Völkerrechts nach den Bestimmungen eines besonderen Bundesgesetzes"*. Dieser Kompetenztatbestand war insbesondere gedacht für die Verfolgung von Personen, die sich im Ersten Weltkrieg (1914-1918) internationaler Kriegsverbrechen schuldig machten. Der Bundesgesetzgeber erließ das notwendige einfache Ausführungsgesetz dazu allerdings nie, sodass der VfGH seine **Völkerrechtsgerichtsbarkeit** [➔] nicht wahrnehmen kann.

DER RECHTSWEG GEGEN DEN BESCHEID

1612

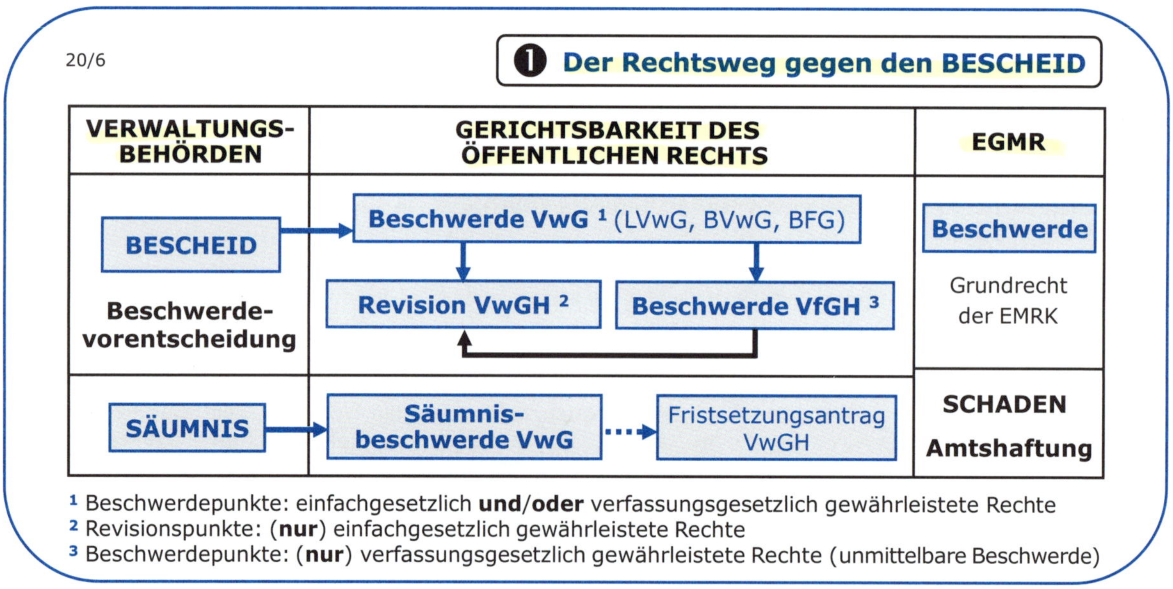

I. Bescheidbeschwerde an das VwG

1613 [I]. [**Bestandskräftiger Bescheid**]. Mit dem im **Verwaltungsverfahren** ergangenen bestandskräftigen [1507] **Bescheid** ist der **Verwaltungsrechtsweg abgeschlossen**. Meint der Bescheidadressat, dass der erlassene Bescheid rechtswidrig ist, so erhebt er gegen den Bescheid das Rechtsmittel der **Bescheidbeschwerde** [➔] nach Art **130 Abs 1 Z 1** B-VG an das jeweils zuständige [1581] **Verwaltungsgericht** (LVwG, BVwG, BFG). Die Bescheidbeschwerde kann eine **unmittelbare Bescheidbeschwerde** oder eine **mittelbare Bescheidbeschwerde** sein.

Wenn die Rechtswidrigkeit des Bescheids, den der Adressat mit Bescheidbeschwerde beim Verwaltungsgericht anficht, **im Bescheid selbst** steckt, nennen wir diese Beschwerde „**unmittelbare Bescheidbeschwerde**". Dies im begrifflichen Gegensatz zur „**mittelbaren Bescheidbeschwerde**", bei welcher der Adressat zwar auch den Bescheid anficht, die Rechtswidrigkeit aber in der **generellen Rechtsnorm** (Verordnung, Gesetz, Staatsvertrag), auf die sich der Bescheid stützt, steckt. Der Adressat erhebt Bescheidbeschwerde, will aber eigentlich die dem Bescheid zu Grunde liegende generelle Rechtsnorm bekämpfen. 1614

Beispiel: Ein Autolenker, der ein Straferkenntnis mit Bescheidbeschwerde beim Verwaltungsgericht bekämpft, weil er die wegen Schnellfahrens über ihn verhängte Geldstrafe für zu hoch hält, erhebt eine unmittelbare Bescheidbeschwerde. Wenn er die Beschwerde erhebt, weil er die Geschwindigkeitsbeschränkung (= Verordnung !), auf die sich der Bescheid stützt, für gesetzwidrig hält, erhebt er eine mittelbare Bescheidbeschwerde. 1615

Die Landesverwaltungsgerichte (LVwG) und das Bundesverwaltungsgericht (BVwG) führen das Bescheidbeschwerdeverfahren nach dem **Verwaltungsgerichtsverfahrensgesetz** (VwGVG) [1551], welches insbesondere das **AVG** (ausgenommen die §§ 1-5, 63-73), in **Verwaltungsstrafsachen** das **VStG** (mit Ausnahme der §§ 52, 52a) für subsidiär anwendbar erklärt (§§ 17, 38 VwGVG). Für Verwaltungsstrafsachen enthalten die §§ 37 bis 52 VwGVG besondere Bestimmungen. Ist ein Landesverwaltungsgericht (**LVwG**) sachlich zuständig, richtet sich die **örtliche Zuständigkeit** nach § 3 Z 1, 2 und 3 AVG (mit Ausnahme des letzten Halbsatzes) [1484]; in Verwaltungsstrafsachen nach dem Sitz der bescheiderlassenden Behörde (§ 3 Abs 2 Z 1 VwGVG). 1616

Die **Beschwerdefrist** beträgt **vier Wochen** ab Zustellung (Verkündung) des bestandskräftigen Bescheids (§ 7 Abs 4 VwGVG). Die Bescheidbeschwerde an das Verwaltungsgericht wird bei der Verwaltungsbehörde, die den Bescheid erlassen hat, eingebracht (§ 12 VwGVG). Die Beschwerde hat ex lege **aufschiebende Wirkung** [➔] (§ 13 Abs 1 VwGVG), die in Verwaltungsstrafsachen auch nicht ausgeschlossen werden kann (§ 41 VwGVG). 1617

Gegner des Beschwerdeführers im verwaltungsgerichtlichen Verfahren ist die Verwaltungsbehörde, die den angefochtenen Bescheid erlassen hat (= **belangte Behörde**, § 9 Abs 2 Z 1 VwGVG). 1618

Ein Ersatz der Verfahrenskosten findet **nicht** statt. **Verfahrenshilfe** [➔], das ist die Beistellung eines Rechtsanwalts bei sozialer Bedürftigkeit, gibt es nur im Verwaltungsstrafverfahren (§ 40 VwGVG). 1619

[II]. [**Beschwerdepunkte**]. Beschwerdelegitimiert ist, wer durch den rechtswidrigen Bescheid in einem **subjektiven** Recht verletzt ist (Art **132 Abs 1 Z 1** B-VG). Die Bescheidbeschwerde muss die subjektiven öffentlichen Rechte geltend machen, die durch den angefochtenen Bescheid verletzt sein könnten, und zwar **einfachgesetzlich** gewährleistete **und/oder verfassungsgesetzlich** gewährleistete Rechte. 1620

Das Verwaltungsgericht entscheidet **nur im Rahmen der Beschwerdepunkte und des Beschwerdevorbringens** (§ 27 VwGVG). Es gibt **kein Neuerungsverbot** (keine Bindung an den von der Verwaltungsbehörde angenommenen Sachverhalt). Es besteht keine Anwaltspflicht. Die Entscheidungen treffen meist Einzelrichter, Senate sind die Ausnahme (§ 2 VwGVG). Mündliche Verhandlungen sind die Regel (§§ 24, 44 VwGVG). Im Verwaltungsstrafverfahren gilt als Verfahrensgrundsatz die Unmittelbarkeit des Verfahrens (§ 48 VwGVG). 1621

[III]. [**Entscheidung des VwG**]. Das Verwaltungsgericht muss – sofern die Beschwerde nicht zurückzuweisen oder das Verfahren einzustellen ist – eine **Verwaltungsstrafsache** jedenfalls, eine sonstige Verwaltungssache dann **durch Erkenntnis in der Sache selbst** (in merito) entscheiden, wenn entweder der maßgebliche Sachverhalt feststeht oder das Verwaltungsgericht den maßgeblichen Sachverhalt selbst rascher oder erheblich kostensparender feststellen kann (Art 130 Abs 4 B-VG, § 28 Abs 1 und Abs 2 VwGVG). 1622

Auch ohne Vorliegen dieser Voraussetzungen entscheidet das Verwaltungsgericht ein Bescheidbeschwerdeverfahren in der Sache selbst, wenn die belangte Behörde bei Vorlage der Beschwerde einer Sachentscheidung durch das VwG nicht widersprochen hat (§ 28 Abs 3 erster Satz VwGVG). Ansonsten kann das VwG den angefochtenen Bescheid mit **Beschluss** aufheben und die Angelegenheit zur Erlassung eines neuen Bescheides an die belangte Behörde zurückverweisen. Die Behörde ist bei Erlassung des neuen Bescheids an die rechtliche Beurteilung des VwG gebunden (§ 28 Abs 3 und Abs 4 VwGVG). 1623

Das Verwaltungsgericht darf in **Verwaltungsstrafsachen** – aufgrund einer vom Beschuldigten oder aufgrund einer zu seinen Gunsten erhobenen Bescheidbeschwerde – im Erkenntnis **keine höhere Strafe verhängen als im angefochtenen Bescheid** (**Verschlechterungsverbot** [➔] = **Verbot der reformatio in peius** [➔], § 42 VwGVG). 1624

1625 Sind seit dem Einlangen einer zulässigen Bescheidbeschwerde gegen ein Straferkenntnis bei der Behörde **15 Monate** vergangen, tritt das **Straferkenntnis ex lege außer Kraft** und das Verwaltungsgericht stellt das Verwaltungsstrafverfahren ein (**Verjährung** [➔], § 43 VwGVG).

1626 [IV]. [**Beschwerdevorentscheidung, Vorlageantrag**]. **Verwaltungsverfahren und verwaltungsgerichtliches Verfahren fließen ineinander**. Die Bescheidbeschwerde an das Verwaltungsgericht wird bei der Verwaltungsbehörde, die den Bescheid erlassen hat, eingebracht. Die **Verwaltungs(straf)behörde kann** (nicht: muss) mit einer **Beschwerdevorentscheidung** [➔] [1541] die Bescheidbeschwerde anstelle des Verwaltungsgerichts erledigen: Sie kann den angefochtenen **Bescheid** innerhalb von **zwei Monaten aufheben**, **abändern** oder die **Bescheidbeschwerde zurückweisen** oder **abweisen** (§ 14 Abs 1 VwGVG).

1627 Gegen eine von der Verwaltungs(straf)behörde erlassene Beschwerdevorentscheidung kann jede Partei binnen **zwei Wochen** nach Zustellung mit einem bei der Verwaltungsbehörde eingebrachten **Vorlageantrag** [➔] die Vorlage seiner Bescheidbeschwerde an das Verwaltungsgericht verlangen (§ 15 Abs 1 VwGVG). Ist der Vorlageantrag zulässig, entscheidet dann das Verwaltungsgericht über die Bescheidbeschwerde, einen verspäteten oder unzulässigen Vorlageantrag hat die Verwaltungsbehörde zurückzuweisen.

II. Revision an den VwGH, Beschwerde an den VfGH

1628 [I]. Das Verwaltungsgericht I. Instanz entscheidet mit **Erkenntnis** oder **Beschluss** [1388 f]. Wer durch das Erkenntnis oder den Beschluss des Verwaltungsgerichts I. Instanz *„in seinen Rechten verletzt zu sein behauptet"*, kann nach **Art 133 Abs 1 Z 1 B-VG** dagegen das Rechtsmittel der **Revision** [➔] an das Verwaltungsgericht II. Instanz, den **Verwaltungsgerichtshof**, erheben. Als **Revisionspunkte** [➔] kommen ausschließlich **einfachgesetzlich gewährleistete subjektive Rechte** in Betracht (Art 133 **Abs 6 Z 1** B-VG, § 28 Abs 1 Z 4 VwGG).

1629 Auch die belangte Behörde des Verfahrens vor dem Verwaltungsgericht (LVwG, BVwG, BFG) kann gegen eine für sie negative Entscheidung des Verwaltungsgerichts Revision erheben (Art 133 **Abs 6 Z 2** B-VG). Da sie keine subjektiven Rechte hat, macht sie in der Revision die objektive Rechtswidrigkeit der verwaltungsgerichtlichen Entscheidung geltend (§ 28 Abs 2 VwGG).

1630 Die Revision bedarf der besonderen **Zulassung** durch den VwGH. Die Zulassung erfolgt nur, wenn es um **grundsätzliche Rechtsfragen** im Sinne von Art 133 Abs 4 B-VG geht (Rechtsprechung des VwGH zum Revisionsgrund fehlt bislang, das Verwaltungsgericht ist von der Rechtsprechung des VwGH abgewichen, die Rechtsprechung des VwGH im Revisionsgrund ist uneinheitlich). **Jedenfalls unzulässig** ist die Revision in Verwaltungsstrafsachen, wenn die Strafdrohung € 750,- nicht übersteigt, es sich also um kein gravierendes Delikt handelt **und** tatsächlich nur eine Geldstrafe von maximal € 400,- verhängt wurde (Art 133 Abs 4 zweiter Satz B-VG iVm § 25a Abs 4 VwGG).

1631 Ob die Revision zulässig ist, beurteilt schon das Verwaltungsgericht I. Instanz (§ 25a Abs 1 VwGG). Der VwGH ist an diese Beurteilung aber **nicht** gebunden. Hält das Erstgericht die Revision für zulässig, spricht man von **ordentlicher Revision**. Hält das Erstgericht die Revision für unzulässig, spricht man von **außerordentlicher Revision**. Die Revisionsschrift hat im Fall der außerordentlichen Revision die gesetzlichen Zulassungsvoraussetzungen konkret zu begründen (§ 28 Abs 3 VwGG).

1632 Die Frist zur Erhebung einer Revision (**Revisionsfrist**) beträgt **sechs Wochen** (§ 26 VwGG). Die Revision hat **keine aufschiebende Wirkung** (§ 30 Abs 1 VwGG). Das VwG (bis zur Vorlage der Revision an den VwGH) und der VwGH (ab Vorlage der Revision) haben der Revision jedoch unter bestimmten Voraussetzungen auf Antrag die aufschiebende Wirkung zuzuerkennen (§ 30 Abs 2, § 30a Abs 3 VwGG).

1633 **Revisionsgegenstand** ist ein **Erkenntnis** (Art 133 Abs 1 Z 1 B-VG) oder ein **Beschluss** (Art 133 Abs 9 B-VG, § 21 Abs 1 VwGG) eines LVwG, des BVwG oder des BFG. Bestimmte Beschlüsse allerdings bilden keinen Revisionsgegenstand vor dem VwGH (Art 133 Abs 9 zweiter Satz B-VG, § 25a Abs 2 und Abs 3 VwGG). Die Revision an den VwGH ist **beim Verwaltungsgericht einzubringen**, welches die angefochtene Entscheidung erlassen hat (§ 24 Abs 1, § 25a Abs 5 VwGG), nicht unmittelbar beim VwGH. Im Revisionsverfahren besteht **Anwaltspflicht** (§ 24 Abs 2 VwGG). Rechtsanwälte (in Abgaben- und Abgabenstrafsachen auch Steuerberater und Wirtschaftstreuhänder) bringen Schriftsätze an den VwGH elektronisch über den Elektronischen Rechtsverkehr (ERV) [301] ein (§§ 72 bis 76 VwGG). Es gilt das **Neuerungsverbot** (§ 41 erster Satz VwGG). Die Revision unterliegt einer pauschalen Eingabengebühr in Höhe von € 240,- (§ 24a Z 1 VwGG), gebührenbefreit sind die Gebietskörperschaften (§ 24a Z 2 VwGG). Ein Ersatz der Verfahrenskosten ist vorgesehen (§§ 47 ff VwGG).

Revisionsgegner ist die **belangte Behörde**, also jene **Verwaltungsbehörde**, die den beim Verwaltungsgericht angefochtenen **Bescheid erlassen hat** (§ 21 Abs 1 Z 2 VwGG), nicht das Verwaltungsgericht. 1634

Der Verwaltungsgerichtshof entscheidet über eine zulässige Revision mit Erkenntnis (§ 42 Abs 1 und Abs 4 VwGG) durch [1] **Abweisung der Revision** – wenn keine Rechtsverletzung des Revisionswerbers vorliegt; oder – wenn der Revisionswerber in subjektiven Rechten verletzt ist – entweder [2] durch **Aufhebung** der angefochtenen verwaltungsgerichtlichen Entscheidung (= **kassatorische** Entscheidung) oder [3] durch **Abänderung** der angefochtenen verwaltungsgerichtlichen Entscheidung (= **reformatorische** Entscheidung in der Sache selbst). 1635

Als **Aufhebungsgründe** nennt **§ 42 Abs 2 VwGG** die **Rechtswidrigkeit des Inhalts** (**Z 1**), die **Unzuständigkeit des Verwaltungsgerichts** (**Z 2**) und die **Verletzung von Verfahrensvorschriften** (Z **3**), wobei letztere nur dann zur Aufhebung führen, wenn das Verwaltungsgericht bei Einhaltung der verletzten Verfahrensvorschriften zu einem anderen Erkenntnis oder Beschluss hätte kommen können (Ergebnisrelevanz !). 1636

[II]. Wer durch ein Erkenntnis oder einen Beschluss des Verwaltungsgerichts I. Instanz in seinen subjektiven Rechten verletzt ist, kann nach **Art 144 Abs 1 B-VG** dagegen das Rechtsmittel der **(Erkenntnis/Beschluss)Beschwerde** [➔] an den **Verfassungsgerichtshof** erheben [1593]. 1637

Sieht der Beschwerdeführer eine **Rechtswidrigkeit unmittelbar in der angefochtenen verwaltungsgerichtlichen Entscheidung**, so darf er ausschließlich die **Verletzung verfassungsgesetzlich gewährleisteter Rechte** geltend machen und erhebt eine **unmittelbare (Erkenntnis/Beschluss)Beschwerde** [➔] (Art 144 Abs 1 **erste Alternative** B-VG: *„durch das Erkenntnis in einem **verfassungsgesetzlich gewährleisteten Recht** ... verletzt"*). 1638

Sieht der Beschwerdeführer keine Rechtswidrigkeit in der angefochtenen verwaltungsgerichtlichen Entscheidung selbst, sondern eine **Rechtswidrigkeit in ihren generellen Rechtsgrundlagen** (Gesetz, Verordnung, Staatsvertrag) [1665], so darf er **sowohl** die Verletzung **verfassungsgesetzlich** gewährleisteter Rechte **als auch** eine Verletzung **einfachgesetzlich gewährleisteter Rechte** geltend machen und erhebt eine **mittelbare (Erkenntnis/Beschluss)Beschwerde** [➔] (Art 144 Abs 1 **zweite Alternative** B-VG: *„wegen Anwendung einer gesetzwidrigen Verordnung, ... eines verfassungswidrigen Gesetzes oder eines rechtswidrigen Staatsvertrages in ... **Rechten** verletzt"*). 1639

Beschwerdepunkte [➔] (§ 82 Abs 4 Z 3 VfGG) der **unmittelbaren Beschwerde** können ausschließlich verfassungsgesetzlich gewährleistete Rechte sein, Beschwerdepunkte der **mittelbaren Beschwerde**, die formal ebenfalls die verwaltungsgerichtliche Entscheidung bekämpft, die Rechtswidrigkeit aber in ihrer generellen Rechtsgrundlage sieht, können verfassungsgesetzlich und/oder einfachgesetzlich gewährleistete Rechte sein. Der Beschwerdeführer kann auch beide Alternativen kombinieren, wenn er sowohl einen Fehler in der angefochtenen verwaltungsgerichtlichen Entscheidung selbst als auch in der ihr zugrunde liegenden generellen Rechtsgrundlage sieht. Er erhebt dann eine **gemischte (Erkenntnis/Beschluss)Beschwerde** nach Art 144 Abs 1 **erste und zweite Alternative** B-VG. 1640

Die Frist zur Erhebung einer (Erkenntnis/Beschluss)Beschwerde (**Beschwerdefrist**) beträgt **sechs Wochen** (§ 82 Abs 1 bis Abs 3 VfGG). Die Beschwerde hat **keine aufschiebende Wirkung** (§ 85 Abs 1 VfGG). Der VfGH hat der Beschwerde jedoch unter bestimmten Voraussetzungen auf Antrag aufschiebende Wirkung zuzuerkennen (§ 85 Abs 2 VfGG). 1641

Beschwerdegegenstand ist ein Erkenntnis (Art 144 Abs 1 B-VG) oder ein Beschluss (Art 144 Abs 4 B-VG, § 88a Abs 1 VfGG) eines LVwG, des BVwG oder des BFG. Bestimmte Beschlüsse allerdings bilden keinen Beschwerdegegenstand vor dem VfGH (Art 144 Abs 4 zweiter Satz, Abs 5 B-VG, § 88a Abs 2 und Abs 3 VfGG). Die Beschwerde an den VfGH ist – anders als die Revision – unmittelbar **beim Verfassungsgerichtshof einzubringen**, und zwar regelmäßig elektronisch durch einen Rechtsanwalt über den Elektronischen Rechtsverkehr (ERV) [301], da für die Einbringung **Anwaltspflicht** besteht (§§ 14a, § 17 Abs 2 VfGG). Es gilt das **Neuerungsverbot**. Die Beschwerde unterliegt einer pauschalen Eingabengebühr in Höhe von € 240,- (§ 17a Z 1 VfGG), gebührenbefreit sind die Gebietskörperschaften (§ 17a Z 2 VfGG). Ein Ersatz der Verfahrenskosten ist vorgesehen (§§ 27 und 88 VfGG). 1642

Beschwerdegegner im Verfahren vor dem VfGH ist die Verwaltungsbehörde, die den beim Verwaltungsgericht angefochtenen Bescheid erlassen hat (= **belangte Behörde**), nicht das Verwaltungsgericht, dessen Entscheidung vor dem VfGH angefochten wird (§ 83 Abs 1 VfGG). 1643

Ein Gericht **weist** einen Antrag oder ein Rechtsmittel **mit Beschluss** [1389] als **unzulässig zurück**, wenn verfahrensrechtliche Voraussetzungen fehlen (etwa Versäumung der Frist, keine Zuständigkeit, entschiedene Sache) und das Verfahren daher unzulässig ist. Ist das Verfahren zulässig, so prüft das Gericht den Antrag oder 1644 das Rechtsmittel in der Sache und **gibt mit Erkenntnis** [1388] entweder **statt** oder **weist** als **unbegründet ab** (zur Zurückweisung, Abweisung und Stattgabe durch Verwaltungsbehörden [Falllösung Rz 46-48]). Der VfGH hat nach Art **144 Abs 2** B-VG noch eine weitere Möglichkeit, die **Ablehnung** [➔] **der Behandlung einer zulässigen Beschwerde** durch Beschluss, *„wenn sie keine hinreichende Aussicht auf Erfolg hat oder von der Entscheidung die Klärung einer verfassungsrechtlichen Frage nicht zu erwarten ist"*.

1645 [III]. Ein Erkenntnis oder ein Beschluss eines Verwaltungsgerichts könnte unmittelbar **sowohl** einfachgesetzlich gewährleistete Rechte **als auch** verfassungsgesetzlich gewährleistete Rechte verletzen. In diesen Fällen kann sich der Rechtsmittelwerber innerhalb der sechswöchigen Revisions- und Beschwerdefrist sowohl mit **Revision an den VwGH** als auch mit **Beschwerde an den VfGH** wenden. Er kann Revision und Beschwerde **parallel** erheben.

1646 Um solche **parallelen Rechtsmittel** zu vermeiden, stellt es das B-VG dem Rechtsmittelwerber frei, **zuerst** eine **Beschwerde an den VfGH** zu erheben; und für den Fall, dass der VfGH die Behandlung der Beschwerde **ablehnt** (Art 144 Abs 2 B-VG) **oder abweist**, über **Abtretungsantrag** des Beschwerdeführers (Art 144 Abs 3 B-VG) **danach** die **Revision beim VwGH** zu führen. Der Abtretungsantrag an den VwGH ist **nur** bei Ablehnung oder Abweisung, nicht aber im Fall einer Zurückweisung der Beschwerde durch den VfGH zulässig. Die umgekehrte Richtung – die Abtretung einer an den VwGH gerichteten Revision an den VfGH – ist nicht vorgesehen.

1647 Den Antrag auf **Abtretung** [➔] kann der Beschwerdeführer schon in der Beschwerde an den VfGH stellen. Er kann den Abtretungsantrag aber auch erst (binnen zwei Wochen) nach Zustellung der Abweisung oder der Ablehnung seiner Beschwerde durch den VfGH stellen (§ 87 Abs 3 VfGG). Hat der VfGH eine Beschwerde gemäß Art **144 Abs 3** B-VG dem VwGH abgetreten, so beginnt die Revisionsfrist erst mit der Zustellung der verfassungsgerichtlichen Entscheidung (abweisendes Erkenntnis oder ablehnender Beschluss) zu laufen bzw – wenn der Abtretungsantrag erst nach Zustellung der verfassungsgerichtlichen Entscheidung gestellt wurde – mit der Zustellung des Abtretungsbeschlusses des VfGH nach § 87 Abs 3 VfGG zu laufen (§ 26 Abs 4 VwGG).

III. Säumnisbeschwerde an das VwG

1648 [I]. War eine **Verwaltungsbehörde gesetzlich zur Entscheidung einer Verwaltungsrechtssache mit Bescheid** verpflichtet, hat sie den Bescheid der Partei aber nicht in **längstens sechs Monaten** ab Antragstellung – Materiengesetze können abweichende Fristen vorsehen – zugestellt, so kann die Partei des Verwaltungsverfahrens wegen Verletzung der Entscheidungspflicht [1526] **Säumnisbeschwerde** [➔] **an das zuständige Verwaltungsgericht** erheben (**Art 130 Abs 1 Z 3**, Art 132 Abs 3 B-VG, § 8 VwGVG) [1563]. Liegt die Säumnis **nicht im überwiegenden Verschulden der Verwaltungsbehörde**, ist die Säumnisbeschwerde allerdings abzuweisen (§ 8 Abs 1 letzter Satz VwGVG).

1649 Ist ein Landesverwaltungsgericht (**LVwG**) sachlich zuständig, richtet sich die **örtliche Zuständigkeit** nach § 3 Z 1, 2 und 3 AVG (mit Ausnahme des letzten Halbsatzes) [1484]; in Verwaltungsstrafsachen nach dem Sitz der mit der Bescheiderlassung säumigen Behörde (§ 3 Abs 2 Z 1 VwGVG). **Gegner** des Beschwerdeführers im verwaltungsgerichtlichen Verfahren ist die Verwaltungsbehörde, die den begehrten Bescheid nicht innerhalb der Entscheidungsfrist erlassen hat (= **belangte Behörde**, § 9 Abs 2 Z 3 VwGVG). Im Säumnisverfahren besteht **keine Anwaltspflicht**. Ein Ersatz der Verfahrenskosten findet nicht statt.

1650 [II]. Die Säumnisbeschwerde ist **bei der säumigen Behörde** einzubringen (§ 12 VwGVG), die zunächst das Recht hat, die versäumte Bescheiderlassung **binnen drei Monaten** ab Einlangen der Säumnisbeschwerde nachzuholen. Tut sie das und erlässt innerhalb von drei Monaten den Bescheid, wird das Verfahren eingestellt (§ 16 VwGVG). Tut sie das nicht, muss sie die Beschwerde unter Anschluss der Akten dem Verwaltungsgericht vorlegen. Das – nunmehr zuständige – **Verwaltungsgericht** darf sein Erkenntnis vorerst auf die **Entscheidung einzelner maßgeblicher Rechtsfragen** beschränken und der säumigen Behörde unter Setzung einer Frist von höchstens **acht Wochen** auftragen, den versäumten Bescheid zu erlassen. Erlässt die Behörde den Bescheid auch innerhalb dieser Frist nicht, entscheidet das **Verwaltungsgericht** über die Säumnisbeschwerde in der Sache (in merito) und **trifft durch Erkenntnis die versäumte Entscheidung** (§ 28 Abs 7 zweiter Satz VwGVG).

[III]. Soweit **im eigenen Wirkungsbereich der Gemeinde** ausnahmsweise ein administrativer Instanzenzug besteht [1519], ist die Säumnisbeschwerde an das Verwaltungsgericht erst nach Ausschöpfung der Rechtsbehelfe im Verwaltungsverfahren zulässig. Das AVG sieht als Rechtsbehelf gegen die Säumnis den **Devolutionsantrag** [1527] vor. 1651

IV. Fristsetzungsantrag an den VwGH

[I]. Das **Verwaltungsgericht I. Instanz** (LVwG, BVwG, BFG) ist verpflichtet, über Beschwerden und verfahrenseinleitende Anträge ohne unnötigen Aufschub, spätestens aber **sechs Monate** (sondergesetzliche Fristen sind möglich) nach deren Einlangen zu entscheiden (§ 34 Abs 1 VwGVG). Hat das Verwaltungsgericht das Erkenntnis oder den Beschluss dem Beschwerdeführer nicht rechtzeitig zugestellt, so kann er sich gegen diese **Säumnis** (= **Verletzung der Entscheidungspflicht** [➔]) an das Verwaltungsgericht II. Instanz wenden, und zwar mit einem **Fristsetzungsantrag** [➔] **an den Verwaltungsgerichtshof** (Art **133 Abs 1 Z 2**, **Abs 7** B-VG, § 38 Abs 1 VwGG) [1590]. 1652

Der Fristsetzungsantrag ist **beim säumigen Verwaltungsgericht einzubringen** (§ 24 Abs 1 VwGG). Voraussetzung eines zulässigen Fristsetzungsantrags ist **nicht**, dass das Verwaltungsgericht ein **Verschulden** an der Säumnis trifft, sondern allein die Verletzung der Entscheidungspflicht. 1653

Der Ersatz der Verfahrenskosten findet grundsätzlich statt (§ 56 Abs 1 VwGG). Kann das Verwaltungsgericht allerdings Gründe nachweisen, die eine fristgerechte Erlassung der Entscheidung unmöglich machten und wurden diese dem Antragsteller auch bekannt gegeben; oder ist die Verzögerung ausschließlich auf das Verschulden des Antragstellers zurückzuführen; oder betreibt er die dem Antrag zugrunde liegende Rechtssache mutwillig, werden dem Antragsteller die Kosten des Verfahrens auferlegt (§ 56 Abs 2 VwGG). 1654

[II]. Aufgrund eines zulässigen Fristsetzungsantrags trägt der VwGH dem säumigen Verwaltungsgericht zunächst mit Beschluss auf, die **versäumte Entscheidung** – innerhalb einer vom VwGH festgelegten Frist (von höchstens drei Monaten) – **zu erlassen** (§ 38 Abs 4 VwGG). Diese Frist kann der VwGH einmal verlängern, wenn das Verwaltungsgericht zwingende in der Sache gelegene Gründe, die eine fristgerechte Entscheidung unmöglich machen, nachweist. Kommt das Verwaltungsgericht dem Auftrag rechtzeitig nach, stellt der VwGH das Verfahren mit Beschluss ein. **Wenn nicht**, **setzt der VwGH dem Verwaltungsgericht** eine (letzte) **angemessene Frist zur Entscheidung** (§ 42a VwGG). 1655

Hält das Verwaltungsgericht auch diese Frist nicht ein, kann das **disziplinäre, strafrechtliche und amtshaftungsrechtliche** [1459] **Folgen** haben. Ein weiterer Fristsetzungsantrag kommt nicht in Betracht. Eine Entscheidung des VwGH in der Sache selbst – anstelle des säumigen Verwaltungsgerichts – ist nicht vorgesehen. 1656

V. Individualbeschwerde an den EGMR

[I]. Mit der Entscheidung des VfGH und des VwGH ist der **innerstaatliche Rechtsweg** erschöpft. Mit dem negativen Erkenntnis oder Beschluss der Gerichtshöfe des öffentlichen Rechts steht dem Betroffenen auf internationaler Ebene nach Art 34 f EMRK das Rechtsmittel der **Individualbeschwerde** [➔] **an den Europäischen Gerichtshof für Menschenrechte** (**EGMR**) in Straßburg [1396] innerhalb von **sechs Monaten** offen [1397]. Eine Beschwerde an den EGMR setzt voraus, dass der Beschwerdeführer als subjektives Recht die Verletzung eines **Grundrechts aus der EMRK** geltend machen kann. Rechte, auch Grundrechte der nationalen Rechtsordnung, sind für den EGMR ohne Bedeutung. 1657

Die Beschwerde muss mit einem **offiziellen Beschwerdeformular** eingebracht werden. Es steht im Internet zur Verfügung <http://echr.coe.int/Documents/PO_pack_DEU.pdf>. Gegner im Verfahren ist der Staat **Österreich**. Das Verfahren vor dem EGMR ist für den Beschwerdeführer kostenfrei, im Falle des Erfolgs erhält er Kostenersatz. Es besteht **keine Anwaltspflicht**. 1658

[II]. Als internationales auf Völkerrecht beruhendes Gericht kann der EGMR die Entscheidungen nationaler Gerichte nicht aufheben. Er kann den Verstoß gegen Rechte der EMRK **nur feststellen** und dem Beschwerdeführer (materiellen und immateriellen [543]) **Schadenersatz** zusprechen (Art 41 EMRK). 1659

VI. Amtshaftung

1660 Für den **Schaden**, der durch einen rechtswidrigen Bescheid entstanden ist, haftet die Gebietskörperschaft für den Fall des rechtswidrigen und schuldhaften Verhaltens ihrer Organe. Der Schadenersatz ist nach den Regeln der **Amtshaftung** [1459] vor den Zivilgerichten geltend zu machen.

DIE RECHTSWEGE GEGEN DIE VERORDNUNG UND GEGEN DAS GESETZ

1661

20/7

❷ Der Rechtsweg gegen die VERORDNUNG und ❼ gegen das GESETZ

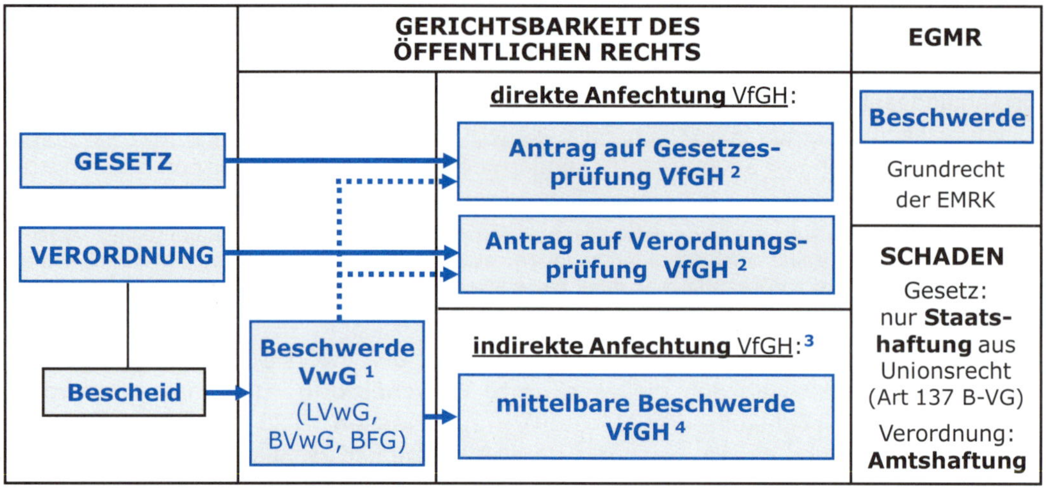

[1] Beschwerdepunkte: einfachgesetzlich **und/oder** verfassungsgesetzlich gewährleistete Rechte
[2] Individualantrag auf **Gesetzesprüfung** (Art **140 Abs 1 Z 1 lit c** B-VG) bzw auf **Verordnungsprüfung** (Art **139 Abs 1 Z 3** B-VG): keine individuelle Rechtsnorm; einfachgesetzlich **und/oder** verfassungsgesetzlich gewährleistete Rechte; rechtliche, unmittelbare und aktuelle **Betroffenheit**; **kein Umweg** bzw nur **unzumutbarer Umweg**.
[3] Indirekte Anfechtung auch aus Verfahren vor den Zivil- und Strafgerichten möglich
[4] Beschwerdepunkte: einfachgesetzlich **und/oder** verfassungsgesetzlich gewährleistete Rechte

Kein Rechtsweg gegen den säumigen Verordnungsgeber
Kein Rechtsweg gegen den säumigen Gesetzgeber

1662 **Nur** der Verfassungsgerichtshof kann im Rechtsweg **generelle Rechtsnormen** (Verordnungen, Gesetze, Staatsverträge) auf ihre Übereinstimmung mit Gesetz und Verfassung überprüfen und gegebenenfalls aufheben (= **generelles Normenkontrollmonopol des VfGH**) [1599]. Betroffene müssen **zwingend** einen Rechtsweg **zum VfGH** beschreiten. Die Verfahren zur Prüfung genereller Rechtsnormen vor dem VfGH werden – nach einer manchmal verwendeten Terminologie, die „Norm" den generellen Rechtssätzen vorbehält [209] – **Normprüfungsverfahren** [➔] genannt.

1663 Die Rechtsordnung sieht für generelle Rechtsnormen **grundsätzlich** die **indirekte Anfechtung** und nur **ausnahmsweise** die **direkte Anfechtung** beim VfGH vor [1568]. Einen Rechtsweg gegen die **Säumnis** beim Erlass genereller Rechtsnormen gibt es in der Rechtsordnung **nicht**.

1664 Dass eine **Verwaltungsbehörde** ein Gesetz oder eine Verordnung **im Rechtsweg** überprüfen und aufheben könnte, ist ausgeschlossen. **Außerhalb eines Rechtswegs** sind Überprüfungen von **Verordnungen** in der Verwaltungsorganisation denkbar. So könnte die Landesbehörde (Landesregierung) oder die Bundesbehörde (Landeshauptmann in mittelbarer Bundesverwaltung) in Ausübung des **Aufsichtsrechts** gesetzwidrige Verordnungen der Gemeindeorgane aufheben (Art 119a Abs 6 B-VG).

I. Indirekte Anfechtung genereller Rechtsnormen

[I]. Die **indirekte Anfechtung** einer **generellen Rechtsnorm** (Verordnung, Gesetz, Staatsvertrag) führt über ein **Erkenntnis** oder einen **Beschluss** eines **Verwaltungsgerichts** I. Instanz (LVwG, BVwG, BFG), mit dem über den mit Bescheidbeschwerde bekämpften **Bescheid** einer Verwaltungsbehörde entschieden wurde, zum **VfGH**. Der Adressat muss die Entscheidung des Verwaltungsgerichts mit der Behauptung, in **einfachgesetzlich** und/oder **verfassungsgesetzlich gewährleisteten Rechten** verletzt zu sein, anfechten (= **mittelbare [Erkenntnis/Beschluss] Beschwerde** [➔] [1639]). Ist die generelle Rechtsnorm im Verfahren vor dem VfGH **präjudiziell** [1600], und teilt der VfGH die Bedenken des Beschwerdeführers gegen die generelle Rechtsnorm, unterbricht er das Beschwerdeverfahren (nach Art 144 B-VG) und führt **amtswegig** ein Normprüfungsverfahren (nach Art 139 Abs 1 **Z 2** [1600] bzw Art 140 Abs 1 **Z 1 lit b** B-VG [1602]) durch. 1665

Denkbar ist auch, dass schon das mit Bescheidbeschwerde angerufene **Verwaltungsgericht I. Instanz**, wenn es die Bedenken des Beschwerdeführers gegen die generelle Rechtsnorm teilt, das erstinstanzliche Verfahren unterbricht und amtswegig einen Überprüfungsantrag an den VfGH (nach Art 139 Abs 1 **Z 1** [1601] bzw Art 140 Abs 1 **Z 1 lit a** B-VG [1603]) stellt. 1666

[II]. Die **indirekte Anfechtung** einer **generellen Rechtsnorm** erfolgt auch aus **Zivilverfahren** und **Strafverfahren** der **ordentlichen Gerichte**. Wird eine Rechtssache von einem ordentlichen Gericht mit **Urteil** oder **Beschluss** entschieden, so kann der Adressat dagegen den Zivil- oder Strafrechtsweg beschreiten und dabei die Rechtswidrigkeit der zugrunde liegenden generellen Rechtsnorm behaupten und damit einen **Gesetzesprüfungsantrag durch das ordentliche Gericht** (Verordnungsprüfungsantrag nach Art 139 Abs 1 Z 1 B-VG, Gesetzesprüfungsantrag nach Art 140 Abs 1 Z 1 lit a B-VG) **anregen** [1569]. 1667

Der Adressat (eines zivil- oder strafrechtlichen Urteils oder Beschlusses) kann allerdings (ab 01.01.2015) – mit der Behauptung, in einem einfachgesetzlich gewährleisteten Recht und/oder in einem verfassungsgesetzlich gewährleisteten Recht verletzt zu sein – **selbst einen Antrag auf Überprüfung der generellen Rechtsnorm an den VfGH** stellen. Er kann somit sein Rechtsmittel gegen das Urteil oder den Beschluss des ordentlichen Gerichts *„wegen Anwendung einer gesetzwidrigen Verordnung“* mit einem **Verordnungsprüfungsantrag** nach Art **139 Abs 1 Z 4** B-VG, wegen *„Anwendung eines verfassungswidrigen Gesetzes“* mit einem Gesetzesprüfungsantrag nach Art **140 Abs 1 Z 1 lit d** B-VG an den VfGH verbinden. 1668

II. Direkte Anfechtung genereller Rechtsnormen

Die indirekte Anfechtung genereller Rechtsnormen ist die Regel, die **direkte Anfechtung genereller Rechtsnormen** beim VfGH die **Ausnahme**. Eine generelle Rechtsnorm beim VfGH direkt [1570] – und nicht indirekt aus einem Gerichtsverfahren – mit einem **Individualantrag auf Verordnungsprüfung** [➔] nach Art **139 Abs 1 Z 3** B-VG, einem **Individualantrag auf Gesetzesprüfung** [➔] nach Art **140 Abs 1 Z 1 lit c** B-VG, einem **Individualantrag auf Staatsvertragsprüfung** nach Art 140a B-VG anzufechten, ist nur unter engen Voraussetzungen zulässig: 1669

So darf **erstens** die angefochtene generelle Rechtsnorm nicht erst durch eine individuelle Rechtsnorm (Bescheid, Urteil) für den Antragsteller wirksam geworden sein, es darf also weder ein Bescheid noch ein Urteil (Erkenntnis) vorliegen (*„sofern das Gesetz* [die Verordnung] ***ohne** Fällung einer **gerichtlichen Entscheidung** oder **ohne** Erlassung eines **Bescheides** [...] **wirksam** geworden ist“*). 1670

Zweitens muss der Antragsteller eine **Verletzung** subjektiver – **einfachgesetzlich und/oder verfassungsgesetzlich gewährleisteter** – **Rechte** (*„in Rechten verletzt zu sein“*) geltend machen. 1671

Drittens hat der Antragsteller seine **rechtliche**, **unmittelbare** und **aktuelle Betroffenheit** darzulegen; der Adressat der generellen Norm muss dartun, warum ihn die generelle Rechtsnorm genauso betrifft, wie er von einer individuellen Rechtsnorm betroffen wäre (= hinreichende **Betroffenheitsdichte** [➔]). Ein Normadressat kann eine generelle Rechtsnorm nur dann mit Individualantrag bekämpfen, wenn sie nachteilig in seine **Rechtssphäre** eingreift; lediglich faktische oder wirtschaftliche Auswirkungen der Rechtsnorm begründen keine Antragslegitimation. Von einer generellen Rechtsnorm **unmittelbar** betroffen ist ein Antragsteller nur, wenn der Eingriff (in seine Rechtssphäre) nach Art und Ausmaß durch die generelle Rechtsnorm selbst eindeutig bestimmt ist, also nicht erst der Konkretisierung durch eine individuelle Rechtsnorm bedarf. Nicht bloß potentiell, sondern **aktuell** von einer generellen Rechtsnorm **betroffen** ist ein Antragsteller, für den die generelle Rechtsnorm sowohl im Zeitpunkt der Antragstellung als auch im Zeitpunkt der Entscheidung des VfGH tatsächlich wirksam ist. 1672

1673 **Viertens** setzt die Zulässigkeit eines Individualantrags voraus, dass **kein anderer zumutbarer Rechtsschutzweg zur Abwehr des rechtswidrigen Eingriffs** zur Verfügung steht; also entweder überhaupt **kein Umweg** [➔] offen steht oder zwar ein **Umweg** möglich, dieser andere Rechtsschutzweg zur Bekämpfung der rechtswidrigen generellen Norm aber **unzumutbar** ist. Eine **Unzumutbarkeit des Umwegs** nimmt der VfGH insbesondere an, wenn zur Bekämpfung der generellen Rechtsnorm vor dem VfGH die Provokation eines verwaltungsbehördlichen oder eines gerichtlichen Strafverfahrens erforderlich wäre, oder wenn der Umweg dem Antragsteller hohe Kosten verursachen würde.

1674 Beispiele: Nach dem Tierschutzgesetz (§ 27 TSchG, BGBl I 2004/118) dürfen in Zirkussen, Varietés und ähnlichen Einrichtungen keine Arten von Wildtieren gehalten oder zur Mitwirkung verwendet werden. Ein Verstoß gegen § 27 TSchG wird in § 38 TSchG zur Verwaltungsübertretung erklärt. Liegt keine individuelle Rechtsnorm vor, ist ein Zirkusunternehmer, der Wildtiere in seinem Programm und konkrete Auftritte in Österreich geplant hat, aktuell in seiner Rechtssphäre (Erwerbsfreiheit), unmittelbar (das Verbot verbietet ihm den Auftritt der Wildtiere) betroffen. Als **Umweg** steht nur die **Provokation eines Verwaltungsstrafverfahrens** offen, was ihm allerdings **nicht zuzumuten** ist. Der Zirkusunternehmer ist daher **zur direkten Anfechtung** des TSchG **berechtigt** (VfSlg 19.568/2011). Die direkte Anfechtung eines oö Flächenwidmungsplans (**Individualantrag auf Verordnungskontrolle**) ist regelmäßig **unzulässig**, weil der Umweg über ein Bauplatzbewilligungsverfahren offen steht und einem Bauplatzbewilligungsantrag keine umfangreichen kostspieligen Planungsunterlagen beizufügen sind (VfSlg 16.730/2002). Ist allerdings (nach dem Bau- und Raumordnungsrecht der Länder) die Durchführung eines **förmlichen Bauverfahrens** mit **kostspieligen Planungsunterlagen verbunden**, ist dieser Umweg zur Geltendmachung der Rechtswidrigkeit eines Flächenwidmungsplans unzumutbar, sodass der **Individualantrag** auf Aufhebung eines (etwa Bgld) Flächenwidmungsplans zulässig ist (VfSlg 9361/1982).

III. Individualbeschwerde an den EGMR

1675 Ist es dem Betroffenen weder durch eine indirekte Anfechtung noch durch eine direkte Anfechtung gelungen, eine generelle Rechtsnorm auf dem innerstaatlichen Rechtsweg erfolgreich zu bekämpfen, ist der **innerstaatliche Rechtsweg** erschöpft. Dem Betroffenen steht auf internationaler Ebene gegen die Entscheidung des VfGH die **Individualbeschwerde an** den **Europäischen Gerichtshof für Menschenrechte** (**EGMR**) innerhalb einer Frist von **sechs Monaten** offen. Voraussetzung ist, dass die generelle Rechtsnorm ein **in der EMRK gewährleistetes Grundrecht** verletzen könnte. Rechte, auch Grundrechte der nationalen Rechtsordnung, sind für den EGMR ohne Bedeutung [1657].

IV. Amtshaftung, Staatshaftung

1676 [I]. Für den **Schaden**, der durch eine rechtswidrige **Verordnung**, **Wiederverlautbarung** oder einen rechtswidrigen **Staatsvertrag** entstanden ist, haftet die Gebietskörperschaft für den Fall des rechtswidrigen und schuldhaften Verhaltens ihrer Organe, weil es sich um Rechtsakte der **hoheitlichen Vollziehung** handelt. Der Schadenersatz ist nach den Regeln der **Amtshaftung** [1459] vor den Zivilgerichten geltend zu machen.

1677 [II]. War ein **Gesetz** verfassungswidrig, so ist der daraus einem Betroffenen entstandene Schaden von der Amtshaftung **nicht** erfasst. Für Schäden aus „legislativem Unrecht" gibt es grundsätzlich keinen Ersatz [1461]. Die Amtshaftung bezieht sich nur auf die (hoheitliche) Vollziehung. Eine Ausnahme ist die **Staatshaftung des Gesetzgebers** nach **Unionsrecht** [1464], wenn der Gesetzgeber gegen das Unionsrecht verstößt, indem er etwa eine **Richtlinie des Unionsrechts** nicht (fristgerecht) umsetzt.

DER RECHTSWEG GEGEN DIE MAßNAHME

1678 [I]. Der Rechtsweg gegen die Maßnahme entspricht dem Rechtsweg gegen den Bescheid, eingeschlossen die Revision an den VwGH, die Beschwerde an den VfGH, die Beschwerde an den EGMR und die Fragen der Amtshaftung [1459]. Nur liegt der **Beschwerde** an das **Verwaltungsgericht** (LVwG, BVwG, BFG) kein bestandskräftiger Bescheid einer Verwaltungsbehörde, sondern die **Maßnahme eines Verwaltungsorgans** (= Ausübung unmittelbarer verwaltungsbehördlicher Befehls- und Zwangsgewalt [1139]) zugrunde. Die **Maßnahmebeschwerde** [➔] nach Art **130 Abs 1 Z 2** B-VG [1566] muss wie die Bescheidbeschwerde als **Beschwerdepunkte** die Verletzung **einfachgesetzlich gewährleisteter Rechte** und/oder **verfassungsgesetzlich gewährleisteter Rechte** behaupten (Art **132 Abs 2** B-VG).

1679 Setzt die Verwaltung unmittelbare Befehls- und Zwangsgewalt ein, so umfasst ein bezüglicher Sachverhalt manchmal **mehrere Maßnahmen**. Der Beschwerdeführer muss jede einzelne in der Beschwerde darstellen. So etwa die vom Polizisten ausgesprochene Festnahme, das Anlegen von Handschellen, der Stoß im Streifenwagen, die Abnahme von Kleidungsstücken ua.

1680

20/8

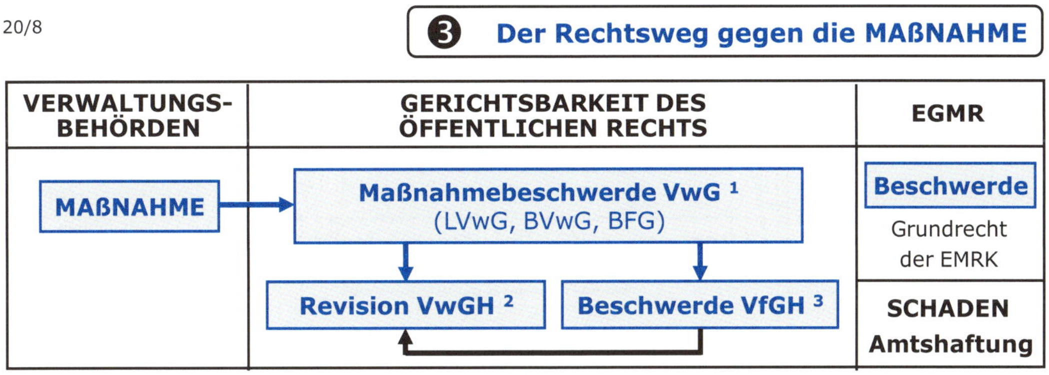

[1] Beschwerdepunkte: einfachgesetzlich **und/oder** verfassungsgesetzlich gewährleistete Rechte
[2] Revisionspunkte: (**nur**) einfachgesetzlich gewährleistete Rechte
[3] Beschwerdepunkte: (**nur**) verfassungsgesetzlich gewährleistete Rechte (unmittelbare Beschwerde)

Kein Rechtsweg gegen mit einer Maßnahme säumige Verwaltungsorgane

1681 Die Maßnahmebeschwerde ist – anders als die Bescheidbeschwerde – nicht bei der Verwaltungsbehörde, sondern **beim zuständigen Verwaltungsgericht** (LVwG, BVwG, BFG) einzubringen (§ 20 VwGVG). Die **Beschwerdefrist** beträgt **sechs Wochen** (§ 7 Abs 4 zweiter Satz VwGVG). Die Beschwerdefrist beginnt mit dem Zeitpunkt, in dem der Betroffene Kenntnis von der Ausübung unmittelbarer Befehls- und Zwangsgewalt erlangte bzw – wenn er wegen der Maßnahme an der Beschwerdeerhebung behindert war – mit dem Wegfall dieser Behinderung (§ 7 Abs 4 Z 3 VwGVG).

1682 Ist ein Landesverwaltungsgericht (**LVwG**) sachlich zuständig, richtet sich die **örtliche Zuständigkeit** nach dem Ort, an dem die Maßnahme begonnen wurde (§ 3 Abs 2 Z 2 VwGVG). **Gegner** des Beschwerdeführers im verwaltungsgerichtlichen Verfahren ist die Verwaltungsbehörde, der die Ausübung unmittelbarer Befehls- und Zwangsgewalt zuzurechnen ist (= **belangte Behörde**, § 9 Abs 2 Z 2 VwGVG). Der Beschwerdeführer muss die belangte Behörde aber nicht bezeichnen, es reicht die Nennung des Verwaltungsorgans, das die Maßnahme setzte (§ 9 Abs 4 VwGVG). Anders als im Bescheidbeschwerdeverfahren findet im Maßnahmebeschwerdeverfahren ein **Ersatz der Verfahrenskosten** statt (§ 35 VwGVG).

1683 Die Maßnahmebeschwerde ist regelmäßig auf die **Feststellung der Rechtswidrigkeit** des Verwaltungshandelns gerichtet. In Ausnahmefällen, in denen die Maßnahme im Beschwerdezeitpunkt noch anhält (abgenommene Dokumente wurden etwa noch nicht zurückgegeben, die Anhaltung dauert an), kommt eine **Aufhebung** der Maßnahme in Betracht (§ 28 Abs 6 VwGVG).

1684 Eine Beschwerdevorentscheidung durch die Verwaltungsbehörde gibt es nicht. Einen Rechtsweg gegen die **Säumnis** der Verwaltung, die eine gesetzlich gebotene Maßnahme nicht setzt, sieht die Rechtsordnung **nicht** vor. Die Säumnisbeschwerde ist der Säumnis mit der Bescheiderlassung vorbehalten.

1685 [II]. Der Rechtsweg gegen Maßnahmen der Verwaltungsorgane führt mit Maßnahmebeschwerde an das Verwaltungsgericht. Von diesem Regelfall abgesehen gibt es in den Materiengesetzen **einzelne Rechtsvorschriften**, welche die **Umwandlung** einer Maßnahme in einen **Bescheid** vorsehen. In diesen Fällen ist die in einen Bescheid umgewandelte Maßnahme mit **Bescheidbeschwerde gegen den Bescheid** nach allen für die Bescheidbeschwerde geltenden Regeln zu bekämpfen.

1686 Beispiel: Gemäß § 360 GewO 1994 muss die Gewerbebehörde eine Fabrik, die giftige Emissionen ausstößt, gegebenenfalls gewaltsam schließen. Über diese Maßnahme hat die Gewerbebehörde innerhalb eines Monats nachträglich einen **Bescheid** zu erlassen, ansonsten tritt die Maßnahme außer Kraft. Liegt der Bescheid vor, ist er mit Bescheidbeschwerde beim LVwG zu bekämpfen. Das Verfahren über eine eventuell bereits zuvor eingebrachte Maßnahmebeschwerde wird diesfalls eingestellt.

DER RECHTSWEG GEGEN DAS SCHLICHT-HOHEITLICHE HANDELN

1687 20/9 **❹ Der Rechtsweg gegen das SCHLICHT-HOHEITLICHE HANDELN**

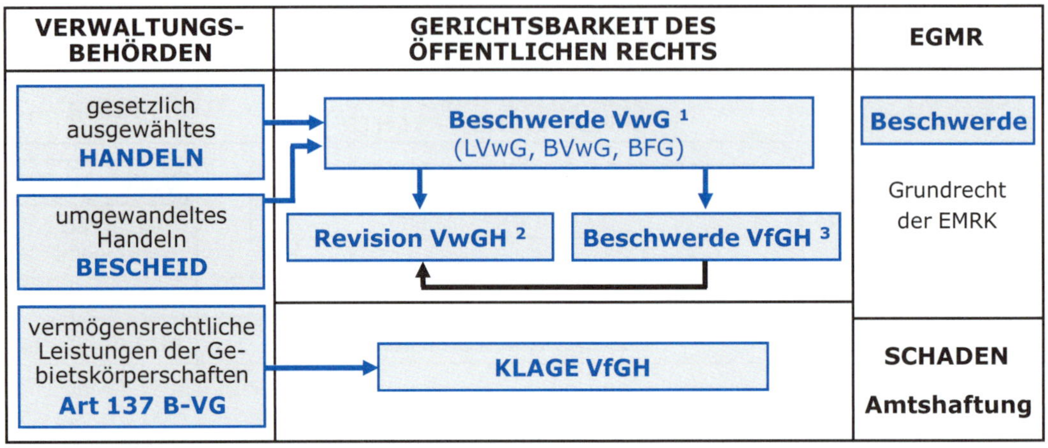

[1] Beschwerdepunkte: einfachgesetzlich **und/oder** verfassungsgesetzlich gewährleistete Rechte
[2] Revisionspunkte: (**nur**) einfachgesetzlich gewährleistete Rechte
[3] Beschwerdepunkte: (**nur**) verfassungsgesetzlich gewährleistete Rechte (unmittelbare Beschwerde)

Kein Rechtsweg gegen säumige Verwaltungsorgane

I. Beschwerden an das Verwaltungsgericht

1688 [I]. Das B-VG sieht die Bescheidbeschwerde, die Säumnisbeschwerde und die Maßnahmebeschwerde an das Verwaltungsgericht vor (Art 130 Abs 1 B-VG). Eine **Beschwerde gegen schlicht-hoheitliches Handeln** [1146] ist denkbar, aber nicht zwingend vorgegeben. Art 130 Abs 2 Z 1 B-VG stellt es den **einfachen Bundes- und Landesgesetzen** frei, eine solche Beschwerdemöglichkeit einzurichten [1572]. Bislang haben die Gesetzgeber davon kaum Gebrauch gemacht.

1689 So ermöglicht **§ 88 Abs 2 SPG** für den Bereich der **Sicherheitsverwaltung** [1183] Betroffenen, mit der Behauptung, in subjektiven Rechten verletzt zu sein, gegen **schlicht-hoheitliches Verhalten** der Verwaltungsorgane (zB Beleidigung durch einen Polizisten) **Beschwerde** an das Landesverwaltungsgericht zu führen. Gegen die Entscheidung des LVwG kann der Bundesminister für Inneres Revision (Amtsrevision [1579]) an den VwGH erheben (§ 91 Abs 1 SPG).

1690 [II]. Der Gesetzgeber kann anstelle einer Beschwerde an das Verwaltungsgericht auch die **Umwandlung** des schlicht-hoheitlichen Handelns der Verwaltungsorgane in einen **Bescheid** vorsehen und damit den Rechtsweg gegen schlicht-hoheitliches Handeln über die **Bescheidbeschwerde** an das Verwaltungsgericht eröffnen.

1691 So sind die Verwaltungsorgane gemäß Art 20 Abs 4 B-VG zu Auskünften über Angelegenheiten ihres Wirkungsbereichs verpflichtet. Einzelheiten regeln die **Auskunftspflichtgesetze** des Bundes und der Länder [1159]. Die Auskunft ist ein schlicht-hoheitliches Handeln. Die Gesetze sehen vor, dass die Verwaltungsbehörde, wenn eine Auskunft verweigert wird, darüber einen **Bescheid** erlässt. Der Adressat kann dann diesen Bescheid mit Bescheidbeschwerde beim Verwaltungsgericht bekämpfen. [Mitunter sieht der Gesetzgeber die Erteilung einer Auskunft aber in Bescheidform vor, so in § 118 BAO beim Auskunftsbescheid des Finanzamts.]

II. Klage beim Verfassungsgerichtshof

1692 Auch das Hinblättern oder das Überweisen von Geld, soweit es im Bereich der Hoheitsverwaltung der Gebietskörperschaften geschieht, sind schlicht-hoheitliche Tätigkeiten der Verwaltung. Gemäß **Art 137 B-VG** ist der Verfassungsgerichtshof für die **Kausalgerichtsbarkeit** [➔] [1595] zuständig.

Er entscheidet über *„vermögensrechtliche Ansprüche gegen den Bund, das Land, die Gemeinde, die Gemeindeverbände, die* ***weder*** *im* ***Verwaltungsrechtsweg noch*** *im* ***Zivilrechtsweg*** *geltend gemacht werden können"*. Der Rechtsweg ist eine **Klage auf Leistung gegen die Gebietskörperschaft** an den **VfGH** (= **Liquidierungsklage** [➔]). Das Verfahren über eine Klage nach Art 137 B-VG findet nach den Regeln des VfGG (§§ 37 bis 41) und subsidiär der **ZPO** (§ 35 VfGG) statt. Inwieweit der Verwaltungsrechtsweg oder der Zivilrechtsweg für vermögensrechtliche Ansprüche in Frage kommen, bestimmen die Gesetze.

Beispiele für vermögensrechtliche Ansprüche, die vor dem VfGH nach Art 137 B-VG eingeklagt werden können, 1693
weil weder der Zivilrechtsweg noch der Verwaltungsrechtsweg offen steht: Anspruch eines (in einem öffentlich-rechtlichen Dienstverhältnis stehenden) Beamten auf Auszahlung seines Gehalts; Anspruch auf Rückzahlung einer bezahlten Geldstrafe nach Aufhebung des Strafbescheids bzw Straferkenntnisses des VwG; Anspruch auf Herausgabe beschlagnahmter Sachen nach Wegfall des Beschlagnahmebescheids; **Staatshaftungsansprüche** aus legislativem Unrecht und aus einer höchstgerichtlichen Entscheidung [1466]; Anspruch aufgrund einer bescheidmäßig zuerkannten, aber nicht überwiesenen Studienbeihilfe; Ansprüche der Gebietskörperschaften untereinander aus dem Finanzausgleich oder aus besonderen Verwaltungsvorgängen, etwa die Leistungen des Krankenhauses eines Landes für Universitätskliniken des Bundes.

III. Individualbeschwerde an den EGMR

Da die Individualbeschwerde an den EGMR in Straßburg gegen **jedwedes staatliche Handeln** 1694
zulässig ist [1397], ist sie ohne Einschränkung auch gegen **schlicht-hoheitliche Handlungen** staatlicher Organe zulässig. Die Beschwerde hat besonders dort Bedeutung, wo die Gesetzgebung einen innerstaatlichen Rechtsweg – wie meistens bei schlicht-hoheitlichem Handeln der Verwaltung – gar nicht vorsieht. Die Verletzung eines **in der EMRK gewährleisteten Grundrechts** ist allerdings in jedem Fall Voraussetzung für die Zulässigkeit der EMRK-Beschwerde.

IV. Amtshaftung

Schlicht-hoheitliches Handeln der Verwaltung ist Handeln *„in Vollziehung der Gesetze"*. Für den **Schaden**, der 1695
durch rechtswidriges und schuldhaftes **schlicht-hoheitliches Verhalten** der Vollziehungsorgane entstanden ist, haftet die Gebietskörperschaft nach den Regeln der **Amtshaftung** [1459].

DER RECHTSWEG GEGEN DEN VERWALTUNGSRECHTLICHEN VERTRAG

1696

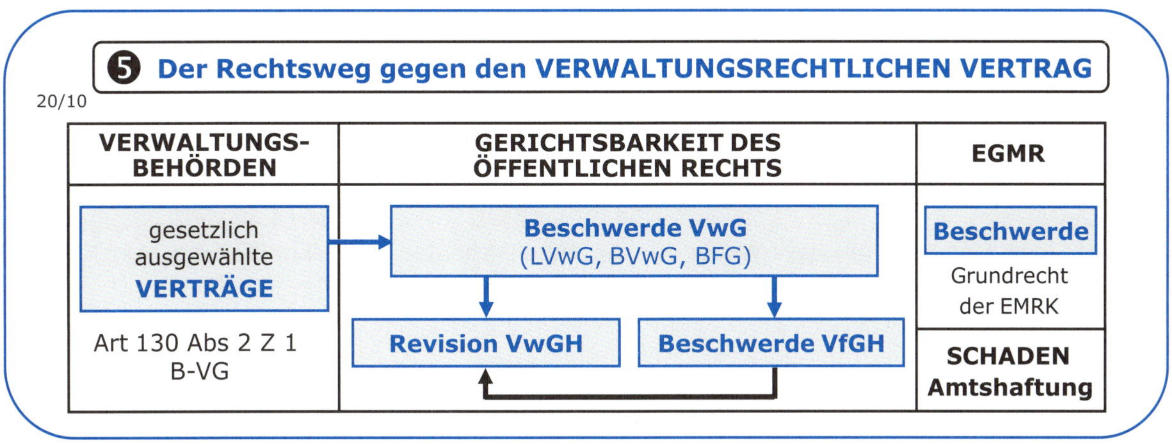

[I]. **Verwaltungsrechtliche Verträge** [1148] sind selten (vereinzelt in Steuergesetzen), aber zulässig, wenn 1697
das Gesetz sie vorsieht. Das B-VG kennt die Bescheidbeschwerde, die Säumnisbeschwerde und die Maßnahmebeschwerde an das Verwaltungsgericht (Art 130 Abs 1 B-VG). Eine Beschwerde gegen schlicht-hoheitliches Handeln und eine **Beschwerde gegen einen verwaltungsrechtlichen Vertrag** ist denkbar, aber nicht zwingend vorgegeben. Art 130 Abs 2 Z 1 B-VG stellt es den **einfachen Bundes- und Landesgesetzen** frei, eine solche Beschwerdemöglichkeit einzurichten [1572]. Bislang machten die Gesetzgeber davon keinen Gebrauch.

1698 Der Rechtsschutz erfolgt **indirekt**. Wenn die Verwaltung einen Bescheid oder eine Maßnahme auf einen verwaltungsrechtlichen Vertrag stützt, sind der Bescheid oder die Maßnahme rechtswidrig, wenn sie die Rechtswidrigkeit des verwaltungsrechtlichen Vertrags nicht beachten. Betroffene können sich mit Bescheidbeschwerde oder Maßnahmebeschwerde an das Verwaltungsgericht wenden. Das Verwaltungsgericht beurteilt dann, ob der verwaltungsrechtliche Vertrag als Rechtsgrundlage für den Bescheid oder die Maßnahme zu Recht besteht.

1699 [II]. Verwaltungsrechtliche Verträge können Gegenstand einer **Individualbeschwerde beim EGMR** in Straßburg sein, wenn ein Grundrecht der EMRK verletzt wäre [1657]. Schäden im Zusammenhang mit verwaltungsrechtlichen Verträgen unterliegen der **Amtshaftung** [1459].

DER RECHTSWEG GEGEN DAS NICHT-HOHEITLICHE HANDELN

1700

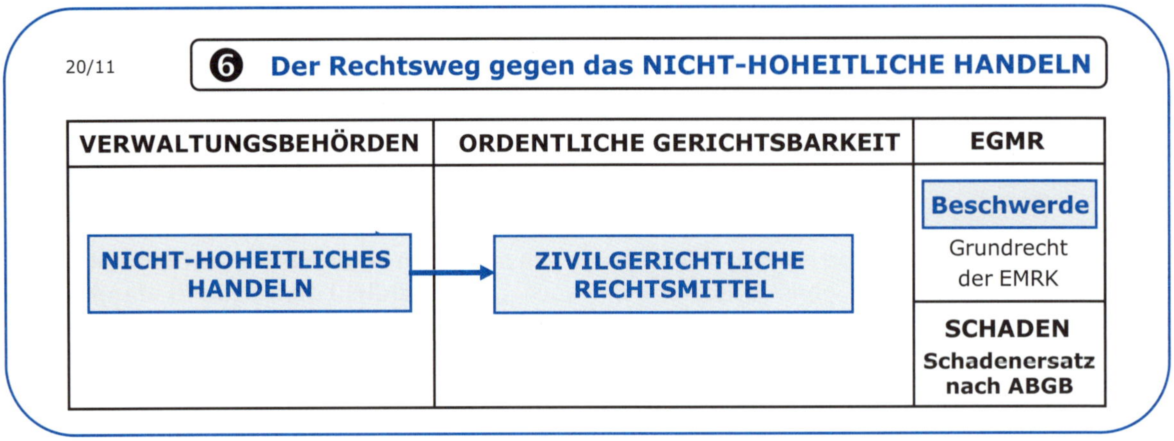

1701 [I]. Wo die Gebietskörperschaften in den Formen des **Privatrechts** handeln (= **nicht-hoheitliche Verwaltung**, = Privatwirtschaftsverwaltung, = Fiskalverwaltung [601]), führt der Rechtsweg in aller Regel zur **ordentlichen Gerichtsbarkeit**. Die Zivilgerichte entscheiden Streitigkeiten mit der nicht-hoheitlich handelnden Verwaltung. Die Zivilgerichte wenden die zivilgerichtlichen Verfahrensgesetze an, etwa die ZPO und die JN.

1702 [II]. Weil die **Individualbeschwerde an den EGMR** in Straßburg gegen jedwedes Handeln des Staats zulässig ist, sind auch gegen **nicht-hoheitliches Handeln** der Gebietskörperschaften Beschwerden an den **EGMR** denkbar [1654]. Allerdings muss ein **Grundrecht der EMRK** verletzt sein, was bei privatrechtlichem Handeln mangels hoheitlichen Zwangs nur in besonderen Fällen vorstellbar ist.

1703 [III]. In der **Hoheitsverwaltung** gelten die Regeln der **Amtshaftung** [1459]. In der **nicht-hoheitlichen Verwaltung** sind die allgemeinen **Schadenersatzbestimmungen des ABGB** und das allgemeine zivilgerichtliche Verfahrensrecht – ohne die Besonderheiten des Amtshaftungsverfahrens – anzuwenden.

Dank an Frau Mag.[a] Margit Mayr-Weber für die Durchsicht des Manuskripts, Frau Mag.[a] Bettina Renner und Frau Gabriela Riederer für die Bearbeitung des Glossars und Frau Nicole Scheibenreif für das Setzen der Randziffern.

Literaturhinweise: *Adamovich/Funk/Holzinger/Frank*, Österreichisches Staatsrecht, Band 1: Grundlagen[2] (2011), Band 2: Staatliche Organisation[2] (2013), Band 3: Grundrechte (2003); Band 4: Allgemeine Lehren des Verwaltungsrechts (2009); *Grabenwarter/Fister*, Verwaltungsverfahrensrecht und Verwaltungsgerichtsbarkeit[4] (2014); *Hengstschläger/Leeb*, Grundrechte[2] (2013); *Holzinger/Kommenda*, Verfassung kompakt[2] (2013); *Kahl/Weber*, Allgemeines Verwaltungsrecht[4] (2013); *Leidenmühler*, Europarecht (2013); *Öhlinger/Eberhard*, Verfassungsrecht[9] (2012); *Raschauer*, Allgemeines Verwaltungsrecht[4] (2013); *Wielinger*, Einführung in das österreichische Verwaltungsverfahrensrecht[13] (2014).

Die Glossarbegriffe sind alphabetisch geordnet. Die den Glossarbegriffen beigesetzten [00]-Zahlen verweisen auf die Randziffern im Text des Lehrbuchs. Glossarbegriffe, die in der Beschreibung eines anderen Glossarbegriffs vorkommen, sind im ersten Buchstaben unterstrichen (zB Ortspolizei). Glossarbegriffe, die in der Beschreibung eines anderen Glossarbegriffs vorkommen und zum besseren Verständnis nachgelesen werden sollten, sind mit einem Pfeil versehen (zB ➔Stufenbau der Rechtsordnung).

A

➔Abgabe [620]: Eine öffentliche Abgabe (§ 5 F-VG 1948) ist eine hoheitlich vorgeschriebene Geldleistung, die der Staat, konkret die Gebietskörperschaften Bund, Länder und Gemeinden zur Deckung ihrer finanziellen Bedürfnisse erheben. Abgaben sind ➔Steuern (= allgemeine Geldleistungen an eine Gebietskörperschaft auf zwingender gesetzlicher Grundlage), ➔Gebühren und bestimmte Beiträge (= Geldleistungen an eine Gebietskörperschaft auf zwingender gesetzlicher Grundlage als Gegenleistung für eine konkrete staatliche Leistung). Gesetzliche Beiträge allerdings, die nicht an Gebietskörperschaften, sondern an andere Körperschaften des öffentlichen Rechts (zB Sozialversicherungsträger) erbracht werden, gelten nicht als öffentliche Abgaben.

➔Abgabenstaat [620]: Der Staat benötigt für die Erfüllung seiner Aufgaben Geld. Der Abgabenstaat (die Gebietskörperschaften) deckt seine finanziellen Bedürfnisse regelmäßig durch öffentliche ➔Abgaben, das sind Steuern, Gebühren und bestimmte Beiträge.

➔Abgabenwesen [420]: Abgabenwesen meint die Festlegung, Einbringung und Verteilung der Abgaben (➔Abgabenstaat), nämlich der Steuern und der Gebühren. Das Abgabenwesen ist im ➔Finanz-Verfassungsgesetz 1948 (F-VG 1948) geregelt (Art 13 B-VG).

➔Abgeordnete *Members of Parliament* [155]: Abgeordnete sind gewählte Vertreter des Volks (= Volksvertreter), die sich in einem (parlamentarisch)demokratischen Staat in Parlamenten versammeln und dort anstelle des Volks die Entscheidungen im Staat treffen. Der Bundesstaat kennt Abgeordnete des Bundesparlaments (Abgeordnete zum Nationalrat, Art 26 B-VG) und Abgeordnete der Landesparlamente (Abgeordnete zu den Landtagen, Art 95 B-VG). Auch die Mitglieder des Europäischen Parlaments gelten als Abgeordnete (Europaabgeordnete).

➔Ablehnung [1644]: Der Verfassungsgerichtshof (VfGH) kann die Behandlung einer zulässigen ➔(Erkenntnis/Beschluss)Beschwerde durch Beschluss ablehnen, *„wenn sie keine hinreichende Aussicht auf Erfolg hat oder von der Entscheidung die Klärung einer verfassungsrechtlichen Frage nicht zu erwarten ist"* (Art 144 Abs 2 B-VG). Des Weiteren kann der VfGH die Behandlung eines ➔Individualantrags auf Verordnungsprüfung und eines ➔Individualantrags auf Gesetzesprüfung (sowie eines Verordnungs- und Gesetzesprüfungsantrags eines Rechtsmittelwerbers einer zivil- oder strafrechtlichen Entscheidung) durch Beschluss ablehnen, wenn er *„keine hinreichende Aussicht auf Erfolg hat"* (Art 139 Abs 1b, Art 140 Abs 1b B-VG).

➔absolut schützendes Freiheitsrecht [521]: Ein Freiheitsrecht ohne ➔Gesetzesvorbehalt ist ein absolut schützendes Freiheitsrecht. Die Verfassung gibt dem einfachen Gesetzgeber keine Ermächtigung, in den Schutzbereich des Grundrechts einzugreifen, er darf jedenfalls keine spezifischen, intentional (➔Intentionalität) auf die Beschränkung der jeweiligen Freiheit zielenden Regelungen erlassen. Allgemeine – nicht auf die Beschränkung des Grundrechts gerichtete, das Grundrecht aber dennoch einengende – einfachgesetzliche Regelungen, sind verfassungsrechtlich zulässig, wenn sie den Kriterien der Verhältnismäßigkeit entsprechen und auch der Vollziehung ausreichend Spielraum für die verfassungsgesetzlich gebotene Güterabwägung zwischen dem Grundrecht und dem durch den Eingriff geschützten Rechtsgut erlauben. Der Schutzbereich des absolut schützenden Freiheitsrechts ist auch durch ➔verfassungsimmanente Schranken beschränkt.

➔absolute Monarchie [40] [57]: In der absoluten Monarchie übt ein Monarch (= Alleinherrscher, meist König oder Kaiser) die Staatsgewalt auf Grund des Gottesgnadentums – anders als in der konstitutionellen Monarchie – uneingeschränkt und unverantwortlich aus.

➔absolute Nichtigkeit [340] [350]: Absolut nichtig ist eine Rechtsnorm, die wegen Rechtswidrigkeit von vornherein ungültig ist.

➔absolutes Veto [923]: Dem Bundesrat kommt gegen Gesetzesbeschlüsse des Nationalrats grundsätzlich ein ➔suspensives Veto zu. In Ausnahmefällen hat der Bundesrat ein absolutes Veto, das den Gesetzesbeschluss des Nationalrats endgültig – ohne die Möglichkeit eines Beharrungsbeschlusses – zu Fall bringt. Der Bundesrat besitzt ein absolutes Veto (= Zustimmungsrecht) bei Verfassungsgesetzen (Art 44 Abs 2 B-VG), durch welche die Zuständigkeit der Länder in Gesetzgebung und Vollziehung eingeschränkt wird; wenn in einem Grundsatzgesetz des Bundes gemäß Art 12 B-VG den Ländern eine Frist zur Ausführungsgesetzgebung gesetzt wird, die kürzer als sechs Monate oder länger als ein Jahr ist (Art 15 Abs 6 B-VG); und wenn die Stellung des Bundesrats verändert werden soll (Art 35 Abs 4 B-VG).

➔Absolutismus *Absolutism* [36]: Der Absolutismus ist eine Regierungsform, bei welcher der Machthaber die Staatsgewalt „absolut" ohne die Mitwirkung anderer und ohne Notwendigkeit einer Rechtfertigung ausübt. Historisch ist der Absolutismus vor allem mit der ➔absoluten Monarchie (Gegensatz: konstitutionelle Monarchie) verknüpft.

➔abstrakte Rechtsnorm [210]: Eine abstrakte Rechtsnorm hat – anders als eine konkrete Rechtsnorm – eine Regelung zum Inhalt, die sich nicht auf einen bestimmten Sachverhalt bezieht.

➔abstrakte Zuständigkeit [350]: Die abstrakte Zuständigkeit ist die ➔Organisationszuständigkeit (Verbandszuständigkeit). Rechtsnormen der Verwaltungsbehörden, die gegen gesetzliche Zuständigkeiten verstoßen, sind in der Regel im Sinne des Fehlerkalküls wirksam, aber anfechtbar. Rechtsnormen, denen die abstrakte Zuständigkeit fehlt, sind allerdings absolut nichtig (zB der Rektor der Universität Linz erteilt eine Baubewilligung für ein Bauvorhaben in Wien).

➔Abtretung [1647]: Der Beschwerdeführer kann für den Fall, dass der Verfassungsgerichtshof (VfGH) die Behandlung seiner ➔(Erkenntnis/Beschluss)Beschwerde ablehnt (➔Ablehnung nach Art 144 Abs 2 B-VG) oder die Beschwerde abweist, beim VfGH einen Antrag auf Abtretung an den Verwaltungsgerichtshof (VwGH) stellen (Art 144 Abs 3 B-VG). Eine Abtretung an den VwGH kommt nur bei Ablehnung oder Abweisung der Beschwerde durch den VfGH in Betracht, nicht im Fall einer Zurückweisung der Beschwerde. Wurde an den VwGH abgetreten, so prüft der VwGH im Verfahren betreffend die ➔Revision, ob durch den angefochtenen Bescheid einfachgesetzlich gewährleistete Rechte des Revisionswerbers verletzt wurden.

➔Abwehrrecht [507]: Ein ➔Freiheitsrecht ist ein Abwehrrecht, weil es dem Einzelnen erlaubt, verfassungswidrige Eingriffe des Staats in den grundrechtlich geschützten Freiraum auf dem Rechtsweg abzuwehren.

➔Adhäsionsmaterie [404]: Adhäsionsmaterie ist ein Synonym für ➔Annexmaterie.

➔administrative Instanz [1480]: Die administrative Instanz ist die zur Durchführung eines bestimmten Verwaltungsverfahrens (AVG, VStG ua) zuständige Verwaltungsbehörde. Der Materiengesetzgeber entscheidet, welche der organisatorischen Instanzen eine konkrete Verwaltungssache durch Bescheid zu entscheiden hat, welche ➔organisatorische Instanz er zur – im Verwaltungsverfahren zuständigen – administrativen Instanz bestimmt. In den Angelegenheiten des eigenen Wirkungsbereichs der Gemeinde gibt es einen ➔administrativen Instanzenzug (Art 118 Abs 4 zweiter Satz B-VG).

➔administrativer Instanzenzug [1519]: Der administrative Instanzenzug beschreibt, welche der ➔organisatorischen Instanzen ein bestimmtes Verwaltungsverfahren führen, welche Verwaltungsbehörde also eine bestimmte Verwaltungssache in I. administrativer Instanz durch Bescheid zu entscheiden hat und welche Verwaltungsbehörde in II. administrativer Instanz zuständig ist, diese Entscheidung aufgrund eines eingelegten Rechtsmittels zu überprüfen und gegebenenfalls aufzuheben oder abzuändern. Einen administrativen Instanzenzug gibt es nur in Angelegenheiten des ➔eigenen Wirkungsbereichs der Gemeinde (Art 118 Abs 4 zweiter Satz B-VG: *„zweistufiger Instanzenzug"*), den der einfache Gesetzgeber aber ausschließen darf. Ein im eigenen Wirkungsbereich der Gemeinde ergangener Bescheid der Gemeindebehörde I. Instanz kann daher nicht vor dem Verwaltungsgericht (VwG), sondern nur mit Berufung an die Gemeindebehörde II. Instanz bekämpft werden.

➔Agentur *agency* [1085]: Eine Agentur (= Know-how-Organisation) ist eine zur Wahrnehmung besonderer (Verwaltungs)Aufgaben durch Gesetz eingerichtete Organisation (juristische Person des öffentlichen Rechts oder des privaten Rechts) mit besonderem juristischen, wirtschaftlichen, kaufmännischen und technischen Sachverstand, deren Organe in die Verwaltung einer Gebietskörperschaft eingegliedert werden (= ➔Eingliederung). Solche Agenturen sind etwa das Arbeitsmarktservice (AMS), die Finanzmarktaufsichtsbehörde (FMA), die Agrarmarkt Austria (AMA), die Energie-Control Austria (E-Control), die Austro Control GmbH, die Umweltbundesamt GmbH, die Rundfunk und Telekom Regulierungs-GmbH (RTR-GmbH), die Österreichische Agentur für Gesundheit und Ernährungssicherheit GmbH.

➔Agrarbehörde [1200]: Die Agrarbehörde ist eine Landesbehörde, die außerhalb der ➔allgemeinen staatlichen Verwaltung in Angelegenheiten der land- und forstwirtschaftlichen Bodenreform (Art 12 Abs 1 Z 3 B-VG; Kommassierungs- und Flurbereinigungsverfahren) tätig ist. Der Landesgesetzgeber richtet entweder eigene Agrarbezirksbehörden ein (zB in NÖ durch das Gesetz über die NÖ Agrarbezirksbehörde) oder er überträgt die Aufgaben der Bodenreform dem Amt der Landesregierung als Verwaltungsbehörde unter der Bezeichnung „Agrarbehörde" (im Burgenland, in Kärnten, Salzburg, Tirol, Wien und auch in Oberösterreich [die Agrarbehörde Oberösterreich beim Amt der oö Landesregierung nach dem Oö Agrarbehördegesetz, LGBl 2011/108]). Das Verwaltungsverfahren in den Angelegenheiten der land- und forstwirtschaftlichen Bodenreform regelt das ➔Agrarverfahrensgesetz (AgrVG 1950).

➔Agrarmarkt Austria (AMA) [1087]: Das AMA-Gesetz 1992 [= Bundesgesetz über die Errichtung der Marktordnungsstelle Agrarmarkt Austria, BGBl 1992/376 idgF] richtet die Agrarmarkt Austria (AMA) als Rechtsperson des öffentlichen Rechts ein und gliedert deren Organe mit hoheitlichen (und behördlichen) Aufgaben in die Bundesverwaltung ein (mittelbare Staatsverwaltung). Die Agrarmarkt Austria (AMA) nimmt Aufgaben im Bereich der Landwirtschaft (zB Markt- und Preisberichterstattung, Maßnahmen zur Qualitätssteigerung agrarischer Produkte, Förderung des Agrarmarketings) wahr.

➔**Agrarverfahrensgesetz (AgrVG 1950)** [1471]: Das Agrarverfahrensgesetz (AgrVG 1950), BGBl 1950/173 idgF, regelt – auf der Grundlage der Bedarfskompetenz des Art 11 Abs 2 B-VG – das Verwaltungsverfahren der land- und forstwirtschaftlichen Bodenreform vor der ➔Agrarbehörde (vgl Art I Abs 3 Z 1b EGVG).

➔**aktives Wahlrecht** [161]: Das aktive Wahlrecht ist als ➔politisches Grundrecht das Recht, durch Stimmabgabe an einer Wahl teilzunehmen. Alle österreichischen Staatsbürger, die spätestens am Wahltag das 16. Lebensjahr vollendet haben, haben (sofern kein Wahlausschlussgrund vorliegt) das aktive Wahlrecht zum Nationalrat (Art 26 Abs 1 B-VG) und zum Bundespräsidenten (Art 60 Abs 1 B-VG). Gleiches gilt grundsätzlich für die Wahl zum Landtag (Art 95 Abs 2 B-VG), zum Gemeinderat (Art 117 Abs 2 B-VG), zum Bürgermeister, sofern das Landesrecht für diese Wahlen nicht ein niedrigeres Wahlalter festlegt (Art 26 Abs 1 B-VG). Bei den Wahlen zum Europäischen Parlament (Art 23a Abs 1 B-VG), den Wahlen zum Gemeinderat (Art 117 Abs 2 vierter Satz B-VG) und zum Bürgermeister besitzen auch Unionsbürger das aktive Wahlrecht.

➔**Allgemeine Erklärung der Menschenrechte (AEMR)** *Declaration of human rights* [436]: Die Allgemeine Erklärung der Menschenrechte ist ein am 10.12.1948 von den Vereinten Nationen (UNO) verabschiedeter Katalog von bürgerlichen, politischen und sozialen Rechten. Wegen massiver Menschenrechtsverletzungen in der Zeit des Zweiten Weltkriegs wollten die Vereinten Nationen (UNO) den Schutz der Menschenrechte nicht mehr den Einzelstaaten überlassen, sondern machten diesen zu einem ihrer Hauptanliegen. Nach der Allgemeinen Erklärung der Menschenrechte 1948, deren Verbindlichkeit als Völkergewohnheitsrecht umstritten ist, folgten am 16.12.1966 der Internationale Pakt über wirtschaftliche, soziale und kulturelle Rechte (BGBl 1978/590) sowie der Internationale Pakt über bürgerliche und politische Rechte (BGBl 1978/591), welche als Staatsverträge verbindlich sind. Die vom Europarat erarbeitete Europäische Menschenrechtskonvention (EMRK) 1950 nimmt in ihrer Präambel ausdrücklich Bezug auf die Allgemeine Erklärung der Menschenrechte (AEMR) 1948.

➔**Allgemeine Rechtsgrundsätze des Völkerrechts** *general principles of international law* [695]: Bei den Allgemeinen Rechtsgrundsätzen des Völkerrechts handelt es sich um allen Staaten gemeinsame Grundsätze ihrer innerstaatlichen Rechtsordnungen, die sich aus der Rechtsvergleichung (➔Privatrechtsanalogie) ergeben (zB „pacta sunt servanda", Befreiung ausländischer Diplomaten von direkten Steuern).

➔**allgemeine Sicherheitspolizei** [1174]: Die allgemeine Sicherheitspolizei ist die ➔Sicherheitspolizei ohne die ➔örtliche Sicherheitspolizei. Manche verstehen die allgemeine Sicherheitspolizei als die in Art 10 Abs 1 Z 7 B-VG festgeschriebene materienfreie Sorge für die Aufrechterhaltung der öffentlichen Ruhe, Ordnung und Sicherheit im begrifflichen Gegensatz zur materienbezogenen Sorge für die öffentliche Ruhe, Ordnung und Sicherheit der Verwaltungspolizei des Bundes und der Verwaltungspolizei der Länder und bezeichnen die Verwaltungspolizei als ➔besondere Sicherheitspolizei.

➔**allgemeine staatliche Verwaltung** [1160]: Unter allgemeiner staatlicher Verwaltung versteht man jene Verwaltungsaufgaben, die von den nach dem Grundmuster der Staatsorganisation eingerichteten Verwaltungsbehörden wahrgenommen werden, zu deren Besorgung also nicht eigene (Sonder)Behörden eingerichtet sind. In der (mittelbaren) Bundesverwaltung sind der Bezirkshauptmann, der Landeshauptmann und der Bundesminister, in der Landesverwaltung der Bezirkshauptmann und die Landesregierung die „Behörden der allgemeinen staatlichen Verwaltung". Eine Änderung oder Neuregelung der bestehenden Organisation der Behörden der allgemeinen staatlichen Verwaltung in den Ländern durch den Landesgesetzgeber ist nur mit Zustimmung der Bundesregierung zulässig (Art 15 Abs 10 B-VG).

➔**Allgemeine Wehrpflicht** [1249]: Die allgemeine Wehrpflicht ist die Pflicht eines jeden männlichen Staatsbürgers (Art 9a Abs 3 B-VG), für eine bestimmte Zeit in einer militärischen Formation (➔Bundesheer) zu dienen. Wer die Erfüllung der Wehrpflicht aus Gewissensgründen verweigert, ist zur Leistung eines Ersatzdienstes (Zivildienst) verpflichtet (Art 9a Abs 4 B-VG).

➔**Allgemeiner Vertretungskörper** [892]: Ein allgemeiner Vertretungskörper ist ein durch Gesetz eingerichtetes staatliches Kollegialorgan, das nicht die Interessen bestimmter – etwa nach Stand, Beruf oder Bekenntnis gleichartiger – Personen, sondern die Interessen aller in einem bestimmten Gebiet lebenden Menschen zu vertreten hat. Allgemeine Vertretungskörper sind der Nationalrat, der Bundesrat, die Landtage, die Gemeinderäte (und die Bezirksvertretungen in Wien).

➔**Allgemeines Bürgerliches Gesetzbuch (ABGB)** [255]: Das Allgemeine Bürgerliche Gesetzbuch (ABGB), JGS 1811/946 idgF, ist der wichtigste Teil der ➔Privatrechtsordnung. Es regelt die fünf historischen Grundfesten („Pandekten") des Privatrechts, nämlich das Personenrecht, das Erbrecht, das Familienrecht sowie das Schuld- und Sachenrecht, und enthält einen allgemeinen Teil.

➔**allgemeines Verwaltungsstrafrecht** [1472] [1537]: Das allgemeine Verwaltungsstrafrecht legt Voraussetzungen fest, die bei jeder Verwaltungsstraftat – unabhängig von den Tatbestandselementen der konkreten Verwaltungsübertretung – jedenfalls vorliegen müssen, damit eine Strafe verhängt werden darf. Das allgemeine

Verwaltungsstrafrecht regelt der Bundesgesetzgeber auf der Kompetenzgrundlage des Art 11 Abs 2 B-VG (Bedarfskompetenz) einheitlich insbesondere im Verwaltungsstrafgesetz 1991 (§§ 1 bis 22 VStG). Allgemeine Voraussetzung für eine Bestrafung nach dem VStG sind etwa das →Verschulden (Vorsatz oder Fahrlässigkeit) und die Zurechnungsfähigkeit des Täters. Der Täter muss nicht nur die Verwaltungsstraftat begangen haben, sondern darüber hinaus auch vorsätzlich oder fahrlässig gehandelt haben und zurechnungsfähig sein.

→Allgemeines Verwaltungsverfahrensgesetz 1991 (AVG) *General Administrative Procedure Act 1991* [408] [1471]: Das auf der Grundlage der Bedarfskompetenz des Art 11 Abs 2 B-VG erlassene Allgemeine Verwaltungsverfahrensgesetz 1991 (AVG), BGBl 1991/51 idgF, regelt das von den Verwaltungsbehörden zu führende →Verwaltungsverfahren in den im EGVG (Art I Abs 2 Z 1 und Abs 3) bezeichneten Angelegenheiten.

→allgemeines Wahlrecht [161]: Allgemeines Wahlrecht bedeutet, dass jeder Staatsbürger (eventuell Unionsbürger) - ohne Unterschied des Geschlechts, der Religion, der Klasse, der Steuerleistung, etc - an einer Wahl teilnehmen darf. Es richtete sich historisch gegen den Ausschluss der Frauen vom Wahlrecht. Das Wahlrecht ist das Recht, durch Stimmabgabe an einer Wahl teilzunehmen (= aktives Wahlrecht) bzw das Recht, gewählt zu werden (= passives Wahlrecht). Im Sinne eines allgemeinen Wahlrechts haben alle österreichischen Staatsbürger, die spätestens am Wahltag das 16. Lebensjahr vollendet haben, das aktive Wahlrecht zum Nationalrat (Art 26 Abs 1 B-VG) und alle aktiv Wahlberechtigten, die spätestens am Wahltag das 18. Lebensjahr vollendet haben, das passive Wahlrecht zum Nationalrat (Art 26 Abs 4 B-VG). Österreichische Staatsbürger, die das Wahlalter erreicht haben, dürfen nur wegen bestimmter gerichtlicher Verurteilungen vom aktiven und vom passiven Wahlrecht zum Nationalrat ausgeschlossen werden (Art 26 Abs 5 B-VG). Auch das Wahlrecht zum Europäischen Parlament (Art 23a B-VG), zu den Landtagen (Art 95 B-VG), zu den Gemeinderäten (Art 117 Abs 2 B-VG), das Wahlrecht zum Bundespräsidenten (Art 60 B-VG) und zum Bürgermeister (Art 117 Abs 6 B-VG) ist allgemein.

→Amt [1070]: Ein Amt ist der einer Verwaltungsbehörde zur Erledigung der Verwaltungsarbeit organisationsrechtlich zugewiesene, aus mehreren Verwaltungsorganen bestehende, bürokratische Hilfs- oder Geschäftsapparat. Bei den Gerichten nennt man den bürokratischen Hilfs- oder Geschäftsapparat „Kanzlei".

→Amt der Landesregierung [1192]: Das Amt der Landesregierung (Art 106 B-VG) ist der dem Landeshauptmann, der Landesregierung und den Landesräten beigegebene bürokratische Hilfs- oder Geschäftsapparat (Amt). Bundesverfassungsgesetzliche Grundlage ist das BVG Ämter der Landesregierungen.

→Amtsbeschwerde [1576]: Der Rechtsweg im öffentlichen Recht dient grundsätzlich der Durchsetzung subjektiver Rechte privater Personen. Ausnahmsweise kennt die Rechtsordnung allerdings auch Rechtswege gegen eine (bloß) objektive Rechtsverletzung und legitimiert eine →Amtspartei (= Organpartei) zur Erhebung eines Rechtsmittels, ohne dass diese eigene subjektive Rechte geltend machen könnte. So ist der Bundesminister als Amtspartei in Angelegenheiten der - Bundes(grundsatz)gesetze vollziehenden - Landesverwaltung und gegen den Bescheid des Landesschulrats, wenn dem Bescheid ein kollegialer Beschluss zugrunde liegt, zur Erhebung einer →Bescheidbeschwerde (= Amtsbeschwerde) an das Verwaltungsgericht berechtigt (Art 132 Abs 1 Z 2 B-VG). Der einfache Gesetzgeber darf weiteren Amtsparteien eine Beschwerdelegitimation einräumen (Art 132 Abs 5 B-VG).

→Amtsblatt der Europäischen Union (ABl) *Official Journal of the European Union* [777]: Das elektronisch veröffentlichte Amtsblatt der Europäischen Union (EUR-Lex) dient der Kundmachung des Unionsrechts. Es ist geteilt in einen Teil L (= legislatio, Rechtsvorschriften), in einen Teil C (= communicatio, Mitteilungen und Bekanntmachungen) und in einen Teil S (= supplément, enthält die Ausschreibungen für öffentliche Aufträge der Europäischen Union). Es erscheint in allen 24 Amtssprachen.

→Amtshaftung [1459] [1309]: Die Amtshaftung (= Haftung der Gebietskörperschaften) ist die finanzielle Haftung des Staates für Schäden, die ein Organwalter einer Person rechtswidrig und schuldhaft zugefügt hat. Die Amtshaftung nach B-VG ist auf das hoheitliche Vollziehungshandeln (Hoheitsverwaltung und Gerichtsbarkeit) beschränkt. [Für Schäden, welche die nicht-hoheitliche Verwaltung verursacht, gilt nicht die Amtshaftung, sondern das allgemeine bürgerliche Schadenersatzrecht]. Die Amtshaftungsklage hat der Geschädigte vor den Zivilgerichten gegen die Gebietskörperschaft - nicht persönlich gegen den schädigenden Organwalter - zu führen. Der Organwalter ist der Gebietskörperschaft aber bei Vorsatz oder grober Fahrlässigkeit seines Verhaltens (nicht bei leichter Fahrlässigkeit) regresspflichtig ([→Amtshaftungs]Regress). Für →legislatives Unrecht kennt das B-VG keinen Schadenersatz, eine Haftung für Handlungen der Parlamente kann sich aber aus Unionsrecht ergeben (→Staatshaftung). Gesetzliche Grundlage der Amtshaftung sind Art 23 Abs 1 und 2 B-VG und das Amtshaftungsgesetz, BGBl 1949/20 idgF.

→Amtshaftungsgesetz (AHG) *Liability of Public Bodies' Act* [1459]: Das Amtshaftungsgesetz (AHG) [= Bundesgesetz über die Haftung der Gebietskörperschaften und der sonstigen Körperschaften und Anstalten des öffentlichen Rechts für in Vollziehung der Gesetze zugefügte Schäden, BGBl 1949/20 idgF] regelt als einfaches Gesetz in Ausführung des Art 23 Abs 1 B-VG die Voraussetzungen und das Verfahren zur Geltendmachung der →Amtshaftung gegenüber den Gebietskörperschaften.

➔(Amtshaftungs)Regress [1420] [1463]: Regress (= Rückgriff) ist allgemein das Recht auf Ersatz einer erbrachten Leistung gegen einen Dritten. Bei der ➔Amtshaftung haftet die Gebietskörperschaft dem Geschädigten gegenüber, der schädigende Organwalter selbst haftet dem Geschädigten nicht. Die Gebietskörperschaft, die dem Geschädigten den Schaden (in Geld) ersetzt hat, kann bei Vorsatz oder grober (nicht bei leichter) Fahrlässigkeit des Organwalters Rückersatz begehren, also beim Organwalter Regress nehmen (Art 23 Abs 2 B-VG).

➔Amtspartei [1488]: Amtspartei (= Organpartei) ist ein Verwaltungsorgan, das der Gesetzgeber als ➔Formalpartei ohne eigenes subjektives Recht an der Verwaltungssache einem Verwaltungsverfahren beizieht und dem er einzelne Verfahrensrechte (etwa Parteiengehör, Erhebung von Rechtsmitteln) einräumt.

➔Amtsrevision [1579]: Der Rechtsweg im öffentlichen Recht dient grundsätzlich der Durchsetzung subjektiver Rechte privater Personen. Ausnahmsweise kennt die Rechtsordnung allerdings auch Rechtswege gegen eine (bloß) objektive Rechtsverletzung und legitimiert eine ➔Amtspartei (= Organpartei) zur Erhebung eines Rechtsmittels, ohne dass diese eigene subjektive Rechte geltend machen könnte. So ist der Bundesminister als Amtspartei in Angelegenheiten der – Bundes(grundsatz)gesetze vollziehenden – Landesverwaltung und der Landesschulrat in den in Art 132 Abs 4 B-VG genannten Rechtssachen zur Erhebung einer ➔Revision (= Amtsrevision) an den Verwaltungsgerichtshof (VwGH) berechtigt (Art 133 Abs 6 Z 3 und Z 4 B-VG). Der einfache Gesetzgeber darf weiteren Amtsparteien eine Revisionslegitimation einräumen (Art 133 Abs 8 B-VG).

➔Amtssignatur [288]: Die Amtssignatur (§§ 19 f E-GovG) ist die ➔elektronische Signatur eines staatlichen Organs bzw des bezüglichen Amts (Geschäftsapparats) samt „elektronischem Amtssiegel". Die Amtssignatur wird im Dokument durch eine Bildmarke sowie durch den Hinweis auf die Amtssignatur dargestellt. Insbesondere die grafische Darstellung der Bildmarke soll die „Erkennbarkeit der Herkunft eines Dokuments von einem Auftraggeber des öffentlichen Bereichs" erleichtern (§ 19 Abs 2 E-GovG). Die jeweils verwendeten Bildmarken sind im Internet zu veröffentlichen, sodass nachvollziehbar ist, von welchem Amt oder von welcher (Verwaltungs- oder Gerichts)Behörde ein elektronisch erzeugtes Dokument stammt. Ein Papierausdruck eines mit einer Amtssignatur signierten elektronischen behördlichen Dokuments hat – unter der Voraussetzung der Rückführbarkeit des Papierausdrucks in das elektronische Dokument oder der Verifizierbarkeit – die Beweiskraft einer öffentlichen Urkunde (§ 20 E-GovG).

➔Amtsverschwiegenheit [1157]: Der Grundsatz der Amtsverschwiegenheit (Art 20 Abs 3 B-VG) verpflichtet alle mit Aufgaben der (Bundes-, Landes- und Gemeinde)Verwaltung betrauten Organwalter der Gebietskörperschaften und die Organwalter der anderen Körperschaften des öffentlichen Rechts zur Verschwiegenheit über alle ausschließlich aus der amtlichen Tätigkeit bekannt gewordenen Tatsachen, sofern deren Geheimhaltung in bestimmten öffentlichen Interessen (Aufrechterhaltung der öffentlichen Ruhe, Ordnung und Sicherheit, umfassende Landesverteidigung, auswärtige Beziehungen, wirtschaftliches Interesse einer Gebietskörperschaft, Vorbereitung einer Entscheidung) oder im überwiegenden Interesse der Parteien geboten ist. Für Richter normiert das Richter- und Staatsanwaltschaftsdienstgesetz (RStDG), BGBl 1961/305 idgF, eine Amtsverschwiegenheit. Ein verfassungsgesetzlich gewährleistetes Recht auf Geheimhaltung personenbezogener Daten enthält § 1 DSG 2000 (Recht auf Datenschutz).

➔Amtswegigkeit des Verfahrens [1492]: Im ➔Verwaltungsverfahren gilt der Grundsatz der Amtswegigkeit des Verfahrens (= Offizialmaxime, § 39 Abs 2 AVG). Die Verwaltungsbehörde leitet das Verwaltungsverfahren im Interesse der Verfahrensziele, sie ist von Anträgen und Zustimmungen der Parteien nicht abhängig. Auch die Einleitung des Verwaltungsverfahrens erfolgt grundsätzlich amtswegig, soweit die Gesetze davon abweichend nicht die Einleitung des Verfahrens über Antrag einer Partei vorsehen. Verfahrensziel im Ermittlungsverfahren ist die materielle Wahrheit, „Geständnisse" müssen hinterfragt werden, Außerstreitstellungen der Parteien sind unbeachtlich.

➔Anarchistische Theorien [15]: Anarchistische Theorien sind politische Denkansätze, die die Notwendigkeit und Sinnhaftigkeit des Staats und des staatlichen Gewaltmonopols bestreiten.

➔Anklageprozess [1360]: Der Anklageprozess gilt gemäß Art 90 Abs 2 B-VG im gerichtlichen Strafverfahren (Justizstrafrecht), nicht im Verwaltungsstrafverfahren (Verwaltungsstrafrecht). Ankläger und Richter sind im gerichtlichen Strafverfahren voneinander getrennt. Das (Straf)Gericht darf nur urteilen, nicht auch ermitteln und anklagen. Ob jemand wegen einer Justizstraftat bei einem ordentlichen (Straf)Gericht angeklagt wird, entscheidet der öffentliche Ankläger, der ➔Staatsanwalt (Art 90a B-VG). Ob jemand wegen einer Justizstraftat von einem ordentlichen (Straf)Gericht verurteilt wird, entscheidet der Richter.

➔Anlagenverfahren [1487]: Die Materiengesetze des Bundes oder der Länder unterwerfen die Errichtung von technischen Anlagen (Haus, Fabrik, Staudamm ua) einer verwaltungsbehördlichen Bewilligung. Der ➔Konsenswerber, der die Anlage errichten und betreiben will, muss im ➔Verwaltungsverfahren die Bewilligung beantragen. Das Anlagenverfahren überprüft, ob die Anlage mit den gesetzlichen Bestimmungen übereinstimmt und erteilt oder versagt mit Bescheid die Errichtung und den Betrieb der Anlage. In den Anlagenverfahren ist häufig nicht nur der Konsenswerber (Haupt)Partei, die Nachbarn der Anlage sind (Neben)Parteien mit bestimmten subjektiven Rechten. Während Verwaltungsverfahren grundsätzlich Ein-Parteien-Verfahren sind, finden Verwaltungsverfahren betreffend die Genehmigung von Anlagen meist als Mehr-Parteien-Verfahren statt.

→Anlassfall [346]: Anlassfall ist jenes individuelle Verwaltungsverfahren oder gerichtliche Verfahren, das im Rechtsweg Grund und Anlass für die Aufhebung eines rechtswidrigen generellen Rechtssatzes durch den Verfassungsgerichtshof war (Art 139, Art 140 B-VG). Bei den generellen Rechtssätzen (Verordnungen und Gesetze) ist die zeitliche Wirkung der Aufhebung gespalten: Während die Aufhebung für die Allgemeinheit nur für zukünftige Fälle (= ex nunc) gilt, wirkt die Aufhebung einer Verordnung oder eines Gesetzes durch den Verfassungsgerichtshof für den individuellen Anlassfall auf den Zeitpunkt des Erlasses des rechtswidrigen Rechtssatzes zurück, also ex tunc (Art 139 Abs 6, Art 140 Abs 7 B-VG). Der individuelle Anlassfall erhält in diesem Sinn für die Aufhebung des rechtswidrigen generellen Rechtssatzes eine Prämie, die →Ergreiferprämie.

→Annexionstheorie [61]: Die Annexion ist die Einverleibung eines Staats durch einen anderen Staat, wobei der einverleibte Staat untergeht und seine Eigenschaft als Völkerrechtssubjekt verliert. Die Annexionstheorie vertritt - anders als die Okkupationstheorie - den Standpunkt, dass durch den Anschluss Österreichs an das Deutsche Reich im Jahre 1938 Österreich als Staat und damit als Völkerrechtssubjekt unterging, und dass Österreich 1945 als Staat neu entstand.

→Annexmaterie [404]: Eine Annexmaterie (= Adhäsionsmaterie) ist eine in einer Sachmaterie der Kompetenzverteilung eingeschlossene Nebenmaterie, die typischerweise im Zusammenhang mit der Regelung einer Sachmaterie vorkommt, die aber in dem die Sachmaterie beschreibenden Sachbegriff nicht ausdrücklich genannt ist. Annexmaterien sind vor allem das Verwaltungsverfahrensrecht, die Festlegung von Verwaltungsstraftatbeständen und Strafsanktionen der Verwaltung, Enteignungsmaßnahmen und Eigentumsbeschränkungen im Interesse der Sachmaterie und verwaltungspolizeiliche Maßnahmen. So darf etwa der für die Sachmaterie Gewerbe (Art 10 Abs 1 Z 8 B-VG) zuständige Bundesgesetzgeber nicht nur die Voraussetzung für eine Gewerbeberechtigung regeln, sondern ua auch einen Verwaltungsstraftatbestand für den Fall der Ausübung eines Gewerbes ohne die erforderliche Gewerbeberechtigung vorsehen.

→Anonymverfügung [1546]: Die Anonymverfügung (§ 49a VStG) ist ein Strafbescheid, den die Verwaltungsstrafbehörde - ohne vorangegangenes Ermittlungsverfahren - gegen eine Person, die nicht unbedingt der Straftäter sein muss, die aber in einer Nahebeziehung zur Tat steht, im Verwaltungsstrafverfahren erlässt. Voraussetzung für die Zulässigkeit einer Anonymverfügung ist, dass die Verwaltungsbehörde durch Verordnung für die Verwaltungsübertretung im Vorhinein eine Geldstrafe bis höchstens € 365,-- festgesetzt hat und die Anzeige auf der dienstlichen Wahrnehmung eines Organs der öffentlichen Aufsicht oder auf automatischer Überwachung beruht, der Täter unbekannt ist und die Tat keine Bedachtnahme auf die Person des Täters erfordert. Die Anonymverfügung tritt außer Kraft, wenn der Adressat die Bezahlung verweigert (§ 49a Abs 6 VStG). Es liegt dann an der Behörde, den Täter auszuforschen und mit Strafverfügung oder Straferkenntnis vorzugehen. Eine →reformatio in peius (Verschlechterung) ist im nachfolgenden Strafverfahren nicht ausgeschlossen.

→Anschluss [61]: Nach dem Einmarsch deutscher Truppen in Österreich 1938 erließ der - allerdings von den Nationalsozialisten eingesetzte - österreichische Bundeskanzler Seyß-Inquart am 13. März 1938 das „Anschlussgesetz" [= Bundesverfassungsgesetz über die Wiedervereinigung Österreichs mit dem Deutschen Reich, BGBl 1938/75]. Das Deutsche Reich verkündete am selben Tag ein gleichlautendes Gesetz. Am 10. April 1938 stimmte das österreichische Volk unter fragwürdigen historischen Umständen dem österreichischen Anschlussgesetz zu. Durch die beiden gleichlautenden Gesetze des Deutschen Reiches und des Bundesstaats Österreich wurde der Anschluss des Bundesstaats Österreich an das Deutsche Reich vollzogen. Über die staats- und völkerrechtlichen Wirkungen des Anschlusses stritten nach der Befreiung Österreichs 1945 die →Annexionstheorie und die →Okkupationstheorie.

→Anspruch [1428]: Ein Anspruch ist ein Synonym für ein →subjektives Recht.

→Antifaschismus [97]: Antifaschismus ist eine gegen den →Faschismus und mögliche faschistische Entwicklungen gerichtete politische Bewegung. Die österreichische Verfassungsordnung normiert den Antifaschismus als staatspolitischen Grundsatz insbesondere im →Verbotsgesetz 1947 und im →Staatsvertrag von Wien 1955.

→Antimonarchismus [82]: Der Antimonarchismus ist ein staatspolitischer Grundsatz der österreichischen Verfassungsordnung. Er begnügt sich nicht damit, die Monarchie durch die Republik überwunden zu haben, sondern setzt darüber hinaus verfassungsgesetzliche Vorkehrungen gegen monarchistische Bestrebungen der Restauration, gegen vormals regierende Häuser und Familien sowie gegen den Adel.

→Antwortcharakter [7]: Das reale „Sein" - die tatsächlichen gesellschaftlichen Verhältnisse - stößt auf Bewertungen des Normgebers, der das „Sein" verändern will. Der Normgeber formuliert in Normen das „Sollen" und versucht, mit Sanktionen das „Sein" auf das „Sollen" hin zu zwingen. Die Norm hat „Antwortcharakter", weil sie in Reaktion auf die tatsächlichen Verhältnisse ergeht, die sie verändern will; sie zeigt an, dass die Wirklichkeit gerade nicht so ist, wie sie nach Wertung der Norm sein soll.

→Anwendungsvorrang *primacy of application of Union law* [782]: Der Anwendungsvorrang des Unionsrechts bedeutet eine Art Kompetenzverteilung zwischen den Nationalstaaten und den Unionsorganen nach dem Modell „Unionsrecht bricht Staatsrecht". Das →Unionsrecht - sowohl das →primäre Unionsrecht als auch das →sekundäre Unionsrecht - geht im Sinne des Anwendungsvorrangs dem nationalen Recht - grundsätzlich auch dem nationalen Verfassungsrecht – vor. Es hebt entgegenstehendes nationales Recht nicht förmlich auf, verdrängt jedoch seine Anwendbarkeit. Jede Verwaltungsbehörde und jedes Gericht muss im Anwendungsfall bei Kollision mit nationalem Recht dem Unionsrecht den Vorrang geben.

➔**Anwesenheitsquorum** [920]: Anwesenheitsquorum ist ein Synonym für ➔Präsenzquorum.

➔**Approbationsbefugnis** [1073]: Unter Approbationsbefugnis versteht man die von einer Verwaltungsbehörde einem Organwalter des ihr zugeordneten Amts erteilte Ermächtigung, selbständig für die Verwaltungsbehörde („*für ...*" oder „*im Auftrag ...*") Bescheide (oder Verordnungen) zu erlassen.

➔**Arbeitnehmerfreizügigkeit** [823]: Die Arbeitnehmerfreizügigkeit bildet zusammen mit der Niederlassungsfreiheit die ➔Personenverkehrsfreiheit, eine der vier Grundfreiheiten des Binnenmarkts der Europäischen Union (Art 45-48 AEUV). Die Freizügigkeit der Arbeitnehmer verbietet jede – auf der Staatsbürgerschaft beruhende – Ungleichbehandlung unselbständig erwerbstätiger Unionsbürger in Bezug auf Beschäftigung, Entlohnung und sonstige Arbeitsbedingungen (Gleichbehandlungsgebot und Diskriminierungsverbot für Arbeitnehmer). Sie gewährt Unionsbürgern insbesondere das Recht auf freien Zugang zu unselbständiger Beschäftigung in allen EU-Mitgliedstaaten einschließlich des Rechts auf freie Einreise und freien Aufenthalt (auch zur Stellensuche). Die Arbeitnehmerfreizügigkeit (Art 45 AEUV) ist unmittelbar anwendbares primäres Unionsrecht mit Anwendungsvorrang vor nationalem Recht.

➔**Arbeits- und Sozialgerichtsbarkeit** [1340]: Die Arbeits- und Sozialgerichtsbarkeit ist durch das ➔Arbeits- und Sozialgerichtsgesetz (ASGG), BGBl 1985/104 idgF, eingerichtet und geregelt. Sie ist Teil der ordentlichen Gerichtsbarkeit. Als Arbeits- und Sozialgerichte entscheiden in erster Instanz die Landesgerichte (in Wien ist ein besonderer Gerichtshof erster Instanz eingerichtet, das „Arbeits- und Sozialgericht Wien") in Arbeitsrechtssachen (zB bürgerliche Rechtsstreitigkeiten zwischen Arbeitgebern und Arbeitnehmern im Zusammenhang mit dem Arbeitsverhältnis oder dessen Anbahnung) und in Sozialrechtssachen (zB Rechtsstreitigkeiten über Bestand, Umfang oder das Ruhen eines Anspruchs auf Sozialversicherungs- oder Pflegegeldleistungen).

➔**Arbeits- und Sozialgerichtsgesetz (ASGG)** [1391]: Das Arbeits- und Sozialgerichtsgesetz (ASGG) [= Bundesgesetz vom 7. März 1985 über die Arbeits- und Sozialgerichtsbarkeit, BGBl 1985/104 idgF] richtet die ➔Arbeits- und Sozialgerichtsbarkeit ein und regelt die Zuständigkeit und das Verfahren vor den Arbeits- und Sozialgerichten.

➔**Arbeitsmarktservice (AMS)** [1227]: Das Arbeitsmarktservice (AMS) ist durch das Arbeitsmarktservicegesetz (AMSG), BGBl 1994/313 idgF, als rechtsfähiges „*Dienstleistungsunternehmen des öffentlichen Rechts*" eingerichtet. Die Organe des AMS sind mit hoheitlichen und mit nicht-hoheitlichen Aufgaben der Arbeitsmarktverwaltung in die Bundesverwaltung eingegliedert. Das AMS unterliegt in behördlichen Angelegenheiten der Leitung (Weisung und Aufsicht) des Bundesministers, in anderen Angelegenheiten bloß seiner Aufsicht. Das AMS erbringt für Arbeitnehmer und Arbeitgeber Dienstleistungen (Information, Beratung, Arbeitskräftevermittlung ua) und Beihilfen zur Deckung des Lebensunterhalts. Das in die Bundesverwaltung eingegliederte AMS ist territorial in eine Bundesorganisation (= Arbeitsmarktservice Österreich), in Landesorganisationen (zB Arbeitsmarktservice Oberösterreich) und in weitere regionale Organisationen (regionale Geschäftsstellen) gegliedert.

➔**Arbeitsverfassungsgesetz (ArbVG)** [667]: Das (einfache) Arbeitsverfassungsgesetz (ArbVG) [= Bundesgesetz vom 14. Dezember 1973 betreffend die Arbeitsverfassung, BGBl 1974/22 idgF] ist die wichtigste Rechtsgrundlage der ➔betrieblichen Mitbestimmung der Arbeitnehmer. Es richtet in Betrieben der privaten Wirtschaft ➔Betriebsräte ein, sieht ➔Kollektivverträge und ➔Betriebsvereinbarungen vor ua.

➔**Asyl** [1226]: Asyl (griechisch ásylon) ist der Schutz und das Aufenthaltsrecht verfolgter Menschen. Der Grundsatz, aus politischen, religiösen und anderen Gründen verfolgten Menschen ein Aufenthaltsrecht zu gewähren, ist völkerrechtlich in der Flüchtlingskonvention der UNO anerkannt. Das Asylgesetz 2005 (AsylG 2005) [= Bundesgesetz über die Gewährung von Asyl, BGBl I 100 idgF] regelt die Zuerkennung (dauerndes Einreise- und Aufenthaltsrecht) und die Aberkennung von Asyl durch das ➔Bundesamt für Fremdenwesen und Asyl (BFA).

➔**Atomwaffen- und Atomenergiefreiheit** [113]: Die Atomwaffen- und Atomenergiefreiheit ist ein im ➔BVG atomfreies Österreich normierter staatspolitischer Grundsatz, der insbesondere Atomwaffen verbietet sowie die Inbetriebnahme von Atomkraftwerken untersagt. Der Grundsatz der Atomwaffen- und Atomenergiefreiheit verträgt sich mit der Mitgliedschaft Österreichs in der ➔Europäischen Atomgemeinschaft (EAG, EURATOM), da daraus keine Verpflichtung zur Erzeugung von Kernenergie resultiert.

➔**Aufhebung für die Zukunft** [344]: Die Aufhebung für die Zukunft (= ex nunc Aufhebung) einer auf Grund des Fehlerkalküls geltenden rechtswidrigen Rechtsnorm wirkt – im Gegensatz zu einer ➔rückwirkenden Aufhebung – nur für die Zukunft; die aufgehobene Rechtsnorm bleibt für den Zeitraum vor der Aufhebung gültig. Die Aufhebung genereller Rechtssätze (Gesetze und Verordnungen) wirkt – für die Allgemeinheit – regelmäßig ex nunc, also nur für zukünftige Fälle ab der Aufhebung. Allein für den individuellen ➔Anlassfall wirkt die Aufhebung eines Gesetzes oder einer Verordnung ➔ex tunc auf den Zeitpunkt des Erlasses des rechtswidrigen Rechtssatzes zurück (Art 139 Abs 6, Art 140 Abs 7 B-VG).

➔**aufschiebende Wirkung** [1519] [1617]: Aufschiebende Wirkung bedeutet, dass durch die Ergreifung eines ➔Rechtsmittels gegen einen Bescheid oder eine (verwaltungs)gerichtliche Entscheidung der Eintritt der (Bescheid)Wirkungen auf einen späteren Zeitpunkt verschoben wird (= Suspensivwirkung). Grundsätzlich wird ein Bescheid mit Zustellung (bzw Verkündung) bestandskräftig, die Bescheidwirkungen treten ein. Sowohl der aus dem Bescheid Berechtigte als auch die bescheiderlassende Verwaltungsbehörde dürfen den Bescheid in die Wirklichkeit umsetzen, also etwa von einem eingeräumten Recht Gebrauch machen, einen Leistungsbescheid vollstrecken. Der Gesetzgeber darf allerdings anordnen, dass der Eintritt der Bescheidwirkungen aufgeschoben wird, wenn Rechtsmittel eingelegt werden. In diesem Sinn hat das Rechtsmittel der ➔Berufung „aufschiebende Wirkung" (§ 64 Abs 1 AVG), welche die bescheiderlassende Behörde unter bestimmten Voraussetzungen aber ausschließen darf (§ 64 Abs 2 AVG). Im Fall eines Ausschlusses der aufschiebenden Wirkung ist ein nicht bestandskräftiger Bescheid vollstreckbar. Auch der ➔Bescheidbeschwerde an das Verwaltungsgericht (VwG) kommt aufschiebende Wirkung zu, sofern die bescheiderlassende Behörde oder das VwG keinen Ausschluss der aufschiebenden Wirkung verfügte (§ 13 Abs 1 und Abs 2, § 22 Abs 2 VwGVG). Im Verwaltungsstrafverfahren ist ein Ausschluss der aufschiebenden Wirkung unzulässig (§ 41 VwGVG). Die Revision an den Verwaltungsgerichtshof (VwGH) und die (Erkenntnis/Beschluss)Beschwerde an den Verfassungsgerichtshof (VfGH) haben keine aufschiebende Wirkung (§ 30 Abs 1 VwGG, § 85 Abs 1 VfGG), kann aber auf Antrag des Revisionswerbers bzw Beschwerdeführers vom Verwaltungsgericht oder vom VwGH bzw vom VfGH durch Beschluss zuerkannt werden (§ 30 Abs 2, § 30a Abs 3 VwGG, § 85 Abs 2 VfGG).

➔**Aufsicht** [1052]: Die Weisung und die Aufsicht sind Ausdruck der hierarchischen Ordnung der Verwaltung (= Leitung). Unter Aufsicht versteht die Verfassung – im begrifflichen Gegensatz zur ➔Weisung – die Kontrolle des Organhandelns ex post (= nachdem das Vollziehungshandeln gesetzt wurde). Wir unterscheiden eine ➔Rechtsaufsicht und eine ➔Zweckaufsicht; sowie eine Dienstaufsicht und eine Fachaufsicht.

➔**Aufsichtsbeschwerde** [1425]: Mit Aufsichtsbeschwerde kann jeder – auch wenn er kein subjektives öffentliches Recht hat und daher keinen Verwaltungsprozess führen kann – das rechtswidrige Verhalten eines Organwalters bei dessen Oberbehörde geltend machen (objektive Rechtsschutzeinrichtung). Von eventuellen besonderen gesetzlichen Bestimmungen abgesehen gibt es keine Erledigungspflicht und keine bescheidmäßige Erledigung von Aufsichtsbeschwerden. Die ➔Aufsicht umfasst sowohl das dienstrechtliche Verhalten (= Dienstaufsicht) als auch die fachliche Tätigkeit eines Organwalters (= Fachaufsicht). Mit Aufsichtsbeschwerde kann daher einerseits die Ausübung der Dienstaufsicht (➔Dienstaufsichtsbeschwerde) und anderseits der Fachaufsicht (➔Fachaufsichtsbeschwerde) verlangt werden.

➔**Auftragsverwaltung** [1238]: ➔staatliche Auftragsverwaltung.

➔**Augenschein** [1496]: Beim Augenschein verschafft sich ein Verwaltungsorgan durch unmittelbare Sinneswahrnehmung (durch Sehen, Hören, Riechen, Schmecken und Tasten) an „Ort und Stelle" einen Eindruck von Tatsachen, Vorgängen, der Beschaffenheit einer Sache, eines Tieres ua. Der Augenschein ist ein Beweismittel im Verwaltungsverfahren (§ 54 AVG, § 24 VStG), er wird häufig mit einer mündlichen Verhandlung (Mündlichkeit des Verfahrens) kombiniert (= Augenscheinsverhandlung).

➔**Ausführungsgesetzgebung** [394]: In den Angelegenheiten des Art 12 Abs 1 B-VG kommt dem Bund die Kompetenz zur ➔Grundsatzgesetzgebung zu, den Ländern die Kompetenz zur Ausführungsgesetzgebung und zur Vollziehung. Die Länder sind für die Angelegenheiten des Art 12 Abs 1 B-VG zuständig, sie dürfen die Angelegenheiten frei regeln, sie dürfen dabei den (Bundes)Grundsatzgesetzen aber nicht widersprechen. Hat der Bundesgesetzgeber keine Grundsätze aufgestellt, so ist das Land vorerst zur Gänze frei, die betreffende Angelegenheit nach eigenen Vorstellungen zu regeln. (Bundes)Grundsatzgesetze können für die Erlassung der Ausführungsgesetze eine Frist festlegen. Wird diese Frist von einem Land nicht eingehalten, geht die Zuständigkeit zur Erlassung des Ausführungsgesetzes für dieses Land auf den Bund über (Art 15 Abs 6 B-VG).

➔**Ausführungsvorbehalt** [518]: Ausführungsvorbehalt ist ein Synonym für ➔Ausgestaltungsvorbehalt.

➔**Ausgestaltungsvorbehalt** [518]: Ein Ausgestaltungsvorbehalt (= Ausführungsvorbehalt) ist – nach der Formulierung im Verfassungstext – im Gegensatz zum ➔Eingriffsvorbehalt ein materieller Gesetzesvorbehalt, der den einfachen Gesetzgeber ermächtigt, durch Regelungen im Schutzbereich des Freiheitsrechts das Grundrecht anwendbar und praktikabel zu machen, darüber hinaus aber Eingriffe in das Freiheitsrecht nicht zulässt (so die Versammlungsfreiheit nach Art 12 StGG, die Vereinsfreiheit nach Art 12 StGG 1867).

➔**Ausgliederung aus der Verwaltung** [1096]: Ausgliederung aus der Verwaltung ist die Auflassung einer nicht-hoheitlichen staatlichen Aufgabe und deren Verlagerung in den gesellschaftlichen Bereich, wobei die Gebietskörperschaft dennoch bestimmenden Einfluss auf die – nunmehr von Privaten wahrgenommene – nichtstaatliche Tätigkeit behält (= unechte ➔Privatisierung). Bei der Ausgliederung aus der Verwaltung bleibt die Gebietskörperschaft – obwohl sie die Aufgaben nicht mehr als staatliche Aufgabe betreibt – an der ausgegliederten Aufgabe interessiert und will daher den bestimmenden Einfluss behalten.

➔**Auskunftspflicht** [1158]: Die verfassungsgesetzlich normierte Auskunftspflicht (Art 20 Abs 4 B-VG) verpflichtet alle mit Aufgaben der (Bundes-, Landes- und Gemeinde)Verwaltung betrauten Organe der Gebietskörperschaften sowie die Organe der anderen Körperschaften des öffentlichen Rechts, über alle Angelegenheiten ihres Wirkungsbereichs Auskünfte zu geben, soweit eine gesetzliche Verschwiegenheitspflicht (➔Amtsverschwiegenheit) dem nicht entgegensteht. Die Geltendmachung des Auskunftsrechts durch den Einzelnen im Verwaltungsverfahren regelt die einfache Gesetzgebung. Für die Organe des Bundes der Bundesgesetzgeber (Auskunftspflichtgesetz, BGBl 1987/287 idgF), für die Organe der Länder und Gemeinden – auf Grundlage des Auskunftspflicht-Grundsatzgesetzes (BGBl 1987/286 idgF) – der Landesgesetzgeber (zB Oö Auskunftspflicht-, Datenschutz- und Informationsweiterverwendungsgesetz, LGBl 1988/46 idgF).

➔Auslegung [424]: Die Auslegung (= Interpretation) ist die Klärung des Inhalts eines ➔unbestimmten Gesetzesbegriffs oder einer unklaren gesetzlichen Formulierung. Auslegungsmethoden sind die Wortinterpretation (= grammatikalische Interpretation), die Zweckinterpretation (= teleologische Interpretation), die verfassungskonforme Interpretation, die systematische Interpretation, die historische Interpretation ua. Für die Kompetenztatbestände des B-VG entwickelte der VfGH besondere Auslegungsmethoden, so die Versteinerungstheorie, die intrasystematische Weiterentwicklung, die föderalistische Auslegung.

➔Auslieferung [970]: Die Auslieferung eines Abgeordneten meint die Zustimmung des Parlaments zu seiner strafrechtlichen Verfolgung wegen einer strafbaren Handlung, die nicht vom Schutz der beruflichen Immunität erfasst ist. Die Beurteilung, ob die strafbare Handlung mit der parlamentarischen Tätigkeit des Abgeordneten im Zusammenhang steht und daher der ➔beruflichen Immunität unterliegt oder nicht, wird damit dem Parlament überlassen. Insofern kommt den Abgeordneten eine auf das Strafrecht beschränkte ➔außerberufliche Immunität zu. Über die Auslieferung der Abgeordneten zum Nationalrat entscheidet der Nationalrat; über die Auslieferung eines Mitglieds des Bundesrats der Landtag, der ihn entsandt hat; über die Auslieferung eines Abgeordneten zum Landtag der Landtag.

➔Ausschuss [907]: Ausschüsse und Unterausschüsse können der Nationalrat und der Bundesrat zur näheren Behandlung ihrer Angelegenheiten – auf Dauer oder bei Bedarf – bilden. Diese Ausschüsse bestehen aus im Verhältnis der politischen Kräfte im Plenum entsandten Abgeordneten. Bundesverfassungsgesetzlich vorgesehene Ausschüsse des Nationalrats sind etwa der Hauptausschuss (Art 55 B-VG) und sein Ständiger Unterausschuss (Art 55 Abs 3 B-VG), der Budgetausschuss (Art 51c Abs 1 B-VG), der ➔Untersuchungsausschuss (Art 53 B-VG), der Immunitätsausschuss (Art 57 Abs 3 und 5 B-VG), der Rechnungshofausschuss (Art 126d Abs 2 B-VG) und der Unvereinbarkeitsausschuss (➔Unvereinbarkeit) nach dem Unvereinbarkeits- und Transparenz-Gesetz (Unv-Transparenz-G).

➔Ausschuss der Regionen *Committee of the Regions* <cor.europa.eu> [849]: Der Ausschuss der Regionen (Art 300, 305 bis 307 AEUV) zählt – neben dem ➔Europäischen Wirtschafts- und Sozialausschuss (EWSA) – zu den beratenden Einrichtungen der Europäischen Union (EU). Der Ausschuss der Regionen hat (maximal) 350 vom Rat ernannte Mitglieder aus den regionalen und lokalen Gebietskörperschaften, die unverbindliche Stellungnahmen abgeben. Die Mitglieder des Ausschusses der Regionen sind weisungsfrei und unabhängig, die zwölf aus Österreich stammenden Mitglieder (etwa Bürgermeister, Gemeinderäte, Landeshauptleute) werden von der Bundesregierung vorgeschlagen (Art 23c Abs 1 B-VG).

➔Ausschuss der Ständigen Vertreter der Mitgliedstaaten (AStV/COREPER) *Permanent Representatives Committee (frz. Comité des représentants permanents – COREPER)* [867]: Der Ausschuss der Ständigen Vertreter der Mitgliedstaaten (AStV) besteht aus den Leitern der Ständigen Vertretungen der EU-Mitgliedstaaten. COREPER ist ein in den Rat der Europäischen Union eingegliederter Ausschuss, der insbesondere die Entscheidungen des Rats inhaltlich vorbereitet (Art 240 AEUV).

➔Außenrecht [309]: Außenrecht sind Rechtsnormen, die – anders als das ➔Innenrecht – nicht bloß die Staatsorganisation und das Verhalten der Staatsorgane untereinander betreffen, sondern welche die Rechte und Pflichten der Menschen außerhalb des Staats bestimmen (zB Rechtsverordnungen, Bescheide, Urteile). Die Rechtswirksamkeit von Außenrecht setzt die Bekanntgabe der Rechtsnorm an den/die jeweiligen Normadressaten voraus (zB Kundmachung von Gesetzen oder Verordnungen; Zustellung von Urteilen und Bescheiden).

➔Außenvertretungsbefugnis [1020]: Die Außenvertretungsbefugnis ist die verfassungsrechtliche Ermächtigung eines Staatsorgans, den Staat als Völkerrechtssubjekt im völkerrechtlichen Verkehr mit anderen Staaten und mit internationalen Organisationen zu vertreten. Der Bundespräsident vertritt die Republik Österreich nach außen, er schließt auch die Staatsverträge des Bundes (Art 65 Abs 1 iVm Art 67 Abs 1 B-VG) und die Staatsverträge der Länder (Art 16 Abs 2 B-VG) ab.

➔Außenwirtschaftsfreiheit [637] [736]: Außenwirtschaftsfreiheit (= Außenhandelsfreiheit, = Freihandel) erlaubt den Unternehmern grenzüberschreitende Wirtschaftsbeziehungen ohne staatliche Beschränkungen wie Ausfuhr- und Einfuhrverbote, Zölle, Kontingente.

➔außerberufliche Immunität [970]: Abgeordnete genießen ➔berufliche Immunität. Eine außerberufliche Immunität (= Indemnität) als Schutz vor strafrechtlichen, zivilrechtlichen und verwaltungsbehördlichen Sanktionen für Handlungen außerhalb ihrer parlamentarischen Tätigkeit kommt den Abgeordneten zum Nationalrat, zu den Landtagen und den Mitgliedern des Bundesrats grundsätzlich nicht zu (Art 57 Abs 2-5, Art 58, Art 96

Abs 1 B-VG). Allerdings setzt die strafrechtliche Verfolgung eines Abgeordneten wegen einer strafbaren Handlung, die nicht vom Schutz der beruflichen Immunität erfasst ist, die Zustimmung des Parlaments voraus (➔Auslieferung).

➔außerordentliches Rechtsmittel [1523]: Ein außerordentliches Rechtsmittel kann – im Gegensatz zu einem ordentlichen Rechtsmittel – nur bei Vorliegen besonderer Umstände gegen Bescheide erhoben werden. Das AVG kennt im Verwaltungsverfahren als außerordentliche Rechtsmittel die ➔Wiedereinsetzung in den vorigen Stand (§§ 71 f AVG) und die ➔Wiederaufnahme des Verfahrens (§§ 69 f AVG). Das VStG kennt im Verwaltungsstrafverfahren als außerordentliche Rechtsmittel die ➔Wiedereinsetzung in den vorigen Stand (§§ 71 f AVG iVm § 24 VStG), die ➔Wiederaufnahme des Verfahrens (§§ 69 f AVG iVm § 24 VStG).

➔Außerstreitgesetz (AußStrG) [1391]: Das Außerstreitgesetz (AußStrG) [= Bundesgesetz über das gerichtliche Verfahren in Rechtsangelegenheiten außer Streitsachen, BGBl I 2003/111 idgF] ist ein Gerichtsverfahrensgesetz. Es regelt das Verfahren der außerstreitigen Gerichtsbarkeit (= Außerstreitverfahren), bei der sich – anders als im streitigen Zivilprozess – nicht zwei Parteien mit kontradiktorischen Behauptungen gegenüber stehen, sondern sich die Beteiligten einvernehmlich und oft freiwillig an das Gericht wenden, um dessen Entscheidung zu erwirken (zB Verfahren in Kindschafts- und Sachwalterschaftsangelegenheiten, Verlassenschaftsverfahren).

➔Aussperrung [653]: Die Aussperrung ist die Antwort des Arbeitgebers im Arbeitskampf auf einen ➔Streik und bedeutet die vorübergehende Freistellung von streikenden und nicht streikenden Arbeitnehmern von der vertraglichen Arbeitspflicht ohne Lohnfortzahlung.

➔Austro Control GmbH [1088]: Das Bundesgesetz über die Austro Control Gesellschaft mit beschränkter Haftung (BGBl 1993/898 idgF) richtet die Austro Control GmbH, an der der Bund 100% der Anteile hält, als Rechtsperson des Privatrechts ein und gliedert deren Organe mit hoheitlichen (und behördlichen) Aufgaben in die Bundesverwaltung ein (Beleihung). Die Austro Control GmbH nimmt hoheitlich und behördlich die Sicherung der Zivilluftfahrt nach dem Luftfahrtgesetz (BGBl 1957/253 idgF) wahr.

➔Ausübung unmittelbarer verwaltungsbehördlicher Befehls- und Zwangsgewalt [1139]: Die Ausübung unmittelbarer verwaltungsbehördlicher Befehls- und Zwangsgewalt (Art 130 Abs 1 Z 2 B-VG) nennen wir kurz „Maßnahme". Eine Maßnahme ist ein individueller Akt der Hoheitsverwaltung, der – ohne Dazwischentreten einer individuellen Verwaltungsrechtsnorm (eines Bescheids) – unmittelbar auf gesetzlicher Grundlage außerhalb eines förmlichen Verwaltungsverfahrens ergeht (zB Festnahme nach § 35 VStG, Entnahme von Warenproben, Beschlagnahme, Hausdurchsuchung, Vorführung zum Strafantritt). Eine Maßnahme stellt eine Mischform normativen und schlichten Verwaltungshandelns dar, bei der ein Verwaltungsorgan durch bloßes Handeln ohne normative Anordnung gegen eine individuell bestimmte Person staatlichen Zwang übt, den die Rechtsordnung typischerweise nur in Rechtssatzformen zulässt. Eine Maßnahme kann mit ➔Maßnahmebeschwerde beim Verwaltungsgericht bekämpft werden (Art 132 Abs 2 B-VG).

➔Autokratie [950]: Autokratie ist eine Staatsform, die in keiner Weise die Beteiligung des Volks an der Staatsgewalt vorsieht.

➔autonomer Wirkungsbereich der Gemeinde [1286]: Autonomer Wirkungsbereich der Gemeinde ist ein Synonym für ➔eigener Wirkungsbereich der Gemeinde und selbständiger Wirkungsbereich der Gemeinde.

➔Autonomie der Sozialpartner [665]: Das B-VG verlangt die Zurückhaltung des Staats in Sozial- und Wirtschaftsfragen, anerkennt die Einrichtung der ➔Sozialpartnerschaft und schützt die Autonomie der Sozialpartner (Wirtschaftsautonomie, Sozialautonomie, Tarifautonomie). Art 120a Abs 2 B-VG: *„Die Republik anerkennt die Rolle der Sozialpartner. Sie achtet deren Autonomie und fördert den sozialpartnerschaftlichen Dialog durch die Einrichtung von Selbstverwaltungskörpern".*

B

➔Beamte [1043]: Beamte sind öffentlich Bedienstete, die durch einen hoheitlichen Rechtsakt (Bescheid) als Organwalter einer Gebietskörperschaft bestellt werden. Ihr Dienstrecht ist Teil des Verwaltungsrechts. Werden öffentlich Bedienstete durch einen privatrechtlichen Vertrag als Organwalter einer Gebietskörperschaft bestellt, sprechen wir von einem Vertragsbediensteten.

➔Bedarfskompetenz [406] [1476]: Eine Bedarfskompetenz ist eine Gesetzgebungskompetenz des Bundes, die einen Bedarf nach einheitlichen Regelungen voraussetzt und den einfachen Bundesgesetzgeber ermächtigt, in der Kompetenzverteilung an das Land verteilte Zuständigkeiten an sich zu ziehen und einheitliche Regelungen auch im Kompetenzbereich des Landes zu erlassen. Bedarfskompetenzen des Bundes kennt das B-VG insbesondere im Umweltrecht (so etwa hinsichtlich nichtgefährlicher Abfälle [Art 10 Abs 1 Z 12 B-VG], der Festlegung einheitlicher Emissionsgrenzwerte für Luftschadstoffe [Art 11 Abs 5 B-VG]) und in Art 11 Abs 2 B-VG für das ➔Verwaltungsverfahren, das ➔allgemeine Verwaltungsstrafrecht, das ➔Verwaltungsstrafverfahren und die →Verwaltungsvollstreckung. Von den aufgrund der Bedarfskompetenz des Art 11 Abs 2 B-VG vom Bundesgesetzgeber erlassenen einheitlichen Regelungen dürfen allerdings sowohl der einfache Landesgesetzgeber als auch der einfache Bundesgesetzgeber in ihren Materiengesetzen abweichen, wenn dies *„zur Regelung des Gegenstandes erforderlich"*, dh unerlässlich ist *(*Art 11 Abs 2 zweiter Halbsatz B-VG). [Eine besondere Bedarfskompetenz der Länder enthält Art 15 Abs 9 B-VG, wonach die Länder gesetzliche Bestimmungen auf dem Gebiet des Zivilrechts und des Justizstrafrechts (Art 10 Abs 1 Z 6 B-VG) treffen dürfen, wenn solche zur Regelung des Gegenstandes *„erforderlich"* sind].

→bedingende Norm [316]: Im →Stufenbau der Rechtsordnung ist die ranghöhere Rechtsnorm „bedingend" für die rangniedrigere Rechtsnorm.

→bedingte Norm [316]: Im →Stufenbau der Rechtsordnung ist die rangniedrigere Rechtsnorm in der ranghöheren Rechtsnorm „bedingt".

→Befehl [1252]: Ein von einem übergeordneten Organ einer militärischen Dienststelle des →Bundesheeres einem nachgeordneten Organwalter erteilter Befehl gilt rechtlich als Weisung iSd Art 20 Abs 1 B-VG. Ein Einberufungs„befehl" gilt wegen seiner Außenwirkung (= Außenrecht) rechtlich als Bescheid.

→Beharrungsbeschluss [922]: Mit Beharrungsbeschluss setzt sich ein parlamentarisches Organ über Einsprüche gegen ein Gesetz durch nochmalige Beschlussfassung hinweg. So kann der Nationalrat einen Beharrungsbeschluss gegen das →suspensive Veto des Bundesrats fassen (Art 42 Abs 4 B-VG). Beim Beharrungsbeschluss ist jedenfalls die Anwesenheit wenigstens der Hälfte der Abgeordneten erforderlich.

→Behörde [1068]: Behörde ist ein Vollziehungsorgan, das über Rechtsetzungsbefugnisse verfügt. Wir unterscheiden Verwaltungsbehörden und Gerichtsbehörden. Eine Verwaltungsbehörde ist ein Verwaltungsorgan, das befugt ist, Bescheide und Verordnungen zu erlassen. Ein Gericht oder eine Gerichtsbehörde ist ein Gerichtsorgan, das befugt ist, Urteile (Erkenntnisse) und Beschlüsse zu erlassen.

→Beihilfenverbot [827]: Das Beihilfenverbot (= Subventionsverbot) im Binnenmarkt der Europäischen Union (EU) ist das Verbot staatlicher Förderungen oder aus staatlichen Mitteln gewährter Subventionen, welche durch Begünstigung einzelner Unternehmen oder Produktionszweige zu einer Verfälschung des Wettbewerbs führen können (Art 107 Abs 1 AEUV). Das Unionsrecht kennt allerdings zahlreiche Ausnahmen (erlaubte Beihilfen) vom Beihilfenverbot (Art 107 Abs 2 und Abs 3 AEUV).

→Beleihung [1078]: Beleihung ist die Betrauung einer natürlichen Person oder einer juristischen Person des Privatrechts durch Gesetz mit der Wahrnehmung hoheitlicher (insbesondere behördlicher) Verwaltungsaufgaben. Die in Pflicht genommenen Personen (→Eingliederung in die Verwaltung) besorgen die ihnen übertragenen hoheitlichen Aufgaben für die eingliedernde Gebietskörperschaft als →beliehenes Unternehmen. Die Reichweite der Leitung (Weisung) der eingliedernden Gebietskörperschaft bestimmt das Gesetz. Beispiele für staatliche Beleihung sind die →Nationalbank, bestimmte Vereine (ÖAMTC, ARBÖ) oder gewerbliche Reparaturwerkstätten, die der Landeshauptmann nach dem Kraftfahrgesetz 1967 mit der Begutachtung von Kraftfahrzeugen („Pickerl") betraut.

→beliehene Unternehmen [1078]: Beliehene Unternehmen sind natürliche Personen oder juristische Personen des Privatrechts, die durch Gesetz mit der Wahrnehmung hoheitlicher (insbesondere behördlicher) Verwaltungsaufgaben betraut sind (= →Beleihung). Die beliehenen Unternehmen (→Eingliederung in die Verwaltung) besorgen die ihnen übertragenen hoheitlichen Aufgaben für die eingliedernde Gebietskörperschaft; das Gesetz bestimmt, wie weit die Leitung (Weisung) der eingliedernden Gebietskörperschaft reicht. Beliehene Unternehmen sind zB die →Nationalbank, aber etwa auch Ziviltechniker, technische Büros, Vereine (ÖAMTC, ARBÖ) oder gewerbliche Reparaturwerkstätten, die der Landeshauptmann nach dem Kraftfahrgesetz 1967 für die Begutachtung von Kraftfahrzeugen („Pickerl") in Pflicht nimmt.

→Berücksichtigungsgebot [386]: Das B-VG verlangt mit dem Berücksichtigungsgebot – sowohl vom Land als auch vom Bund – bei der Wahrnehmung der in der Kompetenzverteilung zugewiesenen Aufgaben und Zuständigkeiten die Aufgaben und Zuständigkeiten des jeweils anderen Staats mit zu berücksichtigen. Das Land und der Bund dürfen keine Regelungen erlassen, die sich in ihren Auswirkungen widersprechen und damit die Regelungskompetenz des jeweils anderen Staats unterlaufen.

→berufliche Immunität [968]: Die berufliche Immunität schützt die Rede- und Abstimmungsfreiheit der Abgeordneten zum Nationalrat, zu den Landtagen und der Mitglieder des Bundesrats. Ein Abgeordneter darf wegen seines Abstimmungsverhaltens niemals, wegen seiner mündlichen und schriftlichen Äußerungen im Plenum oder in Ausschüssen nur vom Parlament selbst verantwortlich gemacht werden (Art 57 Abs 1, Art 58, Art 96 Abs 1 B-VG). Jede straf-, zivilrechtliche und verwaltungsbehördliche Sanktion ist ausgeschlossen. Mittel der Disziplinierung im Parlament selbst sind der „Ruf zur Sache", der „Ruf zur Ordnung" und der „Entzug des Wortes".

→berufliche Selbstverwaltung [1108]: In der beruflichen Selbstverwaltung besorgen Selbstverwaltungskörper (→Selbstverwaltung in der Gesellschaft) für ihre Mitglieder die berufliche Interessenvertretung. Solche

Selbstverwaltungskörper nennt die Verfassung (zB Art 10 Abs 1 Z 11 B-VG, Art 11 Abs 1 Z 2 B-VG) ➔Kammern (zB die Kammern für Arbeiter und Angestellte) oder ➔gesetzliche berufliche Vertretungen (zB Schilehrerverbände).

➔Berufsbeamtentum [1043]: Das Berufsbeamtentum stellt die fachliche Kompetenz und die Professionalität der Vollziehung sicher. Die Organwalter der Vollziehung sind öffentlich Bedienstete (Beamte und Vertragsbedienstete), die fachlich qualifiziert die Aufgaben der Vollziehung als Beruf wahrnehmen (Art 20 Abs 1 B-VG). Die Berufsbeamten sind weisungsgebunden und stehen unter der Leitung der politischen – den Parlamenten verantwortlichen – Verwaltungsspitze (Regierungen).

➔berufsständische Kammer [663]: Eine berufsständische Kammer ist – wie jede ➔Kammer – eine durch Gesetz mit Pflichtmitgliedschaft eingerichtete, mit der Aufgabe der beruflichen Interessenvertretung betraute Körperschaft des öffentlichen Rechts (➔berufliche Selbstverwaltung), jedoch für zahlenmäßig kleine Berufsgruppen, meist freie Berufe (etwa Ärztekammern, Zahnärztekammern, Rechtsanwaltskammern, Notariatskammern, Architekten- und Ingenieurkonsulentenkammern, die Österreichische Tierärztekammer, die Österreichische Apothekerkammer ua). Die berufsständischen Kammern sind häufig in mittelbarer Staatsverwaltung – etwa mit der Disziplinargewalt – in die staatliche Verwaltung eingegliedert. Anders als die „großen" Kammern nehmen die berufsständischen Kammern nicht an der ➔Sozialpartnerschaft teil.

➔Berufung [1519]: Die Berufung ist das ordentliche Rechtsmittel gegen Bescheide der Verwaltungsbehörden in den Angelegenheiten des ➔eigenen Wirkungsbereichs der Gemeinde (§ 63 AVG). Ist eine Partei mit einem Bescheid der Gemeindebehörde I. (administrativer) Instanz nicht einverstanden, so kann sie binnen zwei Wochen Berufung einbringen und so ein Verfahren zur Überprüfung des Bescheids vor der Gemeindebehörde II. Instanz initiieren. Die Berufungsbehörde trifft die Entscheidung neu, wir sprechen von ➔voller Berufung. Die Berufung hat aufschiebende Wirkung (§ 64 Abs 1 AVG).

➔Berufungsvorentscheidung [1522]: Die ➔Berufung im Verwaltungsverfahren (AVG) ist ein aufsteigendes Rechtsmittel, der Bescheid der Verwaltungsbehörde I. administrativer Instanz wird von der Verwaltungsbehörde II. administrativer Instanz entschieden (administrativer Instanzenzug). Die I. Instanz, bei der die Berufung eingebracht wird, hat jedoch die Möglichkeit, ihren Bescheid binnen zwei Monaten durch Berufungsvorentscheidung selbst abzuändern (§ 64a Abs 1 AVG). Akzeptiert der Berufungswerber die Berufungsvorentscheidung, ist das Verwaltungsverfahren ohne Befassung der Berufungsbehörde beendet. Akzeptiert der Berufungswerber die Berufungsvorentscheidung nicht, kann er mit dem Rechtsmittel des ➔Vorlageantrags erreichen, dass die Berufungsvorentscheidung außer Kraft tritt und die Berufungsbehörde die Berufung zu entscheiden hat.

➔Bescheid [235] [1111] [1500]: Der Bescheid ist die individuell-konkrete Rechtsnorm einer Verwaltungsbehörde. Er kann ➔Leistungsbescheid, ➔Gestaltungsbescheid oder ➔Feststellungsbescheid sein. Der Bescheid regelt entweder eine Verwaltungssache (= ➔materiellrechtlicher Bescheid) oder trifft bloß eine Anordnung für das Verwaltungsverfahren (= ➔verfahrensrechtlicher Bescheid). Die Verwaltungsbehörde erlässt den Bescheid nach den Verfahrensregeln der Verwaltungsverfahrensgesetze. Ein Bescheid wird nur rechtswirksam, wenn er alle ➔konstitutiven Bescheidmerkmale aufweist und dem Bescheidadressaten förmlich bekannt gegeben wurde (Verkündung, Ausfolgung, Zustellung).

➔Bescheidbeschwerde [1560] [1613]: Das Rechtmittel der Bescheidbeschwerde an das ➔Verwaltungsgericht (VwG) steht gegen den bestandskräftigen Bescheid einer Verwaltungsbehörde zu (Art 130 Abs 1 Z 1 B-VG). In einer Angelegenheit des eigenen Wirkungsbereichs der Gemeinde kann Bescheidbeschwerde erst nach Erschöpfung des Instanzenzugs erhoben werden (Art 132 Abs 6 B-VG). Beschwerdelegitimiert ist insb, wer durch den rechtswidrigen Bescheid in einem einfachgesetzlich und/oder verfassungsgesetzlich gewährleisteten subjektiven Recht (➔Beschwerdepunkt) verletzt ist (Art 132 Abs 1 Z 1 B-VG); darüber hinaus sind bestimmte Amtsparteien (Organparteien) – wegen objektiver Rechtswidrigkeit – zur Anfechtung berechtigt (Amtsbeschwerde, Organbeschwerde, Art 132 Abs 1 Z 2, Abs 5 B-VG). Die Bescheidbeschwerde hat aufschiebende Wirkung.

➔Beschluss [1387] [1389]: Ein Beschluss ist eine individuell-konkrete Rechtsnorm eines Gerichts; mit Beschluss trifft das Gericht – im Gegensatz zu einem ➔Urteil – keine Entscheidung in der Sache, sondern eine verfahrensrechtliche Entscheidung (zB die Zurückweisung einer Revision durch das VwG nach § 30a Abs 1 VwGG, die Ablehnung der Behandlung einer Beschwerde durch den VfGH nach Art 144 Abs 2 B-VG, die Zuerkennung der aufschiebenden Wirkung durch den VwGH nach § 30 Abs 2 VwGG).

➔Beschluss (EU) *decision* [773]: Ein unionsrechtlicher Beschluss (Art 288 Abs 4 AEUV) ist entweder eine individuelle – an eine bestimmte natürliche oder juristische Person oder an einen bestimmten Mitgliedstaat gerichtete – verbindliche Anordnung (= adressatengerichteter Beschluss) oder ein an keinen individuell bestimmten Adressaten gerichteter „adressatenloser" Beschluss. In einem Gesetzgebungsverfahren – unter Mitentscheidung des Europäischen Parlaments – erlassene Beschlüsse nennt der AEUV (Art 289) Gesetzgebungsakte (➔EU-Gesetze, = Unionsgesetze). Beschlüsse sind Teil des sekundären Unionsrechts.

➔Beschlusserfordernisse [993] [1045]: Die Willensbildung in einem ➔Kollegialorgan (etwa Nationalrat, Bundesregierung, Gemeinderat) erfolgt durch Beschluss der Mitglieder. Das hoheitliche Organisationsrecht

(Gesetz, Geschäftsordnung) legt mit den Beschlusserfordernissen (Quoren) Regeln für das Zustandekommen eines gültigen Beschlusses fest, erstens die erforderliche Anzahl der bei Beschlussfassung anwesenden Mitglieder (➔Präsenzquorum) und zweitens die erforderliche Anzahl der zustimmenden Mitglieder (➔Konsensquorum). Quoren für die Beschlussfassung enthalten etwa Art 31, Art 44 Abs 1 B-VG und das Geschäftsordnungsgesetz 1975 (GOG-NR) für Gesetzesbeschlüsse des Nationalrats; Art 99 Abs 2 B-VG, die Landesverfassungen und Landtagsgeschäftsordnungen für Gesetzesbeschlüsse des Landtags; Art 69 Abs 3 B-VG für Beschlüsse der Bundesregierung; §§ 50 f Oö GemO 1990 für Beschlüsse eines oö Gemeinderats.

➔Beschwerdepunkt [1437] [1640]: Wer den (letztinstanzlichen) Bescheid einer Verwaltungsbehörde mit Bescheidbeschwerde vor dem Verwaltungsgericht (VwG) bekämpft, muss die Verletzung ➔subjektiver Rechte (einfachgesetzlich und/oder verfassungsgesetzlich gewährleisteter Rechte) behaupten (Art 132 Abs 1 B-VG: *„in seinen Rechten verletzt"*). Die Bezeichnung der verletzten Rechte nennen wir „Beschwerdepunkte". Wer ein verwaltungsgerichtliches Erkenntnis oder einen verwaltungsgerichtlichen Beschluss mit (Erkenntnis/Beschluss) Beschwerde vor dem Verfassungsgerichtshof (VfGH) bekämpft, muss ebenfalls die Verletzung konkreter subjektiver Rechte behaupten. Als Beschwerdepunkte der unmittelbaren (Erkenntnis/Beschluss)Beschwerde können nur verfassungsgesetzlich gewährleistete Rechte, als Beschwerdepunkte der mittelbaren (Erkenntnis/Beschluss) Beschwerde sowohl einfachgesetzlich als auch verfassungsgesetzlich gewährleistete Rechte genannt werden (§ 82 Abs 4 Z 3 VfGG, Art 144 Abs 1 B-VG).

➔Beschwerdevorentscheidung [1626]: Gegen den bestandskräftigen Bescheid einer Verwaltungsbehörde steht das Rechtmittel der ➔Bescheidbeschwerde an das Verwaltungsgericht (VwG) zu (Art 130 Abs 1 Z 1 B-VG). Der Gesetzgeber ermächtigt die Verwaltungs(straf)behörde, die den angefochtenen Bescheid erlassen hat und bei der die Beschwerde einzubringen ist, die Bescheidbeschwerde anstelle des Verwaltungsgerichts zu erledigen (= Beschwerdevorentscheidung), indem sie den angefochtenen Bescheid innerhalb von zwei Monaten aufhebt, abändert oder die Bescheidbeschwerde zurückweist oder abweist (§ 14 Abs 1 VwGVG). Akzeptiert der Beschwerdeführer die Beschwerdevorentscheidung, ist das verwaltungsgerichtliche Verfahren ohne Befassung des Verwaltungsgerichts (VwG) beendet. Akzeptiert der Beschwerdeführer die Beschwerdevorentscheidung nicht, verlangt er mit einem ➔Vorlageantrag die Vorlage seiner Bescheidbeschwerde an das Verwaltungsgericht (§ 15 Abs 1 VwGVG), woraufhin das Verwaltungsgericht über die Bescheidbeschwerde zu entscheiden hat.

➔besondere Sicherheitspolizei [1174]: Manche bezeichnen die Verwaltungspolizei des Bundes und die Verwaltungspolizei der Länder im Gegensatz zur ➔allgemeinen Sicherheitspolizei des Art 10 Abs 1 Z 7 B-VG als besondere Sicherheitspolizei.

➔Bestandskraft [1507]: Bestandskraft eines Bescheids meint – im Unterschied zur ➔Rechtskraft – die Unabänderlichkeit im ➔Verwaltungsverfahren. Der Adressat soll auf den Bestand des Bescheids vertrauen können, auch wenn sich der Bescheid als rechtswidrig erweist. Die Rechtsordnung gibt im Widerstreit von Rechtsrichtigkeit und Rechtssicherheit grundsätzlich der Rechtssicherheit den Vorzug. Wir unterscheiden eine formelle Bestandskraft und eine materielle Bestandskraft. Die formelle Bestandskraft meint die Unanfechtbarkeit des Bescheids im Verwaltungsverfahren durch ➔ordentliche Rechtsmittel nach AVG. Sie tritt grundsätzlich mit Zustellung (bzw Verkündung) des Bescheids ein. Kann der Bescheid mit ordentlichen Rechtsmitteln nach AVG bekämpft werden, so tritt Bestandskraft erst mit ungenütztem Ablauf der Rechtsmittelfrist, mit der Erklärung eines Rechtsmittelverzichts oder mit Erlassung des (letztinstanzlichen) Berufungsbescheids ein. Die materielle Bestandskraft meint, dass die Verwaltungsbehörde den Bescheid nicht mehr verändern kann (= Unwiderrufbarkeit und Unabänderlichkeit), in der entschiedenen Sache (res iudicata) keine neue Entscheidung treffen darf (ne bis in idem = Unwiederholbarkeit), und auch Parteien und Behörden an den Bescheid gebunden sind (Verbindlichkeit). Durchbrechungen der materiellen Bestandskraft von Bescheiden erlaubt § 68 Abs 2 bis 4 AVG (etwa bei schwerwiegenden Fehlern oder wenn daraus *„niemandem ein Recht erwachsen ist"*).

➔betriebliche Mitbestimmung [669]: Die betriebliche Mitbestimmung der Arbeitnehmer soll in Wirtschaftsbetrieben den Ausgleich der widerstreitenden Interessen der Arbeitgeber und der unselbständigen Arbeitnehmer bewirken. Die betriebliche Mitbestimmung besorgen die durch das Arbeitsverfassungsgesetz (ArbVG) in privaten Betrieben eingerichteten Betriebsräte, und die im Gesellschaftsrecht verankerten Arbeitnehmervertreter in den Aufsichtsräten von Kapitalgesellschaften (ein Drittel der Aufsichtsratsmitglieder). Die Idee der Mitbestimmung allgemein ist inspiriert von demokratischen Überlegungen und will konfliktträchtige Bereiche durch die Mitwirkung aller Beteiligten befrieden. Mitbestimmung gibt es auch in anderen konfliktträchtigen Bereichen, etwa die Mitbestimmung der Studierenden in den Universitäten.

➔Betriebsrat [669]: Der Betriebsrat ist das auf der Grundlage des Arbeitsverfassungsgesetzes (§ 40) von den Arbeitnehmern eines Wirtschaftsbetriebs gewählte Vertretungsorgan in der ➔betrieblichen Mitbestimmung. Der Betriebsrat schließt insbesondere die ➔Betriebsvereinbarungen ab.

➔Betriebsvereinbarung [669]: Eine Betriebsvereinbarung ist eine auf der Grundlage des Arbeitsverfassungsgesetzes (§§ 29 ff) zwischen dem Vertretungsorgan der Arbeitnehmer – dem ➔Betriebsrat – und dem Arbeitgeber geschlossene allgemein verbindliche Vereinbarung über Arbeitsbedingungen im Betrieb (zB Arbeitszeit).

Betriebsvereinbarungen können ergänzende (für Arbeitnehmer nicht verschlechternde) Regelungen zum Kollektivvertrag und zu arbeitsgesetzlichen Regelungen treffen.

➔Betroffenheitsdichte [1672]: Die Betroffenheitsdichte ist eine der Zulässigkeitsvoraussetzungen für einen ➔Individualantrag (auf Verordnungsprüfung nach Art 139 Abs 1 Z 3 B-VG, auf Gesetzesprüfung nach Art 140 Abs 1 Z 1 lit c B-VG, auf Staatsvertragsprüfung nach Art 140a B-VG) beim Verfassungsgerichtshof (VfGH). Der Antragsteller muss Adressat der angefochtenen generellen Norm sein und darlegen, dass ihn die generelle Rechtsnorm genauso betrifft, wie er von einer individuellen Rechtsnorm betroffen wäre. Die generelle Rechtsnorm muss nachteilig in seine Rechtssphäre eingreifen (= rechtliche Betroffenheit); der Eingriff (in seine Rechtssphäre) muss nach Art und Ausmaß durch die generelle Rechtsnorm selbst eindeutig bestimmt sein (= unmittelbare Betroffenheit); und die generelle Rechtsnorm muss sowohl im Zeitpunkt der Antragstellung als auch im Zeitpunkt der Entscheidung des VfGH tatsächlich für den Antragsteller wirksam sein (= aktuelle Betroffenheit).

➔Beweismittel [1496]: Beweismittel ist nach dem Grundsatz der ➔Unbeschränktheit der Beweismittel (§ 46 AVG, § 24 VStG) alles, was der Ermittlung des wahren Sachverhalts im Verwaltungsverfahren dient. Auch rechtswidrig beschaffte Beweismittel sind - von Ausnahmen abgesehen - zu verwerten. Beweismittel sind etwa Urkunden (§ 47 AVG), Zeugen (§§ 48 ff AVG), die Vernehmung von Beteiligten (§ 51 AVG), die Gutachten von Sachverständigen (§§ 52 ff AVG), der Augenschein (§ 54 AVG) ua.

➔Beweisverfahren [1496]: Das Beweisverfahren (§§ 45 bis 55 AVG, § 24 VStG) ist der Kern des Ermittlungsverfahrens. Da der Grundsatz der materiellen Wahrheit die Verwaltungsbehörde verpflichtet, den relevanten Sachverhalt zu erforschen, ist jedes relevante Sachverhaltsdetail Thema des Beweisverfahrens. Die Verwaltungsbehörde hat zu jedem zu ermittelnden Sachverhaltsdetail - nach dem Grundsatz der ➔Unbeschränktheit der Beweismittel (§ 46 AVG) - die geeigneten Beweismittel aufzunehmen und anschließend zu würdigen (➔Grundsatz der freien Beweiswürdigung).

➔Bezirk [1196]: Bezirk ist der einer Bezirksverwaltungsbehörde (Bezirkshauptmann, Bürgermeister einer Statutarstadt) unterstehende Verwaltungssprengel eines Landes, der territoriale Wirkungsbereich einer Bezirksverwaltungsbehörde. Der (historische) Begriff politischer Bezirk meint „Verwaltungsbezirk" im Gegensatz zum „Gerichtsbezirk".

➔Bezirksgericht [1339]: Die Bezirksgerichte (BG) sind in Zivil- und Strafsachen tätig und die erste Ebene der ordentlichen Gerichtsbarkeit.

➔Bezirkshauptmann [1196]: Der Bezirkshauptmann ist ➔Bezirksverwaltungsbehörde, ihm untersteht ein politischer Bezirk (Verwaltungsbezirk). Der Bezirkshauptmann ist organisatorisch ein Landesorgan, das die allgemeine staatliche Landesverwaltung führt. Zusätzlich nimmt der Bezirkshauptmann in mittelbarer Bundesverwaltung Aufgaben der Bundesverwaltung wahr. Der Bezirkshauptmann ist in den Angelegenheiten der Landesverwaltung an die Weisungen der Landesregierung, in den Angelegenheiten der Bundesverwaltung an die Weisungen des Landeshauptmanns gebunden. Dem Bezirkshauptmann ist die Bezirkshauptmannschaft als bürokratischer Hilfs- und Geschäftsapparat (Amt) zugeordnet. Im Verwaltungssprengel Statutarstadt nimmt der Bürgermeister die Aufgaben der Bezirksverwaltungsbehörde wahr (Art 116 Abs 3 letzter Satz B-VG).

➔Bezirkshauptmannschaft [1196]: Die Bezirkshauptmannschaft ist der dem Bezirkshauptmann beigegebene bürokratische Hilfs- und Geschäftsapparat (Amt).

➔Bezirkspolizeikommando [1264]: Das Bezirkspolizeikommando ist die für jeden politischen Bezirk, in dem der Bezirkshauptmann (bzw der Bürgermeister der Statutarstädte Krems und Waidhofen/Ybbs) Sicherheitsbehörde ist, eingerichtete Organisationseinheit des Wachkörpers ➔Bundespolizei (vgl § 8 SPG).

➔Bezirksverwaltungsbehörde [1196]: Der politische Bezirk (Verwaltungsbezirk) untersteht der Bezirksverwaltungsbehörde. Bezirksverwaltungsbehörde ist der Bezirkshauptmann, in Statutarstädten der Bürgermeister (Art 116 Abs 3 letzter Satz B-VG). Die Bezirksverwaltungsbehörde nimmt erstens (der Landesregierung nachgeordnet) die allgemeine staatliche Landesverwaltung, zweitens (dem Landeshauptmann nachgeordnet) die mittelbare Bundesverwaltung und drittens - sofern nicht die Landespolizeidirektion die Sicherheitsbehörde erster Instanz ist - die Sicherheitsverwaltung des Bundes wahr.

➔Bezüge [978]: Bezüge sind die öffentlichen Funktionären (zB den Abgeordneten des Nationalrats und des Bundesrats, den obersten Organen der Vollziehung des Bundes und des Landes sowie den Gemeindeorganen) für ihre Tätigkeit zustehenden regelmäßigen finanziellen Entgelte der Gebietskörperschaften. Wesentliche Bezüge sind im Bundesbezügegesetz (BBezG) [= Bundesgesetz über die Bezüge der obersten Organe des Bundes, der Mitglieder des Nationalrates und des Bundesrates und der von Österreich entsandten Mitglieder des Europäischen Parlaments, BGBl I 1997/64 idgF] geregelt. Das Bundesverfassungsgesetz über die Begrenzung von Bezügen öffentlicher Funktionäre (BezBegrBVG), BGBl I 1997/64 idgF, legt Obergrenzen für die Bezüge fest.

➔Binnenmarkt *internal market, single market* [821]: Die Europäische Union (EU) sorgt für den gemeinsamen Binnenmarkt der 28 Mitgliedstaaten (Art 26 AEUV). Der Binnenmarkt ist ein Wirtschaftsraum ohne staatliche

Grenzen, den vier Grundfreiheiten kennzeichnen: Die →Warenverkehrsfreiheit (Art 28-37 AEUV), die →Personenverkehrsfreiheit (= Arbeitnehmerfreizügigkeit und Niederlassungsfreiheit, Art 45-55 AEUV), die →Dienstleistungsverkehrsfreiheit (56-62 AEUV) und die →Kapital- und Zahlungsverkehrsfreiheit (Art 63-66 AEUV).

→Briefwahl [170]: Das persönliche Wahlrecht verlangt, dass der Wähler bei der Stimmabgabe physisch im Wahllokal vor der Wahlbehörde präsent ist; das geheime Wahlrecht, dass der Wähler bei der Stimmabgabe nicht beobachtet werden kann, sodass seine Willensbildung frei und unbeeinflusst erfolgen kann. Von beiden Wahlrechtsgrundsätzen weicht die Bundesverfassung (Art 26 Abs 6 B-VG) ab und lässt eine Briefwahl zu, wenn ein Wähler seine Stimme voraussichtlich nicht vor der Wahlbehörde abgeben kann, etwa weil er am Wahltag ortsabwesend oder krank ist oder sich im Ausland aufhält. Die Stimmabgabe durch Briefwahl lässt das B-VG nicht nur für die Wahlen zum Nationalrat (Art 26 Abs 6), sondern auch für die Wahlen zum Europäischen Parlament (Art 23a Abs 4), zu den Landtagen (Art 95 Abs 4), zu den Gemeinderäten (Art 117 Abs 2), für die Wahl des Bundespräsidenten (Art 60 Abs 1 letzter Satz) sowie für die Direktwahl des Bürgermeisters (Art 117 Abs 6) zu.

→Budget [622]: Budget (= Staatshaushalt) ist die von den Gebietskörperschaften für jedes Haushaltsjahr (= Kalenderjahr) erstellte Abschätzung der zu erwartenden Einnahmen und die Festlegung der zulässigen Ausgaben. Das Bundesbudget beschließt der Nationalrat aufgrund des Budgetvoranschlags der Bundesregierung im →Bundesfinanzrahmengesetz und im →Bundesfinanzgesetz. Das Budgetrecht der Länder und der Gemeinden regelt das Landesrecht.

→Budgethoheit [622]: Die Budgethoheit ist die Zuständigkeit, die Ein- und Ausgaben des Staats – das →Budget (= Staatshaushalt) – zu bestimmen. Im demokratischen Rechtsstaat steht die Budgethoheit dem Parlament zu. Im Bund nimmt der Nationalrat die Budgethoheit im →Bundesfinanzrahmengesetz und im →Bundesfinanzgesetz wahr. In den Ländern beschließt der Landtag (nach den Bestimmungen der Landesverfassungen) entweder ein Budgetgesetz oder einen schlichten Parlamentsbeschluss betreffend das Landesbudget.

→Bundesabgabenordnung (BAO) [1471]: Die Bundesabgabenordnung (BAO) [= Bundesgesetz über allgemeine Bestimmungen und das Verfahren für die von den Abgabenbehörden des Bundes, der Länder und Gemeinden verwalteten Abgaben, BGBl 1961/194 idgF] regelt – auf der Kompetenzgrundlage des § 7 Abs 6 F-VG 1948 – die allgemeinen Bestimmungen des Abgabenrechts für Bundes-, Landes- und Gemeindeabgaben und das Verwaltungsverfahren der Abgabenbehörden des Bundes, der Länder und der Gemeinden (vgl Art I Abs 3 Z 1 EGVG).

→Bundesamt [1223]: Ein Bundesamt ist eine für besondere Aufgaben der unmittelbaren Bundesverwaltung (Art 102 Abs 2 B-VG) durch Bundesgesetz eingerichtete dem Bundesminister nachgeordnete Dienststelle des Bundes (Art 10 Abs 1 Z 16 B-VG: *Einrichtung der Bundesbehörden und sonstigen Bundesämter*). Solche Bundesämter sind etwa das Bundessozialamt, das Bundesamt für Ernährungssicherheit, das Bundesamt für Sicherheit im Gesundheitswesen, das Bundeskriminalamt, das Bundesdenkmalamt, das Bundesamt für Fremdenwesen und Asyl (BFA).

→Bundesamt für Fremdenwesen und Asyl (BFA) [1226]: Das Bundesamt für Fremdenwesen und Asyl (BFA) ist eine durch das BFA-Einrichtungsgesetz – BFA-G (= Bundesgesetz über die Einrichtung und Organisation des Bundesamtes für Fremdenwesen und Asyl, BGBl I 2012/87) eingerichtete dem Bundesminister für Inneres unmittelbar nachgeordnete besondere Behörde der unmittelbaren Bundesverwaltung (Art 10 Abs 1 Z 3, 102 Abs 2 B-VG) mit bundesweiter Zuständigkeit in Angelegenheiten des Asyls und des Fremdenwesens nach dem Fremdenpolizeigesetz 2005 – FPG (BGBl I 100). Es führt seine Verfahren nach dem BFA-Verfahrensgesetz – BFA-VG (BGBl I 2012/87). Entscheidungen des BFA bzw eine Verletzung der Entscheidungspflicht durch das BFA können mit Beschwerde beim Bundesverwaltungsgericht bekämpft werden.

→Bundesanstalt [1223]: Eine Bundesanstalt ist eine – wie ein →Bundesamt – für besondere Aufgaben der unmittelbaren Bundesverwaltung (Art 102 Abs 2 B-VG) durch Bundesgesetz eingerichtete dem Bundesminister nachgeordnete Dienststelle des Bundes. Bundesanstalten sind etwa die Bundesanstalt für Verkehr, die Geologische Bundesanstalt ua.

→Bundesarbeitskammer [662]: Zur beruflichen Interessenvertretung von Arbeitnehmern richtet der Bundesgesetzgeber (Art 10 Abs 1 Z 11 B-VG) durch das Arbeiterkammergesetz 1992 (AKG) [= Bundesgesetz über die Kammern für Arbeiter und Angestellte und die Bundeskammer für Arbeiter und Angestellte, BGBl 1991/626 idgF] neun →Kammern für Arbeiter und Angestellte (Arbeiterkammern) und die Bundeskammer für Arbeiter und Angestellte (Bundesarbeitskammer, BAK) als Körperschaften des öffentlichen Rechts ein. Die Bundesarbeitskammer erstreckt ihre Tätigkeit auf das ganze Bundesgebiet, führt die Bezeichnung „Bundeskammer für Arbeiter und Angestellte" und nimmt an der →Sozialpartnerschaft teil.

→Bundesfinanzgericht (BFG) [1367]: Das Bundesfinanzgericht (BFG) ist ein Gericht des öffentlichen Rechts (Art 129 B-VG) und Teil der Verwaltungsgerichtsbarkeit erster Instanz. Das Bundesfinanzgericht (BFG) ist in Verwaltungs(straf)sachen der Abgabenverwaltung des Bundes (Art 131 Abs 3 B-VG) nach Art 130 Abs 1 B-VG zuständig zur Entscheidung über Bescheidbeschwerden (Z 1), Maßnahmebeschwerden (Z 2) und Säumnisbeschwerden (Z 3). Die Organisation und das Verfahren des Bundesfinanzgerichts (BFG) sind im Bundesfinanzgerichtsgesetz (BFGG) geregelt (Art 136 Abs 1 und Abs 3 B-VG).

→Bundesfinanzgerichtsgesetz (BFGG) [1368] [1551]: Das Bundesfinanzgerichtsgesetz (BFGG) [= Bundesgesetz über das Bundesfinanzgericht, BGBl I 2013/14 idgF] regelt die Organisation und die Zuständigkeiten des →Bundesfinanzgerichts (BFG) sowie – zum überwiegenden Teil durch einen Verweis (§ 24 BFGG) auf die Bundesabgabenordnung (BAO), das Zollrechts-Durchführungsgesetz (ZollR-DG) und das Finanzstrafgesetz (FinStrG) – das Verfahren vor dem BFG (Art 136 Abs 1 und Abs 3 B-VG).

→Bundesfinanzgesetz [623]: Das Bundesfinanzgesetz (= Budgetgesetz) legt – innerhalb der vom Bundesrahmenfinanzgesetz gezogenen Grenzen – für (wenigstens) ein Kalenderjahr im Voraus das →Budget des Bundes fest (Art 51 B-VG). Das Bundesfinanzgesetz ist – wie das Bundesfinanzrahmengesetz – ein untypisches Gesetz, weil es der Nationalrat allein ohne Mitwirkung des Bundesrats (Art 42 Abs 5 B-VG) beschließt, und weil es nur die staatsinterne Rechtsgrundlage für die Gebarung der Bundesverwaltung ist, also keine Rechte und Pflichten für Personen außerhalb der Verwaltung begründet.

→Bundesfinanzrahmengesetz [623]: Das Bundesfinanzrahmengesetz legt für das folgende Finanzjahr und die drei nächstfolgenden Finanzjahre Obergrenzen der vom Nationalrat im jeweiligen Bundesfinanzgesetz zu bestimmenden Mittelverwendung fest (Art 51 B-VG). Zurzeit gilt das Bundesfinanzrahmengesetz 2014 bis 2017 (BFRG 2014-2017), BGBl I 2012/25.

→Bundes-Gemeindeaufsichtsgesetz [1291]: In Angelegenheiten des →eigenen Wirkungsbereichs der Gemeinden aus dem Vollzugsbereich des Bundes (Art 10 B-VG) führt der Bund die →Gemeindeaufsicht und darf diese näher ausführen (Art 119a Abs 3 B-VG). Das Bundes-Gemeindeaufsichtsgesetz (= Bundesgesetz vom 10. März 1967, betreffend die Aufsicht des Bundes über die Gemeinden, BGBl 1967/123 idgF) regelt diese Aufsicht des Bundes über die Gemeinden nach Art 119a B-VG.

→Bundesgesetzblatt (BGBl) *Federal Law Gazette* [939]: Die im Bundesgesetzblatt (BGBl) zu verlautbarenden Rechtsvorschriften werden aufgrund des →Bundesgesetzblattgesetzes (BGBlG) seit 01.01.2004 rechtsverbindlich ausschließlich im Rahmen des Rechtsinformationssystems RIS <www.ris.bka.gv.at> kundgemacht. [1849-1918: Reichsgesetzblatt (RGBl), 1918-1920: Staatsgesetzblatt (StGBl), 1938-1940: Gesetzblatt für das Land Österreich (GBlÖ), 1938-1945: Reichsgesetzblatt (dRGBl)]. Seit 01.01.1997 ist das Bundesgesetzblatt in drei Teile unterteilt: das Bundesgesetzblatt I (BGBl I) dient insbesondere der Verlautbarung der Bundesgesetze (§ 3 BGBlG); das Bundesgesetzblatt II (BGBl II) enthält die Verordnungen der Bundesregierung und der Bundesminister sowie die allgemeinen Entschließungen des Bundespräsidenten (§ 4 BGBlG); und das Bundesgesetzblatt III (BGBl III) verlautbart die Staatsverträge des Bundes (§ 5 BGBlG).

→Bundesgesetzblattgesetz (BGBlG) *Federal Law Gazette Act* [939]: Das Bundesgesetzblattgesetz (BGBlG) [= Bundesgesetz über das Bundesgesetzblatt 2004, BGBl I 2003/100 idgF] enthält die näheren Bestimmungen über die Kundmachung von Rechtsnormen des Bundes im →Bundesgesetzblatt (BGBl).

→Bundeshaushaltsgesetz [623]: Das Bundeshaushaltsgesetz 2013 (BHG 2013) [= Bundesgesetz über die Führung des Bundeshaushaltes, BGBl I 1999/139 idgF] regelt die Haushaltsführung durch die Bundesverwaltung. Haushalt ist die Verwaltung der durch das Bundesfinanzgesetz vorgesehenen Geldmittel sowie nach besonderen Rechtsgrundlagen die Verwaltung des sonstigen Bundesvermögens.

→Bundesheer [1249]: Das Bundesheer ist eine auf der Grundlage der →allgemeinen Wehrpflicht für Männer (Art 9a Abs 3 B-VG) nach dem →Milizsystem eingerichtete militärische Formation und Teil der Bundesverwaltung. Das Bundesheer untersteht mit allen Dienststellen der Befehlsgewalt des Bundesministers für Landesverteidigung (Art 80 Abs 2 B-VG). Es steht damit unter einer zivilen dem Parlament politisch verantwortlichen Leitung. Der Befehlsgewalt des Bundesministers übergeordnet ist der Bundespräsident, dem als vom Volk unmittelbar gewähltes Staatsoberhaupt der „Oberbefehl über das Bundesheer" zukommt. Dem Bundesheer obliegt die militärische Landesverteidigung (Art 79 Abs 1 B-VG), die Teil der umfassenden →Landesverteidigung (Art 9a Abs 2 B-VG) ist. Das Bundesheer ist ferner bestimmt *„zum Schutz der verfassungsmäßigen Einrichtungen und ihrer Handlungsfähigkeit sowie der demokratischen Freiheiten der Einwohner"* (Art 79 Abs 2 Z 1 lit a B-VG), *„zur Aufrechterhaltung der Ordnung und Sicherheit im Inneren überhaupt"* (Art 79 Abs 2 Z 1 lit b B-VG), *„zur Hilfeleistung bei Elementarereignissen und Unglücksfällen außergewöhnlichen Umfangs"* (Art 79 Abs 2 Z 2 B-VG).

→Bundeskanzler *Federal Chancellor* [1201]: Der Bundeskanzler ist wie die Bundesminister ein oberstes Organ der Vollziehung (Art 19 Abs 1 B-VG). Er führt den Vorsitz in der Bundesregierung (Art 69 Abs 1 B-VG), hat jedoch keine Weisungsbefugnis oder Richtlinienkompetenz gegenüber dem Vizekanzler, den übrigen Bundesministern und den Staatssekretären. Dem Bundeskanzler ist das Bundeskanzleramt als Amt zugeordnet (Art 77 Abs 3 erster Satz B-VG). Der Bundespräsident kann – ohne Bindung an Vorschläge – gänzlich frei jeden passiv zum Nationalrat Wahlberechtigten (Art 26 Abs 4 B-VG) zum Bundeskanzler ernennen (Art 70 Abs 2 B-VG).

→Bundeskanzleramt [1206]: Das Bundeskanzleramt (Art 77 Abs 3 erster Satz B-VG) ist der dem Bundeskanzler beigegebene bürokratische Hilfs- und Geschäftsapparat (Amt).

→Bundesminister [1201]: Der Bundesminister ist wie der Bundeskanzler ein oberstes Organ der Vollziehung (Art 19 Abs 1 B-VG). Er führt die Bundesverwaltung (Art 69 Abs 1 B-VG) in seinem Zuständigkeitsbereich als Einzelorgan monokratisch und ist allen Verwaltungsorganen des Zuständigkeitsbereichs gegenüber weisungsberechtigt. Der Bundesminister ist Mitglied der Bundesregierung und dem Nationalrat rechtlich (Ministeranklage) und politisch (Misstrauensvotum) verantwortlich. Anzahl und Zuständigkeitsbereiche (Ressorts) der Bundesminister sind im Bundesministeriengesetz 1986 (BMG) festgelegt. Den einzelnen Bundesministern ist jeweils ein Bundesministerium als Amt zugeordnet (Art 77 Abs 3 erster Satz B-VG).

→Bundesministeriengesetz 1986 (BMG) *Federal Ministries Act* [1203]: Das Bundesministeriengesetz 1986 (BMG) [= Bundesgesetz über die Zahl, den Wirkungsbereich und die Einrichtung der Bundesministerien, BGBl 1986/76 idgF] legt die Anzahl, die Aufgaben und die Bezeichnung der Bundesministerien fest.

→Bundesministerium [1206]: Das Bundesministerium ist der einem Bundesminister beigegebene bürokratische Hilfs- und Geschäftsapparat (Art 77 Abs 3 erster Satz B-VG). Das Bundesministerium für Justiz etwa ist das Amt des Bundesministers für Justiz.

→Bundespolizei [1264]: Die Bundespolizei ist ein bewaffneter →Wachkörper des Bundes (Art 10 Abs 1 Z 14 B-VG), der für die Sicherheitsbehörden des Bundes (§ 5 Abs 1 Sicherheitspolizeigesetz [SPG]), aber auch für die anderen allgemeinen staatlichen Behörden die bewaffnete Macht des Staats bereitstellt. Der Wachkörper Bundespolizei untersteht dem Bundesminister für Inneres. Im Bereich jeder Landespolizeidirektion (für jedes Bundesland) sind Bezirkspolizeikommanden bzw Stadtpolizeikommanden eingerichtet, zu denen auch die Polizeiinspektionen zählen (§ 10 Abs 1 SPG). Der Wachkörper Bundespolizei ist von den →Sicherheitsbehörden des Bundes zu unterscheiden.

→Bundespräsident [1004]: Der Bundespräsident (Art 60-68 B-VG) ist das →Staatsoberhaupt der Republik Österreich, in der Gewaltenteilung wird er der Verwaltung zugerechnet. Der Bundespräsident wird von den aktiv zum Nationalrat Wahlberechtigten gewählt. Die Amtsdauer beträgt sechs Jahre. Eine Wiederwahl für die unmittelbar folgende Funktionsperiode ist nur einmal zulässig (Art 60 Abs 5 B-VG). Während seiner Amtstätigkeit gilt für den Bundespräsidenten ein Berufsverbot (Art 61 Abs 1 B-VG). Der Bundespräsident ist dem Bundesvolk politisch verantwortlich, die Bundesversammlung kann eine Volksabstimmung zu seiner Absetzung beschließen (Art 60 Abs 6 B-VG). Rechtlich ist der Bundespräsident der Bundesversammlung verantwortlich, die Bundesversammlung kann zur Geltendmachung seiner rechtlichen Verantwortlichkeit wegen Verletzung der Bundesverfassung Anklage beim Verfassungsgerichtshof (VfGH) erheben (Staatsgerichtsbarkeit, Art 68 iVm 142 Abs 2 lit a B-VG).

→Bundesrat *Federal Council* [366] [903]: Das Parlament des Bundes ist ein Zwei-Kammern-Parlament, es besteht aus dem Nationalrat und dem Bundesrat. Beide Kammern gemeinsam besorgen die Bundesgesetzgebung (Art 24 B-VG). Der Bundesrat ist ein →allgemeiner Vertretungskörper, er besteht aber nicht aus vom Volk gewählten Abgeordneten, sondern aus von den Landtagen entsandten Mitgliedern. Der Bundesrat hat 61 Mitglieder, nach der Bürgerzahl abgestuft das größte Land 12, das kleinste wenigstens drei Mitglieder (Art 34 B-VG). Der Bundesrat hat keine Legislaturperiode, er wird im Turnus der Landtagswahlen permanent und partiell erneuert.

→Bundesregierung *Federal Government* [1201]: Die Bundesregierung ist ein Kollegialorgan und besteht aus dem Bundeskanzler, dem Vizekanzler und den übrigen Bundesministern (Art 69 Abs 1 B-VG). Sie fasst ihre Beschlüsse – bei einer Anwesenheit von mehr als der Hälfte der Bundesregierungsmitglieder (Art 69 Abs 3 B-VG) – einstimmig. Die Bundesregierung hat kaum Verwaltungszuständigkeiten, hauptsächlich politische Aufgaben (= →Regierungsakte), so etwa die Anordnung der Nationalratswahl (Art 27 Abs 2 B-VG), das Vorschlagsrecht für die Akte des Bundespräsidenten (Art 67 Abs 1 B-VG). Alle Mitglieder der Bundesregierung sind dem Nationalrat rechtlich (Ministeranklage) und politisch (Misstrauensvotum) verantwortlich (politische Verantwortung).

→Bundesstaat *federal state, federation* [360]: Im Bundesstaat (= Föderation) schließt die Verfassung mehrere Glied- oder Teilstaaten (Länder) zu einem Gesamtstaat (Bund) zusammen. Sowohl der Glied(Teil)staat als auch der Bund haben eine eigene Staatsgewalt. Völkerrechtssubjekt ist nur der Gesamtstaat.

→Bundesverfassungsgesetz (BVG) *Federal Constitutional Law* [370] [910] [920]: Ein Bundesverfassungsgesetz (BVG) ist ein vom Bundesparlament erlassenes →Verfassungsgesetz des Bundes (im formellen Sinn), es ist in der Kundmachung ausdrücklich als „Verfassungsgesetz" bezeichnet. Zur Beschlussfassung eines Bundesverfassungsgesetzes muss wenigstens die Hälfte der Abgeordneten zum Nationalrat anwesend, und eine Zweidrittelmehrheit der Stimmen gegeben sein (Art 44 Abs 1 B-VG). Bei Bundesverfassungsgesetzen, durch welche die Gesetzgebungs- oder Vollziehungskompetenzen der Länder eingeschränkt werden, besitzt der Bundesrat ein Zustimmungsrecht (Art 44 Abs 2 B-VG, absolutes Veto). Bundesverfassungsgesetze, die eine Gesamtänderung der Bundesverfassung darstellen, sind zwingend einer Volksabstimmung zu unterziehen (obligatorische Volksabstimmung, Art 44 Abs 3 B-VG).

➔Bundes-Verfassungsgesetz (B-VG) *Federal Constitutional Law* [59] [69]: Das Bundes-Verfassungsgesetz (B-VG), BGBl 1920/1 idgF, das aufgrund des ➔Verfassungs-Überleitungsgesetzes (V-ÜG) 1945 als Verfassungsgesetz gilt, ist der Kern der österreichischen Verfassungsordnung und enthält die wesentlichen Regeln über die Organisation des Staats und die Ausübung der Staatsgewalt.

➔Bundesversammlung [908]: Der Nationalrat und der Bundesrat bilden gemeinsam ein Organ, welches das B-VG Bundesversammlung nennt. Die Bundesversammlung hat keine Gesetzgebungsaufgaben, sondern einzelne besondere Befugnisse: Angelobung des Bundespräsidenten (Art 62 B-VG), Volksabstimmung über die Absetzung des Bundespräsidenten (Art 60 Abs 6 B-VG), Zustimmung zur behördlichen Verfolgung des Bundespräsidenten (Art 63 B-VG), Anklage des Bundespräsidenten beim Verfassungsgerichtshof wegen Verfassungsverletzung (Art 68 iVm Art 142 Abs 2 lit a B-VG), Kriegserklärung (Art 38 B-VG). Die Bundesversammlung wendet das ➔Geschäftsordnungsgesetz 1975 (GOG-NR) sinngemäß an.

➔Bundesverwaltungsgericht (BVwG) [1365]: Das Bundesverwaltungsgericht (BVwG) ist ein Gericht des öffentlichen Rechts (Art 129 B-VG) und Teil der Verwaltungsgerichtsbarkeit erster Instanz. Das Bundesverwaltungsgericht (BVwG) ist in Verwaltungs(straf)sachen der unmittelbaren Bundesverwaltung (Art 131 Abs 2 B-VG) nach Art 130 Abs 1 B-VG zuständig zur Entscheidung über Bescheidbeschwerden (Z 1), Maßnahmebeschwerden (Z 2), Säumnisbeschwerden (Z 3) und Weisungsbeschwerden (Z 4). Der einfache Gesetzgeber ist ermächtigt, die Zuständigkeiten des Bundesverwaltungsgerichts (BVwG) zu erweitern (Art 130 Abs 2, Art 132 Abs 5 B-VG) und bestimmte Zuständigkeiten zu den Landesverwaltungsgerichten (LVwG) zu verschieben (Art 131 Abs 4 Z 1 B-VG). Die Organisation des Bundesverwaltungsgerichts (BVwG) ist im Bundesverwaltungsgerichtsgesetz (BVwGG), das Verfahren vor dem BVwG insb im Verwaltungsgerichtsverfahrensgesetz (VwGVG) geregelt (Art 136 Abs 1 und Abs 2 B-VG).

➔Bundesverwaltungsgerichtsgesetz (BVwGG) [1366]: Das Bundesverwaltungsgerichtsgesetz (BVwGG) [= Bundesgesetz über die Organisation des Bundesverwaltungsgerichtes, BGBl I 2013/10] regelt die Organisation des ➔Bundesverwaltungsgerichts (BVwG).

➔Bundeswirtschaftskammer [662]: Zur beruflichen Interessenvertretung der Arbeitgeber im Bereich von Gewerbe, Handwerk, Industrie, Bergbau, Handel, Geld-, Kredit und Versicherungswesen, Verkehr, Nachrichtenverkehr, Rundfunk, Tourismus, Freizeitwirtschaft sowie Dienstleistungen richtet der Bundesgesetzgeber (Art 10 Abs 1 Z 8 B-VG) durch das Wirtschaftskammergesetz 1998 (WKG) [= Bundesgesetz über die Kammern der gewerblichen Wirtschaft, BGBl I 1998/103 idgF] bundesweit eine Bundeskammer und neun Landeskammern (➔Wirtschaftskammern) als Körperschaften öffentlichen Rechts ein. Die Bundeswirtschaftskammer (= Bundeskammer der gewerblichen Wirtschaft) erstreckt ihre Tätigkeit auf das ganze Bundesgebiet, sie führt die Bezeichnung Wirtschaftskammer Österreich (WKÖ) und nimmt an der ➔Sozialpartnerschaft teil.

➔Bürgerbeteiligung [934]: Bürgerbeteiligung (= Partizipation) bedeutet Mitwirkung des Volks an der Vollziehung. In der parlamentarischen Demokratie legitimiert das Volk durch Wahl die Gesetzgebung (Parlament), nicht die Vollziehung. Daher ist die Mitbeteiligung etwa von Bürgerinitiativen in der Verwaltung auf eine Mitbeteiligung, nicht Mitentscheidung beschränkt (zB bei der Umweltverträglichkeitsprüfung).

➔Bürgerkarte <www.buergerkarte.at> [292]: Die Bürgerkarte verbindet eine qualifizierte ➔elektronische Signatur mit einer Personenbindung (§ 2 Z 10 E-GovG), damit die mit staatlichen Organen elektronisch kommunizierenden Menschen einerseits ihre eindeutige Identität (iSd unverwechselbaren Unterscheidung von allen anderen, § 2 Z 2 E-GovG) und anderseits die Authentizität (Echtheit) ihres elektronisch gestellten Anbringens nachweisen können (§ 4 Abs 1 E-GovG). Als Trägermedium der Bürgerkarte kommen zurzeit insb Chipkarten (zB die Sozialversicherungskarte e-card, die Bankomatkarte Maestro, die Kreditkarte Masterkarte) sowie das Mobiltelefon zum Einsatz (Handy-Signatur mit Bürgerkartenfunktion).

➔Bürgermeister [1328]: Der Bürgermeister ist ein Organ der Gemeinde (Art 117 Abs 1 lit c B-VG) und leitet die Gemeindeverwaltung. Grundsätzlich wählt der Gemeinderat den Bürgermeister (Art 117 Abs 6 erster Satz B-VG). Die Landesverfassung kann aber vorsehen, dass das Gemeindevolk den Bürgermeister direkt wählt; mit Ausnahme von Niederösterreich, der Steiermark und Wien sehen dies die Landesverfassungen vor. Der Bürgermeister führt meist als I. administrative Instanz das Verwaltungsverfahren in den Angelegenheiten des eigenen Wirkungsbereichs und besorgt jedenfalls – weisungsgebunden – die Aufgaben der übertragenen Wirkungsbereiche der Gemeinde (Art 119 Abs 2 B-VG). Der Bürgermeister einer Statutarstadt nimmt weisungsgebunden auch die Bezirksverwaltungsagenden wahr. Dem Bürgermeister ist – gemeinsam mit den anderen Gemeindeorganen – das Gemeindeamt als bürokratischer Hilfs- und Geschäftsapparat zugeordnet. Das Gemeindeamt der Statutarstadt ist der Magistrat.

➔BVG Ämter der Landesregierungen [1188]: Das BVG Ämter der Landesregierungen [= Bundesverfassungsgesetz vom 30. Juli 1925, betreffend Grundsätze für die Einrichtung und Geschäftsführung der Ämter der Landesregierungen außer Wien, BGBl 1925/289 idgF] ermächtigt die Landesverfassungen, die Aufgaben der Landesregierung an einzelne Mitglieder der Landesregierung (Landesräte) zur monokratischen Wahrnehmung zu verteilen. Alle Landesverfassungen machten von dieser Ermächtigung Gebrauch und sehen in der Geschäftsordnung der Landesregierung (Art 103 Abs 2 B-VG) für bestimmte Bereiche eine monokratische Aufgabenwahrnehmung vor.

➔**BVG atomfreies Österreich** *Federal Constitutional Act for a Nonnuclear Austria* [113]: Das BVG atomfreies Österreich [= Bundesverfassungsgesetz für ein atomfreies Österreich, BGBl I 1999/149] normiert den staatspolitischen Grundsatz der ➔Atomwaffen- und Atomenergiefreiheit.

➔**BVG Kinderrechte** [472]: Das BVG Kinderrechte [= Bundesverfassungsgesetz über die Rechte von Kindern, BGBl I 2011/4] ist ein Grundrechtskatalog mit spezifischen ➔Grundrechten für Kinder. Das BVG Kinderrechte wurde in Umsetzung des „Übereinkommens über die Rechte der Kinder" (UN-Kinderrechtskonvention, BGBl 1993/7 idgF) und des vom Europarat erarbeiteten „Europäischen Übereinkommens über die Ausübung von Kinderrechten" (BGBl III 2008/124) erlassen.

➔**BVG Rassendiskriminierung** *Federal Constitutional Act on abolishment of all forms of racial discrimination* [495]: Das BVG Rassendiskriminierung [= Bundesverfassungsgesetz vom 3. Juli 1973 zur Durchführung des Internationalen Übereinkommens über die Beseitigung aller Formen rassischer Diskriminierung, BGBl 1973/390] verbietet jede Form rassischer Diskriminierung. Gesetzgebung und Vollziehung haben jede Unterscheidung aus dem alleinigen Grund der Rasse, der Hautfarbe, der Abstammung oder der nationalen oder ethnischen Herkunft zu unterlassen. Es enthält in Art I Abs 1 das verfassungsgesetzlich gewährleistete Recht auf ➔Gleichbehandlung von Fremden untereinander.

➔**BVG Rundfunk** [558]: Das BVG Rundfunk [= Bundesverfassungsgesetz vom 10. Juli 1974 über die Sicherung der Unabhängigkeit des Rundfunks, BGBl 1974/396] erklärt den Rundfunk (Radio und Fernsehen) als öffentliche und damit nicht als staatliche Aufgabe. Es verlangt insbesondere die Objektivität und Unparteilichkeit der Berichterstattung, die Berücksichtigung der Meinungsvielfalt, die Ausgewogenheit der Rundfunkprogramme.

➔**BVG Staatsziele** [141]: Das BVG Staatsziele [= Bundesverfassungsgesetz über die Nachhaltigkeit, den Tierschutz, den umfassenden Umweltschutz, die Sicherstellung der Wasser- und Lebensmittelversorgung und die Forschung, BGBl I 2013/111] gibt dem Staat (Bund, Länder und Gemeinden) verschiedene ➔Staatsziele vor, so den ➔Umweltschutzstaat, die ➔Nachhaltigkeit, den ➔Tierschutz, die Sicherstellung ➔der Wasser- und Lebensmittelversorgung sowie die Forschung. Das BVG Staatsziele ist objektives Recht, es enthält keine verfassungsgesetzlich gewährleisteten Rechte.

C

➔**Chauvinismus** [95]: Chauvinismus ist eine überspannte Form des Nationalismus. Er ordnet Menschen nicht nur einer Nation zu, sondern qualifiziert die eigene Nation als höherwertig gegenüber anderen minderwertigen Nationen. Der Begriff leitet sich von Nicolas Chauvin ab, der als Soldat in der Armee Napoleons diente und sich durch engstirnige patriotische Parolen hervortat.

➔**Christliche Soziallehre** [653]: Die Christliche Soziallehre ist die Sammelbezeichnung für die katholischen, evangelischen und orthodoxen Soziallehren, die als Gegenentwurf zur Revolutionstheorie des Kommunismus entwickelt wurden. Die christlichen Soziallehren gehen von einer gewaltfreien auf Geschwisterlichkeit beruhenden christlichen Ordnung des gesellschaftlichen Zusammenlebens aus. Der österreichische Ständestaat (1934-1938) beruhte auf Ideen der katholischen Soziallehre.

➔**civil rights** [572]: Das Recht auf ein ➔faires Verfahren nach Art 6 Abs 1 EMRK schützt – außerhalb des Strafrechts – die civil rights. Übersetzt heißt das „zivilrechtliche Ansprüche". Wir verwenden jedoch den Begriff civil rights häufig nicht in der deutschen Übersetzung, weil sich der Begriff der EMRK und der nationale Zivilrechtsbegriff nicht decken. Der EMRK-Begriff ist weiter, er umfasst alle Rechte, die im privaten Bereich der Menschen ihren Schwerpunkt haben. Unter diesem Gesichtspunkt kann auch ein Streit, der national ein öffentlich-rechtlicher ist, ein civil right sein, wenn zwar nicht direkt über zivilrechtliche Ansprüche oder Verpflichtungen entschieden wird, der Verfahrensausgang aber für zivilrechtliche Rechte und Pflichten entscheidend ist.

D

➔**Daseinsvorsorge** [222]: Die Daseinsvorsorge ist Aufgabe der Verwaltung (im materiellen Sinn). Sie besteht in der Sorge für das Wohl aller Menschen, für das Allgemeinwohl. So obliegt der Verwaltung die Wahrnehmung der öffentlichen Interessen, etwa die Gewährleistung der öffentlichen Sicherheit, die Bereitstellung von Schulen, der Infrastrukturen (wie Verkehrswege), öffentlicher Gesundheitseinrichtungen, die Gewährung von Sozialleistungen.

➔**Datenschutz** *right to the protection of personal data* [566]: Das unter materiellem Gesetzesvorbehalt stehende Recht auf Datenschutz ist als Menschenrecht in § 1 Datenschutzgesetz 2000 (DSG 2000) [und in Art 8 GRC] verankert. Jedermann hat, insbesondere auch im Hinblick auf die Achtung seines Privat- und Familienlebens (Recht auf ➔Privatsphäre), *„Anspruch auf Geheimhaltung der ihn betreffenden personenbezogenen Daten,* *soweit ein schutzwürdiges Interesse daran besteht*". Das Datenschutzgesetz 2000 (§ 5 Abs 4) ordnet eine unmittelbare ➔Drittwirkung und eine ➔Fiskalgeltung des Grundrechts auf Datenschutz an.

➔Datenschutzgesetz 2000 (DSG 2000) *Federal Act concerning the Protection of Personal Data* [71]: Das Datenschutzgesetz 2000 (DSG 2000) [= Bundesgesetz über den Schutz personenbezogener Daten, BGBl I 1999/165] garantiert in § 1 – einer Verfassungsbestimmung – das Grundrecht auf ➔Datenschutz.

➔deklarative Bescheidmerkmale [1115]: Die einfache Gesetzgebung ergänzt die ➔konstitutiven Bescheidmerkmale der Verfassung mitunter um weitere konstitutive Bescheidmerkmale (etwa die Schriftlichkeit des Bescheids) oder aber um deklarative Bescheidmerkmale (etwa im AVG die Bescheidbezeichnung, die Bescheidbegründung, die Rechtsmittelbelehrung, das Datum ua). Das Fehlen eines deklarativen Bescheidmerkmals macht den Bescheid – anders als das Fehlen eines konstitutiven Bescheidmerkmals – rechtlich nicht unwirksam, nicht absolut nichtig. Das Fehlen eines deklarativen Bescheidmerkmals kann unbeachtlich sein (etwa das Fehlen des Datums) oder den Bescheid rechtswidrig und anfechtbar (= relativ nichtig) machen.

➔Demokratie *Democracy* [148]: In einer Demokratie (= griechisch Volksherrschaft) beherrscht das Volk den Staat und das Recht (= Volkssouveränität). Es ist zu unterscheiden zwischen der ➔plebiszitären Demokratie (= unmittelbare Demokratie, = direkte Demokratie), in der das Volk durch Volksabstimmungen selbst die Entscheidungen trifft, und der ➔parlamentarischen Demokratie (= indirekte Demokratie, = mittelbare Demokratie, = repräsentative Demokratie), in der das Volk Abgeordnete (= Volksvertreter) in ein Parlament wählt, die in Vertretung des Volks in Gesetzen die Entscheidungen treffen.

➔Demonstrationsfreiheit [547]: Wesentlicher Inhalt der Versammlungsfreiheit ist die Veranstaltung von öffentlichen Demonstrationen. Man nennt daher die ➔Versammlungsfreiheit auch Demonstrationsfreiheit.

➔demonstrativ [1287]: Wir sprechen von einer demonstrativen (= beispielhaften) Aufzählung von Begriffen im Gesetz (Tatbestand), wenn der Gesetzgeber die Formulierung nicht zur Gänze in Sprache fasst, sondern offene ergänzungsfähige Formulierungen verwendet. Der Gesetzgeber leitet demonstrative Aufzählungen oft mit folgenden Worten ein: „beispielsweise", „insbesondere", „wie". Wenn bei einer Aufzählung von Begriffen hingegen keine Ergänzung durch weitere nicht im Gesetzestext enthaltene Begriffe erlaubt ist, weil der Gesetzgeber selbst die Tatbestandselemente zur Gänze in Sprache formulierte, sprechen wir – im Gegensatz zur demonstrativen Aufzählung – von einer taxativen (= abschließenden) Aufzählung.

➔Deregulierung [998]: Als Deregulierung werden Bestrebungen bezeichnet, die Rechtsordnung zu durchforsten, übertrieben genaue und unnötige Rechtsvorschriften aus ihrem Bestand zu entfernen, neue Vorschriften allgemeiner zu halten und nicht alles bis ins kleinste Detail zu regeln. Die zunehmende Dichte an Rechtsvorschriften wird allgemein als Belastung empfunden. Die ➔Rechtsbereinigung ist ein Aspekt der Deregulierung.

➔Derogationsregel [335]: Eine Derogationsregel löst die Kollision zweier im Stufenbau der Rechtsordnung gleichrangiger Rechtsnormen. Es gibt zwei Derogationsregeln: Erstens hebt eine jüngere Rechtsnorm eine ältere Rechtsnorm gleichen Rangs auf (lex posterior derogat legi priori); zweitens hebt eine speziellere Rechtsnorm eine allgemeinere Rechtsnorm gleichen Rangs auf (lex specialis derogat legi generali).

➔Determinierungspflicht [329]: Nach dem ➔Gesetzmäßigkeitsgebot hat das für die Gesetzgebung zuständige Parlament eine Determinierungspflicht. Es hat die Gesetze so genau zu formulieren (= zu determinieren), dass sie eine taugliche Grundlage für eine gesetzestreue Vollziehung sind und der Einzelne das staatliche Vollziehungshandeln vorhersehen und berechnen kann. In diesem Sinn ist auch der Inhalt von Durchführungsverordnungen, die gesetzliche Regelungen bloß präzisieren, in wesentlichen Konturen bereits im Gesetz selbst vorauszubestimmen. Eine lockere und oberflächliche Formulierung der Gesetze würde der Vollziehung verfassungswidrige Freiheiten eröffnen und ist daher verfassungswidrig (= ➔formalgesetzliche Delegation). Das Ausmaß der verfassungsgesetzlich geforderten Vorausbestimmung des Vollziehungshandelns durch das Gesetz ist von der jeweiligen Regelungsmaterie abhängig (➔differenziertes Legalitätsprinzip).

➔Deutschösterreich [59]: Die durch die ➔Oktoberverfassung 1918 ➔revolutionär eingerichtete Republik, welche die Monarchie ablöste, nannte sich Deutschösterreich.

➔Devolutionsantrag [1527]: Der Devolutionsantrag (AVG) ist ein Rechtsbehelf gegen die rechtswidrige Säumnis einer in einer Angelegenheit des eigenen Wirkungsbereichs der Gemeinde zuständigen Verwaltungsbehörde bei der Bescheiderlassung (§ 73 Abs 2 AVG). Der Devolutionsantrag dient der Geltendmachung der ➔Entscheidungspflicht der Verwaltungsbehörden, die Partei beantragt damit den Übergang der Zuständigkeit zur Bescheiderlassung von der säumigen Behörde auf die Berufungsbehörde. Ist jedoch die Säumnis *„nicht auf ein überwiegendes Verschulden der Behörde zurückzuführen*", bleibt die säumige Verwaltungsbehörde zuständig.

➔Dezemberverfassung 1867 [58] [435]: Nach jahrzehntelangen Auseinandersetzungen (Revolutionsjahr 1848 !) erstritt der Konstitutionalismus die Dezemberverfassung 1867. Sie machte in Österreich aus der absoluten Monarchie eine konstitutionelle Monarchie. Die Dezemberverfassung 1867 besteht aus fünf Staatsgrundgesetzen, von denen das ➔Staatsgrundgesetz über die allgemeinen Rechte der Staatsbürger (= StGG 1867) heute noch gilt.

➔**Dienstaufsicht** [1053]: Die Dienstaufsicht ist jene ➔Aufsicht, die sich auf die Einhaltung der dienstrechtlichen Verpflichtungen untergeordneter Organe bezieht (Art 21 Abs 3 B-VG). Mit der ➔Dienstaufsichtsbeschwerde wird die Ausübung des bezüglichen Aufsichtsrechts verlangt.

➔**Dienstaufsichtsbeschwerde** [1425]: ➔Aufsichtsbeschwerden werden mitunter in Dienstaufsichtsbeschwerden und Fachaufsichtsbeschwerden unterschieden. Der Dienstaufsichtsbeschwerde liegen dienstrechtliche Pflichtverletzungen (Disziplinarrecht) eines Organwalters zugrunde (zB unhöfliches Verhalten, Mobbing).

➔**Dienstleistungs(verkehrs)freiheit** [824]: Die Dienstleistungs(verkehrs)freiheit, der freie Zugang zu den Dienstleistungsmärkten aller EU-Mitgliedstaaten, ist eine der vier Grundfreiheiten des Binnenmarkts der Europäischen Union (Art 26 Abs 2, 56-62 AEUV). Die Dienstleistungs(verkehrs)freiheit ist das Recht der Unionsbürger, selbständige wirtschaftliche Leistungen (zB gewerbliche, kaufmännische, handwerkliche, freiberufliche Tätigkeiten) – im Gegensatz zur Niederlassungsfreiheit – nicht dauernd, sondern nur vorübergehend grenzüberschreitend in einem anderen EU-Mitgliedstaat zu erbringen. Die Dienstleistungs(verkehrs)freiheit ist unmittelbar anwendbares primäres Unionsrecht mit Anwendungsvorrang vor nationalem Recht.

➔**Dienstrechtsverfahrensgesetz 1984 (DVG)** [1471]: Das Dienstrechtsverfahrensgesetz 1984 (DVG) [= Bundesgesetz über das Verwaltungsverfahren in Dienstrechtsangelegenheiten, BGBl 1984/29 idgF] regelt das Verwaltungsverfahren in den dienstrechtlichen Angelegenheiten der Beamten des öffentlichen Dienstes (vgl Art I Abs 3 Z 3 EGVG).

➔**differenziertes Legalitätsprinzip** [330] [607]: Das ➔Gesetzmäßigkeitsgebot (= Legalitätsprinzip, Art 18 Abs 1 B-VG) fordert aus Gründen des Rechtsstaats und der Demokratie die strikte Bindung der Vollziehung (Verwaltung und Gerichtsbarkeit) an die Gesetze; für den (einfachen) Gesetzgeber resultiert daraus eine Determinierungspflicht, welche die Vorausbestimmung des Inhalts von Durchführungsverordnungen (Art 18 Abs 2 B-VG) einschließt. Der Determinierungsgrad – das Ausmaß der Vorausbestimmung des Vollziehungshandelns durch das Gesetz – ist allerdings nicht starr, sondern abhängig vom jeweiligen Sachgebiet. In diesem Sinn sprechen wir von einem differenzierten Legalitätsprinzip, weil die Anforderungen an die Bestimmtheit der Gesetze je nach Regelungsgegenstand abgestuft (differenziert) sind. Strengere Anforderungen an die ausreichende Determinierung gelten in Bereichen, in denen das Rechtsschutzbedürfnis – insbesondere wegen des Eingriffs in Grundrechte – dies erfordert (so im Strafrecht, Sozialversicherungsrecht, Steuerrecht, Studienbeitragsrecht). Geringer sind die Anforderungen an die Bestimmtheit gesetzlicher Regelungen insb im Planungsrecht (Wirtschaftsplanung und Raumplanung, va bei Regelung der Erlassung von Flächenwidmungsplänen), in dem sich der Gesetzgeber auf Zielvorgaben (finale Determinierung) beschränken darf, und im Verwaltungsprivatrecht.

➔**Diskriminierungsverbot** *(the principle of) non-discrimination* [811]: Das Diskriminierungsverbot aus Gründen der Staatsangehörigkeit (Art 18 AEUV, Art 21 Abs 2 GRC) verbietet österreichischen (Gesetzgebungs-, Verwaltungs-, Gerichts)Organen bei Umsetzung und Vollziehung von Unionsrecht österreichische Staatsbürger anderen (nicht-österreichischen) Unions(EWR)bürgern vorzuziehen. Das Diskriminierungsverbot ist nur bei Umsetzung und Vollziehung von Unionsrecht anzuwenden, somit insbesondere bei Ausübung einer der vier ➔Grundfreiheiten des Binnenmarkts. Seine Anwendung führt zu einer Ausdehnung des Adressatenkreises der Staatsbürgerrechte auf Unions(EWR)bürger.

➔**dispositives Recht** [334]: Von dispositivem Recht (in der Privatrechtsordnung) spricht man, wenn Konsensualnormen Privater gesetzliche Regelungen des Privatrechts durch Vereinbarung abändern können, also die gesetzlichen Regelungen des Privatrechts nur für den Fall gelten, dass die Privaten nichts Gegenteiliges vereinbaren.

➔**Disziplinar(straf)recht** [1417]: Die Rechtsordnung normiert für bestimmte Berufsgruppen (etwa Beamte, Rechtsanwälte, Notare, Ärzte ua) besondere Rechte und Pflichten bei der Berufsausübung (= Standespflichten). Disziplinarrecht sind jene Rechtsnormen, die das standesgemäße Verhalten sicherstellen sollen, die Verletzung der (Standes)Pflichten sanktionieren. So steht der Beamte zu seiner Gebietskörperschaft in einem besonderen Rechtsverhältnis, einem ➔Organwalterverhältnis, für das besondere Dienstpflichten festgelegt sind, etwa die Pflicht, seine Aufgaben treu, gewissenhaft und engagiert zu besorgen (§ 43 BDG 1979), die Pflicht zum achtungsvollen Umgang (Mobbingverbot) nach § 43a BDG 1979. Dienstpflichtverletzungen des Beamten sanktioniert das Disziplinar(straf)recht der Beamten etwa mit einem Verweis, einer Geldstrafe oder der Entlassung (§ 92 BDG 1979). Das Disziplinar(straf)recht der Beamten vollziehen die Disziplinarbehörden in einem besonderen Verfahren, dem Disziplinarverfahren (vgl Art I Abs 3 Z 5 EGVG).

➔**doppelte Bedingtheit** [624]: Die doppelte Bedingtheit des gebarungsrelevaten Verwaltungshandelns meint, dass die Verwaltung für ihr Handeln eine Grundlage in zwei Gesetzen braucht, sie also „doppelt bedingt" ist, wenn ihr Handeln geld- und vermögensrelevant ist. Die Verwaltung darf allgemein nach dem Gesetzmäßigkeitsgebot nur aufgrund der Gesetze handeln. Handelt die Verwaltung gebarungsrelevant, so benötigt sie zusätzlich die Deckung in Budgetgesetzen (für den Bund im Bundesfinanzgesetz und im Bundesfinanzrahmengesetz).

➔**Drittwirkung** [457]: Grundrechte berechtigen den Einzelnen gegen den Staat. Eine (unmittelbare) Drittwirkung einer Berechtigung eines Einzelnen aus dem Grundrecht gegen eine andere private Person besteht nicht, außer die Rechtsordnung ordnet die (unmittelbare) Drittwirkung eines Grundrechts – wie beim Recht auf ➔Datenschutz – gesondert an. Unter Umständen können Grundrechte über Wertungen in allgemeinen Sittenklauseln der Privatrechtsordnung im privaten Bereich Bedeutung haben (= ➔mittelbare Drittwirkung).

➔Durchführungsverordnung [331] [1132]: Eine Durchführungsverordnung (Art 18 Abs 2 B-VG) ist eine Verordnung, die ein Gesetz (im formellen Sinn) im Sinne des Gesetzmäßigkeitsgebots des Art 18 Abs 1 B-VG bloß konkretisiert, ihr Inhalt muss im Wesentlichen im Gesetz selbst vorgezeichnet sein. Art 18 Abs 2 B-VG ermächtigt die Verwaltungsbehörden unmittelbar und generell zur Verordnungserlassung auf Grundlage eines ausreichend determinierten Gesetzes. Die Durchführungsverordnung steht im begrifflichen Gegensatz zur ➔selbständigen Verordnung, die sich ohne gesetzliche Determinierung unmittelbar auf ein Bundesverfassungsgesetz stützt.

E

➔egalitäre Demokratie [160]: In der egalitären Demokratie zählen alle Menschen für den Staat und in der staatlichen Willensbildung („one man, one vote") gleich. Unterschiede nach Geburt, Geschlecht, Stand, Klasse oder Bekenntnis sind ausgeschlossen. Jeder kann – ohne Überprüfung einer fachlichen Qualifikation – jedes politische Amt im Staat übernehmen, das politische Vertrauen (der Wähler), auf das es in der egalitären Demokratie allein ankommt, reicht dafür aus.

➔E-Government [271]: E-Government bedeutet den Einsatz von ➔elektronischen Datenbanken und die Einrichtung von ➔elektronischem Rechtsverkehr in Verwaltung, Gerichtsbarkeit und Gesetzgebung. Mit dem E-Government-Gesetz – E-GovG [= Bundesgesetz über Regelungen zur Erleichterung des elektronischen Verkehrs mit öffentlichen Stellen, BGBl I 2004/10 idgF] schuf der Bundesgesetzgeber eine Rechtsgrundlage für die elektronische Kommunikation des Bürgers mit staatlichen Organen.

➔eigener Wirkungsbereich der Gemeinde [1286]: Der eigene Wirkungsbereich der Gemeinde (= selbständiger Wirkungsbereich, = autonomer Wirkungsbereich, Art 118 B-VG) umfasst alle örtlichen Angelegenheiten. Das sind alle Zuständigkeiten der Landesverwaltung (Art 11, 12, 15 B-VG) und alle Zuständigkeiten der Bundesverwaltung (Art 10 B-VG), *„die im ausschließlichen oder überwiegenden Interesse der in der Gemeinde verkörperten örtlichen Gemeinschaft gelegen und geeignet sind, durch die Gemeinschaft innerhalb ihrer örtlichen Grenzen besorgt zu werden"* (Art 118 Abs 2 B-VG). Art 118 Abs 3 B-VG zählt ➔demonstrativ Angelegenheiten auf, die in den eigenen Wirkungsbereich fallen (zB die örtliche Baupolizei). Die Gemeinde besorgt die Angelegenheiten des eigenen Wirkungsbereichs frei von Weisungen der Landesverwaltung und der Bundesverwaltung, aber unter Bindung an die Gesetze des Landes und des Bundes und unter Aufsicht des Landes und des Bundes (➔Gemeindeautonomie). Neben ihrem eigenen Wirkungsbereich hat die Gemeinde auch einen vom Land und einen vom Bund ➔übertragenen Wirkungsbereich.

➔Eigentumsbeschränkung [534]: Anders als bei der Enteignung entzieht eine gesetzliche Eigentumsbeschränkung dem Eigentümer die Sache nicht, sondern beschränkt bloß die Nutzung (zB Bauverbot für ein Grundstück im Grünland). Die Eigentumsbeschränkung muss im Hinblick auf das Grundrecht der ➔Eigentumsfreiheit im öffentlichen Interesse gerechtfertigt und verhältnismäßig (Verhältnismäßigkeitsgrundsatz) sein, eine Entschädigungspflicht besteht im Allgemeinen nicht.

➔Eigentumsfreiheit *Protection of property* [532] [645]: Die unter materiellem Gesetzesvorbehalt stehende Eigentumsfreiheit ist als Menschenrecht in Art 5 StGG 1867 und in Art 1 erstes ZPzEMRK [und in Art 17 GRC] verankert. Sie schützt alle vermögenswerten Privatrechte (§§ 353 ff ABGB, zB Eigentum an körperlichen Sachen, Miet-, Pacht-, Urheberrecht), auch die Privatautonomie schlechthin. Enteignungen sind – wenn überhaupt – nur gegen ➔Entschädigung zulässig, bloße Eigentumsbeschränkungen sind im Allgemeinen entschädigungslos hinzunehmen. Die Eigentumsfreiheit ist Grundlage der Wirtschaftsordnung.

➔einfachgesetzlich gewährleistetes Recht [1430]: Ein einfachgesetzlich gewährleistetes Recht ist ein ➔subjektives Recht, das im Stufenbau der Rechtsordnung der einfache Gesetzgeber gewährt.

➔Einführungsgesetz zu den Verwaltungsverfahrensgesetzen 2008 (EGVG) [408] [1470]: Das Einführungsgesetz zu den Verwaltungsverfahrensgesetzen 2008 (EGVG), BGBl I 2008/87 idgF, legt den Anwendungsbereich der drei Verwaltungsverfahrensgesetze ➔Allgemeines Verwaltungsverfahrensgesetz 1991 (AVG), ➔Verwaltungsstrafgesetz 1991 (VStG) und ➔Verwaltungsvollstreckungsgesetz 1991 (VVG) fest (Art I Abs 1 und Abs 2). Es regelt somit, in welchen Verwaltungsverfahren die Verwaltungsbehörden das AVG, das VStG und das VVG anzuwenden haben.

➔Eingliederung in die Verwaltung [1075]: Eingliederung in die Verwaltung ist die Betrauung von Organisationen, Organen und Personen, die nicht Teil der (eigenen) Verwaltungsorganisation sind, durch Gesetz mit der Wahrnehmung staatlicher Verwaltungsaufgaben. In diesem Sinn können Organe einer anderen Gebietskörperschaft, Organe von Selbstverwaltungskörpern, Organe von juristischen Personen des Privatrechts und des öffentlichen Rechts, natürliche Personen für (hoheitliche und nicht-hoheitliche) Verwaltungsaufgaben in Pflicht genommen und damit in die Verwaltungsorganisation einer Gebietskörperschaft eingegliedert werden. Formen einer Eingliederung in die Verwaltung sind die ➔mittelbare Staatsverwaltung, die ➔Beleihung und die ➔staatliche Auftragsverwaltung.

➔Eingriffsverwaltung [1163]: Eingriffsverwaltung ist ein Synonym für ➔Ordnungsverwaltung.

➔Eingriffsvorbehalt [517]: Ein Eingriffsvorbehalt ist ein materieller Gesetzesvorbehalt, mit dem der Verfassungsgesetzgeber dem Gesetzgeber erlaubt, durch einfache Gesetze in den Schutzbereich eines Freiheitsrechts einzugreifen und dadurch den Schutzbereich zu beschränken. Der Eingriffsvorbehalt steht im begrifflichen Gegensatz zum ➔Ausgestaltungsvorbehalt (= Ausführungsvorbehalt).

➔einheitliches Wirtschaftsgebiet [647]: Das Bundesgebiet ist nach Art 4 B-VG ein einheitliches Wirtschaftsgebiet, dh ein einheitliches Währungs-, Wirtschafts- und Zollgebiet. Der freie Wirtschaftsverkehr innerhalb des Bundesgebiets darf – insbesondere an den Landesgrenzen – in keiner Weise beschränkt werden. Der freie Wirtschaftsverkehr wurde durch den Binnenmarkt der Europäischen Union auf das Gebiet der Europäischen Union bzw des Europäischen Wirtschaftsraums (EWR) erweitert.

➔Einheitsgemeinde [1304]: Das B-VG gibt den für das Kommunalrecht zuständigen Ländern die abstrakte Einheitsgemeinde als Organisationsmuster vor, was bedeutet, dass alle Gemeinden ohne Differenzierung (etwa nach Größe, Wirtschaftskraft) ein einheitliches Organisationsrecht und einen im Umfang einheitlichen eigenen Wirkungsbereich haben. Differenzierende Bezeichnungen, wie ➔Marktgemeinde oder ➔Stadtgemeinde, haben keine organisationsrechtlichen Konsequenzen. Einzige Ausnahme vom Grundsatz der Einheitsgemeinde ist die ➔Statutarstadt, die über ein eigenes – von der Einheitsgemeinde abweichendes – Organisationsgesetz verfügt. In Oberösterreich etwa sind alle Gemeinden als Einheitsgemeinden nach der Oö Gemeindeordnung 1990(Oö GemO 1990) organisiert, mit Ausnahme der drei oö Statutarstädte Linz, Wels und Steyr, die besondere Organisationsgesetze, nämlich das Stadtstatut für Linz 1992 (StL 1992), das Stadtstatut für Wels 1992 (StW 1992) und das Stadtstatut für Steyr 1992 (StS 1992), haben.

➔Einheitsstaat *unitary state* [359]: Ein Einheitsstaat (= Zentralstaat) ist ein Staat mit nur einer Staatsgewalt. Im Gegensatz dazu ist die Staatsgewalt im ➔Bundesstaat dezentralisiert und auf mehrere Staaten aufgeteilt.

➔Einspruch [1543]: Der Einspruch ist das ordentliche Rechtsmittel (VStG) gegen die ➔Strafverfügung im Verwaltungsstrafverfahren (§ 49 VStG). Der Einspruch ist binnen zwei Wochen bei der Behörde einzubringen, die die Strafverfügung erlassen hat. Durch Erhebung eines Einspruchs tritt die Strafverfügung ex lege außer Kraft, außer es wurde ausschließlich das Ausmaß der verhängten Strafe oder die Kostenentscheidung angefochten. Die Verwaltungsstrafbehörde leitet in der Folge ein ordentliches Ermittlungsverfahren ein (§ 49 Abs 1 und 2 VStG). In dem dann ergehenden Strafbescheid darf keine höhere Strafe verhängt werden als in der Strafverfügung (➔Verschlechterungsverbot).

➔Einzelfallgesetz [224]: Ein Einzelfallgesetz ist ein von einem Parlament erlassenes Gesetz im formellen Sinn, das sich inhaltlich individuell an eine Einzelperson richtet (individuelle Rechtsnorm) und sich auf einen bestimmten Sachverhalt bezieht (konkrete Rechtsnorm). Ein Einzelfallgesetz wäre etwa die Enteignung eines bestimmten Grundbesitzers oder eines bestimmten Unternehmens unmittelbar durch Gesetz (= Legalenteignung).

➔Einzelorgan [1045]: Ein Einzelorgan ist ein staatliches (Verwaltungs-, Gerichts)Organ, dem – anders als einem ➔Kollegialorgan – bloß eine Person als Organwalter zugeordnet ist, zB der Bundespräsident, der Landeshauptmann, der Bürgermeister. Ein Einzelorgan mit behördlichen Befugnissen nennen wir monokratisches Organ.

➔elektronische Datenbank [272]: Eine elektronische Datenbank im ➔E-Government ist die elektronische Aufbereitung und Speicherung rechtlich relevanter Informationen durch Staatsorgane sowie die elektronische Abrufbarkeit der elektronisch gespeicherten Informationen. Eine Reihe von elektronischen Datenbanken ist über das ➔Rechtsinformationssystem des Bundes (RIS) abrufbar. Elektronische Datenbanken sind etwa das Grundbuch, das Firmenbuch, das Zentrale Melderegister (ZMR), das Zentrale Vereinsregister (ZVR), das Führerscheinregister).

➔elektronische Signatur [285]: An die Stelle der eigenhändigen Unterschrift auf papierenen Dokumenten tritt bei elektronischen Dokumenten die elektronische Signatur, nicht eine eingescannte eigenhändige Unterschrift. Die elektronische Signatur gewährleistet die Authentizität (Echtheit) und die Integrität (Unverfälschtheit) elektronischer Daten. Den rechtlichen Rahmen für die Erstellung und Verwendung elektronischer Signaturen enthält das Signaturgesetz (SigG) [= Bundesgesetz über elektronische Signaturen, BGBl I 1999/190]. Für Auftraggeber des öffentlichen Bereichs kennt die Rechtsordnung besondere elektronische Signaturen, so insbesondere die ➔Amtssignatur.

➔Elektronischer Akt (ELAK) [282]: Der Elektronische Akt (ELAK) ist ein durchgehend elektronisch geführtes Aktenbearbeitungs- und -verwaltungssystem (§ 21 E-Government-Gesetz) insb in der Verwaltung, das den Papierakt zur Gänze ersetzt. Alle Aufzeichnungen zu Geschäftsfällen – unabhängig davon, wie sie bei einer Geschäftsstelle einlangen (per Post, Fax, E-Mail oder über das Internet) – erfolgen von der Registrierung bis zur

Ablage ausschließlich elektronisch. Papierausdrucke gelten nur noch als Kopien, das Original ist der elektronische Akt.

➔**Elektronischer Rechtsverkehr (ERV)** [301]: Elektronischer Rechtsverkehr meint allgemein den papierlosen elektronischen Verkehr der Menschen mit staatlichen Organen in Verwaltung und Gerichtsbarkeit, im hoheitlichen Bereich auf Grundlage der Verwaltungsverfahrensgesetze und der gerichtlichen Verfahrensgesetze. Durch die §§ 89a bis 89g Gerichtsorganisationsgesetz – GOG (RGBl 1896/217 idgF) und die Verordnung über den Elektronischen Rechtsverkehr – ERV 2006 (BGBl II 2005/481 idgF) wurde der Elektronische Rechtsverkehr (ERV) zu einem Rechtsbegriff, der nur eine ganz bestimmte Art des elektronischen Verkehrs mit den Gerichten meint. Die elektronische Kommunikation erfolgt dabei nicht direkt mit dem Gericht, sondern über sog Übermittlungsstellen, bei denen sich Interessierte registrieren lassen, um einen Anschriftcode zu erhalten, der bei jeder elektronischen Kommunikation zu verwenden ist.

➔**Empfehlung** *recommendation* [775]: Eine Empfehlung der EU (Art 288 Abs 5 AEUV) ist eine unverbindliche individuelle Anleitung der Unionsorgane. Sie richtet sich an Mitgliedstaaten, an natürliche oder juristische Personen (zB Antidumping-Empfehlung) oder an Unionsorgane. Trotz ihrer rechtlichen Unverbindlichkeit kommt ihr Relevanz und vor allem politisches Gewicht zu.

➔**Energie-Control Austria (E-Control)** [1231]: Die Energie-Control Austria – E-Control (= Energie-Control Austria für die Regulierung der Elektrizitäts- und Erdgaswirtschaft) ist durch das Energie-Control-Gesetz [= Bundesgesetz über die Regulierungsbehörde in der Elektrizitäts- und Erdgaswirtschaft, BGBl I 2010/110] als Anstalt öffentlichen Rechts eingerichtet und mit hoheitlichen und behördlichen Aufgaben betraut. Als ➔Regulierungsbehörde überwacht und gestaltet die E-Control die Versorgung mit Energie (Elektrizität und Gas).

➔**Enqueterecht** [953]: Enqueterecht ist ein Synonym für ➔Untersuchungsrecht.

➔**Enteignung** [535]: Eine Enteignung entzieht dem Eigentümer zwangsweise eine Sache und überträgt sie auf eine andere Person. Eine Enteignung, welche die Sache auf eine Gebietskörperschaft überträgt, nennen wir Verstaatlichung. Der materielle Gesetzesvorbehalt des Art 5 StGG 1867 und Art 1 erstes ZPzEMRK erlaubt Enteignungen durch die Verwaltungsbehörde auf gesetzlicher Grundlage oder unmittelbar durch den Gesetzgeber selbst (= Legalenteignung). Eine Enteignung gegen eine angemessene ➔Entschädigung ist verfassungsrechtlich nur zulässig, wenn ein konkreter Bedarf nach der enteigneten Sache vorliegt, dessen Deckung im öffentlichen Interesse gelegen ist, die Sache zur Deckung dieses Bedarfs geeignet ist und es unmöglich ist, diesen Bedarf anders als durch Enteignung zu decken. Keine Enteignung ist die ➔Eigentumsbeschränkung.

➔**Entschädigung** [535]: Entschädigung ist der einem Enteigneten für den erlittenen Vermögensschaden zu gewährende finanzielle Ausgleich. Ob es dem einfachen Gesetzgeber aufgrund des materiellen Gesetzesvorbehalts des Art 5 StGG 1867 freisteht, eine Entschädigung zu gewähren, oder ob er durch Art 5 StGG 1867 dazu verfassungsgesetzlich verpflichtet ist, ist umstritten. Art 1 erstes ZPzEMRK verlangt eine Entschädigung. Die Entschädigung kann auch aus dem Gleichheitssatz abgeleitet werden (Verbot eines sachlich nicht gerechtfertigten „Sonderopfers").

➔**Entscheidungspflicht** [1526] [1652]: Die Verwaltungsbehörden sind im Verwaltungsverfahren verpflichtet, Anträge der Parteien (auch Berufungen) ohne unnötigen Aufschub – spätestens innerhalb von sechs Monaten – durch Erlassung eines Bescheids zu erledigen (= Entscheidungspflicht nach § 73 Abs 1 AVG). Die Materiengesetze des Bundes und der Länder können abweichende – kürzere oder längere – Entscheidungsfristen festlegen. Verletzt die Verwaltungsbehörde ihre Entscheidungspflicht, ist sie also mit der gesetzlich gebotenen Bescheiderlassung säumig, so kann die Partei grundsätzlich ➔Säumnisbeschwerde an das Verwaltungsgericht oder – wenn ein administrativer Instanzenzug besteht – ➔Devolutionsantrag an die Berufungsbehörde erheben. Auch das Verwaltungsgericht (VwG) trifft eine Entscheidungspflicht. Es hat verfahrenseinleitende Parteienanträge und Beschwerden ohne unnötigen Aufschub – spätestens aber sechs Monate nach deren Einlangen – durch Erlassung eines Erkenntnisses oder eines Beschlusses zu erledigen (§ 34 VwGVG). Trifft das VwG fristgerecht keine Entscheidung, kann dagegen ➔Fristsetzungsantrag an den Verwaltungsgerichtshof (VwGH) erhoben werden.

➔**entschiedene Sache** [1507]: § 68 Abs 1 AVG bezeichnet eine durch bestandskräftigen Bescheid abgeschlossene Verwaltungssache als entschiedene Sache (res iudicata). Die ➔Bestandskraft des Bescheids bewirkt, dass die Verwaltungsbehörde über eine abgesprochene Sache kein zweites Mal entscheiden darf (ne bis in idem). Dasselbe gilt bei ➔Rechtskraft eines Bescheids oder einer gerichtlichen Entscheidung. Das Verwaltungsgericht (VwG) und der Verwaltungsgerichtshof (VwGH) weisen eine Revision, der Verfassungsgerichtshof (VfGH) weist Beschwerden und Anträge wegen rechtskräftig entschiedener Sache mit Beschluss zurück (§ 30a Abs 1, § 34 Abs 1 VwGG, § 19 Abs 3 Z 2 lit d VfGG).

➔**Entschließungen** [1007]: Der Bundespräsident ist Teil der Verwaltung, seine Rechtsnormen heißen Entschließungen. Entschließungen können Bescheide oder Verordnungen („allgemeine Entschließungen") sein. Als Verordnungen sind die allgemeinen Entschließungen des Bundespräsidenten im Bundesgesetzblatt II (§ 4 Abs 1 Z 1 BGBlG) kundzumachen.

➔Entschließungsrecht [956]: Das Entschließungsrecht (= Resolutionsrecht) ist ein Kontrollrecht des Parlaments. Der Nationalrat und der Bundesrat formulieren durch (Mehrheits)Beschluss rechtlich unverbindliche (Sanktion kann das Misstrauensvotum des Nationalrats sein) Wünsche zur Ausübung der Bundesverwaltung an die Bundesregierung (Art 52 Abs 1 B-VG). Das Entschließungsrecht der Landtage regelt das Landesrecht.

➔Enumerationsmethode [383]: Das B-VG verteilt im Bundesstaat die Kompetenzen in Gesetzgebung und Vollziehung zwischen Bund und Ländern nach der Enumerationsmethode. Das B-VG (Art 10 bis 12) zählt die dem Bund zugewiesenen Sachmaterien (zB Gewerbe, Zivilrechtswesen, öffentliche Ruhe, Ordnung und Sicherheit ua) ausdrücklich auf (= Enumeration) und belässt alle nicht enumerativ genannten Materien in einer Generalklausel dem Land (Art 15 Abs 1 B-VG).

➔E-Recht [306]: E-Recht ist die elektronische Rechtserzeugung in den Parlamenten. Von der Einbringung eines Gesetzesentwurfs im Parlament – über die elektronische Abstimmung im Parlament und die Beurkundung – bis zur authentischen elektronischen Kundmachung des Gesetzes im Bundesgesetzblatt bzw einem Landesgesetzblatt soll das gesamte Gesetzgebungsverfahren papierlos elektronisch ablaufen. E-Recht ist noch nicht zur Gänze umgesetzt.

➔Erfüllungsvorbehalt [713]: Ein Erfüllungsvorbehalt schließt die ➔unmittelbare Anwendbarkeit eines Staatsvertrags durch die Vollziehungsorgane jedenfalls aus, gleichgültig, ob er self-executing ist, oder non-self-executing und daher ohnedies schon aus völkerrechtlichen Gründen nicht anwendbar wäre; oder einer Anwendung strukturelle Verfassungshindernisse entgegenstünden. Generell transformierte Self-executing-Staatsverträge sind durch die Vollziehung (Verwaltungsorgane und Gerichte) unmittelbar anwendbar, wenn sie den Bestimmtheitserfordernissen des Gesetzmäßigkeitsgebots entsprechen. Diese „Automatik" der unmittelbaren Anwendbarkeit kann durch Setzen eines Erfüllungsvorbehalts unterbrochen werden: Anlässlich der Genehmigung eines Staatsvertrags des Bundes in Gesetzesrang kann der Nationalrat (Art 50 Abs 2 Z 4 B-VG) – anlässlich der Genehmigung eines Staatsvertrags der Länder in Gesetzesrang der Landtag nach den Bestimmungen der Landesverfassung (zB Art 57 Abs 4 Oö L-VG) – beschließen, dass der Staatsvertrag durch Erlassung von Gesetzen zu erfüllen ist. Beim Abschluss eines Staatsvertrags des Bundes in Verordnungsrang oder eines Staatsvertrags der Länder in Verordnungsrang ordnet der Bundespräsident (bzw das von ihm ermächtigte Organ) einen solchen Erfüllungsvorbehalt an (Art 65 Abs 1 zweiter Satz, Art 66 Abs 2 und 3 B-VG).

➔Ergreiferprämie [346]: Obwohl die Aufhebung einer rechtswidrigen Verordnung oder eines rechtswidrigen Gesetzes durch den Verfassungsgerichtshof für die Allgemeinheit nur für zukünftige Fälle (= ex nunc) gilt, wirkt sie – gleichsam als Prämie für die Ergreifung der rechtswidrigen Rechtsnorm (= Ergreiferprämie) – für den individuellen ➔Anlassfall auf den Zeitpunkt des Erlasses des rechtswidrigen Rechtssatzes zurück, also ex tunc (Art 139 Abs 6, Art 140 Abs 7 B-VG).

➔Erkenntnis [1388]: Das Erkenntnis eines Gerichts der Verwaltungsgerichtsbarkeit (LVwG, BVwG, BFG, VwGH) und der Verfassungsgerichtsbarkeit (VfGH) ist ein Urteil, also eine individuell-konkrete Rechtsnorm eines Gerichts des öffentlichen Rechts, mit der das Gericht – anders als beim ➔Beschluss – in der Sache (in merito) entscheidet. Das Erkenntnis ergeht „im Namen der Republik" (§ 29 Abs 1 VwGVG, § 24 Abs 4 BFGG, § 43 Abs 1 VwGG, § 19 Abs 2 VfGG).

➔(Erkenntnis/Beschluss)Beschwerde [1562] [1593] [1637]: Die (Erkenntnis/Beschluss)Beschwerde an den ➔Verfassungsgerichtshof (VfGH) steht gegen ein Erkenntnis oder einen Beschluss des Verwaltungsgerichts I. Instanz (LVwG, BVwG, BFG) zu (Art 144 Abs 1 B-VG). Art 144 Abs 1 B-VG unterscheidet eine ➔unmittelbare (Erkenntnis/Beschluss)Beschwerde und eine ➔mittelbare (Erkenntnis/Beschluss)Beschwerde. ➔Beschwerdepunkte (§ 82 Abs 4 Z 3 VfGG) der unmittelbaren Beschwerde sind ausschließlich verfassungsgesetzlich gewährleistete Rechte; Beschwerdepunkte der mittelbaren Beschwerde, die formal ebenfalls die verwaltungsgerichtliche Entscheidung bekämpft, die Rechtswidrigkeit aber in ihrer generellen Rechtsgrundlage sieht, können verfassungsgesetzlich und/oder einfachgesetzlich gewährleistete Rechte sein. Der Beschwerdeführer kann auch beide Alternativen kombinieren, wenn er sowohl einen Fehler in der angefochtenen verwaltungsgerichtlichen Entscheidung selbst als auch in der ihr zugrunde liegenden generellen Rechtsgrundlage sieht. Er erhebt dann eine gemischte Beschwerde nach Art 144 Abs 1 erste und zweite Alternative B-VG. Die Beschwerde hat keine aufschiebende Wirkung.

➔Ermessen [330]: Das B-VG unterwirft die gesamte staatliche Vollziehung dem Gesetzesvorbehalt, die Vollziehung ist nach Art 18 Abs 1 B-VG strikt an die Gesetze (➔Gesetzmäßigkeitsgebot, = Legalitätsprinzip) gebunden. Trotz dieser strengen Gesetzesbindung stellt es die Verfassung dem (einfachen) Gesetzgeber frei (Art 130 Abs 3 B-VG), in einzelnen Fällen von der zwingenden Bindung der Vollziehung beim Gesetzesvollzug abzusehen und der Vollziehung einen Freiraum (= Ermessen) einzuräumen.

➔Ermittlungsverfahren [1490]: Ermittlungsverfahren (§§ 37 bis 55 AVG) meint das Verwaltungsverfahren bis zur Erlassung des Bescheids, es dient der Erforschung des für die Bescheiderlassung relevanten Sachverhalts (§ 37 AVG). Die Verwaltungsbehörde ist dabei an die ➔Grundsätze des Verwaltungsverfahrens gebunden, an die Offizialmaxime (Amtswegigkeit des Verfahrens), die materielle Wahrheit, die Unbeschränktheit der

Beweismittel, das Parteiengehör, die freie Beweiswürdigung, die Verfahrensökonomie und die Mittelbarkeit des Verfahrens. Nach der Ermittlung des Sachverhalts und seiner rechtlichen Beurteilung ergeht der Bescheid.

➔**Ermittlungsverfahren zur Mandatsaufteilung** [900]: Die Mandatsaufteilung nach der Nationalratswahl erfolgt in drei Ermittlungsverfahren. Das erste Ermittlungsverfahren findet auf regionaler Ebene (auf Ebene der Regionalwahlkreise) statt. Jede Wahlpartei (Liste) erhält so viele Mandate wie die Wahlzahl (die Wahlzahl ist die Gesamtsumme der im Landeswahlkreis für die Parteien abgegebenen gültigen Stimmen geteilt durch die Anzahl der im Landeswahlkreis zu vergebenden Mandate, § 96 Abs 4 NRWO) in ihrer Listensumme im Regionalwahlkreis enthalten ist (§ 97 NRWO). Im zweiten Ermittlungsverfahren, das auf Landesebene (auf Ebene der Landeswahlkreise) stattfindet, erhält jede Liste so viele Mandate, wie die Wahlzahl in ihrer Listensumme im Landeswahlkreis enthalten ist, abzüglich der im ersten Ermittlungsverfahren erzielten Mandate (§ 101 NRWO). Im dritten Ermittlungsverfahren, das auf Ebene des Bundesgebiets stattfindet, erhält jede Liste so viele Mandate, wie die – etwas anders berechnete (§ 107 Abs 4 und 5 NRWO) – Wahlzahl in ihrer Listensumme enthalten ist, abzüglich der im ersten und im zweiten Ermittlungsverfahren erzielten Mandate. Voraussetzung für die Teilnahme am zweiten und dritten Ermittlungsverfahren ist, dass im ersten Ermittlungsverfahren zumindest in einem der Regionalwahlkreise ein Mandat (Grundmandat) oder im gesamten Bundesgebiet mindestens vier Prozent (Vier-Prozent-Klausel) der abgegebenen gültigen Stimmen erzielt wurden.

➔**Erste allgemeine Hilfeleistung** [1184]: Die erste allgemeine Hilfeleistung ist die Abwehr von gegenwärtigen oder unmittelbar bevorstehenden Gefährdungen für Leben, Gesundheit, Freiheit oder Eigentum von Menschen durch die Sicherheitsbehörden bis zum Einschreiten der jeweils zuständigen Behörde (Art 78a Abs 2 B-VG). Die Kompetenzordnung zählt die erste allgemeine Hilfeleistung zur allgemeinen Sicherheitspolizei (Art 10 Abs 1 Z 7 B-VG).

➔**Erstes Verstaatlichungsgesetz** [1098]: Das Erste Verstaatlichungsgesetz [= Bundesgesetz vom 26. Juli 1946 über die Verstaatlichung von Unternehmungen, BGBl 168 idgF] führte die Schwerindustrie und die Großbanken in das Eigentum des Bundes über.

➔**Erwerbsfreiheit** [536] [645]: Die unter materiellem Gesetzesvorbehalt stehende Erwerbsfreiheit ist als Staatsbürgerrecht in Art 6 Abs 1 StGG 1867 verankert. Sie gewährleistet dem Privaten die Ausübung eines jeden Erwerbszweigs. Die Erwerbsfreiheit ist Grundlage der Wirtschaftsordnung.

➔**Ethik** *ethics* [8]: Ethik (= Sitte, = gute Sitten) verallgemeinert das Streben der Einzelnen nach dem „Guten" (= Moral) zu allgemein gültigen gesellschaftlichen Normen, die auf der Grundlage moralischer Werte das Zusammenleben der Menschen in der Gesellschaft bestimmen.

➔**EU-Beitritts-BVG** *Federal Constitutional Act on the Accession of Austria to the European Union* [63] [70] [756]: Das EU-Beitritts-BVG [= Bundesverfassungsgesetz über den Beitritt Österreichs zur Europäischen Union, BGBl 1994/744] ermächtigte aufgrund des Ergebnisses der Volksabstimmung vom 12.06.1994 (66,58 % Ja-Stimmen zum EU-Beitritt Österreichs) die zuständigen Staatsorgane, den ➔EU-Beitrittsvertrag abzuschließen.

➔**EU-Beitrittsvertrag** [63] [756]: Die durch das ➔EU-Beitritts-BVG [= BVG über den Beitritt Österreichs zur Europäischen Union, BGBl 1994/744] hiezu ermächtigten Staatsorgane schlossen am 24.06.1994 den EU-Beitrittsvertrag [= Staatsvertrag über den Beitritt Österreichs zur Europäischen Union, BGBl 1995/45 idF 1996/680] ab. Der EU-Beitrittsvertrag ist ein multilateraler völkerrechtlicher Vertrag zwischen den (1994 zwölf) EU-Mitgliedstaaten und Österreich über den Beitritt Österreichs zur Europäischen Union. Der EU-Beitrittsvertrag trat mit 01.01.1995 in Kraft, er ist Teil des primären Unionsrechts.

➔**EU-Gesetz** *legislative act* [778]: Die ➔Verordnung (EU), die ➔Richtlinie und der ➔Beschluss (EU) sind die Formen verbindlicher Rechtsakte der EU-Organe. Die Unionsverträge nennen diese Rechtsakte Gesetze (EU-Gesetze, = Unionsgesetze), wenn sie – regelmäßig auf Vorschlag der Europäischen Kommission – gemeinsam von Rat und Europäischem Parlament oder vom Rat nach Anhörung des Europäischen Parlaments in einem formellen als Gesetzgebungsverfahren bezeichneten Vorgang (Art 289 Abs 3 AEUV) erlassen werden.

➔**EU-Grundrechtecharta (GRC)** *Charter of Fundamental Rights of the European Union* [473] [753]: Die EU-Grundrechtecharta (GRC) [= Charta der Grundrechte der Europäischen Union, ABl 2012 C 326/391] enthält einen Katalog von ➔Grundrechten und Grundsätzen über grundlegende Werte der Europäischen Union (EU), der von den EU-Mitgliedstaaten 2000 vereinbart wurde und mit dem Vertrag von Lissabon am 01.12.2009 in Kraft trat. Die EU-Grundrechtecharta (GRC) ist Teil des primären Unionsrechts. Die Anwendbarkeit der EU-Grundrechtecharta (GRC) setzt das Handeln eines österreichischen Staatsorgans im Anwendungsbereich des Unionsrechts voraus (Art 51 Abs 1 GRC). Die Rechte der GRC sind verfassungsgesetzlich gewährleistete Rechte im Sinne der Bundesverfassung (Art 144 Abs 1 B-VG).

➔**Euro (€)** [831]: Der Euro (€) ist die Währung der Wirtschafts- und Währungsunion (Art 3 Abs 4 EUV). Die Währungsunion ist unvollendet. Zurzeit (2014) haben 18 der 28 EU-Mitgliedstaaten den Euro eingeführt (= ➔Euroland, = Eurozone): Belgien, Deutschland, Estland, Finnland, Frankreich, Griechenland, Irland, Italien, Lettland, Luxemburg, Malta, die Niederlande, Österreich, Portugal, Slowakei, Slowenien, Spanien, Zypern.

Aufgrund von speziellen Vereinbarungen mit der EU verwenden auch die Nicht-EU-Mitglieder Monaco, San Marino und Vatikanstadt den Euro als offizielle Währung (ohne entsprechende Vereinbarung auch Andorra, Montenegro und der Kosovo).

→**Eurojust** *European Union's Judicial Cooperation Unit* <eurojust.europa.eu> [792]: Eurojust – mit Sitz in Den Haag (Niederlande) – wurde als Europäische Justizbehörde zur Unterstützung der nationalen Justizbehörden und zur Förderung der →Justiziellen Zusammenarbeit in Strafsachen bei der Ermittlung schwerer Kriminalität eingerichtet (Art 85 AEUV). Eurojust besteht aus Richtern und Staatsanwälten der EU-Mitgliedstaaten.

→**Eurokrise** [840]: Jeder Staat, der auf das gesamtwirtschaftliche Gleichgewicht und auf einen nachhaltig geordneten Haushalt (Art 13 Abs 2 B-VG) nicht achtet, gerät in eine →Staatsschuldenkrise, unabhängig davon, welche Währung er hat. Die Staatsschuldenkrise einiger Euro-Staaten hängt mit dem Euro daher nur indirekt zusammen. Der Krisenstaat kann seine Währung nicht abwerten, wodurch er ohne einschneidende strukturelle Maßnahmen die Wettbewerbsfähigkeit seiner Volkswirtschaft im grenzüberschreitenden Wirtschaftsverkehr verbessern, die Strukturprobleme allerdings behalten würde. Die Unternehmen müssen vielmehr – parallel zu den Einsparungen und Abgabenerhöhungen des Staats – durch harte eigene und individuelle Um- und Neustrukturierungen wettbewerbsfähig werden. Zudem missverstand der Kapitalmarkt mit seiner Bereitschaft, allen Staaten zu gleichen Zinsen Kapital zu leihen, den Euro und ging davon aus, dass hinter dem Euro die solidarische Haftung aller Euro-Staaten für die Staatsschulden steht, was aufgrund der →No-bail-out-Klausel des EUV nicht der Fall ist. Die sich daraus ergebenden faktischen Notwendigkeiten zwangen die Euro-Staaten trotz No-bail-out-Klausel zu solidarischen Rettungsmaßnahmen für die in die Staatsschuldenkrise geratenen Partnerstaaten.

→**Euroland** [832]: Als Euroland (= Eurozone) gelten die 18 EU-Mitgliedstaaten, die den →Euro (€) als gemeinsames Zahlungsmittel haben: Belgien, Deutschland, Estland, Finnland, Frankreich, Griechenland, Irland, Italien, Lettland, Luxemburg, Malta, die Niederlande, Österreich, Portugal, Slowakei, Slowenien, Spanien, Zypern. Die Europäische Union ist nach dem EU-Vertrag auch eine Wirtschafts- und Währungsunion, die Währungsunion ist aber noch unvollendet. Dänemark und Großbritannien müssen aufgrund einer vereinbarten Ausnahmeklausel (sogenannte „Opt-out"-Klausel) den Euro nicht übernehmen, Schweden vereinbarte keine „Opt-out"-Klausel, führt den Euro aber aufgrund einer negativen Volksabstimmung nicht ein. Die übrigen sieben Mitgliedstaaten (Bulgarien, Kroatien, Litauen, Polen, Rumänien, Tschechien, Ungarn) werden den Euro einführen, sobald sie die →Konvergenzkriterien erfüllen.

→**Europäische Atomgemeinschaft (EAG)** *European Atomic Energy Community (EURATOM)* <www.euratom.org> [749]: Die Europäische Atomgemeinschaft (EAG, EURATOM) wurde durch den multilateralen völkerrechtlichen Vertrag zur Gründung der Europäischen Atomgemeinschaft (EAGV = Euratom-Vertrag) eingerichtet. Die EAG schuf ein Förder- und Kontrollsystem für die friedliche Nutzung der Kernenergie in den Mitgliedstaaten; die Förderung der Kernenergieproduktion ist gegenüber Aufgaben der Forschung, der Sicherheitskontrolle und des Gesundheitsschutzes im Bereich der Nuklearwirtschaft inzwischen in den Hintergrund getreten. Aus der Mitgliedschaft zur EURATOM resultiert keine Verpflichtung zur Erzeugung von Kernenergie; die Mitgliedstaaten treffen die Entscheidung der Nutzung von Kernenergie autonom.

→**Europäische Bankenunion** *European banking union* [730]: Die Europäische Bankenunion bezeichnet die Verantwortung der Europäischen Union (EU) für die Finanzmarktaufsicht und die Einlagensicherung in den EU-Mitgliedstaaten. Die →Europäische Zentralbank (EZB) führt die Aufsicht über die Großbanken, Finanzhilfen aus dem Europäischen Stabilitätsmechanismus (ESM) werden – statt an die EU-Mitgliedstaaten – unmittelbar an die Banken vergeben.

→**Europäische Bürgerinitiative (EBI)** *European citizens' initiative* [809]: Eine Europäische Bürgerinitiative (Europäisches Volksbegehren) ist die Aufforderung der Unionsbürger (mindestens einer Million aus mindestens sieben EU-Staaten) an die Europäische Kommission, einen (Gesetzes)Vorschlag zu einem bestimmten Thema zu unterbreiten (Art 11 Abs 4 EUV, Art 24 Abs 1 AEUV). Das Verfahren und die Details der Europäischen Bürgerinitiative (EBI) sind in der (unmittelbar anwendbaren) Verordnung (EU) 211/2011 über die Bürgerinitiative sowie im Europäische-Bürgerinitiative-Gesetz (EBIG) [= Bundesgesetz über die Durchführung von Europäischen Bürgerinitiativen, BGBl I 2012/12 idgF] geregelt.

→**Europäische Freihandelszone (EFTA)** *European Free Trade Association* <www.efta.int> [739]: Die Europäische Freihandelszone (EFTA) wurde 1960 von den (damals) nicht den Europäischen Gemeinschaften angehörenden Staaten Dänemark, Großbritannien, Norwegen, Portugal, Österreich, Schweden und Schweiz gegründet. Anders als eine Zollunion greift die Freihandelszone in souveräne Rechte der Mitgliedstaaten nicht ein, weil jeder Staat weiterhin eine eigene Außenhandelspolitik betreiben kann. Heute gehören der EFTA Island, Liechtenstein, Norwegen und die Schweiz an. Die EFTA ist – mit Ausnahme der Schweiz – mit der Europäischen Union (EU) im →Europäischen Wirtschaftsraum (EWR) verbunden.

→**Europäische Investitionsbank (EIB)** *European Investment Bank* <eib.europa.eu> [850]: Die Europäische Investitionsbank (EIB) [Art 308, 309 AEUV] – mit Sitz in Luxemburg – ist eine Finanzierungseinrichtung mit Rechtspersönlichkeit. Sie ist – anders als die Europäische Zentralbank – kein EU-Organ. Mitglieder und Eigentümer der Europäischen Investitionsbank sind die EU-Mitgliedstaaten. Durch Gewährung von Darlehen finanziert sie im Interesse der Europäischen Union Projekte insbesondere zur Verbesserung der Infrastruktur, der Energieversorgung oder der Umweltstandards in den EU-Mitgliedstaaten, aber auch in Drittstaaten. Die EIB erhält für ihre Finanzierungen keine Mittel aus dem EU-Haushalt, sie verfügt über ein Kapital von 243 Milliarden Euro. Der Rat der Gouverneure – bestehend aus den (Finanz)Ministern der 28 EU-Mitgliedstaaten – gibt die Leitlinien der Kreditvergabe vor.

➔**Europäische Kommission** *European Commission* <ec.europa.eu> [870]: Die Europäische Kommission (Art 13, Art 17 EUV, Art 244-250 AEUV) – mit Sitz in Brüssel – ist ein Organ der Europäischen Union, dem die Leitung des bürokratischen Apparats der EU obliegt. Sie hat 28 Mitglieder („Kommissare"), die jeweils Staatsangehörige der 28 EU-Mitgliedstaaten sind. Die Mitglieder der Europäischen Kommission sind von ihren Heimatstaaten unabhängig und nur den Interessen der EU verpflichtet (Art 17 Abs 1 und 3 EUV). Die Europäische Kommission ist dem Europäischen Parlament verantwortlich. Der ➔Präsident der Europäischen Kommission wird auf Vorschlag des Europäischen Rats vom Europäischen Parlament (EP) gewählt. Der Europäischen Kommission kommen umfassende Initiativrechte für Unionsrechtsakte zu (Motor der EU), EU-Gesetze dürfen grundsätzlich nur auf ihren Vorschlag erlassen werden; sie sorgt für die Anwendung und Einhaltung des Unionsrechts (Hüterin des Unionsrechts); ihr obliegen Verwaltungskompetenzen (etwa die Ausführung des Haushaltsplans); sie vertritt – ausgenommen in der Gemeinsamen Außen- und Sicherheitspolitik (GASP) – die Union nach außen.

➔**Europäische Menschenrechtskonvention (EMRK)** *European Convention on Human Rights (ECHR)* [72] [471]: Die Europäische Menschenrechtskonvention (EMRK) [= Europäische Konvention zum Schutze der Menschenrechte und Grundfreiheiten, BGBl 1958/210 idgF] ist ein von den Mitgliedern des Europarats am 04.11.1950 abgeschlossener multilateraler Staatsvertrag. In Österreich gilt die Europäische Menschenrechtskonvention (EMRK) seit 1958; seit 1964 steht sie aufgrund des BVG Staatsvertragssanierung (BGBl 1964/59) in Verfassungsrang. Die EMRK nimmt in ihrer Präambel ausdrücklich Bezug auf die ➔Allgemeine Erklärung der Menschenrechte 1948 und enthält einen – gegenüber dem StGG 1867 moderner gefassten – Katalog von ➔Grundrechten. Die EMRK wird durch 15 Zusatzprotokolle zur Europäischen Menschenrechtskonvention (ZPzEMRK) ergänzt.

➔**Europäische Sozialcharta** *European Social Charter* [123]: Die Europäische Sozialcharta [BGBl 1969/460 idF der revidierten Sozialcharta, BGBl III 2011/112] ist ein multilateraler völkerrechtlicher Vertrag, der grundlegende Rechte zur Sozialstaatlichkeit enthält, etwa das Recht auf Arbeit, das Recht auf ein gerechtes Arbeitsentgelt, das Recht der Kinder und Jugendlichen auf Schutz, das Recht auf Schutz der Gesundheit, das Recht auf soziale Sicherheit sowie das Recht der Familie auf sozialen und wirtschaftlichen Schutz. Die Charta steht unter Erfüllungsvorbehalt, nicht in Verfassungsrang und gewährt national keine subjektiven Rechte. Die EU-Grundrechtecharta (Präambel Abs 5 GRC) bekräftigt ausdrücklich die sich aus der Europäischen Sozialcharta ergebenden Rechte.

➔**Europäische Union (EU)** *European Union* <europa.eu> [729] [750]: Die Europäische Union (EU) ist ein durch multilaterale völkerrechtliche Verträge eingerichteter Staatenverbund, dem 28 europäische Staaten (Belgien, Bulgarien, Dänemark, Deutschland, Estland, Finnland, Frankreich, Griechenland, Großbritannien, Irland, Italien, Kroatien, Lettland, Litauen, Luxemburg, Malta, die Niederlande, Österreich, Polen, Portugal, Rumänien, Schweden, Slowakei, Slowenien, Spanien, Tschechische Republik, Ungarn, Zypern) angehören. Einen Beitritt zur Europäischen Union streben derzeit Island, Mazedonien, Montenegro, Serbien und die Türkei an. Die EU beruht aktuell insbesondere auf drei Basisverträgen (primäres Unionsrecht): Dem ➔Vertrag über die Europäische Union (EUV), dem ➔Vertrag über die Arbeitsweise der Europäischen Union (AEUV) und der ➔EU-Grundrechtecharta (GRC).

➔**Europäische Verfassung** [754]: Verfassung ist nationales Recht, Unionsrecht ist Völkerrecht. Die EU kann nur eine völkerrechtliche Grundlage und keine Verfassung haben. Dennoch spricht man gelegentlich von einer „Europäischen Verfassung", meint damit aber eine Verfassung nicht im rechtlichen sondern im politischen Sinn. Der 2004 unterzeichnete Vertrag über die Verfassung Europas (= Verfassungsvertrag) scheiterte 2005 an Volksabstimmungen in Frankreich und in den Niederlanden. Der Vertrag wurde umgestaltet und der Begriff „Verfassung" weggelassen. Der so abgeänderte „Vertrag von Lissabon" scheiterte (zunächst) 2008 an einer Volksabstimmung in Irland. Nach weiteren Anpassungen und einer neuerlichen Volksabstimmung in Irland konnte der Vertrag von Lissabon mit 01.12.2009 schließlich in Kraft treten. Der Vertrag von Lissabon änderte erstens den ➔Vertrag über die Europäische Union (EUV), zweitens den EG-Vertrag, den er in ➔Vertrag über die Arbeitsweise der Europäischen Union (AEUV) umbenannte und setzte drittens die ➔EU-Grundrechtecharta (GRC) in Kraft.

➔**Europäische Werte** *European values* [788]: Das politische Fundament der Europäischen Union sind die in allen EU-Mitgliedstaaten anerkannten Europäischen Werte. Das sind die Achtung der Menschenwürde, Freiheit, Demokratie, Gleichheit, Rechtsstaatlichkeit und die Wahrung der Menschenrechte einschließlich der Rechte der Minderheiten (Art 2 EUV).

➔Europäische Zentralbank (EZB) *European Central Bank (ECB)* <www.ecb.eu> [885]: Die Europäische Zentralbank (Art 13 EUV, Art 282-284 AEUV) – mit Sitz in Frankfurt am Main – ist ein Organ der Europäischen Union (EU) und besitzt Rechtspersönlichkeit. Sie ist die Zentralbank für die gemeinsame europäische Währung, den Euro. Ihre Hauptaufgabe ist es, die Preisstabilität im Euroraum, insbesondere durch Festlegung der Leitzinsen, zu gewährleisten. Die Europäische Zentralbank (EZB) gehört dem ➔Europäischen System der Zentralbanken (ESZB) und dem ➔Eurosystem an. Sie wird geführt vom ➔EZB-Rat, dem die sechs Mitglieder eines Direktoriums und die 18 Präsidenten der nationalen Zentralbanken der Euro-Staaten angehören. Die Europäische Zentralbank (EZB) ist bei Wahrnehmung ihrer Aufgaben unabhängig, insbesondere auch frei von Weisungen und Einflussnahmen der Mitgliedstaaten (Art 130, Art 282 Abs 3 AEUV).

➔Europäischer Bürgerbeauftragter *European Ombudsman* <www.ombudsman.europa.eu> [807]: Der – vom Europäischen Parlament (EP) gewählte – Europäische Bürgerbeauftragte (Art 228 AEUV) untersucht Missstände bei der Tätigkeit der Unionsorgane (mit Ausnahme des EuGH) und EU-Einrichtungen sowohl amtswegig als auch aufgrund von Beschwerden der Unionsbürger (Art 24 Abs 3 AEUV, Art 43 GRC).

➔Europäischer Datenschutzbeauftragter (EDSB) *European Data Protection Supervisor (EDPS)* <edps.europa.eu> [851]: Der Europäische Datenschutzbeauftragte (EDSB) ist der europäische Hüter des Schutzes personenbezogener Daten, eine unabhängige durch die Datenschutzverordnung der EU eingerichtete Kontrollbehörde. Der EDSB überwacht die Beachtung des Rechts auf Privatsphäre (Art 7 GRC) und des Rechts auf Datenschutz (Art 8 GRC) durch die EU-Organe bei Verarbeitung personenbezogener Daten.

➔Europäischer Fiskalpakt (EFP) *European Fiscal Compact* [844]: Mit dem Europäischen Fiskalpakt (EFP) vereinbarten die EU-Mitgliedstaaten (mit Ausnahme von Großbritannien und Tschechien) strengere Haushaltsregeln und die Einführung nationaler Schuldenbremsen (Vertrag über Stabilität, Koordinierung und Steuerung in der Wirtschafts- und Währungsunion, BGBl III 2013/17). Nach diesem Pakt darf das Haushaltsdefizit jährlich nur noch 0,5 Prozent des Bruttoinlandsprodukts (BIP) erreichen, eine Haushaltsverschuldung von mehr als 60 Prozent des BIPs muss mit wenigstens einem Zwanzigstel jährlich abgebaut werden. Verstöße dagegen führen zwingend zur Einleitung eines Defizitverfahrens mit finanziellen Sanktionen.

➔Europäischer Gerichtshof für Menschenrechte (EGMR) *European Court of Human Rights* <echr.coe.int> [1396]: Der Europäische Gerichtshof für Menschenrechte (EGMR) in Straßburg ist ein durch die Europäische Menschenrechtskonvention (EMRK) eingerichteter internationaler Gerichtshof. Er wacht über die Einhaltung der in der EMRK garantierten Menschenrechte und entscheidet über Beschwerden von betroffenen Personen (Art 34 EMRK, = Individualbeschwerden) und Staaten (Art 33 EMRK).

➔Europäischer Rat *European Council* <european-council.europa.eu> [861]: Der Europäische Rat (Art 13, Art 15 EUV, Art 235 f AEUV) ist ein Organ der Europäischen Union (EU), er ist vom ➔Rat (= Ministerrat) zu unterscheiden. Der Europäische Rat besteht aus den Staats- und Regierungschefs der EU-Mitgliedstaaten sowie dem ➔Präsidenten des Europäischen Rats und dem Präsidenten der Europäischen Kommission. Er leitet und bestimmt die gemeinsame Politik der EU. Der Europäische Rat ernennt die Europäische Kommission und den Hohen Vertreter der Union für Außen- und Sicherheitspolitik.

➔Europäischer Rechnungshof (EuRH) *European Court of Auditors (ECA)* <eca.europa.eu> [883]: Der Europäische Rechnungshof (Art 13 EUV, Art 285-287 AEUV) – mit Sitz in Luxemburg – ist ein Organ der Europäischen Union. Seine 28 Mitglieder – jeweils ein Staatsangehöriger je Mitgliedstaat – werden vom Rat nach Anhörung des Europäischen Parlaments (EP) für eine Amtszeit von sechs Jahren ernannt. Der Rechnungshof (EuRH) überprüft alle Einnahmen und Ausgaben der EU (Art 287 AEUV). Prüfungsmaßstab sind die Rechtmäßigkeit (Übereinstimmung mit dem Unionsrecht), die Ordnungsmäßigkeit (Übereinstimmung mit den konkreten Zahlungsanweisungen) und die Wirtschaftlichkeit (Vermeidung unzweckmäßiger Ausgaben). Seinen jährlichen Rechnungsprüfungsbericht veröffentlicht der Rechnungshof im Amtsblatt der Europäischen Union (ABl).

➔Europäischer Stabilitätsmechanismus (ESM) *European Stability Mechanism (ESM)* [843]: Der Europäische Stabilitätsmechanismus (ESM) der Eurostaaten stellt das notwendige Instrumentarium zur Sicherung der Finanzstabilität im Euroraum bereit. Er ist eine – durch den Vertrag zur Einrichtung des Europäischen Stabilitätsmechanismus (BGBl III 2012/138) errichtete – internationale Finanzinstitution mit Sitz in Luxemburg. Die EU-Mitgliedstaaten, deren Währung der Euro ist, können verschuldeten EU-Mitgliedstaaten – wenn dies zur Wahrung der Stabilität des Euro-Währungsgebiets unerlässlich ist – gegen strikte Auflagen und angemessene Zinsen die erforderlichen Finanzhilfen (Kredite) gewähren. Voraussetzung einer Kreditgewährung ist jeweils eine Haushaltskonsolidierung und eine Reform der Wirtschaft des Kreditempfängers.

➔Europäischer Wirtschafts- und Sozialausschuss (EWSA) *European Economic and Social Committee (EESC)* <eesc.europa.eu> [849]: Der Europäische Wirtschafts- und Sozialausschuss (EWSA) (Art 300 bis 304 AEUV) zählt – neben dem ➔Ausschuss der Regionen – zu den beratenden Einrichtungen der Europäischen Union (EU). Der Europäische Wirtschafts- und Sozialausschuss hat (maximal) 350 vom Rat ernannte Mitglieder aus dem wirtschaftlichen und sozialen Leben der Mitgliedstaaten, die unverbindliche Stellungnahmen abgeben.

Die Mitglieder des Wirtschafts- und Sozialausschusses sind weisungsfrei und unabhängig, die zwölf aus Österreich stammenden Mitglieder werden von der Bundesregierung vorgeschlagen (Art 23c Abs 1 B-VG).

➔**Europäischer Wirtschaftsraum (EWR)** *European Economic Area (EEA)* [108] [742]: Der Europäische Wirtschaftsraum (EWR) ist ein gemeinsames Dach der ➔Europäischen Union (EU) und der EFTA-Mitgliedstaaten Island, Liechtenstein und Norwegen. Die Schweiz ist zwar Mitglied der ➔Europäischen Freihandelszone (EFTA), sie nimmt jedoch am EWR nach einer gescheiterten Volksabstimmung nicht teil. Der EWR dehnt den Binnenmarkt der EU auf die Staaten der EFTA aus. Die EFTA-Staaten übernehmen das Unionsrecht der EU. Rechtsgrundlage des EWR ist ein multilateraler völkerrechtlicher Vertrag, nämlich das EWR-Abkommen [= Abkommen über den Europäischen Wirtschaftsraum, BGBl 1993/909]. Österreich war vom 01.01.1994 bis 31.12.1994 als EFTA-Mitglied auch Mitglied des EWR. Seit 01.01.1995 ist Österreich Mitglied der EU.

➔**Europäisches Amt für Betrugsbekämpfung (OLAF)** *European Anti-Fraud Office (Office européen de lutte antifraude – OLAF)* <ec.europa.eu/anti_fraud> [883]: Das Europäische Amt für Betrugsbekämpfung (OLAF) – mit Sitz in Brüssel – wurde 1999 zum Schutz des EU-Haushalts vor betrügerischen Tätigkeiten eingerichtet. Zu den Aufgaben von OLAF zählen insbesondere die Aufdeckung und Verfolgung von betrügerischen Handlungen in Bezug auf EU-Mittel (etwa missbräuchliche Verwendung von EU-Subventionen, Schmuggel, Steuerhinterziehung mit Auswirkungen auf den EU-Haushalt) und die Bekämpfung von Korruption und anderer illegaler Tätigkeiten von EU-Bediensteten.

➔**Europäisches Parlament (EP)** *European Parliament* <www.europarl.europa.eu> [853]: Das Europäische Parlament (Art 14 EUV, Art 223-234 AEUV) – mit Sitz in Straßburg – ist ein Organ der Europäischen Union (EU), es ist die Volksvertretung der Unionsbürger. Die (maximal) 751 Abgeordneten zum Europäischen Parlament (EP) werden unmittelbar von den Unionsbürgern in den 28 EU-Mitgliedstaaten für eine Amtsperiode von fünf Jahren (➔Wahlrecht zum Europäischen Parlament), die 18 von Österreich zu entsendenden Abgeordneten aufgrund der Wahlrechtsgrundsätze der Bundesverfassung (Art 23a B-VG), gewählt. Das Europäische Parlament erlässt auf Vorschlag der Europäischen Kommission – gemeinsam mit dem Rat – die EU-Gesetze (Art 289 AEUV). Gegenüber anderen Unionsorganen verfügt das Europäische Parlament über Kontrollrechte, so kann es die gesamte Kommission durch Misstrauensvotum abberufen (Art 17 EUV, Art 234 AEUV) und Untersuchungsausschüsse einsetzen (Art 226 AEUV). Gemeinsam mit dem Rat beschließt das Europäische Parlament den Haushalt (Budget) der EU (Art 314 AEUV).

➔**Europäisches System der Zentralbanken (ESZB)** *European System of Central Banks (ESCB)* [837]: Das Europäische System der Zentralbanken (ESZB) besteht aus der ➔Europäischen Zentralbank (EZB) und – anders als das ➔Eurosystem – den nationalen Zentralbanken aller EU-Mitgliedstaaten, unabhängig davon, ob diese den Euro eingeführt haben oder nicht. Hauptziel ist die Gewährleistung der Preisstabilität (Art 127, 282 AEUV). Das Europäische System der Zentralbanken (ESZB) wird vom Rat der Europäischen Zentralbank (➔EZB-Rat) und dem Direktorium geleitet (Art 129 Abs 1 AEUV).

➔**Europäisierung** [673] [736]: Der Binnenmarkt der Europäischen Union (EU) bringt die Europäisierung der österreichischen Wirtschaft. Im Sinne des Freihandels (Außenwirtschaftsfreiheit) soll die Wirtschaft grenzüberschreitend unbehelligt von staatlichen Eingriffen tätig sein. Wir sprechen von Globalisierung, wenn die Wirtschaft nicht nur in der Europäischen Union, sondern weltweit ohne staatliche Eingriffe grenzüberschreitend tätig sein soll.

➔**Europarat** *Council of Europe* <hub.coe.int> [471]: Der Europarat ist eine 1949 mit dem Ziel der politischen Einigung Europas („Vereinigte Staaten von Europa"), der Förderung der Demokratie, der Menschenrechte und der Rechtsstaatlichkeit in Europa gegründete internationale Organisation mit Sitz in Straßburg. Ihm gehören derzeit 47 europäische Staaten an (Albanien, Andorra, Armenien, Aserbaidschan, Belgien, Bosnien und Herzegowina, Bulgarien, Dänemark, Deutschland, Estland, Finnland, Frankreich, Georgien, Griechenland, Großbritannien, Irland, Island, Italien, Kroatien, Lettland, Liechtenstein, Litauen, Luxemburg, Malta, Mazedonien, Moldau, Monaco, Montenegro, Niederlande, Norwegen, Österreich, Polen, Portugal, Rumänien, Russische Föderation, San Marino, Schweden, Schweiz, Serbien, Slowakei, Slowenien, Spanien, Tschechische Republik, Türkei, Ukraine, Ungarn, Zypern). Der Europarat erarbeitete wesentliche Konventionen, insbesondere die ➔Europäische Menschenrechtskonvention (EMRK), die ➔Europäische Sozialcharta, das Europäische Übereinkommen über die Ausübung von Kinderrechten (vgl das BVG Kinderrechte).

➔**Europol** *European Police Office* <www.europol.europa.eu> [792]: Europol – mit Sitz in Den Haag (Niederlande) – wurde als Europäische Polizeibehörde zur Unterstützung der Strafverfolgungsbehörden, insb der Polizeibehörden der Mitgliedstaaten und zur Förderung der ➔Polizeilichen Zusammenarbeit eingerichtet (Art 88 AEUV).

➔**Eurosystem** *Eurosystem* [838]: Die ➔Europäische Zentralbank (EZB) und die nationalen Zentralbanken jener EU-Mitgliedstaaten, deren Währung der Euro ist, bilden das Eurosystem und betreiben die Währungspolitik der Europäischen Union (EU). Die Währungspolitik ist eine ausschließliche Zuständigkeit der Europäischen Union (Art 3 Abs 1 lit c AEUV).

➔**E-Voting** [306]: E-Voting meint elektronische Abstimmungen und Wahlen insbesondere in Form einer elektronischen Distanzwahl, bei der die Stimmabgabe ohne örtliche Bindung an ein Wahllokal und ohne Anwesenheit einer Wahlbehörde idR über das Internet erfolgt. Nach geltendem Bundesverfassungsrecht ist E-Voting bei den Wahlen zu den allgemeinen Vertretungskörpern, der Wahl zum Europäischen Parlament, der Wahl des Bundespräsidenten und den direkten Bürgermeisterwahlen unzulässig, weil dem die bundesverfassungsgesetzlichen Wahlrechtsgrundsätze der ➔persönlichen, der ➔geheimen und der freien Wahl entgegenstehen.

➔**ex nunc** [344]: Die Aufhebung einer Rechtsnorm ex nunc („von nun an") ist ein Synonym für ➔Aufhebung für die Zukunft.

➔**ex tunc** [344]: Die Aufhebung einer Rechtsnorm ex tunc („von damals an") ist ein Synonym für ➔rückwirkende Aufhebung.

➔**EZB-Rat** *Governing Council* [886]: Der Rat der Europäischen Zentralbank (EZB-Rat) leitet die ➔Europäische Zentralbank. Er besteht aus den sechs Mitgliedern des Direktoriums und den Präsidenten der nationalen Zentralbanken der 18 Euro-Staaten. Das Direktorium besteht aus dem Präsidenten, dem Vizepräsidenten und vier weiteren Mitgliedern, die vom Europäischen Rat für eine Amtszeit von acht Jahren ernannt werden, wobei eine Wiederernennung unzulässig ist (Art 283 AEUV).

F

➔**Fachaufsicht** [1053]: Die Fachaufsicht ist jene ➔Aufsicht, die sich auf die ordnungsgemäße Wahrnehmung der Verwaltungsaufgaben bezieht (Art 20 Abs 1 B-VG). Mit der ➔Fachaufsichtsbeschwerde wird die Ausübung des bezüglichen Aufsichtsrechts verlangt.

➔**Fachaufsichtsbeschwerde** [1425]: ➔Aufsichtsbeschwerden werden mitunter in Dienstaufsichtsbeschwerden und Fachaufsichtsbeschwerden unterschieden. Der Fachaufsichtsbeschwerde liegen Pflichtverletzungen eines Organwalters bei der Aufgabenbesorgung zugrunde (zB Erteilung einer falschen Auskunft).

➔**Fachgericht (EuFG)** *specialised court* [877] [1400]: Der ➔Gerichtshof der Europäischen Union (Art 19 EUV, Art 251-281 AEUV) – mit Sitz in Luxemburg – ist ein Organ der Europäischen Union (EU). Er umfasst drei Gerichte: den ➔Gerichtshof (EuGH), das ➔Gericht (EuG) und Fachgerichte (EuFG). Fachgerichte (EuFG) können für besondere Sachgebiete vorgesehen werden (Art 257 AEUV). Bislang wurde nur ein Fachgericht (EuFG) eingerichtet, und zwar das Gericht für den öffentlichen Dienst der Europäischen Union (Tribunal de la fonction publique de l'Union européenne). Über Rechtsmittel gegen die Entscheidungen der Fachgerichte entscheidet das Gericht (Art 256 Abs 3 AEUV).

➔**Fahrlässigkeit** [1538]: Fahrlässig handelt, wer nicht weiß und nicht will, dass er eine strafbare Handlung setzt, bei entsprechender Sorgfalt die strafbare Handlung aber hätte vermeiden können. Wer eine strafbare Handlung (Verwaltungsstrafrecht und Justizstrafrecht) begangen hat, wird (nur) bestraft, wenn ihm ein persönlicher Schuldvorwurf gemacht werden kann. Nur bei Verschulden ist eine Bestrafung des Täters möglich. Der Schuldvorwurf kann im Vorsatz oder in der Fahrlässigkeit bestehen. Das Verschulden für das Verwaltungsstrafrecht ist im Verwaltungsstrafgesetz 1991 (VStG), das (auch) das Allgemeine Verwaltungsstrafrecht enthält, geregelt (§ 5 VStG).

➔**faires Verfahren** *right to a fair trial* [570]: Das Grundrecht auf ein faires Verfahren ist in Art 6 EMRK als Menschenrecht verankert. Es garantiert eine Entscheidung durch ein Gericht bei Streitigkeiten über zivilrechtliche Ansprüche und Verpflichtungen (➔civil rights) und bei strafrechtlichen Anklagen. Das entscheidende Gericht muss auf Gesetz beruhen, unabhängig und unparteiisch sein und eine Prüfung aller maßgeblichen Sach- und Rechtsfragen gewährleisten, es muss Tribunalqualität nach der EMRK haben (➔Tribunal).

➔**fakultative Volksabstimmung** [928]: Von einer fakultativen Volksabstimmung sprechen wir, wenn eine Volksabstimmung über einen Gesetzesbeschluss – im Gegensatz zur ➔obligatorischen Volksabstimmung – nicht zwingend stattfinden muss, sondern auf Initiative des Nationalrats bzw des Bundesrats „freiwillig" stattfindet. Nach dem B-VG kann der Nationalrat mit Beschluss (oder die Mehrheit seiner Mitglieder) die Frage, ob ein im Parlament beschlossenes einfaches Bundesgesetz in Kraft treten soll, dem Volk zur Abstimmung vorlegen (Art 43 B-VG); überdies können jeweils ein Drittel der Abgeordneten des Nationalrats oder des Bundesrats im Parlament beschlossene Bundesverfassungsgesetze (BVG) dem Volk zur Abstimmung vorlegen (Art 44 Abs 3 B-VG). Bislang fand erst eine fakultative Volksabstimmung nach Art 43 B-VG statt, jene zur Inbetriebnahme des Kernkraftwerks Zwentendorf (das Volk lehnte mit 50,5 Prozent ab).

➔**Faschismus** [94]: Der Faschismus verlangt einen antidemokratischen totalitären ➔Führerstaat. Der Faschismus ist charakterisiert durch Militarismus, Chauvinismus, Rassismus und Imperialismus. Der Faschismus als Rechtsbegriff im österreichischen Verfassungsrecht (➔Verbotsgesetz 1947, Staatsvertrag von Wien 1955) nimmt Bezug auf den deutschen Nationalsozialismus der Jahre 1933 bis 1945. Der Begriff Faschismus stammt aus der politischen Bewegung des italienischen Faschisten Benito Mussolini, der imperiale Symbole des römischen Reichs, so die „fasces" (= lateinisch „Rutenbündel"), für Aufmärsche wiederbelebte. Italien hatte von 1922 bis 1943 ein faschistisches Regime.

➔**Fehlerkalkül** [342]: Fehlerkalkül bedeutet, dass die Rechtsordnung die ➔absolute Nichtigkeit von rechtswidrigen Rechtsnormen ausschließt und stattdessen die Geltung rechtswidriger Rechtsnormen bis zu ihrer Überprüfung und Aufhebung durch die Rechtsschutzeinrichtungen anordnet (➔relative Nichtigkeit). Die Rechtsordnung kalkuliert Fehler bei der Rechtserzeugung ein und schafft Rechtsschutzeinrichtungen (etwa die Gerichte des öffentlichen Rechts), welche die Rechtmäßigkeit von Rechtsnormen überprüfen und sie im Falle der Rechtswidrigkeit aufheben. Auch rechtswidrige Rechtsnormen gelten daher grundsätzlich – bis zu ihrer Aufhebung. [Trotz Anordnung eines Fehlerkalküls sind Rechtsnormen jedoch bei ➔gravider und evidenter Rechtswidrigkeit sowie bei Fehlen der ➔abstrakten Zuständigkeit zur Normerlassung absolut nichtig].

➔**Fernsehfreiheit** [558]: Die in Art 10 EMRK garantierte Meinungsäußerungsfreiheit umfasst als Teil der Rundfunkfreiheit auch die Fernsehfreiheit.

➔**Feststellungsbescheid** [1120]: Ein Feststellungsbescheid verändert die Rechtslage nicht, sondern stellt eine unklare Rechtslage verbindlich fest.

➔**Finanzamt** [1225]: Das Finanzamt ist eine dem Bundesminister für Finanzen nachgeordnete für Aufgaben der Abgaben(Finanz)verwaltung des Bundes durch das Abgabenverwaltungsorganisationsgesetz 2010 (AVOG 2010), BGBl I 9 idgF, eingerichtete Verwaltungsbehörde (Art 10 Abs 1 Z 4, 102 Abs 2 B-VG, § 11 Abs 1 F-VG 1948). Die Finanzämter und die ➔Zollämter sind – in besonderen Verwaltungssprengeln – in unmittelbarer Bundesverwaltung als Abgabenbehörden und Finanzstrafbehörden tätig.

➔**Finanzausgleich** [421]: Auf der Grundlage des Finanz-Verfassungsgesetzes 1948 (F-VG 1948) ist der Finanzausgleich die periodische Verteilung der Abgabenrechte und Abgabenerträge zwischen den Gebietskörperschaften Bund, Länder und Gemeinden durch den einfachen Bundesgesetzgeber, der dafür jeweils ein zeitlich befristetes ➔Finanzausgleichsgesetz (FAG) erlässt.

➔**Finanzausgleichsgesetz (FAG)** [421]: Die im ➔Finanz-Verfassungsgesetz 1948 (F-VG 1948) enthaltenen Grundsätze für die Verteilung der Abgabenrechte und Abgabenerträge zwischen den Gebietskörperschaften Bund, Länder und Gemeinden durch den einfachen Bundesgesetzgeber (= Finanzausgleich) setzt das Finanzausgleichsgesetz (FAG) konkret um. Der Bundesgesetzgeber erlässt das FAG regelmäßig auf einige Jahre befristet. Das Finanzausgleichsgesetz 2008 – FAG 2008 (BGBl I 2007/103) ist mit Ende 2014 befristet.

➔**Finanzpolizei** [1257]: Die Finanzpolizei ist eine aufgrund des Abgabenverwaltungsorganisationsgesetzes 2010 (AVOG 2010) durch Verordnung (§ 10b Verordnung des Bundesministers für Finanzen zur Durchführung des Abgabenverwaltungsorganisationsgesetzes 2010 [AVOG 2010 – DV], BGBl II 2010/165 idgF) eingerichtete besondere Organisationseinheit mit Sitz in Wien und Dienststellen bei allen Finanzämtern. Die Organe der Finanzpolizei werden bei Erfüllung ihrer Aufgaben als Organe der Abgabenbehörden tätig. Aufgaben der Finanzpolizei sind insb die Steueraufsicht (Aufsichts- und Kontrolltätigkeiten gegen Abgabenbetrug) sowie Kontrollen nach dem Ausländerbeschäftigungsgesetz (Aufdeckung illegaler Beschäftigung von Ausländern), zur Aufdeckung von Sozialbetrug und zur Einhaltung des Glücksspielgesetzes. Die Finanzpolizei ist kein bewaffneter Wachkörper.

➔**Finanzprokuratur** [1347]: Die Finanzprokuratur ist der Rechtsanwalt des Bundes. Sie ist durch das Finanzprokuraturgesetz (ProkG) [= Bundesgesetz über die Finanzprokuratur, BGBl I 2008/110 idgF], als Teil der Finanzverwaltung des Bundes eingerichtet und untersteht organisatorisch dem Bundesminister für Finanzen. Die Finanzprokuratur (ein Prokuraturanwalt) berät und vertritt jedenfalls den Bund in Gerichts- und Verwaltungsverfahren. Rechtsträger im Nahbereich des Bundes (zB die Österreichische Bundesforste AG, die Autobahnen- und Schnellstraßen-Finanzierungs-Aktiengesellschaft ASFINAG, die ÖBB-Holding AG), Länder und Gemeinden kann die Finanzprokuratur auf deren Wunsch vertreten.

➔**Finanzstrafgesetz (FinStrG)** [1471]: Das Finanzstrafgesetz (FinStrG) [= Bundesgesetz vom 26. Juni 1958, betreffend das Finanzstrafrecht und das Finanzstrafverfahrensrecht, BGBl 1958/129 idgF] regelt die allgemeinen Bestimmungen des Finanzstrafrechts, die besonderen Bestimmungen des Finanzstrafrechts (Finanzstraftatbestände) und das Finanzstrafverfahren. Für das landesgesetzliche Abgabenstrafrecht (vgl Art I Abs 2 Z 2 EGVG) gilt nach § 254 FinStrG – mit einigen Abweichungen – das ➔Verwaltungsstrafgesetz 1991 (VStG).

➔**Finanz-Verfassungsgesetz 1948 (F-VG 1948)** [70] [420]: Das Finanz-Verfassungsgesetz 1948 (F-VG 1948) [= Bundesverfassungsgesetz über die Regelung der finanziellen Beziehungen zwischen dem Bund und den übrigen Gebietskörperschaften, BGBl 1948/45 idgF] regelt auf der Grundlage von Art 13 Abs 1 B-VG den ➔Finanzausgleich der Gebietskörperschaften. Darunter versteht das F-VG 1948 für das Abgabenwesen die Kompetenzverteilung in Gesetzgebung und Vollziehung zwischen Bund und Ländern sowie die Grundsätze über die Aufteilung der Abgabenerträge auf die Gebietskörperschaften. Die Grundsätze des F-VG 1948 führt das einfachgesetzliche ➔Finanzausgleichsgesetz des Bundes aus.

➔**Fiskalgeltung der Grundrechte** [466] [612]: Fiskalgeltung ist die Geltung der ➔Grundrechte gegenüber der Fiskalverwaltung, also gegenüber dem nicht-hoheitlich handelnden Staat. Grundrechte schützen vor staatlichem Zwang. Hoheitsrechtsakte (der Gesetzgebung, der Verwaltung und der Gerichtsbarkeit) sind Zwangsakte des Staats und daher immer an den Grundrechten zu messen. Der nicht-hoheitlichen Verwaltung, die in den Formen des Privatrechts handelt, fehlt der Zwangscharakter. Die Fiskalgeltung, insbesondere des Gleichheitssatzes, wird dennoch bejaht. Der Staat ist auch dann an das Sachlichkeitsgebot und das Willkürverbot des Gleichheitssatzes gebunden, wenn er nicht-hoheitlich tätig wird.

➔**Fiskalverwaltung** [601]: Fiskalverwaltung ist ein Synonym für ➔nicht-hoheitliche Verwaltung (= Privatwirtschaftsverwaltung).

➔**Fiskus** [583]: Der Staat ist ein Phänomen des Hoheitsrechts und handelt hoheitlich. Der (privat)rechtsfähige Staat als Träger von Privatrechten (Vermögen), der nicht hoheitlich, sondern in den Formen des Privatrechts handelt, wird nach einem Begriff des römischen Rechts auch als Fiskus bezeichnet. Verwendet wird insbesondere der Begriff ➔Fiskalverwaltung.

➔**föderalistische Auslegung** [430]: Die föderalistische Auslegung der Kompetenztatbestände in der Kompetenzverteilung des B-VG geht davon aus, dass die in den Art 10 bis 12 B-VG aufgezählten Kompetenztatbestände gegenüber der Generalklausel des Art 15 Abs 1 B-VG im Zweifel zugunsten des Landes einschränkend auszulegen sind.

➔**Förderverwaltung** [605]: Die staatliche Förderverwaltung (= Subventionsverwaltung) unterstützt private Initiativen zur Verbesserung einzelner Lebensbereiche (etwa Wohnbau, Arbeitsmarkt, Landwirtschaft) durch Subventionen (= vermögenswerte Zuwendungen einer Gebietskörperschaft an eine Privatperson). Die Gebietskörperschaften vergeben Subventionen teils privatrechtlich durch Vertrag, teils hoheitlich durch Bescheid.

➔**formalgesetzliche Delegation** [329]: Eine formalgesetzliche Delegation liegt vor, wenn der Gesetzgeber (Parlament) das Handeln der Vollziehung – entgegen seiner ➔Determinierungspflicht – nicht oder nur sehr ungenau bestimmt. Der durch das ➔Gesetzmäßigkeitsgebot verpflichtete Gesetzgeber würde der Vollziehung dadurch Freiheiten eröffnen und seine rechtsstaatliche und demokratische Pflicht, als Parlament das Recht zu bestimmen (Art 1 B-VG), an die Vollziehung delegieren. Eine formalgesetzliche Delegation ist verfassungswidrig.

➔**Formalpartei** [1488]: Eine Formalpartei ist eine Person oder Einrichtung, die der Gesetzgeber einem Verwaltungsverfahren beizieht und der er zur Sicherstellung der objektiven Rechtmäßigkeit einzelne Verfahrensrechte (etwa Parteiengehör, Erhebung von Rechtsmitteln), jedoch keine materiellen subjektiven Rechte einräumt. Wird ein Verwaltungsorgan ohne eigenes subjektives Recht an der Verwaltungssache einem Verwaltungsverfahren beigezogen, spricht man von einer ➔Organpartei (= Amtspartei).

➔**formelle Einordnung des Völkerrechts** [719]: Durch ➔Transformation wird das Völkerrecht (auch) zum staatlichen Recht, grundsätzlich zum Bundesrecht, die Staatsverträge der Länder zum Landesrecht. Den Rang der transformierten Staatsverträge im ➔Stufenbau der Rechtsordnung bestimmt die formelle Einordnung. Ohne Berücksichtigung des Inhalts einer Regelung stehen alle nicht parlamentarisch genehmigten Staatsverträge des Bundes im Rang einer Verordnung, alle parlamentarisch genehmigten (Art 50 Abs 1 B-VG) Staatsverträge des Bundes stehen im Rang eines einfachen Bundesgesetzes. Im Rang eines Bundesverfassungsgesetzes steht ein transformierter Staatsvertrag seit 01.01.2008 nicht (mehr). [Staatsverträge des Bundes, die der Rechtslage vor dem 01.01.2008 unterliegen, stehen in Verfassungsrang, wenn sie in der Kundmachung als „verfassungsändernd" bezeichnet sind (zB Art 1-4 Konvention zur Beseitigung jeder Form von Diskriminierung der Frau, BGBl 1982/443; das 13. ZPzEMRK, BGBl III 2005/22) oder durch ein eigenes Bundesverfassungsgesetz in Verfassungsrang gehoben wurden (zB die EMRK durch BGBl 1964/59)]. Die Einordnung der Staatsverträge der Länder regeln die Landesverfassungen.

➔**formeller Gesetzesvorbehalt** [516]: Der ➔Gesetzesvorbehalt eines Freiheitsrechts wäre ein formeller Gesetzesvorbehalt, wenn der Verfassungsgesetzgeber – anders als beim ➔materiellen Gesetzesvorbehalt – für einen Grundrechtseingriff (nur) die Form des Gesetzes verlangt (Eingriffe der Verwaltung ohne gesetzliche Grundlage damit ausschließt) und keine inhaltlichen verfassungsgesetzlichen Anforderungen an in den Schutzbereich eingreifende Regelungen des Gesetzgebers stellt. Die Gesetzesvorbehalte des StGG 1867 galten ursprünglich (bis zum Inkrafttreten des B-VG 1920) als formelle Gesetzesvorbehalte.

➔**Fragerecht** [955]: Das Fragerecht (= Interpellationsrecht) ist ein Kontrollrecht des Parlaments. Der Nationalrat (ein Abgeordneter) und der Bundesrat (ein Abgeordneter) befragen die Bundesregierung zu Vorgängen in der Bundesverwaltung (Art 52 B-VG). Die Mitglieder der Bundesregierung sind zur wahrheitsgetreuen Beantwortung dieser Fragen verpflichtet. Das Fragerecht umfasst die schriftliche Anfrage ohne Befassung des Plenums, die dringliche Anfrage im Plenum und die Fragestunde im Plenum. Das Fragerecht der Landtage regelt das Landesrecht.

➔**Französische Revolution** *French Revolution* [41] [433]: Die Französische Revolution (1789 bis 1799) kämpfte mit der Losung „liberté, égalité, fraternité" (Freiheit, Gleichheit, Brüderlichkeit) gegen die absolute Monarchie und für Menschenrechte. Am 26.08.1789 verkündete die Nationalversammlung die Deklaration der Menschen- und Bürgerrechte, beseitigte alle ständischen Vorrechte von Adel und Klerus und zog das Kirchengut ein. Nach einer Phase konstitutioneller Monarchie wurde 1792 die Republik ausgerufen.

➔freie Beweiswürdigung [1498]: Der Sachverhalt ist im Verwaltungsverfahren klar, wenn alle Beweismittel zu einem Beweisthema zum selben Ergebnis führen. Widersprechen sich die Ergebnisse von Beweismitteln, muss die Verwaltungsbehörde nach dem Grundsatz der freien Beweiswürdigung beurteilen, welchen Sachverhalt sie für wahr hält (§ 45 Abs 2 AVG). Die Verwaltungsbehörde bemisst dabei den Wert der einzelnen Beweismittel – ohne an irgendwelche Beweisregeln (keine Rangordnung von Beweismitteln !) gebunden zu sein – ausschließlich nach ihrem inneren Wesensgehalt, ihrer Plausibilität und ihrer Überzeugungskraft. Welche Sachverhaltsvariante sie schließlich für wahr hält, muss die Verwaltungsbehörde im Bescheid nachvollziehbar und plausibel begründen (§ 60 AVG).

➔freies Beschlussrecht der Gemeinde [1293]: Das freie Beschlussrecht ist das Recht der Gemeinde durch eine selbständige (gesetzesergänzende) Verordnung ➔Abgaben „im Rahmen der Finanzverfassung" (Art 116 Abs 2 B-VG) auszuschreiben. Sowohl der Bundesgesetzgeber (§ 7 Abs 5 F-VG 1948) als auch die Landesgesetzgeber (§ 8 Abs 5 F-VG 1948) können die Gemeinde zur Ausschreibung bestimmter Abgaben durch Beschluss des Gemeinderats ermächtigen (§ 5 F-VG 1948). Die Gemeinden dürfen etwa die Hebesätze der Grundsteuer, Vergnügungssteuern, Hundeabgaben, Benützungs- und Parkgebühren (§ 15 Finanzausgleichsgesetz – FAG), Kanalgebühren durch Verordnung ausschreiben.

➔freies Mandat [961]: Die Abgeordneten des Nationalrats, des Bundesrats und der Landtage haben ein freies Mandat (Art 56 Abs 1 B-VG, Landesverfassungen). Der gewählte Parlamentsabgeordnete als Träger des freien Mandats ist an keine Aufträge der Wähler, seiner Partei oder seiner Parlamentsfraktion gebunden. Wenn er dennoch folgt, tut er dies freiwillig. Der Abgeordnete übt sein Mandat frei aus und ist für sein Handeln niemandem verantwortlich.

➔freies Wahlrecht *right to free elections* [168]: Das freie Wahlrecht verbietet einerseits staatlichen Zwang und staatlichen Druck auf den Wähler. Nur wenn der Wähler seine Stimme ohne jeden Zwang oder Druck frei abgeben kann, spiegelt das Wahlergebnis den wahren Wählerwillen wider. Das freie Wahlrecht begründet anderseits die Freiheit, sich als wahlwerbende Gruppe (= Wahlpartei) einer Wahl zu stellen und Wahlwerbung zu betreiben. Das B-VG ordnet die Geltung des freien Wahlrechts für die Wahlen zum Europäischen Parlament (Art 23a Abs 1), zum Nationalrat (Art 26 Abs 1), zu den Landtagen (Art 95 Abs 1), zu den Gemeinderäten (Art 117 Abs 2), für die Wahl des Bundespräsidenten (Art 60 Abs 1) sowie für die Direktwahl des Bürgermeisters (Art 117 Abs 6) an. Das freie Wahlrecht ist auch in Art 3 erstes ZPzEMRK und Art 8 Staatsvertrag von Wien 1955 verankert.

➔Freihandel *free trade* [637] [736]: Freihandel ist ein Synonym für ➔Außenwirtschaftsfreiheit.

➔Freihandelszone [739]: Eine Freihandelszone ist der staatsvertragliche Zusammenschluss der Wirtschaftsräume zweier oder mehrerer Staaten mit dem Ziel, Zölle und Handelshemmnisse abzubauen. Gegenüber Drittstaaten gestaltet jeder Mitgliedstaat seine Zoll- und Handelspolitik autonom. Ursprungsregelungen (Ursprungszeugnisse) sind ein zentraler Punkt jeder Freihandelszone.

➔Freiheitsrecht [507]: Ein Freiheitsrecht (= Abwehrrecht) ist ein Grundrecht, mit dem die Verfassung einzelne Freiräume der Menschen garantiert, in die der Staat nicht eingreifen darf (➔status negativus). Ein Freiheitsrecht (zB persönliche Freiheit, Hausrecht, Eigentumsrecht) gibt dem Menschen das verfassungsgesetzlich gewährleistete subjektive Recht, sich gegen verfassungswidrige Eingriffe des Staats in den geschützten Freiraum auf rechtsstaatlichem gerichtlichem Weg zur Wehr zu setzen. Wir unterscheiden ➔absolut schützende Freiheitsrechte und ➔relativ schützende Freiheitsrechte.

➔Freiheitsrecht mit staatlichen Schutzpflichten [523]: Ein Freiheitsrecht mit staatlichen Schutzpflichten ist ein ➔Freiheitsrecht, mit dem die Verfassung den Menschen nicht nur ein ➔Abwehrrecht gegen den Staat gewährt, sondern den Staat darüber hinaus verpflichtet, den grundrechtlich geschützten Freiraum, insbesondere durch gesetzliche Bestimmungen, auch vor Eingriffen durch Private zu schützen. Freiheitsrechte mit staatlichen Schutzpflichten sind etwa das Recht auf Leben (Art 2 EMRK), das Recht auf Privatsphäre (Art 8 EMRK), die Versammlungsfreiheit (Art 12 StGG und Art 11 EMRK), die Glaubens- und Gewissensfreiheit (Art 14 StGG, Art 63 Abs 2 StV St. Germain, Art 9 EMRK). Ob ein Freiheitsrecht auch staatliche Schutzpflichten enthält, ergibt die Auslegung, insbesondere nach Sinn und Zweck. Das Recht auf Leben normiert die Schutzpflicht unmittelbar im Text des Art 2 EMRK (*„Das Recht eines jeden Menschen auf Leben wird gesetzlich geschützt"*).

➔Freizügigkeit [804]: Die ➔Unionsbürger haben das Recht der Freizügigkeit, somit das Recht zur Einreise und zum Aufenthalt im Hoheitsgebiet aller EU-Mitgliedstaaten – bis zu drei Monaten ohne irgendwelche Voraussetzungen (Art 21 AEUV, Freizügigkeitsrichtlinie). Darüber hinausgehende dauernde Aufenthaltsrechte resultieren insbesondere aus der ➔Arbeitnehmerfreizügigkeit und der ➔Niederlassungsfreiheit.

➔Fristsetzungsantrag [1565] [1590] [1652]: Der Fristsetzungsantrag an den Verwaltungsgerichtshof (VwGH) steht gegen die Säumnis (= Verletzung der ➔Entscheidungspflicht) eines Verwaltungsgerichts (LVwG, BVwG, BFG) bei Erlassung eines Erkenntnisses oder Beschlusses zu (Art 133 Abs 1 Z 2 B-VG). Antragsberechtigt ist, wer im verwaltungsgerichtlichen Verfahren als Partei zur Geltendmachung der Entscheidungspflicht berechtigt zu sein behauptet (Art 133 Abs 7 B-VG).

→Führerstaat [201]: Ein Führerstaat ist ein Staat, in dem ohne Gewaltenteilung die gesamte Staatsgewalt mit absoluter Machtfülle in den Händen eines Staatschefs, des Führers, konzentriert ist. Historisch bezeichneten sich etwa die Faschisten Benito Mussolini, Francisco Franco und Adolf Hitler als Führer.

G

→Gebarung [620]: Unter Gebarung versteht man das geld- und vermögensrelevante Handeln der Verwaltung (Auswirkungen auf Ausgaben, Einnahmen und Vermögensbestände der Gebietskörperschaften).

→Gebietsgemeinde [1302]: Eine Gebietsgemeinde wäre eine Gemeinde, die überörtliche Angelegenheiten in unmittelbar demokratisch legitimierter Selbstverwaltung wahrnimmt. Art 120 B-VG kündigt die Zusammenfassung von →Ortsgemeinden zu Gebietsgemeinden durch ein besonderes Bundesverfassungsgesetz an, das allerdings bis heute nicht erlassen wurde. Gebietsgemeinden könnten die Bezirke der staatlichen Verwaltung ersetzen, was eine „Demokratisierung" der Bezirksverwaltung bedeuteten würde.

→Gebietskörperschaft [598] [1277]: Eine Gebiets„körperschaft" ist eine staatliche Organisation, die auf einem bestimmten Territorium (= Gebiet) hoheitlich tätig ist, und die als vermögensfähige →juristische Person (= Körperschaft) des öffentlichen Rechts privatrechtlich handeln kann. Der Bund, das Land und die Gemeinde sind Gebietskörperschaften.

→Gebühren [620]: Gebühren sind Geldleistungen an eine Gebietskörperschaft auf zwingender gesetzlicher Grundlage als Gegenleistung für eine konkrete staatliche Leistung (zB Gerichtsgebühren, Parkgebühren) und Teil der →Abgaben.

→geheimes Wahlrecht [169]: Die Stimmabgabe ist geheim, sie erfolgt in einer für die Öffentlichkeit und die Wahlbehörde nicht erkennbaren Weise, damit die Entscheidungsfreiheit des Wählers optimal gesichert ist. Das B-VG ordnet die Geltung des geheimen Wahlrechts für die Wahlen zum Europäischen Parlament (Art 23a Abs 1), zum Nationalrat (Art 26 Abs 1), zu den Landtagen (Art 95 Abs 1), zu den Gemeinderäten (Art 117 Abs 2), für die Wahl des Bundespräsidenten (Art 60 Abs 1) sowie für die Direktwahl des Bürgermeisters (Art 117 Abs 6) an. Das geheime Wahlrecht ist auch in Art 3 erstes ZPzEMRK garantiert. Besonderes gilt für die Stimmabgabe durch →Briefwahl (Art 23a Abs 4, Art 26 Abs 6, Art 60 Abs 1 letzter Satz, Art 95 Abs 4, Art 117 Abs 2 und 6 B-VG).

→Gemeinde [1272]: Die Gemeinde (= Kommune) ist ein Verwaltungssprengel des Landes, eine Gebietskörperschaft, ein territorialer Selbstverwaltungskörper (→Gemeindeautonomie), aber kein Staat (Art 116 Abs 1 B-VG). Sie besorgt im →eigenen Wirkungsbereich die im örtlichen Interesse gelegenen Aufgaben der Landesverwaltung und der Bundesverwaltung weisungsfrei, aber unter Gesetzesbindung (Art 118 Abs 4 B-VG) und unter Aufsicht (Gemeindeaufsicht). Daneben nimmt die Gemeinde die ihr durch Landes- und Bundesgesetz zugewiesenen Aufgaben im →übertragenen Wirkungsbereich weisungsgebunden (gegenüber Land und Bund) wahr.

→Gemeindeamt [1331]: Das Gemeindeamt (Art 117 Abs 7 B-VG) ist der administrative Hilfs- und Geschäftsapparat (→Amt) aller Gemeindeorgane (Gemeinderat, Gemeindevorstand, Bürgermeister ua). Es hat – von besonderen gesetzlichen Betrauungen bei Statutarstädten abgesehen – keine eigenen behördlichen Befugnisse. Das Gemeindeamt der Statutarstadt heißt →Magistrat.

→Gemeindeaufsicht [1283]: Die Gemeindeaufsicht ist die →Rechtsaufsicht des Landes und des Bundes über die Gemeinde bei der weisungsfreien Besorgung der Aufgaben des →eigenen Wirkungsbereichs (Art 119a B-VG). Stammt eine örtliche Angelegenheit des eigenen Wirkungsbereichs aus dem Vollziehungsbereich des Landes (Art 11, 12, 15 B-VG), so führt das Land (Landesregierung), stammt eine örtliche Angelegenheit des eigenen Wirkungsbereichs aus dem Vollziehungsbereich des Bundes (Art 10 B-VG), so führt der Bund (Landeshauptmann in mittelbarer Bundesverwaltung) die Gemeindeaufsicht (Art 119a Abs 3 B-VG). Aufsichtsmittel sind zB die Aufhebung von Bescheiden und Verordnungen, die Auflösung des Gemeinderats, die Ersatzvornahme für unterlassene Handlungen, der Genehmigungsvorbehalt von Gemeindehandlungen.

→Gemeindeautonomie [1278]: Gemeindeautonomie (= Gemeindeselbstverwaltung, = territoriale Selbstverwaltung) bedeutet, dass die Organe der →Gemeinde die Gemeindeverwaltung im →eigenen Wirkungsbereich zwar auf der Grundlage der Gesetze (Art 118 Abs 4 B-VG) und unter Aufsicht (Art 119a B-VG, →Gemeindeaufsicht) des Bundes und des Landes, aber ohne Bindung an die Weisungen der Landesverwaltung und der Bundesverwaltung besorgen. Die Organe der Gemeinde sind nicht den Parlamenten des Bundes und des Landes, sondern dem Gemeindevolk bzw dem Gemeinderat politisch verantwortlich (politische Verantwortung). Art 116 Abs 1 B-VG sichert die autonome Führung der Gemeindeverwaltung durch das (Grund)Recht auf Selbstverwaltung.

→Gemeinderat [1325]: Der Gemeinderat ist ein →allgemeiner Vertretungskörper (Art 117 Abs 1 lit a B-VG) und das oberste Organ der Gemeinde. Politisch – nicht rechtlich – könnte man den Gemeinderat als „Gemeindepartlament" bezeichnen. Rechtlich ist der Gemeinderat eine (kollegiale) Verwaltungsbehörde. Der Gemeinderat ist im eigenen Wirkungsbereich der Gemeinde gegenüber allen Gemeindeorganen weisungsberechtigt, alle anderen Gemeindeorgane sind dem Gemeinderat verantwortlich (Art 118 Abs 5 B-VG). Die Mitglieder des Gemeinderats werden aufgrund der Wahlrechtsgrundsätze der Bundesverfassung unmittelbar vom Gemeindevolk gewählt (Art 117 Abs 2 B-VG), wobei das aktive und das passive Wahlrecht auch Unionsbürgern zukommt (➔Wahlrecht bei Kommunalwahlen). Dem Gemeinderat ist – gemeinsam mit den anderen Gemeindeorganen – das Gemeindeamt als bürokratischer Hilfs- und Geschäftsapparat zugeordnet.

➔Gemeinderecht [1299]: Das Gemeinderecht (= Kommunalrecht) umfasst Regelungen über die Gemeindeorganisation (= Gemeindeorganisationsrecht, zB Einrichtung der Gemeindeorgane, deren Beziehung zueinander, die Willensbildung der Gemeindeorgane). Nach Art 115 Abs 2 erster Satz B-VG ist der Landes(verfassungs)gesetzgeber zur Regelung des Organisationsrechts der Gemeinden gemäß den Grundsätzen der Bundesverfassung zuständig. Das Gemeinde(organisations)recht besteht daher aus den bundesverfassungsgesetzlich vorgegebenen Grundsätzen (Art 115 bis 119a B-VG), aus eventuellen Regelungen über die Gemeindeorganisation in Landesverfassungsgesetzen (zB Art 65 bis 67 Oö L-VG) und aus einfachen Landesgesetzen (zB Oö GemO 1990, StL 1992).

➔Gemeindeverband [1317]: Ein Gemeindeverband ist ein Zusammenschluss mehrerer Gemeinden zur gemeinsamen Besorgung – hoheitlicher und nicht-hoheitlicher – kommunaler Aufgaben des eigenen oder des übertragenen Wirkungsbereichs (Art 116a B-VG). Ein Gemeindeverband entsteht entweder durch eine aufsichtsbehördlich zu genehmigende freiwillige Vereinbarung der Mitgliedsgemeinden (Art 116a Abs 1 B-VG, = freiwilliger Gemeindeverband) oder zwangsweise (auch gegen den Willen der Gemeinden) durch den zuständigen (Art 10 bis 15 B-VG) Gesetzgeber bzw Verordnungsgeber (Art 116a Abs 2 B-VG, = Zwangsverbände). Gemeindeverbände sind juristische Personen des öffentlichen Rechts, aber keine Gebietskörperschaften, weil sie nur einzelne Aufgaben wahrnehmen und keinen umfassenden Wirkungsbereich haben.

➔Gemeindevereinbarung [1321]: Eine Gemeindevereinbarung ist ein Übereinkommen zwischen zwei oder mehreren Gemeinden über ihren jeweiligen eigenen und/oder übertragenen Wirkungsbereich – ohne Zusammenschluss zu einem ➔Gemeindeverband (Art 116b B-VG). Der Abschluss von Vereinbarungen zwischen Gemeinden verschiedener Bundesländer ist nur aufgrund einer entsprechenden ➔Vereinbarung nach Art 15a B-VG der betroffenen Länder zulässig.

➔Gemeindeverfassungsnovelle 1962 [1273]: Das Reichsgemeindegesetz 1862 begründete erstmals die Gemeindeautonomie. Die Gemeindeverfassungsnovelle 1962 [= B-VG-Novelle 1962, BGBl 205] entschied die seit Gründung der Republik offene Frage der verfassungsgesetzlichen Verankerung der Gemeinden und regelt die Existenz der Gemeinden und die Gemeindeautonomie in Verfassungsrang.

➔Gemeindevorstand [1327]: Der Gemeindevorstand ist ein kollegiales Verwaltungsorgan der Gemeinde, das aus einigen vom Gemeinderat gewählten Mitgliedern besteht. Politisch – nicht rechtlich – könnte man den Gemeindevorstand als Gemeinderegierung bezeichnen. Der Gemeindevorstand heißt in Stadtgemeinden Stadtrat, in Statutarstädten Stadtsenat (Art 117 Abs 1 lit b B-VG). Dem Gemeindevorstand ist – gemeinsam mit den anderen Gemeindeorganen – das Gemeindeamt als bürokratischer Hilfs- und Geschäftsapparat zugeordnet.

➔Gemeindewachkörper [1260]: Gemeindewachkörper sind bewaffnete ➔Wachkörper, die von den Gemeinden unmittelbar aufgrund der Bundesverfassung (Art 118 Abs 8 B-VG) durch selbständige Verordnung der Gemeinde oder auf landesgesetzlicher Grundlage eingerichtet werden (Art 10 Abs 1 Z 14 B-VG: *„mit Ausnahme der Gemeindewachkörper"*). Sie werden vor allem im Rahmen der Gemeindeverwaltung, aber auch in der staatlichen Verwaltung eingesetzt (Art 118a B-VG). In Gemeinden, in denen die Landespolizeidirektion zugleich Sicherheitsbehörde erster Instanz ist (§ 8 SPG), sind Gemeindewachkörper unzulässig (Art 78d Abs 2 B-VG).

➔Gemeinsame Agrarpolitik *common agricultural policy* [829]: Die Gemeinsame Agrarpolitik der Europäischen Union (Art 38 bis 44 AEUV) umfasst die Landwirtschaft, die Fischerei und den Handel mit landwirtschaftlichen Produkten. Der agrarische Bereich ist einer strikten Marktordnung unterworfen, die den Markt weitgehend aufhebt. Wichtigstes Ziel ist die Sicherung der europäischen Landwirtschaft durch garantierte Preise (Interventionspreise und Beihilfen) und den Schutz nach außen durch Zölle.

➔Gemeinsame Außen- und Sicherheitspolitik (GASP) *common foreign and security policy (CFSP)* [794]: Die Europäische Union (EU) verfolgt eine Gemeinsame Außen- und Sicherheitspolitik (GASP) [Art 21 bis 46 EUV] aller 28 EU-Mitgliedstaaten und den Ausbau der Beziehungen zu Drittstaaten (Art 21 Abs 1 EUV). Die Zuständigkeit der EU in der GASP erstreckt sich auf alle Bereiche der Außenpolitik und alle sicherheitsrelevanten Fragen der EU, einschließlich der schrittweisen Festlegung einer gemeinsamen Verteidigungspolitik (Art 24 Abs 1 EUV, ➔Gemeinsame Sicherheits- und Verteidigungspolitik). Leiter der Gemeinsamen Außen- und Sicherheitspolitik ist der ➔Hohe Vertreter der Union für Außen- und Sicherheitspolitik (Art 27 EUV). Österreich wirkt nach Art 23j B-VG an der Gemeinsamen Außen- und Sicherheitspolitik mit.

➔Gemeinsame Handelspolitik *common commercial policy* [830]: Die Gemeinsame Handelspolitik der Europäischen Union (Art 206, 207 AEUV) betrifft – anders als der Binnenmarkt – den Außenhandel der EU-Mitgliedstaaten mit Drittstaaten. Sie beruht auf der ➔Zollunion und dem gemeinsamen Zolltarif und bekennt sich zum ➔Freihandel (Art 206 AEUV); zur Sicherstellung des Zugangs der EU-Mitgliedstaaten zu den Märkten von Drittstaaten ergreift sie Schutzmaßnahmen (zB zum Schutz gegen Handelshemmnisse, Antisubventionsmaßnahmen, Antidumpingmaßnahmen). Die Gemeinsame Handelspolitik ist eine ausschließliche Zuständigkeit der Europäischen Union (Art 3 Abs 1 lit e AEUV).

➔Gemeinsame Sicherheits- und Verteidigungspolitik (GSVP) *common security and defence policy (CSDP)* [795]: Die Gemeinsame Sicherheits- und Verteidigungspolitik (GSVP) der Europäischen Union (EU) ist Bestandteil der ➔Gemeinsamen Außen- und Sicherheitspolitik (GASP). Sie stellt die Handlungsfähigkeit der EU in zivilen und militärischen Krisen sicher und entwickelt schrittweise eine Gemeinsame Verteidigungspolitik (Art 42 EUV). Österreich wirkt nach Art 23j B-VG an der Gemeinsamen Sicherheits- und Verteidigungspolitik der EU mit (etwa militärische Beratung, Frieden schaffende Maßnahmen, humanitäre Aufgaben, Rettungseinsätze).

➔Gemeinwirtschaft [632]: Die Gemeinwirtschaft ist eine Wirtschaft, in der – anders als in der ➔Privatwirtschaft oder ➔Staatswirtschaft – Gruppen von Privaten, etwa Genossenschaften, im eigenen und im allgemeinen Interesse die Erzeugung von Gütern und die Bereitstellung von Leistungen sowie deren Verteilung planen, organisieren und durchführen.

➔Generalanwalt *Advocate General* [879]: Die Generalanwälte unterstützen den ➔Gerichtshof (EuGH) (Art 19 Abs 3 EUV). Sie sind unabhängig und unparteilich (Art 252 f AEUV); sie bearbeiten die beim Gerichtshof (EuGH) anhängigen Rechtssachen vorweg und legen diese dann mit einem sog Schlussantrag dem Gerichtshof (EuGH) zu Entscheidung vor.

➔Generaldirektion für die öffentliche Sicherheit [1243]: Die Generaldirektion für die öffentliche Sicherheit sind jene Organisationseinheiten im Bundesministerium für Inneres – der Bundesminister für Inneres ist die oberste Sicherheitsbehörde – welche die Angelegenheiten der ➔Sicherheitsverwaltung besorgen (§ 6 Abs 1 Sicherheitspolizeigesetz [SPG]).

➔Generalprokuratur [1361]: Die Generalprokuratur ist die unterhalb der Regierungsebene am Sitz des Obersten Gerichtshofs (OGH) eingerichtete ➔Staatsanwaltschaft. Die Generalprokuratur ist dem Bundesminister für Justiz unmittelbar untergeordnet und weisungsgebunden. Der Leiter der Generalprokuratur ist der Generalprokurator.

➔generelle Rechtsnorm [209]: Adressat einer generellen Rechtsnorm – anders als bei einer individuellen Rechtsnorm – ist die Allgemeinheit, ist jeder.

➔generelle Transformation [704]: Die souveräne staatliche Rechtsordnung setzt mit genereller Transformation das Völkerrecht insgesamt aufgrund seiner völkerrechtlichen Verbindlichkeit auch innerstaatlich in Geltung, ohne dass es für die einzelnen völkerrechtlichen Normen eines besonderen nationalen Rechtssetzungsakts bedürfte. Die österreichische Rechtsordnung transformiert das Völkerrecht generell (Art 9 Abs 1 B-VG für die allgemeinen Rechtsgrundsätze und das Völkergewohnheitsrecht, Art 49 Abs 2 B-VG für die politischen, gesetzändernden und gesetzesergänzenden Staatsverträge des Bundes, § 5 Abs 1 Z 1 BGBlG für die anderen Staatsverträge des Bundes; entsprechende Regelungen des Landesrechts für die Staatsverträge der Länder). Die generelle Transformation steht im Gegensatz zur ➔speziellen Transformation.

➔Gericht (EuG) *General Court* [877] [1400]: Der ➔Gerichtshof der Europäischen Union (Art 19 EUV, Art 251-281 AEUV) – mit Sitz in Luxemburg – ist ein Organ der Europäischen Union (EU). Er umfasst drei Gerichte: den ➔Gerichtshof (EuGH), das Gericht (EuG) und ➔Fachgerichte (EuFG). Das Gericht (EuG) [= le Tribunal] ist ähnlich dem Gerichtshof (EuGH) organisiert, es besteht aus mindestens einem Richter je Mitgliedstaat. Dem Gericht (EuG) sind ausdrückliche Zuständigkeiten zugewiesen. Der Gerichtshof (EuGH) fungiert in diesen Zuständigkeiten als Rechtsmittelinstanz (Art 256 AEUV).

➔Gerichtsbarkeit *judiciary* [220]: Im gewaltenteiligen Staat bildet die Gerichtsbarkeit (= Judikative) mit der Verwaltung (= Administrative) die Vollziehung des Staats. Gerichtsbarkeit im materiellen Sinn fragt nach den Aufgaben des gerichtlichen Handelns, das ist die Streitentscheidung. Gerichtsbarkeit im formell-organisatorischen Sinn fragt nicht nach den Aufgaben des gerichtlichen Handelns, sondern nach den besonderen Kennzeichen der Gerichtsorganisation. Gerichtsbarkeit ist danach das weisungsfreie Handeln der mit den richterlichen Privilegien ausgestatteten Vollziehungsorgane.

➔Gerichtsbarkeit des öffentlichen Rechts [1335]: Neben der ➔ordentlichen Gerichtsbarkeit (Zivil- und Strafgerichtsbarkeit) existiert auch eine Gerichtsbarkeit des öffentlichen Rechts. In Abgrenzung zur ordentlichen Gerichtsbarkeit wird die Gerichtsbarkeit des öffentlichen Rechts auch als außerordentliche Gerichtsbarkeit bezeichnet. Sie kontrolliert die Verfassungs- und Gesetzmäßigkeit staatlichen Handelns, insbesondere verwaltungsbehördlicher Akte. Die Verwaltungsgerichte (die Landesverwaltungsgerichte [LVwG], das Bundesverwaltungsgericht [BVwG] und das Bundesfinanzgericht [BFG]) sowie die Gerichtshöfe des öffentlichen Rechts (der Verwaltungsgerichtshof [VwGH] und der Verfassungsgerichtshof [VfGH]) nehmen die Gerichtsbarkeit des öffentlichen Rechts wahr.

➔Gerichtshof (EuGH) *Court of Justice* [877] [1400]: Der ➔Gerichtshof der Europäischen Union (Art 19 EUV, Art 251-281 AEUV) – mit Sitz in Luxemburg – ist ein Organ der Europäischen Union (EU). Er umfasst drei Gerichte: den Gerichtshof (EuGH), das ➔Gericht (EuG) und ➔Fachgerichte (EuFG). Der Gerichtshof (EuGH) besteht aus 28 Richtern, einem je Mitgliedstaat (Art 19 Abs 2 EUV), die von den Regierungen der Mitgliedstaaten im gegenseitigen Einvernehmen auf sechs Jahre ernannt werden. Der Gerichtshof (EuGH) wird von (derzeit acht) Generalanwälten unterstützt.

➔Gerichtshof der Europäischen Union *Court of Justice of the European Union* <curia.europa.eu> [877] [1400]: Der Gerichtshof der Europäischen Union (Art 13, Art 19 EUV, Art 251-281 AEUV) – mit Sitz in Luxemburg – ist ein Organ der Europäischen Union (EU). Er umfasst drei Gerichte: den ➔Gerichtshof (EuGH), das ➔Gericht (EuG) und ➔Fachgerichte (EuFG). Der Gerichtshof (EuGH) ist für alles zuständig, was nicht ausdrücklich dem Gericht (EuG) oder den Fachgerichten (EuFG) zugewiesen ist. Der Gerichtshof der Europäischen Union ist für die Wahrung des Rechts bei der Auslegung und Anwendung des Unionsrechts zuständig (Art 19 Abs 1 EUV). Der Zugang zum Gerichtshof der Europäischen Union ist an festgelegte Verfahrensarten gebunden: Vertragsverletzungsverfahren, Vorabentscheidung, Nichtigkeitsklage, Untätigkeitsklage, Schadenersatzklage, Beamtenklage.

➔Gerichtshöfe des öffentlichen Rechts [1345]: Den ➔Verwaltungsgerichtshof (VwGH) und den ➔Verfassungsgerichtshof (VfGH) nennt man zusammen die Gerichtshöfe des öffentlichen Rechts. Sie sind die beiden Höchstgerichte der Gerichtsbarkeit des öffentlichen Rechts. [In der ordentlichen Gerichtsbarkeit ist der Oberste Gerichtshof (OGH) das Höchstgericht].

➔Gerichtssprengel [1048] [1339]: Gerichtssprengel (= Gerichtsbezirk) ist der einem Gericht unterstehende Teil des Staatsgebiets, der territoriale (örtliche) Wirkungsbereich eines Gerichts. Die ordentlichen Gerichte (Zivil- und Strafgerichte) sind in Gerichtssprengeln organisiert. Die Gerichtsbarkeit des öffentlichen Rechts kennt eine territoriale Gliederung nur bei den Landesverwaltungsgerichten (LVwG).

➔Gerichtsverfahrensgesetz [1390] [1549]: Ein Gerichtsverfahrensgesetz regelt das ➔Verfahren vor den ➔ordentlichen Gerichten oder vor einem ➔Gericht des öffentlichen Rechts. Gerichtsverfahrensgesetze für die ordentliche Gerichtsbarkeit sind insb die Jurisdiktionsnorm (JN), die Zivilprozessordnung (ZPO), das Außerstreitgesetz (AußStrG), das Arbeits- und Sozialgerichtsgesetz (ASGG) für das Verfahren vor den Zivilgerichten; die Strafprozessordnung 1975 (StPO) für das Verfahren vor den Strafgerichten. Gerichtsverfahrensgesetze für die Gerichtsbarkeit des öffentlichen Rechts sind das Verwaltungsgerichtsverfahrensgesetz (VwGVG) für das Verfahren vor dem Landesverwaltungsgericht (LVwG) und dem Bundesverwaltungsgericht (BVwG), das Bundesfinanzgerichtsgesetz (BFGG) für das Verfahren vor dem Bundesfinanzgericht (BFG), das Verwaltungsgerichtshofgesetz 1985 (VwGG) für das Verfahren vor dem Verwaltungsgerichtshof (VwGH) und das Verfassungsgerichtshofgesetz 1953 (VfGG) für das Verfahren vor dem Verfassungsgerichtshof (VfGH).

➔Gesamtänderung der Bundesverfassung [947]: Eine Gesamtänderung der Bundesverfassung (= Totaländerung), die gemäß Art 44 Abs 3 B-VG einer ➔obligatorischen Volksabstimmung zu unterziehen ist, liegt vor, wenn besondere Charakteristika der Bundesverfassung (= Baugesetze, = ➔Grundprinzipien der Bundesverfassung) abgeschafft oder wesentlich verändert werden.

➔gesamtwirtschaftliches Gleichgewicht [140]: Das gesamtwirtschaftliche Gleichgewicht ist ein von den Parlamenten bei Erstellung des ➔Budgets und von der Verwaltung bei der ➔Gebarung zu beachtendes ➔Staatsziel (Art 13 Abs 2 B-VG), wonach mit der Staatsverschuldung Maß zu halten ist und insbesondere ein ausgewogenes Wirtschaftswachstum, eine wettbewerbsfähige soziale Marktwirtschaft, Preisstabilität, hohe Beschäftigungsniveaus und sozialer Fortschritt anzustreben sind.

➔Geschäftsordnung *rules of procedure, rules of order* [1374]: Eine Geschäftsordnung meint die selbst gegebenen Regeln (innere Ordnung) eines (idR) Kollegialorgans für die Behandlung und Erledigung seiner „Geschäftsfälle" (Aufgaben), welche die bezüglichen (verfassungs)gesetzlichen Regelungen (etwa die Art der Willensbildung des Organs, das Prozedere bei Abstimmungen, Beratungen, Sitzungen, ...) ergänzen. Die Gesetzgebungsorgane beschließen eine Geschäftsordnung, so der Nationalrat aufgrund Art 30 Abs 2 B-VG das ➔Geschäftsordnungsgesetz 1975 (GOG-NR), der Bundesrat aufgrund Art 37 Abs 2 B-VG die ➔Geschäftsordnung des Bundesrates (GO-BR), die Landtage aufgrund der Landesverfassungen die Landtagsgeschäftsordnungen. Der Bundespräsident erlässt eine Geschäftsordnung für den Geschäftsgang in der ➔Präsidentschaftskanzlei (Art 67a Abs 2 B-VG). Die von den Vollversammlungen der Verwaltungsgerichte und des Verwaltungsgerichtshofs (VwGH) aufgrund Art 136 Abs 5 B-VG sowie des Verfassungsgerichtshofs (VfGH) aufgrund Art 148 B-VG beschlossenen Geschäftsordnungen sind zwar generelle Rechtsnormen, gelten aber nicht als Verordnungen, weil sie von weisungsfreien Richtersenaten (nicht von einer Verwaltungsbehörde) stammen. Die Geschäftsordnung für die Gerichte I. und II. Instanz (BGBl 1951/264) ist hingegen eine vom Bundesminister für Justiz erlassene Verordnung.

➔Geschäftsordnung des Bundesrates (GO-BR) *Rules of Procedure of the Federal Council* [914]: Die Geschäftsordnung des Bundesrates (GO-BR), BGBl 1988/361 idgF, ist ein Beschluss des Bundesrats, mit dem der

Bundesrat Regelungen über das Gesetzgebungsverfahren im Bundesrat, den Ablauf von Sitzungen, die Bildung von Ausschüssen ua trifft. Dieser Beschluss des Bundesrats ist zwar kein Bundesgesetz (im formellen Sinn), ihm kommt aber die Wirkung eines im Bundesgesetzblatt kundzumachenden Bundesgesetzes zu (Art 37 Abs 2 B-VG).

➔**Geschäftsordnungsgesetz 1975 (GOG-NR)** *Rules of Procedure Law of 1975* [914]: Das Geschäftsordnungsgesetz 1975 (GOG-NR) [= Bundesgesetz vom 4. Juli 1975 über die Geschäftsordnung des Nationalrates, BGBl 1975/410 idgF] regelt das Gesetzgebungsverfahren im Nationalrat; daneben enthält es unter anderem Regelungen über die Bildung des Nationalrats, die Bildung der Ausschüsse, parlamentarische Enqueten und Enquete-Kommissionen sowie über parlamentarische Petitionen und Bürgerinitiativen. Das GOG-NR ist ein einfaches Bundesgesetz, es darf dennoch nur mit Zweidrittelmehrheit beschlossen oder abgeändert werden (Art 30 Abs 2 B-VG). Das GOG-NR kommt ohne Mitwirkung des Bundesrates zustande (Art 42 Abs 5 B-VG).

➔**Geschäftsverteilung** [1374]: Die (feste) Geschäftsverteilung eines Gerichts legt im Vorhinein fest, welche Rechtssache von welchem Richter (oder Richtersenat) entschieden wird. Das B-VG ordnet eine feste Geschäftsverteilung nicht nur für die ordentlichen Gerichte (Art 87 Abs 3 B-VG), sondern in der Gerichtsbarkeit des öffentlichen Rechts auch für die Verwaltungsgerichte (LVwG, BVwG, BFG) und den Verwaltungsgerichtshof (VwGH) an (Art 135 Abs 2 und Abs 3 B-VG). Der Verfassungsgerichtshof (VfGH) hingegen kennt keine feste Geschäftsverteilung.

➔**geschlossene Wirtschaft** [637]: In einer geschlossenen Wirtschaft lässt der Staat einen grenzüberschreitenden ➔Freihandel nicht zu.

➔**geschlossenes Rechtsquellensystem** [269]: Die Verfassung, die den Staat und die Staatsgewalt verrechtlicht, legt für jede Staatsteilgewalt die Typen möglicher Rechtsnormen (➔Rechtssatzformen) verbindlich und abschließend fest. Der Verfassung liegt so ein geschlossenes Rechtsquellensystem zugrunde. Außerhalb der verfassungsgesetzlich festgelegten Rechtssatzformen kommt eine verbindliche Rechtsnorm grundsätzlich nicht zustande. Der einfache Gesetzgeber darf über den Katalog der verfassungsgesetzlich vorgegebenen Rechtssatzformen hinaus nur ausnahmsweise dann eine zusätzliche individuelle Rechtssatzform vorsehen, wenn er einen bezüglichen Rechtsweg eröffnet.

➔**Geschworene** [1356]: Die Geschworenen sind die Laienrichter im Geschworenengericht. Über besonders schwere und über politische Delikte entscheidet im gerichtlichen Strafverfahren nach der Strafprozessordnung (StPO) ein Geschworenengericht (Art 91 Abs 2 B-VG), das aus drei (Berufs)Richtern und acht Geschworenen besteht. Die Auswahl der Geschworenen erfolgt nach dem Geschworenen- und Schöffengesetz 1990 (GSchG) [= Bundesgesetz vom 25. April 1990 über die Berufung der Geschworenen und Schöffen, BGBl 1990/256 idgF].

➔**Gesellschaft** [5]: Gesellschaft sind die Menschen insgesamt, so wie sie zusammenleben.

➔**Gesetz** *act, law, bill* [48]: Das ➔Gesetz im materiellen Sinn ist vom ➔Gesetz im formellen Sinn zu unterscheiden. Das B-VG versteht unter „Gesetz" das Gesetz im formellen Sinn. ➔**Gesetz im formellen Sinn** [224]: Ein Gesetz im formellen Sinn meint – anders als das Gesetz im materiellen Sinn – jede vom Parlament auf dem Weg der Gesetzgebung erlassene Rechtsnorm, gleichgültig, ob sie generell, individuell, abstrakt oder konkret ist. Ein Gesetz im formellen Sinn, das sich nicht an die Allgemeinheit, sondern vom Inhalt her an einen individuellen Adressaten wendet, nennen wir Einzelfallgesetz. Nach dem Stufenbau der Rechtsordnung unterscheiden wir einfache Gesetze und Verfassungsgesetze. Im Bundesstaat gibt es einfache Bundesgesetze und Bundesverfassungsgesetze sowie einfache Landesgesetze und Landesverfassungsgesetze. ➔**Gesetz im materiellen Sinn** [207]: Ein Gesetz im materiellen Sinn meint – anders als das Gesetz im formellen Sinn – jede generelle (und in der Regel abstrakte) Rechtsnorm, gleichgültig, ob sie als Gesetz vom Parlament oder als Verordnung von der Verwaltungsbehörde erlassen wurde.

➔**Gesetzesprüfung** [1602]: Der Verfassungsgerichtshof (VfGH) hat das Überprüfungsmonopol für generelle Rechtsnormen. Er prüft von Amts wegen im Rahmen der bei ihm anhängigen Verfahren oder auf Antrag Bundesgesetze und Landesgesetze (Art 140 B-VG) auf ihre Übereinstimmung mit den Verfassungsgesetzen. Kommt der Verfassungsgerichtshof zum Ergebnis, dass ein Gesetz verfassungswidrig ist, so hebt er dieses auf (Art 140 Abs 3 B-VG). Zur Antragstellung beim VfGH ist jedes Gericht (Art 89 Abs 2, Art 135 Abs 4 B-VG) legitimiert, das das Gesetz in einer anhängigen Rechtssache anzuwenden hätte (➔Präjudizialität des Gesetzes); weiters jede Person, die durch das Gesetz unmittelbar in ihren Rechten verletzt zu sein behauptet (= ➔Individualantrag auf Gesetzesprüfung); dann ein Rechtsmittelwerber aus Anlass eines gegen die Entscheidung eines ordentlichen Gerichts I. Instanz erhobenen Rechtsmittels. Darüber hinaus legitimiert Art 140 Abs 1 Z 2 und Z 3 B-VG die Landesregierung, ein Drittel der Mitglieder des Nationalrats oder des Bundesrats, Bundesgesetze; die Bundesregierung und (sofern dies landesverfassungsgesetzlich vorgesehen ist) ein Drittel der Mitglieder des Landtags, Landesgesetze beim VfGH anzufechten.

➔**Gesetzesstaat** [250]: Der Rechtsstaat ist ein Gesetzesstaat. Das Recht des Staats ist in allgemein kundgemachten Gesetzen festgeschrieben. Die Vollziehung darf nur aufgrund dieser Gesetze handeln (Gesetzmäßigkeitsgebot). Für den Einzelnen ist das Vollziehungshandeln dadurch vorhersehbar und berechenbar.

➔**Gesetzesvorbehalt** [326] [509]: Im gewaltenteiligen demokratischen Rechtsstaat darf die Vollziehung nur aufgrund der Gesetze handeln (= Gesetzesvorbehalt, = Gesetzmäßigkeitsgebot, = Legalitätsprinzip). Anders als bei ➔Gesetzesvorrang ist der Vollziehung ein Handeln auch dort verboten, wo der Gesetzgeber entgegenstehende Gesetze nicht erlassen hat. Die Vollziehung darf nur handeln, soweit das Parlament ihr in Gesetzen eine hinreichende Grundlage gibt. Das ➔Gesetzmäßigkeitsgebot des Art 18 B-VG normiert einen totalen Gesetzesvorbehalt für die gesamte staatliche Verwaltung. Der Gesetzesvorbehalt hat als ➔materieller Gesetzesvorbehalt bei den Freiheitsrechten besondere Bedeutung.

➔**Gesetzesvorrang** [326]: Bei Gesetzesvorrang darf die Vollziehung bestehenden Gesetzen nicht widersprechen, sie darf also frei handeln, solange das Parlament kein entgegenstehendes Gesetz erlässt (= ➔Widerspruchsfreiheit). Gesetzesvorrang galt nach der Dezemberverfassung 1867 in der Monarchie außerhalb der Grundrechte des StGG 1867. Nach dem B-VG gilt für die gesamte staatliche Vollziehung jedoch ➔Gesetzesvorbehalt.

➔**Gesetzgebung** *legislature* [207]: Im gewaltenteiligen Staat ist die Staatsgewalt in eine Gesetzgebung (= Legislative) und eine Vollziehung geteilt. Die Gesetzgebung obliegt dem Parlament. Im Bundesstaat sind Nationalrat und der Bundesrat für den Bund, der Landtag für das Land zuständig, die Gesetze zu erlassen. Das B-VG versteht dabei unter „Gesetze" die ➔Gesetze im formellen Sinn.

➔**Gesetzgebungsautonomie** [324]: Gesetzgebungsautonomie bedeutet im ➔Stufenbau der Rechtsordnung, dass das Parlament als demokratisch legitimierter Gesetzgeber in einfachen Gesetzen alles frei regeln darf, soweit die Regelungen nicht den Verfassungsgesetzen widersprechen (= ➔Widerspruchsfreiheit).

➔**gesetzliche berufliche Vertretung** [660]: Eine gesetzliche berufliche Vertretung ist eine – wie eine ➔Kammer – mit der Aufgabe der beruflichen Interessenvertretung betraute durch Gesetz eingerichtete Körperschaft des öffentlichen Rechts, die der Gesetzgeber aber – aus historischen Gründen – nicht „Kammer" nennt. Gesetzliche berufliche Vertretungen sind etwa die durch Landesgesetz eingerichteten Schilehrerverbände, Berg- und Schiführerverbände, Jagdverbände.

➔**gesetzliche Sozialversicherung** [127]: Die gesetzliche Sozialversicherung ist ein sozialstaatliches System der gesetzlichen Pflichtversicherung. Einzelne Menschen können in Risikosituationen (Alter, dauernde Arbeitsunfähigkeit, Krankheit, Unfall, Arbeitslosigkeit) aus eigenen Mitteln ihr Auskommen nicht bestreiten. Der Gesetzgeber verteilt das Risiko des Einzelnen nach dem Versicherungsprinzip auf eine große Anzahl von Personen. Er fasst Menschen in Selbstverwaltungskörper (= Sozialversicherungsträger, ➔soziale Selbstverwaltung) zusammen, lässt sie finanzielle Beiträge an den Sozialversicherungsträger – nicht an den Staat – einbezahlen, die den Bedürftigen im Versicherungsfall ausbezahlt werden. Nach der Kompetenzverteilung ist für das Sozialversicherungswesen nach Art 10 Abs 1 Z 11 B-VG der Bund zuständig.

➔**gesetzliche Vertretungen** [663]: Zu den gesetzlichen (Interessen)Vertretungen zählen neben den ➔Kammern und den ➔gesetzlichen beruflichen Vertretungen (= ➔berufliche Selbstverwaltung) auch Pflichtverbände, die nicht der beruflichen Interessenvertretung zugeordnet werden können; etwa die zur Interessenvertretung der Studierenden eingerichtete Österreichische Hochschülerinnen- und Hochschülerschaft nach dem Hochschülerinnen- und Hochschülerschaftsgesetz 1998 (HSG 1998), BGBl I 1999/22 idgF.

➔**gesetzlicher Richter** [567]: Das Grundrecht auf den gesetzlichen Richter ist in Art 83 Abs 2 B-VG als Menschenrecht verankert. Das Recht auf den gesetzlichen Richter verpflichtet den Gesetzgeber, die ➔sachliche Zuständigkeit und die ➔örtliche Zuständigkeit der Gerichte und der Verwaltungsbehörden im Gesetz klar und präzise zu regeln, damit jeder anhand der gesetzlichen Zuständigkeitsordnung weiß, wer in einer bestimmten Rechtssache entscheiden wird. Das Recht auf den gesetzlichen Richter nach Art 83 Abs 2 B-VG bedeutet gegenüber der Vollziehung auch eine gesetzliche Zuständigkeitsgarantie. Nur die jeweils aufgrund des Gesetzes zuständige (Gerichts- oder Verwaltungs-)Behörde darf und muss eine Entscheidung treffen.

➔**Gesetzmäßigkeitsgebot** [326]: Das Gesetzmäßigkeitsgebot (= Legalitätsprinzip, Art 18 Abs 1 B-VG) fordert aus Gründen des Rechtsstaats und der Demokratie die strikte Bindung der Vollziehung (Verwaltung und Gerichtsbarkeit) an die Gesetze. Es verlangt somit einerseits vom Gesetzgeber eine hinreichende ➔Determinierung des Vollziehungshandelns und verbietet anderseits der Vollziehung, ohne hinreichend determinierte gesetzliche Grundlage zu handeln. Die konkreten Anforderungen des Gesetzmäßigkeitsgebots an den Gesetzgeber und die Striktheit der Bindung der Vollziehung an die Gesetze variieren allerdings (➔differenziertes Legalitätsprinzip).

➔**Gesichtspunktetheorie** [386]: Nach dem Grundsatz der Kompetenztrennung können in der Kompetenzverteilung nicht sowohl der Bund als auch das Land zur Regelung einer Sachmaterie zuständig sein. Ist aber ein und derselbe Sachverhalt verschiedenen Kompetenztatbeständen zuzuordnen, so besagt die Gesichtspunktetheorie, dass dieser Sachverhalt dann von beiden Staaten unter dem Gesichtspunkt ihrer jeweiligen Kompetenz geregelt werden kann. Im Ergebnis kommt es dadurch zu überschneidenden Regelungen, die nach dem ➔Berücksichtigungsgebot zu treffen sind.

→Gestaltungsbescheid [1118]: Ein (Rechts)Gestaltungsbescheid verändert die Rechtslage, indem er ein Rechtsverhältnis für den Adressaten begründet, abändert oder aufhebt. Der Gestaltungsbescheid schafft eine neue Rechtslage, die vorher nicht galt.

→Gewaltenteilung *separation of powers* [200]: Die Gewaltenteilung besagt, dass zu ihrer Mäßigung die Staatsgewalt in der Verfassung in (Staats)Teilgewalten, die verschiedene voneinander getrennte, einander gegenseitig kontrollierende Machtträger ausüben, aufgeteilt sein soll. Diese Staats(teil)gewalten im Verfassungsstaat sind die →Gesetzgebung (= Legislative), die →Verwaltung (= Administrative) und die →Gerichtsbarkeit (= Judikative, Justiz). Verwaltung und Gerichtsbarkeit zusammen nennen wir →Vollziehung (= Exekutive). Im B-VG (Art 94) ausdrücklich verankert ist der Grundsatz der Trennung der Verwaltung von der Gerichtsbarkeit.

→Gewaltenverbindung [239]: Weil der Staat trotz Gewaltenteilung als Staat insgesamt funktionieren muss, kennt die Verfassung Elemente der Gewaltenverbindung (etwa die Ernennung der Richter durch die Verwaltung, die Kontrollrechte des Parlaments gegenüber der Verwaltung, die Mitwirkung des Parlaments an der Verwaltung).

→Gewaltmonopol *monopoly on violence* [11]: Das Gewaltmonopol ist der Anspruch des Staats, das Gewaltverbot gegenüber der Gesellschaft mit körperlicher Gewalt durchzusetzen und so eine friedliche Gesellschaft – frei von körperlicher Gewalt – zu bewirken.

→Gewaltverbot [10]: Der Staat verbietet allen Menschen auf seinem Staatsgebiet die Anwendung körperlicher Gewalt gegen andere Menschen. Das Gewaltverbot ist die Kehrseite des staatlichen Gewaltmonopols.

→Gewerkschaft *labour union, trade union* [551] [658]: Eine Gewerkschaft ist ein privatrechtlich eingerichteter rechtsfähiger Verband mit der Aufgabe der beruflichen Interessenvertretung seiner Mitglieder. Das Recht, Gewerkschaften zu bilden sowie diesen beizutreten, ist durch die →Vereinigungsfreiheit (Gewerkschaftsfreiheit oder Koalitionsfreiheit) in Art 11 EMRK [und in Art 12 GRC] grundrechtlich garantiert. Die wichtigste Gewerkschaft in Österreich ist der Österreichische Gewerkschaftsbund (ÖGB).

→Gewerkschaftsfreiheit [551]: Das Grundrecht der Gewerkschaftsfreiheit sichert jedem das Recht, →Gewerkschaften zu bilden sowie diesen beizutreten, und ist in der →Vereinigungsfreiheit des Art 11 EMRK ausdrücklich enthalten. Die Gewerkschaftsfreiheit heißt mit einem alten Begriff Koalitionsfreiheit (so Koalitionsrecht in Art 18 Abs 5 B-VG).

→Glaubens- und Gewissensfreiheit *freedom of thought, conscience and religion* [559]: Die unter materiellem Gesetzesvorbehalt stehende Glaubens- und Gewissensfreiheit (Religionsausübungsfreiheit) ist als Menschenrecht in Art 14 StGG und Art 63 Abs 2 Staatsvertrag von St. Germain sowie unter der Bezeichnung Gedanken-, Gewissens- und Religionsfreiheit in Art 9 EMRK [und Art 10 GRC] verankert. Die Glaubens- und Gewissensfreiheit ist ein Abwehrrecht und ein Freiheitsrecht mit staatlichen Schutzpflichten. Die Glaubens- und Gewissenfreiheit berechtigt zur freien Wahl des Religionsbekenntnisses und zur Ausübung seiner Religion, die Gedankenfreiheit auch zur freien Wahl seiner – auch nicht-religiösen – Weltanschauung. Der Glaubens- und Gewissenfreiheit ist auch eine negative Komponente immanent (→negatives Freiheitsrecht).

→Gleichbehandlung von Fremden untereinander [495]: Das verfassungsgesetzlich gewährleistete Recht auf Gleichbehandlung von Fremden untereinander ist in Art I Abs 1 →BVG über die Beseitigung aller Formen rassischer Diskriminierung verankert. Dieses Grundrecht erweitert den nur für Staatsbürger geltenden →Gleichheitssatz auf Fremde.

→gleiches Wahlrecht [165]: Das gleiche Wahlrecht ist Ausdruck der egalitären Demokratie. Jede Stimme hat das gleiche politische Gewicht („one man, one vote"). Es richtet sich historisch gegen die Zensuswahl. Das gleiche Wahlrecht betrifft die Wertigkeit der abgegebenen Stimmen in Bezug auf das Wahlresultat. Es verbietet nicht die sachlich begründbare wahlarithmetische Begünstigung größerer Wahlparteien bei Parlamentswahlen (etwa Vier-Prozent-Klausel bei der Nationalratswahl). Das B-VG ordnet die Geltung des gleichen Wahlrechts für die Wahlen zum Europäischen Parlament (Art 23a Abs 1), zum Nationalrat (Art 26 Abs 1), zu den Landtagen (Art 95 Abs 1), zu den Gemeinderäten (Art 117 Abs 2), für die Wahl des Bundespräsidenten (Art 60 Abs 1) sowie für die Direktwahl des Bürgermeisters (Art 117 Abs 6) an.

→Gleichheitssatz *legal egalitarianism* [27] [495]: Der Gleichheitssatz ist als →Grundrecht in Art 7 Abs 1 B-VG („*Alle Staatsbürger sind vor dem Gesetz gleich*") und in Art 2 StGG 1867 („*Vor dem Gesetze sind alle Staatsbürger gleich.*") verankert. Der Gleichheitssatz enthält für die Gesetzgebung ein Gleichbehandlungsgebot, ein Diskriminierungsverbot, ein Privilegierungsverbot, ein Sachlichkeitsgebot und für die Vollziehung darüber hinaus ein Willkürverbot. Gleiches ist grundsätzlich gleich, Ungleiches ist grundsätzlich ungleich zu behandeln. Sachlich gerechtfertigte (→sachliche Rechtfertigung) Ungleichbehandlungen sind zulässig, manchmal auch geboten, so Frauenförderungsmaßnahmen (→positive Diskriminierung) im Fall einer tatsächlichen Schlechterstellung der Frau.

→Glied- oder Teilstaat [360]: Die Staaten (= Länder, = Bundesländer), welche die Verfassung zu einem →Bundesstaat (= Bund) zusammengeschlossen hat, werden als Glied- oder Teilstaaten bezeichnet. Ein Glied(Teil)Staat hat eine eigene Staatsgewalt, ist jedoch kein eigenes Völkerrechtssubjekt.

➔Glied- oder Teilstaatsvertrag [699]: Gliedstaatsvertrag und Teilstaatsvertrag sind Synonyme für eine ➔Vereinbarung nach Art 15a B-VG.

➔Globalisierung *globalisation* [674] [736]: Im Sinne des Freihandels (Außenwirtschaftsfreiheit) soll die Wirtschaft grenzüberschreitend unbehelligt von staatlichen Eingriffen tätig sein. Die Europäische Union (EU) bringt mit ihrem Binnenmarkt die Europäisierung der österreichischen Wirtschaft. Wir sprechen von Globalisierung, wenn die Wirtschaft weltweit ohne staatliche Eingriffe grenzüberschreitend tätig sein soll. Rechtlicher Rahmen für die weltweite Globalisierung sind die World Trade Organisation – WTO (Welthandelsorganisation) und der Internationale Währungsfonds (IWF, IMF – International Monetary Fund), beides Teilorganisationen der Vereinten Nationen (VN).

➔Gottesgnadentum *divine right* [16]: Der Monarch rechtfertigt seine – niemandem verantwortliche – staatliche Herrschaft über die Menschen mit dem Gottesgnadentum, das ist der göttliche Auftrag zur Herrschaft.

➔Gottesrecht [21]: Gott als höchste Autorität gibt das Recht und offenbart es den Menschen. Es wird von religiösen Autoritäten erkannt und verkündet. Die Menschen können dieses Recht nicht verändern. Das Gottesrecht steht im Gegensatz zum ➔Rechtspositivismus.

➔gravide und evidente Rechtswidrigkeit [350]: Eine gravide und evidente Rechtswidrigkeit einer Rechtsnorm führt in jedem Fall zur absoluten Nichtigkeit, selbst wenn für die betreffende Rechtsnorm das Fehlerkalkül gilt. Allerdings fallen darunter nur extreme Fälle. Erlässt etwa eine Verwaltungsbehörde mit Bescheid ein Todesurteil, so ist dies ein derart schwerwiegender (= gravider) und offensichtlicher (= evidenter) Fehler, dass er den Bescheid absolut nichtig macht.

➔Grundfreiheiten [821]: Die Europäische Union (EU) sorgt für den gemeinsamen Binnenmarkt der 28 Mitgliedstaaten. Der Binnenmarkt ist ein Wirtschaftsraum ohne staatliche Grenzen, den vier Grundfreiheiten kennzeichnen: Die ➔Warenverkehrsfreiheit (Art 28-37 AEUV), die ➔Personenverkehrsfreiheit (= Arbeitnehmerfreizügigkeit und Niederlassungsfreiheit, Art 45-55 AEUV), die ➔Dienstleistungsverkehrsfreiheit (56-62 AEUV), und die ➔Kapital- und Zahlungsverkehrsfreiheit (Art 63-66 AEUV).

➔Grundmandat [902]: Hat bei der Nationalratswahl eine Wahlpartei (Liste) im gesamten Bundesgebiet nicht wenigstens vier Prozent der abgegebenen gültigen Stimmen erreicht und auch kein Mandat in einem Regionalwahlkreis (= Grundmandat) erzielt, so kann sie am zweiten und dritten ➔Ermittlungsverfahren zur Mandatsaufteilung nicht teilnehmen (§§ 100 Abs 1, 107 Abs 2 NRWO). Die für diese Wahlpartei abgegebenen Stimmen verfallen, die Wahlpartei ist – trotz Verhältniswahl – im Nationalrat nicht vertreten.

➔Grundnorm [318]: Im ➔Stufenbau der Rechtsordnung sind die Verfassungsgesetze die ranghöchsten Rechtsnormen. Es gibt keine die Verfassungsgesetze bedingenden Rechtsnormen. Die Geltung einer Verfassung ist nur außerrechtlich zu erklären, sie ist ein gesellschaftliches Phänomen („Die Verfassung gilt, weil sie gilt"). Die tatsächlichen gesellschaftlichen Bedingungen, welche die Geltung einer Verfassung außerrechtlich erklären, nennen manche „Grundnorm".

➔Grundpflichten [447]: Grundrechten könnten Grundpflichten der Menschen entsprechen. Diese Überlegung trifft für die geltende Verfassung, welche die Menschen umfassend und unbedingt der Staatsgewalt unterwirft, nicht zu. Die Menschen haben die in der Staatlichkeit der Verfassung verankerte Pflicht, den hoheitlichen Anordnungen des Staats uneingeschränkt Folge zu leisten. Diese Pflicht lässt sich nicht in Einzelpflichten zerlegen.

➔Grundprinzip der Bundesverfassung [947]: Ein Grundprinzip der Bundesverfassung (= besonderes Charakteristikum der Bundesverfassung, = Baugesetz der Bundesverfassung) ist eine Bestimmung der Bundesverfassung, die nur nach Durchführung einer ➔obligatorischen Volksabstimmung abgeschafft oder wesentlich verändert werden darf (= ➔Gesamtänderung der Bundesverfassung gemäß Art 44 Abs 3 B-VG). Zu den Grundprinzipien der österreichischen Bundesverfassung zählen jedenfalls die Grundsätze der Demokratie, die egalitäre Demokratie, die republikanische Staatsform, der Bundesstaat, der Rechtsstaat einschließlich des Gesetzmäßigkeitsgebots, die Gewaltenteilung, die unabhängige Gerichtsbarkeit und die Geltung von Grund- und Freiheitsrechten (= liberales Prinzip).

➔Grundrecht [438] [1431]: Ein Grundrecht ist ein ➔subjektives (öffentliches) Recht, das nicht in einem einfachen Gesetz, sondern in einem Verfassungsgesetz verankert ist. Die Bundesverfassung nennt die Grundrechte in Art 144 Abs 1 B-VG ➔verfassungsgesetzlich gewährleistete Rechte.

➔Grundsatz der begrenzten Einzelermächtigung *principle of conferral* [814]: Der Grundsatz der begrenzten Einzelermächtigung der Europäischen Union (Art 5 Abs 1 und 2 EUV, Art 2 AEUV) grenzt die Kompetenzen der EU von jenen der Mitgliedstaaten ab. Er besagt, dass die Unionsorgane nur jene Aufgaben besorgen und nur jene Zuständigkeiten wahrnehmen dürfen, welche ihnen die Unionsverträge im Einzelnen zuweisen. Die EU oder ihre Organe selbst sind nicht befugt, ihre Zuständigkeiten zu erweitern oder einzuschränken, sie haben keine Kompetenz-Kompetenz. Die Europäische Union (EU) nimmt ihre Zuständigkeiten nach den Grundsätzen der ➔Subsidiarität und der ➔Verhältnismäßigkeit wahr.

➔Grundsätze des Verwaltungsverfahrens [1491]: Die der Verwaltungsbehörde vorgegebenen Grundsätze, nach denen die Verwaltungsbehörde einen Bescheid zu erlassen hat, sollen die Richtigkeit (= Gesetzmäßigkeit) des individuell-konkreten Verwaltungshandelns sicherstellen. Grundsätze des ➔Verwaltungsverfahrens sind die Offizialmaxime (➔Amtswegigkeit des Verwaltungsverfahrens), die ➔materielle Wahrheit, die ➔Unbeschränktheit der Beweismittel, das ➔Parteiengehör, die ➔freie Beweiswürdigung, die ➔Verfahrensökonomie und die ➔Mittelbarkeit des Verfahrens.

➔Grundsatzgesetzgebung [394]: In den Angelegenheiten des Art 12 Abs 1 B-VG kommt dem Bund die Kompetenz zur Grundsatzgesetzgebung zu, den Ländern die Kompetenz zur ➔Ausführungsgesetzgebung und zur Vollziehung. Die Grundsatzgesetze des Bundes stellen allgemeine Regelungen von grundsätzlicher Bedeutung auf und binden (nur) die Landesgesetzgeber (Landtage). (Bundes)Grundsatzgesetze sind keine unmittelbar anwendbare Rechtsgrundlage für die Vollziehung der Länder und begründen auch keine Rechte und Pflichten für einzelne Personen. Der Bundesgesetzgeber muss Grundsatzgesetze ausdrücklich als solche bezeichnen (Art 12 Abs 2 B-VG).

➔Grundverkehrsbehörde [1200]: Eine Grundverkehrsbehörde ist eine spezialisierte kollegiale Landesverwaltungsbehörde, die außerhalb der ➔allgemeinen staatlichen Verwaltung tätig ist. Als besondere staatliche Verwaltung auf landesgesetzlicher Grundlage (Art 15 Abs 1 iVm 10 Abs 1 Z 6 B-VG) genehmigt sie den privatrechtlichen Verkehr mit land- und forstwirtschaftlichen Grundstücken und den Erwerb von Grundstücken durch Ausländer. Nach dem Oö Grundverkehrsgesetz 1994 (LGBl 88 idgF) etwa entscheidet die für jeden politischen Bezirk eingerichtete Bezirksgrundverkehrskommission.

H

➔Handlungsfähigkeit [587]: Handlungsfähigkeit ist die durch die Rechtsordnung ➔rechtsfähigen Personen verliehene Fähigkeit, durch eigenes Handeln Rechte zu erwerben und Pflichten zu begründen. Die Handlungsfähigkeit findet im zivilen Vertragsrecht als „Geschäftsfähigkeit", im Prozessrecht als „Prozessfähigkeit", im Strafrecht als „Deliktsfähigkeit" besondere Ausgestaltung.

➔Hausrecht [544]: Das unter materiellem Gesetzesvorbehalt stehende Hausrecht ist als Menschenrecht in Art 9 StGG 1867 verankert. Art 9 StGG 1867 wird ergänzt durch das Gesetz zum Schutze des Hausrechts 1862 (RGBl 1862/88 idgF), das wie Art 9 StGG 1867 in Verfassungsrang steht (Art 149 Abs 1 B-VG). Das Hausrecht schützt die Wohnung und die sonstigen zum Hauswesen gehörigen Räumlichkeiten vor staatlichen Hausdurchsuchungen. Die Verfassung verlangt für die Hausdurchsuchung grundsätzlich einen richterlichen Durchsuchungsbefehl. Ausnahmen sind auf gesetzlicher Grundlage bei Gefahr im Verzug möglich. Art 8 Abs 1 EMRK schützt – als Unterfall des Rechts auf Achtung des Privat- und Familienlebens – die Wohnung.

➔Hoheitsrecht [581]: Der Begriff Hoheitsrecht ist ein Synonym für ➔imperium.

➔Hoheitsverwaltung [599]: Hoheitsverwaltung ist jene Verwaltung, die der Staat – anders als die ➔nicht-hoheitliche Verwaltung – in Ausübung der Staatsgewalt wahrnimmt, also mit Befehl und Zwang (imperium), letztlich mit körperlicher Gewalt. Die Rechtssatzformen der Hoheitsverwaltung sind die ➔Verordnung und der ➔Bescheid. Andere Handlungsformen der Hoheitsverwaltung sind die ➔Maßnahme, das ➔schlicht-hoheitliche Handeln sowie der ➔verwaltungsrechtliche Vertrag.

➔Hoher Vertreter der Union für Außen- und Sicherheitspolitik *High Representative of the Union for Foreign Affairs and Security Policy* <eeas.europa.eu> [863]: Der Hohe Vertreter der Union für Außen- und Sicherheitspolitik (= „EU-Außenminister") leitet die ➔Gemeinsame Außen- und Sicherheitspolitik (GASP) einschließlich der ➔Gemeinsamen Sicherheits- und Verteidigungspolitik (GSVP). Er wird vom Europäischen Rat – mit Zustimmung des Präsidenten der Europäischen Kommission – ernannt und ist einer der Vizepräsidenten der Europäischen Kommission (Art 18 EUV).

I

➔immaterieller Schaden [543]: Ein materieller Schaden ist ein Verlust von Geld oder von Vermögenswerten, er ist in Geld messbar (etwa entgangener Gewinn). Ein immaterieller (ideeller) Schaden ist ein Nachteil, der grundsätzlich nicht in Geld oder Vermögenswerten ausdrückbar ist, eine Beeinträchtigung von Interessen, die keinen Vermögenswert haben (etwa der Verlust der Ehre, im Zusammenhang mit dem Entzug der persönlichen Freiheit erlittene Furcht, Hilflosigkeit, erlittenes Leid).

➔Immunität [967]: Die Abgeordneten des Nationalrats, des Bundesrats und des Landtags sind immun; sie sind in bestimmten Fällen vor behördlicher Verfolgung und vor sonstiger rechtlicher Inanspruchnahme geschützt (Art 57, 58 und 96 B-VG). Die Immunität schützt den Abgeordneten vor politisch motivierter Verfolgung durch die Vollziehung. Sie hatte historisch große Bedeutung, als die monarchische Verwaltung missliebige

Abgeordnete des Parlaments einschüchtern und an der Stimmabgabe hindern wollte. Das B-VG unterscheidet eine ➔berufliche Immunität und eine ➔außerberufliche Immunität.

➔Imperialismus [95]: Der Imperialismus strebt mit gewaltsamen insbesondere militärischen Mitteln nach Ausdehnung des Staatsgebiets und des Herrschaftsbereichs des Staats. Vorbild des Imperialismus ist das die gesamte damalige zivilisierte Welt beherrschende „Imperium Romanum".

➔imperium [581]: Als Träger des Hoheitsrechts tritt der Staat mit imperium auf. Imperium beschreibt die für den Staat typische Zwangsgewalt, die sich auf das Gewaltmonopol des Staats stützt.

➔Individualantrag auf Gesetzesprüfung [1570] [1669]: Der Individualantrag auf Gesetzesprüfung ist die direkte Anfechtung eines (Bundes- oder Landes)Gesetzes beim Verfassungsgerichtshof (VfGH) durch einen Betroffenen (Art 140 Abs 1 Z 1 lit c B-VG). Grundsätzlich führt der Rechtsweg gegen eine generelle Rechtsnorm über die Bekämpfung der individuell-konkreten Rechtsnorm zum VfGH. Nur ausnahmsweise erlaubt das B-VG die direkte Anfechtung eines Gesetzes. Zulässigkeitsvoraussetzung für den Individualantrag auf ➔Gesetzesprüfung sind [1] das Wirksamwerden des Gesetzes für den Antragsteller ohne Vorliegen einer individuellen Rechtsnorm (Bescheid, Urteil); [2] die mögliche Verletzung eines (einfachgesetzlich oder verfassungsgesetzlich gewährleisteten) subjektiven Rechts; [3] die hinreichende ➔Betroffenheitsdichte; und [4] das Fehlen eines anderen zumutbarer Rechtsschutzwegs zur Abwehr des rechtswidrigen Eingriffs (kein ➔Umweg oder bloß ein unzumutbarer Umweg). Der VfGH kann die Behandlung eines – zulässigen – Individualantrags auf Gesetzesprüfung durch Beschluss ablehnen (➔Ablehnung nach Art 140 Abs 1b B-VG).

➔Individualantrag auf Verordnungsprüfung [1570] [1669]: Der Individualantrag auf Verordnungsprüfung ist die direkte Anfechtung einer Verordnung einer Bundes-, Landes- oder Gemeindebehörde beim Verfassungsgerichtshof (VfGH) durch einen Betroffenen (Art 139 Abs 1 Z 3 B-VG). Grundsätzlich führt der Rechtsweg gegen eine generelle Rechtsnorm über die Bekämpfung der individuell-konkreten Rechtsnorm zum VfGH. Nur ausnahmsweise erlaubt das B-VG die direkte Anfechtung einer Verordnung. Zulässigkeitsvoraussetzung für den Individualantrag auf ➔Verordnungsprüfung sind [1] das Wirksamwerden der Verordnung für den Antragsteller ohne Vorliegen einer individuellen Rechtsnorm (Bescheid, Urteil); [2] die mögliche Verletzung eines (einfachgesetzlich oder verfassungsgesetzlich gewährleisteten) subjektiven Rechts; [3] die hinreichende ➔Betroffenheitsdichte; und [4] das Fehlen eines anderen zumutbarer Rechtsschutzwegs zur Abwehr des rechtswidrigen Eingriffs (kein ➔Umweg oder bloß ein unzumutbarer Umweg). Der VfGH kann die Behandlung eines – zulässigen – Individualantrags auf Verordnungsprüfung durch Beschluss ablehnen (➔Ablehnung nach Art 139 Abs 1b B-VG).

➔Individualbeschwerde [1657]: Die Individualbeschwerde an den ➔Europäischen Gerichtshof für Menschenrechte (EGMR) in Straßburg kann innerhalb von sechs Monaten nach Ausschöpfung des innerstaatlichen Rechtswegs erhoben werden (Art 34 f EMRK). Die Beschwerdelegitimation setzt eine Verletzung in einem Grundrecht der ➔Europäischen Menschenrechtskonvention (EMRK) voraus. Der angerufene EGMR kann das nationale Staatshandeln nicht aufheben, sondern bloß eine Konventionswidrigkeit mit der Folge von (materiellem und ➔immateriellem) Schadenersatz feststellen (Art 41 EMRK).

➔individuelle Rechtsnorm [209]: Adressat einer individuellen Rechtsnorm – anders als bei einer generellen Rechtsnorm – ist eine namentlich bezeichnete Person.

➔Inkompatibilität [973]: Inkompatibilität meint die Unvereinbarkeit (insbesondere) der Mitgliedschaft in einem Parlament mit bestimmten anderen staatlichen Ämtern und Funktionen. So darf ein Abgeordneter zum Nationalrat, zum Bundesrat oder zum Europäischen Parlament nicht gleichzeitig einem der beiden anderen Vertretungskörper angehören (Art 59 B-VG). Inkompatibel sind weiters die Mitgliedschaft in einem allgemeinen Vertretungskörper und im Europäischen Parlament mit der Funktion des Rechnungshofpräsidenten (Art 122 Abs 5 B-VG), mit einem Richteramt beim Obersten Gerichtshof (Art 92 Abs 2 B-VG), einem Verwaltungsgericht oder dem Verwaltungsgerichtshof (Art 134 Abs 5 und 6 B-VG) und beim Verfassungsgerichtshof (Art 147 Abs 4 und 5 B-VG). Inkompatibilität besteht auch zwischen der Tätigkeit in einem allgemeinen Vertretungskörper und dem Amt des Bundespräsidenten (Art 61 Abs 1 B-VG) sowie der Mitgliedschaft in der Volksanwaltschaft (Art 148g Abs 5 B-VG).

➔Innenrecht [309]: Innenrecht sind Regelungen, die – anders als das ➔Außenrecht – bloß die Staatsorganisation und das Verhalten der Staatsorgane untereinander betreffen und daher nur interne Bedeutung haben, die Menschen außerhalb des Staats hingegen weder berechtigen noch verpflichten (zB Bundesfinanzrahmengesetz, Bundesfinanzgesetz, Verwaltungsverordnungen, Weisungen). Für das Innenrecht gelten verminderte rechtsstaatliche Anforderungen.

➔Intentionalität [490]: Die Intentionalität staatlichen Handelns zeigt, ob der Schutzbereich eines Grundrechts berührt ist. Nach der Judikatur des Verfassungsgerichtshofs (VfGH) ist eine das Grundrecht einengende einfachgesetzliche Regelung grundsätzlich nur dann an der grundrechtlichen Gewährleistung zu messen, wenn diese Regelung – ihrer Intention (Absicht, Zweck) nach – auf eine Einschränkung des Freiheitsrechts abzielt; nicht hingegen wenn die Einschränkung des Grundrechts bloß eine mittelbare Folge – eine faktische Neben-

oder Reflexwirkung – einer allgemeinen gesetzlichen Regelung ist. Eine intentionale Beschränkung eines →absolut schützenden Freiheitsrechts ist jedenfalls verfassungswidrig.

→internationale Beziehungen [676]: Die internationalen Beziehungen beschreiben den Umgang der Staaten (und der internationalen Organisationen) miteinander auf internationaler Ebene. Internationale Beziehungen können zu internationalem Recht (= Völkerrecht) verrechtlicht sein.

→internationale Organisation *international organisation* [683]: Eine internationale Organisation ist ein von den Staaten mit einem internationalen Vertrag (= primäres Völkerrecht) geschaffenes →Völkerrechtssubjekt. Internationale Organisationen sind zB die Vereinten Nationen, die Welthandelsorganisation, die OECD, die NATO). Richten Staaten im Völkerrecht Organisationen ein, die nur für die gründenden Staaten Bedeutung, aber keine Völkerrechtsfähigkeit haben, spricht man hingegen von „zwischenstaatlichen Organisationen" (zB die Donaukommission nach der Konvention über die Regelung der Schifffahrt auf der Donau, BGBl 1960/40).

→Internationaler Gerichtshof (IGH) *International Court of Justice (ICJ)* <www.icj-cij.org> [1410]: Der Internationale Gerichtshof (IGH) – mit Sitz in Den Haag – ist der Gerichtshof der Vereinten Nationen (UNO) und auf völkerrechtlicher Grundlage durch die UNO-Satzung eingerichtet. Der IGH entscheidet Streitigkeiten zwischen Staaten und internationalen Organisationen, sofern sich diese der Jurisdiktion des IGH unterworfen haben.

→Internationaler Pakt über bürgerliche und politische Rechte *ICCPR-International Covenant on Civil and Political Rights* [436]: Der Internationale Pakt über bürgerliche und politische Rechte (BGBl 1978/591) ist ein multilateraler völkerrechtlicher Vertrag. Er enthält ein Recht auf Selbstbestimmung, wonach alle Völker frei über ihren politischen Status entscheiden und in Freiheit ihre wirtschaftliche, soziale und kulturelle Entwicklung gestalten. Der Pakt steht in Österreich unter Erfüllungsvorbehalt, nicht in Verfassungsrang und gewährt national keine subjektiven Rechte.

→Internationaler Pakt über wirtschaftliche, soziale und kulturelle Rechte *International Covenant on Economic, Social and Cultural Rights (ICESCR)* [123] [436]: Der Internationale Pakt über wirtschaftliche, soziale und kulturelle Rechte (BGBl 1978/590) ist ein multilateraler völkerrechtlicher Vertrag, der grundlegende Rechte zur Sozialstaatlichkeit enthält, etwa das Recht auf Arbeit, das Recht auf soziale Sicherheit, das Recht auf Gesundheit, das Recht auf Bildung sowie das Recht auf kostenfreies Studium. Der Pakt steht unter Erfüllungsvorbehalt, nicht in Verfassungsrang und gewährt national keine subjektiven Rechte.

→Internationaler Strafgerichtshof (IStGH) *International Criminal Court (ICC)* <www.icc-cpi.int> [1411]: Der Internationale Strafgerichtshof (IStGH) – mit Sitz in Den Haag – verfolgt auf völkerrechtlicher Grundlage (Römisches Statut des Internationalen Strafgerichtshofs, BGBl III 2002/180) die persönlich Verantwortlichen für Völkermord, für Verbrechen gegen die Menschlichkeit, für Verbrechen der Aggression sowie für Kriegsverbrechen. Der IStGH ist eine internationale Organisation.

→Internationaler Währungsfonds (IWF) *International Monetary Fund (IMF)* <www.imf.org> [737]: Der Internationale Währungsfonds (IWF) ist eine internationale Organisation im Verbund der Vereinten Nationen. Als wirtschaftliche Sonderorganisation hat er die Aufgabe, die Stabilität der Währungen zu fördern, ein multilaterales Zahlungssystem auf Basis stabiler Wechselkurse zu errichten, Devisenbeschränkungen zu beseitigen und den Mitgliedstaaten bei vorübergehenden Zahlungsbilanzschwierigkeiten Finanzhilfe zu gewähren.

→Interpellationsrecht [955]: Interpellationsrecht ist ein Synonym für →Fragerecht.

→Interpretation *interpretation* [424]: Interpretation ist ein Synonym für →Auslegung.

→intrasystematische Weiterentwicklung [428]: Die intrasystematische Weiterentwicklung verlangt ein zeitgerechtes Verständnis der Begriffe, mit denen die Sachmaterien in der Kompetenzverteilung beschrieben sind. Das Begriffsverständnis der Kompetenztatbestände ist zwar mit der Versteinerungsmethode zu ermitteln. Die Versteinerungstheorie versagt jedoch, wenn zeitlich nach dem Versteinerungszeitpunkt neue Sachverhalte erstmals auftreten (etwa Atomhaftpflicht, Sozialversicherungspflicht selbständig Erwerbstätiger ua). Diese neuen Sachverhalte fallen nicht grundsätzlich den Ländern nach der Generalklausel des Art 15 Abs 1 B-VG zu, sondern sind systematisch ähnlichen – im Versteinerungszeitpunkt geregelten – Sachverhalten zuzuordnen. Die Atomhaftpflicht etwa ist systematisch dem Kompetenztatbestand Zivilrechtswesen (Art 10 Abs 1 Z 6 B-VG) zuzuordnen, weil es 1925 zwar keine Regelungen betreffend die Atomhaftpflicht, aber Haftungsregelungen (anderer Art) des Bundes gab.

→Investiturstreit [86]: Kaiser und Papst stritten im Mittelalter im Investiturstreit um die Frage, ob der Papst dem Kaiser übergeordnet, und daher der Papst den Kaiser einsetzt (subordinierende Zwei-Schwerter-Theorie), oder ob der Papst und der Kaiser gleichrangig sind (koordinierende Zwei-Schwerter-Theorie).

J

➔Jurisdiktionsnorm (JN) [1391]: Die Jurisdiktionsnorm (JN) [= Gesetz vom 1. August 1895, über die Ausübung der Gerichtsbarkeit und die Zuständigkeit der ordentlichen Gerichte in bürgerlichen Rechtssachen, RGBl 1895/111 idgF] regelt insbesondere die sachliche und die örtliche Zuständigkeit der Zivilgerichte im zivilgerichtlichen Verfahren.

➔juristische Person *legal entity, legal body* [590]: Jeder Mensch ist rechtsfähig. Eine juristische Person ist – im Gegensatz zur ➔natürlichen Person – ein virtueller Mensch, also eine Einrichtung, der die Rechtsordnung wie einem Menschen (private) Rechte und Pflichten zuordnet, obwohl sie kein Mensch ist. Juristische Person ist ein Synonym für Rechtsperson und Körperschaft. Wir unterscheiden ➔juristische Personen des öffentlichen Rechts und ➔juristische Personen des Privatrechts.

➔juristische Person des öffentlichen Rechts [594]: Eine juristische Person des öffentlichen Rechts ist eine ➔juristische Person, deren Organisationsrecht nicht durch privatrechtlichen Vertrag, sondern durch staatliches Hoheitsrecht (Gesetz, Verordnung ua) festgeschrieben ist. Die juristische Person des öffentlichen Rechts ist wie die ➔juristische Person des Privatrechts (privat)rechtsfähig, beide handeln gleich in den Formen des Privatrechts.

➔juristische Person des Privatrechts [594]: Eine juristische Person des Privatrechts ist eine ➔juristische Person, deren Organisationsrecht – innerhalb des gesetzlichen Rahmens – durch privatrechtlichen Vertrag festgeschrieben ist (Gesellschaftsvertrag, Statuten, Satzung).

➔Justizielle Zusammenarbeit in Strafsachen *Judicial cooperation in criminal matters* [792]: Die im Europäischen Raum der Freiheit, der Sicherheit und des Rechts stattfindende Justizielle Zusammenarbeit in Strafsachen (Art 82 bis 86 AEUV) ist die Zusammenarbeit der Justizbehörden in Strafsachen zur Bekämpfung besonders schwerer Kriminalität mit grenzüberschreitenden Auswirkungen (etwa organisierter Kriminalität, Terrorismus, Drogen-, Waffen- und Menschenhandel, Computerkriminialität). Zur Unterstützung der nationalen Justizbehörden und zur Förderung der Zusammenarbeit bei der Ermittlung schwerer Kriminalität wurde eine europäische Behörde (➔Eurojust) eingerichtet. Daneben kennt der AEUV die ➔Justizielle Zusammenarbeit in Zivilsachen.

➔Justizielle Zusammenarbeit in Zivilsachen *Judicial cooperation in civil matters* [792]: Die im Europäischen Raum der Freiheit, der Sicherheit und des Rechts stattfindende Justizielle Zusammenarbeit in Zivilsachen (Art 81 AEUV) ist die – auf dem Grundsatz der gegenseitigen Anerkennung zivilgerichtlicher und außergerichtlicher Entscheidungen der Mitgliedstaaten beruhende – Zusammenarbeit der nationalen Justizbehörden in Zivilsachen mit grenzüberschreitendem Bezug. Daneben kennt der AEUV die ➔Justizielle Zusammenarbeit in Strafsachen.

➔Justiz-Ombudsstellen [1346]: Die Justizverwaltung hat am Sitz der Oberlandesgerichte (Wien, Graz, Linz und Innsbruck) ohne gesetzliche Grundlage und ohne Weisungs- oder Entscheidungsbefugnisse Justiz-Ombudsstellen eingerichtet, an die sich jeder mit Fragen, Beschwerden und Anregungen im Zusammenhang mit den Zivil- und Strafgerichten wenden kann.

➔Justizstrafrecht [234] [1529]: Strafrecht ist materielles Recht, das den Menschen ein bestimmtes Verhalten bei ➔Strafe verbietet. Justizstrafrecht ist jener Teil des Strafrechts, den der Gesetzgeber (Strafgesetzbuch [StGB] und Nebengesetze) auf der Kompetenzgrundlage des Art 10 Abs 1 Z 6 B-VG (Strafrechtswesen) zur Vollziehung der ordentlichen Gerichtsbarkeit (Strafgerichte) überantwortet. Im Justizstrafrecht gilt der Anklageprozess (Art 90 Abs 2 B-VG). Das gerichtliche Verfahrensrecht zur Ahndung der Justizstraftatbestände enthält insbesondere die Strafprozessordnung 1975 (StPO). Neben dem Justizstrafrecht gibt es ein ➔Verwaltungsstrafrecht.

➔Justizverwaltung [230] [1378]: Die Justizverwaltung administriert die Rechtsprechung der Gerichte (= akzessorische Verwaltungsangelegenheiten der Gerichtsbarkeit, wie die Personal- und Sachmittelverwaltung der Gerichte, die Vorschreibung und Einhebung von Gerichtsgebühren, Strafvollzug mitsamt der Justizwache). Die Gerichtsorgane (Einzelorgane) nehmen die Justizverwaltung weisungsgebunden (➔Weisung) wahr (die Justizverwaltung des Bundes in Unterordnung unter den Bundesminister bzw Bundeskanzler, die Justizverwaltung des Landes in Unterordnung unter die Landesregierung). Die Besorgung von Justizverwaltungssachen durch ein Richterkollegium (Richtersenat) allerdings wird nicht der (Justiz)Verwaltung, sondern der Gerichtsbarkeit zugeordnet, weil das Kollegium weisungsfrei handelt (Art 87 Abs 2 B-VG), so etwa bei Erlassung der ➔Geschäftsordnung und der ➔Geschäftsverteilung des Gerichts.

➔Justizwache [1267]: Die Justizwache ist ein bewaffneter ➔Wachkörper des Bundes (Art 10 Abs 1 Z 14 B-VG) im Rahmen der Justizverwaltung, der durch Überwachung der Strafgefangenen für die Aufrechterhaltung der Sicherheit und Ordnung in den Justizanstalten sorgt (§ 13a Strafvollzugsgesetz – StVG, BGBl 1969/144 idgF). Der Wachkörper Justizwache untersteht dem Bundesminister für Justiz.

K

→Kabinettsjustiz [219]: In der Kabinettsjustiz („Kabinett" = Regierung) versucht die Regierung, aus politischen Gründen Menschen durch die Gerichtsbarkeit – vor allem durch die Strafgerichte – zu verfolgen.

→Kalter Krieg *Cold War* [106]: Die mit dem Ende des Zweiten Weltkriegs (1945) beginnende und sich laufend verschärfende ideologische Auseinandersetzung zwischen dem „Westblock" (USA, Großbritannien, Frankreich und Verbündete) und dem „Ostblock" (Sowjetunion und Verbündete) wird Kalter Krieg genannt, weil die atomare Hochrüstung beider Seiten und das darin begründete „Gleichgewicht des Schreckens" bewaffnete Auseinandersetzungen verhinderten. Der Kalte Krieg endete mit dem Untergang der Sowjetunion (Fall der Berliner Mauer 1989).

→Kammer *chamber* [660]: Eine Kammer ist eine durch Gesetz zur beruflichen Interessenvertretung eingerichtete Körperschaft des öffentlichen Rechts (= →berufliche Selbstverwaltung). Durch die gesetzliche Einrichtung hat eine Kammer – anders als ein freier Verband – auf Dauer Bestand, ist durch die Pflichtmitgliedschaft aller Betroffenen repräsentativ, ist nach demokratischen Grundsätzen durch Wahlen der Mitglieder legitimiert, und ist durch Pflichtbeiträge der Mitglieder von Geldgebern unabhängig. Größe und Bedeutung der Kammern sind unterschiedlich. Ein Teil der großen Kammern (Bundeswirtschaftskammer, Bundesarbeitskammer, Präsidentenkonferenz der Landwirtschaftskammern) bildet mit freien Verbänden die →Sozialpartnerschaft. Die kleinen Kammern (Apothekerkammern, Ärztekammern, Rechtsanwaltskammern ua) sind →berufsständische Kammern, die häufig in mittelbarer Staatsverwaltung – etwa mit der Disziplinargewalt – in die staatliche Verwaltung eingegliedert sind.

→Kammer für Arbeiter und Angestellte [662]: Der Bundesgesetzgeber richtet durch das Arbeiterkammergesetz 1992 (AKG) [= Bundesgesetz über die Kammern für Arbeiter und Angestellte und die Bundeskammer für Arbeiter und Angestellte, BGBl 1991/626 idgF], nicht nur bundesweit die →Bundesarbeitskammer, sondern für jedes Bundesland eine Kammer für Arbeiter und Angestellte (Arbeiterkammer) als Körperschaft des öffentlichen Rechts ein (zB Arbeiterkammer Oberösterreich).

→Kapital- und Zahlungsverkehrsfreiheit [825]: Die Kapital- und Zahlungsverkehrsfreiheit ist eine der vier Grundfreiheiten des Binnenmarkts der Europäischen Union (Art 26 Abs 2, 63-66 AEUV). Sie verbietet jedwede Beschränkung des grenzüberschreitenden Kapitalverkehrs (Transfer von Geld- oder Sachkapital, wie Wertpapiere, Kredite, Darlehen, Immobilien ua) und des grenzüberschreitenden Zahlungsverkehrs (Transfer von Zahlungsmitteln, wie Bargeld, Überweisungen, Schecks, Kreditkarten ua) nicht nur zwischen den EU-Mitgliedstaaten, sondern auch zwischen den EU-Mitgliedstaaten und Drittstaaten. Die Kapital- und Zahlungsverkehrsfreiheit (Art 63 AEUV) ist unmittelbar anwendbares primäres Unionsrecht mit Anwendungsvorrang vor nationalem Recht.

→Kartellgerichtsbarkeit [1340]: Die Kartellgerichtsbarkeit zählt zur ordentlichen Gerichtsbarkeit. Das Kartellgesetz 2005 (KartG 2005) [= Bundesgesetz gegen Kartelle und andere Wettbewerbsbeschränkungen, BGBl I 2005/61 idgF] bestimmt das Oberlandesgericht Wien zum Kartellgericht (I. Instanz) für das gesamte Bundesgebiet und den Obersten Gerichtshof zum Kartellobergericht (II. Instanz). Die Kartellgerichte prüfen insbesondere, ob Unternehmenszusammenschlüsse zu einer Beschränkung oder Ausschaltung des Wettbewerbs führen und verhängen bei Verstößen gegen das Kartellverbot Geldbußen und Zwangsgelder.

→Kartellverbot [827]: Das Kartellverbot ist – neben dem Verbot des →Missbrauchs einer marktbeherrschenden Stellung – eine Wettbewerbsregel für den Binnenmarkt der Europäischen Union (EU). Vereinbarungen zwischen Unternehmen oder aufeinander abgestimmte Verhaltensweisen von Unternehmen zur Beschränkung des Wettbewerbs (= Kartell) sind im Binnenmarkt verboten (Art 101 AEUV).

→Kausalgerichtsbarkeit [1595] [1692]: In der Kausalgerichtsbarkeit (Art 137 B-VG) erkennt der Verfassungsgerichtshof (VfGH) über vermögensrechtliche Ansprüche an den Bund, die Länder, die Gemeinden und Gemeindeverbände, die weder vor der ordentlichen Gerichtsbarkeit durchzusetzen, noch durch Bescheid einer Verwaltungsbehörde zu erledigen sind. Diese Ansprüche werden vor dem Verfassungsgerichtshof nicht durch Beschwerde, sondern durch Klage (= →Liquidierungsklage) geltend gemacht. Beispiele für die Kausalgerichtsbarkeit sind das nicht ausbezahlte Gehalt eines Beamten, der Anspruch auf Rückzahlung einer zu Unrecht eingehobenen Verwaltungsstrafe, ein Staatshaftungsanspruch aus legislativem Unrecht nach Unionsrecht ua.

→Keine Strafe ohne Gesetz [531]: Das Grundrecht des Art 7 EMRK „Keine Strafe ohne Gesetz" (nulla poena sine lege) ist sowohl im Justizstrafrecht als auch im Verwaltungsstrafrecht anzuwenden und beinhaltet einerseits ein Verbot rückwirkender Strafgesetze (= Rückwirkungsverbot: keine Verhängung einer höheren als der im Tatzeitpunkt gesetzlich angedrohten Strafe) und anderseits ein Gebot der Rückwirkung der günstigeren Strafnorm (Verhängung einer niedrigeren Strafe, wenn der Gesetzgeber die angedrohte Strafe nach dem Tatzeitpunkt senkt). Darüber hinaus enthält Art 7 EMRK das Prinzip der Gesetzmäßigkeit von strafrechtlichen Urteilen einschließlich eines Verbots extensiver Auslegung von (Verwaltungs)Straftatbeständen und ein Bestimmtheits- und Klarheitsgebot für (Verwaltungs)Straftatbestände.

➔Kernbereich staatlicher Aufgaben [1083]: Der Kernbereich staatlicher Aufgaben (= Kernaufgaben) meint staatstypische hoheitliche Aufgaben, die nach der Bundesverfassung zwingend von Verwaltungsorganen einer Gebietskörperschaft wahrzunehmen sind. Die Betrauung einer natürlichen Person oder einer juristischen Person des Privatrechts oder des öffentlichen Rechts mit der Wahrnehmung von Kernaufgaben durch den einfachen Gesetzgeber (➔Eingliederung) ist unzulässig. Solche nicht-eingliederungsfähigen Kernaufgaben sind etwa die Wehr- und Zivildienstverwaltung und die Ausübung der Strafgewalt.

➔Kinofreiheit [558]: Die in Art 10 EMRK garantierte Meinungsäußerungsfreiheit umfasst auch die Kinofreiheit. Darunter versteht man die Freiheit zum Empfang und zur Mitteilung von Nachrichten oder Ideen mit Hilfe von Lichtspielanlagen.

➔Kirchen [87]: Kirchen sind organisierte Gemeinschaften der Anhänger eines bestimmten (christlichen) Bekenntnisses. Gesetzlich anerkannte Kirchen sind Körperschaften öffentlichen Rechts. In Österreich gesetzlich anerkannte Kirchen (Art 15 StGG 1867) sind die Katholische Kirche, die Evangelische Kirche (Augsburger und Helvetischen Bekenntnisses), die Griechisch-orientalische (= orthodoxe) Kirche, die Koptisch-orthodoxe Kirche, die Syrisch-Orthodoxe Kirche, die Altkatholische Kirche, die Methodistenkirche, die Kirche Jesu Christi der Heiligen der Letzten Tage (Mormonen), die Neuapostolische Kirche und die Armenisch-apostolische Kirche.

➔Kirchenrecht [91]: Das Kirchenrecht ist kein staatliches Recht, es enthält die inneren Regeln der Kirchen und Religionsgesellschaften, die sie selbständig und unbeeinflusst vom Staat erlassen. Den Kirchen und Religionsgesellschaften fehlt wegen des staatlichen Gewaltmonopols die Möglichkeit, das Kirchenrecht mit körperlicher Gewalt durchzusetzen.

➔Klubzwang [964]: Klubzwang bedeutet die Verpflichtung eines Abgeordneten zur Abstimmung nach einem vom Klub bzw der Klubführung vorher festgelegten Abstimmungsverhalten. Gemäß dem ➔freien Mandat gibt es verfassungsrechtlich keinen Klubzwang, faktisch („freiwillig") unterliegen alle Abgeordneten einem Klubzwang, weil ihre politische Karriere vom Wohlwollen ihrer Partei abhängt.

➔Koalitionsfreiheit [551]: Die ➔Gewerkschaftsfreiheit heißt mit einem alten Begriff Koalitionsfreiheit.

➔Koalitionsregierung [1016]: Eine Regierung, die eine aus mehreren Parteien gebildete Mehrheit im Parlament hinter sich hat, ist eine Koalitionsregierung. Stützt sich die Regierung nur auf eine über die Mehrheit im Parlament verfügende Partei, so sprechen wir von einer Alleinregierung.

➔Kollegialorgan [1045]: Ein Kollegialorgan ist ein staatliches (Gesetzgebungs-, Verwaltungs-, Gerichts)Organ, dem – anders als einem ➔Einzelorgan – mehrere Personen gemeinsam als Organwalter zugeordnet sind. Kollegiale Gesetzgebungsorgane sind der Nationalrat, der Bundesrat, die Landtage; kollegiale Verwaltungsorgane sind etwa die Landesregierung, die Bundesregierung, der Gemeinderat, der Gemeindevorstand; ein kollegiales Gerichtsorgan ist ein Richtersenat. Die Willensbildung der Kollegialorgane erfolgt durch die Organwalter nach einer im Organisationsrecht (zB im Gesetz, in einer Geschäftsordnung) festgelegten Regel (➔Beschlusserfordernisse).

➔Kollektivvertrag [667]: Ein Kollektivvertrag ist eine auf der Grundlage des Arbeitsverfassungsgesetzes (§§ 2ff) zwischen den beruflichen Interessenvertretungen der Arbeitgeber (zB Industriellenvereinigung) und der Arbeitnehmer (zB Österreichischer Gewerkschaftsbund) überbetrieblich für die Betriebe bestimmter Branchen geschlossene allgemein verbindliche schriftliche Vereinbarung über Arbeitsbedingungen (insbesondere Tarife [Löhne und Gehälter], aber auch Arbeitszeit, Urlaubsregelungen, Sozialpläne). Die ➔Betriebsvereinbarung ergänzt die Regelungen des Kollektivvertrags auf betrieblicher Ebene.

➔kommunale Daseinsvorsorge [1316]: Daseinsvorsorge beschreibt die Aufgaben staatlicher Verwaltung. Die kommunale Daseinsvorsorge beschreibt besondere Aufgaben der Gemeindeverwaltung, welche die Versorgung der Bevölkerung vor Ort betreffen, etwa Wasserversorgung und Abwasserentsorgung.

➔kommunale Zusammenarbeit [1316]: Alle Gemeinden erfüllen als Einheitsgemeinden unabhängig von ihrer Größe oder Finanzkraft grundsätzlich dieselben Aufgaben. Unabhängig davon kooperieren die Gemeinden miteinander durch kommunale Zusammenarbeit bei der Erbringung finanziell und organisatorisch aufwendiger Leistungen der kommunalen Daseinsvorsorge, indem sie Tätigkeiten ihrer Verwaltungen abstimmen oder gemeinsam ausführen.

➔Kommunalrecht [1299]: Kommunalrecht ist ein Synonym für ➔Gemeinderecht.

➔Kommune [1272]: Kommune ist ein Synonym für ➔Gemeinde.

➔Kommunikationsbehörde Austria (KommAustria) [1235]: Die Kommunikationsbehörde Austria (KommAustria) ist eine durch das KommAustria-Gesetz (KOG), BGBl I 2001/32 idgF, eingerichtete weisungsfreie Kollegialbehörde (Art 20 Abs 2 B-VG). Sie nimmt in unmittelbarer Bundesverwaltung die hoheitliche und behördliche Rundfunkregulierung nach dem Privatfernsehgesetz (PrTV-G), BGBl I 2001/84 idgF, und nach dem Privatradiogesetz (PrR-G), BGBl I 2001/20 idgF, wahr (➔Regulator) und führt die Rechtsaufsicht über den Österreichischen Rundfunk (ORF) nach dem ORF-Gesetz (BGBl 1984/379 idgF). Zur administrativen Unterstützung ist der KommAustria die ➔Rundfunk und Telekom Regulierungs-GmbH (RTR-GmbH) beigeordnet.

→Kommunismus [100] [653]: Der Kommunismus ist eine politische Ideologie des 19. Jahrhunderts (Karl Marx, Friedrich Engels, Kommunistisches Manifest 1848). Er versteht die Gesellschaft als Fortsetzung der ökonomischen Verhältnisse, insbesondere der Eigentumsordnung. Der Kommunismus will die revolutionäre Beseitigung des Kapitalismus, die Aufhebung des Privateigentums, die Verstaatlichung der Produktionsmittel (Boden, Fabriken, Maschinen etc), eine Planwirtschaft und eine klassenlose Gesellschaft. Die Oktoberrevolution 1917 richtete die Sowjetunion (Union der sozialistischen Sowjetrepubliken – UdSSR) bis zu ihrem Untergang 1989 bzw 1991 als kommunistischen Staat ein. Der Kommunismus gilt nach dem Untergang der Sowjetunion historisch als gescheitert.

→Kompetenzgerichtsbarkeit [1596]: In der Kompetenzgerichtsbarkeit (Art 138 Abs 1 B-VG) entscheidet der Verfassungsgerichtshof (VfGH) Kompetenzkonflikte zwischen Gerichten und Verwaltungsbehörden (Z 1); zwischen ordentlichen Gerichten und Verwaltungsgerichten (VwG) oder dem Verwaltungsgerichtshof (VwGH) sowie zwischen dem Verfassungsgerichtshof (VfGH) selbst und allen anderen Gerichten (Z 2); zwischen Verwaltungsbehörden verschiedener Länder sowie zwischen Verwaltungsbehörden des Bundes und der Länder (Z 3). Weiters stellt der Verfassungsgerichtshof auf Antrag der Bundesregierung oder der Landesregierung fest, ob ein Akt der Gesetzgebung (konkreter Gesetzesentwurf) oder Vollziehung (konkreter Verordnungsentwurf) in die Zuständigkeit des Bundes oder des Landes fällt (Art 138 Abs 2 B-VG). Seine Kompetenzfeststellung fasst der VfGH in einem im Bundesgesetzblatt (BGBl) kundzumachenden Rechtssatz (§ 56 Abs 4 VfGG) zusammen, dem die Wirkung einer authentischen Interpretation des jeweiligen Kompetenztatbestands zukommt.

→Kompetenzkompetenz [379]: Das B-VG räumt in Art 10 Abs 1 Z 1 B-VG dem Bund(esverfassungsgesetzgeber) die Kompetenzkompetenz ein, das ist die Befugnis, die Aufgaben und Zuständigkeiten zwischen Bund und Land zu verteilen. Dh der Bund entscheidet durch Bundesverfassungsgesetz, welche Kompetenzen der Bund und welche Kompetenzen das Land hat. Besonderes gilt für die Kompetenzkompetenz nach dem →Finanz-Verfassungsgesetz 1948.

→Kompetenzkonflikte [1591]: Der Verwaltungsgerichtshof (VwGH) entscheidet Zuständigkeitsstreitigkeiten zwischen den Verwaltungsgerichten (Landesverwaltungsgerichten, Bundesverwaltungsgericht, Bundesfinanzgericht), aber auch zwischen einem Verwaltungsgericht und ihm selbst (Art 133 Abs 1 Z 3 B-VG).

→Kompetenztrennung [385]: Das B-VG teilt in der Kompetenzverteilung nach dem Grundsatz der Kompetenztrennung die Kompetenzen in Gesetzgebung und Vollziehung entweder dem Bund oder dem Land zu, sodass konkurrierende Zuständigkeiten (zur Gesetzgebung oder zur Vollziehung derselben Sachmaterie) ausgeschlossen sind. Eine Besonderheit ist die Beurteilung paralleler Zuständigkeiten nach der →Gesichtspunktetheorie.

→Kompetenzverteilung [378]: Unter Kompetenzverteilung versteht man im Bundesstaat die Aufteilung der Staatsgewalt auf Bund und Länder. Das B-VG verteilt die Gesetzgebungskompetenzen und die Verwaltungskompetenzen zwischen Bund und Ländern nach Sachmaterien (→Enumerationsmethode). Es differenziert dabei in vier Grundtypen von Kompetenztatbeständen zwischen Gesetzgebung und Verwaltung (Art 10 B-VG: Gesetzgebung Bund – Verwaltung Bund; Art 11 B-VG: Gesetzgebung Bund – Verwaltung Land; Art 12 B-VG: Grundsatzgesetzgebung Bund – Ausführungsgesetzgebung und Verwaltung Land; Art 15 B-VG: Gesetzgebung Land – Verwaltung Land). Das Abgabenwesen (Art 13 B-VG) ist durch das →Finanz-Verfassungsgesetz 1948 (F-VG 1948) geregelt. Die Verteilung der Kompetenzen im Bereich des Schulwesens ist in den Art 14, 14a B-VG, für das →öffentliche Auftragswesen in Art 14b B-VG besonders geregelt. Für die nicht-hoheitliche Verwaltung gilt die Kompetenzverteilung nicht (Art 17 B-VG).

→Konkordat 1933/34 [61] [92]: Ein Konkordat ist ein völkerrechtlicher Vertrag zwischen einem Staat und dem Heiligen Stuhl (= Vatikan) über Angelegenheiten der Katholischen Kirche. In Österreich gilt – im Sinne der →Okkupationstheorie – das Konkordat 1933 (BGBl 1934 II/2) in der Fassung des „Vertrags zwischen dem Heiligen Stuhl und der Republik Österreich zur Regelung von vermögensrechtlichen Beziehungen" (BGBl 1960/195 idgF) und in der Fassung des „Vertrags zwischen dem Heiligen Stuhl und der Republik Österreich zur Regelung von mit dem Schulwesen zusammenhängenden Fragen" (BGBl 1962/273 idF BGBl 1972/289).

→konkrete Rechtsnorm [210]: Eine konkrete Rechtsnorm – anders als eine abstrakte Rechtsnorm – hat eine Regelung zum Inhalt, die sich auf einen bestimmten Sachverhalt bezieht.

→Konsensquorum [920] [993]: Die Willensbildung in einem Kollegialorgan (etwa Nationalrat, Bundesregierung, Gemeinderat) erfolgt durch Beschluss der Mitglieder. Das hoheitliche Organisationsrecht (Gesetz, Geschäftsordnung) legt mit den →Beschlusserfordernissen (Quoren) Regeln für das Zustandekommen eines gültigen Beschlusses fest. Das Konsensquorum (= Zustimmungsquorum) ist die zur Beschlussfassung erforderliche Anzahl der zustimmenden Mitglieder. So erfordert ein einfacher Gesetzesbeschluss des Nationalrats nach Art 31 B-VG grundsätzlich die unbedingte Mehrheit (= einfache Mehrheit) der abgegebenen Stimmen (mehr Ja- als Neinstimmen, Stimmengleichheit reicht für eine Beschlussfassung nicht). Ein Bundesverfassungsgesetz (BVG) kann hingegen nur mit Zweidrittelmehrheit der abgegebenen Stimmen beschlossen werden. Die Bundesregierung fasst ihre Beschlüsse (etwa betreffend eine Regierungsvorlage) einstimmig (Einstimmigkeit verlangt die Zustimmung aller Mitglieder).

➔**Konsensualnorm** [255] [333]: Eine Konsensualnorm ist ein privatrechtlicher Vertrag. Sie entsteht in Privatautonomie durch Willensübereinstimmung (= Konsens) privater Personen auf der Grundlage der staatlichen Privatrechtsordnung. Die zwangsweise Durchsetzung der Konsensualnormen ist dem Staat vorbehalten (zB Exekution nach einem zivilgerichtlichen Verfahren und Urteil).

➔**Konsenswerber** [1487]: Konsenswerber ist der Errichter und Betreiber einer Anlage, der in einem ➔Anlagenverfahren die Bewilligung der Errichtung und des Betriebs der Anlage bei der Verwaltungsbehörde beantragt (etwa der Bauwerber, der Betriebsanlageninhaber). Den Bewilligungsbescheid der Verwaltungsbehörde, der die Anlage bei Übereinstimmung mit den gesetzlichen Erfordernissen bewilligt, nennen wir den verwaltungsbehördlichen Konsens.

➔**Konstitutionalismus** *Constitutionalism* [40]: Der österreichische Konstitutionalismus ist eine gegen die absolute Monarchie gerichtete politische Bewegung des 19. Jahrhunderts. Er forderte eine Verfassung(surkunde), in der die Organisation des Staats und die Regeln für die Ausübung der Staatsgewalt verbindlich, auch für den Staat verbindlich festgeschrieben sind. Diese Festschreibung soll die Staatsgewalt zähmen und die Menschen vor staatlichem Machtmissbrauch schützen.

➔**konstitutionelle Monarchie** [40] [58]: Unbeschadet der monarchischen Staatsform ist in der konstitutionellen Monarchie – anders als in der absoluten Monarchie – die durch den Monarchen ausgeübte Staatsgewalt durch eine Verfassung verrechtlicht. Die konstitutionelle Monarchie ist ein Verfassungsstaat. Das Volk wirkt an der Ausübung der Staatsgewalt durch ➔Parlamente mit, ➔Grund- und Freiheitsrechte sind garantiert.

➔**konstitutive Bescheidmerkmale** [1113]: Der Verfassungsbegriff ➔Bescheid (Art 130 Abs 1 Z 1, Art 132 Abs 1 Z 1 B-VG) erfasst ein Verwaltungshandeln, das drei Merkmale aufweisen muss, um als Bescheid rechtlich wirksam zu sein. Diese drei konstitutiven Bescheidmerkmale sind die Verwaltungsbehörde (der Bescheid muss von einer Verwaltungsbehörde stammen), der individuelle Adressat und die behördliche Anordnung (= der Spruch [Leistung, Gestaltung, Feststellung]). Die einfache Gesetzgebung kann über die konstitutiven Bescheidmerkmale der Verfassung hinaus weitere konstitutive (etwa die Schriftlichkeit des Bescheids), aber auch ➔deklarative Bescheidmerkmale vorsehen. Ein Bescheid, dem ein konstitutives Bescheidmerkmal fehlt, ist ein absolut nichtiger Bescheid.

➔**Konsultationsmechanismus** [763]: Der Konsultationsmechanismus zwischen Bund, Ländern und Gemeinden (die Gemeinden sind durch den Österreichischen Gemeindebund und den Österreichischen Städtebund vertreten) soll eine wechselseitige Information zwischen den Gebietskörperschaften sicherstellen sowie ein Einvernehmen erzielen, wenn im Zusammenhang mit geplanten Rechtssetzungsmaßnahmen einer Gebietskörperschaft andere Gebietskörperschaften finanziell belastet werden. Rechtsgrundlage des Konsultationsmechanismus ist das Bundesverfassungsgesetz über Ermächtigungen des Österreichischen Gemeindebundes und des Österreichischen Städtebundes (BGBl I 1998/61).

➔**Kontrollamt** [981]: Ein Kontrollamt ist ein im Rahmen des Magistrats zur Prüfung der Gebarung der Statutarstadt eingerichtetes Organ. Kontrollämter sind in den Statuten aller österreichischen Statutarstädte – zum Teil zwingend – vorgesehen.

➔**Kontrollausschuss** [981]: Die Gemeindeordnungen berufen den Kontrollausschuss des Gemeinderats zur Prüfung der Gebarung der Gemeinde. Sie verpflichten ihn festzustellen, ob und inwieweit die Gebarung der Gemeinde mit den in den Gemeindeordnungen festgelegten Prüfungszielen (Wirtschaftlichkeit, Sparsamkeit, Zweckmäßigkeit und Rechtmäßigkeit) übereinstimmt.

➔**Kontrollrechte des Parlaments** [953]: Das Parlament macht nicht nur die Gesetze, es kontrolliert auch die Verwaltung (Art 52 ff B-VG). Kontrollrechte sind am Beispiel des Nationalrats das ➔Untersuchungsrecht (= Enqueterecht), das ➔Fragerecht (= Interpellationsrecht) und das ➔Entschließungsrecht (= Resolutionsrecht). Das Fragerecht und das Entschließungsrecht stehen auch dem Bundesrat zu. Dem Nationalrat steht als Sanktion gegen die Bundesregierung das Misstrauensvotum (politische Kontrolle, Art 74 Abs 1 B-VG) und die Ministeranklage beim Verfassungsgerichtshof (rechtliche Kontrolle, Art 76 iVm Art 142 Abs 2 lit b B-VG) zur Verfügung. Für die Landtage gilt auf der Grundlage der Landesverfassungen Entsprechendes.

➔**Konvergenzkriterien** [834]: Damit ein EU-Mitgliedstaat den ➔Euro (€) als Währung einführen darf, muss er die Konvergenzkriterien erfüllen. Art 140 Abs 1 AEUV nennt vier Konvergenzkriterien, nämlich die Preisstabilität (Inflationsrate höchstens 1,5 Prozentpunkte über dem Durchschnitt der drei preisstabilsten Staaten der Währungsunion), die Haushaltsdisziplin (gemäß dem Stabilitäts- und Wachstumspakt jährliches Defizit des Staatshaushalts höchstens drei Prozent des Bruttoinlandsprodukts, die Gesamtverschuldung des Staatshaushalts höchstens 60 Prozent des Bruttoinlandsprodukts), die Währungsstabilität (Schwankung des Wechselkurses der nationalen Währung in den letzten zwei Jahren vor dem Beitritt zur Währungsunion maximal in einer Bandbreite von plus/minus 2,25 Prozent zum Euro) und das Zinsniveau (Zinsniveau höchstens zwei Prozentpunkte über dem Zinsniveau der drei stabilsten Mitgliedstaaten).

➔Konzentrationsregierung [1190]: Die Konzentrationsregierung (= Proporzregierung) ist – im Gegensatz zur ➔Mehrheitsregierung – eine Regierung, in der die im Parlament vertretenen Parteien im Verhältnis ihrer Mandatsstärke auch an der Regierung teilnehmen. Kleine Parteien sind allenfalls nicht in der Regierung vertreten, wenn dies arithmetisch nach der Verhältniszahl nicht möglich ist. Die Landesverfassungen im Burgenland, Kärnten, Oberösterreich, Niederösterreich – und mit Besonderheiten in Wien – sehen zwingend eine Landesregierung in Form einer Konzentrationsregierung (Proporzregierung) vor. Im Bund gilt die Mehrheitsregierung.

➔Körperschaft [590]: Der Begriff Körperschaft ist ein Synonym für ➔juristische Person und für Rechtsperson. Der Begriff Körperschaft ist vor allem im Bereich des staatlichen Organisationsrechts üblich. So in den Begriffen ➔Gebiets„körper"schaft, ➔Selbstverwaltungs„körper", Körperschaft des öffentlichen Rechts.

➔Kriminalpolizei [1185]: Kriminalpolizei ist die Wahrnehmung von Aufgaben im Dienste der Strafrechtspflege (Art 10 Abs 1 Z 6 B-VG), insbesondere die Aufklärung und Verfolgung gerichtlich strafbarer Handlungen, durch die Sicherheitsbehörden (§ 18 Abs 1 und 2 StPO). In der inneren Organisation der Sicherheitsbehörden ist für die Kriminalpolizei auf der Ebene des Bundesministeriums für Inneres das Bundeskriminalamt (BKA), auf der Ebene der Landespolizeidirektion das Landeskriminalamt (LKA) eingerichtet.

➔kulturelle Selbstverwaltung [1108]: In der kulturellen Selbstverwaltung besorgen Selbstverwaltungskörper (➔Selbstverwaltung in der Gesellschaft) Aufgaben im Bereich von Bildung, Kunst und Kultur (zB die Universitäten, Art 81c B-VG).

➔Kundmachung *announcement* [252] [939] [1127]: Der Rechtsstaat verlangt die Kundmachung der Gesetze und der anderen generellen Rechtsnormen, so insbesondere auch der Rechtsverordnungen und der Staatsverträge (vgl Art 139 Abs 3 Z 3 und Art 140 Abs 3 B-VG). Die Kundmachung erfolgt vor allem in amtlichen – allgemein zugänglichen – Publikationsorganen entweder geschrieben und gedruckt in Gesetzblättern oder in elektronischer Form. Das B-VG ordnet ausdrücklich die Kundmachung der Bundes(verfassungs)gesetze und der Staatsverträge des Bundes im (elektronischen) ➔Bundesgesetzblatt (Art 49 B-VG), die Kundmachung der Landes(verfassungs)gesetze im ➔Landesgesetzblatt (Art 97 Abs 1 B-VG) an. Die Kundmachung der Rechtsverordnungen regeln der Bundesgesetzgeber (etwa im Bundesgesetzblattgesetz – BGBlG) und die Landesgesetzgeber (etwa im Oö Kundmachungsgesetz – Oö KMG bzw für Verordnungen der Gemeinden in den Gemeindeorganisationsgesetzen). Die Kundmachung des Unionsrechts erfolgt im Amtsblatt der Europäischen Union (ABl).

L

➔Laienrichter [1356]: Ein Laienrichter ist ein juristisch nicht gebildeter, jedoch mit vollem Stimmrecht und gleicher sachlicher Unabhängigkeit wie die (Berufs)Richter ausgestatteter Richter aus dem Volk. Die Rechtsordnung setzt in gewissen Bereichen Laienrichter ein, um der „Berufsblindheit" von Richtern vorzubeugen. Im Strafverfahren wirken Laienrichter als Geschworene und als Schöffen mit (Art 91 B-VG). Eine Mitwirkung von fachkundigen Laienrichtern an der Rechtsprechung der Verwaltungsgerichte (LVwG, BVwG, BFG) kann der einfache Gesetzgeber vorsehen (Art 135 Abs 1 B-VG). In Fachsenaten der Arbeits- und Sozialgerichtsbarkeit und in der Kartellgerichtsbarkeit fungieren fachkundige Laienbeisitzer.

➔Laizismus [87]: Der Laizismus – ein staatspolitischer Grundsatz der österreichischen Verfassungsordnung – vertritt das Konzept einer klaren Trennung von Kirche und Staat und lehnt jeden Einfluss von Kirchen und Religionsgesellschaften auf den Staat ab.

➔Landarbeiterkammer [662]: Zur beruflichen Interessenvertretung der Arbeitnehmer in der Land- und Forstwirtschaft richten die meisten der Landesgesetzgeber (Art 15 Abs 1 B-VG) eine Kammer der Arbeiter und Angestellten in der Land- und Forstwirtschaft (Landarbeiterkammern) als Körperschaft des öffentlichen Rechts ein, etwa die Kammer der Arbeiter und Angestellten in der Land- und Forstwirtschaft für Oberösterreich. Tirol und Vorarlberg haben keine Landarbeiterkammer; die Landarbeiter sind dort – zusammen mit den Arbeitgebern – Mitglieder in der ➔Landwirtschaftskammer.

➔Landesbürger [364]: Landesbürger eines bestimmten Bundeslandes sind jene österreichischen Staatsbürger (➔Staatsbürgerschaft), die im betreffenden Bundesland ihren (Haupt)Wohnsitz haben (Art 6 Abs 2 B-VG). Landesbürger sind berechtigt, die Abgeordneten zum Landtag zu wählen (Art 95 Abs 1 B-VG). Eine „Landesbürgerschaft" der einzelnen Glied- oder Teilstaaten mit staatsbürgerschaftsrechtlicher Bedeutung besteht nicht, das B-VG sieht eine einheitliche Staatsbürgerschaft für die Republik Österreich vor.

➔Landesgericht [1339]: Die Landesgerichte (LG) sind in Zivil- und Strafsachen tätig und die zweite Ebene der ordentlichen Gerichtsbarkeit.

➔Landesgesetzblatt (LGBl) [996]: Das Landesgesetzblatt (LGBl) dient nach der Bundesverfassung (Art 97 Abs 1 B-VG) der ➔Kundmachung der einfachen Landesgesetze und der Landesverfassungsgesetze (LVG) durch den Landeshauptmann. Ob das Landesgesetzblatt darüber hinaus auch der Kundmachung anderer Rechtsnormen der Länder dient, bestimmt das Landesrecht. Das Oö Kundmachungsgesetz (Oö KMG), LGBl 1998/55, etwa sieht vor, dass im Landesgesetzblatt auch Verordnungen der Landesregierung und Vereinbarungen nach Art 15a B-VG zu verlautbaren sind und Verordnungen des Landeshauptmanns in den Angelegenheiten der mittelbaren Bundesverwaltung im Landesgesetzblatt (LGBl) verlautbart werden können.

➔**Landeshauptmann** [1187] [1213]: Der Landeshauptmann ist Mitglied und Vorsitzender der Landesregierung und ein oberstes Organ der Vollziehung des Landes (Art 19 Abs 1 B-VG). Er vertritt das Land nach außen (Art 105 Abs 1 B-VG) und führt dem Bundesminister nachgeordnet die ➔mittelbare Bundesverwaltung im regionalen Bereich der Länder (Art 102 Abs 1 B-VG). Dem Landeshauptmann ist das Amt der Landesregierung als bürokratischer Hilfs- oder Geschäftsapparat beigegeben (BVG Ämter der Landesregierungen). Der Landtag wählt den Landeshauptmann (Art 101 Abs 1 B-VG). Im Bereich der Landesverwaltung ist der Landeshauptmann dem Landtag rechtlich (Art 105 Abs 2 und 3 iVm 142 Abs 2 lit d B-VG) und politisch (Misstrauensvotum) verantwortlich; im Bereich der mittelbaren Bundesverwaltung ist er an die Weisungen der Bundesminister gebunden und der Bundesregierung rechtlich (Art 105 Abs 1 und 3 iVm 142 Abs 2 lit e B-VG) verantwortlich.

➔**Landespolizeidirektion** [1244]: Die durch das B-VG (Art 78b Abs 1 B-VG) für jedes Bundesland eingerichtete Landespolizeidirektion ist eine – dem Bundesminister für Inneres nachgeordnete – ➔Sicherheitsbehörde des Bundes, die mit den Aufgaben der ➔Sicherheitsverwaltung betraut ist. An der Spitze der Landespolizeidirektion steht der ➔Landespolizeidirektor.

➔**Landespolizeidirektor** [1244]: Der Landespolizeidirektor ist der Leiter der ➔Landespolizeidirektion (Art 78b Abs 1 B-VG). [Der Landespolizeidirektor der Landespolizeidirektion Wien trägt die Funktionsbezeichnung Landespolizeipräsident].

➔**Landespolizeipräsident** [1246]: Der Landespolizeipräsident leitet die Landespolizeidirektion Wien (Art 78b Abs 1 B-VG, § 7 Abs 1 Sicherheitspolizeigesetz).

➔**Landesrat** [1187]: Der Landesrat ist Mitglied der Landesregierung und ein oberstes Organ der Vollziehung des Landes (Art 19 Abs 1 B-VG). Das BVG Ämter der Landesregierungen erlaubt die Aufteilung der kollegialen Aufgaben der Landesregierung an die Landesräte zur monokratischen Wahrnehmung. Der Landesrat führt auf dieser Grundlage die Landesverwaltung in seinem Zuständigkeitsbereich als Einzelorgan monokratisch und ist allen Verwaltungsorganen des Landes gegenüber in diesem Zuständigkeitsbereich weisungsberechtigt. Der Landesrat ist rechtlich (Art 105 Abs 2 und 3 iVm 142 Abs 2 lit d B-VG) und politisch (Misstrauensvotum) dem Landtag verantwortlich.

➔**Landesrechnungshof** [981]: Ein Landesrechnungshof ist ein durch das Landesrecht – zusätzlich zur Kontrolle durch den ➔Rechnungshof – zur Prüfung der Gebarung des jeweiligen Landes eingerichtetes Hilfsorgan des Landtags (Art 127c B-VG). Alle Länder haben einen eigenen Landesrechnungshof geschaffen (zB Oö Landesrechnungshof [Oö Landesrechnungshofgesetz 2013 – Oö LRHG 2013, LGBl 62]).

➔**Landesregierung** [1187]: Die Landesregierung ist das oberste Organ der Vollziehung des Landes (Art 19 Abs 1 B-VG). Sie ist ein Kollegialorgan und besteht aus dem Landeshauptmann (= Vorsitzender der Landesregierung), seinen Stellvertretern und weiteren Mitgliedern, den Landesräten (Art 101 Abs 3 B-VG). Der Landesregierung ist das „Amt der Landesregierung" als bürokratischer Hilfs- oder Geschäftsapparat beigegeben (BVG Ämter der Landesregierungen). Im Sinne eines ➔parlamentarischen Regierungssystems wählt der Landtag die Landesregierung (Art 101 Abs 1 B-VG), alle ihre Mitglieder sind dem Landtag rechtlich (Art 105 Abs 2 und 3 iVm 142 Abs 2 lit d B-VG) und politisch (Misstrauensvotum) verantwortlich. Die Landesverfassungen sehen – mit Ausnahme von Salzburg, der Steiermark, Tirol und Vorarlberg – eine ➔Konzentrationsregierung vor.

➔**Landesschulrat** [417]: Der Landesschulrat ist eine – für den Bereich eines jeden Landes eingerichtete – dem zuständigen Bundesminister nachgeordnete, für das Schulwesen des Bundes (Art 14 B-VG) zuständige Kollegialbehörde (Art 81a B-VG). Präsident des Landesschulrats ist der Landeshauptmann, die Geschäfte führt der Amtsführende Präsident des Landesschulrats. Die Landesschulräte sind die durch die Verfassung weisungsfrei gestellten (Art 81a Abs 4 B-VG) Schulbehörden des Bundes, sie unterliegen der (Rechts)Aufsicht des Bundesministers.

➔**Landesverfassungsgesetz (LVG)** [370] [910] [993]: Ein Landesverfassungsgesetz (LVG) ist ein von den Landtagen erlassenes ➔Verfassungsgesetz des Landes (im formellen Sinn). Zur Beschlussfassung eines Landesverfassungsgesetzes muss wenigstens die Hälfte der Abgeordneten zum Landtag anwesend und eine Zweidrittelmehrheit der abgegebenen Stimmen gegeben sein (Art 99 Abs 2 B-VG). Alle Landes(verfassungs)gesetzgeber ordnen eine ausdrückliche Bezeichnungspflicht als „Verfassungsgesetz" an (zB Art 31 Abs 2 Oö L-VG).

➔**Landesverteidigung** [138]: Die umfassende Landesverteidigung ist ein ➔Staatsziel; sie besteht aus der dem ➔Bundesheer obliegenden militärischen Landesverteidigung (Art 79 Abs 1 B-VG) sowie der geistigen, der zivilen und der wirtschaftlichen Landesverteidigung (Art 9a Abs 1 und Abs 2 B-VG). Die Bewahrung der Unabhängigkeit nach außen sowie die Unverletzlichkeit und Einheit des Bundesgebiets, insbesondere zur Aufrechterhaltung und Verteidigung der immerwährenden ➔Neutralität, sind Aufgabe der umfassenden Landesverteidigung.

➔Landesverwaltungsgericht (LVwG) [1363]: Ein Landesverwaltungsgericht (LVwG) ist ein in jedem Land eingerichtetes Gericht des öffentlichen Rechts (Art 129 B-VG) und Teil der Verwaltungsgerichtsbarkeit erster Instanz. Die Landesverwaltungsgerichte (LVwG) sind in Verwaltungs(straf)sachen der Landesverwaltung und der mittelbaren Bundesverwaltung (Art 131 Abs 1 B-VG) nach Art 130 Abs 1 B-VG zuständig zur Entscheidung über Bescheidbeschwerden (Z 1), Maßnahmebeschwerden (Z 2) und Säumnisbeschwerden (Z 3). Der einfache Gesetzgeber ist ermächtigt, die Kompetenzen der Landesverwaltungsgerichte (LVwG) zu erweitern (Art 130 Abs 2, Art 132 Abs 5 B-VG) und bestimmte Zuständigkeiten zum Bundesverwaltungsgericht (BVwG) zu verschieben (Art 131 Abs 4 Z 2 und 5 B-VG). Die Organisation der neun Landesverwaltungsgerichte (LVwG) regeln die Landesgesetzgeber (für Oö etwa im Oö Landesverwaltungsgerichtsgesetz [Oö LVwGG], LGBl 2013/9), das Verfahren vor den LVwG normiert der Bundesgesetzgeber (Art 136 Abs 1 und Abs 2 B-VG) im Verwaltungsgerichtsverfahrensgesetz (VwGVG).

➔Landtag [366] [986]: Das Parlament eines Bundeslands heißt Landtag (Art 95 Abs 1 B-VG). Der Landtag ist ein Ein-Kammer-Parlament und ein ➔allgemeiner Vertretungskörper; er besorgt insbesondere die Landesgesetzgebung. Die Abgeordneten zum Landtag werden aufgrund der Wahlrechtsgrundsätze der Bundesverfassung von den ➔Landesbürgern für eine fünfjährige (in OÖ sechsjährige) Legislaturperiode gewählt. Eine vorzeitige Beendigung der Legislaturperiode ist möglich, wenn der Landtag seine ➔Selbstauflösung beschließt oder der Bundespräsident den Landtag auflöst (Art 100 B-VG).

➔Landwirtschaftskammer [662]: Zur beruflichen Interessenvertretung der Arbeitgeber in der Land- und Forstwirtschaft (der Land- und Forstwirte) richten die Landesgesetzgeber (Art 15 Abs 1 B-VG) für jedes Bundesland eine Landwirtschaftskammer als Körperschaft des öffentlichen Rechts ein, etwa die Landwirtschaftskammer für Oberösterreich. In Tirol und Vorarlberg sind auch die Arbeitnehmer in der Land- und Forstwirtschaft Mitglieder der Landwirtschaftskammern, in anderen Bundesländern gibt es eigene ➔Landarbeiterkammern. Zur bundesweiten Vertretung ihrer Interessen schlossen sich die Landwirtschaftskammern im privatrechtlichen Verein ➔Präsidentenkonferenz der Landwirtschaftskammern Österreichs zusammen.

➔Legalitätsprinzip [326]: Legalitätsprinzip ist ein Synonym für ➔Gesetzmäßigkeitsgebot.

➔legislatives Unrecht [1461]: Wir sprechen von legislativem Unrecht, wenn der Gesetzgeber durch rechtswidriges Handeln jemandem Schaden zufügt. Für legislatives Unrecht gibt es nach der Bundesverfassung keine ➔Amtshaftung und keinen Schadenersatz, die Betroffenen müssen das legislative Unrecht grundsätzlich entschädigungslos ertragen. Eine finanzielle Haftung des Staats für legislatives Unrecht kann sich aber aus Unionsrecht ergeben, weil der Staat unionsrechtlich für die von seinen (Gesetzgebungs-, Verwaltungs- oder Gerichts)Organen – durch eine Verletzung des Unionsrechts – zugefügten Schäden haftet (➔Staatshaftung). So tritt eine Haftung aus Unionsrecht etwa ein, wenn es der Gesetzgeber verabsäumt, eine Richtlinie rechtzeitig oder vollständig umzusetzen und dadurch ein Schaden entsteht.

➔Legislaturperiode [896] [986]: Die Legislaturperiode (= Gesetzgebungsperiode) ist die Zeitspanne, für welche die Abgeordneten eines Parlaments gewählt werden. Die Abgeordneten zum Nationalrat werden für eine fünfjährige Legislaturperiode gewählt (Art 27 B-VG). [Die Legislaturperioden werden seit Beginn der Republik gezählt und mit römischen Ziffern bezeichnet. Zurzeit (seit 29.10.2013) läuft die XXV. Gesetzgebungsperiode]. Die Abgeordneten zu den Landtagen werden nach den Bestimmungen der Landesverfassungen für eine fünfjährige Legislaturperiode gewählt, nur die Gesetzgebungsperiode des oö Landtags beträgt sechs Jahre (Art 18 Abs 1 Oö L-VG).

➔Leistungsbescheid [1116]: Ein Leistungsbescheid verpflichtet den Adressaten zu einer Leistung, zu einem bestimmten Tun oder Unterlassen. Die Verwaltungsbehörde kann den Leistungsbescheid einer ➔Vollstreckung zuführen.

➔Leistungsverwaltung [1164]: In der Leistungsverwaltung geht es – im Gegensatz zur ➔Ordnungsverwaltung – nicht um Eingriffe in die Rechte und Freiheiten der Menschen im Interesse einer geordneten Gesellschaft, sondern im Rahmen der Daseinsvorsorge um lenkende Effekte, um die Existenzsicherung der Menschen, insbesondere um materielle Leistungen.

➔Leitung [1052]: Die obersten Organe der Verwaltung leiten die Verwaltung (Art 20 Abs 1 B-VG). Förmlicher Ausdruck der Leitung (= hierarchische Ordnung) sind die ➔Weisung und die ➔Aufsicht.

➔Lesungen [919]: Als Lesung wird die Behandlung eines Gesetzesvorschlags im Plenum des Nationalrats bezeichnet. Es finden in der Regel drei Lesungen statt (§§ 69 ff GOG-NR). In der ersten Lesung weist der Nationalrat den Gesetzesentwurf einem Ausschuss zu. Über den Bericht des Ausschusses gibt es eine zweite Lesung. In der abschließenden dritten Lesung erfolgt der Gesetzesbeschluss.

➔Liquidierungsklage [1692]: Die Liquidierungsklage ist die Klage vor dem Verfassungsgerichtshof (VfGH) zur Durchsetzung eines vermögensrechtlichen Anspruchs gegen eine Gebietskörperschaft (oder einen Gemeindeverband), der weder vor der ordentlichen Gerichtsbarkeit durchzusetzen, noch durch Bescheid einer Verwaltungsbehörde zu erledigen ist (➔Kausalgerichtsbarkeit nach Art 137 B-VG).

➔Listenwahl [175]: Bei der Listenwahl (➔Verhältniswahl) wird bei der Wahl eines allgemeinen Vertretungskörpers in jedem Wahlkreis nicht eine Einzelperson, sondern eine Gruppe von Personen (Wahlpartei), eine feststehende „Liste" von Kandidaten, gewählt. Der Wähler kann einzelne Personen der Liste nicht auswählen, er muss die Liste insgesamt akzeptieren oder ablehnen. Durch die Vergabe von Vorzugsstimmen für eine Person der Liste kann der Wähler (innerhalb der Liste) eine (unbedeutende) Verschiebung der Reihung der Kandidaten erreichen.

➔Lobbying-Verbot [976]: Ein Lobbying-Verbot nach § 1a Unvereinbarkeits- und Transparenz-Gesetz (Unv-Transparenz-G) ist das an die Abgeordneten zum Nationalrat, zu den Landtagen und die Mitglieder des Bundesrats gerichtete Verbot, einen Lobbying-Auftrag anzunehmen. Ein Lobbying-Auftrag ist nach dem Lobbying- und Interessenvertretungs-Transparenz-Gesetz (LobbyG) [= Bundesgesetz zur Sicherung der Transparenz bei der Wahrnehmung politischer und wirtschaftlicher Interessen, BGBl I 2012/64] ein entgeltlicher Vertrag betreffend die verpflichtende Ausübung einer Lobbying-Tätigkeit, worunter jeder organisierte und strukturierte Kontakt mit Funktionsträgern zur Einflussnahme auf bestimmte Entscheidungsprozesse in der Gesetzgebung oder Vollziehung des Bundes, der Länder, der Gemeinden und der Gemeindeverbände im Interesse des Auftraggebers zu verstehen ist.

M

➔Magistrat [1331]: Das ➔Gemeindeamt der Statutarstadt heißt (der) Magistrat (Art 117 Abs 7 B-VG). Der Magistrat ist zwar wie ein Gemeindeamt bloß Amt, doch kann die (einfache) Gesetzgebung dem Magistrat auch behördliche Aufgaben übertragen. Die Kommunalrechte der Länder betrauen die Magistrate regelmäßig mit behördlichen Zuständigkeiten, etwa für die Verwaltungsverfahren in I. administrativer Instanz im eigenen Wirkungsbereich.

➔Mandatsbescheid [1505]: Ein Mandatsbescheid (§ 57 Abs 1 AVG) ist ein – ohne vorangegangenes Ermittlungsverfahren – im Verwaltungsverfahren (AVG) erlassener Bescheid. Ein Bescheid hat grundsätzlich nach Durchführung eines ordentlichen Ermittlungsverfahrens zu ergehen (§ 56 AVG). Ausnahmsweise, so bei Gefahr im Verzug oder bei Vorschreibung gesetzlich (bzw statutarisch oder tarifmäßig) feststehender Geldleistungen, erlaubt das AVG allerdings die Erlassung eines Bescheides ohne vorangegangenes ordentliches Ermittlungsverfahren, also ohne Ermittlung des relevanten Sachverhalts. Gegen einen solchen Mandatsbescheid sieht das AVG ein besonderes ordentliches Rechtsmittel, die ➔Vorstellung gegen Mandatsbescheide, vor.

➔Marktgemeinde [1305]: Die Organisationsgesetze der Länder können für bestimmte Einheitsgemeinden die Bezeichnung Marktgemeinde (= Markt) vorsehen (zB § 3 Oö GemO 1990). Es handelt sich dabei um einen bloßen „Ehrentitel", organisationsrechtliche Wirkungen ergeben sich daraus nicht. Das Gemeindeamt führt die Bezeichnung Marktgemeindeamt.

➔Marktwirtschaft *market economy* [635]: In der Marktwirtschaft ist – anders als in der ➔Planwirtschaft – der Austausch von Gütern und Leistungen nicht staatlich reglementiert, sondern gestaltet sich nach privatnützigen psychologischen Regeln („Angebot und Nachfrage").

➔Maßnahme [1139]: Maßnahme ist ein kurzer Begriff für den Verfassungsbegriff ➔Ausübung unmittelbarer verwaltungsbehördlicher Befehls- und Zwangsgewalt (Art 130 Abs 1 Z 2 B-VG).

➔Maßnahmebeschwerde [1566] [1678]: Das Rechtsmittel der Maßnahmebeschwerde an das Verwaltungsgericht (VwG) steht gegen die rechtswidrige Ausübung unmittelbarer Befehls- und Zwangsgewalt (➔Maßnahme) eines Verwaltungsorgans zu (Art 130 Abs 1 Z 2 B-VG). Beschwerdelegitimiert ist, wer durch die rechtswidrige Maßnahme in einem subjektiven Recht verletzt ist (Art 132 Abs 2 B-VG), als Beschwerdepunkte können sowohl einfachgesetzlich gewährleistete Rechte als auch verfassungsgesetzlich gewährleistete Rechte geltend gemacht werden.

➔materielle Einordnung des Völkerrechts [718]: Durch ➔Transformation wird das Völkerrecht (auch) zum staatlichen Recht, grundsätzlich zum Bundesrecht, die Staatsverträge der Länder zum Landesrecht. Durch die Transformation ist aber nicht festgelegt, in welchem Rang im ➔Stufenbau der Rechtsordnung (Verfassungsgesetz, einfaches Gesetz, Verordnung) das transformierte Völkerrecht steht. Den Rang der Allgemeinen Rechtsgrundsätze und des Völkergewohnheitsrechts bestimmt die materielle Einordnung. Das Völkerrecht hat den Rang, den es für seinen rechtmäßigen Bestand als Bundesrecht haben müsste. Das Völkerrecht steht grundsätzlich im Rang einer Verordnung; wenn es für die Verordnung im Bundesrecht aber keine hinreichende Determinierung im Gesetz gibt, im Rang eines einfachen Gesetzes; wenn das Völkerrecht der Verfassung widerspräche, im Rang eines Bundesverfassungsgesetzes, weil nur so der rechtmäßige nationale Bestand der Rechtsnorm möglich ist. Den Rang der Staatsverträge bestimmt die ➔formelle Einordnung.

➔materielle Wahrheit [1494]: Der im ➔Verwaltungsverfahren geltende Grundsatz der materiellen Wahrheit verlangt die amtswegige Ermittlung und Feststellung des relevanten Sachverhalts, wie er sich wirklich zugetragen hat, durch die Verwaltungsbehörde (§§ 37, 39 Abs 2 AVG). Außerstreitstellungen der Parteien binden die Verwaltungsbehörde nicht, sie muss trotz eines „Geständnisses" erforschen, ob das betreffende Sachverhaltsdetail wahr ist.

➔**materieller Gesetzesvorbehalt** [509]: Freiheitsrechte stehen häufig unter ➔Gesetzesvorbehalt (= relativ schützendes Freiheitsrecht). Der Verfassungsgesetzgeber, der das Grundrecht garantiert, ermächtigt (nur) den Gesetzgeber, durch einfaches Gesetz in das Freiheitsrecht einzugreifen (zB Erwerbsfreiheit nach Art 6 StGG). Der Gesetzesvorbehalt ist ein materieller Gesetzesvorbehalt, weil der Verfassungsgesetzgeber dem einfachen Gesetzgeber inhaltliche Schranken für seine Eingriffe setzt. Materielle Eingriffsschranken sind nach dem ➔Verhältnismäßigkeitsgrundsatz neben dem öffentlichen Interesse am gesetzlichen Eingriff, die Eignung, die Erforderlichkeit und die Angemessenheit (= Adäquanz, Verhältnismäßigkeit) des gesetzlichen Eingriffs. Die Gesetzesvorbehalte zu den Freiheitsrechten des StGG 1867 wurden 1867 als formelle Gesetzesvorbehalte formuliert, sie gelten heute als materielle Gesetzesvorbehalte. Die Gesetzesvorbehalte zu den Freiheitsrechten der EMRK sind schon im Text als materielle Gesetzesvorbehalte formuliert.

➔**materielles Recht** [1467]: Materielles Recht sind Rechtsnormen, die das Verhalten der Rechtsunterworfenen bestimmen, indem sie Gebote (zB die Rechtsfahrordnung nach der Straßenverkehrsordnung 1960 [StVO 1960]) oder Verbote (Überholverbote nach der StVO 1960) festschreiben, Ermächtigungen und Berechtigungen einräumen, die Entstehung oder den Untergang von Rechten regeln und damit den Inhalt (das „Was") des Vollziehungshandelns festschreiben. Das materielle Recht ist vom ➔Verfahrensrecht und vom ➔Organisationsrecht zu unterscheiden.

➔**materiellrechtlicher Bescheid** [1123]: Ein materiellrechtlicher Bescheid ist ein ➔Bescheid, der eine Sachentscheidung über eine Frage des ➔materiellen Rechts trifft (Erledigung in merito). Er ist vom ➔verfahrensrechtlichen Bescheid zu unterscheiden.

➔**Materiengesetz** [405] [1476]: Ein Materiengesetz ist ein Gesetz, das (zumindest überwiegend) ➔materielles Recht zum Inhalt hat. Materiengesetze beinhalten mitunter auch Bestimmungen des Verfahrensrechts. Materiengesetze sind etwa die Oö Bauordnung 1994 (Oö BauO 1994), LGBl 66, die bestimmte Bauten ohne Bewilligung der Baubehörde verbietet; das Staatsbürgerschaftsgesetz 1985 (StbG), BGBl 1985/311 idgF, das die inhaltlichen Voraussetzungen für den Erwerb der österreichischen Staatsbürgerschaft festschreibt; die Gewerbeordnung 1994 (GewO 1994), welche die Voraussetzungen für einen Berufsantritt bestimmt; die das Gebot der Rechtsfahrordnung normierende Straßenverkehrsordnung 1960 (StVO 1960) ua.

➔**Mehrheitsregierung** [1016] [1189]: Eine Mehrheitsregierung ist eine Regierung, welche die Mehrheit der Abgeordneten des Parlaments politisch hinter sich weiß („Regierungsmehrheit" im Parlament) und daher ein ➔Misstrauensvotum nicht fürchten muss. Die Minderheit der Abgeordneten bildet die Opposition.

➔**Mehrheitswahlrecht** [173]: Im Mehrheitswahlrecht fällt das in einem Wahlkreis zu vergebende Mandat an jene Person, die – eventuell nach einer Stichwahl – die absolute Mehrheit der Stimmen erhalten hat. Die Person des Kandidaten steht im Vordergrund, seine Parteizugehörigkeit im Hintergrund. Das Mehrheitswahlrecht ist ein Persönlichkeitswahlrecht.

➔**Meinungs(äußerungs)freiheit** *freedom of expression* [554]: Die unter materiellem Gesetzesvorbehalt stehende Meinungsfreiheit ist als Menschenrecht in Art 13 StGG, unter der Bezeichnung Meinungsäußerungsfreiheit in Art 10 EMRK [als „Meinungsäußerungs- und Informationsfreiheit" auch in Art 11 GRC] verankert. Das Grundrecht schützt die Meinung des Menschen in einem sehr weiten Sinn. Alle Äußerungen von Menschen fallen in den Schutzbereich, unabhängig davon, ob diese ausgewogen, vernünftig oder richtig sind.

➔**Meistbegünstigung** *most favoured nation (MFN)* [737]: Im Sinne des Freihandels sollen die Staaten Zölle und andere Handelshemmnisse durch Meistbegünstigung auf der Grundlage einer im internationalen Wirtschaftsrecht vereinbarten Meistbegünstigungsklausel abbauen. Die Klausel zwingt den Staat nicht, Zoll- und Handelserleichterungen einem anderen Staat zu gewähren. Wenn er aber einem Staat eine solche Begünstigung gewährt, dann soll die Begünstigung automatisch auch für andere Staaten gelten. Grundlage der Meistbegünstigung im internationalen Wirtschaftsverkehr ist vor allem das von der Welthandelsorganisation (WTO) administrierte Allgemeine Zoll- und Handelsabkommen (= General Agreement on Tariffs and Trade [GATT]).

➔**Menschenrecht** *human rights* [444]: Ein Menschenrecht ist ein ➔Grundrecht, das die Verfassung – anders als bei einem Staatsbürgerrecht – nicht nur den eigenen Staatsbürgern, sondern allen Menschen gewährt (zB Art 5 Abs 1 StGG, Eigentumsfreiheit; alle Grundrechte der EMRK).

➔**Menschenwürde** *human dignity* [479]: Die Menschenwürde ist ein Grundrecht, das zwar nicht ausdrücklich in der Bundesverfassung genannt ist, aber den Grundrechten und anderen Verfassungsbestimmungen insgesamt zugrunde liegt (textmittelbares Grundrecht). Die Würde ist eine angeborene Eigenschaft des Menschen, sie gründet in dem, was seine Persönlichkeit ausmacht, nämlich seine Fähigkeit zur Selbstbestimmung und Selbstgestaltung. Dem Recht auf persönliche Freiheit (Art 1 Abs 4 PersFrBVG) sowie dem Verbot unmenschlicher und erniedrigender Strafe oder Behandlung (Art 3 EMRK) liegt die Menschenwürde zugrunde. Die Achtung der Menschenwürde zählt zu den Europäischen Werten (Art 2 EUV), auf welche die Europäische Union gegründet ist. Und die EU-Grundrechtecharta (Art 1 GRC) stellt die *„unantastbare"* Würde des Menschen an die Spitze seines Grundrechtskatalogs.

➔**Militarismus** [95]: Der Militarismus will aggressive Macht nach innen und nach außen aufbauen und organisiert sowohl den Staat als auch die Gesellschaft hierarchisch nach militärischem Muster. Weite Teile der Gesellschaft sind in paramilitärischen Formationen organisiert.

➔**Militärkommando** [1252]: Ein Militärkommando ist die im Wehrgesetz 2001 (WG 2001), BGBl I 146 idgF, für jedes Bundesland eingerichtete Militärbehörde. Der Bundesgesetzgeber richtete die Militärkommanden zur Wahrnehmung der militärischen Angelegenheiten (Art 10 Abs 1 Z 15 B-VG) als – dem Bundesminister für Landesverteidigung nachgeordnete – eigene Bundesbehörden (Art 102 Abs 2 B-VG) ein (= unmittelbare Bundesverwaltung).

➔**Milizsystem** [1249]: Das Milizsystem ist ein Wehrsystem mit Streitkräften, die – im Gegensatz zu einem stehenden Berufsheer – in Friedenszeiten nicht voll aktiv sind und nur während eines (kurzen) Zeitraums für den Kriegsfall ausgebildet werden (➔allgemeine Wehrpflicht). Die Bundesverfassung ordnet die Einrichtung des ➔Bundesheeres nach den Grundsätzen eines Milizsystems an (Art 79 Abs 1 B-VG).

➔**Minderheitenrechte** [574]: Minderheitenrechte sind spezifische (Grund)Rechte insbesondere für ➔Volksgruppen (= ethnische Minderheiten) mit österreichischer Staatsbürgerschaft. Der Staatsvertrag von St. Germain 1919 (Art 66-68) normiert insbesondere ein Diskriminierungsverbot nicht nur für ethnische, sondern auch für religiöse und sprachliche Minderheiten; der Staatsvertrag von Wien 1955 (Art 7 Z 2, 3 und 4) kennt Grundrechte für die slowenische und die kroatische Volksgruppe in Kärnten, im Burgenland und in der Steiermark, so das Recht auf Unterricht in der Muttersprache, das Recht auf Verwendung der Minderheitensprache als Amtssprache (Staatsprache) oder das Recht auf zweisprachige topographische Bezeichnungen und Aufschriften.

➔**Minderheitsregierung** [1016]: Eine Regierung, die nicht von der Mehrheit der Parlamentsabgeordneten aktiv politisch unterstützt wird, ist eine Minderheitsregierung. Die Minderheitsregierung ist im Amt, solange eine Mehrheit der Abgeordneten im Parlament sie nicht durch ein Misstrauensvotum stürzt.

➔**Ministeranklage** [958]: Die Ministeranklage ist der Beschluss des Nationalrats, mit dem wegen rechtswidriger und schuldhafter Gesetzesverletzung eines Mitglieds der Bundesregierung Anklage beim Verfassungsgerichtshof (VfGH) erhoben wird (Art 76 B-VG). Anders als das ➔Misstrauensvotum ist die Ministeranklage an einen Grund (Gesetzesverletzung) gebunden (= rechtliche Kontrolle). Der Verfassungsgerichtshof stellt in der Folge fest, ob das Regierungsmitglied schuldhaft rechtswidrig gehandelt hat und erkennt in schweren Fällen auf den Amtsverlust des Regierungsmitglieds (Art 142 Abs 2 lit b B-VG).

➔**Missbrauch einer marktbeherrschenden Stellung** [827]: Das Verbot des Missbrauchs einer marktbeherrschenden Stellung ist – neben dem ➔Kartellverbot – eine Wettbewerbsregel für den Binnenmarkt der Europäischen Union (EU). Erzwingt etwa ein Unternehmen aufgrund seiner beherrschenden Stellung auf dem Binnenmarkt unangemessene Preise, so ist dies ein Missbrauch der marktbeherrschenden Stellung, den das Unionsrecht verbietet (Art 102 AEUV).

➔**Misstrauensvotum** [957]: Das Misstrauensvotum ist ein Beschluss des Nationalrats zur Abberufung der Bundesregierung oder eines einzelnen Bundesministers wegen Verlust des politischen Vertrauens (Art 74 Abs 1 B-VG). Der Bundespräsident hat die Bundesregierung oder den betreffenden Bundesminister in der Folge des Amts zu entheben. Ein Misstrauensvotum bringt den Verlust des politischen Vertrauens des Nationalrats in die Regierung zum Ausdruck (= politische Kontrolle), eine Begründung ist nicht erforderlich. Dem Bundesrat kommt das Misstrauensvotum nicht zu. Das Misstrauensvotum der Landtage regelt das Landesrecht (zB Art 44 Oö L-VG).

➔**mittelbare (Erkenntnis/Beschluss)Beschwerde** [1639] [1665]: Die (Erkenntnis/Beschluss)Beschwerde an den ➔Verfassungsgerichtshof (VfGH) steht gegen ein Erkenntnis oder einen Beschluss des Verwaltungsgerichts I. Instanz (LVwG, BVwG, BFG) zu (Art 144 Abs 1 B-VG). Sieht der Beschwerdeführer keine Rechtswidrigkeit in der angefochtenen verwaltungsgerichtlichen Entscheidung selbst, sondern eine Rechtswidrigkeit in ihren generellen Rechtsgrundlagen (Gesetz, Verordnung, Staatsvertrag), so darf er vor dem VfGH sowohl die Verletzung verfassungsgesetzlich gewährleisteter Rechte (Grundrechte) als auch eine Verletzung einfachgesetzlich gewährleisteter Rechte geltend machen (Beschwerdepunkte) und erhebt eine mittelbare (Erkenntnis/Beschluss)Beschwerde nach Art 144 Abs 1 zweite Alternative B-VG.

➔**mittelbare Bundesverwaltung** [1210]: Mittelbare Bundesverwaltung ist die Wahrnehmung von Aufgaben der Hoheitsverwaltung des Bundes im regionalen Bereich der Länder nicht durch eigene Bundesbehörden und Bundesämter (➔unmittelbare Bundesverwaltung), sondern durch den – dem Bundesminister nachgeordneten – Landeshauptmann und den ihm unterstellten Landesbehörden. Die Bundesverfassung geht vom Grundsatz der mittelbaren Bundesverwaltung aus (Art 102 Abs 1 B-VG). Damit besorgen die Landesverwaltungen neben ihrer eigenen (Landes)Verwaltung einen Großteil der hoheitlichen Bundesverwaltung (➔mittelbare Staatsverwaltung). Die mittelbare Bundesverwaltung ist wie folgt organisiert: Bundesminister (III), Landeshauptmann (II) und Bezirksverwaltungsbehörde (I) (= Bezirkshauptmann oder Bürgermeister einer Statutarstadt).

➔**mittelbare Drittwirkung** [464]: Sittenklauseln (§ 879 Abs 2 Z 4 ABGB, § 1 Gesetz gegen den unlauteren Wettbewerb [UWG]) sind gesetzliche Bestimmungen, die es dem Privaten im Privatrechtsverkehr verbieten, gegen die „guten Sitten" zu handeln. Für die Wertung und Auslegung dieses unbestimmten Gesetzesbegriffs können unter Umständen Wertungen von Bedeutung sein, die den Grundrechten zugrunde liegen. Auf diese Weise zeigen Grundrechte eine mittelbare Drittwirkung auf Private.

➔**mittelbare Staatsverwaltung** [1076] [1109]: Mittelbare Staatsverwaltung ist die Betrauung von Organen einer anderen Gebietskörperschaft, eines Selbstverwaltungskörpers oder einer (anderen) Körperschaft des öffentlichen Rechts durch Gesetz mit der Wahrnehmung hoheitlicher (insbesondere behördlicher) Verwaltungsaufgaben. Die in Pflicht genommenen Organe (➔Eingliederung in die Verwaltung) besorgen die ihnen übertragenen hoheitlichen Aufgaben für die eingliedernde Gebietskörperschaft und unter deren Leitung (Weisung). Formen mittelbarer (Staats)Verwaltung sind etwa die ➔mittelbare Bundesverwaltung (Art 102 Abs 1 B-VG), bei der die eingegliederten Verwaltungsorgane des Landes einen Teil der Bundesverwaltung führen; die Wirtschaftskammern, die durch ihre Lehrlingsstellen die Lehrlingsverwaltung des Bundes führen; und die Wahrnehmung von Aufgaben der Landesverwaltung und der Bundesverwaltung durch die Gemeinden (und Statutarstädte) im ➔übertragenen Wirkungsbereich (Art 119 Abs 1 B-VG).

➔**Mittelbarkeit des Verfahrens** [1499]: Mittelbarkeit des Verfahrens bedeutet, dass die Verwaltungsbehörde Beweismittel, die sie der Beweiswürdigung zugrunde legt, nicht selbst aufnimmt, etwa Zeugen nicht selbst vernehmen muss. Sie kann die Beweise durch ersuchte oder beauftragte Verwaltungsbehörden aufnehmen lassen (§ 55 AVG) und dann die schriftlichen Protokolle ihrer Entscheidung zugrunde legen. Das Verwaltungsverfahren verzichtet im Interesse der Verfahrensökonomie auf die Unmittelbarkeit der Beweismittel.

➔**Monarchie** *monarchy* [40] [196]: Die Monarchie ist eine Staatsform, in der ein Monarch (= griechisch Alleinherrscher, meist König oder Kaiser) die Staatsgewalt ausübt. Wir unterscheiden eine absolute Monarchie und eine konstitutionelle Monarchie. Gegenentwurf zur Monarchie ist die ➔Republik.

➔**Monistische Theorie** [258]: Die Monistische Theorie verneint die fragwürdige rechtstheoretische Trennung von ➔öffentlichem Recht und Privatrecht, weil das Recht unteilbar ist und es in beiden Bereichen um das Recht des Staats und um Normen geht, die auf der Grundlage des staatlichen Rechts erzeugt wurden.

➔**monokratisches Organ** [1068]: Ein monokratisches Organ ist ein Einzelorgan mit behördlichen (➔Behörde) Befugnissen (zB Bezirkshauptmann, Bürgermeister).

➔**Moral** [8]: Moral ist das Streben der Menschen, das „Gute" tun zu wollen – was immer das „Gute" in einer pluralistischen Gesellschaft sein mag.

➔**Mündlichkeit des Verfahrens** [1499]: Mündlichkeit des Verfahrens bedeutet, dass im Verfahren zur besseren Verständlichkeit der Sach- und Rechtsfragen eine mündliche Verhandlung (eine am Ort des Vorhabens abgehaltene mündliche Verhandlung ist die „Augenscheinsverhandlung") stattfinden muss. Der gerichtliche Grundsatz der Mündlichkeit des Verfahrens gilt im Verwaltungsverfahren im Interesse der Verfahrensökonomie grundsätzlich nicht. Besondere Vorschriften gelten nach den Materiengesetzen (etwa zwingende mündliche Bauverhandlung nach Bauordnungen).

N

➔**nachgeordnete Dienststellen** [1218]: Nachgeordnete Dienststellen sind Organisationseinheiten der Verwaltung, die Weisungen der Zentralstellen zu befolgen haben.

➔**Nachhaltigkeit** [144]: Das ➔BVG Staatsziele (§ 1) gibt dem Staat (Bund, Länder und Gemeinden) – im Interesse künftiger Generationen – das ➔Staatsziel der Nachhaltigkeit bei Nutzung der natürlichen Ressourcen vor. Ökologisch gesehen dürfen danach nur so viele Rohstoffe verbraucht werden, wie nachwachsen können (etwa bei Holz); ökonomisch betrachtet schließt das Prinzip der Nachhaltigkeit einen verbrauchenden Rohstoffabbau allerdings nicht vollständig aus (etwa bei Erdgas und Erdöl).

➔**Nationalbank** [1079]: Die Österreichische Nationalbank ist durch das Nationalbankgesetz 1984 als gesetzlich spezifizierte Aktiengesellschaft eingerichtet. Sie ist die Zentralbank Österreichs und Teil des ➔Europäischen Systems der Zentralbanken (ESZB). Die Nationalbank nimmt als beliehenes Unternehmen (➔Beleihung) – unabhängig vom Staat – öffentliche Aufgaben im Bereich des Geldwesens auf der Grundlage des Nationalbankgesetzes 1984 und unionsrechtlicher Regelungen wahr. Das Grundkapital von 12 Mio Euro steht mit 70% im Eigentum des Bundes und mit 30% im Eigentum von Interessenvertretungen, von Banken und Versicherungen.

➔**Nationalbankgesetz 1984 (NBG)** [1079]: Das Nationalbankgesetz 1984 (NBG) [= Bundesgesetz über die Österreichische Nationalbank, BGBl 1984/50 idgF] richtet die ➔Nationalbank als Aktiengesellschaft ein und legt ihre Aufgaben, etwa die Mitwirkung an der Erreichung der Ziele des Europäischen Systems der Zentralbanken (ESZB) und die Sicherung der Preisstabilität, fest.

➔**Nationalrat** *National Council* <www.parlament.gv.at/WWER/NR> [366] [895]: Das Parlament des Bundes ist ein Zwei-Kammern-Parlament, es besteht aus dem Nationalrat und dem Bundesrat. Beide Kammern gemeinsam besorgen die Bundesgesetzgebung (Art 24 B-VG). Der Nationalrat ist ein ➔allgemeiner Vertretungskörper, er besteht aus 183 vom Volk aufgrund der Wahlrechtsgrundsätze der Bundesverfassung gewählten Abgeordneten. Seine Legislaturperiode beträgt fünf Jahre (Art 27 B-VG). Eine vorzeitige Beendigung der Legislaturperiode ist möglich, wenn der Nationalrat seine ➔Selbstauflösung beschließt oder der Bundespräsident den Nationalrat auflöst (Art 29 B-VG). Nationalrat und Bundesrat tagen in einem gemeinsamen Gremium als ➔Bundesversammlung, die besondere Aufgaben außerhalb der Gesetzgebung hat.

➔**Nationalrats-Wahlordnung 1992 (NRWO)** *Regulations on National Council Elections* [898]: Die Nationalrats-Wahlordnung 1992 (NRWO) [= Bundesgesetz über die Wahl des Nationalrates, BGBl 471 idgF] legt die Zahl der Abgeordneten des Nationalrats fest und regelt die Stimmabgabe und die Aufteilung der Mandate auf die Wahlparteien (Listen) bei der Wahl zum Nationalrat.

➔**Nationalsozialismus** [94]: Nationalsozialismus ist eine faschistische Bewegung (➔Faschismus), welche die „Nationalsozialistische Deutsche Arbeiterpartei (NSDAP)" verkörperte. Die NSDAP mit ihrem faschistischen Regime beherrschte 1933 bis 1945 Deutschland, 1938 bis 1945 auch Österreich.

➔**natürliche Person** [590]: Die Rechtsordnung beschreibt den Menschen als natürliche Person. Jede natürliche Person ist von der Geburt bis zum Tod rechtsfähig.

➔**Naturrecht** *law of nature* [21]: Das Recht ist Teil der Natur und der natürlichen Ordnung. Der Mensch muss das Naturrecht erkennen, er kann es nicht verändern. Das Naturrecht steht im Gegensatz zum ➔Rechtspositivismus.

➔**Nazismus** [94]: Nazismus ist ein Synonym für Nationalsozialismus. Der Staatsvertrag von Wien 1955 verwendet diesen Begriff, um durch den Gebrauch des Wortes national„sozialistisch" den Sozialismus nicht zu diskreditieren.

➔**negatives Freiheitsrecht** [552]: Als negative Komponente eines Freiheitsrechts gilt der Umstand, dass Grundrechte oft auch das Recht enthalten, das Grundrecht nicht auszuüben. Die negative Komponente der Vereinsfreiheit (negative Vereinsfreiheit) etwa ist das Recht, nicht zwangsweise durch den Staat irgendwelchen Vereinen oder Vereinigungen zugeordnet zu werden. Die negative Komponente der Glaubens- und Gewissensfreiheit (negative Glaubens- und Gewissensfreiheit) ist das Recht, keinem Glauben angehören zu müssen, keine religiösen Gebräuche ausüben zu müssen.

➔**Neutralität** *neutrality* [101]: Der Begriff Neutralität stammt aus dem Kriegsvölkerrecht (Haager Landkriegsordnung). Er bedeutet die Nichtbeteiligung eines Staats an der kriegerischen Auseinandersetzung zwischen anderen Staaten. Als staatspolitischen Grundsatz erklärt Österreich im ➔Neutralitätsgesetz 1955 seine immerwährende Neutralität und meint damit, keinen militärischen Bündnissen beizutreten und die Errichtung militärischer Stützpunkte fremder Staaten auf seinem Gebiet nicht zuzulassen. Das B-VG (Art 9a Abs 1) verpflichtet die Staatsorgane, die Neutralität aufrechtzuerhalten und zu verteidigen (umfassende Landesverteidigung). Der Beitritt Österreichs zur Europäischen Union schränkt die Neutralitätsverpflichtung bezüglich der Teilnahme an der Gemeinsamen Außen- und Sicherheitspolitik der EU (Art 23j B-VG) entsprechend ein.

➔**Neutralitätsgesetz 1955** *Federal Constitutional Law on the Neutrality of Austria* [70] [101]: Im Neutralitätsgesetz 1955 [= Bundesverfassungsgesetz vom 26. Oktober 1955 über die Neutralität Österreichs, BGBl 1955/211] erklärt Österreich seine immerwährende ➔Neutralität und verpflichtet sich, keinen militärischen Bündnissen beizutreten und die Errichtung militärischer Stützpunkte fremder Staaten auf seinem Gebiet nicht zuzulassen.

➔**Nicht-Akt** [352]: Ein Nicht-Akt ist eine – wie Staatshandeln aussehende und als solche in Erscheinung tretende – Handlung eines Menschen, der kein staatlicher Organwalter ist. Ein Nicht-Akt ist kein Staatshandeln und kann dem Staat niemals zugerechnet werden. Der Nicht-Akt ist daher auch von der ➔absoluten Nichtigkeit einer Rechtsnorm zu unterscheiden.

➔**nicht-hoheitliche Verwaltung** [599] [1151]: Da der Staat (Gebietskörperschaften) „Träger von Privatrechten" ist, kann die Verwaltung auch in den Formen des Privatrechts handeln, also insbesondere Verträge abschließen. Diese Verwaltung, bei der sich der Staat der Formen des Privatrechts bedient, bezeichnet man als nicht-hoheitliche Verwaltung (= Privatwirtschaftsverwaltung, = Fiskalverwaltung). Die Kompetenzverteilung der Art 10 bis 15 B-VG gilt für die nicht-hoheitliche Verwaltung nicht (Art 17 B-VG). Die Anforderungen des Gesetzmäßigkeitsgebots (Art 18 Abs 1 B-VG) an den Gesetzgeber und die Bindung der nicht-hoheitlichen Verwaltung an die Gesetze werden weniger streng gesehen (➔differenziertes Legalitätsprinzip) als für das hoheitliche Handeln der Verwaltungsorgane.

➔Nichtigkeitsklage (EU): *action for annulment* [1403]: Ein EU-Mitgliedstaat und bestimmte Unionsorgane (insbesondere das Europäische Parlament, der Rat, die Kommission) können verbindliche Rechtsakte der Union (insbesondere EU-Gesetze) beim Gerichtshof der Europäischen Union mit Nichtigkeitsklage (Art 263 f AEUV) anfechten. Jede natürliche und juristische Person kann auf Nichtigerklärung der an sie gerichteten oder sie unmittelbar und individuell betreffenden Handlungen sowie der sie unmittelbar betreffenden Verordnungen (EU) klagen. Die Nichtigerklärung des angefochtenen Rechtsakts erfolgt durch den Gerichtshof der EU mit ex tunc Wirkung. Während im Vertragsverletzungsverfahren die Rechtmäßigkeit des Handelns der Mitgliedstaaten überprüft wird, dienen die Nichtigkeits- und Untätigkeitsklage der Kontrolle der Rechtmäßigkeit der Handlungen der Unionsorgane.

➔Niederlassungsfreiheit [823]: Die Niederlassungsfreiheit bildet zusammen mit der Arbeitnehmerfreizügigkeit die ➔Personenverkehrsfreiheit, eine der vier Grundfreiheiten des Binnenmarkts der Europäischen Union (Art 49-55 AEUV). Die Niederlassungsfreiheit ist – im Gegensatz zur ➔Arbeitnehmerfreizügigkeit – das Recht der Unionsbürger auf Aufnahme und Ausübung selbständiger Erwerbstätigkeit in jedem EU-Mitgliedstaat einschließlich des Rechts auf freie Einreise und freien Aufenthalt. Die Niederlassungsfreiheit (Art 49 AEUV) ist unmittelbar anwendbares primäres Unionsrecht mit Anwendungsvorrang vor nationalem Recht.

➔No-bail-out-Klausel [803]: Die No-bail-out-Klausel (Nichtbeistandsklausel) stellt sicher, dass ein EU-Mitgliedstaat nicht für Verbindlichkeiten anderer EU-Mitgliedstaaten haftet (Art 125 AEUV). Jeder EU-Mitgliedstaat ist danach allein für die Rückzahlung seiner Staatsschulden verantwortlich. Durch den ➔Europäischen Stabilitätsmechanismus (ESM) ist die No-bail-out-Klausel für das Euroland aufgeweicht.

➔non-self-executing [709]: Eine Völkerrechtsnorm ist non-self-executing, wenn sie nur eine Angelegenheit der internationalen Beziehungen regelt, nur allgemein den Staat verpflichtet und nicht wünscht, dass sie ohne zusätzlichen staatlichen Rechtsetzungsakt von der Vollziehung des Staats (Verwaltung und Gerichte) unmittelbar angewendet wird. Non-self-executing-Normen des Völkerrechts bedürfen – anders als ➔Self-executing-Normen des Völkerrechts – trotz genereller Transformation immer eines weiteren staatlichen Rechtssetzungsakts (etwa des Gesetzgebers), um innerstaatlich anwendbar zu werden.

➔Norm [5]: Eine Norm ist ein unter Sanktion stehender Sollenssatz („Du sollst ..."), den ein Mensch an einen anderen Menschen in der Erwartung richtet, dass dieser sich wie erwartet verhält, etwas tut oder unterlässt. Die Norm ist ein unter Sanktion stehendes „Verhaltensmuster".

➔Normprüfungsverfahren [1662]: Der Verfassungsgerichtshof hat das Überprüfungsmonopol für generelle Rechtsnormen. Er prüft von Amts wegen im Rahmen der bei ihm anhängigen Verfahren oder auf Antrag Verordnungen auf ihre Übereinstimmung mit den Gesetzen (Verordnungsprüfung gemäß Art 139 B-VG) und Gesetze auf ihre Übereinstimmung mit den Verfassungsgesetzen (Gesetzesprüfung gemäß Art 140 B-VG). Kommt der Verfassungsgerichtshof zum Ergebnis, dass eine Verordnung oder ein Gesetz rechtswidrig ist, so hebt er diese auf. Weiters prüft er Staatsverträge auf ihre Rechtmäßigkeit (Staatsvertragsprüfung gemäß Art 140a B-VG). Staatsverträge sind bei Rechtswidrigkeit innerstaatlich nicht mehr anzuwenden, völkerrechtlich bleiben sie gültig.

➔Notverordnung [1136]: Eine Notverordnung ist eine ➔selbständige Verordnung, mit der die Verwaltungsbehörde einfache Gesetze – vorläufig – ändern darf (= gesetzändernde Verordnung). Das B-VG ermächtigt den Bundespräsidenten – auf Vorschlag und unter Gegenzeichnung der Bundesregierung – in Art 18 Abs 3 bis 5 zur Erlassung von vorläufigen Maßnahmen der Bundesgesetzgebung und die Landesregierung in Art 97 Abs 3 und 4 B-VG zur Erlassung vorläufiger Maßnahmen der Landesgesetzgebung, sofern die Erlassung derartiger Maßnahmen *„zur Abwehr eines offenkundigen, nicht wieder gutzumachenden Schadens für die Allgemeinheit zu einer Zeit notwendig wird, in der der Nationalrat (der Landtag) nicht versammelt ist, nicht rechtzeitig zusammentreten kann oder in seiner Tätigkeit durch höhere Gewalt behindert ist"*.

O

➔Oberlandesgericht (OLG) [1339]: Die Oberlandesgerichte (OLG) sind in Zivil- und Strafsachen tätig und die dritte Ebene der ordentlichen Gerichtsbarkeit. Es gibt vier Oberlandesgerichte: das OLG Innsbruck, das OLG Linz, das OLG Graz und das OLG Wien. In der Kartellgerichtsbarkeit fungiert das OLG Wien als Kartellgericht I. Instanz.

➔Oberster Gerichtshof (OGH) [1339]: Der Oberste Gerichtshof (OGH) in Wien entscheidet als oberste Instanz in Zivil- und Strafrechtssachen; er ist das Höchstgericht der ordentlichen Gerichtsbarkeit (Art 92 B-VG). (In der Kartellgerichtsbarkeit fungiert der OGH als Kartellobergericht).

➔objektive Rechtsschutzeinrichtungen [1413]: Objektive Rechtsschutzeinrichtungen sind staatliche Einrichtungen, die das Handeln der Vollziehung auf Rechtmäßigkeit überprüfen, so etwa die Kontrollrechte des Parlaments, der Rechnungshof, die Volksanwaltschaft, spezielle Aufsichtsbehörden mit Aufsichtspflichten, die Staatsgerichtsbarkeit des Verfassungsgerichtshofs. Der vom rechtswidrigen Handeln der Vollziehung Betroffene kann das Einschreiten der objektiven Rechtsschutzeinrichtungen bloß anregen, ein Recht auf Einschreiten hat er nicht, insbesondere kann er in Ermangelung eines ➔subjektiven öffentlichen Rechts keinen Prozess führen.

➔objektives Recht [1433]: Bei objektivem Recht – anders als bei ➔subjektivem Recht – hat der von rechtswidrigem Verhalten der Vollziehung Betroffene keinen auf dem Rechtsweg durchsetzbaren Anspruch auf Einhaltung des Rechts. Der Betroffene kann nur die ➔objektiven Rechtsschutzeinrichtungen des Staats bemühen.

➔obligatorische Volksabstimmung [930] [946]: Von einer obligatorischen Volksabstimmung sprechen wir, wenn eine Volksabstimmung über einen Gesetzesbeschluss – im Gegensatz zur ➔fakultativen Volksabstimmung – jedenfalls durchgeführt werden muss. Nach dem B-VG sind im Parlament beschlossene Bundesverfassungsgesetze (BVG), die eine ➔Gesamtänderung der Bundesverfassung darstellen, zwingend dem Bundesvolk zur Abstimmung vorzulegen (Art 44 Abs 3 B-VG). In der Geschichte der österreichischen Demokratie fand – allerdings auf der sonderverfassungsgesetzlichen Grundlage des ➔EU-Beitritts-BVG – erst eine obligatorische Volksabstimmung statt, jene zum Beitritt Österreichs zur Europäischen Union (das Volk stimmte mit 66,6 Prozent zu).

➔öffentlich Bedienstete [1043]: Organwalter, die als Dienstnehmer für eine Gebietskörperschaft tätig sind, nennen wir öffentlich Bedienstete. Öffentlich Bedienstete sind entweder ➔Beamte oder ➔Vertragsbedienstete.

➔öffentliche Aufgaben [1044]: Öffentliche Aufgaben sind Tätigkeiten und Anliegen im Interesse der Allgemeinheit. Öffentliche Aufgaben besorgen die freie Gesellschaft und vor allem der Staat, wenn und soweit der Gesetzgeber öffentliche Aufgaben zu staatlichen Aufgaben erklärt hat.

➔öffentliche Ordnung [1172]: Öffentliche Ordnung meint die Gesamtheit der Regeln für das Verhalten des Einzelnen in der Öffentlichkeit, die für ein geordnetes Zusammenleben der Menschen notwendig sind. Die Aufrechterhaltung der öffentlichen Ordnung (Art 10 Abs 1 Z 7 B-VG) ist Teil der ➔ Sicherheitspolizei.

➔öffentliche Ruhe [1172]: Öffentliche Ruhe meint die politische Ruhe im Staat und den Schutz des Staats vor Unruhen, Aufständen und Aufruhr. Die Aufrechterhaltung der öffentlichen Ruhe (Art 10 Abs 1 Z 7 B-VG) ist Teil der ➔ Sicherheitspolizei.

➔öffentliche Sicherheit [1172]: Öffentliche Sicherheit meint die Sicherheit der Person (Leben, Gesundheit, Freiheit) und des Eigentums. Die Aufrechterhaltung der öffentlichen Sicherheit (Art 10 Abs 1 Z 7 B-VG) ist Teil der ➔Sicherheitspolizei.

➔öffentliches Auftragswesen [399]: Art 14b B-VG normiert einen besonderen Kompetenztatbestand öffentliches Auftragswesen. Bund, Länder, Gemeinden und Gemeindeverbände treten in der Wirtschaft als Nachfrager für Sachgüter und Leistungen auf; sie vergeben etwa Bauaufträge, Lieferaufträge, Dienstleistungsaufträge (= öffentliche Auftragsvergabe). Im Grundsatz stehen – mit differenzierenden Einzelheiten – die Kompetenzen für Aufträge des Bundes dem Bund, für Aufträge des Landes dem Land zu. Die Gesetzgeber schufen auf dieser Kompetenzgrundlage das ➔Vergaberecht.

➔öffentliches Recht *public law* [258]: Öffentliches Recht ist – im Gegensatz zum Privatrecht (➔Privatrechtsordnung) – das Recht des Staats und hat den Staat und die Ausübung der die Staatsgewalt regelnden Rechtsnormen zum Inhalt. Organisation und Handeln der Staatsgewalt sind öffentliches Recht. Ein Streit mit der Staatsgewalt ist ein öffentlich-rechtlicher Rechtsstreit. Kernbereiche des öffentlichen Rechts sind das ➔Verfassungsrecht und das ➔Verwaltungsrecht.

➔Öffentlichkeit des Verfahrens [1499]: Öffentlichkeit des Verfahrens bedeutet, dass im Verfahren mündliche Verhandlungen, die der Öffentlichkeit zugänglich sind, stattfinden. Der gerichtliche Grundsatz der Öffentlichkeit des Verfahrens gilt im Verwaltungsverfahren im Interesse der Verfahrensökonomie nicht.

➔Okkupationstheorie [61]: Die Okkupation bewirkt die vorübergehende Handlungsunfähigkeit eines militärisch besetzten, aber als Völkerrechtssubjekt weiter bestehenden Staats. Die Okkupationstheorie vertritt – anders als die Annexionstheorie – den Standpunkt, dass Österreich in der Zeit von 1938 bis 1945 trotz des Anschlusses an das Deutsche Reich im Jahre 1938 als Staat und damit als Völkerrechtssubjekt – wenn auch bis zur Befreiung handlungsunfähig – weiter bestand. Die Okkupationstheorie setzte sich nach 1945 als Staatsdoktrin gegen die Annexionstheorie durch. Anlass des Theorienstreits war vor allem die Frage, ob das vom Ständestaat 1933 (Ständische Verfassung 1934) abgeschlossene Konkordat für die nach 1945 wieder hergestellte Republik noch gilt.

➔Oktoberverfassung 1918 [59]: Die Oktoberverfassung 1918 [= Beschluss der Provisorischen Nationalversammlung für Deutschösterreich vom 30. Oktober 1918 über die grundlegenden Einrichtungen der Staatsgewalt, StGBl 1918/1] richtete nach dem Zusammenbruch der Monarchie ➔revolutionär die „Republik Deutschösterreich" als zentralistischen Einheitsstaat ein. Das Bundes-Verfassungsgesetz (B-VG) löste die Republik Deutschösterreich 1920 mit der als Bundesstaat konzipierten „Republik Österreich" ab.

➔Oö Polizeistrafgesetz (Oö PolStG) [1178]: Das Oö Polizeistrafgesetz (Oö PolStG) [= Gesetz vom 21. März 1979 über polizeirechtliche Angelegenheiten, LGBl 1979/36 idgF] regelt die Angelegenheiten der ➔örtlichen Sicherheitspolizei (Art 15 Abs 1 iVm Art 10 Abs 1 Z 7 B-VG) für Oberösterreich. Es enthält insbesondere Regelungen betreffend die Wahrung des öffentlichen Anstands, Bettelei, die Erregung störenden Lärms, die im Rahmen der örtlichen Sicherheitspolizei von der Gemeinde im eigenen Wirkungsbereich (Art 118 Abs 3 Z 3 B-VG) wahrzunehmen sind.

➔**Opposition** [1189]: Die Abgeordneten des Parlaments, welche die (Mehrheits)Regierung politisch nicht stützen, bilden die Opposition. Sie hat die Aufgabe, durch umfassende Kritik der Regierungsarbeit die Regierenden zum Begründen und damit zum Nachdenken über ihr Handeln zu zwingen.

➔**ordentliche Gerichtsbarkeit** [1335]: Die ordentliche Gerichtsbarkeit (Art 82 bis 94 B-VG) umfasst die Zivilgerichtsbarkeit und die Strafgerichtsbarkeit. Die ordentlichen Gerichte (Zivilgerichte und Strafgerichte), das sind die Bezirksgerichte (BG), die Landesgerichte (LG), die Oberlandesgerichte (OLG) und der Oberste Gerichtshof (OGH), sind für Zivilsachen und für Strafsachen zuständig. Der Begriff ordentliche Gerichtsbarkeit steht im Gegensatz zur außerordentlichen Gerichtsbarkeit (= ➔Gerichtsbarkeit des öffentlichen Rechts).

➔**ordentliches Ermittlungsverfahren** [1505]: Wir sprechen von einem ordentlichen Ermittlungsverfahren, wenn die Verwaltungsbehörde den Sachverhalt im ➔Verwaltungsverfahren nach den ➔Grundsätzen des Verwaltungsverfahrens ermittelt, sie den Bescheid nach Durchführung eines vollen Beweisverfahrens zu allen Beweisthemen erlässt. Ein ordentliches Ermittlungsverfahren ist grundsätzlich in allen Verwaltungsverfahren notwendig. Nur bei besonderen gesetzlichen Regelungen kann ausnahmsweise ein Bescheid ohne ordentliches Ermittlungsverfahren (= ohne Beweisverfahren) erlassen werden. So nach AVG der Mandatsbescheid, nach VStG die Strafverfügung, die Anonymverfügung, auch die Organstrafverfügung.

➔**ordentliches Rechtsmittel** [1516]: Ein ordentliches Rechtsmittel kann – im Gegensatz zu einem außerordentlichen Rechtsmittel – grundsätzlich ohne Vorliegen besonderer Umstände gegen bestimmte Bescheide erhoben werden. Das AVG kennt im Verwaltungsverfahren als ordentliche Rechtsmittel die ➔Berufung (§ 63 AVG), die ➔Vorstellung gegen den Mandatsbescheid (§ 57 Abs 2 AVG) und den ➔Vorlageantrag gegen die Berufungsvorentscheidung (§ 64a Abs 2 AVG). Das VStG kennt im Verwaltungsstrafverfahren als ordentliches Rechtsmittel den ➔Einspruch gegen eine Strafverfügung (§ 49 VStG).

➔**Ordnungsverwaltung** [1163]: Aufgabe des Staats ist es, durch Recht – unter Wahrung der Trennung von Staat und Gesellschaft und unter Achtung der die Gesellschaft schützenden Freiheitsrechte – eine geordnete Gesellschaft frei von körperlichem Zwang zu gewährleisten. Der Staat erlässt die dafür nötigen (Ordnungs)Gesetze (zB Gewerbeordnung, Bauordnung, Straßenverkehrsordnung). Die Vollziehung dieser Gesetze ist die Ordnungsverwaltung, zusammen mit den Ordnungsgesetzen das Ordnungsrecht. Weil die Herstellung der Ordnung in der Regel mit Eingriffen in gesellschaftliche Freiheiten verbunden ist, heißt die Ordnungsverwaltung auch Eingriffsverwaltung. Der Ordnungsverwaltung (Eingriffsverwaltung) steht die ➔Leistungsverwaltung gegenüber.

➔**Organ** [1038]: Ein Organ ist Teil einer Organisation, es entsteht durch die Zuweisung bestimmter Zuständigkeiten durch das Organisationsrecht. Ein Organ ist ein Zuständigkeitsbündel, das Teil der ➔Organisationszuständigkeit (Verbandszuständigkeit) ist. In der Staatsorganisation unterscheiden wir gewaltenteilig Gesetzgebungsorgane, Verwaltungsorgane und Gerichtsorgane.

➔**Organbeschwerde** [1576]: Organbeschwerde ist ein Synonym für ➔Amtsbeschwerde.

➔**Organhaftpflichtgesetz (OrgHG)** [1419]: Das Organhaftpflichtgesetz (OrgHG) [= Bundesgesetz vom 19. Mai 1967 über die Haftung der Organe der Gebietskörperschaften und der sonstigen Körperschaften und Anstalten des öffentlichen Rechts für Schäden, die sie dem Rechtsträger in Vollziehung der Gesetze unmittelbar zugefügt haben, BGBl 1967/181 idgF] regelt die Voraussetzungen und das Verfahren, nach denen eine Gebietskörperschaft die Organ(walter)haftung gegen einen Organwalter geltend macht.

➔**Organisationsrecht** [1070]: Organisationsrecht sind Rechtsnormen, die Organe, Behörden und Ämter einrichten, diesen Aufgaben zuweisen (Organisationszuständigkeit), deren territorialen Wirkungsbereich (Verwaltungssprengel, Gerichtssprengel) festlegen und deren Willensbildung (Beschlusserfordernisse) regeln. Das Organisationsrecht kennt Einzelorgane und Kollegialorgane. Je nachdem, ob das Organisationsrecht Organe der Gesetzgebung, Organe der Verwaltung oder Organe der Gerichtsbarkeit einrichtet, spricht man von Gesetzgebungsorganisation, Verwaltungsorganisation (des Bundes, der Länder, der Gemeinden) oder von der Gerichtsorganisation (des Bundes, der Länder). Das Gemeindeorganisationsrecht (Gemeinderecht) etwa besteht neben den bundesverfassungsgesetzlichen Grundsätzen (Art 115 bis 119a B-VG) und etwaigen landesverfassungsgesetzlichen Bestimmungen insbesondere aus den aufgrund Art 115 Abs 2 B-VG erlassenen Gemeindeordnungen (Gemeindegesetzen) und Stadtrechten. Das Organisationsrecht ist vom ➔Verfahrensrecht und vom ➔materiellen Recht zu unterscheiden.

➔**Organisationszuständigkeit** [1035]: Sowohl die Organisation als auch die Organe sind abstrakte Konstrukte der Rechtsordnung. Eine Organisation (Gesetzgebungsorganisation, Verwaltungsorganisation, Gerichtsorganisation) entsteht dadurch, dass die Rechtsordnung sie einrichtet und ihr bestimmte Zuständigkeiten (Aufgaben) zuweist. Organe entstehen dadurch, dass ihnen die Rechtsordnung bestimmte Zuständigkeiten, für die Organisation zu handeln, zuweist. Die der Organisation zugewiesenen Zuständigkeiten nennt man Organisationszuständigkeit oder Verbandszuständigkeit. Die einem Organ zugewiesenen Zuständigkeiten nennt man Organzuständigkeit.

➔**organisatorische Instanz** [1480]: Die organisatorischen Instanzen zeigen, welche Verwaltungsorgane einer Verwaltungsorganisation angehören, und welches Verwaltungsorgan welchem anderen Verwaltungsorgan Weisungen erteilen darf (= hierarchische Organisation der Verwaltung). Die so organisierte Verwaltung besorgt ihre Verwaltungsaufgaben, mit konkreten Verwaltungsverfahren haben diese organisatorischen Instanzen (zunächst) nichts zu tun. Daher sind organisatorische Instanzen und ➔administrative Instanzen zu unterscheiden. Die Gesetze bestimmen, welche organisatorische Instanz ein bestimmtes Verwaltungsverfahren zu führen hat.

➔**Organmandat** [1544]: Organmandat ist ein Synonym für ➔Organstrafverfügung.

➔**Organpartei** [1488]: Organpartei ist ein Synonym für ➔Amtspartei.

➔**Organrevision** [1579]: Organrevision ist ein Synonym für ➔Amtsrevision.

➔**Organstrafverfügung** [1544]: Die Organstrafverfügung (= Organmandat) ist eine nicht von der Verwaltungsstrafbehörde, sondern von einem Organ der öffentlichen Aufsicht (Polizist) verhängte Geldstrafe (§ 50 VStG). Die Behörde kann besonders geschulte Organe der öffentlichen Aufsicht ermächtigen, wegen bestimmter, von ihnen dienstlich wahrgenommener oder vor ihnen eingestandener Verwaltungsübertretungen Geldstrafen einzuheben. Die Verwaltungsstrafbehörde hat in einer derartigen Ermächtigung die Verwaltungsübertretungen zu bezeichnen, welche mit Organstrafverfügung geahndet werden dürfen und die (fixen) Strafbeträge bis zu € 90,– für die jeweilige Verwaltungsübertretung festzulegen; sondergesetzliche Bestimmungen können die Strafgrenze erhöhen. Das Organmandat tritt außer Kraft, wenn der Beanstandete die Bezahlung verweigert. Es liegt dann an der Strafbehörde, mit Strafverfügung oder Straferkenntnis vorzugehen. Eine ➔reformatio in peius (Verschlechterung) ist im nachfolgenden Strafverfahren nicht ausgeschlossen.

➔**Organwalter** [1040]: Die Organisation und die Organe sind abstrakte Konstrukte der Rechtsordnung. Tatsächlich handeln kann aber nur eine natürliche Person. Zu jedem Organ gehört daher eine natürliche Person, die als Organ für die Organisation handelt und die man Organwalter nennt.

➔**Organ(walter)haftung** [1419]: Die Organ(walter)haftung verpflichtet den Organwalter einer Gebietskörperschaft, Schäden, die er durch rechtswidriges und schuldhaftes Handeln in der Hoheitsverwaltung oder in der Gerichtsbarkeit („*in Vollziehung der Gesetze*") der Gebietskörperschaft unmittelbar zufügt, zu ersetzen. Anders als bei der ➔Amtshaftung ist bei der Organhaftung außerhalb der Gebietskörperschaft niemand geschädigt. Gesetzliche Grundlage der Organhaftung sind Art 23 Abs 3 B-VG und das Organhaftpflichtgesetz (OrgHG).

➔**Organwalterverhältnis** [1041]: Das Organwalterverhältnis ist das besondere Rechtsverhältnis eines ➔Organwalters zu seiner Organisation (Gebietskörperschaft). Bei den öffentlich Bediensteten sind dies das öffentlich-rechtliche Dienstverhältnis der Beamten und das privatrechtliche Dienstverhältnis der Vertragsbediensteten; für die politischen Funktionäre (etwa Bürgermeister, Regierungsmitglieder, Abgeordnete) normieren Gesetz und Verfassung Rechtsverhältnisse eigener Art.

➔**Organzuständigkeit** [1038]: Die Organzuständigkeit beschreibt die dem Organ einer Organisation (Gesetzgebungsorgan, Verwaltungsorgan, Gerichtsorgan) durch das Organisationsrecht zur Besorgung zugewiesenen Aufgaben. Die Organzuständigkeit ist ein Teil der Organisationszuständigkeit (Verbandszuständigkeit) und geht über diese nicht hinaus.

➔**örtliche Sicherheitspolizei** [1175]: Die örtliche Sicherheitspolizei ist jener Teil der ➔Sicherheitspolizei, „*der im ausschließlichen oder überwiegenden Interesse der in der Gemeinde verkörperten örtlichen Gemeinschaft gelegen und geeignet ist, durch die Gemeinschaft innerhalb ihrer örtlichen Grenzen besorgt zu werden*", wie zB die Wahrung des öffentlichen Anstands, die Abwehr ungebührlicherweise hervorgerufenen störenden Lärms (Art 15 Abs 2 B-VG). Zur Regelung der örtlichen Sicherheitspolizei ist der Landesgesetzgeber zuständig (Art 15 Abs 1 iVm Art 10 Abs 1 Z 7 B-VG), die Vollziehung obliegt den Gemeinden im eigenen Wirkungsbereich (Art 118 Abs 3 Z 3 B-VG).

➔**örtliche Verwaltungspolizei** [1170]: Alle in den Kompetenztatbeständen der Art 10 bis 15 B-VG genannten Angelegenheiten der ➔Verwaltungspolizei des Bundes und der Länder, die im örtlichen Interesse gelegen sind, fallen in den eigenen Wirkungsbereich der Gemeinden. Diese Verwaltungspolizei der Gemeinden nennt man örtliche Verwaltungspolizei. Art 118 Abs 3 B-VG nennt etwa die örtliche Veranstaltungspolizei, die örtliche Straßenpolizei, die örtliche Gesundheitspolizei, die örtliche Sittlichkeitspolizei, die örtliche Baupolizei, die örtliche Feuerpolizei. Zur Regelung der örtlichen Verwaltungspolizei sind der Bundesgesetzgeber und der Landesgesetzgeber zuständig, die Vollziehung obliegt den Gemeinden im eigenen Wirkungsbereich.

➔**örtliche Zuständigkeit** [1481]: Örtliche Zuständigkeit bezeichnet die Kompetenz einer (Verwaltungs-, Gerichts)Behörde, bestimmte Angelegenheiten im Hinblick auf ein bestimmtes Territorium (Verwaltungssprengel, Gerichtssprengel) zu entscheiden. Örtlich zuständig ist jene ➔sachlich zuständige Behörde, deren (Verwaltungs-, Gerichts)Sprengel eine konkrete Angelegenheit zugeordnet ist, was sich aus der Festlegung von örtlichen Anknüpfungspunkten (etwa Hauptwohnsitz, Lage des Grundstücks, Tatort, ...) ergibt. Das Grundrecht auf den gesetzlichen Richter (Art 83 Abs 2 B-VG) verpflichtet den Gesetzgeber, die Zuständigkeiten der Verwaltungsbehörden und die Zuständigkeiten der Gerichte im Gesetz zu regeln.

→Ortsgemeinde [1301]: Die Gemeinde des B-VG (Art 115 Abs 1) ist – ohne Ausnahme – eine Ortsgemeinde. Die Gemeinden sind in diesem Sinn der kleinste und unterste Verwaltungssprengel, die „vor Ort" – im Gegensatz zu einer →Gebietsgemeinde – in Selbstverwaltung die örtlichen Verwaltungsangelegenheiten besorgen. Eine eventuelle interne territoriale Gliederung einer Gemeinde in Ortschaften (zB nach der Tiroler Gemeindeordnung 2001) ändert nichts daran, dass jede österreichische Gemeinde eine Ortsgemeinde im beschriebenen Sinn ist.

→Ortspolizei [1180]: Die Gemeinde ist im eigenen Wirkungsbereich sowohl für die →örtliche Verwaltungspolizei als auch für die →örtliche Sicherheitspolizei zuständig. Beide Bereiche zusammen bilden die Ortspolizei. In der Ortspolizei darf die Gemeinde gesetzesergänzende →ortspolizeiliche Verordnungen erlassen (Art 118 Abs 6 B-VG).

→ortspolizeiliche Verordnung [1134] [1180]: Die ortspolizeiliche Verordnung ist eine →selbständige Verordnung der Gemeinde, die unmittelbar auf Grund der Bundesverfassung (Art 118 Abs 6 B-VG) ohne gesetzliche Determinierung ergeht, aber nicht gegen bestehende Bundesgesetze, Landesgesetze und Verordnungen des Bundes und des Landes verstoßen darf (= gesetzesergänzende Verordnung). Art 118 Abs 6 B-VG ermächtigt die Gemeinde zur Erlassung ortspolizeilicher Verordnungen in den Angelegenheiten des eigenen Wirkungsbereichs (→örtliche Verwaltungspolizei und →örtliche Sicherheitspolizei) zur Abwehr unmittelbar zu erwartender oder zur Beseitigung bestehender, das örtliche Gemeinschaftsleben störender Missstände (zB ein Alkoholverbot an öffentlichen Orten, ein Badeverbot, ein Verbot des Abschießens von Tauben, Betriebszeiten für Motorrasenmäher). Nach den Gemeindeorganisationsgesetzen ist der Gemeinderat (in Wien der Magistrat) zuständig, ortspolizeiliche Verordnungen zu erlassen (zB § 41 Abs 1 Oö GemO 1990; § 44 Abs 4, § 46 Abs 1 Z 3 StL 1992).

→Österreichischer Gemeindebund [1322]: Der Österreichische Gemeindebund ist – wie der Österreichische Städtebund – eine Interessenvertretung der Gemeinden (Art 115 Abs 3 B-VG). Der Österreichische Gemeindebund ist als Verein nach dem Vereinsgesetz 2002 (VerG) organisiert. Ihm steht ein Mitwirkungsrecht an Vereinbarungen nach Art 15a B-VG über einen Konsultationsmechanismus und einen Stabilitätspakt zu.

→Österreichischer Gewerkschaftsbund (ÖGB) [664]: Der Österreichische Gewerkschaftsbund (ÖGB) ist die auf vereinsrechtlicher Basis eingerichtete Einheitsgewerkschaft der österreichischen Arbeitnehmer. Die Gewerkschaften außerhalb des Gewerkschaftsbunds fallen politisch nach ihrer Mitgliederzahl nicht ins Gewicht. Der ÖGB betreibt berufliche Interessenvertretung, führt einen Streikfonds und besteht aus neun Gewerkschaften (etwa die „Gewerkschaft der Privatangestellten, Druck, Journalismus, Papier – GPA-DJP" und die „Gewerkschaft Öffentlicher Dienst – GÖD"). Der ÖGB nimmt an der →Sozialpartnerschaft teil.

→Österreichischer Städtebund [1322]: Der Österreichische Städtebund ist – wie der Österreichische Gemeindebund – eine Interessenvertretung der Gemeinden (Art 115 Abs 3 B-VG). Der Österreichische Städtebund ist als Verein nach dem Vereinsgesetz 2002 organisiert. Ihm steht ein Mitwirkungsrecht an Vereinbarungen nach Art 15a B-VG über einen Konsultationsmechanismus und einen Stabilitätspakt zu.

P

→Pariser Vertrag 1951 [738]: Der EGKS-Vertrag [= Vertrag zur Gründung der Europäischen Gemeinschaft für Kohle und Stahl] vom 18.04.1951 wird Pariser Vertrag 1951 genannt. Der Pariser Vertrag 1951 gründete auf fünfzig Jahre die Europäische Gemeinschaft für Kohle und Stahl (EGKS = MONTANUNION) als supranationale Organisation. Der EGKS-Vertrag ist der älteste Vertrag der EU und nach Ablauf der fünfzig Jahre seit 2002 in den EG-Vertrag, seit 2009 in den Vertrag über die Arbeitsweise der EU (AEUV) integriert.

→Parlament *Parliament* <www.parlament.gv.at> [155]: Das Parlament ist in der Demokratie die Volksvertretung. Es besteht aus Abgeordneten, die das Volk nach bestimmten Wahlrechtsgrundsätzen wählt. Das Parlament übt insbesondere die Gesetzgebung aus. Der Bundesstaat hat ein Bundesparlament (Nationalrat und Bundesrat, Art 24 B-VG) und die Landesparlamente (Landtage, Art 95 B-VG). Auch die Europäische Union kennt ein vom Volk gewähltes Europäisches Parlament, auch wenn das Europäische Parlament nur eingeschränkte Gesetzgebungsbefugnisse hat.

→parlamentarische Demokratie [155]: In der parlamentarischen Demokratie (= indirekte Demokratie, = mittelbare Demokratie, = repräsentative Demokratie) ist das Volk – anders als in der plebiszitären Demokratie – von den Sachentscheidungen des Staats ausgeschlossen. Es wählt stattdessen in regelmäßigen Abständen Vertreter in ein Parlament, die als Abgeordnete (= Volksvertreter) im Parlament die Entscheidungen – stellvertretend für das Volk – treffen. Österreich ist eine parlamentarische Demokratie.

➔parlamentarisches Regierungssystem [213]: Im parlamentarischen Regierungssystem wählt das Parlament die Regierung und kann sie auch abwählen. Die Regierung ist somit vom Vertrauen des Parlaments abhängig, dem Parlament verantwortlich. Das parlamentarische Regierungssystem gilt uneingeschränkt in den Ländern, das Landesparlament (Landtag) wählt die Landesregierung (Art 101 Abs 1 B-VG). Im Bund gilt ein parlamentarisches Regierungssystem mit präsidentiellem Einschlag. Das Bundesparlament (Nationalrat) wählt nicht die Bundesregierung; Bestellung und Abberufung der Bundesregierung obliegen dem Bundespräsidenten (Art 70 Abs 1 B-VG). Die Bundesregierung ist dennoch vom Vertrauen des Parlaments abhängig, dem Parlament wegen des möglichen ➔Misstrauensvotums politisch, wegen Kontrollrechten des Parlaments und der möglichen ➔Ministeranklage auch rechtlich verantwortlich.

➔Parlamentsdirektion [895]: Der Parlamentsdirektion, die dem Präsidenten des Nationalrats bzw dem Präsidenten des Bundesrats untersteht, obliegt die Besorgung der parlamentarischen Hilfsdienste (zB Verteilung von Unterlagen in einer NR-Sitzung) sowie der Angelegenheiten der Parlamentsverwaltung (= akzessorische Verwaltungstätigkeiten zur Gesetzgebung) für die gesetzgebenden Organe des Bundes sowie für die österreichischen Abgeordneten zum Europäischen Parlament (Art 30 Abs 3 B-VG). Zur Parlamentsverwaltung („*Verwaltungsangelegenheiten im Bereich der Organe der Gesetzgebung des Bundes*") zählen etwa die Vollziehung des Bezügerechts der Abgeordneten zum Nationalrat und zum Bundesrat, Personalangelegenheiten der Bediensteten der Parlamentsdirektion (Art 30 Abs 4 B-VG), die Verwaltung von Geld- und Sachmitteln. Geschäftsstelle für die Landtage ist die Landtagsdirektion.

➔Parlamentsfraktion [964]: Eine Parlamentsfraktion (= Parlamentsklub, = Klub) ist der Zusammenschluss von Mitgliedern des Parlaments zur gemeinsamen parlamentarischen Arbeit. In der Regel bilden die Abgeordneten, die auf einer gemeinsamen Liste kandidierten, eine Parlamentsfraktion. Den Parlamentsklub führt ein Klubobmann.

➔Parlamentsklub [964]: Parlamentsklub ist die Bezeichnung für eine Fraktion in einem Parlament (➔Parlamentsfraktion).

➔Partei [1436]: Wem das Gesetz ein ➔subjektives auf dem Prozessweg durchsetzbares Recht gibt, ist im verwaltungsbehördlichen oder gerichtlichen Verfahren Partei. § 8 AVG regelt die ➔Parteistellung für das Verwaltungsverfahren. Partei ist, wer an der (Verwaltungs)Sache „*vermöge eines Rechtsanspruches oder eines rechtlichen Interesses beteiligt*" ist.

➔Parteiengehör [1497]: Der Grundsatz des Parteiengehörs verlangt, dass die Parteien des ➔Verwaltungsverfahrens die Möglichkeit haben müssen, an der Ermittlung des relevanten Sachverhalts mitzuwirken und ihre rechtlichen Interessen wahrzunehmen (§§ 37, 43 Abs 2 und 3, § 45 Abs 3, § 65 AVG, § 24 VStG). Konsequenz des Parteiengehörs ist, dass alle Beweisergebnisse der aufgenommenen Beweismittel vor der Bescheiderlassung den Parteien förmlich zur Stellungnahme bekanntzugeben sind (§ 45 Abs 3 AVG). Die Partei muss zu jedem Ergebnis des Beweisverfahrens „das letzte Wort" haben.

➔Parteiengesetz 2012 (PartG) *Political Parties Act 2012* [71] [186]: Das Parteiengesetz 2012 [= Bundesgesetz über die Finanzierung politischer Parteien, BGBl I 2012/56] regelt die für eine Demokratie wichtigen ➔politischen Parteien. Das Parteiengesetz 2012 garantiert in § 1 – einer Verfassungsbestimmung – die Gründungsfreiheit politischer Parteien.

➔Parteistellung [1485]: Wer ein ➔subjektives Recht hat, hat Parteistellung im Verwaltungsverfahren. Nach § 8 AVG sind „Personen ..., *insoweit sie an der Sache vermöge eines Rechtsanspruches oder eines rechtlichen Interesses beteiligt sind, Parteien.*" Das Gesetz unterteilt die subjektive Rechtssphäre in den ➔Rechtsanspruch und das ➔rechtliche Interesse. Der Rechtsanspruch bezieht sich auf antragsbedürftige Verwaltungsverfahren, das rechtliche Interesse auf amtswegige Verwaltungsverfahren. Wer in einem konkreten Verwaltungsverfahren die Rechtsstellung einer Partei besitzt, wer ein subjektives Recht hat, beantwortet das AVG nicht. Das subjektive Recht – und damit die Parteistellung nach § 8 AVG – ist aus den Verwaltungsvorschriften (vgl Art II Abs 2 EGVG) abzuleiten.

➔passives Wahlrecht [161]: Das passive Wahlrecht ist als ➔politisches Grundrecht das Recht zu kandidieren und gewählt zu werden. Alle österreichischen Staatsbürger, die spätestens am Wahltag das 18. Lebensjahr vollendet haben, haben (sofern kein Wahlausschlussgrund vorliegt) das passive Wahlrecht zum Nationalrat (Art 26 Abs 4 B-VG). Gleiches gilt grundsätzlich für die Wahl zum Landtag (Art 95 Abs 2 B-VG), zum Gemeinderat (Art 117 Abs 2 B-VG), zum Bürgermeister, sofern das Landesrecht nicht ein niedrigeres Wahlalter (Art 26 Abs 4 B-VG) festlegt. Alle österreichischen Staatsbürger, die spätestens am Wahltag das 35. Lebensjahr vollendet haben, können zum Bundespräsidenten gewählt werden (Art 60 Abs 3 B-VG). Bei den Wahlen zum Europäischen Parlament besitzen neben österreichischen Staatsbürgern auch Unionsbürger, die am Wahltag das 18. Lebensjahr vollendet haben, das passive Wahlrecht (Art 23a Abs 3 B-VG).

➔personelle Selbstverwaltung [1107]: Die personelle Selbstverwaltung meint – in Abgrenzung zur territorialen Selbstverwaltung des Staats (Gemeinden) – die (berufliche, soziale und kulturelle) ➔Selbstverwaltung in der Gesellschaft.

→Personenverkehrsfreiheit [823]: Die Personenverkehrsfreiheit (= der freie Personenverkehr) ist eine der vier Grundfreiheiten des Binnenmarkts der Europäischen Union (Art 26 Abs 2, 45-55 AEUV), sie besteht aus der →Freizügigkeit der Arbeitnehmer (Art 45-48 AUV) und der →Niederlassungsfreiheit für Unternehmen und Selbständige (Art 49-55 AEUV).

→persönliche Freiheit *right to liberty* [540]: Die unter materiellem Gesetzesvorbehalt stehende persönliche Freiheit ist als Menschenrecht in den Art 1 ff PersFrBVG [= Bundesverfassungsgesetz vom 29. November 1988 über den Schutz der persönlichen Freiheit, BGBl 1988/684], in Art 5 EMRK verankert. Es schützt nicht die „Freiheit" schlechthin, sondern die persönliche Freiheit, man versteht darunter den Schutz vor Festnahmen und Verhaftungen durch den Staat.

→persönliches Wahlrecht [167]: Das persönliche Wahlrecht verlangt die physische Präsenz des Wählers vor der Wahlbehörde und schließt die Ausübung des Wahlrechts durch einen Stellvertreter aus. Jeder Wähler muss seine Stimme selbst - persönlich - abgeben. Blinde, schwer Sehbehinderte und gebrechliche Wähler können sich von einer Begleitperson führen und bei der Wahlhandlung helfen lassen. Das B-VG ordnet die Geltung des persönlichen Wahlrechts für die Wahlen zum Europäischen Parlament (Art 23a Abs 1), zum Nationalrat (Art 26 Abs 1), zu den Landtagen (Art 95 Abs 1), zu den Gemeinderäten (Art 117 Abs 2), für die Wahl des Bundespräsidenten (Art 60 Abs 1) sowie für die Direktwahl des Bürgermeisters (Art 117 Abs 6) an. Besonderes gilt für die Stimmabgabe durch →Briefwahl (Art 23a Abs 4, Art 26 Abs 6, Art 60 Abs 1 letzter Satz, Art 95 Abs 4, Art 117 Abs 2 und 6 B-VG).

→Persönlichkeitswahlrecht [173]: Im Persönlichkeitswahlrecht wählt der Wähler nicht eine Wahlpartei (Liste), sondern eine einzelne Person, die in einem Wahlkreis kandidiert. 183 Abgeordnete würden 183 Wahlkreise erfordern. Das →Mehrheitswahlrecht ist ein Persönlichkeitswahlrecht.

→Petitionsrecht [530] [1424]: Das Petitionsrecht (Art 11 StGG) ist ein →politisches Grundrecht, eine Art verfassungsgesetzlich gewährleistetes Beschwerderecht. Jeder hat das Recht, sich mit Anliegen, Anregungen und Beschwerden an jedes Staatsorgan zu wenden, ohne Nachteile befürchten zu müssen. Petitionen an den Nationalrat sind im Parlamentsrecht genauer geregelt. Der Nationalrat muss Petitionen behandeln, wenn sie von einem Abgeordneten des Nationalrats (für den Petitionswerber) oder von einer sogenannten Bürgerinitiative von mindestens 500 Stimmbürgern eingebracht werden (§§ 100 ff Geschäftsordnungsgesetz 1975 - GOG-NR).

→Petitionsrecht (EU) [807]: Jeder →Unionsbürger und jede natürliche oder juristische Person mit (Wohn)Sitz in einem EU-Mitgliedstaat hat das Recht, Petitionen (Eingaben, Gesuche) an das Europäische Parlament (EP) zu richten (Art 20 Abs 2 lit d, Art 227 f AEUV, Art 44 GRC).

→Pflichtaufgabe [1044]: Die einer Organisation durch die Rechtsordnung zugewiesenen Zuständigkeiten nennt man Organisationszuständigkeit (Verbandszuständigkeit). Zur Aufgabe wird eine Zuständigkeit, wenn die Organisation in der zugewiesenen Sache auch handeln soll. Zur Pflichtaufgabe wird eine Zuständigkeit (Aufgabe) dann, wenn die Organisation nicht nur handeln soll, sondern handeln muss.

→Pflichtverband [1106]: Der Staat kann betroffene Personen durch Gesetz in einen rechtsfähigen Pflichtverband (= Selbstverwaltungskörper) für nicht-staatliche öffentliche Aufgaben zusammenschließen und unter staatlicher Aufsicht zur Wahrnehmung dieser Aufgabe zwingen (Art 120a Abs 1 B-VG →Selbstverwaltung in der Gesellschaft, = personelle Selbstverwaltung). Dem Pflichtverband verleiht der Staat das Recht, seine Mitglieder durch generelle Rechtsnormen (= Satzungen) zu verpflichten.

→Planwirtschaft [636]: Die Planwirtschaft ist ein Gegenkonzept zur →Marktwirtschaft und ersetzt die privatnützigen psychologischen Regeln des Markts („Angebot und Nachfrage") durch staatliches Recht, das jedem Wirtschaftstreibenden das politisch Gewollte seines Wirtschaftens zuweist und abverlangt.

→plebiszitäre Demokratie [154]: In der plebiszitären (Plebiszit = griechisch Volksabstimmung) Demokratie (= unmittelbare Demokratie = direkte Demokratie) trifft das Volk - anders als in einer parlamentarischen Demokratie - unmittelbar selbst durch Volksabstimmungen die Entscheidungen im Staat. Niemand, auch nicht das Parlament, kann das Volk hindern, eine Volksabstimmung durchzuführen. Die Schweiz gilt als Beispiel für eine plebiszitäre Demokratie.

→Politik *politics* [78]: Politik ist das Bemühen um die Aufgaben des →Staats; sie erörtert, wie der Staat handeln, wie und wofür er seine Staatsgewalt einsetzen soll. Der Begriff leitet sich vom griechischen πολις (pólis) ab und bedeutete in der Antike „Staat" oder „Staatsgewalt". Politik ist im →Rechtspositivismus die Vorstufe des Rechts, weil politische Vorstellungen erst durch die demokratisch legitimierten Abgeordneten der Parlamente zu verbindlichen Rechtsnormen werden.

→Politische Partei *political party* [187]: Eine - im →Parteiengesetz 2012 (PartG) - geregelte politische Partei ist eine auf Dauer organisierte Verbindung von Menschen, die durch gemeinsame Tätigkeit auf eine umfassende Beeinflussung der staatlichen Willensbildung abzielt (§ 1 Abs 2 PartG). Eine politische Partei soll also die politischen Meinungen in der Gesellschaft beeinflussen, durch Wahlen staatliche Macht erringen und so ihre politischen Ansichten in die Willensbildung des Staats, insbesondere in die Rechtsnormen, einbringen. Das PartG

(§ 1 Abs 3) gewährleistet die Gründungs- und Betätigungsfreiheit politischer Parteien. Eine politische Partei ist eine juristische Person des privaten Rechts; sie ist von der Wahlpartei zu unterscheiden.

➔**politische Verantwortung** [1010]: Politische Verantwortung meint den Entzug des politischen Vertrauens, regelmäßig mit der Folge des Amtsverlusts eines Organs, und zwar unabhängig von der Frage, ob das Organ eine Rechtsnorm verletzt hat oder nicht. Die Verantwortung ist „politisch", weil die Abberufung allein im Entzug des politischen Vertrauens besteht und nicht begründet werden muss. Politische Verantwortung besteht vor allem für oberste Organe der Verwaltung gegenüber allgemeinen Vertretungskörpern. So sind die Mitglieder der Bundesregierung dem Nationalrat (Art 74 B-VG, ➔politische Verantwortung der Regierung), die Mitglieder der Landesregierungen dem jeweiligen Landtag (zB Art 44 Oö L-VG), die Mitglieder des Gemeindevorstands (Stadtsenats) und die Bürgermeister dem Gemeinderat politisch verantwortlich und im Rahmen dieser Verantwortung in der Regel abberufbar (Art 118 Abs 5 B-VG). Der Bundespräsident ist dem Bundesvolk politisch verantwortlich (Art 60 Abs 6 B-VG).

➔**politische Verantwortung der Regierung** [212]: Politische Verantwortung der Regierung bedeutet, dass ein Staatsorgan – in der Regel das Parlament – sie abberufen kann. Die Verantwortung ist „politisch", wenn die Abberufung allein im Entzug des politischen Vertrauens besteht und nicht begründet werden muss (➔Misstrauensvotum). Ist die Abberufung hingegen an das Vorliegen eines konkreten Grunds (gesetzwidriges Verhalten) gebunden, sprechen wir von rechtlicher Verantwortung (Ministeranklage). Es gibt auch eine persönliche Verantwortung der Regierungsmitglieder (➔Organhaftung, strafrechtliche Verfolgung).

➔**politischer Bezirk** [1196]: Politischer Bezirk ist der einer Bezirksverwaltungsbehörde (Bezirkshauptmann, Bürgermeister einer Statutarstadt) unterstehende Verwaltungssprengel eines Landes, der territoriale Wirkungsbereich einer Bezirksverwaltungsbehörde. Der (historische) Begriff politischer Bezirk meint „Verwaltungsbezirk" im Gegensatz zum „Gerichtsbezirk".

➔**politisches Grundrecht** [528]: Ein politisches Grundrecht gewährt dem Einzelnen ein Recht auf Mitwirkung (Teilhabe) an der staatlichen Staatswillensbildung (= status activus). Ein politisches Grundrecht ist kein Abwehrrecht, sondern ein ➔Teilhaberecht. Politische Grundrechte sind vor allem das aktive und das passive Wahlrecht, das Petitionsrecht, das Recht auf Volksbegehren (Art 41 Abs 2 B-VG), die Gründungs- und Betätigungsfreiheit politischer Parteien (§ 1 PartG).

➔**Polizeiinspektion** [1264]: Polizeiinspektionen sind die kleinste Organisationseinheit des ➔Bezirkspolizeikommandos und des ➔Stadtpolizeikommandos des Wachkörpers Bundespolizei.

➔**Polizeiliche Zusammenarbeit** *police cooperation* [792]: Intention der im Europäischen Raum der Freiheit, der Sicherheit und des Rechts stattfindenden Polizeilichen Zusammenarbeit (Art 87 bis 89 AEUV) ist die Verhütung und Bekämpfung der Kriminalität durch die engere Zusammenarbeit zwischen den Strafverfolgungsbehörden, insbesondere den Polizeibehörden aller Mitgliedstaaten. Zur Unterstützung der Strafverfolgungsbehörden der EU-Mitgliedstaaten und zur Förderung der Zusammenarbeit wurde eine europäische Polizeibehörde (➔Europol) eingerichtet.

➔**Polizeistaat** *police state* [35]: Polizeistaat ist der begriffliche Gegensatz zum ➔Rechtsstaat (Verfassungsstaat). Im Polizeistaat wird – wie in der vorkonstitutionellen absoluten Monarchie – die Staatsgewalt uneingeschränkt und unkontrolliert, ohne Gewaltenteilung und ohne Bindung an Gesetze ausgeübt.

➔**Polizeiverwaltung** [1163]: Weil sich der Staat ursprünglich nur als Ordnungsstaat verstand und das staatliche Handeln begrifflich allgemein mit polizeilichem Handeln gleichgesetzt war, wurde die ➔Ordnungsverwaltung auch als Polizeiverwaltung bezeichnet, zusammen mit den Ordnungsgesetzen als Polizeirecht. Der ursprüngliche Polizeibegriff meinte – mit der Ordnungsverwaltung identisch – allgemein die ordnenden Eingriffe des Staats in die Gesellschaft. Heute bedeutet Polizei nicht mehr das „ordnende" Verwaltungshandeln schlechthin, sondern nur noch das Verwaltungshandeln, das der Beseitigung konkreter Missstände und Gefahren dient.

➔**positive Diskriminierung** [133]: Positive Diskriminierung ist eine – ein bestimmtes Geschlecht (idR Frauen) bevorzugende – Maßnahme zur Herstellung der faktischen Gleichstellung von Mann und Frau. Art 7 Abs 2 B-VG formuliert die tatsächliche Gleichstellung von Mann und Frau als Staatsziel. Bis zur Beseitigung der tatsächlich bestehenden Ungleichheiten zwischen den Geschlechtern, müssen die Staatsorgane iSv Art 7 Abs 2 B-VG derartige (idR Frauen)Förderungsmaßnahmen ergreifen, die – im Fall einer tatsächlichen Schlechterstellung der Frau – auch sachlich gerechtfertigt iSd Gleichheitssatzes (Art 7 Abs 1 B-VG) sind. Eine unsachliche Diskriminierung von Männern erlaubt das Staatsziel nicht.

➔**positives Recht** [19]: Der Staat hat das Rechts(setzungs)monopol. Nur das vom Staat gesatzte Recht (= positives Recht = ius positum, von lateinisch ponere = setzen) ist Recht. Ohne Belang sind Gottesrecht, Naturrecht, Vernunftrecht ua.

➔**Post-Control-Kommission** [1234]: Die Post-Control-Kommission ist eine durch das Postmarktgesetz [= Bundesgesetz über die Regulierung des Postmarktes, BGBl I 2009/123 idgF] eingerichtete weisungsfreie Kollegialbehörde (Art 20 Abs 2 B-VG), deren Geschäftsstelle die Rundfunk und Telekom Regulierungs-GmbH

(RTR-GmbH) ist und die – gemeinsam mit der →Rundfunk und Telekom Regulierungs-GmbH (RTR-GmbH) – →Regulator auf dem Postmarkt ist.

→Präambel [28]: Präambel (lateinisch praeambulare = „vorangehen") meint eine erklärende Einleitung von Urkunden, Verfassungen, Staatsverträgen.

→Präjudizialität [1600] [1602]: Präjudizialität ist die Anwendung einer generellen Rechtsnorm in einem individuellen Gerichtsverfahren. Der ausschließlich zur Prüfung genereller Rechtsnormen zuständige Verfassungsgerichtshof (VfGH) darf von sich aus (amtswegig) ein Verfahren zur →Verordnungsprüfung (Art 139 Abs 1 Z 2 B-VG), zur →Gesetzesprüfung (Art 140 Abs 1 Z 1 lit b B-VG) und zur Staatsvertragsprüfung (Art 140a B-VG) nur einleiten, wenn er die zu prüfende generelle Rechtsnorm in einer bei ihm anhängigen Rechtssache anzuwenden hätte. Ein Gericht darf beim VfGH nur dann einen Antrag auf Verordnungsprüfung (Art 139 Abs 1 Z 1 B-VG), auf Gesetzesprüfung (Art 140 Abs 1 Z 1 lit a B-VG) und auf Staatsvertragsprüfung stellen, wenn es die betreffende generelle Rechtsnorm in einer bei ihm anhängigen Rechtssache anzuwenden hätte.

→Präsenzquorum [920] [993]: Die Willensbildung in einem Kollegialorgan (etwa Nationalrat, Bundesregierung, Gemeinderat) erfolgt durch Beschluss der Mitglieder. Das hoheitliche Organisationsrecht (Gesetz, Geschäftsordnung) legt mit den →Beschlusserfordernissen (Quoren) Regeln für das Zustandekommen eines gültigen Beschlusses fest. Das Präsenzquorum (= Anwesenheitsquorum) ist die zur Beschlussfähigkeit eines Kollegialorgans erforderliche Anzahl der anwesenden Mitglieder. So kann der Nationalrat einen Beschluss grundsätzlich nur fassen, wenn mindestens 61 Abgeordnete anwesend sind (Art 31 B-VG), ein Bundesverfassungsgesetz (BVG) kann er nur beschließen, wenn 92 (der 183) Abgeordnete anwesend sind (Art 44 Abs 1 B-VG). Die Bundesregierung kann nur bei Anwesenheit von mehr als der Hälfte ihrer Mitglieder einen (Regierungs)beschluss fassen (Art 69 Abs 3 B-VG).

→Präsident der Europäischen Kommission *President of the European Commission* [873]: Der Präsident der Europäischen Kommission wird auf Vorschlag des Europäischen Rats vom Europäischen Parlament (EP) gewählt (Art 17 Abs 7 EUV). Der Präsident der Kommission leitet die →Europäische Kommission, legt insbesondere die Ressorts der anderen Kommissionsmitglieder (Verkehr, Industrie, Wettbewerb ua) und die Leitlinien für ihre Arbeit fest, ernennt – mit Ausnahme des vom Europäischen Rat ernannten Hohen Vertreters der Union für die Außen- und Sicherheitspolitik – die Vizepräsidenten der Kommission (Art 17 Abs 6 EUV).

→Präsident des Europäischen Rats *President of the European Council* [862]: Der Präsident des Europäischen Rats wird vom →Europäischen Rat für eine Amtsperiode von zweieinhalb Jahren gewählt (Art 15 Abs 5 EUV). Er führt den Vorsitz im Europäischen Rat, gibt Impulse und nimmt – unbeschadet der Befugnisse des Hohen Vertreters der Union für Außen- und Sicherheitspolitik – die Außenvertretung der Union in Angelegenheiten der Gemeinsamen Außen- und Sicherheitspolitik wahr (Art 15 Abs 6 EUV).

→Präsidentenkonferenz der Landwirtschaftskammern [662]: Die Landesgesetzgeber (Art 15 Abs 1 B-VG) richten zur beruflichen Interessenvertretung der Arbeitgeber in der Land- und Forstwirtschaft für jedes Bundesland eine →Landwirtschaftskammer ein. Da die Errichtung einer bundesweiten Landwirtschaftskammer durch Gesetz kompetenzrechtlich nicht möglich ist, schlossen sich die neun Landeswirtschaftskammern in Form eines privatrechtlichen Vereins zur Präsidentenkonferenz der Landwirtschaftskammern Österreichs zusammen. Die Präsidentenkonferenz nimmt an der →Sozialpartnerschaft teil.

→präsidentielle Demokratie [1013]: In einer parlamentarischen Demokratie liegt der Schwerpunkt der Staatsmacht beim Parlament, in einer präsidentiellen Demokratie kommen dem vom Volk gewählten Staatsoberhaupt, dem „Präsidenten", Befugnisse zu, die sonst das Parlament wahrnimmt, so die Bestellung der Regierung.

→präsidentielles Regierungssystem [213]: Im präsidentiellen Regierungssystem (zB USA) werden sowohl Parlament als auch das Staatsoberhaupt direkt vom Volk gewählt. Das Staatsoberhaupt, der Präsident, bekleidet zugleich die Funktion des Regierungschefs. Parlament und Präsident sind (nur) dem Volk verantwortlich, insbesondere eine Absetzung des Präsidenten durch ein Misstrauensvotum des Parlaments ist nicht vorgesehen.

→Präsidentschaftskanzlei [1007]: Die Präsidentschaftskanzlei (Art 67a B-VG) ist der dem →Bundespräsidenten zur Besorgung seiner Amtsgeschäfte zugewiesene bürokratische Hilfs- oder Geschäftsapparat (Amt).

→Pressefreiheit *freedom of the press* [556]: In Art 13 StGG, Art 10 EMRK und im Beschluss der provisorischen Nationalversammlung (StGBl 1918/3) ist als spezifische Ausformung der Meinungsfreiheit für alle Printmedien (Zeitungen, Flugblätter, Plakate ua) die unter materiellem Gesetzesvorbehalt stehende Pressefreiheit garantiert. Pressefreiheit bedeutet jedenfalls →Zensurverbot. Vor Erscheinen des Presseprodukts darf der Staat den Inhalt nicht kontrollieren (Verbot der „Vor"zensur). Nach Erscheinen ist die staatliche Kontrolle auf Einhaltung der Gesetze (etwa Verbot von Ehrenbeleidigungen) zulässig und notwendig („Nach"zensur). Jeder darf ein Presseunternehmen ohne Nachweis von Voraussetzungen betreiben, ein staatliches Konzessionssystem ist unzulässig.

➔**primäres Unionsrecht** [764]: Primäres Unionsrecht ist das von den EU-Mitgliedstaaten erzeugte primäre Völkerrecht, auf dem die Europäische Union (EU) beruht, insbesondere die zwischen den Mitgliedstaaten geschlossenen Staatsverträge: Der ➔Vertrag über die Europäische Union (EU-Vertrag, EUV), die Beitrittsverträge (➔EU-Beitrittsvertrag), der ➔Vertrag über die Arbeitsweise der Europäischen Union (AEU-Vertrag, AEUV), die ➔EU-Grundrechtecharta (GRC) ua. Wie das ➔sekundäre Unionsrecht – genießt auch das primäre Unionsrecht vor dem nationalen (staatlichen) Recht der Mitgliedstaaten ➔Anwendungsvorrang.

➔**primäres Völkerrecht** [727]: Das primäre Völkerrecht sind die von den Staaten selbst erzeugten Rechtsregeln, so die völkerrechtlichen Verträge, das Völkergewohnheitsrecht und die Allgemeinen Rechtsgrundsätze des Völkerrechts. Vom primären Völkerrecht ist das ➔sekundäre Völkerrecht zu unterscheiden. Das von den Mitgliedstaaten der Europäischen Union (EU) erzeugte primäre Völkerrecht nennt man ➔primäres Unionsrecht.

➔**Privatautonomie** [255]: Privatautonomie ist das Recht der Menschen, auf Grundlage und im Rahmen der Privatrechtsordnung ihre privaten Angelegenheiten untereinander frei zu gestalten, so insbesondere durch Abschluss verbindlicher Verträge (Vertragsfreiheit). Die Vertragsfreiheit erlaubt es privaten Vertragspartnern, alle erdenklichen Inhalte zum Gegenstand vertraglicher Bindungen zu machen, um so (staatlich) sanktionierte Rechtsfolgen zu begründen. Verfassungsgesetzliche Grundlage der Privatautonomie ist das Grundrecht der Eigentumsfreiheit.

➔**Private-Public-Partnership (PPP)** [1100]: Private Public Partnership (PPP) (= Öffentlich-Private Partnerschaft – ÖPP) umfasst alle Formen der Zusammenarbeit von Gebietskörperschaften mit Privaten zur Wahrnehmung staatlicher und öffentlicher Aufgaben. Oft geht eine ➔Privatisierung staatlicher Aufgaben damit einher.

➔**Privatisierung** [1090]: Privatisierung ist die Auflassung einer nicht-hoheitlichen staatlichen Aufgabe und deren Verlagerung in den gesellschaftlichen Bereich. Eine echte Privatisierung liegt vor, wenn eine Gebietskörperschaft eine nicht-hoheitliche Tätigkeit gänzlich aufgibt und der Gesellschaft überlässt (zB Verkauf eines Landesunternehmens an einen privaten Unternehmer) und sie keinen oder keinen dominierenden Einfluss auf die nunmehrige nicht-staatliche Tätigkeit hat. Von unechter Privatisierung (➔Ausgliederung aus der Verwaltung) spricht man, wenn eine Gebietskörperschaft eine nicht-hoheitliche Tätigkeit zwar gänzlich aufgibt und der Gesellschaft überlässt, die Gebietskörperschaft aber dennoch dominierenden Einfluss – auf die nunmehr von Privaten wahrgenommene nicht-staatliche Tätigkeit – behält (zB Autobahnen- und Schnellstraßen-Finanzierungs-Aktiengesellschaft – ASFINAG, Österreichische Post AG, ÖBB-Personenverkehr AG, die LINZ AG).

➔**Privatrecht(sordnung)** [255]: Mit der Privatrechtsordnung (= Privatrecht, = Bürgerliches Recht, = Zivilrecht) gibt der Staat der freien Gesellschaft ein gesetzliches Fundament, auf dem die Privaten insbesondere durch Vereinbarung (Konsens) Konsensualnormen erzeugen und so private Angelegenheiten untereinander verbindlich regeln können. Das gesetzliche Fundament ist nicht nur, aber vor allem das Allgemeine Bürgerliche Gesetzbuch (ABGB). Den Privaten kommt bei der Gestaltung ihrer Rechtsbeziehungen ➔Privatautonomie, insbesondere Vertragsfreiheit, zu. Hält sich der einzelne Private nicht an eine vereinbarte Konsensualnorm, so kann sie – nach Klagen bei den Zivilgerichten – durch den Staat gegebenenfalls mit körperlicher Gewalt durchgesetzt werden.

➔**Privatrechtsanalogie** [689]: Privatrechtsanalogie des Völkerrechts bedeutet, dass das Völkerrecht seine Strukturen und Begriffe weitgehend in Analogie zu den Strukturen und Begriffen der nationalen Privatrechtsordnungen bildet. So stammen die Strukturen und Begriffe des Völkervertragsrechts aus den nationalen Vertragsrechten.

➔**Privatsphäre** *right to respect for private and family life* [564]: Das unter materiellem Gesetzesvorbehalt stehende Recht auf Privatsphäre oder Recht auf Achtung des Familien- und Privatlebens ist als Menschenrecht in Art 8 EMRK [und Art 7 GRC] verankert. Es sichert dem Einzelnen einen privaten Bereich, in dem seine Persönlichkeit und sein persönliches Handeln frei von Eingriffen durch staatliches Zwangsrecht sind. Das Recht auf Privatsphäre ist auch ein Freiheitsrecht mit staatlichen Schutzpflichten, es verpflichtet den Staat, durch gesetzliche Maßnahmen den privaten Bereich der Menschen vor Beschädigungen durch andere Privatpersonen zu sichern. Das Datenschutzgesetz 2000 [BGBl I 1999/165 idgF] führt das Recht auf Privatsphäre insbesondere mit dem Recht auf ➔Datenschutz (§ 1 DSG 2000) aus.

➔**Privatwirtschaft** [631]: Die Privatwirtschaft ist eine Wirtschaft, in der – anders als in der ➔Gemeinwirtschaft oder ➔Staatswirtschaft – jeder nach seinen Bedürfnissen privatnützig selbst die Erzeugung von Gütern und die Bereitstellung von Leistungen sowie deren Verteilung plant, organisiert und durchführt.

➔**Privatwirtschaftsverwaltung** [601]: Die nicht-hoheitliche Verwaltung nennen wir auch Privatwirtschaftsverwaltung, mit einem älteren Begriff auch Fiskalverwaltung (➔Fiskus).

Q

→Querschnittsmaterie [414]: Eine Querschnittsmaterie ist ein Aufgabenbereich, der in der Enumeration (Aufzählung) der Sachmaterien des B-VG nicht genannt ist und keinem einzelnen Kompetenztatbestand allein zuzuordnen ist, sondern – „quer" über die gesamte Kompetenzverteilung – auf zwei oder mehrere Kompetenztatbestände des Bundes und/oder des Landes aufgeteilt ist. So ist beispielsweise der Bund zuständig, jene Ausschnitte aus der komplexen Materie Umweltschutz zu regeln, die sich auf die Umweltverträglichkeitsprüfung (Art 10 Abs 1 Z 9 B-VG), das Wasserrecht (Art 10 Abs 1 Z 10 B-VG), die Abfallwirtschaft (Art 10 Abs 1 Z 12 B-VG) ua beziehen; das Land ist zur Regelung jener Ausschnitte aus der Materie Umweltschutz kompetent, die im Naturschutz, in der Landwirtschaft ua Deckung finden (Art 15 Abs 1 B-VG). Querschnittsmaterien sind etwa Raumordnung, Umweltschutz, Wirtschaftslenkung, umfassende Landesverteidigung, Katastrophenbekämpfung, E-Government.

R

→Rassismus [95]: Der Rassismus teilt die Menschen nach ihrer Abstammung und ihrem Aussehen pseudowissenschaftlich in Rassen ein und bewertet sie als höherwertig oder minderwertig.

→Rat *Council of the European Union* <consilium.europa.eu> [865]: Der Rat der Europäischen Union (Art 13, 16 EUV, Art 237-243 AEUV) – mit Sitz in Brüssel und einzelnen Tagungen in Luxemburg – ist ein Organ der Europäischen Union (EU); er ist vom →Europäischen Rat zu unterscheiden. Der Rat hat 28 Mitglieder, er setzt sich aus je einem Vertreter der Mitgliedstaaten auf Ministerebene zusammen (= Ministerrat). Der Rat der Europäischen Union ist das eigentliche Machtzentrum der EU. Er beschließt – gemeinsam mit dem Europäischen Parlament – den EU-Haushalt und erlässt – auf Vorschlag der Europäischen Kommission und gemeinsam mit dem Europäischen Parlament – die EU-Gesetze (Art 16 Abs 1 EUV, Art 289 Abs 1 AEUV), so Verordnungen (EU), Richtlinien und Beschlüsse (EU).

→Ratifizierung *ratification* [697]: Die Ratifizierung (= Ratifikation) eines Staatsvertrags ist die Erklärung des Staatsoberhaupts, dass alle für das völkerrechtliche Inkrafttreten eines abgeschlossenen Staatsvertrags erforderlichen innerstaatlichen Voraussetzungen erfüllt sind, etwa eine erforderliche Genehmigung des Parlaments vorliegt. Im gewaltenteilig organisierten Staat machen die nationalen Verfassungen das Inkrafttreten eines völkerrechtlich abgeschlossenen Vertrags in der Regel von der nachträglichen Genehmigung durch das Parlament abhängig. Daher spricht man untechnisch auch von der Ratifizierung eines Staatsvertrags durch das Parlament.

→Raum der Freiheit, der Sicherheit und des Rechts *area of freedom, security and justice* [790]: Im Europäischen Raum der Freiheit, der Sicherheit und des Rechts (Art 3 Abs 2 EUV, Art 67 bis Art 89 AEUV) gibt es an den Binnengrenzen keine Personenkontrollen (→Schengen-Übereinkommen); an den Außengrenzen dafür besondere Kontrollen, und die Mitgliedstaaten entwickeln eine gemeinsame Politik in den Bereichen Asyl und Einwanderung. Im Europäischen Raum der Freiheit, der Sicherheit und des Rechts finden eine →Justizielle Zusammenarbeit in Zivilsachen (Art 81 AEUV), eine →Justizielle Zusammenarbeit in Strafsachen (Art 82 bis 86 AEUV) und eine →Polizeiliche Zusammenarbeit (Art 87 bis 89 AEUV) statt.

→Rechnungshof *Court of Auditors* <www.rechnungshof.gv.at> [979]: Der Rechnungshof (Art 121 bis 128 B-VG) ist ein Hilfsorgan des Nationalrats zur Kontrolle der Gebarung des Bundes, der Länder, der Gemeinden, der Gemeindeverbände und anderer staatsnaher Rechtsträger (Art 121 B-VG). Er ist eine →objektive Rechtsschutzeinrichtung. Der Präsident des Rechnungshofs wird vom Nationalrat für eine Funktionsperiode von zwölf Jahren gewählt, wobei eine Wiederwahl unzulässig ist (Art 122 Abs 4 B-VG). Er ist dem Nationalrat politisch verantwortlich, ein Misstrauensvotum ist möglich (Art 123 B-VG). Ob und mit welchen Aufgaben außerhalb der Zuständigkeit des Rechnungshofs →Landesrechnungshöfe bestehen, regelt das Landesrecht.

→Recht *law* [18]: Recht (im rechtspositivistischen Sinn) sind die Normen des Staats, nur seine Normen sind Rechtsnormen.

→rechtliches Interesse [1486]: Das subjektive Recht gibt dem Einzelnen die Möglichkeit, einen Anspruch auf dem Prozessweg durchzusetzen. § 8 AVG beschreibt das subjektive öffentliche Recht, das im Verwaltungsverfahren →Parteistellung gewährt, als →Rechtsanspruch oder als rechtliches Interesse an der (Verwaltungs) Sache. Der Rechtsanspruch bezieht sich auf antragsbedürftige Verwaltungsverfahren, das rechtliche Interesse auf amtswegige Verwaltungsverfahren.

→Rechtsanspruch [1486]: Das subjektive Recht gibt dem Einzelnen die Möglichkeit, ein bestimmtes Tun oder Unterlassen der Verwaltung auf dem Prozessweg durchzusetzen. § 8 AVG beschreibt das subjektive öffentliche Recht, das im Verwaltungsverfahren →Parteistellung gewährt, als Rechtsanspruch oder als →rechtliches Interesse an der (Verwaltungs)Sache. Der Rechtsanspruch bezieht sich auf antragsbedürftige Verwaltungsverfahren, das rechtliche Interesse auf amtswegige Verwaltungsverfahren.

➔Rechtsaufsicht [1053]: Die Rechtsaufsicht ist jene ➔Aufsicht, bei der das Aufsichtsorgan überprüft, ob das Verwaltungshandeln mit dem Gesetz übereinstimmt, ob das Verwaltungsorgan gemäß den Gesetzen (= gesetzmäßig) gehandelt hat. Verwaltungsorgane können gebunden aufgrund der Gesetze oder frei im Rahmen des gesetzlichen Ermessens handeln. Die Überprüfung des Ermessens oder der Zweckmäßigkeit des Handelns sind nicht Gegenstand der Rechtsaufsicht. [Hat eine Aufsichtsbehörde auch das Ermessen von Verwaltungsorganen zu prüfen, sprechen wir von ➔Zweckaufsicht]. Das Land und der Bund führen etwa in der Gemeindeaufsicht nach Art 119a B-VG (nur) eine Rechtsaufsicht über die Gemeinden.

➔Rechtsbehelf [1526]: Während Rechtsmittel auf die Überprüfung eines Bescheids (oder eines Urteils) gerichtet sind, zielt der Rechtsbehelf auf die Erlangung einer Sachentscheidung durch eine Verwaltungsbehörde (Bescheid) oder ein Gericht (Urteil). Mit dem Rechtsbehelf wird die ➔Entscheidungspflicht der Behörde geltend gemacht. Der wichtigste Rechtsbehelf des Verwaltungsverfahrens ist der ➔Devolutionsantrag.

➔Rechtsbereinigung [999]: In der Rechtsbereinigung überprüft der Gesetzgeber, ob einzelne – meist alte – Rechtsvorschriften noch Bedeutung haben und in der Praxis angewendet werden. Bedeutungslose Rechtsvorschriften entfernt er dann förmlich in Rechtsbereinigungsgesetzen, etwa durch das Erste Bundesrechtsbereinigungsgesetz (1. BRBG) [= Bundesgesetz zur Bereinigung der vor 1946 kundgemachten einfachen Bundesgesetze und Verordnungen, BGBl I 1999/191]; das Erste Bundesverfassungsrechtsbereinigungsgesetz (1. BVRBG) [= Bundesverfassungsgesetz zur Bereinigung des Bundesverfassungsrechts, BGBl I 2008/2]; der Landesgesetzgeber zB durch das Oö Rechtsbereinigungsgesetz 1999, LGBl 2000/17; oder das Burgenländische Rechtsbereinigungsgesetz, LGBl 1996/64.

➔Rechtserzeugungsregeln [265]: Rechtserzeugungsregeln legen fest, in welchen Formen die einzelnen Staatsteilgewalten Recht erzeugen (➔Rechtssatzformen) dürfen und welches Verfahren (➔Verfahrensrecht) sie dabei einzuhalten haben. Die Verfassung, die den Staat und die Staatsgewalt verrechtlicht, trifft diese Anordnungen.

➔Rechtsfähigkeit [585]: Die Rechtsfähigkeit ist die „Privat"rechtsfähigkeit und meint die durch die Rechtsordnung verliehene Fähigkeit, Träger von (privaten) Rechten und Pflichten zu sein. Bezogen auf das Vermögen spricht man von Vermögensfähigkeit.

➔Rechtsinformationssystem des Bundes (RIS) <www.ris.bka.gv.at> [276]: Das Rechtsinformationssystem des Bundes (RIS) ist eine vom Bundeskanzler betriebene elektronische Datenbank. Das RIS dient erstens der authentischen Kundmachung der im Bundesgesetzblatt (BGBl) zu verlautbarenden Rechtsnormen und – sofern landesgesetzlich angeordnet (Art 101a B-VG) – auch der authentischen Kundmachung der in einem Landesgesetzblatt (LGBl) zu verlautbarenden Rechtsnormen (§ 6 Z 1 und Z 2 BGBlG); zweitens der nicht-authentischen Information über Rechtsnormen (§§ 6 Z 3, 13 BGBlG); und drittens hat das RIS umfangreiche Judikaturdatenbanken zum Inhalt. Das Rechtsinformationssystem des Bundes (RIS) steht jedermann ohne Einschränkung im Internet zur Verfügung.

➔Rechtskraft [1510]: Rechtskraft meint – im Unterschied zur ➔Bestandskraft des Bescheids im ➔Verwaltungsverfahren – die Unabänderlichkeit des Bescheids im gerichtlichen Verfahren, aber auch die Unabänderlichkeit einer gerichtlichen Entscheidung. Ein Bescheid ist rechtskräftig, wenn gegen ihn keine Bescheidbeschwerde an das Verwaltungsgericht (VwG) mehr erhoben werden kann, das Verwaltungsgericht ihn nicht mehr abändern darf. Die Rechtskraft eines Bescheids tritt daher ein mit (ungenütztem) Ablauf der Beschwerdefrist an das Verwaltungsgericht, mit Verzicht auf die Beschwerde, mit rechtskräftiger Entscheidung des Verwaltungsgerichts. Die Entscheidung eines Verwaltungsgerichts (LVwG, BVwG, BFG) ist rechtskräftig, wenn das Erkenntnis oder der Beschluss auf dem Rechtsweg nicht mehr – mit (Erkenntnis/Beschluss)Beschwerde beim Verfassungsgerichtshof (VfGH) oder mit Revision an den Verwaltungsgerichtshof (VwGH) – angefochten werden kann. Die Entscheidungen des Verfassungsgerichtshofs (VfGH) und des Verwaltungsgerichtshofs (VwGH) sind rechtskräftig, auch VfGH und VwGH entscheiden eine bereits rechtskräftig ➔entschiedene Sache nicht neuerlich (ne bis in idem).

➔Rechtsmittel [1515]: Ein Rechtsmittel ist die Möglichkeit zur Anfechtung einer individuell-konkreten Rechtsnorm einer Verwaltungsbehörde (Bescheid) oder eines Gerichts (Urteil, Erkenntnis, Beschluss) zum Zweck der Überprüfung der Rechtsnorm auf ihre Gesetzmäßigkeit sowie der Aufhebung oder Abänderung der Rechtsnorm im Fall ihrer Gesetzwidrigkeit. Das B-VG (Art 130 Abs 1 Z 1) kennt gegen rechtswidrige Bescheide das Rechtsmittel der Bescheidbeschwerde an das Verwaltungsgericht (VwG). Nur ausnahmsweise kommt die Anfechtung eines Bescheids im ➔Verwaltungsverfahren auf dem Verwaltungsrechtsweg vor einer Verwaltungsbehörde in Betracht. Die Verwaltungsverfahrensgesetze unterscheiden ➔ordentliche Rechtsmittel und ➔außerordentliche Rechtsmittel.

➔Rechtsmonopol [18]: Aufgrund des Gewaltmonopols kann nur der Staat Normen mit körperlicher Gewalt durchsetzen. Nur die Normen des Staats sind Rechtsnormen. Der Staat verfügt über das Rechtsmonopol.

➔Rechtsnorm [18]: Eine Rechtsnorm (im rechtspositivistischen Sinn) ist eine verbindliche Anordnung des Staats, die der Staat gegebenenfalls mit körperlicher Gewalt (Gewaltmonopol) durchsetzt.

➔**Rechtsperson** [590]: Der Begriff Rechtsperson ist ein Synonym für ➔juristische Person und für Körperschaft.

➔**Rechtspfleger** [1350]: Rechtspfleger sind besonders ausgebildete nichtrichterliche Bedienstete, die auf gesetzlicher Grundlage unter Weisung des Richters bestimmte Rechtssachen bei einem ordentlichen Gericht (Art 87a B-VG) oder bei einem Verwaltungsgericht erledigen (Art 135a B-VG).

➔**Rechtspositivismus** *legal positivism* [19]: Der Staat hat das Rechts(setzungs)monopol. Nur das vom Staat erzeugte (= positive) Recht ist Recht. Der Rechtspositivismus, der eng mit Vorstellungen der Demokratie verknüpft ist, lehnt Gottesrecht, Naturrecht oder Vernunftrecht ab.

➔**Rechtsreflex** [1435]: Vom objektiven Recht, das die Verwaltung vollzieht, ist eine Person zunächst nur tatsächlich betroffen. In ein ➔Verwaltungsrechtsverhältnis, das zum Prozess berechtigen würde, ist der Betroffene nicht einbezogen. Die objektive Gesetzeslage wirft auf den Einzelnen (bloß) einen Rechtsreflex. Nur wenn der Gesetzgeber der betroffenen Person darüber hinaus ein ➔subjektives Recht (einen Anspruch) einräumt, ist ein Verwaltungsprozess zulässig.

➔**Rechtssatzform** [267]: Eine Rechtssatzform ist ein Typus einer Rechtsnorm. Die Verfassung, die den Staat und die Staatsgewalt verrechtlicht, legt fest, in welchen Formen die einzelnen Staatsteilgewalten Recht erzeugen (= Rechtssatzformen) dürfen. So erzeugt die Gesetzgebung etwa Recht in der Rechtssatzform ➔Gesetz, die Verwaltung in den Rechtssatzformen ➔Verordnung und ➔Bescheid und die Gerichtsbarkeit in den Rechtssatzformen ➔Urteil (Erkenntnis) und ➔Beschluss. Außerhalb dieser verfassungsgesetzlich festgelegten Rechtssatzformen kommt eine verbindliche Rechtsnorm nicht zustande (➔geschlossenes Rechtsquellensystem).

➔**Rechtsschutzstaat** [260]: Der Rechtsstaat ist nicht nur ein Gesetzesstaat, er ist auch ein Rechtsschutzstaat. Handelt die Vollziehung rechtswidrig ohne gesetzliche Grundlage oder verstößt die Gesetzgebung rechtswidrig gegen die Verfassung, so kann sich der Betroffene dagegen auf den in der Rechtsordnung vorgegebenen gerichtlichen Rechtswegen zur Wehr setzen.

➔**Rechtsstaat** *state under the rule of law* [249]: Im Rechtsstaat ist das staatliche Vollziehungshandeln für den Einzelnen vorhersehbar und berechenbar, weil die Vollziehung nur aufgrund von Gesetzen handeln darf und die Gesetze allgemein kundgemacht sind. Der Rechtsstaat ist ein Gesetzesstaat und ein Rechtsschutzstaat. Einen Staat, der kein Rechtsstaat ist, bezeichnen wir als ➔Polizeistaat.

➔**Rechtsträger** [585]: Träger privater Rechte und Pflichten sind Rechtsträger. Sowohl ➔natürliche Personen als auch ➔juristische Personen sind als Träger privater Rechte und Pflichten Rechtsträger.

➔**Rechtsverordnung** [311] [1137]: Die Rechtsverordnung ist eine von einer Verwaltungsbehörde erlassene Verordnung, die – im begrifflichen Gegensatz zur ➔Verwaltungsverordnung – Rechte und Pflichten für Personen außerhalb der Verwaltung festlegt und daher einer allgemeinen Kundmachung bedarf, damit die Normadressaten von ihrem Inhalt Kenntnis nehmen können.

➔**reformatio in peius** [1521] [1548] [1624]: Reformatio in peius (= Verschlechterung) ist die Abänderung einer verwaltungsbehördlichen oder gerichtlichen Entscheidung zu Ungunsten des Rechtsmittelwerbers. Soweit im Verwaltungsverfahren in den Angelegenheiten des eigenen Wirkungsbereichs der Gemeinde das Rechtsmittel der Berufung zulässig ist, kann und muss die Berufungsbehörde im Sinne der ➔vollen Berufung den angefochtenen Bescheid auch zum Nachteil des Berufungswerbers abändern (Änderung zum Schlechten), wenn es das Gesetz verlangt. Unzulässig ist eine derartige Verschlechterung auf dem Rechtsweg allerdings im Verwaltungsstrafverfahren (➔Verschlechterungsverbot, § 49 Abs 2 VStG, § 42 VwGVG).

➔**Regierung** *government* [212]: Die Regierung ist die Spitze, das oberste Organ der Vollziehung. Sie vollzieht die Gesetze, hat aber auch politische Aufgaben (➔Regierungsakt). Die Regierung ist ein Kollegialorgan, besteht aus mehreren Mitgliedern (= Ministern) und einem Regierungschef (= Kanzler). Das B-VG kennt eine ➔Bundesregierung und eine ➔Landesregierung (mit abweichenden Bezeichnungen der Regierungsmitglieder; Regierungschef der Bundesregierung ist der Bundeskanzler, der Landesregierung der Landeshauptmann; die Mitglieder der Bundesregierung sind die Bundesminister, der Landesregierung die Landesräte).

➔**Regierungsakt** [1202]: Ein Regierungsakt ist die Wahrnehmung einer von der Verfassung der Regierung als Kollegialorgan vorbehaltenen politischen Aufgabe. Regierungsakte der Bundesregierung sind etwa die Anordnung der Wahl zum Nationalrat (Art 27 Abs 2 B-VG), die Vorlagen an den Nationalrat im Gesetzgebungsverfahren (= Regierungsvorlagen, Art 41 Abs 1 B-VG), das Vorschlagsrecht für die Akte des Bundespräsidenten (Art 67 Abs 1 B-VG), die Anfechtung eines Landesgesetzes vor dem Verfassungsgerichtshof (Art 140 Abs 1 Z 3 B-VG), Vorschläge für die Ernennung von Mitgliedern des Verfassungsgerichtshofs (Art 147 Abs 2 B-VG). Im Bereich der Landesverwaltung sind Regierungsakte die von der (Bundes- oder Landes)Verfassung der Landesregierung als Kollegialorgan vorbehaltenen politischen Aufgaben, etwa die Vorlagen an den Landtag im Gesetzgebungsverfahren (Art 30 Abs 1 Oö L-VG), die Anfechtung eines Bundesgesetzes vor dem Verfassungsgerichtshof (Art 140 Abs 1 Z 2 B-VG).

➔Regierungsübereinkommen [355] [1030]: Der Bundespräsident schließt auf Vorschlag der Bundesregierung (Art 67 Abs 1 B-VG) die Staatsverträge des Bundes und auf Vorschlag der Landesregierung (Art 16 Abs 2 letzter Satz B-VG) die Staatsverträge der Länder (Art 65 Abs 1 B-VG) ab. Den Abschluss von Staatsverträgen in Verordnungsrang kann der Bundespräsident generell der Bundesregierung (Art 66 Abs 2 B-VG) bzw der Landesregierung (Art 66 Abs 3 B-VG) übertragen (= Regierungsübereinkommen). Mit Entschließung vom 31.12.1920 (BGBl 1921/49) ermächtigte der Bundespräsident die Bundesregierung generell zum Abschluss bestimmter Kategorien von Staatsverträgen des Bundes in Verordnungsrang.

➔Regierungsvorlage [916]: Eine Regierungsvorlage ist ein von der Regierung dem Parlament – zur Beratung und Beschlussfassung – vorgelegter Gesetzesvorschlag. Gesetzgebungsverfahren werden zum ganz überwiegenden Teil durch Regierungsvorlagen initiiert. Die Bundesregierung kann Gesetzesvorschläge an den Nationalrat richten (Art 41 Abs 1 B-VG). Die meisten Gesetzesinitiativen werden auf Weisung des Bundesministers von der Ministerialverwaltung erstellt, in der Bundesregierung (= Ministerrat) einstimmig beschlossen (Art 69 Abs 3 B-VG) und von der Bundesregierung als Regierungsvorlage dem Nationalrat vorgelegt. Für die Landesgesetze gilt Entsprechendes nach den Landesverfassungen. Die Landesregierung kann Gesetzesvorschläge an den Landtag richten (zB Art 30 Abs 1 Oö L-VG).

➔Regulator [1230]: Regulator ist ein Synonym für ➔Regulierungsbehörde.

➔Regulierungsbehörde [1230]: Eine Regulierungsbehörde (= Regulator) ist vom Bundesgesetzgeber in der unmittelbaren Bundesverwaltung zur Überwachung von im Zuge der Liberalisierung und Privatisierung in den freien Markt übergeführten Monopolunternehmen insbesondere unter Wettbewerbsgesichtspunkten eingerichtet. Die Regulierungsbehörden folgen ➔Agenturvorstellungen und sind ein Organisationskonglomerat aus Leitungskompetenzen des Bundesministers, staatlichen und privaten Organisationsteilen, aus beliehenen oder eingegliederten Organen und aus weisungsfreien Kollegialbehörden (Art 20 Abs 2 Z 4, Z 5 und Z 8 B-VG). Regulierungsbehörden bestehen für Strom und Gas (➔Energie-Control Austria [E-Control]), für die Bahn (➔Schienen-Control GmbH), für die Telekommunikation (➔Telekom-Control-Kommission), für die Post (➔Post-Control-Kommission) sowie für den Rundfunk (➔Rundfunk und Telekom Regulierungs-GmbH, ➔KommAustria).

➔relativ schützendes Freiheitsrecht [509]: Ein Freiheitsrecht mit Gesetzesvorbehalt ist ein relativ schützendes Freiheitsrecht. Bei einem relativ schützenden Freiheitsrecht erlaubt der Verfassungsgesetzgeber dem einfachen Gesetzgeber – unter bestimmten inhaltlichen Vorgaben (➔materieller Gesetzesvorbehalt) – einen Eingriff in den Schutzbereich des Grundrechts. Aufgrund der verfassungsgesetzlichen Ermächtigung darf der einfache Gesetzgeber zwar in den geschützten Freiraum eines unter Gesetzesvorbehalt stehenden Freiheitsrechts eingreifen, aber nur soweit er die verfassungsgesetzlichen Voraussetzungen für diesen Eingriff erfüllt.

➔relative Nichtigkeit [342]: Relativ nichtig ist eine Rechtsnorm, die trotz Rechtswidrigkeit nicht von vornherein ungültig ist, sondern – vorerst bis zu ihrer Überprüfung und Aufhebung durch die Rechtsschutzeinrichtungen (zB die Gerichtshöfe des öffentlichen Rechts) – gilt (➔Fehlerkalkül).

➔relative Verfassungsautonomie der Länder [372]: Der Landesverfassungsgesetzgeber kann in Verfassungsautonomie alles frei regeln, solange er der Bundesverfassung nicht widerspricht (= ➔Widerspruchsfreiheit). Die Länder haben in diesem Sinn eine relative Verfassungsautonomie (Art 99 Abs 1 B-VG). Dem Bund hingegen kommt eine absolute ➔Verfassungsautonomie zu, er kann ohne Einschränkung alles regeln.

➔Religionsgesellschaften [87]: Religionsgesellschaften sind organisierte Gemeinschaften der Anhänger eines bestimmten (nicht-christlichen) Bekenntnisses. Gesetzlich anerkannte Religionsgesellschaften sind Körperschaften öffentlichen Rechts. In Österreich gesetzlich anerkannte Religionsgesellschaften (Art 15 StGG 1867) sind die Islamische Glaubensgemeinschaft in Österreich, die Israelitische Religionsgesellschaft, die Österreichische Buddhistische Religionsgesellschaft und Jehovas Zeugen.

➔Republik *republic* [196]: Als Staatsform steht die Republik im Gegensatz zur Monarchie. In der Republik wird das Staatsoberhaupt ernannt oder gewählt, es ist für seine Tätigkeit verantwortlich. Die Republik ist historisch mit der Demokratie verbunden, jedoch bezeichnen sich auch Diktaturen als Republik, weil sie keine Monarchien sind.

➔Resolutionsrecht [956]: Resolutionsrecht ist ein Synonym für ➔Entschließungsrecht.

➔Ressortübereinkommen [355] [1030]: Der Bundespräsident kann den Abschluss von Staatsverträgen des Bundes in Verordnungsrang nicht nur der Bundesregierung (➔Regierungsübereinkommen), sondern auch ressortzuständigen Mitgliedern der Bundesregierung (Art 66 Abs 2 B-VG) übertragen (= Ressortübereinkommen). Mit Entschließung vom 31.12.1920 (BGBl 1921/49) ermächtigte der Bundespräsident den ressortmäßig zuständigen Bundesminister im Einvernehmen mit dem Außenminister zum Abschluss bestimmter Kategorien von Staatsverträgen des Bundes in Verordnungsrang.

➔Revision [1562] [1589] [1628]: Das Rechtsmittel der Revision an den ➔Verwaltungsgerichtshof (VwGH) steht gegen ein rechtswidriges Erkenntnis und einen rechtswidrigen Beschluss eines Verwaltungsgerichts (LVwG, BVwG, BFG) zu (Art 133 Abs 1 Z 1, Abs 9 B-VG). Zur Erhebung einer Revision berechtigt ist, wer durch das Erkenntnis oder den Beschluss in einem einfachgesetzlich gewährleisteten subjektiven Recht (➔Revisionspunkt) verletzt ist (Art 133 Abs 6 Z 1 B-VG); darüber hinaus sind bestimmte Amtsparteien (Organparteien) – wegen objektiver Rechtswidrigkeit – zur Anfechtung berechtigt (Amtsrevision, Organrevision, Art 133 Abs 6 Z 3 und Z 4 B-VG). Die Revision hat keine aufschiebende Wirkung.

➔**Revisionspunkt** [1628]: Wer ein verwaltungsgerichtliches Erkenntnis oder einen verwaltungsgerichtlichen Beschluss mit Revision vor dem Verwaltungsgerichtshof (VwGH) bekämpft, muss die Verletzung konkreter subjektiver Rechte durch das Erkenntnis (Beschluss) behaupten. Das Gesetz (§ 28 Abs 1 Z 4 VwGG) nennt die Bezeichnung eines verletzten Rechts in der Revision „Revisionspunkt". Als Revisionspunkte kommen nur einfachgesetzlich gewährleistete Rechte in Betracht (Art 133 Abs 6 Z 1 B-VG).

➔**Revolution** [64]: Revolution im Rechtssinn bedeutet „Diskontinuität" von Verfassungsordnungen. Verfassungen sehen meist ein Verfahren zu ihrer Abänderung vor. Wird eine geltende Verfassung nach ihren eigenen Regeln abgeändert und durch eine neue Verfassung ersetzt, so spricht man von „Kontinuität" der Verfassungsordnung. Entsteht die neue Verfassung unter Missachtung der alten Verfassung, so spricht man von „Diskontinuität". Diskontinuitäten in den österreichischen Verfassungsordnungen bestehen 1918 (von der konstitutionellen Monarchie zur demokratischen Republik), 1934 (von der demokratischen Republik zum Ständestaat) und 1945 (vom Ständestaat zur demokratischen Republik).

➔**Richter** [1348]: Richter sind mit den richterlichen Privilegien der Weisungsfreiheit, der Unversetzbarkeit und der Unabsetzbarkeit ausgestattete (Bundes- oder Landes)Beamte. Sie sind – neben Laienrichtern und Rechtspflegern – mit den Aufgaben der Rechtsprechung betraut und entscheiden als Einzelrichter oder in kollegialen Senaten. Der Büroapparat des Richters ist die Kanzlei. Die einzelnen Richter sind nur in ihrer rechtsprechenden Tätigkeit weisungsfrei gestellt (Art 87 B-VG) und mit den persönlichen richterlichen Privilegien der Unversetzbarkeit und der Unabsetzbarkeit (Art 88 B-VG) gegen politische Beeinflussung und politische Pressionen geschützt, nicht auch in der Justizverwaltung.

➔**richterliche Privilegien** [220]: Die richterlichen Privilegien schützen die ➔Richter – insbesondere zur Vermeidung von Kabinettsjustiz – vor politischer Beeinflussung und vor politischen Pressionen. Zu den richterlichen Privilegien zählen die richterliche Unabhängigkeit, das ist die Weisungsfreiheit der Richter in Ausübung ihres richterlichen Amtes (Art 87 Abs 1 B-VG), die Unabsetzbarkeit (Art 88 Abs 2 B-VG) und die Unversetzbarkeit der Richter (Art 88 Abs 2 B-VG).

➔**Richtlinie** *directive* [769]: Eine unionsrechtliche Richtlinie (Art 288 Abs 3 AEUV) ist (nur) für jeden EU-Mitgliedstaat bezüglich der Ziele verbindlich, die Staaten haben aber die Wahl der Form und der Mittel zur Erreichung dieser Ziele. Eine Richtlinie bedarf der innerstaatlichen Umsetzung durch nationale Rechtsakte – in der Regel binnen einer in der Richtlinie gesetzten Frist. Für die staatlichen Vollziehungsorgane und für die Menschen im nationalen Bereich sind grundsätzlich nur die staatlichen Umsetzungsakte (nationale Gesetze und andere Rechtsvorschriften) verbindlich. Setzt ein Mitgliedstaat eine Richtlinie jedoch nicht fristgemäß oder nur unzulänglich in nationales Recht um, so kann sich ein Einzelner gegenüber dem mit der Umsetzung säumigen Staat (nicht auch gegenüber Dritten) unmittelbar auf inhaltlich unbedingte und hinreichend genau bestimmte Richtlinienbestimmungen berufen und unmittelbar aus der Richtlinie Rechte gegenüber dem Staat geltend machen. Der mit der Umsetzung säumige Mitgliedstaat kann den Einzelnen hingegen nicht unmittelbar aus der Richtlinie verpflichten. In einem Gesetzgebungsverfahren – unter Mitentscheidung des Europäischen Parlaments – erlassene Richtlinien nennt der AEUV (Art 289) Gesetzgebungsakte (➔EU-Gesetze, = Unionsgesetze). Die Richtlinien sind Teil des sekundären Unionsrechts.

➔**Römische Verträge 1957** [738]: Die multilateralen völkerrechtlichen Römischen Verträge 1957 vom 25.03.1957 begründeten die ➔Europäische Atomgemeinschaft (EAG = EURATOM, EAG-Vertrag) und die Europäische Wirtschaftsgemeinschaft (EWG, EWG-Vertrag) und verbanden sie mit der im Pariser Vertrag 1951 gegründeten Europäischen Gemeinschaft für Kohle und Stahl (EGKS) zu den „Europäischen Gemeinschaften". Die EWG änderte ihre Bezeichnung 1992 in Europäische Gemeinschaft (EG), der EWG-Vertrag wurde zum EG-Vertrag. Mit dem Vertrag von Lissabon (2009) wurde der EG-Vertrag zum Vertrag über die Arbeitsweise der EU (AEUV) weiterentwickelt. Es gibt seither kein Nebeneinander mehr von EG und ➔Europäischer Union, die Europäische Atomgemeinschaft (EAG) besteht aber neben der Europäischen Union (EU) fort.

➔**rückwirkende Aufhebung** [344]: Die rückwirkende Aufhebung (= ex tunc Aufhebung) einer auf Grund des Fehlerkalküls geltenden rechtswidrigen Rechtsnorm wirkt – im Gegensatz zu einer ➔Aufhebung für die Zukunft – nicht nur für die Zukunft, sondern rückwirkend vom Zeitpunkt ihrer Geltung an; die Rechtslage ist so, als hätte es diese Rechtsnorm nie gegeben. Die Aufhebung individueller Rechtssätze der Vollzugsbehörden (Bescheide, Urteile und Beschlüsse) wirkt regelmäßig ex tunc auf den Erlass der rechtswidrigen Norm zurück.

➔**Rundfunk und Telekom Regulierungs-GmbH (RTR-GmbH)** <www.rtr.at> [1233]: Die Rundfunk und Telekom Regulierungs-GmbH (RTR-GmbH) ist eine durch das KommAustria-Gesetz (KOG), BGBl I 2001/32 idgF, eingerichtete mit hoheitlichen und behördlichen Aufgaben betraute juristische Person des Privatrechts (= Beleihung), die zur Gänze im Bundeseigentum steht. Die Rundfunk und Telekom Regulierungs-GmbH (RTR-GmbH) überwacht die Telekommunikationsmärkte und den Postmarkt (Telekom und Post). Sie ist Geschäftsstelle sowohl der ➔Telekom-Control-Kommission als auch der ➔Post-Control-Kommission und zusammen mit diesen ➔Regulator im Telekom- und Postbereich. Darüber hinaus obliegt der RTR-GmbH auch die administrative Unterstützung der Regulierungstätigkeit der ➔Kommunikationsbehörde Austria (KommAustria) im Privatrundfunk- und –fernsehbereich.

➔Rundfunkfreiheit [558]: Die in Art 10 EMRK garantierte Meinungsäußerungsfreiheit umfasst auch die Rundfunkfreiheit (Radio und Fernsehen). Darunter versteht man die Freiheit zum Empfang und zur Mitteilung von Nachrichten oder Ideen mit Hilfe von Rundfunkanlagen ohne Berücksichtigung von Staatsgrenzen. Die Bundesverfassung (➔BVG Rundfunk, BGBl 1974/396) erklärt Rundfunk zur öffentlichen Aufgabe und verlangt insbesondere die Objektivität und Unparteilichkeit der Berichterstattung, die Berücksichtigung der Meinungsvielfalt, die Ausgewogenheit der Programme.

S

➔sachlich in Betracht kommende Oberbehörde [1480]: Spricht das AVG von der „sachlich in Betracht kommenden Oberbehörde", so meint es die übergeordnete ➔organisatorische Instanz.

➔sachliche Rechtfertigung [498]: Die Formel der sachlichen Rechtfertigung dient der Prüfung, ob eine Ungleichbehandlung durch den einfachen (Bundes- oder Landes)Gesetzgeber (oder durch den Landesverfassungsgesetzgeber) mit dem ➔Gleichheitssatz vereinbar ist. Der Gleichheitssatz verpflichtet den einfachen Gesetzgeber und den Landesverfassungsgesetzgeber, in seinen Gesetzen keine unsachlichen Differenzierungen vorzunehmen. Eine Differenzierung ist verfassungskonform, wenn sie sachlich zu rechtfertigen ist. So ist etwa eine Maßnahme der ➔positiven Diskriminierung, eine Frauenförderungsmaßnahme sachlich gerechtfertigt, wenn sie aufgrund einer tatsächlichen Schlechterstellung der Frau der Herstellung der tatsächlichen Gleichstellung von Mann und Frau dient.

➔sachliche Zuständigkeit [1479]: Sachliche Zuständigkeit bezeichnet die Kompetenz einer (Verwaltungs-, Gerichts)Behörde, bestimmte Angelegenheiten – regelmäßig in einem (Verwaltungs-, Gerichts)Verfahren – zu entscheiden. Die sachliche Zuständigkeit einer Behörde kann keinesfalls über die jeweilige Organisationszuständigkeit (Verbandszuständigkeit) hinaus reichen. Das Grundrecht auf den gesetzlichen Richter (Art 83 Abs 2 B-VG) verpflichtet den Gesetzgeber, die Zuständigkeiten der Verwaltungsbehörden und die Zuständigkeiten der Gerichte im Gesetz zu regeln. Wegen der territorialen Gliederung der Vollziehung (Verwaltungssprengel, Gerichtssprengel) ist außerdem die ➔örtliche Zuständigkeit der entscheidungsbefugten Behörde zu hinterfragen.

➔Sachverständiger [1496]: Ein Sachverständiger ist eine Person, die aufgrund besonderer Fachkenntnis in einem Gutachten Sachverhalte (= Befund) beurteilt und damit der Wahrheitsfindung dient. Sachverständigengutachten sind Beweismittel im Verwaltungsverfahren (§ 52 AVG, § 24 VStG). Die Gutachten der Sachverständigen unterliegen der freien Beweiswürdigung der Verwaltungsbehörde. Wir kennen amtliche Sachverständige (= Amtssachverständige, § 52 Abs 1 AVG), deren berufliche Aufgabe es ist, für die Gebietskörperschaften fachliche Gutachten abzugeben („*der Behörde beigegebene oder zur Verfügung stehende*") und nichtamtliche Sachverständige (§ 52 Abs 2 AVG), welche – insb weil kein Amtssachverständiger zu Verfügung steht – von der Behörde im Einzelfall mit der Erstellung eines Gutachtens beauftragt werden. Private Sachverständige hingegen sind fachkundige Personen (etwa Ziviltechniker), die im Auftrag einer Partei Gutachten abgeben.

➔Säkularismus [88]: Der Säkularismus verlangt den Rückzug kirchlicher Institutionen aus den staatlichen Angelegenheiten und einen laizistischen Staat.

➔Satzung [1106]: Eine Satzung ist eine in der ➔Selbstverwaltung in der Gesellschaft von einem Selbstverwaltungskörper für seine Mitglieder erlassene verbindliche generelle Rechtsnorm (Art 120b Abs 1 B-VG). Die Satzungen der Selbstverwaltungskörper gelten als Verordnungen iSd Art 139 B-VG (geschlossenes Rechtsquellensystem). [Auch Staatsverträge werden mitunter als Satzung bezeichnet, etwa die Satzung der Vereinten Nationen (VN). Und auch der Gesellschaftsvertrag einer AG ist eine „Satzung"].

➔Säumnisbeschwerde [1563] [1648]: Die Säumnisbeschwerde an das Verwaltungsgericht (LVwG, BVwG, BFG) steht gegen die Säumnis (= Verletzung der ➔Entscheidungspflicht) einer Verwaltungsbehörde bei Erlassung eines Bescheids zu (Art 130 Abs 1 Z 3 B-VG). Beschwerdelegitimiert ist, wer im Verwaltungsverfahren als Partei zur Geltendmachung der Entscheidungspflicht berechtigt ist (Art 132 Abs 3 B-VG). Soweit allerdings im eigenen Wirkungsbereich der Gemeinde ein administrativer Instanzenzug eingerichtet ist, ist gegen eine Verletzung der Entscheidungspflicht durch die Gemeindebehörde I. Instanz Devolutionsantrag nach § 73 Abs 2 AVG zu erheben, Säumnisbeschwerde an das Verwaltungsgericht kann erst gegen die säumige Gemeindebehörde II. Instanz erhoben werden.

➔Schadenersatzklage (EU) [1405]: Mit der Schadenersatzklage (= Amtshaftungsverfahren, Art 268 AEUV) kann ein durch ein Unionsorgan in Ausübung seiner Amtstätigkeit rechtswidrig verursachter Schaden beim Gerichtshof der Europäischen Union eingeklagt werden. Klagelegitimiert ist auch jede geschädigte natürliche und juristische Person.

➔Schengen-Übereinkommen [791]: Die Schengen-Übereinkommen [= Übereinkommen über den schrittweisen Abbau der Kontrolle an den Gemeinsamen Grenzen 1985 (Schengen I) und das Schengener Durchführungsübereinkommen 1990 (Schengen II), BGBl III 1997/89, 1997/90] verfolgen das Ziel der Aufhebung der Waren- und Personenkontrollen an den staatlichen Binnengrenzen. Die Schengen-Übereinkommen sind seit 1997 (Vertrag von Amsterdam) in den EU-Vertrag integriert und heben die Grenzkontrollen für bislang 22 EU-Mitgliedstaaten (Belgien, Dänemark, Deutschland, Estland, Finnland, Frankreich, Griechenland, Italien, Lettland, Litauen, Luxemburg, Malta, Niederlande, Österreich, Polen, Portugal, Schweden, Slowakei, Slowenien, Spanien, Tschechische Republik und Ungarn) auf (Bulgarien und Rumänien sollen 2015 folgen). Die Schengen-Übereinkommen gelten auch für die drei EWR-Mitglieder Island, Liechtenstein und Norwegen sowie für die Schweiz.

➔Schienen-Control GmbH [1232]: Die Schienen-Control GmbH (= Schienen-Control Österreichische Gesellschaft für Schienenverkehrsmarktregulierung mit beschränkter Haftung) ist eine durch das Eisenbahngesetz 1957 (EisbG), BGBl 1957/60 idgF, eingerichtete mit hoheitlichen und behördlichen Aufgaben betraute juristische Person des Privatrechts (= Beleihung), die zur Gänze im Bundeseigentum steht. Die Schienen-Control GmbH überwacht und gestaltet den Schienenverkehrsmarkt (Bahn); sie ist Geschäftsstelle der ➔Schienen-Control Kommission und zusammen mit dieser ➔Regulator im Eisenbahnverkehr.

➔Schienen-Control Kommission [1232]: Die Schienen-Control Kommission ist eine durch das Eisenbahngesetz 1957 (EisbG), BGBl 1957/60 idgF, eingerichtete weisungsfreie Kollegialbehörde (Art 20 Abs 2 B-VG), deren Geschäftsstelle die Schienen-Control GmbH ist und die – gemeinsam mit der ➔Schienen-Control GmbH – ➔Regulator am Schienenverkehrsmarkt ist.

➔schlichter Parlamentsbeschluss [310] [911]: Ein schlichter Parlamentsbeschluss ist ein Beschluss des Parlaments, der nicht als Gesetz, sondern außerhalb des förmlichen Gesetzgebungsverfahrens ergeht (zB der Beschluss des Nationalrats zur Genehmigung von Staatsverträgen, Budgetbeschlüsse in manchen Ländern, der Beschluss des Nationalrats über den Ausschluss der Öffentlichkeit von Nationalratssitzungen).

➔schlichtes Handeln [262]: Als schlichtes Handeln bezeichnen wir – im Gegensatz zur ➔Rechtserzeugung – das einfache Handeln von Staatsorganen ohne rechtliche Verbindlichkeit.

➔schlicht-hoheitliches Handeln [1146]: Schlicht-hoheitliches Handeln ist das allgemeine Tun der Hoheitsverwaltung außerhalb der ➔Rechtserzeugung, somit das hoheitliche Handeln von Verwaltungsorganen, bei dem – im Gegensatz zur Rechtserzeugung – keine verbindlichen Rechte und Pflichten der Rechtsunterworfenen festgelegt werden (zB Ausstellen einer Geburtsurkunde, Erteilung einer Auskunft).

➔Schöffen [1356]: Die Schöffen sind Laienrichter im Schöffengericht. Über schwere Delikte entscheidet im gerichtlichen Strafverfahren nach der Strafprozessordnung (StPO) ein Schöffengericht (Art 91 Abs 3 B-VG), das aus zwei (Berufs)Richtern und zwei Schöffen besteht.

➔Schuman-Plan [738]: Die Gründung der Europäischen Gemeinschaft für Kohle und Stahl (EGKS) im Jahre 1951 durch den ➔Pariser Vertrag beruhte auf einem Plan des damaligen französischen Außenministers Robert Schuman (1886 bis 1963) zur Vereinigung der deutschen und französischen Kohle- und Stahlindustrie, der die These vertrat, ein friedliches Europa könne nur durch die wirtschaftliche Zusammenarbeit vor allem zwischen Deutschland und Frankreich geschaffen werden.

➔sekundäres Unionsrecht [766]: Sekundäres Unionsrecht sind die auf der Rechtsgrundlage des ➔primären Unionsrechts von den Organen der Europäischen Union (EU) erzeugten Normen. Sekundäres Unionsrecht sind insbesondere Verordnungen (EU), Richtlinien, Beschlüsse (EU), Empfehlungen und Stellungnahmen. Wie das primäre Unionsrecht genießt auch das sekundäre Unionsrecht vor dem nationalen (staatlichen) Recht der Mitgliedstaaten ➔Anwendungsvorrang.

➔sekundäres Völkerrecht [727]: Das sekundäre Völkerrecht sind die auf der Rechtsgrundlage des ➔primären Völkerrechts nicht von den Staaten selbst, sondern von – durch das primäre Völkerrecht eingerichteten – internationalen Organisationen und deren Organen erzeugten Rechtsregeln (zB ein Beschluss des Sicherheitsrats der Vereinten Nationen aufgrund der UNO-Charta). Wir nennen das sekundäre Völkerrecht auch ➔Staatengemeinschaftsrecht, weil es nicht alle Staaten, sondern nur jene, welche die bezügliche primäre Völkerrechtsgrundlage geschaffen haben, bindet. Das von den Organen der Europäischen Union (EU) erzeugte sekundäre Völkerrecht nennt man ➔sekundäres Unionsrecht.

➔selbständige Unternehmer [652]: Unternehmer üben eine berufliche Tätigkeit – anders als ➔unselbständige Arbeitnehmer – selbständig und eigenverantwortlich aus, dh auf eigene Rechnung. Sie tragen allein das wirtschaftliche Risiko.

➔selbständige Verordnung [1133]: Eine selbständige Verordnung ist eine von einer Verwaltungsbehörde erlassene Verordnung, die sich – im begrifflichen Gegensatz zur ➔Durchführungsverordnung – ohne gesetzliche Determinierung unmittelbar auf ein Bundesverfassungsgesetz stützt (= verfassungsunmittelbare Verordnung). Selbständige Verordnungen können – je nach dem Umfang der Ermächtigung – Gesetze ergänzen (= gesetzesergänzende Verordnungen, so die ➔ortspolizeiliche Verordnung der Gemeinde nach Art 118 Abs 6 B-VG sowie die Abgabenausschreibung durch die Gemeinde [➔freies Beschlussrecht]); an deren Stelle Recht setzen (= gesetzesvertretende Verordnungen, so etwa die Geschäftsordnung der Landesregierung gemäß Art 103 Abs 2 B-VG, die Verordnung des Bundesministers nach Art 104 Abs 2 B-VG); oder Gesetze abändern (= gesetzändernde Verordnungen, so etwa das ➔Notverordnungsrecht des Bundespräsidenten nach Art 18 Abs 3 bis 5 B-VG und das Notverordnungsrecht der Landesregierung nach Art 97 Abs 3 und 4 B-VG, die Delegationsverordnung nach Art 118 Abs 7 B-VG).

➔selbständiger Wirkungsbereich der Gemeinde [1286]: Selbständiger Wirkungsbereich der Gemeinde ist ein Synonym für ➔eigener Wirkungsbereich der Gemeinde und autonomer Wirkungsbereich der Gemeinde.

➔Selbstauflösung [896] [989]: Ein Parlament kann durch Selbstauflösung seine Legislaturperiode durch Mehrheitsbeschluss vorzeitig beenden. Art 29 Abs 2 B-VG sieht eine Selbstauflösung des Nationalrats durch einfaches Bundesgesetz ohne Mitwirkung des Bundesrats (Art 42 Abs 5 B-VG) vor. Der oö Landtag kann seine Selbstauflösung durch Landesverfassungsgesetz beschließen (Art 20 Oö L-VG).

➔Selbstbindungsgesetz [610]: Ein Selbstbindungsgesetz ist ein Gesetz des ➔Verwaltungsprivatrechts, mit dem der Bundesgesetzgeber das nicht-hoheitliche Handeln der Bundesverwaltung, der Landesgesetzgeber das privatrechtliche Handeln der Landesverwaltung in Materien bestimmt, für die er kompetenzrechtlich nicht zuständig ist. Diese Bereiche darf die Gesetzgebung zwar regeln (Art 17 B-VG), ihr ist aber die Einräumung subjektiver öffentlicher Rechte auf das nicht-hoheitliche Handeln der Verwaltung kompetenzrechtlich untersagt. Der Staat kann sich in diesen Bereichen durch Gesetz nur selbst binden. Was nicht ganz stimmt, weil das Verwaltungsprivatrecht subjektive private Ansprüche jedenfalls gewähren darf.

➔Selbstverwaltung im Staat [1104]: Selbstverwaltung im Staat ist gesetzesgebundene, weisungsfreie, nicht mittelbar dem Parlament, sondern unmittelbar dem Volk politisch verantwortliche staatliche Verwaltung. Wir bezeichnen die Selbstverwaltung im Staat auch als ➔territoriale Selbstverwaltung und grenzen sie damit von der Selbstverwaltung in der Gesellschaft (= personelle Selbstverwaltung), die keine staatliche Verwaltung ist, ab.

➔Selbstverwaltung in der Gesellschaft [1106]: Selbstverwaltung in der Gesellschaft ist die staatlich beaufsichtigte Wahrnehmung nicht-staatlicher öffentlicher Aufgaben durch gesetzlich eingerichtete, mit Satzungsrecht ausgestattete rechtsfähige Pflichtverbände (Art 120a bis 120c B-VG). Zu den gesellschaftlichen Selbstverwaltungen zählen die ➔berufliche Selbstverwaltung, die ➔soziale Selbstverwaltung und die ➔kulturelle Selbstverwaltung. Die Selbstverwaltung in der Gesellschaft (= personelle Selbstverwaltung) ist – anders als die ➔territoriale Selbstverwaltung (Gemeinden) – keine staatliche Verwaltung.

➔Selbstverwaltungskörper [1279]: Ein Selbstverwaltungskörper ist eine rechtsfähige durch den Gesetzgeber eingerichtete Organisation, im Bereich der ➔Selbstverwaltung im Staat und im Bereich der ➔Selbstverwaltung in der Gesellschaft. Die Gemeinden sind territoriale Selbstverwaltungskörper.

➔self-executing [709]: Eine Völkerrechtsnorm ist self-executing, wenn sie nicht nur eine Angelegenheit der internationalen Beziehungen regelt, nicht nur den Staat verpflichtet, sondern selbst die unmittelbare Anwendung durch die Vollziehung des Staats (Verwaltung und Gerichte) wünscht. Generell transformierte Self-executing-Normen des Völkerrechts dürfen – anders als ➔Non-self-executing-Normen des Völkerrechts – grundsätzlich als innerstaatliches Recht ohne zusätzlichen staatlichen Rechtssetzungsakt unmittelbar durch die nationale Vollziehung angewendet werden (➔unmittelbare Anwendbarkeit). Ob eine Self-executing-Norm des Völkerrechts tatsächlich im nationalen Bereich unmittelbar anwendbar ist, entscheidet die staatliche Rechtsordnung.

➔Sezession [1259]: Unter Sezession versteht man die Abspaltung eines Glied- oder Teilstaats oder eines bestimmten Staatsgebiets vom Gesamtstaat. Der Teilstaat erlangt durch Sezession eine eigene Staatlichkeit. Das B-VG sieht keine Möglichkeit des Austritts eines Bundeslands aus dem Bundesstaat vor.

➔Sicherheitsbehörden des Bundes [1242]: Die Sicherheitsbehörden des Bundes sind im B-VG (Art 78a bis 78c) eingerichtet und nach § 2 Sicherheitspolizeigesetz (SPG) mit den Aufgaben der ➔Sicherheitsverwaltung betraut. Die oberste Sicherheitsbehörde ist der Bundesminister für Inneres (Art 78a Abs 1 B-VG). Für jedes Bundesland ist eine ➔Landespolizeidirektion eingerichtet, an deren Spitze der ➔Landespolizeidirektor steht (Art 78b Abs 1 B-VG). Die Bezirksverwaltungsbehörden (Bezirkshauptmann, in Statutarstädten der Bürgermeister) besorgen grundsätzlich die Sicherheitsverwaltung auf Bezirksebene. Aufgrund Art 78c erster Satz B-VG hat der einfache Bundesgesetzgeber (§ 8 SPG) die Landespolizeidirektion für das Gebiet folgender Gemeinden allerdings zur Sicherheitsbehörde erster Instanz bestimmt: Eisenstadt und Rust; Graz und Leoben; Innsbruck; Klagenfurt am Wörthersee und Villach; Linz, Steyr und Wels; Salzburg; Sankt Pölten, Wiener Neustadt, Schwechat (einschließlich der in Fischamend, Klein-Neusiedl und Schwadorf gelegenen Teile des Flughafens Wien-Schwechat); und Wien. Von den Sicherheitsbehörden des Bundes ist der ➔Wachkörper ➔Bundespolizei zu unterscheiden.

➔Sicherheitspolizei [1172]: Sicherheitspolizei ist die dem Bund in Gesetzgebung und Vollziehung in Art 10 Abs 1 Z 7 B-VG zugewiesene Aufrechterhaltung der ➔öffentlichen Ruhe, der ➔öffentlichen Ordnung und der ➔öffentlichen Sicherheit (sowie die ➔erste allgemeine Hilfeleistung), soweit sie nicht als Verwaltungspolizei einer Sachmaterie zuzuordnen ist. Der Bundesgesetzgeber erließ dazu das Sicherheitspolizeigesetz (SPG). Weil Art 10 Abs 1 Z 7 B-VG die in Art 15 Abs 2 B-VG beschriebene örtliche Sicherheitspolizei ausdrücklich ausnimmt, zerfällt die Sicherheitspolizei begrifflich in die (überörtliche) ➔allgemeine Sicherheitspolizei und in die ➔örtliche Sicherheitspolizei.

➔Sicherheitspolizeigesetz (SPG) [1173]: Das Sicherheitspolizeigesetz (SPG) [= Bundesgesetz über die Organisation der Sicherheitsverwaltung und die Ausübung der Sicherheitspolizei, BGBl 1991/566 idgF] regelt die ➔allgemeine Sicherheitspolizei des Bundes (Art 10 Abs 1 Z 7 B-VG), die Organisation der ➔Sicherheitsverwaltung sowie die Aufgaben und Befugnisse der Sicherheitsbehörden.

➔Sicherheitsverwaltung [1183] [1242]: Sicherheitsverwaltung sind die Aufgaben der ➔Sicherheitspolizei (Art 10 Abs 1 Z 7 B-VG) und ergänzende sicherheitsrelevante Aufgaben (Pass- und Meldewesen, Fremdenpolizei, Überwachung des Eintrittes in das Bundesgebiet und des Austrittes aus ihm, Waffen-, Munitions-, Schieß- und Sprengmittelwesen, Pressewesen und Vereins- und Versammlungsangelegenheiten), die § 2 Sicherheitspolizeigesetz (SPG) den ➔Sicherheitsbehörden des Bundes überträgt.

➔Sittenklausel [465]: Sittenklauseln (§ 879 Abs 2 Z 4 ABGB, § 1 Gesetz gegen den unlauteren Wettbewerb [UWG]) sind gesetzliche Bestimmungen, die dem Privaten im Privatrechtsverkehr „sittenwidrige" privatrechtliche Handlungen verbieten. Sittenwidrig ist ein Verhalten, das den grundsätzlichen Werthaltungen der Rechtsordnung widerspricht, etwa die grobe Benachteiligung eines Vertragspartners.

➔SOLVIT-Beschwerdestelle <ec.europa.eu/solvit> [808]: Den in den 28 EU-Mitgliedstaaten sowie in Island, Liechtenstein und Norwegen eingerichteten nationalen SOLVIT-Beschwerdestellen (SOLVIT – Effective Problem Solving in Europe) obliegt die außergerichtliche Lösung von sich aus fehlerhafter Anwendung von Unionsrecht ergebenden Problemen. Jeder Unions(EWR)bürger und jedes EWR-Unternehmen kann sich bei einer Verletzung des Unionsrechts durch ein nationales Organ mit einer Beschwerde an die nationale SOLVIT-Beschwerdestelle wenden.

➔Souveränität *Sovereignty* [702]: Souveränität bezeichnet im Völkerrecht die Unabhängigkeit und Eigenständigkeit eines Staats gegenüber anderen Staaten und das Recht des Staats, den innerstaatlichen Bereich im Staatsrecht selbst – ohne „Einmischung in die inneren Angelegenheiten" – zu bestimmen. Die Souveränität schirmt den innerstaatlichen (nationalen) Bereich gegenüber dem internationalen Bereich (Völkerrecht) ab, sie schließt die direkte Regelung nationaler Angelegenheiten durch das Völkerrecht aus. Damit verhindert die Souveränität der Staaten die rechtliche Wirkung von Völkerrecht im innerstaatlichen Bereich ohne Mitwirkung des Staats; erst wenn der souveräne Staat dem Völkerrecht eine staatsrechtliche Geltungsgrundlage gibt (➔Transformation), kann das Völkerrecht auf nationaler Ebene rechtlich wirken.

➔soziale Selbstverwaltung [1108]: In der sozialen Selbstverwaltung besorgen Selbstverwaltungskörper (➔Selbstverwaltung in der Gesellschaft) die Aufgaben der ➔gesetzlichen Sozialversicherung. Die ➔Sozialversicherungsträger administrieren die Kranken-, Unfall-, Pensions- und Arbeitslosenversicherung.

➔soziale und ökologische Marktwirtschaft [650]: Die Wirtschaftsordnung Österreichs ist eine soziale und ökologische Marktwirtschaft (= öko-soziale Marktwirtschaft). Der ➔Sozialstaat verpflichtet den Gesetzgeber, im Interesse einer sozial gerechten Ordnung in die grundrechtlich geschützte freie Marktwirtschaft einzugreifen (= soziale Marktwirtschaft). Das ➔BVG Staatsziele (§ 3) verlangt vom Gesetzgeber dasselbe im Interesse des umfassenden Umweltschutzes (= ökologische Marktwirtschaft).

➔Sozialhilfe [130]: Mit der Sozialhilfe gibt der Staat jedem auf seinem Staatsgebiet lebenden Menschen, der – aus welchen Gründen auch immer – für seinen Unterhalt aus eigenem Vermögen, aus eigenem Einkommen, aus Unterhaltsansprüchen oder aus Versicherungsleistungen nicht aufkommen kann, die für das Leben erforderlichen Geld- und Sachleistungen (Wohnung, Kleidung, Essen und ärztliche Versorgung). Nach der Kompetenzverteilung ist das „Armenwesen" (Art 12 Abs 1 Z 1 B-VG) in der Grundsatzgesetzgebung Sache des Bundes, in der Ausführungsgesetzgebung und in der Vollziehung Sache des Landes.

➔Sozialpartner [664]: Die Sozialpartner sind die Bundeswirtschaftskammer (Wirtschaftskammer Österreich – WKÖ), die Bundesarbeitskammer (BAK), der Österreichische Gewerkschaftsbund (ÖGB) und die Präsidentenkonferenz der Landwirtschaftskammern. Sie bilden die ➔Sozialpartnerschaft.

➔Sozialpartnerschaft [664]: Die historisch entstandene Sozialpartnerschaft bedeutet die regelmäßige und institutionalisierte Zusammenarbeit der Sozialpartner. Sozialpartner sind die Bundeswirtschaftskammer (Wirtschaftskammer Österreich – WKÖ), die Bundesarbeitskammer (BAK), der Österreichische Gewerkschaftsbund (ÖGB) und die Präsidentenkonferenz der Landwirtschaftskammern. Art 120a Abs 2 B-VG anerkennt die Einrichtung der Sozialpartnerschaft und schützt die ➔Autonomie der Sozialpartner.

➔Sozialstaat [14] [116]: Sozialstaat ist ein Staat, der sich um eine sozial gerechte Gesellschaft bemüht und insbesondere für jeden eine ausreichende Versorgung mit allen lebensnotwendigen Gütern und Leistungen sicherstellen will. Die Verfassungsordnung gibt den Sozialstaat als ➔Staatsziel vor, der Sozialstaat beruht insbesondere auf der egalitären Demokratie und auf der Menschenwürde.

➔**Sozialversicherungsträger** [129]: Sozialversicherungsträger sind Selbstverwaltungskörper (➔soziale Selbstverwaltung), welche die gesetzliche Sozialversicherung (Kranken-, Unfall-, Pensions- und Arbeitslosenversicherung) administrieren. Der Bundesgesetzgeber richtete Sozialversicherungsträger für die Unfallversicherung, für die Krankenversicherung und für die Pensionsversicherung ein.

➔**Soziologie** *sociology* [5]: Soziologie ist die Wissenschaft vom gesellschaftlichen Verhalten der Menschen.

➔**spezielle Transformation** [705]: Die souveräne staatliche Rechtsordnung setzt bei spezieller Transformation das Völkerrecht nicht allein aufgrund seiner völkerrechtlichen Verbindlichkeit innerstaatlich in Geltung, es bedarf dafür besonderer nationaler Rechtsetzungsakte. Die spezielle Transformation steht im Gegensatz zur ➔generellen Transformation.

➔**Staat** *state* [11]: Der Staat ist eine Organisation, die das Ziel verfolgt, durch das mit körperlicher Gewalt sanktionierte Gewaltverbot eine friedliche Gesellschaft – frei von körperlicher Gewalt – zu bewirken und daher das Gewaltmonopol für sich beansprucht. Der Staat wird nicht nur durch das Gewaltmonopol, sondern auch durch die drei Staatselemente, nämlich Staatsgebiet, Staatsvolk und Staatsgewalt definiert.

➔**Staatenbund** *confederation* [686]: Ein Staatenbund (= Konföderation) ist eine Verbindung mehrerer Staaten auf völkerrechtlicher (= staatsvertraglicher) Grundlage zur Wahrnehmung einzelner gemeinsamer Aufgaben (zB Gemeinschaft Unabhängiger Staaten [GUS]). Die Staaten bleiben selbständig. Der Staatenbund ist kein ➔(Bundes)Staat und hat keine eigene Staatsgewalt.

➔**Staatengemeinschaftsrecht** [727]: Das Staatengemeinschaftsrecht ist das ➔sekundäre Völkerrecht, das internationale oder zwischenstaatliche Organisationen auf der Grundlage des primären Völkerrechts für ihre Mitglieder verbindlich festlegen

➔**Staatenverbund** [734]: Die EU ist kein Bundesstaat, weil Bundesstaaten nur auf der Grundlage einer nationalen Verfassung eingerichtet sind. Man bezeichnet die ➔Europäische Union (EU), die auf völkerrechtlicher Grundlage eingerichtet ist, wegen ihres hohen Integrationsgrads (Anwendungsvorrang des Unionsrechts) über einen bloßen Staatenbund aber hinausgeht, als Staatenverbund.

➔**staatliche Aufgaben** [1044]: Staatliche Aufgaben sind ➔öffentliche Aufgaben, deren Wahrnehmung der Gesetzgeber dem Staat überantwortet hat. Das Parlament entscheidet, welche öffentlichen Aufgaben es durch Gesetz zu staatlichen Aufgaben, insbesondere zu staatlichen Verwaltungsaufgaben, macht.

➔**staatliche Auftragsverwaltung** [1080] [1238]: (Staatliche) Auftragsverwaltung ist die Betrauung von natürlichen Personen, Organen anderer Gebietskörperschaften, anderer Körperschaften des öffentlichen Rechts oder des Privatrechts – im Gegensatz zur ➔mittelbaren Staatsverwaltung und zur ➔Beleihung – mit der Wahrnehmung nicht-hoheitlicher Verwaltungsaufgaben durch Gesetz (➔Eingliederung in die Verwaltung). Im Rahmen seines durch das Bundesministeriengesetz 1986 festgelegten Aufgabenkreises ist der Bundesminister für die Verwaltung des Bundesvermögens und die rechtsgeschäftliche Vertretung des Bundes nach außen zuständig. Einzelne dieser nicht-hoheitlichen Verwaltungsaufgaben darf der (ressortzuständige) Bundesminister – analog zur hoheitlichen mittelbaren Bundesverwaltung (= mittelbare Staatsverwaltung) – dem Landeshauptmann und den ihm unterstellten Organen – durch eine (gesetzesvertretende selbständige) Verordnung – übertragen (Art 104 Abs 2 B-VG), die dann der Weisung des Bundesministers unterworfen sind. Eine solche Auftragsverwaltung des Bundes findet etwa in der Bundeswasserbauverwaltung (BGBl 1969/280), bei der Durchführung von Förderungen im Bereich der Land- und Forstwirtschaft (BGBl 1992/141 idgF) und im Bereich des Hochwasserschutzes (BGBl II 2006/351) statt.

➔**Staatsanwalt** [1360]: Das B-VG bezeichnet die Staatsanwälte als Organe der ordentlichen Gerichtsbarkeit (Art 90a B-VG); sie sind allerdings nicht mit der Rechtsprechung betraut und auch nicht mit den richterlichen Privilegien ausgestattet. Die Staatsanwälte nehmen im gerichtlichen Strafverfahren die vom urteilenden Gericht getrennten Ermittlungs- und Anklagefunktionen wahr, sie sind die öffentlichen „Ankläger" (➔Anklageprozess). Sie sind weisungsgebunden und unterhalb der Regierungsebene (Bundesminister für Justiz) in die Generalprokuratur (auf Ebene des Obersten Gerichtshofs), in die Oberstaatsanwaltschaften (am Sitz jedes Oberlandesgerichts) und in die Staatsanwaltschaften (am Sitz jedes in Strafsachen tätigen Landesgerichts) gegliedert. Die ➔Wirtschafts- und Korruptionsstaatsanwaltschaft (WKStA) ist eine für das gesamte Bundesgebiet zuständige Staatsanwaltschaft mit besonderen Zuständigkeiten. Rechtsgrundlage der Staatsanwaltschaft ist das Staatsanwaltschaftsgesetz (StAG), BGBl 1986/164 idgF. Die Weisungen an Staatsanwälte unterliegen besonderen Regeln (Art 90a letzter Satz B-VG).

➔**Staatsbürgerrecht** [444]: Ein Staatsbürgerrecht ist ein ➔Grundrecht (= verfassungsgesetzlich gewährleistetes Recht), das die Verfassung – anders als ein Menschenrecht – nicht allen Menschen, sondern nur österreichischen Staatsbürgern (Staatsbürgerschaft) gewährt. Im Anwendungsbereich des Unionsrechts ist der Adressatenkreis der Staatsbürgerrechte auf ➔Unionsbürger erweitert.

➔**Staatsbürgerschaft** *citizenship, nationality* [364]: Die Staatsbürgerschaft (= Staatsangehörigkeit) zeigt die Zugehörigkeit eines Menschen zu einem bestimmten Staat. Die Rechtsordnung knüpft bei Zuordnung von

Rechten und Pflichten häufig am rechtlichen Status der Staatsbürgerschaft an. So gewährt die Verfassung bestimmte Grundrechte nur den österreichischen Staatsbürgern (➔Staatsbürgerrechte), das Wahlrecht zu den allgemeinen Vertretungskörpern setzt idR die österreichische Staatsbürgerschaft voraus. Art 6 Abs 1 B-VG legt die Einheitlichkeit der Staatsbürgerschaft für die Republik Österreich fest, dh es besteht keine – in Bundesstaaten übliche – Teilung der Staatsbürgerschaft in eine solche des Gesamtstaats und eine des Glied- oder Teilstaats. Wer die Staatsangehörigkeit eines EU-Mitgliedstaats besitzt, ist ➔Unionsbürger.

➔Staatsform [196]: Die Staatsform fragt, wer nach der Verfassung eines Staats Staatsoberhaupt ist, insbesondere den Staat völkerrechtlich vertritt. Die Republik und die Monarchie sind Staatsformen.

➔Staatsgerichtsbarkeit [1609]: In der Staatsgerichtsbarkeit erkennt der Verfassungsgerichtshof (VfGH) über Anklagen zur Geltendmachung der Verantwortlichkeit der obersten Bundes- und Landesorgane für die durch ihre Amtstätigkeit erfolgten schuldhaften Rechtsverletzungen (Art 142 B-VG). Zur Geltendmachung der rechtlichen Verantwortung können angeklagt werden: der Bundespräsident wegen Verletzung der Bundesverfassung (durch Beschluss der Bundesversammlung); Mitglieder der Bundesregierung wegen Gesetzesverletzung (durch Beschluss des Nationalrats); die Mitglieder einer Landesregierung wegen Gesetzesverletzung (durch Beschluss des zuständigen Landtags); der Landeshauptmann wegen Gesetzesverletzung sowie wegen Nichtbefolgung der Verordnungen oder Weisungen in Angelegenheiten der mittelbaren Bundesverwaltung (durch Beschluss der Bundesregierung). Der Verfassungsgerichtshof stellt das rechtswidrige und schuldhafte Handeln des angeklagten Organs fest und entscheidet in schwerwiegenden Fällen auf Amtsverlust.

➔Staatsgrundgesetz 1867 (StGG 1867) [58] [70] [435] [470]: Das Staatsgrundgesetz 1867 (StGG 1867) [= Staatsgrundgesetz über die allgemeinen Rechte der Staatsbürger für die im Reichsrathe vertretenen Königreiche und Länder, RGBl 1867/142 idgF] enthält einen Katalog von Grund- und Freiheitsrechten. Es wurde durch Art 149 Abs 1 B-VG in die Bundesverfassung rezipiert und ist der einzige heute noch (großteils) in Geltung stehende Teil der ➔Dezemberverfassung 1867.

➔Staatshaftung *Liability of the State* [779] [1464]: Staatliche Organe haben nicht nur staatliches Recht, sondern auch Unionsrecht anzuwenden (Anwendungsvorrang). Der Staat haftet für Schäden, die seine (Gesetzgebungs-, Gerichts- oder Verwaltungs)Organe einem Einzelnen durch Verstöße gegen das Unionsrecht zufügen. In Abgrenzung zur nationalen ➔Amtshaftung wird die unionsrechtliche Haftung Staatshaftung genannt. Einen Haftungsausschluss für Gesetzgeber und für das nicht-hoheitliche Handeln der Verwaltung – wie nach Amtshaftungsrecht – gibt es im Unionsrecht nicht. Hat die Gesetzgebung etwa eine Richtlinie der EU unionsrechtswidrig nicht oder nicht rechtzeitig umgesetzt (= ➔legislatives Unrecht), haftet der Staat für verursachte Schäden. Staatshaftungsansprüche sind grundsätzlich bei den Zivilgerichten einzuklagen, Staatshaftungsansprüche aus legislativem Unrecht oder aus einer höchstgerichtlichen Entscheidung jedoch beim Verfassungsgerichtshof nach Art 137 B-VG (Kausalgerichtsbarkeit).

➔Staatskirchenrecht [91]: Das Staatskirchenrecht ist – im Gegensatz zum ➔Kirchenrecht – das Recht des Staats, das die Kirchen und Religionsgesellschaften, das Verhältnis der Kirchen und der Religionsgesellschaften zum Staat und das Verhältnis der Kirchen und Religionsgesellschaften zu ihren Mitgliedern regelt. Grundlage des Staatskirchenrechts ist insbesondere Art 15 StGG 1867.

➔Staatslehre [75]: Staatslehre ist die Wissenschaft, die sich beschreibend und wertend mit dem Phänomen Staat auseinandersetzt. Soweit sie nicht bloß einen konkreten Staat erfasst, sondern sich auf das Staatsphänomen allgemein bezieht, spricht man von „Allgemeiner Staatslehre".

➔Staatsoberhaupt *head of state* [197]: Staatsoberhaupt ist die Person, die – jedenfalls formell – an der Spitze des Staats steht. Das Staatsoberhaupt vertritt den Staat im völkerrechtlichen Verkehr mit anderen Staaten. Die innerstaatlichen Befugnisse des Staatsoberhaupts bestimmt die Verfassung. Nach dem B-VG ist der ➔Bundespräsident Staatsoberhaupt der „Republik Österreich" (Art 60 bis 68 B-VG).

➔Staatspolitischer Grundsatz [79]: Ein staatspolitischer Grundsatz ist ein – zur Beschränkung des freien politischen Handelns – in der Verfassung verankertes Prinzip, das der Politik konkrete Inhalte vorgibt. Staatspolitische Grundsätze sind der ➔Antimonarchismus, der ➔Laizismus, der ➔Antifaschismus, die ➔Neutralität sowie die ➔Atomwaffen- und Atomenergiefreiheit.

➔Staatsrecht [2] [676]: Staatsrecht ist im Gegensatz zum ➔Völkerrecht das nationale Recht des Staats (= innerstaatliches Recht). Innerstaatlich wird der Begriff Staatsrecht manchmal mit dem Begriff Verfassungsrecht gleichgesetzt.

➔Staatsschuldenkrise [840]: Der Staat bedeckt seine Verbindlichkeiten nicht nur hoheitlich durch Abgaben, er begibt auch privatrechtlich Anleihen auf dem Kapitalmarkt. Der Staat muss dabei auf das gesamtwirtschaftliche Gleichgewicht und auf einen nachhaltig geordneten Haushalt achten (Art 13 Abs 2 B-VG). Sind die Staatsschulden zu hoch, fürchtet der Kapitalmarkt, dass sie nicht bedient werden können, und nimmt dem Staat Anleihen nicht mehr oder nur zu extrem hohen Risikozinsen ab. Der Staat steckt in der Schuldenkrise. Er muss Ausgaben kürzen, insbesondere Personal und Sozialleistungen abbauen, Staatseigentum verkaufen, Abgaben erhöhen und eventuell mit dem Hoheitsrecht seine Gläubiger enteignen (= Schuldenschnitt, „Haircut"). Die negativen volkswirtschaftlichen Folgen dieser Maßnahmen treffen letztlich alle, besonders die sozial Schwachen, und können den Staat politisch destabilisieren.

➔**Staatssekretär** [1204]: Der Staatssekretär ist nominell ein oberstes Organ der Vollziehung (Art 19 Abs 1 B-VG). Aufgabe eines Staatssekretärs ist die Unterstützung in der Geschäftsführung und die parlamentarische Vertretung eines Bundesministers. Er untersteht dem Bundesminister und ist an dessen Weisungen gebunden (Art 78 Abs 2 und 3 B-VG). Der Staatssekretär ist zwar kein Mitglied der Bundesregierung, er ist dem Nationalrat aber politisch (Misstrauensvotum) und unter Umständen (Art 71, 73 Abs 1 B-VG) auch rechtlich (Ministeranklage) verantwortlich.

➔**Staatssprache** [137]: Die Staatssprache (= Amtssprache) ist die offizielle Sprache eines Staats. In der Staatssprache werden die Rechtsnormen erlassen und kundgemacht sowie Verwaltungsverfahren und gerichtliche Verfahren geführt. Die Staatssprache der Republik Österreich ist – mit gesetzlichen Ausnahmen für Volksgruppen – die deutsche Sprache (Art 8 Abs 1 B-VG).

➔**Staats(teil)gewalt** [12] [201]: Die Staatsgewalt ist die Herrschaftsmacht eines Staats, beschränkt auf das eigene Staatsgebiet, der Anspruch des Staats, zur Durchsetzung seiner Rechtsnormen letztlich auch körperliche Gewalt (Gewaltmonopol) einzusetzen. Die Staatsgewalt ist auf die drei Teilorganisationen ➔Gesetzgebung (= Legislative), ➔Verwaltung (= Administrative) und ➔Gerichtsbarkeit (= Rechtsprechung, = Judikative, = Justiz) aufgeteilt (Gewaltenteilung).

➔**Staatsvertrag** *state treaty* [72] [691]: Das B-VG bezeichnet einen völkerrechtlichen Vertrag (= internationaler Vertrag) als Staatsvertrag und unterscheidet zwischen ➔Staatsverträgen des Bundes und ➔Staatsverträgen der Länder.

➔**Staatsvertrag des Bundes** [355] [698] [1022] [1024]: Ein Staatsvertrag des Bundes ist ein Staatsvertrag, den der Bundespräsident auf Vorschlag der Bundesregierung (Art 65 Abs 1 iVm 67 Abs 1 B-VG) für die Republik Österreich mit Staaten oder internationalen Organisationen abschließt. „Republik Österreich" meint den Gesamtstaat, der sowohl den Bund als auch die Länder umfasst. Gegenstand von Staatsverträgen des Bundes können alle Angelegenheiten sein, auch solche, die nach der Kompetenzverteilung der Bundesverfassung den Ländern zustehen (Art 10 Abs 1 Z 2 B-VG). Staatsverträge des Bundes in Gesetzesrang (Art 50 Abs 1 B-VG) bedürfen der Genehmigung des Bundesparlaments und der Kundmachung im Bundesgesetzblatt (BGBl III, Art 49 Abs 2 B-VG). Zum Abschluss von Staatsverträgen des Bundes in Verordnungsrang kann der Bundespräsident die Bundesregierung (= Regierungsübereinkommen) oder ressortzuständige Bundesminister (= Ressortübereinkommen oder Verwaltungsübereinkommen) ermächtigen (Art 66 Abs 2 B-VG). Der Nationalrat kann anlässlich der Genehmigung eines in Gesetzesrang stehenden Staatsvertrags des Bundes einen ➔Erfüllungsvorbehalt erklären; bei einem Staatsvertrag in Verordnungsrang kann dies der Bundespräsident bzw die ermächtigte Bundesregierung (Bundesminister) tun.

➔**Staatsvertrag des Landes** [355] [698] [1022] [1025]: Ein Staatsvertrag des Landes ist ein Staatsvertrag, den der Bundespräsident auf Vorschlag der Landesregierung und mit Zustimmung der Bundesregierung (Art 65 Abs 1 iVm 16 Abs 2 B-VG) für die Republik Österreich mit an Österreich angrenzenden Staaten oder deren Teilstaaten abschließt. Gegenstand von Staatsverträgen der Länder können nur Angelegenheiten sein, die nach der Kompetenzverteilung der Bundesverfassung den Ländern zustehen (Art 16 Abs 1 B-VG). Staatsverträge der Länder in Gesetzesrang bedürfen der Genehmigung des Landesparlaments gemäß den Bestimmungen der Landesverfassungen (zB Art 57 Abs 4 Oö L-VG). Zum Abschluss von Staatsverträgen des Landes in Verordnungsrang kann der Bundespräsident die Landesregierung ermächtigen (Art 66 Abs 3 B-VG). Der Landtag kann anlässlich der Genehmigung eines in Gesetzesrang stehenden Staatsvertrags des Landes einen ➔Erfüllungsvorbehalt erklären, bei einem Staatsvertrag in Verordnungsrang kann dies der Bundespräsident bzw die ermächtigte Landesregierung tun.

➔**Staatsvertrag von Saint-Germain-en-Laye 1919** [73]: Der Staatsvertrag von Saint-Germain-en-Laye 1919, StGBl 1920/303 idgF, abgeschlossen zwischen Österreich einerseits und insbesondere den USA, Großbritannien, Frankreich, Italien und Japan (den fünf Hauptmächten des Ersten Weltkriegs) anderseits regelte das Ende der österreichischen ➔Monarchie und das Entstehen der neuen Republik ➔Deutschösterreich unter Aufteilung seines Territoriums. Der III. Teil Abschnitt V des Staatsvertrags (Art 62-69) steht in Verfassungsrang, er wurde durch Art 149 Abs 1 B-VG in die Bundesverfassung rezipiert. Der Staatsvertrag von Saint-Germain-en-Laye 1919 schreibt insbesondere Diskriminierungsverbote für Minderheiten (Art 67), einen Minderheitenschutz im Schulbereich (Art 67 und 68) sowie die Glaubens- und Religionsausübungsfreiheit (Art 63 Abs 2) vor.

➔**Staatsvertrag von Wien 1955** [73] [96] [99]: Der Staatsvertrag von Wien 1955 [= Staatsvertrag betreffend die Wiederherstellung eines unabhängigen und demokratischen Österreich, BGBl 1955/152], abgeschlossen zwischen Österreich einerseits und den USA, Großbritannien, Frankreich und der Sowjetunion (den vier Alliierten des Zweiten Weltkriegs) anderseits stellt Österreich als souveränen, unabhängigen, demokratischen und antifaschistischen Staat wieder her, verbietet den Anschluss Österreichs an Deutschland und schreibt

Grundrechte der slowenischen und der kroatischen Volksgruppe in Österreich fest (➔Minderheitenrechte). Ob der Staatsvertrag von Wien 1955 völkerrechtlich noch gilt, ist wegen der Auflösung der Sowjetunion fraglich. Die Art 4, Art 7 Z 2, 3 und 4, Art 8, 9 und 10 stehen im Rang eines Verfassungsgesetzes (Art II Z 3 BVG Staatsvertragssanierung, BGBl 1964/59).

➔Staatsvertragsprüfung [1604]: Der Verfassungsgerichtshof (VfGH) überprüft von Amts wegen im Rahmen der bei ihm anhängigen Verfahren oder auf Antrag ➔Staatsverträge (Art 140a B-VG) auf ihre Übereinstimmung mit den (Verfassungs)Gesetzen und spricht im Fall einer festgestellten Rechtswidrigkeit aus, dass der rechtswidrige Staatsvertrag nicht mehr anzuwenden ist und ein etwa beschlossener Erfüllungsvorbehalt erlischt. Eine Aufhebung des Staatsvertrags kommt nicht in Betracht, weil nationale Instanzen nicht über Völkerrecht entscheiden können. Dennoch existiert ein – vom üblichen Fehlerkalkül der Aufhebung von Rechtssätzen abweichendes – Fehlerkalkül für Staatsverträge.

➔Staatswirtschaft [633]: Die Staatswirtschaft ist eine Wirtschaft, in welcher – anders als in der ➔Privatwirtschaft oder ➔Gemeinwirtschaft – der Staat im allgemeinen Interesse die Erzeugung von Gütern und die Bereitstellung von Leistungen sowie deren Verteilung plant, organisiert und durchführt.

➔Staatsziel [79]: Ein Staatsziel ist ein Verfassungsauftrag, der den Staatsorganen die Erfüllung bestimmter Aufgaben vorschreibt bzw die Beachtung materieller Wertvorstellungen vorgibt. Staatsziele sind verfassungsgesetzlich verankert, sie geben dem Einzelnen aber kein auf dem Rechtsweg durchsetzbares verfassungsgesetzlich gewährleistetes Recht. Staatszielbestimmungen des B-VG sind ua der ➔Sozialstaat, die Gleichstellung von Frau und Mann (➔positive Diskriminierung), die Gleichbehandlung von Behinderten und nichtbehinderten Menschen, die Achtung der autochthonen ➔Volksgruppen, die umfassende ➔Landesverteidigung und das ➔gesamtwirtschaftliche Gleichgewicht. Weitere Staatszielbestimmungen enthält das ➔BVG Staatsziele, so den ➔Umweltschutzstaat, die ➔Nachhaltigkeit, den ➔Tierschutz, die Sicherstellung der ➔Wasser- und Lebensmittelversorgung sowie die Forschung.

➔Stabilitäts- und Wachstumspakt *Stability and Growth Pact* [839]: Die EU-Mitgliedstaaten haben übermäßige öffentliche Defizite nicht nur anlässlich der Einführung des Euro (Konvergenzkriterien), sondern dauerhaft zu vermeiden. Der Europäischen Kommission obliegt die Überwachung der Einhaltung der Haushaltsdisziplin in den einzelnen Mitgliedstaaten (Art 126 AEUV). Im Stabilitäts- und Wachstumspakt verpflichten sich die Euro-Staaten zur Haushaltsdisziplin. Das Haushaltsdefizit soll drei Prozent des Bruttoinlandsprodukts nicht überschreiten.

➔Stabilitätspakt [763]: Der AEU-Vertrag (AEUV) verpflichtet die EU-Mitgliedstaaten im Zusammenhang mit der Europäischen Währungsunion im Interesse der Währungsstabilität zur Einhaltung von Konvergenzkriterien. Sowohl der Bund als auch die Länder und die Gemeinden führen öffentliche Haushalte. Um die für die öffentlichen Haushalte insgesamt geltenden Konvergenzkriterien zu erfüllen, schlossen Bund, Länder und Gemeinden einen Stabilitätspakt. Inhalt des Stabilitätspakts ist auch ein ➔Konsultationsmechanismus in Fällen, in denen eine Maßnahme einer Gebietskörperschaft andere Gebietskörperschaften finanziell belastet. Rechtsgrundlage des Stabilitätspakts ist das Bundesverfassungsgesetz über Ermächtigungen des Österreichischen Gemeindebundes und des Österreichischen Städtebundes (BGBl I 1998/61), die Gemeinden sind durch den Österreichischen Gemeindebund und den Österreichischen Städtebund vertreten. Aufgrund dieses Bundesverfassungsgesetzes wurden die Vereinbarung zwischen dem Bund, den Ländern und den Gemeinden betreffend die Koordination der Haushaltsführung von Bund, Ländern und Gemeinden (Österreichischer Stabilitätspakt), BGBl I 1999/101 und die Vereinbarung zwischen dem Bund, den Ländern und den Gemeinden über einen Österreichischen Stabilitätspakt 2012 (ÖStP 2012), BGBl I 2013/30, abgeschlossen.

➔Stadt mit eigenem Statut [1306]: Stadt mit eigenem Statut ist ein Synonym für ➔Statutarstadt.

➔Stadtgemeinde [1305]: Die Organisationsgesetze der Länder können für bestimmte Einheitsgemeinden die Bezeichnung Stadtgemeinde (= Stadt) vorsehen (zB § 3 Oö GemO 1990). Es handelt sich dabei um einen bloßen „Ehrentitel", organisationsrechtliche Wirkungen ergeben sich daraus nicht. Der Gemeindevorstand führt in einer Stadtgemeinde die Bezeichnung Stadtrat (Art 117 Abs 1 lit b B-VG), das Gemeindeamt die Bezeichnung Stadtamt. Von der Stadtgemeinde ist die ➔Statutarstadt zu unterscheiden, die keine Einheitsgemeinde ist und ein eigenes Organisationsgesetz hat.

➔Stadtpolizeikommando [1264]: Das Stadtpolizeikommando ist die in den Statutarstädten – mit Ausnahme von Rust, Krems und Waidhofen/Ybbs – sowie in Leoben und Schwechat eingerichtete Organisationseinheit des Wachkörpers ➔Bundespolizei (§ 8 SPG).

➔Stadtsenat [1327]: In Statutarstädten heißt der ➔Gemeindevorstand Stadtsenat (Art 117 Abs 1 lit b B-VG).

➔Stalinismus [100]: Der Stalinismus gilt als extreme und pervertierte Form des Kommunismus. Josef Stalin führte 1924 bis 1953 die Kommunistische Partei (KPdSU) und den Staat in der Sowjetunion (Union der sozialistischen Sowjetrepubliken – UdSSR). Mit brutalen und blutigen Mitteln versuchte er, die kommunistische Gewaltherrschaft im Inneren zu sichern und nach außen zu verbreiten.

➔Ständische Verfassung 1934 [60]: Die Ständische Verfassung 1934 [= Verfassung des Bundesstaates Österreich, BGBl 1934 I/239 bzw 1934 II/1] richtete 1934 Österreich als autoritären „Ständestaat" ein. Ideologisch fußt der Ständestaat auf der christlichen Soziallehre der Katholischen Kirche, der Verfassungstext beruft sich in der Präambel auf Gott. Der Ständestaat will eine Gesellschaftsordnung auf berufsständischer Grundlage errichten. Grundlage eines Stands ist der gemeinsame Beruf, der Selbständige und Unselbständige zusammenfasst. Eine allgemeine Demokratie fand nicht statt.

➔status negativus [254]: Status negativus ist jener gesellschaftliche Freiraum, der sich aus dem Fehlen gesetzlicher Grundlagen ergibt. Die Gesellschaft ist zwar der (verrechtlichten) Staatsgewalt unterworfen und an die Gesetze gebunden; überall dort, wo keine gesetzlichen Grundlagen für staatliches Handeln bestehen, sind die Menschen aber von staatlichen Beschränkungen frei. Die in der Verfassung festgeschriebenen ➔Freiheitsrechte sichern die Freiheit der Gesellschaft gegenüber dem Staat ab.

➔Statut [1306]: Das Statut (= Stadtrecht) ist das Gemeindeorganisationsgesetz einer Stadt mit eigenem Statut (➔Statutarstadt).

➔Statutarstadt [1306]: Eine Statutarstadt (= Stadt mit eigenem Statut) ist eine Gemeinde mit mindestens 20.000 Einwohnern, der auf ihren Antrag durch Landesgesetz ein eigenes Statut (Stadtrecht), das ist ein maßgeschneidertes – von der Einheitsgemeinde abweichendes – Organisationsrecht, verliehen wurde (Art 116 Abs 3 B-VG). Das B-VG gibt dem Kommunalrecht der Länder die ➔Einheitsgemeinde vor, weshalb alle Gemeinden eines Landes ein einheitliches Gemeindeorganisationsgesetz haben. Einzige Ausnahme ist die Statutarstadt mit ihrem individuellen Gemeindeorganisationsgesetz (zB das Statut für die Landeshauptstadt Linz 1992 [StL 1992]). Es gibt 15 Statutarstädte in Österreich. Die Statutarstadt nimmt neben dem eigenen Wirkungsbereich und den vom Land und vom Bund übertragenen Wirkungsbereichen die Bezirksverwaltungsagenden im übertragenen Wirkungsbereich weisungsgebunden durch den Bürgermeister wahr (Art 116 Abs 3 letzter Satz B-VG). Die Statutarstadt ist daher nicht nur Gemeinde, sondern funktionell auch Bezirk, der Bürgermeister ist funktionell auch Bezirkshauptmann.

➔Stellungnahme *opinion* [775]: Eine Stellungnahme der EU (Art 288 Abs 5 AEUV) ist eine unverbindliche individuelle Äußerung der Unionsorgane, insbesondere des Europäischen Parlaments und der Europäischen Kommission. Sie richtet sich – wie die Empfehlung – an bestimmte Mitgliedstaaten, natürliche oder juristische Personen oder Unionsorgane. Trotz ihrer rechtlichen Unverbindlichkeit kommt ihr rechtliche Relevanz (die Stellungnahme der Europäischen Kommission im Vertragsverletzungsverfahren nach Art 258 AEUV etwa ist entscheidend für den weiteren Verlauf des Vertragsverletzungsverfahrens) und vor allem politisches Gewicht zu.

➔Steuern [620]: Steuern sind allgemeine Geldleistungen an eine Gebietskörperschaft auf zwingender gesetzlicher Grundlage (zB Einkommensteuer, Umsatzsteuer, Grundsteuer) und Teil der ➔Abgaben.

➔Strafe [1529]: Das Strafrecht (➔Justizstrafrecht und ➔Verwaltungsstrafrecht) verbietet den Menschen ein bestimmtes Verhalten und normiert für Zuwiderhandlungen (Begehung einer Justizstraftat oder einer Verwaltungsstraftat) eine Sanktion, die Strafe. Im Verwaltungsstrafrecht kommen als Strafen die Geldstrafe (§§ 13-15 VStG) samt Ersatzfreiheitsstrafe (§ 16 VStG), die Freiheitsstrafe (§§ 11 f VStG) sowie der Verfall (§ 17 VStG) in Betracht. Die Normierung von Verwaltungsübertretungen einschließlich der Strafart sowie der Strafhöhe (Strafdrohung) ist als Annexmaterie eine Angelegenheit des Materiengesetzgebers (§ 10 Abs 1 VStG).

➔Straferkenntnis [1541]: Ein Straferkenntnis ist der von einer Verwaltungsbehörde im Verwaltungsstrafverfahren nach Durchführung eines ordentlichen Ermittlungsverfahrens erlassene Strafbescheid (§ 43 VStG). Gegen ein Straferkenntnis der Verwaltungsstrafbehörde kann Bescheidbeschwerde an das Verwaltungsgericht (VwG) erhoben werden (Art 130 Abs 1 Z 1 B-VG).

➔Strafgesetzbuch (StGB) [1530]: Das Strafgesetzbuch (StGB) [= Bundesgesetz vom 23. Jänner 1974 über die mit gerichtlicher Strafe bedrohten Handlungen, BGBl 1974/60 idgF] regelt den größten Teil des ➔Justizstrafrechts. Es enthält das Allgemeine Strafrecht (Verschulden ua) und das Besondere Strafrecht (Straftatbestände).

➔Strafmandat [1543]: Strafmandat ist ein Synonym für ➔Strafverfügung.

➔Strafprozessordnung 1975 (StPO) [1392] [1530]: Die Strafprozessordnung 1975 (StPO), BGBl 1975/631 idgF, regelt als Gerichtsverfahrensgesetz das Verfahren der Strafgerichte, das ist das Verfahren zur Ahndung der Justizstraftatbestände (➔Justizstrafrecht).

➔Strafverfügung [1543]: Die Strafverfügung (§§ 47 bis 49 VStG) ist ein Mandatsbescheid (= Strafmandat), den die Verwaltungsstrafbehörde – ohne vorangegangenes Ermittlungsverfahren – im Verwaltungsstrafverfahren erlässt. Voraussetzung für die Zulässigkeit einer Strafverfügung ist, dass lediglich eine Geldstrafe bis zu € 600,-- verhängt wird, dass bestimmte staatliche Organe, insbesondere Organe der öffentlichen Aufsicht, die Verwaltungsstraftat aufgrund eigener dienstlicher Wahrnehmung oder eines vor ihnen abgelegten Geständnisses angezeigt haben, oder die Verwaltungsübertretung aufgrund automatischer Überwachung (etwa Radarfoto) festgestellt wurde (§ 47 Abs 1 VStG). Gegen eine Strafverfügung kann das ordentliche Rechtsmittel des ➔Einspruchs erhoben werden (§ 49 VStG).

➔Streik [653]: Der Streik ist im Arbeitskampf die kollektive Arbeitsverweigerung der ➔unselbständigen Arbeitnehmer trotz aufrechtem Arbeitsvertrag. Mit dem Streik versuchen die Arbeitnehmer, ihre beruflichen, insbesondere tariflichen Forderungen gegen die Arbeitgeber (➔selbständigen Unternehmer) durchzusetzen. Die Gewerkschaften organisieren und finanzieren die Streiks (Streikfonds). Die Reaktion der Arbeitgeber auf einen Streik kann die ➔Aussperrung sein.

➔streitbare Demokratie [950]: „Streitbar" ist eine Demokratie, die bestimmte wesentliche Änderungen der Verfassung unter keinen Umständen – auch nicht durch eine Volksabstimmung – zulässt. Die Verfassungsordnung einer streitbaren Demokratie kann daher nur durch eine ➔Revolution beseitigt werden. Das Bonner Grundgesetz (= Verfassung Deutschlands) kennt im Sinne einer streitbaren Demokratie eine Ewigkeitsklausel, nach der in Deutschland etwa die Grundrechte, das Bundesstaatsprinzip sowie das Sozialstaatsprinzip nicht beseitigt werden dürfen.

➔Stufenbau der Rechtsordnung [313]: Der Stufenbau der Rechtsordnung erklärt die Geltung von Rechtsnormen. Nach der Lehre der „bedingenden und der bedingten Norm" gibt es verschiedene Stufen von Rechtsnormen, wobei das ranghöhere Recht für das rangniedrigere Recht bedingend ist, das rangniedrigere Recht ist im ranghöheren Recht bedingt. Im Kollisionsfall geht das ranghöhere Recht vor. Das einfache Stufenbaumodell enthält fünf Stufen: Die erste Stufe bilden die Verfassungsgesetze, die zweite Stufe die einfachen Gesetze, die dritte Stufe die Verordnungen, die vierte Stufe die Bescheide, Urteile und Beschlüsse und die fünfte Stufe die privatrechtlichen Konsensualnormen.

➔subjektives öffentliches Recht [1428]: Ein subjektives öffentliches Recht ist – in Abgrenzung zu den privatrechtlichen Ansprüchen – ein vom Gesetzgeber dem Einzelnen gegen den Staat (insbesondere gegen die Verwaltung) eingeräumtes subjektives Recht (= Anspruch).

➔subjektives Recht [1428]: Bei subjektivem (öffentlichem) Recht – anders als bei ➔objektivem Recht – hat der von rechtswidrigem Verhalten der Vollziehung Betroffene einen auf dem Rechtsweg durchsetzbaren Anspruch auf Einhaltung des Rechts. Der Betroffene kann nicht nur die ➔objektiven Rechtsschutzeinrichtungen des Staats bemühen; das subjektive Recht erlaubt ihm, gegen die Vollziehung ein gerichtliches Verfahren mit dem Ziel zu führen, die Vollziehung auf ihre gesetzliche Grundlage hinzuzwingen. Der Gesetzgeber entscheidet, ob und welche subjektiven Rechte er einräumt. Weil das Recht gegen den Staat gerichtet ist, bezeichnen wir es in Abgrenzung zu den privatrechtlichen Ansprüchen als subjektives öffentliches Recht.

➔Subsidiaritätsgrundsatz *principle of subsidiarity* [820]: Die Europäische Union (EU) nimmt alle ihre Aufgaben und Zuständigkeiten, die nicht in ihre ausschließliche Zuständigkeit fallen, nach dem Subsidiaritätsgrundsatz wahr (Art 5 Abs 1 und Abs 3 EUV). Danach soll die EU nur dann und nur soweit handeln, als ein Handeln auf Unionsebene erforderlich ist, weil Maßnahmen der EU-Mitgliedstaaten zur Verwirklichung von Zielen nicht ausreichen. Können hingegen Ziele (allein) durch Maßnahmen der EU-Mitgliedstaaten ausreichend verwirklicht werden, besteht kein unionsrechtlicher Handlungsbedarf und die EU wird nicht tätig.

➔Subventionsverwaltung [605]: Subventionsverwaltung ist ein Synonym für ➔Förderverwaltung.

➔sukzessive Zuständigkeit [232]: Unter sukzessiver Zuständigkeit verstehen wir, wenn in ein und derselben Sache im Instanzenzug sowohl eine Verwaltungsbehörde als auch ein ordentliches Gericht entscheiden, das ordentliche Gericht sohin als Kontrollinstanz zur Prüfung der Gesetzmäßigkeit des Bescheids einer Verwaltungsbehörde vorgesehen wird. Der Bundesgesetzgeber und die Landesgesetzgeber dürfen eine sukzessive Zuständigkeit – einen Instanzenzug von einer Verwaltungsbehörde an die ordentlichen Gerichte – und damit eine Ausnahme vom Grundsatz der Trennung von Justiz und Verwaltung (Art 94 Abs 1 B-VG) und dem damit einhergehenden Verbot wechselseitiger Instanzenzüge nach Art 94 Abs 2 B-VG in einzelnen Angelegenheiten vorsehen.

➔suspensives Veto [922]: Der Bundesrat kann – von Ausnahmen (Art 42 Abs 5 B-VG) abgesehen – gegen einen Gesetzesbeschluss des Nationalrats binnen acht Wochen einen begründeten Einspruch erheben (Art 42 Abs 2 und 3 B-VG). Der Einspruch des Bundesrats schiebt den Gesetzesbeschluss des Nationalrats – sofern dem Bundesrat nicht ausnahmsweise ein ➔absolutes Veto zusteht – aber nur auf (= suspensives Veto); der Nationalrat kann mit ➔Beharrungsbeschluss das Bundesgesetz endgültig beschließen und sich damit über den Einspruch des Bundesrats hinwegsetzen.

T

➔Tarifautonomie [665]: Tarifautonomie bedeutet, dass die Gesetzgebung die Löhne und Gehälter nicht festlegt, sondern die Festlegung der Löhne und Gehälter der Wirtschaft, den Beteiligten und ihren Verbänden (➔Sozialpartnerschaft) überlässt. Die Tarifpartner bestimmen die Löhne und Gehälter in ➔Kollektivverträgen und ➔Betriebsvereinbarungen.

→Teilhaberecht [528]: Ein Teilhaberecht ist ein Grundrecht, bei dem es – anders als bei den Abwehrrechten – nicht um die Abwehr verfassungswidriger Eingriffe des Staats in den geschützten Freiraum (= →status negativus), sondern um die Mitwirkung (Teilhabe) der Menschen an der staatlichen Staatswillensbildung geht (= status activus). Teilhaberechte sind die →politischen Grundrechte.

→Telekom-Control-Kommission [1233]: Die Telekom-Control-Kommission ist eine durch das Telekommunikationsgesetz 2003 (TKG 2003), BGBl I 2003/70 idgF, eingerichtete weisungsfreie Kollegialbehörde (Art 20 Abs 2 B-VG), deren Geschäftsstelle die Rundfunk und Telekom Regulierungs-GmbH (RTR-GmbH) ist und die – gemeinsam mit der →Rundfunk und Telekom Regulierungs-GmbH (RTR-GmbH) – →Regulator auf den elektronischen Telekommunikationsmärkten ist.

→territoriale Selbstverwaltung [1105]: Selbstverwaltung im Staat ist gesetzesgebundene, weisungsfreie, nicht mittelbar dem Parlament, sondern unmittelbar dem Volk politisch verantwortliche staatliche Verwaltung. Da die Ausübung staatlicher Gewalt immer auf das Staatsgebiet bezogen ist, bezeichnen wir die →Selbstverwaltung im Staat als territoriale Selbstverwaltung. Das B-VG hat in der Verwaltung des Staats die Gemeinden (Art 116 Abs 1 B-VG) nach dem Muster der territorialen Selbstverwaltung eingerichtet (Gemeindeselbstverwaltung, →Gemeindeautonomie).

→textmittelbares Grundrecht [478]: Ein textmittelbares Grundrecht ist ein verfassungsgesetzlich gewährleistetes Recht, das sich nicht ausdrücklich aus einer eigenen Verfassungsnorm ergibt, das aber im Wege der Auslegung mittelbar aus Verfassungstexten abgeleitet wird. Beispiele sind die →Menschenwürde, das Recht auf Gesundheit und körperliche Unversehrtheit, das Recht auf informationelle Selbstbestimmung ua.

→Tierschutz [145]: Das →BVG Staatsziele (§ 2) gibt dem Staat (Bund, Länder und Gemeinden) als →Staatsziel den Tierschutz vor, um einen verantwortungsvollen Umgang des Menschen mit den Tieren zu gewährleisten.

→Transformation [703]: Transformation bedeutet die Umwandlung (Übernahme) des Völkerrechts in nationales Recht durch den →souveränen Staat. Das Völkerrecht erhält durch Transformation parallel zu seinem internationalen auch einen nationalen Geltungsgrund. Wir unterscheiden eine →generelle Transformation und eine →spezielle Transformation.

→Transparenz [1155]: Die staatliche Organisation und das staatliche Handeln sind vom Grundsatz der Transparenz bestimmt, soweit nicht die Verfassung Geheimhaltungspflichten – etwa mit der →Amtsverschwiegenheit – vorschreibt. Der demokratische Rechtsstaat hat vor seinen Bürgern keine Geheimnisse. Gesetzliche Regelungen, so das Lobbying- und Interessenvertretungs-Transparenz-Gesetz (LobbyG), BGBl I 2012/64, und das Unvereinbarkeits- und Transparenz-Gesetz (Unv-Transparenz-G), suchen zu mehr Transparenz beizutragen, indem sie etwa die Mitglieder der Parlamente zur Offenlegung von Nebeneinkünften bzw die Mitglieder der Bundesregierung oder einer Landesregierung zur Offenlegung ihrer Vermögensverhältnisse zwingen.

→Trennung von Staat und Gesellschaft [254]: Im Rechtsstaat gilt der Grundsatz der Trennung von Staat und Gesellschaft. Die Gesellschaft ist zwar der (verrechtlichten) Staatsgewalt unterworfen und an deren Gesetze gebunden; wo keine gesetzlichen Bindungen bestehen, ist die Gesellschaft jedoch frei. Die in der Verfassung festgeschriebenen →Freiheitsrechte sichern die Freiheit der Gesellschaft gegenüber dem Staat ab und verwehren dem einfachen Gesetzgeber zu weit gehende Eingriffe in die freie Gesellschaft.

→Tribunal *tribunal* [570]: Art 6 Abs 1 EMRK verwendet im Zusammenhang mit dem Recht auf ein →faires Verfahren den Begriff „Gericht". Da ein Gericht im Sinne der EMRK nicht mit einem Gericht im Sinne der nationalen Rechtsordnung gleichzusetzen ist, bezeichnen wir die in der EMRK gemeinten Gerichte in Anlehnung an den authentischen Konventionstext (englisch und französisch) als Tribunal. Ein Tribunal ist durch Gesetz eingerichtet, unabhängig (weisungsfrei) und unparteiisch, es hat volle Kognitionsbefugnis (seine Zuständigkeit erstreckt sich auf die Prüfung aller maßgeblichen Sach- und Rechtsfragen). Tribunale iSd EMRK sind jedenfalls die ordentlichen Gerichte iSd B-VG und die Verwaltungsgerichte erster Instanz. Aber auch Verwaltungsbehörden, auf welche diese Voraussetzungen zutreffen, können Tribunale iSd EMRK sein.

U

→übertragener Wirkungsbereich der Gemeinde [1296]: Der eigentliche der Gemeinde durch die Verfassung eingerichtete und garantierte Wirkungsbereich der Gemeinde ist der →eigene Wirkungsbereich. Darüber hinaus gibt es auch einen übertragenen Wirkungsbereich der Gemeinde, der jene überörtlichen Verwaltungsaufgaben des Landes (Art 11, 12, 15 B-VG) und des Bundes (Art 10 B-VG) umfasst, die der Gemeinde durch (einfaches) Landesgesetz oder durch (einfaches) Bundesgesetz zur Besorgung nach den Weisungen des Landes und des Bundes zugewiesen sind (Art 119 Abs 1 B-VG). Die Angelegenheiten des übertragenen Wirkungsbereichs des Landes und des übertragenen Wirkungsbereichs des Bundes führt der Bürgermeister (Art 119 Abs 2 B-VG). Auch die vom Bürgermeister einer →Statutarstadt zu führenden Bezirksverwaltungsagenden zählen zum übertragenen Wirkungsbereich.

➔Umlagesystem [127]: Die ➔gesetzliche Sozialversicherung beruht auf dem Umlagesystem. Die (Pflicht)Versicherten zahlen finanzielle Beiträge ein, die dann den bedürftigen Versicherten ausbezahlt werden. Dabei wird kein Kapital angehäuft, das einbezahlte Geld wird den Berechtigten sofort ausbezahlt. Das Umlagesystem ist vom Kapitalmarkt unabhängig. In einem Kapitaldeckungssystem würden die Beiträge des Versicherten angehäuft, am Kapitalmarkt angelegt und im Versicherungsfall ausbezahlt.

➔Umweg [1673]: Das Fehlen eines zumutbaren Umwegs ist eine der Zulässigkeitsvoraussetzungen für einen ➔Individualantrag (auf Verordnungsprüfung nach Art 139 Abs 1 Z 3 B-VG, auf Gesetzesprüfung nach Art 140 Abs 1 Z 1 lit c B-VG, auf Staatsvertragsprüfung nach Art 140a B-VG) beim Verfassungsgerichtshof (VfGH). Umweg meint einen anderen Rechtsschutzweg zur Abwehr des rechtswidrigen Eingriffs, der – ebenso wie der Individualantrag – letztlich die Überprüfung und Aufhebung der rechtswidrigen generellen Rechtsnorm durch den VfGH bringt. Grundsätzlich führt der Rechtsweg gegen eine generelle Rechtsnorm über die Bekämpfung der individuell-konkreten Rechtsnorm, also über ein individuelles Verwaltungsverfahren oder über ein individuelles Gerichtsverfahren zum VfGH (= indirekte Anfechtung genereller Rechtsnormen). Nur ausnahmsweise – wenn die rechtliche Möglichkeit zur Erwirkung einer individuell-konkreten Rechtsnorm fehlt (kein Umweg möglich ist) oder die gegebene Möglichkeit dem Betroffenen nicht zumutbar ist (unzumutbarer Umweg) – ist eine direkte Anfechtung der generellen Rechtsnorm zulässig.

➔Umweltschutzstaat [142]: Österreich ist ein Umweltschutzstaat (= Ökostaat). Die Bundesverfassung erklärt den umfassenden Umweltschutz in § 3 ➔BVG Staatsziele zu einem ausdrücklichen Staatsziel. Umfassender Umweltschutz meint die Reinhaltung der Luft, des Wassers und des Bodens sowie die Vermeidung von störendem Lärm.

➔Umweltverträglichkeitsprüfung [934]: Die Umweltverträglichkeitsprüfung nach dem Umweltverträglichkeitsprüfungsgesetz 2000 (UVP-G 2000) [= Bundesgesetz über die Prüfung der Umweltverträglichkeit, BGBl 1993/697 idgF] bringt die Konzentration von Verwaltungsverfahren und soll unter Beteiligung interessierter Bevölkerungskreise die Auswirkungen von Großanlagen auf die Umwelt umfassend prüfen. Die Umweltverträglichkeitsprüfung ist ein Beispiel für eine gesetzlich verankerte ➔Bürgerbeteiligung (= Partizipation).

➔Unabhängigkeitserklärung *Declaration of Independence* [41]: In der Unabhängigkeitserklärung vom 04.07.1776 erklärten die amerikanischen Kolonien ihre Unabhängigkeit von Großbritannien und die Bildung eines souveränen Staats – der Vereinigten Staaten von Amerika. Ursache des Konflikts mit Großbritannien waren insbesondere vom britischen Parlament beschlossene neue Steuern für die Kolonien. Da im britischen Parlament keine Amerikaner vertreten waren, anerkannten die Amerikaner die Steuergesetze nicht (no taxation without representation) und beriefen sich auf die Gleichheit, die Menschenrechte und das Recht jedes Volks, sich selbst zu regieren: *„We hold these truths to be self-evident, that all men are created equal, that they are endowed by their Creator with certain unalienable Rights, that among these are Life, Liberty and the pursuit of Happiness."*

➔Unbeschränktheit der Beweismittel [1496]: Beweismittel ist nach dem Grundsatz der Unbeschränktheit der Beweismittel (§ 46 AVG, § 24 VStG) alles, was der Ermittlung des relevanten Sachverhalts im Verwaltungsverfahren dient. Beweismittel sind etwa Urkunden (§ 47 AVG), Zeugen (§§ 48 ff AVG), die Vernehmung von Beteiligten (§ 51 AVG), die Gutachten von Sachverständigen (§§ 52 ff AVG), der Augenschein (§ 54 AVG) ua. Im Interesse der materiellen Wahrheit müssen auch rechtswidrig beschaffte Beweismittel (etwa eine gesetzwidrige Tonbandaufnahme) der Wahrheitsfindung dienen. Nur in engen Ausnahmefällen gibt es Beweisverbote für gesetzwidrig beschaffte Beweismittel, so darf eine gesetzwidrige Blutabnahme nicht zum Beweis der Alkoholisierung Verwendung finden.

➔unbestimmter Gesetzesbegriff [424]: Ein unbestimmter Gesetzesbegriff (= unbestimmtes Tatbestandselement, = unbestimmte Formulierung) ist – im Gegensatz zu einem bestimmten Gesetzesbegriff – ein solcher Textteil einer Rechtsvorschrift, dessen präzise Bedeutung nicht von vornherein klar ist und dessen Sinn daher durch ➔Auslegung erforscht werden muss.

➔Unionsbürger *citizen of the Union* [804]: Unionsbürger ist, wer die Staatsangehörigkeit eines EU-Mitgliedstaats besitzt. Die Unionsbürgerschaft tritt zur nationalen Staatsbürgerschaft hinzu, ersetzt diese aber nicht (Art 9 EUV, Art 20 Abs 1 AEUV). Unionsbürger haben insbesondere das Recht der ➔Freizügigkeit, sie dürfen sich im Hoheitsgebiet aller Mitgliedstaaten frei bewegen und aufhalten (Art 20 Abs 2 lit a AEUV), Unionsbürgern steht das aktive und passive ➔Wahlrecht zum Europäischen Parlament und das aktive und passive ➔Wahlrecht bei Kommunalwahlen zu (Art 20 Abs 2 lit b AEUV, Art 39 f GRC); sie haben das Recht auf Schutz durch die diplomatischen und konsularischen Behörden eines jeden EU-Mitgliedstaats (Art 20 Abs 2 lit c AEUV), ein ➔Petitionsrecht an das Europäische Parlament sowie das Recht, Beschwerden an den ➔Europäischen Bürgerbeauftragten zu richten (Art 20 Abs 2 lit d AEUV).

➔Unionsrecht *Union law* [2] [764]: Das Unionsrecht ist erstens das von den Mitgliedstaaten erzeugte primäre Völkerrecht, auf dem die Europäische Union (EU) beruht, insbesondere die zwischen den Mitgliedstaaten geschlossenen Staatsverträge (➔primäres Unionsrecht); und zweitens die auf der Rechtsgrundlage des primären

Unionsrechts von den Organen der Europäischen Union (EU) erzeugten Normen (→sekundäres Unionsrecht). Unionsrecht genießt vor dem nationalen (staatlichen) Recht der EU-Mitgliedstaaten →Anwendungsvorrang.

→unmittelbare Anwendbarkeit [711]: Unmittelbare Anwendbarkeit meint die Anwendung einer generell transformierten →Self-executing-Norm des Völkerrechts ohne Dazwischentreten eines zusätzlichen staatlichen Rechtssetzungsakts (etwa der Gesetzgebung) durch die Vollziehung des Staats (Verwaltung und Gerichte). Eine generell transformierte Self-executing-Norm des Völkerrechts ist grundsätzlich einer unmittelbaren Anwendbarkeit zugänglich, verfassungsrechtliche Hindernisse können dem aber entgegenstehen. So ist die unmittelbare Anwendbarkeit verfassungsrechtlich ausgeschlossen, wenn die Völkerrechtsnorm im Sinne des Gesetzmäßigkeitsgebots des Art 18 Abs 1 B-VG für die Vollziehung keine hinreichend bestimmte Grundlage (Determinierungspflicht) bietet; bei Staatsverträgen überdies, wenn ein →Erfüllungsvorbehalt gesetzt wurde.

→unmittelbare Bundesverwaltung [1216]: Unmittelbare Bundesverwaltung ist die Wahrnehmung von Aufgaben der Hoheitsverwaltung des Bundes (insbesondere Kompetenzen des Art 10 Abs 1 B-VG) auch im regionalen Bereich der Länder durch – dem Bundesminister nachgeordnete – eigene Bundesbehörden und Bundesämter. Die Bundesverfassung erlaubt dem Bundesgesetzgeber jedenfalls die Einrichtung eigener Bundesbehörden und Bundesämter (Art 10 Abs 1 Z 16 B-VG) für die in Art 102 Abs 2 B-VG genannten Sachmaterien; darüber hinaus nur mit Zustimmung der Länder (Art 102 Abs 2 und Abs 4 B-VG). Eine unmittelbare Bundesverwaltung findet nur in Bereichen statt, für die der Bundesgesetzgeber tatsächlich eine eigene Bundesverwaltungsorganisation eingerichtet hat, andernfalls besorgen im regionalen Bereich der Länder – dem Bundesminister nachgeordnet – die bestehenden Behörden und Ämter der Landesverwaltung die Hoheitsverwaltung des Bundes (→mittelbare Bundesverwaltung).

→unmittelbare (Erkenntnis/Beschluss)Beschwerde [1638]: Die (Erkenntnis/Beschluss)Beschwerde an den →Verfassungsgerichtshof (VfGH) steht gegen ein Erkenntnis oder einen Beschluss des Verwaltungsgerichts I. Instanz (LVwG, BVwG, BFG) zu (Art 144 Abs 1 B-VG). Sieht der Beschwerdeführer eine Rechtswidrigkeit unmittelbar in der angefochtenen verwaltungsgerichtlichen Entscheidung, so darf er vor dem VfGH ausschließlich die Verletzung verfassungsgesetzlich gewährleisteter Rechte (Grundrechte) geltend machen (Beschwerdepunkte) und erhebt eine unmittelbare (Erkenntnis/Beschluss)Beschwerde nach Art 144 Abs 1 erste Alternative B-VG.

→unmittelbares Wahlrecht [166]: Das unmittelbare Wahlrecht verlangt, dass die Wähler die zur Auswahl stehenden Kandidaten direkt wählen. Es darf keine Zwischenschaltung von Wahlmännern oder Wahlkollegien geben, die dann anstelle der Wähler die gewählten Personen bestimmen. Das B-VG ordnet die Geltung des unmittelbaren Wahlrechts für die Wahlen zum Europäischen Parlament (Art 23a Abs 1), zum Nationalrat (Art 26 Abs 1), zu den Landtagen (Art 95 Abs 1), zu den Gemeinderäten (Art 117 Abs 2), für die Wahl des Bundespräsidenten (Art 60 Abs 1) sowie für die Direktwahl des Bürgermeisters (Art 117 Abs 6) an.

→Unmittelbarkeit der Beweismittel [1499]: Unmittelbarkeit der Beweismittel bedeutet, dass die Verwaltungsbehörde alle Beweismittel, die sie der Beweiswürdigung zugrunde legt, selbst aufnehmen muss, etwa alle Zeugen selbst vernehmen muss. Der gerichtliche Verfahrensgrundsatz der Unmittelbarkeit der Beweismittel gilt im Verwaltungs(straf)verfahren nicht.

→unselbständige Arbeitnehmer [652]: Arbeitnehmer sind – im Gegensatz zu den →selbständigen Unternehmern – die unselbständig Erwerbstätigen. Sie arbeiten für einen Unternehmer (= Arbeitgeber), sind dessen Anordnungen unterworfen und erhalten für ihre Arbeit eine fixe Summe, unabhängig davon, ob ihre Arbeit dem Unternehmer Gewinn oder Verlust bringt. Die Rechtsordnung gliedert die unselbständigen Arbeitnehmer in Arbeiter und Angestellte.

→Untätigkeitsklage (EU) *action for failure to act* [1404]: Gegen die rechtswidrige Säumnis bestimmter Unionsorgane (Europäisches Parlament, Rat, Europäische Kommission) können ein EU-Mitgliedstaat und die Unionsorgane beim Gerichtshof der Europäischen Union Untätigkeitsklage erheben (Art 265 AEUV). Wäre eine natürliche und juristische Person Adressat des unterbliebenen Rechtsakts, ist auch sie vor dem Gerichtshof der EU klagelegitimiert. Stellt der EuGH die Rechtswidrigkeit der Säumnis mit Urteil fest, ist das säumige Unionsorgan verpflichtet, die erforderliche Maßnahme zu setzen (Art 266 AEUV). Während im Vertragsverletzungsverfahren die Rechtmäßigkeit des Handelns der Mitgliedstaaten überprüft wird, dienen die Nichtigkeits- und Untätigkeitsklage der Kontrolle der Rechtmäßigkeit der Handlungen der Unionsorgane.

→Untersuchungsausschuss [953]: Ein Untersuchungsausschuss ist ein parlamentarischer Ausschuss zur Erforschung bestimmter aufklärungsbedürftiger Vorgänge in der Vollziehung. Der Nationalrat kann zur Aufklärung von Sachverhalten in der Bundesverwaltung durch Mehrheitsbeschluss einen Untersuchungsausschuss (= →Untersuchungsrecht, = Enqueterecht) einsetzen (Art 53 Abs 1 B-VG). Die Einsetzung von Untersuchungsausschüssen (Untersuchungskommissionen) durch die Landtage regelt das Landesrecht.

→Untersuchungsausschuss (EU) *Committee of Inquiry* [859]: Das →Europäische Parlament (EP) kann zur Prüfung behaupteter Verstöße gegen das Unionsrecht oder Missstände bei Anwendung von Unionsrecht nichtständige Untersuchungsausschüsse einsetzen (Art 226 AEUV).

➔**Untersuchungsrecht** [953]: Das Untersuchungsrecht (= Enqueterecht) ist ein Kontrollrecht des Parlaments. Der Nationalrat setzt durch Beschluss Untersuchungsausschüsse ein, die Vorgänge im Bereich der Bundesverwaltung erforschen (Art 53 Abs 1 B-VG). Der Untersuchungsausschuss bedient sich zur Unterstützung der Gerichte und der Verwaltungsbehörden. Das Untersuchungsrecht der Landtage regelt das Landesrecht.

➔**Unvereinbarkeit** [974]: Unvereinbarkeit meint die Unzulässigkeit bestimmter Tätigkeiten in der Privatwirtschaft für bestimmte Staatsorgane. Das ➔Unvereinbarkeits- und Transparenz-Gesetz (Unv-Transparenz-G) regelt die (Un)Zulässigkeit von Tätigkeiten in der Privatwirtschaft für den Bundespräsidenten (für den allerdings schon aufgrund Art 61 Abs 1 B-VG ein absolutes Berufsverbot gilt), die Mitglieder der Bundesregierung, die Staatssekretäre, die Mitglieder der Landesregierungen (Art 19 Abs 2 B-VG), die Bürgermeister (und ihre Stellvertreter), die Stadtsenatsmitglieder in den Statutarstädten, die Mitglieder des Nationalrats, des Bundesrats und der Landtage. Unvereinbar ist grundsätzlich etwa die Stellung als Mitglied der Bundesregierung oder der Landesregierung mit einem Beruf mit Erwerbsabsicht (§ 2 Unv-Transparenz-G); die Mitglieder der Bundesregierung, die Staatssekretäre, die Mitglieder der Landesregierungen dürfen etwa keine leitende Stellung in einer AG oder GmbH bekleiden (§ 4 Unv-Transparenz-G).

➔**Unvereinbarkeits- und Transparenz-Gesetz (Unv-Transparenz-G)** [71] [974]: Das aufgrund Art 19 Abs 2 B-VG ergangene Unvereinbarkeits- und Transparenz-Gesetz (Unv-Transparenz-G) [= Bundesgesetz über die Transparenz und Unvereinbarkeiten für oberste Organe und sonstige öffentliche Funktionäre, BGBl 1983/330 idgF] regelt die (Un)Zulässigkeit von Tätigkeiten in der Privatwirtschaft (= ➔Unvereinbarkeit) für bestimmte Staatsorgane. So für die Mitglieder des Nationalrats, des Bundesrats und der Landtage; für die in Art 19 Abs 1 B-VG bezeichneten obersten Organe der Vollziehung; sowie für Bürgermeister, ihre Stellvertreter und die Stadtsenatsmitglieder. Weiters statuiert es für die Abgeordneten zu den Parlamenten (Nationalrat, Bundesrat, Landtage) umfassende Offenlegungs- und Meldepflichten betreffend Nebeneinkünfte sowie für die Regierungsmitglieder (Bundesregierung, Landesregierungen) und die Staatssekretäre eine Offenlegungspflicht ihrer Vermögensverhältnisse. Für die Abgeordneten zu den Parlamenten (Nationalrat, Bundesrat, Landtage) gilt aufgrund des Unv-Transparenz-G ein ➔Lobbying-Verbot.

➔**Urkunden** [1496]: Urkunden sind Schriftstücke, die einen Sachverhalt bezeugen. Wir unterscheiden öffentliche Urkunden und private Urkunden. Die öffentlichen Urkunden werden von Verwaltungsorganen und Personen mit öffentlichem Glauben (etwa Notare, Ziviltechniker) ausgestellt. Sie ergeben im Ermittlungsverfahren den vollen Beweis der beurkundeten Sachverhalte. Die von Privatpersonen ausgestellten privaten Urkunden sind Beweismittel, welche die Verwaltungsbehörde nach dem Grundsatz der freien Beweiswürdigung zu bewerten hat. Urkunden sind Beweismittel im Verwaltungsverfahren (§ 47 AVG, § 24 VStG).

➔**Urteil** [1386]: Ein Urteil ist eine individuell-konkrete Rechtsnorm eines Gerichts, mit der das Gericht einen Rechtsstreit – anders als beim ➔Beschluss – in der Sache (in merito) entscheidet. Wir kennen Zivilsachen, Strafsachen und öffentlich-rechtliche Sachen (insbesondere Verwaltungssachen). Das Urteil ergeht „im Namen der Republik" (Art 82 Abs 2 B-VG). Urteile der Verwaltungsgerichte und des VfGH nennt das Gesetz ➔Erkenntnis.

V

➔**Verband** [658]: Ein freier Verband ist eine auf privatrechtlicher Grundlage eingerichtete juristische Person, die für ihre Mitglieder berufliche Interessenvertretung wahrnimmt. Anders als etwa bei den durch den Gesetzgeber als Pflichtverband eingerichteten ➔Kammern gibt es keine gesetzliche Pflichtmitgliedschaft, kein gesetzliches Gebot der demokratischen Willensbildung und keine Pflichtbeiträge. Rechtsgrundlage der freien Verbände ist das Grundrecht der Vereinigungsfreiheit und in der Regel das Vereinsgesetz 2002 (VerG). Verbände sind beispielsweise die Industriellenvereinigung und der Österreichische Gewerkschaftsbund (ÖGB).

➔**Verbandszuständigkeit** [1035]: Verbandszuständigkeit ist ein Synonym für ➔Organisationszuständigkeit.

➔**Verbotsgesetz 1947** [98] [194]: Das Verbotsgesetz 1947 [= Verfassungsgesetz vom 8. Mai 1945 über das Verbot der NSDAP, StGBl 1945/13 idgF] verbietet im Verfassungsrang die Neubildung aller nationalsozialistischen Organisationen und Einrichtungen und untersagt es jedermann, sich für den Faschismus und den Nationalsozialismus, die Nationalsozialistische Deutsche Arbeiterpartei (NSDAP) oder ihre Ziele irgendwie zu betätigen. Verschiedene Delikte im Zusammenhang mit der „Wiederbetätigung" werden mit bis zu lebenslanger Freiheitsstrafe bestraft; es besteht für jedermann Anzeigepflicht. Das Verbotsgesetz 1947 macht Österreich zum antifaschistischen (➔Antifaschismus) Staat.

➔**Vereinbarung nach Art 15a B-VG** [356] [699]: Eine Vereinbarung nach Art 15a B-VG (= Glied- oder Teilstaatsvertrag) ist ein staatsrechtlicher (innerstaatlicher) öffentlich-rechtlicher Vertrag zwischen dem Bund und den Ländern (Art 15a Abs 1 B-VG: Bund-Länder-Vereinbarung) oder zwischen den Ländern (Art 15a Abs 2 B-VG: Ländervereinbarung) über Angelegenheiten ihres jeweiligen Wirkungsbereichs (so die Vereinbarung gemäß Art. 15a B-VG zwischen dem Bund und dem Land Oberösterreich zur Errichtung und Erhaltung eines Nationalparks Oberösterreichische Kalkalpen, BGBl I 1997/51). Vereinbarungen nach Art 15a B-VG sind keine völkerrechtlichen Verträge, sondern innerstaatliche öffentlich-rechtliche Verträge, weil Rechtsgrundlage der Vereinbarungen die nationale Verfassung ist und der Bund und die Länder zwar Staaten, sie aber keine – von der „Republik Österreich" verschiedenen – eigenen Völkerrechtsubjekte sind.

➔**Vereinbarungsprüfung** [1598]: Bei der Vereinbarungsprüfung (Art 138a B-VG) stellt der Verfassungsgerichtshof (VfGH) auf Antrag der Bundesregierung oder einer Landesregierung fest, ob eine ➔Vereinbarung im Sinne des Art 15a B-VG vorliegt und/oder ob diese ordnungsgemäß erfüllt wurde. Für Vereinbarungen nach Art 15a B-VG existiert kein Fehlerkalkül, dem VfGH kommt eine Kompetenz zur Aufhebung einer Vereinbarung nicht zu. Gesetzwidrige Vereinbarungen sind nichtig, der Verfassungsgerichtshof stellt die Nichtigkeit fest.

➔**Vereins(Vereinigungs)freiheit** *freedom of association* [549]: Die unter materiellem Gesetzesvorbehalt stehende Vereins(Vereinigungs)freiheit ist als Staatsbürgerrecht unter der Bezeichnung Vereinsfreiheit in Art 12 StGG, als Menschenrecht unter der Bezeichnung Vereinigungsfreiheit in Art 11 EMRK [und Art 12 GRC] verankert. Ein(e) Verein(igung) ist eine freiwillige, für die Dauer bestimmte organisierte Verbindung mehrerer Personen zur Erreichung eines bestimmten gemeinschaftlichen Zwecks durch fortgesetzte gemeinschaftliche Tätigkeit. Der Gesetzesvorbehalt des Art 12 StGG gilt als Ausführungsvorbehalt. Ausführungsgesetz ist das ➔Vereinsgesetz 2002 (VerG), BGBl I 2002/66.

➔**Vereinsgesetz 2002 (VerG)** [553]: Das Vereinsgesetz 2002 (VerG), BGBl I 2002/66 idgF, führt das Grundrecht der ➔Vereinsfreiheit aus. Es enthält Bestimmungen über die Vereinsgründung, die Vereinsstatuten, die Vereinsbehörden, die Vereinsversammlung, die Vereinsgebarung, die Beendigung des Vereins, die behördliche Vereinsauflösung.

➔**Vereinte Nationen (VN)** *United Nations Organization* (UNO) <www.un.org> [107] [436] [737]: Die 1945 gegründeten Vereinten Nationen (VN) lösten den Völkerbund als politische Friedensorganisation ab. Den Vereinten Nationen gehören fast alle Staaten der Erde an. Ziel der Organisation sind nach Art 1 der UNO-Charta (Satzung der Vereinten Nationen), BGBl 1956/120, die Wahrung des Weltfriedens und der internationalen Sicherheit, die Entwicklung freundschaftlicher zwischenstaatlicher Beziehungen sowie die Stärkung der internationalen Zusammenarbeit auf wirtschaftlichem, sozialem, kulturellem und humanitärem Gebiet. Über den Weltfrieden wacht der Sicherheitsrat. Im Interesse eines weltweiten Schutzes der Menschenrechte verabschiedeten die Vereinten Nationen 1948 die Allgemeine Erklärung der Menschenrechte (Declaration of human rights). Der Gerichtshof der Vereinten Nationen ist der ➔Internationale Gerichtshof (IGH) in Den Haag.

➔**Verfahrensanordnung** [1124]: Eine Verfahrensanordnung ist kein Bescheid, auch kein ➔verfahrensrechtlicher Bescheid, sie bestimmt bloß den Gang des Verfahrens. Im Gegensatz zum Bescheid wird eine Verfahrensanordnung nicht rechtskräftig und ergeht weitgehend formlos. Eine Verfahrensanordnung kann nur zusammen mit dem die Verwaltungssache erledigenden Bescheid bekämpft werden, es ist kein abgesondertes Rechtsmittel zulässig (§ 63 Abs 2 AVG, § 7 Abs 1 VwGVG). Verfahrensanordnungen sind etwa der Mängelverbesserungsauftrag (§ 13 Abs 3 AVG), die Verweigerung der Akteneinsicht (gegenüber einer Verfahrenspartei, § 17 Abs 4 AVG), die einfache Ladung (§ 19 Abs 4 AVG), die Anberaumung bzw die Ablehnung eines Antrags auf Durchführung einer mündlichen Verhandlung (§ 39 Abs 2 AVG).

➔**Verfahrenshilfe** [1619]: Verfahrenshilfe ist die Gewährung finanzieller Begünstigungen an Personen, welche die Kosten eines (Gerichts)Verfahrens ohne Beeinträchtigung des notwendigen Lebensunterhalts nicht bestreiten können. Die Begünstigung kann etwa in der Befreiung von der Entrichtung der Gerichtsgebühren, der Gebühren der Sachverständigen oder in der unentgeltlichen Beigebung eines Rechtsanwalts bestehen. Verfahrenshilfe wird auf Antrag gewährt in Verwaltungssachen vor dem Verwaltungsgericht (VwG) nach § 40 VwGVG (Beigebung eines Verfahrenshilfeverteidigers, vgl Art 6 Abs 3 lit c EMRK, Art 47 Abs 3 GRC); im verwaltungsgerichtlichen Verfahren vor dem Verwaltungsgerichtshof (VwGH) nach § 61 VwGG (insb Revision oder Fristsetzungsantrag); sowie im verfassungsgerichtlichen Verfahren vor dem Verfassungsgerichtshof (VfGH) nach § 82 VfGG iVm § 64 ZPO. Die gewährte Verfahrenshilfe befreit nur von den eigenen Kosten, die Kosten etwaiger gegnerischer Parteien sind im Fall des Unterliegens voll zu bezahlen.

➔**Verfahrensökonomie** [1499]: Der Grundsatz der Verfahrensökonomie verlangt ein zweckmäßiges, rasches, einfaches und kostengünstiges Verwaltungsverfahren (§ 39 Abs 2 AVG, § 24 VStG). Die Mündlichkeit des Verfahrens ist nicht zwingend, die Grundsätze der Unmittelbarkeit der Beweisaufnahme und der Öffentlichkeit des Verfahrens gelten nicht.

➔**Verfahrensrecht** [1467]: Verfahrensrecht sind Rechtsnormen, welche die Vorgehensweise bei der Umsetzung der generellen Gesetze durch die Vollziehung, die das Prozedere (das „Wie") der Erzeugung individuell-konkreten Vollziehungshandelns festlegen, um dessen Richtigkeit (= Gesetzmäßigkeit) sicherzustellen. Verfahrensrecht sind daher einerseits Regeln, nach denen die Verwaltungsbehörde einen Bescheid zu erlassen hat (➔Verwaltungsverfahrensrecht) und anderseits Regeln, nach denen die Gerichte Erkenntnisse, Urteile und Beschlüsse erlassen (➔Gerichtsverfahrensgesetze). (Die das Verfahren, den Weg der Gesetzgebung regelnden Rechtsnormen des [materiellen] Verfassungsrechts, werden idR nicht unter dem Begriff „Verfahrensrecht" verstanden.) Das Verfahrensrecht ist vom ➔materiellen Recht und vom ➔Organisationsrecht zu unterscheiden.

➔verfahrensrechtlicher Bescheid [1123]: Ein verfahrensrechtlicher Bescheid ist ein ➔Bescheid, der eine Entscheidung über eine Frage des ➔Verfahrensrechts trifft. Er ist vom ➔ materiellrechtlichen Bescheid und von der bloßen ➔Verfahrensanordnung zu unterscheiden. Verfahrensrechtliche Bescheide sind etwa ein Ladungsbescheid (§§ 19 iVm 56 AVG), die Bewilligung der Wiederaufnahme des Verfahrens (§ 70 AVG), die Einstellung des Verwaltungsstrafverfahrens (§ 45 Abs 2 VStG).

➔Verfassung *constitution* [34]: Die Verfassung (= Konstitution, von lateinisch „constitutio") eines Staats verrechtlicht den Staat und die Staatsgewalt. Sie schreibt die Organisation des Staats und die Regeln für die Ausübung der Staatsgewalt verbindlich fest. Ein Staat, der eine Verfassung hat, ist ein ➔Verfassungsstaat (= konstitutioneller Staat). Da die österreichische Rechtordnung einen Stufenbau kennt, unterscheiden wir zwischen der ➔Verfassung im materiellen Sinn und der ➔Verfassung im formellen Sinn. **➔Verfassung im formellen Sinn** [50]: Die Verfassung im formellen Sinn besteht – im Gegensatz zur Verfassung im materiellen Sinn – ohne Rücksicht auf den Inhalt insbesondere aus allen förmlichen im Parlament mit der notwendigen qualifizierten Mehrheit beschlossenen und regelmäßig in der Kundmachung ausdrücklich als „Verfassungsgesetz" bezeichneten (Art 44 Abs 1 B-VG) Verfassungsgesetzen. [Zur Verfassung im formellen Sinn zählen auch die parlamentarisch genehmigten als „verfassungsändernd" bezeichneten Staatsverträge]. **➔Verfassung im materiellen Sinn** [44]: Verfassung im materiellen Sinn beschreibt – ohne Rücksicht auf ihre Form – den nach den Vorstellungen des Konstitutionalismus idealtypischen Inhalt einer Verfassung(surkunde): So konkrete ➔Rechtserzeugungsregeln, die ➔Gewaltenteilung, die ➔parlamentarische Demokratie und die ➔Freiheitsrechte. Ohne Bezugnahme auf die historischen politischen Forderungen des Konstitutionalismus sind Verfassung im materiellen Sinn alle Rechtsnormen, welche die Organisation des Staats und die Ausübung der Staatsgewalt regeln.

➔Verfassungsautonomie [324]: Verfassungsautonomie bedeutet im ➔Stufenbau der Rechtsordnung, dass das Parlament als demokratisch legitimierter Gesetzgeber in Verfassungsgesetzen alles frei regeln darf. Einzige Einschränkung: Nach dem B-VG bedarf eine ➔Gesamtänderung der Bundesverfassung durch Bundesverfassungsgesetz einer Volksabstimmung. Die Verfassungsautonomie der Landesparlamente ist eingeschränkt, weil die Landesverfassungen der Bundesverfassung nicht widersprechen dürfen (= ➔relative Verfassungsautonomie der Länder, Art 99 Abs 1 B-VG).

➔Verfassungsgerichtshof (VfGH) *Constitutional Court* [1371]: Der Verfassungsgerichtshof (VfGH) in Wien ist ein Gerichtshof des öffentlichen Rechts (Art 137 bis 148 B-VG) und – neben dem Verwaltungsgerichtshof (VwGH) und dem Obersten Gerichtshof (OGH) ein Höchstgericht. Er entscheidet im Rahmen der Gerichtsbarkeit des öffentlichen Rechts in der Kausalgerichtsbarkeit, über Kompetenzkonflikte (Kompetenzgerichtsbarkeit), über die Erfüllung von Vereinbarungen nach Art 15a B-VG (Vereinbarungsprüfung), über die Gesetzwidrigkeit von Verordnungen (Verordnungsprüfung), über Probleme der Wiederverlautbarung, über die Verfassungswidrigkeit von Gesetzen (Gesetzesprüfung), über die Rechtswidrigkeit von Staatsverträgen (Staatsvertragsprüfung), als Wahlgerichtshof (Wahlgerichtsbarkeit), als Staatsgerichtshof (Staatsgerichtsbarkeit), als Sonderverwaltungsgerichtshof ([Erkenntnis/Beschluss]Beschwerde) und als Völkerrechtsgerichtshof (Völkerrechtsgerichtsbarkeit). Die Organisation des Verfassungsgerichtshofs (VfGH) und das Verfahren vor dem VfGH sind im Verfassungsgerichtshofgesetz 1953 (VfGG) geregelt (Art 148 B-VG).

➔Verfassungsgerichtshofgesetz 1953 (VfGG) *Constitutional Court Act 1953* [1372] [1551]: Das Verfassungsgerichtshofgesetz 1953 (VfGG), BGBl 1953/85 idgF, regelt die Organisation des ➔Verfassungsgerichtshofs (VfGH) und das verfassungsgerichtliche Verfahren.

➔Verfassungsgeschichte [56]: Die Verfassungsgeschichte befasst sich mit der Entstehung der geltenden und mit den früher geltenden Verfassungsgesetzen.

➔Verfassungsgesetze [48]: Der Begriff Verfassungsgesetze wird im doppelten Sinn verwendet. Unter Verfassungsgesetzen verstehen wir entweder alle Gesetze, die für einen Staat den – gemessen an den Vorstellungen des Konstitutionalismus – idealtypischen Inhalt einer Verfassung (= ➔Verfassung im materiellen Sinn) festlegen; oder – unabhängig vom Inhalt – alle förmlichen im Parlament mit der notwendigen qualifizierten Mehrheit beschlossenen und regelmäßig als „Verfassungsgesetz" kundgemachten Rechtsnormen (= ➔Verfassung im formellen Sinn). Im Bundesstaat gibt es ➔Bundesverfassungsgesetze (BVG) und ➔Landesverfassungsgesetze (LVG).

➔verfassungsgesetzlich gewährleistetes Recht [438] [1431]: Ein verfassungsgesetzlich gewährleistetes Recht ist ein ➔subjektives (öffentliches) Recht, das nicht in einem einfachen Gesetz, sondern in einem Verfassungsgesetz verankert ist. Das B-VG verwendet diesen Begriff in Art 144 Abs 1 B-VG. Die verfassungsgesetzlich gewährleisteten Rechte nennen wir auch ➔Grundrechte.

➔verfassungsimmanente Schranke [487]: Eine verfassungsimmanente Schranke ist die Einschränkung des aus dem Wortlaut des Verfassungstexts folgenden Schutzbereichs eines Grundrechts im Hinblick auf eine andere – entgegenstehende – Verfassungsbestimmung. Der sich aus dem Wortlaut ergebende Schutzbereich eines Grundrechts muss reduziert werden, wenn er mit anderen Verfassungsbestimmungen (andere Grundrechte oder andere objektive Verfassungsnormen) kollidiert.

➔Verfassungslehre [74]: Die Verfassungslehre ist eine politische Wissenschaft. Sie beschreibt wertend die Verfassungsordnung, die einzelnen Verfassungsbestimmungen, ihre politischen und sachlichen Anliegen.

➔Verfassungsrecht *constitutional law* [74]: Es ist zwischen Verfassungsrecht im formellen Sinn (Verfassung im formellen Sinn) und Verfassungsrecht im materiellen Sinn (Verfassung im materiellen Sinn) zu unterscheiden. Das Verfassungsrecht als normative Wissenschaft ist Teil des öffentlichen Rechts und umfasst vor allem die ➔Verfassungsgesetze (des Bundes und der Länder), und zwar sowohl die ➔Verfassung im formellen Sinn als auch die ➔Verfassung im materiellen Sinn.

➔Verfassungsstaat *constitutional state* [34]: Der Rechtsstaat ist ein Gesetzesstaat. Die Organisation des Staats und die Ausübung der Staatsgewalt müssen gesetzlich geregelt sein. Sieht die Rechtsordnung einen ➔Stufenbau der Rechtsordnung und damit eine ➔Verfassung im formellen Sinn vor, ist der Gesetzesstaat ein Verfassungsstaat.

➔Verfassungs-Überleitungsgesetz (V-ÜG) 1945 [56] [62] [68]: Das Verfassungs-Überleitungsgesetz (V-ÜG) 1945 [= Verfassungsgesetz vom 1. Mai 1945 über das neuerliche Wirksamwerden des Bundes-Verfassungsgesetzes in der Fassung von 1929, StGBl 1945/4] ist die Grundlage der in Österreich heute geltenden Verfassungsordnung. Die provisorische Staatsregierung erließ 1945 nach der Befreiung Österreichs dieses Verfassungsgesetz, formulierte dabei aber keinen neuen Verfassungstext, sondern übernahm den früheren – 1934 durch den Ständestaat außer Geltung gesetzten – Verfassungstext aus dem Jahre 1920, nämlich das ➔Bundes-Verfassungsgesetz (B-VG).

➔Vergaberecht [604]: Das Vergaberecht regelt auf der Kompetenzgrundlage des Art 14b B-VG (➔öffentliches Auftragswesen) das Verfahren, das öffentliche Auftraggeber (das sind insbesondere, aber nicht nur Gebietskörperschaften) bei der Auftragsvergabe einzuhalten haben, damit sie die Aufträge (etwa Bauaufträge, Lieferaufträge, Dienstleistungsaufträge) sachlich vergeben und ihre Nachfragemacht nicht missbrauchen. Das Vergaberecht sieht Rechtsmittel gegen rechtswidrig vergebene Aufträge vor. Es ist im Bundesrecht durch das Bundesvergabegesetz 2006 (BVergG 2006) [= Bundesgesetz über die Vergabe von Aufträgen, BGBl I 2006/17 idgF], in den Landesrechten durch entsprechende Landesgesetze [zB Oö Vergaberechtsschutzgesetz 2006 – Oö VergRSG 2006, LGBl 130] geregelt.

➔Verhältnismäßigkeitsgrundsatz [513]: Der Verhältnismäßigkeitsgrundsatz verlangt vom einfachen Gesetzgeber, der in den Schutzbereich eines unter ➔materiellem Gesetzesvorbehalt stehenden Freiheitsrechts (= relativ schützendes Freiheitsrecht) eingreift, dass er mit dem Eingriff ein im öffentlichen Interesse gelegenes Ziel verfolgt und zur Zielerreichung ein geeignetes, notwendiges und adäquates (= angemessenes) Mittel einsetzt. Der Gesetzgeber muss also bei einem Grundrechtseingriff darauf achten, den Regelungszweck mit einer möglichst geringfügigen Grundrechtsbeschränkung zu erreichen, die in einer angemessenen Relation (= Adäquanz, Verhältnismäßigkeit ieS) zum öffentlichen Interesse stehen muss.

➔Verhältnismäßigkeitsgrundsatz (EU) *principle of proportionality* [820]: Die Europäische Union (EU) nimmt ihre Zuständigkeiten nach den Grundsätzen der ➔Subsidiarität und der Verhältnismäßigkeit wahr (Art 5 Abs 1 EUV). Nach dem Verhältnismäßigkeitsgrundsatz gehen die Maßnahmen der EU nicht *„über das zur Erreichung der Ziele der Verträge erforderliche Maß hinaus"* (Art 5 Abs 4 EUV). Inhalt (Intensität) und Form jeder unionsrechtlichen Regelung müssen daher in einem angemessenen Verhältnis zum angestrebten Ziel stehen.

➔Verhältniswahl [175]: Bei der Verhältniswahl (➔Listenwahl) steht bei der Wahl der allgemeinen Vertretungskörper anders als beim Mehrheitswahlrecht nicht die Persönlichkeit des Kandidaten, sondern die Parteizugehörigkeit der Kandidaten im Vordergrund. Bei der Verhältniswahl erhält jede an der Wahl teilnehmende Wahlpartei einen dem Verhältnis ihrer erreichten Stimmen entsprechenden Anteil an den zu vergebenden Mandaten, dh der prozentuale Stimmenanteil einer wahlwerbenden Partei spiegelt sich in der Mandatsverteilung im allgemeinen Vertretungskörper wider. Damit dieses Verhältnis arithmetisch möglich ist, können die Kandidaten nicht als einzelne Person, sondern nur als Gruppe (= Wahlpartei, = Liste) kandidieren. Das B-VG ordnet die Geltung der Verhältniswahl für die Wahlen zum Europäischen Parlament (Art 23a Abs 1), zum Nationalrat (Art 26 Abs 1), zu den Landtagen (Art 95 Abs 1) und zu den Gemeinderäten (Art 117 Abs 2) an.

➔Verjährung [1625]: Verjährung ist der durch Ablauf einer bestimmten Frist (Verjährungsfrist) bewirkte Verlust eines Anspruchs, im Strafrecht der Verlust der Durchsetzbarkeit des staatlichen Strafanspruchs. Für das ➔Verwaltungsstrafrecht unterscheidet § 31 Verwaltungsstrafgesetz (VStG) zwischen der Verfolgungsverjährung (Abs 1) – die Verfolgung des Täters wegen einer Verwaltungsübertretung ist ausgeschlossen, wenn nicht innerhalb eines Jahres ab Beendigung der Straftat eine Verfolgungshandlung iSv § 32 Abs 2 VStG gesetzt wurde; der Strafbarkeitsverjährung (Abs 2) – die Verhängung einer Verwaltungsstrafe ist ausgeschlossen, wenn seit Beendigung der Straftat drei Jahre vergangen sind; und der Vollstreckungsverjährung (Abs 3) – die ➔Vollstreckung einer ➔Strafe ist ausgeschlossen, wenn seit der Bestandskraft des Strafbescheids drei Jahre vergangen sind. Eine Verwaltungsstraftat verjährt überdies, wenn seit dem Einlangen einer zulässigen Bescheidbeschwerde gegen ein Straferkenntnis 15 Monate vergangen sind (§ 43 VwGVG); das Straferkenntnis tritt diesfalls ex lege außer Kraft und das Verwaltungsgericht (VwG) stellt das Verwaltungsstrafverfahren wegen Verjährung ein.

➔**Vermögensfähigkeit** [591]: Die Rechtsfähigkeit umfasst alle erdenklichen (privaten) Rechte und Pflichten eines Menschen. Bestimmte Rechte und Pflichten – etwa höchstpersönliche Rechte und Pflichten aus dem Eherecht – können nur natürliche Personen (= Menschen) wahrnehmen. Wenn die Rechtsordnung juristischen Personen Rechtsfähigkeit verleiht, so geht es vor allem um die Vermögensfähigkeit, das ist die Fähigkeit, Vermögensrechte und Vermögenspflichten zu haben.

➔**Vernunftrecht** [22]: Der vernunftbegabte Mensch kann die gesellschaftlichen Notwendigkeiten einsehen und dieser Einsicht gemäß handeln. Das Recht kommt aus dieser Einsicht, also aus der Vernunft, aus dem Menschen selbst, aus der Kraft seiner Argumente. Das Vernunftrecht steht im Gegensatz zum ➔Rechtspositivismus, der das Recht als freie demokratische Rechtsetzung des Volks und des Staats begreift.

➔**Verordnung** [237] [1125]: Die Verordnung ist die generelle Rechtsnorm einer ➔Verwaltungsbehörde. Verordnungen können generell-abstrakt (etwa eine Befähigungsnachweisverordnung für ein Gewerbe) und generell-konkret (etwa das durch Verkehrszeichen kundgemachte Halteverbot) sein. Wir unterscheiden ➔Rechtsverordnungen und ➔Verwaltungsverordnungen, ➔Durchführungsverordnungen und ➔selbständige Verordnungen.

➔**Verordnung (EU)** *regulation* [767]: Eine unionsrechtliche Verordnung (Art 288 Abs 2 AEUV) ist eine generelle in allen ihren Teilen verbindliche Anordnung eines EU-Organs. Sie gilt unmittelbar in jedem Mitgliedstaat und ist – ohne Dazwischentreten eines staatlichen Hoheitsakts in jedem Mitgliedstaat unter ➔Anwendungsvorrang vor entgegenstehendem nationalem Recht anzuwenden. Die Verordnung kann den Menschen in den EU-Mitgliedstaaten unmittelbar Rechte gewähren und Pflichten auferlegen. In einem Gesetzgebungsverfahren – unter Mitentscheidung des Europäischen Parlaments – erlassene Verordnungen nennt der AEUV (Art 289) Gesetzgebungsakte (➔EU-Gesetze, = Unionsgesetze). Verordnungen sind Teil des sekundären Unionsrechts.

➔**Verordnungsprüfung** [1600]: Der Verfassungsgerichtshof (VfGH) hat das Überprüfungsmonopol für generelle Rechtsnormen. Er prüft von Amts wegen im Rahmen der bei ihm anhängigen Verfahren oder auf Antrag Verordnungen (Art 139 B-VG) auf ihre Übereinstimmung mit den Gesetzen. Kommt der Verfassungsgerichtshof zum Ergebnis, dass eine Verordnung rechtswidrig ist, so hebt er diese auf (Art 139 Abs 3 B-VG). Zur Antragstellung beim VfGH ist jedes Gericht (Art 89 Abs 2, Art 135 Abs 4 B-VG) legitimiert, das die Verordnung in einer anhängigen Rechtssache anzuwenden hätte (➔Präjudizialität der Verordnung); weiters jede Person, die durch die Verordnung unmittelbar in ihren Rechten verletzt zu sein behauptet (= ➔Individualantrag auf Verordnungsprüfung); dann ein Rechtsmittelwerber aus Anlass eines gegen die Entscheidung eines ordentlichen Gerichts I. Instanz erhobenen Rechtsmittels. Darüber hinaus legitimiert Art 139 Abs 1 Z 5 bis Z 7 B-VG die Landesregierung und die Volksanwaltschaft, Verordnungen einer Bundesbehörde; die Bundesregierung und eine Landesvolksanwaltschaft, Verordnungen einer Landesbehörde; die Gemeinde, Verordnungen der Gemeindeaufsichtsbehörde (Art 119a Abs 6 B-VG) beim VfGH anzufechten.

➔**Versammlungsfreiheit** *freedom of assembly* [546]: Die unter materiellem Gesetzesvorbehalt stehende Versammlungsfreiheit (= Demonstrationsfreiheit) ist als Staatsbürgerrecht in Art 12 StGG 1867, als Menschenrecht in Art 11 EMRK [und Art 12 GRC] verankert. Sie ist ein Abwehrrecht und ein Freiheitsrecht mit staatlichen Schutzpflichten. Eine Versammlung ist eine Zusammenkunft mehrerer Menschen zum Zweck der gemeinsamen Kundgabe von Meinungen an andere oder der Erörterung von Meinungen. Der Gesetzesvorbehalt der Versammlungsfreiheit des Art 12 StGG 1867 gilt als Ausführungsvorbehalt. Ausführungsgesetz ist das ➔Versammlungsgesetz 1953 (BGBl 1953/98 idgF).

➔**Versammlungsgesetz 1953** [548]: Das Versammlungsgesetz 1953 (BGBl 1953/98 idgF) führt einfachgesetzlich das Grundrecht der ➔Versammlungsfreiheit aus. Es regelt ua die Anzeigepflicht von Versammlungen, die behördliche Untersagung und Auflösung von Versammlungen.

➔**Verschlechterungsverbot** [1548] [1624]: Grundsätzlich kann eine verwaltungsbehördliche oder gerichtliche Entscheidung auf dem Rechtsweg auch zu Ungunsten des Rechtsmittelwerbers abgeändert werden (= ➔reformatio in peius). Im Verwaltungsstrafverfahren allerdings ist – von Ausnahmen abgesehen – eine Abänderung eines angefochtenen Bescheids zu Ungunsten des Rechtsmittelwerbers unzulässig (= Verschlechterungsverbot). Die Verwaltungsstrafbehörde darf aufgrund eines erhobenen Einspruchs keine strengere Strafe verhängen als in der angefochtenen Strafverfügung (§ 49 Abs 2 VStG); das Verwaltungsgericht (VwG) darf in seinem Erkenntnis keine höhere Strafe verhängen als im angefochtenen Strafbescheid (§ 42 VwGVG).

➔**Verschulden** [1538]: Das Strafrecht (Verwaltungsstrafrecht und Justizstrafrecht) ist kein Tatstrafrecht, sondern ein Täterstrafrecht. Nur bei Verschulden ist eine Bestrafung des Täters möglich. Wer eine strafbare Handlung begangen hat, wird (nur) bestraft, wenn ihm ein persönlicher Schuldvorwurf gemacht werden kann. Der Schuldvorwurf kann im ➔Vorsatz oder in der ➔Fahrlässigkeit bestehen. Das Verschulden für das Verwaltungsstrafrecht ist im Verwaltungsstrafgesetz (VStG) 1991, das (auch) das ➔Allgemeine Verwaltungsstrafrecht enthält, geregelt (§ 5 VStG).

➔**Versteinerungstheorie** [425]: Der Verfassungsgerichtshof (VfGH) verwendet die Versteinerungstheorie (= Versteinerungsprinzip, = Versteinerungsmethode) vor allem zur Auslegung der in der Kompetenzverteilung enthaltenen Kompetenztatbestände. Er versteht den Begriff, mit dem eine Sachmaterie beschrieben ist, mit dem Inhalt, den er im Zeitpunkt des Inkrafttretens der betreffenden Kompetenzbestimmung hatte (= Versteinerungszeitpunkt ist in der Regel der 01.10.1925, als die Kompetenzbestimmungen des B-VG 1920 großteils erstmals in Kraft traten). Das historische Begriffsverständnis ergibt sich allerdings nicht unmittelbar aus dem Verfassungstext, weil der Verfassungstext unverändert geblieben ist. Zur Ermittlung des historischen Begriffsverständnisses eines Kompetenztatbestands zieht der Verfassungsgerichtshof die im Versteinerungszeitpunkt geltenden einfachen Gesetze heran. Bestanden im Versteinerungszeitpunkt bezügliche einfache Bundesgesetze, dann ist der Bund zur Regelung der Angelegenheit zuständig, war eine Angelegenheit im Versteinerungszeitpunkt in Landesgesetzen geregelt, dann ist das Land zur Regelung zuständig.

➔Vertrag über die Arbeitsweise der Europäischen Union (AEUV) *Treaty on the Functioning of the European Union* [752]: Der Vertrag über die Arbeitsweise der Europäischen Union (AEUV) [ABl 2012 C 326/47] bildet – zusammen mit dem Vertrag über die Europäische Union (EUV) und dem EURATOM-Vertrag – die völkerrechtliche Rechtsgrundlage der ➔Europäischen Union (EU). Er ist Teil des primären Unionsrechts. Der AEUV wurde in seiner Urfassung als Vertrag zur Gründung der Europäischen Wirtschaftsgemeinschaft (EWG-Vertrag) 1957 abgeschlossen (Römische Verträge 1957). Da die EWG ihre Bezeichnung 1992 in Europäische Gemeinschaft (EG) änderte, wurde der EWG-Vertrag zum EG-Vertrag. Mit dem Vertrag von Lissabon wurde der EG-Vertrag zum AEUV weiterentwickelt. Es gibt seither kein Nebeneinander mehr von Europäischer Gemeinschaft (EG) und Europäischer Union (EU).

➔Vertrag über die Europäische Union (EUV) *Treaty on European Union* [751]: Der Vertrag über die Europäische Union (EU-Vertrag, EUV) wurde in seiner Urfassung am 07.02.1992 unterzeichnet (= Vertrag von Maastricht); 1997 wurde er durch den „Vertrag von Amsterdam" (in Kraft 1999) und 2001 durch den „Vertrag von Nizza" (in Kraft 2003) überarbeitet. Nach einer weiteren umfassenden Reformierung des Vertrags gilt der EU-Vertrag aktuell in der Fassung des „Vertrags von Lissabon" (in Kraft mit 01.12.2009), ABl 2012 C 326/13. Der EU-Vertrag (EUV) richtet die ➔Europäische Union (EU) ein, er ist Teil des primären Unionsrechts.

➔Vertragsbedienstete [1043]: Vertragsbedienstete sind öffentlich Bedienstete, die durch einen privatrechtlichen Vertrag als Organwalter einer Gebietskörperschaft bestellt werden. Ihr Dienstrecht ist Teil des Privatrechts. Werden öffentlich Bedienstete durch einen hoheitlichen Rechtsakt (Bescheid) als Organwalter einer Gebietskörperschaft bestellt, sprechen wir von Beamten.

➔Vertragsverletzungsverfahren *infringement proceeding* [881] [1401]: Im Vertragsverletzungsverfahren (Art 258-260 AEUV) prüft der Gerichtshof der Europäischen Union, ob ein Mitgliedstaat seine unionsrechtlichen Verpflichtungen erfüllt hat. Wegen Vertragsverletzung können die Europäische Kommission oder ein Mitgliedstaat Klage erheben. Eine Vertragsverletzung durch einen Mitgliedstaat liegt dann vor, wenn durch das Verhalten eines seiner (Gesetzgebungs-, Verwaltungs- oder Gerichts)Organe (des Gesamt- oder Gliedstaats) das Unionsrecht verletzt wurde, gleichgültig, ob durch ein Tun oder eine Unterlassung (zB wenn die staatlichen Behörden das Unionsrecht nicht oder fehlerhaft vollziehen, ein Gericht seiner Vorlagepflicht nicht nachkommt).

➔Verwaltung *administration* [222]: Im gewaltenteiligen Staat bildet die Verwaltung (= Administrative) mit der Gerichtsbarkeit (= Judikative) die Vollziehung des Staats. Wir kennen zwei Begriffe von Verwaltung. Erstens: Das B-VG versteht die ➔Verwaltung im formell-organisatorischen Sinn. Und zweitens: Der Konstitutionalismus versteht idealtypisch die ➔Verwaltung im materiellen Sinn. **➔Verwaltung im formell-organisatorischen Sinn** [229]: Das B-VG versteht die Verwaltung im formell-organisatorischen Sinn als die den weisungsgebend und weisungsgebunden tätigen staatlichen Vollziehungsorganen zugewiesenen Aufgaben. Verwaltung im formell-organisatorischen Sinn ist demnach jener Teil der Staatsgewalt, der weder von den Gesetzgebungsorganen (Parlament) noch von den unabhängigen Richtern ausgeübt wird (= Subtraktionsbegriff). **➔Verwaltung im materiellen Sinn** [222]: Der Konstitutionalismus versteht die Verwaltung im materiellen Sinn als das der ➔Daseinsvorsorge dienende Vollziehungshandeln.

➔Verwaltungsaufgaben [1044]: Verwaltungsaufgaben sind ➔staatliche Aufgaben, die der Gesetzgeber der Verwaltungsorganisation einer Gebietskörperschaft zur Besorgung zuordnet. Da die Gebietskörperschaften juristische Personen (des öffentlichen Rechts) sind, können sie die Verwaltungsaufgaben sowohl hoheitlich als auch nicht-hoheitlich besorgen.

➔Verwaltungsbehörde [1068]: Eine Verwaltungsbehörde ist ein Verwaltungsorgan, das befugt ist, Rechtsnormen (Bescheide, Verordnungen) zu erlassen (zB Bezirkshauptmann, Bürgermeister, Landesregierung, Bundesminister).

➔Verwaltungsgemeinschaft [1316]: Im Zuge der kommunalen Zusammenarbeit können Gemeinden als Verwaltungsgemeinschaft in Angelegenheiten des eigenen oder des übertragenen Wirkungsbereichs gemeinsame Verwaltungseinrichtungen bilden und gemeinsam nutzen, etwa ein Gemeindeamt für mehrere Gemeinden. Die Gemeinde(organisations)gesetze der Länder (Art 115 Abs 2 erster Satz B-VG) sehen die Bildung von Verwaltungsgemeinschaften durchwegs vor (zB § 13 Oö GemO 1990).

➔Verwaltungsgericht (VwG) [1342]: Ein Verwaltungsgericht ist ein für Verwaltungssachen zuständiges Gericht des öffentlichen Rechts. Zusammen mit dem Verwaltungsgerichtshof (VwGH) bilden die Verwaltungsgerichte erster Instanz die Verwaltungsgerichtsbarkeit (Art 129 bis 136 B-VG). Es bestehen neun →Landesverwaltungsgerichte (LVwG), ein Verwaltungsgericht des Bundes, das →Bundesverwaltungsgericht (BVwG), und ein Verwaltungsgericht des Bundes für Finanzen, das →Bundesfinanzgericht (BFG).

→Verwaltungsgerichtsbarkeit [1342]: Die Verwaltungsgerichtsbarkeit (Art 129 bis 136 B-VG) bildet gemeinsam mit der Verfassungsgerichtsbarkeit die →Gerichtsbarkeit des öffentlichen Rechts. Die Verwaltungsgerichtsbarkeit ist für Verwaltungssachen zuständig und in zwei Ebenen organisiert. Die →Landesverwaltungsgerichte (LVwG), das →Bundesverwaltungsgericht (BVwG) und das →Bundesfinanzgericht (BFG) bilden die Verwaltungsgerichtsbarkeit erster Instanz, der →Verwaltungsgerichtshof (VwGH) die Verwaltungsgerichtsbarkeit zweiter Instanz.

→Verwaltungsgerichtshof (VwGH) *Administrative Court* [1369]: Der Verwaltungsgerichtshof (VwGH) in Wien ist ein Gerichtshof des öffentlichen Rechts (Art 133 bis 135, 136 B-VG) und – neben dem Verfassungsgerichtshof (VfGH) und dem Obersten Gerichtshof (OGH) – ein Höchstgericht. Der Verwaltungsgerichtshof (VwGH) ist als Verwaltungsgericht II. Instanz nach Art 133 Abs 1 B-VG zuständig zur Entscheidung über Revisionen gegen erstinstanzliche verwaltungsgerichtliche Entscheidungen (Z 1), Fristsetzungsanträge wegen Verletzung der Entscheidungspflicht eines Verwaltungsgerichts I. Instanz (Z 2) und Kompetenzkonflikte zwischen Verwaltungsgerichten (Z 3). Der einfache Gesetzgeber ist ermächtigt, die Zuständigkeiten des VwGH zu erweitern (Art 133 Abs 2 und 8 B-VG). Die Organisation des Verwaltungsgerichtshofs (VwGH) und das Verfahren vor dem VwGH sind im Verwaltungsgerichtshofgesetz 1985 (VwGG) geregelt (Art 136 Abs 4 B-VG).

→Verwaltungsgerichtshofgesetz 1985 (VwGG) *Administrative Court Act 1985* [1370] [1551]: Das Verwaltungsgerichtshofgesetz 1985 (VwGG), BGBl 1985/10 idgF, regelt die Organisation und das Verfahren vor dem →Verwaltungsgerichtshof (VwGH).

→Verwaltungsgerichtsverfahrensgesetz (VwGVG) [1551]: Das Verwaltungsgerichtsverfahrensgesetz (VwGVG) [= Bundesgesetz über das Verfahren der Verwaltungsgerichte, BGBl I 2013/33 idgF] regelt – aufgrund Art 136 Abs 2 B-VG – das Verfahren vor den →Landesverwaltungsgerichten (LVwG) und vor dem →Bundesverwaltungsgericht (BVwG).

→Verwaltungslehre [76]: Die Verwaltungslehre ist eine empirische Wissenschaft, die sich mit dem tatsächlichen Verwaltungsgeschehen befasst; ihr Ziel ist es, auf systematisch und methodisch gesicherte Weise Erkenntnisse über die Verwaltung zu gewinnen. Themen der Verwaltungslehre sind beispielsweise die Effizienzforschung, die Bürokratieforschung, die Verwaltungsreform, die Aufgabenkritik ua.

→Verwaltungspolizei [1168]: Der Begriff Verwaltungspolizei folgt der bundesstaatlichen Kompetenzverteilung und meint die Beseitigung konkreter in einer Verwaltungsmaterie gelegener Missstände und Gefahren (etwa Gefahren aus dem Straßenverkehr iSd Straßenpolizei nach Art 11 Abs 1 Z 4 B-VG, Gefahren gewerblicher Betriebsanlagen iSd Gewerbepolizei nach Art 10 Abs 1 Z 8 B-VG, Gefahren aus baulichen Anlagen iSd Baupolizei nach Art 15 Abs 1 B-VG). Die Verwaltungspolizei ist eine Annexmaterie, dh der Bundesgesetzgeber ist auch zur Regelung der Verwaltungspolizei im Annex zu den Kompetenztatbeständen nach Art 10, 11 und 12 B-VG zuständig (= Verwaltungspolizei des Bundes); der Landesgesetzgeber ist zur Regelung der Verwaltungspolizei im Annex zu den Kompetenztatbeständen nach Art 12 und 15 B-VG zuständig (= Verwaltungspolizei der Länder). Die Verwaltungspolizei wird – in Abgrenzung zur allgemeinen Sicherheitspolizei – manchmal auch als →besondere Sicherheitspolizei bezeichnet.

→Verwaltungsprivatrecht [607]: Unter Verwaltungsprivatrecht versteht man besondere Gesetze, die das nicht-hoheitliche Handeln der Verwaltung regeln. Der Bundesgesetzgeber darf das privatrechtliche Verhalten der Bundesorgane, der Landesgesetzgeber das privatrechtliche Handeln der Landesorgane ohne jede kompetenzrechtliche Einschränkung (Art 17 B-VG) bestimmen. Die Einräumung subjektiver öffentlicher Rechte auf das nicht-hoheitliche Handeln zählt allerdings zum Hoheitsrecht. Daraus folgt, dass der Gesetzgeber im Verwaltungsprivatrecht subjektive öffentliche Rechte nur in Materien einräumen darf, für die er kompetenzrechtlich zuständig ist. In den anderen Materien sind ihm nur Regelungen ohne subjektive öffentliche Rechte gestattet (→Selbstbindungsgesetze). Die Bestimmtheitserfordernisse (Gesetzmäßigkeitsgebot) des Verwaltungsprivatrechts sind – im Vergleich zu Regelungen des hoheitlichen Vollziehungshandelns – herabgesetzt (→differenziertes Legalitätsprinzip).

→Verwaltungsrecht *administrative law* [76]: Das Verwaltungsrecht ist eine normative Wissenschaft und Teil des öffentlichen Rechts. Es umfasst die Gesetze, welche die Organisation der Verwaltung und die Ausübung der Staatsgewalt durch die Verwaltung regeln. Zum Verwaltungsrecht gehören beispielsweise das Gewerberecht, das Baurecht, das Raumordnungsrecht, das Polizeirecht, das Gemeindeorganisationsrecht, das Verwaltungsverfahrensrecht usw.

→verwaltungsrechtlicher Vertrag [1148]: Ein verwaltungsrechtlicher Vertrag ist ein öffentlich-rechtlicher Vertrag zwischen der Verwaltung und einem Privaten über eine Verwaltungssache. Über Verwaltungssachen gibt es – anders als in der Privatrechtsordnung – keine auf Konsens gegründeten Verträge, weil der Einzelne dem hoheitlichen Staat nicht gleichrangig, sondern untergeordnet gegenübersteht. In seltenen Fällen erlaubt der Gesetzgeber aber Vereinbarungen der Verwaltung mit Privaten über Verwaltungssachen. Weil der Private der Verwaltung im Hoheitsrecht untergeordnet ist, gilt ein verwaltungsrechtlicher Vertrag als „subordinationsrechtlicher" öffentlich-rechtlicher Vertrag. [Schließen Gebietskörperschaften auf gleicher Ebene Verträge, etwa ➔Vereinbarungen gemäß Art 15a B-VG, sprechen wir von „koordinationsrechtlichen" öffentlich-rechtlichen Verträgen.]

➔Verwaltungsrechtsverhältnis [1436]: Räumt der Gesetzgeber dem Einzelnen ein ➔subjektives Recht auf ein bestimmtes Tun oder Unterlassen der Verwaltung ein, so bezieht er den verwaltungsbetroffenen Menschen in ein Verwaltungsrechtsverhältnis ein. Er gibt ihm damit das Recht, gegen die Verwaltung einen Verwaltungsprozess um ein bestimmtes Verwaltungshandeln zu führen. Der verwaltungsbetroffene Mensch ist aufgrund seines subjektiven Rechts im rechtsstaatlichen Verfahren ➔Partei.

➔Verwaltungssprengel [1048] [1195]: Verwaltungssprengel ist der einer Verwaltungsbehörde unterstehende Teil des Staatsgebiets (etwa ein Bezirk), der territoriale (örtliche) Wirkungsbereich einer Verwaltungsbehörde.

➔Verwaltungsstrafgesetz 1991 (VStG) [408] [1472]: Das auf der Grundlage der Bedarfskompetenz des Art 11 Abs 2 B-VG erlassene Verwaltungsstrafgesetz 1991 (VStG), BGBl 1991/52 idgF, regelt insbesondere erstens das ➔Allgemeine Verwaltungsstrafrecht (§§ 1 bis 22) und zweitens das ➔Verwaltungsstrafverfahren (§§ 24 bis 52a) in den im EGVG (Art I Abs 2 Z 2 und Abs 3) bezeichneten Angelegenheiten.

➔Verwaltungsstrafrecht [234] [1529]: Strafrecht ist materielles Recht, das den Menschen ein bestimmtes Verhalten bei ➔Strafe verbietet. Verwaltungsstrafrecht ist jener Teil des Strafrechts, den der Gesetzgeber zur Vollziehung den Verwaltungsbehörden überantwortet. Das Verwaltungsstrafrecht normieren der Bundesgesetzgeber und die Landesgesetzgeber als ➔Annexmaterie (Materiengesetze des Bundes und der Länder), das ➔allgemeine Verwaltungsstrafrecht jedoch regelt der Bundesgesetzgeber einheitlich auf der Kompetenzgrundlage des Art 11 Abs 2 B-VG (Bedarfskompetenz) im Verwaltungsstrafgesetz (§§ 1 bis 22 VStG). Das Verfahrensrecht zur Ahndung der Verwaltungsstraftatbestände (= Verwaltungsstrafverfahren) ist im Verwaltungsstrafgesetz (§§ 24 bis 52a VStG) geregelt. Neben dem Verwaltungsstrafrecht gibt es ein ➔Justizstrafrecht.

➔Verwaltungsstrafverfahren [1539]: Das Verwaltungsstrafverfahren ist ein Verwaltungsverfahren, in dem die Verwaltungs(straf)behörden ➔Verwaltungsübertretungen (= Verwaltungsstraftatbestände, = Straftatbestände des ➔Verwaltungsstrafrechts) mit Bescheid ahnden. Das Verwaltungsstrafverfahren ist im Verwaltungsstrafgesetz 1991 (VStG) geregelt.

➔Verwaltungsübereinkommen [355] [1030]: Der Bundespräsident kann den Abschluss von Staatsverträgen des Bundes in Verordnungsrang nicht nur der Bundesregierung (➔Regierungsübereinkommen), sondern auch einzelnen Mitgliedern der Bundesregierung (Art 66 Abs 2 B-VG) übertragen (= Ressortübereinkommen oder Verwaltungsübereinkommen). Verwaltungsübereinkommen sind Staatsverträge des Bundes in Verordnungsrang, die – anders als die Ressortübereinkommen – in der Regel nicht vom zuständigen Bundesminister, sondern von dem Bundesminister nachgeordneten Verwaltungsorganen abgeschlossen werden.

➔Verwaltungsübertretung [1535]: Eine Verwaltungsübertretung (= Verwaltungsstraftatbestand) ist eine Rechtsnorm des materiellen Rechts, die den Menschen ein bestimmtes Verhalten verbietet und für den Fall der Zuwiderhandlung eine bestimmte ➔Strafe (insb Geldstrafe, Freiheitsstrafe) sowie die Strafhöhe (Strafrahmen) festlegt. Die Normierung von Verwaltungsübertretungen samt Strafdrohung ist eine ➔Annexmaterie, die Verwaltungsstraftatbestände sind daher in den Materiengesetzen des Bundes und der Länder festgelegt.

➔Verwaltungsverfahren [1468]: Das Verwaltungsverfahren beschreibt den Weg der Erzeugung eines ➔Bescheids (= Bescheidverfahren). Der Weg (das „Wie") der Bescheiderlassung durch die Verwaltungsbehörde ist in besonderen Verfahrensgesetzen, in den ➔Verwaltungsverfahrensgesetzen, geregelt.

➔Verwaltungsverfahrensgesetze [1470]: Verwaltungsverfahrensgesetze (Art I Abs 1 EGVG) sind insbesondere das ➔Einführungsgesetz zu den Verwaltungsverfahrensgesetzen 2008 (EGVG), das ➔Allgemeine Verwaltungsverfahrensgesetz 1991 (AVG), das ➔Verwaltungsstrafgesetz 1991 (VStG) und das Verwaltungsvollstreckungsgesetz 1991 (VVG). Für einzelne Verwaltungsbehörden bestehen besondere Verwaltungsverfahrensgesetze, so das Agrarverfahrensgesetz (AgrVG 1950) für die Agrarbehörden; das Dienstrechtsverfahrensgesetz 1984 (DVG) für die dienstrechtlichen Bescheide der Beamten im öffentlichen Dienst; die Bundesabgabenordnung (BAO) für die Bescheide zur Erhebung der von den Abgabenbehörden des Bundes, der Länder und der Gemeinden verwalteten Abgaben; das Finanzstrafgesetz (FinStrG) für das Verfahren zur Ahndung von Finanzstraftatbeständen durch die Finanzstrafbehörden des Bundes.

➔Verwaltungsverfahrensrecht [1468]: Verwaltungsverfahrensrecht ist jener Teil des ➔Verfahrensrechts, der die Vorgehensweise der Verwaltungsbehörde bei der Erlassung eines Bescheids, der das „Wie" der Bescheiderzeugung festlegt. Das Verwaltungsverfahrensrecht enthalten die ➔Verwaltungsverfahrensgesetze.

➔Verwaltungsverordnung [311] [1137]: Die Verwaltungsverordnung ist eine von einer Verwaltungsbehörde verwaltungsintern (Innenrecht) an Verwaltungsorgane gerichtete Verordnung. Sie legt – im begrifflichen Gegensatz zur ➔Rechtsverordnung – keine Rechte und Pflichten von Personen außerhalb der Verwaltung fest und muss daher auch nicht allgemein kundgemacht werden. Verwaltungsverordnungen sind häufig als „Erlass" bezeichnet.

➔**Verwaltungsvollstreckung** [1142] [1473]: Verwaltungsvollstreckung (= politische Exekution) ist die zwangsweise Durchsetzung (= ➔Vollstreckung, = Exekution) von Leistungsbescheiden und anderen Vollstreckungstiteln durch eine Verwaltungsbehörde. Kommt der Adressat eines Leistungsbescheids der behördlichen Anordnung nicht nach, verwirklicht die Verwaltungsbehörde den bescheidmäßigen Zustand zwangsweise. Die Verwaltungsvollstreckung ist im Verwaltungsvollstreckungsgesetz 1991 (VVG) geregelt.

➔**Verwaltungsvollstreckungsgesetz 1991 (VVG)** [408] [1473]: Das auf der Grundlage der Bedarfskompetenz des Art 11 Abs 2 B-VG erlassene Verwaltungsvollstreckungsgesetz 1991 (VVG), BGBl 1991/53 idgF, regelt die zwangsweise Vollstreckung (= Exekution) von Leistungsbescheiden und anderen Vollstreckungstiteln durch Verwaltungsbehörden (➔Verwaltungsvollstreckung, = politische Exekution).

➔**Vier-Prozent-Klausel** [902]: Hat bei der Nationalratswahl eine Wahlpartei (Liste) im gesamten Bundesgebiet nicht wenigstens vier Prozent der abgegebenen gültigen Stimmen erreicht und auch kein Mandat in einem Regionalwahlkreis (= Grundmandat) erzielt, so kann sie am zweiten und dritten ➔Ermittlungsverfahren zur Mandatsaufteilung nicht teilnehmen (§§ 100 Abs 1, 107 Abs 2 NRWO). Die für diese Wahlpartei abgegebenen Stimmen verfallen, die Wahlpartei ist – trotz Verhältniswahl – im Nationalrat nicht vertreten.

➔**Vizekanzler** [1201]: Der Vizekanzler ist wie die Bundesminister ein oberstes Organ der Vollziehung (Art 19 Abs 1 B-VG). Er führt die Bundesverwaltung (Art 69 Abs 1 B-VG) in seinem Zuständigkeitsbereich als Einzelorgan monokratisch und ist allen Verwaltungsorganen des Zuständigkeitsbereichs gegenüber weisungsberechtigt. Der Vizekanzler ist nach Art 69 Abs 2 B-VG Vertreter des Bundeskanzlers in dessen gesamtem Wirkungsbereich. Der Vizekanzler ist Mitglied der Bundesregierung und dem Nationalrat rechtlich (Ministeranklage) und politisch (Misstrauensvotum) verantwortlich. Seinen Zuständigkeitsbereich (Ressort) legt das Bundesministeriengesetz 1986 (BMG) fest.

➔**Völkerbund** *League of Nations* [737]: Der Völkerbund wurde nach dem Ersten Weltkrieg als politische Friedensorganisation durch multilateralen völkerrechtlichen Vertrag gegründet. Er existierte von 1919 bis 1946. Er verfolgte das Ziel, durch wirtschaftliche und politische Integration aller Staaten, insbesondere auch der Verliererstaaten des Ersten Weltkriegs, Frieden zu sichern. Nachfolgeorganisation des Völkerbunds sind die ➔Vereinten Nationen (VN).

➔**Völkergewohnheitsrecht** *customary international law* [693]: Völkergewohnheitsrecht liegt vor, wenn bei den Völkerrechtssubjekten (= Staaten und internationale Organisationen) aufgrund eines längere Zeit andauernden Verhaltens das Bewusstsein entsteht, dieses Verhalten sei (völker)rechtlich geboten.

➔**Völkerrecht** *public international law* [2] [676]: Völkerrecht sind die Normen, welche die Beziehungen zwischen Staaten (und internationalen Organisationen) auf internationaler Ebene verrechtlichen (= internationales Recht). Die Staaten und die internationalen Organisationen sind die ➔Völkerrechtssubjekte.

➔**völkerrechtlicher Vertrag** *international treaty* [691]: Ein völkerrechtlicher Vertrag (= internationaler Vertrag) ist die verbindliche Vereinbarung zwischen Völkerrechtssubjekten (= Staaten und internationale Organisationen) über eine Angelegenheit der internationalen Beziehungen. Das B-VG nennt die völkerrechtlichen Verträge ➔Staatsverträge.

➔**Völkerrechtsgerichtsbarkeit** [1611]: Der Verfassungsgerichtshof (VfGH) erkennt über *„Verletzungen des Völkerrechts nach den Bestimmungen eines besonderen Bundesgesetzes"* (Art 145 B-VG). Dieser Kompetenztatbestand war 1920 gedacht für die Verfolgung von Personen, die sich internationaler Kriegsverbrechen im Ersten Weltkrieg schuldig machten. Der Bundesgesetzgeber erließ das notwendige einfache Ausführungsgesetz dazu allerdings nie, so dass der Verfassungsgerichtshof seine Völkerrechtsgerichtsbarkeit nicht wahrnimmt.

➔**Völkerrechtsquellen** [690]: Die Völkerrechtsquellen (= Normen der Völkerrechtsordnung) sind nach dem Grund ihrer Entstehung vor allem die ➔völkerrechtlichen Verträge, das ➔Völkergewohnheitsrecht und die ➔Allgemeinen Rechtsgrundsätze des Völkerrechts.

➔**Völkerrechtssubjekt** *subject of international law* [682]: Die Staaten und die internationalen Organisationen sind völkerrechtsfähig, sie sind Träger internationaler Rechte und Pflichten. Als solche sind die Staaten und die internationalen Organisationen Völkerrechtssubjekte.

➔**Volksabstimmung** *referendum, plebiscite* [927]: In der Volksabstimmung (= griechisch Plebiszit) trifft das Volk eine Sachentscheidung des Staats. Nach dem B-VG kann der Nationalrat die Frage, ob ein einfaches Bundesgesetz oder ein Bundesverfassungsgesetz in Kraft treten soll, dem (Bundes)Volk zur Abstimmung vorlegen (= ➔fakultative Volksabstimmung). Für den Fall einer Gesamtänderung der Bundesverfassung muss das (Bundes)Volk in einer Volksabstimmung über das vom Parlament beschlossene Bundesverfassungsgesetz entscheiden (= ➔obligatorische Volksabstimmung). Das B-VG (Art 60 Abs 6) kennt darüber hinaus eine Volksabstimmung zur Absetzung des Bundespräsidenten. Volksabstimmungen in der Gesetzgebung der Länder sind in den

Landesverfassungen geregelt (zB Art 60 Oö L-VG). Volksabstimmungen im eigenen Wirkungsbereich der Gemeinde kann der Landesgesetzgeber vorsehen (zB § 67 StL 1992).

➔**Volksabstimmungsgesetz 1972** [932]: Das Volksabstimmungsgesetz 1972 (BGBl 1973/79 idgF) regelt das Verfahren einer aufgrund der Bundesverfassung durchzuführenden Volksabstimmung (Art 43, 44 Abs 3, 60 Abs 6 B-VG).

➔**Volksanwaltschaft** *Ombudsman* <volksanwaltschaft.gv.at> [982]: Die Volksanwaltschaft (Art 148a bis 148j B-VG) ist ein Hilfsorgan des Nationalrats zur Prüfung von Missständen in der gesamten (hoheitlichen und nichthoheitlichen) Verwaltung des Bundes (Art 148a B-VG). Sie ist eine ➔objektive Rechtsschutzeinrichtung. Die Volksanwaltschaft prüft von Amts wegen oder aufgrund von Beschwerden betroffener Menschen. Sie besteht aus drei unabhängigen Mitgliedern (= Volksanwälten), die der Nationalrat für eine Funktionsperiode von sechs Jahren wählt. Eine einmalige Wiederwahl ist zulässig, eine Abwahl ist nicht möglich (Art 148g Abs 1 und 2 B-VG). Die Landesverfassungsgesetze können die Zuständigkeit der Volksanwaltschaft gemäß Art 148i B-VG auf die Landesverwaltung (und die Gemeindeverwaltung) ausdehnen (so Burgenland, Kärnten, Niederösterreich, Oberösterreich, Salzburg, Steiermark und Wien); sie können auch eigene Landesvolksanwaltschaften einsetzen (Tirol und Vorarlberg).

➔**Volksbefragung** [935]: In einer Volksbefragung befragt der Staat das Volk in einer Sachfrage nach seiner – unverbindlichen – Meinung. Nach dem B-VG ist eine Volksbefragung eine vom Nationalrat beschlossene unverbindliche Befragung der Stimmberechtigten über Angelegenheiten von grundsätzlicher Bedeutung, zu deren Regelung die Bundesgesetzgebung zuständig ist (Art 49b B-VG). Volksbefragungen in den Ländern sind in den Landesverfassungen geregelt.

➔**Volksbegehren** [916]: Ein Volksbegehren ist ein vom Volk gestellter Gesetzesantrag an das Parlament. Ein Volksbegehren nach dem B-VG ist ein in Angelegenheiten der Bundesgesetzgebung von wenigstens 100.000 Stimmberechtigten oder von je einem Sechstel der Stimmberechtigten dreier Länder an den Nationalrat gestellter Gesetzesantrag. Über diesen entscheidet das Parlament alleine (Art 41 Abs 2 B-VG). Volksbegehren in den Ländern sind in den Landesverfassungen geregelt.

➔**Volksgruppe** [135]: Eine Volksgruppe ist eine ethnische Minderheit mit eigenständigem kulturellem Hintergrund, nach dem Volksgruppengesetz (BGBl 1976/396 idgF) eine in Teilen Österreichs *„beheimatete Gruppe österreichischer Staatsbürger mit nichtdeutscher Muttersprache und eigenem Volkstum."* Das B-VG (Art 8 Abs 2) verpflichtet die Staatsorgane iS eines ➔Staatsziels zur Achtung und Förderung der autochthonen Volksgruppen in Österreich. Bestimmte Volksgruppen haben das Recht auf Verwendung ihrer Muttersprache als Amtssprache (Staatssprache). Insbesondere der ➔Staatsvertrag von St. Germain-en-Laye 1919 und der ➔Staatsvertrag von Wien 1955 gewähren den Volksgruppen spezifische Grundrechte (➔Minderheitenrechte).

➔**volle Berufung** [1521]: Die Berufungsbehörde überprüft im Verwaltungsverfahren nicht nur den durch Berufung angefochtenen Bescheid der Unterbehörde, sie trifft die Entscheidung neu. Wir sprechen von voller Berufung und meinen damit, dass die Berufungsbehörde von Amts wegen eine neue Entscheidung ohne Bindung an die von der Partei vorgebrachten Berufungsgründe trifft; dass die Berufungsbehörde ein gesetzlich eingeräumtes Ermessen ohne Bindung an die Ermessensübung der Unterbehörde neu übt; und dass die Berufungsbehörde eine für den Berufungswerber im Vergleich zum Bescheid der Gemeindebehörde I. Instanz ungünstigere Entscheidung treffen kann und muss, wenn das Gesetz es verlangt (➔reformatio in peius).

➔**Vollstreckung** [256] [1116]: Vollstreckung ist die Durchsetzung einer individuell-konkreten Rechtsnorm (Bescheid oder Urteil) mit körperlichem Zwang. Der Staat (Verwaltungsbehörden und Gerichte) vollstreckt mit Zwangsgewalt individuell-konkrete Rechtsnormen (➔Leistungsbescheid oder Leistungsurteil), wenn der Adressat der Anordnung nicht folgt. Bescheide unterliegen der ➔Verwaltungsvollstreckung.

➔**Vollziehung** *executive* [208]: Im gewaltenteiligen Staat setzt die Vollziehung (= Exekutive), die in die ➔Verwaltung und in die ➔Gerichtsbarkeit unterteilt ist (Art 94 B-VG), nach der Gewaltenteilung im materiellen Sinn das generell-abstrakte Recht der Gesetzgebung durch individuell-konkretes Recht um (und gegebenenfalls mit körperlicher Gewalt durch). Nach der dem B-VG zugrundeliegenden Gewaltenteilung im formellen Sinn umfasst die Vollziehung im Bereich der Rechtserzeugung die Umsetzung der Gesetze durch generelle ➔Verordnungen der Verwaltungsbehörden, durch individuelle ➔Bescheide der Verwaltungsbehörden sowie durch individuelle ➔Urteile und ➔Beschlüsse der Gerichte.

➔**Vorabentscheidung** *preliminary ruling* [881] [1402]: Die Vorabentscheidung (Art 19 Abs 3 lit b EUV, Art 267 AEUV) durch den Gerichtshof der Europäischen Union dient der Sicherstellung der einheitlichen Anwendung des Unionsrechts in den Mitgliedstaaten. Hat ein nationales „Gericht" in einer Rechtssache, für deren Ausgang das Unionsrecht entscheidend ist, Zweifel an der Auslegung von primärem oder sekundärem Unionsrecht oder Zweifel an der Gültigkeit von sekundärem Unionsrecht, kann bzw muss es dem Gerichtshof der EU diese Frage zur (Vorab)Entscheidung vorlegen (zB § 38a AVG, § 90a GOG, § 19a VfGG, § 38b VwGG). Unter Gericht iSd Art 267 AEUV ist jeder Spruchkörper zu verstehen, der sich aus weisungsfreien Mitgliedern zusammensetzt und rechtsprechende Aufgaben (im materiellen Sinn) erfüllt. Gerichte iSd Art 267 AEUV sind daher nicht nur die Gerichte im Sinne der Bundesverfassung (ordentliche Gerichte und Gerichte des öffentlichen Rechts), sondern können auch Verwaltungsbehörden sein, welche die genannten Kriterien erfüllen. Eine Vorlagepflicht trifft nur letztinstanzliche Gerichte (Gerichte, deren Entscheidungen durch innerstaatliche Rechtsmittel nicht mehr angefochten werden können) iSd Art 267 Abs 3 AEUV (= Höchstgerichte im funktionellen Sinn; jedenfalls der OGH, der VwGH und der VfGH). Unterinstanzliche Gerichte haben gemäß Art 267 Abs 2 AEUV ein Vorlagerecht.

➔**Vorfrage** [1525]: Eine Vorfrage ist eine für die Entscheidung einer Verwaltungsbehörde im Verwaltungsverfahren (§ 38 AVG) präjudizielle Rechtsfrage, über die als Hauptfrage von anderen Verwaltungsbehörden oder von den Gerichten zu entscheiden ist.

➔**Vorlageantrag** [1522] [1627]: Der Vorlageantrag ist erstens das ordentliche Rechtsmittel gegen eine Berufungsvorentscheidung der Verwaltungsbehörde im Verwaltungsverfahren (§ 64a Abs 2 AVG); er ist zweitens das Rechtsmittel gegen eine Beschwerdevorentscheidung der Verwaltungsbehörde im verwaltungsgerichtlichen Verfahren (§ 15 VwGVG); und drittens das Rechtsmittel gegen Vorentscheidungen des Verwaltungsgerichts im Verfahren vor dem Verwaltungsgerichtshof (§ 30b VwGG). Der Adressat eines Bescheids kann zur Überprüfung des Bescheids ➔Rechtsmittel ergreifen. Eine andere – im administrativen Instanzenzug übergeordnete – Verwaltungsbehörde oder ein Verwaltungsgericht (VwG) überprüft den angefochtenen Bescheid dann und hebt ihn im Fall der Gesetzwidrigkeit auf bzw ändert ihn ab. In bestimmten Fällen gibt der Gesetzgeber der Verwaltungsbehörde eine „zweite Chance" und erlaubt ihr, ihren eigenen rechtswidrigen Bescheid aufgrund des eingelegten Rechtsmittels zu korrigieren. So beim Rechtsmittel der Berufung mit der ➔Berufungsvorentscheidung (§ 64a Abs 1 AVG) und bei der Bescheidbeschwerde an das Verwaltungsgericht (VwG) mit der ➔Beschwerdevorentscheidung der Verwaltungsbehörde (§ 14 Abs 1 VwGVG). [Bei der Revision und dem Fristsetzungsantrag an den Verwaltungsgerichtshof (VwGH) darf das Verwaltungsgericht (VwG) zwar ebenfalls gewisse Vorentscheidungen (§ 30a VwGG) treffen, allerdings die eigene angefochtene Entscheidung nicht korrigieren]. Macht die Verwaltungsbehörde von dieser Möglichkeit Gebrauch, kann die Partei binnen zwei Wochen nach Zustellung der (Berufungs-, Beschwerde)Vorentscheidung bei der Behörde (beim Verwaltungsgericht) den Antrag stellen, dass die Berufung der Berufungsbehörde (= Gemeindebehörde II. administrativer Instanz), die Bescheidbeschwerde dem Verwaltungsgericht, die Revision oder der Fristsetzungsantrag dem Verwaltungsgerichtshof zur Entscheidung vorgelegt wird. Damit tritt die Vorentscheidung außer Kraft und die Berufungsbehörde entscheidet die Berufung, das Verwaltungsgericht entscheidet die Bescheidbeschwerde, der VwGH entscheidet über die Revision oder den Fristsetzungsantrag.

➔**Vorsatz** [1538]: Mit Vorsatz handelt, wer weiß und wer will, dass er eine strafbare Handlung setzt. Wer eine strafbare Handlung (Verwaltungsstrafrecht und Justizstrafrecht) begangen hat, wird (nur) bestraft, wenn ihm ein persönlicher Schuldvorwurf gemacht werden kann. Der Schuldvorwurf kann im Vorsatz oder in der Fahrlässigkeit bestehen. Das Verschulden für das Verwaltungsstrafrecht ist im Verwaltungsstrafgesetz 1991 (VStG), das (auch) das Allgemeine Verwaltungsstrafrecht enthält, geregelt (§ 5 VStG).

➔**Vorstellung** [1517]: Die Vorstellung (§ 57 Abs 2 AVG) ist das ordentliche Rechtsmittel gegen einen ohne vorangegangenes ordentliches Ermittlungsverfahren erlassenen ➔Mandatsbescheid. Der Bescheidadressat kann innerhalb von zwei Wochen gegen den Mandatsbescheid Vorstellung erheben. Die Vorstellung ist nicht aufsteigend (= remonstrativ); sie bewirkt, dass die bescheiderlassende Verwaltungsbehörde das ordentliche Ermittlungsverfahren nachholen muss, wobei bis zur neuerlichen Entscheidung der Mandatsbescheid aufrecht bleibt. Leitet die Verwaltungsbehörde (I. Instanz) allerdings binnen zwei Wochen kein Ermittlungsverfahren ein, tritt der Mandatsbescheid ex lege außer Kraft (§ 57 Abs 3 AVG).

➔**Vorzugsstimme** [175]: Der Wähler wählt bei der Verhältniswahl eine Kandidatengruppe (= Wahlpartei, = Liste), nicht einzelne Personen. Wer an welcher Stelle auf der Liste aufscheint, bestimmt die Wahlpartei, der Wähler kann nur die Liste insgesamt wählen. Die Vorzugsstimme gibt dem Wähler die Möglichkeit, einen Kandidaten der gewählten Liste zu bevorzugen. Bei der Nationalratswahl kann der Wähler drei Vorzugsstimmen vergeben, jeweils eine für einen Kandidaten der Bundesparteiliste, der Landesparteiliste und der Regionalparteiliste der gewählten Wahlpartei (§§ 79, 98 Abs 3, 102 Abs 3 NRWO). Erhält der Kandidat der Liste eine entsprechende Anzahl von Vorzugsstimmen, kann sich dadurch die Reihung der Kandidaten auf dem Wahlvorschlag ändern, weil die Mandate den Kandidaten der Liste nach ihrer Reihenfolge zugeordnet werden und die vorne gereihten Kandidaten eine größere Chance haben.

W

➔Wachkörper [1254]: Wachkörper sind *„bewaffnete oder uniformierte oder sonst nach militärischem Muster eingerichtete Formationen, denen Aufgaben polizeilichen Charakters übertragen sind"* (Art 78d Abs 1 B-VG). Für Fälle, in denen der Staat mit körperlicher Gewalt (Gewaltmonopol) einschreiten muss, sind eigene Wachkörper eingerichtet (Art 10 Abs 1 Z 14 B-VG), welche die bewaffnete Macht des Staats bereitstellen und sie (nur) über Auftrag und Weisung der jeweils zuständigen staatlichen Verwaltungsbehörde einsetzen. Wachkörper sind grundsätzlich keine Verwaltungsbehörden, sie sind nicht befugt, Verordnungen und Bescheide zu erlassen. Wachkörper sind die ➔Bundespolizei, die ➔Justizwache und die ➔Gemeindewachkörper. Im Gebiet einer Gemeinde, in der die Landespolizeidirektion zugleich Sicherheitsbehörde erster Instanz ist, sind Wachkörper einer anderen Gebietskörperschaft unzulässig (Art 78d Abs 2 B-VG).

➔Wahlgerichtsbarkeit [1606]: In der Wahlgerichtsbarkeit erkennt der Verfassungsgerichtshof (VfGH) einerseits über die Anfechtung von Wahlen des Bundespräsidenten, der allgemeinen Vertretungskörper, des Europäischen Parlaments (EP), der Gemeindeorgane und der Landesregierung (Art 141 Abs 1 lit a und lit b B-VG), anderseits erkennt der VfGH über den Mandatsverlust bestimmter Organe (Art 141 Abs 1 lit c und lit d B-VG), so etwa auf Antrag eines allgemeinen Vertretungskörpers auf Mandatsverlust eines seiner Mitglieder. Auch das Ergebnis eines Volksbegehrens, einer Volksabstimmung, einer Volksbefragung und einer Europäischen Bürgerinitiative kann wegen Rechtswidrigkeit des Verfahrens beim VfGH angefochten werden (Art 141 Abs 1 lit e B-VG). Und der VfGH erkennt über die rechtswidrige Eintragung einer Person in eine Wählerevidenz und die rechtswidrige Streichung aus einer Wählerevidenz (Art 141 Abs 1 lit f B-VG).

➔Wahlkreis [898]: Ein Wahlkreis ist das räumliche Gebiet, in dem bei einer Wahl Kandidaten antreten und gewählt werden. Die Verhältniswahl erfordert Wahlkreise, in denen mehrere Mandate zu vergeben sind, weil diese Mandate auf die Listen im Verhältnis der Stimmen aufgeteilt werden sollen. Für die Wahl zum Nationalrat sieht die Nationalrats-Wahlordnung 1992 (NRWO) neun Landeswahlkreise (§ 2 NRWO) und 39 Regionalwahlkreise (§ 3 NRWO) vor. Die insgesamt zu vergebenden 183 Mandate des Nationalrats werden nach jeder Volkszählung – entsprechend der Anzahl der Staatsbürger (Art 26 Abs 2 B-VG), nicht nach der Anzahl der Wahlberechtigten – auf die Landeswahlkreise und die Regionalwahlkreise aufgeteilt (= Bürgerzahlprinzip).

➔Wahlpartei [175] [189]: Eine Wahlpartei (wahlwerbende Partei) ist eine Gruppe von Personen, die auf einer gemeinsamen Liste unter einer bestimmten Bezeichnung bei einer Wahl (etwa zu einem allgemeinen Vertretungskörper) kandidiert (§ 2 Z 2 PartG). Die Wahlpartei besteht nur für diesen einen Zweck, ist keine juristische Person und ist auch nicht auf Dauer angelegt. Regelmäßig kandidieren bei den Wahlen politische Parteien als Wahlparteien.

➔Wahlrecht *suffrage, right to vote* [161]: Das Wahlrecht ist das Recht der Menschen, in einem demokratischen Staat durch Stimmabgabe an einer Wahl teilzunehmen (= ➔aktives Wahlrecht) bzw das Recht, in einer Wahl gewählt zu werden (= ➔passives Wahlrecht). Das B-VG regelt das Wahlrecht zum Europäischen Parlament (Art 23a), zum Nationalrat (Art 26), zu den Landtagen (Art 95) und den Gemeinderäten (Art 117 Abs 2), sowie das Wahlrecht zum Bundespräsidenten (Art 60) und zum Bürgermeister (Art 117 Abs 6). Das Wahlrecht ist ein politisches Grundrecht.

➔Wahlrecht bei Kommunalwahlen *right to vote and to stand as candidates in municipal elections* [805]: ➔Unionsbürgern steht in dem EU-Mitgliedstaat, in dem sie ihren Wohnsitz haben – ohne Staatsbürger des betreffenden Staats zu sein – das aktive und passive Wahlrecht bei Kommunalwahlen zu, und zwar unter denselben Bedingungen wie den eigenen Staatsangehörigen (Art 20 Abs 2 lit b, Art 22 Abs 1 AEUV, Art 40 GRC). Daher sind bei den Wahlen zum Gemeinderat und der direkten Wahl des Bürgermeisters Staatsangehörige anderer EU-Mitgliedstaaten wahlberechtigt und grundsätzlich auch wählbar (Art 117 Abs 2 vierter Satz B-VG).

➔Wahlrecht zum Europäischen Parlament *right to vote and to stand as candidates in elections to the European Parliament* [805]: Das ➔Europäische Parlament (EP) ist die Volksvertretung der Europäischen Union (EU), die (maximal 751) Abgeordneten zum Europäischen Parlament werden unmittelbar von den Unionsbürgern in den 28 EU-Mitgliedstaaten jeweils für eine Amtszeit von fünf Jahren gewählt (Art 14 EUV); wobei auch jedem Unionsbürger mit Wohnsitz in einem EU-Mitgliedstaat, dessen Staatsangehörigkeit er nicht besitzt, im Wohnsitz-Mitgliedstaat das aktive und passive Wahlrecht zum Europäischen Parlament zukommt (Art 20 Abs 2 lit b, Art 22 Abs 2 AEUV, Art 39 GRC). Die 18 von Österreich in das Europäische Parlament zu entsendenden Abgeordneten werden aufgrund des gleichen, unmittelbaren, persönlichen, freien und geheimen Verhältniswahlrechts gewählt (Art 23a B-VG).

➔Wahlrechtsgrundsätze [164]: Für die Entsendung der Abgeordneten in die Parlamente (konkret in den Nationalrat und in die Landtage) in demokratischen Wahlen schreibt das B-VG (Art 26 Abs 1 und Abs 4, Art 95 Abs 1 B-VG) einheitliche Grundsätze, die Wahlrechtsgrundsätze, fest: Das ➔allgemeine Wahlrecht, das ➔gleiche Wahlrecht, das ➔unmittelbare Wahlrecht, das ➔geheime Wahlrecht, das ➔persönliche Wahlrecht, das ➔freie Wahlrecht und die ➔Verhältniswahl (Listenwahl). Diese Grundsätze gelten über die Parlamentswahlen hinaus auch für die Wahl zum Europäischen Parlament (Art 23a B-VG), für die Wahlen zu den Gemeinderäten (Art 117 Abs 2 B-VG) sowie – mit Ausnahme der Verhältniswahl – für die Wahl des Bundespräsidenten (Art 60 B-VG) und – im Fall einer Direktwahl – auch für die Wahl des Bürgermeisters (Art 117 Abs 6 B-VG).

➔**Warenverkehrsfreiheit** [822]: Die Warenverkehrsfreiheit (= freier Warenverkehr) ist eine der vier Grundfreiheiten des Binnenmarkts der Europäischen Union (Art 26 Abs 2, 28-37 AEUV). Die Warenverkehrsfreiheit umfasst das Verbot der Erhebung von (Ein- und Ausfuhr)Zöllen und Abgaben gleicher Wirkung (➔Zollunion) sowie das Verbot mengenmäßiger (Einfuhr- und Ausfuhr)Beschränkungen und Maßnahmen gleicher Wirkung zwischen den Mitgliedstaaten (Art 34 f AEUV). Der freie Warenverkehr gilt sowohl für aus den EU-Mitgliedstaaten stammende Waren (körperliche Gegenstände) als auch für Waren aus dritten Ländern, die sich in den Mitgliedstaaten im Verkehr befinden (Art 28 Abs 2 AEUV). Beschränkungen des freien Warenverkehrs dürfen die Mitgliedstaaten nur ausnahmsweise im Falle einer Gefährdung der öffentlichen Gesundheit oder der Umwelt vorsehen (Art 36 AEUV). Die Warenverkehrsfreiheit ist unmittelbar anwendbares primäres Unionsrecht mit Anwendungsvorrang vor nationalem Recht.

➔**Wasser- und Lebensmittelversorgung** [146]: Das ➔BVG Staatsziele (§§ 4, 5) gibt dem Staat (Bund, Länder und Gemeinden) als ➔Staatsziel die Sicherstellung der Versorgung der Bevölkerung mit Wasser in entsprechender Qualität, mit hochqualitativen heimischen Lebensmitteln sowie mit natürlichen Ressourcen vor.

➔**Wechselkursmechanismus** [835]: Unter Wechselkurs versteht man den Preis einer Währung – ausgedrückt in einer anderen Währung. Der Wert des Geldes richtet sich nach Angebot und Nachfrage, der Markt bestimmt daher den Wechselkurs einer Währung. Ein Wechselkursmechanismus bewirkt im Fall eines Zahlungsbilanzdefizits eine Abwertung der eigenen Währung und damit einen Zahlungsbilanzausgleich. Der Wechselkursmechanismus II (WKM II) – ein Abkommen zwischen der Europäischen Zentralbank (EZB) und den nationalen Zentralbanken – legt für jene EU-Mitgliedstaaten, die den Euro erst einführen, den Schwankungsbereich des Wechselkurses ihrer jeweiligen Währung gegenüber dem ➔Euro (€) fest. Die nationale Währung darf danach in einer Bandbreite von plus/minus 15 Prozent schwanken. Wird diese Bandbreite überschritten, intervenieren die Notenbanken am Markt. Die Teilnahme am Wechselkursmechanismus II ist freiwillig; Dänemark und Litauen nehmen teil.

➔**Weisung** [1054]: Die Weisung und die Aufsicht (= Leitung) sind der förmliche Ausdruck der hierarchischen Ordnung der Verwaltung. Unter Weisung versteht die Verfassung die Bestimmung des Organ(walter)handelns ex ante (= bevor das Vollziehungshandeln gesetzt wurde). Eine Weisung ist ein hoheitlicher verwaltungsinterner Befehl eines organisatorisch übergeordneten Verwaltungsorgans an einen nachgeordneten Organwalter. Der nachgeordnete Organwalter muss die Weisung grundsätzlich befolgen, auch wenn sie gesetzwidrig ist. Er muss die Befolgung verweigern, wenn die Weisung von einem unzuständigen Organ erteilt wurde oder gegen strafgesetzliche Vorschriften verstoßen würde (Art 20 Abs 1 B-VG). Grund für die Weisungsgebundenheit der Verwaltungsorgane sind die politische Verantwortung der politischen Verwaltungsspitze gegenüber dem Parlament und sachliche Notwendigkeiten der Führung einer Organisation.

➔**Weisungsbeschwerde** [1578]: Der Rechtsweg im öffentlichen Recht dient grundsätzlich der Durchsetzung subjektiver Rechte privater Personen. Um die Rechtmäßigkeit besonderer Verwaltungshandlungen zu sichern, lässt das B-VG – von diesem Grundsatz abweichend – in Ausnahmefällen staatliche Organe gegeneinander um die Gesetzmäßigkeit von Verwaltungshandlungen prozessieren. So darf der ➔Landesschulrat gegen rechtswidrige ➔Weisungen nach Art 81a Abs 4 B-VG Weisungsbeschwerde an das Verwaltungsgericht (VwG) erheben (Art 130 Abs 1 Z 4 iVm Art 132 Abs 4 B-VG). Der einfache Gesetzgeber ist ermächtigt, gegen andere Weisungen eine Beschwerdelegitimation vorzusehen (Art 130 Abs 2 Z 1 B-VG).

➔**Welthandelsorganisation (WTO)** *World Trade Organization (WTO)* <www.wto.org> [737]: Die Welthandelsorganisation ist eine internationale Organisation im Verbund der Vereinten Nationen (UNO). Sie bildet den gemeinsamen institutionellen Rahmen für mehrere internationale Handelsabkommen, wie zB das Allgemeine Zoll- und Handelsabkommen (General Agreement on Tariffs and Trade [GATT]) und das Allgemeine Abkommen über den Handel mit Dienstleistungen (GATS – General Agreement on Trade in Services). Ziel der WTO und der internationalen Handelsabkommen ist es, den weltweiten Freihandel zu sichern. Die WTO ist der internationale rechtliche Rahmen für die Globalisierung. Die WTO, der IWF (Internationaler Währungsfonds) und die Weltbank sind die einzigen globalen internationalen Organisationen im Bereich der Wirtschaft.

➔**Wesensgehaltssperre** [514]: Der Eingriff des einfachen Gesetzgebers in ein unter ➔materiellem Gesetzesvorbehalt stehendes Freiheitsrecht ist durch die Wesensgehaltssperre beschränkt. Unbeschadet der anderen materiellen Schranken des Gesetzesvorbehalts darf ein Gesetz ein Freiheitsrecht jedenfalls nicht so weit einschränken, dass dies der Aufhebung des Grundrechts gleichkäme. Der Wesensgehalt des Eigentumsrechts wäre beispielsweise verletzt, wenn der Gesetzgeber – gestützt auf den Gesetzesvorbehalt der Eigentumsfreiheit – die Eigentumsordnung für eine ganze Eigentumskategorie, etwa für Grund und Boden, aufheben würde.

➔**Wesenstheorie** [591] [616]: Die Wesenstheorie beantwortet die Frage, ob auch juristische Personen – des privaten Rechts und des öffentlichen Rechts – Träger von Grundrechten (und anderer ➔subjektiv öffentlicher Rechte) sein können. Juristische Personen – etwa ein Verein, eine Gesellschaft mit beschränkter Haftung – können Träger von Grundrechten sein, wenn dies nach dem Wesen des Grundrechts möglich ist, zB Träger der Eigentumsfreiheit, zB nicht der Glaubens- und Gewissensfreiheit.

➔**Widerspruchsfreiheit** [323]: Widerspruchsfreiheit bedeutet im ➔Stufenbau der Rechtsordnung den Vorrang der Rechtsnorm der höheren Stufe vor der Rechtsnorm der niedrigeren Stufe. Jede Rechtsnorm darf alles anordnen, soweit sie dabei Rechtsnormen höherer Stufen nicht widerspricht. Der Landesverfassungsgesetzgeber kann alles frei regeln, solange er der Bundesverfassung nicht widerspricht (= relative Verfassungsautonomie der Länder), der einfache Gesetzgeber darf alles frei regeln, soweit die Regelungen nicht den Verfassungsgesetzen widersprechen (= Gesetzgebungsautonomie). Die Privatpersonen können Konsensualnormen (Verträge) schaffen und darin alles vereinbaren, solange sie keiner Rechtsnorm der vier höheren Stufen im Stufenbau der Rechtsordnung (Verfassungsgesetz, einfaches Gesetz, Verordnung, Bescheid, Urteil, Beschluss) widersprechen.

➔**Wiederaufnahme des Verfahrens** [1525]: Die Wiederaufnahme des Verfahrens ist ein außerordentliches Rechtsmittel im Verwaltungsverfahren und im Verwaltungsstrafverfahren (§§ 69 f AVG, §§ 24, 52 VStG), das bei Vorliegen besonderer Umstände (etwa gefälschte Urkunden, andere Entscheidung einer ➔Vorfrage) auf Antrag oder amtswegig ein neues Verfahren über eine bereits entschiedene Sache ermöglicht. Eine Wiederaufnahme des Verfahrens kennen auch die Gerichtsverfahrensgesetze (zB § 32 VwGVG, § 45 VwGG, § 34 VfGG).

➔**Wiedereinsetzung in den vorigen Stand** [1524]: Die Wiedereinsetzung in den vorigen Stand (§§ 71 f AVG, § 24 VStG) ist ein außerordentliches Rechtsmittel im Verwaltungsverfahren und im Verwaltungsstrafverfahren, das einer Partei bei unverschuldetem Versäumen einer Verfahrensfrist zusteht und ihr auf Antrag die Nachholung des unverschuldet versäumten Verfahrensschritts, etwa die Einbringung einer Berufung, gewährt. Eine Wiedereinsetzung in den vorigen Stand kennen auch die Gerichtsverfahrensgesetze (zB § 33 VwGVG, § 46 VwGG, § 33 VfGG).

➔**Wiederverlautbarung** [1601]: Die Wiederverlautbarung einer Rechtsvorschrift dient dazu, den durch eine Vielzahl von Novellen unübersichtlich gewordenen Text eines Gesetzes oder Staatsvertrags neu im Bundesgesetzblatt (BGBl) ohne Gesetzesbeschluss kundzumachen. Der Bundeskanzler ist gemeinsam mit den zuständigen Bundesministern zur Wiederverlautbarung ermächtigt (Art 49a Abs 1 B-VG). Die Wiederverlautbarung im Bereich der Länder regelt das Landesrecht. Der Verfassungsgerichtshof (VfGH) prüft Wiederverlautbarungen (Art 139a B-VG) auf ihre Übereinstimmung mit den tatsächlich zugrundeliegenden Gesetzesbeschlüssen.

➔**Wien** [1314]: Wien ist eine Gemeinde, Statutarstadt und zugleich ein Land. Der Gemeinderat fungiert auch als Landtag, der Stadtsenat auch als Landesregierung, der Bürgermeister auch als Landeshauptmann, der Magistrat auch als Amt der Landesregierung (Art 108 B-VG). Die ➔Wiener Stadtverfassung (WStV) regelt in ihrem ersten Hauptstück die Organisation Wiens als Gemeinde und als Statutarstadt und enthält im zweiten Hauptstück die Landesverfassung des Bundeslandes Wien. Wien ist Bundeshauptstadt und Sitz der obersten Organe des Bundes (Art 5 Abs 1 B-VG).

➔**Wiener Stadtverfassung (WStV)** [1199] [1314]: Die Wiener Stadtverfassung [= Verfassung der Bundeshauptstadt Wien, Wr LGBl 1968/28 idgF] regelt die Organisation der Gemeinde und Statutarstadt ➔Wien (I. Hauptstück) und enthält die Landesverfassung des Bundeslands Wien (II. Hauptstück).

➔**Willkürverbot** [502]: Der Gleichheitssatz enthält für die Vollziehung ein Willkürverbot. Er verpflichtet die Vollziehung, ihre Entscheidungen sachlich und nicht willkürlich zu treffen. Unter Willkür versteht die Rechtsprechung eine „qualifizierte Rechtswidrigkeit". Qualifiziert rechtswidrig handelt die Vollziehung, wenn die Behörde eine Person absichtlich benachteiligen will, die Behörde die Rechtslage völlig oder gehäuft verkennt, die Behörde überhaupt ohne gesetzliche Grundlage (gesetzlos) handelt oder die Behörde besonders schwere Verfahrensfehler begeht.

➔**Wirtschaft** *economy, commerce* [625]: Wirtschaft ist die materielle Grundlage der Gesellschaft. Wirtschaft ist die Erzeugung von Gütern, die Bereitstellung von Leistungen und die Verteilung von Gütern und Leistungen.

➔**Wirtschafts- und Korruptionsstaatsanwaltschaft (WKStA)** [1418]: Die Wirtschafts- und Korruptionsstaatsanwaltschaft (WKStA) [= Zentrale Staatsanwaltschaft zur Verfolgung von Wirtschaftsstrafsachen und Korruption] ist eine bei der Oberstaatsanwaltschaft Wien eingerichtete bundesweit nur für die Verfolgung spezifischer Straftaten zuständige ➔Staatsanwaltschaft (§ 204a Richter- und Staatsanwaltschaftsdienstgesetz – RStDG). Sie ist der öffentliche Ankläger (➔Anklageprozess) bei Wirtschaftskriminalität, Korruption und Missbrauch der Amtsgewalt.

➔**Wirtschafts- und Währungsunion (WWU)** *economic and monetary union* [821]: Die Europäische Union (EU) errichtete eine Wirtschafts- und Währungsunion (WWU), deren Grundlage der ➔Binnenmarkt (Art 3 Abs 3 EUV) und deren Währung der ➔Euro ist (Art 3 Abs 4 EUV). Die Wirtschaftsordnung der Wirtschaftsunion ist die freie, aber soziale und ökologische Marktwirtschaft. Die Mitgliedstaaten sind zur engen Koordination ihrer Wirtschaftspolitik (Art 5 AEUV), die national bleibt, verpflichtet. Die Wirtschaftspolitik schließt die Beschäftigungspolitik, die Sozialpolitik, den Verbraucherschutz, den Umweltschutz mit ein. Die Währungspolitik der Währungsunion bestimmt ausschließlich die EU. Die Währungsunion ist noch unvollendet, ihr gehören 18 der 28 EU-Mitgliedstaaten (➔Euroland) an.

➔Wirtschaftskammer [662]: Der Bundesgesetzgeber richtete durch das Wirtschaftskammergesetz 1998 – WKG [= Bundesgesetz über die Kammern der gewerblichen Wirtschaft, BGBl I 1998/103 idgF], nicht nur bundesweit die ➔Bundeswirtschaftskammer, sondern auch länderbezogen (zB Wirtschaftskammer Oberösterreich) die (neun) Wirtschaftskammern als Körperschaften öffentlichen Rechts ein.

➔Wirtschaftsordnung [627]: Wirtschaftsordnung sind die (verfassungs)gesetzlich festgelegten Grundsätze, nach denen die Wirtschaft funktioniert. Modelle einer Wirtschaftsordnung sind die Privatwirtschaft, die Gemeinwirtschaft, die Staatswirtschaft, die Marktwirtschaft, die Planwirtschaft.

➔Wirtschaftsrecht *economy law, commercial law* [627]: Wirtschaftsrecht ist die Summe der Rechtsnormen, welche die Erzeugung von Gütern, die Bereitstellung von Leistungen und die Verteilung von Gütern und Leistungen regeln.

➔Wohlfahrtsstaat *welfare state* [117]: Anders als der ➔Sozialstaat will der Wohlfahrtsstaat nicht nur die Versorgung eines jeden mit lebensnotwendigen Gütern und Leistungen sicherstellen, sondern darüber hinaus durch staatliche Maßnahmen den materiellen Wohlstand aller mehren.

➔World Trade Organisation (WTO) [674]: ➔Welthandelsorganisation.

Z

➔Zensurverbot [557]: ➔Pressefreiheit bedeutet Zensurverbot. Vor Erscheinen des Presseprodukts darf der Staat den Inhalt nicht kontrollieren (Verbot der „Vor"zensur). Nach Erscheinen ist die staatliche Kontrolle auf Einhaltung der Gesetze (etwa Verbot von Ehrenbeleidigungen) zulässig und notwendig („Nach"zensur).

➔Zensuswahl [165]: In der egalitären Demokratie hat jeder Staatsbürger eine Stimme mit gleichem Zählwert („one man, one vote"). In der historischen Entwicklung des Wahlrechts waren die Stimmen nach Ständen, nach Steueraufkommen und anderen Gesichtspunkten ungleich gewichtet. Es galt ein Zensuswahlrecht.

➔Zentralstellen [1218]: Zentralstellen sind die einem „obersten Organ der Verwaltung" beigegebenen Organisationseinheiten, etwa die Bundesministerien für den Bundesminister in der Bundesverwaltung.

➔Zeuge [1496]: Ein Zeuge ist eine Person, die in einem Verfahren unter Wahrheitspflicht und Strafdrohung Angaben über die von ihr wahrgenommenen Sachverhalte macht. Ihre Aussage unterliegt der freien Beweiswürdigung. Zeugen sind Beweismittel im Verwaltungsverfahren (§§ 48 ff AVG, § 24 VStG).

➔Zivilprozessordnung (ZPO) [1391]: Die Zivilprozessordnung (ZPO) [= Gesetz vom 1. August 1895, über das gerichtliche Verfahren in bürgerlichen Rechtsstreitigkeiten, RGBl 1895/113 idgF] ist ein Gerichtsverfahrensgesetz. Sie regelt – im Gegensatz zum Außerstreitgesetz – das streitige Verfahren (Erkenntnis- und Rechtsmittelverfahren) der Zivilgerichte, den streitigen Zivilprozess.

➔Zollamt [1225]: Das Zollamt ist eine dem Bundesminister für Finanzen nachgeordnete für Aufgaben der Abgaben(Finanz)verwaltung des Bundes durch das Abgabenverwaltungsorganisationsgesetz 2010 (AVOG 2010), BGBl I 9 idgF, eingerichtete Verwaltungsbehörde. Zölle sind öffentliche Abgaben, die beim Warenverkehr über die Staatsgrenze fällig werden. Die Zollämter und die ➔Finanzämter sind – in besonderen Verwaltungssprengeln – in unmittelbarer Bundesverwaltung als Abgabenbehörden und Finanzstrafbehörden tätig.

➔Zollunion *Customs Union* [738]: Eine Zollunion ist der staatsvertragliche Zusammenschluss der Wirtschaftsräume zweier oder mehrerer Staaten mit dem Ziel, Zölle und Handelshemmnisse abzubauen. Über die ➔Freihandelszone hinaus betreiben die Mitgliedstaaten einer Zollunion gegenüber Drittstaaten eine einheitliche Zoll- und Handelspolitik. Ein gemeinsamer Außenzoll erübrigt Ursprungsregelungen. Die Europäische Union (EU) ist eine Zollunion. Die Zollunion zählt zu den ausschließlichen Zuständigkeiten der Europäischen Union (Art 3 Abs 1 lit a AEUV).

➔Zustellgesetz (ZustG) [300] [1503]: Das insb auf der Grundlage der Bedarfskompetenz des Art 11 Abs 2 B-VG erlassene Zustellgesetz (ZustG) [= Bundesgesetz über die Zustellung behördlicher Dokumente, BGBl 1982/200 idgF] regelt die ➔Zustellung behördlicher Dokumente (§ 1) der Gerichte und der Verwaltungsbehörden (schriftliche Bescheide, Urteile, Beschlüsse). Es normiert sowohl die herkömmliche Übermittlung von papierenen Dokumenten (physische Zustellung) als auch die Zustellung elektronischer Dokumente (elektronische Zustellung). Die Zustellung von Erledigungen der ordentlichen Gerichte allerdings ist – vom Zustellgesetz (ZustG) abweichend – im Gerichtsorganisationsgesetz (§§ 89a ff GOG) geregelt: Sie erfolgt grundsätzlich im Elektronischen Rechtsverkehr (ERV).

➔**Zustellung** [1502]: Zustellung ist die Übermittlung eines schriftlichen behördlichen Dokuments an den Empfänger. Individuell-konkrete Rechtsnormen der Gerichte und der Verwaltungsbehörden (Bescheide, Urteile, Beschlüsse) sind erst mit der Bekanntgabe an den Empfänger rechtswirksam, weil sie die Rechte und Pflichten der Menschen regeln (Außenrecht); wobei „Bekanntgabe" nicht die tatsächliche Kenntnisnahme des Dokuments bedeutet. Die förmliche Bekanntgabe schriftlicher individuell-konkreter Rechtsnormen erfolgt durch die insb im ➔Zustellgesetz (ZustG) geregelte Zustellung.

➔**Zustimmungsquorum** [920]: Zustimmungsquorum ist ein Synonym für ➔ Konsensquorum.

➔**Zweckaufsicht** [1053]: Die Zweckaufsicht ist jene ➔Aufsicht, bei der das Aufsichtsorgan nicht nur überprüft, ob das Organ gemäß den Gesetzen (= gesetzmäßig) gehandelt hat (= Rechtsaufsicht), sondern darüber hinaus beurteilt, ob es ein an sich gesetzmäßiges Handeln billigt und es für zweckmäßig hält. Die Zweckaufsicht kommt insb in Bereichen in Betracht, in denen das beaufsichtigte Organ eigene Beurteilungsspielräume (Ermessen) hat und insoweit frei von gesetzlichen Bindungen ist.

➔**Zwei-Personen-Theorie** [583]: Nach der (historischen) Zwei-Personen-Theorie (= Fiskustheorie) besteht der Staat aus zwei Organisationen. Der eine Staat trägt die Staatsgewalt, der andere Staat trägt das Vermögen.

➔**zweistufiges Verfassungsrecht** [319]: Zweistufiges Verfassungsrecht würde bedeuten, dass es im ➔Stufenbau der Rechtsordnung innerhalb der Verfassung ranghöhere und rangniedrigere Rechtsnormen gäbe. Dies ist im Bundesverfassungsrecht nicht der Fall. Alle Bundesverfassungsgesetze sind gleichrangig. Insbesondere sind die besonderen Charakteristika der Verfassung (➔Grundprinzipien der Bundesverfassung), die der Bundesverfassungsgesetzgeber nur mit Volksabstimmung abändern darf (Art 44 Abs 3 B-VG), nicht bedingend für die anderen Verfassungsnormen und daher keine eigene hierarchische Stufe. Für den Fall der Abänderung eines Grundprinzips der österreichischen Bundesverfassung verlangt das B-VG lediglich ein anderes Gesetzgebungsverfahren, nämlich ein Bundesverfassungsgesetz und eine obligatorische Volksabstimmung.

➔**Zweites Verstaatlichungsgesetz** [1098]: Das Zweite Verstaatlichungsgesetz [= Bundesgesetz vom 26. März 1947 über die Verstaatlichung der Elektrizitätswirtschaft, BGBl 81 idgF] führte die Elektrizitätswirtschaft in das Eigentum der Länder über.

➔**zwingendes Recht** [334]: Von zwingendem Recht (in der Privatrechtsordnung) spricht man, wenn Konsensualnormen Privater gesetzliche Regelungen des Privatrechts durch Vereinbarung nicht abändern können, und widersprechende Konsensualnormen nichtig sind.